民國 固原縣志

寧夏珍稀方志叢刊

【民國】葉 超等纂 邵 敏 韓 超 校注

主編 胡玉冰

上海古籍出版社

圖書在版編目(CIP)數據

〔民國〕固原縣志 / 葉超等纂;邵敏,韓超校注.
—上海:上海古籍出版社,2018.8
（寧夏珍稀方志叢刊）
ISBN 978-7-5325-8736-0

Ⅰ.①民⋯　Ⅱ.①葉⋯　②邵⋯　③韓⋯　Ⅲ.①固原縣
-地方志-民國　Ⅳ.①K294.34

中國版本圖書館 CIP 數據核字（2018）第 032828 號

寧夏珍稀方志叢刊

〔民國〕固原縣志

（民國）葉超等纂　邵敏　韓超　校注
上海古籍出版社出版發行
（上海瑞金二路 272 號　郵政編碼 200020）

　（1）網址：www.guji.com.cn

　（2）E-mail：guji1@guji.com.cn

　（3）易文網網址：www.ewen.co
啓東市人民印刷有限公司印刷
開本 710×1000　1/16　印張 55　插頁 3　字數 988,000
2018 年 8 月第 1 版　2018 年 8 月第 1 次印刷
ISBN 978-7-5325-8736-0
K·2443　定價：278.00 元
如有質量問題,請與承印公司聯繫

國家社科基金重大項目（批准號：17ZDA268）成果

國家社科基金重點項目（批准號：12AZD081）成果

寧夏大學哲學社會科學重大創新項目（項目編號：SKZD2017002）成果

總　序

胡玉冰

　　地方舊志在中國傳統的古籍"四分法"中屬於史部地理類,但它所記載的内容遠遠超出了歷史學、地理學範疇,舉凡政治、經濟、語言、文學等亦多有涉及,故舊志往往被稱爲一地之全史,其學術研究價值也就不言而喻。對舊志進行規範整理與研究,既有助於準確理解其内容,也有助於客觀分析其價值,從而達到古爲今用、推陳出新的目的。規範的舊志整理會爲今人研究提供極大的便利,否則就會有誣古人,貽誤後人。開展陝甘寧三省地方舊志整理與研究工作,是以筆者爲學術帶頭人的學術團隊長期堅持的學術方向。2012 年,筆者著《寧夏地方志研究》由中國社會科學出版社正式出版。2018 年,該書修訂後改名《寧夏舊志研究》,由上海古籍出版社正式出版。該書首次對寧夏舊志進行了系統全面的研究,基本摸清了寧夏舊志的家底,尤其梳理清楚了寧夏舊志的版本情況。2012年,筆者主持的"寧夏地方文獻整理與研究"獲批爲國家社科基金重點項目。以此爲契機,筆者提出了全面整理寧夏舊志的科研設想,計劃用三年(2015—2018)時間,將傳世的寧夏舊志全部規範整理,成果分批出版,匯編爲叢書《寧夏珍稀方志叢刊》,首批 8 部成果由中國社會科學出版社 2015 年正式出版。

　　自元迄清,嚴格意義上的寧夏舊志有 38 種,傳世的寧夏舊志有 33 種,其中9 種爲孤本。寧夏舊志中,元代《開成志》成書時代最早,惜已亡佚;完整傳世者最早編修於明代;清代編成者傳世數量最多。傳世舊志中,成於明代者 6 種,成於清代者 20 種,成於民國者 7 種。從舊志編纂類型看,有通志 7 種,分志(州志、縣志)26 種。除中國外,日本、美國等也藏有寧夏舊志。日藏數量最多,種類較全,8 家藏書機構共藏有 13 種原版舊志,其中兩種爲孤本。日本主要通過商貿活動與軍事掠奪這兩種方式輸入寧夏舊志。寧夏舊志整理研究工作主要始於20 世紀 80 年代,在文獻著録、綜合或專題研究、文本整理刊佈等方面取得了一定的成就,爲寧夏文史研究奠定了資料基礎。但也要實事求是地認識到,隨着各種與寧夏有關的新資料不斷發現,尤其是多學科研究視角的創新,已有成果中存在的諸多不足越來越明顯。如在文獻著録時因部分舊志未能目驗,或者學術見解不同,致使著録内容存在分歧甚至錯誤。研究成果多爲概括性、提要式介紹,多角度、多學科深入分析的成果缺乏。整理成果只是部分解决了舊志存在的文字或内容問題,整理方法不規範、質量不高的現象較爲突出。學術發展的需要,要求舊志整理要更加規範化,整體質量要進一步提高。整理研究寧夏舊志,需要科學的理論與方法來指導。在充分吸收他人學術經驗的基礎上,通過整理研究實踐工作,我們也形成了一些自己的認識,在此想總結出來,與大家一起交流探討。

一、整理前的準備工作

整理舊志,前期需要全面了解整理對象,對其編修者、編修經過、主要内容、文本的語言風格、版本傳世情况等要深入研究。規範整理舊志,要以扎實的研究成果爲基礎,以便選擇最佳底本,準備合適的參校文獻,制定規範的整理方法。

(一) 確定整理對象

爲保證舊志整理工作的順利開展,提高工作效率,確定整理對象是正式開始舊志整理前首先要做的,也是必須要做的工作。確定整理對象時,要綜合分析其學術價值、史料價值、傳世情况及今人閱讀理解該對象的困難程度等,一方面要認真通讀原作,另一方面,要同步查檢古今目録文獻對原作的著録情况。

通讀原作,有助於全面了解志書的内容及其史源、結構體例及其語言特點等情况。對内容及其史源的了解,可以幫助我們確定該志有無整理的必要。如傳世的民國十四年(1925)朱恩昭修纂 6 卷本《豫旺縣志》一直被學界當作寧夏同心縣重要的地方文獻在利用。實際上,這部舊志是撮抄之作,並非編者獨立編修。編纂者直接把《〔民國〕朔方道志》中與同心縣前身鎮戎縣有關的内容撮抄出來,參考《朔方道志》的體例,再雜以《〔光緒〕平遠縣志》的部分内容,把資料匯爲一編,取名《豫旺縣志》行世。在明晰了《朔方道志》與《豫旺縣志》的關係後,我們認爲没有必要再整理《豫旺縣志》,只需將《朔方道志》整理出來即可。

對舊志結構體例的了解有助於對舊志存真復原。如天津古籍出版社 1988年版《寧夏歷代方志萃編》、海南出版社 2001 年版《故宫珍本叢刊》等叢書都影印出版了明朝楊壽等纂修的《〔萬曆〕朔方新志》,所據底本原有補版現象,某些版面的内容重複,特别在卷二有幾處嚴重的錯頁、錯版現象,天津、海南的影印本都未能給予糾正。這些問題若不能發現,整理成果就會出現内容錯亂現象。

　　每種舊志的編修都有其具體的時代背景,舊志的語言與内容一樣具有時代性,通讀舊志,了解其語言特點,掌握其語言規律,有助於更好地開展標點、分段工作。凡古籍,遣詞造句都有一定的時代風格和特點,只要其内容或文字無誤,就不能按當代行文習慣或理解對原文進行增、删、改等,否則就是替古人寫書。有些舊志語句原本就是通順的,符合特定時代的語言規範,若整理者在原志語句中隨意增加"之""於""以"等字,看似符合當代人的閲讀習慣了,實則畫蛇添足。

　　同步查檢古今目録文獻對舊志原作的著録情况,將著録内容與通讀舊志時了解的情况相對照,一方面,可以加深對舊志基本情况的了解,使得對舊志的了解更具條理性。另一方面,可以驗證著録是否準確,糾正存在的問題,以求對舊志基本信息的了解更符合實際。如朱栴編修的《寧夏志》,明朝周弘祖編《古今書刻》上編中就有著録,這是目録學著作中最早著録《寧夏志》的。張維 1932 年編《隴右方志録》時,據《〔乾隆〕寧夏府志》所載内容著録《寧夏志》,由於他未經眼《寧夏志》,以爲該書已佚,故著録其爲佚書,且將書名誤著録爲《永樂寧夏志》,《寧夏地方志存佚目録》《稀見地方志提要》等,都沿襲了張維的錯誤。較早披露日藏《寧夏志》信息的是《日本主要圖書館研究所所藏中國地方志總合目録》,但將"朱栴"誤作"朱㮦"。《中國地方志聯合目録》《寧夏地方文獻聯合目録》《甘肅省圖書館藏地方志目録》《中國地方志總目提要》等對《寧夏志》也作了著録或提要。其中《中國地方志聯合目録》以《寧夏志》重刻時間定其書名爲《萬曆寧夏志》,巴兆祥《中國地方志流播日本研究》下編《東傳方志總目》沿襲此説。

(二) 了解整理對象的研究現狀

　　確定整理對象,並對其有基本的認識和了解後,還需要梳理、分析整理對象的學術研究現狀,主要包括目録著録、研究論著、整理成果等三方面的信息。

1. 目録著録

　　查檢古今目録的著録内容,可以對舊志修纂者、卷數、流傳、内容、館藏、版本等情况有基本的了解。對著録的每一條信息,都要結合原志進行核查,發現問題,一定要深入研究。如《中國地方志聯合目録》《甘肅省圖書館藏地方志目録》均著録了一部《〔乾隆〕平涼府志》,爲"清乾隆間修,光緒增修,抄本"。[1] 此書孤本傳世,原抄本藏於南京圖書館。甘肅省圖書館有傳抄本,筆者在開展陝甘舊志中寧夏史料輯校工作時,最初設想把此志作爲重要的參校文獻。國家圖書館出版社 2012 年版《南京圖書館藏稀見方志叢刊》第十五和第十六册即爲《平涼府

---

① 　中國科學院北京天文臺編:《中國地方志聯合目録》,中華書局 1985 年版,第 212 頁。

志》。筆者通過研究發現,古代目録書中没有著録過乾隆時期編修的《平凉府志》,且乾隆以後的平凉各舊志的編纂者也未曾提到過乾隆時期編修《平凉府志》一事,通過對比發現,南圖藏本實際上是撮抄《〔乾隆〕甘肅通志》中的平凉府部分而成,且成書時間不會早於同治十三年(1874),故其雖爲孤本,但無校勘整理價值,所以我們放棄了以此書做參校本的最初設想。

2. 研究論著

充分梳理、分析他人對整理對象的研究成果,一方面,可以使我們清晰地看到學界對整理對象研究的角度及深入程度,避免重複勞動。另一方面,發現已有成果中存在的問題,結合自己的研究糾正這些問題,提高對整理對象的研究水準。如現藏於日本東洋文庫的海内外孤本《〔光緒〕寧靈廳志草》是研究寧靈廳的一手材料,張京生最早撰文研究,①巴兆祥研究最爲詳實,②胡建東、張京生提供了整理文本。③ 各家整理研究各有優長,部分整理研究成果亦多值得商榷之處。通過研究,我們的結論是:該本係編纂者稿本,正文内容有 67 頁。是書類目設置上全同《甘肅通志》,撰寫方法及輯録内容則多同《〔嘉慶〕靈州志迹》。因其非定稿,故編修體例、内容、文字等方面尚需進一步完善、充實、修訂,但其在研究寧靈廳歷史、地理、經濟、教育、語言等方面的價值還是應該值得肯定。

3. 整理成果

充分重視研讀已有的整理成果,可以幫助我們了解目前整理所達到的水準,明確重新整理所要達到的目標。如《寧靈廳志草》出版過兩種整理本,通過比較研究,我們發現,兩整理本在整理體例、整理方式、整理結論等方面都存在缺憾。兩書出現多處標點錯誤,誤識原抄本文字,任意剪接原書内容,變亂原書體例,校勘粗糙,原稿中的多處錯誤未能校出,注釋不嚴謹,出現多處誤注現象,等等。有鑒於此,儘管《志草》已出版了兩種整理本,但我們決定還是要重新整理它。

(三) 確定底本,選擇參校本及其他參考文獻

通過查檢目録著録,實地開展館藏調查,將目驗的各本進行分析比較,梳理出舊志的版本系統後,最終確定一種爲工作底本。原則上,底本當刊刻或抄録質量較優,内容最全。底本確定後,還要確定一批參校本和他校資料。一般而言,若舊志版本系統不複雜,建議將傳世各本都列爲參校本,以最大限度地發現底本

---

① 張京生:《〈寧靈廳志草〉考述》,《圖書館理論與實踐》1992 年第 1 期;《歷史的見證——日本藏清稿本〈寧靈廳志草〉的學術價值探析》,《圖書館理論與實踐》2008 年第 6 期。

② 巴兆祥:《日本藏孤本寧夏〈寧靈廳志草〉考述》,《寧夏社會科學》2002 年第 5 期。

③ 寧夏人民出版社 2008 年版胡建東整理本《光緒寧靈廳志》,陽光出版社 2010 年版張京生整理本《光緒寧靈廳志草》。

中存在的問題,整理出最優的文本。

　　他校資料的選擇,在通讀舊志時就開始着手進行。整理者可在通讀原本的基礎上,將舊志中明確提到的他書文獻進行梳理,列爲基本參考文獻,並在其後的整理實踐中不斷充實、完善。他校資料的確定,有的可以根據舊志本身提供的信息來選擇。如《〔弘治〕寧夏新志·凡例》言:"宦迹在前代者據正史,在國朝者序其時之先後而不遺其人,備參考也。"這就提示我們,校勘《〔弘治〕寧夏新志》的《人物志》《宦迹》時,一定要以正史如《史記》《漢書》等爲他校材料。《凡例》又説:"沿革、赫連、拓跋三《考證》,悉據經史及朱子《通鑑綱目》、本朝《續綱目》摘編。"這提示我們,《〔弘治〕寧夏新志》的三卷考證内容,必須要以宋朝朱熹、趙師淵撰《資治通鑑綱目》、明朝商輅撰《續資治通鑑綱目》爲基本的對校資料。《凡例》之後的《引用書目》列舉了編修《〔弘治〕寧夏新志》所引的 42 種文獻,基本按引書成書時代排序。這些文獻,只要有傳世,就一定要將其列入參考文獻之中,因爲它們都是《〔弘治〕寧夏新志》最直接的史料來源。

　　選擇他校資料時,切不可畫地爲牢,只關注某一地區,而是要結合一地的地理沿革情况,擴大他校資料的搜集範圍。歷史上,西北地方陝甘寧三地的地緣關係和政治、文化等關係都非常密切。寧夏在明朝隸屬陝西布政使司管轄,在清朝則隸屬甘肅省管轄,成於明清時期的陝西、甘肅地方文獻特別是舊地方志中,散見有非常豐富且重要的寧夏歷史資料。《〔嘉靖〕陝西通志》《〔萬曆〕陝西通志》《〔康熙〕陝西通志》等三志是陝西舊通志中寧夏史料最豐富者。《〔嘉靖〕平涼府志》所載明朝固原州、隆德縣史料非常系統、豐富。《〔乾隆〕甘肅通志》《〔宣統〕甘肅新通志》是甘肅舊通志中寧夏史料最豐富者。上述六種陝甘舊志中的寧夏史料,爲明清寧夏舊志編纂提供了最豐富、最系統的基本史料。明清寧夏舊志多因襲陝甘通志的材料和編纂體例。如寧夏《〔萬曆〕朔方新志》自《〔嘉靖〕陝西通志》取材,嘉靖、萬曆《固原州志》自《〔嘉靖〕平涼府志》取材,《〔光緒〕花馬池志迹》自《〔嘉慶〕定邊縣志》取材,《〔乾隆〕寧夏府志》《〔民國〕朔方道志》從體例到内容分別受《〔乾隆〕甘肅通志》《〔宣統〕甘肅新通志》的影響,等等。同時,明清時期的寧夏舊志也是研究陝甘文史、整理陝甘舊志的重要資料,如明朝正德、弘治、嘉靖三朝《寧夏志》成書時間均早於《〔嘉靖〕陝西通志》,都可爲整理後者提供重要的參校資料。所以,整理陝、甘、寧任何一省的舊志,尤其是通志及相鄰地區的舊志,確定他校資料時一定要同時關注另外兩省的舊志資料。

　　另外,出土文獻和檔案材料也是重要的他校資料,過去的研究者均未予重視。如慶靖王朱㮵之名,文獻中還出現過"朱栴""朱㫋"等兩種寫法,筆者據出土於寧夏同心縣的《慶王壙志》,結合明清傳世文獻,考證認爲,慶王之名當爲"朱

栿”而非“朱栴”,更非“朱斾”。① 再如,《寧夏府志》卷十三《人物》載,寧夏鄉賢謝
王寵“壽七十三卒”,而據寧夏靈武出土的《清通義大夫謝觀齋墓志銘》載,謝王寵
生於康熙十年(1671),卒於雍正十一年(1733),享年六十三(虛歲),故可據以改
正《寧夏府志》記載的錯誤。②

(四) 編寫整理説明

整理説明的主要作用有二,一是規範整理方法,二是方便利用整理成果。整
理説明要扼要、準確,方法力求易於操作,切忌繁瑣。一篇規範的整理説明是需
要反復完善的。舊志正式整理之前,可先據常規的古籍整理規範,就標點、注釋、
校勘等工作草擬出基本的整理要求,選擇部分舊志内容先開展預備性整理工作。
再結合遇到的具體問題,對整理説明不斷完善。凡多人合作開展舊志整理工作,
或在相對固定的時間内整理多部舊志時,整理説明的這些完善步驟尤其重要。
必要時,可選擇典型問題,集體討論,形成統一意見。待整理方法合乎規範、易於
操作之後,再最後定稿整理説明,讓它成爲大家都要遵守的原則要求,不能輕易
改變。

二、整理的具體環節及方法

整理的前期準備工作結束後,就進入到具體的整理環節了。下面主要從“録
文”“標點”“校勘”“注釋”等幾方面談談具體的整理方法。

(一) 録文、標點

具體整理舊志的第一個環節就是録文。高質量地將底本文字轉録爲可以編
輯的文檔,可以有效減少由出版機構照原手稿重新録排造成的錯誤。一般來説,
録文要求在内容上一仍底本原貌(包括卷帙、卷次、文字、分段等),不改編,以保
持内容的原始性、完整性和獨立性,便於整理者與底本對校。將以繁體字出版的
舊志,特別需要重視底本存在的異體字、俗體字、通假字、古今字等用字現象,除
因特殊的出版要求外,志書原字形不當以意輕改。如有的整理者改“昏”爲“婚”,
改“禽”爲“擒”,改“地里”爲“地理”,等等,均顯係誤改。利用軟件進行繁簡字轉
換時,要注意其識別率。有些簡體字,軟件無法將其轉換成繁體字,有些甚至會

---

① 參見胡玉冰:《寧夏舊志研究》,上海古籍出版社 2018 年版,第二章第一節。
② 參見胡玉冰、韓超:《清代寧夏人謝王寵生平及其〈愚齋反經録〉考略》,《圖書館理論與實踐》2015
年第 2 期,第 105—108 頁。

轉換錯誤，如動詞“云”誤轉作“雲”，地支“丑”誤轉作“醜”，職官名“御史”誤轉作“禦史”，表示距離的“里”誤轉作“裏”。因出版要求，還要注意新舊字形問題，如“户”“吕”“吳”“黃”“彦”等爲舊字形，相對應的新字形則是“戶”“呂”“吴”“黄”“彦”。舊志用字，常有字形前後不一現象，如“强、彊、強”“蹟、跡、迹”“敕、勅、勑”“爲、為”等幾組字，可能會在同一部舊志中交替出現，這類字的字形統一當慎重。整理時原則上遵從舊志版的用字習慣，盡量用原書字形（俗字或異體字）。多種字形混用者，可統一爲出現頻次較多的字形。但有的整理者將“並、并、竝、併”“采、彩、綵、採”“升、陞、昇”三組字分別統改爲“並”“采”“升”，就很值得商榷了。

　　不同的字形，若有其特殊的用途或意義，就不能隨意地合并統改。特別是地名用字，一定不能以今律古。如寧夏平羅縣之“平羅”係清朝開始使用的地名用字，《〔萬曆〕朔方新志》卷一《地理》中作“平虜”，《〔康熙〕陝西通志》卷二《疆域·寧夏衛》避清朝諱改作“平羅”。整理時不能將《朔方新志》的“平虜”改爲“平羅”，因爲明朝原本就叫“平虜”，清朝因避諱而改，因此不能因其今名而改動明朝舊志的地名用字。同樣，整理清朝舊志，就需要把明朝的地名回改爲當時的用字。如《〔乾隆〕寧夏府志》卷二《地里·疆域·邊界》“北長城”條“雖有平虜城”“以故於平虜城北十里許”兩句，“平虜”原均作“平羅”，當據《〔萬曆〕朔方新志》卷二《外威·邊防》回改爲“平虜”。

　　整理者録文時對文稿要做一定的文檔編輯工作，認真閲讀原志，合理區別内容層次及隸屬關係，規範標注各級標題。舊志常用不同的版式風格和大小字體來區分不同類型的内容，録文時要給予充分的考慮。舊志常用不同類型的符號來標示内容的層級隸屬關係，充分理解了這一點，有助於録文時對内容進行分段。舊志原版中多雙行小字，有的雙行小字是補充説明性質的文字，有的雙行小字是解釋性文字。録文排版舊志原版中的雙行小字，若字體、字號同正文文字，就有可能使讀者不能正確判斷原志内容的隸屬關係，有的還可能造成標點符號的混亂，影響對文意的理解。故録文時，最好以不同的字體、字號把舊志原版雙行小字與正文區別開來。

　　處理舊志中的地圖等圖像文獻時要注意，舊志往往不用一整幅版面來呈現完整的圖像，而是分兩個半版來呈現，今人整理時最好能將其合二爲一。合成後的圖像文獻盡可能保持版面清晰，必要時可將原版中模糊不清的字迹、綫條等修飾清晰，以便他人的正確利用，但有一個原則，那就是不能以意亂改。不要改變原字體，不能改變原綫條走向等，盡量保持原版原貌。有些整理者會請專業的繪圖人員照舊圖另外繪製新圖，上述原則也應該遵守。修飾原版中模糊不清的文字時，盡量結合正文中的相應内容如《疆域》《城池》等内容，避免出錯。

　　舊志標點,可根據現行標點符號的用法,結合古籍整理的通例,進行規範化標點,具體可參考中華書局編寫的《古籍校點釋例(初稿)》(原載《書品》1991 年第 4 期)。爲統一舊志的標點工作,某些要求可以細化。如整理寧夏舊志時統一規定,凡原書中用以注明具體史料出處的"通志""府志""郡志""縣志""新志""舊志"之類,能考證確定所指文獻者,在正文中均加書名號,標點作《通志》《府志》《郡志》《縣志》《新志》《舊志》,並脚注説明具體所指文獻。如:"府志:指自〔乾隆〕寧夏府志》。"凡不能確定具體所指者,則不加書名號,亦脚注説明。如:"縣志:具體所指文獻不詳。"

(二) 注釋

　　以往舊志整理,多注重對疑難字詞、典故、人名、地名等的注解,爲進一步提高舊志的利用價值,還應加强以下幾方面内容的注釋工作:

　　1. 史料出處的注釋

　　舊志於行文中有時會注明史料出處,但無定制,如朱梴《寧夏志》卷上《河渠》所引史料出處包括:"酈道元水經""周禮""西羌傳""唐吐蕃傳""李聽傳""地理志""會要""元和志""元世祖紀""張文謙傳""郭守敬傳"等,考其諸文,分别指酈道元《水經注》、《周禮·地官司徒·遂人》、《後漢書》卷八七《西羌傳》、《新唐書》卷二一六下《吐蕃傳》、《新唐書》卷一五四《李晟傳附李聽傳》、《新唐書》卷三七《地理志》、《唐會要》、《元和郡縣圖志》、《元史》卷五《世祖本紀》、《元史》卷一五七《張文謙傳》、《元史》卷一六四《郭守敬傳》,如果整理者不對其引文細加考究并給予注明,讀者恐怕很難判斷引文的具體出處。

　　2. 原文體例中資料互見者的注釋

　　地方舊志行文時,常常會出現"見前""見《進士》""見《藝文》""詳見《人物》""詳見《鄉賢》"等字樣,對這些内容進行注釋,一方面可以驗證原志記載是否可信,另一方面,省去讀者查檢之勞。

　　3. 干支紀年及缺省内容的注釋

　　舊志紀年多以干支爲主,有的會承前省略帝王年號,有些行文中常常不出現人物全名,只稱某公,或只稱其職官名,具體年代及人物在原文中没有交代,故整理者當結合上下文來注釋,以幫助讀者正確理解。如多種寧夏舊志中均收錄有唐朝楊炎《靈武受命宫頌并序》一文,記載了唐肅宗李亨至德元年(756)至靈武即皇帝位事,其中有"丁卯,廣平王俶、太尉光弼、司徒子儀、尚書左僕射冕、兵部尚書輔國"句。"丁卯"指何時,廣平王等具體指何人,若不熟悉該序寫作時間及歷史背景的話,很難搞清楚。有關唐肅宗李亨至靈武即皇帝位事,《舊唐書》卷十

《肅宗本紀》、《新唐書》卷六《肅宗本紀》、《資治通鑒》卷二一八《唐紀三十四》、《通鑒紀事本末》卷三一中《安史之亂二》等有記載,有的記載相同,有的則相異。如肅宗李亨至靈武和即位的時間,四書記載一致,均記載他於七月辛酉(七月初九)至靈武,甲子(七月十二)即位。而大臣奏請李亨即皇帝位的上奏時間,《舊唐書》記載在七月辛酉,即李亨到達靈武的當天。《新唐書》記載在七月壬戌,是李亨到達靈武的第二天。《資治通鑒》《通鑒紀事本末》記載在七月甲子,是李亨到達靈武的第四天,也就是他即皇帝位的當天。而《靈武受命宫頌》記載的時間“丁卯”(七月十五)則是李亨到達靈武的第七天,是他即位後的第三天了,《資治通鑒》《通鑒紀事本末》都載,這天,上皇制以太子亨充天下兵馬元帥,領朔方、河東、河北、平盧節度都使,南取長安、洛陽。很明顯,楊炎所記時間與事實不符。關於上奏人,《舊唐書》《資治通鑒》《通鑒紀事本末》都記爲“裴冕、杜鴻漸等”,《新唐書》記爲“裴冕等”。而《靈武受命宫頌》所提及的李光弼、郭子儀此時均不在靈武。因此,整理者通過梳理文獻當注明,人物分別指廣平王李俶、太尉李光弼、司徒郭子儀、尚書左僕射裴冕、兵部尚書李輔國,但李光弼、郭子儀此時均不在靈武。所記上奏時間史書記載不一,楊炎所記“丁卯”疑誤。

(三) 校勘

以往寧夏舊志的整理本中,有價值的校勘成果非常少見,更説明舊志整理一定要加強校勘工作。校勘的方法,常用的是校勘四法,即對校、本校、他校、理校,此四法往往需要綜合運用,不能只是簡單地運用其中的某一種方法。筆者校勘《寧夏志》卷上《祥異》“永樂甲戌歲金波湖産合歡蓮一”句,查明成祖“永樂”年號紀年干支名(自癸未至甲辰,1403—1424)中無“甲戌”。《寧夏志》卷下《題詠》録有凝真(朱㮚之號)七律《戊戌歲金波湖合歡蓮》一首,所詠即爲永樂年間金波湖出“祥瑞”合歡蓮一事。故知“永樂甲戌歲金波湖産合歡蓮一”句中“甲戌”當作“戊戌”,永樂戊戌歲即永樂十六年(1418)。

古籍整理要充分吸收已有研究成果,以最大限度地減少原始文本中存在的錯誤,避免利用者以訛傳訛。朱㮚編修《寧夏志》卷下録有兩篇重要的西夏文獻,其中《大夏國葬舍利碣銘》有“大夏天慶三年八月十日建”句,朱㮚考證後認爲,葬舍利時間“乃夏桓宗純祐天慶三年、宋寧宗慶元二年丙辰也”。寧夏舊志編者甚至許多當代學者都認同這一結論。據牛達生先生考證,[1]“天慶三年”句當作“大

---

① 參見牛達生：《〈嘉靖寧夏新志〉中的兩篇西夏佚文》,《寧夏大學學報》1980 年第 4 期,第 44—49 頁。

慶三年”，故朱栦的考證結論當改作“乃夏景宗元昊大慶三年、宋仁宗景祐五年戊寅也”。

　　校勘所用他校資料不能失之過簡，亦不能失之過濫，某些關係明確的他書資料當作爲重要的他校資料重點利用，如《〔乾隆〕寧夏府志》大量内容來自《〔萬曆〕朔方新志》和《〔乾隆〕甘肅通志》，我們就要將這兩種舊志作爲《寧夏府志》最主要的他校資料。關於這一點，可以結合整理前要進行參校文獻篩選工作來理解。校勘成果的表達要規範、簡練，術語使用要準確。校勘時凡改必注，改動一定要有堅實的證據，否則只出異文即可。

三、整理研究舊志規範

（一）整理力求存真復原

　　整理舊志，不能變亂舊式，隨意在原文中增加原本没有的文字内容，切忌以今律古。舊志，特别是明清舊志，都有一定的編修體式，不應隨意去變亂它。如許多舊志每條凡例之前都會有“一”這一符號，以使凡例眉目清晰，可有的整理者誤認爲其爲序號，將其改成阿拉伯數字或漢語數目字等。有舊志整理者爲便於讀者統計，往往在山名、河名、人名、詩題、文題等之前添加序數詞，看似眉目清晰了，實則違反了古籍整理的原則。實際上，古人在刻舊志時，往往有一套符號系統表示層次及隸屬關係，今人隨意增加，實在有畫蛇添足之嫌。更有甚者，會調整原書内容的次序、位置，任意删並原志，這就完全變成是當代整理者編修的地方志了。宋人彭叔夏在其《文苑英華辨證自序》中記載：“叔夏嘗聞太師益公先生（指宋人周必大）之言曰：‘校書之法：實事是正，多聞闕疑。’”舊志整理要力求做到存真復原，按照一定的整理原則對舊志進行規範的整理。

（二）研究需要實事求是

　　評價舊志，一定要實事求是，充分了解舊志編纂的時代性特點，不可苛求古人、求全責備。評價一部舊志的價值，常常從體例、内容兩方面着手，而内容猶重。譚其驤先生曾説過：“舊方志之所以具有保存價值，主要在於它們或多或少保留了一些不見於其他記載的原始史料。”[①]這實際上要求我們，在評價舊志内容價值時，要區别看待，只有獨見於志書的内容價值才更高些，而那些因襲其他

---

　　① 譚其驤：《地方史志不可偏廢，舊志資料不可輕信》，載《中國地方史志論叢》，中華書局 1984 年，第 12 頁。

志書，或者自其他史書中摘抄的内容，其價值就要另當别論了。如寧夏舊志，其科舉、賦税、公署、學校、藝文等資料多獨見於志書者，而人物類資料多自他志承襲，評價内容價值時，就要慎言人物類資料的價值。另外，寧夏舊志承襲前代史料時多未加以辨别考證，致使其中的錯誤也被承襲，甚至錯上加錯。如隋朝人柳彧徙配地在"朔方懷遠鎮"，自明朝《〔弘治〕寧夏新志》始，一直被作爲流寓寧夏的歷史名人而載之史册。明朝胡侍《真珠船》"懷遠鎮"條考證認爲，柳彧徙配地"朔方懷遠鎮"在遼東，與今寧夏無關。《〔弘治〕寧夏新志》《〔嘉靖〕寧夏新志》《〔嘉靖〕陝西通志》《〔萬曆〕朔方新志》等均誤以爲柳彧流放在今寧夏故地，故載柳彧爲寧夏流寓者。《〔乾隆〕甘肅通志》亦襲其説。過去研究寧夏舊志者都僅限於舊志本身談其價值，没能從史料流傳上分析其價值。如評價《〔乾隆〕銀川小志》内容及學術價值時，有學者認爲該志幾乎將與寧夏有關的歷代詩文全部輯録在志書中，所輯録的水利、學校、風俗等資料都很有研究價值，等等，這些觀點值得進一步商榷。實際上，《〔乾隆〕銀川小志》相當多的内容都是照録明朝人所編寧夏舊志，並非汪繹辰的獨創。從内容的完整性和全面性來看，該志尚不能與明朝所編的寧夏舊志相比。[1] 有學者認爲，寧夏舊志中以資料而論有三條最爲珍貴，其中的一條就是《〔乾隆〕寧夏府志》中的《恩綸記》。可事實上此段史料最早出自《平定朔漠方略》，《〔乾隆〕寧夏府志》還將左翼額駙"尚之隆"誤抄作"尚之龍"。[2]

　　加强舊志的比較研究，會有助於提升舊志的研究水準。比如，以往從事西北古代文史研究特别是寧夏古代文史研究者常將寧夏舊志當作第一手資料來利用，而從史源學角度看，這些資料實際上並非"一手"，而多是從陝甘地方志中輯録的。從現有的寧夏舊志整理成果看，學者也多没有把陝甘方志資料當作必需的參校資料來利用，致使寧夏舊志沿襲自陝甘方志的文字錯訛衍倒、内容遺漏及新增的文字、内容錯誤問題都没有得到糾正，使後人以訛傳訛。同時，從事陝甘古代文史研究、開展陝甘舊方志整理研究，也要注意借鑒寧夏舊志的整理研究成果。辨明史料正誤，以避免以訛傳訛。

（三）成果確保完整呈現

　　一部完整的舊志整理之作，至少要包括五部分内容：第一，前言。主要介紹舊志的整理研究現狀、編修始末、編修者、版本、内容、價值等方面。第二，校注説

---

① 參見胡玉冰：《寧夏舊志研究》，上海古籍出版社 2018 年版，第三章第一節。
② 參見韓超：《甘肅舊志中的寧夏史料述考》，寧夏大學 2014 屆碩士畢業論文，第 43 頁。

明。説明底本、校本等選擇情況，列舉標點、注釋、校勘等原則。第三，新編目録。舊志一般都有原編目録，但不便今人利用，故要據整理成果編輯眉目清晰、層次分明、使用方便的新目録。第四，舊志正文。第五，參考文獻。目前出版的舊志中，有些不列舉參考文獻，有些參考文獻或按文獻出版時間排序，或按在文中出現的順序排序，或按或書名、作者名首字的音序排序，這些都起不到指導學術研究的作用。參考文獻要便於按圖索驥，最好能分類編排。依四庫法進行排列，就是很好的選擇。某些舊志，可根據需要增加索引、附録等内容。編索引可方便使用者查找相關專題資料，附録可在一定程度上彌補舊志正文内容不足的缺點。如民國時期寧夏地區對土地、資源等進行過較爲詳細地調查，形成的調查報告是最原始的檔案資料，這些資料往往散見且不能單獨成書，但它們對有關舊志而言具有很好的補充作用，故應該在附録中予以保留。

目　　録

前　言

　　1921 年,杜友仁最早動議編修《〔民國〕固原縣志》。1937 年固原縣長丁耀洲向甘肅省主席于學忠呈請編修《固原縣志》,聘請徐步陞爲總纂,開始官方編修計劃,徐步陞去世後由夏際文接替總纂,由於丁耀洲的離任,志書未能修成。張桃接任固原縣長後督促編修,但在任時間短,志書亦未修成。葉超離任縣長後,自 1941 年至 1948 年,花了八年多的時間,在夏際文等人幫助下,終於修成志書十二卷。其接任者王思誠雖然積極籌措刊修志書的經費,由於時局動盪不安,葉超等人修成的志書最終未能刊行,《固原縣志》只以稿本傳世。

一、編修者生平

　　《固原縣志》編修者在該志中大都有相關的事蹟資料,以下各人生平主要據《固原縣志》之《職官志》《人物志》等梳理,另外參考了陳明猷編制的《民國〈固原縣志〉稿編撰者和序跋作者簡表》。

(一) 丁耀洲等固原縣長

　　丁耀洲字振五,山西臨晉(今山西臨猗縣)人,民國二十五年至二十六年(1936—1937)任固原縣長,勤政愛民,提倡並開始籌備修縣志。《固原縣志》卷十《藝文志》録其《禁止賭博佈告》《固原縣水利工程計劃書》《修〈固原縣志〉請備案呈》等文。

　　張桃字碧仙,雲南宜良人,二十七年(1938)任固原縣長,兼第一區長,在任期間也重視修志事宜。

　　葉超(1898—?)字逸凡,福建閩侯(今福建閩侯縣)人,二十八年(1939)任固原縣長,三十年(1941)離任後開始編修《固原縣志》。爲節約並籌措修志經費,他曾於三十二年至三十六年(1943—1947)間任固原師範學校教員。三十七年

(1948)縣志修成。有《塞上雪鴻集》兩卷傳世,[1]多篇詩文入編《固原縣志》。

　　葉超等編修《固原縣志》期間,經歷了三任縣長。其中王思誠是山西黎城人,三十年(1941)接替葉超任固原縣長,曾積極籌措有關的修志經費。孫伯泉,甘肅定西(今甘肅定西市)人,三十四年(1945)任固原縣長,也是民國時期固原縣最後一任縣長,《固原縣志》載,他也曾籌修縣志經費。

(二) 徐步陞等編輯、採訪人員

　　徐步陞、夏際文、趙生新、石作梁、張纘緒、劉文敏、趙克明、杜友仁、張登甲、韓椿芳等人曾參與《固原縣志》的編修、採訪工作。[2] 夏際文、趙生新、石作梁、杜友仁等四人還爲《固原縣志》撰寫了序跋。

　　徐步陞(1869—1937)字雲階,寧夏固原人。光緒二十九年(1903)癸卯恩科副貢生,宣統元年(1909)任五原書院山長,[3]民國二年(1913)任縣議會副議長,十二年(1923)任農會會長。二十六年(1937)被丁耀洲聘爲《固原縣志》總纂,志書未修成而卒。他關心地方教育、民生及交通建設等事,《固原縣志》卷十《藝文志》錄其《上大總統請將四子五經編入學校課本呈》《上大總統西北邊務條陳》《上交通部書》等文。

　　夏際文(1866—1964)字禹勤,寧夏固原人。清朝優貢生,民國七至十五年(1918—1926)任勸學所所長兼縣視學。十七年(1928)任縣黨部執行委員會常務委員兼帳務會長、天足會長,二十三年(1934)任三營鄉長,三十四年至三十七年(1945—1948)任縣第一、二屆參議會議員。新中國成立後曾任固原縣政協副主席。他關心百姓疾苦,曾帶頭捐糧賑濟災民。熱心地方教育事業,曾設立四鄉小學校共三十二處。長於文學。《固原縣志》卷十《藝文志》錄其《請散放賑款函》《上省政府請減輕糧款並攤代電》《上財政部請減輕田賦科則代電》等文。

　　趙生新(1873—1954)字銘三,寧夏固原人,清宣統元年(1909)拔貢生。不仕,終身教讀,晚年研究佛學。《固原縣志》卷十《藝文志》錄葉超撰《趙銘三先生

　　① 《福州晚報》2011 年 12 月 13 日載官桂銓《福州詩鐘傳寧夏》一文稱,他在福州古玩店買到《固原日報》1947 年 12 月石印本的葉超編《塞上雪鴻集》一部,共兩卷,上卷收“詩鐘”,下卷收“詩詞歌賦”。作者據《塞上雪鴻集序》指出,葉超卸任固原縣長一職後,未回福州老家,而是在固原定居下來,組織了蕭關詩社,將清代福州文人創制的特殊詩體——“詩鐘”傳授給了當地詩人,還編寫了《詩鐘常識》作爲教材。文章選載,“據《塞上雪鴻集》書前兩篇序得知,葉超還編纂《固原縣志》,查《中國地方志目錄》無葉超纂的《固原縣志》,大概散佚不存了,殊爲可惜。”實際上,葉超編《固原縣志》稿本傳世,因未正式刊印,世所罕見,故作者以爲該志亡佚了。
　　② 石作梁、劉文敏、趙克明、韓椿芳等人之字、名用字在《〔民國〕固原縣志》中記載不一致,詳見下文。
　　③ 《固原縣志》原作“光緒三十五年”任五原書院山長,光緒皇帝共在位三十四年,第三十五年是宣統元年,據改。

傳略》，載趙生新事。《固原縣志》卷十《藝文志》録趙生新撰《游小蓬萊記》《田森
榮事略》等文。

石作梁字幹丞，寧夏固原人。民國七年（1918）任縣警佐所警佐，十四年
（1925）復任警佐，十七年（1928）任西區區長，二十三年（1934）任蒿店區長，三十
三年（1944）任縣臨時參議會參議員，三十四年（1945）任縣農會理事長，三十六年
（1947）任縣議會副議長，同年又任農會理事長。多次上電文，爲民請命。晚年創
張易鄉學校，培養青年，排解回漢糾紛。《固原縣志》卷十《藝文志》録趙文蔚撰
《石作梁事略》，載其事蹟。石作梁撰《庚申地震記》《戊辰匪亂記》《己巳饑饉記》
《固原城守記》等文亦被《藝文志》輯録。

張續緒（1877—1947）字禹川，①回族，原籍甘肅省張家川人。民國二年
（1913）任縣議會副議長，五年至十五年（1916—1926）任固原清真高等小學校校
長兼教員，十七年（1928）任中區區長，二十六年（1937）候補國民副代表大會代
表，三十三年（1944）任縣臨時參議會議長，三十四年（1945）任第一屆縣參議會議
長。卒於任內。《固原縣志》卷十《藝文志》録葉超撰《張續緒德政碑贊》，對張續
緒一生行事襃獎有加。班格爾馬辛撰《回族學者張續緒先生事略》，對張續緒一
生善舉也有追述。張續緒不僅參與《固原縣志》的編修、採訪工作，同時也非常重
視對歷史資料的搜集整理。據班格爾馬辛記載：“張先生在四十多年興學育人的
生涯中，不僅培養出許多有用之才，而且還搜集整理了從清朝康、乾、同、光各代
及民國時期回民多次起義的原因、經過、失敗等詳細資料。這些資料不是照抄官
書的，而是調查民間當事人記録的活材料，筆者曾參與整理工作，共約五十多萬
字，可惜未及出刊……遺憾的是這部較完整的歷史資料在‘文革’中變爲灰燼，這
是今天整理西北回民鬥争史的一個無法彌補的損失。”②

劉文敏（1884—1959）字穎齋，寧夏固原人。民國三十三年（1944）任縣臨時
參議會參議員。《固原縣志》卷十《藝文志》録杜友仁撰《孝子劉文敏事略》，記其
孝敬等事。

趙克明字慧生，寧夏固原人。光緒三十二年（1906）丙午科考職列優等，授巡

---

①　關於張續緒的卒年，葉超、班格爾馬辛都記載爲民國三十六年（1947），但其生年、享年記載則不
一。葉超記載張續緒享年69歲，可推知其生年在光緒四年（1878）。班格爾馬辛記載享年70歲，則生年當
在光緒三年（1877）。又，班格爾馬辛《回族學者張續緒先生事略》《寧夏文史資料》第25輯，寧夏人民出
版社2001年版）載，張續緒生於光緒七年（1879）。光緒七年爲西元1881年，1879年爲光緒五年，班格爾
馬辛原文括注的西元顯然有誤。另外，陳明猷撰《民國時期固原縣情研究的重要著述——評介民國〈固
原縣志〉稿》（附録於《民國固原縣志》點校本，寧夏人民出版社1992年版）附《民國〈固原縣志〉稿編撰者和
序跋作者簡表》載張續緒生於光緒二十三年（1897），顯誤。
②　班格爾馬辛：《回族學者張續緒先生事略》，《寧夏文史資料》第25輯，寧夏人民出版社2001年
版，第256頁。

檢,民國六年(1917)任提署街高等小學校長,十七年(1928)任女子高等小學校長。

杜友仁(1905—1962)字士林,民國三十五年至三十六年(1946—1947)任固原中學教員。淡于名利,晚年好静學佛。著有《春秋凡例集要》《春秋兵法撮要》《是亦輟耕録》等。《固原縣志》卷十《藝文志》録其《孝子劉文敏事略》《老翁尋子記》《高凌雲事略》等文。

張登甲字梯青,寧夏固原人。民國十五年至二十年(1926—1931)任固原教育局長,三十二至三十四年(1943—1945)任師範學校教員。

韓椿芳,山東人。北平師範大學畢業,民國三十一年(1942)任初級中學校長,三十二年(1943)兼師範學校校長。趙春普,生平事蹟不詳,曾任固原中學、師範學校兩校董事長。葉超與韓椿芳、趙春普等共任《固原縣志》總纂。

二、編修始末

據《固原縣志》各序跋可推知該志的編修始末。杜友仁序載,他於民國十年(1921)"約同志諸友編小志,用備軒輶之檢采,奈寡學識無採訪,因而中止。繼於二十六年奉上峰令,飭修縣志,以備改革以來整理國故之事實。"[①]顯然,二十一年杜友仁提出的編修志書計劃是民間動議,而三十七年的編修動議則是官方行爲。

《固原縣志》主要編輯者趙生新對該志的官方編修過程記録最詳,他説:"民國丁丑,邑宰丁公振五,切挽頹風,謙恭下士,選賢任能,編輯年餘,旋即解組。張君碧仙繼任催修,中道而止……我葉公逸凡……下車以來,不以作官爲榮,惟耽樂於文事,公餘之暇,手不釋卷,著作極夥。涖任年滿,兩袖清風……邑人公請總纂縣志,首肯樂從……新任王公思誠,盡心提倡,竭力贊襄。邑士夏禹勤、張禹川、劉穎齋、杜士林、趙惠生、張梯青分編輯勞,有葉公評正增删,王公經營勸款,今歲大有可觀。"由趙序可知,《固原縣志》的編修經歷了四任固原縣長,包括民國二十五年至二十六年(1936—1937)在任的丁耀洲、二十七年(1938)在任的張桃、二十八年至二十九年(1939—1940)在任的葉超、三十年(1941)在任的王思誠。丁耀洲曾就編修縣志一事向時任甘肅省政府主席的于學忠上報《修〈固原縣志〉請備案呈》,輯録在《固原縣志·公牘》中,成爲我們瞭解此次編修縣志的重要資

---

① 除特殊説明外,本文引《〔民國〕固原縣志》,均直接引自民國三十七年(1948)抄本。恕不一一注明。

料。呈請曰："查固原縣縣志,自宣統元年修成後,歷經變亂,斷續失修者迄三十載。其宣統修成之本,今亦保存無幾,搜尋困難,即就各紳董耆宿碩士之家詳細查尋,私人方面亦不過僅存一二。若再不急謀繼修,倘宣統之成本遺失,則無從查考而補修矣。茲據本縣各區長士紳等,紛紛懇請,借現在尚有耆宿碩士數人設立縣志局,延聘各耆宿碩士爲委員,參據宣統年成本,負責續修。查縣志關係全縣之文化與禮俗者至巨,若不設法補修,勢必淹沒無著。理合呈請鈞府鑒核俯準備案,實爲公德兩便。謹呈甘肅省政府主席于。"從呈請可知,此次編修縣志,一方面是本縣有識之士不斷懇請的結果,另一方面,宣統年間王學伊等修成縣志距丁耀洲任固原縣長時已有三十多年,時過境遷,客觀上需要對宣統縣志進行新修、補充,加上宣統志流傳數量越來越少,若不抓緊時間續修,宣統志一旦失傳,很有可能會失去續修縣志的最佳時機。丁耀洲設想編修縣志主要有兩大舉措,一是設立專門的縣志局,聘請當地飽學之士參與編輯,[①]二是主要以宣統本爲底本,續修固原縣志。夏際文序稱,丁耀洲聘請本地名流徐步陞爲總纂,但令人遺憾的是,志未修成,徐步陞因病去世。丁耀洲又命夏際文接替,繼續修志。志書只編修了一年左右,丁耀洲離任,他的修志計劃也就未能落實完成。[②]張桃在任期間曾督促編修縣志,但由於在任時間僅1年,故縣志也未能修成。葉超卸任縣長後,自民國三十年至三十七年(1941—1948),克服重重困難,在夏際文等人幫助下,終於修成志書,"共修十二卷,十綱,二十八目,六十四門,大字爲正文,小字爲注解。"接替葉超任固原縣長的王思誠積極籌措有關修志費用,可惜該志最後未能刊行。

三、志書內容及編修方法

傳世本《固原縣志》由序、《凡例》《目錄》《採訪要目》、卷一至卷十二正文、跋等內容組成,共十綱二十八目六十四門。關於正文的卷數,《目錄》列爲十卷,正文中編次也爲十卷。但《凡例》載,該志共分十綱,每綱獨立爲卷,其中《藝文志》共三卷,故《固原縣志》總卷數當爲十二卷。另據《凡例》載:"另制方輿圖及地方情形概況表各若干,登列篇首,以與正志相輔,且利披覽。圖具說明,表加備考……志體尚嚴。所有軼事談屑,概不屬入正志。別於卷末置雜記,附錄收

---

①　《〔民國〕固原縣志》整理本附《整理出版民國〈固原縣志〉序》載,夏際文任縣志局長,徐步陞任總纂。

②　《〔民國〕固原縣志》整理本附《整理出版民國〈固原縣志〉序》、陳明猷《民國時期固原縣情研究的重要著述——評介民國〈固原縣志〉稿》一文都認爲,丁耀洲在民國二十五年(1936)編修《固原縣志》。據前引杜友仁、趙生新二人序文可知,丁耀洲宣導編修志書當在民國二十六年(丁丑年,1937)。

之。……方志另標‘祥異’一目，似可不必。兹編遇天地、人物之祥異，姑于各類後附志之。”但傳世的《固原縣志》中未見方輿圖、地方情形概況表、雜記及“祥異”類資料，故其記述的角度及内容不得而知。按民國政府頒佈的修志凡例要求，志書中當附用科學方法繪製的地圖，多列與國計民生關係密切的統計表格，《固原縣志》原編修計劃中包括這些内容，但傳世本卻無，這説明該志未最後完稿，或者這些内容在傳世過程中佚失了。另外，之前學界認爲傳世文本中《天文志》《人物志·忠惇》都佚失了，今寧夏社會科學院圖書資料中心發現一批抄本，内有《人物志·忠惇》。①

　　據《凡例》載，該志每綱都有“弁言”，各目有“小引”，以説明立綱、立目之由。正文中有夾註，部分内容還有“附説”，這些文字是對正文内容作補充説明，或就某些問題展開考證。該志從舊志中輯録了大量與固原有關的資料，這些舊志包括明朝趙時春編《〔嘉靖〕平涼府志》、劉敏寬編《〔萬曆〕固原州志》、清朝安維峻等編《甘肅省新通志》、王學伊等編《〔宣統〕新修固原直隸州志》。同時，該志也從屠思聰《中華形勢圖》《甘肅省山脈表解》等近人文獻中輯録材料入志。

　　趙生新、夏際文、石作梁、杜友仁、張登甲等五人所作序在志書最前。《凡例》多達六十二條，詳細闡明志書的編修方法、原則及各綱内容編寫體例、志書格式體例等。《目録》爲三級目録，包括綱、目、門，如卷二綱名爲《地理志》，目名爲《方域》《地質》《山川》《形勝》等四目，每目之門名羅列在各目名之下，如《地質》下又列出“巖石”“土壤”等二門。《採訪要目》包括目名、備考兩欄内容，綱要式地説明各目主要採訪、輯録的内容，如“風俗”目後，要求主要採訪“婚嫁、喪祭、衣食、迎送等類”内容。此要目中的絶大多數内容縣志正文中都有記載，但也有有目無文的情況，如“祥異”採訪“景星、慶雲、人壽年”，“陣亡將士”採訪“剿匪陣亡、抗戰陣亡”者，但縣志正文中都没有相關内容。《採訪要目》下有三位總纂的姓名，包括葉超、韓椿芳、趙春普。

　　《固原縣志》正文包括十志，即《天文志》《地理志》《居民志》《物產志》《建置志》《職官志》《政權志》《治權志》《人物志》《藝文志》。《固原縣志》編者認爲萬物成于天地，人爲萬物之靈，故前三卷首述天文、地理、人民。

　　卷一《天文志》包括《天象》《氣象》等二目，《天象》包括《星野》《晷度》等二門内容，《氣象》包括《氣候》《時令》等二門内容。《凡例》中有對本志首述《星野》的理由解釋。據杜友仁《〈固原縣志〉序》載，該志“天文志中於農事節候，風雪雨露

---

　　① 參見《民國〈固原縣志〉新發現部分内容拾遺》：負有強、李習文、張玉梅輯，《寧夏史志》2015 年第 4 期。

反復詳明"。從其目名、門名看,《天文志》所載内容與傳統舊志没有多大的區别。
由於本卷已經亡佚,實際所載内容不得而知。該志卷十《藝文志》載葉超撰《固原
月令》《三十年九月二十一日日食固原觀察記》二文,前文詳細記載固原一至十二
月各月太陽運行情況、氣候特點、節氣等内容,後文詳細記載此次日食發生不同
階段的天象變化、氣温、氣壓等資訊。這兩篇文獻爲瞭解固原縣天文情況提供了
難得的資料。

卷二《地理志》包括《方域》《地質》《山川》《形勝》等四目。本志是最能體現
《固原縣志》編者考證水準和特點的部分,《凡例》載:"山脈綿亘易淆,水道遷移不
定,形勝亦古今異勢。故'地理志'中各目,或係躬親踐履,或遣專人勘驗。繼復
廣延衆論,反詰更端,必待僉同,然後命筆。較諸道聽臆度,庶少差謬。"有關地理
方面的内容,一改以往舊志多簡單描述、概括説明的方法,《固原縣志》多採用實
地踏勘與文獻佐證相結合的方法,對所要説明的《方域》《地質》《山川》《形勝》進
行更爲科學、全面的記述。記述的内容分"本文"與"夾註"兩部分,"本文力求簡
賅。夾註力求詳贍。故夾註云者,非僅注釋之謂,實爲本文所應伸引而補充之者
附注之也。"如《山川》分《山脈》《水系》兩門内容,記載一百十九處山嶺,四十五處
河流,十二處山間湖海,十一處山泉,①其中《山脈》重點對六盤山及八方支脈山
系(八向十二脈)進行了詳細的梳理。以"六盤山"爲例,明朝嘉靖、萬曆《固原州
志》只有一句話説明:"在州西南百一十里。"宣統《固原直隸州志》略詳作:"在州
西南一百一十五里,爲境内最高之山。北向與香爐、馬髦、大關、張家等山相連,
至禪塔山止。"《固原縣志》本文也很簡單,只有二十四字,曰:"邑之主山曰六盤
山,在縣西南一百十里。嶠石盤起,嶧脈輻射。"但其下的夾註内容卻非常豐富,
有五千字左右。夾註對於"六盤山"的補充説明涉及内容較廣,包括六盤山在中
國山系中的位置,與其他山脈間的關係,與關山、隴山的關係,是古之絡盤道、嶽
山之祖、古爲高山,等等。爲充分證明編者的觀點,引《尚書·禹貢》《爾雅》《説文
解字》《漢書》《宋史》《山海經》《水經注》《陝西通志》《甘肅新通志》《平涼府志》《隆
德縣志》、明朝《固原州志》等古文獻,又引廖成儒《中國分省地理地志簡明表》、屠
思聰《甘肅省山脈表解》《中華山脈系統志》《甘肅省地方志》、楊庭芳《中國各省地
理略解》、曹玉麟《本國地理》等近代地理文獻,還引唐朝、明朝、清朝詩文,多角度
考證有關問題,其考證的縝密程度,在寧夏舊志中僅見。《凡例》對《固原縣志》這
樣編輯有關内容有如下解釋:"通志務簡賅,但應有亦須盡有。縣志則雖小,必録前

① 有關《〔民國〕固原縣志》各志内容的資料統計和統計表,除特殊説明外,均采信陳明猷先生《民國
時期固原縣情研究的重要著述——評介民國〈固原縣志〉稿》(載《民國固原縣志》,寧夏人民出版社1992
年版,第1262至1287頁)一文的統計結果。

人有先我言之者。蓋縣志只爲一邑而作，徵文考事，理應剖析入微，備官此者之借鏡，與居此者之擇守。且爲國史、通志之淵泉，因端竟委，洎巨細不可或遺也。兹編基此撰輯，所以條目頗繁。若謂繁而不詳，晦而不白，亂而不理者，文之敝也。"由此可知，《固原縣志》編者認爲，凡縣志内容，當盡可能使記載内容詳盡，這樣做，一方面可以爲編修國史、通志提供資料，同時也爲地方官員執政提供借鑒。《固原縣志・地理志》就很好地體現了這樣的認識，該志編者之一的杜友仁在其《〈固原縣志〉跋》中就重點强調了志書所載地理、山水等内容所具有的重要意義。

卷三《居民志》包括《聚落》《宗教》《職工》《習尚》等四目。《聚落》涉及族姓、人口兩方面内容，記載了固原縣的民族來源、分佈情況，特別是列表統計固原縣民國三十六年(1947)人口數量、性別比例、籍貫分佈、宗教信仰、婚姻狀況、年齡、文化程度、殘疾情況等，爲研究相關問題提供了第一手的調查資料。《宗教》記載内容不多，從理法(道義爲理，皈戒爲法)、信仰(誠服爲信，尊崇爲仰)兩方面概要介紹在固原縣有信徒的儒、釋、道、回、耶等五教教義、教規等情況。《職工》包括職業、工藝兩部分内容，職業部分主要介紹固原農業生產情況，還涉及畜牧業、紡織業、商業等問題，詳細統計當地從業情況。工藝部分概要説明固原縣精醫術、工書畫及技擊的基本情況。《習尚》從風俗、語言兩方面記載有關情況。風俗部分詳細記載當地漢民、回民的風俗情況，因當地滿、蒙、藏族人較少，故略記此三族風俗。語言部分輯録了當地較有代表性的三百五十條左右的方言辭彙、二十三條諺語及六條歇後語。[①] 對輯録的方言均釋義，部分還注明音讀。這部分資料既有語言學研究價值，還有一定的民間文學研究價值。

卷四《物産志》包括《庶物》《熟貨》等二目。舊志常常把"物産"置於《地理志》或《食貨志》中，明朝韓邦靖(五泉)纂《朝邑縣志》，將"物産"獨立爲一目，《固原縣志》仿此，"兹編亦立'物産'一志，分門別類，博采兼收。益以詁釋引申，介與勞民者佐勸相耳。然挂漏之譏，知猶難免。"《庶物》包括生物(植物、動物)、礦物，《熟貨》包括食貨、用貨。共記載生物資源四百二十六種，其中植物十九類三百零九種，動物五類一百十七種。對於植物的介紹有一定的考據色彩，據文獻記載詳細説明其植物屬性、食用方法等。

卷五《建置志》包括《區畫》《城驛》《廨庠》《壇坊》等四目。對於"建置"類内容的編寫，《固原縣志》制定了嚴格的規定，即"兹編關於治區之沿革等，均經鉤深探賾，審辨咨政，力求翔實，非意爲揣測者也。"本志中與歷史有關的沿革、變遷等事，多引史實證明，按時代順序梳理得較爲清晰。民國縣境的四至八到，數據一

---

① 陳明猷統計數是"四百五十條"，有誤。

一羅列。縣區畫分區、鎮、鄉、村等，將其名字也全部記録在案。對於各城寨、公所、學校、壇廟、坊碣等所在位置、興修歷史、有關掌故、建立時間等都據實際情况記述。其中與學校有關的資料截止於民國三十七年（1948）。記載文廟時還附載祭孔典禮的各種儀式。

卷六《職官志》包括《民獻》《官師》等二目。本志按時代先後，依次羅列出相關人員名録，有些名下有事蹟，有些只有姓名。民獻，本指民之賢能者也，但從記載來看，主要還是各級各類政府官員，或者有一定社會地位之人，非普通的平民百姓。《官師》中所列"師資"，較以往舊志略有不同，除了羅列各級學官之外，第一次把普通教員也羅列在志書中，這也可以看作是官方重視教育的一種表現吧。本部分羅列了固原縣明、清、民國三代與教育有關的人員二百二十七人，其中女校長或女教員八人。《職官志》人物分類、分期統計（單位：人）如下表：

分類 ＼ 分期		元及以前	明　朝	清　朝	中華民國	總　計
		125	387	664	743	1 919
民獻	社工	0	0	2	342	344
	議士	0	0	1	57	58
官師	官吏	125	335	633	197	1 290
	師資	0	52	28	147	227

卷七《政權志》包括《黨務》《民意》等二目。卷八《治權志》包括《行政》《賦稅》《司法》《軍事》等四目。此二志的設立及所載內容有鮮明的民國時代特色。據《凡例》載，"黨務"部分，因其他黨派正在萌生，故只詳述固原縣國民黨組織、黨部地點、書記等。另外對三青團及其他"依法"建立的團體組織如農會、工會、商會、回教教育促進會、回教協會等組織構成、會員數量等也有簡單記載。有關國民黨開展的各項黨務工作如組訓、宣傳、監察、民運及與政治、經濟、文化有關的活動等都有相應的説明。如關於文化，規定每月三天，縣黨部與縣政府會同召集教育會、教育館、各學校舉行學術研討會一次，期發揚學術救國之精神。"民意"部分，以記載年度選舉情况及代表所提議案爲主，諸如罷免、創制、復决等事宜因未得實現，故付闕如。從代表人民所提各議案看，均與世道人心、國計民生密切相關。"治權"各目中，民政目的重在恤政，財賦目的重在蠲政，教育重在師資，實業重在農殖，交通重在村路，司法重在息訟，軍事重在風紀，依其實際情况記載，或詳或略。內容涉及各個方面，如"行政"中與教育有關的內容，包括教育行政、學校教育、社會教育、特種教育、邊疆教育、整理教育款産、教育計劃等。《治權志》中有

一係列的統計資料,如地方財政收支統計、春季造林和苗圃統計、國民學校情況統計、土地統計、征糧統計、耕地和賦額統計、立案統計、各項賦税統計、兵力統計,等等。這些資料無疑爲全面研究民國時期固原政治、經濟、司法等提供了難得的資料。

卷九《人物志》包括《懿行》《群材》等二目。《固原縣志》非常重視入志人物標準的制定與把握,《凡例》中與《人物志》有關的説明達十八條,是各志説明中最詳細的。從入選人物來看,社會各階層的都有,這些人物被細分爲忠惇、孝淑、義耿、淵恬、幹練、勇略、詞翰、技藝等八類,入選人物自漢至民國,代有其人,以民國人物最多。有些事蹟"兼長"的人物在不同的類別中都出現,但事蹟詳略有不同。究其實質,《固原縣志》所擬《人物志》入選標準與舊志無本質不同,略有時代特點的是:"古者選舉,不及婦女。今則女學林立,凡男女卒業中學以上者,均予登列。"《人物志》人物分類、分期統計(單位:人)如下表:

分類＼分期		元及以前	明 朝	清 朝	中華民國	總 計
		57	172	2 526	488	3 243
懿行	忠惇	20	20	1 758	102	1 900
	孝淑	4	14	260	120	398
	義耿	0	1	62	38	101
	淵恬	5	0	24	22	51
群材	幹練	14	90	79	40	223
	勇略	10	47	330	122	509
	詞翰	0	0	6	8	14
	技藝	4	0	7	36	47

卷十至卷十二《藝文志》包括《大文》《韻語》等二目。按《凡例》所言標準,"藝文未敢泛收。必其清詞妙句,與固原之人、事、時、地有關者,始録之。若無甚意致,而文又介於瑕瑜之間者,恕不挌取。"其目名"大文"者指宏大的文章、偉大的作品,目名"韻語"者"以敷陳之辭爲賦頌,諷詠之辭爲詩詞",可以看出,入選的詩文主要要從文學水準高低角度來審查,這也是首要標準。但從實際入選情況看,有相當數量的公牘類文章也被選入,這就影響到了《藝文志》入選作品的文學代表性。《藝文志》所録民國以前的詩文多自舊志中移録,還移録了萬曆《固原州志》和宣統《新修固原直隸州志》所附各序,把後者各志前的四言詩體小序也全部彙編在一起,總題曰《〈固原州志〉韻弁》,收録於《藝文志·韻語》中。特別需要注

意的是,《藝文志·書序》收録了王瑋《〈五原趙氏家譜〉序》、趙生新《〈杜氏家乘〉序》、喬興義《〈喬氏家譜〉序略》、喬森《〈崔氏家譜〉序》、謝紹端《〈李氏家譜〉序》、李文輝《〈李氏家譜〉自序》、趙永泰《〈馬氏家譜〉序》等文,是研究民國時期固原縣家譜資料的重要文獻。所録杜友仁《〈春秋凡例集要〉序》《〈春秋兵法撮要〉序》《〈是亦輟耕録〉序》等文,是研究杜友仁著述的重要文獻。《藝文志·傳記》收録的民國文獻多爲當時人記録當時事,有的對人物研究有重要價值,有的對事件研究有重要價值。如趙文蔚撰《石作梁事略》是研究石作梁生平的重要資料,石作梁撰《庚申地震記》《戊辰匪亂記》《己巳饑饉記》《固原城守記》等文,分別是研究1920年大地震、1928年固原匪亂、1929年大饑荒的重要資料。因趙文蔚與石作梁同時,石作梁也是有關事件、歷史的親歷者,所以資料的可信度極高。《藝文志》没有給"金石"單獨立目,將有關資料都附在詩文之後。所附金石資料多自宣統《固原直隸州志》中移録,注明其資料來源。有些則據固原縣實有情況簡單記述,還附有部分寺廟中的塑像情況。《藝文志》文章分期統計(單位:篇)如下表:[①]

分期 分類	元及以前	明　朝	清　朝	中華民國	總　計
	32	53	111	136	332
抄録舊州志者	21	18	80	0	119
縣志稿新增者	11	35	31	136	213

四、版本流傳及文獻價值

《固原縣志》成書後未能刊行,抄本一直散落民間。據《固原縣志》整理本附《整理出版民國〈固原縣志〉序》載,20世紀50年代中期,固原縣檔案館從夏際文處徵到該志的謄清本和點校稿本共13册,原志第一卷已經佚失。1981年,固原縣文物工作站據以油印五十套傳世,但錯訛較多。1986年,固原縣志辦公室組織力量整理《固原縣志》。1991年完成了整理工作,1992年,整理本由寧夏人民出版社精裝上、下兩册正式出版。[②] 整理者據1937年版《固原行政區畫草圖》,

---

① 陳明猷統計縣志稿新增民國時期文章數爲一百四十四篇,與筆者統計不同。另,筆者統計,該志新增民國時期賦、詩詞共一百四十三首。

② 該本排印錯誤較多,原書雖附《勘誤表》,糾正了十六處錯誤,但仍有多處錯誤未糾正,如第864頁第15行"鈞鑒"誤作"釣鑒",第897頁第15行"夏彭齡"誤脱"夏"字,等等。上册第40頁至56頁裝訂次序錯亂。

彩繪爲《民國二十六年固原縣政區略圖》，附於整理本前。對原志中大量的用漢字表述的統計資料全部改爲阿拉伯數字，並把有關的統計資料新編爲統計表格，把表述資料的漢字都改換爲阿拉伯數字。這些新編統計表編有目錄索引，附於書後。這些作法有利於對志書資料的檢索和使用，但改變了文獻原貌。①

《固原縣志》有六十二條《凡例》來規範編修工作，但志書稿本中仍然存在諸多問題有待進一步修訂。僅就志書所載人名而言，問題就有很多，或者記載有誤，或者記載前後不一致。這些很可能是志書未能有充裕的時間進行最後統稿、潤色所致。如：宣統《新修固原直隸州志》"總纂"王學伊字爲"平山"，趙生新《〈固原縣志〉序》《固原縣志》卷六《職官志·官師·官吏》"王學伊"條誤作"聘三"；卷二《地理志·形勝·形制》"漢書酈食其傳"誤作"漢書酈食共傳"；卷九《人物志·懿行·孝淑》載《八德家訓》作者爲"白風至"，卷十《藝文志》錄《八德訓》，其作者名又作"白鳳至"；同卷《人物志·群材·勇略》載"公孫昆邪"，同卷《技藝》又脫作"孫昆邪"。特別是參與志書編修工作的石作梁、劉文敏、趙克明、韓椿芳等人，《固原縣志》對於他們的記載較爲混亂。趙克明、韓椿芳，卷九《人物志·懿行·淵恬》載作"趙克敏""韓春芳"。劉文敏，卷十《藝文志》錄杜友仁撰《孝子劉文敏事略》載其字爲"穎齋"，同卷錄劉文敏撰《楊博好延老兵防邊要論》載其字又作"潁齋"。另外，從體例上看，《固原縣志》有不統一的現象。如《藝文志》輯錄文章，一般按其時代先後排序，相同時代的文章排在一起。趙生新爲民國時期人，其詩編排在民國人之列，但其文《賈讓治河三策論》卻與清代人文章編排在一起了。

從文獻價值而言，《固原縣志》仍是一部值得重視的固原舊志。該志記載內容創新之處頗多。以卷二《地理志》爲例，該志在寧夏舊志中首次對巖石、土壤進行較爲科學的描寫，與以往舊志多憑主觀感覺描繪有了本質的區別。其"地名今釋"對於固原地名中出現的詞語給予了較爲合理的解釋，並總結其地名用詞特點道："邑之地名，向由民間沿稱而來，除以舊建之遺蹟爲命名，如城、關、鎮……等外，餘皆依其地區自然之形勢而成種種不同之名稱……但間有形異名存者，蓋陵谷平陂，不無變遷。"這樣的説明，對於今天研究地名命名特點都有一定的啟發作用。在有關內容的輯錄過程中，不拘泥於陳規，大膽創新。如舊志爲突出本地名勝，爲讚美地方美景，常常擬選出"八景"甚至"十二景"，文人墨客詠詩題賦作畫，以示所言不虛。有些景致如燕京八景、西湖八景等得到世人較爲一致的認同，有

① （民國）《固原縣志·凡例》明確説明："兹編起訖，純爲志體。文中除夾註外，概不採雜圖表、括弧、阿拉伯數字，致乖體制。"（葉超等：《民國固原縣志》，寧夏人民出版社1992年版，第9頁）

些則有溢美之嫌,甚至有拉雜充數,拼湊出所謂的"八景"。清代戴震、章學誠等對這種爲揚善家鄉而生搬硬套出"八景"的作法持否定態度,列之爲修志"八忌"之一。就寧夏而言,明朝朱梅、王遜等就有"八景"題詩,中衛甚至出現了"十二景"的題詩,舊志中也多收此類詩作。《固原縣志》不設"八景"之題,而以"絶景"爲題,强調"兹編不設八景,就攝屐裹裳選攬而得之者,雖未名世,亦以名景收之入志。但具自然勝概,正不必與西湖比妝抹,與廬山争面目也。"所介紹的彈箏峽之巖流、白雲山之花木、香爐山之雲水、朝那湫之魚鳥、小蓬沼之煙波、東嶽山之營建、黑泉池之泉石、須彌山之造像等八處"絶景",都似觸手可及,非常具體,毫無虚無飄渺之感,但能真正代表固原最美的景致。這與生造"八景"有明顯不同。

　　作爲全面總結民國時期固原縣政治、經濟、文化、地理、社會生活等情况的舊志,《固原縣志》體現出了鮮明的時代特點,民國資料内容不可謂不豐富。尤其是與國計民生有關的統計資料、時人撰寫的同時代人傳記資料、時人撰寫的親歷歷史資料,都爲相關問題的研究提供了難得的詳細資料。加之對某些問題運用了傳統的考據方法進行考證,無形中增加了志書的學術内涵。通過《凡例》可知,該志從抄寫格式、文字字體等方面都有細緻的規定,可證該志的編纂計劃是比較周密的,在寧夏舊志編修史上達到了比較高的水準。

整 理 説 明

一、本書主要以標點、校勘、注釋等方式對《〔民國〕固原縣志》進行整理，以爲底本，部分成果參考寧夏人民出版社1992年版點校本。

二、整理成果以繁體橫排形式出版。注釋條目以當頁脚注形式注明，用圈碼①②③之類排序。正文或脚注中以"□"符号表示原本漫漶不清或破損的文字，一個"□"符號代表一個字；原本缺漏内容較多者脚註説明，並以"……"符號表示；正文中以"〔 〕"符號括注的文字，均係整理者增加。

三、校勘條目以卷末注形式注明，用[1][2][3]之類排序。校勘以校異文爲主，酌校内容異同。因用字習慣不同而出現人名、地名、族名等同名異寫現象，均出校説明。底本或對校本中存在明顯的誤、脱、衍、倒等現象，於正文中校改後出校説明。雖有異文但意可兩通者，不改正文，僅在校記中説明。除特殊需要外，校本有誤，一般不出校。

四、《固原縣志》明顯誤抄之字，如"戊""戌"誤作"戍"，"己""已""巳"及"曰""日"互混等，校勘時徑改，不一一出校説明。"飢餓"等之"飢"誤作"饑"，"傾圮"之"圮"誤作"圯"，等等，皆徑改，不一一出校。

五、《固原縣志》刊刻或引用他書文獻時，因避當朝名諱而改前朝文字者，如"慶歷""宏治""萬歷"之類，均據原字或原書回改爲"慶曆""弘治""萬曆"等，僅於首見處出校説明，餘皆徑改，不再一一出校。舊志編者以"回逆"等歧視性字詞敵視其他民族者，當加以批判。爲保持文獻原貌，整理時對這些字詞一仍其舊。

六、底本用字中存在的異體字、俗體字、通假字、古今字等現象，如"蹟"與"跡"、"關"與"関"、"志"與"誌"之類，一律不出校説明其字形相異。某些不規範的異體字、俗體字、古今字、繁簡等，或前後用字不一者，均按出版要求適當統改成規範、統一的字體，不出校記。《固原縣志》轉引他書文字内容，引文若與該書通行版本文字不同，除引文確實有誤，如誤録人名、地名、時間等需要出校説明外，凡不影響文意理解者一般不改動引文。

七、當頁脚注徑出注釋條目。注釋内容主要包括：原文易致惑者（如文獻簡稱或省稱、干支紀年等）、原文提及的詩文或史料出處、原文體例中資料互見者、整理者對輯補史料的出處説明和整理者的補充文字等。

八、脚注中,凡言"本志"者,均指《固原縣志》。凡言"本志書例"者,均指《固原縣志》編修體例。凡引古代文獻,均只注明書名、卷次、篇名等,其作者、版本等詳見《參考文獻·古代文獻》。凡引現當代文獻,均只注明作者、書名或論文篇名、頁碼等,其出版社、刊物名、發表時間等詳見《參考文獻·現當代文獻》。若被引用古代文獻已有整理成果,一般直接吸收其合理意見,不再重複叙述校注理由,注明"參見××"字樣。引文出處、他校資料或他人校勘、考證成果,亦注明"參見××"字樣。書名較長者沿用習慣簡稱,具體簡稱參見《參考文獻》。

九、民國三十七年(1948)抄本《固原縣志》中,張登甲《固原縣志序》和卷九《人物志·懿行·忠惇》原佚,兹據《民國〈固原縣志〉新發現部分内容拾遺》(貟有強、李習文、張玉梅輯,《寧夏史志》2015 年第 4 期)一文補。

十、《參考文獻》分《古代文獻》和《現當代文獻》分別著録。其中,《古代文獻》分陝甘寧舊志、經部、史部、子部、集部等五類著録,《現當代文獻》分著作、論文兩類著録。

〔趙生新〕固原縣志序

從來世道之隆污,關乎人心,而人心之向背,係乎觀感。孔曰:"君子德風,小人德草。"①孟云:"上有所好,下必甚焉。"②故雅詩亡而綱常墜,《春秋》作而善惡分。邑乘之修,詳述地方山川、經界、人文、物產、政教、風俗以及歷代沿革,迭有興廢,某也忠孝節義,某也名宦鄉賢,俾後之人睹懿行而莫不興起也。凡有益於繼往開來者,無微不記,無隱不彰,正所以補教化之闕略,維持世道,救正人心於罔替也。

固原爲三邊重鎮,代有名人,修志者應亦不乏。奈滄桑迭變,湮沒者多,至今僅見前明總制劉公敏寬纂志兩卷。清王公平山[1],名進士也,任邑州牧,纂成巨帙。民國丁丑,③邑宰丁公振五,切挽頹風,謙恭下士,選賢任能,編輯年餘,旋即解組。張君碧仙繼任催修,中道而止。古人有"修志最難"之歎,信非誣也。我葉公逸凡,學富廉明,恫愊無華,下車以來,不以作官爲榮,惟耽樂於文事,公餘之暇,手不釋卷,著作極夥。蒞任年滿,兩袖清風,古人云:"男兒欲上凌煙閣,第一功名不愛錢。"口碑載道,遐邇愛戴。邑人公請總纂縣志,首肯樂從。提綱晰目,極擬詳細,旁搜遠紹,全無附會,條條合格,事事核實,發微闡幽,潛德之幸,亦考古之幸也。新任王公思誠,盡心提倡,竭力贊襄。邑士夏禹勤、張禹川、劉穎齋、杜士林、趙惠生、張梯青,分編輯勞,有葉公評正增刪,王公經營勸款,今歲大有可觀。新添列士林,願效一得,自愧學識淺陋,兼之年老思衰,殊覺維艱,勉爲之序,以志不朽云爾。

邑人銘三趙生新序。

---

① 參見《論語·顏淵》。
② 《孟子·滕文公上》:"上有好者,下必有甚焉者矣。"
③ 民國丁丑:民國二十六年(1937)。

〔夏際文〕固原縣志序

固原志遠者不可考，就可考者言，初爲明時太微山人張治道所撰，時淹蹟幻，詳略無徵。繼爲涇原中丞趙浚穀所撰，事賅文典，論者謂有《三輔黃圖》遺意，與康對山《武功志》、韓五泉《朝邑志》、胡可泉《秦安志》相提並論，如出一手，冠絕秦隴而爲名世之志矣。

萬曆四十四年，三邊總制劉敏寬、兵備道董國光纂修一次，上下二冊，其選錄者皆明代故事，詳於兵防而略於政治。此後閱二百餘年，清光緒末年，直隸州牧王公平山又修一次，總明、清以上掌故沿革，括總十綱，九十五目，共十二冊，詳而賅，實而真，皆本家藏史集及各方採訪，較諸劉、董志增加數倍，可謂詳且盡美且善矣。自《王志》刊後，[①]迄今所闕者僅三十年來事耳，不惑知命之士，皆能道其詳，似無再志之必要。雖然，劉、董志，代遠年湮，零落散佚，善本無存。平山志截止清末，清以後無聞焉。

民國肇基，近四十年，其間國體之變更，民權之伸張，政治之改善，民生之利益，人群之進化，教育之普及，實業之發展，科學之昌明，以及固原民九地震，[②]造成浩劫，損傷生靈無數，滄海桑田，今昔懸殊。民國十五年後大軍過境，差徭繁興，繼以民國十八年奇荒，地方不靖，符莩遍野，天災人禍，紛至遝來。其時殉難捐軀之士，盡節完貞之婦，成仁取義，卓行可風者，頗不乏人。竟致留心世道者，每發舊有而新無、昔是而今非之感。若不及早搜集摭拾，恐延久將湮沒中斷，是以修志之舉，實難再緩。於是集賢討論，咸稱要務，謁請縣長丁公振五倡其事，公慨然允。敦聘邑之名流徐雲階先生肩總纂，碩德宿儒，衆望所屬，可賀得人。既而先生竟以病終，堂堂大舉，遽爾中輟，亦地方之不幸也。丁公復以斯舉不可中止，往事重提，命文籌備其事。文不敏，未諳文理，曷堪勝此重任。但以縣史關重，地方義務有不容辭者，乃竭厥心力，勉盡棉薄。一年以來，而自感綆短汲深，難奏成效，徒喚奈何，無形之中，又成中輟。幸有江南名士、隴上循良葉公逸凡奉

---

① 《王志》：即王學伊編纂《固原州志》。下同。
② 民九：民國九年（1920）。

命權固，下車伊始，即有志於修志，於政務紛忙之中，寓以采風問俗，卸篆後，慨然一肩擔任。地方籌措經費，公念民力凋敝，卻之不受，僅籌給微薄生活費，可謂枵腹從公矣。後以物價高漲，生活維艱，兼任中師兩校教師，藉資維持。省府谷主席電征四次不就，毅然以志成爲懷。計自三十年起，至三十七年止，共修十二卷、十綱、二十八目、六十四門。大字爲正文，小字爲注解。正文之簡，雖《武功》而莫過；①注解之詳，即《元和》亦無加。② 體例從新創，脫去帝制志乘之程規；文章仍舊典，兼擅三長獨有之天才。考據本科學，紀載依事實，有新有舊，亦勸亦懲。詞嚴義正，爲民主國市縣志之首創，作隴上地方史乘圭臬。繼劉、董、王諸志之後，追蹤康、韓、胡、趙前哲。秦隴名志，復見於今日，浚谷文典，再曜於固原。秦隴榮，固原更幸矣。文承乏協纂，得窺全豹，知公之志，創新立異。史體也，是時代之縣史，非曩昔志書可比也。謹識片言於簡末，雕蟲小技，得附驥尾，抑云幸矣。是爲序。

中華民國三十七年八月中秋日，禹勤夏際文謹識。

---

① 《武功》：（明）康海《武功縣志》。
② 《元和》：（唐）李吉甫《元和郡縣圖志》。

〔石作梁〕固原縣志序

夫國之史，邑之乘，何貴其有也？其旨深而其效宏矣。蓋史者載其大焉，乘者志其小焉，厥名雖異，而用意無殊。苟凡一國之政治，一邑之庶事，皆爲之紀，有聞必録，録必事實，録而載之，賢傳惡彰，使人顧忌，有所不敢。因而循吏致治，良將圖功，乃畏蓋棺之論也，咸冀流芳而慮遺臭。故《春秋》之筆，致君臣相勉而不敢恣肆者，因憚國史之議也。是以孔子爲素王，董狐爲良史，以其操有寓褒貶，別善惡之簡耳，使萬世之奸臣賊子懼而斂蹟，有所忌憚。希聖希賢，以争千古之褒；戰戰兢兢，冀免一字之貶。固國史之力，勝百萬之師，豈不然歟？良不誣也。甚矣哉，史之效之偉也其若是矣，孰不畏而勉乎行也？然邑乘者亦如之。凡屬縉紳之善良，山僻之懿德，雕蟲之小技，一藝所長，皆有采而備載之，示後世之人，睹乘之紀，將歷指其名而議之曰，某也忠而孝，某也節而淑，某也正而直，某也曲而僞，某也仁而義，某也才而能。又如官之優劣，師之良窳，政之得失，人之賢愚，明若觀火，無可隱匿。嗚呼！寧不懼哉。此其何也？以有邑乘之載矣，是邑乘之力亦宏矣。志其賢而戒不肖，而不肖者亦因乘載之傳，羨慕其美而效爲賢矣。所以邑乘之旨，對於風俗之化，誠非淺鮮，不謂不關世道人心者矣。

此志成於閩儒葉公名超之手筆，真妙才也。其學博驗宏，讀志可知，毋煩藻飾。而其綱目之別類，開邑乘之生面，增修志之特色，其文繁而約，簡而賅，苟非妙才，曷能及此。更體裁新穎，章法古雅，誠名志也。可以伯對山，仲浚谷，季葉志，三美並傳。余於拜讀之餘，因羨抒慕，忘爲固陋，故勉序，俗如此云。

邑紳石作梁幹丞氏謹序。

〔杜友仁〕固原縣志序

固邑，大縣也，上下數千年，縱橫數百里，從古以來未有不視爲重鎮者。縣志，大事也，人物之繁夥，事故之紛雜，及夫風土人情之變遷，整之修之，人未尚不以爲難也。

憶民國十年，辛酉之歲，①愚不揣孤陋，約同志諸友編小志，用備軒輶之檢采，奈寡學識，無採訪，因而中止。繼於二十六年奉上峰令，飭修縣志，以備改革以來整理國故之事實。時隴東各縣如平涼，如鎮原，如隆德、靈臺等，均已早觀厥成，而邑志復以人少通材而又中途止。然則難乎不難，可想而知矣。然在宏達者視之，思難於其易，圖大於其細，則固如網之在綱，有條而不紊，亦非難焉耳，如我君侯逸凡縣長之修志是矣。考君侯乃福建閩侯人，學兼新舊，世稱通材，固已人而知之，毋庸贅述。惟是歷任縣長多年，爲政務持大體，不事區區瑣屑，以故至今仍是清風兩袖，不名一錢，揆時賢頗有難焉。於本年初夏，厭棄宦情，倦遊思還，經邑人挽留，敦請修志，辭而不得，毅然就之。乃提綱也，挈領也，綱舉也，目張也。集衆思，廣衆益，巨細靡遺也。以科學眼光，應時代潮流爲損益也，視舊志之繁者則簡之，略者則詳之。如《天文志》中於農事節候、風雪雨露反復詳明，《物産志》中於動植礦貨條分縷晰。凡關於民生國計者，可謂有美皆收，無微不備。其他諸如此類者，均同斯也。尤可異者，涇水源出平涼，蓋數千歲無異詞，而獨於身之經歷，徵文考獻，斷然以出自固邑爲判，發前人之誤會，啟來哲之明星，斯不獨於吾邑志中現一異彩，全隴山水並可予以考證。非所謂獨具隻眼，難能可貴者乎？然則名之重修，實亦有同於創也。志經數次修而中止，至君侯始告厥成功，難乎抑不難，亦可見之矣。後之人讀斯志者，將亦知所興感也乎。

邑人士林杜友仁拜序。

---

① 辛酉：民國十年（1921）。

〔杜友仁〕跋

愚愧無文，校閲邑志，始自天文，繼至地理，不禁手加額而稱快焉，不禁欽我逸凡縣長之以科學化而煞費腦筋，嘔盡心血焉。蓋以一般纂志者，大都摭拾故事，陳陳相因，淺則掛漏殊多，深則只堪覆瓿，康對山所謂暗而不白，亂而不理者比比然也。以此之故，不切實用者多矣。

我縣長之纂邑志也，其他已詳於前序，若地理志中洋洋灑灑數十萬言，考水性，辨土宜，設方法，利農民，實有可採納而措諸實用者在，非同畫水無魚空作浪，繡花雖好不聞香之類也。如方域、幅員、巖石等欄，固備極詳細，而土壤欄內尤見特出，色別五色，質分九類，色屬何種，質分何性，宜種何物，無不條分縷晰，期歸實用。且於水土之相關，水利之區別，一則曰講水利者不可不觀察挾沙及流速也，再則曰講水利者不可不觀察水位也，三則曰講水利者不可不觀察比降也，四則曰講水利者不可不觀察水力也，五則曰講水利者不可不觀察冰凘也。其間于應救濟處，改良處，施肥處，客土法，翻土法，燒法等等（以上見卷二之二一至四八頁）均可見諸實行而無疑。① 噫！苦口婆心，意美法良，至矣盡矣，無以復加矣，非所謂仁人之言其利溥諸乎？

我輩世居此土，何行不著，習不察乎？何甘棄利於地而自困？雖然，逝者既往不咎，來者猶可追焉爾。然愚又恐後之人不睹斯志者奚知其利而舉之，即睹者漫不加察，復蹈前人之弊，有失我縣長"有地必耕，有水必引，地無棄地，水得水利"之諄諄告誡而湮沒其苦心也。特將講水利諸大端表而出之，更序於邑志之端，俾後之讀邑志及地志者，加意留神，果能舉而措之，見諸實行，以救我貧農而利我農村，是縣長之志也，亦愚之所厚望也夫。

士林再跋。

---

① 括號中內容指本志卷二《地理志·地質·地壤》。

〔張登甲〕固原縣志序[2]

志者記也，輯記其事也。縣有志，猶國有史。若晉曰《乘》、楚曰《檮杌》、魯曰《春秋》，名雖殊，其義則一。如國無史，無以考治亂之由；縣無志，不足徵文獻之信。此縣之不可無志，猶國之不可無史也。

固原居關隴之中，歷代視爲重鎮。志乘修自明萬曆朝，閱三百餘年，事蹟闕如，復屢遭兵燹，圖籍罕存。清代末葉，州牧王公平山編修州志，凡十二卷，廣詢博采，匯爲全帙，可謂勞矣。民國肇造，州治改縣，典章文物，及其因革，待記之事，不一而足，關於前代掌故，亦應補闕拾遺，使不筆之於書，代遠年湮，文獻益無徵矣。然志乘之修，誠屬不易，必有人殫精竭慮，廣爲搜集，持之以恒，何克觀厥成功。民國二十五年，丁縣長耀洲，籌款設局修志，後因逐歲荒歉，災患頻仍，事遂擱置，而關懷文獻者，每以縣志未修爲念也。民國三十年，王縣長思誠蒞任，籌款催修，各界人士開會研討，改修爲纂，組織編纂《固原縣志》委員會。以葉逸凡縣長甫卸職，賢且才，聘爲總纂。其分纂採訪，由各機關及當地人士擔任之。志成，不僅宏一代人文之盛，而全縣之天文地輿、古蹟形勝，以及礦產、森林、農田、水利、風俗習慣、政治教育、實業生活、交通道路，與夫世運之變遷，疆域之沿革，歷代鄉賢、名宦之勳業，孝子、仁人之節義，莫不賴以昭明，所關豈淺鮮哉。並錄有關縣志之文電於次。

邑人梯青張登甲謹識。

【校勘記】

[1] 平山：原作"聘三"，據《宣統固志》王學伊《新修固原直隸州志序》改。下同。

[2] 張登甲序文原缺，據《民國〈固原縣志〉新發現部分内容拾遺》(負有强、李習文、張玉梅輯，《寧夏史志》2015年第4期載)一文第39頁補。

固原縣志凡例

一、方志之體，於古無仿。但國自有史後，後之良史，踵續而已。必如班氏依遷重述，誠恐流於歧復，方志亦然。即或拾遺補闕，仍止別纂勝次，方符義例。設以修志故，代迭訾易前軌，則志無昭信日矣。第若固原廢州治、併硝河城而改縣後，欲循州志續附，未免轉乖名實。是以不揣檮昧，從事編纂。

一、葺理謂之修。修志云者，對前志有所補正也。明萬曆間，駐固總制劉敏寬、兵備道董國光，採録明代故事兩卷，其爲固原衛之志略歟？清末直隸州王學伊，咨諏歷朝掌故，裒輯《州志》十二卷，斯亦備矣。民國廢州改縣，歷有年所，豈無前志，非縣志也。兹爲編纂縣志，非對州衛志有所補正，故不曰修。惟故實之遠紹旁涉，則於《州志》多所因藉耳。

一、作志自有體裁，然援用舊例，最爲通方。但當民國肇造，政體既更，諸多損益，今昔志例，亦難强同。兹編體係，與《漢書》八志及歷來志家之沿習略有出入者以此，非敢勒成一家也。

一、本書立綱十，統目多少不等。分條係件，以類相從，期於綱舉目張，古存今備。有餘不盡，留俟後賢。

一、本書綱自爲卷，惟《藝文志》分三卷，都十有二卷。

一、綱有弁言，目有小引，間於文中夾註，文末附説，藉以互證。其偶有論列者，聊供參考之助。

一、當代時事，國事所書，未便擅僭。典制法則，舉國共同者，徵引所及，乃登什一。方志之作，例固應爾。然國史弗論矣，通志務簡賅，但應有亦須盡有。縣志則雖小，必録前人有先我言之者。蓋縣志只爲一邑而作，徵文考事，理應剖析入微，備官此者之借鏡，與居此者之擇守。且爲國史、通志之淵泉，因端竟委，洵巨細不可或遺也。兹編基此撰輯，所以條目頗繁。若謂繁而不詳，晦而不白，亂而不理者，文之敝也。

一、固原屢遭兵燹，矩矱蕩然。清同治前，故府方冊，付諸炬爐。同治後檔案，又毁於庚申地震。① 但求盡簡，渺亦莫尋。況里無小志，家無譜牒，搜討非易，比屬綦難。而故舊見聞，有足傳信者，仍鮮籍記。及今不識，久則終湮，後之考據家亦艱究索矣。兹編典故，强半得諸失老，證實敍述，未敢沿誤。其有疑似暨失考處，只得從史闕文之例。惟經此一番徵集，後其鄉鎮小志與私家紀載，或因是而興歟？是所望也。

一、前五原書院圖籍，早已散失無遺。近有邑人白豫三先生，旅蘭日久，性好藏書，聞皆看饌百家，惜儉腹人未及嘗其一臠。然金石爲典籍之餘，堪資考古。固原方碑圓碣，難以縷數。雖經劫歷人天，猶覺所在多有，大足摩挲而拾墜也。奈兹編匆遽應役，囿於時日，未克周咨。而採訪者各有業司，且多爲鄉鎮長，差徭告慁，無隙事此碎務。岣嶁何限，恐仍淪於敲火礪角中耳。邑不乏耆宿英嶷，繼此窮探博考，當有獲也。

一、《周官》：②“職方氏掌天下之圖。”方志古名“圖經”，蓋若疆域山川等，欲閲者按圖而索，明如指掌也。《史記》以世爲經，以號爲緯；以年爲經，以事爲緯，而編列爲世表、年表。古者録其事而見之曰表。方志用表，蓋若沿革等，欲閲者因表而明，得一一犁然心目間也。圖表具有文理，又簡括明晰，於法良善。但志者記也，方志既以志名，自應以志爲主。《周官》：③“小史掌邦國之志。”後世志書，義取乎此。舉凡名物事類，散者貫之，錯者綜之。次比筆之於書，俾閲者展卷瞭如，得鑒古而知今也。兹編起訖，純爲志體。文中除夾註外，概不採雜圖表、括孤、阿拉伯數字，致乖體制。另制方輿圖及地方情形概況表各若干，登列篇首，以與正志相輔，且利披覽。圖具説明，表加備考。

一、《易》：④“大哉乾元，萬物資始，乃統天。”夫天道下濟，臨下有赫。而陰陽、風雨、晦明，非不昭宣而保合也。列“天文”第一。《易》：⑤“至哉坤元，萬物資生。”夫地形之所載，而剛柔燥濕，非不遂生而致養也。列“地理”第二。萬物成於天地，人爲萬物之靈。是故天人同文，地人同理，生生不已，參爲三才。而聖人亦因天地交泰後，以財成天地之道，輔相天地之宜，以左右民。列“居民”第三。天施地生，人又生衆爲疾。不違勿奪，則穀不可勝食，材木不可勝用，可以衣帛，可以食肉矣。列“物産”第四。上律天時，下襲水土。盡人之性，順物之宜，則有建置。列“建置”第五。凡建邦置邑，築城浚池，建府設庠，創制陳紀，建學明倫，與

---

① 庚申：民國九年（1920）。
② 參見《周禮·夏官·職方氏》。
③ 參見《周禮·春官·宗伯》。
④ 參見《周易·乾》彖辭。
⑤ 參見《周易·坤》彖辭。

乎立宗廟，營廄庫，造居室，無一而非建置也。以其過於泛縟，未便籠統捃摭，止治區與公署等歸之，餘則以類另詳。夫建置者制也，敷政者人也。孔子曰："人道敏政。"又曰："爲政在人。"①列"職官"第六。制之創修，人之選罷，必有司其柄者，是爲政權。民國成立，政權在民，治權付與政府。國之憲章號令，悉本於民，書之以覘民意。列"政權"第七。一縣之事，類爲民、財、教、建等，書之借知得失。列"治權"第八。民政、財賦、教育、實業、交通、司法、軍事諸端，志家纂述，分合不一，有並作一門名爲"經政"或"庶政"者。茲以今昔殊制，同實名異，名曰治權。夫天以煦之，地以嫗之，人以群之，物以養之，建置以治之，職官以理之，政權以伸之，治權以成之，皆爲人也。則必有人焉，縱未參贊化育，其或德或功，或言或謀，或爲或守，亦恒有卓然能壽人而勵俗者也。列"人物"第九。孔子曰：②"志於道，據於德，依於仁，游於藝。"又曰：③"弟子入則孝，出則弟。謹而信，泛愛衆，而親仁。行有餘力，則以學文。"然則藝文猶可忽乎哉？列"藝文"第十。全志殿以"人物""藝文"者，原始要終，冀人文之蔚起也。

一、志體尚嚴。所有軼事談屑，概不屬入正志。別於卷末置雜記，附録收之。

一、古者所封封域，皆有分星，乃以國論也。故方志家對星土之説，或志或不志，志亦不詳。竊以在天分野，有爛垂文，星之所主，不遺撮土，況百里或逾於百里之地乎？又步占之法，向以天星爲主。爰於天象中，首述星野。

一、本縣天然區域，詳於"地理志"。至歷代之政治區域，是爲疆域，詳於"建置志"。

一、山脈綿亙易淆，水道遷移無定，形勝亦古今異勢。故"地理志"中各目，或係躬親踐履，或遣專人勘驗。繼復廣延衆論，反詰更端，必待僉同，然後命筆。較諸道聽臆度，庶少差謬。

一、志家或屏名景而不載，謂其多涉傅會；或泥八景之例，拉雜充數，恐具無當。茲編不設八景，就攜屐褰裳選攬而得之者，雖未名世，亦以名景收之入志。但具自然勝概，正不必與西湖比妝抹，與廬山爭面目也。

一、"居民志"者，志本縣自然社會之演進也。"政權志"者，志本縣民權之滋長也。"治權志"者，志本縣治蹟之良窳也。物有終始，事有本末，先後參詳，不辭反復。

一、或以瑣瑣婚喪及嬉遊末行，謂無關係。或謂至治之極，國無殊俗。故志

---

① 參見《禮記·中庸》。
② 參見《論語·述而》。
③ 參見《論語·學而》。

風俗者，每多忽視。茲編特志之於居民之中。以風土俗尚，非如國之大事，人所共喻。未敢棄同秕滓，拾載較爲詳贍，藉畀司風化者，有所采擇匡飭耳。且各教風俗，雖屬同源一本，亦予摭拾，冶於一爐。

一、方志類以“物産”附載於“地理”或“食貨”志内，揆之體例，尚無不合。惟一方土物，關於民生者至巨，未可視爲薄物細故也。韓五泉志朝邑，立風俗、物産兩門，獨具隻眼。但稍簡略，未予後人以轉移與改進之資。茲編亦立“物産”一志，分門別類，博采兼收。益以詁釋引申，介與勞民者佐勸相耳。然挂漏之譏，知猶難免。

一、《物産志》，志自然力下之生產品匯。《治權志》，間志政治力下之生產事業。實同門而異户，能異曲而同工乎？

一、歷代建置，析併不定。疆域屢見贏縮，簡書殘缺不完。此疆彼界，傳聞異辭。載筆者但憑所見，各爲之説。因之鄰封記籍，互異滋多，淆亂聽聞，莫衷一是。今欲縱橫今古，析疑訂正，大非易事。然江河日下，地理不移。茲編關於治區之沿革等，均經鉤深探賾，審辨咨政，力求翔實，非意爲揣測者也。

一、硝河城前爲分州，另有專志。後隨州俱廢，併入縣治，其疆土户籍之數，自與州志不侔，固應通而志之。後畫永豐里撥與鎮原，則應分而記之。近復畫硝河城歸西吉縣，更以李俊堡與海原之楊郎鎮互撥，又應分合而書之。

一、田制，亦建置之大者，應次於鄉鎮制，入建置。徵收田賦之情形，入《治權志》賦稅目。

一、或謂志體有褒無貶，或謂是非所在不能不一秉直筆，或以職官等臚列人名，類官簿卯册，不足垂示典範，或以有事蹟可傳，別爲循吏傳，否則載名於表。有以無事蹟但有履歷者錄其履歷，有以有事蹟者另編事略以別之。茲編折衷諸例，於“職官志”中按朝代、官秩，依次臚列人名。再考據史册，援核採訪，旁及輿論。遇有風規峻豎，勳業彪炳者，名下詳其事蹟，次則錄其敘歷。敘歷無考，注明“無考”字樣。反是，則但存姓名。斯以詳略寓隱揚，而以隱揚寓勸懲也。

一、《政權志》黨務目，以各黨各派正在萌生，故只詳國民黨黨務。民意目只詳選舉與代議。第就國民黨民權主義言，尚有罷免、創制、復決諸端，因未實現，亦付缺如。

一、《治權志》中，民政重恤政，財賦重蠲政，教育重師資，實業重農殖，交通重村路，司法重息訟，軍事重風紀。固不以事之繁簡，記之豐約別之也。

一、《治權志》行政目中之建設一項，固建置之一部，但僅有關於行政之記錄也。

一、《職官志》志人，《政權》《治權》兩志志事。

一、志家或志士女,不列人物、選舉;或人物與選舉並列;或以人物賅選舉。茲編亦以人物賅選舉。凡登明選公之所得者,縱一善片長,亦人才也。至於今日之民選制,則詳於《政權志》。舊之科第,今之考取及畢業於學校者,麗《人物志》後。

一、《人物志》多設名色,未免旒贅,區別先正時賢已否入祀,與夫隱顯男女,亦至無謂。茲編志人物,止分"懿行""群材"二目,統細目八。忠烈惇蓋稱"忠惇",概與國同戚,委身致命及盡瘁國事,推恩庶類者。孝友淑貞稱"孝淑",概克諧孺慕,睦族敦倫及淑慧貞節者。義惠耿實稱"義耿",概急公好義,救困扶危及廉潔耿介者。淵深恬逸稱"淵恬",概淹貫經史。資深有得及樂道葆真者。幹濟歷練稱"幹練",概揚烈平艱,治劇理煩及練達事體者。策略劭勇稱"勇略",概度務知方,見真發果及堅強凌屬者。詞章翰墨稱"詞翰",概溫文爾雅,有物有則及書寫繪畫者。方技藝術稱"技藝",概擅長百工,精嫻六藝及醫卜星相者。連類相從,或詳或略,各適其本量而已。

一、《人物志》各目有兼長者,得並見,以詳略別之。

一、本縣人物曾任本縣職官者,別以詳略並存之。

一、前朝志家如喬、韓輩,均已不志封贈。茲編從同。其人有足多者,入《人物志》。

一、《州志》於《人物志》簡端,首列后姬,爾時最稱得體。茲編不立后姬專目。漢梁後事蹟,當與一般賢淑者,統歸懿行目稱述之。

一、窮氓下戶之孝義貞節無力自見者,固應多方稽訪,力予表彰,以培國脈。而對婦女之無子守節,殉夫爲烈者,書之示矜敬,未敢過事提倡也。

一、《人物志》採訪不逮者,奚止倍蓰,古今一例,可爲浩歎。但雖未筆揚,意及之矣。

一、古者選舉,不及婦女。今則女學林立,凡男女卒業中學以上者,均予登列。

一、人物例志姓名。婦女軼其名,識氏,冠夫姓。軼其氏,識某之妻或某之母。

一、耆年而有事蹟者,入《人物志》各目,不以耆瑞列之。徒享高年者入雜記,亦足見其養生有道也。

一、流寓有事蹟者,入《人物志》各目,不以流寓別之。蓋亦異苔同岑者也。

一、方外有事蹟者,入《人物志》各目,不以方外別之。

一、因兵燹而殉節者,入《人物志》懿行、忠惇目。殉難者附錄於次。

一、如割據之屬,以妖異論,附錄於《人物志》後。

一、蓋棺論定固矣，但國家褒揚之典，不限没世之人。凡有一行之善者，皆得因而獎勸。兹編之志職官與人物也，獨本此旨而宏廣之。迄於記載之年，按其事蹟分際，核實叙列，非失乎濫，以激勸之一道耳。否則正如袁樞所謂："寧負鄉人，不負公議。"

一、事蹟云者，指其人之立身行事，有關於世道人心，或國計民生也。

一、舊凡安定人物，固原、鎮原、涇川等縣縣志皆可收。朝那人物，固原、平凉、華亭可收。高平人物，固原、平凉可收。各不爲掠。但有年代可考者，則應分別取捨。

一、藝文未敢泛收。必其清詞妙句，與固原之人、事、時、地有關者，始録之。若無甚意致，而文又介於瑕瑜之間者，恕不拇取。果係滄海遺珠，則必有競相傳寫，紙貴洛陽時也，願馨香祝之。

一、其文專爲固原作者，全録之。有關固原者，節録之。其文冗長者，或只標題備考，按所作之時次之。

一、銘贊屬韻語。但銘之有志者，贊之有傳者，因傳志得隸入大文。間有叶韻而不盡叶韻之文，仍歸大文。

一、詩有六義，凡韻語皆詩也。兹以敷陳之辭爲賦頌，諷詠之辭爲詩詞。

一、語體文詩可入志。因一時未有，故缺。

一、金石不立專目。殘缺石刻及金屬銘鑴胤於傳記，匾聯縢於詩詞。

一、志書首冠綸音天章，在國體未更前，原合奉揚之例。今封建陳蹟蕩滌無遺，前朝御制一例按其年代采入藝文。

一、公牘累累，未便蔓引，證左所須，摘録一二。登載某人言論，必書其人姓名。轉載前志，亦並注明，以示不忘所自。或地或人或事，凡未注明前志字樣者，均此次考訪得之。

一、凡一事而屢見者，必其彼此各有關聯，故不避犯復之譏。但詳約之際，正自不同。

一、常即爲祥，反常爲異。國之政治，人之性習皆有之，奚止天象、物候有祥異哉？必以勝常爲祥，則如人物之足以表傳者，均爲人瑞；僭竊忤逆，即是人妖。方志另標"祥異"一目，似可不必。兹編遇天地、人物之祥異，姑於各類後附志之。

一、徵引明兵備道董國光所撰之《固原州志》，稱《董志》。徵引清直刺王平山所撰之《固原直隸州志》，稱《王志》。徵引明司馬趙浚毅所撰之《平凉府志》，稱《府志》。徵引清御史安曉峰所撰之《甘肅省新通志》，稱《通志》。

一、本書内容，分本文與夾註兩種，本文力求簡賅，夾註力求詳瞻。故夾註云者，非僅注釋之謂，實爲本文所應伸引而補充之者附注之也。弁言、小引、附説，皆志外文字。

　　一、本書寫例，只用大、小兩號字。本文、志名、卷次、綱目、款項用大字寫。弁言、小引、夾註、附説，均小字。

　　一、志名頂格寫，卷次、總綱、綱前弁言，以次遞降一格。子目准弁言，目前小引又低一格。事物標名准小引，敍述於標名下，空一格寫。分段續書，得亦空一格，以清眉目。另行續出者，則提用頂格寫，以省篇幅。附説低六格，平寫。此原則也。至舊時之單、雙、三抬頭與書諱等例，一律不講。

　　一、編中記述，以時爲經，以事爲緯。改朝換代，空一格書。三國麗於漢，南北朝麗於晉，五代麗於唐，金麗於宋，不空。

　　一、泥古者每違俗，通俗者易戾古。本書立意發凡，列綱分目，既已例多革舊，蹟近師心，況又事欠典賅，文不雅馴，後之或續或修，或覆諸瓿而別鑿田地。持簪橐筆，代有通才，則茲編之舛訛脱陋，吾何患焉。

目　　録

採 訪 要 目[①]

目別	備考
地質	砂、土、石等質
土壤	肥瘠、燥濕及各色別，及堿灰土等
山源	高低、廣狹及來脈分支
川澤	發源、經流、分支、匯歸、深淺、長闊
形勢	高下夷陷雄壯，險要隘地
名景	天然風景
古蹟	古人遺蹟
土著	即老户
屯茂	屯茂未歸者
遷移	遷居人籍與移民殖此者
僑寓	宦裔或寄籍，或常川居此者
流徙	流亡及他徙民
宗教	信仰耶、回、釋、道、天主
性質	性格與體格
藝術	各種技能與學術及開程次
職業	農、工、墾牧、物易、行商、坐賈等類
風俗	婚嫁、喪祭、衣食、迎送等類
方言	
穀類	高粱、玉黍、糜籽、黑紅黃大小粘苞類等
麥類	冬春大蕎麥，青稞，大小燕麥
稻類	粳、粘稻
菽類	茶、褐、蕎、桑、胡豌豆蠶等豆
粟類	毛、稗、黍、粟、稷類

---

① 據固原縣文物工作站 1981 年 6 月油印本補。

槀類	油麻、胡麻
蔬類	凡供人食者，無論園産野生之菜蔬
瓜類	瓜、瓟菜、甜金絲、西胡蘆、冬南苦等瓜
畜類	
窩類	宿木立之猴屬，及次居之鼠屬
獸類	凡屬動餘畜屬，餘皆爲此
羽屬	除家禽入畜屬外，餘禽歸此
鱗屬	凡魚類皆是
介屬	凡有甲殼者皆是
蟲屬	
礦物	金、銀、銅、鐵、錫、石硝、煤、堿、鹽、石灰
貨物	
褒恤	概增褒揚與賑恤等，附坊表
社教	社會教育、經籍、金石、古物等
水利	渠洫，附井、池、窖
山路	
騎行路	
大車路	
汽車路	縣省公路
橋樑	
郵傳	附郵政代辦所
懿行	不分隱顯男女，立身行事無愧古人者
孝友	孝親、友愛兄弟
忠義	概志士、烈士、陣亡將士等，附殉難
良循	爲仕宦而能益國澤民者
逸介	逸者能樂，介者能守，及隱居、獨善之士
賢淑	
節烈	即節婦、烈士
儒林	或專於漢宋學理學派者
文苑	有著作者
幹練	處世周詳、才能出衆者
勇略	遇事無畏縮及臨陣勇而智者
藝術	有關民生或可爲世用者

力行　　　　雖無琦行其所能事、事能刻苦耐勞者

文武秩　　　歷代文武仕官

科第

征辟　　　　起布衣而命之仕者，有文武兩途

貢士　　　　會試中式者，有文武兩途

貢生　　　　恩、拔、副、歲、優、貢皆是，尚有例貢

監生　　　　入國子監肄業者

秀才　　　　有文武之別，惟文有廩膳生、增廣生、附生

議員　　　　參政、省縣議會等

考取　　　　如普高文官縣及各種行政人員等

畢業　　　　大專師、中學及受訓人員，並關軍警性質之學校

文鈔　　　　歷代名家之文章

詩鈔　　　　歷代名家之詩、詞、歌謠

金石　　　　銅石像、銅鐵石陶器、石刻、瓷瓦、磚壁、古書等

祠祀　　　　祠堂、廟宇、禮拜寺、教堂及祭祀廟宇、禮拜寺等情形

祥異　　　　景星、慶雲、人壽年

其他

碑文

陣亡將士　　　剿匪陣亡、抗戰陣亡

固原縣縣志委員會總纂　葉逸凡

中師兩校校長　韓椿芳

中師兩校董事長　趙春普

固原縣志卷之二　地理志①

　　夫得主有常、含萬化光、承天而時行者地也,《易》曰坤。坤者順也,隤然示人簡,簡能成物。坤爲大輿,輿者載也。厚載萬物,萬物皆致養焉。微坤輿,物孰與成而載養之者? 天縱天亶之聖人,亦將何所成終而成始? 吾儕眇小,未能契大混之樸而立至清之中,更曷以逯然來、渾然往哉。《傳》曰:②"仰以觀于天文,俯以察于地理。"是故知幽明之故,誠以日月之代明,四時之錯行。山澤通氣,雷風相薄。水火不相射,萬物並育不相害,道並行不相悖者,非惟覆幬亦馮持載耳。故曰"德合無疆"。甚矣,民之麗乎土猶星之麗乎天也。凡可耕可鑿可穴可履者,莫非地德。而地德之厚,奚必徵諸荒極埏紘,一撮之多亦厚之至也。況土宇版章之廣、城郭閭里之繁、剛柔燥濕之宜、山川邱陵之險如固邑者,斯其順載養之德,正復盡既,俯以察之,理犁然也。爾乃尚有爾土,爾乃尚寧幹止,謂無地史以識之,可乎?《論衡》云:③"山川陵谷爲地之理。"爰志《地理》。

方域

　　一運之象,周乎太空,自中而升爲天,自中而降爲地。因而自西自東自南自北,宅其方位、辨其地域者爲方域。即嚮別之爲方,界別之爲域也。

　　原境之于大地也,猶彈丸耳。然其方内域中,若幅帽之廣狹,土地之高下,昀昀臚臚,縣縣翼翼,固亦自成一地分也。其處處廬旅,言言語語,遒基遒理,爰衆爰有,迄未有艾。蓋邑之阪章亦孔之厚矣。

位置　　概方位、經緯與高度

　　固原位於國之西北,甘肅省之東南。東鎮原,西西吉,南化平,北同心,東南平涼,西南隆德,東北環縣,西北海原,均屬甘肅,惟同心縣屬寧夏。皆有天然界

---

　① 本志卷一《天文志》亡佚,正文内容自卷二始。
　② 參見《周易·繫辭》。
　③ 參見《太平御覽》卷三六《地部一》引《論衡》語。

限焉。

治城距國都二千五百五十里。距省八百零六里。距鎮原縣城二百二十里。[1]距西吉縣城一百一十里。距化平即涇源縣城一百五十里。距寧夏省同心縣城二百四十里。距平凉縣城一百八十里。距隆德縣城一百四十里。[2]距環縣城二百六十里。[3]距海原縣城二百里。

原之四周，如山如阜，如崗如陵，如川方至，層出不窮。故爲郡、爲州、爲縣，各具天然界限，足供行政區域之伸縮。

方其爲郡也，則南瀀隴首，北瞰大河，東接安仁，西通慣子，保巖山聳於東南，小方山障於東北，水洛川繞於西南，祖厲河縈於西北。隴首即隴山，在陝西隴縣。大河即黃河。安仁谷在涇川縣，慣子峽在會寧縣，保巖山在靈臺縣，小方山在環縣，水洛川在静寧縣，祖厲山在靖遠縣。

其爲州也，則南枕董川，北扼峽口，東傍魚梁，西逾月亮。崆峒屹於東南，青龍蟠於東北，唐灣束於西南，馬圈屏於西北。董川，即董家川，在化平縣。峽口山在寧夏金積縣，魚梁山在鎮原縣，月亮山在海原縣，崆峒山在平凉縣，[4]青龍山在寧夏同心縣，唐家大灣在隆德縣，馬圈山在海原縣。

其爲縣也，南荷白雲，北捋黎花，東挹野露，西跨風台。蛟龍躍於東南，卧牛眠於東北，大坪橫於西南，石山突於西北。白雲山在縣南，固、化之界山也。黎花咀在縣北，固原與寧夏同心縣之界地也。野露寺在縣屬三岔東北。風台山在縣屬硝河城西，今屬西吉。蛟龍口在縣東南，平、固之界水也。卧牛灣在縣屬上河莊北。大坪山在縣屬馬連川南，今屬西吉。石山在縣西北，固、海之界山也，今屬海原。

境內天然區畫：開城嶺以北，冬至河以南，禮拜寺川以西，西關山以東，得謂爲中區；禮拜寺川以東，三岔河以西，上峴子以北，張家新莊以南，得謂爲東區；開城嶺以南，白雲山以北，陟溝子以西，野雞峴以東，得謂爲南區；西關山以西，張家大岔以東，官印殿以北，西峰以南，得謂爲西區；張家大岔以東地，今一部畫歸西吉。冬至河以北，黎花嘴以南，教場川以西，石山以東，得謂爲北區。石山以東地，今一部畫歸海原。

其地爲道、爲府、爲衛、爲軍、爲砦、爲堡，今之爲鎮、爲鄉，亦各有其天然之界限可踪蹟也。

經度在西經一十度零七分，緯度在北緯三十六度零七分四十秒。[5]見《甘肅新通志·甘肅經緯度分表》。①

---

　①　參見《宣統甘志》卷一《天文志·甘肅經緯度分表》。

《説文》：①"經，織縱絲也；緯，織横絲也。"經緯線者，欲表示地球上之地位于地球表面所畫之想像線也。經度者，地球上各地之經線與起算經線相距之度數是。緯度者，地球上各地之緯線與赤道相距之度數是。起算經線，各國多用英國格林維基天文臺爲中線。② 我國向以北平觀象臺爲中線。在其西者曰西經，在其東者曰東經，各自零度起而相遇于一百八十度，即自中線向東西横分地球圓周爲三百六十度，稱經度。中線以東百八十度稱爲東經度，以西百八十度稱爲西經度。緯度從赤道起算，南曰南緯，北曰北緯，各自零度起至九十度而達于南北極，即以赤道爲基本，向南北各均分爲九十度，稱緯度。赤道以北稱北緯幾度，以南稱南緯幾度。又近于兩極者爲高緯度，近于赤道者爲低緯度。

縣經緯度俱以城中爲準。若鄉村稍遠，則按里通之。定緯度東西同而南減北加，經度則南北同而東西不加減焉。每度六十分，每分當地上四里六分里之一，一里三百六十弓，六分里之一當六十弓。準于城中，而南減北加，西減東加，以知方里度分之所在。

舉凡節氣之遲早，星辰之隱現，朦影之多少，晝夜之永短，交食之後先，皆可預測而得其大概。

地面各處，每視緯度之高下而分寒暖，故緯度又分爲五帶。當赤道下至南北各二十三度二十七分之地，太陽正射，受熱多，稱爲熱帶。而此南北二十三度二十七分之線，謂爲南回歸線、北回歸線。自南北兩極至各距二十三度二十七分之地，僅得太陽餘光，四時沍寒，稱爲南寒帶、北寒帶。而此南北二十三度二十七分之線，謂爲南圓線、北圓線，亦曰南極圈、北極圈。南回歸線與南圓線之間，北回歸線與北圓線之間，日光斜照，寒暑適中，稱爲南温帶、北温帶。我國除南部稍跨熱帶外，餘皆居于北温帶，氣候大率和融。惟因幅員遼廓，地勢複雜，東南西北，每生差異。固邑亦居于北温帶，但其氣候與同温帶各地不同。甚至在同緯度各地亦有參差，已于《天文志》詳之矣。

地勢西南高，漸向東北傾斜。拔海高度爲二八五零公尺，黄河上流區也。

縣西南六盤山，拔海高度爲二千八百五十公尺，見甘肅省陸地測量局十萬分之一固原縣圖標高數。又《甘肅省通志·省縣總分圖·固原縣圖》六盤山標高數爲三千一百二十公尺，③係由氣壓計測算，恐不甚確，當以陸地測量局標高數爲近。再開城鎮高度爲一千五百一十公尺，治城縣政府所在地之高度爲一千三百四十公尺。此係二十九年教育部視察員王文萱考察西北教育過境時測高之數

---

① 參見《説文解字·系部》。
② 格林維基：現通譯作"格林尼治"。
③ 參見《甘肅省縣總分圖·固原縣》。

也。自是以北,則漸更夷下。東雖山巒盤鬱,間成高地,但其趨勢亦漸低傾。邑之清水河北流匯于黃河,鎮原河川多係固原逝水。而固原東北寧夏之靈武縣秦渠,鑿有暗洞三道,其一曰"永寧洞",即以洩由固原流入靈境之山水。高下之勢,蓋可見矣。

我國自然區域分爲黃河三角洲、大湖區域、大江三角洲、東南沿海區、珠江三角洲、嶺南山地、海南島、雲貴高原、西南三大峽谷區、四川盆地、秦嶺漢水區、陝甘盆地、黃河上流區、山西高原、海河流域、東北二大半島、關東草原、白山黑水區、塞北草原、外蒙高原、準噶爾盆地、塔里木盆地、西藏高原等二十三區。隴山以東、潼關以西渭水流域之盆地曰陝甘盆地,故曹玉麐《本國地理》一書,以舊日陝西關中、榆林二道,甘肅涇源、渭川二道屬之,此不過言其大略而已。若論固邑地形,實較涇源、渭川各縣爲高。自昔已有太原、大原、高平、平高之稱。因其地區特起于渭水北岸、黃河南岸之間,非盆地,乃一高原也。屠思聰《中華形勢圖》中關于北嶺山系説明書有云:六盤山脈斜貫于甘肅東部,爲黃河與渭水之分水脊,主峰在甘肅固原縣。① 又關于甘肅省地方志有云"固原位于平凉西北六盤山之高原上"等語,②其爲高原而非盆地亦足徵矣。且位在寧夏偏上之地,凡寧夏以上之黃河流域,皆爲黃河上流區。所以固邑之自然區域,應屬黃河上流區也。

幅員　　概廣輪與面積

南北廣而東西秒狹,縱約二百八十里,橫約二百六十里。面積約五萬二千八百平方里,佔全省面積約二十八分之一。

縣境寬度三百九十里,係東起棗樹渠,西訖張家大岔之里數。長度二百七十里,係南起黃家窰,北訖黎花嘴之里數。面積六萬四千八百平方里。係照二十六年固原縣政府印製之縣圖開方之積數也。

我國面積約三千四百四十五萬平方里。本省面積約一百四十九萬五千九百平方里。本縣面積約佔全國面積五百三十二分之一。約佔全省面積二十四分之一,洵巨邑也。但自關山以西畫歸海原、西吉,而海原楊郎鎮畫歸本縣後,縣境長度南起黃家窰,北訖黎花咀,約二百八十里。寬度東起棗樹渠,西訖龍王廟溝,約二百六十里。面積約五萬二千八百平方里。佔全省面積二十八倍之一。占全國面積六百五十三倍之一。

---

① 參見《中華最新形勢圖・分省誌・甘肅省・山脈》。
② 參見《中華最新形勢圖・分省誌・甘肅省・地方誌》。

地質

魏校云：①"天氣爲父，地質爲母。子肖母形居多。"是知地質之有關于物生者綦切，不可以不辨也。然土會五地，隨氣異形。雖曰氣質相通，質成于氣，但已著形于外者，若礐岵之峨蔚，谿汧之逶迤，墿阜之坌壅，潛淶之喞續，塬迦之高下，則顯然地勢也，可別論之。今夫構成大塊之物質，藉非軟爲土、鬆爲砂、堅爲石者之交錯相勝，含宏光大，縱霶大氣以舉，亦烏足居太虛之中爲萬物祖耶！元氣所生，泉流所行，地之脉息也。而其骨髓所樹，肌膚所附者，厥爲巖石與土壤已耳。稼穡於以藝，桑麻於以殖，凡百財用於以出，故曰土地所以養人也。欲詔一方之地事，辨一方之地物，乃于一拳一簣視若罔覿，而不先求一方之地質系統，可焉爾乎？

巖石　　礦物相集而成巖石

固原地層最古。

據美國地質學家張伯倫所述之"星雲説"云，地球最初本係一氣體之圓球，漸乃成爲液體，但其外部仍爲炎熱空氣所包圍。嗣因熱量逐漸發散，遂凝爲固體。水氣成雨下降，廣被全球。迨地表之溫度低減，地殼收縮而成陷穴。水向陷穴瀦留，陸地乃露于水面之上。而風化之作用與巖層之造成乃始開端。又述"星微説"云，地球最初爲由無數微星游行于特殊之軌道中，因逐漸互相併吞，結合而成地球。其面部之水與空氣亦非本有，乃日後積聚而成者。故地球、空氣與水三者，皆積少成多，由小至大。自始成至後期，水與空氣仍源源而來，足以抵制同時間地球所遺失之水與空氣也。

兹且弗論地球之成因爲星雲説抑爲星微説，凡我國崑崙中支北嶺系之地帶，在原始時代當即浮出海面。星雲説所謂水被全球云者，乃地球尚未完全脱離其創造之時代。故我北嶺系地帶，即就此説而言，亦應在地球創造時代。所以地層最古，斯爲今日地質學者所公認。況北嶺系之六盤山脈，嶕嶢雲構，爲渭北第一峻嶺，適當固原境内。則固境浮出海面之時代，當然尤早，而其地層之最古，益可知矣。

主要爲逆掩斷層，餘則多爲褶曲。

地質構造，由于地殼縮皺，發生水平橫壓力，結果形成褶曲。初則爲撓曲，曲

---

①　魏校（1483—1543），明崑山人，官至兵部郎中。著有《六書精蘊》《大學指歸》等。

上、曲下之形，迨褶曲度進展，乃成爲背斜、面斜之集合體。或成等斜褶曲、扇狀褶曲、橫臥褶曲，又或進而伴生逆掩斷層之複雜構造。斷層每以垂直之上下升降爲主，類多密集而有一定之方向，成爲所謂斷裂地帶者。

固境之六盤山乃有名之涇原斷裂帶。其地質構造，即由地殼縮皺發生水平橫壓力，先成褶曲，漸由褶曲度之進展，垂直之上下升降成爲逆掩斷層也。因垂直運動甚强，故其綿延之長度甚短。而其下生斷層角窪地之斷崖，及其地壘、地塹與其所紛披之褶曲山脈，則綿延細長，由近及遠，形成爲六盤系之一大地。此地質學家可研尋而圖載之也。

就近境略言之，則山脈之南北行者，多爲橫臥褶曲，西多衝上褶曲，東多等斜褶曲。詳言之，其爲斷層或褶曲者，皆以地殼中物質之擁擠與傾軋爲其主因。六盤山地殼堅硬，故大塊之巖石因受排擠而隆聳，成爲隴山之最高峰。四旁地殼較爲柔軟，故其巖石每爲壓力所灣曲而成爲皺紋狀起伏之褶曲。壓力愈大則波紋愈緊，而起伏亦愈高。甚至有縐紋之頂部傾側一方而倒于第二部縐紋之上者。六盤所布之山脈，數見不鮮焉。

邑之地層雖古，而其斷層褶曲之生成期則猶新也。故常發生地震，且頻率多，震度大，而成爲隴西地震帶之震源焉。主因即係冷縮之橫壓力使地殼皺裂過甚，蓄勢震洩未盡，故地層時沿裂縫上下運動，成爲斷層地震。間有爲陷落地震或大山地震，但其現象甚微。

稽之史乘，詢諸故老，可知六盤地震帶，自古迄今，澟進不息。就有紀錄者輯錄如次：

周幽王三年，三川震。涇、洛、渭也。地震，故三川亦動。

晉元帝太興三年，高平郡界山崩。

宋真宗景德四年，瓦亭寨地震四次。

宋哲宗元祐七年，鎮戎軍、永興軍地震。

宋徽宗政和七年秋，熙河、環慶、涇原地震。

金宣宗興定三年四月，陝右地大震，平涼、鎮戎州、德順軍尤甚，廬舍傾壓，死者以萬計。[6]

元成宗大德十年秋八月，開成地震。[7]

清同治四年山崩。

光緒五年五月十二日，地震，崖崩。

民國二年三月十八日、十九日、二十一日、二十三日、二十四日，十二月十九日、二十三日，地震。

九年五月初十日，地震有聲。

十一月初七日,地大震,房倒牆塌,死者萬餘人。直至十年年底,或連日地震,或數日一震,或日震一次,或日震數次。平均每月震十日,每日震三次。

十一年一月初四日,三月二十九日,四月初一日,六月十四日,七月二十四日、二十五日、二十八日、二十九日,八月初六日、十三日,九月十六日、二十六日、三十日,十月初六日、十四日、二十日,地震。

十二年五月二十七日,六月十九日,七月十四日、十六日、二十七日,八月十二日,九月十九日,十月初二日、初五日、十一日,十二月初八日、初十日,地震。

十三年一月初八日、二十二日,二月二十九日,三月二十二日,六月初三日,地震。

十四年五月三十日,地震。

十五年五月十三日,十月初五日,地震。

十六年二月十三日,地震。

十七年三月初五日,地震。

十八年十一月初八日、十一日,地震。

十九年四月十一日,地震。

二十年九月十四日、十月初八日,地震。

二十一年八月十九日,十月初五日、二十一日,十一月二十五日、二十七日,地震。

二十二年三月十八日、五月初七日、六月十二日、十二月十一日,地震。

二十三年三月初五日、十一月十七日,地震。

二十四年二月十六日,地震。

二十五年一月十五日、六月十五日,地震。

二十六年十月二十九日、十一月初五日,地震。

二十七年八月初三日,地震。

二十八年三月十三日,地震。

二十九年十月初五日,地震。

三十年六月二十六日,七月初二日、十四日,八月二十四日,九月初五日,地震。

以上各日,或震一次,或震二三次不等。

計自清宣統元年起,至民國三十年止,六盤斷裂帶地震,或爲局部震,或爲小地震,或爲中地震,或爲大地震,凡四百七十四次有奇。民國九年冬至十年冬,一年間,已得三百六十餘次。震數之大,洵足驚人。

據邑人杜士林言:九年十一月初七日傍晚,弓月尚明,西北陡起黑霧,崩山倒海之勢，隨以俱來。使人體不附地，目眩不能仰視，但聞風吼沙鳴，雞鳴狗吠。繼而岸谷漲裂聲、水石硼渤聲、樹木摧折聲、牆屋傾塌聲、老幼哀號聲，萬聲嘈雜，蕩魂悸魄。悲夫，哭聲亦足以震地矣。此時如凌驚雷之硫磕，擲身于怒濤駭浪之中，天地不容跼蹐，人似距躍三百焉。俄頃間，邑之人口殉此地變者凡五萬有餘，傷者無可計數。

李俊堡西山崩墮，溝壅成湖。三營至海原楊郎鎮間，地裂而復合，黑泉湧而旋凝。有鹽駱駝七八鏈，駝五隻爲一鏈，中途隕沒。十合堡南山走失，夷爲平地。治城東門外河水矗立如群峰。各地墜崖斷岫，填塹停流，不一而足。迨初八夜，比戶搭棚，並肩席地，寒氣凜冽，砭人肌骨。時震勢猶甚，人心傍徨。詎料棚火失慎，風力助威，遠近棚戶，盡數焚如。由是均在冰天雪地中露宿過冬，而凍死者時有所聞。

海原震率亦大，蓋因强烈褶曲之地層，亦生有斷裂帶也。故我國之大地震帶主要偏在黄河流域。而黄河流域之重要地震帶是爲六盤斷裂帶。何祖澤《本國地理》謂：[1]"六盤附近，因地質構造均勢未固，故屢起地震。"非虛語也。然研幾識理，居危不危，恐懼修省，不喪匕鬯，亦猶雷震而有亨道歟。

由玄武巖、花崗巖、板巖、斑巖、沙巖、礫巖、片麻巖等組成。

地質中皆含有巖石土壤之類。由水之作用，經年積月，重累成層，即爲地層。在下者爲舊層，在上者爲新層。學術上依各層中所有化石之狀態，而定爲太古代、古生代、中生代、新生代四時期。

固邑自太古代以前降入新生代以後，其地下基盤當亦歷經變動。姑就境內土地升降之陳蹟而研討之，有可得而言者。如六盤山麓及其分佈境內之山岳，所閃陷之溝塹，察其巖石變質較深，構造頗複雜，且鮮生物之遺骸，可推爲太古代太古紀之巖石。因太古代以前地殼已甚堅實，火成巖與水成巖累積頗厚。其後全世界皆有巨量花崗巖侵入，將原生基盤發生變化。故太古紀之巖石，不但變質深，構造雜，且無生物之證蹟。觀境內所發現之花崗石，每在他巖石之上層，尤可知其下必爲太古紀之地層矣。因太古紀之巖石，多在他巖石下，惟花崗巖多在他巖石上也。但偶于沙溝裏外，獲得藻類化石，香爐山下獲得魚蟲類化石，則似錯有太古代元古紀之地層。因太古紀以後，地殼起劇烈變動，陸上巖石沉積水中，致發生元古紀之地層。

近人謝家榮曾于固境發現含腹足之原生動物，而縣之東北地盤又多爲砂巖、礫巖。縣西北之石門山有銅礦礦脈。縣東北之銀洞溝有銀礦與銅礦之礦苗及石

---

[1]　參見《本國地理》九《秦嶺漢水區陝甘盆地及黄河上游區》，第 99 頁。

炭、瓷土等產物。縣南二十里舖，縣北石峴子、沙家堡各處之巖石復多中夾煤層，則似爲古生代之地層。因腹足類動物多屬古生代奧陶紀之生物，砂巖、礫巖亦係此代主要之巖石。且古生代之初，全球又起劇烈變動。至石炭紀時，我國大部皆成陸地，石炭沉積，南北皆盛，不獨此地爲然。而此地之銀礦、銅礦、石炭、瓷土等物，則亦應爲古生代志留、泥盆、石炭、二疊等紀中之產物。

若六個窰河灘之灰質石、梯子山底之鹽層、李俊堡之石膏、東沙溝白堊等，又似間有中生代之產物。更因新生代第三紀又爲地殼大變動之時期，故此項產物流露于地面者尚少。他如位于最上層之火成、水成等巖，則類爲新生代內之地層，即所謂新層是也。

構造地殼之各種巖石，依其生成之原因，可分爲火成巖、水成巖、變質巖三種。縣南六盤山之巖盤，雖曰幾經變質，由多種礦物集合而成爲複成巖，然大部分則爲斜長石、輝石、橄欖石、磁鐵礦等所組成之玄武巖，色黑，質堅緻，故或誤爲鐵礦。其巖脈遠布于山西、察哈爾、內蒙古一帶，成爲玄武高原。但其間巖質之變局，巖脈之脫換，雖在近處，亦至繁複。如六盤西北之花石崖、東北之霧耳朵下，嘗發現有石英、長石、雲母石、榴石、角閃石等所組成之花崗巖。楊家嶺南之華石巖下，嘗發現有橄欖石、輝石、角閃石等所組成之橄欖巖。縣西山地或爲砂與黏土固結之板巖，或爲全由黏土所成之黏板巖，或爲固結不堅硬之頁巖，或爲含有石灰質之泥灰巖，或爲含碳素及矽酸之矽板巖，或爲變質巖中之片巖、片麻巖、千枚巖等。而臭水溝、顧家溝、東西沙溝一帶，又有質密緻，呈白、黑、黃、綠、紫、赤等色之石英斑巖、石英粗面巖、流紋巖及凝灰巖等。縣東山地多爲砂泥結成之砂巖，或爲沙土與礫凝成之礫巖。而縣南蒿店，縣東小紅溝與縣西諸山之溝岔，常有石灰巖，其石以火煅之，即成爲生石灰。至于七營以西、以北、以東，則多爲沉澱巖焉。

玄武巖乃爲火成巖中噴出巖之一種，係由構造地球之酷熱氣團凝結地殼後，因收縮不已，生有裂隙，內部之巖漿沿此裂隙噴出地殼之外，在低壓力下速結成巨大塊狀之巖石也。花崗巖、橄欖巖則爲火成巖中之侵入巖，亦因地球收縮不已，生有裂隙，內部之巖漿沿此裂隙侵入地殼之間所結成之巖石也。板巖、凝灰巖、砂巖、礫巖乃爲水成巖中之碎屑巖，係由巖石之破碎粉末，經水之作用，沉積成巖者。巖鹽等爲水成巖中之沉澱巖，因溶化水中之礦物，復沉澱于水底而成之者也。碎屑、沉澱二種皆爲無機質巖，石灰巖等則爲水成巖中之有機質巖，由生物之遺體堆積而成。片巖、片麻巖等乃火成、水成之變質巖。若石英斑巖，石英粗面巖等，則又爲火成巖中之噴出巖矣。

由是觀之，六盤山之玄武巖盤本爲噴出之火成巖，乃稍向西北，便有花崗、橄欖等之侵入巖。所謂噴出之地面與侵入之地中,何其高低較差如是之微,遠近距離如是之短,蓋因此等地面凝固之火山巖,尋常僅限于局部地域,其大部分多在地下深處凝固而爲深成巖,如上述玄武巖盤與其巖脈是。有時地中液體沿巖裂縫上昇至達地面附近,復侵入他巖石之罅隙,而別凝成巖石者。此不止脈巖之斑巖等爲然,即如上述花崗、橄欖之深成巖,其液體亦偶因地變而上昇至地面附近之處,復竄入地殼洞隙而凝成之也。故噴出與侵入等巖,亦常在同一地區內見之。況花崗巖在太古代已多位在他巖石之上層也。

甘、陝、寧、青之地層多由花崗巖組織而成。六盤東南之華山,西北之祁連、賀蘭諸山,或全部或一部爲花崗巖。其時代或爲太古代,或爲古生代,然屬新生代者亦有之。六盤山向西北迤邐及香爐山向西北迤邐諸山,均多板巖、凝灰巖。六盤山向東北斜延及香爐山,向東北斜延諸山均多砂巖、礫巖,皆水成巖中之碎屑巖,其間或雜有片狀之變質巖。再北迄東迤之巖脈,則多爲水成巖中之沉澱巖。可見二三百里以內之巖質,已極錯綜,當時水火混芒之世可想見矣。是以西山諸溝,由噴出火成之石英斑巖、石英粗面巖等,竟雜于碎屑水成之凝灰巖中。但凝灰巖固亦爲火山噴出物之混合水成巖而成者。可知太古代之六盤山,或但見其頂周圍尚多水區,迨成水成巖後,火山再度活躍,從其火山口而噴出之火山彈、火山灰及溶巖流等,或四下噴濺,或傾斜一方而溜涎,遂與其下之水成巖相摻雜,理自然也。抑由巖漿上昇,填塞他巖石之裂隙成爲斑巖,或即由水底或水成巖底發生火山作用而噴結石英粗面巖等,容亦有之。

片巖、片麻巖等原爲最古之巖石,初成亦爲層狀,與水成巖同。後受高壓高溫,至變其質似火成巖,故嘗雜出于水成巖之間。但其廣大之巖層,當分佈于地殼之下部耳。其由火成巖、水成巖接觸之處,每發現所謂接觸礦物者,如縣境東北萬安監東攔腰溝底,時可拾得光澤如玉之紅柱石,亦即水火混成地層之一明證也。更就火成巖噴出或侵入之際,水成巖受其溶液之高熱及氣體等作用,成爲接觸變質巖者考之,如埋沒地中之樹木,經變質爲煤炭者皆是。是則縣境東北之炭層地帶,何嘗非由水火激射中而構成之耶。

煤亦爲巖石之一種,由若干固體之顆粒積合而成,但非碎屑巖,乃爲植物腐爛之餘燼也。境內產煤之地,曾有數次,皆悉當日水中繁茂之蘚苔類及地上滋長之森林,死後堆積水中,或埋沒土砂之下變化而成。自地質學上觀之,斯亦產于水成巖中之一種變質巖也。

晉太興年間,高平郡界山崩,出雄黃數千斤。採訪員荷擎雲勘得縣南和尚舖河底之石塊,多作橙黃色,雖非純粹石黃,其爲石黃所着染者無疑。按雄黃一名石黃,即三硫化砷也,可爲黃色顏料。砷爲化學元素之一,與硫磺合即爲雄黃。

硫磺爲非金屬化學原質之一，多在火山附近産出之。縣北陰瓦寺山有硫磺質之煤礦，其炭燃之發青焰，並放出刺激性之奇臭，即硫磺也。是皆爲水火接觸之地層焉。煤爲次成巖，但其生成時代尚早。砂礫巖中夾炭層者，多在古生代石炭紀。若黏板巖、泥灰巖中夾石炭者，亦應在中生代侏羅紀。惟其最上層之砂礫、黏板等巖，則屬新生代無疑。縣境山岳之爲紅砂巖、紅礫巖所結成者，及山原川谷之積土、河流沉積之泥砂，尤屬于此代者也。

古代六盤頂應較現代爲高，後因顯露地表，久受火氣及日光之作用，漸致剝蝕。其剝蝕之顆粒，播颺搬徙，終至隨水入河，或流向低斜之地，經石灰質或矽質膠結成爲砂礫巖石，重遭地變，則又隆起成山。閱縣境東北砂礫巖重疊斜去，思過半矣。方今縣境西南區猶多砂礫，而前代冲刷流積之砂礫，除膠結成巖者外，其在上層者已經風化成爲土壤，故縣境中東北區均多黃土階級層。但山畔坂原土下基址，仍不鮮爲黃砂堆積層也。

其他礦物，亦常隨山崩壞，冲積窊地，或水棲動物之貝殼，溶解沉積于沼潴。縣西之斜谷，縣東北之低原，故多鹵質、灰質之地層，凡磣地及皮硝之産地，皆與鹽鹵地相似，故柔皮之硝，多生于鹽鹵之地。而鹹土多含鉀、鈉、鈣等金屬所成之鹽基地。境內下濕之地，隨處皆有，不特硝河城、三七營等地始有之。若更由東北低原趨瀕黃河之濱，則又爲河沙之冲積層矣。

反觀六盤南下之脈石所造成之隴山山脈，亦多火成巖、水成巖及火成水成相間巖石。《隆德志》云：[1]“隆德跨隴山之西，近山地質有係火成石之溜鎔巖、蛇紋巖所縐成隆起者，有係水成石之黏板巖、砂礫巖、間層巖堆積沉澱而成者。”得其槩略矣。

六盤造山力既由于火山噴出溶巖所構成之孤立高峰，與四坡之低平連脈，迺迭次地震，皆爲斷層地震，不爲火山地震者何也。蓋我國火山皆已眠息，尤以北嶺系之地層最古，其發生火山作用之時代已成過去，當由極活動之時期，繼以長時期之休息也。所以有長時期之休息者，不外地殼之變動原有多寡强弱之不同。地球體積減縮，地殼勢必沉降，但其沉降以漸，故地殼一時能適應內部收縮，而不致有火山暴裂。惟基于公轉及其他天體吸力之故，地脈常發生變形力與應力，地殼一有變動，則巖石必緣斷層而移易，即連綿一致之巖石，忽折裂而生上下之移動，故成斷層地震。裂谷即因斷層陷落之地面而成，其地較近旁各處爲低。固地之形容面目，實多由于此等上下移行之動作所造成者也。

---

① 參見《民國隆志》卷一《輿地·地質》。

土壤　　嚴石風化而成土壤

固原土壤爲色五,爲質九,大體則黄壤也。

稼穡樹藝,辨土爲先,色異質殊,土性亦别。故應審辨色質,藉知土性,因以物地相其宜,而爲之種也。土壤含礦石色素多,含動植色素少。黄土或含有鉛黄、亞鉛黄、鎘黄、石黄、黄陶土、藤黄、黄金、黄銅、黄鐵、硫黄、硫黄鐵、褐鐵、辰砂、閃鋅、菱鐵、氯化鐵、鈉等。青土或含有柏林青、群青、鈷青、銻青、矽、孔雀石、青鉛、藍鐵、藍銅、絲泥石、葱臭礦、透輝石、氫、氧等。黑土或含有油烟、松烟、骨炭、黑雲母、石墨、軟錳、硬錳、脆銀、輝銅、黑銅、鉻鐵、磁鐵、角閃石、輝石、矽等。紅土或含有銀朱、鉛丹、赭石、銻朱、呀蘭紅、臙脂、斑銅、赤銅、金紅石、鷄冠石、氯化鈷等。白土或含有鉛粉、亞鉛華、重金石、白堊、白雲母、白陶土、灰鹹、銀毒砂、鉍、氟、磷、鉀、鈣、鎂、鋁、錳等。但不儘然,如石灰石爲淡灰色,而黄土中含石灰質最富,卻不爲淡灰色,而仍爲黄色,要視其化合如何也。大概黄土多含鐵質及腐植質,故肥,若腐植質少則稍遜之。青土常含腐植質多,故肥。黑土亦然。紅土亦含有鐵質,若含腐植質少則爲瘠。白土鐵質與腐植質皆缺,故最劣。但腐植質亦不宜過多也。

又土壤之主要成分,在可直接作植物養料之無機成分。而組成此無機成分之原素,則不外氫、氧、碳、氟、硫、磷、鉀、鈣、鎂、鐵、矽、鋁、鈉、氯、錳等十五種。但又僅有前十種爲植物發育上所必需之原素。氫、氧、碳三原素是從水與空氣中取得之,其餘七種皆含在土中。硫、鈣、鎂、鐵四原素,植物需要不多。氟、磷、鉀三原素植物需要最多,而土内含此三種可溶性之成分則極少,故宜用肥料以補救之。

境内土壤,諸色皆有。今仿土會之法,從其多者論之:

一曰黄土。黄土概含鐵質,較紅土含腐植質多,故肥。含腐植質少者亦瘠,如中區之城關鎮、上下寺底村、明楊家、海子崾峴、天賜埧、石蜡村、張洪堡、窨子溝、劉家店、二灣子、土坑、卧耳朵、教化山、九龍山、羊坊、丁林家莊、聚賢村、王家河、洒家溝、萬崖子、寇家莊、馬家莊、楊家山、麻家莊、康家堡、大堡子、興隆莊、吴家莊、油房溝、閆家莊、西門店子、盧家堡、陸家莊、明家莊、小川子、惠中堡、石碑灣、北十里舖、長城梁、喬家坬、沈家河、曹家坬、黄家莊、高家坡、邢家莊、黎家堡、東廟兒溝、徐家坡、撒木村、中水河、豐家堡、隔城子、滿家堡、王明莊、安隆莊、别家莊、紅寨子、黄土橋、彭家堡、曹家河、龔家莊、李家堡莊、錢英堡、劉溝、蔣家口子、申家莊子、鹽土溝,東區之王坬鎮、馬家河、寨子坬、崾峴村、王大户、王家川、武家楊家寨、科崖堡子、王坬鎮裏台、駄水溝、大堡子、牡丹岔、官廳、蔡家川、張高家、曹家川、史家莊、雙樹子、草灘、海家磨、彭陽城、南塬、寧家溝、常家溝門、張佛堡、槐溝、劉米家塬、白馬廟塬、長城塬、萬安監、白家川、棗樹渠、吳家莊、白家新莊、石板河、豆家城、楊家莊、羅家窪、碾盤掌、車道坡；南區之永安村、開城、北家山、五里山、大灣、蒿店、太陽坬、和尚舖、周家溝、劉家溝、東山坡、臥羊川、吳保溝、鄧家川、清水溝、卯家堡、王坬兒、周家莊、蔡家莊、通家河、張化兒、任三河、党家岔、英哥嘴、奈家河、小岔溝、秦家大莊、黃家莊、上蔡家、何劉兒、溫家溝、純家溝、古城、張家河、石家溝、馬坬兒、馬們堡、馮馬兒、掛馬溝、石家岔、郭家莊、拉拉寨，西區之駱駝巷、宋家窪、王家套、賀家套、隆德溝、野雞峴、倪家套、姚家套、觀音殿、謝家寨、葉家溝、十字路、田家堡、盤路坡、張易堡、中莊、穆家莊、樊家莊、六個羊圈、大莊、偏城兒、花兒岔、後溝、沈家新堡、西來堡、鹽官大莊、樊西堡、黃家澇垻、黃家堡、黃蒿灣、窨莊、大套子、杏樹灣、難泥灘、高元子、榆樹灣、元套子、紅溝兒、柳林溝、馬連川、包家莊、張家嘴頭、泉兒灣、馬小灣、官莊兒、哈馬岔、半個堡、莧麻灣、馬昌堡、楊芳城、蘇家灣、油房溝、謝家灣、苟兒岔、五岔、曹家寫嘴、羅兒灣、張春堡、榆木岔、張家莊；北區之頭營鎮、馬家園子、茅菇灘、石羊子、腦瓜坪、張家崖、双合堡、窨洞溝、石橋子、路家梁、王張後溝、胡大堡、上二營、馬家坬、大北山、下二營、蔣家河、張家河、馬家店、虎家坬、三營鎮、吧喇灣、戴家堡、陳家堡、楊家河、三營、沙崗、南窩子、穆家灘、大屹塔、鐵家溝、楊家溝、馬家溝、保家溝、大台子、碾盤掌、党家溝、杜家溝、天子塬、深豁峴、杜家嶗峴、柴家溝、他家川、白家塪、薛家溝、教場川、白澇子、黑山子、海家塪、黑城、平灘墩、團莊、太平莊、十里墩、唐家堡、褚家灣、甘溝、黃家灣、黃鐸堡、楊家莊、黑溝堡、莧麻溝、了坡、碌磚溝門、毛家台子、丁馬堡、滴水村、石城、沙家堡、炭山、長安村、南坪、唐家灣、四營、高家崖、土門關、老莊臺、小河子、五營、六營、八營、桃包、三百户、後灣、東沙溝、臭水河、西沙溝、土橋子、杜家河、白莊灣、陽莊、李俊堡、蒿内、元套子、官馬套、地灣、小終咀、黑英灣、韭菜坪、坡灣、紅錦川、馬圈溝、車路溝、黑山等地，多爲黃土。

　　二曰青土。如中區之田家坬、羅家坪、二壕、九坪灣、十里舖、二十里舖、馬飲河、水河溝、侯家莊、碾子頭、張家磨、吳家磨、姚家磨、侯家磨、葉集灣、硝口、樹林溝、臭水溝，東區之甘海子、古城、店子坬、清家莊、喬家溝、甘岔、石家岔、官口川、蛟龍口、馬家坡、三條監，南區之大灣鎮、三十里舖、打火店、青石咀、史家磨、楊家嶺、蘇家堡、海子磨、元圪塔、瓦亭、五里舖、興隆莊、三關口，西區之沙豁峴、鹽泥溝、王大户、梁家莊、毛家莊、生地灣、卜家莊、哈喇溝、崔家灣、水泉灣、盧家灣、後溝、凌家溝、恰頭溝、汪家莊、穆張寺，北區之沙垠子、老三營、藍家堡、西窩子、南窩子、三岔河、官堡、戴家店、卯家莊、藍家窩子、滿四堡、石山滴水崖、大黃掌、二百户等地,多爲青土。

　　三曰黑土。如中區之田武溝、哈喇溝、古家梁,東區之清水掌,南區之牛營,西區之顏柳溝,北區之冬至河、黑城子等地,多爲黑土。

　　四曰紅土。如中區之紅崖子、四道溝、田家溝、陳耳山,東區之耳朵城、石節子,南區之謝家寨子、大灣、牛營,西區之大灣店子、紅莊、隆德堡,北區之紅莊、孫家河、紅城子、趙家寺、双井子、七營、馬連窩子、郭家河、李家河、延家崗、天生圈、北嘴、天卷灣、紅土崾峴、踏板溝等地,多爲紅土。

　　五曰白土。如中區之唐家溝,東區之崾峴村,南區之白土口子、通家河、司家磨,西區之上紅溝、白土窰、殷家溝,北區之張家崖,包家及其他鹵硝等地,多爲白土。

　　他如青黃土,黑黃土、紅黃土、白黃土暨雜色土等,亦到處皆有。甚或一平方里內,土有數色。一立方丈間,有不同色之土數層,可以檢討其年代之遠近與地變,人事等關係。至若民居之地,如城關鎮與各鄉鎮房屋街道等處,欲辨土色,更須取心土鑒別之。因表土或摻蓋有磚瓦石灰之粉粒及動植等物之腐質也。

　　總之,中區之土多黃色,東區之土多青黃色,南區之土多黑色,西區之土多黑黃色,北區之土多青色,全縣之土則多爲黃色也。

　　地球表面,最初並無土壤。所有地面之土壤,皆由古代巖石經幾千萬年,受溫度之熱脹冷縮,使巖石生大小不等之裂隙,受空氣中氧與炭酸氣之作用,使巖石中鐵質變化,弛緩巖石之組織,促其崩壞,變爲砂土。受流水與冰川之消蝕,兩岸同河底之巖石,或溶解巖石中一部分之礦物,而使其組織緩鬆。受動植物之幫同溫度、空氣與水繼續破壞,使泥土裏有動植物之腐敗物質,地面始有可以耕種之土壤。其由巖石風化後,霉爛成粉,堆積于地而成之霉爛土壤。或由巖石分解後變爲粉粒,爲流水冲刷,沉積于江河之底及河谷之沿岸而成之冲刷土壤,隨地皆有。蓋地面之巖石,受風化作用而破壞後,每被水衝動,飄流粗重之砂礫,多先在他處沉下。細砂及黏土則多沉積于河旁湖底之表面,逐漸增厚。日後水漸低淺乾涸,或水道改變,即露出水面,成爲土壤。或自沙漠地方吹來微細塵砂,堆積而成土壤,質極細微,無層次,而常具柱狀構造,且多成絕壁,結實非常。動物、植物生息其上,其遺體腐敗後混入土壤中,稱爲腐植質,土壤之成分以細砂、黏土爲主,概含有腐植質,更有含細菌、石灰石或礫石者。

　　砂之粒體與間隙均較黏土之粒體與間隙爲大,故關于土壤之組織原有疏、密二種。砂粒大,間隙亦大,謂爲疏組織。黏土粒小,間隙亦小,謂爲密組織。疏組織雨水容易滲入下層,雖霪雨爲患,亦可免根柢腐敗,但吸收力極弱,易罹旱災。密組織雨水不易滲入下層,常患過濕,植物根柢不易蔓延。各有利弊,要以疏密適中爲貴。

腐植質爲土壤之有機成分，直接不能作養料，但能保蓄養分，疏鬆土壤，流通空氣，使不溶性成分變爲可溶性，使黏土鬆軟，砂土緻密，分解後亦可作養料。但在低濕之地，往往發生酸性有害之物質，爲無數肉眼不能見之微生物。如腐敗細菌，能將肥料變爲無機成分溶于水中，以供作物吸收。化硝細菌能將含氧之有機成分變爲易溶之無機成分，以供作物吸收。攝瘤細菌能吸取空中游離氧素，變爲硝酸鹽等易溶之物質。根瘤菌能侵入豆類根部，使生出許多瘤狀物，並吸取土内游離氧素，供給豆爲養料。但有時土壤内水分太多，空氣不流通，或有機質物堆積過多，不只細菌停止發育，反生出還原細菌，使可溶性養分變爲不溶性，有害于作物。

石灰石簡稱灰石，成分爲炭酸鈣，大部由介族及珊瑚等之遺殼沉積水中而成。常見者色白而不透明，亦有結晶而透明者。其雜黏土等物者色灰黑。礫石，小石也，或由砂、黏土、石灰質膠結而成之粗粒是。

土壤因各種成分及含量之不同，其性質遂亦各異，依其類別，約可分爲九等：

一曰壤土。百分中含砂與黏土各五十，或分量相仿，無甚相差者是。此等土壤因含有適量之砂及黏土，對于一切作物均極適宜，故爲農業上最良好之土壤。如境内負廓鄉、三營、黑城子、教場灘、馬連川等處多爲此土。城南宋家巷一帶之地土，上層皆爲黄壤，下層則爲砂礫，想係當年之河道也。

二曰砂質壤土。百分中含砂七十至八十，黏土二十至三十者是。此等土壤因含有比較適量之砂及黏土，對于一切作物亦甚適宜，故爲農業上良好之土壤。境内如大營鄉，七、八營等處，多爲此土。

三曰壤質砂土。百分中含砂八十至九十，黏土十至二十者是。此等土壤容易耕鋤，水氣之流通一般佳良，惟容易乾燥，分解作用旺盛，施以遲效性肥料，轉易見效，固不失爲良好之土壤。境内如開城、瓦亭等處，多爲此土。

四曰埴土。百分中含砂四十以下，黏土六十以上者是。此等土壤雖甚肥沃，但潮濕時易黏連爲塊，耕耘費力，水氣之流通不良，乾燥時又常生裂縫，致生作物受害。施以石灰或行燒土法以改良之，亦不失爲良好之土壤。境内如紅崖子、高圪塝等處，多爲此土。

五曰腐植質土。百分中含腐植質二十内外之土壤是。此等土壤，亦甚肥沃，但乾燥時成粉末狀，容易飛颺。過于潮濕，亦害植物之發育。若混入砂土、黏土、草木灰等以改良之，方成沃壤。境内如蒿店、鹽泥溝、李俊堡等處，多爲此土。

六曰砂土。百分中含砂九十以上，黏土十以下而略有石礫者是。此等土壤，耕耘亦易，惟所含養分甚少，且乏吸收力。難于分解之養分，不妨一次施下。若腐植質豐富，且在透水力不强之地，可作耕地。境内如沙窩、沈家河、上下二營山畔、寇家莊等處，多爲此土。

七曰礫灰砂土。砂土中含石礫較多者是。此等土壤，較之壤質砂土與砂土等温冷尤速，易罹霜害。施以速效可溶性之肥料，更易流失。若在氣候濕潤、位置低濕之地，亦可作爲耕地。境内如黄家河、石家岔等處，多爲此土。

八曰泥灰土。百分中含石灰質六十内外者是。此等土壤，最易乾燥。境内如蒿店北山、黑城東山等處，多爲此土。

九曰礫土。百分中含礫石七十内外者是。此等土壤，最爲瘠薄，但可作牧場或果樹園。境内如秦家溝、康家溝、大灣山、須彌山等處，多爲此土。

我國辨土之書，《禹貢》最古，《周官》次之。《禹貢》辨土爲九等：曰白壤柔土，爲壤柔而無塊，性緩和也，下同。白，其色也，下同。曰黑墳。高土爲墳，下同。土脈墳起于沮洳之中，易長草木也。曰白墳，土脈墳起于斥鹵鹹地，可煮爲鹽。曰赤埴墳，膩土爲埴，黏膩細密，可摶可埏也。曰塗泥，淖土爲泥，黑土在水中性黏濕也。曰壤，土不言色者，其色雜也。曰墳壚，疏土爲壚，玄而疏也。曰青黎，黑土爲黎，青黎者，青黑土也。非壤非墳，其質不一也。曰黄壤。五行莫貴于土，五色莫盛于黄，上上之土也。賈公彦云：《禹貢》九等，自是九州大判，各爲一等。夫一縣雖小，而此各等之土，間亦有之。[①] 例如固邑之大北山、張家崖等地，白壤也。五里山、打火店，黑墳也。鹽土溝、鹽泥溝，白墳也。紅崖子、延家崗，赤埴墳也。北門灘、彭敖堡，塗泥也。西坪、東山根，壤也。大灣、青石峽，墳壚也。開城、南牛營，青黎也。小川、南窩子，黄壤也。

《周官》辨土爲九等：曰騂剛，謂色赤而性剛之土也。曰赤緹，謂緹色之土也，緹爲淺絳色或黄赤色。曰墳壤，謂潤解之土也。曰渴澤，謂古時停水今乃渴也。曰鹹潟，謂水已潟去，其地爲鹹鹵也。曰勃壤，謂粉解之土也。曰埴壚，謂黏疏之土也。曰彊㯺，[8] 謂强堅之土也。曰輕㸦。謂輕脆土也。賈公彦云：《周官》九等，無妨一州即有此九類。[②] 夫一縣雖小，而此各等之土亦間有之。例如固邑之紅城子、馬連窩子，騂剛也。城川、紅河川，赤緹也。古城川、長安村，墳壤也。蓮花池、乾海子，渴澤也。黄土橋、楊中堡，鹹潟也。蒿店、大圪塔，勃壤也。大灣店、十字路，埴壚也。沙家堡、丁馬堡，彊㯺也。官廳、官堡台，輕㸦也。

民國三十二年，設立西吉縣，所有上述凡屬硝河城轄地，皆畫歸新縣矣。三十四年調整海、固縣界後，所有上述凡屬李俊堡轄地，除一部歸西吉外，餘皆撥歸

---

① 參見《周禮注疏》卷十六《草人》賈公彦疏。

② 參見《周禮註疏》卷十六《草人》賈公彦疏。

海原；而海原之楊郎鎮則撥歸固原。原有楊郎、王浩、三茶、三保，共地六萬九千三百九十八畝九分一厘。其地巖石亦係古生代，觀王浩堡、陳家溝之炭礦可知矣。陳家溝爲壤質砂土地，山高多水，導以灌田，其利甚薄，但稍砌石成渠，可免水之走滲。其他各地，則亦多係黃色土壤也。

土以黃色壤土爲上上，青色、黑色、紅色遞次之，白色爲下下。砂質壤土、壤質砂土、埴土、腐植質土、砂土、礫灰砂土遞次之，礫土爲下下。但如北區之青色砂質壤土，常較中區等地之黃色壤土爲沃者，則因氣候地形等關係，又有不同也。

關于氣候者，暖處爲佳，寒處少遜。縣境東北區較緩，西南區較寒，中區界于寒暖之間。

關于地形者，川地爲上，塬地次之，坡地又次之，即水旱田之分也。縣境北區多川地，中東區多塬地，西南區多坡地。但各區均有川、塬、坡等地也。

邑之田賦科則，無論民、屯、更、監、縣、租各地，例分三門九等。即川、塬、坡爲三門。上川地、中川地、下川地、上塬地、中塬地、下塬地、上坡地、中坡地、下坡地，爲九等。惟實際上三門九則，只分七等，坡地分下與下下是。且上川地、下下坡地外，其中塬地折算之數與中川地等。下坡地、下塬地折算之數與下川地等，是又僅有四等耳。如民地每頃，上川地以四十五畝折算，中川地、中塬地折三十六畝，下串地、下塬地、下坡地折三畝，下下坡地折一畝五分。屯地每頃，上川地折四十五畝，中川地、中塬地折三十六畝，下川地、下塬地、下坡地折二十七畝，下下坡地折十三畝。更地每頃，上川地折六十二畝，中川地、中塬地折五畝，下川地、下塬地、下坡地折四畝，下下坡地折二畝六分。監地每畝，上川地折七畝中川地、中塬地折五畝五分，下川地、下塬地、下坡地折四畝，下下坡地折二畝六分。縣地每頃，上川地折三十五畝，中川地、中塬地折二十七畝，下川地、下塬地、下坡地折二十三畝，下下坡地折十三畝。租地每頃，上川地折七十一畝四分，中川地、中塬地折五十九畝五分，下川地、下塬地、下坡地折四十八畝，下下坡地折二十六畝。綜此六種地之科例計之，又多至二十等級。此乃歷史上之理由，去土質遠矣。

田上上，所穡者人力耳。

《書·禹貢》：[①]"雍州，厥土惟黃壤，厥田惟上上。"夫五行莫貴于土，五色莫盛于黃。雍州之土黃壤，故其地非他州所及，田上上也。固原爲雍州域，總境内之土色土質言之，乃黃壤也。土得常性，而著正色，竟有歲不一獲，二韛莫繼者。非地有所靳于人也，人自不念菑畬耳。

──────────

① 參見《尚書·禹貢》。

土有曬則糝硬，雨則膠黏，如俗所謂"雞糞土""馬肝土"等，原不足廁于土壤之列。然如縣東菜園子，舊係雞糞土之瘠地，今則成縣中首屈一指之沃壤。又如縣南秦家溝、康家溝一帶，舊係膏腴之地，今則成爲礫土。爲肥爲磽，土地未自爲力，視人之改良與否也。例如單粒組織之黏土，僅有小間隙，雖能蓄水，而空氣不流通。可加入石灰或腐植質，改良爲團粒組織之土壤。又若單粒組織之砂土，僅有大間隙，雖能流通空氣，而保水力甚弱。可加入黏土或腐植質，改良爲團粒組織。團粒組織有細微土粒間之小間隙，又有糰粒間之大間隙，斯爲最合于植物之土壤也。但既成糰粒組織後，倘遇强壓力或大雨灌溉等，仍常變爲單粒組織。所以，土壤須勤行耕鋤也。邑西南斷台溝有牛勤其人者，所耕瘠地之收益，較人沃野之收恒多，非一年矣。蓋即勤于鋤犁，使土地常保其團粒之組織而已。表土尤宜深耕，使植物根部易于蔓延，吸收養分。并使保蓄養分之地域廣闊，植物容易繁茂。又伏天耕地，最不可緩。諺云："伏裏戳一橛，勝于秋裏犁半年。"此之謂也。有霜不宜耕地，恐將霜復于地，肅殺之氣內蘊，易傷禾稼。雨後黏濕，不宜耕地，耕之易生刺芥。惟墾荒地利于濕黏也。

再土中之水，重要非常，爲能供植物以氫、氧二原素，並能溶化一切之養料。查全縣水田，只有五六百畝，水渠只有東壩渠、姚家磨二三道，長度均短，是水利猶未興也。

就本邑之土地言，每畝平均之收益：上水田小麥可獲五市斗，豌豆、糜子皆四斗五，燕麥五斗，蕎麥四斗五，洋芋七百觔；旱田小麥可獲三市斗，豌豆二斗五，糜子、蕎燕麥皆四斗，洋芋四百觔；中水田小麥可獲四斗五，豌豆、糜子、燕麥、蕎麥皆四斗，洋芋六百觔；中旱田小麥可獲三斗，豌豆二斗，糜子、燕麥、蕎麥皆三斗，洋芋三百觔；下水田小麥可獲四斗，豌豆、糜子皆三斗五，燕麥、蕎麥皆三斗，洋芋四百觔；下旱田小麥可獲二斗五，豌豆二斗，糜子二斗五，燕麥二斗，蕎麥二斗五，洋芋三百觔。

最近年每畝平均之地價：上水田，二十七年，值八十元；二十八年，一百二十九元；二十九年，一百八十三元；三十年，五百元；三十七年，一億二千萬元。上旱田，二十七年，值十五元；二十八年，二十元；二十九年，三十元；三十年，二十八元；三十七年，六千五百萬元。中水田，二十七年，值六十元；二十八年，一百元；二十九年，一百四十元；三十年，四百元；三十七年，六千萬元。中旱田，二十七年，值十二元；二十八年，十五元；二十九年，二十元；三十年，六十元；三十七年，三千萬元。下水田，二十七年，值五十元；二十八年，八十九；二十九年，一百二十元；三十年，三百元；三十七年，二千萬元。下旱田，二十七年，值六元；二十八年，十元；二十九年，十五元；三十年，三十元；三十七年，一千二百萬元。

　　水田旱田,雖關地形,尤關人事。棄之,地可變爲旱田;務之,旱地亦可變爲水田。雨水愆期,則哀鴻遍野;川流不至,則沃壤就荒。霪雨爲災,山洪暴發,則又淹没禾稼,勢傾城郭。民國十七、十八、十九等年,甘陝奇旱,固邑河乾見底,井水皆竭,瑣尾零丁,流亡載道。二十一年,大雨傾盆,洪流汎濫。縣西城南,冲没人畜不少,前車之鑒也。若知開渠浚河,引泉鑿井,造陂築隄,建壩設閘,挖池塘,修圩岸,則旱潦不妨,水爲人用矣。故曰恃天不如恃地,恃地不如恃人。

　　荆棘塗泥之土居八九等,今爲産穀之鄉。西北如固邑等地,皆係黄壤第一等之土,反比塗泥不如者,雖關氣候,亦水利之未講耳。況甘省十年九旱,防潦莫疏,防旱尤亟。

　　邑開城分水嶺,地勢高,佔地大。凡分水嶺佔地大者,其水量亦大。斯可四下導以灌溉。他如西海、蒿内海及官堡台、白家、安家諸川,均居高地,可引爲渠。

　　《書·俞咨》:①"禹平水土。"《三國志》:②"不習水土,必生疾病。"古人言土必及水者,以水土二物本相資而爲用也。固邑東區土厚,中、北區次之,西南區較薄,水深相埒。縣城西門外一帶,鑿井引泉,須深至十二丈上下方得水。城内福音堂迤北之水井,約深十丈上下。鼓樓西北,約深八丈上下。縣府街以南,約深六丈上下。南關菩薩廟東南,約深四丈上下。東關以東,約深二丈上下。東門外,南門外,北門外附近,約深一丈上下。自城内廟街、布店街、山貨市街直下四道城門之街道,統稱南北長街。大概長街以西地高水深,以東地低水淺。

　　水乃輕氣、養氣化合之液體。③《禮記》注:④"水流行地中,似人身之血脈也。"《博物志》云:⑤"地以川爲脈。"究則地有地氣,土有土脈,不以水爲脈絡,地下水反以土脈爲水脈。所謂水性就下者,僅指地面水而言。地下水則不盡然,其伸縮升降,全獎土脈。土脈交流,極其纖維,括約運行,有條不紊,但非肉眼所得見。地下水流繫于土脈,非如地面水之能決堤毁堰而去也。起土建築堤堰,脈絡已斷。間得重接地氣,脈必甚弱,近于地面之土,土氣耗散,脈亦無力,均難約束水流,甚至反爲水流所冲刷。

　　土含礦質不同,水含礦質亦異,以某種土脈導引某種水泉,雖地只尋丈之深,咫尺之廣,亦並行而不相淆。例若本省清水縣東二十里之湯浴川,有泉二脈,相距五步,一温泉四時如沸,一冷泉盛夏如冰。本邑城内之後壕巷有兩井,一甜一

①　參見《尚書·呂刑》。
②　參見《三國志》卷五四《吳書九·周瑜》。
③　輕氣養氣:即"氫氣氧氣"。
④　未見《禮記》注引此文,《周官集注》卷一有"水流行地中似脈"句。
⑤　參見《博物志》卷一,原句作"地以名山爲之輔佐,石爲之骨,川爲之脈"。

苦,近止一牆之隔。城内武廟水井,冬夏均旺。井東丈餘即是城基,多年坍損,水不外洩。城外民地,低于城基,就地淘井,地比廟井低下,而泉反較小,且聞冬季尚旺,夏卻就涸。是皆地氣、地質爲之,即土脈爲之也。

若地面水則無不投隙流濕,潤下歸墟,其奔流渟蓄,一視地勢。譬如河道有曲直,岸土有强弱,地面水之水性,則每趨直攻曲,遜强就弱。河深之處,偏近凹岸,其曲愈鋭,其流愈急,而其水亦愈深,凸岸之水,因亦愈淺。本邑如清水河之河床,即因沿岸土質不同,故其廣狹灣曲,至不一致。講水利者對其有律過渡、無律過渡,及其他河床之一切情狀,不可而不觀察之也。

河中挾沙之大小多少,視乎水流之緩急。大沙巨石,常見于急流,而緩流僅能挾細沙以行。流速不一,中流恒大于近岸處。邑清水河在民國三十一年元月一日,觀察南三里舖北至龍王廟,約長一公里之間,東西均已結成冰岸,其中流尚未合凍之處,平均約寬二公尺,深五公寸。就中測算得挾沙量,爲每立方公尺含沙百分之六,即六立方公分也。此時水最清冷,因河之上游亦皆冰凝,無沙可以刷挾。春夏秋三季,水色黃,挾沙多。遇雨及洪水後,且挾有巨石或石丸不等。挾沙有關于流速,流速亦有關于挾沙,講水利者不可不觀察挾沙及流速也。

水面高低之位置曰水位。雨降雪融,增益流量,因亦水量大而水位高。分流耗洩,減少流量,因亦水量小而水位低。邑清水河水位,無時無刻不在高低之變更中。在上述長一公里、寬二公尺、深五公寸間之水量,約得一百萬立方公升。春夏秋三季水位,均比冬月爲高。若逢暴雨霪潦。則水位每高出河漕,泛濫爲災。講水利者不可不觀察水位也。

因河床地勢之高下、遠近,兩點間水位高低所得之差數,與此兩點間距離所成之比例曰比降。邑清水河自發源處至出境處,河床高低不等,水位高低亦自不齊。大抵上游較陡,中下游以次漸緩。河身寬窄不同,流速亦異。沿河投會之水脈頗多,清濁各別,流速益殊,比降遂亦或平或陡。講水利者不可不觀察比降也。

水有水力,流速大者其力大,流量大者雖同其流速,力亦增大。邑清水河因河床性質、河身形狀、水面比降皆不從同。故流速大小,隨地而異。又因雨雪之多少,流域之殊勢。故流量隨地有差,而水力亦隨地不等。講水利者不可不觀察水力也。

河底之流速比諸河面爲滯緩。若溫度降至冰點時,結冰必先自河底爲始,其始成之冰花,常附著河底之沙礫。逮逐漸增結成爲冰塊,遂與沙礫同浮水面。浮冰愈集愈多,流至狹處,每至壅不能前。又于春初水漲,水于冰層下不能容納,勢至冰層圮裂暴潰,重復流動,是謂冰澌。邑清水河冰澌,雖未至形成攔河之冰壩,致水漫決兩岸,然河流中阻,河道旁移,亦時見之。講水利者不可不觀察冰斯也。

　　要之邑清水河及其他諸河之河床、流速、流量、水位、沙量、雨量、蒸發量等之測量。與夫修治河岸、灌溉土地、發展水力諸事，均有關涉。水紋列爲專科，水利實屬要政，宜注意之。倘惜費而兼惜力，利民而慮疲民，則應近山之地利用山泉，瀕河之區利用河水。否則砌貯水池，穿灌田井，藉資澆注，亦豈少補哉。

　　有地必耕，有水必引，無棄地，無棄水，農之能事畢矣。謂民不殷實，國不饒裕，未之有也。

　　土有保水力、透水性、毛細管引力、蒸發性。凡雨水降到地面，一部分隨時蒸發，一部分流向低處，一部分滲入地下。土壤上層亦能保持一部分，是爲保水力。此力表土弱，心土強，腐植土最大，黏土次之，砂土最小。其強弱大小之優劣，須視植物性質與氣候、地形而定之。

　　土中水分有向下層滲透之性質，是爲透水性，對于植物發育亦關緊要。若無此性，則大雨時必水停地面，有碍植物。但須兼有毛細管引力，兩相適度，方無過濕過乾之弊。團粒土壤，便無此弊，水自上層滲漏下層，上層之土粒尚能不斷吸水，從土粒之間隙而上昇，是謂毛細管引力。此力功用甚大，能時常供給植物根部所需要之水分，不致乾枯。黏土吸引力最強，腐植質土次之，砂土最弱。吸引力弱，可加以鎮壓，使土緻密，容易吸水上昇。

　　當乾旱之時，如將土淺耕，使上層吸引力斷絕，以減蒸發，亦可救旱。土壤表面不絕有水分蒸發，是爲蒸發性。氣溫高，空氣乾燥，有風之時，蒸發性最盛。土溫高，毛細管引力大，蒸發亦盛。蒸發盛，灌溉勤則得矣。地下水深度亦須適宜，地下水過近地面，植物根部不能蔓延。反若過深，則植物根部所蔓延之處，又復易感水分之不足，故須求其適宜。土壤過于低窪，水分太多者，獨有排水爲惟一之改良法。高燥之地，則須設法灌溉，不待言也。

　　耕鋤灌溉以外，與土壤之改良尚有關者，厥爲施肥。因天然土壤含有植物生育之適量養分極少，所以灌溉分爲兩種，如上所述之普通灌溉，謂之濕潤灌溉。還有特別灌溉之一種，謂之肥培灌溉。乃當冬期時，以雨水、河水或含有阿木磨尼亞之水澆溜之，以供春耕之用，則水中多含有養分也。又土粒概有吸收溶液，使無流失之性質，是謂土之吸收力。此力腐植質土、黏土最強，砂土最弱。吸收鉀與磷之養分，常較吸含氮之養分爲易，所以氮肥容易流失，須注意之。施肥應施以富于可溶性之養料，若土中已有多量可溶性之養料時，則可不必施肥。

　　肥料種類甚多，最利便者爲人糞尿。糞含揮發性脂肪酸、硫化氫、安母尼亞，尿含氮、有機物與酸性燐酸鉀等，皆能溶于水中，且易腐敗分解。但須和水冲淡施于淺溝或穴中，用土掩蓋，免安母尼亞發散，不可汙及植物之葉，以免枯爛。一時不可多用，宜數次施下，免氮素流失。用于水田，須先洩去田水，施用後一二日不可灌水。混入堆肥、廄肥與和過燐酸石灰均可。但不可混石灰,因含有機物不多,故在缺乏有機質之土壤中不可單用,以免土壤硬化。再則爲廄肥,是家畜之糞尿與畜舍中之蓐草殘芻之混合物,富含肥料中氣、燐、鉀之三要素,且含有多量之有機物,既能滋養植物,又能改良土質,算爲一種最完善之肥料。再則爲鳥糞,是家禽與其他鳥類之糞便,含肥料三原素頗富。養蠶之地,蠶糞、蠶蛹亦佳。此皆不可單用,須混入他種肥料中,候其腐敗後用之。再則爲骨粉,是動物骨之粉末。骨粉肥分不易流失,宜作爲基肥用。與廄肥、堆肥並用,效力更可長久。因效驗性緩,施于暖地爲佳。

再則爲緑肥,是割取雜草枝葉,或採集河沿水草作肥料用。又栽培緑肥植物之紫雲英、苜蓿、豌豆等,俟其將成熟時翻入土内,使其腐敗,用作肥料,含有機物頗多,與廄肥不相上下。宜在播種或移種前半月行之。耕入土中時,黏土宜淺,砂土宜深,同時施以適度之石灰,使與所發之有機酸中和,並促其分解。再則爲油粕類,是蕓苔、大豆、棉子、芝麻、落花生等種子榨去油分所殘餘之糟粕,含有氣質最富。宜先碎爲粉末,或先行堆積,注以尿水或和堆肥醱酵後施下。再則爲堆肥,是將蒿桿、草木灰、雜草、落葉、水草、動物屍體等,肥效與廄肥小相上下,除供給養分外,亦能改良土質。再則爲草木灰,是木柴、草類、稻麥蒿桿燃燒後所餘之灰燼,富鉀與鈣之成分。不可和人糞尿、過磷酸石灰混用,與油粕同時施下最宜。再則爲肥田粉,是各種人造肥料,如智利硝石、硫酸錏、過磷酸石灰、鉀鹽。至于土壤過于黏重或過于疏鬆,或土中酸質太多,則非施用石灰以改良之不可。施緑肥與其他酸性肥料時,可多用石灰,多腐植質或酸性太甚之土壤亦可多用,但不可連年施用。施量每畝不得過一百五十斤,多則地力易于耗竭,或成爲堅硬之石田。石膏土效與石灰相同,但作用較遲,須碎爲細末,在降雨前或晨露未乾時,勻撒于地。每畝用量以三十五斤至一百四十斤爲宜。石灰、石膏是爲間接肥料也。

土質與施肥大有關係,大概吸收力弱之土壤爲砂質土等,宜用遲效肥料,而將速效肥料分數次施之。如黏土等吸收力强之土壤,則可多施速效性肥料。在温暖濕潤之地,可施遲效肥料。在寒冷乾燥之地,可施速效肥料。又在温暖濕潤之地,肥料分解速,損失養分多,故每次種植必須施肥。在生長期内,亦宜時施補肥。寒冷之地一次施以多量肥料後,便足供數次之栽培云。尚有講究以他法改良土壤者,如加腐植質土或砂土于黏土,加黏土于砂土。又如酸性土壤加入石灰以中和之,是爲客土法,但須檢查下層土之性質,若恰與上層土相反者,則翻起下層土與上層土相混合便可用,是爲翻土法。又如初墾之地或黏重之土及重腐植質土之地,可將表土剗起二三寸,使乾燥後,與雜草蒿桿等相互堆積成層,舉火徐徐焚燒。每畝約設土堆六七處，火力宜弱，火焰不可外露。能變土中不溶性養分爲可溶性，黏性變爲膨軟腐植質，減少有機物之分量，殺滅雜草種子與害虫病菌等，是爲燒土法。

又土壤中之温度是從太陽與土内有機物分解而來。土温對于種子之發芽，根部之吸收，肥料之分解，皆有關係。但不可過高過低，大概以華氏寒暑表七十至八十度爲最相宜。又對于空氣水温熱之關係，大概以温熱多濕空氣流通爲佳良。否則有益微生物不能繁殖，風化作用不能繼續，土内僅有充足之肥料，不能變爲可溶性，植物無法吸收也。斯皆與土壤之改良有關，故述于此。他如選種、漬種法等，亦應多加講求。

縣之經營土壤較爲精細者，爲縣東菜園子附近，東南茹水川、彭陽城、[9]洪河川、二郎廟咀以下，縣西大營川，縣北三、七營，黑城子之間。較爲粗糙者爲縣東北之萬安監，西南大灣店，南東山坡一帶。作物之收穫量，自然精細者多于粗糙，不拘拘于土壤本質之良否也。迺良田沃壤，每多鹵莽從事者，非盡以邀以遊，半因耕耨滋培，限于工力資力之所致。然邑之殷户，果盡人財兩力，定卜黄雲復隴。平户沾體塗足，亦可滿篝滿車。縣内客户，種地無多，竟無一而不精于藝殖，豐于收成。非如大户，擁有百頃千畦，轉艱獲歛，蓋爲居久安于因循，地多反成漠視，可嘆也。雖然土廣人稀，亦荒蕪土地、滅裂膏原之一因。

計全縣田土畝數，約有水田六百五十畝，旱田八十一萬六千八百五十四畝餘。除有限之廨舍、民房、寺廟、墳墓與巉崖、峭壁、鹵地、石田、砂岸外，皆荒地也。縣土地狀況調查表載，全縣荒地爲二十七萬二千五百畝，非確數也。夫以全縣六萬四千八百平方里之面積，僅有八十一萬七千五百零四畝之水旱田，則棄地亦多矣。況對此有數之水旱田，尚多或作或息，任其閑曠聽其沃萊者何也？原以全縣人口只有一十一萬七千八百四十人，縱日扶老携幼、胼手胝足于原隰間，亦難盡地之利。所以境内工資常較各地高，而地價常較各地低也。救濟之道無他，移民與省役耳。上列數字乃民國三十一年所調查者。

邑之砂土與陶土等，多含氧化矽與正矽酸鹽等。矽廣布于礦物之中，爲氧氣以外存在量最多之元素也。邑之黏土與巖礫之表面，多被有緻密狀白色之天然明礬等。明礬爲含鋁之雙硫酸鹽，鋁爲土壤及造巖礦物之要素也。地質學家謂地球自外至内可分五層，最外之一層係以矽與鋁爲主，于斯益信。二層爲矽與鎂所成。此二層合爲地球之巖石圈，厚約一二零零公里。勿以其距地面深遠，且硜硜然謂與生物無關。務知地力盛者草木暢茂，地力盛衰係于地氣，氣衰則生物不遂。石爲苞符之精英，氣之核也。氣之生石，猶人筋絡之生爪牙。故地下巖石，氣旺力充，則地面生物孳生繁殖，土壤特其介殼耳。土精爲石，石氣憤盈,土氣振發。土有厚不見石者,有巖石露頭而不見土者。西北土層每有厚至數百尺者,地質學家所謂之氣成巖者即此。觀固邑境內高崖古窰各處,亦常有厚至二三百尺不等者。而崚嶒特起,碨礌成奇之處,則陟彼岨矣,徒見其磊磊也。

　　巖層風化,變爲土層,土層厚薄,距地而異。然普通可分爲上下二層,上層是植物根部蔓延之處,含有腐植質,多黑色柔軟,稱爲表土。在表土下之土壤稱爲心土。雖然此不過言其大凡也,若就各地土窰細加考察,土壤之集合狀態,每亦類似巖石。有塊狀,有板狀,即俗之所謂立垿與平垿是。垿者,壋也,重累之土也。構成地盤之巖石,日因風化作用,變爲砂土。日仍堆積原處,名爲原生土。原生土多係立垿,因逐漸堆積,故無層次。若巖石分解後,被狂風洪流搬積別處之砂土,名爲運積土。運積土多係平垿,因風無定向定時,水量有漲縮,有遷徙。同一地點,經一次運積後,必經若干時再見運積,故有層次。地變時,砂土湧積之地,多爲立垿。流積之地、多爲平垿。所有平垿之土層。經地層垂直運動等原因,亦常攪混層次,變爲凌亂之立垿。正如巖石之有火成巖、水成巖、變質巖也。縣境西偏之土壤多立垿,東偏之土壤多平垿。位置高下之勢,山岳立斜之形,堆積運積,上湧下流。當時之變態,亦可窺見其一二耳。

　　空氣與水,究亦地質之一部,與巖石土壤相循環焉,相懷任焉。懷任則化生,循環則不滅。石爲骨,土爲肉,水爲脈,氣爲息,屏氣不息則地球死。水涸脈停,土敗肉骨,石崩骨折,無生類矣,故四者參差,則變異見。四者俱盛,則孕育藩。巖石與土爲固體也,水爲液體,空氣爲氣體,物質三體,亦即地質之三體也。故地盤外既有一百零四里之氣圈,則有地核內爲全球百分八十之氣體。既有循環流行之地下水,則有地球內部尚未凝結之巖漿。既有地殼上層之土壤,則有地殼下層之巖石。表裏相輔,呼吸相通,方得成此大地。

　　但欲保持三體均衡,消息萬物之化育者,而又一視于冷熱之調節耳。過冷則純爲固體,過熱則復成氣團,皆無濟也。氣團遇冷,收縮成液。溶液遇冷,收縮成殼,地殼也。因一再收縮,故生吸力。

　　西哲謂爲地心吸力,非也,乃地面吸力也。地心熱度極高,氣欲向外擴散,因在高壓之下,其伸縮性致與固體相似,所有巖質皆爲流質。每乘地面變動失卻均勢,乘機衝出,成爲火山。是地殼下之氣水正欲向外發洩,何有吸力之可言,故曰地心無吸力也。地心吸力,謂想像地球全面之吸引線均垂直向地心而集中則可,謂地心爲吸力之出發點,則斯未敢信。同一物體,近赤道之地則較輕,近兩極之地則較重。不謂赤道去地心遠故吸力小而物體輕,兩極去地心近故吸力大而物體重。實則近赤道熱,地殼收縮力小,故吸力亦小而物體輕。兩極寒,地殼收縮力大，故吸力亦大而物體重。吾曾有《物體反對力之擬議》，^①云："凡物體不論大小，其表裏皆具有相反之力量，即裏面因處積壓之下常熱，其分子常有向外擴散之勢，是謂膨脹力。表面因處空虛之中常冷，其分子常有向內凝結之勢，是謂收縮力。二力對等方成個體，是爲物體之反對力。縱大于地球、小于芥子之物體，莫不皆然。"所謂"萬有引力"，亦各因其表面皆有收縮力，故生吸力也。又所謂"離心力""向心力"者，乃關于力之作用。與此之所謂膨脹力、收縮力者，系關于熱之作用亦有別也。因知地面吸力關于氣溫。氣溫高，地面收縮力小，吸力亦弱，反之則異是，但甚微耳。邑之地面吸力，在華氏三十度之氣溫時，以重五錢木屑之墜體，從三十六丈之高空拋下，是爲拋下運動，約二秒鐘弱吸達地面。惟伽利略之墜體定律則不作如是解説也。若無地心膨脹力之不斷擴散，則地球將成爲無等量之收縮，若無地殼收縮力之不斷凝結，則地球亦將成爲無等量之膨脹。

然熱力關于生氣，地脈、土脈、火脈之衰旺，萬物之生長發育與否，皆熱力爲之也。熱源有三：曰太陽熱，曰星辰熱，曰地球熱。地球內部溫度至高，自上至下，漸次增加。普通深達二哩爲水之沸點，七哩半爲鐵之紅熱度，十八哩半爲玻璃之溶解度，二十八哩爲萬物略能溶解之度。地轉與地之脈動、傾斜動及地質之微點震動等，皆爲生熱之源。如縣東陳家坪之暖泉，縣西沙漠耳莊之丹泉，馬鬃山後腦之臭水溝泉等，概屬泉流暢旺，經冬不凍。泉水溫度恒昇至一年平均氣溫之上，或含硫質或不含硫質，要皆地熱走洩處也。星辰熱所關甚微，太陽熱則與氣溫土溫有關。

氣溫弗論矣，土溫爲太陽輻射之熱，地面先行吸收，而後回傳空中。地面所得之熱度曰土溫，其多半發散于空中，餘則傳入地下。土壤不良于傳溫，故至一公尺以下，變遷極微。因地層傳熱每隔二十一日，僅傳四尺之深。十二公尺以下，四時變遷亦無大差。故測地溫要在一公尺以上，且接近地面之溫度關係農業最大也。土溫關係植物之發芽、生長、病害、蟲災種種，若溫度適當，即獲豐收。土溫之昇降聚散，每因土質而不同。大概砂土中溫度易積易散，昇降之差數甚大，黏質土中溫度則反是，餘可准此推求。在冬月華氏表二十六度之氣溫時，于城外壤土一公尺下，測得土溫爲三十二度。然土溫之變遷，除土性、氣溫、季節外，他如積雪、草皮、水分、斜度、緯度、顏色種種，無一不影響于土溫也。積雪可以保護土溫，利于作物，凡有積雪之地，莫不皆然。草皮亦可保護地溫，如縣東韓家寨、馬嶺一帶之野草，冬夏長青，其主因即爲已成草皮之地，足以保護地溫也。地溫爲地心溫度，即地熱也。土溫即土壤溫，亦曰地溫。

———————
　　① 《物體反對力之擬議》不詳其文。

　　此外尚有水溫，亦關作物。水溫之熱原來自氣溫與土溫，惟地下水之來源別有泉脈，故其溫度之高低，有時較土溫而大異也。井水因在深處，少流動，且與空氣接觸之面積小，與江河之水不同，故一年内，井水溫度之差，僅有數度。至所以覺有冷熱之別者，實爲感覺上比較之結果。夏日氣溫高，故覺其冷，冬日氣溫低，故覺其熱，而井水本身溫度變化並不激烈也。在冬月華氏表三十度之氣溫時，于城外南門橋下之清水河中測得水溫爲三十八度，邊有冰層護熱，故較氣溫爲高也。上下水層溫度略相等，因係動水尚能流動翻蕩，故不似止水之結冰程式，全自水面而至水底也。又在冬月華氏表三十四度之氣溫時，于縣城内鼓樓北之井水中，測得水溫爲六十度，出井後之水溫便逐漸低降矣。凡一地之地質，因天然與人力諸關係，果能獲一比較適度之溫度時，定卜生殖熾盛，億兆阜成也。

　　地質不但有關農事，即對于文化、軍事等，所關亦鉅。如古代生物之遺體，埋藏于土之中，其歷久未經分解而化爲石質者，稱曰化石生物。自高等以迄下等，種類繁多。其所藏之遺蹟，皆各與其地層之生成順序爲同一步趨，即含下等化石之地與含上等化石之地，而知其時代爲古爲今。根據化石之種類，推察地方氣候之變遷。如一處發現冰川堆積，可知當時溫度之低，如一處有石膏、巖鹽之發現，又可知生成時之氣候如何乾燥。縣境内石膏、巖鹽發現不少，可知當時此地多半亦屬鹽湖之類，經蒸發作用，將其蒸乾而造成之。而水陸之交替，生物之進化，與人類生活之已往狀態，亦可基此而窺測之。

　　至于行軍列陣，壕塹如網，或暗通敵陣，或連絡後方，挖掘工程，尤貴神速，若不相度地質，貿然開掘，一遇頑石，則一寸不通，萬丈無功。近代戰争利器，率多體巨量重，必地面堅固，方克通行。山谷溪流如爲泥沙，則地層鬆軟，重車易陷，如爲卵石，則溪底堅強，巨車可履。即在平地，如巖石距地較近而透水力強，則雨後天晴，土壤堅硬。設或浮土深厚，而下部巖石又密不透水，則雨水滲入，勢必濘滑，難以通行。後方運輸，亦貴敏捷，路面材料應先選擇也。佔領區域之礦產，如燃料之類，尤須把握，勿入敵手。而砲位必居于堅固之巖層。電訊之傳遞，亦恃于地殼之傳導能力。帳幕營塞之建立，航空廣場之建築，皆須擇地也。而最要者又在選擇泉源之地，以免乏水。如地面高亢，不可得水，則不得不求諸地下。然地下情形，則非得學有研究者，莫可懸忖。頁巖、板巖細緻黏密，絶不透水。砂巖、礫巖疏鬆多，是謂含水層，掘井取水，必入含水層而止。但疏鬆巖石或反涸，必其出露之端，水量充沛，方不枯竭。而水源地位，必高井底，泉水湧流，方能源源不絶。各國軍隊率有地質參謀處之設，不無見地。是則居于方域上者，對于一方之地質，可不稍加講求乎哉？

山川

　　管、教、養、衛，其惟山川歟。《魯語》：①"山川之靈，足紀綱天下。"管也。《易》：②"地中有山，謙。君子以裒多益寡，稱物平施。""地中有水，師。君子以容民畜衆。"教也。《説文》：③"山，宣也，宣氣以散生萬物。"《説苑》：④夫水者，所及者生。養也。《易》：⑤"地險山川邱陵。"衛也。有司者矯瞻俯矚，會心處不必在遠，故曰高山仰止，大水必觀焉。然太山不讓土壤，河海不擇細流，小亦可觀，卑亦堪仰。況固之絡盤，巖然獨秀，呼吸遐陬。涇水則逶迤以至千里。太史公《天官書》曰：⑥中國山川，首在隴蜀。噫，得所指矣，矯瞻俯矚，當有感歟。

山脈　　**叢山之起伏連延，若有脈絡也**

　　邑之主山曰六盤山，在縣西南一百十里。嶠石盤起，嶧脈輻射。

　　六盤山脈，來自崑崙。按我國山系，皆起于帕米爾高原東之葱嶺。東北行爲阿爾泰山系，次爲天山系。東南行爲喜馬拉雅山系，次爲岡底斯山系。中爲崑崙山系，本省山脈皆起于崑崙山系。東北行爲昆侖北支陰山系之阿爾金、祁連、賀蘭等山脈。東南行爲崑崙南支南嶺系之唐古刺、寧静、烏蒙等山脈。中爲崑崙中支北嶺系之巴顔喀喇、積石、岷、西傾、六盤等山脈。固原山岳，皆起于六盤山脈。

　　六盤山脈，遠與西傾、韋精、秦嶺、大連枝諸山脈相聯屬。按六盤山脈，西南接渭源之鳥鼠山，更綿亘起伏，遙與西傾山脈相聯屬。西北接靖遠之屈吴山，更綿亘起伏，與韋精山相聯屬而西入黄河。東南接隴縣之隴山，更綿亘起伏，遙與秦嶺山脈相聯屬。東北接合水之子午山，更綿亘起伏，遙與大連枝山脈相聯屬。

　　六盤山，古之絡盤道也。按"絡盤"見《漢書》，⑦取絡繹盤旋之義，蓋以山勢名之。一作"洛畔"。後曰六盤者，乃絡盤、洛畔之轉音也。

　　六盤山爲嶽山之祖。按《爾雅·釋山河》：⑧"西嶽，吴嶽也。"吴嶽即《禹貢》岍山，一作汧山或开山，又作吴山，在今陝西隴縣西南，東鄰岐岫，西接隴岡。周

---

① 參見《國語》卷五《魯語下》。
② 參見《周易·謙卦》象辭。
③ 參見《説文解字·山部》。
④ 參見《説苑》卷十七《雜言》。
⑤ 參見《周易·習卦》彖辭。
⑥ 參見《史記》卷二七《天官書》。
⑦ 參見《漢書》卷二八下《地理志》"略畔道"，顔師古注曰"其土俗呼曰洛盤"。
⑧ 參見《爾雅·釋山》。

尊之爲"嶽山",唐尊之爲"西嶽"。岍山乃六盤之支脈,故六盤爲嶽山之祖。

六盤山古爲高山。按《山海西經》云:①"華山西七百里曰高山,其上多銀,其下多青碧、雄黄。其木多椶,其草多竹,涇水出焉。"或云美高山也,或云羊不爛山也,或云橋山也,或云六盤山也。今考《隆德志》,云美高山"爲縣城發脈之主山。"②又云六盤山"爲縣域内南北諸山之鼻祖。"所以縣城之主山與縣域之祖山相較,則高山之名應讓六盤山矣。羊不爛山乃崆峒山之支脈,崆峒山乃六盤山之支脈,橋山亦六盤山之支脈,皆爲近日地理學家所公認。然則羊不爛山與橋山,烏得凌六盤而上之耶? 武全文曰:"安定山川糾紛,最盛者三:形勢如彈筝峽,一也;秀削如崆峒,二也;高不可極如六盤,三也。"高不可極,則高山舊名還諸六盤,庶于名實未爲刺謬。高平諸山,六盤爲主。晉元帝太興三年,高平郡界山崩,出雄黄數千斤。且涇水之正源、別源,均出六盤山麓,今尚山多毛竹。此皆足爲高山即六盤之左證也。王學伊云:"余以爲古高山是。"不爲無見。見《州志・圖説》。③

"六盤山脈,走涇、渭、黄河之間。"見廖成儒《中國分省地理地志簡明表》。

"六盤山爲黄河、渭水之分水脊。"見屠思聰《甘肅省山脈表解》。

"六盤山脈,至固原縣南,主峰秀起,爲渭北第一峻嶺。"見屠思聰《中華山脈系統志》。

"六盤山高凡七千八百餘尺,經盤道六重,始達其巔。"見屠思聰《甘肅省地方志》。按六盤山今已辟爲公路,曲折下上約十有餘盤。六盤小道在山陰,猶可尋其遺蹟也。

"甘肅省山脈爲六盤山脈,主峰在固原縣南。"見楊庭芳《中國各省地理略解》。

"陝西省山脈曰終南山脈,曰大巴山脈,曰隴山山脈,曰岍山山脈,曰橋山山脈,曰果山山脈,曰横山山脈。其隴、岍、橋、果、横等山脈,皆六盤支脈也。"見曹玉麐《本國地理》。

六盤山,又稱"大六盤。"見明代《固原州志》。④

"六盤山,又稱大關山。"見《甘肅新通志》。

"六盤山,又稱大隴。"見《甘肅新通志》。

《關隴考》:"四川漢陽縣西南五十里有大關山,東北六十里有小關山,即古之

①　參見《山海經》卷二《西山經》。
②　參見《民國隆志》卷一《輿地・山脈》。
③　參見《宣統固志・圖説》。
④　《〔嘉靖〕固原州志》卷一《山川》:"大六盤山,在州西南一百一十里。"《〔萬曆〕固原州志》上卷《地理志第一・山川》:"大六盤,在州西南一百一十里"。

邛崍。宋何充于邛峙創大小兩關,始名。"但關山之名,其爲世所共道者,則非指此,乃甘肅之六盤山脈也。清《固原州志》云:①"大關山,在州南二十里,形勢綿亘,如龍如虬。"今按固原縣南二十里,乃爲臺山之橫脈,大關山北下之膈脅,非大關山也。大關山在固原香爐峰南,六盤峰北,巇嵑穹崇,岡巒弟鬱,磊磊落落,踴躍而趨者,大關山也。是爲六盤之總幹,此外皆小關山,其支脈也。《新通志》謂"大關山在固原南八十里",②斯爲確論。

由此西北趨抵固屬須彌山以外諸山,均爲關山,俗稱"西關山"。東北趨抵固屬五營山以外諸山,亦爲關山。西南隆德、靜寧、定西等縣,且多關山之脈。故《新通志》云:③安定縣南一里之南安山,[10]自關山延袤千里,止此也。所謂延袤千里者,乃併大關山東下之支脈計之。渭源縣、臨洮縣之西,各有分水嶺,均名"關山嶺"。皋蘭南之摩雲嶺亦名關山,雖係臨洮馬銜山之支脈,然亦大關山西南支脈之交會穿接處也。東南界于化平、華亭之間亦爲關山。但舊日所稱者,多指清水縣至陝西隴縣西八十里之關山。咸謂其山高峻,盤曲而登,凡五十里,始至絕頂,顧亦六盤南下之支脈也。向因六盤阻塞,隴關爲秦鳳要害,故早擅名。若明楊一清山丹題壁有"關山逼仄人蹤少"句,是删丹山亦稱關山,但焉支、祁連諸山去六盤遠矣。夫關山云者,以山之形勢起伏剝換處,皆有關攔,可資扼守,因名關山。古人更依山嶔巖,設關立寨,以憑守望。漸再沿山遠近,關寨悚列,而關山之名,緣而益熾。讀前人"關山征戍遠"、"雨雪關山暗"、"更吹羌笛關山月"、"不道關山空白頭"、"往歲關山亦喪師"、"黃花應笑關山客"等句,覺自古征戍之苦、離別之情,填砌于此者何限。所以關山兩字,名警異常。又有"長路關山何日盡"、"關山正渺茫"、"關山迢遞相聯屬"等句,是指其脈之綿長也。又有"關山難越"、"關山渡若飛"等句,是狀其形之高險也。而其地則皆在于隴山。唐鄭錫《度關山》有"水聲分隴咽,馬色度關迷"之句,又《隴頭別》有"登隴人迴首,臨關馬顧群"之句。明何景明有"關山隴坂高無極"句,清秦松齡有"關隴車書此日同"句,蓋關、隴,一山也。所謂關河者,關隴與黃河也。所謂關塞者,關隴與塞垣也。河南信陽縣東北有隴山,但非秦隴西郡、唐隴右道所指之隴山。

隴山山脈綿亘陝西、甘肅之界,大隴、小隴均隴山之分名。其分際則六盤左近爲大隴,餘皆小隴。《新通志》云:④"隴水河即甜水,源出六盤山,一名'六盤水',《宋史》謂之'好水'。"六盤水即是隴水河,則六盤山即是隴山無疑。《隆德縣

---

① 參見《宣統固志》卷二《地理志‧山川》。
② 參見《宣統甘志》卷六《輿地志‧山川上》。
③ 參見《宣統甘志》卷六《輿地志‧山川上‧鞏昌府》。
④ 參見《宣統甘志》卷六《輿地志‧山川上‧平涼府》。

志》云：①六盤山係隴山正幹。洵不虛也。清方藹句"關嶺茫茫，隴水湯湯"，又"關嶺兀兀，隴水潏潏"，即指六盤山水也。時王輔臣叛，據平涼，平涼逼邇六盤，故云。《陝西通志》云大隴有若水谷。《平涼府志》云高平水一名若水。②《新通志》云：③"清水河即高平川。"清水河源出六盤北麓，則六盤即大隴可知矣。《平涼府志》又云：④"五泉交匯曰一水。"鎮原縣《李志》云：一水，五源同流，出大隴山。《輯志》云亦縣西水。⑤查鎮原縣西水系，其源大半出于固原，固原水系強半源出六盤，則六盤即大隴又可知矣。故《新通志》云：⑥"甘肅四塞爲固，崑崙望于西，大隴雄于東。"何祖澤《本國地理》云：⑦"隴主峰曰六盤。"即此。則六盤即大隴尤可知矣。酈道元曰："开頭山，大隴之別名。"或謂开頭、笄頭、雞頭、薄落、牽屯、开屯皆崆峒也。但六盤東北有小笄頭山，東南有大笄頭山，皆六盤之近支，原與崆峒有別。姑以开頭即爲崆峒，而崆峒固亦六盤之嫡子，統于六盤，名爲大隴，尚無不可。《元和志》云：⑧大隴山在隴城縣東。唐隴城縣故城在今秦安縣東北。語亦近是。蓋隴城之東北，即係六盤西南之近脈。六盤爲大隴，故隴城之山，亦有大隴之目。後魏置隴城縣，元廢，故城在秦安東北也。

　　此外，縱貫于固原之西關山，亦即隴山。海原縣一百十里之石門硤，隴山北陲也。靜寧縣南四十里有山，兩硤平分，斬截若門，亦隴山之北陲。又東南水洛城西北二里許，亦有隴山，爲小洛川及犢奴水所出之地。宋置隴干縣，金置隴平縣，故城均在靜寧縣東。渭源縣西二十里東峪河之水，源出高城分水嶺，一名關山嶺。東流入渭，西流入洮。《山海經》曰"濫泉"，《水經註》曰"隴水"。唐盧照鄰《蚤度關山分水嶺》詩有"隴頭聞戍鼓，嶺外咽飛湍"之句。則高城嶺既有關山之名，又有隴頭之稱，其水亦名隴水。關、隴不分，脈絡延袤，于以益信是與鳥鼠山相攢接之遠脈也。其脈且西引而入臨洮，故臨洮之東有隴坻焉。應劭曰："隴西郡，有隴坻在其東。"《水經註》云：⑨"隴水西經隴坻，其岸崩落者，聲聞數百里。"楊雄稱"響如頹坻"者是。至于臨潭縣之東隴山，其脈則從西傾而來，去隴山遠矣。

---

① 參見《民國隆志》卷一《輿地·山脈》。
② 上述《陝西通志》《平涼府志》文均見《鎮原縣志》卷八《山川》引。
③ 參見《宣統甘志》卷六《輿地志·山川上·平涼府》。
④ 參見《平涼府志》卷十《鎮原縣·山川》。
⑤ 參見《鎮原縣志》卷八《地理·山川》。
⑥ 參見《宣統甘志》卷六《輿地志·山川上》。
⑦ 參見《本國地理》九《秦嶺漢水區陝甘盆地及黃河上游區》，第 99 頁。
⑧ 參見《元和郡縣圖志》卷三九《隴右道》。
⑨ 參見《水經注》卷二《河水》。

《説文》:①"隴,[11]天水大坂也。"然隴山支脈綿亘最遠,不僅天水一隅。如清水縣東北一百里南與陝西隴縣接界之山,亦曰隴坂,又曰隴坻、隴首、關山、隴山。《三秦記》云:②"隴坻,其板九迴,欲上者七日乃得越。"清泉四注而下,七十里始凌巔頂。此就地平言之,若由拔海言,則高度不逮六盤。大隴、小隴之所由判,不待辨己明矣。又清水縣東七十里之盤龍山,形若盤龍。與縣北一百五十里之寶蓋山,東南三十里之邽山,是皆大隴之支阜。又縣西南三十里之小隴山,縣南七十里之筆架山,則不外隴山之支麓或其支峰。漢置隴縣,故城在清水縣北。化平縣西南十里之隴山,亦名關山。綿延境内東北諸峰,皆其山麓。華亭縣北之隴巇,尖山也。縣西北之主山,亦隴干也。而馬硤、仙姑諸山,俗亦統稱小隴,汭水出焉。鎮原縣圓峰山、雉頭山皆爲隴山。明徐燉《送康元龍之靈武》有"壯士吹笳怨隴頭"句。因知六盤東北之支脈,固亦以隴稱之矣。

第隴山之名,自昔幾爲陝隴之專稱。實則陝西隴縣西北之隴山,即甘肅清水縣東之隴山。因古代大隴未闢,隴縣爲東西交通之孔道。故《秦州記》謂:"隴縣東西百八十里,登山巔東望秦川四五百里,極目泯然。山東人行役升此而顧瞻者,莫不愁思。"以是隴縣之隴山,迄在地理志上遂獨成一隴山山脈。其下有隴關,故亦名關山,向爲秦雍之喉嗌也。詩人有"欲往從之隴坂長""天子欲收秦隴地""隴坂盤雲上,秦城向斗看""遷客隴頭憔悴甚""隴山高高隴水流""隴西六月如清秋"等句,及古之《隴頭水》《隴上歌》等曲,皆指此與天水大坂而作,亦古之西行多徑此道也。夫隴山云者,以隴即邱壟也。甘肅屬古雍州域,六盤山脈縱橫所及,岡隴雍起,麥隴彌望,故名。清方殿元句:"風雪關山勞遠戍,鐵馬回頭望壟山。"關山即是隴山,"隴"與"壟"通也。總之,皆六盤之一脈也。

西行一脈爲:

伏龍山,在固屬野雞峴西,固、隆界山。

白鸞山,在固屬白鸞池南,固、海界山。

牡丹山,在固屬什字路南,固、隆界山。

更西行爲隆德大嘴山諸山。

西北行一脈,左出爲:

高堡山,一名金馬山,在縣西南六十里,巋然獨峙。其脈絡則一線隱然逆起,散爲西北諸山。

石窟山,南石窟山在縣西南七十五里,上多石洞,樹木叢雜。北石窟山在縣

---

①　參見《説文解字·阜部》。

②　參見《三秦記》。

西南七十里,與南石窟相對,石洞尤多。

羊套嶺,即雙羊套分水嶺,在縣西南七十里。

堡子山,在縣西南六十里。

偏城山,在縣西南五十里。

巖瓝山,即東巖瓝山,在縣西南九十里。

古城山,在縣西南一百里,山勢蜿蜒聳秀。東北岐出之脈,且與須彌山遙接。

廟兒山,在縣西南一百里,古城山迤北。

紅崖山,在縣西南一百里,古城山迤南。

貢頁山,在縣西南一百十里,高約二百九十餘丈,形勢矗立。

風臺山,在縣西南一百十五里,山頂平坦,下環大溪。山中有深穴,時有峭風,土人築臺于麓,因以風臺名之。[12] 高約八十餘丈,爲縣屏蔽。見《硝河城志》。① 今畫歸西吉縣。

掃竹嶺,在縣西北一百七十里,峰勢陡峻,危橋深洞,明建有真武祠,俗稱西武當。固、海界山也。更西北行爲海原月亮山諸山。

右出爲:

沙石山,即大灣店山,在縣西南四十里,海子峽南口也。

石廟山,在縣西南三十五里海子峽內。山半有菩薩廟,山頂有玉皇廟。

馬髦山,一作馬麾山,在縣西南二十五里,海子峽北口。峻聳獨尊,崚嶒斜竦。西北諸山多發脈于此。與黃髦山分列西東,夾護六盤督脈之香爐峰,而爲治城之屏障焉。

疊疊山,在縣西南三十里。

包家山,即包家堡山,在縣西南三十五里。

馬廠山,在縣西南四十里。

硝口山,在縣西四十里,伏而復起,結爲薛家山。

薛家山,在縣西四十五里。

高崖山,在縣西五十里。

西鳳凰山,在縣西北四十五里。

馬鬃山,在縣西北五十里。

張家山,在縣西北八十里。

禪塔山,在縣西北九十里。

須彌山,一作逢義山,在縣西北一百里,元時建圓光寺。

---

① 參見《硝河城志·山川》。

鹽山,即七營西山,一名梯子山,在縣北一百二十里。山之南爲尖山,山之西有閔家紅山。

州管山,在縣西北一百三十里。山之東爲七層山。

照壁山,在縣西北一百三十里。

萬塪山,在縣西北一百一十里。

黑林山,在縣西北一百二十里。

南山,里林溝之南山也,在縣西北一百二十里。

柴溝山,即老柴溝山,在縣西北一百一十里。

馬兒山,在縣西北一百四十里。東北有堡子山。

以上均屬固原。今自須彌山西北諸山,皆撥歸海原。

砲架山,在縣西北一百二十里。四壁峭立,極爲險峻,滿俊所恃以爲固者此。係固、海界山。

石山,一作石城山,在縣西北一百五十里。三面峭壁,惟東路可上,嶺甚平坦,有地數十畝。屬海原縣,獨石城附近二、三里爲滿四祖塋,屬固原管轄。更西北行爲海原馬萬山諸山。

按上述三路山脈,多由地殼中物質擁擠與傾軋而成。其最爲顯著者,莫若西北行右出之一脈,即由固原六盤山經海原七里寶山北走靖遠屈吳山,連亘五百餘里,曲嶂逆褶,峻峰疊起,《海原縣志》故有"七里寶山爲陝北隴東諸山之祖"[1]云。即六盤西北之脈路,因地殼堅硬,其大塊之巖石,每受排劑而高聳也。

北行一脈爲:

關山梁,即大關山,在縣西南八十里。

北笄頭山,在縣西南七十里,關山梁側出之一秀脈也。

香爐山,在縣南五十里。三峰高聳,作筆架形,爲縣城南方來脈處也。

臺山,在縣南三十里。

九龍山,一名九仙廟山,又名娘娘廟山,在縣南三里,六盤之脊幹也。更北行則與縣城東、西兩山之脈息會爲高廣平衍之川原,昂昂然直撲大河而去。

東北行一脈,左出爲:

大灣山,在縣南七十里。

牛營山,在縣南六十里,其北有小牛心山。

楊家嶺,在縣南六十五里。

黃龍山,在縣南六十里,山水頗佳,上有廟宇。

---

①　參見《〔光緒〕海城縣志》卷二《疆域志·山川》。

蓮花山，在縣南五十里。

北家山，在縣南四十五里。

五里山，在縣東南五十里。

開城嶺，即開城分水嶺，或云爲東、西朝那湫分水處。在縣南四十里。但開城腦則在分水嶺西南十餘里，作圓錐形。又分水嶺西十餘里有鳳凰嘴，絶崖峭峻，孤立群山之右。土人相傳，于清初時有鳳落于山巔，故名。又有白家、張家、妥家諸山，亦在開城西。

風台山，在縣東南二十里。作爲"風台"者，所以別硝河城之"風臺"也。

黃髦山，一作戴帽山，亦作花鳥山，在縣東南十五里。又稱黃髦梁，俗稱大黃髦山。早年崖塌，有人得宋時古錢一甕。迤北爲雙圪塔梁，爲小黃髦山，原一脈。《新通志》作"綿亘百餘里，跨鎮原、化平兩界"。[1]《州志》作"綿亘百餘里，遠抵鎮原、化平界"。[2]《鎮原志》謂：[3]"邑内諸山，均由西北固原黃髦梁發脈。"入涇、環、慶、寧縣境。今按六盤東北行之一脈，自大灣山、牛營山北向、東向、南向所結之山岳，勢如鳥足鴻爪，个字披離，間而不斷，原可總爲一名。黃髦山恰在縣之東南，巍然聳峙，夷視群巒。山脊既較雄偉，而偏旁挺出之條枝，又復紆回綿遠，走與東南諸山錯相攢綴。但其主幹則仍向北行，忽起忽伏，忽隱忽現，遞結固屬之雲霧山、環縣之鳥崙山、正寧之橋山，連峰接岫，隨地異名，皆黃髦山之胤脈。蓋即六盤東北出之支脈也。

青石山，即青石硤，在縣東南十里，大黃髦山之前峽左，山勢瀕河若岬。

文昌山，在縣東南五里。前代梵宇甚多，今盡圮廢，與東嶽對峙。

太白山，在縣東南三里。山勢蜿蜒，東吞西峭。

筆峰山，亦曰蓮花山，在縣東四里，與太白、東嶽相連。上有磚塔遺蹟，清萬荔道尹建修，未竣。

東嶽山，一名鐵繩山，在縣東三里。祀泰嶽神，爲治城鎮山。遠代已有廟址，明清迭加建修。同治以後，漸就毀圮。北爲廓簷墩，北爲紅崖，北爲高圪埮。北爲小孤山，即娘娘山，又名雷祖山。山上有雷祖廟，孤岑屹立，沙水纏護，蓋亦東嶽山之膂末也。

城耳山，在縣東北二十里。

教化山，在縣東北二十里，其北有堡子山。

大北山，在縣東北五十五里。

---

① 參見《宣統甘志》卷六《輿地志・山川上・平涼府》。

② 參見《宣統固志》卷二《地輿志・山川》。

③ 參見《重修鎮原縣志》卷一《輿地志上・山川》。

雲霧山,在縣東北七十里。黄髦山暗渡之脈覼空而起者,爲邑東北諸山之望。其東有可可山。

天成山,在縣東北九十里。

炭山,在縣東北一百十里。

陽窪寺山,在縣東北九十里。北爲陰窪寺山,中爲石峴子山,有石洞。

馬狼山,即三營山,在縣北七十里。

四營山,在縣北八十里。

五營山,在縣北八十五里。

六營山,在縣北九十里。

東岳山,即七營東山,在縣北一百二十里。作爲"東岳"者,所以别縣城東之"東嶽山"也。

武家山,在縣東北一百三十里。

北太白山,在縣東北一百五十里。更北行爲同心縣馬家大山諸山。

王家山,即王家坬山,在縣東北一百里,黄髦山岐出之脈也。循溝壑之勢,若斷若續,迤邐而來。又南岐爲草廟子諸山,東岐爲牛家廟諸山。

草家山,即草廟子山,在縣東一百一十里。丫叉頗多,與邑之東南、東北諸山鍼穿綫接。《鎮原志》謂:①"黄髦梁發脈,東至固原草廟鎮,分爲五大支。"即此。

馬嶺,在縣東一百三十里。

大聖山,一名五指山,在縣東一百四十里。山勢聳秀,中分五指。夫相其形,因以五指名之。

萬鳳山,在縣東一百五十里,上建有國圓寺。

東雷神山,在縣東一百六十里。

牛家廟山,在縣東一百六十里。

三岔山,俗名老爺山,在縣東二百一十里。北有馬家嶺,與環縣交界。西北有郭家山、火家山,屬固原。

雷祖山,在縣東二百四十里之三岔河南岸。

二郎山,在縣東二百四十里之三岔河北岸。更東行爲鎮原魚梁山諸山。

兔兒山,在縣東北一百九十里。北太白山東下之脈,亦黄髦梁之騈拇也。

細腰葫蘆硤,在縣東北一百五十里。

紅石硤,在縣東北二百里。

萬安山,即萬安監東岳山,在縣東北二百十五里。

---

① 參見《重修鎮原縣志》卷一《輿地志上·山川》。

馬鞍山，在縣東北一百七十里。

梁家山，在縣東北二百里。

野露山，即野露寺山，在縣東北二百二十里。山環水抱，廟宇櫛連。

蕭家山，在縣東北二百三十里。

方炎山，在縣東北二百五十里，更東北行，爲環縣小方山諸山。

右出爲：

瓦亭山，即石蓮山，在縣東南九十里。

小官山，在縣東南一百里。

掛馬山，即掛馬溝山，在縣東南八十里。右出之脈至此若斷，乃爲草蛇灰線，暗接黃髦山南返之旁脈。更向東北崛起，結爲毛家尖山。

毛家尖山，在縣東南八十五里，即掛馬山盡頭。忽由平地起脈，騰踔頗遠，勢尤巉巖。絕頂高寒，六月積雪。登臨南眺，崆峒在望。

寨子山，在縣東南七十里。

張化山，在縣東南七十五里。

熊家山，在縣東南八十里。其南有堡子山。

西雷神山，在縣東南六十里。

蓮台山，在縣東南六十里。

黑墩山，在縣東南八十里。

太師山，在縣東南八十里。

打石峽，在縣東南八十五里。

姬家山，即彭陽城娘娘廟山，在縣東南九十五，彭陽城之西山也。

鰲山，在縣東南九十五里，彭陽城之北山也。其下有太陽湫。

東鳳凰山，在縣東南一百里，彭陽城之東山也。明萬曆時建有八卦亭。[13]

白草山，在縣東南一百十五里。

魚尾山，在縣東南一百二十里。

蛟龍山，在縣東南一百二十里。更東南行爲鎮原鳳凰山諸山。

東行一脈爲：

鄧家山，在縣東南一百里。平、固界山。

胳膌山，在縣東南一百二十里。平、固界山。

金佛峽，一名彈筝峽，俗名三關口，在縣東南一百一十里。峽中有金裝佛，故名金佛峽。風吹流水，常如彈筝之聲，故名彈筝峽。相傳六盤、瓦亭、蕭關爲三關，斯地居其中，故曰三關口。《崆峒山志》註亦謂此三關，蓋就近言之耳。今考三關口即古蕭關，近三關乃指制勝、六盤、瓦亭。後以蕭關適當此三關之口，故曰三關口。屬固原,詳《建置》。①

南太白山,在縣東南一百二十里,與瓦亭山旁脈相唧。

藥台山,在縣東南一百三十里。更東行爲平涼天壇山諸山。

東南行一脈,左出爲南笄頭山,在縣南一百四十里。固、化界山。東南爲平涼崆峒山。崆峒亦作空桐,又作雞頭、幵頭、汧屯、牽屯、薄洛。《清一統志》云:②"詳考漢、唐諸志,山當在固原州界。"南爲化平楊家山,東南爲化平渭湯山。更東南行爲華亭太白山諸山。

右出爲東山,即東山堡,在縣南一百十五里。東南爲化平北山根,南爲化平童嶺山,南爲華亭五台山。更南行爲陝西隴縣福山諸山。

南行一脈爲白雲山,在縣南一百二十里,其北有獅首山。南爲隆德十八盤梁、天爺頂,化平通邊梁、許家大山、挑帽山。更南行爲陝西隴縣隴首山諸山。

西南行一脈左出爲隆德石壁山,隆德三河鎮東北山也。南爲大營山,西南爲靜寧海子山,東南爲湯窪山。更南行爲清水龍山諸山。

右出爲隆德馬曹曹梁,隆德十里舖之北山也。西行爲北向山、五龍山、督都山。更西行爲靜寧之東山諸山。

此其大較也。

六盤山脈,支幹紛披,如走龍蛇,難以摸捉。或橫卧而縱弛,或明承而暗接;或此山之麓爲彼之腹,或彼山之巔爲此之麓;或没入水湄復起成崧嶽,或束于地頸復散作叢歸。交錯相勝,變換無窮。況無隆而不岐出,無墮而不支分,支而又支,岐而又岐,蔓引繭抽,莫可悉數。上述八向十二脈,姑就地比遠近而次第之。設欲一絲一縷全歸機杼者,則應俟諸後之地經家云。

水系　　衆水之流注分合,若有系統也

邑之主川曰涇水,源出香爐山麓,巖泉瀹湧,谷水歧流。

香爐山,上爲雲峰,下爲泉窟。按《新通志》《州志》,③均稱香爐山三峰高聳,作筆架形。但不名之爲三峰或筆架,而獨以香爐山名之者,蓋不狀山之形態,而狀山之靈氣也。其端頂,時見紛郁棻氳,潼瀠蔚薈,三峰籠繞,氤若篆煙,故名。其周嵋,則百泉霿沸,逶迤沿歷,殆如玉膏之潗溢,瓊液之清冷。上結雲龕,下宅泉府,濁世之水雲鄉也。凡山雲多者,其下山泉必多。仰觀雲峰,俯探泉窟,邑之主川,得其水本矣。

---

① 參見本志卷五《建置志》。
② 參見《大清一統志》卷二〇一《平涼府·山川》。
③ 參見《宣統甘志》卷六《輿地志·山川上·平涼府》《宣統固志》卷二《地輿志·山川》。

涇水源出香爐山。按香爐山乃六盤北幹所端起之嶢峰，爲近城諸山之鎮。且其嶔崟之勢，雖揖讓于六盤之主峰，而其緣崖之聳壑，則恒高過六盤之斷巘也。《通志》平凉縣涇水注云："涇水二源，一出化平西南老龍潭，一出固原南六盤山。"蓋指牛營、大灣、瓦亭、卧陽、横河諸川也。源出固原縣南六盤東北之沿山諸溝，但諸溝中之地勢，應推直刺溝爲最高，上承香爐山霧耳崖，源脈下出，泉眼十有一，瀱且弗計，潒潒漣漪，流經簸箕陽窪，爲蘇家堡川。至楊家磨，轉爲大灣河，縱下瓦亭，其他溝水次地逢迎。折向東南，貫金佛峽而東出平凉。《集韻》：①涇音罄，泉也。又音徑，涇涏直流也。《爾雅·釋水》：②水直波爲徑。溝名直刺，其以是歟？直刺溝在縣南六十五里，雖爲關山梁之東坳，六盤山之北壑，顧其地屬香爐山址，故曰涇水出香爐山麓。

曰南川、曰高平川、曰清水、曰蔚茹水、曰葫蘆水、曰張義堡水，皆涇水也。但向以南下瓦亭之水爲涇水，其他不論。按涇源發自固原，于傳有之。余蒞固日，溯大灣河而上，循開城河而下，抵于治城。沿途瀕水，愛其清冷，意爲涇流。迺取閱明、清《州志》，猶史闕文，惑之。耆舊亦無徵者，真所謂"問渠哪得清如許？行到源頭卻惘然"也。後觀《通志》固原南川注，方知源果在兹，不覺塵襟一爲開爽。因覓得香爐山南麓，濫泉正出爲直刺溝，溝在霧耳朵南，泉竅瀎潏，溝腦三汊。《説文》：③"源，水泉本也。泉，水流成川形也。"此地得其形似。不謂爲穴出者，以泉多猶涌出也。《公羊傳》曰：直猶正也。[14]泉以正出，溝以直名，斯爲涇源，流爲大灣河。

更有楊家、青棡、豹王、六盤、周家、南劉家等溝之泉，或湧出或霤出，争相歸赴之。北麓氿泉穴出爲靈芝溝，溝在開城堡北，有泉眼，亦涇源也，流爲高平川。更有黑刺、尖河子、劉家老莊、妥家山、姚家山、上高莊、小馬莊等溝之泉，或仄出，或徑出，争相歸赴之。東麓瀸泉洊出爲華巖溝。溝在華石巖下，有泉眼，沿流沙厚，漉入地中，至李家堡東復出，一見一否，故曰瀸，再出故曰洊，亦涇源也，流爲茹水。更有井盤、施家、西山、東蓮花、滴水崖、北劉家等溝之泉，或懸出，或側出，争相歸赴之。西麓噴泉直出爲開城溝。溝在開城堡西，有泉眼，亦涇源也，流爲張義堡水。更有顔柳、斷柴、芍藥、大化、濫泥、殷家、西蓮花等溝之泉，或旁出，或下出，争相歸赴之。諸溝溝腦，均作峪狀，泉由巖罅潰出。又西海子、百鷺池、東海子、百家泉之水，與諸溝之水同源，並在香爐山之巖峭。尤以西海之泉眼與西開城溝銅、鐵二鍋之泉眼位置最高，爲涇水之靈府，與霧耳崖之泉脈相紬繹焉。

---

① 參見《集韻》卷六、卷八。
② 參見《爾雅·釋水》。
③ 參見《説文解字·灥部》。

但因考據家承襲陳説，積久不易，致同源異流之高平、蔚茹、張義堡等水皆屏于涇源外矣。

　　涇水正源辨

　　按：水以涇名者有四。淮安之涇河、嘉興涇橋、南昌之涇口市、宿松之涇江口、江安之涇灘、天水之涇谷、吳興之漒涇，吳縣、常熟之橫涇不與焉。一出交趾之龍編山，一出江蘇之丹陽湖，一出安徽之罩嶺，流短湥渾，稱道者少。其見于經傳而久炙人口者，厥爲隴東之涇水。《書·禹貢》：①"涇屬渭、汭。"《周禮·職方》：②雍州，其川涇、汭。《山海經》：③數歷山西百五十里曰高山，涇水出焉。皆指此。但溯源之説聚訟紛如，繼欲包舉無遺、並存不悖，有別之爲南源、北源、別源、正源者，惝恍游移，模稜躑躅，迄猶未一其界畫焉。

　　《説文》云：④"涇水出安定涇陽开頭山。"《淮南子》云：⑤"涇出薄落之山。"高誘云："薄落，一名笄頭山。"[15]許慎云："薄落山一名岍頭。"《括地志》云：⑥"笄頭山一名崆峒山，在原州平高縣西。"[16]蔡沈云："涇水，《地志》'出安定郡涇陽縣西'，今原州百泉縣岍頭山也。"⑦易袚云："涇水，《漢志》'安定郡涇陽縣开頭山，其西涇水所出。'"《周官義疏》案：⑧"涇水出陝西平涼府平涼縣西南笄頭山，亦名崆峒山。"箋釋家遞相傳注，幾成定讞。

　　乃曾麟綬《涇源記》謂：⑨笄頭山，崆峒山，似皆言涇水支流。《崆峒山志》謂：⑩笄頭山介在大小馬騣山南，涇源距此六十里，上有湫，名湫頭山。湫與笄聲相近，必訛湫爲笄。又云："笄頭西二百步，涇流從峽口湧出，望之若初發于源。"又云："涇水源出崆峒西南六十里，亦名笄頭山。"說已與古不合。況《平涼府志》以涇水南支出崆峒峽口，前峽爲涇水別源，北支出老山口，後峽爲涇水正源。《一統志》則以涇水北源發自固原州南界。《華亭惠民渠記》又以縣之南河爲涇水南源。胡紀謨《涇水真源記》以老龍潭爲涇水真源。曾麟綬則以馬尾山爲正源，米稞山、高山均爲別源。各爲之辭，折中匪易。

　　兹就山川形勢，竟委窮原，姑進一解，聊備參詳。《山海經》涇水注云：⑪"涇

---

① 參見《尚書·禹貢》。
② 參見《周禮·職方氏》。
③ 參見《山海經》卷二《西山經》。
④ 參見《説文解字·水部》。
⑤ 參見《淮南子》卷四《墜形訓》。
⑥ 參見《括地志》卷一《原州》。
⑦ 參見《書經集傳》卷二《夏書》。
⑧ 參見《周官義疏》卷三三《夏官司馬》。
⑨ 參見《宣統甘志》卷六《輿地志·山川上·化平川直隸廳》"涇水"條所附曾麟綬《涇源記》。
⑩ 參見《崆峒山志》卷上《名勝》。
⑪ 未知爲《山海經》何注。

水出甘肅固原州南,一源出平涼府華亭縣北。"《通志》固原州南川注云:"一在州東南六十里,爲大南川;一在州東南五十里,爲小南川。"①"二脈流經瓦亭驛,南合四水,又東南經安固鎮,至平涼府西北合南源。"②近人謝冠生、臧勵龢《古今地名辭典·涇水》注云:③"涇水有南北二源,北源出甘肅固原縣南牛營,南流折東,經隆德,[17]平涼會南源。"由此觀之,涇有二源,一出固原殆無疑義。但查《通志》所稱大、小南川,揆其方位里數,小南川即今之青石咀河,大南川即今之古城川,俱係東流,不能南下瓦亭。大南川,有作牛營河或蘇家堡川者,均非。牛營河水小于青石咀河,不能反稱之爲大南川,水亦東流。蘇家堡川雖係南流,但方位里數與《通志》所載兩不相符。惟《通志》謂南川流經瓦亭,當作蘇家堡川流經瓦亭也。以故《地名辭典》稱北源出固原縣南牛營,當作出固原縣南大灣也。蓋自治城南至大灣,有分水嶺三:曰開城,曰青石咀,曰水灘。開城南,水灘北爲香爐山東麓,水向東流。水灘南爲香爐山南麓,水向南流。青石咀河、牛營河皆在水灘北,故皆流至五里山岔口,會經古城川、白楊城,東出鎮原。大灣河在水灘南,故南流也。大灣河源出直刺溝,俗名紅溝磨,霧耳崖之南溝也。霧耳崖俗名霧耳朵,以形似虎耳,而懶霧常籠其上,因名。一作斡耳朵,乃香爐山之南崖。有漦泉嵌于崖際,洒落崖根即滲入地中。大灣西有暖泉一泓,亦其脈眼。水灘無多水澤,有時灒灘而出者,仍屬其崖底衺沿而下之湺流水,皆忽有忽無,或多或少。直刺溝位偏西南,崖脈墜若髻丫,泉眼如珠錯綴,璀璨可數。渾弗宓汩,渌净漣漪,林花瀼瀼,水草交溦。要皆霧耳崖之泉脈所覆冒下注、左右貫通者,咸在霧耳崖之近墟,涇源之圻界,是謂涇之端倪。《山海經》曰:④"東望泑澤,河水之所潛也,其源渾渾泡泡。"余亦曰:北望香爐山麓,涇水之所潛也,其源邇邇逌逌。張騫使西域,窮河源而不見。涇源固亦在涓涓處也,惟穴小泉微,無哀湍咽鳴、奔波砰碑之勢,人或見之,不嗤爲蹄涔,將亦訾之曰:"若爲涇源,則有淖於前皆涇源也。"爲是言蓋未反本導源也。直刺溝水,併水灘、大灣之細流泉成爲大灣河,徑達瓦亭,泝游而下平涼,斯即涇之北源。惟正源究將焉屬,不亦俯察于地,恐仍議議失真。今從香爐山南麓,傍關山梁東陂,越北笲頭土腰,循六盤山邊隅,渡鄧家山岔口,下南笲頭崦潭,出崆峒山前峽,規其大勢,成一弓形。地面沿以傾斜,山谷沿而低陷。上則地高亢,山崇隆,泉灔潒,流洴涏,草木茸茝。下則地漸汅活,山漸岎岈,泉漸沆瀁,流漸森漫,草木漸菷蔚。起香爐南麓迄崆峒前峽,隨山宛轉,石泉騈

<hr />

①　參見《乾隆甘志》卷五《山川·平涼府》

②　參見《宣統甘志》卷六《輿地志·山川上·固原直隸州》。

③　參見《中國古今地名辭典》第 728 頁"涇水"條。

④　參見《山海經·西山經》。

出，溝壑相望，霧耳崖、直刺溝其泥丸宮也，後峽、前峽其尾閭耳。直刺溝之泉，涾濫曼羨，皙皙熒熒，盈科後進，衍成溝漊，出峪辭硞，流仍沺沺。《易·象》曰：[①]“山下出泉，蒙。君子以果行育德。”言泉水之始出者，必行而有漸也，異于老龍潭之水及馬腹不能涉，激水注射，窅不見底，與馬尾山之水縱橫衝突，石扉訇然，狂瀾急湍，雷鳴風吼，尤不相侔。彼皆潯浸潹沔，濞然洶洶，謂爲莽沆大澤，傾澗狂流則可，謂爲遄瀓而出、灑灑而下之初源，則未之敢信。

　　老龍、馬尾有三潭，俗皆稱爲“涇河腦”。夫深水曰潭，泆而漇者爲泉腦，其名曰潭尚符實際，稱爲河腦，未免不倫。間雖涓丘壑水，量逾萬斛，第與香爐山之崖泉相較，則猶河之下游也。欲覓初源，自應上溯。凡初源、上源，得曰正源。倘執重源、下源爲正源，則是舍本逐末，于理不合。源之始出，纔有貌也，不必其有浩漾喧豗之勢。正如我國第一大川之江源，方其發于岷山也，源泉僅可濫觴，烏見其有縱橫衝突，正晝猶昏之甚哉。趙浚谷《虛谷説》云：[②]“河出崑崙之山，淵然而泓，冷然而澄。”未聞其險且怪，斯之謂也。其上下澗壑，俱在六盤東北、東南灣抱袤斜之一脈上，泉脈因之順山下沿。或宣洩乎罅隙，或潛行乎地中，或汩復而漓，或漢而復灣，或栖于泊決而成澈，或潚爲潭溢而成流，參差相次，上下相溱，要皆此一本之泉脈已耳。正如我國第二大川之黃河，其上源流至羅布泊，潛行地下，經星宿海始復。溢出東流，潚爲札淩、鄂淩二湖，由湖東北復溢而東流，其潛其通，其潚其溢，原一脈也。不過香爐山霧耳崖泉，由直刺溝及左近濫濫之水，潰注成河，經瓦亭而東下者，全係流行地面，應爲涇水正源，即今昔所公認之北源。其由香爐山麓發現北源後，別復沿山貫脈濱行地層，浸淫于瀦下成南源者，弗論龍潭、馬尾或米稞、白崖，皆屬別源也。語云：“涇如徑也。”自北而南，渭若緯焉。從西而東，微大灣河之水縱貫瓦亭，餘皆東流或東南流。衡其源之地位與流之方位，胥應以北源爲正源。設以下流之一部富有沛驟之勢，甘于承訛目爲正源者，則余復奚言。

　　涇流之湝末

　　按：涇源之上源即正源，發自甘肅固原香爐山南麓，流爲大灣河，直下瓦亭，東折出蕭關、蒿店、莧麻灣入平涼界。至平涼西八里窰，其下源之水南來會之，繞平涼城，北至惠塔，有太平湫諸水注之。又東至十五里舖，大岔水南來注之。又東有小蘆、大蘆二河皆北來注之。又東至白水驛，潘谷水北來注之。又東至界牌，北入涇川曲潭溝東流，有潘陽澗水北來注之。又東至涇川城西北，汭水西南

---

①　參見《周易·蒙卦》象辭。
②　參見《趙浚谷文集》卷一《虛谷説》。

來會之。又東至曹村景家，洪河西北來會之。洪河源出固原陶家海子。又東至
王家溝出境，在寧縣覃家門上，茹水河西北來會之。茹水河源出固原香爐山東
麓，亦涇水也。東南流，北折至政平鎮，馬蓮河北來注之。出境，經陝西長武、邠
縣、醴泉、涇陽、高陵，與渭水會。渭經天水三陽川，有固原張義堡水合隆德、靜
寧、秦安諸縣水，北來注之。張義堡水源出固原香爐山西麓，亦涇水也。由高陵
東北流，至華陰與洛水會。又東流至潼關，注於黃河。河經寧夏中寧縣，有固原
清水河水北來注之。清水河源出固原香爐山北麓，亦涇水也。曩者香爐山四麓
之泉，分向平涼、鎮原、同心、靜寧而流，可謂同源異流。逮至潼關，皆會于河，又
經豫、晉、直、魯，並入渤海，可謂異流同歸矣。

　　涇爲西周三川之一，爲關中八川之一。按西周以涇、渭、洛爲三川，即《關中
記》所稱之“關中三川”也。涇、渭、霸、産、酆、鎬、潦、潏爲關中八川，即司馬相如
《賦》所云“終始霸産，出入涇渭，酆鎬潦潏，紆餘委蛇”是。[1]

　　涇水灌溉之利甚溥。按《通志》云：[2]平涼縣涇河水流至城西北一里，疏爲
中、内、外陰渠三。又陽渠一，東西二十里繞流，溉城東田二百頃以上。又平涼利
民渠，引涇水連亘二百里，至涇州東，分渠六十二道，灌田三千餘頃。曹玉麐《本
國地理》稱：[3]“古代關中富饒繋于水利，涇渭流域也。”又云：“三原在西安之北，
位于涇惠渠旁，灌溉之利甚溥，故農業極盛。”蓋涇水利溥，自古已然。班固《西都
賦》云：[4]“下有鄭白之沃，衣食之源。”即謂此也。鄭渠係戰國時所鑿，故道自陝
西涇陽縣西北仲山下，分涇水東流，歷三原、富平、蒲城諸縣界入于洛。《史記·
河渠書》：[5]“韓聞秦之好興事，欲罷之，毋令東伐，乃使水工鄭國間説秦，令鑿涇
水自中山西抵瓠口爲渠，並北山東注洛三百餘里。渠成，於是關中爲沃野，無凶
年，秦以富强，因命曰鄭國渠。”白渠係漢時所鑿，故道自陝西涇陽縣西北仲山下
之龍洞而東，由北至南，分爲太白、中白、南白三渠，引涇水分注涇陽、三原、醴
泉、[18]高陵、臨潼諸縣。《漢書·溝洫志》：[6]“太始二年，趙中大夫白公奏穿渠引
涇水，首起谷口，尾入櫟陽，注渭中，袤二百里，溉田四千五百餘頃，因名曰白渠，

---

　　① 參見《漢書》卷五七上《司馬相如傳》引司馬相如《上林賦》。
　　② 參見《通志》卷十五《水利·平涼府》。
　　③ 參見《本國地理》第三章《北部地方》，第193頁。
　　④ 參見《後漢書》卷四〇上《班固傳》引班固《兩都賦》。又案：《藝文類聚》卷六一、《文選》卷一此段
文字均題作《西都賦》。
　　⑤ 參見《史記》卷二九《河渠書》。
　　⑥ 參見《漢書》卷二九《溝洫志》。

民得其饒。”乃王太岳《涇渠志後序》云：[1]“觀秦漢以來言水利者，鄭、白渠最著。少時讀司馬遷、班固所記，意甚偉之。已而見《涇陽志》，則二渠者壞廢已久。後有繼作，勞費尤鉅。至乃農民呼號陳訴，願棄利以弛役而不可得。”遂嘆爲狃於秦漢引涇之舊，狥名不求實，見利不計害者。其《涇渠志》論，尤以拒涇捍涇爲事。嗟乎！是非涇之罪，役民之未得其道耳。不然者，秦何以富強？漢谷口、櫟陽之民，何以得其饒也耶？安清翹《書王芥子〈涇水志〉後》云：[2]“關中八水，涇利最著，秦漢以來，利或大或小，未有書涇水無利者。”何祖澤《本國地理》述引涇灌溉工程之今昔云：[3]“古代秦鑿鄭國渠，引涇注洛，灌田四萬餘頃。漢開白公渠，引涇入渭，灌田四千五百頃。元、明、清皆曾改鑿渠道，至清季僅灌田二百餘頃。民國十九年，開涇惠渠，灌涇陽、高陵、三原、臨潼、醴泉五縣田共五千餘頃。近開修支渠，灌田一萬頃。”可知涇水之果可廣惠于民也。元明迄清，多以引涇爲害者，特人事之未飭耳。固邑不惟南涇水可以灌田，即東、西、北沿流之水，均便浸灌。果漸鑿築渠埭，架設水槽，廣爲引注，則土田膏液，年穀豐登，可操左券。趙浚谷詩：“涇上田疇好，濱涇土皆饒。”信矣哉！

涇渭清濁説

按：蘇軾詩“胸中涇渭分”，又“滾滾河渭濁”，曰河渭濁，自以涇喻其清矣。乃世稱涇濁渭清，傳訛不已。趙浚谷《陶將軍北園竹》詩亦謂：[4]“屢見濁涇噴浩渺。”其《發難九篇序》更有“清渭濁涇”之語。是則涇果濁歟？然其《涇浦躬獲》《獨酌同春亭》《春初懷唐應德》詩又有“沙清水盪天”“遙籍清涇千里沃”“白壁初分涇上冰”等句，是則涇果清矣，混于山洪時或誤爲濁，正張伯魁所謂：“此特就盛夏潦水言之耳。”《白渠歌》曰：[5]“涇水一石，其泥數斗。”王太岳指爲“濁涇之敗泉”，陳宏謀指爲“涇河渾流”，沿説不易，怪誕莫甚。《韓詩外傳》：[6]“源清則流清，源濁則流濁。”涇水源泉洒然其清，播爲遠流，淆之不濁，與渭合流三百餘里，水之清濁不雜。語云“涇渭之清濁當分”者以此。後人掘泥輓土，鑿山堰水，導引乖方，爬梳失法，儲水無庫，洩水無門，日惟壅堵爲務。則水之囓抉掀隤，土之加幫層累，遂至水土渾殽，泥沙淪混。而後責之曰污濁敗苗，有害無利，必拒使一滴不入而後可，烏有是理哉！安清翹《書王芥子〈涇水志〉後》云：“芥子一言抹殺，遂

①　參見《皇朝經世文編》卷一一四《工政二十·各省水利一》。
②　參見《皇朝經世文續編》卷九八《工政十一·各省水利上》。
③　參見《本國地理》九《秦嶺漢水區陝甘盆地及黃河上游區》，第 92 頁。
④　參見《趙浚谷詩集》卷三《陶將軍北園竹》。
⑤　參見《樂府詩集》卷八三《雜歌謠辭》。
⑥　參見《韓詩外傳》卷五。

使涇水受誣。"①洵確論也。

夫水者,君子比德焉。鮮潔以出,則無不清。但出于沙鹵者爲涊,出于巖石者爲漣。涊則泉多而濺,潰而即汛,剽輕也。漣則泉小而涓,盈而不溢,斂重也。何以知之? 一係穿于黃土高層,土鬆易抉,則水怘而性渙,渙則易爲濁混。一係磨于廣大巖盤,石堅莫洩,則水浣而性凝,凝則難與濁淆。如開城百家泉,每一斗水較他處重多五斤,即以其質之緻實也。六盤上首諸泉恒類是。水皆一本,伏行地中,漸隨地脈紛布,或貫聯于沙磧,或曲屈于碻磷。前如河渭,後如涇水。但其新發于源無不清也,故曹伯啟有"涇清渭濁源何異"之語。惟其易混難淆有殊性耳。故雲門子曰"擇源于涇渭之流"云。

涇之泉脈,躡六盤山脈而東下。六盤多雄黃等礦,故水甚澄澈。且阻于六盤之堅厚巖層,艱于通泄,勢必瀁溟澎湃,相楔于㴫虛之下,盤巡湢沇,相奪于罅裂之間。溢匝巔頂,泌㴉偪側,若納濾水羅于洿池然,滓在下而水在上矣。清淳湛潊,莫可比倫,即㴩鄰也。《初學記》所稱"水出山石間曰漣"是。[19]但不知其幾經刷盪于砥瑚。漩澴于㴑隩,始得潰而成泉。喘嗜之餘,益其清抗,演流及遠,絕不污同。遵道東之,溝汗迸集,僅抵長武而南北兩來之水已不下數十色,與上源少異,乃㴠之混流入涇者,而涇之面目猶可視也。東更與渭合流,淘沙挾土,黃泥耀目,然一片明溂,仍瀏其清矣。

《詩·邶風》:②"涇以渭濁,湜湜其沚。"箋言:持正守初如沚然,不動搖也。③ 謂渭者濁,涇弗之㥦,故投之,寓有盪滌穢濁之意,奈衆濁而獨清何? 涇導金氣,通井星,出于山石,尤爲清勁,壅以堤,未必波紐而氣腐。乃若障谷而灌于淤渠,排山而束以頹堰,隨決隨埋,時潰時累,粉飾塗附,委淫填洽,日攪以土,厥惟塗泥矣,安得不涇水一石其泥數斗乎? 但雖涸餘至此,中仍涵有清流,特爲土掩,非渝變也。

涇水至清,鳧鷖不去,見《詩·生民之什·鳧鷖》首章曰"鳧鷖在涇。"④按:鳧乃水鳥之謹愿者也。鷖即鷗,忘機之鳥也。又水不在深,可濟舟楫,見《詩·文王之什·棫樸》三章曰:⑤"淠彼涇舟,烝徒楫之。周王于邁,六師及之。"按輔廣云:"于邁,謂有所往也。如伐崇與密及戡黎之事皆是也。"

① 參見《皇朝經世文續編》卷九八《工政十一·各省水利上》。
② 參見《詩經·邶風·谷風》。
③ 參見《毛詩正義》卷二《邶風·谷風》。
④ 參見《詩經·大雅·生民之什·鳧鷖》。
⑤ 參見《詩經·大雅·文王之什·棫樸》。

南爲蘇家堡川,在縣西南七十五里。源出直刺溝,流爲大灣河。

大灣河,在縣南七十里。涇水正源之幹流也。

更有五里河,在縣西南八十五里,源出北笄頭山之陰。

臥羊河,亦作臥陽河,在縣西南八十里。源出北笄頭山之陽。

橫河,在縣西南九十五里。源出六盤山東麓。

大清河,在縣西南一百里。源出南笄頭山。

東山河,在縣南一百一十里。源出白雲山。

次第迎附,東出平涼。五里河會大灣河於瓦亭河。臥羊河、橫河、東山河合大清河會大灣河於三關口。東流至平涼八里窰,南源涇水西南來注之。東流出平涼界,匯爲涇川,亦曰涇河。

北爲清水河,在縣南四十里。源出靈芝諸溝,亦名開城河。有謂南三十里舖以北曰清水河,以南曰開城河,亦名蔚茹河,或茹水河。有謂北流曰蔚茹河,東流曰茹水河,亦名胡盧河或葫蘆河。有謂硝河亦曰葫蘆河,亦名高平水或高平川,有謂即古之若水也。按《説文》:[①]“淹水出越巂徼外,東入若水。”當在四川也。《水經註》:[②]“若水東南流,鮮水注之。”當在青海也。又《水經註》:[③]“苦水發源高平縣東北百里,[20]流注高平川。”《地名辭典》謂“在甘肅固原縣東北。”[④]今據採訪,縣東北並無若水。東北萬安鄉有苦水掌,或係“若”訛爲“苦”。但里數不符,流域亦異,當非若水。有謂東北白家塬水或近是。但考《陝西通志》,大隴山有若水谷,《平涼府志》:高平水一名若水。高平水今名清水河,故曰清水河即古之若水云。北流繞城東,向黑城子而下。又北至八營坡出境,入海原、同心二縣。

更有海子峽水,在縣西南四十里。源出沙河峴鹹灘,合石廟溝、滴水崖、繡水溝水,出峽至大營川入沙。在沙木村復出,北流入清水河。西海子水舊日亦出海子峽東,北流繞城,與清水河合。係由水渠引至,後廢,今已浚復。

硝口河,在縣西四十里。源出大路溝二林溝本山,在彭敖堡會海子峽水,流入清水河。

馬營河,在縣西南三里。源出本境,合羊坊三靈泉水,流入清水河。

飲馬河,在縣西北十里。源出本境,流經臨洮營,入清水河。

冬至河,在縣北五十里。源有二:一出西鄉紅泉,一出大營鄉黑泉。合流過碾子頭、楊郎莊,入清水河。

---

①　參見《説文解字・水部》“淹”字條。

②　參見《水經注》卷三六《若水》。

③　參見《水經注》卷二《河水》。

④　未詳《地名辭典》確指何書。

南屯河,在城西北六十里,係明洪武時黔國公屯兵於此所開濬者。發源於楊郎鎮西十里之幽谷中,東流繞鎮之南,入清水河。灌田地數百畝。水性極甜,產有寸許之小魚。

小黑水,在縣北八十里。源出張家山,合大黑水,流入清水河。

大黑水,在縣北一百十里。源出州管山,流入清水河。

北硝河,在縣西北一百里。源出須彌山,東南流,會須彌都河,入清水河。

須彌都河,在縣西北一百二十里。源有五:一出海原將軍山,一出本境李俊堡山,一出海原南泉,一出固海兩屬之石山里,一出本境鴉兒溝。合流過寺口子,會小黑水,流入清水河。

中河,在縣北一百里。源有二:一出西山高家崖灣,一出西南山双羊套。合流經滿四堡,過黑城鎮,入清水河。

北河,在縣北一百二十里。源出海原鄭旗堡吳家灣,東南流至黑城鎮,入清水河。

白家埫水,在縣東北一百二十里。源出本山,流入清水河。

三汊河,在縣北一百五里。合黑城中河、北河,會清水河,故名。北流經同心、海原、中衛等縣,入黃河。再清水河南自開城,北訖高崖子,尚有東西兩山溝水沿流夾注,不勝縷述,如虎狼溝水、鄭家溝水、臭水溝水,其較著者也。

左右灌送,北趨寧夏。清水河出固境後,西在海原縣東一百二十里,流入海原縣界韓家灣。過李旺堡,西北流至紅古堡,有石硤水西北來注之。又西北過興隆堡,入金積縣界。又清水河出固境後,東在預旺舊城西一百三十里,東流入寧夏同心縣界。又北流至蔡家灘,有薛家窪、打狼溝、陳家堡、蟄死溝、可可堡諸水,會注于預旺城東。又北流經同心縣城南,有車路溝、洞子溝、沙溝、丁家二溝、苦水溝、白石頭溝諸水註之。入金積縣界,經中衛,入黃河。按香爐山北麓之水即清水,係北入黃河上流。南麓之涇水、東麓之茹水、西麓之張義堡水,皆係東入黃河中流。同融會于潼關,東下朝宗于海。蓋五佛寺、寧夏石咀子、包頭、河口爲黃河上流,禹門口、潼關、陝縣爲中流也。

東爲牛營河,在縣南六十里,源出華石巖。

青石嘴河,舊名小南川,在縣東南五十里。源出北劉家溝。

古城川,舊名大南山,亦作騾子川,在縣東南六十里。

更有奈家河,在縣東五十里。源出東海子,及本山黃髦山,及青石咀河,東北流入古城川。

任三河,在縣東南四十里。源出打火店,東南流入古城川。

店子河,在縣東十五里。源出八盤坡,注禮拜寺川。

禮拜寺川,在縣東四十里。源出本境東南,流入禮拜寺川。

官堡台水,在縣東北八十里。源出本山,東南流入古城川。

以上諸水,均會于白楊城附近。

王家圪水,在縣東一百里。源出本山,西北流,合關口川水。折東南流,經黃家河,又東南流至麥草渠,與古城川水會爲茹水河。東流至開邊,入鎮原縣。又東流至毛家寺兒,入寧縣,在西覃門上入涇河。

洪水川河,即後川水,簡稱洪河,一名橫河,在縣東南一百里。源出張化兒山及陶家海子,東流逕蛟龍口,至惠家溝門,入鎮原縣。又東南流入涇川縣,在賈村景家入涇河。

乾川,在縣東南一百六十里。源出本境,流入洪水川河。

安家川,在縣東北一百四十里。源出党家溝,逕耳朵城,會白家川。

白家川,在縣東北一百五十里。源出元城子,東南流過三角城、馬家河,會安家川,東流爲三岔河。

三岔河,在縣東一百七十里。合白家川、安家川,東南流入鎮原,會蒲河。

黑泉河,在縣東北二百四十里。源出黑子塬,逕環縣、鎮原,入蒲河。

核桃川,在縣東北一百二十里。源出老圪掌,東南流過胡家台、唐家界牌出境。逕環縣,至鎮原入蒲河。蒲河至鎮原石窟寺,注茹水河,在寧縣入涇河。

苦水掌水,在縣東北一百八十里。源出鍋灶渠,東流入核桃川。

清水掌水,在縣東北二百二十里。源出櫻桃掌,東南流入核桃川。

尚有其他溝澗川河之水,雜出紛布,名色頗繁,姑從略焉。

遠近奔尋,東匯寧縣。固東諸水,多經環、鎮、涇川,繞出寧縣,匯于涇河。

西爲張義堡河,一曰張義堡水,又曰張義堡南河,在縣西南七十里。源出開城溝諸溝,流經黃家堡以西,成爲馬蓮川。

馬蓮川,在縣西南九十里。其源二:一出張義堡,一出紅莊。西南流至單家集,入静寧縣界。

更有海子河,在縣西南三十里,流入馬蓮川。西海之流波也。

張義堡北河,在縣西南七十里。源出生地塌,南流注張義堡南河,入馬蓮川。

什字路河,在縣西南九十里。源出觀音殿,西流入馬蓮川。

駱駝川,在縣西六十里。有分水嶺。北流水經偏城、陶家堡、東、西沙溝,至水磨灣,合李俊堡水,出寺口子。南流水入馬蓮川。

硝河,一名苦水河,亦曰葫蘆河,在縣西一百里。源出海原新營五原堡,南流至將臺堡,會馬蓮川,入隆德界。南經舊縣東,舊隆德縣河西來注之。又南經静寧,紅城河東來注之。復由單家集轉入隆德,單櫥川水東來注之。又南至張揭子西南,復入静寧縣界。

　　尚有其他溝澗川河之水,雜出紛布,名色頗繁,姑從略焉。馬蓮川、駱駝川、硝河,今隸西吉縣。

　　參差流布,西入静寧。固西諸水,多由隆德入静寧,再流向秦安、天水,注于渭河。

　　諺云:"客山高壓主山頭,原城河水成倒流。"此語係迷信堪輿又未入其堂奥者之言也。所謂客山、主山,當指近城之東嶽山與西坪。詎知主山乃西南之高山,非西坪也。西坪特其活潑秀麗之胎息,東嶽山其遮護之旗砂耳,卑遜于西南之主山遠甚。所謂水倒流者尤非通論,何舉一而自不反三耶?按我國山脈自西徂東,水流因之,成爲定向,此言大勢也,未可執概局部之地。惟其究竟,亦皆東之。蓋山脈泉脈之敷佈,宛如網路然,忽從忽衡,千頭萬緒。譬貫西康、滇西諸山脈,則均南北縱列。而橫斷山脈間之,薄藏布江、怒江、瀾滄江、元江諸水,亦如其方向,無足異也。況邑之六盤山、關山梁、開城嶺、香爐山,連峰奕奕,脈線四垂。涇水南流,茹水東流,清水北流,張義堡水且西流矣。因地勢屹然獨尊也,何可怪詆哉。

　　試閲鄰邑志乘,如環縣之甜水溝,則曰源出固原,東流會蒼耳川,亦出固原。又曰黑水河源出固原,東南流入寧縣、慶陽縣之黑河亦曰源出固原。鎮原縣之茹水河則曰自固原來,又曰蒲河源出固原。橫河自固原來。交口河一源自固原之乾川,經偪土門來。平涼縣之涇水,則曰涇水二源,一出固原。化平縣之涇水,則曰涇水至龍尾山之陽,則六盤山牛營迤東北山諸水匯焉。隆德縣之伏龍山,則曰來自六盤野雞峴。又曰北亂池之北有山焉,西向走。清流河發源六盤溝,西向流。好水川發源六盤小水溝,西流。紅城河上流自固屬十字路來,入境西流。葫蘆河一名苦水河,上流由硝河城來,西南流入境再西流。海原縣之七里寶山,則曰南連六盤,北走屈吳。又曰清水河二源皆出固原。寧夏同心縣之葫蘆水,則曰源出固原。中衛縣之南河,則曰自固原來,至寧安堡西入河。寧夏縣之清水河,則曰在縣南三百五十里,自固原流經寧夏注黄河。是由附地累卑,獨能臻鬱,確擅崔嵬者也。以故降雖在原,猶得夷視群山而部婁之,曰陟則在巘乎。通靈爽,布精英,監觀四方,乃爲之極,高平之名,烏可僭越?漢置高平縣,後魏置高平郡。北周改名平高,水曰高平水,亦曰高平川,良有以也。《水經》云:[①]"導源高平。"豈僅爲北流之清水河而發夫哉!

---

①　參見《水經注》卷二《河水》。

山間湖，地勢外高中低，泉水蓄成湖泊曰山間湖。《爾雅》曰坪，①俗稱海子。雖不及雲南洱海、貴州草海之溟溣，但其命名之義則一。

有東海，即東朝那湫，在縣東南四十里。泉流有聲，廣五里，闊一里。《括地志》云：②"朝那湫祠在原州平高縣東南二十里。"其謂是歟？流波入奈家河，今泉走漏，土人又稱"乾海"，又曰老龍王廟窩，傳于清初乾涸。又顏柳溝南有地約數十畝，亦稱乾海，舊係老龍王廟窩之下滲處也。

西海，即西朝那湫，一曰湫谷。在縣西南四十里，廣三里，闊一里，深邃莫測，流波爲海子河。《一統志》謂：③"湫有二，俱在山間。"顧氏指爲固原有東、西兩湫，當屬斯境。《通志》作"朝那水"，亦云一在東，謂之東海，一在西，謂之西海。西海位六盤之陰山腰，有泉眼，並有二旋洞，俗謂爲東、西龍口。水入洞由地中行，復出峽上流，依崖爲渠，曲折入西城。係明正德十年，因城中井水苦鹹難飲，由總兵官趙文、兵備副使景佐開鑿之。導入城泮池，環流出東門，注清水河，公私兩便。後廢，今浚復。山建龍王祠，傳爲祭龍神潤澤侯處。旱即祀之，以壺挹水，置之于所在則雨；若雨不止，反水于泉。俗以爲恒。邑人李平西言："土人時見有物如巨蟒，角似青羊，凌潛于西海間，其虯龍乎？"《索隱》：④"湫，即龍之所處也。"邑人張禹川言："湫當晴日旴晃之候，歷歷淵冲，恒見鯉鯽之屬，排比而遊，無凌亂啫呢之狀，亦云奇矣。"顏師古曰：⑤"朝那湫在安定郡，清澈不容穢濁，每喧填輒興雲雨。"前牧蕭承恩以祈禱有應，爲製額曰"霖雨蒼生"。《州志・圖說》謂：⑥"即顧氏指爲秦王投文詛楚處。"時秦方圖楚，惠文王使張儀陰謀伐楚，獻文於湫神曰"敢昭告於巫咸大神，以底楚王熊相之多辜"云云。熊相果兵敗國削，陷于囚執。按巫咸乃唐堯之臣，爲堯之醫，能祝延人之福。又商太戊之賢相，治王家有成。湫神之名巫咸，果爲誰歟？相傳爲朝那縣令，則是自爲一人矣。但《通志》則以"東海爲古朝那湫，秦投詛楚文於此"。《府志》則謂：⑦"朝那在華亭湫頭山。"或又以平涼湫池爲朝那。靈台西南有朝那鎮。《鎮原志》則以太洋池爲朝那湫。⑧朝那今屬何地，湫在何所，各持一議，轉難究詰也。按朝那古爲戎地，地界

---

① 《爾雅》卷七《釋山》曰："山上有水坪。"
② 參見《括地志》卷一《原州》。
③ 參見《大清一統志》卷二〇一《平涼府・山川》。
④ 參見《史記》卷二八《封禪書》之司馬貞《索隱》。
⑤ 參見《漢書》卷二五上《郊祀志》之顏師古注。
⑥ 參見《宣統固志・圖說・西海春波》。
⑦ 參見《平涼府志》卷十《華亭縣・山川》。
⑧ 參見《鎮原縣志》卷八《地理・山川》。有關此問題可參見韓超《甘肅舊志中的寧夏史料述考》第三章第三節。

故廣,譬如成紀非僅天水一縣是。《説文》有"湫水在周地",①其後屬秦,秦置縣,在高平第一,今治也。《史記‧封禪書》:②"湫淵祠朝那。"蘇林曰:③"湫淵在安定朝那縣,方四十里,停不流,冬夏不增減,不生草木。"《通志》亦作"方四十里"。且謂"今週迴七里,蓋近代耗減也"。《古今地名辭典》湫淵注亦作"在甘肅固原縣西南"。《州志》謂爲"古朝那湫,即顧氏所指之秦王投文詛楚處"。④ 説較近是。漢移置平凉縣,屬安定郡,後漢及晉因之。《一統志》:⑤漢朝那城在平凉府東南。《通志》:⑥朝那故城在華亭縣西北,漢置。《史記‧匈奴傳》:⑦冒頓悉復收故河南塞,至朝那、膚施。又《文帝紀》:⑧十四年,匈奴入邊,攻朝那塞。皆此。後魏末徙置靈台縣西南,隋廢。今靈台朝那鎮尚有朝那大夫廟故址,此其可考者也。

北海,一名暖泉,在縣北五里。闊數十畝,深丈許,水泉翠澈,隆冬不凍。《一統志》以爲"即龍泉水"。或謂北海水脉來自西海,俗有"西海入,北海出"之諺語云。

陶家海,在縣東南六十里。洪河之源,近亦走滲。

蒿艾海,一作蒿芮,或蒿内,在縣東北一百六十里。原爲蒿艾里,故有水溝。民國九年地震,山崩壅水成湖。經華洋工賑會鑿導,水勢少殺。今屬海原。

魚形海,在縣北四十里王家後溝。民國九年地震,山地坼裂,聚水成湖。邑人夏禹勤言"厓滑作魚兒形",故名。

南池,在縣西南二百四十里王家原莊。兩山崩墜,瀦水谷中,面積約有頃餘。池水釀酒甚香,因有釀泉之目。土人謂池中於夜半時,常見明燈兩盞,浮遊水面,不辨何物。

菩薩湫,在縣東一百六十里馬家河朝陽庵前,廣輪二十餘畝。所祀神像,土人謂從湫中湧出,亦一靈境也。

鴛鴦池,在縣西四十里侯家磨。周圍二十餘丈,深不見底,水澄波静,令人神爽,爲西鄉靈區。

白鷺池,亦作白瀾、白蘭、北蘭、北亂,在縣西南八十里固、隆交界之馬藺山山腹中。闊約一百七十丈,莫測其深。遇旱禱雨,屢著靈應。有明正統年及清

①　參見《説文解字‧水部》"湫"字條。
②　參見《史記》卷二八《封禪書》。
③　參見《史記》卷二八《封禪書》之裴駰《集解》引蘇林語。
④　參見《宣統固志‧圖説‧西海春波》。
⑤　參見《大明一統志》卷三五《平凉府‧古蹟》。
⑥　未知《通志》所指爲何書。
⑦　參見《史記》卷一一〇《匈奴傳》。
⑧　參見《史記》卷十《孝文帝本紀》。

時碑。

太陽池,在縣西五十里疊疊溝。鄉人禱雨有應。

黑河源,在縣東北一百八十里。水泉潰激,流而成河。有龍王廟,禱雨每應。

泉

山水潛出,停瀦小礨曰泉,《爾雅》曰"汧"。但亦有溢爲細流者。除霧耳崖泉及香爐山麓諸溝泉已見前外,尚有可稱者,次之于此。

立馬靈泉,在北郊外半里許,關帝立馬祠内。銅像鐵馬下,湧泉有聲,味甘如醴,清冽可愈目疾。遇旱淘之,祈禱屢應。鄉人砌作井狀,稱爲"廟中井"。又在城南閱城武廟内,有井一欄,井半有洞,立泉神座,鄉人稱爲"井中廟"。井水亦佳。

太白泉,一名太白湫,在縣東南五里太白山後。有湫三,旱禱之即雨。

三眼泉,在縣西南五里,羊坊莊南山下。平列三泉,水色澄瑩。四圍柳蔭茂密,禱雨感應。

臨洮泉,在縣北十里臨洮營。上有龍王廟,水甘可飲。

丹泉,亦名紅泉,在縣西三十里沙漠耳莊北。水色澄碧。

黑泉,在縣西三十里。有大、小二泉,均在沙漠耳莊北。大黑泉圍闊十餘丈,屢著奇蹟。小黑泉圍闊四五丈。

百家泉,在縣南四十里,開城東里許崖側。味甘可飲。其水每一斗較他處水稱之重五斤,實則香爐山四周之泉多類是。且治城南水多甘淳,北水則多鹹苦,即距香爐山遠近之故也。

一清泉,在縣南九十里,瓦亭西城外坎下。開鑿年遠,發水處如珠跳。民間汲食者甚衆。清可鑒影,故名。

石洞泉,在縣西九十里馬家新莊。有洞在崖壁間,出泉至甘,能瘳疾。

暖泉,在縣南七十里大灣,已見前。又在縣東一百四十里陣家坪。其水冬温夏涼,源流浩浩,潦不盈,旱不涸,土人異之。

海家溝腦泉,在海家溝。闊約畝許,其色晶瑩。天都、印子諸山,甜水河、徐斌諸水,今歸海原及寧夏地界矣。

形勝

夫保境不可以疲民也,斯堡壘之制拙而山川邱陵重矣,有憑一水一山得以藩籬勁敵者。而星羅棋佈天峻地雄之要塞,每若發蒙振落,否亦畢爲廢物,淹棄荒莽,庸足道哉。弦險成於人,而不徒賴其地。顧既得地利矣,未嘗不可因其勢而默成之。夷考《周禮》，夏官掌固，"若有山川則因之"。又"司險，周知其山林、川澤之阻而達其道路。""有故則藩塞阻路，以其屬守之。"①"是用力不勞而爲備也易。"②

西北古用武地，有峻削之山、深邃之谷、高平之原。固原且有以一面制三面，長駕遠馭，居高臨下之勢，尤爲其山若水之所形成也。礪山帶河，淵停嶽峙，天然關口，一望如林，誠得中材守常險，便足長世永年。至於非山之山，非水之水，梯不可階，葦不可渡者，則又在乎其人矣。然而扶輿清淑，有峙有流，峰翠交蘫，泉聲互答，人意不用，天趣盎然。蓋自足其高致，抱其曠情也，寧爲負隅而設之歟？

第有其勝概者，多有其形制，爲兵家之地，致標奇毓秀之區，轉成險陷殺奪之所。悲夫！安見對之渾然，躋于仁壽之域，暢然自得其登臨之樂者耶？《易》曰：③"王公設險，以守其國。"又曰：④"利用禦寇，上下順也。"固亦不外因之抑蕃塞焉耳。

形制　　以地形而制服人也，見《漢書·酈食其傳》

邑輿形輿地之象形也。作鷹揚狀。

我國輿形似秋海棠葉，本省輿形似蜾蠃。本縣輿形似鵁鳩，昂首於西北，巖窰安家老莊其長嘴也。以馬廠梁爲頸椎，官廳掌、百同里爲肩胛，左翼奮於東北，右翼舒於西南。自硝河畫歸西吉，翎翅少斂，然張易一堡，勁翻猶存。中區其腹心也，長翹展于城陽，翻騰鉤爪于鹽兒溝、什字路間，頗具翀揚之概。或曰現有輿形作獅子狀，亦通。蓋安家坪其頂部也，路家山其鼻準也，保家諸溝其口腔也，當川、十字路、胡家莊、孫家墩前後其脛股也，臥牛灣則其脊後梢也。觀其鉤爪鋸牙，踞坐欲吼，大有惟我獨尊之概。

《物理論》云：⑤"夫土地皆有形名，而人莫察焉。"今觀邑之六盤山、開城梁、治城所在地有魚龍體，馬髦山、東嶽山、龍王廟山有麟鳳貌，猴兒牙岔、三營山、梯子山有弓弩勢，小川、大營川有升斗狀，九龍山、堡子山有張舒形，黑林山、馬兒山、大灣殿山有閉塞容，須彌山、野露山、斡耳朵有隱真之安，石家溝口、打石溝、閻王碥有累卵之危，馬飲河、萬家川、黑城子有膏腴之利，東山根、康家溝、南十里

---

① 參見《周禮注疏》卷三十《夏官》："若有山川，則因之。司險掌九州之圖，以周知其山林、川澤之阻而達其道路。設國之五溝、五涂，而樹之林以爲阻固，皆有守禁，而達其道路。國有故，則藩塞阻路而止行者，以其屬守之，唯有節者達之。"

② 參見《周易訂議》卷五十《夏官》王昭禹注。

③ 參見《周易·習》象辭。

④ 參見《周易·蒙》象辭。

⑤ 參見《平津館叢書》乙集第九册《物理論》。

舖有瘠埆之害。全境大致則爲魚龍體。蓋固原據八郡之肩背,六盤山斜貫其間,爲黄河渭水之分水脊。隆平象龜,綿亘象龍,是氣勢之終始,陰陽之所極也。又黄髦山有土鼈石龍之勝,土山石底,東丘形似土鼈,西隅有石如龍。

地員,山水高下,各有其位。西南高,東北低,譬若人然。西南高枕六盤,東北面大河,以白雲山爲枕函,大關山乃其脊柱,治城其胸次也。伸臂膊爲馬髦、黄髦二山,西拊風台,東扼雷祖,脛跗蹯于馬兒、方炎以外,觀塞外之風雲變幻,不計年矣。

中區多衍地。下平曰衍,如附郭鄉之田武溝、哈刺溝、田家圤、南十里舖,大營鄉之張家磨、二十里舖、馬飲河、寇家莊、麻家莊、康家堡、大堡子、興隆莊、吳家莊、油房溝、閻家莊、西門店子、盧家堡、陸家莊、明家莊、楊中堡、北十里舖、長城梁、喬家圤、曹家圤、黄家莊、高家坡、邢家莊、黎家堡、東廟兒溝、徐家坡、碾子頭、中水河、丰家堡、隔城子、王明莊、官隆莊、別家莊、黄土橋、曹家河、共家莊、王圤鎮之古城、店子圤、草廟子,城陽鄉之海家磨、彭陽城、任家灣、劉家河、城子陽家、韓家寨子、楊家坪、陳家坪、田家什字、羊蹄河、白草坡、野王家、黄家溝,萬安鄉之三岔,大灣鄉之青石咀、大灣、白土口子,蒿店鎮之蒿店、瓦亭、五里舖、興隆莊、和尚舖、臥羊川、吳保溝、鄧家川,張化鄉之任山河、乃家河、小岔溝、古城、張家河、石家溝、馬圤兒、馬門堡、張化兒、馮馬兒,張易鎮之梁家莊、隆德溝、十字路、田家堡、張易堡、中莊、木家莊、生地灣、卜家莊、偏城、花兒岔、後溝、閻官大莊、樊西堡、黄家滂、黄家堡、黄蒿灣,頭營鎮之頭營鎮、茅姑灘、雙河堡、窰洞溝、胡大堡、頭營、上二營、馬家圤、下二營、虎家圤,三營鎮之三營鎮、吧喇灣、陳家堡、三營、趙家寺、藍家堡、西窩子、南窩子、穆家灘,黑城鎮之平灘墩、團莊、太平莊、祁家堡、代家堡、余家灣、南堡、十里墩、三岔河、唐家堡、褚家灣、官堡、代家店、邱家莊、葛麻灣,七營鎮之唐家灣、高家崖、小河子、馬連窩子、延家岡,皆衍地。中區較多。

東區多邱地。土高曰邱。如附郭鄉之青石峽,頭營鎮之王家後溝,黑城鎮之甘溝、黄家灣,七營鎮之炭山、土門關、老莊台,皆邱地。東區較多。

南區多林地。竹、木曰林。如蒿店鎮之清水溝、三關口,張易鎮之野雞峴,頭營鎮之馬家園子、石橋子,[21]皆林地。南區較多。

西區多山地。積石爲山。如負郭鄉之四道溝、海子嶗峴、張洪堡、母家溝、陳兒山、教化山、丁林家莊、聚賢村、王家河、洒家溝、水河溝、侯家莊,大營鄉之曹家河、硝口、樹林溝、上店子、王家大莊、楊中堡、臭水溝,王圤鎮之王大戶、鄭家莊、楊家寨科、崖堡子、馱水溝、大堡子、牡丹岔、張高莊、虎家峴、蛟龍口、張佛堡、堡子嶗峴,萬安鄉之耳朵城、安家川、何家峴、殷家城、萬安監、豆家城、三角城、三條監、車道坡、清水掌、苦水掌，大灣鄉之五里山，蒿店鎮之周家溝、劉家溝、東山坡，張化鄉之謝家寨子、掛馬溝、石家岔、郭家莊、拉拉寨，張易鎮之大灣店子、紅莊、毛家莊、王家套、賀家套、盤路坡、沈家新堡、西來堡，[22]三營鎮之碾盤掌、党家溝、天子墹、深豁峴、杜家嶺峴、柴家溝、海家墹，七營鄉之丁馬堡、滴水村、石灘、沙家堡，[23]皆山地。西區較多。

北區多川地。注瀆爲川，邑俗以衍沃爲川。如附郭鄉之小川、沈家河，大營鄉之大營川與頭、二營、黑城子、七營，皆川地。北區最多。

全境大勢屬原地。高平曰原。如附郭鄉之天賜墹、石蠟村、二壕、九坪灣、九龍山、羊坊、萬崖子、馬家莊、楊家山、石碑灣，大營鄉之滿家堡，王堄鎮之王堄鎮、嶺峴村、喬家溝、里臺、馬岡堡、史家莊、雙樹子、草灘，城陽鄉之南垣、劉米家塬、白馬廟塬、長城塬，萬安鄉之唐家塬、馬家坡，大灣鄉之永安村、白家山、元圪塔、蒿店鎮之太陽窪、卯家堡、通家河，張化鄉之鷹哥嘴、上蔡家河、溫家溝、純家溝、張易鎮之倪家套、姚家套、觀音店、謝家寨、葉家溝、大店，頭營鎮之石羊子、路家梁、大北山、沙垠子，三營鎮之沙岡子、大圪塔、萬崖子、方家堡、大臺子、杜家溝、他家川、薛家溝，黑城鎮之黃鐸堡、楊家莊、黑溝堡、了坡，七營鄉之南坪，皆原地也。若縣東南一百里之麥子原，縣東一百四十里之米家原，縣東一百六十里之孟家塬等，均爲較大之原地。

又水鍾曰澤。如大營鄉之河木村、大灣鄉之開城、三營鎮之白家墹，[24]皆澤地。

大阜曰陵。如大灣鄉之史家磨、楊家嶺，頭營鎮之張家崖，三營鎮之鐵家溝、楊家溝、馬家溝、保家溝、白澇子、撒家台、大平墹，[25]皆陵地。

水崖曰墳。如附郭鄉之飲馬河，頭營鎮之冬至河，三營鎮之紅城子、蕭家深溝，黑城鎮之黑城、碌碡溝門、毛家台子，[26]皆墳地。

平濕曰隰。如大灣鎮之西灘、三十里舖、打火店、牛營子、蘇家堡、海家磨，蒿店鎮之王堄兒，張易鎮之濫泥溝、王大戶、樊家莊、六個羊圈，頭營鎮之蔣家河，黑城鎮之藍家窩子，皆隰地。

山、林、川、澤、邱、陵、墳、衍、原、隰，是爲十等之名。一曰山林，二曰川澤，三曰邱陵，四曰墳衍，五曰原隰，是謂五地，見《周官》。按《周官》以“土會辨五地”乃辨天下之五地。黃度曰：“土會者總天下土地，不出此五者。”鄭鍔曰：“五地乃五行之氣，山林木也，川澤水也，邱陵火也，墳衍金也，原隰土也。一邑雖小，豈無五行之氣，烏可以不辨之乎？”

又普通地形，有分爲山、陂、原、川、盆、台、墹等地者。邑之山地，如三條監、安家川、耳朵城、小園子、沙家堡、丁馬堡、寺口子等處皆是。陂地，如棗樹渠、黑泉河、盤龍坡、碾盤掌、蒲條、大灣店、石家溝、草廟子、石家岔、雙井子、打石溝、莧麻灣、蒿店、瓦亭、大灣、青石嘴、牛營等處皆是。原地，如孟家峴、崾峴、馬渠源、開城、南二十里舖、三十里舖、寇家莊等處皆是。川地，如老坬嘴、苦水掌、山岔、白家川、日底下、店子河、店子坬、任山河、官廳、蘇子溝圈、楊家坪、韓家寨、城子楊家、乃家河、北十里舖、林桃營，頭、二、三、四、五、六、七、八營，盤河、黑城子等處皆是。盆地，如羅家坬、大潦灞、元城子、野王家、和尚舖，張易堡等處皆是。台地，如胡家台、白家台、車道坡、三角城、高崖子、陳家坪、韮菜坪等處皆是。埫地，如天子埫、白家埫、海家埫、太平埫、石碑埫、天賜埫等處皆是。

固原地名今釋。邑之地名，向由民間沿稱而來，除以舊建之遺蹟爲命名，如城、關、鎮、堡、塞、砦、廳、監、營、墩、亭、舖、里、坊、廠、場、寺、廟暨街、路、巷、集、村、莊、家、店、窑、磨等外，餘皆依其地區自然之形勢而成種種不同之名稱，相沿已久，頗足尋繹。姑作釋名如次，亦足見固邑地形之崖略云。但間有形異名存者，蓋陵谷平陂，不無變遷，今釋之作，第就今兹多半之地貌而通釋之云爾。

山嶺：山頂通道路者曰嶺。

岡：山脊曰岡，俗作崗。

梁：山脊狹長者，俗曰梁。

巖：山突兀而下覆者，俗曰巖，同嵒、同巗。

崖：山邊壁立如削者曰崖，與厓通。

耳朵：崖旁懸出者曰耳朵。

峴：山巔通小道處曰峴。

崾峴：山腰通小道處曰崾峴。

要隘：山路險窄處曰要隘。

岔：山路紛岐處曰岔。

峽：山峭夾水，石路阻陿者曰峽，與岬通，亦作硤。

口：山間出入處曰口。

嘴：山勢尖鋭而向外者曰嘴。

條：山路低平或澗路高平如砥者曰條。

掌：地勢平滿，前路岔分者曰掌，俗作墇。

十字路：四達如十字形者曰十字路，俗作什字。

原：地廣平者曰原，俗作塬。

台：小原有層級者曰台，亦作臺。

坪：地四平者曰坪。

圫：土山邊陲處曰圫。

埫：地平斜處曰埫。

坡：山旁傾斜相屬處曰坡。

陂：地傾斜而下隰處曰陂。

疙瘩：地勢拳起者曰疙瘩。俗作胳膊、肐膊、圪塔均誤。

凸：方址高出之處曰凸。

腦：地勢前平後突者曰腦。

園：地窠平有水可灌溉者曰園。

圈：地窠平有草可牧牲者曰圈。

凹：方址低下之處曰凹。

窩子：地凹陷如穴者曰窩子。

窪：地窩濕者曰窪。

窊：地汙衰而下者曰窊，同窪。

坑：地低陷如阱者曰坑。

泉：水源曰泉。

澗：山夾水曰澗。

溝：山間深水道曰溝。

溝腦：溝之上方承泉者曰溝腦。

溝門：溝之下方出水處曰溝門。

灣：山曲、水曲處曰灣。

畔：山水邊側曰畔。

套：溪山重複處曰套。

灘：水草平迆處曰灘。

川：地衍沃者曰川。

渠：平地水路曰渠。

河：衆水匯流者曰河。

井：地出泉成穴者曰井。

海：地出泉而停蓄如湖泊者曰海。

池：圓形積水之地曰池。

塘：方形積水之地曰塘。

湖：聚澤曰湖。

澇壩：瀦水曰澇，與潦同。加堰爲壩，亦作壩，與垻通。[27]俗作灖或埧，非。

子：着落之地點曰子。

頂：一地區較高之處曰頂。

下：一地區較低之處曰下。

門：山水外曲處曰門。

裏：山水內曲處曰裏。

十字路爲通形。我可以往，彼可以來，曰通。邑之十字路，俗作什字路，距縣西南百里。東南通化平、平凉，西南通隆德、静寧，西北通西吉、海原，東北通固原。距大山遠，附近祇有小阜，路貫其間，可以四達，是爲通形，通之形也。

又如附郭鄉之田家圿、羅家坪、南十里舖、二十里舖、馬飲河、九龍山、寇家莊、麻家莊、康家堡、大堡子、興隆莊、吳家莊、油房溝、閻家莊、西門店子、盧家堡、陸家莊、石碑灣、北十里舖、長城梁、喬家圿、沈家河，大營鄉之曹家圿、黃家莊、高家坡、邢家莊、黎家堡、東廟兒溝、徐家坡、沙木村、碾子頭、中水河、豐家堡、隔城子、張家磨、吳家磨、滿家堡、姚家磨、侯家磨、王明莊、彭家堡、葉集灣、曹家河、李家莊、蔣家口子、沈家莊、鹽土溝、臭水溝，王圿鎮之崾峴村，城陽鄉之田家什字，大灣鄉之大灣鎮、三十里舖、開城、青石嘴、蘇家堡、大灣、海家磨、元圪塔、何忠堡、白土口子，蒿店鎮之五里舖、卧羊川、吳保溝，張化鄉之任山河、鸚哥嘴、上蔡家河、古城、張化兒、馮馬兒，張易鎮之梁家莊、隆德溝、盤路坡、生地灣、卜家莊、樊西堡、黃家澇、黃家堡、黃蒿灣，頭營鎮之頭營鎮、茅菇灘、石羊子、雙河堡、石橋子、路家梁、胡大堡、頭營、上下二營、蔣家河、張家河、馬家店、冬至河、沙垠子、虎家圿，三營鎮之三營鎮、吧喇灣、陳家堡、老三營、紅莊、孫家河、楊家河、紅城子、趙家寺、藍家堡、西窩子、南窩、沙岡子、穆家灘、蕭家深溝、大台子、他家川、薛家溝、教場川，黑城鎮之平灘墩、團莊、太平莊、祁家堡、代家堡、余家灣、南堡、十里墩、黑城、三岔河、唐家堡、禇家灣、官堡、代家店、卯家莊、藍家窩子、甘溝、黃家灣、黃鐸堡、楊家莊、莧蔴溝，七營鎮之沙家堡、長官村、南坪、唐家灣、四營、高家崖、小河子、五營、六營、七營、八營、馬連窩子、延家崗，[28] 皆通形。通形者，先居高陽，利糧道，以戰則利。

小園子爲掛形。可以往，難以返，曰掛。邑之小園子距縣東二百里，山嘴突出，後高前低，往則順而下，返則逆而上。且地勢突出，介於溝路之中，易受敵之包襲之患，是爲掛形，如物掛者然也。

又如附郭鄉之唐家山、四道溝，丁林家莊、聚賢莊、王家河、洒家溝、萬崖子、馬家莊、楊家山，大營鄉之樹林溝，王圿鎮之王圿鎮、甘岔、石家岔，城陽鄉之蔴子溝圈，萬安鄉之三角城，大灣鄉之打伙店、永安村、北家山，蒿店鎮之興隆莊、太陽圿、劉家溝、東山坡、鄧家川、卯家堡、王圿兒、周家莊，張化鄉之奈家河、小岔溝、温家溝、純家溝，張易鎮之大灣店、紅莊、駱駝巷、宋家圿、張易堡、中莊、木家莊,頭營鎮之馬家園子、腦瓜坪、張家崖、窰洞溝、王家後溝,三營鎮之代家堡、崖子、方家堡、馬家溝、保家溝、杜家溝、天子堖,黑城鎮之了坡,七營鎮之丁馬堡、滴水村,[29]皆掛形。掛形者,敵無備,出而勝之。敵若有備,出而不勝,難以返。

寨子崾峴爲支形。我出而不利,彼出而不利,曰支。邑之寨子崾峴,東西大道,南北深溝,溝深不可繞越,中可通過者爲寨子崾峴,俗名"敗子山",距縣東一百五十里。東牛耳朵原,西賀家峴。若兩軍相遇于此,東西而陣者。雙方均爲向阪陣,廢軍也,是爲支形。兩相支持,不可先出者也。又如彭陽鄉之小峴子,七營鎮之七營橋,皆支形。支形者,敵雖利我,我無出也。引而去之,令敵半出而擊之。

火鏈溝爲隘形。宜先居而盈之以待敵,曰隘。邑之火鏈溝,距縣東一百二十里,王家窰東二十里。東出口入鎮原界,東南走固鎮界地之孟家原,北有小山峿立,□流回繞,□崿築堡曰三角堡。溝狹長,車騎不通,磊砢礙足。兩山繞□,時聞墜石砰然。溝半有石阪,坦坦可騁。數武外忽陟落兩三丈,沿邊□蛇行而下,亦極峻斜。旱時行旅坎坷,倘際山洪暴發,湍急浸溢巖腰,不可涉也。是爲隘形,阻厄之形也。

凡兩山之間,中有通谷,勢如腰股者,皆曰隘形。如彈筝峽,昔稱金佛峽,今稱三關口。位于西蘭路之中心,南有寬昌山之屏倚,北有峰峨山之聳峙。兩山環抱,形成一峽,瓦亭河橫貫峽中,狹窄無並轡地。迭經鑿辟,今亦僅通一轍。崖磊犖确,石迤欹厄。魏光燾謂:"每夏秋間,水潦漲溢,冬則冱漫堅冰。往往車過其地,輒有顛覆傾陷之虞。"吳大澂謂:"夏潦冬雪,行者苦之。"非虛語也。後魏宇文泰聞賀拔岳爲侯莫陳悅所害,令杜朔周先據彈筝峽。唐武德初,吐厥入犯,詔李藝救華亭,及此峽。建中初,唐與吐蕃盟,以涇州西至彈筝峽西爲界。貞元初,劉昌城平涼,扼峽口。明嘉靖十九年,于峽口築城,復建"清水""紅沙"二墩于山上,以增戍守。爲歷代戍戎要地,隘形也。

打石溝即古之石峽口,西北通青石峽,東南通彭陽城,南石巇崒崕,北土山聳擁。漢段熲從彭陽直指高平,與先零羌戰,即經此,蓋捷經也。昔惟鳥道,今石工多居此鑿磨,山徑漸闊,圓石累累載道,巖壁祇餘斧鑿痕矣。但其道仍險仄難行,亦隘形也。斜崖溝距城東八十里,南十里張高家,北五里草廟子,東南四十里彭陽城。溪水如帶,曲折長流,徑窄不容騎,隘形也。黃家河在縣東五十里,山灣窒,徑褊狹,隘形也。老龍王廟溝,位城西鳳凰山畔,自上店入口,通牽羊河、偏城、大塞、沙溝。南北懸崖欹側,斷壁崢嶸,地骨露亙如石限,隘形也。硝口在龍王廟溝東,東五里爲龔家莊,西十餘里達偏城。崖流褊塞,隘形也。疊疊溝在硝口，東溝口即油房溝，西十餘里達馬廠。溝半偏西爲二嶺溝，石壁峻削，群山嶙峋，隘形也。

細腰葫蘆峽，距縣東北一百五十里，通韋州、靈、夏諸處。其路兩山相夾，最爲要害。宋范仲淹以原州屬羌月珠、滅藏二族，兵數萬，與元昊隔絕鄰道。公聞涇原欲襲討之，奏言二族道險不可攻，前日高繼崇已嘗喪師，平時猶懷反側，今討之必與賊相爲表裏，南入原州，西擾鎮戎，東侵環州，邊患未艾也，宜因元昊別路大入之，即此。併兵北取細腰葫蘆泉爲保障，以斷賊路，則二族自安，而環州、鎮戎等處，徑路通澈，可無憂矣。後二歲，遂築細腰葫蘆諸砦，屬羌歸服。又如附郭鄉之田武溝、哈喇溝、青石硤、羊坊、飲馬河，蒿店鎮之瓦亭，張化鄉之謝家寨子，三營鎮之蔡家川、白家塔，皆隘形。隘形者，我先居之以待敵，若敵先居之，盈而勿從，不盈而從之。

猴兒牙岔爲險形。宜先居高陽以待敵，曰險。邑之猴兒牙岔，距縣西南三十里，北彭家莊，南沙塹峴，東接尖塹子，西臨西海子。叢巖交互，危峰突兀如鋸齒，石坂陡絕如羊腸，亂石硌磕，淵塹褵復，攀高臨深，不可狎視，是爲險形，阻難之形也。凡有坑塹荊棘，困車阻馬，不便馳突之處，皆曰險形。如六盤山，槃礴于境之西南，石峰兀峷，群山森列，層巒迤邐，峻塹窅冥，曲坂高懸，仄徑錯出。或縱或橫，或顯或隱，惝恍迷離，難以測度。陟其山巔兮，山極高矣，入其底兮，谷極深矣。歷代開山通道，爲趨甘涼、下河朔之右地，漸可仰軛而上。今已爲西蘭路之通衢，不止高山仰止，抑亦景行行止矣。然猶山路險仄，曲折峻阻。蓋高山磐石，曲折晦明，據此者誠如太公之爲烏雲山兵，以守必固，以戰必勝。但仍須絕山依谷，視生處高也。那彦成云："隴之險莫若六盤。"信矣！西夏趙元昊入寇，宋任福循好水川出六盤山，即此。宋曹瑋築堡于此。[30] 元太祖于宋紹聖三年六月避暑于此。逾月，夏主降。世祖亦于此屯兵，且蒙哥曾侵宋軍于此。安西王就其巔建"清暑樓"。明徐達屢敗元兵于此。蓋險形也。

瓦亭峽位于瓦亭山之南，或作彈箏峽，非。南通清水溝，東折接金佛峽，潢流汪衍，磈石崎嶇。魏光燾謂："瓦亭者據隴東陲，爲九塞咽喉，七關襟帶。北控銀夏，西趁蘭會，東接涇原，南連鞏秦，誠衝衢也。"又謂："群峰環拱，四達交馳，屹爲雄鎮。"形勢使然也。山更嶒岏拗抱，水則奔匯環流。何景明詩"瓦亭之西半山谷"，足見其險巇矣。隗囂使牛邯軍瓦亭，唐肅宗幸靈武牧馬于瓦亭。趙元昊寇渭州，宋韓琦趨鎮戎軍，以桑澤爲先鋒，趙津將瓦亭騎兵三千爲後繼。金人陷涇原，宋韓琦退屯瓦亭。金人寇涇原，吳玠戰金兵于瓦亭，大敗之。明設巡司戍守瓦亭，趙廷瑞築城于此，均屬斯境。險形也。黃髦山在縣東南十五里，綿亙百餘里，北臨青石峽，南遶青石嘴，通鎮原、平涼、化平，山脊嶄高，硤角參錯，險形也。

馬髦山在縣西南四十里香爐山之西,其夾谷即海子峽也。中有辣削之滴水崖,聳突之石廟子。東聯猴兒牙岔、尖壑子諸險要,西撩疊疊溝、二嶺溝諸要隘。北口寇家莊,南口大灣店,通張易之大道。山形崔巍逼天,逶邐亘地,危削窅窿,高低牙錯。叢石紛糾,泉水濚流,輗軏可入,磽确難行。王學伊謂“馬髦山峻聳獨尊,爲西南屏蔽”,即以其險塞故云。秦主登,單騎奔平涼,收眾入馬髦山。夏主昌被擒,其弟平原公定奔平涼,魏兵追之,敗于馬髦山,即此。險形也。

須彌山在縣西北一百里。東黑城子,西李俊堡,南通沙溝,北通海原鄭旗堡。峰嶺巑崒,崖谷削折,山口即寺口子,古爲石門峽。峽底曲通一綫,巨石急流,紆迴摩盪,勢難容踝。今巖限鑱成石徑,窄甚,騎每駿駬不進。斷崖迴杳,曲谿窵窕。段熲大破先零諸種於逢義山,即此。峽隘而地險,險形也。

閻王碥在縣東一百六十里大坊莊,東通安家川之要道。上則崖石磑磑欲墜,下瀕深谷,極其偪仄。穿僂而過,偶失據,即顛跌谽谺。徑隘而地險,險形也。

又如附郭鄉之海子嶺峴、天賜塬、石蠟村、張洪堡、母家溝、陳兒山、劉正店、二灣子、土坑、臥耳朵、教化山、二壕、九坪,大營鄉之共家溝、硝口、上店子、王家大莊,王甿鎮之官廳、草廟子、虎家峴、史家莊、草灘,城陽鄉之蛟龍口、南垣、堡子嶺峴、劉米家塬、白馬廟塬、長城塬,萬安鄉之石家坪、安家川、何家峴、唐家塬、小園子、白馬川、三岔、殷家城、萬家監,大灣鎮之五里山、牛營子、史家磨、楊家嶺、務耳朵,蒿店鎮之和尚舖、周家溝、清水溝、蔡家莊、通家河,張化鄉之黃家莊、掛馬溝、石家岔,張易鎮之沙壑峴、濫泥溝、王家套、野雞峴、倪家套、姚家套、觀音殿、謝家寨、葉家溝、十字路、偏城兒、花兒岔、後溝、沈家新堡、西來堡,三營鎮之鐵家溝、楊家溝、碾盤掌、党家溝、深豁峴、杜家嶺峴、柴家溝、海家塬,黑城鎮之碌磛溝門、毛家台子,七營鄉之石墱灘,皆險形。險形者,我先居之,必居高陽以待敵。若敵先居之,引而去之,勿從。

大營爲遠形。勢均曰遠。勢指地勢,勢均雖近亦遠,不易挑戰。或謂遠形者戰地離營遠也,勢均言强弱多寡相若也,非是。邑之大營距縣西三十里,地平衍沮洳,少阻格。若兩軍在該地之彭家堡與楊忠堡對壘時,即一矢之遠,亦難以誘敵,是爲遠形,地近勢遠也。又如萬安監、舊管州二堡,盡是深溝大澗,嘗有隔溝對話,而繞越十餘里或數十里方得接觸者,皆遠形。遠形者,難以挑戰,戰而不利。若兵力過之,或彼輕躁易挑,雖遠不爲病。否則則只可坐以致之,自往挑戰則不可也。

大勢屬險形。地形有通者,有掛者,有支者,有隘者,有險者,有遠者。凡此六者,地之道也。"將之至任,不可不察也",見《孫子》。①《孫子·行軍篇》乃論軍行出境須知之事,《地形篇》乃論戰場之形勢,安營佈陣之所。但六地有關于軍行者亦巨。凡經由之路,次舍之處,動静進退,治亂虚實,固亦行軍所亟宜謀求者也。是無論處軍相敵,衝壘摧鋒,均先莫慎于此。所謂"知敵之可擊而不知地形之不可擊,勝之半也。"②故曰全勝必察地形。今日軍事家所作地形判斷,蓋亦全屬于預想作戰地區軍事行動上之判斷。設于地形知之不譫,則所作之判斷難免愆謬,自取創敗。設于地形知之有素,凝神想像,聚米撥沙,可將處軍佈陣之地,窮形盡象,歷歷昭揭,若指諸掌,其作戰計劃,便可隨地形之難易,以爲應付,勝算可操矣。

固境地備六形,以寬狹險易言之,則形多險隘。槩言之,則險形也。夫隘者,狹也,與厄、阸同,阻塞也。《左傳》:③"古之爲軍也,不以阻隘也。"險者危也,作嶮,亦作巖,阻難也。《易》:④"地險山川,丘陵也。"隘,指徑路。險,指山谷。隘,指間隙。險,指高深。

邑之隘地多險,險地亦多隘。如前述之彈箏峽、打石溝、斜崖溝、黄家河、老龍王廟溝、硝口、二嶺溝,暨掛馬溝、青石硤、韓家要隘、堡子嶺峴、陰陽瓦寺、土門關、雁門口、藍家石砠、括括山等地,隘形也,亦甚險隍。猴兒牙岔、六盤山、瓦亭峽、黄髦山、馬髦山、須彌山、閻王碥,暨楊家磨、牛營、石家溝口、卯家堡、毛家尖山、丁馬堡、雙井子、梯子山、[31]南石窖、北石窖等地,險形也,亦甚磽陿。故曰以寬狹險易言之,則形多險隘。吴子曰:⑤"以一擊十,莫善于阨。以十擊百,莫善于險。"是知地形者,兵之形也。計險阨,上將之道也。周景王四年,晋荀吴敗無終及群狄于太原崇卒也,太原即固原,詳《建置志》。⑥ 將戰,魏舒曰:"彼徒我車,所遇又阨,以什共車,[32]必克。困諸阨,又克。"請皆卒,大敗之。論者謂車戰雖古制,在平原或資其利,至於山林藪澤,已非所宜,況當險阨耶?荀吴舍車用徒,誠能審地利以制勝,見《通鑑輯覽》。⑦ 前人蓋已早見固原爲險隘地矣。

雖然,固地陸無長轂之徑,川無小舠之水,隘矣。但規其全局,平地有平野地、低原地、高原地、波狀地、開豁地、蔭蔽地、綿亘地、斷絶地不等;其爲巖石地、砂礫地、黏土地、濕潤地又不等。山地有低岡、小阜、大山、連山不等。其巓頂之

① 參見《孫子·地形第十》。
② 參見《孫子·地形第十》。
③ 參見《春秋左傳·僖公二十四年》。
④ 參見《周易·習》彖辭。
⑤ 參見《吴子·應變》。
⑥ 參見本志卷五《建置志》。
⑦ 參見《通鑑輯覽》卷六。

形狀、幅員、比高，山腹之傾斜變換，山麓之凹凸傾斜，鞍部之形狀，斜面之等齊、不齊、凹形、凸形、梯形又不等。低地有河川、渚水、溪谷不等，其位置、方向、長度、深幅、側壁又不等。

登高危之上，鵠立四望，復越層巒，下峻坂，以相窺涉，第見崇峰挺拔，巉巖攢聚。稠疊崢嶸，離披岩嶙。廣塹曲連，深谷橫斷。竅郤嶺嶒，含宏洪驟。礮礐坎軻，林木翳薈。墮喬盤紆，牝牡交互。徜彷蹟隱，莫可究度。而山麓跌斷之絕澗，如掛馬溝、火鏈溝、老龍王廟溝。四高中下之天井，如和尚舖、張易堡、羅家坻、王家窪、甘城子山、倪家套子。草木蒙密之天羅，如寬昌山、蒿店南山、張化山、董家溝、馬家西溝。陂陀泥濘之天陷，如樊家莊、鹽泥河、沙漠村、濫門子。迫狹坑坎之天隙，如青石峽，斜崖溝、劉家掌溝、臭水溝。斯皆氣鬱形惡，易於伏掩，難於馳突，略舉如是，其詳不可殫及。

蓋大山之下，必有大谷，邱陵之下，必有斥澤。龍頭天竈，當之者摧，紀不勝紀。至於河川之位置，河幅、水深、流速，河底、河岸景況，亦各不同，惟在平時水量甚小，類可徒涉，其防害攻擊動作與指揮協同之程度，相差不遠。但逢降雨融雪之時，水量最大，水流最速，纔見泡沫，即成汪洋。湮決車騎，淹没行人，時有所聞。故其常水涯雖屬低水、平水，而漲水、高水界之水涯，則于山隈崖隩，習見不鮮。綜述閫境大勢，高山陵之，深水絕之。峻皋隝厚其相嬰，巨石硨矹以盪突。低崔隆凸，詭趣橫生。故曰槩言之則險形也。

《易》曰：[1]我則動乎險，中大亨貞。又曰：[2]利用禦寇，險在前也。險之時用大矣哉。漢安帝永初五年徙安定。順帝永建四年，虞詡言："守無險之處，難以爲固。"詔復安定。論者謂北魏于此置原州，以其地險固，因名固原，見那彥成《重修固原碑記》。前人蓋以早見固原爲險固矣。西南鄉多山，亦有谷戰之地，守之可斂軍依險，兵不得交。秘乎深，邃乎高，韜聲滅蹟，養精蓄銳，固山川邱陵之固，而千人莫向。且可就善水草，放牧畜乘，養生而處實。處實者倚固之謂也。言戰則實而備之，佚而勞之。輕足利兵，分車列騎，挑之勿令得休，其剛健而不陷，見險而能止者，有幾輩哉。東北鄉多谷，亦有絕山之地，守之可依山谷而爲之固。言戰則鼓噪而乘之，山亦勝，谷亦勝。不勝，退猶可守，敵難逾習坎、渡重險。逾渡則陷圍地，如入于坎窖，未有困于虓虒者。古人言秦地險固，以二百人當諸國百萬人。吾于固原亦云然。但雖四塞爲固，其北則塞門也。明張瀚《出塞詩》有"涇原北望塞門秋"句，即指此。此又守之可塞其闕，言戰則可開關延敵也。

---

① 參見《周易·屯》象辭。
② 此非《周易》中完整之句，節取自各卦。

今關塞祇餘遺蹟,然山不可塹,谷尤不可湮,仍爲阻絶地也。邑居周隅高位,地絡四披而下,疇能仰攻迎就,冒天險鬭穴中。況地機幽隩,馴驥難入,入必隻輪不返。故曰虎豹得幽而威可載,我守而敵不敢攻也。我則據高臨下,如屋建瓴,如丸走坂,如決積水於千仞之谿,如轉圓石於千仞之山。雖曰軍形兵勢,而地之形勢亦然。且多邱陵,便分合,不動如山林,動則如風火雷震。故曰趨下擊虛如脱兔,我攻而敵不可禦也。防禦地幅,伸縮自如。衝鋒陷陣,亦富有攻擊性。所以饋用之費,人馬之力,攻守之便,悉具於此。即在我有險可恃,在敵夷不攻險也。嘗言平原戰者,兵力戰也;山谷戰者,機謀戰也。山谷沓復之區,果能審形出慮,乘機奮動,敗且轉勝,兵力雖遜,取勝則一。闚固原之山與谷,恐今日所擅場之機械力、空襲力俱無所施其技,誠使中材守常險,便可長世永年矣。雖然,在德不在險,次之行險而順,若恃險而玩,不亡何待?

左右三邊

明代防邊,分爲九區,各設重兵鎮守,即遼東、薊州、宣府、大同、太原、延綏、寧夏、固原、甘肅九鎮也,稱爲九邊。鄭元慶《廿四史約編‧九邊要害》作"遼東、薊鎮、宣府、大同、山西鎮、延綏、寧夏、固原、甘肅"。顧祖禹《讀史方輿紀要‧九邊圖》作:"遼東邊、薊州邊、宣府邊、大同外三關邊、榆林邊、寧夏固蘭邊、莊寧涼永邊、[33]山丹甘肅邊、洮河邊。"①正統以後,因套寇充斥,時由偏關渡河,以掠晉疆,特設重臣提督于榆林、寧夏、甘肅三鎮,以衛畿輔,稱爲三邊。

榆林鎮治舊在綏德,後徙榆林堡,在今陝西省治北黃河南。漢置龜兹縣,晉省。後魏爲夏州地,北周置彌渾戍,隋置德静縣。宋没于西夏。明置榆林塞,改置榆林衛,屬延綏鎮地。後移鎮榆林,置榆林府,延榆綏鎮總兵駐此。有清延安、榆林二府,及綏德、鄜二州地。民國廢府,設榆林道。後廢,存榆林縣。此地北瞰河套,南蔽延綏,東通包頭,西通寧夏。北宋防夏,以此爲重鎮。

寧夏在今寧夏省東南黃河西北。漢置朔方郡。晉曰夏州,後魏爲統萬鎮,後周置懷遠郡。隋分置朔方、靈武二郡。唐爲夏州、靈州。宋咸平中,西夏置興州,尋建國。元爲寧夏路。明初置寧夏等五衛,後爲鎮。清置寧夏道,後改置寧夏府。民國初,改置朔方道,旋廢。今併舊西套等區地置寧夏省,治寧夏縣。此地賀蘭環其西北,黃河襟其東南,外通蒙古,內通關中。漢瀕河置戍,關輔緩急,視此地之安危。

甘肅即漢河西四郡地。明初下河西,棄敦煌,盡嘉峪關爲界。于甘州置甘肅衛,又分置漢州左、右、中、前、後五衛。甘州在今甘肅省西北黃河西北。漢置張

---

①　參見《讀史方輿紀要‧與圖要覽》卷三《九邊總圖》。

掖郡，三國、晉仍之。西魏置西涼州，尋改甘州。隋復爲張掖郡。唐復甘州。宋西夏改爲鎮夷郡。元置甘肅路。旋去肅，改甘州路，又立甘肅等處行中書治此。明置甘肅衛，又置陝西行都司。清移行都司於蘭州，改置鞏昌分府統甘州衛，旋升衛爲府。民國廢，故治爲今張掖縣。此地東界黃河，西阻弱水，南通青海，北通居延。元置行省於甘州以制西域，即此。

三邊地沿長城，夙爲要害。然若疏於控馭，乖於應援，風塵告警，梗絶不通，則關隘重鎮反在户垣之外。明成化十年，刑部主事張鼎言："延綏、甘肅、寧夏三邊，鎮撫不相統一，宜推文武重臣一人總制。"憲宗從其請，因設制府于固原，三邊設總制自此始。

固原原爲九邊之一，前蘭州、河州、靖遠衛、西安所、環縣、洮州衛、西州城、文縣、岷州衛、階州、漢中府，均隸之。初只屬衛三、所四、營堡十有六，其分守地自靖遠至蘭州。其後復以洮、岷、河三衛及諸城鎮并隸之。山川險阻，旁扼夷落，號稱九邊重鎮。自置三邊總制府後，又不啻成爲三邊總鎮矣。蓋以南負崆峒，北瞰寧夏，東接榆林，西連甘肅。三鎮者，其固原之門牆，固原者，其三邊之堂奧，故設制府於此以馭之。明督楊一清《固原重建鐘鼓樓》詩云：[1]"重城列戍通三鎮，萬堞緣雲俯六盤。"即指固原與三邊也。三邊譬之率然，率然擊其首則尾至，擊其尾則首至，擊其中則首尾俱至。三邊，寇榆林則甘肅、寧夏東援之，寇甘肅則寧夏、榆林西援之，寇寧夏則甘肅、榆林東西俱援之。其勢比率然尤勝。然其能戮力相救如一體者，是必有形便之地以利統御，固原遂爲開府地矣。論者謂固原縮三鎮之腰脊，即爲其具有左右三邊之形勢而云然爾。

民國成立，五族一家，因之位置西迄西經四十二度四十一分，北迄北緯五十三度五十分。國界，西瀕俄屬中亞細亞，北倚西伯利亞，向之所謂火篩、烏斯，均已視同手足。則舊日九邊、三邊，當亦成爲腹地，不得目爲極邊。或稱内九邊、内三邊可也。若論今日之外三邊，應在臚濱、恰克圖、烏里雅蘇台三處，新總鎮地應在庫倫。若論今日之外九邊，應在璦琿、漠河、臚濱、恰克圖、烏里雅蘇台、科布多、塔城、伊寧、疏勒九處。顧氏《九邊圖》外附有松潘、建昌、麻陽、虔鎮諸邊，稱衝要。[2] 上述以外，亦附有安東、琿春、東寧和龍同江、噶大克、亞東、聶拉木等處，稱邊徼衝要地。籌邊者應於此着意焉。雖然，民國十年喀爾喀四部及科布多受蘇俄煽惑，組織僞蒙古共和國，行蘇維埃政制，以庫倫爲僞都。同年，唐努烏梁海倣外蒙例，成立僞共和國，以刻拉斯耐爲僞都。民國元年，西藏得英人援助，設

---

① 參見《嘉靖固志》卷二《詩》、《萬曆固志》下卷《文藝志第八·詩》。
② 參見《讀史方輿紀要·輿圖要覽》卷三《九邊總圖》。

獨立政府。南北開戰時，西藏乘機內犯。十三年，英突然進兵西藏。是大漠以北、怒江以西，又有自外于祖國之勢。英即垂涎西藏，俄且側目新疆，防偏鄙之携貳，杜强鄰之覬覦，則舊日三邊，迄難漠視，舊日總鎮，烏可徒廢哉。近聞外蒙正式獨立，外九邊之腰椎已折，蘇俄南下之形勢益張，固原又成外翰矣，較昔形制，尤爲衝要。

西北舊爲戎狄之藪，戎猾夏必聯狄，狄猾夏必聯戎。中國攘夷，亦必先去其一臂。而戎狄溝通之道，常在關隴。中國斷其溝通之道，因亦常在關隴，即關隴之項背，固原之六盤山與三關口也。六盤山、三關口向未開鑿，大軍莫進，然乃奇襲徑趨之地也。及戎之東寇關輔，必先扼塞六盤山、三關口，然後向隴、汧、鳳、岐而進犯。狄之南寇關輔，亦必扼塞六盤山、三關口，然後向環、慶、寧、邠而進犯。慮其後之截劫與抄襲，應先拊關隴之項背也。關輔師旅，西入隴西，北出銀夏，類亦猶是。反是而奏膚功者鮮。若單對北鄙而論，則環、慶、寧、邠，應與榆、米、綏、延爲首尾。單對西鄙而論，則隴、汧、鳳、岐，應與漢、廣、緜、成爲首尾。而坐作進退，左右逢源，其樞機固又在乎關隴項背之固原也。

夏后氏之世，北有獯鬻，西有畎夷。固原雖屬雍州域，顧常爲戎、羌、氐所居，既據關隴項背，故常爲畿輔患。而陵犯之路，又復多出鳳、岐。太康失國，畎夷叛，后桀無道，畎夷入居邠、岐，其明證也。商湯興，乃攘之。殷室中衰，戎又叛。武夷暴虐，犬戎寇邊，周古公遜於岐下。

文王爲西伯，西有昆夷之患，北有獫狁之難，爲戎狄勾聯之漸，賴文王攘而戍之。蓋周起於西方，有翦商之志，乃先征服近傍之圖伯族，以除腹背之患，始能東征。故帝乙三年，命南仲西拒昆夷，城朔方，以折其羌胡之交通路線。乃武王伐商，羌髳會師於牧野，西戎東下河、淇、邠、岐之間，其族益蕃。穆王西征，遷戎于太原，不育界以負固之地，使戎狄便於朋比，而日滋煩擾也。自是荒服不朝，夷王乃命虢公率六師伐太原之戎。屬王無道，戎狄遂入犬邱。宣王立，使秦仲伐戎，爲戎所殺。後伐獫狁，至於太原。後復遣兵伐太原戎不克。兵連禍結，歲無寧宇者，以戎狄憑險乘高，攻守合交，形勢益張，故難靖弭。幽王昏虐，西戎寇周，殺王于驪山，周乃東遷。一失要害，陵遲至此，不亦甚歟。

平王之末，戎逼諸夏，自隴山以東，及乎伊洛，往往有戎。襄王時，戎狄至雒邑。蓋關隴以西，早成被髮之區，戎狄東下無阻，猝然而至，未易禦焉。后稷封于邰，公劉遷邠，古公遷岐山下。至文王辟國寖廣，徙都於豐。武王又遷于鎬，克商而有天下。然于岐固以西不忘役戎者，以周之先世居西土，稔戎狄之性，諳山川之形，常慎其封圻之守也。讀《小雅》《出車》《杕杜》諸章，具見遣勞率役之事，往返始終之情。而《采薇》"王事多難，維其棘矣"，指戎狄爲難也。"城彼朔方"，"薄

伐西戎。"①即斷其合交而后綏之。戎處隴西，狄處河朔，若同時構難，其聯絡線
必在關隴項背，伐狄易爲戎襲，征戎易爲敵掩，地勢然也。故王命南仲，必先往城
于朔方，而爲守備，後乃移師西征，薄伐昆夷。薄之爲言聊也，不勞餘力也。朔方
城畢，絕敵之支援，故伐西戎，不勞餘力，因而"執訊獲醜"，"獫狁于夷"，獫狁亦平
之矣。當其城于靈、夏等州之地，與乎西戎之征伐，固必先據關隴項背之固原，而
周旋于其間，然後方得北遮勁敵，西伐羌戎，不勞餘力。此誠制狄之長策，馭戎之
要術，諳戎狄之性，稔山川之形，不戰而屈人之兵者也。

　　其後周室衰微，雄封不守，郊圻之近，釁孽屢作。平王許秦襄公逐犬戎，即有
岐豐之地。于是秦遂有周西都畿內八百里之地。秦人族處秦谷，其後中潏居西
戎以保西陲，非子養馬于汧渭，馬繁息，封爲附庸，邑之秦。是關隴之地乃其生聚
遊曠之所，西北扼塞其所素悉也。讀《秦風》《車鄰》《駟驖》《小戎》諸詩，具見不忘
武備，故能卻戎狄之鋒鏑，使秦伯有天下。而《終南》二章"有紀有堂"等句，指終
南山之形勢可居，更知襄公具兵甲征討西戎時，多由終南西上。柳宗元曰："終南
西至於隴首，以臨于戎，東至于太華，以距于關。"蓋西起秦雍，東撤藍田，通隴西
之要道也。即因六盤未闢，難以飛越，故通隴西之要道，常在隴山之陽。隴汧鳳
岐之一路，秦人知險塞，繕卒兵，自襄公卻戎狄之後，文公復大敗戎師于岐。穆公
得戎人由余，益知山川之險夷，遂霸西戎。長慶二年，戎遂遣使請和，立和盟碑于邏娑
城，戎之國勢日衰。②

　　時邑之西南，尚有烏氏之戎，秦惠王取之。東北有義渠之戎，惠王遣庶長將
兵定之，關隴項背，未敢捐棄。其後昭王方克滅義渠，築長城以克胡。當秦厲公
之滅大荔也，趙亦滅北戎。韓魏並伊洛陰戎，其遺脫者皆西逾汧隴，猶負固與胡
通氣息。至昭王滅義渠，趙武靈王亦北伐林胡樓煩。燕將秦開又破東胡，戎胡勢
絀矣。秦始皇更西逐諸羌出塞，北卻匈奴，築長城，渡河以陰山爲塞，關隴西北，
疆宇大拓，自是中國無戎狄。

　　劉、項相持，單于渡河。漢文帝時，匈奴大入蕭關。景帝時，研種徙于狄道，
戎狄漸復合交之勢。故武帝登崆峒，北出蕭關，征匈奴，取渾邪休屠王地。西逐
研種，渡河湟，于此地置安定郡。並開置河西四郡，以斷匈奴右臂。並斥逐諸羌，
不使居湟中，今西寧邊外之地始收入版圖。昭帝時，烏桓犯塞。宣帝時，先零入
寇。王莽時，匈奴叛，或擊或和，均無大害，以漢有安定，可以西趨金城，北走河
朔也。

　　後漢光武時，諸羌相入寇金城、隴西，來歙、馬援擊敗之。匈奴亦漸盛，光武

---

① 參見《詩經·小雅·出車》，此云出《采薇》，誤。
② 此處誤將唐朝穆宗時事，列入春秋秦穆公時期。

納班彪策，置校尉于匈奴左地以監統之，戎狄之禍稍殺。明帝時，竇固擊車師。章帝時，班超平疏勒。和帝時，竇憲破匈奴。和帝時，安定羌反，郡兵擊滅之。安帝時，侯霸、虞詡先後破羌。順帝時，馬賢破羌，耿華破鮮卑。漢以不失關隴，故能常破羌胡也。桓、靈之際，無暇北顧，於是匈奴、烏桓、鮮卑相繼犯邊。羌之居安定、北地、上郡、西河者爲東羌，居隴西、涇陽、金城、塞外者爲西羌。順帝時，馬賢敗没，乃東羌致之。其後段熲討平西羌。皇甫規、張奐招降東羌，降而復叛，故匈奴諸族，亦乘機發難。

魏晉羌氏屢擾，三百餘祀戰爭方息。即因安定、彭原之北，汧陽、天水之西，接近胡戎，昧于地勢，疏于守備也。

隋文帝北伐突厥，煬帝西征吐谷渾，羌胡斂蹟。隋末干戈四擾，突厥又叛。唐之初興，突厥雄據西北，故入寇即至渭橋，高祖至欲遷都避之。太宗雖破吐谷渾，然不免以文成公主嫁與吐蕃。吐蕃以今西藏爲根據地，併吞青海、天山南路、雲南等地。玄宗時，安禄山反，邊兵精鋭者盡徵發入援，謂之行營。因兵邊戍單弱，吐蕃乃得乘機蠶食諸部。數年間自鳳翔以西，邠州以北，皆為左袵。隴右諸州，原州七關及軍、政、監、牧皆失之。代宗時，且率吐谷渾、党項、氐、羌之衆，深入爲寇，仍出關隴舊道，經大震關窺關中。朔方亦同時被兵，即其先據關隴而又聯兵夾犯之慣技也。以故唐室禦之，迄無勝算。嗣後屢寇涇原、邠寧、靈武，烽火達于長安。郭子儀遣渾瑊將兵趣朝那，即固原，欲據關隴項背防其合交也。時吐蕃兼河隴之地，雜羌渾之衆，其勢甚强。後又結回紇東犯，郭子儀乃與回紇盟。回紇還，吐蕃亦退，即所以去其合交之力也。自是吐蕃勢孤。德宗時，李晟、韋皋遂先後破之。但狃于懷柔之説，竟與吐蕃盟和，務息邊人，外其故地，唐室疆界，僅西至彈箏峽爲止，將關隴項背委棄與人，吐蕃乃城原州守之。于是河隴州郡，又復相繼風靡。宣宗時，吐蕃以秦、原、安樂三州及原州七關之險皆來歸，吐蕃之患始寢。然吐蕃東侵南入塞隴道陵上國，幾與唐室相終始。至是吐蕃微弱，唐亦殘敝矣。

宋代西夏僭號，元昊崛起朔方，常先據六盤好水川以敗宋軍，因而河西四郡非復中國所有。范仲淹奏與韓琦同經略涇原，琦兼秦鳳，仲淹兼環慶，所謂涇原有警，韓、范合秦鳳、環慶之兵掎角而進，環慶、秦鳳有警，可率涇原之師爲援。蓋欲據涇原，先拊關隴項背，以秦鳳、環慶之兵而成首尾之勢也。且琦與仲淹受撫西郊，諸羌之來者，推誠撫綏，諸羌感恩畏威，不敢犯邊，祇餘西夏可制。神宗時，王韶獻策，謂欲平西夏，非復河湟不可，以防其合交，欲先得掎角之勢也。

高宗時，金人占原州後，分遣左右翼都統，招撫河西城邑之未下者。於是鞏、洮、河、樂、西寧、蘭、廓、積石等州皆披靡。涇原熙河西路，遂爲金有。

　　元太祖成吉思汗遠征西方,大敗俄羅斯、欽察聯軍於哈爾哈河後,復引軍東
還。先駐六盤山,而後北滅西夏。世祖亦由六盤滅吐蕃,斯亦不外扼項背而捺其
左右臂之形勢也。

　　明太祖洪武二年,王保保遣將韓札兒據原州以陷涇州。嗣以悉集兵力于安
定縣,以攻蘭州。去樞要之地,徒役役于車道嶺、東崗鎮間,遂兆沈兒峪之一敗。
明代武功,以成祖之世稱全盛。但除初年伐蒙古,征韃靼、瓦剌外,後祇經營南
洋、西洋,漠視關隴,恝不爲意,因而西北邊患時作,與明祚相終始。英宗時,瓦剌
入寇,而有土木之變。徼倖復辟,而也先之子孫已盤據河套,西擾甘、涼,東擾平、
固。景宗時,以韃靼入寇,乃就高平第一城故址,築固原巡檢司城,以都指揮榮
福,帥洮、岷、臨、鞏四郡兵守之,焰稍殺。憲宗時,土魯番入寇,韃靼亦南下,北
套、西套幾又合勢,幸王越總制三邊以鎮之。成化間,寇入花馬池,秦紘總制三邊
以卻之,[34]乃請改固原爲州,闢城廓、築堡塞。余子俊沿邊築牆。楊一清創修平
虜、紅古二城,以爲固原外障,於花馬池立興武營千戶所,塞定邊迄橫城三百餘里
以防之。孝宗時,滿俊叛據石城堡,項忠剿擒之。因集兵立固原衛,統左右軍三
千戶所。吐魯番復入寇,小王子、和碩諸部犯邊尤亟,遼、宣、延等俱被殘。起王
越總制甘涼邊務。越請兼延、寧兩鎮兵,藉以克敵,因遂開闢固原,總制延、寧、甘
肅三邊,以杜其合交之漸。世宗時,吉囊、俺答入寇,李鉞、王憲先後敗之。後又
犯莊浪,掠鞏昌,王瓊居固原,分兵擊潰之。吉囊、俺答復擾河套,唐龍遣兵分擊
于花馬池等地,又敗之。穆宗時,吉囊入寇,喻時迎擊,大捷。復入寇,王崇古破
之。神宗時,哱拜入寇,魏學曾擊退之。其後李汶、黃嘉善、劉敏寬輩,均以撫番
禦虜之策,屢獲奇勝。率皆據固原關隴之項背,裂羌胡駢臂竝進之勢,而攫折之
者也。

　　清順治、康熙時,三邊總督仍駐節于此。平王輔臣之亂後,始移總督於蘭州,
移提督於此。[35]太宗征服內蒙古,聖祖綏服外蒙古,底定北朔,用孤西鄙之勢。
康熙時,提督何傅更于固原茸城垣,嚴塘汛,以備虜之。其後馬見伯乃自固原率
兵討平西藏,祇餘準噶爾盤據天山,時爲邊患。世宗時,準部煽動青海、西藏叛。
高宗時,大小和卓木叛。宣宗時,張格爾七和卓木亂,皆先後討平。以蒙古內屬,
斷其左臂,故不得挺也。穆宗時,雷正綰平金積堡之亂。德宗時,鄧增平海城之變,
命將出師,瞬息奏捷者得地也。左宗棠平甘新之亂時,曾以此爲軍府,亦其卓見。

　　康熙諭潘之善曰:"固原提督任,爲天下第一要任。"信矣,然無寧謂固原爲天
下第一要地也。得之可以據險濟艱,失之則形殊勢絕,非區區標兵弓馬所能折衝
禦侮也。蓋天下之勢在于關隴,關隴項背在固原,疏于扼塞,變亂立起,不可以不
審也。秦末擾亂,秦將所徒讁戍邊者皆復去,於是匈奴復度河南。唐玄宗時,安

禄山反,邊兵精鋭者盡徵發入援,吐番遂盡占隴右,凌夷京畿。宋欽宗靖康元年春,金人圍汴京,詔种師道帥涇原、秦鳳兵入援。冬,夏人陷懷德軍。清文宗咸豐末,太平軍勢尚盛,詔向榮率固原緑營兵東下。穆宗同治初,遂有馬化龍之變。故曰關隴之防不可疏,而關隴項背之固原尤不可失也。高宗之世,十全武功,雖足揚休佟烈,惜未知扼塞此地,以裕進退。循至宣統三年,俄嗾外蒙獨立,逐庫倫辦事大臣,英嗾西藏獨立,攻巴塘等地,末如何矣。要害之地,不于平時經武整軍以備不虞,一旦變起倉卒,鞭長莫及,以致束手無策,任其攜貳而已。

民國成立,五族一家,西藏取銷獨立,内蒙改建行省。外蒙重復歸附,不過時之早晚耳。將來軍守之地,應在蒙、藏、新疆以外,而關隴項背仍爲所以趨邊裔之綜達地也。綱以張之,紀以理之,聚卒繕兵,規形度勢,如身之使臂,臂之使指,莫不制從,其肯綮又在于此。方隅多艱,慎毋以塞上彈丸而忽之可。

樞紐四會

關中、隴西、巴蜀、朔方爲漢、蒙、回、藏、苗會萃之地,人物之所湊也。固原則居其衝,四方之所會同,若二手二足之於人身然,以綏四方,又若湯之有四肘然。故如樞之斡旋,紐之維繫。不盡其樞,不絕其紐,則區内輯寧,八表夷蕩,任吾所施張而締制之矣。縱橫訖至,豈僅爲塞内外、隴東西、邠、岐、延、慶、鞏、夏、朔、臨之肩背已哉?

其塗所出,四通八達,天下有變,常爲兵衝,得之則利于行師。後漢光武帝進軍至高平第一,牛邯以瓦亭來歸,隗純以天水降。王元奔蜀,遂由隴滅蜀。此自此而南也。宋理宗寶慶三年夏,蒙古主由六盤山北困夏國,夏主力屈,出降。此自此而北也。唐乾元後,固原七關失于吐蕃,吐蕃遂東出涇州,以劫制唐室。此由此而東也。清同治中,左宗棠平亂時,曾屯大軍輜重于此,藉以進剿狄河。此由此而西也。挈持隅際,摭拾自如,地勢然也。《易》"亨者嘉之會也",[1]《楚辭》"斡維焉繫",此地有之。[2]

〔右地〕

敷天之下一右地也。右地者,要地也。治城形勢如磐石,東嶽輔於左,西坪翊於右,九龍擯於前,北塬拓於後,清水河襟帶於東南,飲馬河紆軫於西北。城圍接漢,雉堞巢雲,處實面陽,圓居方正。出可據諸基點以制敵,或并氣一力以趨之,或以驍劢出其後而夾擊之。入則閉壁屹然,兵不得交。金埔鐵甕,安如磐石,觸之者無不角摧。

---

① 參見《周易·乾·文言》。
② 參見《楚辭·天問》。

鄉鎮形勢如犄角。中區以治城爲主，城關鎮負郭鄉相表裏。猴兒牙岔、長城嶺、黄髦山、海子峽，其前衝、後衛、旁衛也，與筆峰梁、牛頭山、太白山、陳兒山、斷頭山、青龍山等地相犄角。東區以王堡鎮爲主，寨子凸、李家堡、山石堡、高墩堡、小岔、北堡上等地相犄角。南區以大灣鄉爲主，開城、青石咀、掛馬溝、瓦亭、三關口、六盤山等地相犄角。西區以大營鄉爲主，硝口、豐家堡、寇家莊、大肐膪等地相犄角。北區以七營鎮爲主，雙井子、雁門口、鹽山、瓜瓜山、高崖子、孔巴溝等地相犄角。東南區以白陽鄉爲主，東嶽山、五峰山、打石溝、洪河川、蛟龍口、麥子塬、長城塬等地相犄角。東北區以萬安鄉爲主，張家山、紅崖溝、馬鞍山、兔兒嶺、墩壕堡、耳朵城等地相犄角。西南區以張易鎮爲主，金馬山、石窰山、羊肚子山、大坪山等地相犄角。西北區以黑城鎮爲主，尖山、藍家石嘴、寺口子、大北山等地相犄角。其餘各鄉鎮，均有險厄，互爲犄角。

周員形勢如圓城。自六盤之白雲山，東北旋爲鄧家山、金佛峽、蘚麻灣、陡坡溝、蛟龍口、劉家嶁峴、火鏈溝、三岔山、野露寺山、方炎山、萬安山、兔兒嶺、八澇壩、北太白山、梨花嘴、雙井子、高崖子。折而西南旋爲州管山、藍家石嘴、須彌山、張家山、西峰嶺、老龍王廟溝、硝口，疊疊溝、羊肚子山、石窰山、大坪山。回接六盤之伏龍山，邱陵坑塹，如帶如環。我若沿邊設伏，出奇制勝，雖勁敵壓境，亦非不如蒙兒聽聲猜摸，惑于虛實也。

閤境形勢如天牢。巖嶂重疊，澗流縈匝。其中或絶壁斷崖，或深壑巨浸，或草木蒙密，或卑下汙濘，或豎起而又縱下，或緊束而又披離，或徑流而又橫逸，或淤積而又沛驟，或斜而又滭湉，或彎曲而又湮落，或童濯而多磊砢，或叢鬱而隱復穴。雖川原交錯，而形勢詭譎，蓋地貌怪特，地物龐雜。荒地、無形地、隘路、迂迴路、無定路，幼樹林、老樹林等，遮列周密，變態百出。敵若輕進，易就吾範。我不須隘塞盡守，只斥候常戒，依隘設伏，餌入坎穽，囮入樊籠，而拾取之可矣。

鄰封形勢如屏蕃。東有阻蒲川、抵旱海、按鳳凰嶺之鎮原，南有倚崆峒、控小隴、帶百泉之化平，西有負月亮山、拄池陰子、扼硝河城之西吉，北有傍馬大山、拒麥朵山、俯黄河之同心，東南有依可藍山掺雕、巢峽、瞰箭頭括嶺子山之平凉，西南有擁美高山、捱鶯架山、趨跑馬嶺之隆德，東北有堵尖山、邁烏崙山、絶板谷之環縣，西北有據天都山、截高泉山、塞掃帚山之海原，以資捍蔽，若屏蕃然。

八方形勢如縮轂。東經鎮原、寧縣、正寧、宜君、韓城、河津，出山西。西經西吉、静寧、會寧、定西、皋蘭、西大通，出青海。南經化平、清水、天水、成縣、白水江，出四川。北經同心出寧夏。東南經平凉、涇川、長武、西安、白河，出湖北。西南經隆德、静寧、通渭、隴西、漳縣、岷縣、松潘、金川，出西康。東北經同心、鹽池、花馬池，出綏遠。西北經海原、靖遠、紅水、古浪、武威、張掖、酒泉，出新疆。若輻之輳乎外也,固原若軸之貫乎内也。

九邊形勢如秉衡。九邊爲遼邊一,薊州邊二,宣府邊三,大同邊四,榆林邊五,寧夏、固原、蘭州邊六,莊浪、西寧、涼州、永昌邊七,山丹、肅州邊八,洮河邊九。舊附松潘、建昌、麻陽、虔鎮等邊且勿論,今應增置哈密、奇台、承化、塔城、綏定、阿克蘇、疏勒、和闐等邊。合上九邊觀之,其邊線之中點,當在固原。且固原居最高原上,足以首尾兼顧,東西並舉。設有緩急輕重,不難提握推移,任權應變,如秉金衡。

固原據高平第一,扼兩山要口,控三水之交,當四鎮之衝,歌五原之墊,擁六盤之險,掌七關之固,縮八營之道口,掀九塞之中肋。杜牧曰:“九者數之極也。”固原形勢,恰臻九數,非敷天下之一右地乎?

高平第一。《後漢書·竇融傳》:①車駕西征隗囂,融率五郡太守及羌虜、小月氏等與大軍會高平第一。《通鑑輯覽》注:②“《後漢書·郡國志》安定郡高平有第一城,今甘肅平涼府固原州是。”

兩山要口。三關口西南爲鄧家山口。西北爲廟兒台口。北爲野雞峴口、馬家山口、水泉溝口、北蘭祠口、將軍溝口、魏家山口、蓮花溝口、斷柴溝口、開城溝口、尖豁子口、沙豁峴口。西北爲猴兒牙岔口、楊家山口、大灣店口。東北爲海子峽口。西北爲疊疊溝口。北爲硝口、樹林溝口、老龍王廟溝口、劉溝口、蔣家口子、鹽土溝口、鐵家溝口、楊家溝口、馬家溝口、包家溝口、陳家溝口、寺口子、平路溝口、藍家石咀口、州管溝口、鹽山溝口。西北爲紅溝門。又三關口西北爲瓦亭峽口、青石咀口、開城東溝口、海子口、青石峽口、唐家溝口、紅崖子口、陳兒山口、石羊子口、大北山口、楊達子溝口、張家河口、陳家堡口、紅城子口、土門關口、六個窰口、四營溝口、五營溝口、六營瓜口、暗門口。東北爲雙井子口、甘城子口、梨花咀口。凡開城分水嶺以南、東西南諸口之要衝,爲和尚舖、牛營、蘇家堡、大灣、楊家店、青石咀等地。而西之尖豁子以北至老龍王廟溝,東之南三十里舖以北至石羊子諸口之要衝,爲治城左近地之區。又西之劉溝、東之大北山以北諸口之要衝,爲頭營、冬至河、二營、黑城、七營等地。扼其要口,鎮其要衝,瞭望巡邏,聯絡照應。基點先已鞏固,而後對于境之外緣易于警備矣。

三水:一名三川,在縣北。漢置三水縣,宋置三川砦,金升爲縣。詳《建置》。③

四鎮:朔方、涇原、隴右、河東,爲唐之四鎮。固、延、寧、陝,爲明之四鎮。

五原:唐陶翰《出蕭關懷古》詩“悠悠五原上,永眺關河前”,明蕭廩《重九飲

---

①　參見《後漢書》卷二三《竇融傳》。
②　參見《通鑑輯覽》卷二一。
③　參見本志卷五《建置志》。下同。

南池》詩"五原千日駐千旄",均指此地。但有五説:一、《崆峒山志》注:"按郡志五原即古太原,《詩》云'至于太原'是也。元魏置原州即其地,後析州縣,遂統爲五原之地。"二、以花馬池驛舊隸固原州,因指固原爲五原。按花馬池驛在今寧夏鹽池縣北,其地有龍游原、乞地千原、青嶺原、可嵐貞原、橫糟原等五原。三、以固原舊轄海城縣、平遠縣,硝河城、同心城、打拉池等五屬,多有原地,故名。四、俗指近郭之青龍山、筆峰山、大白山、蓮花山、東嶽山上之高平地爲五原。五、指治城所在地之西坪原及縣東一百四十里之米家原,一百六十里之孟家原,東南一百里之麥家原,一百六十里之虎家原云。

六盤山:詳前。

七關:即石門、藏驛、制勝、石峽、木峽、六盤、蕭關是也。除制勝劃置化平縣城外,其餘仍在縣境。詳《建置》。

八營:自頭營至八營,勢如聯珠,又如脊柱,連接項頸之治城及大營,亦各有間道可直達也。明總制楊一清、曾銑先後完成之。

九塞:即九邊,詳前。

〔條件地〕

條件地,夫平時足以生聚,戰時足以戰守之地區,須具若干必要之地種配合而成之。此若干必要之地種,得稱之爲條件地,蓋合于生聚戰守之條件也。凡地備此條件而能掌扼之者,平時易於安養繁榮,戰時易於戰勝守固。缺此條件或竟委棄之者,平時每至困懋凌夷,戰時每至戰敗守危,不可不察也。

一曰機構地,量土相វ,立邑建城,以爲政治軍事之中心,而以其他之地種爲其指臂之地也。境内如治城及各鄉鎮寨,邑之機構地也。

二曰警衛地,山川邱陵,前後左右,可爲守望攻禦之據點地也。境内如東之鐵繩嶺,西之斷山,南之筆峰梁,北之北塬,東南之牛頭山,東北之城兒山,西南之九龍山,西北之長城梁,與東之海家坪、禮拜寺川、崾峴村,西之麻家坪、羊圈溝、疊疊溝,南之二十里舖、三十里舖、開城,北之沈家河、窰洞溝、北山塌,東南之海家灣、馬廠、任山河,東北之韓家要隘、官廳、官堡,西南之羊坊、高莊、猴兒牙岔,西北之飲馬河、撒門兒、大肐膊等地,治城及城關鎮、負郭鄉之警衛地也。又如塞子凸、石家岔、山石堡、草廟子、小蒲條、党家溝、耳朵城、小園子、三岔等地,東區王坬鎮之警衛地也。豐家堡、寇家莊、硝口、上店、西同里等地,西區大營鄉之警衛地也。青石咀、牛營、掛馬溝、幹耳朵、瓦亭、三關口、和尚舖等地,南區大灣鎮之警衛地也。閻家崗、孔巴溝、雁門口、雙井、甘城、梨花咀、閻家溝、瓜瓜山、高巖子等地,北區七營鄉之警衛地也。打石溝、石家溝口、麥子塬、蛟龍口、白草坡、李家河、虎家石咀、麥草渠,東南區白陽城之警衛地也。三角城、苦水掌、車道坡、老瓜嘴、馬家掌、李家塬、楊家溝口、胡家台、寶家城、趙家台、半個城等地,東北區萬安鄉之警衛地也。殷家溝、十家溝、駱駝巷、西來堡、黃家堡、大灣店、北蘭祠、石廟兒、什字路等地,西南區張易鎮之警衛地也。張家山、毛家台、寺口子、碌碡溝門、大北山、潘家堡、祁家堡、唐家堡、余家掌、張家堡、張家後溝、藍家石嘴,西北區黑城鎮之警衛地也。其餘各鄉鎮,亦各有其警衛地區焉。

三曰殷庶地,丁多户實,唯民是保,藉以多得民助之地也。境内如城關鎮、負郭鄉、大營鄉,近治之殷庶地也。各鄉鎮所在地同爲縣之殷庶地。殷庶地與機構地不同,一爲政治軍事之出發點,多在殷庶地,但不盡然。一凡人煙稠密,住户殷實之地皆是,不必其爲政治軍事出發點之地區也。

四曰糧食地,産糧地且便于屯積運輸之地也。境内如大營鄉,近治之糧食地也。如黑城鎮,縣之糧食地也。

五曰水草地,足飲料、便放牧之地也。境内如飲馬河、大營川、馬營河,近治之水草地也。如土窰子、王家套子、東山坡、白鷺池、鹽泥溝、磨河莊、二壕、韓家寨,縣之水草地也。

六曰燃料地,利于樵采,易致燒具之地也。境内如南二十里舖之柴山、楊家山溝之炭油葉巖,近治之燃料地也。石峴子、沙家堡之炭山、馬鬃山、禪塔山、張家山、六盤山、白雲山、南石窰山、野露寺山之柴山,縣之燃料地也。

七曰場所地,便于行政上集會場所、集訓場所、倉儲場所,軍事上之集合場、係馬場、車場、砲場、材料場等用之地也。境内如大小校場及城内外廟宇,近治之場所地也。如各鄉鎮公所附近之曠地與廟宇,縣之場所地也。

八曰聯絡地,取得中邊之連繫而適于政令之暢達、軍事行動之便利之地也。境内如關帝廟灘、北城壕、飲馬河、西門店、太平巷、火神廟灘、宋家巷、過店街、任家巷、任家東小巷、菜市口、河干路、菜園子、東城路,負郭之聯絡地也。東至三岔以東,西至硝口以西,南至蒿店以南,北至七營以北,東南至麥草渠以東,東北至孫楊家以東,西南至張易鎮以西,西北至寺口子以西,及其他各處之縱橫大小路,縣之聯絡地也。

九曰支援地,利于交結、便于應援之地也。境内如開城、青石峽、陳兒山、頭營、海子峽、硝口、西同里,爲各鄉鎮對于治城之支援地也。蒿店、和尚舖、麻子溝圈、關口川、雙井子、七營、黑城子、上店、硝口、疊疊溝、張易鎮、什字路及其他要口,爲境外對于縣之支援地也。

〔交通線〕

一、放射線。

東通鎮原:由縣城經青石峽、任山河、打石溝、彭陽城、城子楊家、麻子溝圈、陳家坪、開邊出境。又由青石峽經店子河、禮拜寺川、黃家河、草廟子、何家峴、馬渠塬出境。又由禮拜寺川經苟家堡、塔家坪、羊耳堡、小河川、海家河、槐溝、羅家堡、彭陽城、開邊出境。又由任山河、溫家溝、馬家瓜、十家溝口、田家什字、小峴、新城出境。

西通西吉：由縣城經馬東山、臭水溝、杜家河出境。又由縣城經上店、老龍王廟溝、牽羊河出境。又由縣城經硝口、趙家湖、紅崖堡子、大蘆溝、偏城出境。又由硝口經杏樹灣、下家寨出境。又由疊疊溝、紅莊、駱駝巷、花兒岔出境。又由縣城經海子峽、大灣店、駱駝巷、馬家大莊出境。又由大灣店經張易鎮、黃家堡、馬連川出境。

南通化平：由縣城經開城，大灣、和尚舖、惠家台出境。又由和尚舖經廟兒坪、麻地溝出境。又由大灣經瓦亭、清水溝、東山堡、二道溝子出境。又由瓦亭經三關口、蒿店、木廠、馬家莊出境。

北通寧夏同心：由縣城經三營、七營、韓福灣、李旺堡出境。又由七營經雙井子、梨花咀、預旺城出境。又由雙井子經甘城子、楊家東掌、豬尾山、毛居士井出境。

東南通平涼：由縣城經開城、大灣、瓦亭、三關口、蒿店、安國鎮出境。又由縣城經馬廠、乃家河、三道灣、卯家堡子、安國鎮出境。又由縣城經青石峽、任山河、溫家溝、馬家瓜、十家溝口、大小蘆河、大張家、頁河子出境。又由十家溝口經田家十字、小峴、潘楊家出境。

東北通環縣：經青石峽、禮拜寺川、黃家河、草廟子、虎家峴、三岔、野露寺、鹽務局、寡婦川出境。又由縣城經海家坪、高塞坪、塞子凸、楊家大莊、王家瓜、小岔、耳朵城、小園子、三岔、野露寺、鹽務局、寡婦川出境。又由縣城經陳兒山、官廳、官堡台、毛腦、大澇汊、元城子、楊家咀、垜蘿溝、沙井、虎家灣川出境。又由大澇汊經三角城、車道坡、虎家台、張家台、陳西川出境。又由車道坡經豆家城、白家陰台、半個城、核桃川、曲子鎮出境。

西南通隆德：由縣城經開城、大灣、和尚舖、廟兒坪、楊家店出境。又由縣城經海子峽、大灣店、毛家莊、野雞峴、楊家店出境。又由大灣店經馬家大莊、十字路、興隆鎮出境。

西北通海原：由縣城經三營、七營、閻家溝、何家莊、瓜瓜山出境。又由三營經寺口子，水磨灣出境。又由三營經黑城、河口莊、藍家石咀、王家樹溝出境。

此外，通寧縣由鎮原入，通靜寧由西吉入，通陝西隴縣由化平入，通寧夏中衛由同心入，通華亭由平涼入，通慶陽由環縣入，通莊浪由隆德入，通靖遠由海原入。

二之一,灣環線之皮脂線:由縣南青石咀,經乃家河、打石溝、彭陽城、高家槐溝、高張家、草廟子、王家圿、毛腦、官廳、張家崖、石羊堖、二營、三營、百同里、大肮膝、王明莊、羊圈溝、寇家莊、大灣店、張易堡、王家套子、裴家堡、青石咀。

二之二,灣環線之表皮線:由三關口經蒿店、周家莊、馬家圿、千子溝、上峴子、堡子咀、王家塬、麥草渠、孟家塬、馬渠塬、孟家峴、三岔、棗樹渠、半個城、老瓜咀、苦水掌、三條監、盤龍坡、白麵掌、白家塬、教場川、高崖子、沙家堡、丁馬堡、甘城子、雙井子、暗門子、七營、高崖子、関家溝、張韓家堡、張家堡、藍家石咀、王家樹溝、牛家新莊、陳家園、孫家園莊、石峴子、李俊堡、杜家河、戴底溝門、陶堡里、張家山、黃家灣、百同里、包家溝、彭家堡、偏城、李樹灣、蘇家後腦、沙石灣、硝河城、楊芳城、張春堡、張家大岔、張家莊、谷子溝、張家咀、馬連川、牛營店、十字路、石家陽窰、姚倪二套、廟兒坪、和尚舖、李家莊、馬家坡、太陰窰、三關口。但自三十一年劃撥硝河城、偏城、馬連川等地歸西吉縣,又三十三年,縣屬李俊堡與海原楊郎鎮交割後,西面之表皮線竟内縮至與皮脂線相密邇。從藍家石咀經馬套子、寺口子、毛家台子、掌窩里、曹家堡子、張家山、臭水溝、馬家溝、上店、硝口、疊疊溝、馬麾山、大灣店、張易鎮、十字路、石家陽窰、姚倪二套、廟兒坪、和尚舖、李家莊、馬家坡、太陰窰、三關口。

勝概　　謂風景佳勝也,見《舊唐書·裴度傳》

若彈筝峽之巖流。峽一名金佛峽,俗呼爲三關口。關口距城東南一百一十里,峽長十餘里。雙峰夾峙,一水中分,山勢奇譎,聳插青冥,巒岫相接,谷峪低承。嶙石折皴,斧劈而攬披麻,荷葉而錯彈渦。詰屈凹陷,雲水縫漬。峭壁迂摺,宛若曲屏。色青翠,莓蘚點擢,間成蒼綠色。雨前輕煙縈掛,瀜溚如澹墨,暗雨連朝,濃如潑墨。晴暘晃蕩,則麗光絢爛,昱昱奪目。晶花簪紅,穴樹攢碧,襯托尤覺鮮明。澗水拖藍,沇演東注。荇藻漾綠,瀅澈見底。怒石蹲跂,淘激有聲,如彈陌上筝然,洪灘徐疾,清越可聽。摩巖多雄奇,跳宕稱山水,有廟尚幽緻。

白雲山之花木。山距城南一百二十里。東蒼松嶺,南松柏峽,西北六盤山,邱陵如網綱,澗壑如疏罳,環拱濡濊,中巋然成亞字形者,即白雲山也。花卉稠疊,林木蔚鬱。紫荆、探春、白玉簪、松柏、栲椴、杜櫚木、核桃、櫻桃、山桃、野葡萄、甘棠、棠梨、山梨、海紅、林檎、石棗、甜梅、黑酸刺、金鋼腿、牛筋條、蝴蝶木之屬,娟秀蒼老,疏密交搭。仰而不直擢,偃而不拖懱,橫倚而不平楛。開分相背,丰神並勝。其傍石流芬,瀕流增豔,香可擷而色有聲也。其高拂煙稍,迎風結響,幾疑千山雲湧,萬壑泉鳴。峽徑如蚓斜縈,東通東山堡,東南趨崆峒峽,西南入隆德、莊浪。

香爐山之雲水。山距城南五十里。作柿實狀，四稜而禿，中起三峰，甚巉岏。接嶠疊岫如聯珠，弟鬱騰踔，分向青石咀、大灣店蜿蜒而去。中峰崛其獨出，尤嶢岏。蟠曲蛇蟠，藤攀葛附，方凌絕頂。以妙高俯矙群巘，直培塿耳。此地天文垂井，地脈伏泉。窮坎之下，必有天沼，奇峰走泉，鼓怒而出。其出也，以罅以竅，以竇以窟。清洌而甘，噴薄如沸。激石濺如珍珠，雍于砂而漾如錦縠，局于磊而渦如黛螺。濔濔繩繩，散流交注。俄而趵突崖腰，騰越山脊。復如飛絮遊空，縹緲而下，或奔頹崖而洒落，而沿側岬而斜趨，或蔽于嶜而闇隱，或瀏于墟而汩淹，其湝湝而逝者弗論矣。山中溢匜冲凝，真成水府。涵濡蒸鬱，舒捲爲雲。

野老爲余言："當雲之釀于坳泓，蘊于嶙峋也，僅膚寸。時乃窺乎谽谺，低度谷口，望如嬌虹飲澗，欲展還韜，近看卻無矣。若延屬而觸于石也，則縹縹然繳于嶧，岐于岔而停于中阿。其觸于峭立之崖限時，則晨晨然沿削壁而上舉，峭直凌如飄紵。倏而因風擘絮，曳灩生姿。倏而散若遊絲，悠揚長逝，不歸岫矣。或乃回薄晴空，紀縵成雯，炫晃成霄，鬱鬱紛紛，如規節霓旌，返駐峰頭。則向之繳于嶧、岐于岔、停于中阿者，胥亦如霧團青，如氛暈紫，逴躒岡陵，輪囷而上，與巖巔之祥雲相輝映。若華蓋，若文軒，若麾金紫帔，若翔鷟鷟鳳，氤氳綿渺，曜采流光。其回薄于晴空也，倘若杼之織、杓之繩然，則翁薆蘢蓯，瞬息竟天之半。向之繳于嶧、岐于岔、停于中阿者，亦如濃霧瞑氛，赫然競舉，上下頡頏。如草莽，如波水，矯如素虯，走如青螭，鬱拂河漢，勢將沃日。其崩墜如捲石之下危巔則霾，縱橫如礙車者陽愆而雹，如鬭旗則掣電漠漠，如帆檣則殷雷發音，如萬馬奔突則狂風偃木，有不待族而雨者，有如是之繁翳盤礴。忽而霍然雲消，霅然開陽，夕暉弄晚，星象夜張。"槩言之：春多璦靆，下零如霰。夏多奇峰，熏石而熱則驟雨，如煙火則旱。秋多如繒，但易成霆。冬多蒼凝，垂垂則雨雪。晴則明麗，陰則沉黑，雨則頹然蕭索，霽則娟媚有態云。

癸未春，[1]余同蓬萊韓君春芳、固原李君平西遊香爐山。適是日快晴，始克躋攀絕頂。足下峰巒，竟如丘垤，治城歷歷在望。須彌、馬麀、六盤及平屬之崆峒諸山，出没隱見，或近或遠。仰睎片雲，徘徊青霄，俯鑒澗泉百道，潺湲奔瀉。覺此身飄飄然直欲遐舉而上穹蒼矣。

甲申夏，[2]與長沙張新民、華亭尚子平、固原楊虎丞重遊其地。至鐵門閂猶晴朗，净無纖雲。方爲同儕指點峰岵之所在，蹊徑之所經，驟然洪氣軼起。始尚萋萋祁祁，儵而潾濛合沓，截層陵而斷高岑，排空嵯峨，雲山莫辨，東西迷離。乃

① 癸未：民國三十二年(1943)。
② 甲申：民國三十三年(1944)。

向突兀之中峰躡之，未數武，嶂移岫轉，嶕嶢頓失，豁然成巘闕，露静碧之天空。睨視巋岏而高者，固在彼矣。復躡之如前狀，遞代迭邅，遷訑多方，左之右之，遒皇莫定。然其虚巘森羅，浮峰竦列，碧空相間，襯映入畫，亦足大快乘遊。雖澄胸而生，遮迤咫尺，余以衣袖披挾，尚欲婀娜雲中，窮其真幻。同遊以時晏礙歸程，遂廢然返。抵城已定更後。回望之，又皓月雲開矣，祇餘蒼若狗而黑若蟾蜍者，仍依戀于崚嶒之側。《起世經》云：①世間有四種雲，黑者多水界。此地其爲水界歟？上有拏雲峰，下有噴壑泉，可爲此地禄矣。

朝那湫之魚鳥。湫俗呼西海子，距城西南四十里。群峰環繞，南爲三道溝，山勢斜矗，高蔽天日。東南爲乾海嶺，使由嶺緣鳥徑而下趨三道溝時，便覺氣象森岑，風光陡變，直抵海子後，始豁然開朗，而溟漭渺沔，又若望洋然。北爲海陽坬。東北達海溝腦，銜接皮褲襠，係猴兒牙岔之來脈也。西爲羊肚子山，孟良城之遺址猶在。西南爲燈盞窩，西北爲筆硯山，均形似。大都青石崖、黄土頂，雖無喬柯貞幹合抱于巉崿之上，而灌木叢生，亦頗翠鬱。龍王廟位于筆硯山麓，清雍正三年，固原衛劉延禧建。祠前草灘平迤，東即海子。西爲小海子，海子把注之坳塘也。出口爲海子溝。南有獻台，台下石骨墳起，俗稱"龍鼻子"。有二旋洞，曰東西龍口。水入洞由地中出山，匯海子溝。老龍潭在三道溝畔，水流渦旋。《王志》謂"中有石隙，浸滴成潭"②是。與祠相隔約二里，對岸寬約半里，得十二萬九千六百方步之面積。潭深十餘丈，他處深淺不一。此地以煙波勝，波間遊鱗成陣，恒暴鰭鼓鬣于水湄。且聞有龍下屓潭底，偶亦騰拏雲表，其魚化也耶？時有從雲路而下之羽族，浴水梳翎，莫可名狀。其霜衣雪頸，爲鷗鷺之屬，則日日來也。

小蓬沼之煙波。沼俗呼北海子，距城北六里許。闊數十畝，深丈餘。四圍清流，中起小阜，亭軒井然。青柳碧蒲，蔥蒨可愛，明總督石茂華所建之"樂溥亭"也。其右即太白祠，清同治兵燹後，提督鄧增修葺之。太守謝威鳳匾曰"小蓬萊"。知州王學伊名以"萊沼"。春暮夏初，流鶯睍睆，載好其音，固適泳遊之趣。但逢山雨欲來，煙波漠漠，一瓢無事，俯仰冥濛，當有會心處。近市得此，大可洗净塵嚣，否則西海煙波不較勝歟。

東嶽山之營建。山距城東四里許。祀泰嶽神，爲縣鎮，明總制王以旂修。然唐褚遂良書"轉輪殿"石匾，民國初猶有見者，則廟之肇建，由來遠矣。其巔曰"鐵繩嶺"，有無量殿，巋然位于絶頂，仰視俯瞰，令人神悚。邑人趙生新題"尺五天"

① 參見《起世經》卷八。
② 參見《宣統固志·圖説·西海春波》。

三字,檐其上。嶺下爲子孫宮。西南爲東嶽殿,後爲聖母殿,前廂爲十王殿,次十王殿爲轉輪祠,清初建修,或即昔日轉輪殿之基兆歟。前爲玉皇樓,樓外磚砌照壁,高與樓齊,雕刻五龍,望之生動,與城隍廟之照壁同稱精絶。偏南爲三皇洞。偏北爲藥王洞,舊爲碧雲洞,祀孫真人。山腰爲靈官洞。舊有磚刻宋陳希夷一筆"福"字,大如車輪,點畫貼輔,如鹿鶴對立,形體粲然,筋脈相貫。北爲準提庵,偏西爲石佛寺,對面爲斗姥宮,次爲菩薩殿,爲側坐韋馱殿。山根爲五嶽樓。山經磚砌成磴,登臨稱便,乃清初總制孟喬芳所修也。下爲楊柳巷道,有石坊,題曰"宏開絶路",又曰"引伸有籍"。承平時,樓闕回擾,宮殿周遮,帷蓋填委。屢經兵燹,未免凋殘。其未厄于劫火者,如靈光殿之獨存,固亦足瞻其壯麗矣。

黑泉池之泉石。池即黑河源也,距城東北二百四十里。圍闊不及畝,砂石瑩净,泉黝黑,鬐沸輕漚,騰濆逾水面,勢波峭有致,泡沫萬點,日中明澈,旋生旋滅。其起也,如雲氣五色,上屬于空,還頹于池,則如大珠小珠落玉盤然。池畔有龍王廟,鄉人禱雨處。

須彌山之造像。山舊名逢義山,距城北九十里。山色蔫紅,雄峻參天。前崖造釋迦像二,一坐一立。後爲千佛洞,悉依石鑿鏤,湮以丹青,多站相,圓光瓔珞,雕削入微。石造像,亦即摩崖也,疑唐代物。石龕石磴,鏤空駕虛,盤旋下上,曲折玲瓏,洵足棲神妙而躡禪宗。崇寧三十五年,勅賜名爲"景雲寺"。明正統十年,勅建"圓光寺",梵宇叢聚,金碧輝煌。後毀于兵燹,碑碣摧殘,像亦剝落。山半得小溪,野桃掩映。過石壁爲桃源洞,通山後之地下洞也。洞已窒,遺蹟宛然。其亭亭植立于巖巔者多翠松。躋後山,樹木益邃,稱絶景焉。塞上風光,斯堪稱絶。袁易詩"絶景嗟才窘",余亦云然。

又中山公園,在城内西南隅。民國三十四年,中央陸軍第十七軍軍長高桂滋建。園中引西惠渠水瀦爲小西湖,湖心築亭,曰"宛在享"。周回有"朝曦""夕陰""樂壽"諸亭。又有鄰霄台、寧遠塔、安樂窩、憩遊別墅、隴關金匱、枕流閣、釣臺諸勝。

凌雲閣,在城内中央偏東。明時爲圪塔寺,清時改爲文昌宮,門前高台建"凌雲閣。"登閣縱觀,環固諸山,排闥而來。

昭威台,在東城上,明總制石茂華建。《王志》云:[1]"環甃以磚,石階可循,蓋築以望烽堠也。"今台雖漸圮,而登高一觀,覺固境山川,盡在目中矣。

安安橋,在縣城南門外,明時所建。《王志》云:[2]"橋上廛市林立,下有甕洞,

---

① 參見《宣統固志》卷二《地輿志·古蹟》。
② 參見《宣統固志》卷二《地輿志·古蹟》。

遥而望之，形勢凌虛。土人以南橋、北壇爲兵燹前之佳境。今橋則巍然，而壇僅圮壁。”當亦有今昔之感歟！

北關關帝廟，在城北一里，有立馬關帝銅像，下有靈泉，清冷澄澈。廟後山原分展，勢若畫屏。門前淺草平灘，足供遊息。

九龍山，在城南二里，上有娘娘廟。南望臺山，擁翠而下；北望城市，萬井畢呈。西南原隰相間，東北二水鎖流。俗于重九日多攜菜酒登此山及太白、東嶽二山過佳節云。

禹塔，在城東一里禹王宮内，明總制唐龍建。清乾隆戊寅年，[1]邑人高義補葺之。《王志》稱：[2]“塔勢凌虛，矗立蓮花峰側，有搖風干雲之致。下環泉流，左闢菜圃，可耕可汲，宜雨宜晴。庶草繁蕪時，牧童樵子，遊唱而來。偶一縱觀，亦自有荒景之可寫也。”

太白山峽，在城東南三里。《王志》謂：[3]“蜿蜒聳拔，必攀藤葛而上。寺居絶頂，山陰有泉，曰大太白、二太白、三太白。崖側立坊，署曰‘尋雨穴’及‘躡足雲根’石額。有茆庵祀泉神。三泉水色瑩碧，澄澈坳深。遇旱，官民汲潄以驗，尤有奇應。”今石坊廢，泉猶可尋。

飲馬河，在城西南三里。原勢屏張，花卉薈結，泉泓澄碧，溪流潄玉，稱幽景。

羊坊，在城西南八里。村墟錯落，山徑回匝，草木扶疏，河流斜繞。崖畔有石羊二，莫知何代物。隔岸即三眼泉。

八盤坡，在城東十里。山原坌繹，草木蒙葺。每當暑日，邑人或于晨光初動時，挈榼提壺，結伴往遊。時正綠張夏幄，大足納涼，藉消永晝。

百眼泉，在城東九十里之封家台。水自泉底湧出，赤砂如珊瑚，泡湧沸騰，不啻百眼。

菩薩潄，在城東一百里，馬家河朝陽菴前，廣二十餘畝。所祀神，土人謂係從潄中水湧而上，亦靈境也。

烏雲寺，在城東一百里。上有寶塔一座，石匾一，文曰“瓔珞寶塔”四字。明嘉靖年造。圓廬寂爾，觀塔影倒插晴空，令人作超塵想。

風頭山，在城東一百二十里。明時梵宇，直達北二里之劉家寺塬。近時嶺下水冲巖塌，現大佛像十餘尊，高二三尺不等者且無數。佛龕林立，亦奇觀也。

小巫峽，在城東一百里之柏楊莊。山峰兀振，作拱壁狀。下有峭巖，巖腰有雷祖三潭，潭大各畝許。周圍白石，若良工琢磨而就然。水色殷碧，深不見底。

①　乾隆戊寅：乾隆二十三年（1758）。
②　參見《宣統固志·圖説·禹塔牧羊》。
③　參見《宣統固志·圖説·雲根雨穴》。

北秀山，在城東一百二十里之吳家川，南端伸出川際之小邱也。烽墩臨其上，茹水流其下。山不高而幽雅，水不深而清澈。

南清池，距北秀山南二十里。面積約二頃，深不測。蘆葦茂密，遠望一片碧色。

野王村，在城東一百三十里，居洪河下流。自此至張佛堡約十餘里，沿河青楊夾道，綠柳迷津。每值春候，燕剪交加，鶯簧巧囀。

孟家塬，在城東一百四十里。地形如漁船，中部凹，首尾突起。夜三更輒聞凹處水聲潺潺，自古如是。

常家灣，在城東一百四十里。兩山夾擁，中有泉曰“海眼”。三步以内，其泉如湧，景頗清幽。

城子楊家，在城東一百四十里。有三石橋，因風而鳴，聲清亮主雨，宏大主風，俗名天河。又楊家坪水音響甚大，土人亦以聲之清濁占陰晴風雨。

長城原，在城東一百四十里。秦滅義渠，築長城禦邊。此間遺蹟宛在，登眺其上，荒景滿目。

萬峰山，在城東一百五十里。鳥道羊腸，別饒奇趣。其上有拉狗壕、臥虎嶺諸異蹟。

陳家坪，在城東一百八十里，瀕河。河中有石，高丈餘，長倍之，作靈龜狀。隨水漲落，上下無定。河旁有石牛，頭角宛然。河西有暖泉一，冬溫夏清，潦不溢，而旱不涸。

野露寺，在城東二百一十里三岔東北三十里。形似涼帽，四山環繞，中峰獨聳。谿水夾流，聲如珮玉。松柏藍蔚蔽空，梵宇駢湊，依嶂拂雲，境至幽邃。

大營川，在城西二十里。《王志》謂：①“地勢平曠，山峰展列，俗呼爲‘糧食川’，言茂沃也。每當麥熟，夏則碧浪勻勻，秋則黃雲靄靄。巖腰山角，村落環居。而農歌下上，犢叱鴈催，致聞者怡然若忘其爲塞上高寒者。明總制楊一清屯軍於此，或以名其川。”

丹泉，在城西三十里之沙漠耳莊。水色澄碧，籬落參差。夏日履莎徑，坐石砌，頓覺暑去涼生。

黑泉，亦在城西三十里沙漠耳莊。大小二泉，漣漪相映，溾溫可觀。

太陽池，在城西四十里。水氣氤氳，山嵐籠罩，黛色藍光，冲涵上下。

蓮花池，在城南四十里，爲元安西王養魚池。諸峰環峙，一線通流，遺址猶依稀可辨。

① 參見《宣統固志·圖説·營川麥浪》。

天瓢頂,在城南七十里,即涇源也。《甘肅新通志》據《一統志》,涇水北源發自固原。舊《通志》謂之浚峽,乃涇水正源也。《易》:①"山上有澤,咸,君子以虛受人。"涇水正源之洪涵漏出,高與山侔,是必淵玄集虛,故有此也。其山展抱爲屏,巖際得平壤,微窊若坳堂。奧窔之間,有泉湧出,泝淪而上,至清冽。始而涓涓,繼而涵涵。巖之周圍若圓弧,故名曰"天瓢",橫嶺側峰,夾成深峽谷,即石窰峽也。雲水瀰漫,巖壑如畫。

瓦亭,在城南九十里。《王志》謂:②"瓦亭古名'鐵瓦亭'。東瞰三關口,西傍六盤山,爲度隴咽喉。重巒拱衛,南門外有暖泉,有大渠,足資灌牧。余與守備張廷棟合力闢其東南荒地,種楊柳數千株。築有平杠,以便往來。每當雨止,煙雲蓊鬱,試倚堞樓眺之,亦可作一幅徐熙《煙雨圖》觀也。"

六盤山,在城南一百一十里。《王志》謂:③"六盤或云即《漢書》洛畔、絡盤之沿説也。余以爲古高山。是山崚嶒奥曲,跋涉恒艱,洵爲天塹。腰峴有廟兒坪,廟以關帝祀,行人至此,可以聊憩。而山雨欲來,[36]必先作雲。即晴亦多霧,是輪聲鞭影從雲霧中出,亦風塵景色也。謂爲鳥道,識奇耳。有岐徑,名曰舊六盤。"

鴛鴦池,在城北四十里。《王志》謂:④"周闊二十餘丈,深不見底。水澄波淨,令人神爽,爲北鄉靈區。"

冬至河,在城北五十里。自西鄉紅泉、黑泉合流而來。映日拖藍,迎風戲翠,波肥岸瘦,曲折有情。

七營,在城北一百三十里。《王志》謂:⑤"七營者,亦楊總制一清分屯軍之所,或云穆藩牧苑也。其地爲寧夏中衛孔道,當秋冬際,運鹽裹糧者,率用駝載,以致氈帳羌旗,絡繹不絶。每值永夜,風聲蕭瑟,更柝丁當,而駝鈴鏧鏧然遠近雜起。昔人涼秋出塞,動爲牢騷愁壯之歌,自必類此。"按此乃聽景也。

東海子,在城東南四十里,即東朝那湫。亦屬秀景。

掛馬溝,在城東南七十里。低嶂橫青,斷崖挺翠,樹密陰稠,泉幽韻澈,曲溪斜徑,引人入勝。

彭陽驛,在城東南九十里。水崖聳列,嵌築城堙,傑閣濱流,女牆抱巘。鳳凰山、姬家山挾持左右。雖臨驛道,景尚清奇。

---

① 參見《周易·咸》象辭。
② 參見《宣統固志·圖説·瓦亭煙嵐》。
③ 參見《宣統固志·圖説·六盤鳥道》。
④ 參見《宣統固志》卷二《地輿志·山川》。
⑤ 參見《宣統固志·圖説·七營駝鳴》。

石家峽，在城東南一百里。形勢壯麗，草木蒙茸。山腰古石佛三，羅漢一十有八。下臨三里石峽，水出峽口，淙淙之聲，無間冬夏。煙雲靄靄，朝夕不散。

蛟龍山，在城東南一百二十里，以形似名。古刹懸崖，緑雲掩徑，隔川南望，宛若神山。

桃花洞，在城東南一百四十里之龜尾山山谷中。谷口桃花爛熳，斜通石洞，蛇行百餘步，始達洞中。地平衍，廣可十丈餘，上有石罅二，土人呼爲氣眼。

釀泉池，在城東南一百五十里之王家塬。蓋兩山崩墜，聚水谷内而成也。面積約頃餘。蘆葦茂密，水光瀲灩。取以釀酒，甚香冽，因有“釀泉”之目。

花石崖，在城西南二十五里。崖石斑爛，形崱屴如屏障。海子峽水，潺潺其下。

石廟山，在城西南三十五里。山勢練傑，箝石構廟，甚褊狹而精緻。

石窨寺北山，在城西南七十里。石洞甚多，向稱奇景。又五里爲石窨寺南山，樹木叢雜，石洞亦夥。

白鷺池，在城西南八十里。《王志》謂：[1]“山極高峻，池居半山中，闊約十五六畝。水流有絲竹聲，清泠可聽。瀑布時飛，横如白練。”

石洞，在城西南九十里馬家新莊左近。《王志》謂：[2]“洞在懸崖峭壁間，出泉至甘，能療疾。洞後有石如窗櫺狀，寒風穿隙，人不敢進。”

孤山，在城東北十五里高疙楞北，頗嶄絶。溝湊剥蝕，石骨盡露，山徑螺旋而上，蓋東嶽山之尾閭也。方神廟位于巔頂，其下有石如羝羯狀。

泉兒灣，在城東北二十里之陳兒山中。有峭壁，寬數丈。迤東數十步有泉自石隙出，懸成飛瀑，高丈餘。穴大如盃，水清如玉，夏資灌溉，冬亦不凍，土人呼之爲暖泉。

雷祖山，在城東北一百六十里。煙嵐遠近，花卉芳濃，春似武陵，秋疑彭澤，故有“三月桃花浪，九月菊花天”之諺。

龍鳳山，在城東北一百六十里。高一百四十丈。每逢晴天無煙雲時，登臨其上，得望崆峒山皇城。

鐘抱榆，《王志》謂：[3]“按鐘在東鄉，爲古寺遺器。寺之興廢，遠不可稽。土人云：‘鐘覆落山麓間，下生榆樹一株，枝幹從鐘之乳隙穿出，將鐘拱抱於樹頂。’樹周圓二丈許。有叩鐘以占時節者，其聲亮則晴，闇則雨，狂則雹。亦可謂靈氣所鍾矣。”今按在城東北一百六十里之萬安監南山寺院内，亦一奇景也。

---

① 參見《宣統固志》卷二《地輿志・山川》。
② 參見《宣統固志》卷二《地輿志・山川》。
③ 參見《宣統固志》卷二《地輿志・古蹟》。

滴水崖,在城西北八十里之張家山中。崖形窪剡,泉溜琮琤。有石鐘乳,累累下垂。

管子曰:"地之東西二萬八千里,南北二萬六千里。"[1]固原位於其間,特蕞爾耳。然非散地也,奈因密邇河朔,視同荒徼,易致遺計,洵爲可歎。乃稽經緯,且居國之中陜,外迄海垠,陸垓内堃。山河戈壁,四面附繫,中心通理,烏可等諸殯紘,謂西北涯際無足以區處地,而斤斤乎江南耶?古以豫及魯西、冀南、晉南、陝東爲中原。今則瞻彼中原,厥在甘寧。而地靈所鍾,未可干犯者,又在固原。經營四方,此爲根本,然耶,否耶?邇者時勢又變,外蒙自主,雖腹裏他移,仍未可以方隅目之。

漢置安定郡,以扶承上郡、北地、隴西。唐置涇原路,以絜合秦鳳、環慶。明開閫於此,總制三邊。清置原州,亦領五屬。民國改縣,祇餘硝河城隸入版章,垌場區宇,無復當年之恢曠矣。但州縣之謂,固有時而更,而山川之形,則千古不易。境内之地,氣勢吐吞,猶九逵通皇之會也。第因毗連八縣,此疆彼界,花插華離,甌脱飛嵌,觸目皆是。輸將不便,詞訟牽纏,盜匪屢發,追捕隔境。而卧榻之側,又多他邑之地,管教養衞,斡旋焉繫?今海原之楊郎鎮與邑之李俊鄉已相劃撥,允符申畫郊圻,慎固封守之道,其他尚待整理也。惟硝河城、偏城、馬連川畫歸西吉縣後,轄地寖削,益不如前,然猶四百里。周制四百里爲縣,其猶周制之遺歟?翕受厚生,疆域尚廣,足資敷布也。

夫元氣之重,得者爲地。地,底也,底下載萬物也。土者,地之吐生物者也。土精爲石,石,氣之核也。邑地博厚,維石巖巖,厥土上上,宜藝五穀,以教道民。川地平耕,山地畦耕,高下原隰,隨地之宜。明動晦休,盡人之力,祈寒暑雨,勿違其時,五穀不可勝食也。其深地、極深地、濕地、濕潤地,更適於一般樹木,故宜造林,俾無曠土。邑地沃饒近鹽,而土毛之下,石脈之間,可治礦治者,尚無盡藏。草木於是乎殖,稼穡于是乎出,財用衣食於是乎生,貨惡其棄于地者,可以興矣。但若空地不禁,遊民不懲,則無以詔地求而無副地德。故周制宅不毛者有田布,田不耕者出屋粟,民無職事者出夫家之征。凡有可墾者,應招徠報墾,酌借牛、種,限年升科。私荒勸令耕復,無力者出佃。尤須表厥田里,勿令殊厥井疆。此所以職方氏掌一邑之圖,而仁政治於疆界也。經制既定,迺慰迺止。鼠雀息爭,南東其畝,豈不懿歟!

邑境山重水複,數弗得窮。迭經地震,地絡不斷。石峰巘嶟,夷視塾敦。泉

---

① 參見《管子·地數第十七》。

鑿灝漭，激揚河渭。《易》：①"山附于地，剥，上以厚下安宅。"又："澤上于地，萃。君子以除戎器，戒不虞。"相此截嶪者山，瀆薄者澤，顯然剥上厚下以安其宅矣。而山澤通氣，説萬物莫説乎澤。瀦水爲澤，川衡是司。堤防溝塗，古人所重。自井田廢，溝洫堙，然後水利之宜講也益亟。善治地者先濬川，川濬而田間縱橫之水道莫不立就，水利溥矣。今之爲吏者，能致意於水利乎？旱潦出於天，肥磽判於地。而人力所及，實足以補天地之缺陷。大雨時容水有地，亢旱時溝瀆所積，浸灌有餘。而緑肥之微，亦有裨於播穫，可使磽而饒，況腴壤乎？

　　此地既有名山爲輔佐，得以安居。泉流交錯，相濟迭用。倘不周知土地形勢、山林川澤原野之險而施訓，則石有時而勒，山有時而隳。除戎器，戒不虞，居安思危，有備無患，所恃者固又在人也。治城言言仡仡，仰攻匪易，且重城多，足備緩急。然不恃四山而守一城，不徇邊隘困處城中，則非計之得者也。

　　試就近城之地形言之：以青石峽爲一路，其險在鳳台山、六個窰、牛頭山、太白山等處。以鐵繩嶺爲一路，其險在蓮花山、二道溝、吴家嶗峴、蘇黄家等處。以陳兒山爲一路，其險在天賜堉、教化山、韓家要隘、官廳等處。以北十里舖爲一路，其險在北塬、飲馬河、紅崖子、高疙楞等處。以長城梁爲一路，其險在陸家莊梁、黄家城、北二十里舖、頭營等處。以盧家堡爲一路，其險在斷山、青静溝梁、石壁子灣、胡家堡等處。以大堡子爲一路，其險在閻家莊、深溝兒、油房溝、孫家莊等處。以飲馬河爲一路，[37]其險在青龍山、羊房、萬崖子、寇家莊等處。以何家溝爲一路，其險在筆峰梁、錦繡山、高莊、楊家山等處。以三里舖爲一路，其險在九龍山、聚賢村、馬家莊、馮家莊等處。以南十里舖爲一路，其險在田家㞎、康家溝、八扇屏、南二十里舖等處。

　　守城必先守山，太白山、鐵繩嶺、陳兒山、長城梁、斷山、九龍山等處，不可或失。敵由東、或南、或東南來者，多沿馬髦山，出没於青石峽、唐家溝諸口，以壓城郊。是太白山、鐵繩嶺之哨守不可忽也。由東北來者，多逕下陳兒山而撲城闕，或竄據東嶽、太白等山，威脅城守。是陳兒山之哨守不可忽也。由北或西北來者，或從北十里舖之岸畔地，繞越城之東南隅，或從長城梁之原上路直拊北城，或從飲馬河之溝濠偷劫西南城闉。是北原、長城梁、西門店之哨守不可忽也。由西或西南來者，多在羊房、九龍山、萬崖子、斷山等處，伸臂布指，謀攫城關。或以斷山爲捍衛，進攻西城。或以九龍山爲掩蔽，進攻南關。或陽攻東南關，陰襲西北城。是羊坊房、萬崖子、九龍山、斷山之哨守不可忽也。

　　以近邊之地形言之：以青石嘴爲一路，其險在五里山、康家堡、楊家嶺及李

---

　　①　參見《周易·剥》《萃》象辭。

崗溝、和尚舖、廟兒坪等處。以大灣爲一路，其險在牛營、蘇家堡、小關山及瓦亭、東山坡、三關口等處。以蒿店爲一路，其險在掛馬溝、肮膌山、蘇麻灣及安國鎮、陡溝子、碾道，不在兹原等處，而統於大灣之一路。以卯家堡爲一路，其險在秦家大莊、石家溝口、蛟龍口及野王家、上峴、堡子嘴等處。以白楊城爲一路，其險在堡子要峴、^[38]姬家山、白草坡及韓家寨、麥草渠、孟家坪等處。以高張家爲一路，其險在白馬廟、朱家凹、亂井子及何家峴、火鏈溝、米家原莊等處，而統於白楊城之一路。以草廟子爲一路，其險在陰嶺子、梁家川、周家川及馬家坡、韓家塬、苟家廟渠等處。以王家窪爲一路，其險在米家嘴、井家寺兒、小岔及耳朵城、小園子、三岔等處。以毛腦爲一路，其險在丁家塬、小蒲條、白麵掌及二條監、山角城、苦水掌等處，而統於王家圳之一路。以張家崖爲一路，其險在雲霧山、黑溝、南窪及天成山、員警嶙峴、大澇壩等處。以六個窰爲一路，其險在土門關、四營山、炭山及田家大台、白家塬、教場川等處。以趙家園子爲一路，其險在五營山、大嶙峴、磚窰塥及沙家堡、丁馬堡、虎家崖堡等處，而統於六個窰之一路。以八營爲一路，其險在六營、雁門口、雙井子及喬家坪、甘城子、梨花咀等處。以七營爲一路，其險在六郎山、盤河村、北咀及西山窊、瓜瓜山、何山嶙峴等處，而統於七營之一路。

　　自此而西南，畫與海原、西吉兩縣。舊之照壁山、礮架山、石城堡、萬塥山、黑林山、馬兒山、馬豆灣、石山、蒿內海、李俊堡、老樂溝山、掃竹嶺、上下白崖、東西沙溝、偏城、楊芳城、硝河城、古城山、風台山、貢貢山之地險，悉委諸鄰。疆圉東蹙，城郊自爲藩籬矣。姑以黑城子爲一路，其險在黑陰溝、州管山、藍家石咀等處。以楊郎中爲一路，其險在碌碡溝門、毛家台子、寺口子等處。以百通里爲一路，其險在馬家溝、西峰嶺、張家山等處，而統於楊郎中之一路。以菓集灣爲一路，其險在大圪塔、臭水溝、蔣家口等處。以彭家堡爲一路，其險在上店子馬廠山、疊疊溝等處。以海子峽爲一路，其險在馬麿山、石廟山、大灣等處，而統於彭家堡之一路。以張易堡爲一路，其險在駱駝巷、高家、巴豆溝等處。以王家套子爲一路，其險在毛家莊、隆德溝、野雞峴等處。以馬家大莊爲一路，其險在石廟兒、十字路、官印殿等處，而統於張易堡之一路。

　　雖然，欲放四出之謀，或侈四塞之固，未免勢分形散，所備皆急。當先鞏固本幹，再謀機動。譬之如室，既鎮其奧斯可耳。故守勢先固城邑，戰勢先固中軍。簡兵蒐乘，控扼要地，互爲形援，以資承衛。嗣是沉機觀變，戰守俱便。如縣東，山原寫遠，其間險會之區，難以悉數，安能跬步爲營，分我兵力。要在料敵而善任地，毋煩重兵也。觀形度勢，窒釁杜瑕，貴如棋之佈局，如網之在綱，錯落有致，收縱自如。然後提勁旅以摧敵之鋒，出奇兵以搗敵之虛，選輕騎以斷敵之後，未有不克敵致果者。若據險憑高,利其進逼而乘之;虛兵疑陣,利其徘徊而冲之;分營設伏,利其半入而邀之;以實爲虛,利其深入而殲之,則隨地異勢,隨時異謀,及鋒而試,遊刃有餘。奚必它它借借,填坑委谷,盡山而戍之乎哉?

　　但如縣西,疆場褊狹,拒山以外,兼須障谷,否則一有不順,警及城垣可慮也。故自寺口子以南之保家溝、馬家溝、楊家溝、鐵家溝、方家溝、陳兒溝、臭水溝、楊忠堡溝、老龍王廟溝、樹林溝、硝口、石門、二林溝、疊疊溝、海子峽等處,有事均須扼塞,弗得少疏。因逼近肘腋,無可回翔也。縣南地勢,遠有六盤山爲巨防,近有開城嶺爲大限。其間桃樹窪、青石嘴、四溝莊、牛營、大灣、瓦亭、三關口,悉屬要會。南北如脊柱,倘血脈健旺,氣息貫通,更是控制肩髀,拱護治城。否則西境之蓮花溝可通青石嘴,水溝可通大灣,賴子溝可通瓦亭,周家溝、劉家溝可通三關口。東之于西,亦復如是。不能閫絕左右,反爲左右挾持。六盤隔爲外境,則南北亦無望其襟帶之矣。況牛營、青石咀、開城、俱有山徑溝路,東可趨進城之東山畔,西可繞進城之西山麓,北可越過香爐山而直撲縣城。往往封海子峽而防西南來之敵,而敵忽由猴兒牙岔、尖豁子長驅而下矣。堵開城嶺而防南來之敵,而敵已出二十里舖,捍二十里舖,而敵已出青石峽。一隅傾壞,全局瓦解。壁壘外破,士女內震,殆矣!乘夜間與濃霧時之突入,尤須嚴範焉。

　　除策源地森列衛戍、守望相助,連繫斥候,此犄彼拓外,應使張易鎮之於大灣店、北蘭祠、十字路、觀音殿等處,蒿店之于廟兒坪、和尚舖、東山坡、鄧家川、太陽㞴、清水溝、三關口、卯家堡等處,張化鄉之於掛馬溝、奈家河、鸚哥嘴、古城、党家岔等處,城陽鄉之於海家磨、打石溝、堡子峴峴、槐溝等處,王㞴鎮之於石家岔、峴峴村、馬家河等處,大灣鎮之於五里山、北家山、三十里舖、永安村等處,負郭鄉之於店子河、寺底下、哈剌溝、九坪灣、二十里舖、馬家莊、楊家山、寇家莊、水河溝、侯家莊等處,大營鄉之於曹家河、樹林溝、硝口等處,聯成一氣、騎步探哨,更番接受。遊擊隊與民團相資爲用。偵察確實,部署停當,庶乎城守無虞,出師亦能命捷,南面可高枕矣。

　　又東南多河川森林,實施河川森林及住民地之戰鬥爲宜。陣地攻擊,須先考慮我軍之企圖,選擇地形以適開展之配置。

　　西南山塹沓湊,通視維艱,天候之變幻,大利於奇襲。設有遭遇,在乎先制。或以一部之軍瞰制正面之敵,以主力行大規模之迂回亦可。

　　縣北地形曼衍,塞垣久撤,黃河橫亙,一葦可航。敵若犯境,七營實居喉隘。失於扼阮,則過此以南皆平地。黑城、三營、揚郎鎮祇有碎部,無可撐柱,順風席捲,在我圍矣。敵從預旺入梨花咀或木家灣時,則七營、八營勢同唇齒。敵不假道七營,循紅城子之來路,亦可電邁而至。故應在七營、八營以外,據險守要,設奇制勝。萬一失利，敵已填隙而入，逕臨城下，則我師之在北者，即係撓敗之餘，亦須返旆尾之，擾其後衛，或截其退路，或與城衆夾擊之，不難挽回戰勢，轉敗爲勝。若奔北之師作鳥獸散，旁又無援，則除堅壁清野，與城共存亡外，無他道也。

又東北溝塹迂闊，常感去路廣袤，敵情不明。行軍或追擊，須以一部隊占領高岸，利用灣曲，掩護主力，通過谷地，翼攻擊敵之側背或追襲之。三角城、三條㡊、苦水掌、老瓜咀、車道坡、張家台、半個城、豆家城、黑家灣、趙家台、萬安㡊、井兒岔等處皆衝要，尤須留意。

西北通海、靖，山路險澀，最易秘匿。探索與警戒，宜細密行之。又應采得前方及側方之多數路口，以利挺進側擊與斷行之追襲也。

記曰：陝以延寧爲籬蔽，花馬池爲門户，固原爲堂奧。余故曰：經營四方，此爲根本，夫豈爽哉。惟自昔河套有警，縣北常爲敵衝。延寧多事，此地迄難解甲。故前人于延寧交界築邊塹，起饒陽至徐斌水，又西南至靖遠。又花馬池至固原築邊牆，置下馬關。甜水堡至蘭州挑濠塹，皆所以整飭戎備而衛堂奧也。今欲內貽堂奧之安，外絕門庭之患，仍非修邊建堡其道末由。年來東西兩山，雖構有工事，而北之塞門洞闢，撼頓徒勞，窺伺有人，終難遏其奔軼之勢。宜就縣北邊境先行築牆，遇沙鹵則挑濠，遇崖絕則削塹，自能事半功倍，鎮鑰北門。但非一縣之力所能勝也，亦非僅爲固原一縣謀之。衛固原所以全隴秦。堂奧實，則門庭有恃，即亦所以固延寧也，宜通籌之。

戰捷與戰敗之索因，首先在地形，而指揮之巧拙亦首在地形之利用如何。天候時刻之適否，與兵力之優劣，特相綜錯于其間而已。敵若一路進犯，無論其爲獨立戰鬥或依託兩翼而戰鬥，較易與耳。若多路進犯而又彼衆我寡，則須具有旺盛之攻擊精神，席險僥勝，向其橫方或縱方各個擊破之。更須利用地勢，以主力行側面攻擊戰法。一著動搖，滿盤俱震。奇兵突起，轉戰無前，何難星離而豆剖之。出險濟艱，以寡勝衆，舍此別無良策。不幸被其包圍或夾擊時，仍須浩氣凌敵，憑藉形便，實施內線攻擊，逆襲尖劈而突進之。縱屬劣勢兵力，勿取守勢，初取守勢，終須轉爲攻勢，不可束手受縛，坐待滅亡。若我衆彼寡，任彼多路分進，我只保持連絡，協同動作，各扼要害，實施外線攻擊，聚殲之甚易。或先擊潰其主力而後分別擒取，無不可也。要之以德綏服人者爲上。次在環城郭，戒門閭，固封疆，備邊境，存恤賢能，組訓民衆，堅實軍隊，交經外援，不戰而屈人之兵也。次在掌握形要，出慮發謀，共苦同憂，激勵士卒。則折衝禦侮，滅蹟掃塵，亦罔不克奏膚功者焉。斯其概也。神而明之，存乎其人，非余淺昧所得知之矣。

至于嶠靄橫青，澗流漂素，富有溪山，自成好景。且值桃杏盛開，綠茵滿地，似江南；白雁黃羊，風沙無際，似朔北；暖煙晴日，湖波浩蕩，似滄洲；巖竇懸冰，千峰坌雪，似天山。晦明變化，萬景畢呈，塞上壯遊，不孤勝踐。顧造物豈專爲遊預者設耶？培養地脈，鍾毓人材，攸有關焉。時加扶護，勿任凋殘，是更無待乎刺刺矣。

【校勘記】

［1］二百二十：《嘉靖固志》卷一《疆域》作"二百四十"，《宣統固志》卷二《地輿志·疆域》作"二百五十"，《宣統甘志》卷五《輿地志·疆域》作"九十五里"。

［2］一百四十：《嘉靖固志》卷一《疆域》作"一百二十"。《宣統固志》卷二《地輿志·疆域》載固原州南至"隆德縣界一百一十五里"。

［3］二百六十：《宣統固志》卷二《地輿志·疆域》載固原州"東北至環縣界二百五十二里"。

［4］崆峒：原作"崆崗"，據上文"崆峒"山名改。

［5］七分四十秒：《宣統甘志》卷一《天文志·甘肅經緯度分表》作"三分五十秒"。

［6］"金宣宗"至"萬計"句：此句原在"元成宗大德十年秋八月開城地震"後，據時間順序調整。

［7］開成：原作"開城"，據《元史》卷六〇《地理志》改。

［8］彊築：原作"彊薬"，據《周禮註疏》卷十六《草人》改。下同。

［9］彭陽：原作"彭楊"，據固原地名改。

［10］安定縣：原作"定西縣"，據《宣統甘志》卷六《輿地志·山川上·鞏昌府》改。

［11］隴：原作"隴山"，據《説文解字》卷十四下"隴"字條刪。

［12］風臺：原作"風台"，下文有又"風台山"，且曰"作爲風台者，所以別硝河城之風臺也"，據改。

［13］萬曆：原作"萬歷"，據明神宗朱翊鈞年號改。下同。

［14］直猶正也：《公羊傳注疏》未見"直猶正也"，卷一疏引鄭玄曰"治猶正也"，此不知何據。

［15］笄頭山：原作"开頭山"，據《淮南鴻烈解》卷四《墜形訓》高誘注改。

［16］平高：原作"平涼"，據《括地志》卷一《原州》改。

［17］隆德：此二字原脱，據《中國古今地名辭典》第728頁"涇水"條補。

［18］醴泉：原作"醴陵"，據《大清一統志》卷一七八《西安府·山川》改。

［19］山石："山"字原脱，據《初學記》卷六《地部中》補。

［20］苦水：原作"若水"，據《水經注》卷二《河水》改。

［21］石橋子：此三字後原有"李俊鄉之東沙湭、元套子、官馬套、地灣、韮菜坪、了坡、坟灣、紅錦川、馬圈溝"句。李俊鄉於民國三十三年（1944）年畫歸海原縣，故原稿本作者作删除符號。下同。

［22］西來堡：此三字後原有"硝河城之杏樹灣、哈喇溝、崖家灣、水泉灣、高元子、榆樹灣、元套子、紅溝兒、柳林溝、泉兒灣、馬小灣、哈馬岔、莧麻灣、蘇家溝、蕙家灣、謝溝、小狼窩、大

狼窝、油房溝、謝家溝、張春堡、榆木岔、張家莊、恰頭溝、汪家莊、穆家寺”句。

[23] 沙家堡：此三字後原有“李俊鄉之陶堡裏、滿四堡、三百户、臭水河、土橋子、紅土嶔峴、蹋板溝、石山、滴水、黑鷹灣、車路溝”句。

[24] 白家塲：此三字後原有“李俊鄉之李俊堡蒿内”八字。

[25] 大平塲：此三字後原有“李俊鄉之白莊灣楊莊”九字。

[26] 毛家台子：此四字後原有“李俊鄉之杜家河”七字。

[27] 塌：下文已有“俗作灞或塌”，則此處“塌”疑誤，或當作“壩”。

[28] 延家崗：此三字後原有“李俊鄉之小磨灣、三百户、韭菜坪、了坡、紅錦川”句。

[29] 滴水村：此三字後原有“李俊鄉之土橋子、紅土嶔峴、蹋板溝、滴水崖、大黄掌、二百户、元套子、官馬套、地灣、坟灣、車路溝、黑林山”句。

[30] 曹瑋：原作“曹偉”，據《宋史》卷二五八《曹瑋傳》改。

[31] 梯子山：此三字後原有“李俊山、馬兒山、偏城、羊肚子山”等十二字，均屬李俊鄉。

[32] 共：原作“其”，據《春秋左傳正義》卷四一改。

[33] 寧：此字原脱，據《讀史方輿紀要·輿圖要覽》卷三《九邊總圖》補。

[34] 秦紘：原作“秦綋”，據《明史》卷一七八《秦紘傳》改。

[35] 於此：此二字後原有“康熙時，提督何傅審邊情，諳地勢，乃於此葺城垣、嚴塘汛。馬見伯率固原標兵平西番。同治時，雷正綰平金積堡。光緒初，鄧增平海城，命將出師指顧奏捷者爲得地也。康熙指固原提督任爲天下第一營伍。蓋人傑以地靈也”句，與下文重複，稿本作删除符號，今删。

[36] 欲來：原作“未來”，據《宣統固志·圖説·六盤鳥道》改。

[37] 飲馬河：原倒作“馬飲河”，據固原縣内之河名改。

[38] 要峴：疑當作“嶢峴”。

固原縣志卷之三　居民志

　　《易·序卦傳》曰：①"有天地然後有萬物，有萬物然後有男女，有男女然後有夫婦、父子。"此聚落之權輿也。然人民既庶且繁，無理法以範圍之、整攝之，泄泄沓沓，近於禽獸。聖哲就民情之傾向而宗主者，爲之教戒，以約束其筋骸而鼓其精神，蓋宗教不可緩也。且生孳日繁，拘於方隅，專務農事者每泛應不能周至，於是乎工商業作，轉相推移，疊爲變遷，有莫之致而至之勢。而民性更有清濁之分，婚嫁喪葬有不同之趣。事體既多，往來縱錯，日久習爲自然，各成風尚。聖哲仍因其勢而利導之，雖爲度地以居，固非有若何造作也。《禮記》：②"量地以制邑，度地以居民。"爰志《居民》。

聚落

　　《綱目集覽》載：③"人所聚居謂之屯落、村落、聚落。"蓋以進化程式言，當由部落時代漸次而入於村落、屯落、聚落時代也。固邑在周代以前仍在部落與屯落交脱之中。觀太王去邠踰梁山，居岐山之下，而涇北恒爲放逐戎夷之地，可以知其概矣。至周宣王料民於太原，已入於屯落時代。秦築長城於義渠，其進於村落之時歟。漢唐以降，密邇羌狄，變亂迭興，人民居處仍疏疏落落，飄搖不定。

　　自明弘治有節制四鎮之舉，嘉靖有三邊總制之設，人民尚稱富庶。然至有清同治，花門構亂，十有餘年，死亡殆盡，廬舍爲墟。雖歷經賢司牧慘澹經營，竭力招徠，尚不能恢復厥初原狀。據鄉老相傳，從前村莊鱗次櫛比，今殆十莊九空。民國肇造二十餘年間，土匪騷亂，民生不堪，聚落蕭條。不惟原始之村莊湮没無考，即近晚之村落亦寥若晨星然，族姓户口，蓋可知矣。

---

　　① 參見《周易·序卦》。
　　② 參見《禮記·王制》。
　　③ 《康熙字典》"落"字條引《綱目集覽》。

族姓　　族,同族。姓,異姓也

范、伍、席、胡、程、巴、蒙諸氏出固原,而漢朝傅、梁、皇甫,晉朝張、石、唐、慕容、哈、拓,南北朝、隋朝鄧、彭、席、田、鮮于,宋朝向、曲,元朝苗、蕭、倪、夏,明朝劉、章、彭、楊、單、王、趙、李、徐、陳、樊、丁、翟、曾、周、胥、黃、尹、盛、曹、施、高、孟、蕭、吳、方、白、杜、范,清朝馮、何、胡、姜、蘇、馬、海、沙、邱、連、雷、党、太、鮮、火、喇,民國高、鄭、袁、秦、祁、殷等姓,均稱望族。

我國民族,無論其爲漢,爲滿,爲回、蒙、藏,久已形成一族,即中華民族也。如固原之漢族與回族,在同治兵燹以後,已漸融合。紹興初,金人盡有涇源之地,滿族早經居此。而唐、虞、夏、商,世居戎狄,則與蒙、藏族之相混合,益可知矣。

上古惟有宗族。代遠年久,孫子繁衍,乃有支族、間族、氏族。支族者本族分支別出之族也。猶《禮記》宗法繼別爲大宗,衆子爲小宗。支族亦小宗之派別也。封建部落時代,宗法最嚴。長子主國都,居酋長。分封支族之親者,各領一域,各據一方,世襲弗替。固邑人民,有清同治以前,何者爲本族,何者爲支族,已不可考。在今日當皆爲支族之一派也。

周代百家爲間。固原在昔,承平日久,宗派繁衍,間巷稠密,大姓大户,系統不紊。村莊世居,同在一處,間族之畫一,昭明較著。如中區之白家台、田家坵,東鄉之城子楊家,南鄉之蘇家堡,西鄉之毛家莊、王家套,西南鄉之何家溝、黃家莊,北鄉之趙千户、邱家莊、連家莊等,均同族同姓爲一間一莊。今則異姓雜處矣。

古代有族無氏,即親同父子,每因爵位而各異其姓名。周代以後,姓氏漸各有定。然在變亂迭興之固原,公家檔案無存,私家族譜無考,欲辨其聚落先後,姓氏源流,誠戞戞乎難。然據王晉升《百家姓考略》載范姓、巴姓出高平郡。[①] 伍、席、胡、程、蒙諸姓出安定郡。是知皆出自固原也。又"伍姓安定楚公後。范姓出高平,士會食于范。梁姓安定伯益後。席姓安定籍氏,諱項羽名改席。胡姓胡公滿以謚爲姓。程姓、蒙姓均出安定。巴姓出高平,巴子國後。皇甫氏出高平,宋皇父後",見《郡望氏族考》。"推姓出安定",見《增補姓氏》。

至於鄉老遺傳,北區之有太姓、火姓,附郭有慕姓、哈姓、拓姓,均北朝魏孝文帝遷洛後之氏族。皇甫即皇父,原由商邱與河陽遷來,漢時稱盛。慕姓系出慕容氏,自燉煌來。皇甫、慕二姓自宋明後,多東遷于鎮原。其張、王、趙、李、劉、田、白、杜等姓,自明代移民實邊時,由陝西或山西遷移者居多數云。

---

① 參見《百家姓考略》"范""巴"條。

　　清季西北一帶,穆民族繁,而馬、海、沙、太、火、鮮、喇諸姓,實回教中之望族也。其他如城關之楊、趙、張等姓,多係滿族。北區之夏、徐、苗、洪等姓,多係蒙族。附郭之莫、賈、徐等,多係藏族。皆自元蒙、滿清入主中國,遷移僑寓日久,日久則頂姓入籍,同化於華矣。

　　客居、土著,律有明文,遷移流落,在所必考。固原土著老户,寥落無幾。城市區中有炭窩子田姓,東關晏姓、計姓、趙姓,南市巷秦姓、王姓,布店街方姓,廟街子党姓、林姓,賞門街石姓,白米市王姓,東西霑霑李、趙、高諸姓。中區有菜園子王姓、巴姓,紅崖子、雷祖廟之金、陳、王、惠諸姓,田家圿子田姓,大小馬家莊之馬、王、劉、鄭諸姓。東區有楊、陳、白、高諸姓。西區有田、錢、賈、殷諸姓。南區有朱、喻、康、馬諸姓。北區有陳、杜、祁、戴、余、邱、趙諸姓。其他皆遷移户,或屯戍此地者,遂世居焉。西南各區人民,由平、鎮、寧、朔遷居入籍者多居多數,移民殖此者居較少。

　　有清光緒之初,隨雷少保而寄籍者,有中營參將陳正魁、兵弁雷某、聶某。隨鄧提督寄籍者,有中營參將王仁福、右營守備梁世臣、城守營千總李文輝。隨張提督寄籍者,有蒲城廩生王松齡、皋蘭千總馬國太。因經商寄籍者,東霑霑有李翰章、申有福,東關段姓、翟姓、馬姓,南關井姓、雷姓,南市巷張姓、雷姓。又哲海令耶教之馬姓,則係由雲南而來。

　　同治兵燹,固邑人民徙居異鄉者指不勝屈。茲就光緒初年,因從軍從政而他徙者約略記之。如陝西鄜州知州康嗣緝,徙居西安。提督銜吳雲伍之長子吳本植、次子本鈞,徙居陝西某縣。管帶西寧常備軍、後署青海省民政廳廳長李迺棻,徙居青海省西寧城內。西霑霑塾師李樂天,徙居平涼縣。除少數回莊外,餘皆流落未歸。

户口　　家曰户,人曰口

　　共有二萬一千三百零四户,一十三萬六千七百一十四口。

　　已往全縣户數口數雖不得而知,但在有清同治之初,據鄉老口傳,未遭兵火之時,城關內外居民,鱗次櫛比,約十萬餘口。户數平均以八口之家計,當在一萬二三千户,鄉民之繁庶,可想而知矣。兵火以後,傷亡者、逃而未歸者,里社爲墟,居民銳減。《王志》按光緒三十四年户房丁糧紅册列:[①]

　　一、本城漢民共七百八十五户,內有兵弁,商民。本城及南關均屬廣寧監地。

---

① 參見《宣統固志》卷二《地輿志·户口》。

一、南關漢、回共四百七十五户，内有商民。城關共一千二百六十户。較兵火前户數，僅餘十分之一。

一、東鄉所屬者，計漢七、回三之譜。興上里漢、回共四百六十五户。興下里漢、回共六百六十三户。固原里漢、回共三百八十一户。清平監漢、回共九百七十户。東昌里漢、回共三百二十七户。萬安監共漢民六百二十一户。

一、南鄉所屬者，計漢五、回五之譜。縣歸州堡漢、回共一千三百二十六户。永豐里漢、回共三百五十九户。

一、西鄉所屬者，計漢四、回六之譜。廳川堡漢、回共一千三百二十四户。[1] 廳山堡漢、回共一千零四十三户。在城里漢、回共六百一十三户。固原屯漢、回共九百七十户。

一、北鄉所屬者，計漢五、回五之譜。黑水監漢、回共一千二百五十七户。開城監漢、回共一千八百六十一户。廣寧監漢、回共一千四百七十二户。

總計城鄉共一萬四千九百一十二户，[2] 未計口。若以八口之家平均估計，亦不過十一萬九千二百九十六口。

以全縣口數較兵火前全城口數，僅多一萬九千餘。民國三十年來，户口略增，據二十四、五年各鎮、鄉公所調查暨甘肅省社會調查表所載，全縣約有二萬户強，一十五萬餘口。迨三十一年以後，西吉縣成立。本縣撥歸新縣者，計張易鎮一百六十四户，硝河鄉一千一百二十二户，七千三百七十二口，張易鎮一千零四十五口。整理插花地，撥歸海原者，計李俊鄉二百一十七户，一千四百二十六口。合計一千五百零三户，九千八百四十三口。由海原撥來楊郎鎮計一千零八十九户，七千零五十八口。雖相差無幾，但自二十四、五年以後，共党割據縣東北境，而縣西多有叛民滋事，因之流亡不少。除撥歸及流亡外，據三十四年縣政府調查，本縣實有二萬户弱，一十二萬餘口。以十五萬口比較之，減少數在三萬上下。據三十六年縣政府調查，本縣實有二萬一千户強，一十三萬餘口。以十五萬口比較之，減少數仍在二萬上下。

兹將最近全縣保甲人口之性別等統計隨録于次，用預參考。

固原縣保甲人口性別統計

城關鎮：十三保，一百九十五甲，二千六百五十九户，一萬一千八百八十八口，男六千五百六十口，女五千三百二十口。

附郭鄉：十一保，一百五十二甲，二千一百九十户，一萬四千三百三十五口，男七千五百三十七口，女六千七百九十八口。

大營鄉：六保，八十甲，一千零九十七户，六千四百七十六口，男三千三百二十五口，女三千一百五十一口。

　　張易鎮：十保，一百四十八甲，二千零四十五户，一萬四千七百二十一口，男七千七百零三口，女七千零十八口。

　　大灣鄉：七保，九十二甲，一千三百三十一户，七千六百二十四口，男三千九百八十六口，女三千六百四十口。

　　蒿店鎮：七保，九十四甲，一千三百六十六户，七千九百九十五口，男四千三百一十六口，女三千六百七十九口。

　　張化鄉：六保，八十八甲，一千三百三十八户，七千九百七十五口，男四千一百六十五口，女三千八百一十口。

　　城陽鄉：九保，一百一十八甲，一千七百三十八户，一萬零八百七十三口，男五千八百一十五口，女五千零五十八口。

　　王沰鎮：十保，一百二十六甲，一千七百五十九户，一萬三千七百六十口，男七千四百四十一口，女六千三百一十九口。

　　萬安鄉：四保，四十二甲，五百九十二户，六千八百九十口，男三千九百六十四口，女二千九百二十六口。

　　三營鎮：七保，一百零一甲，一千四百二十一户，八千九百二十六口，男四千四百六十口，女四千四百六十六口。

　　七營鄉：七保，一百零一甲，一千四百八十九户，九千九百四十五口，男五千三百二十八口，女四千六百一十七口。

　　黑城鎮：七保，九十三甲，一千一百九十户，八千二百五十四口，男四千二百八十八口，女三千九百六十六口。

　　楊郎鎮：六保，七十八甲，一千零八十九户，七千零五十八口，男三千六百八十八口，女三千三百七十口。

　　總計一百一十保，一千五百零八甲，二萬一千三百零四户，一十三萬六千七百一十四口，男七萬二千五百七十六口，女六萬四千一百三十八口。

固原縣人口籍別統計

　　城關鎮：男六千五百六十口，女五千三百二十口。本籍男四千二百二十三口，女三千九百零一口。本省他縣籍男七百九十口，女四百二十六口。外省籍男一千五百四十七口，女九百九十三口。外國籍男一口，女一口。

　　附郭鄉：男七千五百三十七口，女六千七百九十八口。本籍男七千五百口，女六千七百八十一口。本省他籍男二十一口，女九口。外省籍男十六口，女八口。

　　大營鄉：男三千三百二十五口，女三千一百五十一口。本籍男三千三百一十七口，女三千一百四十九口。本省他縣籍男六口。外省籍男二口，女二口。

張易鎮：男七千七百零三口，女七千零十八口。本籍男七千七百零三口，女七千零一十八口。

大灣鄉：男三千九百八十六口，女三千六百四十口。本籍男三千九百三十一口，女三千六百零三口。本省他縣籍男二十八口，女十六口。外省籍男二十七口，女二十一口。

蒿店鎮：男四千三百一十六口，女三千六百七十九口。本籍男四千一百七十七口，女三千五百九十八口。本省他縣籍男一百二十口，女七十七口。外省籍男十九口，女四口。

張化鄉：男四千一百六十五口，女三千八百一十口。本籍男四千一百五十二口，女三千八百零五口。本省他縣籍男三口。外省籍男十口，女五口。

城陽鄉：男五千八百一十五口，女五千零五十八口。本籍男五千八百零七口，女五千零五十六口。本省他縣籍男二口。外省籍男六口，女二口。

王堌鎮：男七千四百四十一口，女六千三百一十九口。本籍男七千三百二十五口，女六千二百七十三口。本省他縣籍男四十口，女十八口。外省籍男七十六口，女二十八口。

萬安鄉：男三千九百六十四口，女二千九百二十六口。本籍男三千三百一十五口，女二千四百七十二口。本省他縣籍男六百四十九口，女四百五十四口。

三營鎮：男四千四百六十口，女四千四百六十六口。本籍男三千八百三十二口，女三千七百七十口。本省他縣籍男二十五口，女二十三口。外省籍男六百零三口，女三百七十三口。

七營鄉：男五千三百二十八口，女四千六百一十七口。本籍男四千九百四十三口，女四千四百八十三口。本省他縣籍男二百四十七口，女四十六口。外省籍男一百三十八口，女八十八口。

黑城鄉：男四千二百八十八口，女三千九百六十六口。本籍男四千二百一十七口，女三千九百三十五口。本省他縣籍男四十六口，女十二口。外省籍男二十五口，女十九口。

楊郎鎮：男三千六百八十八口，女三千三百七十口。本籍男三千六百一十七口，女三千三百三十四口。外省籍男七十一口，女三十六口。

總計男七萬二千五百七十六口，女六萬四千一百三十八口。本籍男六萬八千零五十九口，女六萬一千一百七十八口。本省他縣籍男一千九百七十七口，女一千零八十一口。外省籍男二千五百四十口，女一千八百七十九口。外國籍男一口，女一口。合計男女十三萬六千七百一十四口，本籍男女十二萬九千二百三十七口，本省他縣男女三千零五十八口，外省籍男女四千四百一十九口，外國籍男女二口。

固原人口年齡統計

城關鎮：未滿一歲男一百八十一口，女二百二十口。一歲至未滿五歲男六百九十九口，女二百零七口。五歲至未滿六歲男一百二十九口，女一百六十五口。六歲至未滿十歲男五百二十口，女四百七十一口。十歲至未滿十二歲男二百三十七口，女二百二十四口。十二歲至未滿十五歲男三百六十七口，女二百七十八口。十五歲至未滿十八歲男三百一十七口，女二百五十口。十八歲至未滿二十歲男一百九十九口，女一百九十二口。二十歲至未滿二十五歲男五百二十三口，女四百零五口。二十五歲至未滿三十歲男五百六十三口，女四百四十三口。三十歲至未滿三十五歲男四百九十三口，女三百八十八口。三十五歲至未滿四十歲男四百二十九口，女四百一十七口。四十歲至未滿四十五歲男三百二十九口，女三百零三口。四十五歲至未滿五十歲男五百九十六口，女二百八十八口。五十歲至未滿五十五歲男四百口，女一百八十口。五十五歲至未滿六十歲男二百一十九口，女一百三十二口。六十歲至未滿六十五歲男一百四十四口，女一百零九口。六十五歲至未滿七十歲男一百二十二口，女八十六口。七十歲以上男九十四口，女六十二口。

附郭鄉：未滿一歲男二百四十七口，女二百九十二口。一歲至未滿五歲男八百一十三口，女八百六十九口。五歲至未滿六歲男二百五十二口，女二百一十四口。六歲至未滿十歲男五百八百七十一口，女八百一十四口。十歲至未滿十二歲男三百四十八口，女三百零九口。十二歲至未滿十五歲男五百二十口，女四百四十五口。十五歲至未滿十八歲男三百七十一口，女三百七十七口。十八歲至未滿二十歲男一百九十五口，女二百口。二十歲至未滿二十五歲男四百八十六口，女四百七十三口。二十五歲至未滿三十歲男四百五十一口，女四百一十五口。三十歲至未滿三十五歲男四百八十口，女四百一十四口。三十五歲至未滿四十歲男四百零七口，女四百四十五口。四十歲至未滿四十五歲男三百八十九口，女四百三十二口。四十五歲至未滿五十歲男五百二十四口，女三百五十五口。五十歲至未滿五十五歲男四百五十六口，女二百五十九口。五十五歲至未滿六十歲男二百六十八口，女一百七十七口。六十歲至未滿六十五歲男一百九十六口，女一百一十一口。六十五歲至未滿七十歲男一百四十七口，女一百一十二口。七十歲以上男一百一十六口，女八十五口。

大營鄉：未滿一歲男一百零七口，女一百三十八口。一歲至未滿五歲男三百六十九口，女三百九十口。五歲至未滿六歲男一百零三口，女一百零四口。六歲至未滿十歲男三百四十四口，女三百七十一口。十歲至未滿十二歲男一百六十八口,女一百三十八口。十二歲至未滿十五歲男二百一十五口,女一百七十五口。十五歲至未滿十八歲男一百四十四口,女一百三十二口。十八歲至未滿二十歲男七十六口,女七十一口。二十歲至未滿二十五歲男一百九十六口,女二百一十二口。二十五歲至未滿三十歲男一百六十八口,女一百七十八口。三十歲至未滿三十五歲男二百二十口,女二百零三口。三十五歲至未滿四十歲男一百八十一口,女二百一十二口。四十歲至未滿四十五歲男一百九十九口,女二百零五口。四十五歲至未滿五十歲男二百八十口,女二百一十九口。五十歲至未滿五十五歲男一百九十五口,女一百四十二口。五十五歲至未滿六十歲男一百一十七口,女九十二口。六十歲至未滿六十五歲男一百八十八口,女六十七口。六十五歲至未滿七十歲男九十七口,女五十八口。七十歲以上男五十八口,女四十四口。

張易鎮:未滿一歲男二百四十六口,女二百二十八口。一歲至未滿五歲男八百四十九口,女九百口。五歲至未滿六歲男二百七十七口,女二百三十二口。六歲至未滿十歲男九百零五口,女七百六十四口。十歲至未滿十二歲男三百六十一口,女二百六十四口。十二歲至未滿十五歲男四百一十四口,女二百九十六口。十五歲至未滿十八歲男三百八十二口,女四百零三口。十八歲至未滿二十歲男一百八十口,女一百九十六口。二十歲至未滿二十五歲男五百三十七口,女五百六十八口。二十五歲至未滿三十歲男五百四十九口,女四百八十八口。三十歲至未滿三十五歲男五百六十五口,女五百四十九口。三十五歲至未滿四十歲男四百三十三口,女四百八十八口。四十歲至未滿四十五歲男四百二十九口,女四百零五口。四十五歲至未滿五十歲男四百九十六口,女四百一十八口。五十歲至未滿五十五歲男三百八十七口,女二百七十六口。五十五歲至未滿六十歲男一百八十五口,女一百七十口。六十歲至未滿六十五歲男一百七十七口,女一百三十二口。六十五歲至未滿七十歲男一百六十九口,女一百四十四口。七十歲以上男一百六十二口,女九十七口。

大灣鄉:未滿一歲男一百五十口,女一百五十五口。一歲至未滿五歲男四百三十九口,女四百三十二口。五歲至未滿六歲男一百四十六口,女一百一十三口。六歲至未滿十歲男四百零六口,女四百二十八口。十歲至未滿十二歲男二百一十三口,女一百九十口。十二歲至未滿十五歲男二百一十口,女二百零三口。十五歲至未滿十八歲男一百四十七口,女一百五十三口。十八歲至未滿二十歲男一百一十七口,女一百三十一口。二十歲至未滿二十五歲男二百七十六口,女二百七十七口。二十五歲至未滿三十歲男二百六十七口,女二百四十四口。三十歲至未滿三十五歲男三百七十八口,女二百六十八口。三十五歲至未滿四十歲男二百二十九口，女二百三十五口。四十歲至未滿四十五歲男二百五十八口，女二百四十八口。四十五歲至未滿五十歲男二百六十八口，女一百八十二口。五十歲至未滿五十五歲男一百六十九口，女一百二十口。五十五歲至未滿六十歲男一百二十六口，女八十七口。六十歲至未滿六十五歲男九十三口，女六十六口。六十五歲至未滿七十歲男七十二口，女六十九口。七十歲以上男七十二口，女四十三口。

蒿店鎮：未滿一歲男七十六口，女二百零八口。一歲至未滿五歲男二百二十七口，女三百三十四口。五歲至未滿六歲男二百二十口，女一百零一口。六歲至未滿十歲男四百二十九口，女三百九十九口。十歲至未滿十二歲男二百零七口，女一百七十九口。十二歲至未滿十五歲男二百一十一口，女二百零四口。十五歲至未滿十八歲男一百一十一口，女一百四十三口。十八歲至未滿二十歲男一百零七口，女一百二十口。二十歲至未滿二十五歲男二百九十七口，女二百五十三口。二十五歲至未滿三十歲男三百二十口，女三百零六口。三十歲至未滿三十五歲男三百二十三口，女二百六十九口。三十五歲至未滿四十歲男三百二十八口，女二百五十六口。四十歲至未滿四十五歲男三百一十六口，女二百六十八口。四十五歲至未滿五十歲男三百零五口，女一百八十一口。五十歲至未滿五十五歲男二百五十八口，女一百六十口。五十五歲至未滿六十歲男七十一口，女一百一十八口。六十歲至未滿六十五歲男九十五口，女七十八口。六十五歲至未滿七十歲男七十六口，女五十六口。七十歲以上男三十九口，女四十六口。

張化鄉：未滿一歲男七十七口，女九十四口。一歲至未滿五歲男五百零八口，女四百六十六口。五歲至未滿六歲男一百一十九口，女一百零九口。六歲至未滿十歲男四百六十口，女四百五十四口。十歲至未滿十二歲男一百四十七口，女一百三十五口。十二歲至未滿十五歲男二百六十六口，女二百五十五口。十五歲至未滿十八歲男一百七十口，女一百八十五口。十八歲至未滿二十歲男一百零六口，女九十七口。二十歲至未滿二十五歲男三百三十六口，女三百零八口。二十五歲至未滿三十歲男二百九十二口，女二百八十口。三十歲至未滿三十五歲男二百九十七口，女二百六十九口。三十五歲至未滿四十歲男二百二十口，女二百五十八口。四十歲至未滿四十五歲男一百九十四口，女二百二十二口。四十五歲至未滿五十歲男二百八十九口，女二百四十一口。五十歲至未滿五十五歲男二百六十九口，女一百七十口。五十五歲至未滿六十歲男一百零四口，女五十七口。六十歲至未滿六十五歲男七十二口，女六十五口。六十五歲至未滿七十歲男一百四十口，女一百口。七十歲以上男九十九口，女六十五口。

城陽鄉：未滿一歲男三十四口，女三十二口。一歲至未滿五歲男五百五十二口,女五百九十三口。五歲至未滿六歲男二百六十一口,女二百一十口。六歲至未滿十歲男七百五十二口,女六百二十八口。十歲至未滿十二歲男三百零三口,女二百一十二口。十二歲至未滿十五歲男三百三十四口,女一百八十六口。十五歲至未滿十八歲男三百零九口,女一百五十口。十八歲至未滿二十歲男一百一十口,女一百二十六口。二十歲至未滿二十五歲男三百四十二口,女三百六十九口。二十五歲至未滿三十歲男四百三十二口,女三百五十八口。三十歲至未滿三十五歲男四百一十一口,女三百八十口。三十五歲至未滿四十歲男三百五十五口,女三百四十二口。四十歲至未滿四十五歲男三百八十三口,女三百七十四口。四十五歲至未滿五十歲男三百四十七口,女三百三十二口。五十歲至未滿五十五歲男四百一十五口,女三百七十口。五十五歲至未滿六十歲男一百七十四口,女一百七十口。六十歲至未滿六十五歲男一百四十七口,女一百零九口。六十五歲至未滿七十歲男一百零八口,女八十一口。七十歲以上男四十六口,女四十六口。

王洼鎮:未滿一歲男一百五十六口,女一百三十三口。一歲至未滿五歲男八百五十九口,女七百一十六口。五歲至未滿六歲男一百八十九口,女一百八十一口。六歲至未滿十歲男七百四十六口,女六百六十一口。十歲至未滿十二歲男三百六十八口,女二百八十九口。十二歲至未滿十五歲男四百八十二口,女三百四十九口。十五歲至未滿十八歲男三百八十八口,女三百五十四口。十八歲至未滿二十歲男一百七十六口,女一百九十三口。二十歲至未滿二十五歲男五百六十七口,女五百零九口。二十五歲至未滿三十歲男五百七十二口,女五百一十四口。三十歲至未滿三十五歲男六百零一口,女五百二十二口。三十五歲至未滿四十歲男四百四十四口,女四百二十二口。四十歲至未滿四十五歲男四百二十九口,女三百五十七口。四十五歲至未滿五十歲男四百八十七口,女三百七十三口。五十歲至未滿五十五歲男三百五十七口,女二百五十六口。五十五歲至未滿六十歲男二百四十口,女一百六十六口。六十歲至未滿六十五歲男一百七十七口,女一百五十一口。六十五歲至未滿七十歲男一百零七口,女七十九口。七十歲以上男九十六口,女九十四口。

萬安鄉:未滿一歲男三十七口,女二十二口。一歲至未滿五歲男一百二十八口,女七十一口。五歲至未滿六歲男一百六十四口,女八十五口。六歲至未滿十歲男一百八十九口,女一百零八口。十歲至未滿十二歲男一百九十七口,女一百零六口。十二歲至未滿十五歲男二百零五口,女一百零五口。十五歲至未滿十八歲男一百七十一口,女一百二十三口。十八歲至未滿二十歲男一百五十一口,女一百四十七口。二十歲至未滿二十五歲男一百七十八口,女一百三十口。

二十五歲至未滿三十歲男二百六十五口,女一百九十六口。三十歲至未滿三十五歲男二百六十口,女二百零八口。三十五歲至未滿四十歲男二百三十三口,女一百九十七口。四十歲至未滿四十五歲男一百九十九口,女二百一十三口。四十五歲至未滿五十歲男二百五十四口,女二百四十八口。五十歲至未滿五十五歲男三百六十一口,女二百六十四口。五十五歲至未滿六十歲男三百一十二口,女二百七十六口。六十歲至未滿六十五歲男二百零八口,女一百九十口。六十五歲至未滿七十歲男一百九十七口,女一百三十六口。七十歲以上男一百一十一口,女一百一十九口。

三營鎮:未滿一歲男二百九十三口,女二百九十二口。一歲至未滿五歲男六百三十八口,女六百七十口。五歲至未滿六歲男二百五十二口,女二百四十九口。六歲至未滿十歲男四百二十三口,女四百三十八口。十歲至未滿十二歲男二百零六口,女二百口。十二歲至未滿十五歲男七百七十二口,女一百七十五口。十五歲至未滿十八歲男一百五十八口,女一百五十七口。十八歲至未滿二十歲男一百一十一口,女一百四十五口。二十歲至未滿二十五歲男二百三十四口,女二百九十四口。二十五歲至未滿三十歲男二百六十九口,女二百八十三口。三十歲至未滿三十五歲男二百五十六口,女二百八十五口。三十五歲至未滿四十歲男二百六十六口,女二百一十七口。四十歲至未滿四十五歲男二百一十二口,女二百二十四口。四十五歲至未滿五十歲男二百四十八口,女二百三十七口。五十歲至未滿五十五歲男二百二十口,女一百四十八口。五十五歲至未滿六十歲男一百四十一口,女八十六口。六十歲至未滿六十五歲男一百零五口,女六十八口。六十五歲至未滿七十歲男一百零六口,女九十口。七十歲以上男一百五十口,女一百一十口。

七營鄉:未滿一歲男六十九口,女三十七口。一歲至未滿五歲男八百一十五口,女七百一十六口。五歲至未滿六歲男三百七十八口,女二百六十九口。六歲至未滿十歲男四百九十口,女四百四十七口。十歲至未滿十二歲男二百四十六口,女二百六十八口。十二歲至未滿十五歲男三百三十四口,女二百七十三口。十五歲至未滿十八歲男一百九十七口,女一百九十四口。十八歲至未滿二十歲男一百四十三口,女一百二十八口。二十歲至未滿二十五歲男二百七十八口,女二百六十八口。二十五歲至未滿三十歲男三百三十一口,女三百二十六口。三十歲至未滿三十五歲男三百零六口,女二百六十四口。三十五歲至未滿四十歲男三百九十七口,女二百七十九口。四十歲至未滿四十五歲男二百九十二口,女二百六十九口。四十五歲至未滿五十歲男二百六十八口,女二百六十二口。五十歲至未滿五十五歲男二百四十九口,女一百八十七口。五十五歲至未滿六十歲男一百五十三口，女一百四十。六十歲至未滿六十五歲男一百五十八口，女一百四十。六十五歲至未滿七十歲男一百一十二口，女九十一口。七十歲以上男一百一十口，女五十九口。

黑城鎮：未滿一歲男二百二十九口，女二百四十三口。一歲至未滿五歲男六百八十一口，女六百二十九口。五歲至未滿六歲男一百六十一口，女一百三十四口。六歲至未滿十歲男四百七十六口，女四百九十五口。十歲至未滿十二歲男一百八十八口，女一百五十六口。十二歲至未滿十五歲男二百口，女一百六十五口。十五歲至未滿十八歲男一百七十四口，女一百八十六口。十八歲至未滿二十歲男八十六口，女九十一口。二十歲至未滿二十五歲男二百五十六口，女二百七十八口。二十五歲至未滿三十歲男二百四十七口，女二百五十六口。三十歲至未滿三十五歲男二百六十三口，女二百一十五口。三十五歲至未滿四十歲男二百二十一口，女二百三十六口。四十歲至未滿四十五歲男一百七十口，女二百一十二口。四十五歲至未滿五十歲男二百七十口，女二百三十三口。五十歲至未滿五十五歲男二百四十七口，女一百四十三口。五十五歲至未滿六十歲男一百四十二口，女九十八口。六十歲至未滿六十五歲男一百一十九口，女八十一口。六十五歲至未滿七十歲男八十四口，女六十四口。七十歲以上男七十四口，女五十一口。

楊郎鎮：未滿一歲男五十一口，女四十三口。一歲至未滿五歲男五百三十八口，女五百八十三口。五歲至未滿六歲男八十九口，女九十五口。六歲至未滿十歲男四百零四口，女四百一十四口。十歲至未滿十二歲男一百七十九口，女一百五十七口。十二歲至未滿十五歲男二百零九口，女一百七十七口。十五歲至未滿十八歲男一百七十七口，女一百三十口。十八歲至未滿二十歲男八十口，女八十八口。二十歲至未滿二十五歲男二百一十九口，女三百二十八口。二十五歲至未滿三十歲男二百一十八口，女二百零四口。三十歲至未滿三十五歲男二百六十口，女一百九十二口。三十五歲至未滿四十歲男一百九十一口，女二百一十一口。四十歲至未滿四十五歲男二百一十三口，女二百一十六口。四十五歲至未滿五十歲男二百四十六口，女二百零八口。五十歲至未滿五十五歲男二百二十九口，女一百四十八口。五十五歲至未滿六十歲男一百二十四口，女七十二口。六十歲至未滿六十五歲男一百零七口，女八十九口。六十五歲至未滿七十歲男七十五口，女五十九口。七十歲以上男七十九口，女五十六口。

本縣總計：未滿一歲男二千零五十三口，女二千一百三十七口，合計四千一百九十口。一歲至未滿五歲男八千二百一十五口，女八千零七十六口，合計一萬六千二百九十一。五歲至未滿六歲男二千七百四十口，女二千二百六十一口，合計五千零一口。六歲至未滿十歲男七千四百一十五口，女六千八百九十二口，合計一萬四千三百零七口。十歲至未滿十二歲男三千三百六十八口，女二千八百二十七口，合計六千一百九十五。十二歲至未滿十五歲男四千一百三十九口，女三千三百零四口，合計七千四百四十三口。十五歲至未滿十八歲男三千二百一十六口，女二千九百三十七口，合計六千一百五十三口。十八歲至未滿二十歲男一千八百三十七口，女一千九百二十五口，合計三千七百六十二口。二十歲至未滿二十五歲男四千七百二十五口，女四千五百七十二口，合計九千二百九十七口。二十五歲至未滿三十歲男四千九百四十四口，女四千四百八十七口，合計九千四百三十一口。三十歲至未滿三十五歲男五千零六十三口，女四千四百二十六口，合計九千四百八十九口。三十五歲至未滿四十歲男四千三百三十四口，女四千二百七十五口，合計八千六百零九口。四十歲至未滿四十五歲男四千零八十口，女三千九百二十四口，合計八千零四口。四十五歲至未滿五十歲男四千九百五十四口，女三千七百八十三口，合計八千七百三十七口。五十歲至未滿五十五歲男四千二百一十二口，女二千八百二十三口，合計七千零三十五口。五十五歲至未滿六十歲男二千四百七十六口，女一千八百三十一口，合計四千三百零七口。六十歲至未滿六十五歲男一千八百八十六口，女一千四百五十六口，合計三千三百四十二口。六十五歲至未滿七十歲男一千六百一十一口，女一千二百二十五口，合計二千八百三十六口。七十歲以上男一千三百零八口，女九百七十七口，合計二千八百八十五口。

固原縣現住人口婚姻狀況統計

城關鎮：男四千四百四十七口，女三千二百七十八口。未婚，男八百六十三口，女一百三十三口。有配偶，男三千一百四十七口，女二千七百三十口。喪偶，男四百三十五口，女四百一十口。離婚，男二口，女五口。

附郭鄉：男四千七百零五口，女四千零八十四口。未婚，男六百六十五口，女一百八十五口。有配偶，男三千六百三十一口，女三千五百一十一口。喪偶，男四百零八口，女三百八十七口。離婚，男一口，女一口。

大營鄉：男二千零一十九口，女一千八百三十五口。未婚，男二百一十口，女五十二口。有配偶，男一千六百四十九口，女一千五百七十七口。喪偶，男一百六十口，女二百零六口。

張易鎮：男四千六百四十一口，女四千三百三十四口。未婚，男四百四十九口，女六十七口。有配偶，男三千八百八十八口，女三千八百二十三口。喪偶，男三百零四口，女四百四十四口。

大灣鄉：男二千四百二十二口，女二千一百一十九口。未婚，男三百四十口,女六十六口。有配偶,男一千八百四十九口,女一千八百六十口。喪偶,男二百三十三口,女一百九十三口。

蒿店鎮:男二千七百四十六口,女二千二百五十四口。未婚,男三百四十一口,女四十一口。有配偶,男二千一百五十六口,女一千九百五十八口。喪偶,男二百四十九口,女二百五十五口。

張化鄉:男二千六百三十八口,女二千二百九十七口。未婚,男四百五十六口,女六十口。有配偶,男一千九百七十一口,女二千零二十八口。喪偶,男二百一十一口,女二百零九口。

城陽鎮:男三千五百七十九口,女三千一百九十七口。未婚,男三百七十四口,女四十一口。有配偶,男二千八百六十一口,女二千八百四十四口。喪偶,男三百四十四口,女三百一十二口。

王洼鄉:男四千七百一十四口,女四千零六十三口。未婚,男六百零八口,女一百五十五口。有配偶,男三千九百五十三口,女三千八百三十三口。喪偶,男一百五十三口,女七十五口。

萬安鄉:男三千零四十四口,女二千四百二十九口。未婚,男五百三十九口,女四百四十二口。有配偶,男二千三百六十三口,女一千八百五十四口。喪偶,男一百四十二口,女一百三十三口。

三營鎮:男二千四百七十六口,女二千四百二十四口。未婚,男一百六十九口,女一百一十二口。有配偶,男二千一百六十三口,女二千一百六十九口。喪偶,男一百四十四口,女一百四十三口。

七營鄉:男二千九百九十六口,女二千六百零七口。未婚,男三百六十四口,女三百零一口。有配偶,男二千四百二十二口,女二千一百五十七口。喪偶,男二百一十口,女二百四十九口。

黑城鄉:男二千三百五十三口,女二千一百四十四口。未婚,男一百八十二口,女二十口。有配偶,男一千八百八十七口,女一千八百七十五口。喪偶,男二百八十四口,女二百四十九口。

楊郎鎮:男二千二百一十八口,女一千九百零一口。未婚,男二百六十九口,女五十五口。有配偶,男一千七百三十五口,女一千六百四十二口。喪偶,男二百一十四口,女二百零四口。

全縣總計:男四萬四千九百九十八口,女三萬八千九百六十五口,合計八萬三千九百六十三口。未婚總計,男五千八百二十九口,女一千六百二十九口,合計七千四百五十八口。有配偶總計,男三萬五千六百七十二口,女三萬三千八百六十一口,合計六萬九千五百三十六口。喪偶總計,男三千四百九十一口,女三千四百六十九口,合計六千九百六十口。離婚總計,男三口,女六口,合計九口。

備註:一、未達結婚年齡者,男二萬七千九百三十人,女二萬五千四百九十七人,未在統計內。二、未達結婚年齡已結婚者,男三百五十二人,女三百二十四人,分別統計在內。

固原縣人口教育程度總計

城關鎮:男五千五百五十一口,女四千二百二十八口。受高等教育者:畢業,男二十四名;肄業,男二名。受中等教育者:高中畢業,男八十三名,女四名;肄業,男二十二名,女四名。初中畢業,男一百八十八名,女二十名;肄業,男一百三十名,女三十名。受初等教育者:高小畢業,男一百二十八名,女六十三名;肄業,男五百零七名,女一百九十九名。初小畢業,男十九名,女十九名;肄業,男二百一十名,女四十六名。私塾肄業,男一千五百四十九名,女七十八名。不識字,男二千六百九十八名,女三千七百六十五名。

附郭鄉:男六千二百二十八口,女五千四百二十三口。受高等教育者:畢業,男一名;肄業,男一名。受中等教育者:高中畢業,男五名;肄業,男三名。初中畢業,男二十五名,女一名;肄業,男一十八名。受初等教育者:高小畢業,男二十名,女一名;肄業,男十四名,女一名。初小肄業,男二百二十七名。私塾肄業,男一百七十三名。不識字,男五千七百三十名,女五千四百二十名。

大營鄉:男二千七百四十六口,女二千五百一十九口。受中等教育者:高中畢業,男三名;肄業,男三名。初中畢業,男八名;肄業,男十五名。受初等教育者:高小畢業,男十五名;肄業,男二十八名。初小畢業,男十七名;肄業,男三百一十二名。私塾肄業,男一百八十名。不識字,男二千一百六十五名,女二千五百一十八名。

張易鎮:男六千三百三十一口,女五千六百五十八口。受中等教育者:高中肄業,男二名。初中畢業,男二十三名;肄業,男三十四名。受初等教育者:高小畢業,男八十三名;肄業,男七十八名。初小肄業,男二百五十八名。私塾肄業,男一百三十八名。不識字,男五千七百一十五名,女五千六百五十八名。

大灣鄉:男三千二百五十一口,女二千九百四十口。受中等教育者:高中畢業,男一名;肄業,男三名。初中畢業,男二十名,女一名;肄業,男十名。受初等教育者:高小畢業,男四十六名;肄業,男十名。初小畢業,男十四名;肄業,男一百二十三名,女二名。私塾肄業,男一百四十三名,女一名。不識字,男二千八百八十一名,女二千九百三十六名。

蒿店鎮:男三千五百九十三口,女三千零三十六口。受高等教育者:畢業,男一名;肄業,男二名,女一名。受中等教育者:高中畢業,男一名;肄業,男一名。初中畢業,男十五名,女一名;肄業,男十五名。受初等教育者: 高小畢業,男二十一名,女三名;肄業,男三十九名,女三名。初小畢業,男二名;肄業,男九十五名,女四名。私塾肄業,男一百六十三名,女九名。不識字,男三千二百三十八名,女三千零一十五名。

張化鄉:男三千四百六十一口,女三千一百四十一口。受中等教育者: 高中畢業,男三名;肄業,男六名。初中畢業,男二名;肄業,男十八名。受初等教育者: 高小畢業,男十八名;肄業,男四十六名。初小畢業,男四名;肄業,男一百三十八名。私塾肄業,男二十八名,女一名。不識字,男三千一百九十八名,女三千一百四十一名。

城陽鄉:男四千九百六十八口,女四千二百二十三口。受中等教育者: 高中畢業,男五名;肄業,男七名。初中畢業,男二十四名;肄業,男十六名,女一名。受初等教育者: 高小畢業,男一百名;肄業,男十一名。初小畢業,男十五名,女二名;肄業,男一百零一名,女一名。私塾肄業,男二百一十一名,女一名。不識字,男四千四百七十八名,女四千二百一十八名。

王洼鎮:男六千二百三十七口,女五千二百八十九口。受中等教育者: 高中畢業,男七名;肄業,男二十一名。初中畢業,男三十六名;肄業,男五十二名。受初等教育者: 高小畢業,男一百零一名;肄業,男八十六名。初小畢業,男一百九十四名;肄業,男四百零六名。私塾肄業,男一百九十九名。不識字,男五千一百三十五名,女五千二百八十九名。

萬安鄉:男三千六百三十五口,女二千七百四十八口。受中等教育者: 高中畢業,男一名。受初等教育者: 高小畢業,男四十九名;肄業,男十六名。初小畢業,男三十五名;肄業,男十四名。私塾肄業,男一千八百二十名。不識字,男一千七百名,女二千七百四十八名。

三營鎮:男三千二百七十七口,女三千二百五十五口。受中等教育者: 高中畢業,男一名。初中畢業,男九名;肄業,男十八名。受初等教育者: 高小畢業,男三十五名;肄業,男一百三十九名。初小畢業,男一百二十五名;肄業,男二百三十八名。私塾肄業,男二百七十三名。不識字,男二千四百三十九名,女三千二百五十五名。

七營鄉:男四千零六十六口,女三千五百九十五口。受高等教育者: 畢業,男一名。受中等教育者: 高中畢業,男五名;肄業,男二名。初中畢業,男二十五名;肄業,男十五名。受初等教育者: 高小畢業,男四十二名;肄業,男二十五名。初小畢業,男一百七十五名。私塾肄業,男一百八十四名,女六名。不識字,男三千五百九十五名,女三千五百八十九名。

黑城鄉：男三千二百一十七口，女二千九百六十口。受高等教育者：畢業，男三名；肄業，男五名。受中等教育者：高中畢業，男三名；肄業，男二名。初中畢業，男三十九名，女二名；肄業，男二十九名，女一名。受初等教育者：高小畢業，男五十名，女二名；肄業，男五十九名。初小畢業，男七名；肄業，男一百五十三名，女四名。私塾肄業，男一百五十名，女四名。不識字，男二千七百一十七名，女二千九百四十七名。

楊郎鎮：男三千零十口，女二千六百四十九口。受高等教育者：肄業，男一名。受中等教育者：高中畢業，男一名；肄業，男一名。初中畢業，男十七名；肄業，男十名。受初等教育者：高小畢業，男三十名；肄業，男十五名。初小畢業，男一百三十九名；肄業，男十九名。私塾肄業，男一百七十二名。不識字，男二千六百零五名，女二千六百四十九名。

全縣總計：男五萬九千五百六十八口，女五萬一千六百六十四口，合計男女一十一萬一千二百三十二口。受高等教育者：畢業總計，男三十名，合計男三十名；肄業總計，男十一名，女一名，合計男女十二名。受中等教育者：高中畢業總計，男一百一十九名，女四名，合計男女一百二十三名；肄業總計，男七十三名，女四名，合計男女七十七名。初中畢業總計，男四百三十一名，女二十五名，合計男女四百五十六名；肄業總計，男三百八十名，女三十二名，合計男女四百一十二名。受初等教育者：高小畢業總計，男七百四十六名，女六十九名，合計男女八百一十五名；肄業總計，男一千零七十名，女二百零四名，合計男女一千二百七十四名。初小畢業總計，男七百四十六名，女二十一名，合計男女七百六十七名；肄業總計，男二千二百九十四名，女五十七名，合計男女二千三百五十一名。私塾總計：男五千三百七十四名，女九十九名，合計男女五千四百七十三名。不識字者總計：男四萬八千二百九十四名，女五萬一千一百四十八名，合計男女九萬九千四百四十二名。

備註：一、現住人口有未達教育程度者，男一萬二千八百八十八人，女一萬二千四百七十四人，未在統計內。

固原縣人口殘疾統計

城關鎮：殘缺，男十九口，女七口。盲瞽，男十口，女八口。聾啞，男二十六口，女三口。半癩，男一口。廢疾，男十二口。殘疾不明，男五口。共計殘疾，男七十三口，女十八口。

附郭鄉：殘缺，男二十九口，女四口。聾啞，男四十五口，女十口。廢疾，男五十三口，女九口。共計殘疾，男一百二十七口，女二十三口。

大營鄉：殘缺，男四口。聾啞，男十三口，女二口。低能，男二十八口，女一口。癲狂,男五口,女五口。廢疾,男九口,女九口。殘疾不明,男十八口,女十八口。共計殘疾,男六十七口,女三十五口。

張易鎮:殘缺,男四十口,女五口。盲瞽,男三十三口,女十六口。聾啞,男四十口,女九口。低能,男三口,女一口。癲狂,男一口。半癲,男三口。廢疾,男四口,女二口。殘疾不明,男三口。共計殘疾,男一百二十七口,女三十七口。

大灣鄉:殘缺,男二十七口,女十四口。盲瞽,男十三口,女十六口。聾啞,男四十一口,女十九口。癲狂,男二口,女一口。半癲,男七口,女一口。廢疾,男十三口,女十八口。殘疾不明,男一口,女三口。共計殘疾,男一百零四口,女七十二口。

蒿店鎮:殘缺,男三口。盲瞽,男十一口,女四口。聾啞,男三十五口,女十一口。癲狂,男五口,女二口。廢疾,男十六口,女五口。殘疾不明,男一口。共計殘疾,男七十一口,女二十二口。

張化鄉:殘缺,男四十一口,女三口。盲瞽,男六口。聾啞,男二十八口,女一口。癲狂,男三口。半癲,男四十六口。廢疾,男六口,女十二口。殘疾不明,男十口,女一口。共計殘疾,男一百四十口,女十七口。

城陽鎮:殘缺,男三口,女二口。盲瞽,男三口,女三口。聾啞,男十四口,女五口。半癲,男一口。廢疾,男十六口,女八口。殘疾不明,男五口,女二口。共計殘疾,男四十二口,女二十口。

王洼鎮:殘缺,男十六口,女十口。聾啞,男三十五口,女十六口。廢疾,男十一口,女四口。共計殘疾,男六十二口,女三十口。

萬安鄉:殘缺,男二十一口。盲瞽,男一口。聾啞,男五口。半癲,男十四口。廢疾,男六口。共計殘疾,男四十七口。

三營鎮:殘缺,男三十口,女二十二口。聾啞,男二十二口,女二十口。半癲,男十口,女二口。廢疾,男十四口,女五口。殘疾不明,男十八口,女十二口。共計殘疾,男九十四口,女六十一口。

七營鄉:聾啞,男十五口。廢疾,男一百八十八口,女一百三十六口。殘疾不明,男一口。共計殘疾,男二百零四口,女一百三十六口。

黑城鄉:殘缺,男六十三口,女十九口。盲瞽,男十五口,女四口。聾啞,男十八口,女二口。癲狂,男二口。廢疾,男二十八口,女三口。共計殘疾,男一百二十六口,女二十八口。

楊郎鎮:殘缺,男七十七口,女一百二十五口。盲瞽,男十口,女九口。聾啞,男二口,女二口。廢疾,男五十五口,女一百零九口。殘疾不明,男七口。共計殘疾,男一百五十一口,女二百四十五口。

全縣殘缺總計,男三百七十三口,女二百一十一口,合計男女五百八十四口。盲瞽總計,男一百零二口,女六十口,合計男女一百六十二口。聾啞總計,男三百三十九口,女一百口,合計男女四百三十九口。低能總計,男二十一口,女二口,合計男女二十三口。癲狂總計,男十八口,女八口,合計男女二十六口。半癲總計,男八十二口,女三口,合計男女八十五口。廢疾總計,男四百三十一口,女三百二十口,合計男女七百五十一口。殘疾不明總計,男六十九口,女三十六口,合計男女一百零五口。全縣殘疾總計,男一千四百四十五口,女七百四十口,合計男女二千一百八十五口。

宗教

宗教者範圍人心而不過,曲成萬物而不遺者也。世界任何地方,任何民族,咸有宗教。宗教興,理法備,乃克健全一個社會或國家。但對於信仰自由而言,則無論是否居于同一地方,是否屬于同一民族也。固原宗教向分多門,茲分述之。

信仰　　誠服曰信,尊崇曰仰

儒教外有奉道教、佛教、回教、耶教者。

宗教之在固原,儒教外,道有"皇經壇""陰陽學",佛有"普渡門""大道門""净土門""同善社""理教會""宗教哲學會""天門道",回有"禮拜寺""拱拜寺""回教促進會",耶有"福音堂""傳道所"。

全縣除多數信仰儒教外,信仰佛教者十之三四。鄉農居多,無組織,無集會,全係自由信仰,各自家堂拜佛。有時彼此交換佛堂拜佛,男女通同拜佛懺悔,考功昇職一次。理教有公所一處,最崇信觀音菩薩,每年二月十九,六月十九,九月十九等日,爲集會拜佛結緣之期,信仰人多。

信仰道教者十之一二。"一貫道",一曰"天道",崇拜無極天尊。"龍門派"、"茅山派"崇拜太上老君。

信仰回教者則有四派,一呼飛耶,二哈吉勒耶,三哲海令耶,四庫布冷耶。縣城南關外,有大禮拜寺四。南三十里舖有大拱拜寺一,相傳爲穆族某哲人墓所在地,頗著靈驗。每年七月十二日爲紀念日。每逢紀念,外來拈香者甚衆,漢族間有附和者。其小拱拜寺與寺,凡屬穆民村莊均有。寺内或設學念該教天經,亦猶漢民各樹立方神廟爲禱祀焚香之所。間並延師設學,教子弟讀書。

信仰耶教者,則有天主教、耶穌教之別。信天主教者少,信耶穌教者多。縣城内有福音堂一,佈道所一。内有牧師一,男女佈道人二,董事會會長一,男女職事五。

理法　　道義謂理，皈戒爲法

儒主"敦倫飭紀，盡人道以合天道"。道主"清静無爲，修心煉性"。佛主"掃心非相，明心見性"。回主"明己認主，清修止慾"。耶主"兼愛，爲人，悔罪，死後求永生"。

固邑尊孔者，尚知敦倫飭紀，循規蹈矩。道教除茅山派之楊某、龍門派之張某、王某外，餘係陰陽派，以誦經拜懺代人祈福消災爲宗旨，以利他自利爲究竟。佛教之普度、大道兩門，均常齋奉佛，以誦經懺悔爲净心地，以買物放生爲消宿，以男女不婚嫁爲戒規，以了道還鄉爲究竟。净土、同善、理教、天道各門，均多花齋。净土以持佛名號爲宗旨，以歸西方極樂爲究竟。同善以寡過修身爲宗旨，以誦經静坐爲參悟，以了死超生爲究竟。理教、天道兩門，以捧法拜參爲宗旨，以不吃煙酒戒爲規，而以結緣道親同歸靈山爲究竟。回教以認主獨一爲宗旨，化己歸真爲究竟。耶教以慈愛爲宗旨，以歸天堂永生爲究竟。

總之，孔、道、佛教，一神教包多神教也。回與耶，一神教也。門户設施，教理規則雖各有不同，而其教去惡存善，以完成渾然之良心則無不同。

固原縣人口宗教統計

城關鎮：男六千五百六十口，女五千三百二十口。佛教，男五十七口，女五十八口。回教，男一千四百一十九口，女一千三百二十四口。道教，男七口，女四口。天主教，男五口，女五口。耶穌教，男三十四口，女二十九口。無信仰，男五千零三十八口，女三千九百口。

附郭鄉：男七千五百三十七口，女六千七百九十八口。佛教，男十五口，女十一口。回教，男三千二百四十七口，女三千一百一十七口。無信仰，男四千二百七十五口，女三千六百七十口。

大營鄉：男三千三百二十五口，女三千一百五十一口。佛教，男八口，女十七口。回教，男一千一百八十六口，女一千一百二十四口。無信仰，男二千一百三十一口，女二千零十口。

張易鎮：男七千七百零三口，女七千零一十八口。佛教，男二十七口，女十七口。回教，男二千一百零六口，女一千九百八十口。無信仰，男五千五百七十口，女五千零二十一口。

大灣鄉：男三千九百八十六口，女三千六百四十口。佛教，男十四口，女八口。回教，男一千九百三十四口，女一千七百一十二口。

蒿店鎮：男四千三百一十六口，女三千六百七十九口。佛教，男二十九口，女二十四口。回教，男三百八十六口，女三百六十八口。無信仰，男三千九百零一口,女三千二百八十七口。

　　張化鄉:男四千一百六十五口,女三千八百一十口。佛教,男一口。回教,男三千三百零三口,女三千二百六十口。無信仰,男八百六十一口,女五百五十口。

　　城陽鎮:男五千八百一十五口,女五千零五十八口。回教,男三百七十五口,女三百七十五口。無信仰,男五千四百四十口,女四千六百八十三口。

　　王圪鎮:男七千四百四十一口,女六千三百一十九口。回教,男一千八百五十口,女一千八百三十口。無信仰,男五千五百九十一口,女四千四百八十九口。

　　萬安鄉:男三千九百六十四口,女二千九百二十六口。佛教,男三口。回教,男一二百六十口,女二百六十口。無信仰,男三千七百零一口,女二千六百六十六口。

　　三營鎮:男四千四百六十口,女四千四百六十六口。回教,男五千三百六十口,女三千五百七十八口。耶穌教,男四口,女二口。無信仰,男八百九十六口,女八百八十六口。

　　七營鄉:男五千三百二十八口,女四千六百一十七口。佛教,男四口。回教,男二千一百二十四口,女一千九百五十口。耶穌教,男三口。無信仰,男三千一百九十七口,女二千六百六十七口。

　　黑城鄉:男四千二百八十八口,女三千九百六十六口。佛教,男一口,女一口。回教,男一千六百五十口,女一千六百三十六口。無信仰,男二千六百三十六口,女二千三百二十九口。

　　楊郎鎮:男三千六百八十八口,女三千三百七十口。佛教,男八口,女十三口。回教,男一千三百八十五口,女一千三百二十四口。無信仰,男二千二百九十五口,女二千零三十三口。

　　全縣總計,男女十三萬六千七百一十四口。佛教總計,男一百六十七口,女一百四十九口,合計男女三百一十六口。回教總計,男二萬四千八百八十九口,女二萬四千零四十六口,合計男女四萬八千九百三十五口。道教總計,男八口,女四口,合計男女十二口。天主教總計,男五口,女五口,合計男女十口。耶穌教總計,男四十一口,女三十一口,合計男女七十二口。無信仰總計,男四萬七千四百六十六口,女三萬九千九百零三口,合計男女八萬七千三百六十九口。

職工

　　技術手藝雖曰副業,亦生財之大道也。固邑人民誠篤,在昔務農牧牲之外,無他技藝之可言。晚近農村生活日感困難,乃少少習之。故技藝與職業並稱,漸亦成爲職業矣。

職業　　守曰職,執曰業

業農旁及工商。

固原人民職業狀況,大概可分爲三個時期、四個門類:一、周秦以前多畜牧。二、漢唐以後逐漸墾荒。三、明清以後漸知經商,習手工業矣。然農業尚佔十之七八,工佔十之二三,商居十之一二。而東西兩山之畜牧,仍與農民有密切關係,如以皮毛交易買賣是其特徵。鄉城男女習毛編物以維持生活者,亦不乏人。年來花樣層出,頗有可觀。其次木匠、鐵匠、小爐匠,次紡線、織布等工作,附郭鄉及西南鄉農民亦有習之者。

固原縣農民耕獲之經過詳情:

春種夏苗,秋收冬藏,中國農民工作之程序,大概不出於此。然因氣候寒溫之差別,平原、高原之不同,工作遂因之有遲早焉。固原居亂山之中,屬高原地帶,每年農作工較隴東南北均遲月餘,而成熟之結果亦較少於他處。試覷列叙述之。

當陰曆孟春正月二十餘日,時值驚蟄節,農人工作開始。先種扁豆,鄉農有“過了驚蟄不停牛”之諺,於糜堎地内種扁豆。凡種其他之糧,均需肥糞,且須耕兩三道之熟地種之,而後可望成熟。扁豆獨不然,農人以爲上糞施肥,長桿而不結莢,雖有莢而顆實粃,以糞力易催其生長,早洩其實性故也。種熟地,土性鬆,容易發根,亦洩實性,故多種在生地。且以此堎計,明春此地便成上堎,可種麥。種麥即不上糞,較上糞麥相同。緣扁豆至五月即收穫,該地可以耕三次、翻三次,受日光多,吸收養分最多。且雜草根晒死,來年種麥無莠蟲之害,故功效特大也。農人有“伏日戳一耬,强如秋日耕半年”之説。

迨至二月初,春分前後,收拾駕耬擺春麥。隴東北多用耬擺麥,耬似升形,容納麥子約三升許。耬兩旁有桿,可以駕牛。耬底有雙桶,桶尾有小鉄鏵,麥子由耬眼灌桶,由桶眼流入地内。故農人下種時,必搖擺方可流落地中。有抓糞擺麥者,用小兜裝糞,以手抓地,隨耬後向耬溝漾之。有亂糞擺麥者,預先將糞亂撒在地皮,後用耬擺種。每畝平原地約種三升麥子,山坡地約種四升麥子。因平地力大,顆粒容易成足,故種麥少。山坡地力小,子顆恐有死粒,不易長成,故種麥多。種麥後即種豌豆。[3]

至三月清明後,土旺期内種盡籽胡麻或芸薹圓圓,均先撒亂糞於熟地,後用耬擺種,每畝約種籽一升。次後種豌豆,每畝約一升七、八合。種豌豆時,一人用犁鑛耕地，一人用糞和豆種順犁溝漾之。次後種大、小燕麥。大燕麥每畝五升和糞犁種，小燕麥畝一升。預先在開水內煮片時，名之曰漿，漿後亮冰。先撒糞，後犁種於熟地內。農人言：小燕麥漿後不生灰穗。斯時漸及穀雨節，種穀子，每畝約種四、五合。

立夏後、小滿前，種糜子，每畝約種六、七合。均先撒糞後種。惟糜子用耬擺，穀子用犁撒種，微有不同耳。斯時扁豆長二寸餘，胡麻長一寸餘，雜草已生葉長枝，農人用鐵鋤依次鋤之。待月餘又鋤之。抽閒馱蕎糞，散成小堆，每畝四堆或六堆。

至五月夏至節，將蕎麥和在小堆糞內，每堆蕎子一飯碗餘或多半飯碗不等。臨種時一人按犁鑛在前耕地，一人抱糞籠隨犁溝後撒種之。種畢用磨笆磨土塊，使土細而平，易收潮濕氣，不怕炎熱晒。凡種各色糧，都如此磨法。惟胡麻、穀子不用磨，因胡麻、穀子顆粒小，苗力微，尚磨後下雨，見晛則田土乾而板硬，不易出土發苗。蕎種後農工告一段落。於是鋤糜穀雜草兩三次，静候成時節成熟收穫而已。然亦豈易言哉。

青苗高大，恐人畜傷殘，或縛草田中，日夜巡查。糜穀結穗後，恐小雀之嚙食，則吶喊驚咤。糧未成穫時，已勞形變色，聲嘶力竭矣。而窮農之困苦艱難，更有足記而令人感慨者。當農動之開始也，或種籽缺乏，沿門告貸，利息加倍，亦所不惜。或牲力不足，先幫工於人，藉人之牲力而後種。諺有云："種在地，收在天。樂歲終身苦，凶年更可憐！"豈不信然乎哉。聶夷中先生曰："二月賣新絲，[4]五月糶新穀，[5]醫得眼前瘡，剜卻心頭肉。"真一字一血淚矣。所以在此青黃不接之時，心勞力瘁，望眼欲穿，盼糧成如盼命。直至收穫之日，雇工之糧資無有，復預支收入之糧，以爲稱貸之資。

爾時爲五月下旬或六月上旬，扁豆黃拔扁豆。扁豆禾低，故拔而不穫，連續拔豌豆。

六月中伏日，穫麥子。饁彼黃田，全家忙碌，莊少閒人。一月之後，稍有閒隙，即耕扁豆地墑地。

時至七月初或七月中，穫胡麻、芸薹。糜穀出穗，放鷂咤小雀，或自己吶喊咤小雀。寢漸穫大、小燕麥。

至八月白露節，先穫蕎麥，次穫糜穀，又穫餵牲青草。五月芒種節後種者所種田禾，俱已種畢。墑地均於每個禾稼穫後，逐日黎明耕犁，以作來年種糧之地。

至九月霜降前後，起洋芋，鏟白菜，挖蘿蔔及其他副產物，均于園圃內收拾入地窖，預防霜降後大凍。斯時農人起早貪晚，多犁地。直至落霜立冬，遂收磨而罷犁。圃人放冬水，打磨地，平艮稜，亦於立冬前停工矣。然田地雖云結束，碾場、拾糞尤爲要緊。或積糞成大堆,或馱糞拉糞,車裝載爲拉糞,於地內,以作施肥壯田之計。所以農人有"一年莊稼二年做"之說。又說"深耕淺種,薄地上糞,若是不信,糞底就是甘證"。言糞多處禾便好。所以耕、種、鋤草、上糞,農人四要事也。種而不耕,如獲石田。耕而不鋤,等於荒草。鋤而不糞,秀而少實。農豈易言哉。

五月扁豆拔後,農人抽閒功夫築場圃。每個禾糧穫畢風乾後,即隨時駝捆拉於場。並非《豳詩·七月之章》所謂"九月築場圃,十月納禾稼"之說也。① 蓋九月下旬至十月初,即收拾碌碡、俗名碌子。碾場、揚場,舂揄播蹂,敏其事矣。或有貧農,迫不及待,於六七月就碾就打,以連枷打禾稼,使實落者。打碾後還舊賬,又借新債矣。終歲勤動,而仰事俯畜之生活,拮据不堪言狀矣。噫,可勝嘆哉!

關於作物之成熟情形:邑田一年一熟。第一熟之作物爲扁豆、豌豆、春麥等作物,仲春播種,季夏始收穫。等二熟之作物爲胡麻、莜麥等,季春播種,孟秋收穫。第三熟之作物爲蕎麥、穈、穀等,孟夏播種,仲秋收穫。在同一塊田地之內,每隔二年或三年,再種同樣之作物,以見豐穫。

關於春夏播種、秋冬收穫之作物,每一百畝田地中所佔之畝數:小米五畝,穈子十畝,玉麥一畝,芋一畝,蕎麥二十畝,其他作物佔六十三畝。而關於秋冬播種、春夏收穫之作物,每百畝田中所佔之畝數:小麥三十畝,大麥二畝,豌豆十畝,莜麥十畝,②菜子十畝,其他作物佔三十八畝。

關於農村副業之情形:在農暇時,樹楊柳木者佔農家十分之一,藝白菜、葱者佔十分之三,養蜜蜂者佔十分之一點五,牧養家畜者佔十分之三點五,紡紗、編草鞋、草繩者佔十分之二。他如小商販,做土磚、木匠、裁縫,佔十分之一。

關於農工情形:每一百戶農家中,僱用長工者有四十家,此四十家中共僱有長工有七十人。又一百戶農家中,僱用短工者有二十家。大約每年每家平均僱用一個月長工,雇主供給伙食並工資。短工僱主或供給伙食,或不供給,但多給工資。工資多寡又分農閒、農忙而增減。短工有時感覺缺乏,而僱工原因大概爲是地曠人稀。

關於農佃情形:每一百戶農家中,完全耕種自己之田地者,即自耕農,有五十家。完全租種他人之田地者,即佃農,有二十家。除耕種自己之田地以外,還租種他人之田地者,即自耕農兼佃農,有三十家。至于佃户所用之納租方法,每

---

① 參見《詩經·豳風·七月》。
② 豌豆、莜麥,在固原縣非越冬作物。所謂"秋冬播種,春夏收穫者",疑誤。

一百家佃户中用錢納租者無一家,全係穀租,每畝麥或豌豆,最高納八斤,最低納四斤,普通納六斤。蕎麥或莜、燕麥,最高納六斤,最低納三斤,普通納四斤半。上係平原旱地,若山坡旱地,則普通每畝麥或豆納四斤,蕎麥或莜麥納三斤。

農民之畜牧業情形:畜牧事業,農民之生命。牛羊茁壯則耕獲盈,牲力薄弱則收斂歉,勞農固已知之熟,籌之審矣。但於畜牧沿習舊法,從無深刻之研究,每年孳生長養或疫死,不過令其自生自死,少有補救之法。然舊法亦有足採者。

查固原牧場最宜於東西兩山,南鄉次之。故東山多驢羊,西山多牛馬,南鄉亦多牛馬,即其特徵也。考牛羊之孳生,在東西二山最繁殖。

俗語云:"乳牛下乳牛,三年兩條牛。"言其茹草飲水,調適得法,其生孳故易易耳。每年在春末夏初之時,正牛尋犢、母羊尋羔時,俗以牝牲求配爲尋。群中各有自相配,一配即孕。如出胎時是尖牛,牡爲尖牛。爲健壯,不令尋犢,計長至一歲後,即去勢。一個月創復,耕地拉車,永年有力。每年耕牛無論牝牡,在三伏暑天,每月給牛灌清油四兩。俗語云:"若要使好牛,每月四兩油。"灌後拴到椿上,炎日晒一二時。牛圈内冬宜暖,夏宜涼,圈内常要乾燥,不令濕爲上。耕地後空肚不飲水,喂草後方飲爲妙。牛起疫症,大概屬熱,服大黃藥水,或預防以蒼朮,在圈内焚熏。

羊亦自相配合,但綿羊一年下一次羔,臊羊一年下兩次羔。圈内之要乾燥,與牛圈同。放牧野外,夏天最怕中途塵搶鼻,若塵土入鼻,吸收肺中,容易爛肺或出花,死亡極大。近年農人於此種損失,尚無相當辦法。

至於驢、馬、騾之餵養,與牛大同小異。但在春夏尋駒之時,非經農人將牝牡拉在一處務配不可。務配不定,有需二次者。若在野外牧群中自相配合,一次便定。引重致遠之驢、馬、騾,每日喂大料兩次。早宜乾料,以豌豆。晚宜濕料,即拌料,用麥麩或糜粉。耕牛只喂濕料,冬春用油渣,夏秋用糜粉。食料後拴在向陽處晒之爲要。此畜牧之大致情形。餘詳《物産志》。[①]

固、海一帶,自漢唐至于前清,向爲一重要之畜牧區域,尤以養羊最爲適宜,出產皮毛爲數亦鉅。靖遠、定西、同心、會寧等縣之皮毛,亦皆倘未集于此。且際明清之季,固原成爲西北之政治中心,陝甘大路,取道于此,商賈輻輳、市廛繁榮。皮毛交易漸至海原而移至固原,形成羊毛之惟一集散中心,盛極一時。乃民國九年地震後,繼以乾旱。土匪蜂起,兵燹頻仍,人民圖存不遑,無暇及此。民國二十年以後,漸見恢復。迄今固原仍不失爲隴東重鎮,而羊毛出産,仍占重要位置。故仍爲改造羊毛生産之一重要地區。

---

① 參見本志卷四《物産志》。

邑地當周代以前,爲羌胡争逐水草之地,其居此。周亦以畜牧爲主業。周代爲五畿地,且受井田制之影響,所由遊牧民族趨向農業。秦漢以後,民間以農爲主業之基礎業經確定。故所有之遊牧牲畜,亦一變而成農家牲畜,非因此地具有畜牧區域之條件。故民間仍有以畜牧與耕種並重,否則亦必以畜牧爲副業。

所養農畜以馬、牛、羊爲主,其次爲騾、驢。羊類以山羊佔百分之三十,綿羊佔百分之七十。每家所養牲畜數目,馬或牛多不過一百頭,羊多不過一千隻。普通管理法,馬、牛、騾、驢自數頭至三十頭,用一人放牧,羊十數隻至四五十隻,用一人放牧。耕種與畜牧並重之家,往往馬、牛、騾、驢、羊皆牧養。常有馬、牛、騾、驢、數十頭,羊百餘隻,用三四人放牧者。

各村莊均有荒山、荒地。以地勢論,爲高原上之邱陵地帶,拔海平均在一千公尺以上,起伏不一,排水容易。以土質論,土層乾燥輕鬆,且多砂土與砂礫土,適於養羊。水性硬度甚大,含礦物質、鹽質頗多,羊群飲之,極爲有益。故曰到處屬牧地,固與明代之馬廠無涉也。

類皆以土窰爲廐舍,遇天寒欲雪,皆預備有飼料以資餵養。飼料大率穀草、麥稭、麩子、豌豆之屬。遇獸疫發生,概有鄉民自療。雖有獸醫,不過本《元亨療馬疾》等書,用針砭及灌用草藥之舊法,向無預防之良法也。

本城有牲口市場一處,係每日集。各區有市場十餘處,皆一、四、七、二、五、八,三、六、九集。在本城者曰南關廂,東區者曰王岻、草廟子、三岔,南區曰蒿店、石家溝、卯家堡,西區曰張易堡、什字路,北區曰七營、黑城、萬安鄉等處。馬、牛、皮、駝毛、羊毛,各區均產,而羊毛一項,實爲大宗。

紡織概略。固原紡織,渺乎小焉。清同治前,不知紡織爲何事。同治後,豫、陝流寓此者日衆,因之紡織之術漸相傳習。近因物價膨漲,棉布價尤其飛騰。民衆受此重大打擊,鄉村漸有仿造陝西省舊小木機、小木車紡棉線織粗老布者。

經營商賈概略。固原行商坐賈,在清光緒中以前,悉屬山、陝兩幫,本省隴南人次之。至光緒末葉,商戰之風氣日彰,本縣人始有出外經商者。布貨自河南洛陽或陝西長安買來,間有自天津、上海買者。山貨如農器傢俱自静寧、水洛城或天水購來者。窰貨器具自安口窰或耀州來者。布貨經營除現款外,或以本地皮毛交換。山、窰貨運售固原後,則以駝鹽爲大宗。大概客商出售貨後,以款易鹽,裝載而去。零躉買賣,大都如此。

本縣人口總户數爲二萬一千三百零四户,其中農業户爲一萬七千零四十户。本縣人口總數爲十三萬六千七百一十四口,其中農業人口爲六萬一千四百四十五口。本縣已耕地共有一萬八千三百六十五萬零一百六十六市畝,本縣荒地共有一千一百五十九萬四千四百四十五市畝,本縣包括畜牧地計有一百一十六萬四千五百五十六市畝,墳墓地計有十萬零五千雙零三市畝。

固原人口職業分配統計。

城關鎮:男四千七百九十四口,女三千五百三十三口。農業,男四百九十口,女十三口。工業,男一千零二十六口,女三十口。商業,男一千七百六十四口,女十三口。交通運輸業,男一百二十一口。公務,男三百九十口,女八口。自由職業,男一百七十七口,女九口。人事服務,男三百四十五口,女七十四口。其他,男一口。無業,男四百八十口,女三千三百八十六口。

附郭鄉:男五千零六口,女四千三百口。農業,男四千五百五十六口,女三千六百零四口。工業,男十二口。商業,男五十口,女二十五口。公務,男三十五口。自由職業,男二十一口。人事服務,男五口。無業,男三百二十七口,女六百七十一口。

大營鄉:男二千二百三十四口,女二千零十口。農業,男一千八百四十八口,女一千四百五十五口。工業,男二口,女一口。商業,男十八口。交通運輸業,男一口。公務,男二十一口。自由職業,男十四口。人事服務,女五十九口。無業,男三百三十口,女四百九十五口。

張易鎮:男五千零六十五口,女四千六百三十口。農業,男四千三百六十三口,女三千九百二十四口。工業,男十二口。商業,男五十六口,女十三口。公務,男三十五口。自由職業,男二十二口。無業,男五百七十七口,女六百九十三口。

大灣鄉:男二千六百三十二口,女二千三百二十二口。農業,男二千二百三十七口,女五十口。工業,男三口,女一口。商業,男一百六十口。公務,男二十八口。自由職業,男二十口,女二口。人事服務,男二口,女四十一口。其他,男一口。無業,男一百八十一口,女二千二百二十八口。

蒿店鎮:男二千九百五十七口,女二千四百五十八口。農業,男一千五百九十二口,女七百九十九口。工業,男四十八口,女三十九口。商業,男二百六十八口,女四十六口。交通運輸業,男五口。公務,男十二口,女一口。自由職業,男四十一口,女一口。人事服務,男六口。無業,男九百八十五口,女一千五百七十二口。

張化鄉:男二千八百五十四口,女二千五百五十二口。農業,男二千一百七十七口,女二千零一口。工業,男九口。商業,男四十六口,女五口。公務,男十八口。自由職業,男十七口。人事服務,男四口。無業,男五百八十三口,女五百四十六口。

城陽鄉:男三千九百一十三口,女三千三百八十三口。農業,男三千四百八十四口,女一千三百零二口。工業,男三口。商業,男二十三口,女七口。公務,男三十一口。自由職業,男十七口。人事服務,男二口。無業,男三百五十三口,女二千零七十四口。

王岤鎮:男五千一百二十三口,女四千三百三十九口。農業,男四千三百八十二口,女三千九百四十一口。礦業,男六十四口,女九口。工業,男三十七口,女十七口。商業,男一百七十六口,女四十八口。公務,男七十六口。自由職業,男八口。無業,男三百八十口,女三百二十四口。

萬安鄉:男三千二百四十九口,女二千五百三十四口。農業,男二千六百三十九口,女二千一百九十七口。工業,男一百八十六口,女一百五十五口。商業,男六十四口。公務,男三十四口。自由職業,男一百七十九口。無業,男一百二十七口,女一百八十二口。

三營鎮:男二千六百四十八口,女二千六百一十七口。農業,男一千四百八十六口,女一千三百二十口。工業,男一百五十三口,女一百零三口。商業,男六百零四口,女三百三十四口。交通運輸業,男十七口,女十三口。公務,男十七口。自由職業,男四十口,女一口。人事服務,女十六口。其他,女三口。無業,男三百三十一口,女八百二十七口。

七營鄉:男三千四百零一口,女二千九百三十一口。農業,男二千六百五十二口,女一千八百七十六口。礦業,男七十二口。工業,男四十口,女二十六口。商業,男一百八十五口,女三十六口。交通運輸業,男一口。公務,男九口。人事服務,男一口。無業,男四百四十一口,女九百九十三口。

黑城鄉:男二千五百五十三口,女二千三百零九口。農業,男二千零四十七口,女一千四百六十五口。工業,男四十三口,女七口。商業,男九十口,女三十七口。公務,男二十八口。自由職業,男三十七口,女二口。人事服務,男十口,女四十六口。其他,男三口,女四口。無業,男二百九十五口,女七百四十八口。

楊郎鎮:男二千四百二十七口,女二千零七十八口。農業,男一千九百九十四口,女一千五百五十一口。工業,男十五口,女六口。商業,男一百一十九口,女五十六口。交通運輸業,男五口。公務,男十二口。自由職業,男四口,女一口。人事服務,男二口,女一口。無業,男二百七十六口,女四百六十三口。

全縣總計:男四萬八千八百五十六口,女四萬一千九百九十六口,合計男女九萬零八百五十二口。農業總計,男三萬五千九百四十七口,女二萬五千四百九十八口,合計男女六萬一千四百四十五口。礦業總計,男一百三十六口,女九口,合計男女一百四十五口。工業總計,男一千五百八十九口,女三百八十五口,合計男女一千九百七十四口。商業總計,男三千六百二十三口,女六百二十口,合計男女四千二百四十三口。交通運輸業總計,男一百五十口,女十三口,合計男女一百六十三口。公務總計,男七百六十六口,女九口,合計男女七百七十五口。自由職業總計,男五百九十七口,女十六口,合計男女六百一十三口。人事服務總計,男三百七十七口,女二百三十七口,合計男女六百一十四口。其他總計,男五口,女七口,合計男女十二口。無業總計,男五千六百六十六口,女一萬五千二百零二口,合計男女二萬零八百六十八口。

　　備註:一、現住人口未達職業年齡者,男二萬三千六百人,女二萬二千一百九十三人,未列統計。二、常住人口未達職業年齡者,男一百九十一人,未列統計。三、現住人口未達職業年齡已就業者,男七十一人,女五十一人,分別統計在內。

工藝　　巧曰工,精曰藝

　　精醫術,工書畫、技擊。

　　按:古之岐伯乃北地郡人,固原舊屬北地郡地,而六盤山西北又多地道藥,故迄今猶有回生能手,且擅炮煉之術。而鍼灸之法,亦迄有傳人焉。隴西出將,空同人武。固原又爲兵家要地,是以俗尚武健,人隆技擊。次如臂鷹畋遊,亦垣有穫,騎射之術精也。雖然操觚染翰,而以書畫名家者亦大有人。

習尚

　　習分舊習慣與新習染二種。然無論其爲新爲舊,而日久自成風尚則一也。且不僅冠、婚、喪、葬習尚不同,而關語言一項,亦因囿於地域,各具有其所熟習之口音與其慣用之方言也。

風俗　　感動爲風,沿習爲俗

　　邑地周秦之舊也,人猶夏聲,熙熙乎曲而有直,直而不倨,盛德之遺也。

　　固原天氣高寒,土風剛勁,人民性格、身體、風氣、習慣等,有如次所述者:

　　一、性格。民性剛毅,樸而不華。

　　二、體質。體合中材,率多健康。

　　三、風氣。凝固澀滯,端莊質重。

　　四、習慣。舊時習於勤儉,厚而誠實,農耕爲主,近頗逐末務華。

　　五、衣食住居。在山者東區最多,西區次之,南區又次之,北、中兩區少有焉。以貧富貴賤之不同,而家室構造與乎衣食遂亦有異,大概可分爲上中下三等。富者居瓦舍深堂,寬房大院。堂屋起造則五檁四搭椽,或四檁三搭椽。若三間則一明兩暗,屋脊則一基兩獸。若五間則兩暗三明,五基六獸。院地舖磚,門窗雕鏤。一進兩院,中建過廳。門房倒座,三五間不等。鞍架廈房,分列左右,或五間三間亦不等。食則清油、即胡麻油。麥麵,隔三間五肉食一兩次。衣官板布、扣布、細斜布或綢緞不等。次者居瓦屋土房,或爲鞍架,或爲起廈不等。有一基二獸者,有有基無獸者,有基獸全無者。服粗布衣裳,食黃米、蕎麵、麥麵,一半月肉食一次。貧者居土窰、箍窰,依崖穿穴爲土窰,土基砌成洞樣爲箍窰。間有居茅菴草舍或滾木房頁搭椽者,檁小椽細,故爲此式,取其構造簡單便利。或家徒四壁,人畜統居一處。氈襖羊皮掩其身,間有衣粗布者。棉衣到夏改成單,單衣至冬補爲棉。食則油麥、蕎麨、糜穀蒸饊爲乾糧。終歲辛勤,不知膏粱爲何物。

　　六、婚嫁。固原童婚、童養女子于男家,既長隨便婚配爲童婚。早婚十三四歲婚配爲早婚。尚少,姑不具論。如正婚尚親不尚財,貴本土不重客居,家鄉觀念最重。禮節次序是先揀門戶相當、家教清白者,兩相同意後,由男家請媒向女家問年庚八字,安置家堂或灶神前十數日卜神,或家堂不吉則至之,吉則送酒於女家。女家卜吉亦如之。次則男家協同親眷與媒備四色禮,酒、肉、糕點、掛麵。詣女家掛鎖。以錢幣或銀牌掛于女子項間爲掛鎖,俗名拴佔。次隔月間一月,或隔年間一年,男家同媒翁、親眷送聘金及服飾等物於女家。時男女年齡不過十六七、十八九歲之譜。男家張燈結彩,會親友媒妁以迎新,不尚親迎。女家亦張燈結彩,請親友以送親,彼此會親,款待一日或二日不等。昔日宴會,肉菜不過八大碗、八小碟,不零行菜酒,略竭賓主之歡而已。後來山珍海味是尚,中下人家不在此列。席非海參、洋粉不能會宴,酒非酗酗大醉不見盛意。六行菜、四坐菜,或八行菜、四坐菜,肉多飯少。盛食氣而養病根,越禮節而競尚浮華,亦末流之大弊也。邑囊昔婚禮,欲完成一對新夫婦,必自六禮告成始。如請媒問名、俗名要八字。納綵、俗名掛鎖拴占。納聘、俗名送財禮。擇吉請期,俗名送婚書、通信。親迎,有親迎於女家者,有新郎在自家門首迎者,拜天地,亦曰拜堂等是。今則多行文明婚禮,視先前有繁簡之別矣。

　　七、喪祭。昔日喪祭之禮如送制錢,有一百二十文者,有二百四十文者,有八百文者。俗稱八卦。後因生活程度日高,各物均昂貴,送禮一層亦因之而陡增,至薄之情亦不下二三角,合制錢一千二百文。或五六角,或一元,合制錢六千文。甚至有三元、四元不等者。今則非法幣數萬元莫辦矣。喪祭所行大禮,如親歿,三日或五日入殮成服,出門告訃聞親友,齋素作佛事一日或二三日。葷酒則道場請道士或陰陽家念經,亦二三日不等。有聲望或富貴者,請鴻題官俗名主官。禮賓,行成主俗名點主。家奠禮。採朱文公《家禮》,簡之又簡。請賓先成主。木主,用梓木、栗木。無梓、栗,亦用松栢。木高一尺二寸,象十二月。寬三寸,象月之日。

厚寸二分，象日之時。上圓，象天。下方底，象地。距上額一寸勒斷，一居前，一居後，陷其中，長六寸。陳設點主公案於院中，向靈堂門。時統引禮賓四五人或五六人，衣藍衫，冠儒巾，揖靈堂門前，三揖，分列左右，各對一揖。統唱："內外肅靜。"執事者各執其事，發鼓，鼓再嚴，鼓三嚴，奏樂，引孝子出幃，行請賓禮。引唱："孝子出幃，詣款賓所。跪，拜，拜，興。"時孝子自行入靈堂。引唱："鴻題官啟私服，加公服，詣盥洗所。執事者酌水，盥洗授巾，盥畢。詣公案前，陞公坐，孝子捧木主。"捧主舉盤齊眉或頂上，膝行出幃向外，鴻題官接主啟覆紅，開函舉毫，刺血染翰束。指受生氣迎神，想像點外主傳外神，點內奉祀點內主傳內神。點生辰，點起辰，點山向，傳心竅，合函貫耳竅，揚毫樂止。讀讚加覆紅，奏樂。孝子捧主詣安主位。統唱："鴻題官行賀主禮。"引唱："詣主位前，一揖，再揖，三揖。詣款賓所，孝子行謝賓禮，詣款賓所。跪，拜，拜，興。詣靈次位。禮成。"時禮賓仍向靈三揖，各對一揖畢，統唱："行安主禮。"統唱帽頭，與點主同，引孝子行安主禮。引唱："詣主位前，跪，初上香，亞上香，三上香。執事者酌酒。灌酒，反爵，俯伏，俯伏，興，跪。讀文生跪，樂止，宣讀，讀文生起。奏樂，俯伏，俯伏，興，復位，禮成。"次行祀先禮。《禮》家奠必先祀三代，重根本也。統唱帽頭，與點主同，禮與家奠三獻同。次家奠，統唱帽頭與點主亦同。統唱："引孝子出幃。"引唱："孝眷舉哀。"俟立院中，少緩，統唱："哀止，行盥洗禮。"引唱："詣盥洗所，釋杖。執事者酌水，盥洗，授巾，盥畢，執杖，復位。"統唱："行上香禮。"引唱："詣香案前，跪，釋杖，初上香，亞上香，三上香，酌酒，奠酒，反爵，拜，拜，拜，執杖，興，復位。"統唱："跪，拜，興，行初獻禮。"引唱："詣酒樽所，執事者酌酒，司帛者捧帛，司爵者捧爵。詣牲鼎所，司牲者捧牲，司鼎者捧鼎。詣饌筵所，司饌者捧饌。詣靈位前，跪，釋杖，初獻帛，初獻爵，呈牲，進鼎，進饌。俯伏，執杖，興。詣讀文所，跪，讀文生跪，樂止，宣讀，讀文生起，奏樂，舉哀。"微緩片刻。統唱："哀止。"引唱："拜，拜，拜，興，復位。"統唱："行亞獻禮。"引唱："詣酒樽所，執事者酌酒，司帛者捧帛，司爵者捧爵。詣牲鼎所，司牲者捧牲，司鼎者捧鼎。詣饌筵所，司饌者捧饌。詣靈位前，跪，亞獻帛，亞獻爵，呈牲，進鼎，進饌。俯伏，執杖，興，復位。"統唱："行三獻禮。"引唱："詣酒樽所，執事者酌酒，司帛者捧帛，司爵者捧爵。詣牲鼎所，司牲者捧牲，司鼎者捧鼎。詣饌筵所，司饌者捧饌，司蒸餅者捧蒸餅，司蒸食者捧蒸食，司羹湯者捧羹湯，司醢醬者捧醢醬，司鹽醢者捧鹽醢，司匕箸者捧匕箸。詣靈位前，跪，釋杖，三獻帛，[6]三獻爵，呈牲，進鼎，進饌，進蒸食，進蒸餅，進羹湯，進醢醬，進鹽醢，進匕箸。俯伏，執杖，興，復位。"統唱："行侑食禮。"引唱："詣侑食案，釋杖，舉匕箸，初侑食，落匕箸。再加爵，舉匕箸。三侑食，落匕箸。跪，三加爵。俯伏，俯伏，俯伏，執杖，興，復位。"統唱："跪，垂簾合戶，舉哀。"緩片刻，統唱:"祝噎,興,再噎,興,三噎,興,卷簾啟户,孫子行獻茶禮。"引唱:"詣香茗所,司香茗者捧香茗,司果品者捧果品。詣靈位前,跪,釋杖,獻香茗,獻果品,俯伏,執杖,興。詣讀文所,跪,讀文生跪,樂止,宣讀,讀文生起,奏樂,拜,拜,拜,興,復位。"統唱:"跪,拜,興。跪,拜,興。跪,司祝者捧祝,司帛者捧帛,焚祝帛,拜,興,引孝子入幃。"引唱:"孝眷舉哀入幃。"統唱:"禮成。"考固邑歷來行三獻禮,除祀先不歌詩講經外,家奠每一、二、三獻畢,必歌《蓼莪》首章、次章、三章以感哀。講《孝經·士庶人》章以節哀。並講《論語·問孝》章"生,事之以禮。死,葬之以禮,祭之以禮"以儆戒之,①昭慎重也。近年來諸尚簡單,奢而不儉,易而不戚,失吾夫子之所云矣。

八、年節宴會。年頭節下,互相送禮答拜,惟農曆之元旦至元宵,民衆概行停業罷市,門貼春聯,敬神賀年,春酒飲晏,互相款待。又有社火龍燈,唱歌小曲以爲樂。端陽節門插柳艾,男女手腕繫五色絲線,言可免病。帶荷包,食角黍,俗名粽子。或蒸糕,飲雄黃酒,言可避疫蟲咬之患。中秋節以糖果、月餅敬神、獻月。十二月三十日名除日,晚名除夕,家家户户點香燈,敬神辭歲,或通宵團坐,男女序聚,暢談歡飲,名守歲。

九、祠祀。一般人之祀先,恒在家堂,儀甚簡略。其祭祀日期除年關節令暨朔日薦新外,大都在清明及七月十五日、十月初一日,焚往生錢,送寒衣。其他各日如冬至日、父母生卒日,祭祀類獻飯獻菜,焚紙錢而已。

滿、蒙、藏人民居此者甚少,但迄今尚有祭"黑灶"者,則是韃靼人之遺俗也。不供像,只用灶馬及香燭,祭用灶乾糧或鷄與灶糖。

回民居此多,習俗與漢民大同小異,所異者略述于次:

一、回民歲時均用回曆,按三百六十日爲一歲,不計閏。每歲有大哎德一次,大哎德即祀上帝之大祭。義由十二月退至正月,每月舉行,三年適三十六年,週而復始,世世如是。祭時約在月之三日,用牛或羊。又有小哎德一次,在大哎德前七十日舉行,俗曰"開齋"。因在大哎德前一百日曾經齋戒迄一月也。齋戒時晝不炊飪,見星而食。其敬奉者爲上帝,不祀他神。呼上帝曰"豁達"。尊崇者爲穆罕默德。其支派有四:曰虎飛耶,曰苦布冷耶,曰尕的令耶,曰哲海令耶。是各得心傳之四大弟子也。各派各有信徒,不信從是各派者曰格的目。每一日皆禮拜五次。每七日午時,大聚禮拜,是謂"主默"。其最主要之信條有五,曰認、禮、齋、課、朝。認即認主念主。禮即每日五次禮拜。齋即大哎德前一百日齋戒一月。課如有十四金之餘款者,每年必捨施貧寒者七錢二分,有一斗之餘糧者,

---

① 參見《論語·爲政》。

必捨施貧寒者七合,依數累積計之。朝,如有三萬金以上之積蓄者,必朝天方一次。貧窮者則每年七十二次之主默毋闕,亦可謂之朝矣。是謂五章天命。其村市中亦有户首、社頭、鄉老之名目。至於幫助人錢者,則謂之送業帖。

二、回民議婚,先請媒妁通姓氏,惟不避同姓。議妥後納茶果、耳環,祇告真主爲信誓,不立庚帖。更擇日送衣料奩物,告以婚期,至期媒妁至女家接婚,送羊、麥、清油等物,多不親迎。其用車、轎、馬、驢,視富貧有差。婚之先,夕告上帝,必請阿訇念經。及期婚配,先筵西賓,繼筵東賓,然後合巹。次日子婦均先盥沐,用水壺自頂至足盥畢,見翁姑尊長,以油餌喜筵香果,分送戚黨。

三、回民凡遇喪事,始死其子婦必告知舅岳之家來視,以水洗屍,請阿訇誦經。殮不用棺,屍不著衣,惟以白衣制殮服。之畢,由各莊清真寺有公置木匣一具,名曰“塔美”,提葬於各寺公地,亦有私塚者。有道行者或建拱拜。每祭日週年,必請阿訇誦天經,散油香。祭用牛羊不一。葬不擇期,惟不得逾三日。有只請本坊阿訇者,有請十餘坊阿訇者不等,惟視其貧富而異耳。葬時首必北枕,面必西向。親喪三年釋服,期功均如例。至助葬費名曰“念經錢”。更有請阿訇經寫字一幅,橫貼殮服中者,名曰“都娃”。

語言　　問答曰語,自言曰言

秦前後語雜羌戎,北魏鮮卑入主,語益紛歧。明開闢移民。清提督駐此,各省語言,遞相輸入。民國後漸習國語,但方言尚有存者。

周宣王時,固原爲北狄玁狁所據。秦義渠烏戎、漢烏氏多屬戎部,斯固原人之言語遂雜羌胡矣。北朝夏勝光元年,赫連定稱帝於平涼。魏孝昌四年,万俟醜奴稱帝於高平。異言異服,紛亂可知。明孝宗弘治十四年,開闢固原衛,移民實邊。鄉老遺傳,當時山西、陝西富户大姓移來者許多,語言又爲之丕變。清同治兵火以後,左文襄公奏設提督於此,雷公正縮實始居此。其時川、湘兵勇,徧於縣區,言語復因之少變。民國後,學校林立,漸習國語。至於方言諺語,姑就道聽途説,西鱗東爪,附録于次。

〔方言〕

兒:本小子之稱,俗指物皆帶一“兒”字,成助辭,如“花兒”“帽兒”之類。

奘:在党切。俗以凡物粗大謂之“奘”。

頓:俗謂一餐爲一頓。又云“打一頓”,即答責一次。

我:或讀如字,或轉爲“卧”音。

你:或讀如字,或轉爲“啞”音。

假:以物予人之辭,與乞假互相通解。

鏵：俗稱犁鐵爲鏵，音華。

耤：俗讀"剛"，上聲，謂耒耜也。

磨：俗謂覆種之器，即耰也，非磨麨之磨。

瞎：俗以不好爲"瞎"，非必瞽者也。

爺爺：祖父之稱。稱若稱父則曰"逢"、曰"爹"、曰"爸"，從無稱"爺"者。

親家：兩姻相謂之稱。親讀去聲是矣，亦有竟讀平聲者。

迎親：即迎婚之謂。"迎"讀若"應"音，卻合去聲。

娃娃：嬰孩之謂，兒女通稱。

挑擔：即連襟之謂。

乖爽：即佳爽之訛。

活人：俗謂勤苦營生也。

歹毒：俗以人心殘忍如酖毒，謂之歹毒。

冒失：謂言行唐突也。

揚氣：凡物華美，俗爲揚氣，非揚眉吐氣之謂。

標致：俗以品貌骨格雋峭爲標致。

體面：謂美貌也。

規規矩矩：俗轉"居"音，謂循分守禮者。

子細：俗謂儉嗇，非精細之意。

別致：俗謂異常也。

整治：治讀"持"音，凡物損壞修理皆曰"整治"，非整飭之謂。

窩囊：俗以人不整潔爲窩囊。

夥計：俗轉爲"夥結"，同貨合謀之謂。

刁乖：性情蠻野詭僻謂之刁乖。"乖"俗轉"拐"音。

真歌：即真箇之訛語。

衣裳：衣服通稱，俗每二字連説，非古所謂上衣下裳也。

筆硯：俗亦二字連稱，其實單指筆言。

手釧："釧"俗轉爲"寬"，去聲，手釧也。

耳墜："墜"俗轉爲"垂"音，即耳環也。

勞切：俗謂煩瑣。

些許：亦曰"些須"，俗言少也。

排場：俗以局面大方爲排場，洋氣爲排場。

坐席：俗謂吃酒席也。

鬼魂：俗指無賴輩，即鬼祟之謂。

花兒：民間歌謠之曲。

上户："上"俗轉爲"商"音，富家之稱。

窮漢："漢"俗轉爲"寒"音，貧家謂之。

啾勢：病劇之謂。

挣扎：俗謂勉强出力。

緩著：慰人養病之謂。

藏藏："藏"讀"蒼"，去聲，閒遊之謂。亦曰浪浪。

汗袒：即汗衫，亦曰汗褂，小裏衣之稱。皆指單衣言，若袷棉則言襖矣。

鍋塊："鍋"俗轉平聲，謂鍋炕之厚餅，亦曰乾糧。

連枷：打穀工具也。

一箇："箇"俗轉爲"拐"，或轉"塊"，或轉"改"。

有商：俗以雨澤深透田土，積潤爲有商。

我們：俗但云"襖"，或轉爲"鼇"。

你們：俗但云"鈕"，或轉爲"牛"。

這裏：俗以爲"致嗟"，或以爲"宰嗟"。

那裏：俗以爲"務嗟"，或以爲"歪嗟"。"歪"讀上聲方合俗音。

牲口：亦曰"頭勾"，勾即口之訛轉，皆騾馬之謂。

羖羱：山羊也。"羖"如字，"羱"俗轉"裏"音。或以"羖"爲"羚"，"羱"爲"鹵"音。

我呐呐：驚訝辭，或云"我夏夏"。

喫乾糧：俗謂早飯也。

好攪行："行"讀"杭"，謂干預人家事。

輕些兒：謂病漸瘥也。

新發户：謂新近發財也。

莫意思：即莫興趣之謂。

莫倚抓：即無靠落之謂。

瘟的很："瘟"俗轉"闋"，去聲，即清癯之謂。

不要的："要"俗讀平聲，即無容之謂。

夜哩哥：即"昨日哥"三字之訛。

明後遭：即明朝、後朝也。"遭"即"朝"之轉音。

大漢家："漢"俗轉平聲，大人通稱，或止云"大漢"。

大漢子："漢"讀如字，謂身體長大也。

老漢家："漢"俗轉平聲，長老之通稱。

咽嚕子：指博徒、誘騙者。

有東道：謂有酒食。

無其奈何：即無聊之謂。

麻利尖鑽：俗謂黠慧之輩。

喬遷嗎：問老年人康健之語。或謂古者巢居，故相見問好曰喬遷。今直爲專以問年老者之用，實則爲强健之轉意也。

打郎唐：做指將事做錯或説謊話之意，曰"不要打郎唐"，曰"打郎當"，曰"郎的當"，曰"郎的郎當"，語意不外是浪蕩人將事做錯了，歷來相沿都如此説，不知何據。按字書，"郎當言衣寬大不稱身也"。又楊億詩"鮑老當筵笑郭郎，笑他舞袖太郎當"，亦言舞袖寬大。意更有作頹唐之貌者，語本唐明皇奔蜀故事。明皇小字三郎，安禄山反，明皇奔蜀，驛中聞鈴聲，扈從黄繙綽曰："鈴言三郎郎當。"蓋借鈴聲以諷之也。後世遂因此而有"打郎唐"與"荒唐郎的當"之語。

葉子潮、葉子麻、要乞頭：《天禄識餘》："南唐李後主妃周氏編金葉子格。此戲自唐咸通以來有之，即今之紙牌也。又紙牌名葉子，始於明末萬曆末年，民間好葉子戲，圖趙宋時山東群盜姓名而鬥之。至崇禎時大盛。其法以百貫滅活爲勝負。"又《輟耕録》："正元中，宋進《博經》一卷，强名爭勝曰'撩零'，假借錢物曰'囊家'，什一而取曰'乞頭'。賭博强求得名，以勝於人故云'撩零'。今多作乞頭用也。"按今人以刻苦好勝曰'葉子潮''葉子麻'。或亦取葉子格爭鬥强勝與賭博者爭勝曰'撩零'、曰'乞頭'者同一意歟？

灶曰"鍋頭"。

鍋鏟曰"鏟鍋"。

瓶曰"瓶"。

地畔曰"地蓋稜"。

汲水曰"打水"，曰"吊水"。

以車運禾於場曰"拉捆子"。

以畜運禾于場曰"馱捆子"。

以繩束禾曰"殺馱"。

以簍種子曰"擺簍"。

寫的好曰"寫的光唐"。

好用功曰"閗心"。

讀書曰"念書"。

作事曰"幹事"。

棉襖曰"棉裸肚"。

夾襖曰"夾裸肚"。

襯衫曰"汗衫"。

箸曰"筷子"。

饅頭子曰"截頭子"。

土神曰"土地爺"。

灶神曰"灶火爺"。

女人好遊曰"串門倒户"。

燈曰"燈盞"。

薪曰"柴"。

有力量曰"打硬"。

好罵人曰"嘴臊的"。

待曰"等下"。

祭祀曰"敬神"。

鰥夫曰"光棍漢"。

寡婦曰"半邊人"。

退化曰"腦喪"。

至盡頭曰"到窰腦"。

臼曰"對窩"。

努力曰"鼓勁"。

仰臥曰"仰半子"。

臥俯曰"趴匍子"。

側身曰"窄楞子"。

蹲下曰"蹴下"。

面色不愉快曰"臉吊下",或"臉抽下"。

殷勤曰"熱情的"。

威嚴曰"森煞"。

不知數的人曰"二百五",或"半吊子"。

差池曰"不夠成色"。

好狂曰"半山瘋",或"冒失鬼"。

不管用曰"使不得"。

牡豬曰"跑豬子",牡豬去腎曰"牙豬子"。

綿牡羊曰"羝□",去腎曰"羯羊"。

牝羊曰"母羊"。

牝豬曰"母豬"，去腎曰"奶劁子"。

牝馬曰"騍馬"。

牡馬曰"兒馬"，去腎曰"騸馬"。騾子同。

牡驢曰"叫驢"，去腎曰"騸驢"。

牝驢曰"草驢"。

牡狗曰"牙狗"，牝狗曰"草狗"，亦曰"母狗"。

觀人臉色曰"看臉勢"。

時常曰"世常"。

壁曰"牆窪"。

筆曰"生活"。

硯曰"硯瓦"或"硯臺"。

拂蠅曰"蠅刷"。

不成曰"沒搞"。

點心曰"爐食"。

上糞曰"抓糞"。

麥有皮曰"護穎"。

冰雹曰"冷子蛋"。

細雨曰"毛毛雨"。

休息一下曰"緩一緩"。

土坯曰"胡基"。

給予曰"格"。

解曰"改"。

美曰"俊"。

買粟曰"糴糧食"。

賣粟曰"糶糧食"。

以牲畜運糞于地曰"馱糞"。

呼乞丐爲"要著吃的"。

呼壯者爲"小夥子"。

收拾曰"打撼"。

呼僕曰"拉長工的"。

沒辦法曰"沒醫治"。

渴曰"亢了"。

幹練曰"靈醒"。

子孫聽話順心曰"乖爽"。

是曰"對著呢"。

呼貓曰"咪咪"。

呼犬曰"嗝兒嗝兒"。

呼牛、馬、驢曰"犢犢"，呼豬曰"嘮嘮"。

優待曰"當人"。

慢待曰"不當人"。

有羞曰"傷臉"。

不潔净曰"拉踏"。

呼伯父曰"大爹"。

呼叔父曰"爸爸"。

商量機密曰"説悄悄話"。

説大話曰"賣牌"。

呼軍人"吃糧的"。

呼士人曰"念書的"。

呼商賈曰"賣買人"。

呼有錢人曰"富漢"。

不要緊事曰"閑求淡"。

不管曰"不耳識"。

遇機會曰"當上了"。

失遺物曰"掛了"。

莫責任曰"不管閒"。

妥當曰"剛對"。

浪漫曰"拉的癱"。

賭博曰"孤盧子"。

酌量曰"式謀"。

偽物曰"外花東西"。

諷人顯才曰"把你能的"。

怕忍耐曰"潑煩了"。

在人前賣好曰"千煩"，又曰"耍馬蘭花"。

閑遊曰"浪一浪"。

晚見人問候道"還莫睡"。

婦人見面問候曰"娃娃乖嗎"。

黎明曰"麻亮子"。

黃昏曰"將黑了",又曰"叉麻子"。

日曰"熱頭"。

月曰"月亮"。

星曰"休休"。

今天、明天、後天曰"今而个"、"明而个"、"後而个"。

過壽辰曰"過好天"。

不答應曰"不言喘"。

過婚喪舉行典禮曰"過事"。

起來曰"且來"。

女子有教養曰"抬居的好"。

無教養曰"莫操心"。

不贊成曰"不願意"。

零鎖曰"賣門口"。

哥哥曰"高高"。

總售曰"發販子"。

坐觀成敗曰"看笑談",曰"看笑聲"。

劣品曰"瞎貨"。

不堅固曰"消的很"。

不安静曰"振顛"。

受本錢人曰"領本"。

定立股分曰"裁脹"。

年終結算書曰"鴻單"。

附種曰"和聲"。

就説悮曰"驟説"。

不識字曰"睜眼瞎子",又曰"白眼宫子"。

諂富貴曰"跋接"。

咩吸咩吸,呼羊也。

問孕婦曰"坐下了嗎"。

産期叫"坐月子"。

兒曰"命旦旦",曰"狗狗",曰"命旦"。

完全曰"囫圖"。

惹人愛曰"乖的吓"、"醜的吓"。

隨風倒浪曰"因流聲"。

踵曰"脚後跟"。

乳曰"奶旦旦"。

腎囊曰"卵胞子"。

小兒陽物曰"牛跋子"。

有錢不用曰"搜搜鬼"。

無錢好闊曰"粧花鬼"。

瞳仁曰"眼媳婦"。

苗收後未經犁之地曰"垈地"。

犁數次熟地待隔年播種曰"歇地"。

日暈曰"日院"。

啊招招，止畜之聲。

由圈起糞於廠曰"出糞"。

木碗曰"蠻蠻子"。

不自諒曰"覺不着的很"。

討厭曰"桑眼的很"。

歪代賴是發語辭。

做什麼曰"抓呢"，曰"做吓呢"。

可愛曰"眼嗜"。

害人的東西曰"害貨"。

不是好東西曰"裁乖"。

妖氣專指女人，而言曰"妖慣慣"。

心肝如寶貝之意，曰"命旦旦"。

傻子曰"朝鮮"，曰"冷棒"。

好的很曰"好過火着呢"。

太壞曰"瞎的很"。

不肖子曰"桿子秤"。

不乾脆曰"慕囊"。

煩悶曰"破煩"，或"乍稿怯"。

目爲不吉利之意曰"脣了"，曰"哨了"。

罵人糊塗之意曰"歹迷"。

小孩乖巧之謂曰"朝到"。

大人誇小孩之前置詞曰"不了失口者"。

差不多曰"幫肩"。

鼓動之意曰"禍倒"。

不肖之徒曰"乖棒子"。

大人罵小孩快吃飯不要說話曰"日囊"。

不理餝人之意曰"佯搭不睬"。

對人似理不理之意曰"二膩八掙"。

同爲總共之詞曰"代蓋"。

一把連曰"連向子"。

不好的人曰"怪傢伙"。

知識不健全曰"半眼漢"。

不要緊曰"莫交閑"。

完結之意曰"零乾"。

沒把戲耍曰"沒笨兒撈"。

舒齊之意曰"列摺"。

乾脆之意曰"繳另"。

現在之意曰"掌而可"。

端整曰"蟄也"。

不決斷之意曰"快快佯佯"。

失知覺曰"悵望望的"。

危險的很曰"玄嗎"。

下賤貨曰"爛贓"。

喊叫曰"嚷驚"。

面孔難看曰"瓦烏子"。

聰明曰"及溜"。

莫出息曰"窩裏老"。

一家人曰"一窩撈子"。

利害的很曰"碜嗎"。

輕佻之意曰"燕兒毛"。

輕狂之意曰"輕嘴喋舌"。

不了捨心曰"心歉歉的"。

命脈曰"命系系"。

賊樣子曰"賊勢"。

不識趣之意曰"慶的很"。

吵鬧曰"鬧幫幫"。

事體不易解決曰"然牙"。

面貌難看曰"卓相"。

有福澤曰"有祼積"。

性急曰"性燥失瓦"。

繁雜曰"交紘"。

不乾脆曰"倮連"。

不誠實曰"心兒曼"。

無能曰"出魯魯"。

樣子不好曰"求勢"。

心眼耍多曰"萬活仇"。

巴掌曰"卓薄"。

無精打采曰"悵歹歹的"。

容易反目曰"狗臉親家"。

遊手好閑曰"閑打浪"。

無賴之意曰"死皮癩薑"。

事過之謂曰"柯乍乍的"。

不平正之謂曰"三楞咆哮"。

沒精神曰"呆頭搭拉"。

悴然之貌曰"禿斯斯的"。

失勢之狀曰"麼怯"。

手無所措曰"手瓦嗷嗷"。

多嘴曰"批旦"。

沒志氣曰"沒黃腸"。

執拗曰"擰筋子"。

落魄之謂曰"落欠"。

〔諺語〕

將心比,都一理。

年飢一年,話把一世。

不怕問倒,端怕倒問。

餓了給一口,强如飽了給一斗。

挨一拳得一着。言此回失下回必知懼而得傳者,見忠實人始露一兩着,然必
其人能挨一拳一脚方能領悟。

遇緣好治三分病。

瞌睡要從眼睛裏過。

有錢坐北房,冬暖夏天凉。

山裏黃的羊,没數兒。

店裏的臭蟲,吃客呢。

蕎麥地裏剌核花,人家不誇自己誇。

頭頂玉匣記夢見,吓説吓。

雙頭棍打雀兒,一頭不着一頭着。

孝順生的孝順子,忤逆生的忤逆虫。

窮漢乍富,挺腰撅肚。

早雨不多,一天的囉唣。

龍多主旱,媳婦多没人做飯。

剃頭洗脚,强如吃藥。

太陽跌在雲口裏,半夜下的雨吼呢。

婆婆口碎,媳婦子耳頑。

師傅不高,教人弟子扭腰。

男攀低户,女嫁高門。

嘴裏吃饅頭,心裏有數兒。

年怕中秋月怕半,星期怕的過星期三。

早飯要飽,中飯要少,晚飯要早。

白天游四方,黑了借油補褲襠。

花裏揀花,揀的眼花。

家有三件寶,雞叫、狗咬、娃娃噪。

饃饃不吃,在籠裏放着。

救人救徹,救火救滅。

《人民志》既編輯脱稿,不禁掩卷太息曰：固邑之人,自昔迄今,天災人禍,紛至沓來,曰病疾之苦,曰震災之苦,曰旱潦之苦,曰匪災之苦,曰差徭之苦,曰貨幣之苦,曰雜税之苦。諸苦交加,雖鐵石心腸,亦無不感之而心痛,談之而心變者,爰臚列如下。

　疾病歷年因出痘、白㾗、疹瘢、霍亂、痢疾、傷寒、春瘟、猩紅熱等症,死於非命者不知凡幾。民國九年地震,則壓斃人民五萬有餘,甚且全村、全家斷厥炊煙。旱則河乾見底,潦則陰雨連月。秋夏兩禾不成,飢荒死亡枕藉。民國十八年之大飢,言之尤爲痛心。

　　十五年後，土匪四起，燒烤民財，殺人如麻。錐鑿骨肉，剜眼剁手，陵遲以死者比比然也。辦兵站也，買糧買草，徒憑一紙公文。支馬派伕，一去多不復返。始而騾馬空，繼而牛驢少，此差徭之苦也。

　　貨幣之在甘肅，十餘年前，至不統一，有省垣之銅元、天水之沙圓、平凉之東官錢局制錢紙票。商旅出行，幾經掉換，補水找色，不無困難。其後沙元、錢票，統爲廢物，人民受大虧損。苛捐雜稅，名目繁多，弊竇叢生，爲害尤甚。年來政治清明，似倒啖蔗，有回甘之望，但民困迄未蘇也。

【校勘記】

[1] 一千三百二十四：原作"一千五百二十四"，據《宣統固志》卷二《地輿志·户口》改。

[2] 一萬四千九百一十二户：上述各城鄉户數相加爲"一萬六千一百七十二户"，較其統計多"一千二百六十户"。

[3] 種麥後即種豌豆：下文有"次種豌豆"，明非"種麥後即種豌豆"，此句或重出。

[4] 二月：原作"五月"，據《全唐詩》卷六三六《詠田家》改。

[5] 五月：原作"二月"，據《全唐詩》卷六三六《詠田家》改。

[6] 三：原作"二"，前已有"亞獻帛"，此爲"三獻禮"，當作"三"爲是。

固原縣志卷之四　物産志

《洪範·八政》：①"一曰食，二曰貨。"《集傳》：②"食者民之所急，貨者民之所資，故食爲首，而貨次之。食貨所以養生也。"《邠風》：③"無衣無褐，何以卒歲？"謂當授衣以禦寒也。《梓材》：④"若作室家，[1]既勤垣墉，惟其塗墍茨。"謂應泥飾而茅蓋之也。《考工記》其爲工師所世守，民生所習用者，莫不取資于物産。但必庶類繁生，而後因材篤用。故應先志庶物，而食貨次之。固原山高土冷，原隰蕭澀，樂歲不足一飽，旹沴而貨立竭。疆畎肆廛，幾無可問。然萬物固非天而不生也，若天降鞠凶，人定勝之。生物固賴于地德也，若地之不毛，人得沃之。人之不競，生氣絕矣，天覆地載，莫如之何。語云："即吾心中可作萬物。"又云："生生之妙，存乎人心。"是知人心固能孕育萬物也。《宋史·高宗紀》：⑤"蠲貧户帖錢之半，無物産者，悉除之。"爰志《物産》。

庶物

地官大司徒"以土會之灋，辨五地之物生。"⑥除人之稟賦外，即爲土物，且多土貨也。但天地生物，品彙至蕃，是謂庶物。《易》：⑦"首出庶物，萬國咸寧。"生氣盛也。因志固邑庶物，用驗當地之生氣焉。

生物　　動植物也

固原地大物博，生熟除自給外，多可外供。惜工力缺，物未遂生，貨仍委地也。

---

① 參見《尚書·洪範》。
② 參見《書經集傳》卷四《洪範》。
③ 參見《詩經·豳風·七月》。
④ 參見《尚書·梓材》。
⑤ 參見《宋史》卷二八《高宗本紀》。
⑥ 參見《周禮·地官·大司徒》。
⑦ 參見《周易·乾卦》彖辭。

植物中，稻類有早稻、晚稻。

按：稻字從禾、從爪、從臼，取抱禾注臼而舂米義。別名佳蔬。陸種者曰陸稻，水種者曰稻，性溫涼寒熱不同。春下種，夏分秧。早稻立秋時熟，晚稻立冬時熟。實有芒，米粒如霜，性喜水，水生而色白。其不黏而早熟者曰秈，晚熟稍黏者曰秔。比秈大，粳稻也。性黏曰稬，俗作糯。糯，即稌也。《清季甘肅財政説明書》載："固原州甜水河，導源紅古城。州西二十里，味甘可飲，便於灌溉，居民引以種稻。"而縣東之古城川，縣北之黑城子一帶皆可種。

黍類有大黍、小黍。

按：黍俗誤爲稷或粟。黍者暑也，待暑而生，暑後乃成黍。可爲酒，從禾入水爲意。又禾下從氽，象細粒散垂之形，葉細長而尖。以大暑時種之，宜種旱田，有黃、黑、紅、青、白等種，米皆黃，比粟微大，今北人通呼爲黃米子。其粒均齊無大小，故昔人以一黍之廣爲分，十分爲寸，十寸爲尺，十尺爲丈。見《唐書·食貨志》。[1] 然黍實雖均齊，而黍固有大小二種。故《宋史·律曆志》載：丁度等上議云：[2]"阮逸等以大黍累尺，小黍實龠，量器分寸，既不合古，即權衡之法不可獨用。"詔悉罷之。俗又訛作糜字，書無糜字，應作穈或虋。冀州謂之䅑，關西謂之麋，穄也，秬也，黑黍也。一名秠，一稃二米，亦黑黍也。又有一種曰黏糜子，蒸糕釀酒佳，性溫，益氣補中，久食令人多熱。不黏者性平，但多食發冷病。《本草》謂：[3]"稷與黍一類二種，黏者爲黍，不黏者爲稷。"實則皆黍也。此地亦曰糜，亦有大小二種。大糜一百二十天成熟，小糜六十日或七八十日成熟。穗作串狀，每穗稔時，粒過千顆。大糜清明下種，小糜夏至下種，俱白露前後熟。黃糜，亦名老黃糜，形如小麻子，而色特光亮。長成時顆實累累，甚繁。性平而補，頗適宜於沙土地。北區產量較多，餘地次之。黑糜，亦名絳色糜。紅糜，紅色。青糜，亦名蟬背糜。白糜，色較淡。以上各糜形狀、土宜、產地、產量同上。較麥價廉，用途多，以蒸饃、煮粥充飯，或發甜造糖，或發酵造酒。銷路有時運於中寧等地。乍糜，糜類之易落而多草者，色青而小，亦苗中之莠也，農人多惡而鋤之。然自生自長，性最繁殖，荒年亦可度歲。

稷類有紅稷、白稷。

按：稷從畟，畟，進力治稼也，種稷者必畟畟進力也。稷即是稷。有云稷一名穄，蓋以《六書》謂稷、穄同聲，實一字。然穄乃不黏之黍也。有云稷一名粢，蓋

---

① 參見《舊唐書》卷四八《食貨志》。
② 參見《宋史》卷七一《律曆志》。
③ 參見《本草綱目》卷二三《穀之二》。

以《曲禮》載"稷曰明粢也。"①《疏》謂"稷曰明粢者,稷粟也"。② 故又以稷爲粟。粟之大而美者曰粱,故更稱稷曰粱,如俗之稱高粱、粗粱。因粱稈高者不過三四尺,而稷之莖幹則恒過丈,故曰高粱。粱者良也,穀之良者也。故又以稷實粗硬,呼曰粗粱。既稱稷曰粱曰粟,故又有稱稷屬之秫曰黏粟,如《爾雅》秫字注。是古人著録所述不同。漢以後皆誤以粟爲稷。唐以後又誤以黍爲稷。故或曰穄,曰穄子、曰穈、曰穈麥、曰穈子、曰䴰、曰粢、曰明粢。而《爾雅疏》且以粢、稷、粟爲一物,以故俗更淆混不清。今可從俗稱稷曰高粱,但非粱也。苗有紅白二種,紅者種之尤多,故又曰紅粱,實粗硬,故亦曰粗粱。所謂明粢,應指此。粢,次米也。《列子·力命篇》"食則粢糲",均言粗糙也。雖其粒硬味澀,不如稻、黍、粱、粟之美,然古者尚質,故以供祭。曰明者,取高潔意,故曰潔粢豐盛。稷之黏可以釀酒者曰秫。今北方通呼高粱曰秫。秫酒可潔祀用,古曰粢醆。今西北徽、鳳等縣所出之酒,皆高粱酒也。稷性温,江淮以北農田多種之。此地清明種,多不熟。只中、東、北區帶種若干,備餵牲畜用。又有曰玉蜀黍者,一名玉膏粱,一名戎粟,俗名御麥,又名包穀。粒大如豌豆而微扁,黃白色,亦有紅色者。農間不過帶種而已。又有曰蜀黍者,或曰蜀秫、蘆穄、蘆粟、木稷、荻粱,亦曰高粱,此地不產。上二種雖曰黍、曰麥、曰粟,實非黍、麥、粟之類,以其苞穗攢簇而上出,故附及于稷、黍之後。

麥類有春麥、冬麥、大麥、青稞、燕麥、油麥。

按:麥,秋種厚埋,故謂之麥。一名來,又作秾。苗生如韭,成似稻,高二三尺,葉細長,有平行脈,莖有節。夏月開花結實,實居殼中,芒生殼上,生青熟黃,秋種夏熟。具四時中和之氣,兼寒熱温涼之性,繼絕續乏,爲利甚溥,故爲五穀之貴。此係小麥也。若春麥則以春種故名,宜種沙黃土地。邑北區產量最大,有紅白二色。稭可製帽製紙,利麵食。冬麥即小麥,以色紅一名火麥。秋八月種,冬十月盤科,故名冬麥,來歲五月收穫。顆小皮薄,宜紅黃土地種之。性較春麥略軟。民國九年以後,邑中、東區種之頗多,特不如春麥之普遍耳。麵利做饃作餅餌。大麥亦名王麥,一名牟,又作麰。麥之苗粒皆大於來,故得大名。牟亦大也,或又作麰,曰黃麰。莖葉與小麥相似,但莖微粗,葉微大,色深青,芒尖長,穀與粒黏,顆粒粗而硬。大麥只堪碾米作粥及餵馬用,性平涼滑膩,作粥寬中下氣,作醬卻甚甘美。春秋皆可種,但種者少。大麥有黏者名糯麥,可以釀酒,種者尤少。青稞狀如大麥,稞青故名。顆粒堅硬,過于大麥。天生皮肉相離,有大小二種。

<hr />

① 參見《禮記·曲禮》。
② 參見《禮記正義》卷五《曲禮下》。

似大小麥，而粒大皮薄，多麵無麩，多製炒麵，食種者亦少。燕麥一名大燕麥，別名雀麥，以燕雀所食故名。葉苗似小麥而弱，穗細長而疏，不待糞壅，易於種植，各區皆種。但多充餵牲之用。油麥亦名莜麥，即小燕麥。炒半熟磨麵，作餅飯佳。炒全熟製炒麵尤妙。爲農食之要品，各區均種。此外又有穬麥一種，類小麥，另一種類。大麥實繁密芒長，用以造麴及馬料。洋麥莖頎頎如莜麥，味麻。上二種，種者皆少。更有蕎麥一種，亦爲農食之要品。一名莜麥，一名烏麥，一名花蕎。諸麥性煗或溫和，此則性甘寒無毒，降氣寬中，氣盛有滋熱者宜之，若脾胃虛弱者不宜。春取米可作飯麵，滑膩亞於麥，可作煎餅及餅餌用。實作三棱狀，與其他麥異，但應屬麥類。《玉篇》：①"蕎麥也。"《本草》："蕎麥，莖弱而翹然，易長易收，磨麵如麥。"有甜苦二種，甜蕎棱小，性最寒，苦蕎棱大，性尚溫和。各區均種。至於瞿蕎之類，此地不產。

粟類有大粟、小粟。

按：粟古作㮚，象穗在禾上之形。又謂粟之爲言續也，續於穀也。《周禮》九穀、六穀之名，有粱無粟，蓋粱即粟也。自漢以後，始以大而毛長者爲粱，細而毛短者爲粟，今則通呼爲粟。北方直名之曰穀，曰小穀，曰穀子。對稻之實爲大米而言，則謂之小米。有黃、青、白及赤黑色四種。稈高三四尺，中空有節，葉似蘆小而有毛，穗似蒲亦有毛。顆粒成簇，性鹹淡，養脾胃，補虛損，益丹田，利小便，解熱毒，陳者尤良。此地黃穀亦名狼尾穀，即小米。各區皆種。

紅穀，亦名繮繩穀。

黑穀，亦名黏穀，煮粥用。

酒穀，紅色而粗，專以發甜，造黃酒或做黏糕，產量最少，惟東區有之。

白粱穀，產於北區最佳，量數亦少。早春種，晚秋收，故種者甚少，用以煮粥。

千穗穀，亦苗中之莠者，多生於菜蔬中，一名人鹹菜。葉幹紫紅色，長二三尺，結紅穗，累累如小穀然，實黑而小，春米炊粥，亦可充饑，故附此及之。

總之，不外二種：曰大穀，曰小穀。大穀穗大，小穀穗小，易辨也。又有莖扁、上青下紫者曰水稗。莖通綠，梢頭皆出扁穗。實如黍粒而微苦者曰旱稗，皆粟類。又有實如黍粒而細，赤色味略澀者曰穆，鷹爪粟也。農間種粟不善，尚多成秕者，更遑問於稗與穆之爲雜糧乎。

俗以稷爲高粱，其黏者曰秫，曰黍秫。又以其實粗硬曰粗粱，實則粟也。不黏曰粟，黏者曰秫，猶之粒大曰粱，粒小曰粟。故粟、粱、秫，實一物耳。

---

① 參見《玉篇·艸部》"蕎"字條。

　　稻之與麥，雖童穉易別，至於黍、稷與粟，但觀其穗，亦易辨也。黍與粟初皆花小密集，花序爲圓錐形，漸而成穗而下垂。但黍之穗穎單出，粟之穗穎岐出，此所以異也。黍之禾莖高約二三尺，粟之禾莖高約三四尺，而稷之禾莖則高大似蘆，穗聚而上出，此所以大異也。

　　上述稻、黍、稷、麥、粟五種，通稱之曰五穀。穀乃植物可供民食者之總稱，故曰百穀，次則曰九穀、八穀、六穀、五穀。所謂黃穀、紅穀、黑穀，皆粟類而俗稱之者也。考五穀説各不同，《周禮》鄭注爲稻、黍、稷、麥、菽，《禮·月令》爲麻、黍、稷、麥、豆，《管子》爲黍、秫、菽、麥、稻，《素問》爲麥、黍、稷、稻、豆，《楚辭》王逸注爲稻、稷、麥、豆、麻，《周禮》"食用六穀"係指黍、稷、粱、麥、苽、稌也。稌即稻，粱即粟。故上述五穀，加苽通稱之曰六穀。尚合苽同菰，結果如米，謂之菰米，此地不產。《小學紺珠》以黍稷、稻、粱、禾、麻、菽、麥爲八穀。《周禮》"三農生九穀"，①係指稷、秫、黍、稻、麻、大豆、小豆、大麥、小麥。今則以上述六穀，加菽、枲，得稱爲八穀，再加芋得稱九穀云。

　　菽類有蠶豆、豌豆、豇豆、刀豆、扁豆、菜豆、黃豆、黑豆、綠豆、赤豆。

　　按：菽爲豆之總稱，或曰豆之大者曰菽。"豆"俗作"荳"，誤。

　　蠶豆，狀如匙，頭面青背白，春開花，花冠如蝶形，實成莢供食，莖葉爲肥料，並飼家畜，俗曰大豆，又名胡豆。東西區種之，可充菜蔬食，產量甚少。

　　黃豆，亦名大豆。

　　赤豆、綠、黑豆，又名小豆，葉皆以三小葉合成，花爲蝶形，或紫或白，實皆結甲，或成一二寸，或長尺許。可作醬，或作腐。黑豆可作腐，亦可生芽作菜，並能炒食。邑東區多種，北區次之，年產不足供本縣之用。綠豆顆粒最小，性涼解毒，可作粉，生芽作菜佳，但產量用途，均不及黃、黑豆之廣。至于赤豆及白豆、那孩豆、西番豆等，種者尤罕。

　　豌豆，羽狀複葉，端有捲鬚，基部有托葉甚大。夏初開小花如蝶形，淡紫色，莢長寸許，子可食，莖葉嫩時亦可食，謂之豌豆苗。各區皆有。西北鄉多有麻、白二種。

　　豇豆，莢長至二尺，俗亦稱長豆。嫩時爲蔬，老則收子，貯以爲食。種者少。

　　刀豆，莢長者近尺，扁平似刀子，淡紅色，嫩時可食。俗誤以蠶豆、豇豆爲刀豆。刀豆花紫碧。又有洋刀豆者，則開紅色花，中、北區多種之。

　　菜豆，亦名雞頭豆。種者少。

　　枲類有人麻、小麻、胡麻、蓖麻、芝麻、荏子。

---

① 參見《周禮·天官·大宰》。

　　按：《説文》：①"枲，麻也。"俗作蔴，誤。《廣韻》：②"無子曰苴，有子曰枲。"《爾雅》則以"有實爲苴，無實爲枲"③二説並存。

　　大麻，亦曰火麻，其花雌雄異株，收穫及功用各異。雄曰牡麻，亦曰水麻。雌曰苴麻，亦曰子麻，花色白微青。牡麻花五蕊，苴麻一蕊。牡麻于花落後即拔而漚之。苴麻至秋乃刈，先收其子而後漚之。俗又謂之秋麻，或謂大麻。俗名蓖麻，非。東區多種之。

　　小麻，與大麻同，只麻實較小而香味過之，且多油，西北區多種之。大小二麻，均可作調料及炒麵，惟民間祇帶種而已，故產量特少，向皆仰給外縣。

　　胡麻，一名狗蝨，一名方莖，一名鴻藏。苗梗如大、小麻而葉圓鋭，嫩時可作蔬。子似芝麻而色略紅，油多。各區農民皆喜種。

　　蓖麻，莖高六七尺，中空如竹，葉與子均如百部子，黑色性烈，可作油，能提瘡毒。產量最少，農人稍帶種之。

　　茬子，東北鄉帶種，産量不多，亦麻之屬也。有黑白二種，均可榨油。

　　芋類有白芋、紅芋。

　　按：芋本蹲鴟也。《史記·項羽本紀》：④"士卒食芋菽。"故芋之與菽固同屬重要穀食，列入九穀也宜。惟此地所謂爲芋者乃羊芋也，亦作洋芋，一作馬鈴薯，故入芋類、薯類均可，蓋芋、薯本相類也。薯與藷同，曰番薯、甘薯、甘藷、薯蕷、藷藇，均同。又番薯俗名山芋，薯蕷俗名山藥，皆易種。且薯不患凶旱，向列蔬類，實爲一般農民主要之糧食，應入穀類。羊芋葉爲羽狀，莖端開花，色白或紫，地中生，塊莖形圓，皮色白，味美清甜，春種秋收。近年更有一種名河州白者，塊莖較大，不甚圓，成熟尤早，六月可食，造粉條亦佳。又有一種紅芋，味更甘美，體小形最圓，各區皆種之。

　　蔬類有芹，青紫二種，性喜水。除圃人外，農人種之者少。

　　菠薐，本作菠稜，一曰菠菜。葉互生，莖高尺餘，花小而黃緑，根色赤，味甜。春夏俱可種，養料頗多。

　　韭，韭長成最速，自春徂秋，年三獲或四獲，經十餘年方朽，故名長生韭。味濃，人多嗜之，但氣易衝人，多食動痰火。冬以熱地鬱出者爲韭黃。又有沙韭、山韭，皆野生也。

　　蘿蔔，俗作蘿葡，非，亦名萊菔。莖高尺餘，葉作羽狀，花四瓣，色淡紫或白，

---

① 參見《説文解字·木部》"枲"字條。
② 參見《廣韻》"枲"字條。
③ 參見《爾雅翼》卷一《麻》。
④ 參見《史記》卷七《項羽本紀》。

根長色白,多肉可食,子入藥。別有紅蘿蔔,根圓皮紅,肉白亦可食。夏水蘿蔔,色白而寫,頂紫紅。冬蘿蔔,色如水蘿蔔,大而粗,或微圓而嫩。小紅蘿蔔,純紅而較小,無皮而心黃,味甜過於夏冬蘿蔔,毫無辣氣,人多貪食。紅圓蛋蘿蔔,圓如胡桃,大微過之。白圓蛋蘿蔔,大小一如胡桃,味甜美。以上各區皆産,惟水田産量較多。

菘,葉闊大,色淡緑有柄,大別爲二種。柄厚而色青者俗名青菜,柄薄而色白者俗名白菜,一名包包菜。菜大味濃,生熟均可食,每個約重六七斤,爲蔬類中最爲常食之品,且爲固原特産,葉大味佳。近年有洋蓮花菜,成熟較早。更有龍爪白一種,曾種於小西湖八畝園中,味甚美。至捲心、箭桿、紫花諸名色,特別名耳。

百合,家園有種植者,成熟最遲,二年後方可食。七八月開花,花如山丹而大。

茄藍,一名茄連菜,似藍靛。

莧,長尺餘,葉卵圓形,有紫白二種。嫩時充食,秋開細花成穗。一種柔莖細葉者曰野莧。但此地種莧者少而野莧多。

苜蓿,一名木粟,一名懷風,一名風光草,一名連枝草,一名牧宿。苗高尺餘,細莖分叉而生,葉似豌豆葉略小,開紫花,結彎角。子黍米大,形如腰子,味苦平無毒,農間帶種,餵馬用。

薑,一作薑,禦濕之菜也。根嫩白老黃,性微温,味辣。近有一種洋薑,性凉味淡,色微紅,植菜園地畔頗繁殖。

萵苣,有二種,葉圓而薄者名青菜,葉尖而生笋者名萵苣,俗呼曰萵笋。又有一種曰苦苣者即苣也。

椒,邑地氣寒,種者多綠而不紅,苦而不辣。

蕓薹,一名油菜。春採薹爲蕓,作蔬佳,子可取油。

恭菜,俗名甜菜,綠葉紅根,皆可食。

務農頭,一作烏龍頭。苞烏紫色,可食,性凉微有毒,煮煎水浸過用。生於南區山林間。

芥子,春深開小黃花,結實成莢。子如粟粒,研之成末,味極辛烈,食饌中用以調和,亦爲藥用。有青芥、紫芥、白芥數種。葉可食菜,子和胡麻、蕓薹可榨油。

滑菜,葵也,有紫莖、白莖二種,多野生。

葱,有白紅二種。

蒜,葱、蒜無地不宜,菜中普徧用之。

茄,形長色紫,植未得法,不易成熟。

蘑菇,生于草木根朽處及濕潮地。性凉微有毒,不宜多食。

苦豆，一名香豆，俗名甘露子。花開時，連莖葉採之，研用糝餅佳。性溫氣香，處處皆種。

蔓菁，一名蕪菁，一名葑，一名須，一名蕦蓯，一名薞，一名大芥，一名九英菘，一名諸葛菜，一名馬王菜，一名雞毛菜。四時皆有，四時皆可食。春食苗，夏食薹，秋食莖，冬食根。子可打油，燃燈甚明。味辣，性溫無毒，常食通中下氣，止消渴，去心腹冷痛，解麵毒，治諸瘡。入丸藥服，令人肥健，尤宜婦人。三月葉嫩可食，俗名辣菜，一作臘菜。其根于九月熟，醃食更佳，俗作大頭菜，一作大刁菜，又作春頭。根多肉扁圓，葉大略成羹匙狀，邊有細齒，花似油菜花。

蕨，俗名蕨菜，生於西山叢草中。嫩綠可食，老則成柴。

薇，即蕨菜之小者。

薺，一名護生草，俗名薺兒菜。生野中，葉可食，稭可燃，三月採。

藜藋：藜、藋，一類二名，年荒子可充饑。

同蒿，一名蓬蒿，草類之可作菜食者。葉似柳而細長，氣味與灰條同，自生長，頗繁殖。

苦菜，一名苦蕒，一名薈，一名荼，俗名苦乳菜。生野中。

藋，俗名灰滌，一作灰條。有紅白二色，紅者有毒，白色又名麵灰，可作菜。

梨莖，亦曰梨莖菜，灰條之屬。葉綠色，尖長，亦野生物也。

蓏類有西瓜，有青、白、黑、綠數色。子有黑、赤、白三色。瓤有紅、白、黃三色。附郭鄉及北區一帶種之。

醉瓜，即哈密瓜。北區有試種者。

香脆瓜，黑城、七營種者佳，一名脆梨瓜，有白綠二色。

北瓜，與西瓜同時成熟。皮白瓤紅，味較甜。黑城、薩家台最佳。

南瓜，俗名窩瓜，大小形狀不一。皮分紅、綠、黃三色，味同。

番南瓜，俗名番瓜。狀如南瓜，大而橢圓，有綠、紅兩種。

黃瓜，一名王瓜。圓長水大，不及番瓜甜。

苦瓜，狀如王瓜，以味、色名。

瓠，俗名長菜，味甜如南瓜。形長圓，較南瓜易種。

稍瓜，俗名菜瓜，味同黃瓜。形粗色白，故又名曰白瓜，易種。

壺蘆瓜，有楕圓、長圓二種，嫩時作蔬，老可貯物。

甘瓜，一名甜瓜。北區有種者。

果類有蘋果，一名蘋婆果。似林檎而大，中區有種者。

林檎，一名來禽，又名紅檎，又名花紅果，以色名也。又名蜜果，以味名也。縣城梁家園、黑城吳家磨有植者，八月熟。

楸子,與林檎同種。大而長者爲奈,小者爲楸子。

梨,梁家園、吳家磨均産。

野酸梨,似梨扁圓,小如胡桃。味酸甜,性温治痢。産東南山。

香水果,吳家磨有種者,産量少。

桃,各區均有,惟吳家磨産量較多。八月熟。

野毛桃,樹多杈枝,叢生而矮,花葉與大桃不殊,實有細毛,特小,酸木不可食。須彌山産。

李,一名家慶子,有紅、黃二種。但固原産者乃小梅李,非大李子。

杏,到處皆有。小而酸,六七月黃熟。

櫻桃,五六月熟,味酸甜。

胡桃,一名核桃,植者少。

葡萄,梁家園、吳家磨有種者。八月熟,味不佳。

野葡萄,類葡萄,實小味酸。白雲山産。

酸棗,一名金豆,實多味酸,亦係野生。仁入藥。

石棗,葉圓,實較棗兒略小。蒿店後山産。

石榴,多盆植者,五月開花。培植得法,亦可結實。

無花果,祇有盆植者。

茶類有麵梨,野麵梨葉可製茶,性熱。産西南山中。

地椒,本草類植物,到處有,苗覆地蔓生。莖葉甚細,枝柔而長,花色紫白。味辣似椒,性熱消脹,通竅利氣。葉可製茶,或作炒麵調料極佳。

木類有松,東區有。北區須彌山産油松,色鮮翠可愛。以竊伐者多,故粗不過椽。

柏,東南山産扁柏。城内西霽霓有檜柏一株,徐家園有盆植刺柏。

楓,縣城附近陸家莊有。至秋其葉全成紅色。

桐,一名梧桐。皮青如翠,葉缺如花,其本無節,直生,理細而堅。四月開嫩黃小花,如棗花。固原小西湖畔曾移植二本,羊坊田家試種多株。

榆,皮味甘而黏,和麵食可充饑。木甚堅硬。各區皆有。榆錢飛落處即生苗,生殖長易成遲。

槐,質堅重可爲器具。東北區植。城關多植洋槐。種子即出,畏寒不易長。

樺,紅白二種,繁茂易生。可爲車頭、農器、駝鞍之用。蒿店南山産。

青樀,葉三角,花邊如鋸齒,理細而堅。蒿店山中産。

柳,處處有。青柳折枝栽之,生長甚易。白柳不種自生,均中屋材。紅柳木質盤曲,惟柔條可編籠笊之用。黃柳止供薪爨。尖葉柳木質堅可製器,但培植頗難。而平固路左右之左公柳,扶疏高大,則皆百餘年物也。

楊,有黃、白、青三種。黃楊木堅緻,白楊次之,青楊易虫朽,最下,邑名串白楊。

桑,葉可飼蠶,椹及子可備荒,木可供薪。多野生。椹與根、白皮入藥。

檉,一名赤檉柳,一名江柳,亦名西河柳。葉如刺蓬,枝條細而毛,開紫白花,性可表疹瘢。

沙棗,枝有刺,葉似桂而青白色,實中有末如細沙,故名。木質堅細有花紋,作棹、几、盤匣等器。蒿店南山產。

樗,一名虎目樹。樗亦椿類,氣臭,俗名臭椿。荒年亦可採食。

椿,香椿也,幹獨枝稀,畏寒不易植。

觀音柳,一名沙柳,一名三春柳。枝葉略低垂,開紅花。此外野樹尚多。

紅水凉子,蛋狀葉,枝幹色紅,實作球狀。掛馬溝產。

爛皮襖,一名活落皮。葉作驢耳狀,背有細毛,枝幹類木香色。實似驢乳形,味甜香。蒿店後山產。

馬乳子,葉類黃楊,實似櫻桃,味甘微酸。木質極堅致。炭山等處產。

幹僵木,遍身綠皮,梢嫩黃色,葉細圓。和尚舖後山產。

紅條,俗名紅油條。皮黑,葉細圓。掛馬溝產。

六道木,俗名雞骨頭。皮麻色,粗,圓葉,開濃紅花。實紅色,作球形。蒿店後山產。

白檀子,葉小作卵形,紅綠色,幹麻枝青,由橫枝繁綴垂絲。絲端開桃紅色花,囊漸拆成四片,復卷作筒狀,色紫紅。花心一顆作麥子形,色焦黃。四山皆有。

黑鳥叉,細圓葉,深綠色,枝上有刺,黃花,黑豆實。四山皆有。

白條,俗名白麵條。葉淡綠色,背有毛,皮上有粉質如麵,故名。枝葉可編物。蒿店後山產。

雄刺,小卵形葉,綠色,光澤,黃花紅豆實。名為刺、實無刺。枝可作秤桿。蒿店後山產。

軟木條,葉類黃楊,開小黃花,結實色狀皆如珊瑚。蒿店後山產。

黑酸刺,葉如黃楊較小,淡白色,開黃麻色花,實如小豌豆,枝杆黑麻色。四山產。蒿店後山有粗盈八寸者,性堅致不朽。

竹類有條竹,一名箮條,竹中掃帚用之細竹也。長者不過一丈,俗作毛竹,非。毛竹乃貓竹、茅竹。幹大而厚。條竹產西南山中。

羅漢竹,葉大幹細而節短,高二三尺。多盆植,供清玩。

　　藥類有貝母,産西南區香爐山一帶。形似桃,名桃兒貝。清痰潤肺,比川貝更優。惜産量不多,年僅出數十斤。

　　知母,清肺瀉火,潤腎滋陰。産北區黑城鎮、七營鎮一帶。年産四十五萬斤,運銷天水等處。

　　甘草,生退火,灸溫中,調和諸藥,稱藥中國老。東、南、北各區皆産,但條細力微。

　　枸杞,潤肺清肝,滋腎益氣。根名地骨皮。産量少,莖無刺,實多核。彭家堡等處有。

　　苦參,補陰益精,利九竅。醋酒煎,能止天行時毒。産西南山。

　　沙參,味辛補肺,兼益脾腎。似人參而體輕鬆。北區沙土地帶有。

　　薊,有大薊、小薊二種,性寒敗毒。

　　黃藥子,性寒清肺,治馬病。

　　狼毒,性溫有毒,外科用。

　　薤白,味辛,治肺病。

　　馬齒莧,性寒,外科用。

　　地膚子,性寒,治肺病。

　　白蘚皮,性寒,治肺病。

　　天仙子,性辛,有毒,外科用。

　　稀簽草,性寒,治肺病。

　　黃芩,治中上焦之風熱實火,養陰退陽。産西山。

　　升麻,表散風邪,升發火鬱。産香爐山一帶。

　　柴胡,宣暢血氣,散結調經,爲足少陽表藥。各區皆有。

　　秦艽,治風寒濕痹,虛勞骨蒸。産海子峽、西山一帶。

　　防風,行脾、胃二經,爲去風勝濕之要藥。東山有。

　　荊芥,散風濕,治傷寒頭痛,爲風血病瘡家要藥。西山產。

　　薄荷,消散風熱,清利頭目。各區皆有。

　　益母草,子曰茺蔚,消水行血,去瘀生新。西南山產。

　　茵陳蒿,治傷寒、時疾、狂熱、頭疼。到處有。

　　旋覆花,一名金沸草,下氣行水,通血脈。到處有。

　　蒼耳子,一名菓耳,即卷耳。性溫,發汗散風濕。到處有。

　　麻黃,發汗表肌,肺家專藥。北區窰洞溝一帶產。

　　木賊,中空輕揚,與麻黃同形,性亦能發汗解肌。東西兩山產。

　　瞿麥,逐膀胱邪熱,明目去翳。到處有。

葶藶子,消腫除痰,止嗽定喘,通經利便。到處有。

車前子,止瀉,利小便,強陰益精明目。到處有。

萹蓄,一名扁竹。葉細如竹,殺虫疥,利小便。城川一帶有。

穀精,即穀精草。辛溫,明目,退翳,治喉痺齒疼。到處有。

牽牛子,有黑白二種,一名黑白丑。利大小便,逐水消痰。家園多種之。

蒲公英,一名黃花地丁,化熱毒,解食毒,專治乳癰疔毒。到處有。

菖蒲,補肝益心,利九竅,味芳香。西南山有。

蒲黃,行血消瘀,通經脈,利小便。

蘹香,一作小茴香。北沙窩及各處家園有種者。性熱,益脾胃,暖丹田,食料宜之。

酸棗仁,斂汗寧心,療膽虛不眠症。六盤山有。

側柏葉,養陰滋肺燥土,爲清血分補陰要藥。東南山產。

桑白皮,桑根之白皮也。瀉肺火,散瘀血,止嗽消痰,利二便。中、北區有。桑根之白皮,故名。

地骨皮,即枸杞根。降肺中伏火,瀉肝腎虛熱,凉血補正氣。彭家堡等處有。

杏仁,治時行頭痛,欬逆上氣。肺虛者禁用。各處有。

桃仁,性苦溫,破瘀血,生新血。各處有。

黃精,平甘,益脾胃,潤心肺。南山有。

羌活,辛溫,治頭暈目赤,散肌表風。產香爐山一帶。

獨活,一名獨搖草。治傷風、頭痛、目齒痛。產香爐山一帶。

紫苑,辛溫潤肺,調中消疫。產香爐山一帶。

續斷,療崩漏,益精。辛溫補肝。香爐山一帶產。

黃耆,甘溫,無汗發汗,有汗能止。補中益氣。產西南山一帶。

牛旁子,一名鼠粘子。可理痰嗽,消瘰疹,行十二經。城川一帶有。

地榆,除血熱,治吐衄。西川產。

大黃,大苦大寒,下燥結,除瘀熱,治傷寒時發熱譫語。北區出。

青蒿,苦寒,治骨蒸勞熱。到處有。

紫花地丁,葉如柳而細,夏開紫花。可治癰疽疔腫。南河灘等處有。

党參,生甘苦,熟甘溫。補血瀉火,益土。產香爐山、六盤山一帶。

野菊花,葉幹似蒿,八月開單瓣小黃花。清頭明目,功減杭菊。到處有。

野芍藥,性寒,婦科要藥。有赤白二種。香爐山一帶產。赤芍利水,白芍治肝胃病。

款冬花,性溫潤肺,清痰明目,利氣。暖泉地帶皆有。

艾葉，莖白色，葉互生爲羽狀，分裂。嫩時可食，乾後揉之，則成艾絨，灸科用，亦用作印泥。苦辛，純陽之性，理血氣，逐寒濕。一名醫草。到處有。

馬兜鈴，體清而虛。清肺熱，降肺氣。六盤山有。

蒼朮，燥胃强脾，發汗除濕，能升胃中陽氣。西南山産。

芫荽子，一名胡荽，辛溫香竄，能避不正之氣，爲痧、疹、痘不出之表藥。子與葉功同。又名香菜，嫩時摘以調食，俗名芫荽，原作蒝荽。多有。

桑葉，甘寒，去風明目。代茶止消渴。到處有。

厚樸，甘平，溫胃消脹。六盤山産。

金鋼腿，俗名也，即威靈仙之根條。消積利痰。蒿店山産。

何首烏，一名夜交籐。斂精益髓，强筋骨，烏髭髮。到處有。

馬皮泡，牛糞馬勃于濕潮處所化成者，治諸瘡腫。香爐山一帶皆有。

紅花，多用破血，少用活血。家園有種者。開水紅花，色淡而味薄。東南山有。

透骨草，莖圓，高尺許，葉尖有齒，抽穗開黃花，結實三稜如蓖麻子。性寒，治風濕攣縮，有透骨之功，故名。

王不留行，甘苦通經，下乳利便。多有。

萊菔子，性辛，利氣益脾，散風寒。

韭子，辛甘，治遺精、白帶。

白芥子，辛溫，入肺散寒。多有。

金銀花，即忍冬草，多盆植。性寒，入肺散熱補虛，治疽疥。經冬不凋，故曰忍冬。

天門冬，性寒，治肺病。東南山産。

馬鞭草，性寒，利水。多有。

金櫻子，性溫酸澀，固精秘氣。似榴而小，黃赤色有刺，半黃去刺核熬膏亦良。

烏藥，性能發酸，有毒。西南山有。

菌類有蘑菇，大者爲菌，小而結者爲蘑菇。木蘑菇生朽木根潮濕處，草蘑菇生草灘朽草根旁。草、木蘑菇，均有微毒，不宜多食。

頭髮菜，形如頭髮。黑城、七營産。

地耳，一名軟地，俗名地軟子。色黑，性凉，較伏耳、木耳小。到處有，二三月採食，雷發聲即無。

蕈，地菌也，俗呼地蕈。

花類有牡丹。甘肅牡丹，五色俱備。邑西南山産有白、紅、黑三種。黑最佳，名烏牡丹，一名墨牡丹，罕見耳。紅、白家植者花瓣繁，野生者花瓣單。

芍藥，有紫、赤、黃、白數種。野芍藥產香爐山一帶。花單瓣者根可入藥。

荷包牡丹，陰曆三月初開花，似荷包，故名。

碧桃，一名紺桃。花似桃葉如榆，花色豔，不結實。多盆植。

夾竹桃，花五瓣而長筒微尖，淡紅色，類桃花。葉狹長類竹，故名。又有一種開粉白色花者，亦名夾竹桃。

菊，菊有五月菊、六月菊、七月菊、八月菊、九月菊，及白、紅、黃、紫、藍等名。色黃爲正，性平，清頭目。而又以九月菊爲貴，八月菊入藥。

桂，盆植有黃桂一種。

玫瑰，有紅、黃二種，一名徘徊。莖青多刺，色香俱美。到處可植。

月季，一名長春花，一名月月紅。莖與葉俱有刺，葉圓。花如玫瑰，月一開，有紅、白、淡紅三色花，活血消腫去毒。

石竹，一名石菊，又名繡竹，又名瞿麥。千葉者名洛陽花。葉如苕，纖細而青翠，山野家園均有。四五月開花，紅、白相間，更有深紫等色。

鳳仙，俗名指甲花，花瓣繁者曰海納。二月種，五六月開花，有紅、白等色。花頭翹然如鳳狀，故名。性溫入藥。

繡毯，俗名剪絨、六月菊。葉似大黃而小。六七月開花，有紅、白二種，小花攢簇如毯。

臘梅，臘月開花，瓣形似栢子，色似黃臘，有清香。

鷄冠，形似雄鷄冠，紅而豔，又有黃、白二色，六七月開花。

珍珠蘭，一作真珠蘭。葉似蘭草，三月開白紫色小花，可表痘疹。

玉梅，三月初開，花繁色豔。

迎春梅，十二月、正月開，綠萼黃花，盆植物。

麗春，一名虞美人。色最嬌豔，品類亦多。

萱，一名忘憂，一名宜男，又作蘐。色有紅、黃二種，孟夏開花，蒸曬可食。俗名川草花，一名金針。

薔薇，一名山棘，一名賣笑籬。莖青多刺，又名刺紅。花白或紅，叢生，蔓長可搭架，人家堂屋或屏門多植之。

向日葵，花黃，形如盤，高丈餘。二月種，六月開花，八月結實。到處種。

蜀葵，一名樞機花，一名一丈紅。花有雙瓣、單瓣二種，並有深紅、淡紅、淡白三色。

夜合，葉似桃葉，六月開黃花，有清香。

玉簪，一名白鶴仙。抽莖出葉，葉如掌而長。八九月開花，花似白玉搔頭簪，有紫、白二種,性最畏寒。

紫葵,向日葵之別種。莖葉如蜀葵,花黃實紫。染色獨用則青紫,與槐子合則綠。

金盞,一名長春菊,色金黃。到處有。

藏金蓮,一名雪蓮,又名西番蓮。色深紅,狀如鷄冠。

金絲蓮,一名旱蓮,又名玉盤捧金蓮。六月開花,色金黃。葉似蓮,葉莖不過尺,但頗蔓長。

山丹,一名蓮珍,一名紅花葉,一名紅百合。西南山最多。五六月開花。花、莖、葉均似百合,特較小耳。

海棠,根色黃而盤勁,木堅而多節,外白而中赤。其枝柔密而修暢,其葉縹綠,花香清酷。邑有白與硃砂二色。

刺梅,紅、黃、紫三種。

翠雀,花翠色,作鳥狀,瓣之尖端有兩白點如雀眼,故名。但亦有開粉白色花者。

剪春羅,花瓣如剪,有白、紫二色。

剪秋羅,與剪春羅相仿,惟花瓣較繁複。

長壽菊,葉作翅狀。花瓣佶屈有致,色有黃與金黃二種。

大黎花,俗名洋牡丹,各色均有。

早晚香,花黃色、早晚開放,有清香。

蓼,有紅、白二種。子黑可造甜麴,且可去積。

龍柏,花似丁香,春秋兩開,有紫、白二種。

蝴蝶梅,二月種,四五月開花,有黃、藍各色,偪肖蝴蝶,故名。

萬壽菊,長年開花,有紅、白、水紅諸色。

卉類有萁葹,俗名箕箕,一名藉藉,又名芨芨。東北區産,産量極多。條柔而長,白而不湟。霜降後農民獲之可織帽、織席及織製各種裝載器。倘加以改良,當不亞於陝西之麥桿編物也。

莎,一名莎冰,一名莎竹。其草細長而柔,可制草笠、雨衣,並覆屋用。歲饑,子可度荒。北區莎地最多。

稗,一名稗子,草之似糜者。子繁茂,荒年亦可充饑。有紅、白二種,紅名野稗,白名家稗。白米如魚子狀,味亦甘香。

水蓬,一名刺蓬,一名沙蓬,一名臭蓬。生於潮濕水邊或沙地。子名沙米,雨澇始生,饑年亦可充腹。

蒲,蒲初生爲蒲笋,可食。池水中多生之者。

葦，蒲、葦，一種二名。可編席蓋屋。

蘆，有水蘆、田蘆二種。根深難鋤，拔之可飼矣。

茅，色白，可索綯織席。

蘿，生山坡，其條可蓋屋。

蒿，自生自長，荒地最易繁殖。有紅、白二種，白者初生爲茵陳。

沙蒿，蒿之有子者。

蕡草，如萁蓆，脆而不柔，生田岸間，刈可飼馬飼羊。

羊眼豆，秋熟，生村徑間。

鵝郎草，俗名羊奶頭。可爲戒煙之藥。

蕁麻，即蕁麻。莖高三四尺，葉卵形而尖，鉅齒甚粗。柄長，皮之纖維可以製線。初生可食，老則莖葉皆有芒刺，觸之如爲蜂蠆所螫。

慈姑，一名山慈菰。入藥清熱散結。根似小蒜。

藍，一名扁蘭，一名扁竹。刈葉漬汁，和以石灰，可作染靛。

紅藍，即紅花。可染紅，入藥。

馬蘭，一名馬蓮，其草即書帶草。西區多。《新通志》載固原最佳。馬蓮至秋結實如豆莢，俗名野辣角子。

毛蠟，生北魚池等處。形似蠟燭，蘸油燃之甚旺。其絨可止血。

獨箒，一名地膚子，俗名鐵掃箒。獨莖多枝，故名。

龍須草，似莎草而細長，性堅紉，農人多取以絞索。各區沿山地帶有之。《唐·地理志》載原州土頁：[2]氈、覆鞍氈、[3]龍須草席。即此。

鳳尾草，莖細如絲，蓬鬆青翠，頗可觀。實如豆，綠色。多園藝。

此外野草尚多。曰白檀子，俗名金線吊斗。曰柴麻胡條，似草木而實木質。曰野毛核桃，俗名毛榛子，掛馬溝等處有。曰水涼葉，葉似大麻而圓，海子峽有。曰絲嗩呐，形如瑣唥，故名。曰黃鼠爪，葉如韭葉而缺裂，作三叉狀。曰依松蘿，即蔦蘿，南鄉有。曰老虎薑，形如貓頭，苦不可食，南山有之。曰塔鈴，有銀塔鈴、鐵塔鈴二種，根俗名麵筋筋。曰馬前之，即馬鞭草，如車前子而長。曰鐵色英，俗名蕎皮草。曰白蜜罐子，花紅，果長如罐，折斷有白汁，故云，出西南山中。曰轉輪草，俗名旋風草。曰野小茴香，俗名蛇虎草。曰紫莖水綿蓬，俗名紫莖柏。曰檳榔薊莉，俗名土刺竿。曰紫薊莉，俗名馬牙刺竿。曰壁虱草，俗名笸子板。曰稗子，俗名野穀子。曰田葦子，俗名橫根蘆子。曰赭色柏，俗名赤莖蓬。曰野荏子，俗名麻香草。曰鬼姑娘花，俗名野洋芋。曰石黃草，俗名石秀花。曰紫色巾，俗名猴眼然子。曰毛膠然子，俗名狗牙叉。曰馬苜蓿，俗名野掃竹。曰野棉花，蒿類，夏結苞，秋開白花，風吹如柳絮。曰千千掃帚，枝繁葉細長，可作掃帚用，故名。曰棋葉,有家棋、野棋二種,花紫紅色,較家棋低而小者爲野棋。曰野刀豆,俗名雞兒蔓。鐵色菊,俗名小蕎皮。曰驢耳朵,葉大而長,故名。曰紫螃蟹,俗名黃鼠饅頭子。曰狗尾草,細而長,南區多有。

藻類有藻,水草也,水池邊畔間有之。葉長二三寸,兩兩相對。性可泄熱消腫。

萍,楊花入水所化,一葉經宿即生數葉。葉下有微鬚,其根也。浮萍能發揚邪汗,止癢消渴,治三十六種風症。北魚池及小溪沼畔間有之。

荇,葉大寸許,一端有缺刻,面青背紫,平帖水面。花淡黃五裂。莖葉嫩時可食。子去諸熱,利小便。溪澗泉池邊有之。

水葱,形似葱,高抽而勁。

動物中毛之屬有馬,芻食之畜獸也。牡曰兒,牝曰騍,劇曰騙。農家供乘載者曰孳生馬。人力調練者曰走馬。名色甚多。

牛,反芻類之家畜也。牡曰特,牝曰牸,去勢曰牯、曰犍。耕田服種之外,其乳且爲滋養品。

贏,俗作騾,驢馬相合而生者。牝馬、牡驢產騾,體強堪力役,即爲贏。牡馬、牝驢爲駃騠,俗呼驢騾,體力較遜,但尤耐渴。股有瑣骨,不能開,故不孳乳。或曰精子不成熟,故不育。

驢,有褐、黑、白三色,體小於馬,耳頰皆長,夜鳴應更、性溫順,能馱負。邑農作物產量頗豐,蓋以地屬畜牧區域,馬、牛、騾、驢,均便服用,尤以役驢爲多。

駝,一名橐駝,一名明駝,俗名駱駝。性溫順而力強,能負重遠行。其絨溫暖,遠勝于棉。

羊,反芻類之家畜也。曰羍,曰羒,俗曰綿羊。毛長而蜷曲。牝無角曰羥,閹割曰羯,曰羠。毛可爲氈毹,絨可織呢。

固原當前明時,最爲畜牧繁盛之區。清代雖不如明朝之暢旺,其產量亦可與洮岷並峙。乃民國九年地震以後,繼以民國十六年大軍過境之供差及被土匪之搜掠,所餘無幾。孳息至民國二十四年,據縣政府調查,全縣有馬七百餘匹,牛五千餘頭,騾及驢七千餘頭,羊一十三萬五千餘隻,駱駝無。至民國三十年,據縣政府調查,全縣有馬九百三十匹,較二十四年增二百匹。牛二萬一千八百頭,增三倍。騾及驢一萬零四頭,增三千頭。羊一十三萬六千餘隻,與二十四年相埒。駱駝亦有九十七隻。

近數年牲畜概數反而漸減,蓋因馬、騾及驢徵購頗繁之故,而牛、羊則因獸疫不善治療之影響。如遇牛瘟症起時,牛腹內膨,鼻口流出清痰,三二日即倒斃。更有出血及口蹄疫等症,有連圈數十隻于數日內全倒斃者。羊則每年春秋兩季有患瀉症者，春季爲重，或兼咳嗽。查民國二十三年，境内羊隻患黑水瀉症，倒斃者計二萬三千數百餘隻。二十四年調查之數，尚不止此。其他各畜，或數年一患，或數十年一患。近年獸疫雖不似二十三四年損失之鉅，顧關于牛瘟、羊疫，亦時有所聞，蓋預防法迄未注意也。且先年有由臨洮、岷縣、西寧、寧夏販馬牛等畜到此出售者，近因各地供不應求，故販商入境亦少。是急宜利用舊日牧場，講求畜牧新法，以藩其殖焉。

山羊，牝牡皆有角。頷下有鬚髯者，亦曰吳羊，俗曰羖羭。性淫，生殖繁，一年兩產，且每產多者出二三羔，故農民喜畜之。然其肉與皮不及綿羊價值之高，亦不如歐美山羊之適于乳用，宜改良之。山羊占全部羊數十分之三，因此間羊隻多廢夏曆十一月前後產羔，正值天寒草枯，母羔營養缺，乳汁少。山羊產乳較多，可充羊羔之乳母。

羱羊，野生之山羊也。

青羊，一名石羊。大如綿羊。亦有犁色者。

黃羊，即羳羊也。似羊色淡黃，與鹿相類，腿短而小，性馴良，喜群臥沙地，西南山中產。食肉取革，皮略粗，可爲褥。

犬，家畜皆有。近有狼犬，形似狼，性靈，生殖亦繁。

豕，民國三十年調查，全縣共有豕八千六百個，均家户餵養，並無牧廠之地。豕俗名曰豬，雄爲豭，牝爲豲。

兔，野兔多麻色者，家兔有黑、白二種。取革，兼制筆料。

野豬，即野豲。皮之纖維可以製線。似豬而嘴長。東、南、西區多有。爲害田壤不淺，農人恒驅逐之。

野馬，一名野驢。土黃色。西南大關山偶見之。

犛，牛之黑色者，毛可爲纓。少有。

虎，皮骨皆貴品。西南山有。民國三十三年，張易鎮自衛隊曾獵一隻。

豹，西南山產。民國二十七年，西門店居民曾獲一豹。

熊，似豕，山居。面掌如人者不產。如犬馬者，大關山有，但亦少。

鹿，東西南山產。性馴而愛群，善之良者。革皮筋骨尾腎，藥中貴品。

麝，屬反芻類。似鹿無角，毛灰褐色，牡者齒突出口外。腹臍有皮脂結成之塊，大如雞卵，曰麝香。東西兩山均有，但有香者少，俗名草麝。

麞，與獐同，亦名麕，又謂之麇。似鹿而小，無角，毛褐色，革細軟，用以製手套、表袋佳。西南山有，但少。

貛，與獾、貆並通。狗貛少。豬貛一名貒，狀似豬而喙尖，前指有銳爪，穴土而居。皮隔潮濕，油治療腿疾。

狐,皮自額至爪,皆貴品。鄉村多有。

貍,狐之小者。或曰貍狐。

獺,俗名崖獺,一名崖貂子。似犬特小,毛色黑,旱獺也。

狼,山野處皆有。

蝟,俗作猬,一作刺蝟。麻色,全身毛如刺,似鼠而大,亦稱蝟鼠。與𪕝鼠同類異種。性竄能破堅,食田間害蟲,於農家有益。皮可治五痔。產于西南山叢棘中。

沙狐子,一名天馬,似狐而小。西山有。

鼠,俗名老鼠。人家常有。

𪕝鼠,俗名𪕝老鼠。體大,性穢惡。

黃鼠,似鼠,色淡黃,性馴。田野有之。

鼮鼠,又謂之禮鼠、拱鼠,亦名黃鼠。見人前兩足交拱如揖。

松鼠,通體豹文,長三寸許,尾等於身。緣崖直上,輕捷如飛。白雲山等處有。

鼬鼠,一稱鼪鼠,一稱鼩鼠。體長尺許,足短,其行屈曲自由。善入穴捕黃鼠食之,俗稱黃鼠狼。遇雞鴨吸血而不食肉。被追迫,其肛門腺道放出惡臭,藉以脫免。毛可制筆,曰狼毫。

夜猴兒,俗名跳兒,又名跳犢子。前股短而後股長,似猴善跳。晝伏夜出,故名。

貓,俗作猫,一名貍奴。家畜馴良之物。

羽之屬有雞,一作鷄。雌雄皆有肉冠,雄者鳴管發達,以時而鳴,雌者乳雛生卵,卵有滋養之效。各區皆有。

鴨,一名家鳧,古謂之鶩。嘴扁平。足短翼小,趾有連蹼,能浮水。各區旁水之處多有之。

鵝,亦作鵞,一名家雁。身白頸長,嘴大而黃,軀體肥滿,尾脚皆短,重四五斤,夜鳴應更。毛色黑者謂之蒼鵝。

鳧。一名野鶩,俗名水鴨,亦謂之野鴨。常棲息沼澤中,固原西海、北魚池等處多有之。

鵽,俗名沙雞。烏身鼠爪,毛色麻,較麻雀略大。群飛。出沙漠地,北區沙灘中有之。

鷩雉,一作駿鷩,一名鷩雉,俗名錦雞,又曰金雞。似山雞而小,毛羽金翠爛然。

雉,同鳼,野雞也。色與錦雞略同,尾長色尤光豔。產西南山中。

竹雞，形如小雞無尾。

山雞，形似雉，亦鷄鷩之屬。雌雄毛色各異，雄者全身紅黃，有黑斑，尾長。雌者黑色微赤，尾短。古名鸐雉、鷩雉，亦名山雞。

卜雉，俗名鴻、鴻雉。似鴿，頂有長毛如雞冠，或赤或黃。其名自呼，見人樸噌一聲，冠毛開裂，氣甚臊。

半翅，似山雞而小，嘴距紅，身褐色而兼紅彩。翅短飛不能遠，集山澗畔。

雀，一名瓦雀，俗呼麻雀。躍而不步，喜群飛。食虫之益鳥，食禾之害鳥也。

黃雀，色純黃，似麻雀而小。

麻鷚，金翅而毛色青黃，善鳴，群飛。北區多有。

山雀，俗亦呼爲麻雀。比麻雀稍大，嘴脚微長。

翠雀，羽毛翠藍，項及腹緋色或黃色，嘴脚俱赤。較麻雀小。

花雀，似山雀而小。翅尾青黑，飛時兼露白彩。

鵲，尾長六七寸，與身相等。背黑有紫綠色光澤，肩腹及翼之下羽皆白色，嘴脚皆黑。性惡濕，故曰乾鵲，俗又呼爲喜鵲。

練雀，狀似鶄鴒，比小雀而小。頂上披一帶，尾有長白毛如練，故又名帶鳥，俗稱托白練。亦有紅色者。雌者尾短。

胡燕，俗名沙燕。身褐色，群飛。

紫燕，以色得名。一曰乙燕，一曰玄鳥，一曰天女。大如雀，身長，籋口豐頷，布翅岐尾。

火燕，以性得名。形似紫燕而尾不岐，有青、黃、丹、褐諸色，腹及翅俱赤，或雜黃色，喙黑脚紅。

金翅，形如麻雀，翅金黃色，頭背黑，腹白，嘴微長。鳴如秋蟬，頗善聲韻。秋初始見，多生於叢林茂葉中。

鴰鶉，北區沙灘荒草中多有。

鸄，趾有連膜。水沿邊時見之。

山鵲，即鶄也。形似鵲，色黑而有文采，嘴赤尾長。

鵰，較鷹鶚尤大，翼平展至七八尺。

鸇，與鷂略同，爪喙如鉤，常擊食鳩、鴿、燕、雀。《傳》曰"如鷹鸇之逐鳥雀"是。[1]

鷹，一名鶰鳩，一作爽鳩，有黃、黑二種。大而力勁，爪如鉤，善捕兔與黃鼠之類。

___

[1]　參見《春秋左傳正義·文公十八年》。

鷂，有青、黃二種。青鷂性急，好捕雀，身小。黃鷂身大，性遲緩。鷹、鸇、鷂皆鷙鳥之有力者，產北區山林中。鷂則邑人多畜之以制雀。

鷹，鷂尾，似鷂而小。

鳶，狀與鷹略同，嘴短尾長，喜食腐肉腥膻之類。

鴞，梟也，狀與角鴟同而無毛角。晝潛洞穴，夜出捕食小鳥及鼠類。即鴟鴞，俗名鴟鵂子。惡凶之鳥。

鴻雁，雄名鴻，雌爲雁。性合群，堅貞而有序，陽鳥也。秋往春來，多集食於北區一帶。

鸕鷀，一名鷧，一名水老鴉。長嘴微曲，善潛水食魚。

鷗，一名水鴞。形色如白鴿，長嘴短脚，性喜水。西海、北魚池多有。鷗與鳧一種二名，或云鳧腿短，鷗腿長。

布穀，一名鳲鳩，又名郭公，俗名鴶鵴，又名花鴶，又名播穀。絕類杜鵑，而體較大，全體灰黑色，腹白，亦有橫行黑條，嘴尖，趾行後各二。鳴聲如呼"割麥插禾"，故名。好食毛蟲，有益于森林，爲益鳥。冠高如馬鬣，即《夏小正》之"戴勝"。

鸛，似鶴而頂不丹。喙頸腿皆長，尾短，麻灰色，夏秋在河池，喜食小魚。

烏，俗名烏鴉。白項，頭身俱黑，喜群無序。初生母哺六十日，長則反哺其母，孝鳥也。

鴿，俗名鵓鴿。野者色青灰，家者純白色。有鳳頭、麥嘴、血眼等名稱。性頗馴。色純灰者曰斑鵓鴿。

啄木鳥，毛色花麗，喙長。緣木而上，啄有聲。夏出秋沒。

鷺，一名鷺鷥，一名白鷺。項有長毛，潔白如霜。水沼畔偶見之。

百舌，俗名百靈，一名反舌，一名鶷鸐。蒼毛尖喙。多籠養者。

畫眉，產北區，但少。善鳴，其眉如畫。

鸚鵡，俗名鸚哥，有白、綠二種。昔有籠養者。

斑鳩，一名錦鳩，俗名喚雨鳥，又名餓落鴶。喜食腐，性蠢。

紅嘴鴉，俗名紅咀老哇。嘴長身黑，較大於烏。

角鴟，一名鴟鵂，又名怪鴟，俗名貓頭鷹，又名杏猴。形與梟同，惟耳邊有長毛似角。全身褐色，有白斑。頭稍類貓，眼圓大帶赤黃色，周圍有粗剛毛圈。夜視力甚強，暗中窺物食之，晝間反不能視。

鱗之屬有鯉，體扁而肥，鱗大，口之前端有觸鬚二對，背蒼黑，腹淡黃。西海、北魚池均有。

鯽，形似鯉。無觸鬚，脊隆起而狹，鱗圓滑，頭與口皆小，背青褐色，腹白。西海及北魚池頗多。

鱔，一名鱓，俗名黃鱔。體細長，赤褐色，腹黃。北魚池有放生者。

鰍，色黃黑有㵘，濡滑難握。與他魚牝牡。水田泥淖中偶見之。

五色魚，相傳東海子未涸時有之。色紅、青、黃、黑、白不等。一種眼珠平圓，一種眼珠突出，近尚有缸畜者。

無鱗魚，俗曰綿魚。扁頭黑黃色，清水河中多有之。雖係鮎魚之類，但皆甚小，亦不及河西與西寧無鱗魚之長大。

介之屬有鼈，俗名團魚。形圓，水居陸生，龜屬也。北魚池有放生者。

蝸，蝸牛也，一名蛞蝓。外殼扁圓，體柔軟，頭有觸角四，其二較長，尖端有眼，腹部之兩端伸展成足，分泌一種黏液，以便移動己體。生山中及人家。

田螺，殼爲卵形，一端尖，色暗綠。與蝸牛爲近屬，其殼及匍行之狀亦相似。惟胎生，又栖息水中，以腮呼吸，與蝸牛異耳。蝸牛無厴，田螺有厴。

蟲之屬有蜜蜂，一名䗯蜂。采花釀蜜甚甘美。浮在蜜之上者爲蠟，有黃、白二色。東西區人家畜之最多，南北區次之。

黃蜂，似蜂而小，腰細色黃，俗名黃虹，尾針虹人有毒。大而黑色者名胡蜂，又名瓠蜂。

蝙蝠，俗名簷飛鼠，又名夜蝙蝠。晝伏夜出，形如鼠而有翅，好棲屋簷。

蛺蜨，蜨一作蝶，俗名蝴蝶，名類甚繁，皆四翅。

蛾，喜撲燈，朽麥或腐物所化。

蜻蜓，腰細、翅大、身長。好飛行水上，六足四翼，點水覓食。

螳螂，亦作螳蜋。色綠而腿長，逢樹便産，以桑上産者爲佳。秋出食田間，蟲之益蟲也。

蟬，頭短，口爲長吻。有複眼二，單眼三。四翅膜質大都透明，前翅較大。雄者胸腹交界處有發聲器具小皺膜，並有大筋肉連接之，收縮振動，以發高聲。俗呼蚱蜢爲螞蚱，又以螞蚱爲蟬，非。蚱蜢一名蟲螽，蝗屬。體長寸許，有深、灰、黃、綠等色，頭爲三角形，前翅成革質，稍能飛翔，後脚腿節狀大，便于跳躍，嗜稻葉。俗之謂叫螞蚱者，乃蚱蜢也。一名馬蜩，又曰蜘蟟，體長一寸四分許，黑色，胸背有灰黃短毛密生，翅透明，外緣黑。夏日始鳴，聲直而長。此外茅蜩、蟪蛄、寒蜩，亦皆蟬之一種。

茅蜩，一名茅截，頭綠，體黃褐色，雄長寸餘，雌不盈寸，胸背黑色，兩側有綠色粗紋，翅透明，脈黃色，腹下灰白，秋季鳴於旦暮。

蟪蛄，一名蟪蛁，一作蟪蛦，俗呼爲胡蟬，小於馬蜩，背有綠色，頭有斑紋，聲清圓。

寒蜩,一名寒螿,亦曰寒蟬,體長寸許,胸背有黑綠斑紋,翅透明,脈作淡燁色,秋季鳴于日暮,聲幽抑。

促織,蟋蟀之別名也,一作趨織。長六七分,全體黑色。雄者前翅左下右上,相重疊連結一處,有剛强之聲器,秋夜鳴聲甚厲。性好鬪,多籠畜者。又名蛬,一作蛩,曰吟蛩。

螽,螽有五種。曰阜螽。一作蠱螽,蝗子也。蝗口器闊大剛鋭,前胸有脊綫甚高,前翅黄褐色,有黑色粗紋,後翅半透明而闊。曰蟿螽,一名蟋蜥,體綠色或黄褐色,無斑紋,頭甚長,向前突出,後脚腿節頗長,飛時咨咨作聲。雄者長寸餘,雌者長二寸餘,口器甚鋭。曰土螽,一名蠰谿,俗名灰蚱蜢,長三四分。雄大雌小,暗灰色,頭短略方,前胸長于腹部二倍,後翅亦較前翅爲長,善跳躍。曰蜇螽,一名螽斯,亦名蜙蝑。雄者長寸許,綠褐色,前翅重疊成堅硬之發聲器。雌者長一寸五分,色濃綠微雜褐色,翅短于雄。曰草螽,一名織布娘,體長二寸許,綠色,間有黄褐色,頸長向前突出,觸角甚長,前翅亦倍長于體。其鳴札札如織機聲。螽害禾甚,螽斯較輕。草螽捕食蟲類,爲農家之益蟲。

螻蛄,俗名土狗,又名地蛄螻。短翅四足,雄者善飛。鳴蟲之害者,晝伏穴中,夜出食禾。

蠶,長寸餘,白色,食桑吐絲。室女少婦間或育之。

蝦蟆,俗名河馬,一作蝦蟇。蟲之益者。多伏河中水畔。喉中有薄膜,故鳴聲最高。幼蟲曰蝌蚪,腹身大尾細,色黑,不過月化爲蝦蟆。

蜘蛛,種類甚多,善網食飛蟲。

壁錢,一曰壁蟢,一曰蟢子,一作喜子,亦謂喜蛛,古謂蠨蛸,或謂長踦小蜘蛛。長脚者,體扁褐色。巢牆壁上如錢大,而色白,故曰壁錢。

蜈蚣,節足動物也,頭黄褐色,背面深藍色,腹面黄色。偶於陰濕之地見也。

蜣螂,色黑扁圓,有翅大如拇指。遇有屎糞,即轉丸而推之。俗名推車漢,又名運屎虫,又名屎爬牛。

蚓,蚯蚓也,一名曲蟺。體圓而細長,有環節甚多,近前端有紅色環帶,腹部列生小刺,賴以前移。性塞,能消咽喉腫疼。

蠍,一作蝎,長三寸餘,顎上有觸鬚一對,尾有毒鈎,但尚少。長尾者爲蠆。

螢,長三分許。雄者有翅,雌者無翅。尾端皆有發光器,俗名螢火虫。各區有。夜出飛行食害虫,有益農事。

蟻,赤蟻長不及一分,色黄赤。大黑蟻長四五分,山蟻長四分,皆黑色。

蠅,亦稱家蠅。體長三分許,灰黑色。到處有,入秋最多。蒼蠅、青蠅、大麻蠅較少。

蚰蜒,長八九分,黃色,圓筒形,脚細長,共十五對。多生潮濕處。

蛇,體爲長圓筒狀,修尾無足,以筋骨伸縮而行。西南山林間有之。

蚊,全體灰黑色,喙爲細管。雌者吸收人血,雄則專吸草木汁液。近年氣候較暖,蚊亦漸有。一種似蚊而小者曰蠅末子,一名霜蠅子,霜降前後始生,群飛,逢人便集衣面,九月即無。

礦物　　無機物曰礦物

礦物有麩金,西區海子峽沙土中間有發現者。

銀,東北區雲霧山暨銀洞子溝均有苗如雞糞。

銅,《清季甘肅財政説明書》載:①"固原石山出紅銅。"今畫歸海原。近日東區王家澇壩發現銅礦,苗質堅而色黃,有光澤。

鐵,雲霧山有。

鉛,雲霧山有。

雄黃,六盤山水溝一帶間有發現者。

石油,石油雖未發現,而猴兒牙岔、楊家山一帶之油頁巖著火即燃。經本省建設廳派員切查,業已證實其下應有石油。

樸硝,産在西區臭水溝、硝口一帶,數量最鉅。

餤硝,《清季甘肅財政説明書》載:②"固原硝河城出餤硝。"今畫歸西吉縣境內。凡潮濕有磚瓦之處皆有。

硫磺,西區臭水溝産。城內文廟後之砂石,亦含硫質頗多。

石膏,各區皆有,惟苗不甚旺。

鹽,西區有堿灘之處多鹽土,邑人取之以水熬化澄泥,取水調用,味頗佳。

鹻,即堿。邑産者乃灰堿,非冰堿,不大適用。

煙炭,即石炭之有煙者,産營盤梁各炭山。

末碟,東北區營盤梁産。作煤塊煨爐,頗可禦寒。經調查,是處炭山之儲藏量,露頭面積約十三頃,煤層高約一公尺,年産量在十萬担左右。工人在一百五十人上下。

灰石,南北區均有小石子可燒灰。

銀沙,細如麵,沙有白黃二色。白者如銀,青石峽口産。淡黃色者,紅崖子溝産。客商頗重視。

---

① 《清季甘肅財政説明書》?

② 《清季甘肅財政説明書》?

熟貨

　　貨者物也。凡可以資生而易財之物皆曰貨。《易》："聚天下之貨。"①《周禮》亦稱阜貨所以厚生也。夫人生所必需者衣、食、住。而屬人之食者,必熟而薦之,而利人之用者,亦不能如生吞活剝然,固賴乎執藝事,成器物,以利用者焉。是之謂熟貨,次庶物志之。其未經製造之生貨,則已詳於庶物中矣。

食貨　　加工後之食品

　　食貨有米,黍、稷、稻、粱、苽、大豆六者皆有米,今謂稻之實爲米,餘別稱之爲黃米、小米等。黃米,俗稱老黃米,凡黃、黑、紅、青各糜舂成者均是。但黑、紅二糜舂成之米,油汁較大,性味較濃,煮之出飯亦多。且別糜每斗舂米六升,該二糜可舂七升。小米,亦稱小黃米,係黃、紅二穀所舂成者。黑穀所舂者名青眼窩小米,油大味濃,異於黃、紅二穀所舂之米。大概各穀舂米成分稍差於糜。粱穀米,即白粱穀,色白而味濃,汁大而漂輕。邑人煮粥,以此爲貴,然頗不易得,故價值亦超於別米。高粱米大,穗累累,顆粒紅色。固邑種之多不成熟,不過帶種餵牲。玉蜀米,即俗之所謂包穀米、玉米、珍珠米是。

　　麥,磨粉可製麵包、餅餌。

　　油,純粹胡麻油曰胡麻盡籽油,一斗約出清油十餘斤。與芸稭相和曰花籽油,一斗約出清油七八斤。純粹芸稭籽圓如荏子,故又曰圓圓油。芸稭籽一斗約出清油六七斤。此外胡麻或芸稭與大小麻籽油相和曰麻雜油。油菜籽所出者曰菜油。邑菜油產量最少,豆油、芝麻油亦少。

　　蜂蜜,到處有,沿山村莊產量較多。

　　粉麵,扁豆磨粉,水浸後曬乾用。有以洋芋作粉麵者。

　　粉條,粉麵水熬後撈成粉條,亦有扁豆粉或洋芋粉撈成者。

　　掛麵,由麥麵製就。

　　糖,麥芽、黃米發甜後,熬成糖。火大者名焦糖、紅糖,火小者名白糖。或以芝麻作滾子糖,以麵作酥糖,以大麥製錫糖。

　　糖醋,以紅糖曬成。糖三十斤,大麴半斤,水一大缸,約百餘斤,暑天曬一月後便可食。

　　麩醋,以麥麩拌醋頭、醋麴製之,手緒較繁,不若糖醋簡單。

---

　　①　參見《周易·繫辭下》。

豆腐,黃豆磨後,水煎過用。

豆豉,黃豆煎熟霉過,加調料後用。

豆芽,黃豆、綠豆、扁豆均可使之生芽。作菜食。

豆腐腦,較豆腐嫩而軟,清淡可口。以上四種,含養料最多,補益甚大。

豆醬,民國前全由外縣輸入,近來稍稍自造。

醬油,先以黃豆或黑豆煮熟,用瓦器霉過,滲調料成豆醬後,用罐一口,水若干斤,泡曬一兩月,濾渣用汁。

醬菜,黃瓜、蘿蔔之屬。

辣子醬,用麵醬加辣子,調料曬成。

燒酒,原料爲小麥、高粱、黃米等均可釀。楊郎鎮、大營鄉均産。近來且有自製玫瑰露酒者。

黃酒,用酒穀製。

蜂糖酒,用二蜜水若干,燒酒、甜麴微許,入磁罐內,醖釀一月,可食用。

蛋,醎蛋、變蛋等。

肉,燒雞、鴨、臘豬、牛、羊肉等。

菸,旱菸也。

茶,山茶也。

用貨　　加工後之用品

用貨有麻葉,即初劈開而未捻繩之麻縷也。麻繩、麻索,均麻葉糾成。麻布、麻袋、麻鞋,均麻繩編織而成。

帚,黃糜穗製。

草帽、草扇,皆麥莖製。

羊毛。貿易會固原倉庫民國三十年調查,固原年産羊毛九萬餘斤,不確。應以同年縣政府所調查年産一十三萬斤尚近似。毛分春毛、秋毛二種,又有水洗毛與乾剪毛之別。春毛上等名套毛,秋毛上等名洗毛。其次名油毛、乾剪毛。秋毛多係乾剪毛,約占全産量百分之三十多,就地銷用。而水剪毛則向由平涼、西安、順德等處客商來此收買。同時且又在此吸收靜寧、化平、平涼、海原之皮毛,運由寧夏裝筏,直運包頭。二十六年後,則多裝郵包寄往天津。

羊毛産量之增減,恒以二毛皮裘價格爲轉移。如皮裘價貴,則宰羊售皮,産毛遂少。反是,如羊毛價漲,則留羊剪毛,羊毛之産量遂增。每一品物及其副産品之價格,對于生産量之增減,常影響甚鉅。欲提倡增加生産者,不可不注意及之。且因農民貧困已極,即屬留羊剪毛之户,亦恒於未剪毛前,先向毛商借貸,以羊毛爲抵押，作價甚低。至新毛上市，毛價高漲，而毛户不能得其利，此實變相之高利貸也。

邑綿羊概爲肉用之大尾羊與小尾羊二種，食肉寢皮外，不甚注意剪毛，蓋以留羔產毛，年平均不過可剪二斤，以今日農民生活困難，需款孔急，故不如食羔、貨皮爲利。但不知剪毛留羊，資本常存，既可剪毛，又可產羔，較爲有利也。且每年只可于春季剪毛一次，秋毛不過經過三四月之生長，纖維甚短，僅適于捍氈，不適于紡織。況秋毛剪後，天氣驟寒，羊隻易得感冒、咳嗽等疾，輕者有碍春毛品質之不良，重則成疫而死亡，得不償失也。

又宜逐年選擇全白毛及產毛較多之羊繁殖之，則每年毛量可以激增，且可淘汰雜毛。又宜多養綿羊，少養山羊。又宜改善母羊交配時期，勿使在冬季產羔，以免甫離母胎，即行凍斃，雖剩水皮，所得無幾。故應使其在春暖草生之季產羔。又宜實行分部剪毛，肩部之毛最長，背部之毛最佳，頭頸毛最短，後部及腿部之毛最粗。最低限度，應分二部剪毛，即肩背二部之毛置一處，其他各部另置一處。前者俗稱套毛，價值高。後者俗稱乾剪毛，價值低。如不分剪，則往往併作乾剪毛矣。且除四五月内之羔羊毛外，概有畸形纖維，俗稱心子，多生于後部及腿部，分部剪毛，則不致混入優良毛中。又宜鼓勵水洗毛法，即毛在羊身上，即行洗滌，俟乾燥即剪取。如係滋毛則易變色變質。又宜在潔净處剪毛，免雜沙土。又宜掃乾净處堆存，以免蠹腐。又宜積極設法減少疾病之損失。

馬皮、牛皮、羊皮。民國十年前，羔羊皮一萬張，約以毛匠工人一百五十人縫做。老羊皮一萬張，約以毛匠工人一百人縫做。每張白羔皮值洋二十五元，每張白老羊皮值洋八元。人工每日四元。民國三十年，縣政府調查，白羔羊皮年產一萬張，由平涼、天水、西安等處商人來縣收買運銷。白老羊皮年產二萬張，運銷情形同上。同年由貿易會固原倉庫調查，年產羊皮六萬張，係包括白羔羊、白老羊與黑沙毛羔羊皮、老羊皮及山羊皮在内。故此數與縣政府調查之數相符。

狗皮。民國三十年調查，狗皮條年出三百張，以工人三十人至五十人製造。

貓皮，較少。

毛帽、衣、褲、手套、毛襪，均有編售者。

毛口袋，多係黑毛口袋，鄉民自織用者，出售少。

呢，過去固原皮毛合作社及近日"四維工廠"所出之毛織呢有斗紋呢、人字呢、中山呢、春季呢、蕭關呢、波浪呢、平環呢、奮鬥呢、連環呢、套環呢、夾花呢諸名色。

毯，有起絨毯、毛毯子諸種，各家毯房皆出。

氈，以羊毛踩成之，并製成氈帽、氈鞋、氈衣等。舊時聞有能製氈帳蓬者。民國前有氈房六處,現只有三處。

　　罽,氈毹之屬,織毛爲之者。俗名栽絨罽。織造五彩,精緻耐久。民國十五年前有罽房四處,近只有兩處。

　　土布,鄉間有織用者。

　　陶器,東郊紅崖子有瓦器窰,東鄉大潦壩有磁器廠。

　　山貨,品類多,城市鄉集均售。

　　藥材,如知母、貝母、羌活、秦艽、芍藥、黃芩、升麻、黃耆、党參、蜂房、望月沙、夜明沙等稱地道,經揀曬並炮製運銷各地。

　　麻紙,原料爲麻等。

　　草紙,原料爲麥楷等。

　　顏料,較少。

　　木材,蒿店出。

　　木器,城關鎮、蒿店鎮均有出售。

　　肥皂,原料均出負郭鄉,有製售者。

　　黃蠟,産量亦豐。

　　蘆席,葦製曰葦席。

　　竹席,篠竹編成者。

　　木炭,蒿店一帶燒售。

　　石炭,縣東北丁馬堡産。礦場面積約五頃,礦質尚佳,每日産量約八十担。又丁馬堡東北銀洞溝亦産。

　　石灰,三關口、清水溝一帶出。

　　石磨,打石溝出。

　　油漆貨、銅鐵器、皮革類均出。

　　夫人民之所以生聚于茲土者,固以茲土之生氣盛而庶物蕃,足以養生而致用也。氣衰則生物不遂,地以荒頓,里社成墟。是事物有關於聚落之廢興者綦切。雖肥沃、磽瘠,各以其地而異,但亦未始不可以人力震發其土氣,以繁生殖也。溯昔燧、庖以前之先民,逐捕禽獸,茹毛飲血。燧、庖以後,人類漸息孳息,捕逐不足,伏羲乃教民漁牧。寖又漁牧不足,神農乃教民播五穀。然人類生齒日茂,而生物之蕃廡弗逮,更將何以繼其後哉? 斯惟其勤與時乎? 故曰:既耕而播之,其耕也勤,而種之也時,故其生者皆直而大。不然者,殺人越貨,拓土殖民,古今來小而鬪毆,大而戰爭,均生物爲之祟也。生物充斥,世道寧帖。地薄則民偷,物觕則爭起,勢也。實亦惰民與稗政尸其咎也。

　　固原地大物博,生熟除自給外,多可外供。惜工力缺,物未遂生,貨仍委地,是亦宜以時振發之。則匪特我黍與與，我稷翼翼，我倉既盈，我庾維億。而必或降于阿，或飲于河，其耳濕，其角濈濈。維羊其犉也。蓋生民之功，莫盛于稼穡。次則重牧。古之牧事曰牧，牧地曰牧，牧師曰牧，甚而牧民亦曰牧，牧之重可知矣。次則水、火、金、木、土，胥皆修治也，則方物不可勝食、不可勝用矣。但作無益害有益，不貴異物賤用物。生之有時，而用之有度，自然物力不屈，而物産殷充，功成民足。

【校勘記】

［1］室家：原作“家室”，據《尚書正義》卷十四《梓材》改。
［2］原州：原作“原川”，據《新唐書》卷三七《地理志》改。
［3］覆鞍氈：原作“氈”，據《新唐書》卷三七《地理志》改。

固原縣志卷之五　建置志

　　天時、地理、人和、物阜，四美具，建置興。黃帝畫野分州，經土設井，周官辨方正位，體國經野，以塞爭端，同聲氣，宣德而達情也。固邑嘉承天和，時氣少所失節。幅幀既長，原隰既平，泉流既清，窮鄉僻壤，雞犬相聞。而瞻彼中原，則又其祁孔有，故昔大猷，經營規度，以憑粒乂，稱巨鎮。無如叔季不競，兵燹頻仍，耗斁殆盡。長遠慮者，應寓振起之道于所因革之中，則庶焉者乎。凡列爵分土，建都置邑，築城濬池，建府設廨，創制立法，設官分職，無一而非建置也。兹準志書常例，本綱止述沿革、疆域、城池、署廨數事，餘於別志以類分係。《說命》"建邦設都"，①字書曰"置"、曰"郵"。爰志《建置》。

區畫

　　《詩》云"迺疆迺理"，又云"我疆我理"，②皆所以畫其土境，定其疆界而疆理天下也。夫定民之居，制民之産，以安其身而教擾之者，固必度其地而制其域。《周禮》大司徒"以土宜之法"，"以相民宅"，"以阜人民"。"遂人，掌邦之野，以土地之圖經田野，造縣鄙"，③規制嚴，疆理正，上易化導，下無覬覦。若《孟子》所謂"域民不以封疆之界者，是固以得民爲重也。"④雖然，經界不正，則豪强得以兼併，貪暴得以多取，故又謂仁政始經界也。且若疆界不正，則其地守、地事、地貢，均以不均，所關不綦重歟？顧郡縣之置、廢、析、併，代不從同，鄉制迭更尤驟，轄地張削紛如，類皆一時因勢乘便，所指畫之行政區域與自然區域故多出入。謂爲疆界，以別前述之方域云。

沿革　　因時定制，代有異同也

　　廣平曰原。《爾雅·釋地》："大野曰平，廣平曰原"。又"可食者曰原"，注：

---

① 參見《尚書·説命》。
② 參見《詩經·大雅·緜》。
③ 參見《周禮·遂人》。
④ 參見《孟子·公孫丑下》。

"可種穀給食也。"高平曰太原。鄭康成曰:"高平曰原。"孔安國曰:"高平曰太原。"固原古太原也,《漢書·西羌傳》:①"穆王遷戎於太原。"舊説以爲即山西太原。顧炎武曰:"在今甘肅平涼府固原州。"

元魏因置原州。《通鑒注》:②"後魏立原州,以古太原而名。"唐曰故原,《董志》:③"貞元初,吐蕃遂城故原州而屯之。"《王志》:④"貞元初,吐蕃據城,旋爲故原州。"明亦曰故原,旋諱"故"改爲"固"。《固原州行軍輿圖説》云:"明弘治十五年,[1]改置故原州。乃因套虜侵偪,諱故改爲固。"自是曰固原。清那彥成《重修固原城碑記》云:⑤"以其城險固,因名固原。"近人邵陽歐陽縷言:"固原漢高平縣,後魏原州,明改固原。"皆以踞六盤山北高平原上,地形險固得名。以上釋名。

盤古尚矣,居方以降,歷唐、虞、夏、商、周,均雍州域。

《綱鑒會纂》:⑥"人皇氏一姓九人,相厥山川,分爲九區,人居一方,故又曰居方氏。"《通鑒外紀》:⑦"人皇氏依山川土地之勢,裁度爲九州。"《春秋緯》:⑧人皇氏分九州。司馬貞《三皇本紀》:⑨"人皇兄弟九人,分長九州。"九州之制,肇始于此。《周公·職録》:⑩"黄帝割地布九州。"《文獻通考》:⑪"顓帝創制九州。"究不外因襲于九皇氏耳。"冀、兗、青、徐、揚、荆、豫、梁、雍爲九州",見《帝王世紀》。"唐虞之世爲十二州,曰:冀、兗、[2]青、徐、揚、荆、豫、梁、雍、幽、并、營",見《地理通釋》。⑫《史記·五帝本紀》:⑬"肇十有二州,又十二牧行,而九州莫放辟違。"《漢·地理志》云:⑭"堯遭洪水,天下分絶爲十二州。"馬融曰:"禹平水土置九州。舜以冀州之北廣大,分置并州。燕、齊遼遠,分燕置幽州,分齊置營州,仍爲十二州。"⑮夏復爲九州,商、周因之。《書·禹貢》,冀、兗、青、徐、揚、荆、豫、梁、雍爲九州,此舊制,亦夏制也。《爾雅·釋地》,冀、豫、雍、荆、揚、兗、徐、幽、營爲九州,

---

① 參見《漢書》卷八七《西羌傳》。
② 參見《通鑒輯覽》卷二"夷王三年"條注。
③ 參見《萬曆固志》上卷《地理志》。
④ 參見《宣統固志》卷二《地輿志·建置》。
⑤ 參見《宣統固志》卷九《藝文志三》載那彥成撰《重修固原城碑記》。
⑥ 參見《綱鑒會纂》卷一《人皇氏》。
⑦ 參見《通鑒外紀》卷一《包犧氏》。
⑧ 參見《説郛》卷五下《春秋緯》。
⑨ 參見《史記索隱》卷三〇《三皇本紀》。
⑩ 參見《經典釋文》卷三《古文尚書音義上》引《周公·職録》。
⑪ 參見《文獻通考》卷三一五《輿制考一》。
⑫ 參見《通鑒地理通釋》卷一《舜十二州》。
⑬ 參見《史記》卷一《五帝本紀》。
⑭ 參見《漢書》卷二八上《地理志》。
⑮ 參見《史記》卷一《五帝本紀》裴駰《集解》引馬融説。

此殷制也。但《漢志》謂"殷因於夏，無所變更。"①《周官‧職方》，揚、荆、豫、青、兗、雍、幽、冀、并爲九州，此周制也。夏制有青、徐、梁，無幽、并、營。殷制有徐、幽、營，無青、梁、并。周制有青、梁、并，無徐、幽、營。若雍之于九州，或十二州，固自始皆居其一也。

《職方》：②"正西曰雍州。"因省梁入雍，故雍爲正西。《爾雅》：③"河西曰雍州。"自西河至黑水也。《禹貢》：④"黑水、西河惟雍州。"黑水出張掖雞山。西河即陝西舊同州府地。固原地分，適居其中，允爲雍之右地。應劭曰："雍，壅也。"四面有山，壅塞爲固。衡有陝甘二省中北部及青海、額濟納地，縱有舊之朔方、梁州地。"朔方爲禹貢雍州渠搜地"，見《朔方道志》。⑤而陝西之舊漢中、興安、商州，甘肅之舊階州，爲古梁州域。易袚曰："殷、周皆省梁入雍。"以視固邑位置，且居雍州四境之中，恰又地勢壅起，四塞爲固也。

又周爲王畿地。《通考輯要》：⑥"周自武王克殷，都於豐鎬，雍州爲王畿。"固境居雍之中，故云。但至東周，則爲秦地。爲涇北。武王伐紂後，放逐戎夷涇洛之北。《董志》謂"涇北者，涇水之北也。"⑦正屬兹境。《王志》亦謂"爲周雍州涇北，以地居涇水之北云。"⑧爲涇上。周共王元年，王游于涇上。涇水之上，邑之南境也。爲太原。周夷王元年，荒服不朝，命虢公伐太原之戎。宣王元年，命尹吉甫北伐玁狁，逐之太原。三十九年，料民于太原。皆斯境也。《詩‧小雅‧六月之詩》："薄伐玁狁，至于大原。"大音泰，即太原。朱《注》謂在太原府陽曲縣。顧炎武《日知錄》謂：⑨周人之逐玁狁，必在涇陽、原州之間。清《一統志》承其説，斷爲在今甘肅固原。《詩經備考》周氏亦謂太原即原州，非冀州。《續廣事類賦》太原料民注亦同，謂太原在固原州境。今按治南自高莊北至長城梁，約有原地三十餘里，其他未計。爲大鹵。周景王四年，晉荀吳敗狄于大鹵。《通鑑注》"即太原"。服膺顧氏辯正謂："在固原。"今按縣屬沙漠村以北，硝家深溝以南之鹵地，不下二十餘里，其他未計。

爲秦朝那縣。周平王避犬戎難，東徙洛邑，秦襄公以兵送王，王封爲諸侯，賜之岐以西之地，秦于是始國，此地亦因隸于秦。《董志》《王志》均謂在春秋時爲朝

---

① 參見《漢書》卷二八上《地理志》。
② 參見《周禮‧職方氏》。
③ 參見《爾雅‧釋地第九》。
④ 參見《尚書‧禹貢》。
⑤ 參見《朔方道志》卷二《輿地志上‧沿革》。
⑥ 參見《文獻通考輯要》卷二三《輿地考》。
⑦ 參見《萬曆固志》上卷《地理志第一》。
⑧ 參見《宣統固志》卷二《輿地志‧建置》。
⑨ 參見《日知錄》卷三《大原》。

那。按：朝那，秦肇縣於此，秦爲文詛楚處也。漢置于平凉西北，當在固原南，瓦亭東南，入華亭界也。《通志》亦謂在華亭縣西北，漢置，屬安定郡。胡三省曰：[①]“漢置朝那在原州花石川。”後周置朝那縣於故城東南二百餘里，其地當入華亭。故顧炎武《郡國利病書》以朝那湫、瓦亭城均列入華亭縣界。趙浚谷記朝那廟于華亭屬境，不爲無據。惟查華亭西北舊屬之地，特形錯于瓦亭間耳。清嘉慶中，清理朝那縣南及華亭境之田賦，遂將花插之地畫歸固原，所謂縣歸州是。顧氏又指固原界内，有東南兩朝那湫，即東海、西海等語，則應指秦時而言。《通志》亦云然。《王志》藝文志内附記頗詳。後魏徙置靈臺縣西南，並立華亭鎮，以扼番戎，華亭之名始此。隋大業始置縣。《通志》亦云：[②]“後魏大統元年，朝那自固原州百泉縣，徙治于靈臺縣。”

烏氏縣。《史記・匈奴傳》“涇北有烏氏之戎”。[③] 徐廣曰：“在安定。”邑在漢爲安定。《括地志》：[④]秦惠取之，置烏氏縣。係分置朝那爲烏氏也。《漢》亦曰“烏氏”。《後漢》曰“烏支”，一作“烏枝”。晉仍曰烏氏。《陜西通志》謂今固原州地，應在開城東南，入平凉界也。後魏徙置涇川。

北地郡地。周赧王四十二年，秦滅義渠，始置隴西、北地、上郡。北地統有舊甘肅、寧夏、慶陽、平凉、固原、涇州諸府州之地，治義渠。

烏氏、義渠，俱西戎之别種。烏氏居邑之東南，義渠居邑之東北，皆春秋時也。但義渠地廣。《括地志》云：[⑤]“寧、原、慶三州，春秋時爲義渠戎國。”《地理志》：[⑥]“北地郡，義渠道，秦縣也。”杜氏《通典》隴西、北地、上郡，皆義渠戎地。義渠，自周公歷伐義渠而獲其君，逮周平王之末，其族始盛。貞王二十五年，秦伐義渠，虜其王。後十五年，義渠侵秦，至渭陰。後百餘年，義渠敗秦師于洛。後四年，義渠國亂，秦遣庶長定之。顯王四十二年，秦乃縣義渠，以義渠君爲臣。後八年，秦伐義渠，取郁郅。後二年，五國伐秦，陰以文繡婦人遣義渠襲秦，敗秦于李伯。明年秦伐義渠，取徙涇二十五城。秦昭襄立，義渠王朝秦，與宣太后亂。後被太后詐殺，秦遂起兵伐義渠，滅之。但至漢時，義渠遺族猶在邊也。漢鼂錯上書文帝，曾有“降胡義渠來歸誼者，其衆數千”等語。漢昭帝時，遣光禄大夫義渠安國行邊兵，亦其遺裔也。

按：秦置朝那、烏氏、北地，周尚未亡，故應繫于周云。

---

① 參見《資治通鑒》卷二四二胡三省注。
② 參見《乾隆甘志》卷二二《古蹟・靈臺縣》。
③ 參見《史記》卷一一〇《匈奴傳》。
④ 參見《括地志》卷一《涇州》。
⑤ 參見《括地志》卷一《寧州》。
⑥ 參見《漢書》卷二八下《地理志》。

　　秦初爲朝那縣、烏氏縣,北地郡地。秦併天下後,仍爲朝那、烏氏。秦始皇二十六年,分天下爲三十六郡,固原爲北地郡地如故。

　　漢興,置高平縣,今治也。漢高祖定天下,鑒周以封建不振,秦以郡縣而亡,分天下爲國邑與郡縣二種,國邑以封王侯,郡縣直轄天下。高平漢初置縣,仍隸北地。元鼎初,于治置安定郡轄之。莽曰鋪睦。後漢、三國、晉、南北朝,均曰高平縣。晉永嘉後,入氐羌。後魏初,屬新平郡,後置鎮。後爲州郡治,後改名平高。隋、唐亦曰平高縣,均于治置平涼郡。唐復置州,後入吐番。開元初,移治平高縣于古塞城,仍曰高平。大中初,復原治,尋又没。漢建武八年,光武帝親征隗囂,進軍高平。建寧二年,段熲破先零於高平。晉義熙三年,夏王勃勃攻秦三城以北諸戎,諸將請都高平。南北朝魏永安三年。爾朱天光討万俟醜奴,獲之,進克高平。永熙三年正月,賀拔岳召侯莫陳悅,會于高平。六月高歡反,魏主遣柳慶見宇文泰于高平。五季周顯德元年,周主自將,戰漢兵于高平,即此。

　　三水縣,今縣北黑城鎮地,漢初置。隸北地,後隸安定。莽曰廣延亭。後漢、三國仍曰三水。晉改置西川縣,尋廢。

　　廉縣,今縣東北萬安鄉地,漢初置。隸北地,晉廢。北地,秦置。漢元鼎初,分置安定、北地,由義渠移治馬領,在今環縣東南,西轄今治東北之舊廉縣地。安定即今治,東北且轄及慶陽西北之舊參縊縣地,當日兩郡,犬牙相臨,亦可概見。

　　置安定郡。《前漢•地理志》云: ①“武帝元鼎三年,析爲北地郡置。”《一統志》云: ②“高平,漢之縣名,爲安定郡治所。”領縣二十有一。漢分天下爲十三部,涼州刺史部察郡九,安定郡其一也。領縣二十一:曰高平,即今治。曰復累,今闕,當在平涼縣境。曰安俾,《府志》云在鎮原縣北。曰朝那,《括地志》云在原州平高縣東南,當在瓦亭。曰涇陽,今平涼地。曰臨涇,今鎮原地。曰鹵,《府志》今鹽池地。曰烏氏,《陝西通志》云今固原地,當在開城。曰陰密,今靈臺百里鎮地。曰安定,在涇川縣北。曰參縊,在慶陽縣西北。曰三水,在縣北黑城鎮。曰陰槃,今靈臺良原鄉地。曰安武,在鎮原縣南。曰祖厲,在靖遠縣東南。曰爰得,在涇川縣西北。曰眴卷,在寧夏中衛縣東。曰撫夷,在鎮原縣東南。曰彭陽,在鎮原縣東。曰鶉陰,在靖遠縣西北,漢置鶉陰縣,後漢曰鶉陰,後魏始徙置于平涼西南。曰月氏道,月氏本西域國名,先爲張掖酒泉地,漢時爲匈奴所破,其族西走阿母河者爲大月氏,南依諸羌者爲小月氏,東下降漢者漢置月氏道治之,後漢省,今闕,當在靖遠、中衛以西地。

---

① 參見《漢書》卷二八下《地理志》。
② 參見《大清一統志》卷二〇一《平涼府•古蹟》。

　　總之,漢安定郡屬,有今固原、海原、同心、中衛、靖遠、會寧、莊浪、隆德、化平、平涼、華亭、崇信、靈臺、涇川、鎮原等縣地。且東及慶陽、鹽池、靈武之西境,北及寧朔南境,西併有月氏道地,南及邠隴北境。《董志》稱“兼有涇、邠、隴、會之地。”①誠然也。固原爲郡治所在地。漢建武元年,盧芳據安定,自稱西平王。二年,赤眉自南山轉掠城邑,遂入安定。即此。江統《徙戎論》:“徙新安定界内諸羌。”②則指移置舊涇川之安定郡。

　　後漢郡徙,屬以縣。後漢徙安定郡,治臨涇,領縣八,在今鎮原縣南五十里。東晉移治安定,領縣七。後魏及隋因之,領縣五,在今涇川縣北五里。唐曰涇州,尋復曰安定郡,尋廢。宋曰涇州安定郡,尋亦廢。金改置安定縣于寧縣。元省,改定西州曰安定州。明降爲縣。清仍之。民國改爲定西,乃今之定西縣也。固境仍爲高平、朝那、烏氏、三水、廉等縣,分隸安定、北地兩郡。

　　三國魏因之。魏有州十三。雍治長安,領京兆、馮翊、扶風、安定、北地爲新平六郡。高平等縣仍屬安定、北地。

　　晉雍州治。雍州,漢爲京兆尹地。三國魏復置雍州,治長安,今陝西長安縣西北十三里。晉仍之。永寧初,河間王顒反,舉兵據長安,州治于此,統安定等郡七。《王志》:“晉雍州,又爲安定郡。”③指此。後州治移新平,今陝西邠縣治。

　　改三水縣曰西川縣,《元和志》西川縣即三水縣。廉縣廢,高平等縣永嘉後入氏、羌。

　　東晉置平涼郡,苻堅置,西川縣廢。東晉十六國趙、秦、夏時,高平等縣仍舊屬安定,惟西川縣廢。

　　南北朝後魏置原州。魏太延二年,置高平鎮,兼置元州,治高平,今治也。永安三年,以宇文泰爲征西將軍,行原州事,即此。隋廢。唐復置,改曰平涼郡。尋復廢,仍曰原州。後没于吐蕃,置行原州于臨涇,今鎮原縣地。宋曰原州平涼郡。金曰原州。元改曰鎮原州,于治復置原州。尋移治開成爲府,[3]又降州。明降縣,于治置固原衛,旋升州。清升直隸州。民國廢,置縣。

　　平涼郡徙,徙治鶉陰。置高平郡,正光五年置,後改太平郡,又改平高郡,領朝那等縣。《王志》又爲長城郡。按:長城郡當在平涼北十里。

　　朝那縣、烏氏縣徙廢。後魏朝那徙靈臺,烏氏徙涇川。後俱廢。

　　後周置總管府。天和四年置,州郡縣如故。高平縣改曰平高。

　　隋府州郡廢,復置平涼郡。大業初置,治平涼。領縣五:曰平高、百泉、平

────────────

①　參見《萬曆固志》上卷《地理志一》。
②　參見《晉書》卷五六《江統傳》。
③　參見《宣統固志》卷二《地輿志・建置》。

涼、會寧、默亭。平高,今治也。百泉,今化平縣。平涼,今安國鎮西之古塞城。
會寧,今會寧縣。默亭,今華亭縣。

置它樓縣,尋廢。在縣東南七十里,剡家堡有遺蹟。

唐復置原州平涼郡。唐武德元年置,隸關內道。唐分天下爲十道,東距河西
抵隴阪,南據終南,北瀕沙漠,曰關內。統州二十二,原州其一也。至德元年,没
吐蕃。節度使馬璘表置行原州于靈臺百里城。貞元十九年,徙治平涼郡。元和
三年,又徙治臨涇。大中三年,收復關隴歸平高。廣明後,復没吐蕃,又僑治臨
涇。乾元元年,復爲原州平涼郡,屬原州。元和後屬行渭州,領縣三,曰平高、平
涼、百泉。置都督府,尋罷。貞觀五年,置中都督,管原、慶、會、銀、亭、達、要七
州。十年省亭、達、要三州,惟餘四州。

置地犍縣。高宗時置,隸原州。後改蕭關縣,尋廢。中宗時,改地犍縣曰蕭
關縣,仍屬原州。至德陷吐蕃,大中五年復,後廢。故城在縣東北三角城東里許,
有遺蹟。

徙平高縣,旋復。開元初,徙平高縣于古寨城,大中五年復。

置武州,大中五年置。

五代爲吐蕃地,後唐爲原州高平縣。後唐清泰三年復。《王志》云復置高平
縣,是。又云:"復置平涼縣、百泉縣、他樓縣,均未詳。"平涼縣當屬安國鎮以西
地,百泉縣當屬化平縣地,他樓縣當屬縣東南之剡家堡地。

宋州縣廢,原州、高平縣俱廢。置鎮戎軍,本原州高平縣地。宋至道元年置
軍,屬陝西路。宋分天下爲十五路,陝西其一也。東盡殽函,西包汧隴,南連商
洛,北控蕭關,鎮戎軍隸之。熙寧以後,定天下爲二十三路,軍隸陝西秦鳳路。後
又分陝西爲四路,曰秦鳳、涇原、環、鄜延,軍隸涇原路。慶曆初,元昊寇鎮戎軍。
又元昊寇渭州,薄懷遠,韓琦乃趨鎮戎軍,即此。領城三,曰彭陽、平夏、懷遠。彭
陽城領乾興、三聖、三川、高平、東山、定川、熙寧七砦,開遠、張義二堡。平夏領靈
平、鎮羌、威川、飛泉四砦,高平、飛井、狼井、安遠、一寶、信岔、梅谷、開疆、李家、
蕭遠、地平鎮、西水口一十二堡。懷遠領德靜、寧邊二砦,有今固原、鎮原及平
涼地。

兼置懷德軍,本平夏城地。大觀二年置軍,靖康元年入西夏。並置德順軍,
本隴干城地。慶曆三年置,後入靜寧,故治在今靜寧縣東。並置西安州,本南牟
會新城地。元符二年置。後入海城,有今固原、隆德、靜寧、海原、同心地。又有
天都、勝羌、盪羌諸砦。惠民、硤口、龍泉諸堡,係紹聖元符間置。亦今固原及鄰
邊地也。

紹興初,没于金。金爲鎮戎州。宋紹興元年,鎮戎軍没于金。金大定二十二

年,升爲州,隸鳳翔路,後隸慶原路。舊所屬城砦,金因之。

置東山縣,在縣東南之古城川,宋置砦,金升爲縣。故城遺蹟猶存。

三川縣,即古三水縣地。宋置砦,金升爲縣,今縣北黑城鎮地。

又置開遠縣,宋置砦堡,金升爲縣,旋廢。明爲肅牧地,即大灣川堡,在縣西南,今大灣店是。

元復爲原州,尋廢。元初復,後廢。置開成路及開成縣,尋均廢。元初置,在縣南四十里,至元七年皆廢。

東山縣、三川縣入鎮原州。至元七年,例併州縣,遂以東山、三川併入鎮原州,今鎮原縣。

建安西王行都,置開成府,治開成,在縣南四十里。至元十年,置安西王行都。分治秦蜀,治盡川、陝及西域。并置開成府,上承安西王。尋降爲州。後安西王國削。至治三年,降府爲州,隸鳳翔路。

置廣安縣。至元十年置廣安縣,舊東山縣地。旋升州,隸開成府,後隸鳳翔路。

明置廣安州,廢開成州,降爲縣。明洪武初,降爲開城縣,屬陝西平涼府。旋復廢,置固原衛。舊原州治,今治也。明初設巡檢司,以爲平涼衛右所屯地。續設廣寧苑。正統間,套虜阿拉入寇。景泰元年,城北改設守禦千戶所。天順中,增設守備。成化二年,寇陷開城。四年,平石城土達滿四之亂,因立固原衛,統左、右、中三千戶所,屬平涼府。成化六年,置兵備道,後廢。

置三邊總制府。成化十年置。時刑部主事張鼎言,延綏、甘肅、寧夏三邊鎮撫不相統一,宜推文武重臣一人總制。憲宗從其請,因設制府於固原。巡撫兵以下,並聽節制。三邊設總制,自此始。

衛升爲州。弘治十五年,改固原衛爲固原州,仍隸平涼府。復故東山縣、三川縣地入之。當日州治,東距鎮原百六十里,西距會寧二百里,南距隆德高嶺八十里,北距寧夏韋州三百四十里,西南距靜寧百八十里,東南距華亭馬蓿坡五十里。內肅、楚、韓、穆四藩牧地,與廣寧、開城、黑水、清平等苑監,咸錯壤焉。

清置三邊總督、陝西提督、固原總兵,先後遷廢。清順治初,三邊總督駐此。康熙初,遷駐蘭州。康熙中,以大將軍圖海奏,移陝西提督駐此。民國改元後廢。順治初,置固原總兵駐縣城,後因總督遷蘭州,以駐平涼之陝西提督駐此。而固原總兵遂亦以廷議移駐河州。

置固原衛,尋裁。順治初,又置固原衛。及雍正初,巡撫石文焯疏裁。

置固原道,改平慶涇道,尋亦徙。順治初,置固原道。康熙中改爲整飭平涼道,管驛鹽事。乾隆初,又改爲平慶涇道,仍駐此。同治中又改爲平慶涇固化道,移駐平涼。

升州爲直隸州。順治初，仍爲固原州，屬陝西平涼府。康熙初，建甘肅省，改隸於甘。同治中，奏升爲直隸州。

領分州一，曰硝河城分州。順治初，鹽茶同知亦駐州城，同治中改鹽茶廳爲縣，曰海城。同治撥鹽茶地方，設固原直隸州判於硝河城，管轄海城縣丞。按硝河城在《禹貢》爲雍州之域。秦、漢、唐、宋、元、明，其屬郡與固原州同。洎乎清順治初，與州均屬陝西平涼府，爲固原州衛境。康熙五年，隸甘肅，屬平涼府鹽茶廳境。迨同治十三年軍興以後，陝甘總督左文襄奏升固原州爲直隸州，鹽茶廳爲海城縣。以硝河城爲西南要區，因畫海城界，設州判，名曰固原直隸州硝河城州判。

縣二，曰平遠、海城。平遠縣，秦屬北地郡。漢武帝析屬安定仍舊。[4]後魏屬原州。隋別置平涼郡以屬之。唐復屬原州。元和中，陷於吐蕃。宋元符二年，遣大將折可適伐夏，因置西安州屬焉，隨陷於夏。元築城，名平虜所，亦名平遠所。明洪武二十年，以地賜韓、肅、楚、慶諸蕃爲牧場。成化五年，滿俊據石城反，遣副都御史項忠討平之。因設固原衛，以西安、平遠、鎮戎三所隸焉。清裁撤衛所。西陲牧地，招民開墾。同治十三年，設平遠縣，屬固原州。海城縣，秦屬北地郡，漢屬安定郡，晉仍舊。後魏屬原州，隋屬平涼郡。唐復屬原州，元和中陷於吐蕃。宋爲夏人所據，以縣城爲東牟會。元改名海喇都，屬西安州。明賜楚、慶、韓、肅諸蕃爲牧場。楚名海城，設指揮使承奉司。成化中滿俊反，都御史項忠、巡撫馬文升討平之。設固原衛，以鎮戎、西安、平遠三所隸之。清初，駐固原之鹽茶同知，于乾隆十四年移駐海城。同治十三年，改鹽茶同知爲海城縣，屬固原州。改下馬關爲平遠縣，於打拉池置縣丞，同心城置巡檢。

民國州廢，併分州地，置固原縣。民國二年改置，初隸涇原道，後直屬甘肅省政府。

置保安第三團，旋裁。二十九年，甘肅省保安第三團團部駐此，轄本省第二行政區屬各縣之保安隊，三十二年裁。

置專員行署，尋徙。二十九年，置甘肅省第二區行政督察專員行置于此。三十一年，徙置于海原穆家營，隨裁。

復按：固境在唐虞前，純屬華地。羌狄錯處，啟于夏商。羌本出自三苗，及舜徙之三危，濱於賜支，胥曰西戎。夏太康失政，戎初背叛。孔甲以後，夏道愈衰。周先不窋失其稷官，變于西戎。至公劉乃徙于豳。后桀之亂，戎且入居邠岐，此地已爲戎有。《括地志》：①"寧、原、慶三州，周先公劉、不窋居之，古西戎

_____

① 參見《括地志》卷一《寧州》。

也。"原即固原。《王志》謂"《禹貢》屬雍州地,居羌部"。① 是矣。成湯既興,伐而
攘之。殷室中衰,諸戎復叛。武乙暴虐,戎又寇邊,此地仍爲戎有。《府志》謂"固
原商爲昆夷。"②宋《三川祀》云:"安定,昆夷舊壤。"蓋邑在漢爲安定郡。昆夷、昆
戎即畎戎、犬戎,又作混夷、串夷,亦西戎也。《董志》《王志》均謂唐、虞、夏、商,世
居戎狄種落者,③以此。但唐虞時,戎未處此。

　　觀上述可知,狄之先爲葷粥,當軒轅時已被北逐。堯舜所治,地盡大漠以北。
夏之獯鬻、周之獫狁,爲患尚遜于戎。至于匈奴,則係夏氏之後,殷代奔北夷。逮
周末,始與燕、趙、秦爲邊。

　　周代狄居斯境者,武王時有羌髳,穆王時有犬戎,懿王時有獫狁,夷王時有太
原戎,即犬戎。宣王時又爲獫狁,幽王時仍居犬戎,平王時爲義渠戎,襄王時爲烏
氏,景王時爲無終及群狄,貞王後衹餘義渠種。故凡戎狄居此者,皆在夏商以後。
《通考輯要》云:④"雍州自夏商以降,[5]西北二邊,世爲戎翟錯處。"信哉言也。

　　秦昭襄滅義渠,置三郡,並築長城以拒胡,戎翟之蹟,因而少斂。邑之東北、
西北,皆有長城遺蹟,即其時之所築者。始皇帝北斥匈奴,西逐諸羌,西北二邊,
旃毳盡徙,不獨此地無戎翟也。

　　劉、項相持,胡復渡河。漢初,冒頓强甚,悉收故河南塞,朝那、蕭關,胡騎充
斥。武帝征伐匈奴,深入窮追二十餘年,胡人始罷。河朔以南,風塵無警。新莽
時,匈奴構難,邊有暴骨。光武之世,匈奴少事,惟西羌又屢梗焉。建武十年,諸
羌相結,迭寇舊蘭山道、涇原道地。安定且有降羌燒何種,時合西羌爲患。後漢
末尚有先零諸羌,逼處高平。至桓靈後,始走散漢陽山谷間。

　　魏晉二代,戎雖時擾,關隴無大傷害。迨晉賈氏煽亂,八王構兵,群狄始乘而
佔據。匈奴劉曜,置朔方幹高平。氐胡堅、羌姚萇,先後置雍州于安定。鮮卑乞
伏有隴坻,北距黃河地。而禿髮烏孤且據縣之東北境,建立南涼。匈奴赫連勃,
則有黃河南屆秦嶺地。後魏乃鮮卑索頭部,突起北荒,漸而西有統萬、姑藏,抵于
流沙地,此地遂入于魏。及高歡劫魏遷鄴,宇文周起自高平,魏以摧滅。

　　楊堅易周祚,并天下,以高頴出朔方道,楊素出靈州道伐突厥,追奔七百餘
里,此地狄庭盡撤。既而群雄競起,割土分疆,斯爲梁、涼、秦角逐之場。

　　唐祖奮袂太原,先略定平涼、安定等郡,次更北殄突厥,西平吐谷渾,掩有漠
北西域,此地隸入關內,差覺晏然。然天寶安史之亂,吐蕃乘隙內侵。廣德初,陷

　　① 參見《萬曆固志》卷上《地理志第一》、《宣統固志》卷二《地輿志‧建置》。
　　② 參見《平涼府志》卷九《固原州‧建革》。
　　③ 參見《宣統固志》卷二《地輿志‧建置》。
　　④ 參見《皇朝文獻通考輯要》卷二五《輿地考‧甘肅省》。

洮、岷、秦、成、渭、涇、邠、奉諸州,隴右盡亡,此地亦没。吐蕃爲禿髮利鹿孤之裔,
居吐谷渾西南,貞觀中尚文成公主,始與唐通。至是乃進窺關中,邠鳳西北,皆爲
左衽。其後雖經郭子儀擊卻,但尚時寇涇原、邠寧、靈武三鎮。德宗初,詔與吐蕃
盟約,唐所守界,西至彌筝峽,斯地遂棄于吐蕃,已而吐蕃乃城此而屯之。迄大中
初,吐蕃始將秦、原、樂安三州及原之七關,來歸有唐。晚年吐蕃衰弱,秦、渭、涇、
原、環、慶、寧、靈,皆復唐舊。

　　迺西夏叛戾朔方,唐突河內,此地首當其衝,因先頻遭蹂躪。西夏爲党項支
族,拓拔之後。其酋赤辭,唐初來附,授西戎州都督。嗣以被逼於吐蕃,乃移其部
于慶州、静邊等處。後又析居夏州。至元昊始國,悉有夏、銀、綏、宥、静、靈、鹽、
會、勝、甘、涼地,橫逆莫制,陵斥日甚。景祐後,[6]此地一任出入,無可藩籬。康
定元年,元昊寇三川諸砦。慶曆元年,寇渭州,覆宋軍于六盤山。二年寇鎮戎軍,
直抵渭州,因而涇邠以西,相繼風靡。范仲淹將慶州蕃漢兵援之,乃去。治平、熙
寧、紹聖以還,邊釁未窒,羽書日聞。元符初,夏人圍平夏,章築禦之,斬獲甚衆。
然崇寧以後,猶寇涇原,藏底河仍没于夏。宋合涇原、鄜延、環慶之師,攻而敗績。
夏人大掠蕭關,旋又大舉攻涇原靖夏城。固平之間,騎塵漲天,死亡枕藉。紹興
中,夏受金人册命。寶慶初,蒙古主乃滅之。

　　金在宋徽宗時,女貞完顏阿古達始稱制。紹興初,破鞏河、樂蘭、積石、西寧
等州,盡有涇原、熙河二路。宋社未移,此地已没。

　　蒙古起于和林,至也速該始大。元太祖鐵木真叛金,并有西域。宋寶慶三
年,避暑六盤山,未幾乃兼西夏,世祖圖類,傾覆弱宋,遂一天下。此地由安西王
莽噶拉鎮守,其次子也。元雖混一華夏,傳祚甚短。

　　明太祖洪武二年,徐達自臨洮下蘭州,還出蕭關,克平涼,斯爲陝西布政司轄
地。太宗時,西藩哈密,北逐亡元,漠磧地空,凌礫稍息。詎成化初,叛酋滿俊,竟
陷開城。而韃靼之患,且與明代相終始焉。

　　清爲女真別族,國號滿洲。薩爾滸一役,明師氣奪。順治入主中夏,西北亦
歸清有。清分全國爲十八省,甘肅省領府九、州六、分道八。平慶道駐此,臨制之
方,似可鞭及。乃同治初有穆三之變,襲破固城,大軍麕集,數年始平。

　　民國肇造,五族一家。固、海、隆、静間,雖時有叛民滋事,但皆旋即消弭。惟
二十四年,有異黨盤據邑之萬安監一帶,且在高張家以東擅立三岔縣,在大蒲條
北擅立固北縣。由是馬家坡、殷家城及鄉條東北之地,悉皆阻絕。三十六年後,
少少收復。寧夏同心縣東南鄉,亦早被其侵佔。大壩有兩保民户,暫由固原管
轄,爲日已久。環縣全境,于二十八年陷没,至今環縣政府尚僑置于邑之七營
鎮云。

疆界　　　因地畫區，事有隸屬也

治城東距鎮原縣界馬渠塬一百八十里，西距西吉縣界馬連川一百六十里，南距化平縣界二道卡一百零五里，北距同心縣界馬掛臺屬寧夏省。一百六十里，東南距平凉縣界劉家溝門一百七十里，西南距隆德縣界興隆鎮一百三十里，東北距環縣界虎家灣二百五十里，西北距海原縣界鄭旅堡一百五十里。

固原疆界迭更，輿圖尚廣。其四履所屆，有二三百里者，有一二百里者，最近者亦在百里內外者。

前明州境：東距鎮原百六十里，西距會寧二百里，南距隆德高嶺八十里，北距寧夏韋州三百四十里，西南距静寧一百八十里，東南距華亭馬蓿坡五十里。

前清州境：東至舊慶陽府屬環縣虎家灣交界，距治城二百五十里；南至華亭縣頓家川交界，距治城一百二十里；西至舊鹽茶廳尖山堡交界，距治城一百七十里；北至舊鹽茶廳李旺堡交界，距治城一百七十里；東北至舊寧夏府屬韋州交界，距治城三百三十里；東南至鎮原縣開邊交界，距治城一百七十里；又至平凉縣劉家溝門交界，距治城一百七十里；西南至隆德縣張節寨交界，距治城一百三十里；西北至舊鹽茶廳揚名堡交界，距治城一百七十里。

前清直隸州境：東至舊涇州鎮原縣界九十五里，西至舊平凉府隆德縣界一百里，南至舊化平廳界六十五里，北至舊寧夏府寧靈廳界一百七十里，東南至鎮原縣界八十五里，西南至隆德縣界六十七里，東北至舊慶陽府環縣界一百五十六里，西北至舊寧靈廳界二百一十里。

民國縣境，四至八到，略如前述。並附州境如上，俾今昔疆土嬴削，藉可窺見一斑。縣境周隅，其與鄰封轄壤，參差阻隔，業經整理者，如縣東前有屯子鎮灣兒李民黑地十數頃，飛入境內，已於民國十年奉令劃撥與鎮原縣就近管轄。其絕續交互，尚待整理者，則覺隨地多有。以言犬牙相錯之插花地，如自縣東三岔，南至固、平、鎮三縣交界之小峴，百有餘里，互有摻插，形如鋸齒是。其他瀕于環、固、海、隆諸邊，亦多如是。以言若繼微續之甌脱地，則如海原縣屬之楊郎中鎮，孤懸于縣境是。該鎮距固城僅六十里，距海城不下一百五六十里，周圍均係固壤，惟西隅之王浩堡、陶家堡，有一線遥連海原，近已畫歸固原。又如縣屬大路川唐家堡之迤入海原縣境是，近已畫歸海原。以言三面深入之嵌地，則如寧夏同心縣之皮家渠李家莊大垻，其東西南三面，皆嵌入固境是；又如縣東北之卧牛灣張家新莊，嵌入同心縣境是；又如縣西之羊腸溝大狼窩，嵌入海、隆兩縣境是，近已畫歸西吉。以言隔縣飛脱之飛地，則如鎮原縣屬之花園子水磨渠，飛入縣境，而縣東之陳家坪岔兒廟，反脱入鎮原境內是。又如隆德縣屬之曾家灣太平塝，且遠隔隆德縣，飛着于縣北李俊堡、韮菜坪間，近已畫歸海原。其間尚須續加整理，便俾行政。

縣分四區：第一區分一鎮二鄉，曰城關鎮、附郭鄉、大營鄉。第二區分一鎮二鄉，曰王坬鎮、城陽鄉、萬安鄉。第三區分二鎮二鄉，曰大灣鄉、蒿店鎮、張化鄉、張易鎮。第四區分二鎮二鄉，曰楊郎鎮、三營鎮、黑城鄉、七營鄉。共十四鎮鄉，轄街市村莊不等。

固原轄境遼闊，地廣人稀。四鄉中，有十餘家爲一村者，有三五家爲一村者，甚至一家一村，而彼此相隔數里、十數里不等者。

前清州境，計分十里，曰在城里、固原里、東昌里、永豐里、興仁里、開城里、清平里、萬安里、廣寧里、黑水里。又分十八堡，曰大營堡、樊西堡、西牛營堡、偏城堡、石河堡、楊中堡、紅寨堡、彭敖堡、白家堡、大灣堡、南牛營堡、黑馬圈堡、天聖山堡、小河川堡、紅崖堡、白馬城堡、永固堡、下馬關堡。又分四所五寨，曰中所、左所、右所、鎮戎所，南川寨、東山城寨、黑石頭寨、楊旂廟寨、韓家寨。又分十三市鎮，曰張高集、李家嘴、毛居士井、瓦亭鎮、蒿店鎮、青石咀、南牛營子、張易堡、什字路、開城、頭二三七八營、黑城子、黄花灣。

前清直隸州境，計分六里，曰興上里、興下里、固原里、東昌里、永豐里、在城里。又分五監，曰清平監、萬安監、黑水監、開城監、廣寧監。又分在三堡，曰縣歸州堡、廳川堡、廳山堡。又分一屯，曰固原屯。又分十六市集，曰在城市、草廟市、卯家堡市、三岔市、萬安市、開城市、青石咀市、瓦亭市、蒿店市、大灣店市、張易堡市、硝河城市、楊郎中市、三營市、黑城市、七營市。

興上里所屬村莊，曰蛟龍口、段家官莊、文家大莊、白草坡、上王家、姚家河、馬家坬、景家灣、張佛堡、常家溝、高家河、王家溝、冶王家、文家山莊、馬家河、尹家河、張家河、劉家河、談家溝、寬家坪、張家溝、田家什字、蘇什堡、羊蹄河、李家團莊、楊氏明家、太史家、上下峴子、柏樹莊、曾家灣、廟溝子、張家莊、河莊塬、李家灣、張家嘤峴、高家灣、夏家塬、徐家溝、秦家溝、山底下、王家南溝、大路河、文家高莊、下馬家。

興下里所屬者，曰打石溝、曹家溝、姬家山、米家溝、孔家坬、黄家溝、吴家川口、上崖窰、下崖窰、陳子楊家、陳家莊、虎家溝、徐家塬、秦家塬、韓家寨子、王家莊、劉家莊、陳家塬、韓家塬、祁家坬、楊家坪、張家坪、楊家塬、麥草渠、時家溝、鄭家溝、路家咀、黄家灣、方家溝、王家溝、陳家溝、邊山堡、鐵城堡、陳家坪、棗樹渠、三岔、菜子溝、佛殿莊、陳家灣、丁家莊、黄家坬、王家南溝、莊門上、新安莊、石家河、何家莊、楊兒莊、向西坡、馬銀山、王家山根、郭家岔、魏家塬、新莊岔、槐樹灣、小岔渠、虎家草灘、盧家河、鄭家元灣、鄭家莊、侯家岔、高家溝、大石頭灘、何家台、胡家坪、石頭崾峴、大莊坪、穆家河、鄭家小河、袁家老莊、海家阿、李家灣、槐溝裏、沙家河、曹家河、趙家崾峴、牡丹坬、何家山、郭家塬、高家塬、李家坬、闇家老莊、唐家塬、趙家寨子、拓家坬、馬家岔、劉家渠、張家塬畔、席積岔、堡子灣、魏家甘川、陽方兒、何家峴、新莊子、亂家坬、石家岔、楊家河、東坬台、槐溝、山寺灣、水家坪、虎家山莊、安家川、白家溝圈、楊家北塬、虎家方溝、彭陽城、羅家灣、梁家後溝、赫家園子、蘇家陽坬、井溝裏、甘溝岔、虎家東咀、張家溝圈、土橋子、山伏莊、馬五十莊、虎家小灣、廟兒灣、陳家溝、李家溝、石家岔、王家塬、甘岔裏、何家岔、紅崖山、楊家坬、雙咀山、玉門溝、高家岔、梁家岔、虎家石咀、何家塌山、杏樹溝、上溝灣、上坬裏、下畔莊、安家高莊、趙家咀、蘇喇城、官母杜家、虎家七方、余李家坬、白家下溝、米家溝門、朱家陽坬、李家岔、袁家灣、山虎岔、海家坡、羊毛嶺、麻花坬、楊家溝畔、吳家岔、白家陽坬、高家塬、虎家廟渠、泉兒坬、艾蒿岔、何家塌坬、藏家溝、馬家溝。

固原里所屬者,曰海家坪、撒門兒、陝家莊、苟家堡、楊家川、明家川、母家溝、寺底堡、馬家溝、古家溝、陳家灣、黑馬堡、石窰溝、馬東山、奈家河、孫家店子、拓家坪、下黃家河、郭家坬、上黃家河、董家灣、劉家溝門、野狐家、馬家灣、王家川口、古家溝門、阿家莊、楊家莊、白楊樹莊、王大户、深溝瑙、田家寺台、後溝裏、黑泉灣、羊捲灣、沙岡子、楊家寨窠、楊家大莊、白家台、榆樹灣、張家崾峴、槐溝、馬岡堡、喬家坬、尕喇家、白家園子、田武溝、劉家溝瑙、莊窠咀、酸刺溝、東海崾峴、石家岔、陽坬台、李家墩、大溝門、賈家溝、駝水溝、葉家大莊、腰巴堡、丁剛堡、楊家後坬、甘海子、蘆芝溝、花磨灣、趙家井子、禮拜寺川、海子口、苟家岔、甕家山、王家台、石家坬。

清平監所屬者,曰官堡台、鸚箇岔,官廳、李家寨子、張家磨、白陽城、魏家莊、趙家河、史家莊、海家磨、打石溝、雙樹子、山莊坬、洞子垴、李家新莊、後溝裏、張虎家溝、關口川、馬家漩渦、李家寺台、羅家堡、張家溝、蔡家川、小灣兒、上陳兒山、草廟子、長流水、梁家川、曹家川、何家後莊、下陳兒山、堡子溝、風家台、鏡兒岔、龐家坬、景兒坬、產蛟頭、姬家陽坬、范家新莊、王家坬、夏家坬、路家寨窠、姬家山、崔家溝、蒿兒川、菜子溝、鴨兒川、尚家台、米家塬,劉家寺塬、火簾溝、喬家坬、馬家寨窩、白家岔、孫楊家、斗溝子、天喬兒、路家堡子、任家灣、馬家坬、董家坬、許家溝、蘇家老莊、王卜羅岔、李家坬、魏家坬、何家前莊、萬家寨窠、李家寨子、趙葉家嶺、李家咀兒、施家坪、馬車塬、馬家山畔、撒花咀、樊家塬、党家岔、權家岔、王家河、牛家灣、周家溝、趙家崾峴、高家槐溝、張高家、李家河、余家溝、花路灘、馮家逃途、楊家灣、鄧家岔、美子溝、圈豬灣、錦溝、李家舖、逃嶺坡、郭家岔、唐家川、張家逃途、王家堡、高家灣、花豹灣、菜子台、石家莊、陽坬裏、米家溝、蒲家莊、周家莊、尚家泉、馬跑泉、孫家川口、姬家大岔、梁家山、馬家山、虎家岔、虎家峴、靳家溝、趙家溝、馬泉山、張打溝。

　　東昌里所屬者，曰任山河、杏兒溝、温家溝、康家寨子、打石溝、劉家莊、王家溝、白莊圿、白家圿、古城川、黃家寺、曹家溝、海家磨、重溝溝、晁家坡、何劉兒、馮馬兒、鸚箇咀、奈家河、張家溝、崾峴口、柯家莊、林家莊、丁家山、張家塌山、王担溝、王家溝。

　　萬安監所屬者，曰滴水巖、丁馬堡、老莊台、苦水掌、王家莊、雙廟子、楊家高莊、大堡條、喬家渠、宋家莊、沿路掌、西溝堡、道發圿、磚金堡、趙家台、豆家台、王家背畔、錦溝門、甘城子、胡家莊、肖邊溝、沙葱溝、古家溝、高巖子溝、楊家崾峴、劉家渠莊、孫家高莊、清川掌、常家圿、朱家河、劉家寨寋、趙家梁、古窰岔、孫家莊、雙井台、朵洛溝、白家寺山、白家西山、徐家園子、虎家溝、野狐坡、耳朵城、丁家渠、蘆草溝、劉家莊、鄭家莊、蘇家大灣、張家新莊、李家寨子、王家莊、趙家掌、馬家台子、新莊子、李家新莊、張家西山、三角城、馬家河、劉家吊掌、小岔、李家河、楊家掌、段家園子、楊家溝、孫家寺埫、賀家山莊、馬家槐溝、王家井、馮家溝、王家掌、前山裏、桃胡岔。

　　縣歸州堡所屬者，曰石家溝口、秦家溝、吳家陽圿、南牛營、開城堡、潘家川口、瓦亭鎮、和尚舖、楊家磨、下清水溝、郭家大莊、興隆莊、高長堡、青石咀、蘇家堡、張家新莊、上清水溝、何大堡、趙家莊、何忠堡、大灣店、張家堡、蒿店鎮、喻家莊、巴豆溝、楊家小莊、劉家溝、東山堡、棋家溝、張家灣、白家河、織麻溝、神豁峴、石家圿、陶家海子、廟兒溝、韓家堡、王家圿、苟家岔、大火家、陳家溝、馬門堡、謝家寨子、白土口子、秦家大莊、倪家溝、斗陡河、海子口、奈家河、小岔溝、五里山、潘家堡、裴家堡、施家磨、楊家灣、張家莊、楊家嶺、臥耳朵、田家圿、康家莊、楊家水灘、杜小堡、施家莊、中莊裏、馬家圿、李家堡、曾馬家莊、郭家莊、楊家溝、黃家堡、王家山、中川子、掛馬溝璠、馬宿坡、李家莊、胡家莊、頓家川、扁坡溝、黃土崗子、桃樹圿、海口子、茨坡溝、喇喇家、辛家莊、店子溝、掛馬溝咀、周家溝、廟溝山、皮家堡、統家河、杜家灣、張家高山、陽圿台、文家山、王家溝、蔡家莊、宋家溝、卯家堡、永豐堡、王家溝、細溝裏、花兒岔、慕家古莊、三道溝、麻子溝璠。

　　永豐里所屬者，曰開城馮家、屯子鎮、灣兒李、馬家寨寋、馬家莊、哈喇溝、張家莊、郭家廟、馮家大莊、劉家老莊、張化兒、花羊溝、黃土崗子、郭家莊、小莊子、劉家小莊、苟家岔、楊家岔、細溝灣、馬家大莊、張家堡、鄭家溝、小岔兒、馬門堡、毛甘堡、胡家莊、何劉兒、蘇家川、掛家溝、石家圿、喇喇寨、王家溝、卯家堡、謝家寨子、劉家溝、大路河、馬家溝、白家灣、頓家川、臥耳朵、石家溝口、韓家堡、王圿兒、王德明家莊、馬蓮灘、張家高莊、蔡家莊、麻地溝、范家溝、豆家山莊、海家中川、青土坡、上蔡家、大紅堡、蔡家川、鄭家堡、黃土圈,李家舖、馬家山莊。

廳川堡所屬者,曰羊坊、潘家堡、麻家莊、陸家莊、閻家莊、白陽溝、徐家坡、黃家莊、高家坡、邢家莊、廟兒溝、中水河、姚家磨、郎家灣、侯家磨、石河堡、張家磨、蕭家深溝、李家深溝、藍家深溝、彭敖堡、野雞灣、錢營堡、沈家河、碾子頭、興隆莊、孫家莊、母家莊、油房溝、大沙井、豐家堡、上店子、紅巖堡,忠營堡、楊忠堡、安民莊、硝口、南牛營、蘇家堡、店子上、廳利堡、王家莊、陳家磨、申家莊、趙家溝沿、王家後溝、吳家莊、墦家莊、包家堡、李家新莊、曹家河、客民堡、黃土橋、蔣家口子、後堡子、隔城子、趙家嶺、劉家溝、疊疊溝、郭家莊、西廟兒溝、王明莊、九牌溝、阿家莊、馬家套子、安隆莊、張家河、侯家溝、紅土溝。

廳山堡所屬者,曰駱駝巷、什字路、葉家溝、觀音殿、姚家套子、生地灣、沈家新莊、馬七溝、黃家堡、西來堡、紅峴子、高套子、花龍頭、李子溝、魏家套、偏城堡、陸家莊、黃家澇子、西牛營子、六箇羊圈、鹽泥溝、陳兒溝、大灣店子、紅莊子、樊家莊、劉家莊、卜家莊、爛泥灘、豆家套子、郭家坬、黃河灣、花兒岔、石廟子、榆樹灣、販馬溝、吳謝家莊、楊家莊、席家坬、倪家套子、魏家灣、紅泉上、沙豁峴、傅家高巖、石咀子、老官灣、大中莊、黎家套子、羊圈溝、趙千戶、麻地溝、黃家瑙、張家新莊、上套子、二林溝、毛家套子、大路溝、沈家咀。

在城里所屬者,曰新莊堖、羊路溝口、地溝灘、紅境川、巖窰上、屠家莊、陝家莊、車路溝、黃蒿灣、黑山林、馬圈溝、墳灣、南山上、三道溝、路渠溝、風兌溝、井兒溝、古城溝、葛堂山、黑英灣、小中咀、地灣、楊家老莊、馬家莊子、碌砒溝、楊建堡、阿馬溝、張家山、張家河、石山裏、荷包灣、海家坪、官馬套、遼坡、開城堡、翟家灣、羅家莊、王家莊、打火店子、母家溝、妥家山。

固原屯所屬者,曰鐵家溝、楊家溝、方家堡、馬家新莊、萬巖子、臭水溝、碾子頭、新堡子、張家磨、墩子河、陳家泉、胡大堡、北屯裏、大圪塔、王家後溝、深溝兒、謝家寨子、溫家溝、韓家寨子、李家寨子、李家新莊、高建堡、祁家坬、八營、秦家灘、張易堡、王家套子、西來堡、上中山、中中山、下中山、二百戶、楊麻山、蒿內裏、五百戶、李俊堡、桃抱裏、大地溝、東西沙溝、臭水河、楊莊、杜家河、滿泗堡、晃家坡、毛家莊、梁家莊、王家大莊、巖堡、大寨堡、辛家堡、葉家大莊、賀家套子、大灣槽、任家灣、劉家高莊、土橋子、紅巖河、九百戶。

黑水監所屬者,曰黑城鎮、上黃鐸堡、下黃鐸堡、柯家泉、褚家灣、余家灣、平路溝、姚家堡、後山堡、曹家堡、江家堡、殷家堡、甘溝店子、上甘溝、代家堡、陸家堡、唐家堡、潘家堡、金家堡、太平莊、連家堡、邱家堡、平灘墩、中河沿、李家堡。陳家堡、水車溝、倪家河、了坡、何家莊、王家莊、石家套子、撒家台、唐家灣、路家山、煙家莊、大路川、油房溝、李家套子、牛家大台、牛家新莊、馮家槽子、杜家河、楊麻子山、加三堖、三百户、荷苞灣、窰家灣、踏板溝、水泉溝、白家莊、黑窰洞、黄土圈、馬家新莊、馬家西溝、水磨灣、紅灣崗子、山南莊、申家河、滴水巖、巖窰山、火石寨、黄家莊、窰兒底、官馬套、莧蔴溝、大東川、白家河、張家河、井兒溝、曾家灣、鏵尖上、大草圪塔、韭菜坪、黄蒿灣、楊家老莊、周家溝、北溝沿、黄家灣、原套子、九百户、中平堖。

開城監所屬者,曰頭營、窰洞溝、馬家園子、劉家堡、石橋子、毛家溝、二營、馬家㘭、張家堡、胡大堡、小峴子、大白山、蔣家溝、高家渠、楊家溝、墩子河、黎蔣家河、杜家馬路、陳家㘭、吳家馬路、馬家店子、閆家馬路、張家河、叭喇灣、三營、趙家寺、陳家堡、黄家堡、楊家河、紅城子、藍家堡、孫家紅城、六箇窰、四營、五營、李家河、郭家河、梁韓家堡、張家堡、小河子、李家莊、張家紅河、延家崗子、七營、趙家畔、倪家台、雙井子、張家溝、保家溝、王家後溝、鹽土溝、申家莊、滿家堡、馬家溝、韭菜坪、磚窰堖、喬家團莊、海家堖、新莊子、車路溝、紅溝、張家巖、石羊子、韓家莊、梁家莊、巖套子、楊家崾峴、石井子河、白澇子、白家堖、馬家台、沙家堡、何家莊、南溝沿、武家溝門、丁家寨窠、唐家灣、蔡家川、王家岔、楊家堡、甘城子、北屯裏、蘇家堡、碾子頭、代家堡、盤路溝。

廣寧監所屬者,曰清營、飲馬河、雷家磨、閻家墩、沙窠、臨洮營、陳兒溝、趙家㘭、清净溝、沈家河、薛家莊、周家河、常家河、喬家㘭、長城樑、高房坪、張家莊、小馬家莊、羊坊、王家河、何家溝、馬營子、王家莊、田家㘭、青石峽、教場角、頭道岔、四道溝、招營、麻家莊、鴨兒溝、西門店子、耿家莊、孔營、惠忠堡、小川子、歸源堡、明家莊、吕家高莊、炭窩子、萬崖子、羊圈溝、楊家山、張家莊、魯家新莊、殷家溝、石蠟村、廟平㘭、教化莊、銀沙溝、宋家巷道、哈喇溝、海家坪、柳溝、彭家莊、二十里舖、馮家莊、乙甲溝、深溝腦、姚家山、穆家莊、李家西溝、印子溝、王家後溝、賀家套子、李宣溝、王家㘭、後溝裏、張家新莊。

民國縣境,初因里監舊制,十八年奉令改爲區村制。計分全縣爲六區,中、東、南、西、北各爲一區,以萬安監距城窵遠,另設一區。二十三年,辦理保甲,改爲鄉鎮制,分全縣十鄉鎮,區廢,以鄉鎮轄聯保。二十五年,恢復區制,分全縣爲五區。二十六年,改爲四區。

二十九年,實行新縣制,分全縣爲十六鄉鎮,裁區署,置區指導員,仍以舊日第一至第四區爲指導區。[7]

第一區：東至明家川,西至硝口,南至二十里舖,北至沈家河。

第二區：東至三岔,西至崾峴村,南至廟溝,北至老瓜咀。

第三區：東至黄家㘭,西至張家大岔,南至李家莊,北至三十里舖。

第四區：東至白家堖,西至安家老莊,南至魏家堡,北至高巖子。

城關鎮：東至菜園子,西至西門店,南至同仁街,北至關帝廟。

負郭鄉：東至孫家莊,西至侯家莊,南至二十里舖,北至沈家河。

大營鄉：東至曹家岠,西至上店子,南至曹家河,北至滿家堡。

王岠鎮：東至草灘,西至寨家岠,南至店子岠,北至牡丹岔。

城陽鄉：東至陳家坪,西至海家磨,南至南垣,北至劉米家塬。

萬安鄉：東至三岔,西至碾掌,南至何家峴,北至老瓜咀。

大灣鄉：東至五里山,西至霧耳朵,南至海家磨,北至三十里舖。

蒿店鎮：東至卯家堡,西至廟兒坪,南至鄧家川,北至楊家磨。

張化鄉：東至石家溝,西至小岔溝,南至石家岔,北至任三河。

張易堡：東至大灣店,西至巴豆溝,南至倪家套,北至偏城。

硝河鄉：東至窰莊,西至穆張寺,南至馬連川,北至楊芳城。

頭營鄉：東至張家崖,西至王家後溝,南至馬家園子,北至沙垠子。

三營鎮：東至他家川,西至沙崗子,南至萬崖子,北至紅城子。

黑城鎮：東至褚家灣,西至太平峁,南至平灘墩,北至十里墩。

七營鎮：東至木家灣,西至何家崾峴,南至小河子,北至秦家灘。

李堡鄉：東至寺口子,西至大黃掌,南至臭水河,北至黑林山。

城關鎮管轄提署街、賞門街、東門街、西門街、道東街、道西街、西門什字、西門店、北關街、廟街子、東倉巷、鴨子巷、東霽霓、西霽霓、米糧市、白米市、縣府街、董府街、大南市巷、小南市巷、理門巷、布店街、布店後街、山貨市、武廟街、炭窩子、南門坡子、後濠、東關街、南關街、外月城街、駱駝巷、菜市街、柴市街、同仁街、任家橫巷、宋家巷、太平巷、火神廟街、財神樓街、中山街、估衣街、柴草市、菜園子等街市。

負郭鄉轄紅崖子、店子河、上寺底村、下寺底村、明楊家、唐家山、四道溝、田武溝、哈喇溝、海子崾峴、青石硤、天賜垴、石蠟村、張洪堡、窰子溝、母家溝、陳耳山、劉正店、二灣子、土坭、臥耳朵、教化山、田家岠、羅家坪、二壕、九坪灣、南十里舖、二十里舖、馬飲河、九龍山、羊坊、丁林家莊、聚賢村、王家河、何家溝、萬崖子、寇家莊、馬家莊、楊家山、麻家莊、康家堡、大堡子、興隆莊、水河溝、侯家莊、吳家莊、油房溝、閻家莊、西門店子、蘆家堡、陸家堡、明家莊、小川子、飲馬河、惠忠堡、石碑灣、北十里舖、長城梁、喬家岠、沈家河等村莊。

大營鄉轄曹家岠、黃家莊、高家坡、邢家莊、黎家堡、東廟兒溝、徐家坡、沙木村、碾子頭、中水河、豐家堡、隔城子、張家磨、吳家磨、滿家堡、姚家磨、侯家磨、王明莊、安隆莊、別家莊、紅寨子、黃土橋、彭家堡、野雞灣、曹家河、龔家莊、硝口、樹林溝、上店子、王家大莊、楊中堡、李家莊、錢英堡、劉溝、蔣家口子、申家莊子、鹽土溝、臭水溝等村莊。

王圯鎮轄馬家河、寨子圯、嶁峴村、王大戶、甘海子、古城、店子圯、鄭家莊、喬家溝、甘岔、石家岔、李家圯、王家川口、武家溝、楊家寨寠、崖堡子、王圯鎮、安口川、裏台、馬岡堡、馱水溝、大堡子、牡丹岔、官廳、官堡台、草廟子、蔡家川、張高家、曹家川、虎家峴、史家莊、雙樹子、草灘等村莊。

城陽鄉轄海家磨、彭陽城、任家灣、劉家河、余家溝、城子楊家、韓家寨子、楊家坪、磨子溝圈、陳家坪、邊山、田家什字、上王家、羊蹄河、白草坡、野王家、蛟龍口、黃家溝、南垣、寧家溝、常家溝門、張佛堡、槐溝、堡子嶁峴、党家岔、劉米家塬、白馬廟塬、長城塬等村莊。

萬安鄉轄耳朵城、石家坪、安家川、何家峴、高家圯、唐家塬、小園子、白家川、三岔、棗樹渠，吳家莊、白家新莊、石板河、殷家城、馬家河、萬安監、井兒岔、鸚哥咀、黑泉灣、寶家城、楊家莊、三角城、大蒲條、小蒲條、羅家圯、碾盤掌、三條監、車道坡、清水掌、趙家台、張家台、半個城、老瓜咀、苦水掌等村莊。

大灣鄉轄三十里舖、打伙店、永安村、開城、青石咀、北家山、五里山、牛營子、史家磨、楊家嶺、務耳朵、蘇家堡、大灣、海家磨、元圪塔、何忠堡、白土口子等村莊。

蒿店鎮轄瓦亭、五里舖、興隆莊、太陽圯、和尚舖、周家溝、劉家溝、東山坡、卧羊川、吳保溝、鄧家川、清水溝、三關口、卯家堡、蒿店、王圯兒、周家莊、蔡家莊、通家河等村莊。

張化鄉轄任三河、党家岔、鸚哥咀、奈家河、小岔溝、石窰溝、白莊圯、秦家大莊、黃家莊、上蔡家、何劉兒、溫家溝、純家溝、古城、東山城、康家寨、張家河、石家溝、馬圯兒、馬們堡、謝家寨子、張化兒、馮馬兒、掛馬溝、石家岔、郭家莊、拉拉寨等村莊。

張易鎮轄大灣店子、沙豁峴、紅莊、駱駝巷、宋家圯、鹽泥溝、王大戶、梁家莊、毛家莊子、王家套、賀家套、隆德溝、野雞峴、倪家套、姚家套、觀音店、謝家寨、葉家溝、十字路、田家堡、盤路坡、張易堡、中莊、木家莊、生地灣、卜家莊、樊家莊、六個羊圈、大莊、偏城兒、花兒岔、後溝、沈家新莊、西來堡、鹽官大莊、樊西堡、黃家澇、黃家堡、黃蒿灣等村莊。

硝河鄉轄窰莊、大套子、杏樹灣、哈喇溝、崔家灣、水泉灣、難泥灘、高元子、榆樹灣、元套子、紅溝兒、柳林溝、馬連川、包家莊、張家咀頭、泉兒灣、馬小灣、官莊兒、隆德堡、哈馬岔、半個堡、莧蔴灣、馬昌堡、楊芳城、蘇家溝、盧家灣、後溝、凌家溝、小狼窩、大狼灣、油房溝、謝家灣、苟兒岔、五岔、曹家吊咀、羅兒灣、張春堡、榆木岔、張家莊、恰頭溝、汪家莊、穆家寺等村莊。

　　頭營鄉轄馬家園子、茅姑灘、石羊子、腦瓜坪、張家崖、雙河堡、窰洞溝、石橋子、路家渠、王家後溝、胡大堡、頭營、上二營、馬家坻、大北山、下二營、蔣家河、張家河、馬家店、冬至河、沙垠子、虎家坻等村莊。

　　三營鎮轄吧喇灣、代家堡、陳家堡、老三營、紅莊、孫家河、楊家河、紅城子、三營、趙家寺、藍家堡、西窩子、南窩子、沙崗子、穆家灘、大圪塔、蕭家深溝、萬崖子、方家堡、鐵家溝、楊家溝、馬家溝、保家溝、蔡家川、大台子、碾盤掌、党家溝、杜家溝、天子坮、深豁峴、杜家崾峴、柴家溝、他家川、白家坮、薛家溝、教場川、白澇子、黑山子、海家坮等村莊。

　　黑城鎮轄平灘墩、團莊、太平莊、祁家堡、代家堡、余家灣、南堡、十里墩、黑城、三岔河、唐家堡、褚家灣、官堡、代家店、邱家莊、藍家窩子、甘溝、黃家灣、黃鐸堡、楊家莊、撒家台、太平坮、黑溝堡、莧蔴溝、了坡、碌碡溝門、毛家台子等村莊。

　　七營鎮轄丁馬堡、滴水村、石埝、沙家堡、炭山、長安村、南坪、唐家灣、四營、高家崖、土門關、老莊台、中梁灘、小河子、五營、六營、磚窰、石井河、吳家溝、樹坻、木家灣、喬家坪、甘城子、紅溝門、雙井子、截頭溝、倪家台、暗門口、八營、柴家梁、盤河村、七營、馬連窩子、延家岡、南坪、天生圈、北咀子、石碑坮、康家坪、天卷灣、西馬堡、何家崾峴、韓家堡、梁家堡、張家堡等村莊。

　　李俊鄉轄桃包、水磨灣、滿四堡、三百户、後溝、東沙溝、臭水河、西沙溝、土橋子、杜家河、白莊灣、陽莊、李俊堡、蒿内、紅土崾峴、踏板溝、石山、滴水崖、大黃掌、二百户、元套子、官馬套、地灣、小終咀、黑英灣、韮菜坪、了坡、墳灣、紅錦川、馬圈溝、車路溝、黑林山等村莊。

　　三十三年，省令整編保甲，以足十三至十五保爲甲等鄉鎮，足九至十二保爲乙等鄉鎮，足六至八保爲丙等鄉鎮。

　　三十四年，調整縣界，畫李俊堡歸海原，畫海原楊郎鎮歸固原，畫硝河城歸西吉。重經整編保甲。

　　第一區分一鎮二鄉：曰城關鎮，轄十三保，屬甲等鎮；曰附郭鄉，轄十一保，屬乙等鄉；曰大營鄉，轄六保，屬丙等鄉。

　　第二區分一鎮二鄉：曰王坻鎮，轄十保，屬乙等鎮；[8]曰城陽鄉，轄九保，屬乙等鄉；曰萬安鄉，轄十保，屬乙等鄉；

　　第三區分二鎮二鄉：[9]曰大灣鄉，轄七保，屬丙等鄉；曰蒿店鎮，轄七保，屬丙等鎮；曰張化鄉，轄六保，屬丙等鄉；曰張易鎮，轄十保，屬乙等鎮。

　　第四區分二鎮二鄉：曰楊郎鎮，轄六保，屬丙等鎮；曰三營鎮，轄七保，屬丙等鎮；曰黑城鄉，轄七保，屬丙等鄉；曰七營鄉，轄七保，屬丙等鄉。

　　所轄街市村莊較前間有出入。

最近各鄉鎮境界四至及重要之街市村莊如次：

城關鎮四至負郭鄉，轄縣府街、董府街、中山街、布店街、白米市街、山貨市街、內月城街、外月城街、過店街、任家巷、宋家巷。

負郭鄉東至王㽥鎮，南至張化鄉，西至張易鎮，北至楊郎鎮。轄南十里舖、羊坊、劉鎮店、王家澇壩、小川子、石家莊。

大營鄉東至負郭鄉，南至張易鎮，西至西吉縣、海原縣界，北至楊郎鎮。轄彭家堡、楊中堡、硝口、上店子、錢英堡、野雞灣、胡大堡。

楊郎鎮東至三營、南至王㽥鎮、負郭鄉、大營鄉，西至海原縣界，北至三營鎮、黑城鄉。轄頭營、二營、石羊子、王浩堡、蔣家河、萬家堡、張家山、馮家堡、馬家店、張家崖。

三營鎮東至寧夏同心縣界，南至王㽥鎮、楊郎鎮，西至黑城鄉，北至七營鄉。轄白家埫、紅城子、紅莊子、北澇子、紅溝、趙家寺。

黑城鄉東至七營鄉，南至楊郎鎮、三營鎮，西北至海原縣界。轄大路川、寺口子、潘家堡、唐家堡、謝家堡子、邱家莊、張家河、羊圈堡、王家莊、祁家堡。

七營鄉東至同心縣界，南至三營鎮，西至黑城鄉、海原縣界，北至同心縣界。轄馬連窩子、甘城子、雙井子、徐羅掌、炭山、丁馬堡、磚教子、五營、八營、四營、七營、六營、北咀子、盤河村。

萬安鄉東至環縣、鎮原縣，南至王㽥鎮，西至王㽥鎮、同心縣，北至同心縣。轄三岔、安家川、白家川、舖條川、苦水掌、小園子、耳朵城、三條監、車道坡、孫家中掌、張家新莊。

王㽥鎮東至萬安鄉、鎮原縣，南至城陽鄉，西至負郭鄉，北至三營鎮。轄王家㽥、草廟子、孟家塬、店子㽥、官廳、黃家河、乾海子、干家岔、石家岔、孫楊家、白塔掌、李家寨。

城陽鄉東至鎮原縣，南至平涼縣，西至王㽥鎮、張化鄉，北至王㽥鎮。轄城子楊家、彭陽城、小河川、常家崾峴、陳家坪、麻子溝圈、野王家、白草坡、白馬廟、米家原、堡子崾峴。

張化鄉東至城陽鄉，南至王㽥鎮、蒿店鎮，西至大灣鄉，北至負郭鄉。轄任山河、乃家河、掛馬溝、石家溝口、謝家寨子、馬門堡、馬廠、張化兒、上蔡家、下蔡家。

蒿店鎮東至平涼縣，南至化平縣，西至隆德縣，北至張化鄉、大灣鄉。轄莧蔴灣、卯家堡、和尚舖、瓦亭、清水溝、十字路、東山坡、三關口。

大灣鄉東至張化鄉，南至蒿店鎮，西至張易鎮，北至負郭鄉。轄三十里舖、開城、青石咀、牛營、蘇家堡、楊家磨。

張易鎮東至大灣鄉，南至隆德縣，西至西吉縣，北至負郭鄉、大營鄉。轄大灣店、觀音店、十字路、駱駝巷、閆糜溝、大莊、曳家套、姚家套、梁家莊。

前清初年,固境土地充廣,人民繁阜。道光二十八年《固原州憲綱事宜册》載當時之市鎮爲張高集、李家咀、毛居士井、瓦亭鎮、蒿店鎮、南牛營子、張易堡、十字路、開城,頭、二、三、七、八營,黑城子、黄花灣。同治兵燹後,村落凋殘,人烟蕭索。

清末至于民國初年,休養生息,元氣漸復。城内街市,如布店街、山貨市、米糧市、白米市、雞鴨市、大小南市巷,轂擊肩摩,頭頭是道。四鄉市集以立,村莊以實,尚稱殷庶矣。乃民國九年大地震後,户口銳減,村市就墟。今十四鎮鄉間之芸芸衆庶,皆當日僅餘之碩果也。

當時州境之里堡市鎮,直隸州境之里監村莊,與近日縣境之區鎮鄉村各名邑,均以次貫及于此,俾有志者於今昔之異同,探市間之衍歇,而有所以阜成之也。

計有耕地一百八十三萬六千六百七十四畝八分六釐,向皆自爲畦畛。

田制亦建置之大者,故次於鄉鎮制及之。

古授田之區畫曰井。周制地方一里畫爲九區,每區百畝,以九百畝爲井。秦廢井田,開阡陌。陌之爲言百也,遂洫縱而涇涂亦縱,遂間百畝,洫間百夫,而涇涂爲陌。阡之爲言千也,溝澮衡而畛道亦衡,溝間千畝,澮間千夫,而畛道爲阡。皆所以區界田畝也。

固原古雍州域。雍州自夏殷以降,西北二邊,世居戎翟,固境適當其衝,亦戎翟錯處之地。周穆王、秦穆公雖遷戎開地及此,乃漢、晉、隋、唐迭復淪没于戎翟;以故一川九井,與夫涇涂畛道之制,均已蕩然無遺。大約承糧之户,對于樹穀之田,向皆自爲畦畛。其分畫之法,或以崖涘爲限,或以道路爲界,或以土石爲畔。畔長不等,寬二三尺,或僅一線之隔,俗謂界稜是。亦有以溝洫爲畔者,但川地率無溝洫,山地則有之。長不等,寬四五尺,深五六尺,多備疏洩山洪之用,非通常之里間水道,尤非古封洫之制也。

前明計有民田六千八百九十四頃七十二畝三分四釐三毫,屯田四千八百一十五頃五十九畝三分四釐九毫。

前清計有原額民地一百一十一頃九十一畝三分,内除節年荒蕪地四十四頃四十九畝三分外,實熟民地六十七頃四十二畝。原額牧地二百四十二頃二十畝,内除節年荒蕪地二百頃五十五畝外,實熟牧地四十一頃六十五畝。原額屯地一千七百六十頃,内除節年荒蕪地一千六百三十九頃五十四畝七分二釐外,實熟屯地一百二十頃四十五畝二分八釐。原額更名地七千二百零九頃二十一畝四分八釐,内除節年荒蕪地四千五百五十五頃二十六畝二分三釐外,實熟更名地二千六百五十三頃九十五畝二分五釐。原額養廉地五千六百七十頃六十八畝五分三釐,内除節年荒蕪地四千六百七十九頃八十七畝一分九釐五毫外,實熟養廉地九百九十頃八十一畝三分三釐五毫。又道光二十五年招墾,查出入額地二十五頃四十畝。

　　現有民地一十萬七千零五十二畝六分八釐,内興上里二三二零六畝三分四釐,興下里三一七四二畝九分七釐,東昌里一三五六畝九分,固原里一四二三八畝二分三釐,在城里九二六七畝七分九釐,永豐里一五零三二畝四分五釐。屯地二萬二千四百三十六畝三分二釐,更地一十六萬七千五百五十七畝三分八釐。内廳川堡七五七三零畝四分二釐,廳山堡二八零七六一畝五分九釐,硝河城三一零六五畝三分七釐。監地四十八萬二千六百八十四畝零三釐,内開城監一八六五七四畝六分三釐,黑水監九五四九畝零六釐,廣寧監七五四六零畝九分二釐,清平監八零六一七畝九分,萬安監四四五三九畝九分八釐。縣地二萬五千七百九十一畝六分五釐。租地二千三百七十五畝一分四釐。養地一萬四千八百九十一畝一分三釐。

　　以上各地合計八十二萬二千七百八十八畝三分三釐。

　　按:牧地即馬廠,民國五年標賣升科,併入廳山堡者爲賀家套、王家套、毛家莊、梁家莊之前營馬廠,疊疊溝之後營馬廠,雙羊套之硝河城馬廠。又出租南二十里舖二壕之城守營馬廠。其餘中營馬廠、左營馬廠、右營馬廠,均就荒矣。

　　清季民、屯、更地外,尚有監、縣、租等地。民地者,民有之地也。銀糧草束均有之。舊六里之地,皆爲民地,即興下里、今三岔,官白家川,孟家塬一帶。東昌里、今任山河一帶。興上里、今紅河川一帶。固原里、今張化鄉一帶。東豐里、今蒿店鎮一帶。在城里今開城鎮一帶。是。屯地者,軍墾之地也。銀糧草束均有之。張易鎮、李俊鄉,屯地佔全縣屯地十分之八九,民國十七年奉令改屯爲民。更地,又曰廳地,前鹽茶廳併歸州轄之地也,有銀糧無草束。即廳山堡、今張易堡,馬連川、十字路、大灣店一帶。廳川堡大營鄉一帶。是。監地者,民有之差徭地也。有銀無糧無草束,前以地當衝衢,差徭較重,故免糧草。即廣寧監、今負郭鄉。萬安監、今萬安鄉。黑水監、今黑城鎮。開城監、今頭營、二營、三營至七、八營一帶。清水監今彭陽鄉。是。縣地者,前華亭縣屬併歸州轄之地也。有銀無糧無草。今在蒿店、大灣、牛營等處,舊與固境爲花插之地是。租地者,官地之租于民也。有銀無糧無草。今開城鄉、張易鄉等處有之。

　　甘肅省固原縣田賦糧食管理處成立後,舉辦土地陳報,迭次更正。迨三十六年,經省田糧處核定全縣各鎮地畝之數如下:

　　城關鎮一萬六千零八畝三分七釐畝,附郭鄉二十萬五千四百四十三畝零五釐,張易鎮一十五萬七千五百一十八畝三分六釐,楊郎鎮一十六萬三千九百九十一畝三分五釐,大營鄉一十四萬二千一百六十九畝四分,三營鎮十萬七千九百畝零六分五釐,七營鄉一十三萬五千六百九十七畝,黑城鄉十一萬九千一百一十五畝九分二釐,張化鄉一十八萬七千一百四十四畝三分五釐,大灣鄉十萬二千三百六十四畝,蒿店鎮八萬八千一百六十畝二分五釐,王氹鎮二十萬二千九百五十九畝零三釐,城陽鄉二十萬八千二百零三畝一分三釐。合計一百八十三萬六千六百七十四畝八分六釐。又萬安鄉一鄉之畝數,刻正在報核間。

科則爲三等九則賦律。一等一則八升六合,二則七升六合,三則六升六合。二等一則五升六合,二則四升六合,三則三升六合。三等一則二升四合,二則一升四合,三則五合。

城驛

《大禹謨》:①"六府三事允治,萬世永賴。"《周禮・天官》"府六人。"②《曲禮》:③"在府言府。"悉爲治藏之所。後世曰曹、曰院、曰部、曰署,亦皆掌官契,藏財賄之處。又爲公卿牧守道德之所聚,及月縣以象之地,俾萬民得瞻通焉。《周禮・夏官》:④"掌固,掌修城郭、溝池、樹渠之固。"若造都邑,則治其固,或因山成塞,併村爲堡。雖與天作地成之險異,顧爲人力所能逮者,亦足以聚衛,以安民心而定民志。而道路驛站又爲交通傳遞之用,亦所以便公而利民也,皆施設之不可或缺者。非特此也,凡治教禮政刑事之典常,可以經之安之、和之平之、詰之富之者,務皆作而行之。雖然,不疲民者治,疲民者亡,創制顯庸,又烏可以不慎哉。

城寨　　居衛之地

治城漢爲高平第一城。設險守國,城治爲重。漢初安定郡治、高平郡治,均在此,不能謂當時無城郭也。《後漢書・郡國志》:⑤"安定郡高平有第一城。"《通鑒輯覽》注:⑥"今甘肅平涼府固原州是。"可知固原之有城者舊矣,當非北周時始築之也。清總督那彥成重修固原城碑記,亦稱固原州治平漢高平地,即史稱高平第一者也。

---

① 參見《尚書・大禹謨》。
② 參見《周禮・天官・大宰》。
③ 參見《禮記・曲禮》。
④ 參見《周禮・夏官・掌固》。
⑤ 參見《後漢書》志第二十三《郡國志》。
⑥ 參見《通鑒輯覽》卷二一。

　　唐貞元初,吐蕃復城此。漢後歷魏、晉、周、隋,郡縣異名,所治不廢時,其啟閉豈無闉闍。且如姚石生之請都高平,蕭寶夤之據於高平,宇文泰之行原州事,謂無陴櫓之足恃乎? 惟其或圮或繕,未得其詳。但在唐初,此城當經一度之毀廢。故於大曆末,西州刺史元載曾請城此,事未行而載誅。逮楊炎秉政,欲行遺策,將城矣,以劉文喜據涇州作亂,竟不果。至德宗貞元三年,吐蕃陷連雲堡後,此城乃屯之。

　　宋咸平初,金興定初,先後重築。宋咸平三年,曹瑋築鎮戎軍城即此。金興定三年,地震城圮。四年重築。

　　元末廢。元於治南改置開城府,而故城遂廢。

　　明景泰三年修復。成化五年兵備楊勉增修,高三丈五尺,周九里三分,址厚三丈八尺,頂厚二丈二尺,兼設樓櫓。城舊二門,南“鎮夷”,東“安邊”。

　　弘治十五年,總制秦紘展築關城,高三丈六尺,周十三里七分,址厚四丈,頂厚二丈三尺。更開西門一,曰“威遠”。是時拓築外城爲關門四,南“鎮秦”,北“靖朔”,東“安邊”,西“威遠”。外濬濠塹,深闊各二丈。內鑿水洞三,東門、北門、南關各一道。

　　萬曆三年,總督石茂華始甃以磚。並增設角樓、舖房、炮臺、水溝,加築垛牆,疏穿池穽。壁堅壘崇,遂稱雄鎮,隴右名城無出其右者。昭威臺在東城,亦係同時建。

　　清康熙四十九年,鎮綏將軍潘育龍加修,並修大小樓房二十四座。嘉慶十六年,總督那彥成重修。康熙中加修,後乾隆中曾又修葺。至是因年荒歲旱,人民飢困,而城垣傾圮,難資防禦,奏允以工代賑。遂發帑五萬餘兩,役工二萬餘人,閱一載始蕆厥事。光緒三十二年,提督張行志、知州王學伊補修。提督雷正綰、鄧增、知州張元漮,在任時遇城有城坍塌者,均隨時修葺。洎光緒丙午年,[①]東門南隅圮三十餘丈,外城垛口殘缺者,計四百餘座。知州王學伊乃商請提督張行志,飭協戎金恒林興築。

　　民國十九年,華洋賑災會幹事宋益謙、錢應昌繕葺。民國九年冬,地震甚烈,裏城大半倒塌,外城亦塌地多處,城樓巡房盡毀。十八、九年,旱災奇重,當地官紳商請甘肅華洋義賑救災會以工代賑,修築缺口,補葺垛牆。但以款微工巨,未竟厥工。惟關外東南隅築有沙堤一道,足防河溢也。

　　二十二年,中央陸軍第十七師四十九旅補充團團長黃兆華再葺。前華洋賑災會議葺城垣,因款中輟。至是黃兆華乃以工兵營完成之,所有雉堞、女垣、礙

---

　　①　光緒丙午: 光緒三十二年(1906)。

臺、敵樓,均加修葺。繼因疏於保管,樓瓦城磚時被掀竊,故復日就頹廢。近日裏城、外城,除長度仍舊外,高度則爲三丈四尺至六尺不等,址頂築厚,因剝削亦不等。裏城磚垛全無,礮臺亦毀,外城垛口餘一千四百座,礮臺三十二座,多圮壞。門樓、舖樓、水關、水溝、池隍、馬道,無復舊觀。甕城三,舊係磚石包砌,今多刓剝陷落。南門門四道、東門三道、西門二道、北門一道,基址亦多剝落。膺司土者,觸目驚心,欲施修濬,先宜加護焉。

郷鎮治有堡寨者曰:

彭家堡,大營郷公所,在彭家堡東吳磨。

耳垛城,在縣東北一百六十里,宋慶元中重修,萬安郷公所所在地。

彭陽城,在縣東南一百二十里。《唐志》:[1]"原州有府曰彭陽。"《九域志》:[2]"鎮戎軍有彭陽城,咸平六年置。"金改爲堡,明爲彭陽驛,設有圉正牧長。俗曰白陽城,城陽郷公所在焉。

馬們堡,張化郷公所在其附近。

蒿店寨,今圮,蒿店鎮公所在焉。

張義堡,《宋志》:本名"安邊堡",又改爲"開遠堡",屬鎮戎軍。[3] 明爲張義砦,後復爲張義堡,今圮。張義鎮公所在堡外南關。

楊郎城,舊城即沐府也。明穆宗隆慶四年,黔國公之後裔所建。內有居民二三十户,均係土著。城垣皆圮,祇餘南門樓一座,因係磚石砌就,故猶屹立楊郎鎮之中心。橫額曰"黔南門",下鐫"隆慶四年立"五字。現改修爲碉樓新城,又曰擴大工事,民國三十四年由鎮民與陸軍新一師駐軍及大營郷民衆築成,周六百餘丈,高丈餘。楊郎鎮公所在焉。

三營,三營鎮公所在三營西南。

頭營至八營均有堡寨,明巡撫楊一清所築。今多坍毀。

紅城子,在縣北一百里,一名"紅德城",亦曰"黑城子"。漢三水縣、晉西川縣、金三川縣舊址。明成化初,官兵討滿俊,屯兵於此。今爲縣北巨鎮,黑城鎮公所在焉。

七營,七營郷公所在其西。

此外關塞城砦有遺蹟者曰:

長城,俗稱長城梁。一在縣西北十里,一在縣東一百二十里,一在縣西一百

---

① 參見《新唐書》卷三七《地理志》。

② 參見《元豐九域志》卷三《鎮戎軍》。

③ 《宋史》卷八七《地理志》載:堡二,開遠、張義。熙寧四年,廢安邊堡入開遠,五年置張義。則張義、開遠爲二堡,非爲異名。

一十里,均秦昭滅義渠後之所築也。

　　按:周末,燕、齊、韓、趙、魏、秦,各築有長城。秦宣太后起兵伐義渠,於是秦有隴西、北地、上郡,築長城以拒胡。遺址在縣西北十里。《綱目》:①"秦滅義渠,築長城以禦邊。"《元和志》:②"秦長城在高平縣北十里。"即此。一在縣東一百二十里,有遺蹟。又縣西與隆德花插之地,舊亦有長城遺蹟。西夏寇唐鎮戎軍,鎮戎軍副總管葛懷敏潰走,馳至長城壕,路斷死焉。《通鑑》注:③"在固原州西北,與隆德縣接壤,秦時故址也。"秦始皇滅六國後,使蒙恬北擊匈奴,悉收河南地,因河爲塞,起臨洮至遼東萬餘里,定朔方郡,築長城,以陰山爲限。則縣境秦昭時之長城,在秦始皇所築之長城内矣。北齊文宣帝天保三年起長城。《通鑑》注:④"此長城蓋起于唐石州,北抵武州之境。"武州唐置,縣之北境是。明成化至嘉靖以來,九邊長城,次第建立。固原鎮分守地自靖遠至蘭州,即甘肅北邊之長城也。今其遺蹟皆畫在寧夏管轄内,惟秦昭時所築之長城故址,猶屬縣轄。

　　相傳北長城梁與飲馬河間爲古之長城窟,或謂即今北海子也。漢陸士衡、南北朝王褒、陳琳、張正見及陳後主,皆有《飲馬長城窟行》,隋煬帝有《飲馬長城窟示從征群臣》詩,明李夢陽有《朝飲馬長城窟送陳子出塞》詩,胡瓚宗有《飲馬長城窟行》,均見《藝文志》。⑤又寧夏鹽池縣亦有飲馬泉云。

　　邊牆。明弘治間,火篩及小王子常連兵入寇平、固,民人不得耕作,三邊總制楊一清創築邊牆。北從下馬關左右,剷削險隘,築成大邊,東西長五百餘里。自弘治十八年始,楊一清修四十餘里,唐龍接修四十里,王瓊修一百三十里,王憲修五十七里。嘉靖十六年,劉天和修乾溝、乾澗六十餘里,挑築壕堤各一道。復自徐斌水迄鳴沙州黃河岸修一百一十五里,增葺女牆,始稱險峻。張珩添修敵臺墩舖,防禦益固。今惜圯毀殆盡。按徐斌水等處,舊係固原州轄地,後畫歸寧夏省管轄,宜備參考,故及之。

　　開城。在縣南四十里。《王志》:⑥"開城,漢安定郡高平縣地,唐屬原州,宋置開遠堡,屬鎮戎軍。元置開成路及開成縣。[10]明徙民於州城,縣地因廢。今開城街西尚有遺蹟,約略可辨云。"

　　石門關。石門等七關,唐肅宗乾元後没于吐蕃。宣宗大中三年春二月,吐蕃以秦、原、安樂三州,石門、驛藏、制勝、石峽、木峽、六盤、蕭關七關歸于有司。三

---

①　參見《通鑑綱目》第一"周赧王四十五年"條。
②　參見《元和郡縣圖志》卷三《關内道三·原州》。
③　參見《通鑑輯覽》卷七五注。
④　參見《資治通鑑》卷一六四胡三省注。
⑤　參見本志卷十《藝文志·韻語·詩詞》。
⑥　參見《宣統固志》卷二《地輿志·古蹟》。

月康季榮奏收復原州、石門、驛藏、木峽、制勝、六盤、石峽等六關訖。邠寧張君緒
奏今月十三日收復蕭關，勅于蕭關置武州。石門關即原州七關之一也。《王志》
州北九十里須彌山有古寺，松柏鬱然，即古石門關，有遺址。俗亦以須彌山一名
石門山，乃以寺口子斷爲古之石門關，非。石門關即今之石門峽，俗曰石峽口是。
在縣東北一百一十里，乃印字山之中嶂，峭壁開裂，兩崖相嵌如門。斯關一線通
流，宋時曾鑿峽口以通暢之，凡境北各水，均至峽口匯爲一流。《通鑑》：①"宋哲
宗元祐四年，章楶知渭州，[11]城平夏。上言：城葫蘆河川，合秦、鳳、熙、河四路
之師，築二砦於石門峽。"注云："在固原州北。"《水經注》云：②石門水導源高平
縣。又云：混濤歷峽。峽即隴山北陲，謂之石門口。按：章楶所築之平夏城，今
爲李旺堡地，距峽口三十里。而峽口迤東又有二廢砦遺址，前後所云均合。關廢
而後築砦，理亦明甚。況峽口上穿石壁，下臨河流，丸泥塞子，東道不通，謂爲古
之石門關，諒不虛也。今爲固海界地。周武帝時，突厥悉衆爲寇，縱兵自木峽、石
關兩道入武威、天水、安定、金城、上郡、弘化、延安，即此。

驛藏關，即瓦亭關也，在縣南九十里。西毗六盤，東密邇蕭關，山嶺奇峙，峽
水迂迴，夙稱要道。關築在瓦亭山西麓，瓦亭峽峽口。《郡國志》：③"烏氏縣有瓦
亭。"宋置瓦亭砦，明清置瓦亭驛于此。後漢建武八年，隗囂使牛邯塞瓦亭。晉太
元十二年，苻登次于瓦亭與姚萇相持。元興初，拓跋遵襲沒奕干於高平，沒奕干
奔秦州，魏軍追至瓦亭而還。唐至德元年，肅宗幸靈武，牧馬于瓦亭。宋建炎四
年，吳玠戰金兵于瓦亭大破之，即此。明趙廷瑞築城于此，乃就舊址而修築之也。
至於秦安縣東北之瓦亭，乃爲西瓦亭。《通鑑》：④"唐貞觀二十年，太宗跨隴山，
至西瓦亭觀牧馬。"是也。

制勝關，舊屬固原，今化平縣治。宋熙寧五年，廢原州制勝關，移安化縣于關
地，廢舊安化縣爲鎮。清同治十年，又畫固原以南地設化平川直隸廳，今爲化平
縣。宜備參考，故及之。

石峽關，《通志》：⑤"在州境隴山之口。"據採訪，東區城陽鄉陳家坪葡萄溝有
一石峽，與鎮原交界，爲古木峽關。《輿圖備考》及《鎮原縣志》亦均謂在今鎮固縣
南。但據《元和志》與《寰宇記》所載，則恐係石峽關之誤也。或謂縣東南之打石
溝爲古之石峽關地，殊無據。兩者相較，以葡萄溝石峽爲石峽關舊址尚近是。

①　參見《通鑑輯覽》卷七九。
②　參見《水經注》卷二《河水》。
③　參見《後漢書》志第二十三《郡國志》。
④　參見《資治通鑑》卷一九八。
⑤　參見《乾隆甘志》卷十《關梁·固原州》。

木峽關，《元和志》、《寰宇記》均云"木峽關在高平縣西南四十里頽沙山上"。[12]《通鑒集覽》注、《新通志》注亦云在固原州西南。今按當在縣西南海子峽之出口處也。考北魏永熙三年，宇文泰討侯莫陳悅於水洛城至原州，遂引兵上隴出木峽關，即此。宋吳璘據東山堡，與金習尼列戰于張義堡遂沙山下，亦即此。蓋由靜寧、水洛城各地來固邑者，則海子峽爲必經之路，而海子峽口亦一隴山之口也，距治南適當四十里之遙。山嶺起伏，砂石堆積，關垣遺蹟，尚有可尋。唐大曆中，元載嘗爲西州刺史，知隴右山川形勢，因言於上曰："移軍戍原州、涇州，爲之根本，分守石門、木峽。"亦指此也。

六盤關，在縣西南百五里之六盤山頂上，有坊曰"隴干鎖鑰"，爲固原、隆德分界處。唐玄宗破吐蕃、宋韓琦置戍守、元太祖避暑、世祖駐蹕、安西王駐軍，即此。清代惟于山下和尚舖置汛守。民國後迭經開闢，成爲西蘭公路之要道。王崇古詩云"六盤秦隴共嵯峨"，王學伊謂爲"六盤鳥道"。今則嵯峨猶昔，而鳥道已成坦途矣。清學部編書局所編之《地理志略》載："六盤山在固原州南，隆德縣東。曲折險峻，盤旋者六。山上有唐時所設之六盤關故蹟。此山南連崆峒、隴阪，直抵渭水，與終南對峙，北接蕭關、石城，直抵大河，與長城並亘。南北綿更千餘里，爲古今關隴之限。"洵哉言也。

蕭關。《文獻通考輯要》：①"函關固秦所立，而鳳州之散關、隴西之隴關、商州之武關、原州之蕭關、蘭田之嶢關，其名皆已先秦而出。"《史記表注》：②"東函谷、南嶢武、西散關、北蕭關。在四關之中，故曰關中。"蕭關一名隴山關。《史記正義》：③"蕭關今曰隴山關。"在縣東南一百一十里，俗名三關口，爲其當瓦亭、六盤、制勝三關之口也。宋鄭文寶《城蕭關議》云"雄視三關"，指此。《崆峒山志》注：④"按《唐地理志》，平高縣有木峽、[13]石門等七關。此三關蓋就近言之耳。"又注："笄頭、蕭關，俱在崆峒左右"，⑤亦指三關口無疑。《新通志》：⑥"蕭關在固原直隸州東南，嘉請中築城峽口，今廢。俗名三關口。其峽曰金佛峽，陡壁迎面，泐'峭壁奔流，山容水韻'等字。"《通鑒輯覽》"蕭關"注："在固原州東南。"明田賜稱韓司馬爲蕭關砥柱，清雷正綰稱蕭關爲固原重鎮，程棟記楊少保提兵蕭關，皆指此。而吳大澂《創修蕭關車道碑文》及楊重雅《跋後》，尤爲古蕭關即今三關口之明證。《朔方道志》鎮戎縣形勢云"蕭關雄鎮其南"，即指固原之蕭關也。《續廣

　　① 參見《文獻通考輯要》卷二三《輿地考·古雍州》。
　　② 參見《史記索隱》卷七《漢興以來將相名臣年表第十》。
　　③ 參見《史記》卷一〇六《吳王濞傳》。
　　④ 參見《崆峒山志·古蹟》。
　　⑤ 參見《崆峒山志·古蹟》。
　　⑥ 參見《宣統甘志》卷九《輿地志·關梁》。

事類賦》云"限戎則蕭關犮棐。"注云："在固原州東南,關中四關之一。自秦漢以來,爲華戎之大限。"王生吉《關隴思危録》載"固原爲古蕭關"云云。而近人臧勵龢亦謂"蕭關在今甘肅固原縣東南,爲關中四關之一。襟帶西涼,咽喉靈武,北面之險也"。

《史記·漢紀》：①"文帝十四年,匈奴入蕭關,繞回中,至彭陽。"而漢置細柳、棘門、霸上三軍者,即爲匈奴曾大入蕭關也。《漢書》：②"景帝三年,吳王濞反。"《書》言：③"燕王北定代、雲中,搏胡衆,入蕭關。元鼎間,武帝幸雍,踰隴,登崆峒,出蕭關,獵新秦中。元封四年,復幸雍,通四中道,遂出蕭關。"《元和志》云即漢蕭關故城。

魏晉以後,關中多故,蕭關爲來往孔道。唐久視初,以魏元中爲蕭關道大總管,以備突厥。天寶十五載,太子按軍平涼,議出蕭關。乾元後,没于吐蕃,大中三年復。五年,白敏中乃規蕭關通靈武。宋王厚與劉仲武,合涇原、鄜延、環慶之師,攻夏臧底河,敗績,夏人大掠蕭關。韓琦爲陝西經略,建德順軍以遮蕭關、鳴沙道。明初徐達繞由静寧、隆德至蕭關,遂取平涼。皆指此也。

唐王維詩"蕭關逢侯吏",岑參詩"八月蕭關道",盧綸詩"白首過蕭關",王昌齡詩"八月蕭關道",陶翰詩"行復至蕭關",張佖詩"蕭關夢斷無尋處"。明楊巍有"蕭關北作"詩,張瀚《出塞》詩有"分麾百道蕭關下"之句,趙時春詩"蕭關漢代名",又"蕭關入鼓聲"。清王崇古詩"遥瞻華嶽亘蕭關",高觀鯉詩"即此亦關中",徐乾學詩"蕭關朝那接北地",李因篤詩"蕭關城堞望中分",伊秉綬詩"西風天馬入蕭關",何福堃詩"猛將守蕭關",徐承頤詩"策馬蕭關道",王思培詩"無端策馬至蕭關",錫麒詩"蕭關萬里净無塵",韓國棟詩"試向蕭關一回首",亦皆指此。

此地設關最早,當在秦前。古道未闢,滋多蕭草,故關以蕭名。蕭者蒿也,關之東五里,迄今猶以蒿店名之云。《皇朝一統輿地全圖》載蕭關屬固原縣。清《地理志略》載："甘肅關隘。蕭關在固原縣東南。"而今日坊間輿圖多作在環縣北者,當係依據《環縣志》也。《環縣志》"蕭關在環縣北三十里"一説,④慕壽祺《鎮原志》已代辯之矣。至于《董志》疑瓦亭關即蕭關,《府志》謂"瓦亭北二十里曰牛營山,即古蕭關",⑤亦非。或謂固邑蕭關有二,則係蕭關與蕭關縣之誤也。蕭關縣治在縣東北關口川,有遺蹟。《舊唐志》：⑥"高宗時,嘗置他樓縣于此。[14]神龍

① 參見《史記》卷十《孝文帝本紀》。
② 參見《漢書》卷九五《閩粤王傳》。
③ 參見《史記》卷二八《封禪書》。
④ 參見《環縣志》卷一《古蹟》。
⑤ 參見《平涼府志》卷九《固原州》。
⑥ 參見《舊唐書》卷三八《地理志》。

初,置蕭關縣,而他樓縣廢。"《新通志·興地志·沿革表》:①"蕭關縣,唐高宗時置。"《甘肅人物志》《甘肅郡縣沿革表》:"蕭關縣,唐置,隸原州。"近人臧勵龢亦云蕭關縣唐置,後沒吐蕃。故城在今甘肅固原縣北。

七關名已詳前,至于《唐書》載"開元五年,移治高平縣于古塞城。"②西南有木峽、石門、馬巖、制勝、石峽、木青、六盤等七關,又南有瓦亭故關。《新唐志》載"原州境有石門、驛藏、制勝、石峽、木靖等關,並木峽、六盤爲七關。"③兹並附錄于此,用備參考。

大灣川堡,亦名大灣店子,在縣西南四十里,係海子峽出口要地,明肅藩牧馬處。萬曆四十年築土城,清廢。

考《固原憲綱事宜册》,舊州境有十里十八堡。除里見前外,而堡之名稱有遺蹟者,曰大營堡、今大營鄉是;曰樊西堡,今屬張易堡;曰西牛營堡,在大灣川左近;曰偏城堡,今偏城兒莊;曰石河堡;曰楊忠堡,今莊名均仍舊,堡已無存;曰紅寨堡,或云即紅城子;曰彭敖堡,今稱爲彭家堡;曰白家堡,或曰今白家堖是,有遺蹟;曰大灣堡,即大灣川堡;曰南牛營堡,今開城岑東南之牛營子;曰黑馬圈堡,地址未詳;曰天聖山堡,即天聖寨;曰小河川堡;曰紅崖堡,莊名均仍舊;曰白馬城堡,即縣東一百四十里之白馬城;曰永固堡,或云即攂沙堡,見《新通志》;曰下馬關堡,今屬平遠縣。

東山砦。東山砦即廣安舊城也,在縣東南四十里。宋咸平中置,金爲東山縣,隸鎮戎州。元改爲慶安縣,尋陞爲州,隸開城路,後廢爲東山城堡。清爲東山城寨。

考《固原憲綱事宜册》,舊州境有四所五塞,曰中所、左所、右所、鎮戎所,南川塞、東山城塞、黑石頭塞、楊旐廟塞、韓家塞,東山城塞即東山砦,餘皆成爲莊名。

此外尚有平安塞,在開城東一百二十里。

天聖塞,在縣東北八十里,宋置,屬鎮戎軍。

圓城,俗呼圓城子,在縣東北。

磚城,俗稱磚城子,在圓城東。

立馬城,在縣東一百四十里。

定川砦,《董志》在州治西北二十五里,宋慶曆四年置。西夏趙元昊入寇鎮戎軍,葛懷敏禦之於定川寨,軍潰敗死。元昊乘勝直進,砦燬,至金遂廢。

---

① 參見《宣統甘志》卷四《興地志·沿革表》。
② 參見《舊唐書》卷三八《地理志》。
③ 參見《新唐書》卷三七《地理志》。

　　群牧所,俗名馬廠。《通志》:①"在州西二十里。"今疊疊溝左右荒灘,即其遺址。又唐監牧遺址在今開城嶺東南附近,邑人亦均以馬廠名之。

　　平涼關,在安國鎮,坡上屬平涼,坡下屬固原。安國鎮在平涼西三十五里,唐貞元七年,涇原節度使劉昌築。原名胡谷堡,後改爲彰義堡,固、平界地,亦要地也。

　　高建城,在縣東一百里。

　　古城塬城,在縣東五十里。

　　古城川城,在縣東南六十里。

　　城子楊家古城,在縣東南一百四十里。

　　野王家古城,在縣東南一百里。

　　三川砦,宋仁宗康定元年九月,元昊寇三川諸砦。《通鑒輯覽》注:②"三川砦,宋置屯,在固原州東南。"

　　萬安城,在縣東北一百八十里。

　　楊武城,在縣東南一百里。

　　殷家城,在縣東北一百八十五里。

　　寶家城,在縣東北二百一十里。

　　三角城,在縣東北一百六十里。

　　甘城子,在縣北一百六十里。

　　太夒城,《水經注》謂③高平川遶太夒城,合爲一水,水有五源,總爲一川。即此。

　　高平堡,宋置,在縣東。宋慶曆元年,韓琦行邊至高平,即此。

　　高平砦,宋置,在縣北二十五里。

　　靈平砦、峽口堡,在縣西北,均宋紹聖中建。

　　天都砦、盪羌砦、勝羌砦、鎮羌堡,在縣西北,均宋元符中建。

　　懷遠堡,在縣南,宋置。宋慶曆元年,元昊遣衆薄懷遠城,即此。

　　德勝砦,一作得勝砦,在縣西南,宋置。宋慶曆元年,韓琦戒任福自懷遠趨德勝是。

　　牛營子,在縣南七十里。牛邯屯瓦亭,此爲邯牧馬所。

　　羊牧砦,在縣西南,宋置。一作羊牧隆城,宋慶曆元年,任福與桑懌出六盤山下,[15]距羊牧隆城五里,與夏軍遇,即此。

------

① 參見《乾隆甘志》卷十《關梁·固原州》。
② 參見《通鑒輯覽》卷七四。
③ 參見《水經注》卷二《河水》。

回中宫,《通志》在州境。《漢書》應劭注:[1]"安定高平有險阻,秦置回中宫於此。"或云:"漢武帝幸雍,通回中宫。"今安國鎮蒿店間有其遺蹟。

民國後、各鄉鎮所構築之碉堡數如次:城關鎮八個,三營鎮十八個,黑城鄉十二個,七營鄉五個,楊郎鎮十四個,王坬鎮八個,城陽鄉十二個,張化鄉六個,蒿店鎮二十六個,大灣鄉三十五個。

第八戰區工程處隴東國防工事固原縣永久工事。

和尚舖工區磚石永久重機槍甲種掩體:李家塘一處,哈磨上三處,張家堡十一處,五里舖九處,趙家莊十二處,大灣莊十三處,中莊子二十九處,奶子溝十七處。磚石永久重機槍乙種掩體:哈磨上二處,大礅山東側十處,五里舖公路南十八處,李家磨正前方十九處。磚石礅兵觀測所,堡子山一處。

三關口工區磚石永久重機槍甲種掩體:後灣前方三處,後灣中子山右端三處,太白山西右端四處,宗華菴圍牆右端五處,南岳臺圍牆右端六處,捷路灣右側七處,三關口東南前方八處。磚石礅兵觀測所,北山二處。

黑、固、瓦線半永久工事。

黑城鄉工事:杜家套子三處,許窪中山腹四處,兔耳鼻梁二處,許窪山頭六處,雙驢脚梁十二處,前唐家窪十二處,黑圪塔山二處,前山梁溝邊十六處,何家南坡八處,寺口子八處。

楊郎鎮工事:楊老莊小坪八處,陳家溝橋八處。

大營鄉工事:臭水溝十六處,頭營堡子十六處,楊忠堡八處,吴家磨八處,古城梁五處,硝口九子溝三處。

附郭鄉工事:柳家下梁二處,穆家溝一處,田磁灣梁一處,陳兒山二處,石家崾峴一處,寨柯裏二處,殿子河六十處,黄帽山八處,疊疊溝二十四處,寇家莊四十九處,帽轉梁二處,海家莊八處,長城梁十六處,馬家堝三處,十里舖八處,高凹山二處,紅山凸一處,沙石溝一處,堡子凹二處,馬凹山一處,盤頭坡六處,黄土轉二處。

張易鎮工事:張易堡一處,施家堡一處,東溝裏四處,東山頂四處,扁擔溝一處,盤羅坡三處,長溝裏二處,堡子山八處。

大灣鄉工事:開城二十五處,青石咀二十四處,大灣二十六處,楊家磨二十二處。

蒿店鎮工事:楊家莊二十三處,趙家莊十二處,和尚舖十二處,何家堡二十四處,大礅山二處,楊老莊一處,磨溝梁一處,瓦亭十六處。

---

① 參見《漢書》卷六《武帝本紀》顔師古引應劭注。

驛路　　由適之處

道路有四境車路,舊名通衢官路。東自縣城涇沙窩、二灣子、四耳川、東官廳、張打溝、李唐家岔、廟兒莊、元城字、二條澗、磚城子、丁家嶇峴,至環縣虎家灣。南自縣城經二十里舖、開城嶺、牛營子、大灣堡、瓦亭、六盤山、三關口、薔店鎮、莧麻灣,至平涼劉家溝門。西自縣城經廟兒溝、大營川、中水河、紅崖堡,至西吉沙溝。北自縣城經臨洮營、沈家河、頭營、二營、馬家店子、三營、四營、五營、黑城鎮、七營,至海原李旺堡。

近日增闢縣車道,其路線與路程則如次:固鎮路,由縣城起至陳家坪止,一百七十里。固海路,由縣城起至黑城止,一百一十五里。固西路,由縣城起至黃家堡止,八十里。青麥路,由青石咀起至麥草渠止,一百三十五里。大尚路,由大灣起至尚家嶇峴止,一百二十里。固化路,由大灣起至東山坡止,四十里。固同路,由褚家灣起至韓福灣止,六十里。固平路,由縣城起至莧麻灣止,一百四十里。

西蘭公路,民國二十四年興工建築,迄二十七年竣工。東自縣屬之莧麻灣,西南經瓦亭之臥羊川,過六盤山,入隆德界。在固邑雖屬節段繞越之公路,而費時間至三年餘,每年役民夫至三千餘。將六盤之鳥道、前人視爲畏途者,今已斧鑿藥炸,化爲平坡之坦途。計長六十二里,路幅八公尺,並舖有石子。

平寧公路,民國二十六年起工,二十七年工竣,與西蘭公路銜接。南由和尚舖經瓦亭,通大灣、開城,繞縣城西南,北走三營、黑城、七營,至韓府灣。[16] 長一百二十里,路幅八公尺,路面橋樑,常有損壞。

固鎮道,汽車亦可通行,係與平寧路銜接,於民國二十八年建築,二十九年完竣。由縣城公路南起,經青石咀,東南通洒家河、古城川、彭陽城,東入鎮原縣界。嗣以迂遠,改修捷道,復自縣城東南之太白山,通黃髦山,經任山河至古城川舊道,仍入於鎮原。

固靜道,汽車亦可通,係於民國十六年建築,由縣負郭鄉之清浄溝,西走入疊疊溝,經紅莊子、張易堡、馬蓮川,過靜屬之單家集,至靜寧縣西南,接西蘭公路。

驛站有瓦亭驛,縣東路,舊有瓦亭驛、瓦亭所,在瓦亭城內,清道光時設。西接隆德縣城驛,東通平涼之安國所、高平驛,北達固原州之永寧驛。額馬九十五匹、馬夫五十三名,額設車十輛、牛十隻、夫十名。今廢。

永寧驛,中路,舊有永寧驛批驗所,在固原州城內,亦道光時設。東南通瓦亭,北達三營站。額馬三十四匹,馬夫三十二名。今廢。

三營站,北路,舊有三營站,在三營本街。南連永寧驛,北至李旺站,西北至鹽茶廳之鄭旗堡。額馬十一匹、夫八名。今廢。

　　李旺站，西北路，舊有李旺站，在李旺堡。南接三營，北達同心驛。額馬十一匹，夫八名。按：該站自清光緒二十三年裁驛設郵時歸併海原。

　　舖司，清季固原額設舖司共二十二處，曰在城舖，曰十里舖，曰二十里舖，曰三十里舖，曰四十里舖，曰平泉舖，曰鳴陽舖，曰瓦事舖，曰紅沙舖，曰蒿店舖，曰清橋舖，曰和尚舖。並額設夫六十五名。今廢。

　　工務段，民國二十八年成立，在廟街子。

　　汽車站，民國二十四年成立，在南門街。

　　郵政，清光緒二十一年創辦。開辦之初，固邑設代辦分局一。嗣以公私交便，推行漸廣，於民國初年裁驛歸郵，升爲二等郵局。南關有郵政代辦櫃一，東南至大灣、瓦亭、蒿店。西北至楊郎莊、三營、黑城鎮、七營，亦各有郵政代辦櫃一。

　　電報電話，清光緒十八年設立電報分局，在白米市。民國二十年，電報局增設長途電話。民國三十四年成立無線電台，在縣府街。又防空無線電台，設在東關。

廨庠

　　署廨以施功令，庠序以佈教條。然廣廈必需萬間，而公堂何妨羅雀。秉國鈞者，如欲弘宇黎氓，納之軌義，其必由學乎。且必黌宇學庭，力求顯敞，方足廣招髦儁，儲爲國材。

公所　　辦公之處

　　有縣黨部，中國國民黨固原縣黨部，民國十七年成立，在武廟街。

　　青年團分團部，三民主義青年團甘肅支團固原分團部，三十年成立。在清華宮，後徙白米市街。三十七年合併縣黨部。

　　參議會，縣參議會，民國三十四年成立，在小西湖。

　　縣農會，民國二十一年成立，在火神廟，并有鄉農會一十四處。

　　縣商會，民國十年成立，在南門坡，并有鎮商會四處。

　　總工會，民國三十三年成立，在火神廟，并有各職業工會八處。

　　縣教育會，民國二十三年成立，在河灘龍王廟，并有鄉鎮教育會十三處。

　　理教分會，民國二十六年成立，在山貨市。

　　佛教分會，民國三十五年成立，在山貨市。

　　回教協會固原分會，民國三十年成立，在任家巷。

回教文化促進會固原分會,回教教育促進會固原分會,民國三年成立,二十七年改爲文化促進會,在任家巷。

醫師公會,民國三十四年成立,在衛生院。

中醫師公會,民國三十五年成立,在山貨市。

兵役協會,民國三十七年成立,在參議會。

婦女會,民國三十年成立,在大南市巷女校。

尚有縣議會,民國二年成立,三年撤銷,舊址在三清宮。

自治研究所,清宣統元年設立,民國元年裁廢,舊址在凌雲閣。

自治籌備所,民國十二年設立,十七年裁撤,舊址在縣府街。

新生活運動促進會,民國二十五年成立,在縣府街。

國民精神總動員促進會,民國二十七年成立,在縣府街。

國民經濟建設委員會,民國二十六年成立,在縣府街。

糧食監察委員會,民國三十一年成立,在南關。

評定物價委員會,民國二十九年成立,在南門坡。

賑濟會,民國二十六年成立,在南門坡。

慈善會,民國十一年成立,在南門坡。

縣合作聯合社暨各級合作社一百四十二處,二十七年以後成立,在城關各鎮鄉。

以上爲民意會合之所。

縣政府,係前明知州衙宇,弘治十五年,知州岳思建。嘉靖五年,知州趙承祖修。清同治初年,知州廖溥明重修。嗣改直隸州衙門。民國初改縣公署。九年地震後,知事萬朝宗續修。十六年改縣政府,在縣府街。

地方法院,民國十三年成立司法公署,十五年改司法處,三十四年改地方法院,檢察處同年成立。均在縣府街。

田糧處,縣田賦糧食管理處,民國三十一年成立,在縣府街。

稅務查征所,甘寧青新直接稅局平涼分局固原辦事處,民國三十年成立。三十五年改爲查征所。在月城子。

貸物稅辦事處,甘寧青新區貨物稅局平涼分局固原辦事處,民國三十年成立,在火神廟。

稅捐稽征處,新稅收經徵所,民國三十一年成立,三十五年改稅捐征收所,三十六年改稽征處。在縣府街。

鹽務局,西北鹽務管理局固原分局,民國二十八年成立。在南河灘。

省銀行辦事處,甘肅省銀行固原辦事處,民國二十七年成立。在山貨市。

縣銀行,固原縣銀行,民國三十六年成立。在縣府街。

衛生院，民國三十年成立，在小南市巷。

救濟院，民國三十四年成立，在縣府街。

鄉鎮公所，鄉鎮公所前共十有六，轄保辦公處一百零九，甲辦公處一千三百二十有二，均二十九年成立，在各鄉鎮。今共十有四，轄保辦公處一百一十處，甲辦公處一千五百零八處。

尚有牛痘局，民國十七年成立，在東關。

管獄員辦公處，民國二年設立，在縣府街。

縣警察隊，民國二十四年成立，在縣府街。

度量衡檢定分所，民國二十九年成立，在縣府街。

民國元年至三十一年設立廢徙之機關有省縣議員選舉事務所、縣警備隊部、硝河城警察分所、公安局、財政局、建設局、保安大隊部、禁煙委員會、戒煙所、收音處、農貸辦事處、合作通訊處、專員行署、社訓總隊部、國民兵團常備隊部、預備隊部、軍糧採購處、百貨局、特稅局、禁煙事務所、煙酒分所、畜稅局、羊捐局、駝捐局、保安第三團團部、海關分卡、公證處、不動產登記處、防空監視隊、軍警督察處、各區署、各聯保處、壯凱軍營部、威武軍營部、隴東鎮守使所屬之團營部、省防軍後路遊擊司令部、國民第一軍西北陸軍第七師師部、國民第四軍軍部、國民第二軍旅部、國民革命軍甘肅討逆軍第二路軍軍部、甘肅保安第一大隊部、中央陸軍第十七師四十九旅團部、隴東綏靖主任所屬之團營部、陸軍第三十五師師部、東北軍騎兵軍軍部、騎兵軍第三師、六師、七師師部、五十一軍第百零五師、百零八師、百十七師、百十八師師部，中央軍第一師、二十五師師部、新編二十六師師部、預備第七師師部、九十七師師部、五十七軍軍部、十七軍軍部、整編二十八旅旅部、新編第一旅旅部、新編第四旅第一團團部。

清代公署有：總督府，後改提督署。督察院分司府司、平慶涇道署、鹽茶同知廳，均廢。固原州衙門，後改直隸州署，今爲固原縣政府。吏目衙門，後改吏目署，後爲司法處。巡警總局、同仁公局、戒煙施藥公局、鹽釐統捐局、養濟院、養濟棲流所，俱廢。陝西固原提督署，即前制府舊址，同治初年，提督雷正綰建修，民九年地震，[①]夷爲平地。總兵署、固原衛、分行司、城守營、遊擊衙門、守備衙門、中營參將衙門、守備衙門、左營遊擊衙門、守備衙門、右營遊擊衙門、守備衙門、前營遊擊衙門、守備衙門、後營遊擊衙門、守備衙門，後改提標中營參將署、中營守備署、提標左營遊擊署、左營守備署、提標右營遊擊署、右營守備署、提標前營遊擊署、前營守備署、提標後營遊擊署、後營守備署、城守營遊擊署、城守營守備署

---

① 民九：民國九年（1920）。

及固標常備軍步隊第二標第一營塘汛二十三處。修礮局、火藥局、軍流習藝所。均節次廢置標賣。

明代官廨有制府、中察院、西察院、西分司行司、固原道監收廳、雜運局、兵備道、廣寧監、鎮守府、副將府、總兵府、副總兵府、固原衛所、神機營坐營左營右營。

以上爲政令執行之處。

東倉，在東城門内偏西處。舊有房十餘間，儲提標六營馬料。民九年地震，傾圮殆盡，近爲平民修葺賃住。

西倉，在舊提署街偏西處。向建倉房數十間，儲存軍糧。民國肇造，改收銀兩，舊儲出糶一空，嗣後改收四六，儲存亦屬有限。地震，倉房全數傾倒，每年丁糧，多移儲豐黎社倉，少數儲縣政府大堂外西廈内，舊址遂廢。

常平倉，亦名義倉。前清《固原州憲綱事宜册》載"州城内有常平倉一座"，即今社倉地。

瓦亭鎮倉、三營鎮倉、黑城鎮倉各一處，今均廢。此外舊軍儲庫、各營軍庫、火藥分儲所，以民國初年提督移駐平涼，隨之而徙。

豐黎社倉，亦名豐黎義倉，在東城内，即常平倉舊址。斜對舊東倉，倉房二十餘間。地震後頗有傾圮，於民國十三年奉省城總豐黎社倉令重新補葺。撥銀二千兩糴糧儲存，以備荒年，而防青黄不接借貸勞農，秋收略取微息以生贏餘，農稱便焉。

按：此項銀兩，係皋蘭劉曉嵐太史籌措之款，先由省城試辦，繼推行各縣，頗著成效，純係民辦。外縣委託地方公正紳士管理，每年賬項清册，呈報總社倉一份、當地縣長一份，以資存查。民國二十四年，省政府調查食糧，注重儲粟，始由官家監督，然仍委地方管理之。

田賦糧倉，附在豐黎義倉内，亦名地丁糧，俗名地畝糧。民國三十一年，改爲田賦糧，加收代購軍糧一半，公教糧三成。該倉頗難容納，另儲贏餘於附近各公地内。楊郎鎮等處，亦設有糧倉。

大校場，在縣城南門外河東。地闊十頃餘，負太白山，面清水河，甚平坦。明朝創修。清康熙重修，同治兵燹後復增修。校場西口建立營門三間，前置照壁一座，負山處建演武廳五楹。前爲調將台，後建閱射樓，高峻巍峨，拾級而登，將台箭道，歷歷在目。民初提督移駐平涼，漸蕪廢。九年地震後，營門、武廳、閱樓一並傾倒，徒存照壁、閱台，前後輝映而已。而明時張珩氏之八陣圖説明碑與清初之監修校場碑，尚屹立於瓦礫蔓草間。二十四年，在舊營門地址築碉堡一座，二十五年改修飛機場。

小校場,在舊提署迤西,建閲武廳三間,地震後頹廢。

按:前清標時六營營制,大校場爲春秋二季提督閲大操之所,届時排方營包圍之陣,上連環衝鋒之陣,鉦鼓闐闐,礮聲隆隆,赳赳濟濟,頗形耀武之精神。小校場爲標防隨時教練之所,故建築差遜。

馬廠,舊中營參將馬廠,在西鄉土窰子,距城二十五里。左營遊擊馬廠,在西鄉王家套子,距城七十里。右營遊擊馬廠,在南鄉東山坡,距城一百二十里。前營遊擊馬廠,在西鄉鹽泥溝,距城七十里。後營遊擊馬廠,在西鄉磨河莊,距城二十二里。城守營遊擊馬廠,在東鄉二道壕,距城二十里。

按:六營馬廠,有前明開闢者,有清代開闢者。清末民初,軍事變更,馬政廢弛。最近軍部調查清理,頗有重新整頓之意。

飛機場,民國二十五年,在舊大校場故址改修飛機場,其寬闊東西視舊校場相埒,南北則開拓民田倍之。

前明有糧倉、草場、雜運局。前清固原州糧倉分東西兩處,東在常平倉街西首,西在提署前街西首。又固原州義倉在常平倉街東巷内。又軍儲庫在舊提署内,修礮局亦在提署内。軍庫在各營内,堆房在各街十字口。火藥分儲所在鼓樓上。

以上爲公物屯聚之所。

學校　教育之處

有儒學正署,在文廟後,前明嘉靖初建。前清同治初改直隸州學正署,管理廪增附生員及文武學童之處。民初改爲奉祀官署。

文昌書院,在城外南郊,創建於道光間,後廢。

五原書院,在舊王字街昭忠祠前偏東處。清光緒十七年提督雷少保捐資創設,建築亦稱宏闊。前進爲頭門、號房、院夫房,左右爲齋舍、生童肄業室,次進爲講室、禮堂、山長室。光緒末葉,屬行新政,改科條,院制寝廢,而學堂遂興。書院舊址,今爲瓦礫場矣。

習藝所,舊有知州王學伊創辦之軍流習藝所,在州署東院及吏目署内,今廢。

勸學所,清季宣講勸學公所,在南門月城。民初改勸學所,在山貨市。

教育局,在山貨市,係勸學所改組。民國十五年成立,二十八年歸併縣府。

又有教育研究會,在武廟内,與二十三年成立之教育會性質不同。尋亦裁廢。

民衆教育館,在内月城武廟側,民國二十七年成立。三十六年,遷城外龍王廟。

國術館,在月城武廟内,民國二十九年成立。

中學堂,固原州中學堂,在舊提署街。前清光緒三十二年,固原直隸州知州王學伊創辦,鳩工庀材,期年工竣,齋舍、教室、禮堂,均稱完整。迨至民初,改爲縣立高級小學校。

初級中學校,在縣城内提署街,係就高小學校校址改辦,創於民國三十年。

師範學校,省立簡易師範學校,在中學校北。經始於民國三十一年,落成於三十二年。爲教室者四間,爲教員室、辦公室、學生宿舍者三十二間。鳩工庀材之資,悉賴五十七軍軍長丁德隆籌撥完成之。

城關鎮中心學校,在縣城内武廟。開辦於民國二十八年,原名高級小學校,三十年改今名。

第一分校,初名高級小學校,在理門巷,民國二十九年開辦,三十年改今名。

第二分校,在縣城内大南市巷,民國十年間辦,名女子高級小學,三十年改今名。

第二保國民學校,初名初級小學校,在霖霑東口,繼遷文廟内。民國十六年開辦。

第六保國民學校,原名與上同,在東關。民國十六年開辦。

第八保國民學校,在縣城外教場角。民國三十年開辦。

第十保女子國民學校,在同仁街。民國二十八年開辦。

第十一保國民學校,在宋家巷,原名初級小學校。民國二十九年開辦。

附郭鄉中心學校,原名高級小學校,在城外任家巷。民國元年開辦,三十年改今名。

第一分校,在任家巷,民國十八年開辦,名女子高級小學校,三十年改今名。

第一保國民學校,在海家坪,民國二十九年開辦。

第二保國民學校,在寺底村,民國二十九年開辦。

第三保國民學校,在馬家莊,民國二十九年開辦。

第四保國民學校第一分校,在何家溝,民國二十七年開辦。

第五保國民學校,在吳家莊,民國二十八年開辦。

第五保國民學校第一分校,在萬崖子,民國三十年開辦。

第七保國民學校,在小川子,民國二十四年開辦。

第七保國民學校第一分校,在清淨溝,民國二十九年開辦。

第八保國民學校,在臨洮村,民國十六年開辦。

第九保國民學校第一分校,在陳家溝,民國二十九年開辦。

以上均於民國三十年改今名。

大營鄉中心學校,在野雞灣,民國三十四年成立。

第一保國民學校,在沙木村,民國二十九年開辦。

第一保國民學校第一分校,在廟兒溝,民國三十年開辦。

第二保國民學校,在吳家磨,民國二十九年開辦。

第三保國民學校,在野雞灣,民國二十八年開辦。

第四保國民學校,在彭鰲村,民國十九年開辦。

第五保國民學校,在楊忠堡,民國二十一年開辦。

第五保第一分校,在上店子,民國二十九年開辦。

第六保國民學校,在恭家莊,民國二十二年開辦。

第六保第一分校,在紅崖堡,民國二十九年開辦。

第七保國民學校,在中水河,民國二十八年開辦。

以上均於民國三十年改今名。

王洮鎮中心學校,在王家洮,民國十五年開辦。原名高級小學校,三十年改今名。

第二保國民學校,在米家溝,民國二十九年開辦。

第三保國民學校,在崖堡子,民國二十九年開辦。

第四保國民學校,在虎家峴,民國二十四年開辦。

第五保國民學校,在草廟村,民國十六年開辦。

第六保國民學校,在孟家塬,民國十八年開辦。

第六保第一分校,在趙家山,民國二十九年開辦。

第二分校,在虎家草灘,民國二十九年開辦。

第七保國民學校,在王家崾峴,民國二十八年開辦。

第七保第一分校,在石家岔,民國二十八年開辦。

第八保國民學校,在古城村,民國十八年開辦。

第九保國民學校,在王家川口,民國二十四年開辦。

第十保國民學校,在官堡台,民國二十七年開辦。

第十保第一分校,在官廳,民國二十八年開辦。

以上均於民國三十年改今名。

城陽鄉中心學校,在城子陽家,民國三十年成立。

第一保國民學校,在堡子崾峴,民國二十二年開辦。

第二保國民學校,在韓寨村,民國十九年開辦。

第三保第一分校,在麻子溝,民國十七年開辦。

第三保第二分校,在虎家溝,民國二十二年開辦。

第四保國民學校,在城陽村,民國十六年開辦。

第四保第一分校,在徐家塬,民國三十年開辦。

第五保國民學校,在田家什字,民國二十九年開辦。

第五保第一分校,在野王村,民國十八年開辦。

第六保國民學校,在南塬,民國二十七年開辦。

第七保國民學校,在白草村,民國十九年開辦。

第八保國民學校,在彭陽村,民國十八年開辦。

第九保國民學校,在山河川,民國二十三年開辦。

以上均於民國三十年改今名。

萬安鄉中心學校,於三十七年成立。

第一保國民學校,在耳朵城,民國二十四年開辦。

第二保國民學校,在安家川,民國二十五年開辦。

第三保國民學校,在何家峴,民國二十一年開辦。

以上均於民國三十年改今名。

大灣鄉中心學校,在大灣街,民國二十九年成立,三十年改今名。

第二保國民學校,在牛營村,民國十六年開辦。

第三保國民學校,在青石咀,民國十八年開辦。

第四保國民學校,在開城,民國十五年開辦。

第五保國民學校,在郭家廟,民國二十四年開辦。

第六保國民學校,在蘇家堡,民國二十六年開辦。

以上均於民國三十年改今名。

蒿店鎮中心學校,在蒿店街,民國三十年成立。

第一保國民學校,在蒿店鎮,民國十五年開辦。

第二保國民學校,在瓦亭,民國十八年開辦。

第三保國民學校,在東山坡,民國二十七年開辦。

第四保國民學校,在和尚舖,民國十八年開辦。

第五保國民學校,在卯家堡,民國二十年開辦。

第五保第一女子分校,在卯家堡,民國二十七年開辦。

第六保國民學校,在周家莊,民國三十年開辦。

以上均於民國三十年改今名。

張化鄉中心學校,在任山河,民國三十年成立。

第一保國民學校,在任山河,民國二十四年開辦。

第一保第一分校,在乃家河,民國二十五年開辦。

第二保國民學校,在掛馬溝,民國二十九年開辦。

第三保國民學校,在馬門村,民國二十四年開辦。

第三保國民第一分校,在謝家寨,民國十八年開辦。

第四保國民學校,在張化兒,民國二十二年開辦。

第四保第一分校,在馬家坵,米國二十八年開辦。

第五保國民學校,在石家溝口,民國十七年開辦。

以上均於民國三十年改今名。

張易鎮中心學校,在張易堡內,民國二十年成立。

第一保國民學校,在張易鎮,民國十六年開辦。

第一保第一分校,在北新莊。

第二保國民學校,在賀家套,民國十九年開辦。

第三保國民學校,在毛家莊,民國二十三年開辦。

第三保第一分校,在梁家莊,民國二十四年開辦。

第四保國民學校,在鹽泥溝,民國十八年開辦。

第五保國民學校,在駱駝巷,民國十九年開辦。

第五保第一分校,在黎花套,民國十九年開辦。

第二分校,在紅溝門,民國二十八年開辦。

第六保國民學校,在上七莊,民國二十八年開辦。

第七保國民學校,在黃家堡,民國二十八年開辦。

第八保國民學校,在閻關大莊,民國二十九年開辦。

第八保第一分校,在沈家新莊子,民國二十九年開辦。

第九保國民學校,在什字路,民國十八年開辦。

第九保第一分校,在石廟兒,民國二十七年開辦。

第十保國民學校,在觀音殿,民國十七年開辦。

以上均於民國三十年改今名。

楊郎鎮中心學校,在頭營街,民國三十五年成立。

第一保國民學校,在石橋子,民國十六年開辦。

第二保國民學校,在頭營村,民國十五年開辦。

第三保國民學校,在下二營,民國十八年開辦。

第三保第一分校,在上二營,民國二十五年開辦。

第四保國民學校,在楊郎街,民國二十六年開辦。

第五保國民學校,在王浩堡,民國二十六年開辦。

第六保國民學校,在沙崗子,民國二十八年開辦。

以上均於民國三十年改今名。

三營鎮中心學校,在三營街,民國三十年成立。

第一保女子國民學校,在三營鎮,民國二十七年開辦。

第二保國民學校,在吧喇灣,民國十八年開辦。

第三保國民學校,在河東村,民國二十二年開辦。

第三保第一分校,在興隆堡,民國二十二年開辦。

第四保國民學校,在鐵家溝,民國二十八年開辦。

第五保國民學校,在白家埫,民國二十八年開辦。

以上均於民國三十年改今名。

黑城鄉中心學校,在黑城,民國三十年成立。

第一保國民學校,在上甘溝,民國二十四年開辦。

第一保第一分校,在卯家莊,民國二十年開辦。

第二分校,在黃中堡,民國二十二年開辦。

第二保國民學校,在戴家莊,民國二十八年開辦。

第三保國民學校,在莧蔴溝,民國二十七年開辦。

黑城鄉中心學校,在黑城子,民國八年開辦。

第一保女子國民學校,在黑城子,民國二十七年開辦。

第五保國民學校,在三岔河,民國十九年開辦。

第六保國民學校,在褚家灣,民國十八年開辦。

第六保第一分校,在祁家堡,民國二十一年開辦。

第二分校,在余家灣,民國二十三年開辦。

以上均於民國三十年改今名。

七營鄉中心學校,在七營街,民國三十年成立。

第一保國民學校,在七營村,民國十六年開辦。

第一保女子國民學校,在七營,民國二十七年開辦。

第一保第一分校,在長安村,民國二十二年開辦。

第二分校,在四營村,民國二十一年開辦。

第二保國民學校,在五營村,民國二十三年開辦。

第二保第一分校,在張家堡,民國二十四年開辦。

第三保國民學校,在韓梁村,民國二十一年開辦。

第四保國民學校,在北咀村,民國二十年開辦。

第五保國民學校,在八營村,民國十八年開辦。

第五保第一分校,在甘城子,民國二十年開辦。

第二分校,在雙井子,民國二十二年開辦。

第六保國民學校,在沙家堡,民國二十八年開辦。

全縣共計中心國民學校六年制十五處,城廂五處,鄉鎮九處。國民學校四年制一百三十一處,城廂三處,鄉鎮一百二十八處。

三十七年度增設及擬增設之學校計有:萬安鄉中心國民學校,七營鄉郭家河國民學校,張家堡國民學校,王窰鎮關口川國民學校,城關鎮西門店國民學校,張易鎮上馬圈國民學校,王家大莊國民學校,三營鎮三營保國民學校,附郭鄉閻家墩保國民學校,萬安鄉第四保、第五保、第六保、第七保、第八保、第九保、第十保、第十一保、第十二保國民學校。黑城鄉大路川國民學校。

壇坊

崇功報德,義不容辭,發潛闡幽,民德歸厚,故壇廟坊碣,所關亦巨,未可概以迷信目之。但誠以格之,敬而遠之,如是而已。

壇廟　　崇報之所

有山川社稷壇,舊在城北里許,今廢。

風雲雷雨壇,舊在城南里許,今廢。

先農壇,舊在東郊,今廢。

厲壇,舊在城北里許,嘉慶十二年知州翟方震捐廉創建,後廢。

以上三壇,經前清同治兵燹,殘燼無餘。繼經前固原直隸州知州王學伊于光緒三十二年建修,合併一處,均在城北厲壇之內,曰"列祀壇"。民國九年地震,傾圮殆盡,一片瓦礫,徒有壇牆遺蹟。

文廟,在縣城西隅,明弘治十六年,總制秦公紘創建。清康熙初,鹽茶同知李斿重修。同治兵燹後,平涼道魏光燾重建。民九地震全圮,縣長萬寶成重修。但改大成殿九楹爲五楹,門窗略具西式。東西廡、崇聖祠,鄉賢、名宦各祠及尊經閣,俱闕。

考魏光燾重修廟制,地基廣闊十畝餘。南北至關街,東至石宅,西街舊慶祝宮。前爲萬仞宮牆照壁,東角門曰"禮門"。門外有牆,嵌有"文武官員至此下馬"長方石一。西角門曰"義路",門外牆嵌石亦如東門。第一級中建牌坊、石砌泮池,左右以"忠孝""節烈"二祠翼之。第二級中建欞星門,左右以"名宦""鄉賢"二祠翼之,而文武官廳亦兼隸焉。第三級中建大成殿,正中至聖先師孔夫子之神位,前明係塑像,清易之以木牌,今仍之。左右輔以四配:東復聖顏子、述聖子思子,西宗聖曾子、亞聖孟子。十二哲:東閔子騫、冉子雍、端木子賜、仲子由、卜子夏、有子若,西冉子耕、宰子予、冉子求、言子偃、顓孫子師、朱子熹。

殿外丹墀下兩翼有東廡先賢:蘧瑗、澹臺滅明、原憲,南宮适、商瞿、漆雕開、司馬耕、梁鱣、冉孺、伯虔、冉季、漆雕徒父、漆雕哆、公西赤、任不齊、公良孺、公肩定、鄡單、罕父黑、榮旂、左人郢、鄭國、原亢籍、廉絜、叔仲會、公西輿如、邦巽、陳亢、琴張、步叔乘、秦非、顏噲、顏何、縣亶、公明儀、樂正克、萬章、周敦頤、程顥、邵雍。

西廡先賢:林放、宓不齊、公冶長、公晳哀、高柴、樊須、商澤、巫馬施、顏幸、曹恤、公孫龍、秦商、顏高、壤駟赤、石作蜀、公夏首、後處,公孫僑、奚容箴、顏祖、句井疆、秦祖、縣成、公祖句茲、燕伋、樂欬、狄黑、孔忠、公西蒧、顏之僕、施之常、申棖、左丘明、[17]秦冉、牧皮、公都子、公孫丑、張載、程頤。

東廡先儒:公羊高、伏勝、毛亨、孔安國、后蒼、許慎、鄭康成、范寧、陸贄、范仲淹、歐陽修、司馬光、謝良佐、游酢、羅從彥、李綱、張栻、陸九淵、陳淳、真德秀、何基、文天祥、趙復、金履祥、劉因、陳澔、方孝孺、薛瑄、胡居仁、羅欽順、呂柟、劉宗周、孫奇逢、黃宗羲、張履祥、王夫之、陸隴其、張伯行。

西廡先儒:穀梁赤、高堂生、董仲舒、劉德、毛萇、杜子春、趙岐、諸葛亮、王通、韓愈、胡瑗、韓琦、楊時、呂大臨、伊焞、胡安國、李侗、呂祖謙、袁燮、黃幹、輔廣、蔡沈、魏了翁、王柏、陸秀夫、許衡、吳澄、許謙、曹端、陳獻章、蔡清、王守仁、呂坤、黃道周、陸世儀、顧炎武、湯斌。

謹按:民國八年,以清初大儒顏元、李塨二位,從祀西廡先儒之次,與先前之從祀先賢、先儒一百五十四位,合共一百五十六位。

復有神廚牲所,建于兩廡之次。大成殿后第四級廟左側,建尊經閣兩層,門窗四達,亦稱宏闊。閣後建崇聖祠,正中肇聖王木金父、裕聖王祈父、詒聖王防叔、昌聖王伯夏、啟聖王叔梁紇。左右配享以先賢,東孔氏孟皮、顏氏無繇、孔氏鯉,西曾氏點、孟孫氏激。從祀以先儒,東周氏輔成、程氏珦、蔡氏元定,西張氏迪、朱氏松。

祀典,以每歲仲春、仲秋上丁,祭大成殿及廡祠,崇聖祠亦如之。自漢祀用太牢,歷代多相沿不改,迨前清光緒三十二年,升爲大祀。大成殿、崇聖祠並薦太牢。聖誕節加祭一次,不薦太牢。民初廢,孔教停祀典二年。嗣經國會議復,大成殿仍薦太牢。

其舞佾禮容,謹遵《闕里舞式圖説》,志之如下:初起左手執籥,右手秉翟,籥橫翟縱,籥內翟外,交如十字,兩手持平,上如揖,下如授。立容:兩階相對爲向内立,兩階相背爲向外立,北面爲正立。《新通志·繪圖説明》云：[①]“左譜僅繪東佾,凡云左右東西者,西佾同式。云内外者,西佾異式。如東佾向西,則西佾向東,東佾左手,則西佾右手。餘放此。首容：首向上爲仰面,向下爲俯面。身向内外,首向北,爲正面。身向北,首向左右,爲側面。身容：直身爲正立,曲其背爲俯身,側向左右爲側身,開左右膝、直身下坐爲蹲。足向上立,身向内,爲作向内勢。足向上立,身向外,爲作向外勢。手容：兩手合舉爲拱手,向上爲舉手,向下爲垂手,向前爲伸出,向兩旁爲推出。足容：兩足並立,向上爲正立,一足上前爲進足,足尖着地爲虛立,足根着地爲蹺足,曲膝至地爲屈足,直膝向前爲伸足,反履底向上爲蹈足。立一足,抬一足,爲起足。左足加於右,右足加於左,爲交足。”

舞器：木笏六、羽籥六十四、干戚六十四、麾一、旌節二。

舞譜。[②]

初獻：自向外舞。生蹈向裏開籥舞。民蹲。來起,辭身向外,高舉籥面朝上。誰兩兩相對蹲,東西相向。底合手蹲,朝上。其正揖。盛起,平身出左手立。惟兩兩相對,自下而上,東西相向。師稍前舞,舉籥垂翟。神中班轉身東西相向立,惟兩中班十二人轉身,俱東西相向。明舉翟三合籥。度稍前向外垂手舞。越蹈向裏垂手舞。前向前合手謙進步,雙手合籥。聖回身再謙,退步側身向外,高手回面朝上。粢正蹲朝上。帛稍舞躬身挽手側身向外,呈籥耳邊,面向上。具正揖。成起辭身挽手復舉籥正立。禮兩兩相對交籥,兩班俱東西手執籥。容正揖。斯向外退,挽手舉籥向相外,面朝上。稱回身正立。黍,稍前舞。稷正蹲朝上。非左右垂手,兩班上下,俱雙垂手,東西相向。馨起合手相向立。惟左右側身,垂手向外開籥,垂手舞。神右側身垂手向裏,垂手舞。之正揖朝上。聽躬而受之,躬身朝上,拱籥而受之。三鼓畢,起。

亞獻：大左右進步向外垂手舞。哉右向裏垂手舞。聖向外落籥面朝上。師退向正身立。實正蹲。天起身向前,轉向外舞。生向裏舞。德合手謙進步,向前雙手合籥,存謙。作兩兩相對,自下而上,兩班相對,舉籥東西。樂上下俱垂手,惟兩中班上下十二人,俱垂手轉身,東西相向。以轉身東西相向立。崇相向立,兩班上下,以翟相籥。時稍前舞蹈,兩班上下俱垂手向外。祀向裏垂手舞。無合手謙進步,向前垂手合籥。數回身再謙,兩班上下東西相向,合籥立。清稍前舞,

___

① 參見《宣統甘志》卷二七《祠祀志·舞佾考》。
② 祭孔時邊歌邊舞,舞姿同歌詞的對應關係,就是舞譜。下文小字記述的是祭舞動作,大字是同它配合的唱字。這三段歌詞連接起來如下：初獻：自生民來,誰底其盛? 惟師神明,度越前聖。粢帛具成,禮容斯稱。黍稷非馨,惟神之聽。亞獻：大哉聖師,實天生德。作樂以崇,時祀無數。清酤惟馨,嘉牲孔碩。薦羞神明,庶幾昭格。三獻：百王宗師,生民物軌。瞻之洋洋,神其寧止。酌彼金罍,惟清且旨。登獻惟三,於嘻成禮!

向外開籥翟。酳向裏舞。惟雙手平執籥翟,開籥翟。馨合籥翟,朝上正立。嘉側
手垂左手,兩邊側垂手向外舞。牲躬身正揖。孔雙手舞籥翟,躬身。碩躬而受
之,躬身朝上拱籥受之,一鼓而起。薦一叩頭,舉右手,叩頭。羞舉左手,叩頭。
神復舉右手叩頭。明拜,一鼓畢,即起,躬身,三鼓平身。庶三舞蹈舉籥向左躬身
舞。幾舉籥向右躬身舞。昭舉龠復向左躬身舞。格拱籥躬身而受之。

　　三獻:百向外開籥舞。王向裏開籥舞。宗側身向外面朝上。師朝上面立。
生兩班上下,兩兩相對交籥。民合手向上正蹲。物側身向裏落籥。軌合籥朝上
正位。瞻向外開籥舞。之向裏開籥舞。洋開籥朝上正位。洋合籥。神向外開籥
舞。其向裏開籥舞。寧進步向前,雙手合籥。止回身東西相向手謙。酌向外開
舞。彼向裏開籥舞。金開籥朝上正位。曡合籥朝上正位。惟向外垂手舞。清向
裏垂手舞。且朝上正揖。旨躬身而受之。登,躬身向左合籥舞。獻躬身向右合
籥舞。惟躬身復向左右籥。三合籥朝上拜,一鼓起。於側身向外垂手舞。嘻側
身向裏垂手舞。成朝上正揖。禮躬身朝南受之。三鼓畢,起身。

　　以上禮容、舞器、舞譜等,係舊時頒佈,各直省通行。而各縣多未遵行,志之
以見歷來崇聖之莊嚴,有不容忽略也。祭器繁而不錄。

　　至于固邑之典禮,則爲前祭三日由縣長或儒學正,或教育局長,恭派職事禮
賓六名或八名,預備演禮迎牲。並派主祭官與祭官、陪祭官、分獻官等,預備臨時
致祭,同時將各名列榜表示於學宮照牆。執事者預先灑掃,陳設香案燎所於丹墀
前,酒樽所、盥洗所於丹墀下之左右方。獻牛一、羊四、豕四、雞多寡不等於大殿。
崇聖祠無牛,餘如之。兩廡四祠,均獻雞。

　　臨祭時,文武官職、司事禮賓、猶佾生、生員等,於雞初鳴、更三點、砲三聲後,
均衣冠整肅,咸集學宮內。爾時燈燭輝煌,燎所熾然,竭誠起敬,排列兩班。

　　統唱:"內外肅靜,執事者各執其事。發鼓。鼓再嚴,鼓三嚴。奏樂。兵燹後,
只有笛管鎖喇,無其他樂器。主祭官就位,與祭官就位,陪祭官就位,分獻官就位。
迎神,啟宮門,行盥洗禮。"引唱:"詣盥洗所,執事者酌水,授巾,盥畢,復位。"統
唱:"行上香禮。"引唱:"詣香案前,跪。"統唱:"皆跪。"引唱:"叩首。"統唱:"叩
首。"引唱:"再叩首,瘞毛血。"統唱:"再叩首。"引唱:"三叩首。"統唱:"三叩首。"
引唱:"起。"統唱:"皆起。"引唱:"復位。"統唱:"三跪三起,九叩首,起。鐘鼓齊
鳴,行初獻禮。"引唱:"詣酒樽所。執事者酌酒,司帛者捧帛,司爵者捧爵。詣大
成至聖先師孔子之神位前。跪,獻帛,獻爵,叩首,起。詣讀祝所,跪。"統唱:"皆
跪。"引唱:"讀祝生跪,樂止,宣讀。讀祝生起。叩首,再叩首,三叩首。"統唱:"皆
三叩首。"引唱:"起。"

　　統唱:"行分獻禮。"引唱:"詣復聖位前。"引主祭官代行分獻四配,獻帛,獻

爵，叩首，起。詣宗聖位前，獻帛，獻爵，叩首，起。詣亞聖位前，獻帛，獻爵，叩首，起。詣述聖位前，獻帛，獻爵，叩首，起。引唱："復位。"

統唱："鐘鼓齊鳴，行亞獻禮。"引唱："詣酒樽所，執事者酌酒，司爵者捧爵。詣聖位前，跪，亞獻爵，叩首，起。"詣四配位前，如初獻儀，畢，復位。

統唱："鐘鼓齊鳴，行三獻禮。"引唱："詣酒樽所。"以下與亞獻同，復位。

統唱："鐘鼓齊鳴，行飲福受胙禮。"引唱："詣飲福受胙位，即香案前，跪。"統唱："皆跪。"引唱："飲福酒，受福胙，連三叩首。"統唱："連三叩首，興。"引唱："復位。"統唱："鐘鼓齊鳴，跪，三跪九叩。司帛者捧帛，司祝者捧祝，焚祝帛，送神。詣燎所焚，掩宮門，興，樂止，禮成。"

在行分獻禮主祭官分獻四配，當中丹墀下各引贊，各領分獻官。第一獻東西哲，第二獻東西廡，第三獻鄉賢、名宦二祠，第四獻忠孝、節烈二祠。引均唱："詣酒樽所。司帛者捧帛，司爵者捧爵，詣東西哲、東西廡、鄉、名、忠、烈四祀。"均復位畢，統唱："三跪九叩，興。"通同，禮成。同時祭崇聖祠，主祭官在亞獻時，代行分獻東西先賢，三獻禮成，如前儀。

民國二十三年七月五日，第四屆中央執行委員會第一百二十八次常務會議通過之先師孔子誕辰紀念辦法：一、紀念日期：八月二十七日。二、紀念名稱：先師孔子誕辰紀念。三、孔子事略：先師孔子，名丘，字仲尼，魯人。幼年即志於學，壯遊四方，闡揚堯、舜、禹、湯、文、武、周公救世致治、忠恕一貫之道。晚年復刪《詩》《書》，定《禮》《樂》，贊《周易》，修《春秋》，垂法後世。為儒家之祖，歷代尊為師表。國父孫中山先生亦每推崇不置。先師生於民國紀元前二三九零年，周靈王二十一年，卒於同紀元前二四六二年，周敬王四十一年，年七十有三。[①] 四、紀念儀式：是日休假一天，全國各界一律懸旗志慶。各黨政軍警機關、各學校、各團體分別集會紀念，並由各地高級行政機關，召開各界紀念大會。五、宣傳要點：一講述孔子生平事略，二講述孔子學說，三講述國父孫中山先生革命思想與孔子之關係。附先師孔子誕辰紀念會秩序單：一、全體肅立。二、奏樂，即洋鼓洋號。三、唱黨歌。四、向黨國旗、總理遺像及孔子遺像行三鞠躬禮。五、主席恭讀總理遺囑。六、主席報告紀念孔子之義意。七、演講。八、唱孔子紀念歌。九、奏樂。十、禮成。

民國以來，祭孔典禮僅有誕辰紀念一節，春秋丁祭尚未通行，而正式之禮節與正式之樂歌，均付缺如。每當致祭之期，各異冠服，人各異意。或奏樂，或不奏

---

① 孔子生於公元前 551 年，即民國紀元前 2462 年；卒於公元前 479 年，即民國紀元前 2390 年。原稿有誤。

樂,或唱歌,或不唱歌,無一定之規程。惟與祭階級,昔年分別最嚴,凡文武非生員以上者,均不得與祭受胙。民國以來,一切平等,不限資格,軍民一體與祭,一則示我孔教於無垠,一則予人以自新之路。即使屠夫牧豎、瘖聾盲啞之輩,苟能志心皈禮,無不可沾化雨被恩澤。是亦我夫子見互鄉童子,與其潔不保其往,與其進不與其退之意。況際此荒經滅學、人心大壞之時,開此無上法門,俾人人知尊崇人倫之至之聖人,亦矯正人心之大端,引拔沉溺之救生船也。

崇聖祠無祭。

樂歌:①春夾鐘清,均倍應鐘起調。迎神,昭平:大尺哉凡孔六子,伍先尺覺上先伍知。六與凡天六地上參,伍萬尺世上之伍師。伍祥伍徵上麟凡綏,六韻凡答上金尺絲。上日凡月六既尺揭,伍乾凡坤六清凡夷。尺奠帛初獻,宣平:予尺懷凡明六德,伍玉上振凡金尺聲。上生六民凡未上有,伍展凡也六大伍成。六俎伍豆上千尺古,伍春六秋六上伍丁。六清尺酒上既凡載,尺其凡香六始凡升。尺亞獻,秩平:式尺禮凡莫伍愆,六升上堂伍再凡獻。凡響上協伍鼓凡鏞,六誠伍孚上罍伍瓴。尺肅伍肅伍雍六雍,六譽凡髦尺斯上彥。尺禮上陶伍樂凡淑,六相伍觀六而凡善。尺終獻,叙平:自尺古凡在伍昔,六先上民伍有凡作。六皮伍弁上祭凡菜,尺於上論伍思六樂。凡惟伍天上牖尺民,伍惟凡聖上時凡若。六彝伍倫伍攸上叙,尺至上今伍木凡鐸。尺徹饌懿平:先尺師凡有六言,伍祭尺則上受尺福。伍四凡海尺饗伍宮,上疇凡敢六不凡肅。伍禮凡成上告尺徹,伍毋尺疏六毋凡瀆。尺樂伍所上自凡生,尺中伍原凡六有凡菽。尺送神,德平:鳧尺繹凡峨六峨,伍洙凡泗尺洋凡洋。景上行伍行伍止,上流凡澤六無伍疆。六聿伍昭上祀凡事,尺祀尺事上孔凡明。六化尺我伍蒸尺民,上育凡我六膠凡庠。尺秋南呂清,均仲呂起調,迎神,昭平:大六哉凡孔上子,尺先六覺凡先尺知。上與凡天上地凡參,尺萬六世凡之尺師。尺祥尺徵凡麟凡綏,上韻凡答凡金六絲。凡日凡月上既六揭,尺乾凡坤上清凡夷。六初獻,宣平:予六懷凡明上德,尺玉尺振凡金六聲。凡生上民凡未凡有,尺展凡也上大凡成。上俎尺豆凡千六古,尺春上秋上上尺丁。上清六酒凡既凡載,六其凡香上始凡升。六亞獻,秩平:式六禮凡莫上愆,尺升凡堂尺再凡獻。六響凡協尺鼓凡鏞,上誠尺孚凡罍尺瓴。六肅尺肅尺雍上雍,上譽凡髦六斯凡彥。六禮凡陶尺樂凡淑,上相尺觀上而凡善。六終獻,叙平:自六古凡在尺昔,上先凡民尺有凡作。上皮尺弁凡祭凡菜,六于凡論尺思上樂。凡惟尺天凡牖六民,尺惟凡聖凡時凡若。上彝尺倫尺攸凡叙,六至凡今尺木

凡鐸。六徹饌，懿平：先六師凡有六言，伍祭尺則上受尺福。伍四凡海尺饗尺宮，凡疇凡敢上不凡肅。六禮尺成凡告六徹，伍毋凡疏上毋凡瀆。六樂尺所凡自凡生，六中尺原上有凡菽。尺送神，德平：鳧尺繹凡峨上峨，尺洙凡泗六洋凡洋。上景凡行尺行尺止，凡流凡澤上無尺疆。上聿尺昭凡祀凡事，六祀事孔凡明。上化六我尺蒸六民，凡育凡我上膠凡庠。六。

民國二十三年所通行之孔子紀念歌，爲孔子頌唱時用風琴。“聖德與天齊，育群黎，大哉孔子何巍巍。一匹夫，雖然未得居南面，救世心，萬古昭垂。”其二：“闕里振金聲，集大成，大哉孔子無能名。贊化育，參天兩地立其極，萬世師，咸仰昌平。”

教旗。教旗爲民國以前所未有，自西風東漸，各國有國旗，各教有教旗。一旦國教會合，旗標招展，遠而觀之，一望而知其爲某國某教也。是教旗關係於國人之觀瞻及心理之信仰，爲尤重焉。民國十年，北平孔教總會有鑒於此，特於秋丁前日，創製教旗，高懸於總會門外。爰録其式如左：[1]旗爲黑、紅、黃三色，中夾白色。中央白色之中，紅圓形一，黃圓形一，取一氣貫三才之義，三色三才也，二圓形日月也。

《固原州志》前知州王學伊云：[2]“廟制原日結構整飭，今歲久未修，致有外觀徒耀之慨。至於瑟瑟諸樂器、羽佾諸舞容，是在司牧者振興之、維持之，庶足以光昭文治歟。”旨哉言歟！

武廟，在縣城南內月城子、巽宮，頭門向兌，受金氣。拾級而登，循門進，坐離者爲樂樓，地震後傾圮，今存樂臺。坐坎則正殿在焉。殿外立獻殿三楹，中左右爲縣黨部辦公室。殿外東西兩廈翼之，向爲文武職員祀事集會之所。民國二十年後，改爲小學校教室。殿院中有鐵旗杆二，頗壯觀瞻。殿東北原建“三義祠”，後改爲“天王宮”。殿后附建“三聖宮”，祀武聖之三代：光昭王、裕昌王、成中王等牌位。致祭禮節略如文廟。每歲春秋仲月及五月十三日，以太牢、羊、豕祭武聖，附祭三聖宮。民國肇造岳武穆王牌位，亦並祀於武聖之左。廟中有井一欄，井半有洞，立泉神座。土人指爲廟中井，井中廟也。天王宮在廟東院。

文昌宮，亦名文昌祠，在今城縣內布店街。《王志》云：[3]“文昌宮前明時爲屹塔寺，在州城中央偏東，與南門對峙。同治中改建，磚砌甕門，鑴有石額，曰‘凌雲閣’。上建奎星樓，頗崔巍。右有臺階數十級，循門進，院落井然。中建高臺，正殿三楹，崇祀文昌帝君，殿左祀帝君三代。以每歲仲春二月初三日聖誕爲祭期。

① 原志從右往左豎排書寫，故曰“左”。
② 參見《宣統固志·圖説·文廟》。
③ 參見《宣統固志·圖説·文昌宮》。

七月七日爲祀奎星之期。殿東西以兩臺翼之，高十餘級。官廳神廚分設於兩廈間。院有井，水甘可飲。每當雨後晴初，登台縱觀，覺太白、馬髦排闥而來，亦勝概也。"又舊提署東南角，並有奎星樓一座，今圮。又城東文昌山頂有文昌閣。

　　城隍廟，在縣府街。同治兵燹，付之灰燼。時既承平，邑人張國楨、鄭席珍等，勸募興修，始壯厥觀。第一級門前，鑄鐵獅二對蹲左右，右者前腿胯抱小銅猊一，土人稱爲鐵抱銅者，以爲奇蹟。遊人觀覽，摸挲猊之頭面部，經久光明，灼灼耀目。並塑二大偶像，侍立門前左右，望之森然，邑人稱爲顯道神，地震後倒塌。循門進第二級，中建樂樓，東西鐘鼓樓。再進建牌坊一座。第三級獻殿三楹，左右以海、平二縣隍神配之。又左右建十閻羅殿，中塑閻羅王及地府判官鬼卒像，情狀畢肖。蓋神道設教，儆化愚頑之意，改革後頗殘廢。今爲八戰區倉庫。第四級正中爲隍神寢宮，東爲子孫宮及神廚，西爲道房。《王志》所謂"雖非峻宇彫牆，而亦自樸固不飾也"。①

　　瓦亭城隍廟，在瓦亭城內。

　　楊郎鎮城隍廟，在楊郎鎮舊城內。相傳神即明黔寧王沐英也。沐英字文英，明太祖時定遠人也。卒封黔寧王，謚昭靖。洪武初年，以隨征陝甘有功，賜海原縣屬之武原川、沐家營、楊郎鎮等爲牧場。十二年，征南將軍傅友德征雲南，沐英、藍玉副之，頗有功。同年又以征西將軍之名擊洮州，大破之。二十五年，西平侯沐英卒。英沉毅寡言笑，好賢禮士，撫士卒有恩，未嘗妄殺。在滇百務具舉，[18]簡守令、課農商，墾屯田百餘萬畝。滇池隘，浚而廣之，通鹽井之利，以來商旅。疏節闊目，民以便安。帝嘗曰："使吾高枕無南顧憂者，英之功也。"其子春、晟、昂，相繼鎮雲南。季子沐昕之曾孫沐徵，清時還鄉，修沐家營。乾隆間，昕之後裔天幾，年老無後，侄國安有子一人，至今一線相延，即沐公之幸也。沐英之妻長寧公主，因英奉命西征從之，病歿於沐家營，遂葬焉。留兵蔣、李二姓守墓，祠堂猶存。惜其孤懸通渭縣境，距固甚遠，不能無道阻之嗟。沐公死後，相傳爲此地城隍，於舊城內建立廟宇，雕有神像祀之。朔望抽籤問卦、酬神還願者，擁擠爭先，踵趾相接，香烟甚盛，威靈頗感。惜乎廟宇之事，不知創於何時。民九年以前，尚有正殿、廟房、鐘鼓樓等之建設，雄麗輝煌，冠於一方。地震之後，坍塌幾盡，僅留孤殿一座，碑文遺蹟，同毀殆盡。歷代雖有修葺之處，亦稽考無由。迨至民國二十二年，地方人士提倡重修，規模粗具，廟貌始復雄新焉。

　　關帝立馬祠，在北門外，一名關帝行宮，創建於前明。清雍正間，羽士雷洞天重修正殿大殿、前後廊房及樂樓、照牆。同治兵燹後，焚毀殆盡。光緒中，提督鄧

---

① 參見《宣統固志·圖說·隍廟》。

增與金協戎恒林、陳協戎正奎、梁參將正坤,以禱雨感應,提倡捐廉重修,祠門、樂樓、左右文武官廳、正殿、獻殿均備。地震後傾圮,僅存正殿三楹、獻殿三楹,而關聖帝君騎馬像,固巍然在焉。謹按帝像披戴銅甲盔,揮鐵刀,騎鐵馬,望之儼然,令人起敬。馬腹下有靈泉一,清流有聲,味甘如醴。遇旱,邑人必淘斯泉,祈雨屢應。遇病祈禱,以泉水飲,病亦瘳。民國三十年,邑人募捐修祠門、樂樓、正殿,後並創建春秋樓三楹,中安雕刻聖帝木像一座。

三關口亦有關帝廟,其像銅身鐵甲,創建於前明天啟時。清季漢中鎮程鼎、防軍劉尚忠捐貲重修,廟貌煥然。和尚舖、廟兒坪,亦於清光緒間建關帝廟。古城川、東山寨,亦於道光十九年建關帝廟,今圮。張家崖、雲霧山亦有關帝廟,並以雷神附祀之。

天一靈祠,舊在上帝廟,嘉慶十八年,提督楊遇春創建。兵燹後圮。

三忠祠,在和尚舖。祀吳璘、吳玠、劉錡。

昭忠祠,即熊公祠,在舊王字街。清同治初,匪陷固原城,四年,提督雷公統兵夾攻,參將熊公觀國首先登城陷陣,遂以身殉。翌年敕建專祠,曰"熊公祠"。為正殿五楹、廂房東西各三間、道院三間、廚舍三間,祠門連樂樓亦如之。嗣以陣亡將士忠魂咸列香位於內,遂統名之曰"昭忠"。地震後傾圮,僅存正殿、道院。

禹王廟,在東門外東河沿,前明時創建。至清乾隆中,重修正殿、廂房、塔院、廟門。同治兵燹,全毀於火,惟鐵塔巍然獨存。民國十九年,邑人募捐重修正殿三楹,廟門牆垣,粗具規模。

雷祖廟,舊曰雷神廟,在南郊里許之雷壇,兵燹後改建於東郊。正殿三楹,迤南偏殿三楹,內祀雷神香位。北廂房三間、鐘樓一座、廟門一座,門外樂樓一處。地震傾頹,僅存台蹟。

三皇廟,一名三皇祠,在南關外任家巷西南。創修年月不可考。同治兵燹後,重修正殿三楹,香房、廚房略具。

上帝廟,即玉虛宮,在城內東北隅。第一級廟門三間,門內樂樓一座。第二級正中坐北向南無量殿三楹,廂房、道房均具。同治、光緒間,經兩次之重修。地震後稍傾圮。一在新營鳳凰山頂,曰"無量殿"。

三官廟,在西門外,同治間毀。民國二十五年重修正殿三楹,廂房、廟門粗具。一在沈家河。

菩薩廟,一名觀音閣,在城內西隅。前清光緒間,提督標營及邑人重修,金碧輝煌,廟貌頗壯。地震至今,依然頹敗。一在南關,亦光緒時重修。正殿三楹,東西廂房各一處,左右鐘鼓樓各一座,廟門左右各一座,中建樂樓一座。

東嶽廟,在東門外里許,創建已久。明嘉靖間,經兩次重修。清初孟喬芳開山闢路,砌之以磚石,祀神、遊山者均稱便。康、乾之間,幾經修理,廟宇林立,禱雨祈福,屢有感應。地震傾圮特甚。近雖間有補修,究難復厥原狀。一在三營東岳山,一在萬安監東岳山廟。

贊化宮,一名白雲觀,在城内小南寺巷西邊。内建正殿三楹,享殿如之。南北廂房各三間、道房廚房各一間、鐘鼓樓二座,中夾樂樓一座,地震傾圮,樂臺尚在。東山坡亦有白雲廟,内附設鄭侯香位,並雹神香位。

三清宮,在城内縣府街。修建最早,廟宇輝煌。明末清初,惟存正殿五楹。嗣修東西廊房,中建牌坊,重建左右鐘鼓樓及廟門、樂樓。同治兵燹,毀壞殆盡,而正殿尚存於劫火摧殘之餘。嗣經邑人重修東西廂房各三間,鐘鼓樓、廟門暨樂樓如舊,牌坊亦如舊。民國九年地震後,正殿幾經補修,而鐘鼓樓、樂樓,僅存荒台。一在彭陽城。

清華宮,在炭窩子。地震後重修正殿、廟門、廂房。

眼光寺,在西城内。正殿三楹,磚砌新式廟門三,均地震後重修。内有銅身三大佛像,高六尺七寸,係由“磨針觀”移俱而來。

達摩寺,在東關。地震後傾圮,現存正殿寺門。

大佛寺,在東嶽山,亦名石佛寺。石佛三尊、殿宇三楹、寺門一座。一在黑城鎮須彌山,又名圓光寺。宋崇寧三十年,敕賜名“景雲寺”。明正統十年,敕建圓光寺。一在夏家寨,又名林崗寺。一在張易堡,又名静安寺,佛係三大銅佛像,一丈六尺高,與眼光寺所供之銅像同。一在海子峽之石佛寺,係藉山鑿洞而造像者。一在牛營黄龍山之石佛寺,壁刻佛像頗多。一在牛營街之石佛寺,内有石佛像,高五尺餘,明萬曆鐫。

此外寺宇,舊有而今廢者,如城内之凌雲寺、大悲寺、普救寺、彌勒庵、真慈庵、磨針觀、白衣堂、圪塔寺、興福寺,白衣觀音寺、十方寺、睡佛寺、地藏寺、牛王寺、準提庵、朝陽庵。

玉皇閣,在東嶽山。一在黑城鎮,一在藍家窩子。一在西山海子峽石佛山頂上,係民國三十年鄉農創建。一在西山掃竹嶺,一在楊郎中,一在香爐山頂。今圮。

純陽閣,在古城堡雲台山,又名祖師殿。

福神閣,一在大南寺巷東口,一在小南市巷東口。

太白廟,亦名太白祠,一名太白行宮,在北門外五里許,與北魚池相毗。創建最久,廟宇宏闊。前明萬曆間,因亢旱禱雨有應,總督郜光先遂大興土木,築垣爲城,方二里而羨。應門起高臺危觀,甃以磚石。門外豎四柱坊,近道豎二柱坊。中門作閣,左右翼之以鐘鼓樓。正殿七楹,後寢五楹,左右各二十五楹。馳道露臺兩墀居中,鑾宮居北,精舍居南,兩隅作門房。畫棟彫樑,殊爲壯麗。清代初中,屢經重修。同治兵燹,蕩然無存。民國以來,建議重修,然涓滴之款,只建正殿三楹,應門高臺建佛閣一座,餘尚不能復厥初之萬一云。又南門外有太白山,山之東凹處有太白泉三,禱雨頗靈。邑人稱爲雲根雨穴者,爲八景之一。又南區蒿店鎮亦有太白山,均有廟。

龍神廟,亦名龍神祠,在南門外河沿旱臺上。正殿三楹、廟房東西各三間,兵燹後建修。地震後,廟門、東廂房均圮。民國二十七年重建廟門,以磚砌成。一東門外菜園子亦建有龍王廟,一西海子峽山頂有龍王宮。

火神廟,一名火神祠,在南門外。兵燹後重修。第一進:廟門一座,向東,樂樓一座。第二進:向北高臺,建重門三間、正殿三間,東廚房、西廟房各二間。地震後樂樓坍塌,餘待補修。

虸蝗廟,在南門外。

土地祠,在縣府大門東院。

獄神祠,在縣府大門西院。

三聖廟,一名馬王廟,在舊提署東北隅。地震後傾圮。嗣經邑人募緣重修小殿三楹,內奉菩薩,附祀馬王。今又傾毀殆盡。按舊有三聖廟七所,馬神祠一所,今皆湮沒無可考。而舊六營馬王廟,則在縣城米糧市迤西,今圮。三驛馬王廟,在縣府舊永寧驛院。

羅祖廟,在縣城大南市巷。

財神樓,在縣南門外過店街南口。

藥王洞,在縣城東門外東嶽山迤南。民國初年重修,享殿三楹,樂樓一座。一在東山坡白雲山中,鄉農相傳洞深四十餘丈。

王母宮,在余家套。

聖母廟,一名娘娘廟,在縣城南門外里許之九龍山,創建年月無考古,同治兵燹後燬。民國二十三年重修,正殿三楹,山門磚砌,四圍以牆,爲固邑之護脈。一在隍廟內東院,曰聖母宮,又名子孫宮。

武成王廟,在西郊。

鄭侯祠,在白雲觀後,今廢。

制府專祠,在提署右。

道鎮祠,在南門月城內。

長生祠,在縣城昭忠祠後院,祀雷少保長安禄位。

秦晉會館,在縣城白米市。

四川會館,一名四川旅祀祠,在大南市巷。

　　福音堂,耶蘇教福音堂,在米糧市街西端。民國十年成立。

　　清真寺,回教清真寺各鄉鎮均有,成立年代先後不等。

　　此外有九皇宮二處,今廢。有慶祝宮,在文廟之西偏,俗名萬壽宮,爲前清時代慶祝皇壽之所。院落分三級,第一宮門,第二序班亭,第三中建御牌殿。序班亭前植紫薇兩樹,當春光絢爛時,大可吟詠其間。宮門石額曰"萬壽無疆",聯曰"九天閶闔開宮殿,萬國衣冠拜冕旒。"鼎革後徒存虛名。地震後化爲烏有。今過其地者,惟見石碑、石獅尚矗立於荒煙蔓草中而已。

坊碣　　旌表之處

　　馬將軍石坊,在南郊外回教公墓中,清乾隆年建。

　　賈氏石坊,石坊二,在東郊外東山根,清雍正年及道光年建。

　　東嶽神道石坊,在東嶽廟迤西路口,清道光二十三年建。

　　馬提督木坊,在西鄉沙漠兒,清光緒年建。

　　柯太夫人節孝磚坊,在三里舖路西,清光緒三十四年建。

　　堤防磚坊,在南河沿旱台上,民國十九年建。

　　周柱國大將軍田弘神道碑,北魏建德四年立。

　　隋柱國弘義明公皇甫府君碑,年月不詳。

　　重修英濟王廟碑,在縣南開城嶺,元元統甲戌年立。

　　敕賜圓光禪林碑,明正統八年立。

　　重修圓光寺碑,明正統八年立。

　　須彌圓光寺石壁橫碑,明正統十年立。

　　重修須彌山賜經碑,明正統十年立。

　　石城碑,明正統年立。

　　創修城隍廟碑,明景泰二年立。

　　固原州增修學廟碑,明弘治十八年立。

　　開西海渠碑,明正德乙亥年立。①

　　兵備道題名碑,明嘉靖初年立。

　　總督題名碑,明嘉靖初年立。

　　固原鎮鼓樓碑,明嘉靖六年立。

　　平虜碑,明嘉靖十三年立。

　　開通東嶽山嶺道碑,明嘉靖十七年立。

---

①　正德乙亥:正德十年(1515)。

八陣圖碑，明嘉靖二十五年立。

東嶽廟感應碑，明嘉靖二十八年立。

城隍顯應碑，明嘉靖三十八年立。

朝那廟碑，明嘉靖四十四年立。

大禹廟碑，明嘉靖年立。

重修固原州都御史行臺碑，明嘉靖年立。

後樂亭碑，明嘉靖年立。

樂溥堂碑，明萬曆年立。

平羌碑，明萬曆五年立。

固原鎮新修外城碑，明萬曆八年立。

都府郜公撫禦俺酋碑，明萬曆八年立。

雷神感應碑，明萬曆十二年立。

固原鼎建太白山神祠碑，明萬曆十四年立。

新建太白山神祠碑，明萬曆十五年立。

田公紀績碑，明萬曆二十三年立。

重修固原州庫碑，明萬曆二十四年立。

少傅李公崇祀碑，明萬曆年立。

防秋定邊剿虜捷疏碑，明萬曆四十三年立。

瓦亭聖母廟碑，明萬曆年立。

創修太白山寺上梁文碑，明萬曆年立。

創修菩薩院碑，明崇禎四年立。

重修關帝廟三義祠碑，明崇禎十年立。

令公神道碑，年月無考，土人云明末古塚。

增修文廟記、平定寧夏露佈碑，總制秦公政績碑、固原書院置祠堂碑，均明代立。

創修武廟碑，清順治戊子年立。①

提督題名碑，清順治戊子年立。

孟公兩世生祠碑，清順治八年立。

玄天上帝廟碑，清順治十一年立。

大校場碑，清康熙乙亥年立。②

---

① 順治戊子：順治五年(1648)。
② 康熙乙亥：康熙三十四年(1695)。

坤元聖母廟碑,清康熙辛亥年立。①

重修東嶽山碑,清康熙二十六年立。

重修三清宮碑,清康熙二十九年立。

創修城隍司碑,清康熙癸未年立。②

重修十閻羅殿碑,清康熙戊子年立。③

增修東嶽山嶺路碑,清康熙三十一年立。

八營鎮碑,清康熙戊子年立。④

孫封翁碑,清雍正五年立。

錢封翁碑,清雍正六年立。

楊氏封贈碑,清乾隆三年立。

左營五聖祠碑,清乾隆十一年立。

重修閻羅殿碑,清乾隆十三年立。

回教先仙碑,清乾隆十九年立。

重修大禹廟碑,清乾隆二十三年立。

玄帝殿碑,清乾隆二十七年立。

重修無量佛殿碑,清乾隆三十七年立。

隍神顯應碑,清乾隆三十七年立。

重修太白山神祠碑,清乾隆三十八年立。

分立廳民定案碑,清乾隆四十八年立。

重修屹嶝寺碑,清乾隆五十四年立。

瓦亭隍廟鐵碑,清乾隆年立。

賈氏碑,清乾隆年立。

萬鳳山國圓寺碑,年月無考,土人指爲乾隆年立。

廣寧監碑,年月無考,土人指爲乾隆年立。

山西會館鐵碑,年月無考,土人指爲乾隆年立。

李公遺愛碑,清嘉慶初年立。

創修厲壇碑,清嘉慶十二年立。

重修固原城碑,清嘉慶十七年立。

天一靈祠碑,清嘉慶十八年立。

① 康熙辛亥:康熙十年(1671)。
② 康熙癸未:康熙四十二年(1703)。
③ 康熙戊子:康熙四十七年(1708)。
④ 康熙戊子:康熙四十七年(1708)。

朝陽菴碑，清嘉慶十九年立。

重修上帝廟碑，清嘉慶年立。

重修固原提督署奎星閣碑，清道光乙巳年立。①

李台卿教澤碑，清道光年乙未年立。②

捐廉生息資助本標六營義學束脩碑，清道光三年立。

古城川關帝廟碑，清道光十九年立。

固原筆峰山碑，清道光二十三年立。

五女孝行碑，清道光年立。

七營鎮漢回分界碑，清光緒四年立。

楊善士碑，清光緒九年立。

建修昭忠祠碑，清光緒十五年立。

裁撤里車碑，清光緒十六年立。

雷公去思碑，清光緒二十二年立。

重修無量殿碑，清光緒二十九年立。

董少保故里碑，清光緒三十四年立。

重修文廟碑、曹協戎墓表、馬提督墓碑、馬協戎墓表、董參戎墓碑、張壯勤公墓碑、董少保墓碑、董少保神道碑、吳提督墓碑、張觀察墓銘，均清代立。

《易》曰：③“先王以建萬國親諸侯。”《書》曰：④“皇建其有極。”尚矣，以言粒民厚生，斯先體國經野。以言型方訓俗，斯先陳紀立綱。故凡建邦啟宇，分土封疆，制田授產，建關分廛，無一而非創制顯庸也，而其要又在於建學明倫耳。

【校勘記】

［１］弘治：原書避清高宗弘曆諱改“弘治”爲“宏治”。

［２］兗：原作“袞”，據《通鑒地理通釋》卷一《舜十二州》改。

［３］開成：原作“開城”，據《元史》卷六〇《地理志》改。

［４］仍舊：此“仍舊”二字不可解，漢武帝始析置安定，安有“仍舊”之説。或當與下文“海城縣”同，前脱一“晉”字，作“晉仍舊”。

［５］自：原作“至”，據《皇朝文獻通考輯要》卷二五《輿地考·甘肅省》改。

［６］景祐：原作“景拓”，據宋仁宗趙禎年號改。

---

①　道光乙巳：道光二十五年（1845）。

②　道光乙未：道光十五年（1835）。

③　參見《周易·比》象辭。

④　參見《尚書·洪範》。

［7］第四：原作"第四四"，下明列四區，衍一"四"字，據删。

［8］鎮：原作"鄉"，據王圿鎮之建置改。

［9］第三區：原作"等三區"，據前例改。

［10］開成路及開成縣：兩"開成"原均作"開城"，據《元史》卷六〇《地理志》改。

［11］章粢：原作"章粢"，據《宋史》卷三二八《章粢傳》改。下同。

［12］頹沙山：原作"頹砂石"，據《太平寰宇記》卷三三《原州》改。

［13］木峽：《崆峒山志·古蹟》作"木夾"，疑誤。

［14］他樓縣：原作"地犍縣"，據《太平寰宇記》卷三三《關西道九·原州》改。參見《舊唐書》卷
　　　三八《校勘記》［四一］。下同。

［15］桑懌：原作"桑澤"，據《宋史》卷三二五《桑懌傳》改。

［16］韓府灣：疑當作"韓福灣"。

［17］左丘明：原避孔子諱作"左邱明"，今回改。下同。

［18］滇：原作"淇"，下文有"滇池隘"，則此爲叙述沐英在滇政績，據改。

固原縣志卷之六　職官志

　　歷史志職官者，多以達而在上位者爲界限，平民之動作，社會之舉興，不例乎此。惟史遷之《貨殖傳》、《平準書》，略有取於民意之所在，隨世運爲轉移，頗能獨具特識，創新立異，爲千古史乘之龜鑑，休矣卓哉！因世際開通，事體紛雜，非同力合作，不足以藏厥事，底有成，故取材衆而運用宏者，實莫今日若也。此今日職官志之所以不襲故常，略有變通，凡社會之工作，民情物議之表示，皆所尚焉。官吏所以治事，管養衛與號令之所自出者，師資所以啟牖，教育之所振興者，概附於職官之列。雖有上下階級之不同，然皆所以奉天位，供天職，必不可任意軒輊也。

民獻

　　民獻，民之賢能者也。《書》曰：[①]"民獻有十夫。"意謂盡其良知良能，以供獻於社會，爲民衆之所矜式、所遵行，俾衣食住行以躋乎均平與平康之途逐也。所以《禮運》大同世，必講信修睦，選賢與能。賢者在位，能者在職，野無遺賢，國無棄材，群策群力，各效其用而後快。然則今之社工，何莫非盡其良能者，今之議士，何莫非盡其良知者。良知良能果真供獻於社會，則世躋融和，吾中山先生之三民主義，不煩難而行之，豈不懿歟休哉？

社工　　社會工作人員

清

趙天錫，字福五，固原人。清廩生，光緒末年，任義倉倉長，頗著勞績。

鄭席珍，字聘卿，歲貢生，固原人。宣統初年，任義倉倉長。

民國

張廷棟，字子良，清附生。民國元年，任義倉倉長，兼農林會會長。

趙榮祖，字耀廷，固原人。民國十四年，義倉重新改建，易名"豐黎社倉"，公

---

① 參見《尚書·大誥》。

推爲社正。舊倉大加修整,積弊悉除。

張維翰,字墨林,固原人。民國十四年,任豐黎社倉社付。前後任職十餘年,勤勞不倦。

慕鈞,字衡卿,固原人。民國十七年,第六屆商會會長;二十六年,任豐黎社倉社正。春放秋收,親手經理,人稱其便,今仍供職。

杜友仁,字士林,民國十四年,任豐黎社倉社付兼慈善會董事、輔治講演員。

强永浚,字濟川,固原人。民國十一年,慈善會會長兼震災會會長。諳練耿直,人咸悦服。第四屆縣商務會會長,公正廉明,商界愛戴,公贈"堪資表率"匾額。

李文輝,字斗垣,固原人。民國十五年,慈善會會長,牛痘局局長。

劉文敏,字穎齋,固原人。民國二十八年,慈善會會長,三十四年改任救濟院院長,今仍供職。

劉家驥,字俊仁,固原人。民國三十年,任慈善會會長。

孫承均,字福五,陝西蒲城人。民國元年,第一屆縣商務會會長。

雷鳳鳴,字梧崗,固原人。第二屆縣商務會會長。

祁兆基,字培之,固原人。第三屆縣商務會會長。

許兆明,字文軒,固原人。第五屆縣商務會會長。

李希賢,字曉谷,固原人。民國二十六年,改商務會爲委員制,首屆縣商會主席。

劉振河,字瀛洲,山西人。第二屆縣商會主席。

雷步雲,字鵬程,固原人。民國二十九年,第三屆縣商會主席。三十六年,第五屆復選爲縣商會理事長。

申子鏞,固原人。民國三十一年,改爲理監事制,第一屆縣商會理事長。

張寶卿、党升初、楊忠貞、張和軒、屈立三、韓文棟、王静亭、翟飛如、沈恒清,以上九人歷屆充商會副會長及常務委員。

張纘緒,字禹川,固原人。民國初年,任縣教育會會長。十七年,兼公款委員會會長。二十六年,任財政監理委員會會長。

董敏,字捷生,固原人。民國三十年,任縣教育會會長,兼民衆教育館長。

計定清,字子軒,固原歲貢。民國六年,成立縣農會,首任會會長。

徐步陞,字雲階,固原人。民國十二年,農會會長。

尹金鏞,字欽庵,固原人。民國十八年,農會會長。

錢應昌,字東生,固原人。民國二十一年,縣農會會長。

劉紹祖,字繩武,固原人。民國二十八年,縣農會理事長。

　　劉克禮，字敬亭，固原人。民國三十二年，縣農會理事長。民國三十六年，縣黨部書記長兼執行委員。

　　張毓霖，字雨生。民國三十三年，縣農會理事長。

　　石作樑，字幹丞，固原人。民國三十四年，縣農會理事長。三十六年，復當選理事長。迭電當局，呈報地方瘵苦，減輕差徭，桑梓倚重。

　　李正倉，莊浪人。民國三十三年，縣總工會理事長。

　　王濟邦，陝西寶雞人。民國三十五年，縣總工會理事長。

　　寧治先，固原人。民國三十二年，縣總工會理事長。

　　趙錦雲，字天章，固原人。民國三十年，縣婦女會理事長。

　　趙錦珍，字玉珊，固原人。民國三十四年，縣婦女會理事長。

　　陳洪範，平涼人。民國十七年，縣黨務指導員。

　　夏際文，字禹勤，固原人。民國十七年，縣黨部執行委員會常務委員兼賑務會長、天足會長。

　　徐篤生，平涼人。民國十八年，縣黨部指導員。

　　田俊，民國十八年，縣黨部執行委員會常務委員。二十一年，黨務整理指導委員兼書記長。二十五年，教育會長。三十六年，縣黨部常務監察委員兼文化運動會主任。

　　何俊德，字銘三，通渭人。民國二十二年，縣黨部指導員。

　　牛登甲，字鼎三，榆中縣人。

　　馬名駒，隆德人。以上二人均民國二十二年縣黨務整理委員。

　　朱銘座，字谷虛，靖遠人。民國二十七年，縣黨部書記長兼執行委員。創辦《固原週刊》，兼編輯主任。創辦武廟小學校一處，兼任校長，對於兒童勤加教誨，愛如子弟。

　　孫尚賢，字仰齋，涇川人。民國三十年，縣黨部執行委員兼書記長及日報社長。

　　張鐘嶽，字祥生，固原人。民國三十四年，縣黨部執行委員兼書記長及日報社社長。

　　徐宇錚，字鐵珊，固原人。民國三十三年，縣黨部秘書。三十六年，日報社社長。

　　秦得澧，字月帆，固原人。民國三十年，日報社總編輯兼中山民教館館長、縣農會常務監事。

　　馬秉乾，字連三，固原人。民國二十八年，禁煙會常務委員。三十四年，縣黨部監察委員。

王紹武,固原人。民國二十六年,禁煙會副常務委員。

田子玉,固原人。民國三十一年,禁煙會常務主任委員。

張少庸,河北博望人。民國三十年,青年團籌備主任。

劉崑山,河南人。民國三十二年,青年團幹事長。

王新鼎,平凉人。民國三十二年,青年團幹事長。

杜廷璧,鎮原人。民國三十三年,青年團幹事長。

劉家駒,字里吾,固原人。民國三十四年,青年團幹事長。

許志欽,臨夏人。民國三十四年,青年團秘書。

虎志超,字冠軍,固原人。民國三十年,縣合作社指導員。

王鏈,字惠東,固原人。民國三十三年,縣合作社指導員。

李保珍,字平山。民國三十三年,縣合作聯合社經理。

任安世,固原人。民國三十五年,縣合作室指導主任。

姚克讓,字子謙,固原人。民國三十五年,縣合作聯合社理事主席。

藍子貞、馬耀武、海生金、田錫合、馬存仁、董文煥、馬福清、馬驥德、田守銘、馬保泰、張文學、海尚永、孫世榮、張福元、高維昌、許興全、張廷珍、楊秉鋒、徐效祖、高登華、徐俊、張禮、魏孝、趙文華、羅銘、何玉清、馮萬禄、張學、杜生保、馬玉明,以上均固原人。民國二十七年,縣信用合作社理事主席。

馮佩信、馬進福、羅登舉、裴占山、田百儀、梁生鈺、馬生榮、海正剛、張萬金、張正愷、姬富珍、孫世明、李世榮、趙得倉、海正倉、朱光明、任生福、馬應清、韓永英、傅永隆、李守文、吳得俊、楊玉德、張廷俊、柯大志、李廣玉、倪立壽、陳得山、馬玉貞,以上均固原人。民國二十七年,縣信用合作社監事主席。

苟正堂、李秉仁、馬富、馬德海、馬玉春、劉世明、沈恒懋、母全仁、趙薛有、年尚問、明生璽、丁滿元、馮玉章、馬正海、馬麟麒、張炳文、韓正德、馬存仁、擺志珍、潘積德、劉舉、何有倉、余得海、劉紀玉、宗起財、段玉、張懷玉、劉登瀛、方克壽、馬志科、王繡、張德榮、苟生花、妥正廉、海連魚、馬應海、楊得財、楊得昌、何應發、徐傑、張克昌、海生林、鮮培禮、計子嘉、王克仁、王彥花、王海魚、劉天寶、張福林、海有祥、藍起雲、馬占彪、秦國璧、姬應保、陸芳、海萬祥、馬榮華、海生俊、祁廷公、鮮玉祥、妥正海、祁廷科、王秀峰、馬君義、白萬禄、田成禄、馬成倉、杜得禎、楊保俊、計厚齋、褚有庫、柴榮山、馬起祥、蕭永吉、張義、馬統華、蘇占良、姬滿全、馬存祥、馬得明、蘇芝棟、海元玉、陳國棟、馬成忠、張彥清、馬忠倉、馬正魁、李逢春、李海林、馬得倉、穆純昌、馬彥福、苗榮成、楊文秀、楊生林、馬萬鍾、穆生昌、李瑞恩、馬維友、劉正川、劉興芳、馬正海,以上均固原人。民國二十九年,縣信用合作社理事主席。

張維清、王克順、王海清、馬起彪、楊文秀、張得明、王士俊、馬中、李保旺、趙正財、馮玉章、張殿元、馬明俊、馬保玉、馬義富、馬俊凌、黎榮華、金玉龍、馬彥祥、別萬虎、趙福彥、靳兆林、陳有財、邢得花、徐儒林、李滿瀛、王希聖、薛晏海、胡全有、柯生倉、古萬福、黃福興、陳全壽、妥正剛、楊通仁、馬得倉、馬彥朝、馬進海、郭盡孝、劉全福、薛得魁、馬世禄、馬鵬恩、馬滿瀛、馬占花、周占福、袁和清、寧得禄、高恒升、海生雲、米海花、曾學義、蘇玉明、安文華、唐福、張占福、馬占俊、王聚有、馬應昌、馬百海、邵進榮、王海成、馬占倉、馬成福、馬負圖、海朝禮、倪文祥、管明廷、陳占林、魏安、馬應選、馬廷福、蕭彥清、梁永財、馬福林、剡代明、馬中倉、馬玉選、馬明俊、馬保福、馬萬年、海廷璽、海具元、馬魁、王占成、馬獻廷、李中山、馬成禄、姚建明、尹莒魁、穆俊傑、童振太、馬正倫、馬廣安、穆生魁、趙得芳、馬宗昌、馬萬武、馬德清、雷福堂、陳茂烈、馬德成，以上均固原人。民國二十九年，縣信用合作社監事主席。

劉濟軒，固原人。民國二十九年，城關鎮消費合作社理事主席。

鄧幹臣，固原人。民國二十九年，城關鎮皮毛合作社理事主席。

王會文，寧縣人。民國三十年，縣民衆工作策進委員會主任委員。

李明德，民國三十年，縣民衆工作策進委員會訓練股股長。

趙明新，同心人。民國三十年，縣民衆工作策進委員會情報股股長。

馬治乾，鎮原人。民國三十年，縣民衆工作策進委員會組織股股長。

楊繼昌，秦安人。民國三十年，縣民衆工作策進委員會宣傳股股長。

議士　人民選舉代表

清

李廣玉，字湘泉，固原人。宣統元年，諮議院諮議。

民國

祁連元，字瑞亭，固原人。民國元年，省議會議員，繼選京衆議院議員。二年，縣議會議長。十五年後，復選京衆議院議員；旋任肅州道尹，卒於任。

康嗣緒，字子紳，固原人。民國元年，省議會議員。二年，縣議會議長。

王萬傑，字漢三，固原人。民國二年，縣議會議長。

徐步陞，字雲階，固原人。民國二年，縣議會副議長。

鄭席珍，字聘卿，固原人。民國二年，縣議會副議長。

張纘緒，字禹川，固原人。民國二年，縣議會副議長。二十六年，候補國民副代表大會代表。三十三年，縣臨時參議會議長。三十四年，第一屆縣參議會議長。卒於任。

楊秉錡，字漢卿，固原人。民國三年，省議會議員。

張世文，字蔚青，固原人。民國五年，省議會議員。

　　吳本植,字子幹,固原人。民國九年,國會參議員議員。

　　李培元,字雲亭,固原人。民國十年,省議會議員。三十三年,縣臨時參議會議長。三十四年,第一屆縣參議會參議員。

　　田俊,字軼千,固原人。民國三十年,省參議會參議員。三十三年,縣臨時參議會參議員。三十五年,第一屆縣參議會副議長。三十六年,選爲正議長。

　　劉家駒,字里吾,固原人。民國三十四年,省參議會參議員。三十六年十一月,國民大會區域代表。

　　石作樑,字幹丞,固原人。民國三十三年,縣臨時參議會參議員。三十六年,選副議長,第二屆參議員。

　　祁兆甲,字鼎丞,固原人。民國三十五年,省參議會參議員。

　　孫尚賢,字仰齋,涇川人。民國三十三年,縣臨時參議會秘書。

　　胡俊德,字崇山,固原人。民國三十四年,第一屆縣參議會秘書。三十六年,縣銀行經理,十一月,國民大會職業代表。

　　李沛恩,字雨民,固原人。民國三十六年十一月,國民大會第二候補代表。

　　孫儀德,固原人。民國三十六年十一月,國民大會第三候補代表。

　　馬秉乾,字連三,固原人。民國三十年,縣臨時參議會參議員。三十六年,第二屆縣參議會副議長。

　　田韞琳,字琅軒,固原人。民國三十三年,縣臨時參議會參議員。三十六年,第二屆縣參議會秘書。

　　劉文敏、雷步雲、劉克禮、趙天章、李烈、李秉政、王漢傑、馬巾雄、何世斌、馬河圖,以上均固原人。民國三十三年,縣臨時參議會參議員。

　　徐宇錚、喬森、薛晏海、夏際文、馬正昌、祁雨蒼、王濟邦、安文敏、楊孚魁、虎輔周、虎志超、馬守仁、馬廷麒、李培棟、劉紹祖、姚克讓、雷鵬程、許志欽、田韞珍、董敏、呂步升、李守祥、黃貫一、寧治先、馬子英、馬存仁、馬正義,以上民國三十四年至三十七年,縣第一、二兩屆參議會參議員。

官師

　　古者官師無分,自公卿大夫士之有官守職權者,無不整躬率物,以身作則而爲民表,故《書》曰"官師相規"。[1] 孟子曰: [2]"天之生斯民也,作之君,作之師。"

_____
[1]　參見《尚書·胤征》。
[2]　參見《孟子·萬章下》。

世衰道微，君師攸分。春秋戰國據亂之時，孔子設教杏壇，學分四科。孟子舘於雪宮，講説道義，明晰霸王。遊行之處，皆爲國人所矜式，而師資尚焉。浸漸至漢，有官守之爲民害者，不一其途。略愜民意者，遂有循吏之稱。然西漢去古未遠，風氣之所染熏，猶有古習存乎其間，如漢景帝詔曰："吏者，民之師也。"自兹以後，各專一端，直以達而在上位者名之爲官，窮而教學者名之爲師。吁嗟乎！官師分，吾道窮，民運阨矣。夫教育專責之於師，則師資之寶貴，師範之嚴重，爲何如耶？爲師者之應以身作則，又當何如耶？跂予望之。

官吏　　各守其職，爲國治事者

漢

孫卬，文帝十四年，官北地都尉。時匈奴老上單于以十四萬騎寇蕭關，力戰死事。帝憫之，封其子單爲缾候。

王尊，字子贛，涿郡高陽人，爲安定太守。常正身率下，告所屬明慎厥職，毋以身試法。五官掾張輔貪污不軌，繫獄死，盡得奸贓。由是威震盜散。

蕭由，字子驕，杜陵人。爲丞相西曹掾，舉賢良，累遷安定太守，治郡有聲。

馬援，字文淵，茂陵人。隗囂起兵，帝西征至漆。援於帝前聚米爲山谷，指畫形勢，開示行軍道路，遂進兵至高平第一城，囂衆大潰。授大中大夫。

馮異，字公孫，潁川人。通《左氏春秋》《孫子兵法》，號"大樹將軍"。及破盧芳之將賈覽等於安定，復領安定太守。

張奐，字然明，敦煌淵泉人。[1]永壽元年，遷安定屬國都尉。羌豪帥感其恩德，上馬二十匹，先零酋長又遺金鐻八枚。奐召主簿於諸羌前，以酒酹地曰："使馬如羊，不以入廄；使金如粟，不以入懷。"悉以金馬還之。羌服其清正廉潔，威化盛行。

寇恂，字子翼，上谷昌平人。初隗囂將安定高峻堅守高平第一城，峻遣軍師皇甫文出謁，辭禮不屈，恂斬之。峻懼，即日出降。

馬賢，史失其字籍。永初七年，賢以騎都尉，與侯霸擊零昌別部於安定。

皇甫規，字威明，安定朝那人。延熹中舉爲中郎將。持節監關西兵，討叛羌零吾等，破之。羌等慕其威信，相勸降者十餘萬。

晉

賈疋，[2]字彦度，武威人。勇略有志。初辭公府，歷顯職，遷安定太守，以匡復晉室爲己任。愍帝以疋爲驃騎將軍，封酒泉公。

南北朝

竇熾，字光成，扶風平陵人。爲原州刺史，抑豪右，申冤滯，躬巡壟畝，勸民耕桑。凡十年，甚有政績。城北有泉水，熾屢經遊踐，因酌水曰："吾在此州，當飲水而已。"及去後，人感其惠，每至此泉，莫不懷之。

陸俟，代人。太武間，以征赫連昌命俟督諸軍，轉武牢鎮大將。平涼休屠金崖、羌狄子玉等叛，進定安大將，討獲之。

費穆，字朗興，代人。以涇州長史轉安定太守。後蠕蠕王婆羅門歸降，復叛，入寇涼州，伏奮擊大破之。

宇文泰，代郡武川人。孝昌中，平万俟醜奴，上首功，以直閣將軍行原州事。時關隴寇亂，百姓凋殘，撫以恩信，民皆悅服。後爲周太祖。

賀若誼，河南洛陽人。有能名，以誘降茹茹，累拜車騎將軍，封霸城縣子，加開府，爲原州總管。

宇文遵，泰兄子也。泰上表請封侯莫陳悅，留遵爲都督鎮原州。泰軍出木峽關，令遵至牽屯山，追悅而斬之。

王盟，字仵明，其先樂浪人，以父鎮武川家焉。隨賀拔岳先登陷陣，平秦隴。宇文泰平侯莫陳悅，擢原州刺史。

李弼，字景和，遼東襄平人。魏時隸侯莫陳悅，爲大都督。及害賀拔岳，太祖自平涼進兵討悅，弼密通使太祖，背悅來降，遂擁衆以歸。太祖仍令弼以本官鎮原州。

侯莫陳崇，代郡武川人，從賀拔岳屢立戰功。及岳爲侯莫陳悅害，崇迎宇文泰至軍。原州刺史史歸爲悅守，泰遣崇擒歸斬之。以崇行原州事，屢封至梁國公。

李賢，字賢和，隴西成紀人。漢騎都尉，後爲原州都督。大統二年，州人豆盧狼據城叛。賢率敢死士擊敗，斬狼首，以功授原州刺史。

李遠，字萬歲，賢之弟也。爲征東大將軍，從破竇泰復弘農，授都督、原州刺史。宇文泰謂遠曰："孤之有卿，若身之有臂，豈可暫輟，本州之榮，乃私事耳。"卒謚曰"忠"。長孫邪利，永安中行原州事。

田弘，字廣路，原州長城人。從万俟醜奴降尒朱天光，宇文泰任以爪牙，著以所披甲云："天下定此甲仍還孤也。"既而以戰功賜姓紇干氏，授原州刺史。

王諧，太原晉陽人。爲原州刺史，有治聲。

史寧，字永和，建康烏氏人。伐梁有功，爵侯車騎將軍，行涇州事。寇莫折後熾侵暴，寧率州兵，與原州李賢討破之。轉東義州刺史。

蔡祐，字承先，本陳留圉人，[3]曾祖紹爲夏州鎮將，徙家高平。事母孝，有膂力，孝武除岐雍刺史。宇文泰在原州，召爲親衛，屢立大功。著光明鐵鎧，時人呼爲"鐵猛獸"。授平東將軍，轉原州刺史。

獨孤楷，文帝仁壽初，爲原州總管，遣之益州。

達奚震，代郡人，父武，謚桓子。震襲爵鄭國公，數戰有奇功，累從高祖東伐，進柱國。宣政中，爲原州總管，主二州二鎮諸軍事，原州刺史。

李穆，字顯慶，隴西成紀人，漢騎都尉陵之後。建德初，拜太保，原州總管。數年，位上柱國。

隋

元褒，河南洛陽人。性友悌。爲原州總管，有商人失金，誣執同宿者所盜，爭訟，褒察其冤，舍之。商人諧闕，奏褒受略縱賊，文帝信之，責褒免官。盜尋發他所，帝謂褒曰：“何至自誣？”褒曰：“臣受方州，不能息盜，罪一；不付法司，拘盜輒釋，罪二；爲物所疑，罪三。如臣不自罪，恐窮治及無辜，是以自誣。”帝嘆服，稱爲長者。

麗晃，榆林人。知隋文非常人，深自結納。嘗與帝射雉，以中轂爲他日驗。及帝受禪，進晃公爵，從河間王擊突厥，斬首十餘級。宿衛十餘年，遷原州總管。

趙軌，河南洛陽人。清苦好學，爲齊州別駕。當入朝，父老泣送曰：“別駕清如水，今以杯水奉餞。”軌飲之。至京與牛弘定律令，旋授原州總管。司馬左衛王爽行州事，中途夜行，從馬逸暴田禾，軌俟明，求主酬值而去。原州吏民，爲之感頌。

崔弘度，博陵安平人。開皇初，突厥入寇，弘度以行軍總管出原州拒之。禦下嚴峻，所至令行禁止，盜賊屏息。長安奸民爲之謠曰：“寧飲三斗醋，莫遇崔弘度。”後檢校原州事，仍令行軍總管。

韋洸，字世穆，杜陵人。性剛毅，學弓馬。文帝時，擊尉遲迥于相州。[4]旋突厥寇邊，洸出兵原州擊破之。卒，謚曰“敬”。加上柱國。

唐

裴行儉，字守約，太原聞喜人。貞觀中，舉明經，累遷侍郎。有知人之明，擊虜多克捷。永隆間，突厥寇原、慶二州，復詔行儉爲總管，討降之。歸，封聞喜縣公。

馬璘，岐州扶風人。爲涇原節度使，令肅不殘，人樂爲用，寇不敢犯，爲中興銳將。

李晟，字良器，洮州臨潭人。以功遷涇原四鎮北庭兵馬使。嗣以涇州倚邊數戕其帥，請治不襲命者，因之訓兵積粟實塞下，羈制西戎。乃拜晟鳳翔隴西涇原節度使，兼行營副元帥。

段秀石，字成公，姑臧人。爲涇州營田官，以所騎馬出賣，代農償穀。王童之謀作亂，聞知，預爲之戒，使未果發。後節度涇原，吐蕃不敢犯塞。

馮河清,京兆人。涇原兵馬使,數與吐蕃戰,有功。姚令言犯闕,德宗幸奉天,河清輸械至,披堅勒兵,軍聲大振,即拜河清爲涇原節度使。

李元諒,安西人。鷙敢有謀,爲隴右節度,闢美田,勸士墾荒,歲入粟數十萬斛。又築連弩臺,遠烽偵,進據勝勢,始列新壁,敵遂無所掠,涇隴以安。

婁師德,鄭州原武人。第進士,爲監察御史。使吐蕃,虜爲畏悅。證聖中,與王孝傑拒吐蕃於洮州,貶爲原州司馬。後同鳳閣鸞臺平章事。

渤海敬王,名奉慈。高祖兄蜀王湛之次子。顯慶時爲原州都督。

裴識,聞喜人。涇原節度使,鎮平凉,修保障,整戎器,開屯田。初,將士守邊或積歲不得還,識以沿邊將士限滿者代之就近戍,由是人人咸悅。加檢校刑部尚書。凡歷六節度,所蒞皆可稱述。

李孝斌,范陽王孝協弟也。以宗戚爲原州都督府長史。

王海賓,華州人。官太子右衛率、豐安軍使。開元二年,吐蕃寇隴右,詔隴右薛訥等禦之,以海賓爲先鋒,殺吐蕃甚衆。進戰長城堡,諸將妒其功,按兵弗爲接應,海賓戰死。帝憐其忠,贈左金吾大將軍。

史憲忠,建康人。會昌中築三原城。吐蕃因數犯邊,拜憲忠涇原節度使。吐蕃遣使來請墮城,且願以償殺使者之人置塞上。憲忠使謝曰:“前吾未城,爾犯吾地,安得進吾城。爾知殺吾使爲負,宜先取罪人謝我。今與爾約,前節度使事一置之。”吐蕃情得而服。憲忠疏請於涇積緡錢十萬、粟百萬斛,戍人宜之。

盧簡求,河中蒲人。大中九年,党項擾邊,拜涇原渭武節度使。簡求居邊,善綏禦,人皆安之。

王晙,滄州景城人。擢明經,屢受節度。開元二年,吐蕃寇臨洮,與薛訥夾擊,大破之,俘虜無算。以功加光禄大夫、清源縣男、原州都督。

劉昌,字公明,汴州開封人。善騎射,貞元中拜涇原節度使。在邊凡十五年,身率將士,墾田三年,軍有羨食,邊陲安寧,將士骸骨暴露者瘞之。德宗聞,命建二冢,將曰“旌義”士曰“懷忠”。昌率諸將祭之,邊兵莫不感泣。

郝玭,涇原裨將。貞元中,鎮臨涇,善哉,屢破吐蕃。元和三年,詔城臨涇,行原州刺史戍焉。玭在邊三十年,吐蕃大畏,常稱其名以怖啼兒。嗣封保定郡王。

路嗣恭,字懿範,三原人。開元時爲蕭關令,考績爲天下最。玄宗以其政教與漢魯恭相等,[5]因賜名曰“嗣恭”。後官至兵部尚書,封冀國公。

李觀,洛陽人。貞元時,擢涇原節度使。在屯四年,訓部位,儲藏饒衍。

朱忠亮,字仁輔,汴州浚儀人。憲宗時,爲涇原四鎮節度使。綜核軍籍,得竄名者三千人。吏白:“老卒不任戰,可罷。”忠亮曰:“古於老馬不棄,況戰士乎。”聞者感奮。

周寶，字上珪，平州盧龍人。涇原節度使，務耕力農，聚糧二十萬斛。時號良將。

五代

王殷，大名人。晉天福中，拜原州刺史。殷事母以孝聞，欲與人遊，必先白母，母所不可者，即不敢往。以軍功累遷靈武馬軍都指揮使，在官多善政。

楊廷璋，字溫玉，真定人。爲河陽巡檢知州事。周太祖即位，涇師史懿稱疾不朝，命廷璋住代之，且密戒曰："懿懷具，即圖之。"廷璋至，屏人出詔書，諭以禍福，懿感悟即受代，涇原安輯。

宋

王彥升，蜀郡人。善擊劍，從太祖爲佐命。乾德初，遷神州團練使。開寶二年，改防州防禦使，旋移原州。適羌人有犯律者，彥升不加刑，召僚屬飲宴，引所犯，以手捽斷其耳，大嚼卮酒下之。羌人皆恐懼。

許鈞，開封人。端拱初，補指揮使，從石晉擊賊於原州牛攔砦，俘獲甚衆，上奇功。至咸平中，知鎮戎軍。

孫繼業，金陵人。涇原路副都總管兼知渭州，建言："蕭關故道，前控大川，賊騎所出，誠得屬羌與奉賜，且羈其師長，使爲藩籬，則可無西顧之憂矣。"

李繼隆，字霸圖，潞州上黨人。至道二年，爲靈環十州都部署。初饋餉靈州，必由旱路，逾冬及春，芻粟始集。繼隆排衆議，堅請取道古原州蔚茹河，太宗許之，遂率師進壁古原州。令如京使胡守澄城之，始爲鎮戎軍。

李繼和，隆弟也，常從兄繼隆力戰。隆請城鎮戎，未議行。咸平中，和再請，遂命知鎮戎軍，兼渭源等處巡檢使，復築城焉。凡所建議，真宗無不嘉納。和習武好方略，涉書史，多機警。然性剛嚴，部兵終日擐甲如寇至，故軍多戒備焉。

張齊賢，字師亮，曹州人。李繼遷陷清遠軍，命齊賢爲涇原等州軍安撫經略使。齊賢上言利害，時不能用，靈州果陷。後繼遷復入寇，齊賢部分諸將卻之，邊陲遂寧，而人懷之。

劉綜，字居正，虞鄉人。咸平中，夏人擾西邊，綜建議於鎮戎軍置屯田務。

柴禹錫，字元圭，大名人。爲鎮戎軍節度使，寬厚愛民，凡土產諸物，循例歲貢，不入私橐。

陳興，澶州人。咸平三年，知鎮戎軍，上言："鎮戎軍南去渭州瓦亭砦七十餘里，中有二堡，請留三百人戍之。"遂與曹瑋、秦漢等，領兵抵鎮戎西北掩擊，擒斬甚衆，詔賜有加。

張守恩，棣州人。景德初年，知原州事加西上閣門使。

曹瑋，字寶臣，真定靈壽人。武惠王彬之第三子。沉勇嚴明，舉措如宿將。

李繼遷叛,太宗問彬堪爲將者,彬以瑋對,遂知渭州,旋知鎮戎軍。擊繼遷及西蕃於石門川,大捷。後授昭武節度使。卒諡"武穆",配享仁宗廟庭。

曹琮,字寶璋。初知秦州兼涇原路兵馬定國軍節度使,觀察留後。後爲馬軍副都指揮,以疾卒。家無餘貲,小心謹畏,善贊謀禦,軍紀整嚴。諡"忠恪"。

韓琦,字稚圭,相州人。元昊反,琦爲陝西安撫使,因奏增以土兵代戍,建德順軍以蔽蕭關。

王仲寶,字器之,高密人。天聖初,知鎮戎軍有戰功,爲涇原總管安撫副使,與西羌戰於六盤山,俘馘數百人。會任福於好水川戰歿。別將朱觀被圍,仲寶援之,得全軍出。以功徙環慶路總管。

范仲淹,字希文,吳縣人。元昊犯鎮戎軍,召爲招討使。奏築細腰諸砦,以斷敵路,而環鎮道通可無憂矣。帝從之。仲淹號令明白,愛撫士卒。諸羌來者,推心接之,故敵亦不輕犯其境。邠慶民與屬羌皆畫像立生祠事之。卒,羌酋數百人哭之如父。

王堯臣,字伯庸,應天虞城人。爲涇原安撫使,初上言:"涇原近敵,最當要害,請益團土兵屯涇、渭等州,爲鎮戎、原、渭之聲援。"又言:"韓琦、范仲淹忠義智勇,不當置之散地。种世衡、狄青有將帥才。"上皆納用。及敵至原州入寇,上思其言。

狄青,字漢臣,汾州西河人。以指使見尹洙,與談兵,善之,薦於經略使韓琦、范仲淹,曰:"此良將才也。"二人見奇之,仲淹授以《左氏春秋》,狄折節讀書,悉通秦漢以來將帥兵法,由是益知名。以功擢涇原路副都總管經略招討副使。

范祥,字晉公,三水人。第進士,慶曆時爲鎮戎軍通判。元昊侵城,率士卒擊退。請築劉蟠堡、定川砦,從之。

任福,字佑之,開封人。仁宗初,元昊寇渭州,韓琦乃趨鎮戎軍,盡出其兵。福爲環慶副總管,遂將焉。以涇原都監桑懌爲先鋒。諜云敵兵甚少,福乃易之,深入六盤山,而不知元昊伏兵十萬衆以待也。福身被十餘矢,小校劉進勸福自免,福曰:"吾爲大將,兵敗以死報國。"竟力戰,槍中左頰,絕其喉而死。子懷亮同殉於陣。

桑懌,雍丘人。景祐中,爲閤門祇候。會平蠻獠有功,以次及,懌不受。或譏其好名,懌曰:"若避名,則善皆不可爲矣。"慶曆初,元昊寇邊,時官涇原都監,爲先鋒,與任福同事戰。循好水川出兵六盤山下,距羊牧隆城五里,寇設伏兵待之。懌于道旁得銀泥合,封襲謹密,中有動躍聲,疑莫敢發。福至發之,乃懸哨家鴿百餘,自中起盤飛軍上。寇聞之,伏兵四起發。衝鋒酣戰,自辰至午,力竭而殉。

曹英,慶曆初,官鎮戎西路巡檢。元昊寇邊,肅合任福軍,遇于捺龍川,會戰于六盤山,與桑懌同殉陣焉。

葛霸,真定人。都指揮使,改邠寧涇原環三路都部署,雄毅善戰。

葛懷敏,霸子也。慶曆初,爲鎮戎軍副總管。元昊寇鎮戎,懷敏督諸砦兵禦之,分四路趨定川砦。寇毀橋斷其歸道,四面圍攻。乃退守長城壕,路已爲寇所據,遂及將校許思純、劉賀、張貴、向進、劉湛、趙瑜、李知和、王保、王文、李悅、[6]趙璘、李良臣、孟淵、趙珣十四人同死。

劉滬,字子浚,保塞人。仁宗時爲渭州瓦亭寨監押,擊破党、劉等族,獲牛馬萬計。屢有戰功,贈忠烈侯。

尹洙,字師魯,河南人。葛懷敏、韓琦、范仲淹經略涇原,皆以洙爲判官。自元昊不庭,洙在兵間最久,於西事尤習。其爲兵制之説,述戰守勝敗,盡當時利害。

王珪,開封人。仁宗時,元昊犯鎮戎軍,自瓦亭至獅子堡,均被圍。珪以三千騎衝鋒破敵,獲首級爲多,詔暴其功。

劉謙,字漢宗,開封人。涇原總管。敵犯鎮戎軍,謙引兵深入敵境,破其聚落而還。

盧秉,字仲甫。夏酋人多鬼丁大舉入犯熙河定西城,秉治兵瓦亭,分兩將駐定邊砦,待其還,縱擊之,皆奔潰。

張亢,字公壽,臨濮人。輕財尚義,人樂爲用,爲鎮戎通判。因論西北攻守之計,仁宗欲用之,會以憂去。後以元昊叛,屢立大功。

楊文廣,祖業,父延昭。范仲淹置麾下,有奇功。詔知鎮戎軍,遷副都總管、[7]都虞侯。

折可適,關中人。以功遷皇城使,知鎮戎軍。羌夏入寇,可適深知敵情,從間道截其歸路,焚其輜重,夏人畏之。

盧鑒,字正臣,金陵人。以提點河東路刑獄知原州。

姚麟,字君瑞,五原人。爲涇原路副總管,從劉昌祚出戰,勝於磨啳隘,轉戰向鳴沙,趨靈州。後討堪哥坡,盧秉上其功,擢爲團練使。

劉仲武,字子文,秦州成紀人。熙寧中,爲涇原將。時夏人謀犯天聖砦,渭帥檄諸將會約,過某日,敵不至,即分屯去。惟仲武謀得約期,乞緩分屯。後敵果至,仲武力戰卻之。

康得輿,河南洛陽人。以父功蔭屢遷知原州。

景泰,普州人,進士。初知原州,元昊犯劉蟠堡及彭陽城,泰以三百騎分左右翼爲疑兵,而以精兵搜山,斬敵千餘。遷西上閤門使,知鎮戎軍。

劉兼濟,善騎射,擢兵馬都監。屬户明珠族叛,兼濟惟日縱飲擊鞠以疑之,叛者自潰,乃襲殺其酋長,收其衆。遂知鎮戎軍,改知原州。

趙滋,開封人。勇敢有智,范仲淹經略陝西,舉滋可將,領鎮戎軍西路都巡檢。

吳玠,字晉卿,德順軍隴幹人。從統治曲端爲前鋒。敵欲取長安,敵帥婁宿等長驅入關,玠咸擊敗之。張浚巡關,升玠涇原路副總管。

吳璘,字唐卿,精于疊陣法。紹興十二年,瓦亭之戰,敵凡數出,數敗之。

和斌,字勝之,濮州鄄城人。爲德順軍指揮使凡五年,數捍敵,被重創十餘,徙涇原鈐轄。

劉昌祚,字子京,真定人。元豐四年,爲涇原副都總管,詔與姚麟率番漢兵五萬,出葫蘆川,多斬獲。所著射法行于世。

游師雄,字景林,武功人。遷德順軍判官,鄜延將與主帥議戰守策,欲自延安入安定、黑水,師雄懼有伏,請由他道,後果然。値歲饑,師雄賑貸,人無殍亡。深溝繕城,邊防益固。

石曦,并州太原人。知原州,遷右龍武軍大將軍。

張綸,字公信,汝陰人。仁恕有才略,知鎮戎軍,後知秦州。

張守約,[8]字希參,濮州人。以蔭襲守原州。招降羌酋族等萬餘,提擢鎮戎軍。

田京,滄州人,進士。精曆算,知兵法。擢鎮戎軍通判。

安俊,太原人。授原州刺史,在邊年久,羌人識之,仲世衡問:"若孰畏乎?"曰:"畏安太保。"

周永清,字肅之,靈州人。知德順軍,夏衆入犯,擊擒其酋呂效忠。又募勇士搗賊巢穴,聲聞敵廷。降者引入帳下,待之不疑,多得死力。

毛漸,字正仲,江西人。以陝西轉運使攝師涇原,日夜治兵。

姚雄,字毅夫。少勇鷙有謀,歷涇原秦鳳將,知通遠、鎮戎二軍。紹聖中,渭帥章楶城平夏,雄步兵策援。夏人傾國來與之戰,大破之。

郭浩,德順中安堡人。宣和中從軍,積官至武經郎,爲涇原第八副將。金人犯陝西,渭帥以下叛降。獨浩不從,乃下之獄,脅使降,浩奮呼曰:"吾今得死所矣。"終不爲叛逆,即殺之。

王恩,字澤之,開封人。爲涇原將,整軍出萬惠嶺,士饑欲食,恩倍道兼行。已而遇敵數萬,恩單騎徑出,遙與語,一夕羌引去。哲宗召見,語左右曰:"先帝時宿衛人皆傑異如此。"出爲涇原總管。

劉鈞,開封人。慶曆中,監鎮戎軍兵馬,與子舜卿戰死好水川。

劉舜卿,字希元,鈞子也。年十餘歲,録爲供奉官。後詔援環慶,遂軍騎往。

以善料敵也,乃知原州,改秦鳳路。

种古,字太質,洛陽人,世衡子也。知原州,羌人犯塞,古擊卻之,並築禦戎城於鎮戎軍之北,以據要害。

李之儀,無棣人。能爲文,尤工尺牘。通判原州。

王沿,館陶人。仁宗時,爲涇原路經略安撫招討使。元昊入寇,副都總管葛懷敏率兵據瓦亭待之。懷敏進兵鎮戎,沿以書勿勾入,第背城爲砦。敏不聽,果敗。

种師道,字彝叔,洛陽人。嫺於將略,以原州通判累官涇原都鈐轄,知懷德軍。夏國遣焦彥堅來畫界,求故地,師道排論,令彥堅無以對,一時天下稱將材者爲"老种"。

高永年,徽宗時爲鄯州刺史。適夏人寇涇原,與吐蕃合,圍攻鎮戎,略數萬口。永年禦之,行三十里,爲夏人所執,番酋都爾本謂其曰:"此人奪我國,使吾宗族漂落無處,探其心肝食之。"竟不屈,爲番酋所殺。

章楶,字質夫,蒲城人。知渭州時,合熙鳳、秦隴、環慶兵力,築靈平砦。

楊政,字直夫,臨涇人。父忠,以裨將與金人戰,殉於陣。政少有至性,其母奇之,嘗曰:"此子當移孝作忠,以光大門楣。"後以拒虜有功,戰死於瓦亭,父子忠節,史冊稱焉。

李嘉,開封人。建炎中,知彭陽縣。金陷關陝,與民從治竟上,被執。金人欲以爲官,固辭不受。

朱友恭,西安人。爲涇原將,禦金於華亭,數有功。金兵大集,友恭力戰不勝,被執。金人愛其勇,欲降之,友恭不屈,遂遇害。

王素,字仲義,太尉旦季子。初知渭州,原州蔣偕建議築大蟲巉堡,素遣卒助城之。治平初,夏人犯靜邊砦,復以端明殿學士出鎮涇原,藩夷故老皆歡迎。夏人解去。拓渭西南城,潢湟三周,積粟支十年。屬羌納地,悉增募弓箭手。其行陣出入之法,身自督訓,爲築八堡居之,聽散耕田,聞警則聚,士氣感奮。

金

石盞女魯歡,行平涼元帥府事,上言:"鎮戎赤溝川,夏人往來之衝,我城鎮戎,彼必來撓。若徵兵旁郡,聲言防護,示進取之勢,以掣其肘。臣率平涼兵,由鎮戎攻其腹心,彼自救不暇,我城鎮戎,彼必不敢來犯。"又言:"鎮戎土壤肥沃平衍,臣裨將所統八千人,若授以荒田,使耕且戰,可禦備一方。"金主嘉納之。

愛申,史逸民族,爲德順節度使。正大四年,元兵西來,將攻德順。有進士馬肩龍,客遊鳳翔,申器之,招與共事。鳳帥以德順決不可守,勸勿往。肩龍曰:"吾未識愛申乃知我,士爲知己者死耳。"冒圍入德順,申假肩龍判官,括民兵九千以守二旬餘。城破,俱死之,金主詔立褒忠祠合祀焉。

蕭貢,字真卿,咸陽人。好學不倦,讀書註史。大定中進士,任鎮戎州判官,擢監察御史。以文學薦,除翰林修撰,遷國子祭酒、户部尚書。

元

趙炳,字彦明,惠州灤城人。以戰功累遷至京兆路總管。安西王相王,冬居京兆,夏避暑六盤,歲以爲常。中統十四年,會王北伐,六盤守兵搆亂,自京兆率兵討平之。十五年春,六盤山兵再亂,復討平之。

明

陳宣,官百户。正統三年,隨駕北征陣亡,優卹之。

朱珪,天順初苑馬寺正卿、中順大夫。

邵進,天順初苑馬寺少卿、亞中大夫。

高智,官百户。天順五年,禦虜陣亡,賜卹優加。

馬文升,[9]字負圖,河南鈞州人,景泰進士。成化四年,固原士兵滿四倡亂,邊陲告急,特起文升爲陝西巡撫,與總制項忠,都督劉、王討平之,生擒滿四。進左副都御史。數修奏便宜,務選將練兵,豐財設陷,爲守邊計。修馬政,賑饑民,撫安流移,績甚著。適孛羅忽、滿都魯、乩加思蘭犯邊,文升請駐兵韋州,而設伏於諸堡待之,寇入不能大逞。遷升三邊軍務、兵部尚書,進少師。卒贈太師,諡端肅。按《通鑒》注,"孛羅忽""滿都魯""乩加思蘭"又作"頗羅鄌""門都埒""伽嘉色凌"。

項忠,字藎臣,浙江嘉興人。正統進士,累官左副都御史。成化初,滿俊即滿四叛據石城堡,詔忠與馬文升分軍七道兜剿之,生擒滿俊。計大小三百餘戰,斬獲萬餘。陞右都御史、兵部尚書。卒贈太保,諡襄毅。

王越,字世昌,直隸濬縣人,進士。成化五年,河套寇亂,詔越往討,專治西邊。值滿都魯、孛羅忽等復襲秦州、安定等處,率總兵許寧、遊擊周玉奇,設計平之,西陲静謐。刑部主事張鼎奏設總制府於固原,控制延綏、寧夏、甘肅三邊,總兵、巡撫並受節制,以越任之。三邊總制自此始。越屢加至太保。卒贈太傅,諡襄敏。

劉玉,字仲璽,磁州人。成化初,官都督。與總制項忠討叛酋滿俊於石城堡,封平虜副將軍。石城四壁削立,最險固。玉勇進,中流矢,忠力救之。滿俊既擒,乃毀其堡。

秦紘,字世纓,山東單縣人。景泰進士,先知秦州,歷官參政。岷州番亂,提兵破之。成化間,寇入花馬池,以紘總制三邊軍務。比至固原,褒忠劾奸,練將興屯,軍聲大振。固原爲平、慶、臨、鞏門户,而孛來往牧於此,益爲險衝,乃改固原爲州。闢城郭，招商賈，通鹽利，講馬政。又以固原迤北延袤千餘里，開田數十萬頃，並無村落，於花馬池迤南至小鹽池築堡寨，又於花馬池至固原設墩台，計城堡一萬四千一百所，垣塹三千七百餘里。更造戰車名曰"全勝車"，詔頒其式于諸鎮。卒贈少保，謚襄毅。

楊勉，四川安岳人，進士。成化初，任兵備道。創設鼓樓、永寧駔草場、西安守禦千戶所、倉庫、官署。更開"鎮夷""安邊"二門，城堞巍然，具有條理，民稱其功。

余子俊，字世英，青神人。以巡撫兼攝總制，奏設守禦千戶所，蒞固原衛。

孫逢吉，山西渾源人，舉人。成化二十年，任兵備道，撫恤貧民，賑濟有方，人多德之。

嚴憲，河南扶溝人，進士。成化十一年，以僉事任兵備道。

邊完，河南杞縣人，進士。成化十三年，以副使任兵備道。

翟廷蕙，河南洛陽人，進士。成化十五年，以副使任兵備道。

王繼，河南祥符人，進士。成化十八年，以副使任兵備道。歷巡撫甘肅右副都御史、南京兵部尚書。

陳琮，宣孫也，河南衛指揮僉事。成化四年，領軍攻石城滿俊之亂，奮勇當先。爲流矢所中，死之，優恤焉。

陳鐘，蘭州衛左所正千戶。成化初，滿俊叛，鐘以都督項忠激治軍事，進兵於石城堡，圍攻卡隘，忍饑臨前敵者數日，奮擊戰死。優恤如禮。

李旺，副千戶。與陳鐘同戰滿俊於石城，被創而死。今縣北有李旺堡，或爲屯兵處，因以得名也。

毛忠，字允城，扒里扒沙人。官甘肅副總兵，封伏羌伯。成化時，討滿俊，戰死於固原砲架山。賜鐵券，贈侯爵，後建祠祀，謚武勇。其孫鎧亦同時陣亡，立忠義坊以表之。

申澄，官都指揮，爲毛忠部將。成化初，共討滿俊，率衛軍捕流賊，戰於城下，力竭陷於陣。

楊一清，字應寧，雲南安寧人。父景，以化州同知致仕，攜之居巴陵。少舉神童，弱冠登進士，歷官左都御史。弘治初，火篩寇固原，授總制，旋遷。正德、嘉靖中，復授三邊總制。先後履任者三，治邊二十載有餘。請以蜀茶易番馬，以資軍用。創修平虜、紅古二城，以爲固原外障。于花馬池立興武營千戶所。請塞定邊迄橫城三百餘里。值逆監劉瑾亂政，以勞費蹙境，毀之，遂致仕。一清單輿雙騾而歸。安化王寘鐇叛，復起治軍，討平之。拜戶部尚書、少保、武英殿大學士，進左柱國，加吏部尚書、華蓋殿大學士。卒贈太保，謚文襄。

王鎮，字世安，本所千户。慷慨有節，忠勇素著。弘治間，虜寇犯邊，率師禦之，戰殁于陣。朝廷褒忠錫蔭，鄉里勒碑表節。

李經，山西陽城人，進士。弘治二年，以副使任兵備道。

陶琰，山西絳州人，進士。弘治七年，以副使任兵備道。歷御史、刑部侍郎、工部尚書，加太子太保。

胡倬，廣西桂林人，進士。弘治十四年，任兵備道。

陳珍，遼東廣寧人，進士。弘治十五年，任兵備道。

胡經，山東濱州人，進士。弘治十五年，任兵備道。

高崇熙，山西石州人，進士。弘治十七年，任兵備道。歷官巡撫、四川右副都御史。

妙齡，河州人，正千户。弘治十四年督兵於固原，以禦虜戰死。贈指揮僉事。

才寬，字汝栗，直隸遷安人，進士。正德初，任總制。

張泰，直隸肅寧人，進士。累陞至三邊總制。

鄧璋，涿州人，進士，歷官總制。

彭澤，字濟物，陝西蘭州衛人，進士。正德九年，以太保、左都御史任總制。卒諡襄毅。

楊宏，字希仁，海州人。正德初，以都指揮僉事領兵固原。好學有謀，士皆威恩。時楊一清總制三邊，宏獻策以紅古城乃北方必由之路，宜築城鑿池，募衆屯田。甫閱月，軍士雲集，築邊牆數百里。

白文德，綏德人。爲西安州遊擊，愛兵恤民，公私給足。民爲勒石，以頌其德。

曹雄，西安左衛人。驍勇敢戰，累官都督同知、固原總兵。寘鐇反，雄約諸鎮渡河討之。後拜鎮西將軍。

王晉，鎮之子也。猿臂善射，破賊平番，屢立奇功。歷任左府都督僉事。

景佐，山西蒲州人，進士。正德六年，任兵備道。固城井水苦鹹，人病於飲，因與總兵趙文用兵力引西海水，依山成渠，經西城入池，出東門而注之。其利於民誠溥也。

趙文，平涼衛人。正德間任固原總兵，與兵備道景佐議開西海水渠，依山入城，以便民食。

王凱，直隸蠡縣人，進士。正德四年，任兵備道。

黃繡，江西清江人，進士。正德五年，任兵備道。

羅玹，河南扶溝人，進士。正德十一年，任兵備道。

許諫，河南洛陽人，進士。正德十二年，任兵備道。

　　毛思義,山東陽信人,進士。嘉靖元年,任兵備道。歷官漕運總督、右副都御史。

　　楊振,正德十六年,都指揮僉事。

　　李鉞,河南祥符人。弘治丙辰進士,[①]剛正廉潔。嘉靖初,歷官總制。初至固原,寇由花馬池犯境,鉞令大開營門,敵疑怯不敢進,旋礮擊之,乃退。未幾,寇復擾平涼、涇州等處,因密令遊擊周尚文等截其歸路,斬虜級百餘,獲牛馬萬計。更檄延綏諸將鵰剿之,大捷。尋召爲兵部尚書。

　　王憲,山東東平人。弘治庚戌進士,[②]起爲兵部尚書、都御史。嘉靖五年,任總制。套虜千餘,由花馬池寇黑水苑,未至固原九十里,遣劉文、趙瑛率師擊敗之,獲甲三百有奇。奏設下馬關參將,增築墩塘一十四座,以爲總督防秋之所。卓有政績,加太子太保。

　　王瓊,字德華,山西太原人。成化甲辰進士,[③]嘉靖初官總制。時吐魯番據哈密已四載,至是番將牙木蘭率十國求通貢,沙州番人帖木哥等亦乞撫西域,復定。旋北寇犯莊浪,西羌掠鞏昌,均以兵擊退之。又置下馬關門,修邊牆一百八十餘里,起甜水堡,至蘭州,挑壕塹八百餘里。戎備整飭,時人以楊一清比之。卒贈太師,諡恭襄。

　　唐龍,字虞佐,浙江蘭谿人,正德進士。以茶御史授陝西提學副使,屢官三邊總制。其蒞任時,陝方大饑,吉囊、俺達等復擾溝套境,上救荒十四事,賑禦兼籌。並以總兵梁震、王效等分擊與興武、乾溝、花馬池等處,均報捷。繪三邊形勢圖于座側,料敵如神。在邊四年,朝廷倚重。公餘在州城南三里開魚池,建“後樂亭”,以通流泉焉。加太保、刑部尚書,蔭子入監。諡文襄。

　　姚鏌,浙江慈谿人。舉進士,有文望,嘉靖中任總制,僅月餘,後授兵部尚書。

　　沈圻,浙江平湖人,進士。嘉靖十年,任兵備道,創修東嶽山行祠道路。去後民不能忘。

　　劉天和,字養和,麻城人。進士,嘉靖中以兵部右侍郎授總督。十九年秋,濟農寇固原,戰於黑水苑,斬其子賜沙王。後以邊地耕牧,奏當興革者十事,屯政大舉。築乾溝、乾澗幾三百里以捍東,城鐵柱泉以備西,造獨輪兵車以施火器。虜犯硝河城,力救之。旋虜東出乾溝,乃遣任傑等截後路,斬二百餘級,獲其小酋長,梟示以徼。論功屢加兵部尚書、太保,卒諡壯襄。

---

①　弘治丙辰:弘治九年(1496)。
②　弘治庚戌:弘治三年(1490)。
③　成化甲辰:成化二十年(1484)。

楊守禮,字秉節,山西蒲州人。正德辛未進士,^①專尚武功。嘉靖中,以寧夏巡撫授總督。寇犯固原,力戰獲捷。每防秋,必親登塞垣,籌探敵路,使寇不敢潛入。更遣勇士,任數人以舟渡套河,取道偏關而還,獲酋甚衆,納降者以數千計。在任二載,最有功,加太子太保。

寇天敘,字子惇,山西榆次人。嘉靖中,任巡撫,適寇犯固原,調兵擊退,有奇功。邊民愛戴,居官清廉,歷陞兵部侍郎,卒時至貧不能殮。

張珩,山西石州人,正德進士。嘉靖二十三年,以兵部右侍郎任總督,凡兩載,增修敵臺、墩塘,教民以戰。大破勒鞑於河西,斬四百級,邊功稱最。被讒謫,罷後再起用,任南京兵部侍郎。

曾銑,字子重,揚州人。嘉靖進士,以兵部侍郎任總督。善用兵,於除夕聞烏雜訊,即遣兵迎拒,諸將不得已被甲走擊,獲勝。或問:"何以知之?"曰:"烏噪非時耳。"疏請復河套八議,及禦寇方略十二事,均不報。套寇兒啼,輒呼其名以怖之,啼即止。後爲嚴嵩所誣,遠近悼惜。既歿,家無餘資。隆慶初,科道白其冤,諡襄愍。邊民咸祠祀之。

王以旂,字士招,應天江寧人,正德進士。嘉靖中以兵部尚書任總督,安靜不擾,邊番翕服。加太保,諡襄敏。卒於固原,士商哀泣者,徧途道焉。

賈應春,真定人,進士。歷官至總督,在任四年,獲番虜千餘級,論功稱最。加户部尚書,蔭二子入監。

王夢弼,山西代州人,嘉靖進士。以兵部右侍總郎任總督,番虜憚服。後以議罷職。

霍冀,字克封,山西孝義人,進士。以巡撫任總督,修演武校場,建書院,葺城垣,治奸宄,政績甚著,威治化行。隆慶元年,陞兵部尚書。

魏謙吉,直隸北鄉人,嘉靖戊戌進士。^② 以兵部右侍郎任總督,在任懲番虜四百餘次,稱首功。移固原守備於鎮戎,以守葫蘆峽,改河州守備爲參將。民多頌之。

郭乾,字孟陽,直隸任邱人,嘉靖戊戌進士。初授户部主事,歷陞至總督,有卓績。

程軏,山東臨清人。嘉靖戊戌進士,歷陞至總督。

王邦瑞,河南宜陽人,進士。嘉靖十七年,任兵備道,歷陞兵部尚書,協理戎政。

---

① 正德辛未:正德六年(1511)。
② 嘉靖戊戌:嘉靖十七年(1538)。

張鳳，榆林衛人。固原總兵，戰亡於鵓鴿峽。

梁震，榆林衛人，任固原總兵。十二年冬，虜犯鎮遠關，總制唐龍遣與王効擊之，虜多溺死。既而復犯花馬池，大捷於乾溝。歷遷延綏、大同總兵。

王効，延綏人。嘉靖中，任總兵，與梁震擊虜有功。

任傑，西安左衛人，嘉靖中，任總兵。時延慶平固匪入固原摽掠，總制劉天和飭傑往戰。前總兵周尚文盡銳奮擊，遂與傑共斬小王子。更築鐵柱泉于靈州境。

倪雲鴻，直隸阜城人。嘉靖二十八年官知州。時延、慶、平、固沿邊一帶苦旱，套虜以乘間竊發，餓莩盈野。總督王公以旗、副使李公磐，偕雲鴻步禱兩閱月弗應。雲鴻每夜焚香自語責，忽聞空際人語曰："盍禱之東嶽山？"於是竭誠薰沐齋戒，跣足而往。越三日，大雨如注，轉歉爲豐。其被虜侵掠之户，悉發賑，俾無失所，一時以循良稱之。

李世芳，山西黎城人，進士。嘉靖二十九年，任兵備道。居官清正，矜恤貧寡，民懷其惠。

王緡，西安左衛人。以指揮僉事戰清水河。初官固原守備，陞右參將，擢副總兵，拜征西將軍。

孫臏，綏德衛人。任固原副總兵，嘉靖中禦流寇戰歿。子傳稱、傳潛，萬曆中均陣亡。父子忠義，人樂道焉。

曹世忠，綏德衛人。嘉靖三十六年，官固原總兵，加都督僉事。在任捐廉與兵備道沈圻合修東嶽山行祠道路，俾崎嶇者以平坦。民思利便，刊碑頌之。

陳其學，山東登州人，進士。嘉靖四十年，任總督。

郭江，延綏人。以指揮歷官固原總兵。嘉靖間巡閱屯軍遇虜，戰於定邊，死之。賜祭葬，勅建愍忠祠，得世襲指揮。

喻時，河南光州人。嘉靖進士，以副都御史任總督，廉介自持，激勵將士。吉囊入寇固原，遣趙岢迎擊，斬五百餘級，獲馬、駝、牛、羊無算，虜人不敢近邊。上賜白金文綺以獎，後陞兵部右侍郎、南户部侍郎。

劉棟，直隸任邱人，進士。嘉靖二十八年官監收同知，因祈雨有應，捐廉助修東嶽山道，立有遺碣。

陳文，山西文水人，進士。嘉靖二年，任兵備道，歷陞遼東巡撫、右副都御史。

桑溥，山東濮州人，進士。嘉靖四年，任兵備道，陞浙江按察使。

郭鳳翔，河南祥符人，進士。嘉靖七年，任兵備道。

樊鵬，河南信陽人，進士。嘉靖十四年，任兵備道。

李文中，雲南臨安人，舉人。嘉靖十八年，任兵備道。

紀繡，山東利津人，進士。嘉靖二十年，任兵備道。

曹邁,四川榮縣人,進士。嘉靖二十一年,任兵備道。

江東,城山朝城人,進士。嘉靖二十四年,任兵備道,歷遼東巡撫、都御史、南兵部尚書。

李磐,河南固始人,進士。嘉靖二十六年,任兵備道,陞湖廣布政使。

張松,河南洛陽人,進士。嘉靖三十一年,任兵備道,陞宣大總督、副都御史。

翟官,四川閬中人,進士。嘉靖三十四年,任兵備道。

許天倫,山西振武衛人,進士。嘉靖三十五年,任兵備道。

李臨陽,四川江津人,進士。嘉靖三十六年,任兵備道。

焦璉,順天涿州人,進士。嘉靖三十七年,任兵備道,陞山西行太僕寺卿。

王之臣,四川南充人,進士。嘉靖三十七年,任兵備道。

魏時,慶陽衛人。嘉靖中固原總兵。

張鎮,宣府人。嘉靖中任總兵。

張達,涼州衛人,固原總兵。

曹雄,西安左衛人。驍勇敢戰,略官都督同知、固原總兵。真鐇反,雄約諸鎮渡河討之。後拜鎮西將軍。

成勳,三屯營人。固原總兵。

袁正,太原人。固原總兵。

許經,廬州府無爲州人。固原副總兵。

徐仁,延綏人。固原右副總兵。

郭震,寧夏人。任總兵。

呂經,寧夏人。固原副總兵。

孫國臣,大同人。固原右副總兵。

李真,延綏人。固原副總兵。

張臣,榆林衛人。固原副總兵。

劉承嗣,山西振武衛人。任固原總兵,先後兩次。

董一奎,宣化人。任總兵。

楊濬,莊浪衛人。任總兵。

黃明臣,宣化府人。任固原總兵。

柴國柱,西寧衛人。任副總兵。

鄧鳳,榆林衛人。歷陞總兵。

姚國忠,宣化府人。任總兵。

尤世禄,榆林衛人。以世職歷任固原總兵。

祁繼祖,山西蔚州衛人。任副總兵。

胡光，四川雅州人，舉人。官知州。

任企賢，四川閬中人，舉人。官知州。

陳遺，遼東信陽衛人，監生。官知州。

阮師瞻，山西臨汾人，舉人。官知州。

王榮，山西文水人，舉人。官知州。

鄭璉，直隸人，舉人。官知州。

陳謨，山西寧縣人，舉人。官知州。

范岡，直隸廣平人，舉人。官知州。

江化鰲，直隸霸州人，舉人。官知州。

牛希尹，山西長治人，舉人。官知州。

吳從周，山西安邑人，舉人。官知州。

邢汝龍，四川銅梁人，監生。官知州。

高鳳，百户智子也。嘉靖間，以原任都司領兵禦虜戰歿。加陞指揮僉事，世襲其職。

陳源，指揮琮子也。嘉靖間，禦虜陣亡。世宗以其累代武功，加指揮僉事，蔭襲優隆。

趙瑛，以都指揮體統行事。

周繼勳，十年，以都指揮體統行事。

孫仁，榆林衛人。以都指揮體統行事。

玶節，以都指揮。

殷顯祖，二十四年，以行指揮事。

田世威，二十五年，以行都指揮，陞興武營協同。

施霖，三十年，以行都指揮事，陞陝西都司僉書。

劉堂，三十二年，以行都指揮事，升寧夏參將。

何堂，三十三年，行都指揮事。

孟寀，三十四年，以行都指揮事。

魯聰，綏德衛指揮。三十五年，以行都事任陞寧夏遊擊。

劉世貞，三十七年，以行都指揮事，陞西路遊擊。

楊津，三十八年，以行都指揮事，陞中路遊擊。

楊餘慶，三十九年，以行都指揮事，移駐鎮戎。

張愷，都指揮僉事，任蘭州守備。

黃海，指揮使，陞都指揮僉事。

王佐，爵子，陞指揮僉事。

楊信,甘肅鎮守。

黃振,寧夏鎮守。

楊文學,指揮僉事任河州守備。

李臣,都指揮使,岷州守備。

蕭鎮,指揮僉事,寧夏都司。

張絃,指揮僉事,岷州守備。

徐源,指揮使,歷陝西都司僉。

陳源,千户,陞紅城守備。

吳彥林,千户,陞靖虜守備。

徐敏,千户,陞西古城守備。

趙邦,指揮同知,陞榆林高家堡守備。

陳良、趙恩、黃賓、曹雲、盛功、蕭勳、郭祥、甘相、張朝、王朝、胡楫、李勇、黃詔,以上十三名俱指揮同知僉事。

朱珍、李寧、賀璋、趙相、唐相、任相、陳浩、張守臣、陳準、保繼祖、阿振、梁鳳、單滋、薛守謙,以上十四名俱正副千户。

柳芳、劉芳、王仁、方策、傅霖、蔣仁、蔣鎮、馬震、王雲、高鑑、尚斌、劉繼光、張錠、景陽、劉福、劉禹、李讓、馬玄、張諫、仇鳳、徐欽、馬恩、李珍、謝陞、徐泰、賀朝,以上二十六名俱實授千户。

萬和、韓爵、翟勳、王玉、趙斌、翟昇、田埜,以上七人俱守禦千户。

李承宣,山東人,監生。官監收同知。

孫爵,山西壽陽人。吏員,官監收同知。

范守義,河南汲縣人,監生。官監收同知。

孫守直,山東登州人,監生。官監收同知。

龔天騏,南直隸盧州人,監生。官監收同知。

陳永壽,直隸獻縣人,監生。官監收同知。

李胄,南直隸宜興人,監生。官監收同知。

劉漢卿,四川人,監生。官監收同知。

盧汝元,江西人,監生。官監收同知。

畢拱極,直隸人,監生。官監收同知。

沈雲沛,浙江人,監生。官監收同知。

吳固士,四川人。拔貢,官監收同知。

顏似葵,四川巴縣人,監生。官監收同知。

張拱立,河南閿鄉人,監生。官監收同知。

以上係弘治至崇禎同知。

郭英，直隸宣化人，監生。官固原州吏目。

張鼐，山西朔州人，監生。官固原州吏目。

盛景，山東萊州人，監生。官固原州吏目。

李逢陽，山西石州人，監生。官固原州吏目。

李玉，山東歷城人，監生。官固原州吏目。

馬昺，山東濟寧人，監生。官固原州吏目。

王一鳳，山西太原人，監生。官固原州吏目。

侯康國，山西文水人，監生。官固原州吏目。

吳希賢，江西南昌人，監生。官固原州吏目。

羅應時，直隸通州人，監生。官固原州吏目。

蔡如茞，直隸薊州人，監生。官固原州吏目。

張朝志，山西曲沃人，監生。官固原州吏目。

以上弘治至崇禎吏目。張朝志止，共二十八人，均爲弘治及崇禎間吏目。

王崇古，字學圃，山西蒲州人，進士。隆慶元年，以兵部右侍郎任總督，凡三年。花馬池防秋，遣將兜剿，大獲奇捷。歷兵、刑二部尚書，諡襄毅。

王之誥，湖北石首人，進士。隆慶四年，任總督。

戴才，字子需，直隸滄州人。隆慶五年，陞都察院右都御史、總督。在任時以墾荒田、簡將士、修書院爲先務，民皆感頌。萬曆初，掌南京都察院事。

石茂華，山東益都人，進士。萬曆二年，授總督，屢有遷調，凡三履斯任。奏甕磚城、建尊經閣、城南書院，置學田。設昭威臺於東城，以望邊烽。開城北暖泉入清水河，濟民汲食。州人頌德弗衰，申請入名宦祠。

董世彥，河南禹州人，進士。萬曆五年，任總督。

郜光先，山西長治人，進士。萬曆六年，以右僉都御史任總督。旋奉諱去官，十一年復任。陞兵部尚書，加少保。

高文薦，四川成都人，進士。萬曆九年，任總督。

梅友松，四川內江人，進士。萬曆十七年，任總督。

張剛，榆林衛人。多謀善戰，料敵無遺策，邊寇畏之。以世襲指揮，歷陞固原總兵。

王撫民，延安衛人。指揮使嵩山逋寇爲亂，甫至境，撲滅之。火篩聞其威令，不敢犯邊者數年。以固原總兵遷右軍都督同知。

景登第，山西安邑人，舉人。萬曆初官知州。在任十一載，振興學校。凡民間聰穎子第，無力讀書者，備選之，專一義塾，得受培植。每獲竊賊，必多方勸導，使莠者爲良,治績稱最。至持己儉約,尤有古循吏風。

尤繼先,榆林衛人。善騎射,愛士卒。任固原總兵時,虜不敢犯界。卒加太子太保,軍中咸哭,西向而祭。

李昫,固原衛人。任副總兵,鄉里榮之。

楊樹寧,河南祥符人,進士。萬曆十八年,任兵備道,後陞貴州巡撫、寧夏巡撫、宣大總督。政績稱最,人服其廉。

吳鴻功,山東萊蕪人,進士。萬曆中,任兵備道,愛士興學,捐貲補葺書院。卓然民表,時以宿儒推之。陞布政使。

蕭如薰,延安衛人。好義潔己,敬士恤民,任總兵署都督同知。其祖漢,父守奎,兄如芷、如蘭、如蕙,均官總兵,有政績。一門名將,當時豔羨,亦古今所罕有也。

管一方,山西中屯衛人。任總兵,潔己恤貧,民頌其惠。

葉夢熊,字男兆,廣東歸善人,進士。萬曆二十二年,以甘肅巡撫討寧夏逆寇有功,陞總督。巴拜之變,力戰平之,旋陞兵部尚書,改南工部尚書。

徐昌會,字際卿,別號五管,廣西臨桂人,舉人。萬曆二十三年,官知州。有文名,長兵略,治聲播於鄰郡。在任興利除弊,吏胥憚服。創修州庫,悉捐廉爲之,不擾不略。公餘,著《握機橐鑰》《四鎮邊防》《封關一九》《河西囊括》諸書。[10]至於決獄嚴明,尤有神君之頌。

魏學曾,字惟貫,涇陽人,進士。萬曆二十九年,任總兵,以功加太保。直亮清正,有古大臣風。巴拜叛,設謀保城。乃以被誣逮職,時論深惜之。

鄭洛,萬曆中爲總督,撫恤回番,邊功有效。

李汶,字次谿,直隸任邱人,進士。有文名,清廉自守。萬曆中,任總督,適寇擾南川,遣兵大勝,獲頭目巴都爾恰。與兵備使劉敏寬議撫番之策,番以氈、皮、牛、羊易我米穀,民利賴之。陞兵部尚書、左柱國,加少傅兼太子太師。

徐三畏,直隸任邱人,進士。萬曆三十四年,任總督,以功加少保。

顧其志,長洲人,進士。萬曆間任總督。

龔應祥,遼東人,舉人。萬曆中官知州,善能治盜,具幹濟才。鄉民有魏姓兄弟相訴,積數年不能平。應詳甫下車,鞠之,援古人孝友典實,反復勸諭,訴者皆下淚,各自引咎,遂解,復共炊焉。由是治聲卓然。

王汝爲,山西河津人,舉人。萬曆中官知州。廉潔自持,好學重士,常召諸生於庭,示以程朱宗派,有龍門講學之致,被教澤者稱濟濟焉。

徐雲逵,直隸遷安人,進士。萬曆三十三年,任兵備道,在官四載,重士恤貧。去後民思之。陞按察使。

　　黃嘉善，[11]山東即墨人，進士。萬曆三十九年，任總督。創修學宮，以振文風。禦寇屢捷，回番翕服。在邊陲十五載，俘獲甚眾。加太保。

　　劉尚林，河南信陽人，進士。萬曆三十九年，任兵備道。籌劃邊防，恩威交孚，而尤善於治盜，人多稱頌。

　　儲至俊，湖廣靖州人，拔貢。萬曆中官知州，有政績。

　　董國光，山東滕縣人，進士。萬曆四十一任兵備道。重視學校，捐廉補修欞星門、泮池、牌坊三座，廡殿煥然。與總督劉敏寬分輯《州志》上、下二卷，政績有足徵者。

　　劉敏寬，山西安邑人，進士。萬曆中以延綏巡撫官總督。所至簡兵蒐乘，備儲糈，善城堡，料敵如神，有奇勝者三十餘戰。與諸將推心置腹，與諸生談道論文。陝民爲立生祠以祀之。在總督任與兵備董國光修志，分上、下二卷，以餉後人。

　　劉汝桂，直隸昌黎人，舉人。萬曆四十四年官知州，在任捐廉刊修《州志》上、下二卷。

　　劉應聘，南直隸懷遠人。萬曆間任總督。

　　李起元，直隸南河人。萬曆間任總督。

　　李從心，直隸南樂人。萬曆間任總督。

　　王之寀，山西蒲州人。萬曆間任總督。

　　史永安，山東武定人。萬曆間任總督。

　　張赤心，山西絳縣人，監生。萬曆四十四年，官監收同知。善楷法，爲東山書佈施碑，秀整有致。惜其石已剝落，然偶露點畫，精采猶存。

　　李廷儀，山西霍州人，進士。萬曆初，任兵備道。十六年，陞都察院右僉都御史、甘肅巡撫。

　　劉廣業，河南洛陽人，進士。萬曆中，任兵備道，陞按察使。

　　張舜命，河南商城人，進士。萬曆三十八年，任兵備道。

　　鄧榮武，甘州衛人。萬曆四十四年，官西安州遊擊。

　　楊楫，河南商邱人，進士。萬曆中，任兵備道。

　　岳思忠，河南人。官知州。

　　洪恩，四川成都人，舉人。官知州。

　　石堅，山西介休人，監生。官知州。

　　張洪，山東曹縣人，舉人。官知州。

　　嚴玘，河南陳州人，舉人。官知州。

　　張經，山東濱州人，舉人。官知州。

王龍，直隸束鹿人，舉人。官知州。

趙承祖，山西介休人，舉人。官知州。

范昂，雲南太和人，舉人。官知州。

孫紹卿，山西代州人，恩貢。官知州。

郭三仁，山西蒲州人，舉人。官知州。

丁永嶸，山東范縣人，舉人。官知州。

丁律，直隸保定人，恩貢。官知州。

成己，山東人，舉人。官知州。

張栴，山西安邑人，舉人。官知州。

陳鳴熙，福建晉江人，舉人。官知州。

李永芳，山東人，舉人。官監收同知。

武之望，陝西臨潼人。泰昌初，任總督。

李芳，綏德衛指揮。任固原遊擊，戰死，立祠祀之。

李春光，山西解州人，進士。天啟中，任兵備道。

馮舜漁，山西蒲州人，進士。天啟中，任兵備道。

馮從龍，四川人，舉人。任兵備道。

徐節，山西臨汾人，進士。任兵備道。

党馨，山東益都人，進士。任兵備道。

陳奇瑜，山西保德人，進士。崇禎延綏巡撫，官總督，清介有守。當其爲陝西布政使時，有羨金二萬，適陝西大饑，瑜盡出所給以賑濟，全活無算。歷治陝西、山西、河南、湖廣、四川軍務。旋以治邊稍懈，奉命以洪承疇代之。

楊鶴，字修齡，湖廣武陵人。崇禎初，任總督。

康守虛，崇禎初官知州。創修東山菩薩院，捐廉助工。並修茶庵十餘所，使登山者渴而飲之。邑紳陳舜典爲文勒石，惜其石已殘剝矣。

盧應麟，崇禎初官知州。在任捐廉修太白祠，遺蹟猶存。

高從龍，榆林人。任固原參將。崇禎中調征流寇，行至三原，遇賊戰死。諡忠勇。

唐調鼎，武驤衛進士，爲西安州遊擊。崇禎末，率兵防守固原。中軍董千總與寇通，開城納之，大肆擄掠。調鼎聞警，計擒董弁及首謀數人，勒兵進剿，群盜授首，民賴以安。

丁啟濬，河南永城人。崇禎初，任總督。

傅宗龍，字仲綸，雲南昆明人。崇禎初，任總督。

汪喬年，字歲星，浙江遂安人。崇禎初，任總督。

孫傳庭，字伯雅，山西代州人。崇禎初，任總督。

陸夢龍，崇禎中，任兵備道。

石崇德，字俊吾，狄道州人。以襲職官金鎖關守備選，著戰功，陞固原鎮左營都司。崇禎中，流寇擾隆德，固原震動，崇德隨兵備道陸夢龍出兵禦之。賊蝟集，官軍單寡不能敵，遂被圍，與陸兵備併力戰死，贈副總兵，以優恤之。

鄧玉，固原總兵兼都督僉事。

楊英，固原總兵兼都督僉事。

侯勳，固原總兵兼都督同知。

劉准，宣府衛人。固原總兵。

鄭卿，寧夏衛人。固原總兵。

魯經，莊浪衛人。固原總兵。

楊麒，崇禎初，任固原總兵。

劉國棟，甘州衛人。任固原副將。

吳繼祖，靖虜衛指揮、中軍副總兵加都督。

薛永壽，直隸錦衣衛人。左營遊擊。

王世欽，榆林人。右營遊擊。

保國祚，平涼衛人。左營都司。

余德榮，西安衛人。下馬關參將。

清

孟喬芳，孤竹人，字心亭。滿洲籍，由刑部右侍郎、右副都御史總督三邊軍務。順治二年到任，七年，以西平叛回，加陞兵部尚書。任內以奠安西北為己任，而數千百萬生靈席福尤深。在生之日，人民愛戴，立生祠於東嶽山巔，祈祿位長生，以崇德報功。至其捐金重修東嶽廟，猶餘事也。

遲士玉，進士，順治四年，選授知州。在任時，捐廉百金，與都督李公茂合力修理南關城武廟。

潘雲程，舉人。順治五年，選授知州。在任五年之久，政績卓然。捐廉修理白雲觀等處，與都督李公茂共襄盛舉。

郭之培，直隸任邱人，進士。順治九年，授知州。愛士恤民，甄錄殉難節孝，以振習俗。

王進寶，字顯吾，甘肅靖遠人。以行伍起家，順治初隨征湖南、貴州、西羌等處，戰功稱偉，累擢至西寧總兵。康熙十四年，討叛將王輔臣之亂，出奇制勝，授固原提督兼攝固原總兵，領西寧印務，加二等男，晉一等男、奮威將軍。勇略冠群臣，西陲資為砥柱。十九年晉子爵。二十三年，以疾乞歸，特命太醫診治之，並調其子用予爲甘肅總兵以便侍養。二十四年卒,賜諡忠勇,加太保,世襲子爵。祀賢良祠,祭葬如例。提督移駐固原,自將軍始。

劉國寧,順治間任中軍副將。

竇應時,順治間任中營遊擊。

李錫貞,順治間任中營遊擊。

祖澤厚,順治間任左營參將。

閻潤,順治間任遊擊。

郭俊,順治間任右營參將。

范可法,順治間任遊擊。

李敬御,順治間任遊擊,加左都督。

白際昌,順治間任遊擊。

曹志,陝西榆林人。順治七年,任城守參將兼副將,十三年復任。

黄洲,宣化府人。順治十一年,任參將。

王國柱,甘肅秦州人。順治十四年,任參將。

蘇木代,廣寧人。順治十七年,任參將。

姚積興,順治間任中營旗鼓守備,兼左右營旗鼓事。

王懋德,順治間任監營都司。

王登奎,順治間任監營都司。

王用佐,順治間任固原城守信官。

張鵬翮,順治間任固原衛掌印守備。

吳秀芳,康熙初進士,於三十一年,選授知州。以東嶽山道路崎嶇,與都督何公傅捐廉,率隊開鑿平整,至今拾級來遊者,咸稱利便。

郝全善,滿洲人。康熙初,任固原標前營遊擊。從奮威將軍王進寶討吳逆,戰於永寧,被執不屈,絕食六日而死。賜恤如例。

鄭榮,康熙初,任參將,加左都督,世襲拖沙喇哈番。

惠占春,直隸永平人。康熙八年,任參將。

陸元文,京衛人。康熙十三年,任參將。

尚宣,陝西長武人。康熙十五年,任參將。

沈揚,福建人。康熙二十二年,任參將。

唐納欽,廣西灌陽舉人。康熙十五年,由渭南知縣卓異陞授知州,持心平恕,民有愷悌之歌。

素丹,滿洲正黃旗人,三等男裴雅斯哈之子也。康熙十年,以襲爵授護軍參領。二十九年,隨裕親王征噶爾丹於烏蘭布通,中箭傷,復駐防寧夏、蘭州等處。

雍正元年，隨撫遠大將軍年羹堯征青海羅卜藏丹津，與岳鍾琪會剿於哈拉濟滿，斬獲甚衆。二年，授正黃旗都統兼署固原提督。七年，卒于涼州，賜謚勤僖，祭葬如例。《王志》按：①"乾隆時《通志》作'蘇丹，正白旗人'，今依《名臣傳》改正。"

潘育龍，甘肅靖遠人。初以隨征湖廣茅麓山匪有功，補把總。康熙十四年，剿叛將王輔臣於平涼及山水、淳化、慶陽諸路匪，悉平。復轉戰四川大竹等縣，防剿噶爾丹。積功，擢肅州副將、天津總兵。以中礮傷，奉召遣醫診視。四十年，擢固原提督，會聖駕西巡駐渭南，調閱固原標兵弓馬，加鎮綏將軍。五十八年卒，賜謚襄勇，加少保，祭葬如例。至其在官時特賞匾額、裘馬、綢緞諸事，猶例典耳。

王朝海，甘肅臨洮人。康熙十五年，任參將。

李國鑑，陝西榆林人。康熙十五年，任遊擊。

王珍，甘肅臨洮人。康熙十五年，任參將。

劉廷傑，甘肅甘州人。康熙十六年，任遊擊。

王一爵，甘肅靖遠人。康熙十九年，任遊擊。

李日榮，甘肅臨洮人。康熙十九年，任遊擊，擢副將，以功加右都督。

楊岱，康熙間任城守營都司，管中軍守備。

吳伯，康熙間任固原衛掌印守備。

潘繼賢，康熙間兼署掌印守備。

王萬祥，甘肅臨洮人。康熙十九年，任參將。

林永泰，福建漳浦人。康熙二十二年，任遊擊。

吳起鵬，固原人。康熙二十二年，任遊擊，旋擢副將。三十二年，任參將。

馬玉，山東濟寧人。康熙二十二年，任遊擊。

李進御，順天人。康熙二十二年，任遊擊。

王芝秀，康熙間任左都督、中營守備。

吳果，康熙間任左都督、前營守備。

郭友德，康熙間任左都督、後營守備。

莊明亮，江西饒州人。康熙二十三年，任參將。

楊宗道，陝西人。康熙二十四年，任參將。

何傅，福建福清人。康熙二十五年，授固原提督，署都督同知。在任七年之久，謀勇兼備。治軍之暇，嘗登東嶽山，以嶺路崎嶇，民艱跋涉，與知州吳秀芳慨然捐廉，開鑿平坦，俾行者無傾仆之患。其餘如葺城垣、嚴塘汛，迄今猶多追念遺功者。

---

① 參見《宣統固志》卷三《官師志二》。

張林,甘肅寧夏人。康熙二十六年,任遊擊。

鄭雲,福建人。康熙二十六年,任參將。

王成香,康熙間任左都督、左營守備。

馬見伯,甘肅寧夏人。康熙三十年武進士,隨征噶爾丹至洪敦羅阿濟爾罕,叙功累擢至太原總兵。疏請禁藏鳥槍、武闈試策等事,均如議行。調天津總兵,適策妄阿喇布坦叛,奉命督師協剿。五十八年,擢固原提督。次年,隨貝子延信,率兵進藏。既凱還,行至打箭爐病卒,賜祭葬如例。

李林隆,奉天鐵嶺衛人。康熙三十一授固原提督,治軍嚴峻,聲震西陲,在任七載。其弟林盛於三十七年繼其任,待士卒以寬,弟兄先後專閫齊名,亦可柳營盛事也。

王成智,甘肅靖遠人。康熙三十二年,任遊擊。

楊麒,陝西榆林人。康熙三十三年,任遊擊。

王順,福建漳浦人。康熙三十四年,任遊擊。

潘之善,甘肅靖遠人,襄勇公從孫也。初隨任於肅州軍次,康熙三十五年,從征噶爾丹於昭莫多,中火氣傷。

池鵬進,山西人。康熙三十五年,任參將。

張岳,陝西延川人。康熙三十六年,任參將。

徐英,甘肅平凉人。康熙三十六年,任遊擊。

孫文標,江南江寧人。康熙三十六年,任遊擊。

羅得勝,順天人。康熙三十七年,任參將。

杜汝崑,山凱撒州府人。康熙三十九年,任遊擊。

王朝輔,甘肅甘州人。康熙四十年,任參將。

唐汝穎,江南人。康熙四十年,任遊擊。

張洪義,山凱撒州府人。康熙四十一年,任遊擊。

張自興,山西平陽府人。康熙四十一年,任遊擊。

李時學,甘肅臨洮人。康熙四十二年,任遊擊。

王瑞,甘肅靖遠人。康熙四十四年,任遊擊。

路振聲,西安人。康熙四十三年,任遊擊。

談象鼎,甘肅渭源人。康熙四十三年,任參將。

鄭明,甘肅寧夏人。康熙四十五年,任參將。

曹栻,江蘇人。康熙四十五年,任遊擊。

宋之瀛,甘肅臨洮人。康熙四十五年,任遊擊。

趙弘基,陝西咸寧人。康熙四十六年,任遊擊。

葉蘭惠,固原人。康熙四十七年,任遊擊。

楊明,甘肅寧夏人。康熙四十九年,任遊擊。

余起蛟,甘肅肅州人。康熙五十年,任遊擊。

馬英,甘肅寧夏人。康熙五十一年,任參將。

程巨勝,西安人。康熙五十二年,任遊擊。

翁承祖,西安人。康熙五十三年,任遊擊。

陳俊,鑲藍旗漢軍。康熙五十三年,任參將。

張世奇,陝西榆林人。康熙五十三年,任遊擊。

紀廷樞,陝西人。康熙五十三年,任遊擊。

姚大成,甘肅甘州人。康熙五十六年,任參將。

金國正,甘肅寧夏人。以行伍積功,官花馬池副將、大同總兵。康熙五十九年,署固原提督。

噶爾弼,滿洲鑲紅旗人。[12]以前鋒參領歷任各旗都統。康熙五十八年征準噶爾,授定西將軍。雍正元年,署固原提督。

馬紀勳,甘肅寧夏人。康熙五十九年,任遊擊。雍正二年,任參將。

李麟,陝西咸陽人。始隨勇略將軍趙良棟征四川、雲南等省,繼隨振武將軍孫思克征噶爾丹,終隨平逆將軍延信征策妄阿剌布坦,並護送第六世達賴喇嘛進藏,積功至登州總兵。康熙六十年,授固原提督,加右都督,授騎都尉。

曹勸,直隸河間人。康熙五十年,任遊擊。

高金,陝西長安人。康熙六十年,任參將。

馬自忠,甘肅鞏昌人。康熙六十一年,任參將。

汪建侯,西安人。康熙六十一年,任遊擊。

楊盡信,貴州咸寧人。雍正元年,署固原提督。

郎兆龍,河南人。雍正初武狀元,改藍翎侍衛,任後營中軍守備。平日能文,有爲邑紳撰銘可考。

王緒級,固原人。雍正元年,任遊擊。

何文琦,浙江嚴州人。雍正元年,任參將。

張存孝,太原人。雍正二年,任遊擊。

任舉,山西大同人。雍正二年武進士,署延綏柏林堡守備。調赴巴里坤駐防,應援有功。乾隆七年累擢提標左營遊擊。十一年冬,中營兵童文耀、賈世忠等以索餉謀叛,夜劫提轅。舉聞警登鼓樓,傳隊搜捕,手刃十餘級,生擒四十餘,賊亂以平。嗣授西鳳營參將、重慶鎮總兵。後殉於石城,賜諡勇烈,祀昭忠祠。照提督議卹,祭葬如例。

李質粹,正白旗漢軍。雍正二年,任遊擊。

楊啟元,甘肅寧夏人。雍正三年,署固原提督。

馬煥,固原州人。雍正三年,署固原提督。

姚文玉,正藍旗人。雍正三年,署固原提督。

席國芳,直隸大名人。雍正四年,任遊擊。

楊玉,甘肅西寧人。雍正四年,任遊擊。

王緒級,固原人。雍正四年,任參將。

路振揚,陝西長安人。雍正四年,任固原提督。

傅清,鑲黃旗人。以藍翎侍衛擢副都統。雍正五年,授天津總兵。十四年由古北口提督調固原提督。尋赴西藏,會辦朱爾墨特木劄勒與達喇嘛起釁事。乃與拉布敦決議剪除,召珠爾墨特木劄勒至公署,數其罪狀,手刃之。旋被害,賜諡襄烈。祀賢良、昭忠二祠,祭葬如例。

賀鼎臣,陝西興安人。雍正五年,任參將。

彭云隆,甘肅寧夏人。雍正六年,任參將。

鍾維嶽,江蘇江陰人。雍正七年,任參將。

紀成斌,甘肅平番人。雍正七年,署固原提督。

張善,甘肅寧夏人。雍正七年,署固原提督。

王能愛,固原人。雍正七年,任遊擊。

鄭廷試,咸寧人。雍正七年,任遊擊。

沙亮,山東冠縣人。雍正七年,任遊擊。

胡昌國,雍正八年,由鹽茶廳同知兼署知州,以慈惠稱。

王翰京,陝西榆林人。雍正八年,任參將。

范時捷,鑲黃旗人。雍正九年,署固原提督。

徐文舉,陝西長安人。雍正九年,任遊擊,調征西域。

姜大經,甘肅寧朔人。雍正九年,任遊擊。

鍾柱石,湖廣人。雍正九年,任遊擊。

甘文玉,安邊人。雍正九年,任遊擊。

樊廷,甘肅涼州人。雍正九年,任固原提督。

李繩武,正黃旗人。雍正十年,署固原提督。

鄭廷試,咸寧人。雍正十年,任遊擊。

楊琎,固原州人。乾隆初,署固原提督。

楊遇春,四川重慶人。乾隆中領武鄉薦,隨征石峰堡、臺灣廊亦喀有功,累官至甘州提督。嘉慶七年,調固原提督。以丁憂去官。十三年,復擢固原提督。滑縣亂，率師平之，加二等男。旋勦賊於三才峽，俘獲甚眾，晉一等男，加少保。道光五年，署陝甘總督。六年，回酋張格爾叛，督兵往討，設奇制勝。既凱還，加太保。嗣以張逆就擒，詔封果勇侯，授陝甘總督，加一等昭勇候，紫光閣繪像。十八年卒，賜諡忠武，加太傅、兵部尚書。祀賢良祠，祭葬如例。至如御賜匾額、紫韁、雙眼花翎、白金玉皿諸品，洵酬庸之懋典也。

哈攀龍，直隸河間人。乾隆二年武狀元。授花翎侍衛，旋授興化城守備，擢南陽、松潘各鎮總兵。調征金川，隨大學士傅恒夜攻色爾力嶺石卡，殺番賊甚眾。凱還擢署固原提督，授湖廣提督。調貴州提督，以病留京。旋卒，賜祭葬如例。

許仕盛，乾隆中授固原提督。

馮天祿，乾隆間任參將。

鐵保，滿洲人。乾隆十一年，任遊擊。適中營兵童文耀等以索糧謀叛，乃與任舉聞警夜間傳隊搜捕，賊奔逸出西門，遂力堵之，發手槍轟擊，俘賊甚眾，是亂以靖，洵可爲應變有方也。

周克開，字梅圃，湖南長沙人。乾隆十二年舉人，選授隴西知縣。二十五年，卓異陞授知州。擢貴陽知府、江南糧道。在固時禁私錢，興書院，民僉德之。生平無私蓄，故當時稱廉吏者，必曰周梅圃云。

賈聖檜，乾隆十三年，選授知州。有文名。

馬虎，甘肅武威人。乾隆二十六年，任遊擊，累洊湖北襄陽鎮總兵。後殉難於達爾圖山梁大碉，祀昭忠祠。

田霙，三原縣人。武進士，乾隆間任遊擊。

虎友志，乾隆間任守備。

郭昌泰，湖北襄陽人。乾隆三十八年，選授知州。在任時捐廉修理太白山祠，民不爲擾。

豆斌，固原州人。乾隆中兩任固原提督。

高人傑，甘肅西寧人。武進士，授藍翎侍衛，乾隆四十八年，歷官至遊擊，擢蘭州城守營參將。

楊芳，字誠村，貴州松桃廳人。有偉略，通經史。入伍充書記，爲楊忠武公所知，拔把總。隨征川楚匪，俘獲稱最。嘉慶初，復征賊酋冷天祿於岳池，包正洪於大竹，追勦張漢潮餘黨，盡殲之，積功擢廣西副將、誠勇巴圖魯。既度隴，勦成縣、階州賊，冒雨力進，而繼克平利、攻廣元、收復漢南諸戰事，尤著奇績。十年，由寧陝總兵擢固原提督。旋戍伊犁，復用，歷仕至甘肅提督。以擒張格爾功，加太保、果勇侯，[13] 晉太傅，調湖南提督。道光二十六年卒，賜諡勤勇。發白金五百兩治喪，祭喪如例。至其在軍時著書十餘種，則尤允文允武者也。

翟方震,浙江錢塘人。嘉慶五年,補授知州。十二年,卓異加級。在任八年之久,捐廉創修城隍行宮。

趙宜暄,字霽園,江西人。嘉慶二十一年,選授知州。道光三年卸任。撫治八載,與民相安,能文善書,士林望之。

石生玉,字蘊山,陝西澄城人。以武童入固標,楊忠武公目爲奇士。嘉慶中隨征滑縣,與賊力戰於道口司砦。歷擢千總。適喀什噶爾逆起,率隊往剿,迭著奇功。入覲,授張家口副將,擢宣化鎮總兵。二十四年,授湖南提督,復調烏魯木齊提督。道光中,調固原提督,旋以疾乞歸。

張鈺,嘉慶間任守備。

王昇,道光五年,任守備。

程棟,安徽休寧人。道光六年,署知州,九年再署。嗣陞補斯缺,計前後履任三次,凡七載,並兼署鹽茶廳同知。籌修上帝廟,捐廉三百金以助之,民懷其惠。

羅文楷,道光八年,由渭南知縣陞署知州。捐廉三百金,助修上帝廟工程。有潔己樂善之譽。

陳伊言,道光十三年,由靜寧知州調署斯缺。籌修上帝廟,民款支絀,因捐廉以助,工賴告成。治民簡約。

鈕大紳,浙江山陰舉人。道光十五年,選授知州,旋以卓異加級。二十年復任,計先後在任十載。籌修義學,培植書院,生徒濟濟,大振文風。至其聽訟如神,民到於今稱之。

胡超,以侍衛歷官總兵,加勁勇捷勇巴圖魯,爲楊勤勇公諸軍將領。道光中署固原提督。在任時以捐廉修理上帝廟,民多感之。

張文魁,道光間任參將。

王維系,直隸容城人。道光二十年,任吏目。

琦齡,滿洲人。道光二十四年選授知州。在任七載,吏畏民懷,卓有政聲。

劉錫禹,直隸通州人。道光三十年,署知州,旋陞授。在任七載,爲政清平,遺愛在民。後其子湛官知縣,權靈州,殉於陣。時人以父廉子忠稱之,洵宦鄉盛美也。

托克清阿,字凝如,滿洲正藍旗。山西駐防,舉人。以知縣分甘,歷署撫彝、巴燕戎格、皋蘭各廳縣。咸豐六年,署知州。在任二載,日坐堂皇,負者稱平,一時有托青天之頌。旋授秦州,會賊犯連花城,乃自率團勇以禦賊。礮發中右目,殉陣,特旨優卹,予諡剛烈。秦州建專祠祀之。

沈玉遂,字翰青,湖南湘鄉人。咸豐初,以武童從征江西陰崗嶺、羅坊、太平墟等處,峽江、宜黃、崇仁、信豐並廣西井研等縣,所戰有功,洊守備。同治初,帶隊援蜀，解眉州、綿州各城圍，累晉總兵。左文襄公奏調治河湟軍，克太子寺各匪巢，授河州鎮總兵、喀爾莽阿巴圖魯。光緒十年，署固原提督。在任三載，修理城堞暨慶祝宮工程。軍政嚴肅，民多頌之。附祀昭忠祠。

馬德順，字佑安，河南洛陽人。咸豐初，以征髮捻各匪，稱爲名將。擢浙江各處州鎮總兵、碩敦巴圖魯。同治初，左文襄公檄調來甘，以肅清回逆爲己任，每戰必先。進攻西安堡，即今海原西安州地。率馬隊擊攻賊衆，窮追數十里，平毀賊巢。諸將請收隊，弗許，復率四十騎，與副將張顯、楊志益奮歷行。至劉家井，見一賊持矛來迎，一賊搴旗尾後。德順發槍，持矛賊落馬旋躍起馳去，獲搴旗賊。詢之，知持矛賊乃白彥虎也。乘勢猛追，乃伏賊突起，被亂矛所刺者七創，德順猶格殺數級，力竭殉於陣。賜諡武毅，建專祠，蔭襲如例。其幕友金部郎熙彬同遇害。

賈元濤，山東進士。咸豐九年，署知州。在任二載，有幹濟才，書役畏服。其時回匪漸有蠢動，潛行煽惑。因集城鄉漢民，籌辦保甲團防，悉合機宜。回匪以稱謀不便，觀察萬金鏞亦與之忤，因解組。而檄回籍馬維嶽陝回馬百林之侄。代其事。自此匪焰鴟張，致釀浩劫。時人以賈之去也，深惋惜焉。王學伊云：“古人所謂得一令尹，勝於十萬軍。吾于賈公亦云。”

胡枚，安徽人。咸豐間任鹽茶廳照磨。同治二年，回匪陷廳城，殺同知，枚與都司高如岡等率衆巷戰。自辰至午，賊多，力竭悉死之。事聞，優恤如例。《王志》“楓”，咸豐五年，任吏目。[1]

索文，固原州人。咸豐初，署固原提督。

經文岱，滿洲鑲紅旗人。《關隴思危錄》作“金文帶”。咸豐中，任固原提督。當十一年回匪蠢動時，適赴蘭州與制府籌商邊計。護篆者爲中軍參將景文。禍變之來，非經提督所能預料也。

鄧增，字景亭，廣東新會人。咸豐中，以武童從征英德縣藍山嶺等處，金華暨龍游、桐鄉、富陽等縣，並全閩髮逆肅清，積功洊遊擊，擢副將。同治中，左文襄公奏調來甘，領開花礮隊。攻金積堡匪巢，解西寧、肅州城圍，加總兵、伊博德恩巴圖魯。進剿烏魯木齊，昌吉、呼圖壁、瑪納斯諸路匪。光緒十一年，授伊犁鎮總兵，調西寧鎮總兵。二十二年，授固原提督，旋平海城之變。二十六年，奉召入衛。二十八年，復任。三十一年卒於官，附祀昭忠祠。

張悅，一作“張岳”。甘肅循化廳人。有膽略，熟番情。咸豐中調征髮逆，屢著戰功，擢安徽撫標右營遊擊。其行軍也好野戰，時人以李廣目之，擢大通營遊擊。同治元年，陝回叛，固原由是蠕動。適平涼請兵，悅因暫駐於固。刀出匣，矢在

---

　　① 參見《宣統固志》卷三《官師志二·國朝文職·吏目》。

弦，若待戰者，其聲威爲回族所憚，乃深嫉之。某當道得回賂，語之曰："固原諸回，近已納款，君若久留此，恐懷撫局，盍速往。"悅不得已從之，士卒縛械以行。悅持矛按轡，行九十里，經白土口，入瓦亭峽，忽伏賊數千從峽出，礮聲四發，悅倉卒無以應，竟爲賊所戕，而軍中三百人亦同殉。悅既死，漢民聞者，莫不流涕，惟回氛至此愈烈矣。事聞於朝，優邮如例，祀昭忠祠。

富克德額，滿洲人。咸豐間任遊擊。

吕興周，咸豐中，任守備。

馬維嶽，陝回馬百林之族侄也。同治元年，代理固原州知州。先是回變四起，賈元濤辦理保甲，防範甚嚴，萬金鏞藉故撤職，另委維嶽代之。二年城陷，逃至鴨兒灣，回逆殺之。

蔣方直，同治初，任知州。其時回氛遍野，日瀕於危，標兵又復空虛，迨官軍抵境，而城局已糜爛矣。八年舉辦善後，頗費經營。其幕友萬家詩爲賊戕害，忠義可風。

雷正綰，字緯堂，四川中江人。行伍，以弓馬擅勝，拔把總。隨征江皖髮逆及山東捻匪，叙功，陞梁萬營都司。旋帶隊秦隴，進剿逆回，設奇決戰，迭著偉績，薦至副將，加直勇巴圖魯，授陝安鎮總兵。同治元年，擢固原提督，留辦陝西軍務。既而率師進攻涇州、平凉、固原東西山及金積堡，俘獲巨酋，旋克之。十年，加達春巴圖魯。蒞提督任，整練防軍，籌辦善後事宜。光緒十年，奉召來京，特賞如意綢緞各珍品。旋統馬步十一營，防紮奉天鳳凰城、邊門、九連城各要轄。十二年回固原任，復以恭逢萬壽慶典加少保，晉尚書銜。二十一年，循化撤回争教，以孤軍失利，開缺回籍。計先後握提篆者二十餘年，其治軍嚴肅，固所宜然。至其捐廉培植書院，禮賢厚士，尤合古儒將風，紳民立去思碑也有以夫。

壓裕崧，四川人。《忠義録》作江蘇元和人。同治元年，以補用知府署鹽茶廳同知。廉慎自持，優於政。同治二年正月逆回陷固原，廳城戒嚴，裕崧偕照磨胡枚，登陴防守。二月初，賊力攻，内奸啟西門，賊長驅入。裕崧率團丁巷戰，力竭被執，擁至禮拜寺，遂遇害。賊入署，執其幕友四川舉人易舉索印。舉堅拒不與，亦死於難。事聞，並蒙優邮。

常志，滿洲人。同治元年，授守備，未蒞任。

張顯揚，河南人。馬武毅公部弁也，歷保副將。同治初隨攻西安堡，追賊至劉家井，殉於陣。同時死者都司張成進、董萬清、熊天起、楊雪亮、把總楊大鵬、沈鴻、徐壽喜、李大榮、姚先成等九人。賜邮如例，並於馬公附祀之。

景文，滿洲鑲黄旗人。定遠營遊擊。同治元年，署中營參將。二年正月朔日，逆回猝起，内外遊匪勾結，景文被執去署閣室中，遂遇害。賜邮如例。時同殉者中營把總周紹湯、張官揚、郭繼堂，經制蔣大勳、惠連魁，世職紀克昌、紀克耀、孫國柱、石麟、李朝剛、徐光道、宋玉鋒、鄔秉鋒、龐在清諸人。亦附請例郵焉。

福長，滿洲人。同治元年臘月，調後營遊擊，將接篆，即邁二年正月朔日逆回之變。其時由慶祝宮獻歲禮成，未及歸署，而烽火已肆熾矣。福長上馬迎堵，槍中左額而殉，其標下弁兵護其遺骸。一時被殺者則有把總馬俊、王鳳林，經制何占魁，城守營把總蒙永福，後營馬兵王昌明、韓遇源、苟茂春、常逢春、吳珍、張宗魁、王丕林、高仕和、党成富、王永清等十餘人。事聞於朝，郵典優加。

戴承恩，浙江山陰人。官固原州吏目。同治二年正月朔日，承恩諧慶祝宮行賀禮畢，回逆忽由南門湧進，猖獗殺掠。承恩回署，擬挺刃率役出禦，乃朝衣末脫，血杆猝攙，被執不屈，罵賊而死。其子繼堂，僕朱福、趙二、李興並殉。疏上，賜郵如例。

萬家詩，浙江山陰人。佐固原州幕。同治二年元旦，賊既陷城，入州署覓州官不得，執家詩逼索州印及倉庫筦鑰。家詩拍案痛詈，聲震瓦屋。賊怒，舉刀砍之，遂死。其妻妾幼子、一女三婢，皆罹於難。

萬青雲，家詩子也。官太子寺州判。同治二年，以解組來固省親。回匪既入城，劫道署。青雲帶丁役往救，遇賊，遂巷戰，被戕而死。其妾亦自縊。

恒善，蒙古鑲白旗人。候補縣丞。同治二年城陷時，僑寓於此，被戕而死。其眷屬亦同殉節焉。

劉莆田，字葭卓，湖南寧鄉人。總兵、赫勇巴圖魯。同治初，隨提督周紹廉運餉駐同心城。偵者忽報逆首白彥虎率隊來撲。莆田亟迎頭擊之，斬首數十級，以無應援者殉於陣。賜郵如例。越一年，紹廉復至同心城。遇乘馬也，馬哀嘶不已，視之，乃莆田所乘馬也，知爲賊。鞠之，得莆田屍於枯井中，齒牙豁如，蓋遇害時罵賊被鑿也。遂磔是賊以祭之。

施鵬，陝西定邊人，撫標參將。同治初，因事逮職。雷少保檄領步隊伍五百人，屢戰有功，復原官。旋以鹽茶廳即今之海原縣。圍急，提督曹克忠遣鵬往援。乃至鴉兒溝，突遇群賊蜂擁而來。鵬奮擊之，忽礮中左肩，猶裹創血戰，手刃數級而歿。賜郵如例。或云爲鴉兒溝逆目田姓所害。

常守仁，甘肅甘州人。歷保提督。同治二年，借補遊擊，歷署中營參將，靖遠營副將、西鳳營參將、馬營遊擊，迭見遷職，計先後補斯任者二十餘載。其處事一切精明練達，迄今寅僚中多稱許之。

莫爾庚布，滿洲人。同治二年，任遊擊。

程興發，安徽潛山人。同治初，隨征廬州襄河、陝西高陵、周至大峪山等處，迭破賊巢。轉戰山東、直隸捻土各匪，積功洊副將。雷少保重其材勇，檄攻金積堡、寧靈、巴彥戎格諸路，手擒巨酋。左文襄公薦之，特恩晉總兵、力勇巴圖魯。光緒二年，借補遊擊，在任整頓標務，訓練勤能。十七年，權靜遠協副將。二十年，禦於于海原，民賴以安，旋復任。二十七年，卒于官。

朱殿雄，同治二年，任守備。

恒泰，滿洲人。同治四年，以陝西參將代理提督印務。

袁建業，甘肅中衛人。同治中補守備，未蒞任。

張行志，字雲亭，陝西蒲城人。同治八年，以武童從左文襄公軍征新疆南北兩路有功，拔把總。光緒初，董少保檄帶兵隊防戍邊疆，勞勳卓然，進擢守備。二十一年甘肅回亂，與董少保治軍河湟，督開花礮營，百發無一虛者，立解河洲、太子寺各城圍，洊副將、勵勇巴圖魯。二十三年，協統甘軍馬步各營，加總兵。旋以奉召入衛，領武衛軍營務處。二十六年隨兩宮西狩，授九江鎮總兵，領志勝軍，特頒白金六百兩以犒軍士。旋調西寧鎮總兵，辦理古哇要案，漢番悅服。三十一年，擢固原提督，領常備軍。在任建修火藥局、六營小學、東南城垣、上帝廟，允爲文武兼資。至其駐防直隸時，迭蒙恩賜克食、如意、綢緞、香茗、貢米各珍品，洵足爲諸軍之冠。《書》曰：①"德懋懋官，功懋懋賞。"殆信然歟！

阿拉金，鑲紅旗人。同治八年，陞任參將，十二年卸篆。

劉宗璋，湖北黃陂人。由行伍歷任總兵加提督銜。同治八年，借補遊擊。光緒二年蒞任，迭有調遣。

魏高騫，湖南人。同治九年，代理知州。

王有慶，湖南人，歷保副將。同治初駐防隆德、固原境內，司饟運。以探賊巢路徑，與同軍李松林均被戕於野雞峴。其時隆德縣令周其俊亦與難焉。

熊觀國，四川人。以軍功保花翎副將。同治四年，隨雷少保正綰，由開城進攻州城，取道西南城下。時逆回馬得力等猛鷙，飛石擊丸，聲動山谷。諸將如李廣珠、劉大貴等，咸稱奮勇，惟觀國尤爲驍勁。語軍中曰："今日之舉，背城一戰耳。"遂肉搏猱升，力奪卡隘，旋進步，旋被創，受矛刺者十餘傷，而觀國弗顧也。比登陴拔賊幟，忽礮中頭顱，隕於城下而死。同死者都司陳廷高、把總郭鳳林。觀國既殉，李廣珠等忿不可遏，遂勇進，而固城報克。疏上，奉旨郵贈觀國以總兵，建專祠。陳、郭二將，附祠如禮。

田景泰，河南人。同治初即任固原城守營遊擊。六年冬禦賊於五里舖，鏖戰三晝夜，力竭而殉。千總張鵬飛，四川人，亦同陷於陣。賜郵如例，昭忠祠附祀之。

---

① 參見《尚書·商書·仲虺之誥》。

塔思哈,滿洲人。同治九年,署遊擊。

楊德明,湖南人。由行伍歷保副將,同治九年,署遊擊。

郅文明,河南人。歷保遊擊,同治九年,署遊擊。

蕭明才,湖南安化人。同治十年,代理知州。

黃承荃,湖南益陽人。同治十年,署吏目。

雷豫勳,四川南江人。由行伍歷保遊擊,同治十年,備補守備。

王雲鵬,字翼翎,湖南寧鄉人。累保花翎遊擊,智勇兼備。同治八年,爲提督周紹廉巡捕官。九年秋,降酋馬天法復叛,殺提督丁賢發。紹廉往撫之,雲鵬力諫弗聽。比至滿四堡,天寒士饑,衆方謀炊,賊猝至,我軍未及陣敗退。紹廉馬僕不能行,雲鵬以所乘貽紹廉而徒走從,屢蹶傷足,泣告紹廉曰:"鵬從公十數年,今至此,犬馬之力竭矣。請公速行,他日幸收吾骨也。"言畢坐道旁,賊至殺之。事聞,優邮如例。

丁賢發,字良臣,湖北孝感人。由軍功累保提督,欽賜伊勒達蒙額巴圖魯勇號。同治九年,統宣威三營,守韋州。時降酋馬伯森守預旺,多騾馬。賢發因糧不繼,督帶中右兩營如預旺,借資餉運。命大隊駐黑風溝,距預旺僅二十里。自率副將楊正華等十餘騎,既入城,降酋馬天法疑其將殺己也,立叛。賢發與戰,肘受礮傷。正華從之,身無完膚,猶手刃數賊而死。惜乎寡不敵衆,且深入巢穴,正華及弁勇等均殺傷過當,遂遇害。賊騎出,而大隊在黑風溝者又疑其來迎賢發而失道也。我軍且戰且走,死者又百餘人。詳《忠義錄表》。事聞,優邮如例。

潘錫齡,湖南寧鄉人。歷保花翎留浙補用遊擊。勇敢樸誠。同治九年回亂,殉於平遠之王家團莊。事聞,賜邮如例。

高如岡,山西繁峙人。咸豐中由武舉授千總,歷陞鹽茶營都司。同治元年,以疾解任,聞陝回猖亂,警報日急,留廳爲死守計。二年二月,逆回撲城,都司趙喜率兵出戰,如岡力疾登陴,與同知莊裕松督團堅守。會喜兵爲賊所敗,賊蟻附登城,如岡奮力堵擊,殺悍賊十餘名。已而賊愈衆,遂戰死。時年逾七十。其子武生莘中及其婿附生張守一,均隨如岡巷戰,惜衆寡不敵,同死之。事聞,並蒙優邮。

魏紀鋆,字堅甫,湖南邵陽人。歷保花翎、湖廣補用總兵、硜色巴圖魯。同治九年,管帶武威前營,駐防海城,奮勇蕩抉,擒斬賊目甚多,民賴以蘇。十一年,往剿環縣逆回,殉於陣。同時遇難者湖南宜章人參將楊石泰、湖北鄖西人都司喬秉祥、江西安康人都司蕭國才、湖南益陽人千總陳明道、湖北鄖縣人把總瞿正奎,及陝西撫回陝得榮等六人。事聞,均賜邮如例。

荀得洪,四川德陽人。同治二年,投湘果營,剿陝甘回匪,累功保總兵。七年,統領蜀軍黃鼎以所部攻金積堡,德洪請從,嘗奮身爲諸軍導。八年九月十八日,禦賊於打拉池,督隊猛擊,受傷陣亡。事聞,優卹如例。初,德洪父興禄早喪,母李氏爲娶婦生子有基。德洪死,母年六十餘,有基襲世職,奉祖母以終其年。

左壽崑,湖南人。同治十一年,代理知州。

廖溥明,字曉東,四川富順附生。同治十一年,授知州,光緒三年卸篆。在任六載,修建衙署,辦理墾荒,其撫輯招徠,行政一行寬和爲本。至新設海、平兩縣,硝河分州,安民畫界,布置尤極周詳。蓋同治十三年始陞州爲直隷州也。

吳鼎,陝西興安人。同治十一署吏目。

左宗泰,湖南人。歷保總兵,同治十一年,署遊擊。

劉璞,字連城,陝西洵陽人。歷保總兵、爽勇巴圖魯,同治十一年,備補遊擊。光緒四年卸篆後,陞涼州鎮總兵。

丹金扎普,正藍旗人。同治十二年,授參將,未蒞任歿。

王永清,甘肅河州人。歷保副將,同治十二年借補守備。光緒中陞鹽茶營都司。

龍泰階,湖南人。同治十二年,署吏目。

陳義,安徽人。由軍功歷保提督,同治十三年,署遊擊。

余興,陝西人。光緒元年,署守備。

羅登綽,四川人。光緒元年,署守備。

唐滋生,四川内江人。由武童隨剿董志原等處賊巢,歷保遊擊。光緒元年,備補八營守備。八年,移駐瓦亭,以資防禦。在任十五載。

蔣復勝,湖南寧鄉人。由軍功歷保副將,加總兵銜。光緒初,署遊擊。

黃梅莊,安徽人。光緒元年,任打拉池縣丞。時值兵燹之後,孑遺之民,漸次歸來,辦理善後,頗著勤勞。

烏納什,滿洲正白旗人。歷保副將。光緒二年,任遊擊,十二年卸篆。

李輔清,陝西長安人。光緒二年,以孝義營都司署遊擊。

陳慶麟,光緒二年,署吏目,四年卸篆。

文輝祥,江西人。歷保遊擊,光緒二年,署守備。

喻長銘,湖南寧鄉人。光緒三年,署任,五年卸篆。

姚長清,陝西長安人。歷保都司,光緒三年,署守備,迭次遷調。七年,署右營守備。十二年,署三要司守備。十七年,署邠州都司。

楊德明,湖北人。歷保總兵,光緒三年,署遊擊。

吳雲伍,固原人。光緒三年,署守備。

張文魁,固原人。歷保都司,光緒三年,署守備。

成光裕,字吉甫,湖南寧鄉人。由行伍歷保提督、直勇巴圖魯。光緒三年,借補參將。十年卸篆,十一年復任。十八年卒于官。計先後在任十六載,兼帶練軍中旂步隊,整釐戎政,明幹有爲。嘗與各營合力種樹,以興地利。

傅丙琛,湖南湘陰人。光緒四年,署吏目。

俞兆奎,湖南人。歷保總兵,光緒四年,署遊擊。

余魁龍,陝西人。歷保都司,光緒四年,署守備。

周文勳,湖南人。歷保遊擊,光緒五年,署守備。

聶塈,湖南邵陽人。光緒五年署任,六年卸篆。

高敬昌,湖南喜化人。光緒五年,署吏目。

朱桐,陝西人。光緒六年,署遊擊。

聶鴻筴,秦州人。歷保都司,光緒六年,署守備。

葉恩沛,安徽人。光緒六年署任,七年卸篆。

王立中,四川越嶲廳人。光緒六年,任吏目。

談定基,湖南人。光緒七年署任,八年卸篆。

陳廷龍,四川人。武進士,花翎侍衛。光緒七年,授遊擊。十四年,署延安營參將。十五年復任,旋卒於官。

沙占魁,光緒七年,署守備。

張世和,湖北人。以安定守備光緒七年調署守備。

裕曾,漢軍旗舉人。光緒八年署任,九年卸篆。採訪忠義,表揚節孝計數十事,是亦振興風化之良規也。至行政一切,不苛不擾,當時多以廉平補之。

查德明,安徽涇縣人。光緒八年,署吏目。

程鼎,字漢臣,陝西長安人。由軍功歷保遊擊。光緒八年,借補守備,蒞任十一年,奉調赴直隸協防。積功,於二十九年,授陝西漢中鎮總兵。時管帶巡防步隊,駐平涼。

許國棟,四川人。由行伍歷保參將、綽克綽歡巴圖魯。光緒八年,署守備。

羅鎮嵩,字穆倩,湖南湘鄉附生。光緒九年授任,十六年卸篆。在官數載,訟理政成,撫馭回漢亦寬嚴有法。

閻志誠,陝西藍田人。光緒九年,署吏目。

侯松齡,光緒九年,署守備。

張廷煥,陝西長安人。光緒十年,署吏目。

袁宗安,陝西人。歷保遊擊,借補守備,光緒十年蒞任。歷署潼關都司、本營遊擊,計補斯缺者九載。

姚旺,固原人。光緒十一年,署守備。

董寬,字厚庵,固原人。光緒十一年,署遊擊。

韓謙,光緒十八以雲騎尉署守備。

張繼芳,江蘇甘泉人。光緒十二年,署吏目。

鍾本起,湖南人。以提標後營於光緒十三年調署遊擊。

朱世楷,廣西人。光緒十三年,任打拉池縣丞。二十一年,海城逆回作亂,戕殺縣官,勢甚猖獗。世楷復任,極力守禦,地方賴以保安。

顏咸吉,湖南湘潭人。以行伍歷保副將。光緒十三年,任遊擊,迭有遷調。計先後官斯任者十餘載。

石梧,順天大興人。光緒十四年,任吏目兼辦保甲。二十一年卒於官。

牟春陽,歷保總兵。光緒十四年,署遊擊。

張琳,光緒十四年,署守備。

唐寶臣,四川人。世襲雲騎尉。光緒十四年,署守備。

雷天祿,四川人。歷保遊擊,光緒十五年,署守備。

高崇山,江南吳縣人。由行伍歷保副將,光緒十五年,任守備。

趙人龍,山東歷城人。光緒十六年,代理守備一月。

李瀛,字松舟,湖南巴陵人。光緒十六年署任,十七年卸篆。籌修書院,定文社章程,有政績可考。後以權務違職,良用慨然。

尹東峰,山東人。光緒十六年,以邠州都司陞署遊擊。

丁際清,伏羌人。千總,光緒十六、十九年兩次署守備。

周洪橋,湖南長沙人。由軍功歷保遊擊,光緒十六年,任守備。

匡翼之,字策吾,湖南湘潭舉人。光緒十七年授任,二十一年卸篆。在任時與雷少保經營書院,好學重士,學校感之。其治事也,悉除苛累,政成民和。旋以道員筮仕廣東。

黃玉芳,四川人。以中營千總光緒十七年署守備。

光志振,甘肅靜寧人。武進士。光緒十七年,任守備。

穆振鐸,字木天,陝西長安人。世襲雲騎尉,歷保副將,借補平涼營遊擊。光緒十八年,署參將,兼帶練軍中旅步隊,十九年卸篆。其治軍處友,有幹濟才,戎幄中以能將目之。

張志春,字融和,安徽合肥人。由軍功歷保總兵、鼓勇巴圖魯。

首成乾,湖南人。光緒十八年,以右營守備署遊擊。

吳飛鳳,四川順慶人。光緒丙戌科會試,①武探花及第,花翎侍衛。十八年,

---

① 光緒丙戌：光緒十二年(1886)。

授遊擊,管帶寧夏武毅後營。三十年,署慶陽營遊擊。三十二年,陞補督標右營參將。

李長富,四川中江人。歷保守備,光緒十八年,署守備。

潘廣湘,光緒六年,署守備。

黃光謙,歷保副將,光緒十四年,署遊擊。

王生吉,字藹臣,陝西高陵人。光緒十九年,由隆德調署守備。後陞涇州營都司。

段彥彪,陝西人,武進士。光緒十九年推補守備蒞任。二十五年,陞定邊營都司。

蘇金傅,江蘇人。歷任都司,光緒十九年,任守備。

俞陞科,字冰壺,湖南咸寧人。由行伍歷保副將。光緒二十年,借補參將,兼帶練軍中旂步隊。二十四年卸篆,調寧陝營參將,擢靖遠營副將。

惠福,鑲白旗人。光緒二十年知海城縣事,持身謹慎。次年中日之役,甘境兵多赴敵,內地空虛。逆回李倡法主謀倡亂,勾結匪黨,於五月十七日夜,突聚千餘人,毀監獄,焚衙署,蜂擁入內。惠福猝不及防,遂遇害。其幕友許茂梧及其僕孫喜,皆罵賊不屈被戕。事聞,並蒙優卹。

習斌,光緒二十年,以同州千總署守備。

尹翌湯,字聘三,湖北穀城人。光緒二十一年,代理。

程敏達,字穎齋,安徽阜陽人。光緒二十一年署任,二十二年卸篆。精於戰略,足備邊防。

陳寅,四川人。光緒二十一年,代理吏目。

汪燦章,安徽無爲人。光緒二十一年,署吏目。

車允輓,湖南人。光緒二十一年,以中營守備署遊擊。

李雲漢,陝西長安人。世襲騎尉,補陽平關千總。光緒十一年,署守備。

馬驤,陝西鄜州人。由軍功歷保遊擊,光緒二十一年,任守備。

張祥會,字文堂,河南洛陽優貢。光緒二十二年,由皋蘭縣陞授固原直隸州,二十五年卸篆。居官行事,寬宏有度,撫漢馭回,恩威交濟。後以道員筮仕山西,權雁平兵備道。

康達,甘肅狄道人。歷保總兵,光緒二十二年,署遊擊。

雷洪春,四川人。光緒二十二年,以右營千總署守備。

宋承恩,山西平遥人。光緒二十三年,署吏目。

祥啟,正黃旗人。光緒二十三年,代理吏目。

周紹蓮,順天大興人。光緒二十三年,署吏目。

張延祺,湖南長沙人。光緒二十二年,署吏目,兼辦保甲。

蔣占元,湖北鄖陽人,寄籍長安,歷保參將。光緒二十三年,借補遊擊,旋調宜居營參將。

羅天德,四川三台人。硝河千總,光緒二十三年,署守備。

劉玉魁,光緒二十三年,由清水汛把總署守備。

袁鑑臣,湖南寧鄉人。由軍功歷保參將。光緒二十三年,署守備。

盛喜,字雨亭,湖北駐防,鑲藍旂人。光緒二十四年,以右營遊擊陞署參將,兼帶練軍中旂步隊。二十五年卸篆。

王玉貴,歷保都司,光緒二十四年署守備。

慕維成,固原人。光緒二十四年,由後營千總署守備。

蕭承恩,字錫三,湖北鍾祥人。光緒二十五年,署固原直隸州,二十六年卸篆。決獄精詳,漢回翕服。在任時適有旱災,徒步祈禱,尤極誠肅。嘗祝神以自責曰:"災眚者天意也,挽回災眚者牧令之心也。願減壽錄,毋使民罹此殃。"其愛民若此。

劉鑑,陝西安康人。光緒二十五年,署吏目,二十七年卸篆。兼辦保甲,紳民制額曰"勞怨不辭"。

張兆慶,陝西渭南人,武進士。光緒二十五年,授守備。三十三年,調紅德城營守備。卒於官。

李士貞,字吉安,陝西長安人。歷保遊擊,備補督標中軍都司。光緒二十五年,署守備。有幹才,能文牘。每談兵事,侃侃不倦,而豐神尤極清峻。

赫全升,四川人。光緒二十五年,署守備。

袁純,陝西長安人。由行伍歷保都司,光緒二十五署守備。

張元森,字曉山,陝西涇陽人,進士。光緒二十六年,由武威縣調署固原直隸州,二十七年卸篆。三十年復任直州。持躬謹飭,善能治盜,民頌之曰"明察如神"。

賈鴻增,字子猷,江蘇上海人。以軍功歷保總兵。光緒二十六年,由秦州營遊擊調署參將,兼帶達春精各旂練軍中旂,護理提督印務,授中衛營副將。王學伊謂其"器宇從容,有緩帶輕裘之致",殆儒將歟。

靈寬,字芝田,滿洲鑲藍旗人。光緒二十六年,由步軍統領衙門軍校選授守備。三十二年,調督標。

韓正德,光緒二十六年,署守備。

張潤德,陝西人。以右營千總,光緒二十六年,署守備。

劉至順,字讓本,江蘇上海舉人。歷任秦安、張掖、寧夏等縣。光緒二十七年由山丹縣陞授固原直隸州,旋告歸。至其學問品行,隴右士夫咸所欽仰,今秦安縣猶有生祠在焉。

　　王開斌，字獻章，湖南湘鄉人。光緒二十七年，署任固原直隸州，二十八年卸篆。

　　任建勳，四川南充人。光緒二十七年，任吏目。

　　高福林，光緒二十七年，署遊擊。

　　劉文炳，涇州人。神道嶺千總，光緒二十七年，署守備。

　　沙兆麟，甘肅靜寧人。光緒二十七年，署守備。

　　朱燾，固原人。世襲騎都尉，光緒二十七年，署守備。

　　宋之章，字少谷，陝西咸寧人。光緒二十八年，署任直隸州，旋卒於官。

　　黃榮甲，湖南寧鄉人。光緒二十八年，署吏目。

　　富貴，字春圃，蒙古正黃旗人。由親軍校於光緒二十八年，選授守備。三十二年，署靖遠營都司，卒於官。

　　劉尚忠，陝西人。歷保遊擊，光緒二十八年，署守備。

　　金承蔭，字少逸，安徽桐城人。光緒二十九年署直隸州，三十年卸篆。政稱平恕。

　　胡廷佐，安徽桐城人。光緒二十九年，署吏目。

　　劉佐銘，直隸天津人。歷保副將，光緒二十九年借補遊擊，旋調宜君營參將。

　　譚榮興，光緒二十九年，署遊擊。

　　譚文奎，甘肅寧州人。武舉人，光緒二十九年，署守備。

　　文海，蒙古正藍旗人。歷保遊擊，光緒三十年，署後營遊擊。

　　韓正德，字笏臣，四川人。歷保參將，光緒三十年署遊擊，三十三年卸篆。在任時，修葺營房各工程，頗著勞勩。

　　王得元，陝西長安人。光緒三十年，由鰲屋營調署守備。

　　党樹槐，光緒三十一年，署守備。

　　安永恭，字敬亭，甘肅西寧人。武庠生，以辦理貴德番案，拔補乩思觀堡把總，署永安營千總。嗣以進剿札什巴堡哆吧各撤回，裹創力戰，敘功擢固原城守營守備，加都司銜。光緒三十年蒞任，旋調署安定等處守備。謀勇兼優。

　　張廷棟，固原人。武童，歷保守備，光緒三十年，任守備。在任三載，勸立學堂，嚴儆盜賊，是以兵畏其威，民懷其誠。種南門外柳樹千枝，高過城牆，補地方文脈。惜民國十五年支軍差，盡數砍伐。民國三年保甲，改爲巡警局長。

　　李華清，湖北利川人。光緒三十一年，署吏目。

　　王學伊，字平山，山西文水縣人，前清光緒甲午科進士。[①]　光緒三十一年，籤

_____

　①　光緒甲午：光緒二十年(1894)。

分固原直隸州知州。任内興學勸農,禁賭戒煙,不遺餘力。每值朔望,令宣講聖諭,以示勸戒。並招集諸生,扃門考試,作文而外,更令生童背誦書籍,繕寫書法。屢次捐廉優獎諸生,鼓勵士子,邑之後生,多所激發而深造焉。每際訟獄疑案,化裝私訪,必得其情而後已。邑乘之不修,自明中葉至清光緒間,數百年矣。公於公餘之暇,令採訪而編纂之,歷兩年餘,闡發幽微,竟成巨帙,計全部十二本。並建修中學堂、高等小學、同仁小學,及試驗場、習藝所、養濟院、隍廟行宮。在任九載,南門外種樹數千枝。關於興利除弊,籌款興學,無不加意進行。而其文章燦爛,書法優良,餘事耳。民國二年,提陞涇原道尹。至今學人紀念,婦孺樂傳,口碑載道。

劉玉,字堃山,固原人。光緒三十一年,署遊擊。

韓孝忠,陝西人。秦州千總,光緒三十一年,署守備。

錢作禎,順天宛平人,原籍浙江。光緒三十二年任吏目,三十四年卸篆。紳民製額曰"恩惠咸孚"。

劉承基,甘肅伏羌人。武舉人,歷保都司。光緒三十二年,由沙州營千總陞補守備。

陳正魁,字西亭,湖北鄖陽人。光緒三十二年,任遊擊,旋保副將、舒勇巴圖魯。

魏學仲,甘肅皋蘭人。歷保都司,光緒三十二年補守備。

党樹槐,字蔭軒,固原人。歷保都司,補固標中營千總。光緒三十二年,署守備。能文札,善籌策,手不釋卷,儉樸自持。其處事安詳,從無疾言遽色。戒幄後進,咸以老成碩德推重之。至精神之强固,尤涵養之可征也。

吳連升,字靜圃,陝西人。歷保都司,光緒三十二年,署守備。旋管帶巡防馬隊,駐紮黑城鎮。

潘洪順,湖北人。由行伍歷保總兵、壯勇巴圖魯。光緒三十二年,署遊擊。

劉堃,甘肅涇州人。由行伍歷保參將,光緒三十二年補授遊擊。蒞任甫三月,因事逮職。

韓謙,字益三,陝西咸寧人。世襲雲騎尉,歷保副將,官靈州營參將。光緒三十五年,署參將。其平日總觀經史,手不釋卷。每論兵略,上下古今,有焦遂高談,四座皆驚之概。

周斌,字鼎臣,甘肅循化廳人。由行伍歷保總兵,加提督銜、篝勇巴圖魯,借補靈州營參將。光緒三十三年,調授參將。其偉貌雄軀,每當觀操之際,執纛指揮,洵足爲旌旗生色也。提標左營遊擊。

王仁福,字壽山,静寧人,寄籍固原。光緒三十三年,署遊擊,提標右營遊擊。

三十四年,提督張行志奉令赴京,仁福護理提督印務。

梁正坤,字世誠,湖南寧鄉人。由軍功歷保遊擊。光緒三十三年,署遊擊,兼帶防軍右旅。在固十餘載,先後監修城垣、上帝廟、立馬祠,開通靈台縣山路,其勞績卓然可表。

邵岳年,字松齡,陝西咸寧人。歷保守備,加都司銜。光緒三十三年,署守備。

徐百齡,固原人。世襲雲騎尉,光緒三十三年補授守備,宣統元年正月蒞任。

李維新,字清和,陝西咸寧人。光緒三十三年,以雞頭關千總調署守備。

楊春和,甘肅靜寧人。由武童歷保遊擊,光緒三十三年任守備。兵民安謐,增築橋樑,行旅稱便,民愛戴焉。提標中營正署任千總。

廖靜菴,字曉村,湖南寧鄉人。由行伍歷保參將,加副將銜。光緒三十三年,授遊擊。至其診疾濟難,嘉惠貧民,以鍼灸符法著名,是亦一藝之長也。軍醫在望,殆其選歟。固原城守營遊擊。

陳光在,四川人。光緒三十四年,代理吏目。

韓慶文,陝西咸寧人。光緒三十四年,署吏目。

張振邦,江蘇海州人。以弓馬彈勝。光緒癸未科武進士,[①]藍翎侍衛。三十四年,陞授遊擊,提標前營遊擊。

傅文治,陝西長安人。世襲雲騎尉。光緒三十四年補授守備,宣統元年正月蒞任,提標右營守備。

陳興邦,甘肅安化人。光緒辛卯科武舉人。[②]歷保都司,加遊擊銜。於三十四年署守備,提標前營守備。

王鼎三,字鑄九,甘肅皋蘭人。歷保都司,光緒三十四年,署守備。性沉靜,能文札,治軍有暇,恒讀書以自娛。固原城守營守備。

白榆,字星楷,陝西長安人。歷保都司,宣統元年,以清水汛把總調署守備,提標後營守備。

馬騰漢,河州人。歷保守備,加都司銜。宣統元年,署守備,提標左營守備。

雷天禄、邵德、王生吉、張雲霄、黃玉芳、党成富、許占魁、趙占魁、李開裕、張守璽、朱炳、朱玉林、秦玉、張少祺、李兆元、党樹槐、徐百麟,以上十七名均係提標中營正署任千總。

趙吉祥、余魁龍、丁際清、董寬、金芳明、邵得、蕭文光、何兆熊、趙寶善、黃惠

---

①　光緒癸未:光緒九年(1883)。
②　光緒辛卯:光緒十七年(1891)。

亭、曹萬昌、韓旺溪、馮慶雲、蘇金傳、吳國士，以上十五名均係提標右營正署任千總。

彭永清、朱科舉、金芳雲、楊明德、張潤德、李向榮、常瑛、張宋魁、党玉春、沙兆麟、雷鴻春、牛玉林、白應泰、曹萬昌、黃國柄，以上十五名均係提標前營正署任千總。

鄭廉魁、李萬貴、沙占魁、潘迎春、朱德勝、邵德、洪占魁、金芳明、陳固楨、趙燕昌、董陞官、王桂森、王德元、陳念茲、惠鈞、王之佐、白榆、李兆元、曹萬昌，以上十九名均係提標後營正署任千總。

徐登甲、袁守安、邵德、劉天祥、白有耀、慕維成，以上六名均係固原城守營正署任千總。

陸希正、袁熙、朱世爵、劉玉清、聶鴻焱、謝鳳貴、白有耀、尹玉、金芳明、黃惠亭、李桂林、沙兆麟、姚旺、白尚珍、劉尚忠、韓孝忠、張潤德、張宋魁、朱炳、梁國棟，以上二十名均係分防蒿店汛正署任千總。

陳銘、董寬、蕭興榜、秋安邦、朱學義、潘昌、余珍、謝錦堂、王雙武、馮葆芳、白尚珍、郎清林、包吉元、羅三畏、蘇得勝，以上十五名均係分所八營汛正署任千總。

沙兆麟、雷雨瑞、雷天成、杜永年、吳國士、張宗魁、喬富才、白有耀、馬成功，以上九名均係提標中營正署任千總。

張榮福、董寬、趙治、易得智、牛玉林、楊春、王運升、趙占魁、馮占魁、秦玉、李才、雷天順、韓讓、趙福、牛樹屏、張玉成、王正福、王得元、李潼元、曾萬明、陳念茲、錢萬德、常瑞、韓旺溪、王福奎、李永勝、車沛霖、王生貴、陳新照、謝逢恩、岳步彤，以上三十一名均係提標左營正署任把總。

潘昌、李鳴貴、李友貴、張崇德、王雙武、蔡兆魁、劉玉魁、蔡兆甲、李寅、李潼元、馬成彪、王謙、劉成志、金芳雲、朱匡輝、李兆元、董威、秦喜、王印臣、曹恩敬、汪滿川、李世斌，以上二十二名均係提標右營正署任之把總。

周家應、李世斌、王錫祿、高德福、敖思恭、陳孝、蕭樹勳、侯鵬程、李兆元、楊宋清、宋玉、包吉元、王之佐、馬文魁、劉仲元，以上十五名均係提標正署任把總。

張崇德、張廷鳳、劉尚忠、干嗣藩、方璽、陳珍、程振甲、李占魁、汪滿川、曾萬明、戴振鎬、高玉清、郎清林、李滋、劉振聲、李長年、党殿甲、何玉、賈鴻德、韓繼祖、寇平、馬鈞、孟永吉、喬福才、王喜、王成棟、錢萬德、田森榮、李有貴、張新安、張蔚林、王生貴，以上三十二名均係提標後營正署任把總。

康有祿、康明新、吳國士、師玉衡、張輔清、荊太昌、李長年、張潤德、雷鳳鳴、常瑛、何占魁、敖思恭、惠全、王志榜、韋生花、王宏發、程廷獻、韓慶紀、王桂森、楊鎮江、祁元清、李澍、姚旺、王雙武、張三成、李守貞、牛玉林、鄧有盛、雷天勝、雷鴻恩、梁廷、張繩祖、秦玉、張宗魁、姚玉林、權振齋，以上三十六名均係分防黑城汛正署任把總。

金恒林，湖南人。馬泰臨，慶陽人。王甲三，蒲城人。馬國仁、馬福壽均河州人。吳燦昭，湖南人。吳連陞，陝西人。以上光緒三十二年至宣統元年駐防固原。

民國

董恭，字子敬，董少保之孫。貌揚才秀，英年有爲。民國元年，武威軍統領，駐防固原。二十二年，任隴東遊擊步隊第一旅旅長。治軍嚴，賞罰明，有祖風。旋因疾卒於任，時人惜之。

鳳來，字子翼，直隸宛平縣正黃旗人。民國二年，固原縣知事。公下車伊始，勤求民隱。未及兩月，以被誣觸上峰怒，竟撤職，論者惜之。

張又新，字子恒，湖南寧鄉人。民國二年，知事。

習斌，字文卿，陝西長安人。民國二年，壯凱後路中營管帶。

邵遇春，字柳溪，山東淄川舉人。民國三年，知事，旋丁叔母憂解職。未及去任，暴卒於署。

王仲揆，字仲文，山西人。民國四年，知事，聽訟明，有異才，視事未三月，將積案一一判結，兩造懾服，訟氛以息，民僉以青天呼之。去任時，士民餞送，頌聲載道。

汪恒泰，字開成，民國四年，壯凱中路左營管帶。

魏生玉，字寶山，皋蘭人。民國五年，隴東巡防步隊第二營管帶。

吳松雲，字墨林，安徽合肥縣人。民國五年，知事。

舒龍夒，字讓丞，安徽黟縣人。民國五年，知事。

尤世才，民國五年，縣警備隊隊長。

萬朝宗，字寶臣，湖南岳陽人。民國六年，知事，十年復任縣篆。以地震縣署倒塌，乃拆文廟及提署賞門之木科建修。剜肉補瘡，論者非之。

祁元清，固原人。民國六年，警備隊警佐。

田生榮，字蔭臣，固原人。民國六年，城防營營長。

李義，甘肅循化人。民國七年，隴東巡防步隊二營管帶。

石作樑，字幹丞。民國七年，縣警佐所警佐，十四年復爲警佐。十七年，西區區長。二十三年，蒿店區長。

陳欽銘，字蔭西，陝西漢中人。民國八年，知事。

張思義，字鼎銘，安徽合肥人。民國九年，知事。政清民和，振興教育。斯年冬月七日夜地震成災，縣城及四鄉房屋倒塌，人無食宿，秩序紊亂。公竭力防範，請賑勸捐,設粥場,發寒衣,日夜巡察,躬親操勞。自冬徂春,民生漸復,弭患無形。

趙禎祥,河州人。民國九年,隴東巡防步隊二營營長。

白玉堂,字崑山,平番人。民國九年,隴東巡防步隊二營營長。

王有良,河南人。民國十年,隴東遊擊步隊四營管帶。

王莘龍,民國十年警佐。

謝瑩,字時同,安徽蕪湖縣人。民國十二年,知事,心慈政平。念震災後,瘡痍滿目,倡辦慈善會,勸捐捨施寒衣。並同勸學所所長夏際文創建大南市巷女子學校,政績多端。

劉元佐,皋蘭人。民國十一年,省防馬隊支隊長,駐防固原。

王兆鯤,蘭州人。民國十一年,電報局局長。

李尊青,字少如,福建長樂人。民國十二年,知事。懲盜嚴厲,務絕根株,爲政年餘,匪皆斂蹟,一時地方頗稱安靜。閤縣人民爲之立德政碑於武廟門首,以表其賢。

王巨如,皋蘭人。民國十二年,郵政局局長。

劉鍾麟,福建人。民國十三年,縣司法公署審判官。

李國棟,靜寧人。民國十三年警佐。

楊巨川,字濟舟,甘肅榆中人。前清進士。民國十四年,知事,從政勤慎,廉潔持身。上任未幾,大軍數十萬人馬過境,支備糧草,旁午非凡,兼之省督劉郁芬與隴東鎮守使張兆甲備戰,公雙方支持,艱苦萬狀,然終免兵刦而去隱憂。所有兵站收支正雜糧款百餘萬,一一榜示。單車輕騎而來,兩袖清風而去,卸任之坦白清楚,無若此公者。

韓有祿,臨夏人。民國十四年,甘肅混成旅旅長,駐防固原。

劉繩武,字韶聽,甘肅皋蘭人。清優貢生,民國十四年,知事。

高信平,民國十四年,司法公署審判官。

李爲璪,民國十四年,司法公署審判官。

馬鴻逵,字少雲,甘肅臨夏人。民國十五年,任第七師師長。此時甘肅督軍陸洪濤去職,劉郁芬率隊接篆,甘肅政局爲之大變。隴東鎮守使張兆甲部隊,由固原出發,與劉郁芬部作戰於六盤山,人民惶恐。適鴻逵第七師部到境駐防,地方爲之平靜。後任寧夏省政府主席,迭爲固原捐助學款,嘉惠鄉邦。

康國輔,字佐卿,渭源人。民國十五年,隴東巡防團團長。

馮世輔,字仲卿,陝西綏德縣人。民國十五年,知事。

辛光斗,民國十五年,隴東巡防團營長。

錢敦武,字仲川,成都人。民國十五年,縣司法公署審判官。

田金凱,民國十六年,國民軍騎兵師長。

黃兆華,湖北人,騎兵師團長。

安慶豐,字熙軒,陝西綏德縣人。民國十六年,知事。

趙克忠,字義臣,皋蘭人。民國十六年,警佐,支應軍差有勞績。

姚振乾,陝西乾縣人。民國十七年,混成旅旅長。

姚鴻恩,字春波,陝西長安縣人。民國十七年,縣長。

張國琮,導河人。民國十七年,縣司法處審判官。

楊蔭堂,民國十七年,縣公安局局長。

馮化棠,平涼人。民國十七年,郵政局局長。

張纘緒,民國十七年,中區區長。

喬廷棟,字良臣,固原人。民國十七年,東區區長。

藍生德,字本齋。固原人。民國十七年,北區區長。二十三年,萬安鄉長。

牛士捷,字月三,固原人。民國十七年,北區區長。二十三年,萬安鄉長。

彭述,字躬行,湖南湘鄉人。民國十八年,縣長,剛毅英俊,廉潔愛民。任未四月,調署環縣。

張明卿,字翼辰,河南項城人。民國十八年,縣長。值歲大荒,崔苻遍野。匪酋王占林、吳發榮等,盤踞西山,伺隙攻城。公長武略,先事預防,協同百貨局長丁耀洲,督率紳民,堅壁防守,調鄉團設伏附郭各要扼。匪以數千衆貪夜來攻,公登城指揮各鄉團及民衆協力守禦,匪未得逞。越數日,匪二次重來,衆萬餘,較前勢甚洶湧。時值子夜,由西、南、北城門夾攻,並置雲梯,勢幾登城。公激勸民夫,竭力巡防,竟以炸彈、土砲、磚塊,打死土匪多名。匪猶藉衆頑抗,天明不退。公乃開西城門,率鄉團民衆出擊,匪不支,退至十里之外。斯役也,殺匪甚衆,匪勢大挫,再未敢侵迫縣城郊垣。微公之力也,[14]孰能與斯?縣人德之,有口皆碑。

黃得貴,字寶山,徽縣人。民國十九年,甘肅以大荒之後,飢民遍野,挺而走險者,所在皆是,兼無駐軍。中央委黃得貴爲甘肅第二路軍長,駐防固原。奈無識人之才,開門揖盜,爲楊萬青部所害。

李富清,字鑫三,固原人。民國十九年練鄉團,黃得貴委爲第一旅長,攻平涼陳國璋陣亡,人多惜之。

李貴清,字平西,富清弟。兄陣亡,黃得貴即委以旅長職。後改編新十旅,任旅長。後改編爲陸軍第十五師,任副師長。

陳德建,字懋堂,固原人。民國十九年,黃得貴委爲第二旅旅長。

李翰,字維周,平涼縣人。民國十九年,縣長,爲政平允,善濟變。當劉郁芬去甘時,地方瘠貧,無衣食者挺而走險,四野不安。於是義勇之士,紛紛練團以維護桑梓。時平凉陳國璋與黄得貴各樹一幟,意見不合,時起衝突。公竭力周旋,化險爲夷。

賈鴻奎,甘谷縣人。民國十九年,以審判官兼縣長。

范貢洲,山東人。民國十九年公安局長,應付繁難,有勞績。

董達士,字章甫,隆德人。民國二十年,縣長。

尚涵度,字汪波,長武人。民國二十年,縣長。

薛耀東,字佐堂,平凉人。民國二十年,司法處審判官。

錢史彤,字季丞,浙江人。民國二十一年,縣長。

黄亞藩,民國二十一年三十八師第一團團長,駐防固原,軍律整飭。

陳名爍,甘谷人。民國二十一年,縣司法處審判官。

趙鈞,蘭州人。民國二十一年,縣司法處審判官。

梁倫,字叙五,定西人。民國二十二年,縣長。

吴邦傑,江蘇人。民國二十二年,縣司法處審判官。

任容,民國二十二年三八師二團團長。駐防開始,栽種縣城街道樹株。

李相身,民國二十二年公安局長,二十三年改爲保安大隊長。

胡福同,字景山,貴州獨山人。民國二十二年,縣長。

陳芬,湖北人。民國二十三年,縣司法處審判官。

王子儀,陝西人。省防師團長,民國二十三年駐防。

黄奇容,民國二十三年,縣司法處審判官。

馬元青,涇川人。民國二十三年,郵政局局長。

夏際文,民國二十三年,三營鄉長。時首次編制保甲,設立鄉鎮。

李培元,民國二十三年七營鄉長。

張飛鵬,字雲程,固原人。民國二十三年,大營鄉長。

李廷楨,字幹丞,固原人。民國二十三年,黑城鄉長。

蘇玉廷,字朝卿,固原人。民國二十三年,張易鄉長。

楊孚魁,民國二十三年,王坬鄉長。

蘇登科,字甲三,固原人。民國二十三年,城陽鄉長。

李沛恩,字雨民,固原人。民國二十三年,硝河鄉長。二十四年,第三區區長。二十六年,第四區區長。

馬鴻賓,字子寅,河州人。陸軍三十五師師長,民國二十四年駐防固原。補修文廟及學校。固原兩次告警,公派隊星交趕救,縣境無憂,地方倚爲長城,頌聲載道,闔縣人民立碑記功,以示不朽。

彭定均，字定一，湖南沅江人。民國二十四年，縣長。奉令改廳、屯、里、監各等地爲民地，以歸畫一而平擔負。公辦理妥善，政行而民不擾。

郭玉田，陝西人，新五師營長，民國二十四年駐防。

陳拔尹，廣東人。民國二十四年，縣司法處審判官。

張成德，字道芳，民國二十四年，楊郎鎮警佐。

劉清泉，皋蘭人。民國二十四年，縣司法處審判官。

王紹武，民國二十四年改鄉爲區，第一區區長。

王至善，字寶丞，固原人。民國二十四年，第二區區長。

柴峻，字崇山，固原人。民國二十四年，第四區區長。

馮儀，字漢三，定西人。民國二十四年至二十七年，郵政局局長。

王以哲，字鼎芳，東北人。五十七軍軍長。

何柱國，廣西容縣人。民國二十五年，東北軍騎兵軍長。

閻相鐘，平番人。民國二十五年，縣司法處審判官。

胡宗南，中央第一師師長，民國二十五年駐防。

王鈞，中央第三軍長，民國二十五年駐防。

毛炳文，中央軍三七軍長，民國二十五年駐防。

丁耀洲，字振五，山西臨晉人。民國二十五年至二十六年，縣長，勤政愛民，政績卓著。提倡開始籌備修縣志。

李鴻恩，蘭州人。民國二十六年，縣司法處審判官。

張榮，固原人。民國二十六年，改區爲署，第二區署署長。

張桃，字碧仙，雲南宜良人。民國二十七年，縣長兼第一區長。

高坦之，山東人。民國二十七年，縣司法處審判官。

侯恩波，山東人。民國二十七年，縣政務警察警佐。

陳閣臣，安徽桐城人。民國二十八年，縣長。

葉超，字逸凡，福建閩侯人。民國二十八年，縣長。

史振五，河南人。二十八年，縣司法處審判官。

何文鼎，陝西盩厔人。第二十六師師長，民國二十八年縣駐防。

趙生榮，字春普，固原人，北京醫學院畢業。民國二十八年，縣衛生院院長。學宏濟世，活人甚夥。三十六年，以疾終。

高炳文，民國二十八年，改保安隊爲警察隊，任警佐。

高天光，固原人。民國二十八年，城陽鄉鄉長。

沈晉，蘭州人。民國二十八年，郵政局局長。

嚴明，字果人，湖南人。民國二十九年預備第七師師長，駐縣城及大灣。

王思誠,山西黎城人。民國三十年,縣長。

李守祥,字子嘉。民國二十九年至三十五年,歷充頭營、張易、大營、楊郎各鎮長。小心謹慎,手續清白。

楊德亮,雲南昭通人。陸軍第四十二軍軍長,民國三十年駐防。整軍興學,請免兵役先後兩次。地方感德,去後立石於縣參議會正廳,以紀遺愛。

王子勤,山東人。民國三十年,縣司法處審判官。

陳澧,字東洲,臨夏人。民國三十年,田賦管理處處長。

賈紀,鎮原人。民國三十年,警佐。

馬稱德,字純一,皋蘭人。民國三十年,郵政局局長。

姚克讓,民國三十年,縣度量衡檢定所所長。

梁啟賢,民國三十年,電報局局長。

化士雄,平涼人。民國三十年,縣戒煙所所長。

李長才,字驥星,遼寧人。民國三十年,郵政局局長。

石林泉,固原人。民國三十年至三十三年,城關鎮長。

祁潔珊,固原人。民國三十年,附郭鄉鄉長。

張宗孟,字亞卿,固原人。民國三十年,頭營鄉鄉長。

馬維垣,固原人。民國三十年,三營鄉長。

牛士凱,字子傑,固原人。民國三十年,黑城鄉鄉長。

李俊文,固原人。民國三十年,七營鄉長。

王安邦,字子勤,固原人。民國三十年,王圿鄉鄉長。

虎志剛,固原人。民國三十年,城陽鄉鄉長。

李培棟,民國三十年,張化鄉鄉長。

虎輔周,民國三十年,蒿店鄉鄉長。

馬廷麒,民國三十年,大灣鄉鄉長。

田煥章,固原人。民國三十年,張易鎮長。

馬文昭,固原人。民國三十年,硝河鄉鄉長。

楊文華,固原人。民國三十年,李俊鄉鄉長。

劉安祺,山東人。民國三十一年,九十七師師長。

吳瀛洲,民國三十一年,一九一師師長。

鄭有奇,固原人。甘肅第二區保安第一大隊騎兵隊長。

張少庸,民國三十一年,縣長。

張越,字仲武,漳縣人。民國三十一年,田賦管理處副處長。

張廷傑,字子英,固原人。民國三十一年,警佐。

方丙生,皋蘭人。民國三十一年,電報局局長。

金英超,遼寧人。民國三十一年,郵政局長。

丁德隆,字冠洲,湖南人。陸軍第五十七軍軍長,民國三十二年駐防。有儒將風,捐鉅款糧石,以兵工創建師範學校,規模宏大,嘉惠士林。地方人士頌德不已,去後立碑於縣參議正廳,以紀勛功。

袁兆麟,字聖徵,臨洮人。民國三十二年,田賦管理處副處長。

石龍,民國三十二年,警佐。

高桂滋,字培五,定邊人。陸軍十七軍軍長,民國三十三年至三十四年駐防。以兵工平修西南城角地基,創建小西湖,規模寬闊。重修水渠,引西海水入城。地方人士立碑於縣議會正廳,永垂不朽。

高建白,米脂人。民國三十三年,十七軍副軍長。

齊天然,慶陽人。民國三十三年,二五一團團長。

董寄虛,字勁人,湖北人。民國三十三年,縣長。蒞任伊始,即請減差,勤恤民隱。去任時,各界民衆歡送者萬人。

曲文哲,隴西人。民國三十三年,田賦管理處副處長。

王士鑫,字筱垣,蘭州人。民國三十三年,郵政局局長。

萬延齡,字鶴亭,楊郎中人。民國三十三年,楊郎鄉鄉長。

徐保,察哈爾人。陸軍二十八師師長。民國三十四年駐防,軍風嚴明。

劉夢廉,陝西人。二十八師副師長。

孫伯泉,定西人。民國三十四年,縣長,勤政愛民,有幹濟才。收復萬安鄉失地,籌修縣志經費。倡辦中學高級部,嘉惠士林,卓有政聲。

夏久照,桂陽人。民國三十四年,縣司法處審判官。

許登瀛,青海人。民國三十四年,縣司法處審判官。三十五年,固原地方法院推事。

常萬通,靜寧人。民國三十四年,田賦管理處副處長。

董德菴,平凉人。民國三十四年,警佐。

田韞玉,固原人。民國三十四年,附郭鄉鄉長。

薛晏海,民國三十四年,大營鄉鄉長。有應變才,清白無私,鄉民信仰。

蘇萬黎,固原人。民國三十四年,城陽鄉長,篤實苦幹,儉樸自持。

馬正義,固原人。民國三十四年,大灣鄉長。

黃詠贊,湖南人。二十八師新一旅旅長,民國三十四年駐防。

曹錫武,江蘇人。新一旅副旅長。

馬奠邦,臨夏人。民國三十五年,八十一師一七九團團長,軍旅嚴明。

吳鳳書,江蘇人。民國三十五年,改司法處成立地方法院,任院長,清潔愛民。

周耀祖,渭源人。民國三十五年,法院檢察處檢察官。

張教五,固原人。民國三十五年,第三區行政督察專員公署派駐固原督導員。

李肇堯,貴州人。民國三十五年,田賦管理處副處長。

陳耀曾,武山人,字光庭。民國三十五年,警佐。

余光厚,固原人。民國三十五年,城關鎮鎮長,謹慎從公,坦白無私。

王文傑,固原人。民國三十五年,附郭鄉鄉長。

馬萬祥,固原人。民國三十五年,大營鄉鄉長。

張智,固原人。民國三十五年,七營鄉鄉長。

盧建祥,固原人。民國三十五年,王洼鄉鄉長。

白海峰,熱河寧城人。騎兵第二旅旅長,民國三十六年駐防。

陳淑鉢,山東人。新四旅十一團團長,民國三十六年駐防。軍容整齊,紀律嚴明,秋毫無犯,縣參議會贈"國軍模範"錦標一幟,以資紀念。

李煥南,湖南人。民國三十六年,固海軍事指揮官,籌備城防,防患未然。縣參議會贈"軍懷民感"錦標。

石萬安,字挽瀾,固原人。民國三十六年,[15]城關鎮鎮長。

李振清,固原人。民國三十六年,王洼鎮長。

陳萬順,固原人。民國三十六年,城陽鄉鄉長。

明全禄,固原人。民國三十六年,張化鄉鄉長。

馬義德,固原人。民國三十六年,大灣鄉鄉長。

王漢傑,固原人。民國三十六年,張易鎮鎮長。

李保珍,固原人。民國三十六年,楊郎鄉鄉長。

趙鍾,固原人。民國三十六年,黑城鄉鄉長。處事平允,地方欽佩。

張孟養,皋蘭人。民國三十七年,田賦管理處副處長。

馬紹翰,字墨林,臨夏人。八十一師暫編六十一旅旅長,民國三十七年五月駐防。

馬惇靖,字立青,臨夏人。中央陸軍八十一師師長,民國三十七年七月駐防。

師資　　指教人以事而喻諸德者

明朝

楊一清,字應學,雲南安寧人。成化八年進士,擢中書舍人、教授。

李佐,四川成都人。歲貢,官固原州學正。

周价,四川巴縣人。歲貢,官固原州學正。

丁琰,山西聞喜人。歲貢,官固原州學正。

李鵬,四川茂州人。歲貢,官固原州學正。

申一鷟,山西臨汾人。歲貢,官固原州學正。

蕭元桂,四川納溪人。歲貢,官固原州學正。

魏繼武,山西河津人。歲貢,官固原州學正。

劉賢,山西山陰人。歲貢,官固原州學正。

陳吉,四川成都人。歲貢,官固原州學正。

陳永弼,陝西長安人。歲貢,官固原州學正。

王鶴齡,山西忻州人。歲貢,官固原州學正。

張問行,陝西延安人。歲貢,官固原州學正。

劉永明,陝西朝邑人。歲貢,官固原州學正。

劉肇,陝西鳳翔人。歲貢,官固原州學正。

方本諄,河南洛陽人。歲貢,官固原州學正。

李應旃,山西萬泉人。歲貢,官固原州學正。

蒲守仁,秦州衞人。歲貢,官固原州學正。

張雲鴻,陝西漢陰人。歲貢,官固原州學正。

胡雲鵬,陝西扶風人。歲貢,官固原州學正。

侯屏,陝西潼關人。歲貢,官固原州學正。

劉謨,山西太原人。歲貢,官固原州訓導。

符節,湖南均州人。歲貢,官固原州訓導。

陳滿,河南閿鄉人。歲貢,官固原州訓導。

劉智,山西河曲人。歲貢,官固原州訓導。

蔣倫,河南原武人。歲貢,官固原州訓導。

李澄,四川鹽亭人。歲貢,官固原州訓導。

胡貫,四川巴縣人。歲貢,官固原州訓導。

李宗義,山西陽曲人。歲貢,官固原州訓導。

羅袞,四川宜賓人。歲貢,官固原州學正。

馬元,四川華陽人。歲貢,官固原州訓導。

武威,山東樂陵人。歲貢,官固原州訓導。

毛鳳起,四川宜賓人。歲貢,官固原州訓導。

魏世弘,河南睢陽人。歲貢,官固原州訓導。

朱崇義,四川新寧人。歲貢,官固原州訓導。

王相,山西文水人。歲貢,官固原州訓導。

陳界,山西太原人。歲貢,官固原州訓導。

張國用,山西汾陽人。歲貢,官固原州訓導。

李叙,山西屯留人。歲貢,官固原州訓導。

張田,四川漢州人。歲貢,官固原州訓導。

賈上策,山西交城人。歲貢,官固原州訓導。

張質,山西保德人。歲貢,官固原州訓導。

楊熠,隴西縣人。歲貢,官固原州訓導。

袁自强,鞏昌府人。歲貢,官固原州訓導。

劉汝性,莊浪衛人。歲貢,官固原州訓導。

張丕植,隴西縣人。歲貢,官固原州訓導。

王三聘,真寧縣人。歲貢,官固原州訓導。

吳遂,甘州衛人。歲貢,官固原州訓導。

王學曾,陝西岐山人。歲貢,官固原州訓導。

馮翌,陝西米脂人。歲貢,官固原州訓導。

趙士達,陝西永壽人。歲貢,官固原州訓導。

王家士,陝西華陰人。歲貢,官固原州訓導。

以上均係明弘治至崇禎間人。

清

趙楫,陝西人。順治五年,任固原州學正。善書能文,有傳記碑銘,爲邑人所傳頌。

唐順祖,字誦芬,陝西渭南舉人。嘉慶間任固原學正。性至孝友,愛士好學。嘗召生徒課試,捐廉爲膏火資。邑有學田數百畝,久爲豪猾所據,乃逐一清釐收租,以贍寒俊,士林德之。

孟星河,甘肅皋蘭貢生。道光二十九年,任固原州學正。性極好學,手不釋卷。其持躬之謹飭,尤足爲士民所矜式也。

岳鎮東,武威舉人。咸豐十年,任學正。同治元年,州屬回叛氛甚,上書與巡道萬金鏞,請急調兵剿賊,不可養癰成患。萬以安撫謝之,鎮東嘆曰:"吾其死于逆回之手哉!"二年,州城被回攻陷,鎮東朝服坐明倫堂,自刎死。

慕璋,鎮原舉人。同治十三年,代理學正。

王炳麟,皋蘭廩生。同治十三年,署學正。

馬佩珂,鞏昌舉人。光緒三年,署學正。四年,卒於官。

孫國棟，皋蘭舉人。光緒五年，代理學正。

蘇炳南，固原三岔人。拔貢，光緒初年，五原書院山長。

王源瀚，字海門，靜寧人。光緒間進士，五原書院山長。

王瑋，字玉汝，皋蘭人。光緒初進士，內閣中書。二十四、五、六年，五原書院山長。

王偉，皋蘭舉人。光緒五年，任學正，十年，卒於官。好學能文，課士制藝，以清真雅正爲法。

徐東璧，皋蘭貢生。光緒十一年，署學正。

易鋆，湖南歲貢生。光緒十四年，五原書院山長。

安維峻，字曉峰，秦安人。光緒間翰林，授御史，以直言敢練受知於清德宗。終爲西太后所不喜，遂貶職。光緒十六年，固邑官紳敦聘爲五原書院山長。教諸生以"先氣識而後文藝"爲法則，一時學者知所崇尚，重氣節，而不落於八股之空襲云。

俞鏡淵，皋蘭舉人。光緒十一年任學正，二十三年卸任。訓迪維勤，後進生徒，至今猶能道之。

焦國理，字治堂，鎮原人，進士。光緒十七年，五原書院山長。

孫尚仁，字重甫，皋蘭人。光緒壬辰進士，[1]二十一年，五原書院山長。

吳鈞，字秉丞，貴德廳人。光緒乙未翰林，[2]二十三年，五原書院山長。

周宗濂，狄道貢生。光緒二十三年，署學正。

謝錫圭，伏羌舉人。光緒二十五年，任學正。二十八年，兼五原山書院山長，課士甚勤。三十三年，陞授寧靈廳教授。

李宗翰，字冀侯，皋蘭人。光緒丁酉舉人。[3]　二十七年，五原書院山長。

徐步陞，光緒三十五年，五原書院山長。民國五年，文廟奉祀官，兼提署街高等小學校校長。

韓國棟，甘州撫彝廳廩貢生。光緒三十四年，任學正。勸學不倦，和藹可風。兼充固原中學堂校長。

周文炳，字仲彪，秦安人，光緒癸卯科舉人。[4]　三十四年，固原中學堂教員兼校長。其教以閩洛爲宗，其行以氣節是尚。文章尚理論，不事詞章。躬行實踐，奉行孔孟，有顧黃之遺風。施教一年，固原士風不變。

---

① 光緒壬辰：光緒十八年(1892)。
② 光緒乙未：光緒二十一年(1895)。
③ 光緒丁酉：光緒二十三(1897)年。
④ 光緒癸卯：光緒二十九年(1903)。

楊泰,字安民,通渭舉人。宣統元年,中學校長。

王維勤,字儉齋,會寧人。貢生,宣統二年,中學堂教員。

師輔民,字新齋,秦安舉人。宣統三年,中學堂教員。

民國

王萬傑,固原人。民國三年,任勸學所所長。

王世清,字永臣,固原人。光緒己酉科拔貢。[16]民國三年,儒學裁改爲文廟奉祀官,世清即以斯年任奉祀官。五年,任勸學所所長。

尹金鏞,字欽菴,固原人。民國四年,勸學所所長。

張纘緒,民國五年至十五年,清真高等小學校校長兼教員。

趙生榮,民國五年,任縣立提署街高等小學校校長,創建新磚教室二座。三十二年,任中學校校長、師範學校董事長及教員,續建中學教室四座,學生宿舍二十餘間。同駐軍五十七軍軍長丁德隆建修師範學校,並籌撥廟產以作中學校校產。造福青年,勞怨不辭。

趙克敏,字慧生,固原人。民國六年,提署街高等小學校長。十七年,女子高等小學校長。

張登甲,字梯青,固原人,師範畢業。民國六年,任提署街高等小學校校長。十五年至二十二年,任教育局長。三十年,初級中學校教員。三十二、三、四年,師範學校教員。

夏際文,前清中學畢業,優貢。民國七年至十五年,任勸學所所長兼縣視學。創建大南市巷女子小學校舍一處,設立四鄉小學校共三十二處。

趙李淑芳,字婉貞,固原人。民國八年至十七年,任大南市巷女子高等小學校校長。

牛士捷,字月三,固原人。民國十二年,黑城鎮高等小學校校長。三十二年,提署街高等小學校校長。

田俊,中學畢業。民國十四年,提署街高等小學校校長。十六年至二十年,縣督學。二十一年至二十三年,教育局長。三十年至三十七年,武廟高等小學校校長。

徐頤,字季和,固原人,中學畢業。民國十六年,提署街高等小學校校長。三十六年,初級中學教員。

張成德,字道芳,固原人,中學畢業。民國十七年,黑城鎮高等小學校長。

張飛熊,字子祥,固原人,中學畢業。民國十七年,同仁高等小學校校長。三十一年,縣視學員。

蘇彩鳳,字子儀,固原人,大南市巷女子高等小學畢業。民國十七年至三十一年,同仁女子高等小學校校長。勤校務,有勞績。

　　李烈,字偉卿,固原人,師範畢業。民國十八年,黑城鎮高等小學校長。

　　任國佐,字希顏,固原人。民國十九年至二十五年,大南市巷女子高等小學校校長。

　　湯國瑞,字子祥,固原人,師範畢業。民國二十年,黑城鎮高等小學校校長。二十九年,提署街高等小學校校長。

　　王秉仁,字靜亭,固原人,師範畢業。民國二十一年,提署街高等小學校校長。

　　李士英,字子杰,固原人,中學畢業。民國二十一年,黑城鎮高等小學校校長。

　　馬守仁,字靜軒,固原人,蘭州教訓班畢業。民國二十三年,三營鎮高等小學校校長。

　　王乃愷,字爽山,寧縣人。民國三十一年,初級中學校教員。三十四、五、六年,師範學校教員。

　　李希賢,字曉谷,師範畢業。民國二十四年,提署街高等小學校校長。三十六年,師範學校教員。

　　藍生德,字本齋,固原人,中學畢業。民國二十五年,同仁高等小學校長。

　　王國珍,固原人,師範畢業。民國二十五年,黑城鎮高等小學校校長。二十九年,七營鎮高等小學校長。

　　路衡,字子權,固原人,師範畢業。民國二十六年,提署街高等小學校校長。

　　趙錦珍,字玉珊,固原人,大南市巷女子高等小學校畢業。民國二十六年至三十一年,任該校校長。三十二年,任師範學校管理員。三十四年至三十六年,復任大南市巷女校教員。始終不懈,有勞績。

　　李沛恩,字雨民,固原人,中學畢業。民國二十七年,大灣完全小學校校長。

　　馬紹文,固原人。民國二十七年,三營鎮高等小學校校長。

　　李培元,民國二十七年,任教育局局長。

　　馬湘,河南人。民國二十八年,任教育局局長。

　　王明遠,字哲丞,固原人,師範畢業。民國二十八年,提署街高等小學校校長。

　　朱銘座,字谷虛,靖遠人。民國二十九年,武廟高等小學校校長。

　　馬子俊,固原人,西北中學畢業。民國二十九年,三營鎮高等小學校校長。

　　李炯春,青海民和人,西北學院畢業。民國三十年,初級中學校校長。

　　吳廷彥,河南人。民國三十年,[17]初級中學校教導主任。

葉超,民國三十年,初級中學校教員。三十二、三、四、五、六年,師範學校教員。

馬筠青,固原人。民國三十至三十一、二、三、四、五、六年,初級中學校教員兼教導主任。

吳憲,靖遠人。民國三十年,初級中學校教員。

王思誠,民國三十年,初級中學教員。

董敏,字捷生。趙永秦,字逸民。曹鑑衡,字子鈞。以上三人均三十年至三十六年中師兩校教員。

劉家駒,中學畢業。民國三十年,提署街高等小學校長。

蘇登科,字甲三,固原人,中學畢業。民國三十年,同仁高等小學校校長。

張世文,固原人。民國三十年,大灣鄉高等小學校校長。

王向榮,固原人。民國三十年,張化鄉高等小學校校長。

劉耀廷,固原人。民國三十年,王窪鄉高等小學校校長。

李士奎,固原人,中學畢業。民國三十年,黑城鎮高等小學校校長。

馬子英,固原人,西北師範學校畢業。民國三十年,三營鎮高等小學校校長。

韓春芳,山東人,北平師範大學畢業。民國三十一年,初級中學校長。三十二年,兼師範學校校長。

吳潔痕,山東人。孫治東,貴州人。楊宗璉,河北人。于錫彬、郝廷懋,均河北人。以上皆民國三十一年初級中學教員。廷懋,三十二年兼師範學校教員。

党世儒,民國三十一年,蒿店鎮高等小學校校長。

李文蔚,固原人。民國三十一年,蒿店高等小學校校長。

馬國俊,固原人。民國三十一年,大灣鎮高等小學校校長。

王乾三,臨夏人。民國三十一年,王窪鎮高等小學校校長。

馬久吉,固原人。民國三十一年,張化鄉高等小學校校長。

田韞琳,中學畢業。民國三十一年,七營鄉高等小學校校長。

王國靖,山西人。王月華,山西人。孫稔基,河北人。王嘉珍,河北人。韓志一,陝西人。左理,寧夏人。高方忱,河北人。以上均民國二十二年初級中學校教員。[18]

尤紫荆,民國三十二年師範學校教員。

張飛鳳,固原人,師範畢業。民國三十二年,三營鎮中心小學校長。

趙錦雲,民國三十二年,大南市巷女子中心小學校校長。

許志欽,民國三十二年,王窪鎮中心小學校校長。

殷建榮,字仁山,固原人,中學畢業。民國三十二年,黑城鄉中心小學校校長。

　　黎昌明,華亭人。民國三十二年,理門巷中心小學校校長。

　　趙文蔚,字焕章,固原人。民國三十二年,張易鄉中心小學學校校長。

　　馬廷麒,字閣丞,中學畢業。民國三十二年,大灣鄉中心小學校校長。

　　孫穎慧,貴州人。民國三十三年,初級中學校校長。

　　張飛鵬,字雲程,固原人,北平郁文學院畢業。民國三十三年,簡易師範學校教員。三十四、五年,校長。

　　王景堂,字介福,靜寧人。民國三十三年至三十六年,師範學校教員。

　　任裕俊,河南人。劉容川,河北人。周奇峰,山東人。趙可梅,浙江人。韓德峻,河北人。徐秉珠,江蘇人。李濂,江蘇人。以上均民國三十三年初級中學校教員。

　　王家玉,秦安人。民國三十三、四年,初級中學及師範學校教員。

　　任淑賢,固原人,師範畢業。民國三十三年,大南市巷女子中心小學校長。

　　夏定瀾,固原人,中學畢業。民國三十三年,蒿店中心小學校校長。三十五年,理門實驗學校校長。三十六年,縣督學。

　　李廷蘭,固原人。民國三十三年,張化鄉中心小學校校長。

　　虎輔周,字維卿,固原人,中學畢業。民國三十三年,王窪鎮中心小學校校長。

　　張飛鴻,字少禹,固原人,師範畢業。民國三十二年,附郭鄉同仁中心小學校長。

　　楊仲哲,山西人。民國三十四年,初級中學校校長。

　　惠應祥,字子楨,固原人,中央政治大學畢業。民國三十四年,初級中學校教導主任兼教員。

　　張學仁,山東人。三十四、五、六年中師兩校教員。

　　隋樹華,山東人。丁光宗,江蘇人。安卓三,江蘇人。虎志超,固原人。王子衡,山西人。惠知政,陝西人。姚宗頤,固原人。夏連英,固原人。以上均民國三十四年初級中學教員。

　　王彥儒,固原人。民國三十四年,師範學校教員。

　　姚宗賢,民國三十四年,師範學校教員。

　　杜逢春,靜寧人。三十四年,師範學校教員。

　　焦國棟,字達人,固原人。民國三十四年,理門巷實驗小學校校長。

　　陳雪琴,固原人,師範畢業。民國三十四年,大南市巷女子中心小學校校長。

　　馬巾雄,固原人,師範畢業。民國三十四年,同仁中心女子小學校校長。

鄧相卿,字幹丞,固原人,中學畢業。民國三十四年,七營中心小學校校長。

王鼎璽,民國三十四年,張易鎮中心小學校校長。

李統善,民國三十四年,王窪鎮中心小學校校長。

孫成仲,固原人,師範畢業。民國三十四年,大營鄉中心小學校校長。

藍琇,固原人,中學畢業。民國三十四年,大灣鄉中心小學校校長。

何福禎,固原人,中學畢業。民國三十四年,三營鄉中心小學校校長。

賈昭明,字文卿,甘谷人,西北師院畢業。民國三十五年,初級中學校校長。

王鑑,字芷涵,渭源人。民國三十五年,初級中學教導主任兼教員。

何國翰,字少屏,固原人。民國三十五、六年,師範學校教員。

呂步陞,字級三,固原人。民國三十五年,師範學校教員。

杜友仁,字士林。民國三十五、六年,中學校教員。

王彥華,字俊三,固原人。民國三十五、六年,師範學校教員。

李光宗,字耀三,通渭人。民國三十五、六年,師範學校教員。

張漢英,固原人,中學畢業。民國三十五年,大南市巷中心女子小學校校長。

王致中,隴南人。民國三十五年,楊郎鄉頭營街中心小學校校長。

王得儉,固原人。民國三十五年,王窪鎮中心小學校校長。

王文樞,固原人。民國三十五年,蒿店鎮中心小學校校長。

馬承祿,固原人。民國三十五年,大灣鎮中心小學校校長。

張維霖,固原人。民國三十五年,理門巷實驗小學校校長。

戴亞洲,字少伯,固原人,中央政治大學畢業。民國三十六年,初級中學校校長。

王士俊,字茂如,静寧人。民國三十六年,師範學校校長。

趙春輝,臨洮人。民國三十六年,師範學校校長。

余秉誠,字子章,固原人,西北師院畢業。民國三十六年,中學校教導主任兼教員。

張少觀,平涼人。民國三十六年,中學校教員。

姚克恭,固原人。民國三十六年,中學校教員。

王謨,固原人。民國三十六年,楊郎鄉頭營街中心小學校校長。

侯占元,固原人。民國三十六年,大營鄉中心小學校校長。

胡崇德,固原人,師範畢業。民國三十六年,七營鎮中心小學校校長。

高明德,固原人。民國三十六年,理門中心小學校校長。

賈志興,河北人。民國三十六年,初級中學教員。

陳鶴齡,字杜□,①河北人。民國三十六年,初級中學教員。

---

① 原志"杜"下爲空格,整理時均用"□"表示,下同。

石萬瑞,固原人。民國三十六年,初級中學教員。

郝惠成,陝西人。民國三十七年,初級中學校教員。

樊步義,字仲宜,山西人。民國三十七年,初級中學教員。

高志清,河北人。民國三十七年,初級中學教員。

高天光,固原人。民國三十七年,初級中學教員。

武繼賢,字哲生,固原人。民國三十七年,初級中學教員。

李映蘭,字香屏,通渭人。民國三十六年,師範學校教員。

　　盱衡宇内,諦審時期,訓政已過,憲政方來。建國如建大廈然,鳩工庀材,取衆用宏,而此職官之所司,誠爲扼要。爲社工者,宜如何盡其良能,以濟時艱? 爲議士者,宜如何盡其良知,以符輿情? 爲官吏與師資者,宜如何奉公守法、敦品勵行、盡其良心、造福斯民、啟牖斯民、對天職而無愧? 願深長思之可也。

【校勘記】

[1] 淵泉:原作"酒泉",據《後漢書》卷六五《張奐傳》改。

[2] 賈疋:原作"賈雅",據《晉書》卷六〇《賈疋傳》、《册府元龜》卷七二六《幕府部‧辟署》等
　　　改。下同。按:疋,古"雅"字。

[3] 圉:此字原脱,據《周書》卷二七、《北史》卷六五《蔡祐傳》補。

[4] 尉遲迥:原作"尉遲逈",據《隋書》卷四七、《北史》卷六四《韋洸傳》改。

[5] 玄宗:原避清聖祖玄燁諱作"元宗",據《新唐書》卷一三八《路嗣恭傳》回改。下同。

[6] 李悅:《宣統甘志》卷六二《職官志‧將才》作"李岳"。

[7] 副都總管:原作"都總管",《宋史》卷二七二《楊文廣傳》載"爲定州路副都總管",據改。

[8] 張守約:原作"張寧約",據《宋史》卷三五〇《張守約傳》改。

[9] 馬文升:原作"馬文昇",據《明史》卷一八二《馬文升傳》等改。下同。

[10] 握機槖鑰:原作"握機槖侖",據《千頃堂書目》卷十三《兵家類》、《明史》卷九八《藝文志》
　　　改。又,《傳是樓書目》卷三《兵書》作"握機槖籥"。

[11] 黃嘉善:原作"黃加善",據《萬曆固志》上卷《官師志第六》改。

[12] 鑲紅旂:原作"廂紅旂",據八旗名改。

[13] 果勇侯:原作"果勇候",據《宣統固志》卷三《官師志二‧國朝武職‧提督》改。

[14] 微:疑當作"微"。

[15] 三十六年:原作"三十年",眉批曰:"民三十年鎮長爲石林泉,非石萬安。石萬安乃三十
　　　六年鎮長。"又此按時間排列亦當爲"三十六年"是,據改。

[16] 光緒己酉:光緒未有己酉年,按時間順序疑當作"宣統己酉",即宣統元年(1909)。

[17] 三十年:原作"二十年",眉批:"應是三十年,二十年尚無中學。"另按體例當以時間爲序,據改。

[18] 二十二年:據體例當作"三十二年"。

固原縣志卷之七　政權志

天生蒸民，民事爲亟。事所取正者曰政，政所熒施者曰權，政權即民權。"天賦民權"，西哲之言，豈欺我歟。《秦誓》曰：①"天視自我民視，天聽自我民聽。"又曰："民之所欲，天必從之。"烏虖，我先哲固早已昭揭之矣。秦壅蔽於君權，遂使民權日晦，天惟時求民權而握符膺籙，應天順人者，三代下能有幾哉？分曹效職，搢笏拖紳，知所敬天勤民者，又有幾哉？民有、民治、民享，非悉力自張不可也。夫政者正也，荀子曰：②"道者，古今之正權。"爰志《政權》。

黨務

《書》"民惟邦本"，[1]故國民實爲國家主體。爲共和推進，以從事於民國之建設，求符於政黨之原則，於是有國民黨之組織。顧名思義，以定衆志，且以保持政治統一，發展地方自治，屬行民族同化，策用民生政策，維持國際和平，互相策勵，實現三民主義，促進世界大同，黨務之推行，焉可緩哉。邑雖褊小，作哲作謀，固亦所望於民之賢者矣。

組織　　構成之義也

固原縣黨部設記長一名，秘書一名，幹事五名，佐理員二名。轄區黨部十有四，各設書記一名，組訓委員一名，宣傳委員一名。直屬區分部五，區分部五十有一，職員同區黨部，小組六十有二，各設組長一人。

民國三十五年秋，奉令擴大黨部組織起，至三十六年冬，奉令黨團統一組織止，縣黨部之組織如此。黨團統一組織後，縣黨部之組織，除增置副書記長一名，并團幹事調充執委，股長調充黨幹事，錄事調充佐理員外，餘仍舊。沿革隨錄于次。

---

① 參見《尚書·秦誓》。
② 參見《荀子·正名》。

　　民國十五年冬，甘肅省臨時黨務指導委員會派遣陳洪范、徐篤生兩指導員，來縣指導黨務，成立縣黨部籌備處。介紹黨員，辦理登記，當時入黨者四十餘人。畫編區黨分部，從事組訓工作。此爲本縣黨務之始軔。十六年，奉令辦理清黨運動，停止工作活動。時經一年，十七年始，復奉令恢復工作，積極從事整理事項。十八年，遵照省令，召開黨員代表大會，舉行黨選，成立執、監委員會。十九年，奉令召開第二屆黨員代表大會，改選執、監委員，置書記，並分設總務、組織、訓練、宣傳各部，由執委兼任部長。是年冬，因政變影響，工作暫停。二十年春，甘肅省黨務整理委員會成立。省派任忠、康莊、田俊爲本縣黨務整理委員，成立整委會，側重調查整理工作之推進。二十二年，奉令改整委會爲辦事處。二十四年至二十五年間，復改爲縣黨部。省派田俊、牛登甲、朱秉章爲指導委員。因雙十二事變，文卷器物損毀殆盡，工作停滯進行者兩閱月。二十六年，奉令變更組織，改指導委員制爲書記長制，省派朱鉻座爲縣書記長。由此組訓、宣傳日臻進展。二十九年，孫尚賢任書記長，在職五年。三十三年春，奉令召開代表大會，選舉執、監委員，成立第三屆執、監委員會。省派監選委員韓達蕹縣監選。計出席代表四十九人，結果張鐘嶽、劉克禮、徐宇鋝、孫尚賢、王鏸當選執行委員，張禹川、姚克讓、田韞琳爲候補執委，田俊、馬連三、祁捷三當選監察委員，張飛熊爲候補監委。執、監委員會正式成立，由孫尚賢兼書記長。三十四年，孫調他職，書記長遺缺，以張鐘嶽兼任。

　　當時組織，縣黨部設書記長一人，秘書一人，一、二級幹事各一人，助理幹事一人，錄事一人，鄉鎮黨務指導員二人。下設一、二區黨部各一處，內設書記一人，執委二人，監委一人。第一區黨部轄三個區分部，第二區黨部轄四個區分部。又縣黨部直屬十九個區分部，共計設區分部二十九處，每處設執委兼書記一人，執委二人，候補執委一人。全縣共有黨員九百八十九人。

　　第一區黨部設縣政府，第二區黨部設同仁學校。

　　第一區黨部屬第一區分部設縣黨部，第二區分部設縣政府，第三區分部設城關鎮公所，第四區分部設縣商會，第五區分部設田管處，第六區分部設中學校。

　　第二區黨部屬第一區分部設同仁學校，第二區分部設宋家巷小學校，第三區分部設鹽務局，第四區分部設稅務局。

　　直屬第一區分部設三營鎮公所，第二區分部設城陽鄉中心學校，第三區分部設王窪鎮公所，第四區分部設蒿店鎮公所，第五區分部設七營鎮公所，第六區分部設李俊鄉公所，第七區分部設婦女會，第八區分部設張易鎮公所，第九區分部設萬安鄉公所，第十區分部設大灣鎮公所，第十一區分部設張化鄉公所，第十二區分部設觀音殿小學校，第十三區分部設黑城鎮公所，第十四區分部設大營鄉公所,第十五區分部設頭營鄉公所,第十六區分部設和尚舖小學校,第十七區分部設孟家源小學校,第十八區分部設硝河鄉公所,第十九區分部設乃家河小學校。

第一區黨部書記曹漢勳,執委張其昌、秦得雲,監委田俊。

第二區黨部書記李沛恩,執委朱鉻座、張飛熊,監委張禹川。

第一區黨部屬一分部書記劉克禮,二分部書記馬世俊,三分部書記石林泉,四分部書記劉建章,五分部書記楊繼昌,六分部書記韓春芳。

第二區黨部屬一分部書記馬守仁,二分部書記馬陶然,三分部書記朱銘座,四分部書記未詳。

直屬第一區分部書記馬維垣,二分部書記周治岐,三分部書記劉耀廷,四分部書記党世繡,五分部書記田韞琳,六分部書記劉郁周,七分部書記趙錦雲,八分部書記柳志善,九分部書記張國珍,十分部書記馬廷麒,十一分部書記馬朋仁,十二分部書記石養源,十三分部書記趙廷俊,十四分部書記張宗孟,十五分部書記未詳,十六分部書記未詳,十七分部書記未詳,十八分部書記杜蔚章,十九分部書記王向榮。

優秀幹部黨員,據採訪附録如次:

張禹川,縣財監會主席。

田種珊,自衛隊隊長。

李希賢,商會主席。

劉家駒,教育科科長。

田俊,省臨時參議會參議員。

張飛熊,縣政府建設科科長。

董敏,中學校教員。

蘇登科,縣政府糧政科科長。

李沛恩,縣政府民政科科長。

李培元,前海原縣縣長。

張飛鵬,同仁學校校長。

趙生榮,衛生院院長。

田範民,司法處書記官。

趙廷棟,司法處書記。

石萬安,曾任營長。

明全禄,曾任鄉長。

姚克讓,度量衡檢定員。

劉繩武,農會幹事。

祁潔珊,曾任鄉長。

趙錦珍,曾任小學校校長。

柴竣,曾任區長。

張書銀,田糧處科長。

劉郁周,曾任鄉長。

孫世堂,曾任鄉長。

田沛恩,自衛隊隊長。

楊生堂,保長。

馬國瑗,自衛隊隊長。

楊保銀,保長。

楊國材,曾任鄉長。

石仰元,小學教員。

康志恭,曾任連長。

張仁廣,小學校校長。

杜蔚華,小學校校長。

楊文華,曾任鄉長。

馬廷麒,曾任鄉長。

高天光,曾任鄉長。

劉全秀,曾任鄉長。

王安邦,曾任區員。

張國珍,曾任鄉長。

以上均固原籍。

外籍黨員如次:

韓春芳,山東省人,師範大學畢業,固原中學校長。

楊潤滋,河北省人,保定軍校八期畢業,曾任固原國民兵團副團長。

曹漢勳,華亭縣人,固原縣政府社會科科長。

馬世俊,靜寧縣人,固原縣政府會計主任。

楊繼昌,秦安縣人,固原縣政府財政科長。

張其昌,河北省人,固原合作指導員。

朱銘座,靖遠縣人,曾任固原縣黨部書記長。

包創業,青海省人,固原縣政府技士。

張興友,青海省人,曾任固原小學教員。

楊登州,鎮原縣人,固原縣政府科員。

　　三十五年秋,奉令擴大組織,縣黨部以執行委員五人,候補執委三人,監察委員三人,候補監察委員一人組織之。書記長秘書以執委兼,幹事不限。一級幹事二名,二級幹事三名,佐理員二名。區黨部以執行委員三人、候補執行委員一人、監察委員一人組織之。書記、組訓委員、宣傳委員以執委兼。區分部以黨員六人至三十人組織之,書記等同區黨部。小組以黨員三人至五人組織之,設組長一人。各級黨部,均得組織小組,以利訓練。全縣共有黨員千八百四十一人。

　　民國三十七年,固原縣黨部設書記長一名,劉克禮。副書記長一名,劉繩武。秘書一名,蒲萬鍾。幹事五名,助理幹事三名。轄區黨部十有四,各設書記一名,組訓委員一名,宣傳委員一名。直屬區分部六,區分部五十一,職員同區黨部。小組六十二,各設組長一人。

　　直屬第一區分部在縣黨部,直屬第二區分部在萬安鄉,直屬第三區分部在小學校,直屬第四區分部在師範學校,直屬第五區分部在司法處,直屬第六區分部在總工會。

　　第一區黨部在縣政府,書記王毓文。第一區分部在縣黨部,書記蒲萬鐘。第二區分部在縣政府,書記高天光。第三區分部在田糧處,書記陳希聖。第四區分部在商會,書記雷鵬程。

　　第二區黨部在宋家巷,書記李沛恩。第一區分部在宋家巷,書記蘇登科。第二區分部在馬飲河,書記海白清。第三區分部在鹽務局,書記鄧居鄉。第四區分部在直接稅局,書記吳明陽。

　　第三區黨部在雙營鄉,書記馬萬祥。第一區分部在雙營鄉公所,書記劉舉。第二區分部在楊忠堡保校,書記禹際賢。第三區分部在彭家堡保校,書記夏永祿。第四區分部在張家磨保校,書記薛晏平。第五區分部在雙營鄉保校,書記張問禮。

　　第四區黨部在三營鎮公所,書記趙丕顯。第一區分部在三營中心學,書記馬子英。第二區分部在三營鄉農會,書記馬負圖。第三區分部在三營鎮公所,書記張宗孟。第四區分部在三營鎮河南司鄉會,書記馬如龍。第五區分部在三營鎮保公所,書記周生智。第六區分部在三營鎮保公所,書記馬萬禮。

　　第五區黨部在七營鎮中心學校,書記鄧柏鄉。第一區分部在七營鎮中心學校,書記王國珍。第二區分部在七營鎮公所,書記孟維邦。第三區分部在七營鄉農會,書記杜世權。

　　第六區黨部在黑城鄉公所,書記牛世凱。第一區分部在黑城鄉公所,書記趙毓。第二區分部在黑城中心學校,書記李士英。第三區分部在李俊堡保校,書記馬負圖。

　　第七區黨部在蒿店中心學校，書記何世斌。第一區分部在蒿店中心學校，書記梁國珍。第二區分部在和尚舖保校，書記柳向志。第三區分部在卯家堡保校，書記王天增。

　　第八區黨部在張化鄉公所，書記王廷禮。第一區分部在張化鄉農會，書記馬登科。第二區分部在石家溝口保校，書記明全祿。第三區分部在任山河保校，書記王光仁。

　　第九區黨部在城陽中心學校，書記高陞。第一區分部在城陽中心學校，書記楊鐸。第二區分部在城陽野王家保校，書記陳世棟。第三區分部在城陽第七保校，書記李生蘭。

　　第十區黨部在王窪鎮公所，書記邵守斌。第二區分部在草廟子保校，書記胡登世。第三區分部在殿子岪保校，書記劉夢麟。第四區分部在石家岔保校，書記王九卿。

　　第十一區黨部在張易鎮中心學校，書記王傑。第一區分部在張易鎮中心學校，書記陳世魁。第二區分部在張易鎮公所，書記任謙。第三區分部在張易鎮什字路保校，書記趙克斌。第四區分部在張易鎮觀音殿保校，書記石養源。

　　第十二區黨部在大灣鄉公所，書記張維垣。第一區分部在大灣鄉中心學校，書記藍琇。第二區分部在大灣鄉公所，書記馬廷麒。第三區分部在大灣鄉瓦亭保校，書記王興周。

　　第十三區黨部在附郭鄉公所，書記張文江。第一區分部在附郭鄉公所，書記馬國璽。第二區分部在附郭鄉保校，書記石如玉。第三區分部在附郭鄉保校，書記張秉文。

　　第十四區黨部在城關鎮公所，書記石林泉。第一區分部在麭粉業工會，書記賀東銘。第二區分部在大南市巷女校，書記任淑賢。第三區分部在城關鎮第三保保校，書記吳子學。

　　三十六年夏，書記長張鍾嶽調他職，遺缺由執委劉克禮兼任，人事同前。是年冬，奉令黨團統一組織，於黨部增置副書記長一名，所有青年團幹事悉調充黨部執行委員，股長調充黨部幹事，錄事調充黨部佐理員。三十七年春，奉令辦理黨團員總登記，計有黨員一千一百六十人，併團員共有二千四百人。

　　青年團甘肅支團固原分團部，設幹事長一名，書記一名，股長、股員、錄事各三名。轄區隊二十有四，各設區隊長附一名。直屬分隊七，分隊七十有六，各設分隊長附一名。小組十有五，各設組長一名。分團部以幹事十五人組織之，幹事長、書記以幹事兼，股長不限。區隊部以三個分隊組成，分隊部以團員十三人至十五人組織之。小組以團員二人至十二人組織之，區分隊長附及小組長由團員推舉之。又各級團隊均得組織小組,以利訓練。以上係民國三十五年之實況也,沿革隨録於次。

二十七年,由中央組織三民主義青年團後,一時發動全國,本省蘭州設青年團支團籌備處。二十八年秋,甘肅支團固原直屬區隊組織成立,由固原縣縣長陳閣丞與劉家駒負責。截止三十年八月底止,已有團員二百四十五人。爲便于開展工作,遂將辦公地點由學校移於東關清皇宮辦公。同時並奉令將直屬區隊擴改爲三民主義青年團甘肅支團固原分團籌備處,任用劉家駒、田俊、孫尚賢爲籌備員,並以劉家駒爲主任籌備員。同年九月,正式成立固原分團籌備處,將原有之團員組織改編爲兩個區隊。未幾,奉令將籌備員制改爲幹事制,派任張少庸、孫尚賢、劉家駒爲臨時幹事會幹事,以張少庸兼籌備主任,劉家駒兼書記。

三十一年三月,書記劉家駒辭職,支團調派張蘊爲籌備處幹事兼書記。張於五月十四日到職後,開始調整各區分隊,計共編爲三個區隊,二直屬分隊。同年八月,支團幹事會又將張蘊調派靖遠分團工作,遺缺改派劉崑山繼任。嗣爲配合工作,發展業務計,支團並加派韓春芳、李雨民兩同志爲幹事。

三十二年七月,籌備事宜結束,正式成立分團部,上峰任劉崑山、劉家駒、張其昌、李雨民、韓椿芳五同志爲幹事,[2]以劉崑山幹事兼書記。田競先、党杞蔭、吳世良三同志分任總務、組訓、宣傳三股長。旋於七月二十二日召開分團成立大會,全體幹事及工作同志即日宣誓就職,從此團之組織更臻健全。

三十二年十月,分團部奉令修改團章,曾於本年六月召開第一屆分團團員代表大會,而以劉崑山、劉家駒、張其昌三同志當選爲分團幹事會幹事,韓椿芳、祁雨蒼兩同志爲候補幹事,支團派潘紹祖爲幹事會幹事兼書記。爰於同年十一月一日在本部召開幹事會議,正式成立幹事會,全體幹部亦於是日宣誓就職。

固原分團第一屆幹事會成立後,即依新團章之規定,呈准支團,聘請陸軍第五十七軍軍長丁德隆同志爲本部指導員。而丁氏自任指導員後,對團務之進行助力頗多。

三十三年元月二十一日,支團部命令,免劉崑山本兼各職,遺缺以平凉分團幹事會幹事兼書記杜庭璧接任。同年三月潘書記紹祖調省工作,遺缺復以杜庭璧充任,其幹事長一職又派支團視導王興鼎接任,用資整頓。同年六月王興鼎調省,遺缺仍以書記杜庭璧代理。

三十四年七月十五日,支團任用許志欽爲分團幹事會幹事兼書記。復於同年十二月十三日,支團幹事會任用劉家駒爲分團幹事會幹事兼幹事長,杜庭璧調省。劉幹事長於十二月二十八日到職後,即行調整內部工作,除第三股由周天同志擔任外,其第一、第二兩股股長,乃由田競先、馬子俊分別擔任。兼之以前選出幹事因事他往,不符法定,乃報派當地熱心團務劉繩武等九人爲幹事,藉以協助推動團務。

　　現計有直屬分隊三分隊,區隊二十四,團員一千二百八十六人。內教育界人士及在校學生約佔百分之七十,各種訓練機關之學員佔百分之十,自治青年佔百分之十四,黨政軍各界佔百分之零二五,其他農業各界青年佔百分之零三五。均分佈縣屬城鎮及各地區,以縣城內最多,西區爲最少。計城關區佔百分之六十八,東區佔百分之零七,南區佔百分之十一,西區佔百分之零六,北區佔百分之零八。教育程度以受小學教育者佔百分之四十四,受中等教育者佔百分之四十三,受短期訓練者佔百分之十二零九,受大學教育者佔百分之零一,女團員僅佔百分之零七。並於三十五年度大會吸收工商優秀青年加入於團,用以建立社會革命基礎。

　　其他人民團體之組織,皆依法而構成之。

　　農會組織:理事九人,理事長一人,常務理事二人,理事六人,候補理事二人。常務監事一人,監事二人,候補監事一人,共十五人。分三股,各股股長由理事兼任,均不支薪,而支薪之職員爲書記一人,各股幹事三人,工友一名,共五人。本會所屬十三鄉農會,每會理事五人,常務理事一人,理事四人,候補理事二人,監事一人,共九人。各鄉農會會員以每戶一人,計共有會員共一萬五千五百零六人,團體十四個。

　　工會組織:由各職業工會、飯館、屠宰、刻字、製鞋、理髮、木器、製革、縫紉、各業工人聯合會等九職業工會團體會員聯合組成。召開會員代表大會,選舉理事九人,候補理事四人,監事三人,候補監事一人,并互推理事長一人,綜理會務。理事會設經濟、組訓、總務三股,分別辦理各股事務。近有會員四百四十一人,團體八個。

　　商會組織:先由全體會員產生一執監委員會,再由執監會票選常委三人,由常委三人中互推一人爲主席。後改設理事長一人,常務理事二人,候補理事二人,理監事十四人。職員設秘書一人,書記一人,辦事員二人,工友一人。近有會員一千一百人,團體十一個。鎮商會四個,有會員一百八十八人。

　　教育會組織:設理事長一人,常務理事二人,理事二人,候補理事二人,監事三人,候補監事二人,均由大會會員推選之。有會員五百五十四人,團體十三個。

　　婦女會組織:婦女會設總務、組織、宣傳、慰勞四股,每股設幹事一人,由理事兼任。近有會員五十九人,團體一個。

　　回教教育促進會組織:設理事三人,監事三人,常務理事一人,執行會內有關事項。近改置理事長一人,常務理事三人,共理事十一人,候補理事二人,監事七人,候補監事一人。有會員二百四十人,團體一個。

回教協會組織:略同,有會員四萬六千六百五十二人,團體一個。

佛教分會組織:未詳。有會員七十二人,團體一個。

中醫師公會組織:理事長一人,理事三人,候補理事二人,監事三人,候補監事二人。職員有會計一人,書記一人。有會員三十五人,團體一個。

西醫師公會組織:略同,有會員十五人,團體一個。

理教會組織:由大會會員票選理事七人,監事三人,文書一人,辦理會内一切事務,執行決議案等工作。

慈善會組織:設理事七人,監事三人,文書一人。于民國三十四年改爲救濟院,其組織設正副院長各一名,工友一名。

兵役協會組織:未詳。有會員六十八人,團體一個。

合計單位十六個,會員六萬五千零五十三人,團體四十七個。

民衆團體向歸黨團組訓,縣政府監督。嗣改歸縣政府社會科主管,但仍坐黨團而策動之。

工作　　*服務之義也*

黨務除組訓、宣傳外,關於總務、監察、民運之展進,與政治、經濟、文化之扶翊,均斐然可觀。

關于組訓。除迭次遵章組織區黨分部及小組外,並歷經指導人民團體之組織。又除迭次舉辦黨員之短期訓練外,對于人民團體歷經舉辦之黨務基本訓練,使之對于主義俱有深刻之認識。

宣傳。縣黨部在各紀念會中,必印製傳單、標語,廣使文字宣傳外,又令各區分部組織宣傳隊,赴城鄉各區,普遍宣傳。在抗戰期間,曾組織宣傳委員會,内設正副主委各一員,委員七人,正副區隊長四人。編製抗戰建國綱領小型本數百本,分發各鄉鎮長、各區分部,廣事普遍宣傳出財出力、共抒國難等要義,獻金節約,增加生產,肅清漢奸等事項,並闡揚主義及黨政綱政策等項。并書寫標語、壁報,介紹青年中忠實者加入黨團組織。

關于總務。曾發啟各黨員及民衆團體等,募捐建修縣黨部大禮堂。購置乒乓球球臺,以利工作人員及黨員公餘運動。辦理財產登記,列入交代,以免損失而利工作。甄拔優秀黨員,介紹工作,樹立黨之信仰。

關於監察。本縣黨員監察網之設,始于二十九年十一月。施行步驟,首爲宣傳,因一般黨員對監察組織尚多不明,故延至三十年一月起,始逐漸實施。經過二年之宣傳,在各區党分部之黨員大體上尚能遵守黨紀,亦能開誠自我批評,而監察員對犯錯之黨員，固能隨時予以糾正。惟因監察員本身業務關係，不時流動，以致此項工作收效未宏。以後由黨部方面一再加以嚴密設置，率能完成監察任務。茲將組織概況，分列于次：

第一區分部監察員田範民，二分部馬偉良，三分部任安民，四分部張永鴻，五分部劉永壽，六分部石林泉，七分部馬守仁。工作項目：一、概括檢討一般各黨員工作，將各監察員檢舉案件之情況，加以敍述。二、將各檢查網勸勉同志之情形，分別種類和案件，加以敍述。三、將全縣擔任監查人員勤勞者予以獎勵，貽誤者予以懲戒，報告上級。四、每半年內工作檢討有無成績足言者，詳加敍述。一面將將監察網施行後困難之點及推行順利之原因，亦分別加以敍述。五、各區分部之黨員，對黨之工作有無責任心、義務心，是否有缺乏積極性及熱情等缺點，監察員均坦白提出檢討，各黨員亦能誠懇接受。六、各黨員對黨各種集會、黨員大會、小組討論會，有三次缺席不到或不遵守時間者，各監察員亦能認真檢舉，予以糾正，並勸勉各同志提高黨之工作與興奮，收效尚佳。

關于民運。縣屬民運工作，經縣黨部一再調整及指導成立者，有縣商會、農會、婦女會、回教促進會、各工會、同業公會、慈善會、理教分會等各法團。一切工作，皆照上級規定推行，使皆了解三民主義，堅定抗建信念。對於不識字之團體會員，一律補習簡易識字課本，分飭所在地各級中心學校代爲教授，以期造就民運工作之幹部。此項工作已於二十八、九兩年全部完成。二十九年冬並協同政府及地方有力人士，會同本黨黨員，發動籌辦皮毛紡織合作社一處，所有毛褐、織毯、栽絨、紡紗、彈花等類出品，成績尚佳。一面又在縣屬蒿店鎮各地，分別組立各同業公會、職業工會，按月舉行國民月會，商洽精神總動員綱領及地方應興應改各事項。會同縣府及駐軍，召開各界首長、士紳座談會，商洽精神改造，融洽地方感情以及解除有關地方實際困難等問題。一面策動縣新運會同縣政府警察整理市容，督促市民大掃除，注重清潔運動衛生檢查。一方面會同縣政府進行戶口檢查、放足、識字等工作，并利用有關各種紀念會，隨時大量宣傳，以期喚醒民衆，力行政府法令。

關于政治。舉行黨政秘密會議，討論舉辦有關地方興革事業，強健縣政府以內區黨分組織及工作活動，協助縣政府策進七項運動之基層工作，會同縣政府辦理縣屬東區城陽鄉，西區李俊、大營、張易、東西沙溝等處急賑。提倡植樹造林，開闢縣公路大車道以利交通，施行檢查郵電工作。會同縣政府辦理煙民檢查，搜究私售、偷吸。一面澈查保甲戶口，編練自衛隊，實行清潔運動。檢查縣屬土地編查隊，有無以多編少及以少編多，並苛索民財等情事。又復辦理土地複查更正工作，成立田賦協進委員會，策動各鄉鎮長、小學教職員、學生等，一律參加徵購、徵實宣傳運動,並獎勵儘先完納之民衆。協助縣政府辦理行政幹部訓練班,調查縣保甲長及合齡壯丁,分作四次施訓。會同地方糧食監察委員會實行檢查監收田賦軍糧,並會同財監會審核縣府所每月所經辦之縣款收支數目,以符預算。

關于經濟。發動地方人士,注重合作事業。一面函請縣政府飭合作指導人員,介紹合作社社員加入鄉農會組織。另由縣黨部派員隨時協助并扶持本縣皮毛生產運銷合作社業務,使所出之皮、棉、毛作物逐漸進步,一面介紹黨員服用。截至三十一年止,該社全部工人四十餘名,一律加入黨員組織。又吸收省銀行辦事處、田賦管理處、畜稅局、稅務局、鹽局等有關財政機關職員爲黨員,分別畫編區黨分部,參加黨之工作。指導改進文化服務社固原分社之業務,並大量購買黨之刊物,依優待黨員學生辦法辦理。

關于文化。規定每月三天,縣黨部與縣政府會同召集教育會、教育館、各學校舉行學術研討會一次,期發揚學術救國之精神。會同縣政府于縣黨部內籌設民衆小學一處,現已成爲中心國民學校。舉辦固原間日刊,現已成爲《固原日報》。會同縣政府及地方士紳創辦縣立初級中學,現已添招高級班。協助駐防五十七軍丁軍長德隆,創辦維德師範學校,現已改爲省立固原簡易師範學校。

關於團務。青年團自二十八年八月奉令組立後,其工作概況大略如次:凡團員經介紹審查入團後,均施以兩星期之團務學科訓練,並分區舉行,一向成績尚佳。對于分隊訓練,則歷經嚴飭各分隊切實按期舉行,討論提綱除轉發上級團部頒發綱領知外,並由團部按照環境需要,另爲撰擬訓練單行課本,分發各隊以供研討。而各分隊對於經常會議,均能按時舉行。至於讀書指導一節,曾經轉發團員《必讀書籍進度表》,由團部工作人員及各區隊長切實督導閱讀。至於生活指導一節,亦經隨時隨地糾正團員浪漫頹廢之生活。並于每次團員月會講解新生活綱領、國民精神總動員綱領,促其切實奉行。至於體育指導一節,亦每於青年節,舉行各種球類比賽及田徑賽各種運動。至於學術研究一節,每於團員總檢閱時,並舉談講演競賽,發動團員參加支團部主辦之青年論文競賽,舉行座談會。至於服務訓練一節,於每次發動勞動服務前,由團方工作人員講述勞動服務之意義,煥發團員服務精神,培養團員勞動習慣。每星期六下午舉行團員週會。每月第一週之星期日或最後一週之星期日,舉行團員月會及青年日。所有奉發團訊均轉發各分隊輪流傳讀,訓練叢書亦轉發各區分隊,以每分隊一册爲原則,俾輪流閱讀。至於幹部訓練一節,除由各區隊長附召集分隊長附舉行聯席會議外,並由分隊部每月召開區隊長附聯席會議一次,一面由主任、書記報告上級團部頒發之命令,並由各區隊長作工作報告,討論提案。鄉村區分隊由各指導員、縣督學及區指導員,趁赴各鄉工作之便,就近指導一切。分團部工作人員於每月辦公之餘,除遵照宣傳工作人員每月必讀書籍進度表切實研讀外,並須詳讀本團一切法規及有關文獻之書報,以資加強自我教育。并於三十四年度、三十五年度,大量吸收工商優秀青年加入於團,迄至黨團統一組織後,未嘗少懈。

其他人民團體之工作,悉照黨團所指導也。

農會除遵章工作外,在抗戰期間督催各鄉農會擴大獻金獻糧,并歷年調查旱災、雹災,辦理急賑等事。

工會方面,亦經加強會員管制,辦理會員登記,凡合於各該工會會員資格者,一律強制入會。加強基層組織,將各業工人聯合會按其職業性質分編小組。

商會方面,亦經加強基層組織,對于各公會,督催加強各部小組之組織,並屬行強制入會,強制幹部、會員之訓練。對於各公會會員,迭次加以訓練。關於本市各物價值,函請各公會依照規定,認真管制,按時召開同業公會業務會報。

教育會方面,對于全縣教育之設計與改進各事,均能次第推進。

婦女會方面,曾經從事抗戰期間,曾募款慰勞傷兵,先後五次。政府發動捐助戰士鞋襪運動,婦女會捐助一百雙寄往前方。

回教促進會方面,曾發動教胞對抗戰認識和一切興革事項。組立有回教宣傳隊,由協會、支會發動縣屬同仁男女校學生組織之,在回教民眾較多之地,于每星期日宣傳一次。并勸導教民加入黨團組織。

理教會方面,則專事戒絕煙酒,使人民生活趨于正軌。

慈善會方面,歷年辦理撫邮孤寡,慰勞傷兵及義葬等工作。其他法團尚多,類皆遵章工作云。

三十五年元月間,國民政府爲和平建國、鞏固國家統一、實現全民政治,決提前實現憲政起見,召開各黨派政治協商會。各黨派出席人員如次:國民黨孫科、吳鐵城、陳布雷、陳立夫、張屬生、王世傑、邵力子、張群,共產黨周恩來,董必武、王若飛、葉劍英、吳玉章、陸定一、鄧穎超,青年党曾琦、陳啟天、楊永浚、余家菊、常乃惠,民主同盟張瀾、羅隆基,國家社會黨張君勱、張東蓀,救國會沈鈞儒、張申府,興業教育社黃炎培,桂治派梁穎宴,第三黨章伯鈞,無黨派莫德惠、邵從恩、王雲五、傅斯年、胡霖、郭沫若、錢永銘、繆家銘、李燭塵等。則此後之黨務,當更有可記者。

民意

黃帝建明堂爲議政舉賢之所,唐虞重徵庸,三代重鄉三物賓興,周尤稱盛。漢重薦辟,魏重九品中正制,隋重賓貢,唐重貢舉制,宋明迄清重科舉,皆選舉也。

其制美矣備矣，顧其權皆上屬，雖里選鄉選，亦有司主其事，非純粹之民選也。

民國主權在民，人民行使四權，選舉居先。縱窮鄉僻壤之人民，莫不得依法以自由意見，選舉躬所崇拜而景仰之人代爲議政，胥得真正民意之表現矣。

夫古之元后，嘗亦顧諟民意。陶唐氏置敢諫之鼓，使天下盡得其言，立誹謗之木，使天下敢攻其過。有虞氏闢四門，明四目，達四聽，命龍作納言。夏后氏揭鐘、鼓、磬、鐸、鞀五器於庭，使導以過者擿鼓，喻以義者敲鐘，告以事者振鐸，語以憂者擊磬，有獄訟者揮鞀，欲民意無鬱抑而已。後世暴君居於上，佞臣居於下，生民塗炭，國運陵遲。間有一二傑出之士，憂時疾俗，發爲危言讜論，則阻壓而禁錮之，必使天下之士拑口不敢復言而後快。不知防民之口，甚于防川，所以禍亂侵尋，國亦不國矣。

近於參政會與省參議會以外，縣設縣參議會，討論全縣政令之推行及地方一切應興應革之事項，致治保邦，明體達用，觀厥成焉。

選舉　　公推民衆代表也

清宣統元年諮議院諮議之選舉，本縣李廣玉當選。

李廣玉於清宣統二年被公推爲清政府咨政院諮議。任期未久，清帝退位，咨政院亦解散。按廣玉原籍河南，與兄廣珠於清光緒初，隨提督雷正綰至縣。廣珠由軍功保任固原中營參將，以久宦居于本邑，遂家焉。現其子胤居縣屬黑城鎮地方，入固原籍久矣。

民國元年，國會衆議院議員之選舉，祁連元當選。同年臨時省議會議員之選舉，康嗣緒當選。

考本省選舉，始自民國元年九月，時北京政府因召開國會在即，即組織籌備國會事務局，專司其事。行政方面則由内務部負責，以每一省區爲總選區。甘肅爲一總選區，平涼、天水、皋蘭、張掖、武威五處爲複選區，而各縣則爲初選區。彼時甘肅都督爲趙緝熙，兼本省選舉總監督。自九月奉到通電後，即分令本縣籌備初選事宜，頒發委狀任命知州王學伊爲初選監督，限于兩個月内完成調查選民、造册呈報各事宜。第二複選區爲平涼縣、靜寧縣、隆德縣、化平縣、華亭縣、固原州、崇信縣、鎮原縣、莊浪分縣、董志原分縣。

本縣共調查合格選民二千二百六十八人。經省總監督規定，本縣應分配衆議院初選當選人十四名，省議會初選當選人十七名。共畫分五個投票所，一面分派管理員、監察員分別辦理，兹列如此：第一區投票所管理員，學正韓國棟、州判徐步陞、訓導鄭席珍、守備馮克勤；監察員，附生尹金鏞、遊擊盧有奇。第二區投票所管理員，增生張懋德、貢生韓興邦、武生趙繼賢、庠生陳學飛；監察員，增生孫受魁、貢生虎維紹。第三區投票所管理員,知縣董陞猷、附生談尊聖、守備文策坤、增生馬振鐸;監察員,遊擊毛冲霄、附生楊炳文。第四區投票所管理員,貢生李桐、附生趙夢筆、謝文炳、庠生楊蔚起。第五區投票所管理員,知縣李廣玉、郎中祁連元、附生柳生直、耿秉仁;監察員,庠生陳士俊、貢生杜斗一。初選監督所在地之開票所管理員,縣丞王萬傑、守備張廷棟、廩生張纘緒、貢生王金堂、附生馮銘新,州判王世清。

本縣共調查選民爲二千二百六十八名,應選初選當選人十四名。兹分志如次:祁連元,三十一歲,得八十六票;徐步陞,四十歲,八十四票;王全重,三十九歲,八十三票;鄭席珍,五十五歲,八十票;彭元貴,五十四歲,七十七票;張纘緒,三十一歲,七十六票;閻偉,二十五歲,七十三票;盧有奇,五十二歲,七十一票;彭育賢,三十二歲,七十票;馬楷臣,三十二歲,六十六票;盧變,三十四歲,六十三票;鄭有經,三十三歲,六十票;張安仁,二十四歲,六十票;談尊聖,三十八歲,五十四票。

省議會第一屆本縣初選當選人分志如此:康嗣緒九十三票,王萬傑九十一票,王振清八十八票,祁兆甲八十五票,馮克勤八十四票,尹金鏞七十九票,鄭大俊七十八票,傅國泰七十八票,陸榮七十四票,趙生新七十二票,趙生榮七十票,党家駒六十九票,王世清六十七票,劉文敏七十六票,楊蔚起六十六票,何連科六十五票,孫受魁五十票。

又本縣初選衆議院、省議會,一人兩得被選權者,分志如下:康嗣緒,衆得八十六票,省得九十三票;祁連元,衆得八十六票,省得九十三票;徐步陞,衆得八十四票,省得六十三票;馬楷臣,衆得六十六票,省得六十票。祁連元經平涼複選監督,集中第二區十縣當選人複選結果,得合于衆議院議員資格,當選爲甘肅省籍衆議院議員。而康嗣緒合於省議會議員資格,當選爲甘肅臨時省議會議員。

二年臨時縣議會議員之選舉,康嗣緒等當選。

固原直隸州于民國二年改縣,縣議會亦于是年成立,設于縣府街三清宮內。設議長一人,副議長二人,議員十八人,評議員九人。另置文牘、會計、書記、工役五人,有給職。議長、議員無給職。議員由民衆票選,評議員由議會聘請,議長再由議員票選,任期二年。兹分志如下:

議長康嗣緒,副議長徐步陞、王萬傑,議員尹金鏞、趙生新、王振清、張纘緒、胡國棟、盧變、胡翰、劉文敏、王世清、趙天賜、拜興泰、馬如意、周榮春、任金福、劉品第、張文華、祁連元、李楹,共二十一員。評議員鄭席珍、盧有奇、馬繼聖、馮克勤、彭元貴、高富林、哈耀武、張廷棟、李廣玉九員。

三年,第一屆省議會議員之選舉,楊秉錡當選。民國三年,臨時省議會解散,省議會正式成立，本縣楊秉錡當選省議員。

四年，國民會議議員之選舉，齊柄當選候補議員。考國民會議于民國三年十一月間，經大總統明令頒佈組織法及選舉法，分飭各省、道、縣事先籌備。當時督理甘肅軍務巡按使張廣建奉令兼充甘肅覆選監督。本縣知事邵遇春爲初選監督。設初選區選舉事務所司其事，本縣事務所遴報王萬傑充任所長。調查被選舉人姓名、合于規定者，開列榜示。計齊柄、祁應魁、余得俊、孫承均、李廣玉、張玉林、李志業、容志德等八人。結果齊柄得票十九張當選。于民國四年十月二十一日，由縣赴省參加覆選，當選候補議員。

同年，第一屆縣議會議員之選舉，王萬傑等當選。議長王萬傑係前臨時縣議會副議長。副議長鄭席珍、張纘緒係前議員。其餘各議員、評議員均仍舊。

五年，第二屆省議會議員之選舉，張安仁、張世文當選候補議員。本縣初選當選人，赴平凉，經涇原道尹公署復選。結果張安仁、張世文二人選爲甘肅省議會候補議員。六年，張世文補議員。

九年，國會參議院議員之選舉，吳本植當選。國會分參衆兩院。吳本植于民國九年被選爲中央參議院議員，但任期未久，參院被解散。

十年，第二屆省議會議員之選舉，李培元當選。李培元于民國十年當選爲第二屆甘肅省議會議員，任職四年，以國民軍抵甘，政局一變，議會遂即解散。

二十六年，國民代表大會代表之選舉，張纘緒當選候補代表。民國二十六年，奉令舉辦國民代表大會代表之選舉，張纘緒被選爲候補代表。

二十八年，省臨時參議會參議員之選舉，田俊當選。民國二十七年九月間，國民政府公佈省臨時參議會組織條例。二十八年六月間，派趙元貞爲甘肅臨參會秘書長，由省政府函知查照，尅即籌備。並電各縣推選素孚衆望之人員二名，呈請核圈。本縣由縣黨部會同縣政府呈報田俊爲初選人，經核圈爲第一屆甘肅省臨時參議會議員，旋即進省，于二十九年一月三日參加省臨參會第一次會議。任期四年，建議甚多。

三十三年，縣臨時參議會參議員之選舉，李培元等當選。民國三十二年冬，奉令辦理縣臨時參議員之選舉，并派孫尚賢爲臨參會秘書，從事籌備。當于三十三年三月一日正式成立。當選人爲李培元、張禹川、田俊、劉克禮、趙錦雲、田韞琳、王漢杰、李秉政、何世斌、雷鵬程、劉穎齋、馬連三、李烈、馬河圖、趙銘新，候補參議員馬巾雄、石幹丞等。議長李培元，副議長張禹川。三十三年七月間，田參議員韞琳出缺，馬巾雄遞補。

三十四年，第一屆省議會參議員之選舉，劉家駒當選。民國三十四年，省臨參會改解，正式成立省參議會。本縣劉家駒當選省參議員，祁兆甲候補。翌年,劉家駒因事出缺,祁兆甲遞補省參議員。

同年,第一屆縣參議會參議員之選舉,張纘緒等當選。民國三十四年十一月十五日正式成立。當選人張禹川、田俊、劉繩武、王濟邦、姚克讓、祁雨蒼、徐宇錚、馬守仁、王安邦、安文敏、李培棟、李培元、馬廷麒、雷鵬程、虎輔周、楊孚魁、石幹丞、夏際文、薛晏海等。議長張禹川,副議長田俊。三十五年九月間,參議員楊孚魁出缺,虎志超遞補。三十六年五月間,議長張禹川出缺,田俊遞補。副議長田俊出缺,石幹丞遞補。參議員張禹川出缺,喬森遞補。同年九月間,參議員王濟邦出缺,許志欽遞補。

三十六年,第二屆縣參議會參議員之選舉,田俊等當選。民國三十六年十月十日正式成立。當選人石幹承、馬連三、祁雨倉、呂步陞、馬登科、田俊、楊孚魁、王安邦、安文敏、李守祥、田競先、黃忠恕、馬存仁、馬子英、姚克讓、董敏、薛宴海、寧治先、李培棟、雷鵬程、田韞琳等。議長田俊、副議長馬連三。三十七年三月間,參議員田競先出缺,馬正義遞補。

固原縣區域現任候補參議員,三十年調查如次。

縣農會現任:馬連三,男,六十一歲,甘肅固原人。石幹丞,男,五十八歲,甘肅固原人。候補馬守仁,男,三十四歲,甘肅固原人。喬廷棟,男,四十二歲,甘肅固原人。

總工會現任:寧治先,男,二十八歲,甘肅固原人。候補趙廷棟,男,三十四歲,甘肅固原人。

縣商會現任:雷鵬程,男,五十五歲,陝西部陽人。候補慕繩武,男,三十八歲,甘肅固原人。

教育會現任:田俊,男,四十三歲,甘肅固原人。候補田韞琳,男,三十六歲,甘肅固原人。

中西醫師公會現任:黃忠恕,男,四十一歲,甘肅固原人。候補王永貴,男,二十八歲,甘肅平凉人。

城關鎮現任:董敏,男三十歲,甘肅固原人。候補徐宇錚,男,二十八歲,甘肅固原人。

附郭鄉現任:田競先,男,三十六歲,甘肅固原人。候補馬正義,男,三十四歲,甘肅固原人。

大灣鄉現任:馬存仁,男,四十五歲,甘肅固原人。候補董文耀,男,三十九歲,甘肅固原人。

蒿店鎮現任:李培棟,男,四十七歲,甘肅固原人。候補何世斌,男三十五歲,甘肅固原人。

　　大營鄉現任：薛晏海，男，四十二歲，甘肅固原人。候補聶輔仁，男，四十六歲，甘肅固原人。

　　張易鎮現任：呂步陞，男，三十三歲，甘肅固原人。候補李平西，男，四十三歲，甘肅固原人。

　　張化鄉現任：馬登科，男，三十一歲，甘肅固原人。候補白虎丞，男，三十四歲，甘肅固原人。

　　城陽鄉現任：楊孚魁，男，四十五歲，甘肅固原人。候補李天福，男，年歲未詳，甘肅固原人。

　　王窰鎮現任：王安邦，男，三十七歲，甘肅固原人。候補王得英，男，四十二歲，甘肅固原人。

　　萬安鄉現任：安文敏，男，五十二歲，甘肅固原人。候補盧建祥，男，二十七歲，甘肅固原人。

　　三營鎮現任：馬子英，男，二十八歲，甘肅固原人。候補馬思忠，男，二十九歲，甘肅固原人。

　　七營鄉現任：姚克讓，男，四十三歲，甘肅固原人。候補馬廷選，男，三十一歲，甘肅固原人。

　　黑城鄉現任：祁雨蒼，男，三十三歲，甘肅固原人。候補李仲元，男，二十七歲，甘肅固原人。

　　楊郎鎮現任：李守祥，男，四十歲，甘肅固原人。候補張宗周，男，三十九歲，甘肅固原人。

　　同年，國民代表大會代表之選舉，劉家駒，胡峻德當選。國民大會代表固原縣選舉事務所全縣一處，投票所一十七處。投票法，普通直接平等及無記名單記法，其手續由各選民親身持所領之身份證，從投票場入口處入場，呈驗領票，往寫票處寫願選之候選人一人。其不能自寫者，可請代書人代寫，寫妥親自投入票櫃，從出口處走出場外。事先經事務所調查登記選民，編造公告，呈報名冊，審查候選人，並公告呈報。並呈請聘派投票及開票管理員、監察員，代印代製選票及票櫃，製發權證，以身份證代替，發佈選舉公告。事前講習法令，臨時派員指導，至是選舉完畢。即三十六年十一月二十一日至二十三日投票完畢。據各鄉鎮投票所於二十四、二十五兩日先後將票櫃送齊，即按照規定於二十六日通知選舉委員、各開票監察員、管理員、黨團參議會首長，在本縣縣政府中山堂正式開票，於二十七日開唱完竣。其區域當選人、候補人姓名及有關職務，得票名單如次。

　　當選人及候補人簡歷：當選人胡峻德，中學畢業，曾任甘肅省政府合作處視察，固原縣參議會秘書等職。候補人劉家駒，中學畢業，曾任固原縣政府教育科長、社會科長，秘書、青年團幹事長、縣參議員等職。李沛恩，曾任化平縣政府第一科長、二區專員公署視察科長、固原縣政府民政科長等職。孫壽名，中學畢業，曾任第三十八集團軍總司令部處長、高參、西北訓練團教官兼大隊長等職。

　　胡代表當於三十七年四月初，由蘭飛京報到。乃按選舉法補充辦法，改爲職業團體代表。而區域代表仍以劉家駒充任。劉亦於四月中旬由蘭飛京出席會議，并參加大總統、副總統之選舉畢，與胡代表先後返籍。

　　立法委員選舉事務所一處，投票所一十七處。投票手續與國大選舉同，惟由選民在選票上各候選人中，圈選一人爲少異耳。於三十七年元月二十一日至二十三日投票完畢，二十四日至二十五日開票竣事。區域：朱貫三得票二萬五千零二十二張，李世軍二萬五千零十一張，爲最多。其他婦女全投魏培蘭，農會全投凌子惟，商會全投水寄梅，工會全投權新園，教育會全投龍慶風等。選票於三月十六日封裹呈賫第三區選所備查。

　　三十五年，全國商聯會代表之選舉，雷鵬程當選。三十五年九月間，固原縣商會派雷鵬程赴蘭參加甘肅省商會聯合會監事之選舉，雷鵬程被選爲省商聯會監事。再由各省商聯會推舉代表，赴京參加組織全國商聯會。雷鵬程被選爲出席組織全國商聯會之甘肅省代表，由蘭飛京。全國商聯會即于三十五年十一月十一日正式成立。

代議　代表人民議事也

　　總理手創民國，在南京制定約法，曾有主權在民之規定，故當時國有國會，省有省議會，惜人民缺乏政治經驗，對于運用憲政，不無扞格，而且中經迭次事變，成效頗鮮。迨北伐成功後，中央即遵照《建國方略》，由軍政而訓政，漸入憲政。乃于二十八年中央成立參政會，各省成立臨時參議會。三十三年各縣成立縣參議會，是以各省縣有遴選參政員、參議員參加組織，代議國是暨省政、縣政之機會。七年，全國國民代表選舉大總統、副總統後，則民選之省長、縣長亦將繼而實現。由選舉而罷免，由創制而複決，政權在民，四權畢張，豈僅選舉代議云乎。

　　本縣之衆議院議員祁連元提議反對金佛郎案。金佛郎案乃梁士詒所主辦，時梁長財政部，與法國有所協商，故不惜出此。當日反對者固不乏人，但祁之責難獨爲最力，頗招當局忌憚，而祁復進而彈劾段祺瑞之剛愎自用，因之聲名大噪。

　　省議會議員李培元，提議澄清吏治、興辦義倉、豁免鹽課等案。省議會議員李培元，民國十年，提議澄清吏治、澈底革興一案，被省長潘齡皋嫉視，以事中傷之。旋向大理院上訴，結果潘去職，事遂寢。十四年，提議爲固原社倉因民國九年地震，存糧放盡，請撥巨款興辦義倉案，當由議長張維向皋蘭劉曉嵐先生經手之華洋義賑款内,請撥蘭平銀二千兩,在縣創設豐黎義倉。又提議固原地丁項下附徵之鹽課銀,經省方提撥皋蘭辦理省會學校,以地方之負擔,辦省會之教育,殊欠公允,仍請撥歸地方,作爲教育基金案,決議通過。計每年收回撥款三千元,始創辦大南市巷女校一處,城關及四鄉增設初小四十餘處。按此項鹽課銀乃屬雜賦性質,向隨地丁附徵,于二十九年經省政府明令,一律豁免在案。

省臨時參議會參議員田俊,提議促進地方自治,籌設職業學校,肅清煙毒,禁止攤款等案。

民國二十九年至三十二年。

縣臨時參議會參議員李培元提議改善獄所,保護森林等案。

馬連三提議保障人民自由,保護境内名勝古蹟等案。

田俊提議加强民衆自衛力量,查禁拆毁城垣磚石等案。

王漢傑提議維持農貸,提倡女學等案。

田韞琳提議嚴禁攤派,改良風俗等案。

李烈提議充實國民學校,禁止軍差濫派等案。

何世斌提議禁止縱畜毁損禾稼,呈請減免以馬代丁等案。

雷鵬程提議提倡紡織工業,呈請減低科則等案。

劉克禮提議充實社會教育,規定代雇輪力等案。

趙錦雲提議查辦清丈人員舞弊,禁止鄉愚虐待婦女等案。

李秉政提議函請設立固原地方法院案。提議函請甘肅高等法院籌設固原地方法院,以利訟案迅速進行而免人民訟累案。

以上皆民國三十三年至三十四年。

省參議會參議員劉家駒,提議救濟固原旱災,購儲食糧備荒,整理學款學產,提高教育工作者待遇等案。三十四年。

縣第一屆參議會參議員張纘緒,提議實行强迫教育案。

田俊提議認真育苗植樹案。

石作棟提議改良鄉鎮造產案。

馬守仁提議甄審保校師資案。

劉繩武提議嚴密組訓自衛隊案。

姚克讓提議倡辦地方水利案。

虎輔周提議請提前發放籽種案。

徐宇錚提議籌增留學獎金案。

李培棟提議減輕菢店軍差案。

祁雨蒼提議禁止違法拘捕案。

馬廷麒提議複查更正民欠案。提議請田糧處催徵二十二、三兩年度欠糧,應依照複查更正,確實徵收,以昭公允案。

雷鵬程提議呈請減免捐稅案。

薛晏海提議改良地方農作物案。

王安邦提議禁止濫派浮支案。

楊孚魁提議救濟農村破產案。

安文敏提議設法維繫民心案。爲縣東北地方不靖,民心動搖,應請設法維繫民心,鞏固邊防案。

王濟邦提議減免營業等稅案。

夏際文提議電請歸還屯儲草料原價,用體民艱,提撥三十一年度省府發給軍糧價三成現款、七成券款,充作鄉村小學校書籍費等案。

以上皆三十四年至三十六年。

縣第二屆參議會參議員石作棟,提議請撥春耕籽種,以資生産而維民生案。

馬連三提議請澈底執行强迫教育,充實各級學校學額,以免兒童失學案。

祁雨蒼提議增加縣立中學教職員糧額以維生活而利教學案。

呂步陞提議本會正副議長及參議員不應出席縣務會議案。

馬登科提議檢定師資,提高待遇,統籌食糧,以利教育案。

田俊提議嚴密保甲組織,防止奸匪活動案。

田競先提議請糧監會加强監視,以免人民納糧遭受損失案。

黃忠恕提議應加强鄉村衛生,預防疾病傳染,并應于三營、蒿店、張易堡各設衛生所案。

馬存仁提議展期交還春耕籽種,以恤民困案。

馬子英提議爲差徭奇重,應請設法減輕案。

姚克讓提議請呼籲層峰,救濟本縣飢荒而免人民流離案。

董敏提議檢舉非法收糧人員,請澈查案。

薛宴海提議糧業斗級應各歸市場,照章抽佣,負責營業案。

寧治先提議應謀工人福利,增進地方生産案。

楊孚魁提議凡有關于民力負擔之事件,應由縣府送本會審議案。

王安邦提議改進本縣教育,提高文化水準案。

安文敏提議函請縣政府電報本年度各種災情,減免田賦而恤民困案。

李守祥提議請政府嚴禁宰殺耕牛,以利農耕而便民生案。

李培棟提議請政府轉請上峰及金融機關,撥發大量貸款,舉辦農村副業,增加農村生産案。

　　雷鵬程提議本縣三十六年承購軍糧二萬餘石，人民往返運輸費用數目龐大，不堪賠累，應請上峰設法補助，飭由未購糧之鄰封各縣酌予分擔，以昭公允而恤民艱案。

　　以上皆三十六年以後。

　　於世道人心國計民生均育關焉。

　　自盧騷氏《民約論》出，①歐洲民權漸以伸張。其説以爲人民未有君主前所締結之契約，即爲立國之基。反觀吾國古代，雖有君主以後，其所廢立亦何嘗不以民意爲依歸乎？夙沙之民，自攻其君而来歸神農，諸侯尊黄帝爲天子，而神農氏亡。天下不歸堯之子而歸舜，不歸舜之子而歸禹，不歸益而歸禹之子，舜、禹、啟遂先後即天子位。殷高宗欲立祖甲，祖甲逃去，國人卒立之。密須人自縛其君而來歸西伯，則其撫辰凝績、興事考成，於民意敢有違拂者耶？《大學》云：②“得衆則得國，失衆則失國。”旨哉言歟。後之家天下者，豎子昏冥，擅作威福，衆叛親離，喪亡相繼，何足道哉。顧彼踐土食毛之衆，性庸志瑣，拙於應求，疏於舉措，積重莫返，循致凌夷。而憤啟悱發之士，又因憂時嫉俗，轉於逃世絶人，均與有責焉。顧亭林言：③“天下興亡，匹夫有責。”此之謂也。然則奈何，曰合志同方，環顧而起，以繩愆糾繆也。又必以先知覺後知，以先覺覺後覺，啟牖民智，共商國是也。

　　勝清末造，傷殘已甚。故中山先生組織國民黨以建立民國，選舉、罷免、創制、複決之權，悉歸諸民，爲人類謀生存，以保持自由平等，且以管理政府，猗歟休哉，不其盛耶。嗣又有三民主義青年團之組織，機構愈密，力量益宏，凡黨員、團員，務重秩序、守紀律，其本分無非克盡革命之責任已耳。若執行上級黨團部之決議，與縣區各級政府採取密切之聯繫，督率黨員、團員力爲社會服務，從事農村工作，吸收各機關、各產業界之優秀前進分子，加入黨團並指導其活動，及改良行政，建立自治，實施精神總動員，積極參加保甲等，則爲地方黨團部所應著力者也。對于各級區黨分部隊之整理業務，考核成績，明定賞罰，檢討缺點，尤應加以改進。對於民衆法團組訓工作，應納於管、教、養、衛之機構中，雖由政府依法辦理，而黨團亦應宣傳督促，以助其成功。黨團與政府毋使疏隔，力求協調，同趨正軌。黨團與政府與人民之力量，應成爲一個力量。黨員之活動，政府之設施，人民之經營，應成一個事業。是皆黨團先進之所恒言也，宜共勉之。

　　頃者國府爲和平建國，召開各黨派政治協商會，其協商精神，不外以國家民

────────────────

①　盧騷氏：即盧梭(1712—1778)，法國18世紀偉大的啓蒙思想家、哲學家、教育家、文學家。

②　參見《禮記·大學》。

③　參見《日知錄》卷十三《正始》。

族之利益爲先,以黨派個人之得失爲後。各政黨自應以其政綱博取人民擁護,竟取政權。換言之,即此後應通力合作,衆好攸同,仍以政權屬諸民而已。

但權能區分,雖爲人民與政府之領域,固亦有共通之津梁在,以故政黨之組訓不可不健全而嚴密也。舉要得人,言必有中,樂群敬業,發聾振聵。勿令爾詐我虞者償其事,淺見少聞者凌其節,選舉權不得抛棄也。力祛賄買脅迫、冒濫把持之流弊,衆庶人固可議矣。須防謀夫孔多,是用不集,發言盈庭,誰執其咎? 是必同氣同聲,吾徒吾與也。是必遐搜博采,選賢擇能也。是必出入風議,辭尚體要,戒作聰明趨浮、末好異論者也。要之,所欲與俱,所惡勿施,斯可矣。余故曰:今後之政府,應以民之所好好之,而人民則應從心所欲不踰矩也。

【校勘記】

[1] 民惟邦本:原作"民爲邦本",據《尚書正義》卷七《五子之歌》改。
[2] 同志:原志標有圈號,下文"工作同志"之"同志"旁註"人員"。下同。

固原縣志卷之八　治權志

《孟子》曰：①"天之生斯民也"，爲之作之君。作之君者何？爲其能康濟小民也。故三代盛世，乘乾蕰衆者，非不順天應人，而公孤卿尹，亦莫不熙載亮工，相與賡歌颺拜，其民胥皞皞如也。後之君人者，屏目塞聰，作威滅德，謂之一夫，其能作視萬方，代天理人乎？喪無日矣。故曰：暴其民甚，則身弑國亡，不甚則身危國削。

中山先生推翻專制，建立共和，防暴君之虐民，兼防其誤國也。雖然帝制可廢，而官制不可廢也。權能區分，各有涯岸，人民祇有政權，而治權應付之於政府，使其運用國家制度，執行國家法律，維持社會秩序，增進人民福利。其能也則選舉之，否則罷免之。其所運而執行者，又皆人民之所創制而復決者也，生殺與奪，弗得自專，必靖共爾位而後可，辟則爲天下繆矣。《尚書·咸有一德》云：[1]"匹夫匹婦不獲自盡，民主罔與成厥功。"《盤庚》云：②"汝不和吉言于百姓，惟汝自生毒。"又："古我前後，罔不惟民之承。"況今之庶司百職，皆人民之所拔擢者，可不政事一裨益我乎？

然則難乎？《孟子》曰：③"爲政不難，不得罪于巨室，巨室之所慕，一國慕之。"思過半矣，而又惕勵憂勤，興利除弊，則政治爲運諸掌矣。周官掌治、掌教、掌禮、掌政、掌禁、掌土，而統百官，敷五典，治神人，統六師，詰姦慝，居四民，以均四海。擾兆民，和上下，平邦國，刑暴亂，時地利。一邑雖小，敷治則同，綱舉目張，無荒無怠斯可矣。《管子》曰：④"故治權則勢重。"爰志《治權》。

行政

民事繁矣，即行政之科條多矣。昔者頒錢輸粟，獻囚訊罪，以及詰奸誅叛，何

---

① 參見《孟子·萬章下》。
② 參見《尚書·盤庚》。
③ 參見《孟子·離婁上》。
④ 參見《管子·地數第七十七》。

一非行政也。厥後軍民兩政分,而催科聽訟,猶屬臨民之要政。自三權分立後,司法獨立。近則賦稅由中央直接管理徵收,亦不隸于地方行政矣。然行科條不加少也。總其要則,爲民、財、建、教四大端。縣政府之組織,雖尚有軍事、地政、社會等科,然風會遷移,分合無定。故本書之體例,軍事另有專目,地政歸納于賦稅目,社會附述于政權志,可相互參詳焉。若自治與保甲也,若執行預決算也,若普及教育也,若築路造林也,均行政之要務。不懈於位,從容以達,即勤民圖治人也。

民政　關於户籍等事

凡自治

在昔設官分職,以爲國治事也,頗重官常。後世治人難得,人事較繁,故近代國家皆於官使以外,力倡自治。自治者,自己處理自己之事務也。清末預備立憲,倡辦自治,頒佈地方自治條例,設立地方模範自治學校於京師。但須受國家之委任而後可,率爲息訟防盜及勸學諸事。各省、道、縣設自治講習所及分所,俾各級講習所畢業學員,輾轉教授。法至善,意至良也。

邑自清宣統元年三月奉令開辦地方自治後,二年六月始設立自治公所。由邑紳中公舉人員辦理,並調查戶口,劃分區域,以樹初基。不久停辦。

至民國十二年後,籌辦自治,省長公署附設甘肅自治籌備處,設自治講習分所於涇原道署內。令隴東各縣選送學員,入所肄業,講習自治條例,培植自治人材。本縣先後選送陳德建、陳全才、喬廷棟、李維儒等,赴涇原道自治講習分所學習。畢業後回縣辦理自治傳習所,冀以灌輸人民自治知識。不久又停辦。至民國十四年,復奉令設立固原縣自治籌備所,地址在本縣城內布店街。由涇原道署委派陳德建爲籌備所所長,陳全才、喬廷棟、李維儒爲籌備員,並由縣派調查員多人,調查戶口。至民國十七年,奉令裁撤自治籌備所,設立自治科於縣政府,以一事權而資整頓。越年,復委派多人,實地調查戶口,劃分區域。

全縣共劃六區,以東南西北中各爲一區,萬安監因距城窵遠,治理不易,另劃一區。每區設區公所一處,委區長一人,助理員一人。第一區即中區,區長張纘緒。第二區即東區,區長王至善。第三區即南區,區長藍生德。第四區即西區,區長蘇玉廷。第五區即北區,區長李培元。第六區即萬安區,區長牛士捷。區設區公所,經費由民間攤派。區以下有村、閭、鄰各組織,村有村長,閭有閭長,鄰有鄰長。自治組織,略具端緒。依法,區長助理員管理區自治事務,由民政廳就訓練考試合格人員中委任之。村、閭、鄰長,辦理村、閭、鄰自治事務。村長由本村人民推舉,由區長呈請縣政府委任之。閭長、鄰長由本閭人民推舉,由本區區長委任之。至二十三年，保甲制度代興，自治雖仍見推行，不過委蛇其間。而關於健全民意機構、辦理公民宣誓登記、保民大會、鄉鎮民代表會之完成，四權之運用行使，以及講解各種法令，藉以提高邑人士一般之素質，而爲憲政實施之準備，則近數年間事耳。

保甲

我國保甲制度，由來已久。《周禮》五家爲比，比有長。五比爲閭，閭有胥。四閭爲族，族有師。五族爲黨，黨有正。五黨爲州，州有長。五州爲鄉，鄉有大夫。此周家一代之良法也。至於《管子》之制，則以五家爲軌，軌爲之長。十軌爲里，里置有司。四里爲連，連爲之長。十連爲鄉，鄉有良人。蓋本於《周禮》而行也。及宋王安石之保甲法，則以十家爲保，有保長。五十家爲大保，有大保長。十大保爲都保，都保有正副。此亦不過改名易稱而已。

清制保甲之法，户給門牌，書其家長之名與其男丁之數，而歲更之。十家爲牌，牌有頭。十牌爲甲，甲有長。十甲爲保，保有正。皆以誠實識字，有身家者充之。凡犯令作慝者，悉令查報。各府、廳、州、縣，並設有保甲專區委員承辦，法尤詳密。及至末葉，奉行不力，多有變更，徒滋紛擾，乃改行警政，而保甲之制遂寢。

固原轄境遼闊，地廣人稀，大寨巨堡，寥寥可指。其四鄉之中，有十餘家爲一村者，有三五家爲一村者，甚至一家一村而彼此相隔十數里、數十里不等。同治兵燹後，全縣計分六里，曰興上，曰興下，曰固原，曰東昌，曰永豐，曰在城。又分五監，曰清平，曰萬安，曰黑水，曰開城，曰廣寧。又分三堡，縣歸州，曰廳山，曰廳川。又分一屯，曰固原屯。每里、監、堡、屯均按照村莊多寡、户口繁簡，置有堡頭、鄉約各名色，辦理地方公益。每年由殷實花户，輪流充當。丁銀催徵，政治推行，悉本於此，固亦保甲之遺也。

民國初年，村制改革，而里、監、堡、屯，尚未全廢。至十八年，始奉令改行區村之制。全縣共分六區，區有區長。二十三年十一月又奉令編查保甲，改爲鄉鎮制。本縣以面積、地形、交通、經濟狀況及人民習慣，劃爲十鄉鎮。鄉有鄉長，鎮有鎮長，每鄉鎮設助理員一人，而以十户編甲，十甲編保爲原則。五保以上，又設有聯保辦公處，承于鄉鎮。二十五年後，改鄉鎮制爲區署制。全縣劃分五區，各區名稱以數字定之。二十六年八月，復奉令變更區制，將全縣劃爲四區。二十九年八月，奉令實施新縣制，裁撤區署，以現任區長改爲區指導員，併縣政府辦公，以聯保主任制改爲鄉鎮長，今仍之。

自衛

民國三十年，因奉令緩徵兵役，飭組人民抗敵自衛隊，遂由駐平涼中央陸軍第四十二軍楊軍長德亮主持辦理。計全縣共編五大隊，每大隊轄四中隊，內只第三大隊轄三中隊。分駐各鄉鎮，專事保衛閭閻，維持治安。

保安

民國二十二年，奉令將縣屬各鄉鎮自辦之團隊，一律集中縣城，嚴格甄選，除老弱者遣散外，留其精壯者，計共編爲一大隊，轄四中隊。大隊部設大隊附一員，文書、副官、書記、軍需各一員，士兵七名。每中隊設隊長副各一員，分隊長三員，書記、特務長、軍需各一員。共每中隊官佐八名，士兵伕一百零二名。四個中隊共編四百四十名，連大隊部共爲四百五十二名。迄二十八年止，皆受縣長兼大隊長之管理。辦理地方城防，盤查行旅，堵擊匪類各工作。二十九年，奉令改編，成立省保安第三團，團部駐固原。分轄固、海、平、隆、化、華、靜、莊等八縣隊務。

警察

清光緒十六年，固原創辦保甲，至三十一年奉令將保甲改爲巡警。本城南月城關帝廟設立巡警總局，南關龍王廟設立東南巡警分局，南關火神廟設立西南巡警分局。至民國初年，廢綠營制，益屬行巡警之制。置設警務長一員，巡警五十名，糾察奸匪，保護治安。三年，改爲警備隊，設隊長一員，名曰管帶，仍轄全縣巡警隊。四年，隊長改爲警佐。六年，甘肅成立警務處，擴大警政，分縣級爲三等。本縣改爲一等警察所，仍設警佐一員。下設教練一員，稽查四員，文牘、庶務各一員，警察一百六十名。又另增騎警四十名，以二十騎駐城，二十騎駐四鄉巡防。九年，裁去步警六十名，騎警三十名。

十六年，改警察所爲公安局，置局長一員，增局員一名，警兵仍前，並增設瓦亭巡官一員。警政組織，較前嚴密。二十三年，改公安局爲常備隊，旋又改爲保安隊。二十五年，奉令將縣府政務警改爲員警制，置警佐一員，警長一員，名行政員警隊，額設五十名。

防護

民國二十六年以後，日本施其大量飛機，轟炸我不設防之城市。本縣奉令組立情報網、防空隊、監視哨。並于二十八年組立防護團，辦理偵察、報告、監視、防護、救濟各工作。置團長一員，由縣長兼任，主持團務，副團長二員，由國民兵團團副及警佐兼任。另設總幹事一人、副總幹事二人、文書一人，辦理日常公務。並設總務、防毒、消毒、警報、警備、交通管制、燈火管制、避難管制、救護、工務、配給等十一股，每股設主任一員，擔任各該股設計事宜。此外又設防毒等十隊，每隊隊員十人，分任實施各項工作。

衛生

民國二十九年，由縣政府商由本縣私立之三邊醫院，改爲縣立衛生院。二十九年，添設衛生站，屬行環境衛生。三十四年，並於南關設分診所。

賑恤

老弱養濟。清季固原設有養濟院,舊在城東常平倉巷,屋宇湫隘。光緒三十四年,邑紳張廷棟請於南城外之宋家巷道崖頭開窰十五隻,外立圍垣門扉,以便老弱廢疾極貧者之栖止。凡同城文武紳商各有捐助。每月小麥錢文,照章按名給發。并由知州王學伊籌設同仁局於南月城關帝廟,辦理傳送善書、施散丸藥、備捨棺木、散發寒衣、保全孤貧、敬惜字紙諸事項,而其顛連疾苦者,益賴以蘇矣。民國有慈善會力承其緒。今更奉令擴充設備,改爲縣救濟院。其間又有縣賑濟會之設立,係于民國二十九年,縣府奉省賑濟會令,將前此之地方賑務分會改組而成者。計內設五組,曰總務、財務、籌募、救濟、察核,依規定事項,分別主辦。會內經常事務,皆屬于賑恤行政之事項也。

民國九年地震施賑。民國九年廢曆十一月初九日戌時許地震,房倒牆塌,壓斃縣屬男女居民可考者爲三萬三千八百四十五口。劫餘人民,無食無衣,狀極悲慘。當由官紳辦理粥廠,分散貧民。計彼時地方殷實之户,有黑城鎮住民祁瑞亭樂捐黃米老斗二十石,縣城富商張福堂捐小麥、豆子各十石。平凉隴南鎮守使陸洪濤,由平派大車二輛運鍋魁三千餘斤,至縣分別施賑。并由地方官紳葬埋無主認埋之死屍,計男女九百三十四口。祗城關如此,四鄉未計。其後又由蘭州劉曉嵐撥給省儲義學存款蘭平紋銀二千兩,辦理豐黎義倉,糶穀貸放。縣政府更請免地震崩煅地畝田賦,計免倉斗正糧三百三十一石一斗、地丁庫平正項銀四百二十兩零八錢零六厘。其餘散款給糧等賑恤事項,一時頗多,未及詳叙。

民國十八年急賑。民國十八年饑饉之災,世所罕見。始則掘菜充饑,繼則剥樹皮以食,入夏則弱肉强食。女孩、媳婦上集,公開尋售主以求活者頗多。中央乃專設豫、陝、甘三省賑災委員會,并撥款一百萬元,分賑被災各省。因豫、陝、甘三省災情重大,後經賑災會復請,續撥一百萬元,辦理急賑。計于本縣由甘肅省政府第一次先撥賑款一千八百元,經本省籌賑會開單,指由縣城徵收局收穫社會義務捐内,交縣配用。本縣縣長姚鴻恩以縣屬災情奇重,杯水車薪,無濟于事,經呈省政府,大量續撥賑款。後奉省賑務會第二次續撥急賑款四千元。十九年二月,甘肅賑務會三次賑款二千元,六月又撥四次賑款二千元。上四宗共九千八百元。以四千五百元分散縣屬五區,計中區散放洋四百九十三元,東區散放洋九百零九元,南區散放洋五百七十四元,西區散放洋一千零零五元,北區散放洋一千五百一十九元。其餘之五千三百元,由本縣士紳組織之固原籌賑分會經辦粥廠,糶米分散難民。

義倉施賑。本縣義倉創始于民國十八年,即由蘭州劉曉嵐捐蘭平銀二千兩撥辦,名曰豐黎義倉。計定章則,歷年辦理放款事宜,周年利息十分之二。經貸糧食種類有小麥、蕎麥、糜子、穀子等。凡民間屆春無種籽告貸者，咸稱便焉。

慈善會施賑。該會于民國十二年，由地方士紳發起創設，籌集基金，發商生息。創立東關初級小學一處，招收貧民子弟免費讀書。并施送醫藥、寒衣、棺木，雇工掩埋露首諸善舉。

工賑。本縣民國十九年由華洋義賑會撥給本縣賑款六千元，補修城垣垛口，築南門河堤，修疊疊溝汽車路及張易鎮、馬蓮川兩汽車道橋樑。北區修築冬至河、褚家灣、魏家灣、七營溝四廢汽車路橋樑。南區修築瓦亭至蒿店三座車道橋樑。

賑濟東區災民。縣屬萬安鄉三岔一帶居民七百餘户，于二十五年没于異黨，壯者散于四方，老弱流爲乞丐。二十八年，由當地紳民張廷杰相率百餘人及其眷屬，遷于縣城，顛沛流離，情殊可憫。乃由縣政府將男丁一律編爲固原國民自衛中隊，即由張廷杰任隊長率領之。婦女收容于城關附郭等鄉，分配紡織業務。并由本縣官鹽運輸分局局長張承安樂捐國幣二千元，撥作冬衣之費，以免凍餒。隊兵先後赴大灣、開城、青石嘴、瓦亭一帶修築大車道，以利交通，兼資保衛地方治安。招撫環縣難民，僑置縣屬七營鎮。由環縣逃出難民甚多，當經固、環兩縣府招撫流亡，一面呈報省府請予安插。經准，將難民收編爲保安中隊，由趙思忠環縣人。率領，于七營、甘城一帶開闢窰洞安住，并經請款購給耕牛，散放籽種。又經省賑濟會撥給賑款三千元，派員來縣會同散賑。

歷年雹災施賑。本縣統於隴山以東，毗連六盤，高山綿亘，每屆夏令，雹雨時作。益以氣候高寒，麥豆收割較他縣爲遲。故至六七月間，每被冰雹打傷，因而歉收者連年如斯，忍痛呻吟，徒喚奈何。縣政府雖依例列報，終以緩不濟急，實惠難沾。據採訪所悉者，民國二十九年夏雹災案内，經呈請省府分配急賑款二千元，由縣賑濟會三十年度田賦改徵實物。因地方迭被雹災，小麥歉收，經縣府呈請省府準以糜子一斗四升，抵收小麥一斗，按田賦半數爲收糜子之標準。三十一年度，田賦實物亦準搭收雜糧，爲被雹災區之花户交納。三十二年因全境小麥歉收，南、東、北三區被雹災甚重，除依例請免徵田賦外，并請以糜子抵交小麥四成，亦呈省府核準。

春耕種貸糧。本縣三十一年春間，播種麥荳之期，因客歲冰雹爲災，夏秋歉收，民間籽種均感缺乏。經省府准由徵收蕷三十年度田賦食物内，撥貸春耕籽種小麥市斗五百石，分別貸放。三十二年春間，復經省府電撥，由三十一年倉存田賦實物内，撥春耕籽種糧二千石，經縣府貸各鄉施救。

豫省災民。本縣沿平寧公路。民國三十一、二兩年内，河南災民奉令移赴寧夏者，有一二萬。民由平涼一抵蒿店，即由本縣辦理之固原蒿店鎮難民登記處逐一登記,發給臨時徵收容查點,即辦理給食散米之事。一面通知大灣鎮難民收容處,準備一切。直至寧夏界,由寧夏省收容難民人員接替轉送爲止,歷站皆然。

禁煙

阿片爲患,久懸厲禁。乃本省迭以餉源支絀,無法籌措,是以屢種屢禁,屢禁屢種。民國二十五年奉令,境内再不准有煙苗發現。當由縣府于是年春間,組織調查隊,分赴鄉村遍查。緣縣境氣候高寒,土質瘠薄,對于種煙向不適宜,一聞政府禁令,民衆即自不種。故于禁種一事,二十五年内已告肅清,收燬籽種。二十五年秋冬間,由縣禁煙委員會同縣政府、縣黨部,派員分赴各地,發動鄉鎮保甲人員,曉諭居户,如藏有煙籽者,勒令一律交出,轉送縣城。後皆送到,當于二十六年六月三日禁煙節日,當衆焚燬。

登記煙民。二十五年調查登記者,計普通吸户一百七十人,貧民四千零一十二人。造册呈報省禁煙委員會,經核屬實,發給執照,以每煙民一張。規定普通照每張五元,貧民照每張六角,每期爲六個月更換一次。計于二十六年起至二十九年止,共填發六期,遞次戒絶。惟偷吸遺漏者尚多,故本縣禁吸一事,終未澈底。

選政

清末,省設諮議局,本縣選舉諮議。民元選舉衆議院議員,同年選舉省議會議員。二年,選舉縣議會議員。三年,選舉國民會議議員,同年選舉省議會議員。四年,選舉縣議會議員。五年,選舉省議會議員。九年,選舉參議院議員。十年,選舉省議會議員。二十六年,選舉國民代表大會代表。二十八年,選舉省臨時參議會議員。三十二年,選舉縣臨時參議會參議員。三十四年,選舉省參議會議員,同年選舉縣第一屆參議會參議員。三十六年,選舉第二屆參議會參議員,同年選舉國民代表,選舉立法委員。關于選舉手續,歷由縣行政官署,或並組織選舉事務所,依法辦理之。詳《政權志》等。歷經敷施,均有展進。

財政　關于度支等事

凡預算

本邑縣預算之成立,始自二十年。歲入經常門,地丁帶徵,即附加縣款。

計固原有正耗餘各項庫平銀一萬二百三十兩,每兩帶徵四元五角,年徵四萬六千三十五元。糧石本縣有正耗倉斗糧一千五百零一石,每石帶徵八元,年徵一萬二千八元。羊捐向養羊之户,按每隻課徵,計二十八年徵七千五百元。畜稅附加縣款二千一百元,皮毛行抽收一千六百元,斗秤行抽收七千五百元,磨石行抽收六十元,學田租益六百一十九元,違警罰款年收一百元,省府補助縣府經費七千八百元,補助義教費一千七百一十三元,補助特教經費六百九十九元。以上十二項,計年歲入八萬七千七百三十四元。臨時門向全縣各鄉鎮攤款,年徵三萬九千八百一十三元,抗戰時期特別歲入攤款二萬六千一百九十九元,共六萬六千一十二員。總上經、臨兩門,二十八年歲入十五萬三千七百四十六元。

　　歲出經、臨門,分經常、臨時。全年歲出兩門,計經常門第一項行政費內,縣府經費一萬一千四百元,政警薪餉六千三百二十四元,政警服裝費九百九十九元,區署經費八千四十元,區警服裝費三百六十元,聯保保甲經費七千元,縣長巡視費二百元,區警出差費五百元,新運會經費三百六十元,義倉費四百九十元,教育文化費內教育局經費三千二十四元,高小經費五千七百元,初小經費六千五百七十元,義小經費一千七百十三元,小學經費六百九十九元,教育稽核會辦公費一百二十元,義教會經費七十二元,國術館經費八百四十元,民教館經費六百一十二元,教育會經費七十二元,民眾學校經費七百二十元,體育場經費費二百四十元,鄉村電話費七百二十元,公安費內保安隊經費五萬一千三百三十三元,服裝費五千四十元,財務費內經徵處經費七百二十元,倉伕斗級薪給一百八十元,收按印刷費一百二十元,協助費內司法處經費二千八百八十元,預備費八千元,臨時門內購電話材料費四百九十元,抗戰時期國民自衛常備經費九千八百零六元,自衛隊部經費一千八十五元,壯丁訓練費五千五十二元,防空哨經費七千七百九十六元,動員會經費七百二十元,防護團經費八百四十元,傳遞哨經費四百元,戰時民教費五百元,以上經臨費二宗,二十八年度共支洋十五萬三千七百四十六元,按二十八年地方預算收支兩門款數,省府補助並各行抽收外,計地方攤款六萬六千一十二元,佔全數十分之四強。

　　二十九年經、臨歲入地丁帶徵計額地丁正銀七千二百二十五兩,每兩七元六角,計年應徵五萬四千九百一十元,糧石每石帶徵九元二角,年徵一萬三千五百一十五元,鹽課地丁徵一千四百一十六元,地方攤款八萬三千五百九十一元,商店攤物九千二百八十八元,羊捐八千五百元,畜稅附加二千二百元,皮毛捐一千六百元,斗秤捐八千四百四十五元,磨石捐七十元,學田租三百七十元,鋪店租二百八十九元,省補助縣府經費一萬一百四十元,補助義教經費三千七百十三元,特教經費八百七十五元,邊教經費一千二百元,違禁罰款二百元,臨時攤物三萬二十四元,以上經、臨兩門二十三萬一百六十六元,內攤物一十一萬三千六百一十五元,餘各補助及九行抽收之數計攤物占十分之五。

　　歲出:行政費內縣府經費支一萬五千九百六十元,政警薪餉支六千三百三十元,戶籍警薪餉一千五十六元,政警服裝費一千六百八十元,區署經費八千四十元,區警戶籍警服裝費一千三百三十元,聯保保甲費一萬三百八十元,縣長巡視費一千二百元,縣區署警出差費一千五百元,保甲督察員薪旅費五百四十元,新運會經費三百六十元,義倉費四百八十元,軍法承審員薪金四百八十元,財監會經費七百二十元,行政會議會經費四百元。教育文化費內,教育局經費四千六百五十元,中學經費八千元,中學設備費三千元,高小經費一萬二千元,初小經費一萬三千五百六十元,簡小經費七百二十元,短小經費六百元,義小經費一千七百十三元,大灣田民六級學校經費八百七十五元,邊小經費一千二百元,留學補助費一千四百元,教費稽核會經費一百二十元,義教會經費七十二元,婦女會經費一百八十九元,固原日報社經費六百六十元,民教館經費二千一百七十六元,圖書館經費一千一百八十七元,教育會經費七十二元,民眾學校經費一千八百元,體育場經費二百四十元,童軍會經費九百六十元,養老撫恤金五百元。建設費內,收音處經費七百二十元,縣農會經費二百四十元,電話費七百二十元,電料費四百八十元,收音費六百元,苗圃開辦費一千三十八元,經常費一千五百五十三元。公安費內,保安費五萬四千九百九十六元,服裝費一萬四千元。財務費內,經徵處經費一千二百元,倉伕斗級薪給一百九十元,串票費二百元。輔助費內,司法處經費二千八百八十元,預備費一萬五千元,國民常備隊經費九千八百零六元,服裝費三千五百元,壯丁訓練費五千五十二元,防空哨經費七千七百九十六元,動員會經費七百二十元,防護團經費八百四十元,傳遞步哨經費四百元,民眾教育費五百元,保安連黨部經費七百八十元,後援會經費二百一十元,賑濟會經費一百八十元,工會經費二百四十元。以上經、臨歲出總計二十三萬一百六十六元,收支兩部平衡無餘。

三十年,經、臨歲入:地丁帶徵按每兩正銀加七元六角,計五萬四千九百一十元。糧石每石帶徵九元二角,計一萬三千五百五元,羊捐一萬元,畜稅加款二千六百元,牙行抽收六百元,皮毛捐一千六百元,斗秤捐一萬五千六百九十元,鹽稱捐一千五百元,磨石捐一百元,屠宰稅二千元,租金二千六百四十元二千六百四十元,學田租一千元,舖店租六百四十元,官產租一千元。省補助縣府經費一萬二千三百五十五元,補助義教費四千四百四十八元,邊教費一千二百元,中山特教費一萬六百九十二元。中心小學經費六百元,中央補助六百元。保團民學校經費一千二百元,省府補助一千二百。三成印花捐九百元,違警罰款二百元,花捐一千元,攤款七萬七千六十三元。以上經、臨合計歲入二十一萬六千六百零三元,內攤款占十分之三六,餘為補助稅捐。

歲出:行政費內縣府經費二萬九千一百八十四元,政警薪餉六千三百二十四元、服裝費一千八百元,公安警察薪餉四千五十六元、服裝費七百六十元,鄉鎮經費一萬五百六十元,保公費六千六百元,新運會經費三百六十元,義倉經費五百七十六元,印刷費五百五十元,旅費一千九百元。教育文化費內,教育局經費三千二十四元,初中經費二千四百八十九元,完小經費一萬四百七十二元,小學經費九千一百四元,中心小學經費二千四百元,保校經費四千八百元,民教館經費二千四百元,留學生津貼六百四十元,童軍經費一筆八十元,指導員薪俸四百三十三元,教育會經費七十二元,義學經費五千七百六十八元,邊教經費二千七十五元,教費稽核會經費一百二十元,義教會經費七十二元,國術館經費八百四十元,民眾學校經費七百二十元,中山民校經費一萬一千八百八十元,養老金一百四十四元。建設費內,收音室經費八百四十元,農會經費二百四十元,鄉村電話經費七百二十元,電料費六百二十四元,檢定所經費一千一百二十元,紡織員薪餉九百六十元。財務費內,經徵處經費八百六十四元,縣庫經費一千五百七十二元,財監會經費一百二十元,倉伕斗級薪餉二百一十六元。協助費內,保安費一萬五千一百二十六元,防護團經費四百八十元,民教館經費五百元,補修電話費二千四百元,鄉鎮隊附薪餉二千四百元,自衛隊經費五千四百九十六元,中心小學開辦費一千元,保校開闢費一千八百元。以上經、臨合計歲出二十一萬六千六百三元。

三十一年歲入門:田賦附加年收六萬八千四百一十五元,房捐年徵三千元,房宰稅年徵四千二百元,營業牌照年徵一萬五千元,使用牌照年徵七千元,行為取締年徵五千六百元,中央劃撥遺產稅年徵六百元,營業稅劃撥四千元,印花稅劃撥四千五百元,違警罰款全年徵七百元,其他罰鍰年徵三百元,公荒救租年徵一萬元,公田租年徵九千六百四十元,公產租益年徵一千五百五十元,基金生息一百七十二元,合作貸款加收息金三千二百二十三元,中央補助費年收二十萬四千九百五十六元,中央撥助田賦、食物變價二十七萬三千六百五十元,補助保國民校及中心學校經費一萬六千六百元,其他收入五百元。三十項共收六十三萬三千六百六元。

歲出門:縣政府經費年支七萬六千六十元,會計室經費年支四千五百元,警察隊經費年支三萬四千七百四元,服裝費年支一萬三百六十八元。鄉鎮公署經費年支四萬三千六百八十元,內乙等鄉鎮六處,月各支二百四十元,丙等十處,月各支二百二十元,十六處全年合支如上數。保辦公費年支一萬三千二百元,新運會組費年支六百元,縣立中學經費年支一萬四千九百四十五元,中心小學經費年支六萬七千三百六十元,國民學校經費年支十四萬五千一百六十元,童軍團經費年支二百九十七元,留學生補助費年支三千元,社會教育經費年支三千七百八十六元,民教館經費年支二千四百元,國術館經費年支一千三百八十六元,特教補助費年支一千五百六十五元,手搖電臺經費年支八千五百二十元,收音室經費年支一千三百八十六元,鄉村電話及材料費年支二千二百一十七元,合作人員外勤費年支二千四十元,手工紡織指導員薪工費年支一千五百八十四元,教員任國佐養老金年支一百四十四元,衛生院經費年支一萬八千元,縣庫經費年支四千二百元,財監會經費年支六百元,糧監會經費年支三百元,教育會經費年支七百二十元,農會經費年支二百四十九元,義倉經費年支五百七十六元,縣職員生活補助費年支七萬八千四百八十元,工役生活補助年支二千八百八元,孔誕紀念費年支二百元,預備元年支一萬二千元,戰時特別預備全年支一萬八千一百。以上經常歲出合洋五十八萬六千三百零九元。

臨時門支出:縣政府戶籍購買木櫃費八百元,縣幹部訓練費九千元,軍訓隊部經費一千八十元,中心學校開辦費二千元,國民學校開辦費一千八百元,防空監視哨經費二萬七千八百六十五元,防護團經費七百九十二元,補助防空電話材料費三千九百六十元。以上共支四萬七千二百九十七元。

經、臨合計共支六十三萬三千六百零六元。

按:自是年起實行新稅收沒取消攤款制,關於歲入部分內之房捐、營業牌照費、使用牌照稅、行為取締稅等四種,皆是年產生之新稅收,為地方以往未辦之項。此外屠宰稅遇去屬省款,三十年劃歸地方。又中央劃撥遺產稅、營業稅二種,亦為三十一年新撥之款,俱經省政府直接簽發之。至公荒牧租一萬元,即為本縣歷年預算內羊捐收款,是年改為公荒牧租,仍屬地方原有之款,不再另課。至於中央補助田賦實物收入,亦為三十一年開始新收。

三十二年預算全年歲入出為一百九萬八千八十四元。歲入門,經常歲入:中央撥田賦變價五十八萬六千三百九元,自徵房捐一萬二千元,屠宰稅一萬五千元,營業牌照稅二萬元,使用牌照稅三萬元,筵席及娛樂稅二萬五千元,中央撥遺產稅一萬一千二百元,營業稅七千萬五千元,印花稅一萬四千元,營業稅附徵三成一十五萬元,違警罰金四千元,沒收物變價二千八百元,賠償金一千二百元,烙印執照費二千八百元,鄉鎮不動產交易監收費二萬五千三百元,公荒牧租五萬元,學田租二萬一千七百六十元,公產租三千元,鄉鎮公有水磨使用費六千四百元,基金生息一百七十二元,合作貸款加收息金三千一百二十三元,孳生物售價一萬二千元,出產物售價一萬二千元,中央補助教育費二萬二千四百二十元,其他收入即救濟災民捐款二千五百元。以上共年入一百九萬八千八十四元。

按:三十二年歲出入預算較過去增加數倍,因幣值跌落,百物奇昂,對于歲出入不得不提高,期于平衡耳。自是以後,年預算愈見嚴密。上列數年之預算,備隅觀而已。

會計

依規定分爲總會計、單位會計、分會計、附屬單位會計及附屬單位會計之分會計等五種。而縣庫會計及縣府總會計，均由縣政府會計室總理其事。

統計

民國三十一年，本縣縣府始有統計員之設置。人選由省府在訓練合格人員中委派一人來縣工作，受縣長指揮監督，辦理全縣一切統計事宜。約有數端：一、民政統計，辦理全縣戶口遷移、生死等，及壯丁、技術、救濟難民、訓練保甲等。二、財政統計，辦理縣款收支、捐稅比較、預算執行、資力平衡、民力擔負、特種出產等。三、建設統計，辦理縣公路、橋樑、荒地、公產、畜牧、馱獸、運具、裝具、房屋、大小車、牛羊、製革、木泥工、皮毛等一切出產，及食糧內之稻、穀、麥、蕎各雜糧等統計。四、教育統計，辦理全縣適齡學童已受教育、未受教育、文盲、高小、初小、中等各學校學生校數，成績比較，教員能力比較等，及教費之分配平均與否比較等統計。五、田賦統計、土地統計、地價率比較、收益比較等統計。六、宗教統計、出產消耗統計，及其他一切事項之統計。

公債

民國五年，甘肅省長兼督軍張廣建曾發行七成短期公債，爲奉北京政府財政部所飭辦者。本縣配購認交庫平銀五千兩。

八年，甘肅省長公署發起辦理甘肅省官銀總號，籌集基金，發行蘭平銀券票，計所見行使者，有蘭平銀二十兩、十兩、五兩、一兩等票四種。聞共集辦基金市平銀一百萬兩，除在省城商會並財廳撥助一部份外，十分之七八全在所屬七十餘縣配繳。計本縣配認基金券票市平銀八千兩。

十五年，省主席劉郁芬、財政廳長楊慕時發行甘肅金庫券，認繳二萬元。

十七年，省主席劉郁芬發行流通券，本縣認購亦爲二萬元。

二十一年，省主席邵力子、財政廳長譚克敏，爲籌甘肅平市官錢局基金，曾發行金庫券二百萬元，本縣配銷四萬元。

二十六年，抗戰軍興，發行救國公債，本縣配繳二萬八千元。

儲蓄券

民國二十八年冬，中央勸募儲蓄券，分甲乙兩種。本縣原額配四萬元，後因海外僑胞認購踴躍，本縣只配一萬二千元。計推行標準，商界購甲等，農界購乙等。甲等爲記名式，每現金一元，購券一元，六個月後，憑券換取一元一角五分。乙種分十年、八年、六年、四年定期券四種，爲無記名式。本縣一律認購十年定期乙種券，計每三元一角二分，買券十元。

二十九年八月，中央節約建國儲蓄總會發起大量儲蓄款，補充抗戰建國之用,勸募二次儲蓄券。全省購額爲二千萬元,本縣協購三十萬元,決定全購乙種儲券。計三十萬元,應出現款九萬六千二百一十二元。正辦理間,經奉省府電減少半數十五萬元,僅購十五萬元,計應出現金四萬八千一百元。但因海外僑胞認購足額,故本縣只購數千現金之券而罷。

三十一年奉省令規定,本縣應認購三次儲券九十六萬元。經地方開會決議,除在本年度軍屯糧價内配發七成六十餘萬元外,其餘由地方農商各界應購三十萬元。經實購者爲十二萬餘元,全屬甲種券票。同年十月奉省府令,本縣勸購戰時公債三萬元,經如數募足。

三十二年七月,奉省府令,本縣認購同盟勝利公債十五萬元,美金公債六千元,每元折合國幣二十元,計爲十二萬。二宗同時配辦,計作一次向農商兩界配購。縣商會認購十二萬元,附郭鄉一萬五千元,三營鎮一萬一千元,蒿店鎮一萬元,七營鄉一萬一千元,王窪鎮一萬六千元,頭營鄉六千元,張易鎮一萬六千元,張化鄉一萬一千元,黑城鄉一萬一千元,李俊鄉五千元,大灣鄉一萬二千元,城陽鄉一萬六千元,大營鄉一萬元,以上十四處共配認二十七萬元。由縣府主辦,款由各鄉鎮長、縣商會直繳省銀行固原辦事處轉匯蘭州中央銀行,換領債券。

縣金庫

本縣縣金庫由甘肅省銀行固原辦事處代辦,置司賬員一人,出納、會計俱由行内人員兼任。省銀行固原辦事處係於二十八年秋籌備成立,同時兼辦省支庫及固原縣金庫事。旋于二十九年一月擴大組織,業務逐漸增繁。三十六年固原縣銀行成立,乃接辦縣金庫事。

固原縣三十六年地方攤派款統計:保校生活及加成數攤派款一億三千零九十二萬八千元。自衛隊經費攤款三億萬零五十四萬五千八百二十四元,警察隊及自衛隊冬夏服裝費在内。縣中學補助費攤款二千四百九十萬元,中、師兩校學生旅費一百萬元及兩校校長赴蘭開會旅費一百五十萬元在内。本縣留外學生補助費攤款七百八十八萬元。縣志會經費攤款二千五百八十四萬八千八百元,基金一千萬元在内。補分會經費攤款一百五十七萬一千三百二十元。户籍册表費攤款九百一十二萬元。運動會經費攤款二千六百六十一萬七千六百三十九元。地方各項建築費攤款一千一百二十七萬三千元。中秋、端陽兩節慰勞費攤款一千一百二十三萬三千一百元。防護團經費攤款五十二萬八千七百二十元。大營等三處中心學校經費攤款一千一百零六萬五百九十元,該三處學校未准預算。縣衛生人員教育費攤款三百萬元。防空費攤款二千三百一十三萬三千八百元,電料費在内。三十六年臨時費攤款一千五百九十一萬四千二百四十一元五角。合計攤款六億萬零三百五十五萬五千零三十四元五角。

固原縣三十六年地方攤派食糧統計：攤派保校教師食糧二千六百零五市石二斗，攤派自衛隊食糧四千一百二十七市石二斗，攤派縣中學補助糧二百二十八市石，攤派縣志會食糧一百零六石六市斗，攤派補分會食糧七十四石一市斗，攤派偵察隊及小西湖工人食糧七十八石四市斗，攤派防户團食糧七石八斗，攤派軍、財兩科留增人員食糧四十一石零五市升，大營等三處中心學校七至十二月攤派食糧一百七十五石五市斗，攤派保辦公處人員食糧三千九百六十市石。合計攤派食糧一萬一千四百零三石八市斗。

固原縣三十六年地方額外負擔統計：一、地方攤派各項食糧爲一萬一千四百零三石八斗五市升。二、攤派各項雜款爲六億零三百五十五萬五千零三十四元五角。三、購屯馬秣差價爲八億一千二百零九萬八千三百二十六元，四月份奉令代僱四二支部毛驢一千二百五十頭，及七月歸還後，倒斃及遺失驢四百三十四頭。按當時市價，每頭驢以二百萬元計算，共合國幣八億六千八百萬元。以上共計國幣爲九十一億二千五百九十六萬三千三百六十元零五角。

教育　關於養正等事

凡教育行政

教育行政制度，由來久矣。廢清時，專設教育訓導，管理一州縣之訓蒙學塾。民國成立，縣設勸學所，專司縣教育行政事項。其組織置所長一員，勸學員二人至三人，另設會計、文牘各一員，司全縣教費收支及學校經費支發事項。

民國十五年，奉令改勸學所爲教育局，規定局長之人選，以曾任當地完全小學校長三年以上，且在各級師範學校畢業，領有證書，考爲合格。改勸學員爲縣督學，以一人至二人爲限，資格仍屬師範畢業，充任校長或教員三年以上者，由縣報由教育廳令委之。其辦理事項仍屬主管全縣教育學藝、設計各級學校課程、分配教費、委任校長、增設文化機構各事宜。二十五年，奉省令裁局改科，將地方教育局歸併縣政府內，改爲第三科，主管教育行政業務。另設縣督學二員，科員一員，事務僱員三人至四人，辦理前教育一切事務。行有一年之久，又奉省令將縣府第三科仍畫分爲教育局，由縣保薦合格人員三人，報廳圈委一人爲局長。當于二十六年四月成立教育局開始辦公。

二十九年冬，奉令實行新縣制，又復裁局改科。同時改縣府第一科爲民政，二科爲財政，教育局爲教育科，兵役科爲軍事科。于是又將教育局整個併入縣府，置科長一員，督學二員，科員事務各一員，僱員二名。三十一年，復增設縣督學一員，三員分往各區，巡迴視察。一面明定各校預算，統一經費收支，成立教育行政設計委員會、教費稽核委員會，召開縣教育行政會議，商討整理全縣教育款產。委員會由縣長兼主任委員,教育科長副之。于三十一、二兩年內,澈底整理地方寺廟、公有財產、舖基學田,畫分校產,以期教費得以充足。一面調查縣境荒田,設法開墾,以補助教費之不足。施行至今,頗著成效,地方教育亦因之得以次第推進。

學校教育

固原州中學堂,產生于前清光緒三十三年。彼時監堂爲王學伊,山西人,任本邑直隸州州官,於公餘之暇,倡辦中學。至宣統二年,第一屆應予畢業,經報本省教育司,因以與法不合未准。旋改爲固原縣立第一高等小學堂,內部組織依奉頒之學堂章程改組。第一屆學生復于民國元年補習三月,期滿畢業,經省教育司委視學來縣會考合格,發給證書。此爲本縣學校第一屆畢業之始末。二十四年,改爲固原提署街小學校。三十年,改立本縣初級中學。

固原清真第一初、高兩等小學校,于民國二年由州官王學伊發動回教士紳張纘緒籌設,即以該紳爲校長。後改稱同仁小學校,後改中山中心小學校,同爲負郭鄉中心國民學校。

武廟小學,民國二十七年由縣黨部書記長朱銘座,同縣長張桃發動,先辦民衆學校,至二十九年成立高級班,經報教廳立案。自三十年開始以完全小學支發經費,後改稱城關鎮中山中心小學校,今改爲城關鎮中心國民學校。

大南市巷女校,民國八年爲勸學所所長夏際文所倡辦者。當時定名爲固原縣立初高等女子小學校,後改稱城關鎮中山中心小學校第二分校。今改爲城關鎮女子中心國民學校。

同仁街女子小學校,民國十六年由初級小學改設者。校址在同仁男校南首,亦係張纘緒所倡辦。分初、高生六級。後改稱負郭鄉中山中心小學校第一分校,今改爲負郭鄉女子中心國民學校。

理門巷小學校,民國二十五年縣理教會倡辦。原爲初級小學,二十九年成立高級班,名爲固原縣理門巷小學校。後改稱城關鎮中山中心小學校第一分校,今改爲城關鎮實驗中心國民學校。

三營鎮小學校,爲當地教紳馬明三等所倡辦,民國八年成立。原爲初級小學,二十三年增招高級班,成爲完全小學校。後改稱三營鎮中山中心小學校,今爲三營鎮中心國民學校。

黑城鎮小學校,爲當地士紳趙得恩、牛士捷等所倡辦,民國元年成立。原爲義學,後改爲初級小學校。十二年添設高級班,成爲完全小學校。後改稱黑城鎮中山中心小學校,今爲黑城鎮中心國民學校。

七營鎮小學校,原係義學。二十九年由當地士紳陳德建、柴峻、鄧幹臣等提倡，改爲六年制完全小學。今仍由中山中心小學改稱七營鎮中心國民學校。

王窪鎮小學校，成立于民國二十五年，原有初級班，爲當地士紳王克勤、盧業廣所倡辦。二十九年成立完全小學，今仍由中山中心小學改稱爲王窪鎮中心國民學校。

蒿店鎮中山中心小學，係于三十一年以省教育廳所辦之中山特教改立者。現仍改稱爲蒿店鎮中心國民學校。

大灣鄉初級小學，民國六年成立。二十九年添辦高級班。今仍由中山中心學校改稱大灣鄉中心國民學校。

張易鎮小學校，爲當地士紳李貴清、劉繩武等所倡辦。民國七年成立初級小學，三十二年添設高級班，成立中山中心學校。今亦改稱張易鎮中心國民學校。

楊郎鎮頭營街中心國民學校，爲當地士紳夏禹勤等所倡辦。

民國十四年始立初級小學，二十六年改立特教中山民衆學校，三十五年成立中山中心小學校。今亦改稱楊郎鎮中心國民學校。

固原初級中學，民國二十九年發動地方人士籌備設立，募集建築費，成立董事會。三十年二月，經奉省教育廳電令，飭對本邑原教費項下之各斗秤、鹽秤等牙佣，應公開投標招包，溢出之款仍儘量興辦教育。結果以往年徵萬元之稅捐，一變而爲七萬餘元增溢之款，以一萬五千元撥爲初中開辦建築費，以七千五百元作爲三十一年下期招生經常費。報告省政府立案，經核准符合，并由省另行撥款，每月四百餘元，飭招一年級生甲、乙兩班，于是年九月一日正式成立。三十七年添設高中預修班一班。

省立固原國民初級簡易師範學校，係由民國三十一年駐防本縣之陸軍五十七軍軍長丁德隆所倡辦。當于三十二年春季招收男女學生五十餘名，假城內凌雲閣上課，定名爲維德師範學校。後呈奉省令，更名爲省立固原國民初級師範學校。自三十三年起，每月經費由省支發。今改爲固原簡易師範學校，并由四二制改爲三三制。

初級小學原有一百四十校之多，散處四境，辦理欠周，率多名同虛設。二十九年，經教育局籌劃，以實行政教合一爲原則，每保設初小一處。各校長、教員得兼任各保保長及辦公處名譽書記或政治指導員。各保保長得兼任保校之管理員，負責勸迫該保學齡兒童入學，與校董同負置備校具之責，聯合舉行國民月會，并聯合升降旗。經此上進，但所投考縣城高級班之鄉村小學生，程度仍甚低落。據一般考察，非嚴格教師檢定不可。

三十六年，全縣共計有中心國民學校一十五處。所有初級小學均經調整爲國民學校，共計有國民學校一百四十二處。

中心國民學校班級數：[2]兒童爲六十二，成人爲一十六，婦女爲一十三，合計九十一。學生數：兒童一千七百二十，成人二百三十七，婦女二百七十二，合計二千二百二十九。

國民學校班級數：兒童爲一百八十九，成人爲七十六，婦女爲二十九，合計二百九十四。學生數：兒童五千四十八，成人一千三百九十一，婦女三百八十四，合計六千九百二十九。

中心國民學校、國民學校，三十七年縣府並擬增設班級四十八，現已部分實現于國民學校。

社會教育

本縣民教館，民國二十九年四月間以原有民衆閱報所改組成立者。館址在武廟，今遷在城南龍王廟。除購訂有時代叢書、雜志、報章以供民衆閱讀外，並創辦民衆壁報與民衆宣傳畫報，對于軍事、政治、生産、衛生、科學、職業、公民常識等項，多所闡揚。

公共體育場，在小南市巷。場址約有十餘畝，靠正西修建講臺三大間，爲民國二十九年縣政府同駐軍二十六師所修者。内置籃球、網球、平臺、木馬、跳高、跳遠等運動器具。

國術館成立于民國二十五年。于二十九年由縣府與地方人士提倡，遵照實施辦法，第一期先在城關鎮開辦民衆學校十一處，一個月畢業，計辦兩期，共畢業男女生六百二十餘名。第二期在二、三兩區内之王窪、城陽、大灣、蒿店、張易堡一帶，開辦五十校，受訓男女生四千零六十三名。第三期在硝河、大營、附郭、頭營等鄉鎮，開辦四十校。第四期推及于三、七營，黑城、李俊等鄉，開辦三十校云。

特種教育

特種教育之産生爲抗戰以後，由省教育廳所規定。本縣奉令辦理中山民衆學校五處，計于城内設一校，小川子、寺底村、蒿店鎮、石家溝口各設一處。校長人選及經費書籍等項，皆直接由省府辦理，只由縣政府與教育局協助推進耳。

民國三十年，復創辦中山國民學校十一處，經費等仍俱由省教育廳按月撥發之。三十二年，一律合并其他學校統列地方預算支給之。

短期小學，三十年度並創辦有短期學校二十二校，分設縣屬各鄉鎮，經費收支亦由教育廳發給。三十二年度一律歸并縣預算。

邊疆教育

民國二十六年，在大灣及頭營張家崖各設立邊疆小學校各一處。二十八年，在楊忠堡、沙溝等地設職業學校六處，後均改爲中心學校及國民學校。

整理教育款産

民國三十一年，從事調查廟産，撥充教費。經查確者有昭忠祠、火神廟、財神樓、城隍廟等處大宗廟産，以年收租益，定爲提撥教育款六成，餘四成留供各廟香火。三十二年復經甘肅省平涼特教辦事處迭派視導人員到縣，多方督導，從事復查。結果查出城内外商舖五十餘大間，店房數處，田地七百餘畝。一律于三十二年冬撥爲縣教育專款專産。

三十七年，固原教育計劃並經一部實現者。

一、健全各種教育機構。固原有教育會，國民教育研究會，教育款産保管委員會等之組織。年久人事變遷，多不健全，應重新組織，以策進地方之教育。已於本年三月底，按奉頒各機構組織綱要改組完成。

二、調查學齡兒童及失學民衆，實施失學民衆補習教育。業經印製調查表分發各鄉鎮切實調查，凡全縣各鄉鎮所有學齡兒童及失學民衆，一律限期調查完竣，統計報核，並擬具計劃，準備實施。按調查冊表分配各中心國民學校，分期施教。本年十二月底完成。

三、改良及訓練師資。本縣過去師資缺乏，爲提高教學效率，增進學生知識起見，力求改善師資。每學期開始時，除考核擇優任用外，於暑假、寒假期内籌辦講習班。先擬編計劃及預算，呈請核准後，根據原定計劃實施。

四、獎助清寒優秀留學生。爲鼓勵本縣清寒優秀學生升學計，擬由教産增益項下，劃撥基金，並發動勸捐專款存儲，予以獎助。按省頒獎助學生升學辦法辦理。本年底完成。

五、提高教育人員服務精神。遵照奉頒中小學教員進修辦法，除切實督促進修外，並分別考核予以獎助，以期提高服務精神，增進教學效能。逐年實施。

六、籌設高中。本縣文化落後，清寒學生遠道就學不易，經發動籌設高中，以提高文化水準，就原有初中擴充增設高中班，呈請備案。並發動勸募基金，由地方熱心教育人士分頭勸捐，一面積極籌備，逐步擴展。本年底完成。

七、充實各級學校學額及設備。各中心及國民學校，多感學額不足，距規定相差太遠。其他設備亦多缺欠，未能達到規定標準。茲遵照規定，每學級學額以五十人爲度，至少二十五人。並遵照各中心及國民學校設備標準，擇要陸續充實。嚴飭各校切實遵辦，由縣督學隨時抽查考核。本年底完成。

八、增設學校。本縣萬安鄉原有國民學校三所，本年按環境需要，應增設國民學校六所。其他各鄉鎮應增設國民學校八所。經縣府令飭各保，先行籌備，遵照奉頒國民學校設備標準辦理，本年底完成。

九、籌集學校基金。經奉頒籌集辦法，由縣分飭各校，逐年籌集。限本年底止,每校應籌足二十萬元以上,並由視導人員隨時督促,逐年增籌。

十、輔導地方教育。本縣地域遼闊,應實行分區輔導。畫全縣爲十四個輔導區,每區指定中心學校校長,每學期輔導一週。爲增進教學效率,加强輔導工作起見,全年預算内,增輔導旅費若干。遵照部頒輔導辦法實施,逐年推行。

十一、整理教育款産。經歷年整理,頗有增加。本年仍繼續整理,以裕教費。由縣督學於視導學校時輔導整理。本年底完成。

十二、擴充社教。本縣民衆教育館歷年因經費支絀,内容空虚,設備簡陋,須籌集資金,按切要者,儘先充實。在可能範圍内籌撥基金,並於預算内專列事業費及設備費,逐年充實。

建設　　關于修造等事

凡苗圃

民國十五年,縣建設局成立後當遵照省令在縣城小教場内開闢縣苗圃一處。由縣府委梁佐才爲苗圃主任,從事育苗、植樹。十七年,地方迭遭匪變,又以經費無出,遂無形停頓。三十二年後,復奉省令促辦,又由縣府委任主任及管理員,辦理育苗、造林各工作。另覓東門外雷祖廟民人私田十四畝,租爲圃址。一面派員赴平涼購買種籽,從事種育洋槐、榆、柳、椿、杏樹苗。

造林

清同治兵燹後,左文襄公即安撫良民,招墾屯租,興水利,造樹林。計本縣屬地自蒿店經和尚舖,沿六盤山車道,遍栽楊柳,直達隆德。復由瓦亭驛接栽,經大灣、開城、青石嘴至縣城,有數千株,至今七十餘載,悉以長成。惜民間多任性砍伐,致今日存者僅十分之一二耳。

清季管帶精選營總兵楊德明,於同治十年,在南二十里舖起,大灣止,栽種楊柳。管帶精選左營提督蔡光武,於同治十二年,在清水溝、瓦亭、六盤山頂止,栽種楊柳。管帶精選李萬貴,於同治十三年,在清静溝、隆德界西至大灣,栽種楊柳。中營參將成光裕,於光緒六年,會同前、左、右、後、城守各營,在五里舖、牛營、青石嘴等處,分段栽種楊柳。管帶楚軍右旂總兵張大雄,於光緒八年,在瓦亭以南莧麻灣、平涼交界等處栽種楊柳。管帶精選右旂參將胡起雲,於光緒九年,在六盤山、和尚舖一帶栽種楊柳。管帶精選右旂都司魏恭斌,於光緒十五年,在蒿店以西六盤山根栽種楊柳。管帶精選左旂總兵劉璞,於光緒十五年,在舊六盤、廟兒坪栽種楊柳。管帶精選中旂都司凌維漢,於光緒十六年,在蒿店大路兩旁,接平涼界内栽種楊柳。知州張祥,曾於光緒二十三年諭令各堡農約,及時栽

種楊柳。知州蕭承恩於光緒二十五年，會同城守營，在清水河一帶栽種楊柳。知州張元�於光緒二十六年在北海子栽種楊柳。管帶常備軍金塔、協鎮金恒林，於光緒三十年，在東嶽山大路兩旁栽種楊柳。管帶巡防馬隊遊擊吳燦昭，於光緒三十一年，在黑城堡一帶栽種楊柳。瓦亭守備張廷棟，於光緒三十二年，在瓦亭南門外河灘闢荒地十餘畝，栽種楊柳。知州王學伊，於光緒三十二、三、四年，在州城內外、附郭東嶽山、大小校場、北海子、十里舖及四鄉各堡栽種楊柳，飭巡警員張廷棟、祁元清督同巡兵經理林政以擴地利。瓦亭守備楊春和，於光緒三十四年，在瓦亭山根河畔栽種楊柳。管帶巡防步隊遊擊劉尚忠，於光緒三十四年，在瓦亭峽、三關口峽栽種楊柳。巡防軍哨長都司馬觀成，於光緒三十四年在和尚舖、廟兒坪一帶栽種楊柳。

民國十九年，經中央規定，每年三月二十一日孫總理誕辰紀念日爲植樹節，全國于是日一律植樹，列入縣政中心工作。本邑自十九年起，歷年遵令提倡栽樹。至三十二年止，自縣城南門至山貨市街，西經縣府街至孟家十字，向北至鼓樓止，沿公路兩旁均多成活，接林上面。三十二年，更在河東官地栽植柳樹六千株。三十七年，更由駐軍中央新編第四旅十一團，在內城西南隅栽植柳樹二千株，均已成活。

農事試驗場

清末知州王學伊曾設有農林試驗場于城西隙地，分有內場、外場二，旋就荒廢。民國十五年，縣建設局奉省令設立農事試驗場，乃就舊地闢地五畝餘，種植棉花，栽種茶樹，從事試驗。辦理二年餘，以地方多故，經費無著，復行停止。

黑城鎮屬須彌山天然林，相傳爲唐代物，但現今所有之松樹可分二種，一爲葉長針細，一爲葉短而寬。大者一至二圍，中徑在二市尺，高者數丈，普通所有者僅尺餘，中徑大一圍上下。惜此山周圍不廣，約有樹者爲數十畝，其餘俱屬小毛林。林被當地海、固、西各縣居民歷年伐作燃料。

張化鄉屬紅花川東山之天然林，約有白楊雜樹數百株，大者中徑尺餘，高一丈至二丈。惜無人保護，附近居民時有盜伐情形。不過以滋長速，亦不見若何損毀。三十一年，因軍事計劃，定由黑城鎮經縣城至瓦亭止，修築國防工事，需用木料特多，除在化平縣運輸外，並在張化鄉紅花川屬地東山官林內，擇其較大堪用者，伐作木料，約去數百根。致此小型林地變爲荒山，誠可惜也。

附錄固原縣三十六年春季造林統計：

縣模範林面積五畝，原植楊柳三千九百八十株，成活楊柳樹三千七百八十株。

附郭鄉面積五十五畝，原植楊柳樹八千一百株，成活楊柳樹七千株。

　　大灣鄉面積三十五畝,原植楊柳樹一萬五千九百三十三株,成活楊柳樹一萬三千七百三十株。

　　蒿店鎮面積三十五畝,原植楊柳樹二萬零五百五十株,成活楊柳樹一萬六千四百四十株。

　　張化鄉面積三十五畝,原植楊柳樹五千二百株,成活楊柳樹三千八百株。

　　城陽鄉面積五十五畝,原植楊柳樹二千五百株,成活楊柳樹一千二百一十株。

　　王坬鎮面積五畝,原植楊柳樹三千五百五十株,成活楊柳樹二千八百七十九株。

　　三營鎮面積三畝,原植楊柳樹四千株,成活楊柳樹三千九百九十株。

　　七營鄉面積三畝,原植楊柳樹三千六百株,成活楊柳樹二千六百株。

　　大營鄉面積三畝,原植楊柳樹二千株,成活楊柳樹一千五百株。

　　張易鎮面積七畝,原植楊柳樹六千六百四十三株,成活楊柳樹二千二百三十四株。

　　楊郎鎮面積三畝,原植楊柳樹三千株,成活楊柳樹二千二百株。

　　黑城鄉面積三畝,原植楊柳樹三千五百株,成活楊柳樹二千五百株。

　　萬安鄉面積二畝,原植楊柳樹一千五百株,成活楊柳樹一千株。

　　總計面積六十二畝,原植楊柳樹九萬二千二百五十六株,成活楊柳樹七萬七十三株。本統計所列數字純係楊柳樹。

　　固原縣苗圃與苗木統計:

　　三十六年縣苗圃一,面積二十畝,苗木三萬一千一百二十株。

　　城關鎮苗圃十三,面積三十九畝,苗木六萬一千株。

　　附郭鄉苗圃十一,面積三十三畝,苗木五萬一千株。

　　大灣鄉苗圃七,面積二十一畝,苗木五千五百株。

　　蒿店鎮苗圃七,面積二十一畝,苗木一十七萬八千株。

　　張化鄉苗圃七,面積二十一畝,苗木一萬二千株。

　　城陽鄉苗圃十一,面積三十三畝,苗木三百七十株。

　　王坬鎮苗圃十,面積三十畝,苗木一萬株。

　　三營鎮苗圃六,面積十八畝,苗木九千株。

　　七營鄉苗圃六,面積十八畝,苗木八千株。

　　大營鄉苗圃六,面積十八畝,苗木五千株。

　　張易鎮苗圃六,面積十八畝,苗木一萬株。

　　黑城鄉苗圃六,面積十八畝,苗木八千株。

萬安鄉苗圃四,面積十二畝,苗木三千株。

本統計所列苗木株數其中以榆樹最多,他如椿樹、楊、柳、桃、杏、槐次之。

三十七年度造林建設分兩項記之:一、造林,遵照省令擬具實施表辦法,通令各鄉鎮認真推行。按本年度植樹,以全縣人口爲比例,單穴植樹每人十株,集體造林每鄉鎮造林一處,植樹二千株。二、育苗,對於各保苗圃從事調整,認真推行。按本年度每圃規定育苗十萬株,縣苗圃育苗五十萬株。

公路

西蘭公路,係于民國二十六年九月奉令開工,徵夫修築。其辦法按全縣所屬各保平均徵調,每保爲三十名,經政府發動地方黨教農商各界,組織一臨時徵工委員會專辦徵集民夫及監工各事,並指定委員馬連三、王思擧二人爲總監工,至二十七年六月底竣工。先後共徵民工四十二萬三千三百七十二名。大部分工程爲三關口、六盤山等處。

平寧公路,係于民國二十六年十二月奉令開始籌備。當于二十七年二月正式開工,按每保徵民工三十名,指定修築地點,由監工員監督修築。是年十一月完成。二十八、九兩年,復經一度徵工補修,全由民力修築而成。至三十年夏間,中央鑒此路之重要,始由交通部西北公路管理局派委平寧路工務段員工十餘人,來縣設段復勘路線,改更路基。一面又復就地包工,從事擴大興修。計自三十年十月動工,至三十一年六月底全部工竣。當另闢一新公路,與大車路分開。又規定固原車站,每星期二、六兩日爲由平凉與寧夏兩地來往開車之日期。

大車路,一曰東區大車路,由縣城起,經青石峽向東行至卯家堡子,復折稍南抵石家溝口通平凉,爲民國十年以後所修者。沿途人煙稀少,經行者少。三十一年後,以東區時有駐軍,此路有續修之必要。于是由石家溝口接修,經城子楊家,達麻子溝圈,入鎮原縣界。且由該縣接修,轉通屯子鎮,直抵西峰鎮。係由軍民互相興修,本縣境內三十二年底即大致完成,三十三年已可通行車。二曰南區大車道,由縣城至青石嘴,經開城至大灣、瓦亭、蒿店即東抵平凉。西經和尚舖,登六盤山,趨隆德。平寧鹽運及一切車運全憑此路。三曰西區大車道,由縣城經海子峽至大灣店子抵張易鎮。爲西吉、靜寧來本邑之經行大道。四曰北區大車道,由縣城經頭營、楊郎鎮、三營鎮、黑城、七營鄉,北行出韓府灣,入寧夏境。爲從本邑赴北沙漠、綏遠一帶之交通要道也。

固環公路,雖則修築完成,但以坡度較大,行駛不便,奉省令擇要補修,業已完成。至于固海縣道,省派技正臨縣勘查,決定黑城至藍家石嘴子段應加補修,以利行車。曾經會同四十二支部派員勘查,責成黑城鄉派工補修,行將完成。

水利

縣城東河水渠,由南河灘飛機場沿西開渠,引清水河水入東城根,轉灌菜田二百餘畝。沿岸有水磨二座。大營川、姚家磨、吳家磨等莊亦有水田六十餘畝,水磨數座。北區沈家河,頭、二營等處有少數住民倡辦小型水利,可灌溉農田二三十畝,河渠一道亦可灌田,且有油磨數座。

度量衡制

測長短之器曰度,測大小之器曰量,測輕重之器曰衡。量與衡由度而起,各國皆然。中國所用之度量衡尚多參差,清光緒末年議定劃一。以縱累百黍之長定爲部尺,以部尺三百一十六立寸之積定爲升,以部尺一立寸純水之重定爲庫平八錢七分八厘四毫七絲五忽。若與法國制相比較,則一尺乃零點三二米尺也,即米達尺三寸二分也,一升乃一斗零三合五勺立升也,一兩乃三七點三零一克也。今改定新制兼採用法國米達制與原有本國營造尺、庫平制並行,而公尺、公升、公兩等別之。

本邑境内過去行使之尺,有市尺、營造尺,營造尺比市尺小一市寸。比較新制度尺,則舊市尺大五分,而新市尺則比營造尺亦大五分。量器本邑過去行使者爲方形,能容舊市秤小麥四十五勔,與隴東十餘縣大小相同。合以新市斗計,每新斗三斗準合舊市斗一斗,即老舊市斗一斗合新市斗爲三斗。衡器在民間過去行使者,每勔俱爲十六兩,新制市秤則較舊秤每勔小二兩二錢,即每一新市秤一勔,合舊秤爲十三兩八錢。

本邑更換新制,爲民國二十六年間,經省府令縣保送受訓人員,在西北幹部訓練團内,專設檢定度量衡人員訓練班,當時保送姚克讓一名,赴省受訓畢業返縣,籌設度量衡檢定分所。一面在平涼召集匠工,住縣製造秤、尺、升,從事更換,並以行政力量推及四鄉各鎮,紛紛購換。自二十七年至三十二年,縣城鄉鎮,均一律改用新制。

電政

電學創自泰西,源流久遠,固原於光緒十六年始設局。是年春,架鐵線一條,直達平涼。接此線路皆以鳥道計里,因與驛程大有盈縮。至民國五、六年,電線增接,東至長安,西至蘭州,北至寧夏,直達工作。局内人員在三四十名以上,誠爲我甘最大的轉報局。九年冬月九日夜地震,房屋、機器損失甚鉅,致東、西、北線路完全被毀,只能通平涼一處。十年,局長王兆驥重修之。

十五年以後,復增修路線,計由固原西行二十里經寇家莊入海子峽,行三十里至大灣店子。向西行二十四里至張易鎮,二十九里至硝河城、馬蓮川,入隆德縣界。北路線,縣城行二十三里至沈家河,又二十八里至楊郎鎮,十三里至三營,北行四十八里至七營,向北十四里至界牌堡,二十二里至海原縣屬李旺堡,又四十五里至高崖子,二十九里過河至平遠縣屬之同心城,又五里至寧靈界。現本縣電線能通三路。此志。

　　電話。交通部官話線屬國營,長途性,併入各電報局主管。鄉村電話設于民國二十五年,當時縣長丁耀洲於縣府購置話機一架,用十四號小鉛線,栽接東區王窰鎮,北接頭營,西南區則利用電報線,可以通話至大灣、蒿店、張易堡。計先後以地方縣公款購置十門總機一架,設縣府,另用話兵四名值班。計能通話地爲北區頭、三、七營、黑城鎮四處,東區王窰鎮,南區大灣、蒿店,西區張易鎮。共有話機九架。二十七年,日機轟炸,奉令設防空電話,乃于縣城設監視隊一處,轄防空哨。計有蒿店、大灣、頭、三、七營、黑城、張易、硝河等九哨。遂將此鄉村電話改爲防空電話。抗戰勝利後,仍改爲鄉村電話。本縣七營至梨花嘴電話線路,奉省府命令從事架設,業已完成通話。

紡織

　　縣屬北區頭營、黑城、七營等鄉鎮,一般居民間有用木機以棉花紡線者。民國二十九年,由縣府合作指導人員負責,于縣城組織皮毛紡織生產合作社一處。三營鎮亦同樣組設,大量提倡。

炭礦

　　炭山在三營東北、七營東南,距縣城百二十華里,爲無主官山,四週約有七八千畝,由附近居民私自集資開採者。礦户因經常營業,多居住丁馬堡、沙家堡等地。銀洞溝亦產煤,所出燒煤俱爲大結核,火力較北區之炭爲旺。民國十五、六年,邑人牛士捷曾集資開採一次,旋由臨夏人王月亭復在該地召工開採。

畜牧

　　本縣位居隴北,地大物博,益以人煙稀少,故荒山荒地遍地皆有。如遇每年春夏之交,雨水合時,青草滋潤,則各農户飼養牛、羊、馬、驢等,悉能賴以牧生。故本縣與海原縣爲本省隴北最大之畜牧區,年産皮毛暢銷內地各省及運銷海外者甚鉅。

貿易會

　　固原、海原兩縣,原爲隴東畜牧區域,生產以羔皮、羊毛爲大宗。自“七七事變”以後,交通塞滯,頓失銷場,皮毛價值日漸狂跌,生產之家損失非淺。二十八年五、六月間,經海、固兩縣政府函電,促請貿易會西北辦事處派員收購,以活動地方金融,增進生產。經蘭州貿易公司派技師朱樺等來縣調查,以固原、海原兩縣產量比較,海原多于固原,惟交通不便,運輸工具缺乏,遂先擇定適中地點,于二十八年九月二十日,設立貿易委員會西北辦事處固海倉庫于縣城宋家巷。

營業概況：二十八年度，固海倉庫在固原收購各種羊毛二十五六萬觔，每百觔價值四十四元。二十九年，收購四十萬觔，每百觔價一百八十元。三十年，收購五十萬觔，每百斤價一千元。三十一年度，收購三十五萬觔，每百觔價一千五百元。三十二年度，收購二十八萬觔，每百觔價三千元。

但按貿易會自二十八年派員至縣收購羊毛、羊皮，雖屬調劑地方金融，惟以定價低微，統制嚴格，一般牧户囿于普通商販之不易收購，事實上深受限制之苦，價格不易上漲，失去平衡。

合作事業

二十六年十二月，本省辦理農貸時，合作委員會派指導員三人來縣，于縣城附近指導、組織、成立互助社三十五社，社員一千七百二十二人，貸款三萬四千八百二十六元。二十七年五月，增撥貸款七萬元，推廣至四鄉，共指導組織成立信用合作社四十一處，社員二千九百三十六人，已繳股金五千八百七十二元，貸款六萬九千二百六十九元。第一期成立之互助社于二十七年底還款後，除自請解散外，其餘于二十八年元月，一律改爲信用合作社，並分組增加六社，共有四十社。八月到期除續貸外並分組增加四社。截至二十八年年底，全縣共成立信用社八十五社，社員四千五百三十三人，已繳股金九千一百四十二元，公積金一千四百二十四元，儲金六千四百一十八元，儲糧五十六石，貸款餘額九萬二千零三十九元。

二十九年一月，省府委李光鄰爲本縣合作金庫籌備主任，于一月十九日抵縣，開始籌備。二月十三日召集全縣各社代表，開成立大會，推顧祖德等五人爲理事，聶輔仁等三人爲監事。股本定爲一萬股，每股十元。除各社認購四百五十五股外，其餘由各社代表母全仁等十人，聯名請求蘭農行認購提倡股九千四百四十五股。三十年三月，奉令裁撤合作金庫，歸併貸辦事處，于縣政府另組立合作指導室。三十一年成立建設科，以主任指導員兼充科長。三十二年七月一日，以合作人員爲專辦合作事業之責，不能兼任建設行政人員，對于科長人員，另委訓練合格者充任。合作指導室仍予成立，專辦合作放收款事宜。從此行政、合作獨立分辦。

合作業務：復奉省令，將合作室裁併入第三科，以節經費。嗣又奉令，爲加強合作工效起見，經三十七年元月三十日省府會議決定，在不設單位原則下，准合作業務恢復獨立。合作主任指導員直接由縣長監督指揮，脫離三科管轄。本縣已由二月份起實行。

本年元月内，遵令編造上年度工作報告及本年度工作計劃，報省核查，其要項列舉如下：一、工作報告。包括調整舊社，增組新社，推行示範合作、督導造林運動、辦理貸放工作等。二、工作計劃。包括充實指導人員，增加督核工作，增組新社，試辦合作農場、工廠，健全舊社，推行示範社制，促進合作運動，辦理實物貸放。舉辦農工生産合作業務，進行查帳制度，擴大合作社員造林運動，增進員工福利，勸讀合作刊物，加授合作課程，設置縣合作金庫，擴大合作貸款，增加自集資金。三、成立簡師員工消費社。四、辦理春貸工作。五、整頓縣聯合社人事。六、推行社員加股運動。七、催收到期貸款。

賦稅

　　賦，田賦也，田稅也，田租也，田租即地租。古制除地稅以外，歲用民力若干日，以興工作，謂之力役。後改用雇役，乃別收丁稅以當之。清康熙時，納丁稅于田租，謂之地丁，而賦役遂爲田租之專稱矣。又以斂于田者曰賦，與取工商虞衡之人者曰稅相對稱，而賦稅之界説因漸確定。本邑田賦稅捐，以往由縣徵課，近則歸省收入，獨立徵收，故另立專目於此。

田賦　　關于糧租等事

地丁　　即以地載丁所科之銀錢

　　一、固原縣原額平川陡坡折正一等民地四千一百六十三頃五十六畝五厘。內除改歸鎮原縣地一十四頃十四畝五分二厘，又除節年荒蕪地三千九十二頃零五厘外，實熟地一百五十七頃四十一畝四分八厘。每畝科地丁銀一分三厘四毫二忽，該科地丁銀一千四百一十七兩一錢四分八厘。又每畝科本色糧四合七勺六抄八撮九圭五粟七粒二顆，該科本色糧五百四石二斗七升六合六勺。又每畝科十八勛重大草七毫四絲三忽四微三纖五塵七渺，該科十八勛重大草七百八十六束一分二厘。

　　二、固原縣原額人丁五千五百八十一丁，除逃亡外，實在丁三千一百八十四丁。該均載丁銀五百九十七兩七錢四分八厘。又攤補屯重丁銀七百二十兩四錢七分二厘，均攤補于前項地畝銀糧以內，二項共丁銀與攤補屯重丁銀爲一千三百一十八兩二錢二分。

　　三、原額接收固原衛並鎮戎所屯地三千六百二十四頃八十四畝二分四厘。內除舊荒地二千六百六十七頃六十五畝五分八厘，又除新荒地七百三十六頃五畝二分三厘外，實熟地二百二十一頃一十三畝四分三厘。每畝科地丁銀五厘四毫四絲七忽七微四纖，該科地丁銀一百二十兩四錢六分八厘。又每畝科本色糧二升二合二勺五抄六撮五圭九粟二粒，該科本色糧四百九十三石一斗六升九合六勺。又每畝科十八觔重大草三厘二毫五絲六忽五微七纖三塵,該科征大草七百二十束一分四厘。

四、原額接收固原衛並鎮戎所實在丁三千六十丁,該以糧載丁銀三百七十七兩一錢四分,已攤補于前項地畝以內。

五、原額接收開城、黑水、清平、萬安、廣寧五監牧馬草場地十二萬一千五百九十九頃六十五畝七分六毫。內除設立白馬堡並高山峻嶺、懸崖石坎、水冲沙積不堪耕種地九萬四千三百七十九頃四十九畝一分六厘四毫,又豁免無主舊荒地二萬二百五十頃一十八畝七分七毫,又除節年新荒地二千一百六十一頃九十八畝八分三厘五毫外,實熟地四千八百七頃九十九畝。每畝科地丁銀七厘一毫四絲七忽一微一纖九塵六渺,該徵銀三千四百三十六兩三錢二分八厘。

六、原額牧丁一萬二千九百六十一丁,除優免、逃亡外,實在並節年招回丁三千二十三丁。該均載丁銀九百五十七兩一分三厘,又攤補屯重丁銀一百二十二兩七錢八分九厘,均攤徵于前項地銀以內。

七、原額接收鹽茶廳歸併群牧所牛營子川坡山更名地二千八百二十二頃二十八畝一分二厘五毫,又折正川地二千二百六十一頃五十六畝二分六厘四毫。內除節年舊荒地二十頃二十七畝,又除新荒地九百二十頃一十八畝七分九厘四毫外,實熟地一千三百二十一頃一十畝四分七厘。每畝科地丁銀八厘九毫六絲八忽二微二纖一塵八渺,該徵銀一千一百八十四兩七錢九分六厘。又每畝科本色糧五合七微三圭九粟九粒,該徵糧六百六十一石五斗三升三合。

八、原額縣歸州地二百五十六頃八十六畝三分。每畝科地丁銀一分七厘九毫一絲九忽九微四纖一塵七渺,該征銀四百六十兩二錢九分七厘。

九、原額接收硝河城原由海原縣撥來更名地三百七十三頃六十九畝三分七厘。內除荒蕪地六十三頃四畝七厘外,實熟地三百一十頃六十五畝三分。每畝科地丁銀八厘九毫七絲三忽六微七纖八塵,該徵銀二百七十八兩七錢七分。又每畝科本色糧四合九勺八撮九粟四粒三顆,該徵糧一百五十五石二斗六升七合三勺。又接收硝河城原由海原縣撥來養廉地一百四十八頃九十一畝一分三厘,每畝科地丁銀四厘一毫一絲一忽一微七纖二塵二渺,該科徵銀六十一兩二錢二分。又每畝科本色糧八勺七抄五撮七圭一粟五粒九顆,該徵糧一十三石四升四合。

十、原額固原縣養廉民租地二十三頃七十五畝。每畝科地丁銀八厘四毫七忽一微五纖,該徵銀一十九兩九錢六分七厘。

十一、民國十四年,標賣馬廠地二十七頃二十二畝二分三厘,每畝科地丁銀八厘九毫六絲八忽七微一纖,該征銀二十四兩四錢一分四厘。又每畝科本色糧四合九勺九抄九圭九粟,該徵糧一十三石六斗一升一合二勺。

十二、原額接收平涼衛屯地二百八十五頃九十七畝,科則不明。該徵本色糧一千六百八十一石五十五斗四升四合七勺。該徵地畝銀七十二兩一錢六分九厘。此項據本縣財政全書內載,現已荒蕪無徵,不悉始自何年何月,詢諸經辦人員,僉稱不明。

十三、原額接收華亭縣屯地三十七頃八十一畝二分一厘,科則不明。該徵本色糧五十五石八斗九升三合,該徵地畝銀六兩二分一厘。現已荒蕪無徵。

十四、原額改歸鹽茶廳接收固原衛屯地一千七百六十頃一十七畝九厘,科則紊亂。依全書內載,該徵本色糧二千五百二十石六斗三升三合八勺,徵地畝銀一百四十二兩九錢一分一厘。現已荒蕪無徵。

十五、原額接收鹽茶廳歸併下馬關永固堡等處屯地三千零七頃。該徵銀一千一百八十九兩一錢四分二厘。據財政全書內載,已全數撥歸鎮戎縣接管。考鎮戎縣即現今之寧夏省預旺縣。究何年月撥歸,縣府檔卷遺失,無從查考。

統共以上,除荒蕪並撥歸外,實熟地八千一百七十五頃四畝三分四厘。該徵地丁銀七千零三兩四錢八厘。于民國四年奉甘肅財政廳通令,每正銀一兩,連同一五耗羨五五盈餘包括在內,改徵庫平銀一兩七錢,共年徵銀一萬一千九百零五兩七錢九分四厘。內正項銀七千八兩四錢八厘,耗羨銀一千五十兩五錢一分一厘,盈餘銀三千八百五十一兩八錢七分四厘。民國十五年奉通令規定每庫平銀一兩,折收銀元一元五角,計每年應徵洋一萬七千八百五十八元六角九分一厘。

按上列地丁銀兩,在廢清時代縣政府徵收時,先由縣商會逐日呈報銀兩換易制錢市估,縣署依市估囑附經徵人員,將各花戶應完交丁銀折合成價,由人民折錢交納。縣府將製錢收有成數,即傳喚商會,按市價定購白銀,即以錢易銀,轉解省庫。由前清直至民國十四年止,本省各縣大都如此辦理。迨十五年國民軍入甘,省政爲之一變,廢銀制爲銀元單位,規定每庫平一兩改收洋一元五角,著爲定例,通令各縣,依此徵解。二十四年改用法幣後,銀洋俱廢。

本色　　即按土地課征之本色糧

本縣額徵倉斗正糧一千八百三十九石八斗九升八合一勺,每正糧一石隨征耗羨糧一斗五升。計年應徵倉斗耗羨糧二百七十五石九斗八升四合七勺。二共正、耗糧二千一百一十五石八斗八升二合八勺。于民國四年奉准全收折價,每石連同民國三年調查各縣盈餘陋規,提作官俸的款案內,盈餘糧一斗五升石包括在內,並就最近三年市價平均計算,每石折徵銀二兩一錢。正耗分算,共應徵折價銀四千四百四十三兩三錢五分四厘。民國十五年,每兩折收洋一元五角,共年應徵洋六千六百六十五元三分一厘。

按倉糧于民國四年改收折價，直至十九年，因本省軍興，需糧尚巨，復令在全
額倉糧內徵收本色六成，折價四成。至三十年，以抗戰軍興，需糧更巨，復令全徵
實物，不徵折價。計徵六成本色，每年額收正糧倉斗麥一千一百三石九斗三升八
合八勺八抄，一五耗羨倉斗糧一百六十五石五斗九升八勺三抄，盈餘倉斗糧一百
二十六石九斗五升三合，百五經費糧五十五石一斗九升六合九勺四抄。以上四
宗，每年額徵倉斗糧一千四百五十一石六斗七升九合六勺，以四成折價，年價洋
三千五百四十二元六角八分六厘。此宗經徵至二十九年爲止，三十年起概徵
本色。

草束

草束即按屯糧隨地課徵之一種田賦。固原每年額徵十八觔重大草一千五百
零六束二分二厘，折七觔重小草三千八百七十三束二分四厘。于民國四年奉准
每束折銀九分，共應徵庫平銀三百四十八兩五錢九分二厘，每兩徵洋一元五角，
計年徵洋六百七十二元八角八分八厘。

總計以上每年應徵地丁、糧折、草折三宗洋二萬二千七十四元二角六分四
厘。六成本色倉斗糧一千四百五十一石六斗七升九合六勺，合新市斗糧二千一
百七十七石五斗一升九合四勺。

雜賦

雜賦者，乃以往每年按丁糧正供所課徵各稅之名稱也。爲歷年隨正徵收之
一種定稅，故亦名曰賦。考本縣所有者，僅匠價銀一種。依財政全書內載，原額
民地丁內攤徵匠價銀一十兩七錢六分二厘。內除荒蕪無徵銀三兩四錢九厘外，
實徵銀七兩三錢一分三厘，連同耗羨盈餘共年應徵庫平銀一十二兩四錢三分二
厘，一五合徵洋一十八元六角四分四厘。

鹽課銀年徵一千三百七十二兩三錢一分四厘。按鹽課一項，係依本省通志
所載如此。惟查本縣財政全書內並未載明，大約已于民國四年調查各縣盈餘陋
規提作官俸一案內剔除，故未列入。據採訪，本縣地丁附徵之盈餘銀，每正銀一
兩，原爲五錢五合，此數內已有鹽課一種，爲每兩二錢三分，以統歸省庫收入，未
分別盈餘鹽課名稱，是以縣府再無可考。迨至民國二十九年，奉省政府通令，豁
免各縣隨丁糧帶徵各雜款一案內，本縣將前列匠價、鹽課二種，佈告剔除。依此
固有鹽課一種，計盈餘銀五錢五分，而鹽課爲三錢二分云。

改屯爲民

民國十八年，甘肅省政府主席劉郁芬、財政廳長張允榮，決定以本省各縣土
地承糧最重者爲屯地，原以戍卒從事墾殖，即從其屯墾之田，課其應納之糧曰屯
糧。屯糧較民糧爲重，由來已久。歷年各縣市地丁清徵，而屯糧每多拖欠，無法

催獲。爲使負擔平衡計,于是由政府將屯地分作上中下三等定價,按各種戶出賣,抽收地價,改爲民田,名曰改屯爲民。然後再依民地,從新科稅以示減輕。計彼時定每畝徵地價二元。本縣屯地共爲二百二十一頃十三畝四分三厘,應收交地價洋四萬四千二百三十六元。章則會丈,甫經頒發到縣,正籌劃辦理間,省政府即將此地價指撥軍餉。一時部隊紛來守提,迫不及待,于是縣府乃將此款按鄉鎮分攤,提前催收付給。繼以國民軍東下,甘政紊亂,改屯爲民一案,無形停頓。迨二十三年朱主席紹良長甘,財政廳長朱鏡宙對改屯爲民一案,以十八年曾向民間抽收地價,則民間不公平之負擔,自應仍予剔除。因是復令各縣,凡地價已繳縣份,限期趕造屯糧地畝花名清冊報核。本縣屬地價已繳縣份,自二十三年起,辦至二十四年,經省府核定減去正項倉斗糧三百九十二石二斗三升七合一勺,增出地丁正銀一百七十八兩三錢六分九厘,著爲本縣額徵定例,將屯糧名目取消,稱改屯爲民。

震災蠲免

民國九年,地震崩毀地,呈報蠲免地丁正項銀四百二十一兩八錢六厘,合耗餘、百五經費等各項銀七百三十八兩一錢六分,一五合洋一千一百零七元二角四分。又蠲免正項倉斗糧三百三十一石一斗一升九合六勺,連同耗羨盈餘經費等共免徵倉斗糧爲四百三十五石四斗二升二合三勺。

改徵實物

抗戰軍興,需糧甚亟,除歷年向各地價購外,由三十年下期起,乃將全國各省縣市田賦一律改徵實物,不徵折價。其徵收標準按以往徵洋一元者,改收新市斗小麥一斗六升。不限地丁、糧折、草折,概按元收麥。後以原有丁糧改收實物仍屬不敷,于是更將按丁糧帶徵之縣地方款,亦一律按元收麥,名曰附稅。田賦名爲正稅。

本縣地丁額征國幣一萬六千六百八十三元六角,草束年徵洋四百八十七元三角六分,二共丁草洋一萬七千一百七十元九角六分。每元收麥一斗六升,計應徵糧二千七百四十七石三斗五升三合。其糧石即老倉糧,應徵折新市斗麥二千八百九十七石三斗九升三合。二共正稅年徵糧五千六百四十四石七斗四升六合。

本縣地丁正耗銀七千二百二十五兩四錢七分四厘。每兩附徵縣地方款七元六角,年應徵洋五萬四千九百一十三元六角,其糧石本縣原有倉斗正項糧一千四百六十八石九斗,每石附徵縣地方款九元二角。計年應徵洋一萬三千五百一十三元八角八分。二共丁糧帶徵縣款年應徵洋六萬八千四百二十七元四角二分。每元改收小麥一斗六升,計應徵糧一萬九百四十八石三斗八升七合二勺。

總上正附稅二項,每年應徵糧一萬六千五百九十三石一斗三升四合。

按:田賦改徵實物自三十年下期起徵,計徵者爲三十年下期糧石,三十一年地丁糧石。地丁共分作二年度催收,名曰三十年度、三十一年度田賦改徵實物。曾記當時有"田賦改徵實物,地丁從此納糧"之口號云。

其徵收標準及里甲名稱如次:

一、六里,曰興上、永豐、固原、在城、興下、東昌等地。五監,曰開城、黑水、廣寧、清平、萬安等地。又有屯改民地、更地、廳地、縣歸州地、民租地、硝河五堡更廉地。

一、里、屯、更、硝河等地,原承納倉斗正糧一石,應徵耗羨盈餘百五經費等項,共倉斗糧一石三斗一升五合,每斗折收新斗一斗五升。共承老倉糧一石者,則應完新市斗糧一石九斗七升二合五勺。其民屯地項下,每正糧一石,應徵十八劢重一束大草,一束五分,折徵洋六角六分。每元改收小麥一斗六升,每正糧一石額應徵草束實物一斗五合五勺。二共老倉斗糧一石,應額徵新市斗糧二石七升八合。此即爲下期田賦正稅。

一、每倉斗正糧一石,附徵地方款九元二角,每元改收一斗六升,應徵新市斗糧一石四斗七升二合。此爲三十一年下期田賦附稅。

以上正、附稅兩項,共原承納老倉斗糧一石者,應繳三十一年下期田賦實物新市斗糧三石五斗五升,三十一年度通令徵一購一,應徵購軍糧三石六斗。二共軍賦糧原承納老倉糧一石者,則應繳新市斗糧七石一斗五升。

一、民屯更監縣租地,每地丁正銀一兩,應徵正、耗、餘、經費各款洋二元四角。每元改收麥一斗六升,應徵市斗糧三斗八升四合。此謂上期田賦正稅。

一、每地丁正銀一兩,附徵地方款七元六角,每元改收麥一斗六升,應徵糧一石二斗一升六合。此爲上期田賦附稅。

以上正、附稅兩項,計地丁一兩,應徵新市斗糧一石六斗,應徵購軍糧一石六斗,二共每承地丁一兩者,則應繳軍賦糧三石二斗。

按田賦改征實物一案,於民國三十年九月間奉省政府令,准財政部令,奉國民政府令,略云在此抗戰建國、千鈞一髮之際,首重者莫若食糧一項。若向民間臨時採購,匪特不足顧急,且需款甚鉅,殊非抗戰之道。爰是除全國各省各縣以往倉糧一律徵收小麥外,並規定地丁一元,改收小麥一斗六升。過去各縣丁糧內附徵縣地方款,在土地陳報業務未辦竣以前,亦一律按每元收征小麥一斗六升,名曰田賦附稅,一律收歸國有等語。又恐各縣政府辦理此案力有不及,同時復通令全國,在省成立一省田賦管理處,總理全省田賦契稅事宜。各縣成立一縣田賦管理處,專司一縣田賦稽徵與契稅收繳事宜,直隸于省田管處。省處則歸中央財政部田賦籌備委員會主管,不隸各省政府。此爲田税改徵實物及產生田賦管理處之大概情形。從此田賦不歸省縣主管,故另目記之。

民國三十一年二月間,以縣屬東鄉萬安監、三岔一帶地方,早被異黨盤踞,而西山東西沙溝一帶,迭遭匪患,民不聊生。當經縣田管處呈奉省田管處核准,停徵該各地自三十年下期起,田賦實物市斗糧一千六百四十一石九斗三升。

土地陳報

考土地陳報一案,自北伐告成,定鼎南京後,即經中央明令施行,長江流域,早已次第舉辦。甘肅僻處邊陲,爲經費人力之所限,先期未能及之。迨抗戰轉入四週年,軍費食糧所費浩大,甘肅爲後方重鎮,對于國家輸將,不能例外。爰遵照土地陳報章則,以全省屬地,畫分三個時期,擬在二年內,全省一律辦竣。于是一面遴委專門人材在蘭州、天水、涇川創辦土地測繪人員訓練班,召收學員,講習編繪土地與陳報手續。一月畢業,編隊分派各縣,實地履勘,繪編圖幅。

本縣爲第二期舉辦縣份,于三十一年四月一日,由平涼調來編查員兩分隊,以每二十人爲一隊,設分隊長一員統率之。另置隊長一員,總司其司。以鄉鎮爲單位,由兩隊各別馳赴指定地區,協同鄉鎮保甲長編查繪圖。圖內註明地主姓名、地土畝數與莊村名稱。當時各鄉鎮編查統計如次:

城關鎮共編地一萬五千五百六十五畝二分四厘,計二千九百五坵。

七營鎮十五萬九千七百六十七畝二分四厘,八千五百零九坵。

大灣鄉九萬六千五百二十四畝三分五厘,九千七百七十九坵。

李俊鄉五萬五千一百六十一畝四分二厘,五千八百一坵。

張易鎮十七萬二千六百六十三畝六分八厘,二萬三千五百八十四坵。

張化鄉十三萬二千五百一十六畝二分五厘,九千四十四坵。

硝河鄉十三萬八千一十七畝五分八厘,一萬二千二百八十六坵。

蒿店鎮九萬七百六十畝七分四厘,九千八百一十三坵。

城陽鄉二十四萬七千七百七十五畝九分二厘,一萬五千五百三十八坵。

王窪鎮二十二萬一千七十畝二分三厘,九千九百坵。

附郭鄉二十二萬四千八百五十八畝九分九厘,一萬六千七百三十五坵。

大營鄉十五萬四千四百四十九畝八分五厘,一萬八百十四坵。

頭營鄉九萬五千八百一十六畝六分九厘,五千六百七十一坵。

黑城鄉一十五萬七千四百畝九分四厘,一萬九十二坵。

三營鎮十一萬五千二百六十七畝五厘,六千七十六坵。

總計十五鄉鎮共編土地二百零七萬七千六百十六畝一分八厘,共編坵數十五萬六千五百零七坵。

土地種類與改定新科則數量

根據本縣田賦管理處三十二年列報省田賦處核示,經指令規定縣境土地種類,改定新科則標準確數,分志如次:

一等二則舖地二百三十三畝一分二厘,每畝科本色糧八升,該徵糧十八石六斗四升九合六勺。

一等三則水田地四百四十七畝六分五厘,每畝科本色糧七升,該徵糧三十一石三斗三升五合五勺。

二等一則上宅地二千六百六畝三分八厘,每畝科本色糧六升,該科糧一百五十六石三斗八升二合八勺。

二等二則中宅地四千二百五十七畝一分三厘,每畝科本色糧五升,該科糧二百一十二石八斗五升六合五勺。

二等三則園地一百八十八畝二分四厘,每畝科本色糧四升,該科糧七石五斗二升九合六勺。

三等一則上川地十六萬六千二百五十三畝四分五厘,每畝科本色糧三升,該科糧四千九百八十七石六斗。

三等一則下宅地六千七百九十一畝三分八厘,每畝科糧二升,該科糧一百三十五石八斗二升七合六勺。

三等二則中川地十九萬畝零四厘,每畝科糧二升,該科糧三千八百石零九升。

三等二則上原地十萬九千二十五畝五分三厘,每畝科糧二升,該科糧二千一百八十石五斗一升一合。

三等三則下川地十一萬八千七百五十二畝五分,每畝科本色糧一升,該科糧一千一百八十七石五斗二升五合。

三等三則中下原地十七萬六千三百一十畝六分九厘,每畝科本色糧一升,該科糧一千七百六十三石一斗六合。

三等三則上中下山地九十二萬七千八百二十四畝六分二厘,每畝科本色糧一升,該科糧九千二百七十八石二斗四升六合二勺。

總計共地一百七十萬二千六百九十三畝六分九厘,共科徵糧二萬三千七百五十九石六斗四升九合八勺。奉令核准註册自三十二年十月份起開始依新科則徵收。

配徵軍糧

民國三十二年,根據新科則額徵糧數,另每石配徵軍屯糧一石,爲二萬四千石。因配徵軍糧規定以斗爲單位,斗以下四捨五入,例如納田賦糧一斗五升,則應配徵軍糧二斗,納田賦糧一斗四升,則只配徵軍糧一斗。餘類推。三十二年,軍糧未發價,亦未配發儲蓄券,只隨同田賦照交,清完手續。

帶徵三成公教糧

民國三十二年十月一日,開徵軍賦糧,同時規定每承納田賦實物一石者,帶徵公教食糧三市斗,于交納軍賦糧時,同時交清。依本縣田賦正額,則應帶徵公教食糧市斗麥七千二百石。

按此糧爲本省三十二年度通案,專爲支給縣地方各級公務員及各中小學校教職員食糧之需,不歸國有,亦不支發糧價。此志。

土地登記

三十一年,中央成立地政署,而各省亦分別增設地政局,期土地問題,早能合理解決。本省恪遵中央命令,首先對于各縣之重要城鎮土地,積極測量登記。而固原城市土地登記處係于三十二年十月一日成立,内設主任一人,股長二人,契據審查員一人,登記員三人,複查員一人,股員、辦事員各二人,書記五人。

工作方面:一、接收固原土地測量分隊地籍原圖、公布圖、接合表及權狀附圖後,即分段調查最近三年地價。爲求公允,經召集有關機關、法團、士紳開,[3]評定標準地價,以爲業户聲請登記之準則。兹覓得評定地價數目于後:

中山街、估衣街、火神廟街、東門外菜園等地爲一等。

外月城子、南河灘、山貨市街、南門坡、太平巷、同仁巷、爲二等。

南關街、武廟街、布店街、縣府街、大小南市巷、米糧市、白米市、清真街、孟家什字、炭窩子、東關街爲三等。

高家巷、後壕街、東西霽霓、董府街、上帝廟街爲四等。

東門大街、西門大街、道西街、鴨子巷、提署街、下東關街、昭忠祠爲五等。

西關、北關、上南關爲六等。

標準地價:一等每畝二萬六千元,二等一萬六千元,三等一萬二千元,四等八千元,五等四千元,六等一千六百元。

二、登記公告。地價評定後,即于十月二十一日開始收件,登記期限一個月。當時本實測一千七百零八坵,四千餘市畝。中除城牆道路外,而實在依法聲請登記土地有一千三百四十二坵,三千二百餘畝。登記處接收人民聲請書後,每隔五天公告一次,如業主有異議時,在公告期間,隨時呈請更正。

三、造册發狀。于三十二年十一月二十日停止登記後,即將應造登記總簿、地價册、地號、人名索引簿及所有權狀填寫完成。自十二月一日起開始發狀,當時發出八百餘張。于十二月二十日以前停止辦理,至十二月三十一日結束後,所有未完工作統移交縣政府新成立之發狀處接續辦理。届三十三年,即開始徵收地價,對于已辦城市登記之土地,再不徵田賦實物,以示區別。此爲本邑三十二年經辦土地登記概況也。

劃撥西吉縣花户土地丁糧數

民國三十一年冬,省政府由海原、隆德、静寧、固原四縣,各劃撥地域一部,設立西吉縣。已于三十二年正式開始辦公,頒發銅質印信。計本縣畫歸者如下:

張易鎮第五保屬之楊家山、濫泥河、白套子,六保屬之卜家莊,七保屬之馬其溝、大紅溝,八保屬之八肚溝、沈家新堡、沈家嘴、花兒岔。

共撥李俊鄉第一保屬之蒿内、李家套、滴水崖、代黄掌、石山村、黄家莊、范家堡、踏板溝、馬家西溝、馬家新莊、毛家圈,第二保屬之東西沙溝、臭水河、白家莊、陽莊兒、杜家河兒,共二百三十五户。

硝河鄉全鄉爲八保,大小數十莊村,包括馬蓮川,共花户九百九十九户。

以上三處共劃撥一千六百一十五户。依財政全書内載,折正一等地爲六萬五千七百零七畝五分七厘。該徵地丁正銀五百三十七兩三錢五分一厘,一五合應徵正、耗、餘各項洋一千四百一十元五角四分八厘。該徵本色正項倉斗糧二百五十二石八斗一升一合七勺,連耗餘經費,以一五合新市斗糧四百九十八石六斗七升一合。該徵十八勛重大草二十束零八分二厘,每束徵洋五角,該徵洋十元四角一分。此三十二年之情形也。

劃撥改收實物數

地丁改收實物糧二百二十五石六斗八升七合七勺,收倉糧實物糧四百九十八石六斗七升一合,收草束實物市斗糧一石六斗六升五合六勺,收地丁附税實物糧六百五十三石四斗一升九合二勺,收糧石附税實物糧三百七十二石一斗三升八合九勺。以上共撥市斗糧一千七百五十一石五斗八升二合四勺。均自三十二年起劃歸該縣接收起徵。

劃撥新編查土地

硝河鄉共劃撥一萬二千二百四十六坵,一十三萬八千一十七畝五分八厘。李俊、張易二鄉亦照劃撥鄉村花户隨同統歸西吉縣。另行從新編查地土註册徵糧,于三十二年春派員專送西吉縣接收矣。

與海原互撥插花地

民國三十三年奉令調整縣界,劃撥李俊堡三、四兩保歸海原,計承糧花名五百一十七户,地二萬七千五百四十四畝七分八厘,調整後賦額爲一百八十七石九升二合。由海原撥歸本縣之楊郎鎮,一鎮計原有三保,地畝爲六萬九千三百九十八畝九分一厘。後并頭營、二營、石羊三保地畝,爲九萬八千零九十二畝四分四厘,共計地畝一十六萬七千四百九十一畝三分五厘。頭營三保地畝,於三十二年初次編查時,尚無漏户漏畝,又於三十三年複查時,定地畝科則,全是三等一則,稍偏重。而楊郎、山茶、王浩三保科則及緩徵歷年貸糧一案,業奉省令,如果確有失平情事,應切實調整具報,所請展期交還春耕秋耕籽種,逾限已久,亟應清收。關于減低科則部份,已由縣田糧處會同縣府派員前往該三保履地逐坵勘查矣。

等則、賦率、地畝、賦額之訂正

三十五年,本縣地畝、科則、賦率、賦額均經訂正。計等則一等一則,賦率科糧八升六合,地畝無,賦額徵糧無;二則賦率,科糧七升六合,地畝二百三十一畝七分二厘,賦額徵糧一石七斗六升一合;三則賦率,科糧六升六合,地畝四百六十六畝七分二厘,賦額徵糧二石九斗四升八合三勺。二等一則賦率,科糧五升六合,地畝二千五百九十五畝九分九厘,賦額徵糧一十四石五斗三升七合五勺;二則賦率,科糧四升六合,地畝四千二百五十七畝一分三厘,賦額徵糧一十九石五斗八升二合七勺;三則賦率,科糧三升六合,地畝一百八十三畝三分七厘,賦額徵糧六石六斗零一合三勺。三等一則賦率,科糧二升四合,地畝一十七萬二千一百四十二畝五分五厘,賦額徵糧四千一百三十一石零四升二合一勺;二則賦率,科糧一升四合,地畝二十九萬七千五百九十二畝一分三厘,賦額徵糧四千一百六十六石零二升八合九勺;三則賦率,科糧五合,地畝一百三十一萬四千五畝五分八厘,賦額徵糧六千五百七十石零二合七勺。合計地畝一百七十九萬一千四百五十五畝一分九厘,賦額徵糧一萬五千三百二十二石零四合五勺。

本縣三十五年度各縣鎮承糧户數及地畝賦額:

城關鎮,承糧户數三百六十五户,地畝一萬六千零八畝三分七厘,賦額徵糧二百一十三石二斗八升四合。

附郭鄉,承糧户數二千五百七十二户,地畝二十一萬五千零九十七畝五分一厘,賦額徵糧二千零八十九石零三升八合。

張易鎮,承糧户數三千二百九十一户,地畝一十六萬六千零一十八畝三分六厘,賦額徵糧一千一百八十五石一斗四升二合。

頭營鄉,承糧户數八百二十八户,地畝九萬八千零九十二畝四分四厘,賦額徵糧一千零五十二石二斗一升五合。

大營鄉,承糧户數一千七百四十五户,地畝一十五萬零一百六十九畝四分,賦額徵糧一千四百三十一石九斗九升二合。

三營鄉,承糧户數一千一百四十七户,地畝一十萬七千九百畝零六分五厘,賦額徵糧一千零四石二斗八升。

七營鄉,承糧户數一千五百二十七户,地畝一十四萬零六百九十七畝,賦額徵糧一千一百三十九石零六升七合。

　　黑城鄉,承糧戶數一千五百一十一戶,地畝一十一萬九千一百一十五畝九分二厘,賦額徵糧一千五百九十二石一斗六升。

　　張化鄉,承糧戶數一千一百三十三戶,地畝一十九萬二千一百四十四畝三分五厘,賦額徵糧一千零二十七石九斗六升。

　　大灣鄉,承糧戶數一千三百一十九戶,地畝一十萬二千三百六十四畝,賦額徵糧七百二十五石九斗二升一合。

　　蒿店鎮,承糧戶數一千六百三十一戶,地畝八萬八千一百四十畝二分五厘,賦額徵糧六百零一石零九升八合。

　　王窪鎮,承糧戶數一千六百三十六戶,地畝二十一萬二千九百五十九畝零三厘,賦額徵糧一千一百二十四石七斗五升八合。

　　城陽鎮,承糧戶數二千一百四十六戶,地畝二十一萬八千二百零三畝一分三厘,賦額徵糧一千九百四十七石二斗一升。

　　楊郎鎮,承糧戶數七百二十七戶,地畝六萬九千三百九十八畝九分一厘,賦額徵糧六百四十三石一斗六升四合。

　　合計承糧戶數二萬一千五百七十八戶,地畝一百八十三萬三千三百零九畝三分二厘,賦額徵糧一萬五千七百七十七石二斗八升九合。

土地及建築物價格之評定

　　本縣各鄉鎮土地價格評定如下:

　　城關鎮:山地每畝評定價國幣六百元,川地每畝評定國幣一千五百元。城關鎮徵收地價稅,市區所有地畝價格,仍照原訂標準。

　　三營鎮:山地每畝五百五十元,川地每畝一千四百元。

　　附郭鄉、張易鎮、頭營鄉、大營鄉、七營鄉、黑城鄉、楊郎鎮、大灣鄉、蒿店鎮、張化鄉、城陽鄉:山地每畝五百元,川地每畝一千三百元。

　　王窪鎮:山地每畝四百元,川地每畝一千二百元。

　　本縣建築物評定價格各鄉鎮一樣,土窰每隻評定價國幣八百元,房屋每間評定價國幣二千元。

　　城陽鄉地類評定價格:山地每畝評定價格國幣五百元,川地每畝評定價格國幣一千三百元。建築物種類評定價格:土窰每隻評定價國幣八百元,房屋每間評定價國幣二千元。

　　王窪鎮地類評定價格:山地每畝評定價國幣四百元,川地每畝評定價國幣一千二百元。建築物種類評定價格:土窰每隻評定價國幣八百元,房屋每間評定價國幣二千元。

　　城關鎮徵收地價稅,市區所有地畝價格仍照原訂標準。

歷經勘覈籍符則壤成賦。

歷年各項糧石收支情形：

一、糧賦收支。民國三十二年度，定額糧五萬六千六百五十六石零五升五合，徵起糧四萬六千零四十三石零八升二合，民欠糧一萬零六百一十二石九斗七升三合。三十三年度，定額糧五萬六千一百二十三石九斗一升，徵起糧五萬二千六百八十三石五斗七升，支出糧五萬二千六百八十三石五斗七升，民欠糧三千四百四十石零三斗四升。三十四年度，定額糧六千一百四十八石二斗一升四合，徵起糧六千一百四十八石二斗一升四合，支出糧六千一百四十八石二斗一升四合。三十五年度，定額糧一萬八千一百四十三石八斗八升四合，徵起糧一萬七千二百八十五石四斗三升五合，支出糧一萬七千二百八十五石四斗三升五合，民欠糧八百五十八石四斗四升九合。三十六年度，定額糧一萬四千九百四十五石七斗二升八合三勺，徵起糧一萬一千八百零四石一斗六升，支出糧六千四百三十五石零二合五勺，民欠糧三千一百四十一石五斗六升八合二勺，倉存糧五千三百六十九石一斗五升六合五勺。合計定額糧一十五萬二千零一十七石七斗九升一合二勺，徵起糧一十二萬八千八百六十七石四斗六升一合，支出糧一十二萬八千五百九十五石三斗零四合五勺，民欠糧一萬八千零五十三石三斗三升零二勺，倉存糧五千二百六十九石一斗五升六合五勺。

二、購糧收支。民國三十四年度，獻金購糧收購糧二千七百二十五石九斗八升，支出糧一千三百四十二石零六升二合，倉存糧一千三百八十三石九斗一升八合，省款購糧收購糧七千九百九十三石三斗二升四合九勺，倉存糧七千九百九十三石三斗二升四合九勺。三十五年度，省款購糧收溝糧三萬三千一百四十四石其七斗零五合，支出糧二萬三千一百四十四石其斗零五合。合計收購糧四萬三千八百六十三石四斗六升九合九勺，支出糧三萬四千四百八十六石二斗三升七合，倉存糧九千三百七十七石二斗四升二合九勺。

三、接收各縣運糧收支。民國三十四年度，華亭縣原配糧五千石，已收糧五千石，支出糧五千石。隆德縣原配糧三千石，已收糧三千石，支出糧三千石。平涼縣原配二萬石，已收糧一萬九千四百三十五石四斗零四合二勺，支出糧一萬九千四百三十五石四斗零四合二勺，欠交糧五百六十四石五斗九升五合八勺。靜寧縣原配糧一萬石，已收糧九千一百七十三石五斗九升，支出糧九千一百七十三石五斗九升，欠交糧八百二十六石四斗一升。三十五年度，莊浪縣原配糧五千石，已收糧四千八百五十五石零二升，支出糧四千八百五十五石零二升，欠交糧一百四十四石九斗八升。合計原配糧四萬三千石，已收糧四萬一千四百六十四石零一升四合二勺，支出糧四萬一千四百六十四石零一升四合二勺，欠交糧一千五百三十五石九斗八升五合八勺。

　　四、籽種貸放。民國三十二年度，貸放籽種糧八百八十石，收回籽種糧本八百二十四石零七升九合，籽種糧息八十二石四斗零七合九勺，民欠籽種糧本五十五石九斗二升一合，籽種息八合三斗八升八合。三十四年度，貸放籽種糧二千七百八十石，收回籽種糧本二千零八十三石八斗三升八合，籽種糧息二百零八石三斗八升三合八勺，民欠糧本六百九十六石一斗六升二合，籽種糧息六十九石六斗一升六合。又貸放籽種一千五百石，收回籽種糧本六百五十三石三斗一升六合，籽種糧息六十五石三斗三升一合六勺，民欠籽種糧本八百四十六石六斗八升四合，籽種糧息八十四石六斗六升八合。上項係秋耕籽種。三十五年度，貸放籽種糧二千七百九十四石，收回籽種糧本八百九十二石七斗七升三合，籽種糧息八十九石二斗七升七合三勺，民欠籽種糧本一千九百零一石二斗二升七合，籽種息一百九十石一斗二升二合七勺。合計貸放籽種糧七千九百五十四石，收回籽種糧本四千四百五十四石零六合，籽種息四百四十五石四斗零六勺，民欠籽種糧本三千四百九十九石九斗九升四合，籽種糧息三百五十二石七斗九升四合七勺。

　　五、三十六年度單糧配撥情形。縣城一七三分庫，配撥糧二萬一千石，已撥糧一萬五千四百石，欠撥糧五千六百石。黑城一七三分庫，配撥糧九千九百石，已撥糧九千六百石。李旺分庫，配撥糧七千七百一十四石二斗八升五合九勺。合計配撥糧三萬八千三百一十四石二斗八升五合九勺，已撥糧二萬五千石，欠撥糧五千六百石。

　　六、三十七年度元月至四月催徵欠賦之情形。本縣三十六年度賦糧，曾奉令按五成徵收，並隨徵軍糧五成、公糧三成，共計額徵一萬八千一百六十一石九斗二升八合二勺。除因旱災減免田、軍兩糧三千二百一十六石二斗外，計共應徵一萬四千九百四十五石七斗二升八合二勺。截至本年四月上旬止，計田、軍、公糧共徵獲一萬一千八百零四石一斗六升六合，爲數不及八成。

捐稅　　關於課納等事

契稅

本縣自同治兵燹後，户口逃亡，地籍遺失。經左文襄公招墾復業，派員清丈地畝，用二聯單，一存案，一給業户收執管業。此後田房交易，即以丈單爲證券。爭訟到官，亦以丈單爲憑，轉視契紙爲可有可無之物。一遇新墾屯田出賣，只以原丈單遞相推移，並不立契。故清光緒以至民國初年，此數十年中，本縣每年所征契稅爲數最少。

　　迨民國五、六年間，幣制更改，人民日稠，商業漸爲起色，因是民間賣買田地者,較以往爲多。五年至九年,每年本縣平均能徵契稅銀一千四百餘兩,省財政廳以此款爲本省財政上一大收入,設非澈底改革,難期收有成數,于是又規定三聯式契尾分發各縣粘用,加蓋財廳騎縫印信,編列號碼,規定買價。每百抽徵六元,典當三元,儘收儘解。一面惟恐各縣舞弊,復規定徵收比額,不准短少。計本縣《財政全書》內載,固原縣全年額收契稅比額洋二千四百元。如各經徵官收不及額,則予以處分,超收者則提獎金。經此一番改革後,本邑收稅稍有增加。據採訪,仍每年多寡不定。截至民國十四年止,歷年均以所定比額爲各縣標準考核。十五年國民軍主甘,對于契稅一項,仍本舊章,概未改革。二十三年,奉通令整理稅契一次,其徵收稅率,仍爲買六典三。三十年起,省縣一切經費,俱列預算,不敷者由中央補助。對于契稅一項,收歸國有,併由各縣田賦管理處收繳,與縣政府脫離。另頒稅率章則,規定凡民間田房賣買,按價徵稅百分之十,典當百分之五。如贈予繼承房地,亦按價百分之十徵稅,典當減半。行至三十二年一月,以物價高漲,幣制跌落,又復將稅率提定賣價爲百分之十五,典當百分之十。又復改製契紙爲四聯,另製收據二聯。凡人民投稅者,則給以收據,一面再填繕契紙,一聯繳部,一聯留省田賦處,一聯給投稅人,存根留縣田管處。三十一年,本縣因辦土地陳報,利用查徵契稅,收款達七萬餘元。三十二年頓減,因手續又復一變也。其辦法,凡民間田房賣買,非當地鄉鎮居中監證、契約上加蓋圖記名章,而徵收機關不予收稅。又定鄉鎮公所監證時,按價抽收百分之三監證費,爲縣地方款預算內收入。人民對此多一番手續,感覺生畏,于是率多隱瞞,延不投稅,致稅收不無影響。聞三十二年度收數僅爲萬元之譜。

牙稅

　　牙者主互市之稱,今謂商賈買賣之介紹者曰牙。代客賣買貨物,交互説合以抽取用費者,謂之牙行。業此者必先向官領取行帖,名曰牙帖。每年繳納牙帖稅銀,謂之牙稅。

　　本縣《財政全書》內載,民國十四年份,實收洋八十八元。課稅標準,分牙帖爲三等,上等繁盛區年徵稅洋二十四元,中等十八元,下等十二元。規定領帖之牙行有十餘家,曰牲畜行、酒行、斗行、秤行、布行、屠行、雜貨行、油行、羊毛行、皮行、木石炭行、山貨行。本邑所領者以均在縣城,俱爲繁盛區。

　　自清宣統元年,本省布政司整理牙稅,通飭各領牌照,限定營業期限爲二十年。其始先請領時,一次應繳上等帖捐本制錢七百串,中等三百五十串,下等二百一十串。民國成立,廢除清時稅制,另定當、牙、磨稅章則,分令各屬招商請領執照營業,期限仍爲二十年。惟上等帖捐一次繳洋二百四十元,中等二百二十元,下等一百八十元。行至二十一年,通令取消舊制,另定新章,凡各牙商領照者,其營業期限爲五年一次,帖捐爲二百四十元。

迨至三十年末,地方商務日益繁榮,一般商民復請領,有車騾店業行、鹽秤行,米糧業斗行,又達十餘家。至三十一年,省政府變更原章,另規定牙業行紀請領營業執照章程,定一次工本費僅五元,其平常繳納營業稅。計甲等徵洋二千五百元,乙徵一千二百五十元,丙徵六百元,丁徵三百元,戊徵二百元,己徵百元。本縣所領各牙紀,俱按丙等課徵,每年繳稅洋六百元。計全縣共有八十餘家。

磨稅

磨稅按各行業水力石磨爲業務謀生者,分年課徵。以本縣河道溝渠水不暢旺,建置水磨,民多不賴謀生,因是各不注意。依《財政全書》內載,固原共有平、立輪兩種水磨一百五十七座,科則不等。民國十四年度,實徵洋二百一十元。歷年雖經縣府設法整理,以胥吏包庇,警役延擱,仍屬再未增加。

三十一年改革稅章,規定油房、水磨分三級課稅。第一級年徵二十四元,二級年徵十八元,三級年徵十二元。分上下兩期徵收,概以營業者爲限,自用減三分之一徵收之。收數全畫歸縣地方預算,再不徵繳省府。更名曰使用牌照稅,其所領牌照,係縣府印製填給,于各磨户請領牌照時繳納工本費五元,經縣府註册立案給照後方准營業。

煤稅

爲本縣三營鎮以北,七營鎮以南靠東之礦山,產煤頗旺。《財政全書》內載,每年額徵煤稅庫平銀六錢,一五合洋九角。爲前清光緒三十四年,本縣籍回民馬姓向蘭州商礦總局領有執照,按年在炭山各窰洞課徵。至民國初年,炭商分爲兩股,一在城外南關設市,一在城內縣府街設市,持有官秤一支,向賣買雙方平論抽收佣金,又在炭山煤洞抽收炭佣。以每年收數較多,又與縣教育局認納教育經費,計二十八年四百元,三十年一千二百元,三十一年二千餘元。三十一年後,畫歸縣地方收入,年徵營業牌照稅六百元,再不繳省庫。

駝捐

本縣居平寧交通要道,每届冬季,駱駝運輸商品者,絡繹不絕。于是省政府倡辦駝捐稅,爲本省收入。民國六、七年,依《財政全書》內載,本縣定每年徵稅洋一千四百六十三元,歸百貨局徵收之。後届三十年,百貨徵收取消,由中央接辦統稅,此款歲入畫爲縣地方預算,列使用牌照稅內。其課徵標準,計民間畜駝一頭,年徵洋八元。如屬來往經營運輸者,由交通部甘肅驛運管理處委派固原驛運站徵收之。

百貨統捐

百貨分輸入、輸出兩項。輸入貨物如綢緞、布疋、洋緞、海菜、紙張、瓷器、古玩、散茶、玉器之類，輸出貨物如水菸、藥材、皮毛、雜貨之類。因名目繁多，統名曰百貨統捐。考此稅之產生，在同治五年，因清廷與太平軍作戰，一時餉項無出，乃試辦厘金，以濟軍餉。先施之于長江、珠江流域各地，沿途要隘，節節設卡，凡客商載運各貨，每過一卡，按貨市值紋銀一兩者抽稅銀一厘，十兩抽一分，一百兩抽一錢。統計彼時甘肅省全境歲入爲三四十萬兩。在省設專員承辦，各縣另設局卡，名爲百貨局，由省委任。

　　光緒三十二年試辦統捐，各商民在某地起運某貨赴其他各地卸售者，則在原起運地按價收百分之五稅銀。經過各局卡，只准驗票放行，再不得隨時收稅。擇其要地設局，印刷大票，分發各局卡填用。計票爲四聯：一存查，一賫核，一查驗，一執照。起運局卡填寫聯票，必將貨之名色、擔頭、觔重、件數與所收銀數，在四聯單內分填明白。並規定隱揚偷稅罰則，由各局卡照章徵辦。在所徵款內，每銀一兩，畫扣一分二厘爲查驗及落地局卡員司津貼之用。其課稅標準，不論出入口各貨，均以擔計算，每擔以二百四十觔爲額。如較貴重貨物不能成擔者，以觔計算。核其標準，總以值百抽五爲率。各局收銀，一律以庫平計算，不准再蹈厘金以錢收折各弊。入口稅除正稅外，每銀一兩加稱一分，以免解費、匯費之耗折。出口稅不論本銷、外銷，較入口稅則減十分之二，祇納正稅，概不加稱。此係訪照洋關稅章辦理，所以防財力之外溢而期土貨之盛行也。

　　本縣《財政全書》內載，固原百貨統捐，由財政廳委員專辦，原定比額銀五千六百兩，一五合洋八千四百元，爲截至民國十四年止之徵額，過後逐年加徵。至民國二十九年，改爲法幣，比額十二萬元，名爲徵收局。至三十年冬，奉通令取消省辦制，歸中央財政部另組織局卡徵收，舊日檔卷公物，移送縣政府收管。

　　本縣貨物稅辦公處，在民國三十年名曰甘肅省固原縣特種消費稅局，三十一年奉令改爲財政部甘青寧區稅務局平涼分局固原辦公處。三十三年春奉令直、貨兩稅合併，改爲財政部甘青稅務管理局平涼稅務徵收局固原查徵所。同年八月，奉令擴組爲甘青稅務管理局固原稅務徵收局。三十四年七月一日直、貨兩稅奉令分設，改爲甘青寧新區貨物稅局平涼分局固原辦公處，設主任一員、稅務員及稅務練習員七員、工役二人。辦公處在轄區嵩店、李旺兩鎮各設辦公分處一處，駐徵員各一員。辦公處內設總務、稽徵兩股。

　　稅目：一菸酒，二礦產，三棉紗類，四糖類，五火柴類。

　　其菸酒類：關於菸葉稅率百分之四十，稅額每百市觔徵稅國幣一萬零三百二十元。菸絲稅率百分之二十，每百市觔徵稅國幣一萬元。捲菸稅率百分之百，捲菸五百支、雪茄一千支，徵稅國幣一萬一千九百元。洋酒稅率百分之六十，每市觔徵稅國幣四百元。土酒百分之六十，每百市觔徵稅國幣一萬七千元。

礦産類：關於煤稅率百分之五，每公噸徵稅國幣二萬元。鐵稅率百分之五，每公擔徵稅國幣三萬五千元。銅稅率百分之五，每公擔徵稅國幣五千九百一十元。碳稅率百分之五，每公擔徵稅國幣五千二百元。

棉紗類：關於洋布稅率百分十三十五，每公擔徵稅國幣三萬九千九百元。

糖類：關於白糖稅率百分之二十五，每百市勰徵稅國幣二萬八千元。紅糖稅率百分之二十五，每百市勰徵稅國幣一萬七千五百元。

火柴類：普通稅率百分之二十，每箱七千二百盒徵稅國幣三萬七千二百元。

三十五年度后，分類徵稅，稅額遞增。

藥材統捐

考藥材統捐爲一種專定稅目，其課徵範圍分爲六等：一等稅則，每勰二千元，二等每勰四百元，三等每勰四十元，四等每擔三千元，五等每擔一千五百元，六等每擔七百五十元。均以價值分等。計麝香、藏紅花等品爲一等，鹿茸爲二等，羚羊角、藏烏梅等爲三等，黃連、枸杞爲四等，二花、大黃等品爲五等，麻黃等一切爲六等。依《財政全書》內載，固原縣民國十四年份，實收洋四百五十八元八角六分。歸百貨局兼辦，未另設局。

郵包落地稅

不分輸入口及內地土貨，凡經由郵包轉送落地者，一律課徵稅款。依《財政全書》內載，由財政廳委各縣百貨局兼徵，未定比額。民國十三年份，固原縣實征洋三十一元二角五分。至三十年冬月，併歸中央財政部委員接辦。

牲畜稅

本縣牲畜稅依《財政全書》內載，由財政廳委員專辦，原定比額銀四千四百兩，合洋六千六百元。此稅在賣買騾、馬、牛、羊、豬、駱駝之買户，以價值百分之三抽收。在前清光緒二十四、二十七等年，兩次籌款，酌議加增，均歸各縣縣長兼辦，爲一種特大之盈餘，其補助學費、巡警各資，亦賴于此。

民國後，取消任官兼辦，由省財政廳屆每年公佈投標召商包辦。一經中標，在省城覓其妥實商保，先交三分之一押金，其餘二成待抵稅地，分八個月，按月攤解，名爲包辦。民國二十六年，抗戰軍興，錢幣跌落，此稅比額，本縣增至六萬元。稅局設城外，并在三營、張易堡、石家溝口、卯家堡、王窪鎮等地各設有分卡。三十一年，中央爲提倡西北畜牧，增加後防民力計，將此畜稅明令一律豁免。于是各縣畜稅局卡，自三十一年九月一律裁撤。

固静隆莊化皮毛公賣稅

按此稅其始也仍在清咸同年籌集軍費之期，包括百貨統捐以內。行至民國七、八年間，張廣建主甘，將本省皮毛定爲專稅，由百貨徵收內劃出，另立總局于蘭州,在各縣委局長專辦,名爲皮毛局。稅率加大,商旅畏縮,人民視局卡員司竟成仇敵,動輒雙方槍擊、互傷人命者層出不窮。

計彼時課稅之皮毛貨分七等：以翎線爲一等,羽纓爲二等,狐皮、灘羊皮爲三等,紫毛、白羊皮爲四等,狼皮、牛角貨等爲五等,馬、牛皮,毡、褐等貨爲六等,毡衣、牛毛等爲七等。稅則爲一等每觔四十元,二等每觔二十元,三等每觔二十元,四等每擔八十元,五等每擔三十元,六等每擔十八元,七等每擔十元。上列爲省章所訂定,而在各局卡臨時所徵,則加至三四倍不等,病民悮公,莫此爲甚。行至五六年之久,以本省爲産皮毛繁甚區,因是反陷停動,民怨沸騰。省財政廳有鑒于此,又將皮毛一項,仍併于百貨徵收局兼辦,不再另設局卡。依《財政全書》內載,自民國七、八年至十四年止,每年比額徵洋一萬零五百元。

菸酒稅

按此稅在清光緒時,只由菸款課徵。以本省所産者,水菸爲大宗,其他大草菸葉,因屬農産品,故不課徵。酒類有黃酒、燒酒二種,因供應地方差徭,又定爲營業行,徵取牙稅。而于轉運售銷,則按擔觔徵收,統歸百貨統捐辦理,未另設局。民國成立,本省以所産水菸每年出口銷售,爲一巨大稅收,經由財政廳畫出,另設菸酒印花總局于蘭州,在各縣設立分局,專司經徵事宜。依《財政全書》內載,本縣菸酒稅全額比較洋一千元。此爲民國十四年以前所定,自後逐年加徵。

至二十年裁撤菸酒總局,仍歸併于財政廳。此稅在各縣則由百貨局兼辦,而印花一項爲國稅收入,改由郵政局銷售。行至二十七年,酒類畫爲特捐,煙爲專賣,一律收歸國有,由中央財政部併甘青寧直接稅局辦理。在平涼設有查徵分局,于固原派員設稽徵所,專收菸類及酒稅,如紙菸、川菸、水菸等概屬之。民國三十年,另由各縣統稅局接辦,其主管仍爲甘寧青直接稅局。三十二年中央在蘭州另設專買局主管,菸類酒類仍歸直接稅局辦理。

其課徵標準如下：水菸類分七等,每擔以三百五十觔爲準,一等稅每擔收四百三十二元,二等每擔收二百五十元,三等收二百元,四等收一百四十元,五等收一百二十元,六等收一百元,七等收八十元。向以所産地分等,蘭州城棉條菸爲一等,金家崖所産爲二等,永登縣薰菸爲三等,臨洮薰菸爲四等,靖遠、武山等縣黃菸爲五等,天水、臨夏水菸爲六等,平涼麥草菸爲下等。

印花稅

依《財政全書》內載,縣政府經售每年定比額洋二千四十元,百貨局售銷一千四百四十元爲售款正稅,歷任縣局長均列入交代,隨同丁糧正項報解。民國十七年以後,甘肅省政變,中央印製之印花不能發到,由本省自行用石印仿印,分發各縣貼銷。二十一年邵力子主甘,始由中央財政部請領,取銷省印花總局,歸郵政管理局代辦,各縣亦由郵局代銷。三十年經中央收歸直接稅局銷售,各縣改由稅務查徵所銷售。據三十二年採訪,是年本縣共銷二十六萬八千三百六十八元,數字不爲不鉅。

鹽税

考鹽税產生自前清咸豐八年,招商領帖,按年納税。同治十一年,商民積欠鹽課甚鉅。關隴肅清後,左文襄公奏請豁免積欠,改課税是厘金,按抽厘法徵收,一時商販稱快,銷路漸廣。光緒三十二年改厘金爲統捐。三十年以零星商販未領部帖,由統捐總局刊發執照,以防止私販。各局卡于統捐外,加徵照費。本縣以沿寧夏大道,彼時即設有局卡,食鹽百觔,收税銀一錢。宣統二年冬整頓商課,改厘税爲票引拖地徵税。以本縣所徵者,有寧夏及阿拉善蒙旗產鹽,皆經本縣運赴各地。

民國後,本縣仍設有局卡。二十三年,本省另設榷運局,飭本縣鹽局對寧、蒙過境食鹽,加倍苛徵,鹽路滯銷,税收不暢。二十三年,甘寧青三省鹽政歸財政部統籌辦理,另組甘寧鹽務總局,固原仍設分局。嗣改爲稱放處,專司管理鹽店、查驗、補徵、分銷、緝私等行政。二十七年,抗戰開始,沿海淮鹽及蘆、潞各鹽來源斷絕,黄河以西各地食鹽,大感惶恐。于是乃由鹽局編車運輸官鹽,名爲西北官鹽運輸處。于固原設分處,將本縣民間私有鐵、膠輪大車一律僱徵編隊輸送,濟銷陝、豫,經老河口以濟湘、鄂各省。當時本縣屬地如三營、蒿店、大灣、七營一帶,均甚繁榮者,皆此鹽運所致也。後又改爲分局,近乃裁撤。

關税

民國三十年十一月二十一日,成立財政部甘寧綏區貨運稽查處固原支處。三十一年一月一日,改爲財政部蘭州關區固原分卡。其組織設主任一人,税務員若干人,查緝員若干人,均由蘭州關區決定調派。課税來源分進口、出口税、戰時消費税三種。税收情形,自三十年十一月二十一日成立起至三十一年九月底止,共徵税款洋四十餘萬元。本邑一般商人簡稱其名曰"海關税"即此也。

統税

民國三十一年一月,中央收管本省百貨徵收,更名曰税務管理局,設于蘭州。各縣分設税務員辦公室及直接税查徵所,分徵所得税、利得税。税務員辦公室只收營業税、統税、礦產、菸酒各税。届三十二年,中央財政部實施十一中全會決議案,税務一元化,各省先後成立税務管理局。本省縣級税務機構于九月一日,一律改組成立。固原縣原有直接税查徵所及税務方面税務員辦公室,亦經遵期合併,改組成立固原税務查徵所。所有以往分徵之所得、利得等税,一律歸查徵所統辦。兹將三十二年一月起至十一月止税收數目如次:

所得稅共徵法幣洋三十萬零一千三百三十九元一角二分。

利得稅共徵洋五十一萬七千六百七十五元八角四分。

營業稅共徵洋六十八萬五百三十七元五角一分。

印花稅爲過去郵政局代售者，三十二年十一個月內共推銷二十六萬八千三百六十八元。

統稅徵洋一百零一萬九千九百九十六元。此稅即以往之一切百貨雜捐，故徵數量豐，名目繁多，未能分載。

礦產稅徵洋十四萬一千八百四十七元九角三分。此稅來源以冰壚爲大宗，石炭次之。

菸酒稅十一個月內徵洋八千二百六十九元一角。此稅因菸類實行專賣，酒在禁釀時期，故收稅甚微。

總計上列七宗，十一個月內，本縣查徵所共徵洋二百九十四萬六千三十四元。

按上列稅目，民國二十九年以前皆爲本省省政府主管之省稅。二十九年以後至三十二年以次收歸國有，是爲中央稅。此外歸本縣所有者，概屬地方預算內，其捐稅名目，已列入行政目財政類。茲將自治稅另詳於下。

自治稅

本縣徵收各項地方自治稅：關於使用牌照稅稅額爲六百萬零六千八百八十元，不動產監證費稅額二十六萬一千八百二十二元，屠宰稅稅額八百九十六萬三千零三十八元九角，娛樂筵席捐稅額六十二萬七千二百元，營業牌照稅稅額九十六萬八千元。三十五年七月一日起成立稅捐徵收所。

營業牌照稅徵收範圍包括左列各業：一、奢侈、化粧、裝飾、古玩品，包括首飾、銀品、古董、化裝品等項。二、迷信品，包括香燭、燒紙、錫箔等項。三、玩具。四、樂器。五、婚喪儀仗、爆竹業。六、參茸、燕窩、銀耳業。七、菸酒售賣業。八、飲食、茶、旅館業，包括酒館、飯館、旅館、茶館、客店、行棧等項。九、海菜、糖食、果品業。十、拍賣業，包括拍賣、寄售等項。十一、牙行業，包括牙紀、牙行等項。十二、典當行。十三、理髪、浴室業。十四、屠宰户業。營業牌照稅應按各業營業資本總額，分爲特等及一、二、三、四、五、六、七各級徵收。

稽徵處徵收之稅捐

固原縣稅捐稽徵處胚胎于固原縣稅捐徵收所，接收縣府主辦之自治稅捐、直接稅查徵所主辦之營業稅、田糧處主辦之土地稅契稅等。于三十六年三月二十四日奉令改組成立爲固原縣稅捐稽徵處，其所稽徵之稅目、稅率、稅額如下：

營業稅稅率：以營業總收入額計算爲百分之一點五，以營業費本額計算爲百分之四,以佣金總收入額計算爲百分之三。

牲畜營業稅稅率:按賣方所售牲畜價值收入總數徵收百分之五。

地價稅稅率:累進徵稅制。總地價不超過累進起點者,按千分之十五徵收,如每超過起點數五倍,則照下例徵收之:千分之十七,千分之二十,千分之二十五,千分之三十,千分之三十五,千分之四十,千分之四十五,千分之五十。

土地增值稅稅率:實數額超過原地價倍數徵收之。未超過爲百分之二十,兩倍以下爲百分之四十,二倍以上爲百分之六十,三倍以上者爲百分之八十。

契稅稅率:賣契百分之六,典契百分之四,交換契百分之二,贈與契百分之六,分割契百分之二,占有契百分之六,契附加稅率百分之二十五。

改良物稅稅率千分之五。

房捐稅率:營業用房出租,按年租金徵百分之二十,自用按價徵百分之二。住家用房出租按年租金徵百分之十,自用按價徵百分之一。

屠宰稅稅率:按肉觔價徵百分之五。

營業牌照稅稅率:按等徵收。資本在一百萬元上者徵千分之三,資本在八十萬元以上未滿一百萬者徵二千四百元,資本在五十萬元以上未滿八十萬元者徵一千五百元,資本未滿五十萬元者徵一千元。

使用牌照稅稅率:甲車輛、乘人大汽車年徵五萬元,乘人小汽車年徵三萬元,載貨汽車年徵五萬元,獸力膠輪大車年徵八千元,獸力鐵輪大車年徵七千元,獸力乘人轎車年徵六千元,獸力木輪車年徵五千元,腳踏車年徵五千元,人力車年徵五千元,雙人三輪車年徵七千元,單人三輪車年徵五千元,人力拉貨車年徵四千元,人力手推車年徵四千元。皮筏、木船略,花杆略。駄獸駱駝隻年徵六千元,騾馬隻年徵六千元,驢頭年徵三千元。

筵席及娛樂稅稅率:筵席價在起點以上不滿五倍,按價徵百分之十。筵席價在起點五倍以上者,按價徵百分之二十。

娛樂稅按入場券價徵百分之二十五。

公荒牧租稅率:駝、騾、馬頭年徵八百元,驢、菜牛頭年徵四百元,羊隻年徵二百元,耕牛免徵。

特種營業牌照稅稅率:租住旅店營業者爲甲等,年徵一萬元。陳設几桌營業者爲乙等,年徵六千元。擺設地攤或遊動者爲丙等,年徵三千元。

其稅額三十六年度全年,核定爲一億零四千六百萬元。

三十七年稅捐稽徵處各項稅率。

營業稅:一、以營業收入額計算爲百分之三。有關國防民生製造業,應減半計算爲百分之一五。二、以營業收益額計算爲百分之六。

牲畜營業稅：按售賣或換讓牲畜價值計算，收入額徵收百分之五。

營業牌照稅：一、一等營業，資本額在一千萬元以上者，按實際數額一律以一千分之三十計徵；二等，資本在八百萬元以上未滿一千萬元者，全年徵稅二十四萬元；三等，資本在五百萬元以上未滿八百萬元者，全年徵稅一十五萬元；四等，資本在五百萬元以下者，全年徵稅五萬元。二、牙行、牙紀、拍賣、寄售各業，所納稅款，視營業情形，按一等課徵。

使用牌照稅：乘人大汽車，每輛半年徵稅四十萬元，小汽車二十五萬元，載貨汽車五十萬元，鐵輪車五萬元，轎車四萬元，木輪車三萬元，脚踏車五萬元，人力車二萬五千元，人力拉貨車二萬元，人力手推車二萬元，雙人三輪車四萬元，單人三輪車三萬元，花桿一萬元。羊皮皮囊在百個、牛皮皮囊在三十個以上者五萬元。羊皮皮囊不足四十個、牛皮皮囊不足十二個者二萬元。木船載重在五萬觔以上者五萬元，三萬觔以上者四萬元，三萬觔以下者三萬元。駱駝二萬元，營業騾馬二萬元，驢一萬元。上項車輛、皮筏、木船、花桿、駱駝，自用者減少四分之一徵收。其自用騾馬、驢，免稅。

屠宰稅從價徵收，其稅率由縣市政府依法在百分之十範圍內擬定標準，提經縣市參議會議決，層轉財政部備案。

筵席及娛樂稅：一、筵席稅按價徵收百分之二十。二、娛樂稅按入場券價格徵收百分之三十。三、日常飯食價未滿十五萬元者免徵。

土地改良物稅：一、營業用房屋，按法定價值徵收千分之十。二、出租住宅用房屋，按法定價值徵收十分之五。

地價稅：累進徵收。總地價不超過累進起點者，按千分之十五徵稅。如每超過起點數五倍，則照下例徵稅：一、千分之十七，二、千分之二十，三、千分之二十五，四、千分之三十，五、千分之三十五，六、千分之四十，七、千分之四十五，八、千分之五十。

土地增值稅：土地增值實數額在原地價數額百分之一百以下者，增收其增值數額百分之二十。土地增值實數額在原地價數額百分之二百以下者，除按前項規定徵收外，就其已超過百分之一百部分，徵收百分之四十。土地增值實數額在原地價數額百分之三百以下者，除照前二款規定分別徵收外，就其超過百分之二百部分，徵收百分之六十。土地增值實數額超過原地價數額百分之三百以上者，除照前三款規定徵收外，就其超過部分徵收百分之八十。

契稅：一、賣契稅百分之六，二、典契稅百分之四，三、交換稅百分之二，四、贈與稅百分之六，五、分晝稅百分之二，六、占有稅百分之六。

房捐：一、營業用房屋，出租者按全年租金徵收百分之二十，自用者按房屋現值徵收百分之二十。二、住家用房屋，出租者按全年租金徵收百分之十，自用者按房屋現值徵收千分之六。

特種營業稅：一、租住旅舍舖房營業者，每年徵稅十萬元。二、陳列几案營業者，每年徵收六萬元。三、擺設地攤或遊動營業者，每年徵稅三萬元。

貨物稅

固原貨物稅辦公處所徵收之稅目、稅率、稅額如次。

稅目：菸酒、礦產、皮毛、麵粉、化粧品、茶葉、迷信用紙、水泥、棉紗、飲料品、火柴、糖類。

稅率：菸百分之百，酒百分之八十，皮毛百分之十五，化粧品百分之四十五，茶葉百分之十，水泥百分之十五，火柴百分之二十，麵粉百分之二十五，飲料百分之二十，糖類百分之二十五，冰城、矾、銅、硼砂、硫磺均百分之十，煤、鐵均百分之三，棉紗三十五，迷信用紙百分十六十五。

三十六年度實征數：菸類四百九十四萬六千三百十四元，棉紗十三萬三千八百九十元，火柴四百五十五萬六千三百四十三元八角六分，糖類一百四十萬三千二百三十元，皮毛一萬萬三千五百三十五萬零四十二元，茶葉二百零六萬六千八百三十元，化粧品十三萬六千六百七十元，迷信用紙三百八十萬零五千五十元，冰城九千五百五十四萬三千二百八十二元五角，鐵一萬二千七百四十四元，酒八十二萬九千四百零四元。共收二萬萬四千八百七十八萬四千六百八十元三角六分。

直接稅

財政部甘青寧新區直接稅局平涼分局固原查徵所，所徵收之稅目二十有二，但截至民國三十六年底止，所徵收者僅有九種，計有總合所得稅、分類所得稅、營利事業所得稅、證券存款所得稅、財產租賃所得稅、利得稅、一時所得稅、遺產稅、印花稅。此九種稅額根據三十六年度應徵數爲：總合所得稅六十五萬元，分類所得稅四千五百萬元，營利事業所得稅三千萬元，證券存款所得稅五十萬元，財產租賃所得稅八百萬元，一時所得稅一千萬元，利得稅一千六百萬元，遺產稅四百萬元，印花稅二千萬元，應徵稅款共一十一萬六千一百五十萬元。實徵數爲：總合所得稅三十三萬二千元，分類所得稅三千九百二十四萬五千四百九十元零二角，營利事業所得稅二千四百五十八萬五千九百六十三元二角，證券存款所得稅一十八萬三千八百七十八元九角一分，財產租賃所得稅六百三十九萬三千九百八十元，一時所得稅八百萬零七萬四千六百九十六元六角一分，利得稅一千四百九十四萬九千三百三十五元零二角，遺產稅二百一十五萬六千三百三十四元三角九分，印花稅一千五百零三萬九千八百元，總計三十六年度九項稅額實徵稅款共七千二百九十四萬九千零六十九元一角八分。

歷經審議，以期取盈有節。

司法

考《周禮》秋官掌五刑。兩漢決曹曹掾主刑法，爲郡之佐吏，歷代皆有。北齊稱法曹參軍。唐制，在府曰法曹參軍，在州曰司法參軍，在縣曰司法。宋于司法參軍外，又有司理參軍。元廢。明時爲推官，爲司理。清時六部制，內有刑部，各省設按察司專司法權。光緒中葉，改刑部爲法部，仍主司法事。民國定鼎，新立六法，于中央政府專設司法部。司法上之行政事宜，由司法總長主管。另於中央設大理院，後改最高法院。每省設高等廳，後改高等法院。各縣設地方廳，後改爲地方法院或司法公署。後改司法處爲三級制，專依法律審判民刑等事之訴訟。司法獨立，至善至美。

政務　　關于司法行政等事

司法機構

民國十三年十二月一日，奉令組立本縣司法公署，地址設縣政府西花廳內。當時以無專款，每月經費呈准按丁糧附加，名爲司法費加徵。內置審判官一員，書記監一員，書記官一員，承發吏四員，雇員二名。司法警察由行政警察兼，檢驗吏由縣政府檢驗吏兼。書記監于民國二十一年改爲主任書記官。行至二十五年七月一日，改爲司法處，內置審判官、檢察官各一員，檢察官由縣長兼。又置主任書記官及書記官三人，錄事二人，執達員四人，公、庭丁各一人，警察由政警兼，專管全縣民刑詞訟案件與辦理不動產登記各事宜。行至民國三十一年，全署經費概歸中央直接支付，取消地方籌支。三十三年奉令改組，內設審判官、主任書記官、書記官、檢驗員各一員，錄事三員，執達員二員，法警四名，庭丁、公丁各一名。三十四年除原有人員外，增設主任審判官一員，書記官一員，錄事一員，法警一名。三十五年除原有人員外，增設書記官一員，錄事二員，執達員一員，法警二名，公丁一名。司法處經常費自三十一年改歸國庫負擔後，計三十三年度實支二萬一千九百五十六元，三十四年度實支一十三萬一千二百三十一元二分五厘，三十五年度實支八萬九千一百元，均未超過預算。

本縣交通便利，訟案繁多。經甘肅高等法院呈奉司法行政部令，准于三十五年九月一日成立地方法院，以應需要，便利人民。惟改設地院，原有地址狹小，不敷應用。曾奉令由許審判官會全孫縣長及當地士紳，另覓適當位址。嗣因本縣並無其他舊建築物可資利用,爲一勞永逸計,遂商得有關各方面之贊許,購置縣府街劉姓私産房院一處,以爲院址。原有處址定爲地方法院檢察處。計院址價款八十萬元,經縣參議會决議,由地方款項下墊付。而新派之地方法院院長、檢察官均先期抵縣着手籌備,當於九月一日如期成立。本縣司法處業於八月三十一日結束。其組織内設院長、檢察官、推事、人事管理員兼書記官長、會計員各一員,院方書記官四員,檢方書記官一員,檢驗員一員,會計室僱員一員,院方録事四員,檢方録事一員,執達員三員,法警長一名,法警七名,庭丁一名,工役二名。

首任院長爲吳鳳書,檢察官爲周耀祖,推事爲許登瀛,即前司法處審判官。院長一員,總理全院行政事務及審理刑事第一審訴訟案件。檢察官一員,實施偵查,提起公訴,協助自訴及指揮刑事裁判之執行。推事一員,審理民刑事第一審訴訟案件,辦理强制執行及公證事。人事管理員兼書記官長一員,掌理本院人事管理及文牘事件,並兼督書記官辦理其他行政事件。院方書記官四員,掌理民刑紀録、統計及佐理公證事件。檢方書記官一員,掌理檢方紀録、編案、文牘、統計事務。會計員,辦理本院會計事務。檢驗員一員,辦理檢驗事務。會計室僱員一員,協助會計辦理會計室事務。院方録事四員,分掌收發、庶務、管卷、繕狀及繕寫事宜。檢方録事一員,辦理檢方收發及繕寫文件事宜。執達員三員,法警長一名,法警七名,庭丁一名,院方工役二名,檢方工役一名,各司其事。

人事

固原法官:首任劉鍾麟,繼任高信平、李爲璪、錢敦武、張國琮、賈鴻遼、李啟明、景致成、薛耀東、陳名傑、趙鈞、吳邦傑、黄奇容、陳芬、陳振尹、劉清泉、吳體仁、閻向鐘、李鴻恩、高坦之、史振三、王子勤、夏久照、許登瀛、吳鳳書,周耀祖、劉重華。

法收

司法收入部分:歷年司法收入計三十三年度實收法幣二十六萬六千四百三十九元四分,三十四年度實收法幣二十一萬七千八百三十元,三十五年度實收法幣三十三萬一千零三十九元八分三厘。

三十四年外,其餘各年度實收法幣均超過預算數字,蓋三十三年度懲罰及賠償收入預算數法幣一千八百元,實收數法幣八千七百四十元。司法規費預算數法幣二十二萬五千元,實收數法幣二十四萬一千四百六十八元九分。財産孳息收入預算數法幣九千六百元,實收數法幣一萬六千二百三十元。其他收入預算數法幣六百元,實收數法幣無。合計預算數法幣二十三萬七千元,實收數二十六萬六千四百三十九元四分。

三十四年度懲罰及賠償收入預算數法幣一萬一千二百六十八元,實收數法幣二萬八千四百五十元。司法規費預算數法幣一十七萬八千六百五十六元,實收數法幣一十八萬一百四十元。財産孳息收入預算數法幣四萬七千九百五十二元,實收數法幣九千二百四十元。其他收入預算數法幣二千一百二十四元,實收數法幣無。合計預算數法幣二十四萬元,實收數二十一萬七千八百三十元。

三十五年度懲罰及賠償收入預算數法幣二千八百元,實收數法幣三萬一千六百六十元。司法規費預算數法幣二十四萬元,實收數法幣二十九萬二千三百九十一元。財産孳息收入預算數法幣一萬八千元,實收數法幣六千九百八十八元八分三厘。其他收入預算數法幣一千二百元,實收數法幣無。合計預算數法幣二十五萬六千元,實收數三十三萬一千零三十九元八分三厘。所列係三十五年度一至八月份數字。

監獄

本縣監獄失修已久,今縣政府大門西首築有監獄一所,周圍四畝之廣,牆高二丈,内置西房五大間,乃爲民國二十八年,縣長張桃任内所呈報建修者。以款無多,只修五間,已未決犯仍押縣府東院房。監所内住看守所長兼管獄員一名,另闢兩間爲押女犯之室。每月經費,三十年以前向縣政府按月具領,報由省政府作正開支。三十一年起,改歸中央直接支付,與司法處經費合併發給,專管已決人犯之責。

看守所

在廢清時,各縣署設有四班,臨時羈押人犯皆隨時押拘班房。其虐酷黑暗、慘無人道者均在此時,人民畏之如虎,俗云"好進不好出"者即指此言。迨民國初始成立看守所。但有名無實,管押人犯,仍沿廢清惡習。民國三十年押犯太多,管理不便。于是由縣長王思誠、審判官史振三飭管獄員楊興盛,將縣府大門内政警所住之房六大間正式改爲看守所,并築院牆,配以大門,與舊日之政警分離。另置看守丁六名,負責看守,而以主任一人專其責。

歷經措施,還可推行盡利。

訴訟　**關于民刑訴訟等事**

凡民事訴訟、刑事訴訟,歷經剖析,不失爲民克允。[4]自民國十三年十二月起至十四年五月止,審判官劉鍾麟共受理民事案件十二起,刑事十八起。十四年六月至十二月,李爲璪受理民事三十九起,刑事二十三件。十五年一月至十七年二月,錢敦武受理民事二百四起,刑事一百九十一起。十七年三月至十九年一月,張國琮受理民事一百二十九起,刑事十起。十九年二月至二十年十月,賈鴻逵受理民事四十一起,刑事六起。二十年十一月至二十一年二月,薛耀東受理民事九起,刑事一起。二十一年三月至八月,陳名傑受理民事九起,刑事無。二十一年九月至二十二年七月,趙鈞受理民事二十一起,刑事無。二十二年八月至二十三年三月,吳邦傑受理民事九起,刑事十六起。二十三年四月至八月,審判官黃奇容受理民事九起,刑事四起。二十三年九月至二十四年十月,陳振尹受理民事十五起,刑事一起。二十四年十一月至二十五年六月,劉清泉受理民事十三起,刑事二起。二十五年七月至二十六年十一月,閻向鐘受理民事十三起,刑事三件。二十六年十二月至二十七年十月,李鴻恩受理民事四十五起,刑事十六起。二十七年十一月至二十九年四月,高坦之受理民事一百零六起,刑事三十一起。二十九年五月至三十年十月,史振三受理民事二百三十三起,刑事六十三起。三十一年、三十二年未詳。

三十三年度,受理民事案件第一審三百件,再審無。調解強制執行四十件,其他事件一百四十六件。合計四百八十六件。刑事案件第一審二百一十八件,再審無。其他事件九十九件。合計三百一十七件。檢察部份,刑事案件第一審二百四十五件,其他事件無。合計二百四十五件。

三十四年度,民事案件第一審一百五十二件,再審三件。調解一十八件,強制執行四十七件,其他事件三百六十三件。合計五百八十三件。刑事案件第一審一百一十一件,再審無。其他事件一百八十件。合計二百九十件。檢察部份,刑事案件第一審九十四件,其他事件無。合計九十四件。

三十五年度,民事案件第一審八十五件,再審無。調解八件,強制執行六十九件,其他事件一百四十四件。合計三百零六件。刑事案件第一審四十八件,再審無。其他事件五十一件。合計九十九件。檢察部份,刑事案件第一審八十四件,其他事件無。合計八十四件。三十五年度係一至八月數字。

三十五年九月一日起至十二月底止,受理民事案件第一審三十九起,強制執行二十起,其他六十八起。刑事案件第一審二十七起,其他五十二起。

民國三十六年一月一日起至十二月底止,受理民事案件第一審一百十四起,強制執行一百零一起,調解十起。刑事案件第一審一百六十二起,其他五十三起。

以上係地院成立之日至三十六年底止所受理民、刑等案件之數字也。

軍事

固境叢山重疊,浚谷合沓,蕩檢踰閑者易于嘯聚,恒爲盜藪。成化初,滿俊竄据石城,可爲殷鑒。思患預防,不可以四郊懵然而棄武備也。況北鄰朔方,在昔狼煙無虛日,秦築長城,明築邊牆,皆以防秋爲亟。清代杭愛山南北悉歸版宇,今外蒙獨立,形勢一變,披堅執銳,鎖鑰北門,更可忽乎哉?

軍務　<small>關於軍制兵訓等</small>

軍制

按舊志:陝西固原提督一員,在前明時,爲陝西右提督,駐平涼,而固原以總兵鎮守之。清初,詔移總督于蘭州,總兵于河州,而以提督駐此,營制益見秩然。提督領四鎮,曰河州,曰陝南,曰漢中,曰延綏。其餘副、參、遊擊官均如例。

又駐提標中軍:參將一員,守備一員,千總二員,經制外委六員,額外外委及馬兵六十名,步兵二十七名,守兵一名。

提標右營:遊擊一員,守備一員,千總二員,把總三員,經制外委七員,額外外委及馬兵六十名,步兵二十七名,守兵一名。

提標前營:遊擊一員,守備一員,千總一員,把總三員,經制外委五員,額外外委及馬兵六十名,步兵二十七名,守兵二名。

提標後營:遊擊一員,守備一員,千總一員,把總三員,經制外委五員,額外外委及馬兵六十名,步兵二十七名,守兵二名。

固原城守營:遊擊一員,守備一員,千總一員,經制外委三員,額外外委及馬兵六十名,步兵二十七名,守兵一名。

固原城守營分防蒿店汛:千總一員,額外外委及馬步守兵共十六名。

固原城守營分防硝河城汛:千總一員,馬步守兵共一百四名。

固原城守營分防黑城汛:把總一員,馬步守兵共二十名。

固原城守營分防鎮原汛:經制一員,馬步守兵共二十名。

固原城守營分防新營汛:經制一員,馬步守兵共八名。

固原城守營兼轄瓦亭營:守備一員,係由八營移駐。分防八營汛:千總一員,經制外委一員。瓦亭營:額外外委及馬步守兵共四十八名。八營汛:額外外委及馬步守兵共三十二名。

光緒三十二年,遵奉改設常備各軍,凡駐紮固原轄境者登錄如次:甘肅常備軍步隊第二標第一營,駐紮州城內提署街西及小校場。固原巡防左旗步隊,駐紮平涼府城及分巡固界之瓦亭、三關口、廟兒坪等處。固原巡防後旗步隊,駐紮海原及分巡平遠一帶。固原巡防馬隊二旗,一駐紮北鄉黑城鎮,一駐紮州城南門外。

民國初,裁撤固原提督及其所屬標營,本邑防務概由隴東鎮守使派兵擔任。當時地方敉平,軍民安謐,所派之兵,無過一營之衆。十四年國民軍西上,固原始駐有大部人馬,然亦不過一團。

二十四年,東北軍麕集縣境,數達兩三軍之衆。自是以後,中央軍派駐固原者亦恒在師旅以上。凡軍部之部別,有參謀處、軍需處、軍法處、軍務處、副官處、軍醫處、軍械處等。直屬部隊有特務營、工兵營、輜重營、通信營等。外轄兩師,凡師部之部別有參、副、需、械、醫各室。直屬部隊有特務、工兵、輜重、通信、輸送、搜索等連,及衛生隊、野戰醫院等。轄兩團,團由特務排、通信排、防毒排、迫礮連、運輸連暨衛生隊等組成。外轄步兵一、二、三營。營由步兵三連、重機槍一連、小礮一排組成。三十五年四月間整編後,軍改師,師改旅。旅部仍有參、副、需、械、醫等處。直屬部隊有特務連、工兵連、通信連、輜重營、衛生隊、野戰醫院等。外轄兩團,團有特務、通信、無線電、搜索等排,迫礮、輸送等連。步兵營同前。

兵訓

民國三十年以前之防軍多是集訓。三十一年以後,凡接替隴東碉防而來固之部隊,率以防區遼闊,兵力有限,各據點均須控制。復以防務綦重,并忙于工事之修築,故其教育均以各據點駐軍爲單位,施行機會教育,且以嫻熟附近地形之戰鬬。對于精神教育特爲注重。

軍風紀

民國以後,如民國十三年駐固韓有祿部之甘肅混成旅,三十四年駐固徐保、劉孟廉部之整編二十八旅,三十六年駐固馬奠邦部之八十一師一七九團,同年駐固陳淑缽部之新編第四旅第十一團,軍風紀均甚佳。

工事

民國後,固原防軍關於城濠之修浚暨其他工事之構築,均與有力。工事詳《建置志》。①

國民兵

固原縣三十六年度調查,城關鎮壯丁二千五百四十口,附郭鄉壯丁二千四百十七口,大營鄉壯丁一千零二十九口,張易鎮壯丁二千七百口,大灣鄉壯丁一千四百七十三口,蒿店鎮壯丁一千六百九十四口,張化鄉壯丁一千四百三十口,城陽鄉壯丁二千零三十四口,王窪鎮壯丁二千七百九十口,萬安鄉壯丁一千三百四十三口,三營鎮壯丁一千三百四十四口,七營鄉壯丁一千七百四十九口,黑城鄉壯丁一千二百三十七口,楊郎鎮壯丁一千一百八十口,總計壯丁二萬四千九百六十。壯丁總數包括他往壯丁一百七十二名。

————————————

① 參見本志卷五《建置志》。

　　三十六年度各鄉鎮國民兵人數：城關鎮國民兵一千零六十五名，附郭鄉國民兵一千八百八十二名，大營鄉國民兵八百二十三名，楊郎鎮國民兵三百八十五名，三營鎮國民兵八百五十七名，黑城鄉國民兵八百一十九名，七營鄉國民兵四百九十名，張易鎮國民兵五百六十六名，大灣鄉國民兵九百六十六名，蒿店鎮國民兵五百二十二名，張化鄉國民兵四百四十二名，城陽鄉國民兵一千二百九十九名，王窪鎮國民兵六百九十七名，萬安鄉國民兵未詳，合計國民兵一萬零八百一十三名。

　　國民兵年齡編組統計：三十六年度城關鎮國民兵一千零六十五名，甲級初期十九至二十歲五十六名，前期二十一至二十五歲二百名，中期中一期二十六至三十歲二百六十名，中二期三十一至三十五歲二百七十一名，乙級中三期三十六至四十歲一百七十七名，後期四十一至四十五歲一百零一名。附郭鄉國民兵一千八百八十二名，甲級初期十九至二十歲一百五十二名，前期二十一至二十五歲三百九十九名，中期中一期二十六至三十歲三百六十名，中二期三十一至三十五歲三百五十八名，乙級中三期三十六至四十歲三百四十八名，後期四十一至四十五歲二百六十五名。大灣鄉國民兵九百六十六名，甲級初期十九至二十歲四十一名，前期二十一至二十五歲六十六名，中期中一期二十六至三十歲二百一十一名，中二期三十一至三十五歲二百二十九名，乙級中三期三十六至四十歲一百四十四名，後期四十一至四十五歲一百七十五名。蒿店鎮國民兵五百二十二名，甲級初期十九至二十歲五十九名，前期二十一至二十五歲一百零一名，中期中一期二十六至三十歲八十二名，中二期三十一至三十五歲九十九名，乙級中三期三十六至四十歲一百零五名，後期四十一至四十五歲七十六名。張化鄉國民兵四百四十二名，甲級初期十九至二十歲四十三名，前期二十一至二十五歲一百零一名，中期中一期二十六至三十歲八十三名，中二期三十一至三十五歲七十五名，乙級中三期三十六至四十歲七十九名，後期四十一至四十五歲六十一名。城陽鄉國民兵一千二百九十九名，甲級初期十九至二十歲三十二名，前期二十一至二十五歲三百名，中期中一期二十六至三十歲二百五十六名，中二期三十一至三十五歲二百九十一名，乙級中三期三十六至四十歲二百六十六名，後期四十一至四十五歲一百五十四名。王窪鎮國民兵六百九十七名，甲級初期十九至二十歲四十七名，前期二十一至二十五歲九十四名，中期中一期二十六至三十歲一百一十一名，中二期三十一至三十五歲一百三十九名，乙級中三期三十六至四十歲一百三十九名，後期四十一至四十五歲一百六十七名。七營鄉國民兵四百九十名，甲級初期十九至二十歲一十五名，前期二十一至二十五歲一百零三名，中期中一期二十六至三十歲六十一名，中二期三十一至三十五歲九十四名，乙級中三期三十六至四十歲六十五名,後期四十一至四十五歲一百五十三名。黑城鄉國民兵八百一十九名,甲級初期十九至二十歲四十七名,前期二十一至二十五歲一百五十八名,中期中一期二十六至三十歲一百六十四名,中二期三十一至三十五歲一百九十二名,乙級中三期三十六至四十歲五十九名,後期四十一至四十五歲五十五名。萬安鄉未詳。全縣總計國民兵一萬零八百一十三名,合計甲級初期十九至二十歲六百二十四名,前期二十一至二十五歲二千一百二十名,中期中一期二十六至三十歲二千零九十名,中二期三十一至三十五歲一千二百六十七名,乙級中三期三十六至四十歲二千零七名,後期四十一至四十五歲一千七百零五名。國民兵隊隸屬縣政府。

此外尚有壯丁隊及警察隊,亦隸屬縣政府。前之人民抗敵自衛隊隸屬駐軍,近之自衛第一大隊、第二大隊仍隸屬縣政府。

縣有槍枝彈藥據三十七年元月間調查,計有自衛隊七九步槍二百七十七枝,配彈一千七百八十粒,內有警察隊七九步槍四十一枝,彈六百粒。六五步槍一百七十二枝,配彈八百六十粒。小計槍四百四十九枝,彈二千六百四十粒。民有七九步槍一百七十六枝,七九馬槍六十三枝,駁殼手槍七枝,什字連槍三枝,六輪槍六枝,其他槍八十七枝,小計槍三百四十二枝。多數不堪用。收獲七九步槍二十四枝,六五馬槍一枝,六五步槍一枝,毛瑟槍一枝,手槍五枝,小計槍三十二枝。總計槍八百二十三枝,配彈二千六百四十粒。

固原縣盤查哨。七營鄉盤查哨:地點七營鄉,哨兵二名,下同。成立年月,三十年十二月,下同。盤查方法,口頭盤查,下同。甘城子盤查哨,地點甘城子。丁馬堡盤查哨,地點丁馬堡。三營鎮白家塥盤查哨,地點白家塥。王窪鎮史家莊盤查哨,地點史家莊。王窪鎮草廟子盤查哨,地點草廟子。王窪鎮王家窪子盤查哨,地點王家窪。王窪鎮官堡臺盤查哨,地點官堡臺。萬安鄉耳朵城盤查哨,地點耳朵城。城陽鄉麻子溝圈盤查哨,地點麻子溝圈。

役政

民國二十六年,抗戰軍興,固原即開始徵兵。計二十六、二十七兩年,各徵一千二百名。二十八年,徵集一千四百八十八名。二十九年,徵集一千二百零四名。三十年以後,奉令緩徵。三十七年,奉令配賦本縣兵額二百九十九名,飭撥交寧夏部隊。奉令之後,以本縣接近匪區,情形特殊,一再電請緩徵,始奉令准撥寧夏部隊二百三十九名,其餘六十名撥交師管區新兵大隊。當于二月二十六日召開兵役會議,決定先行配徵寧夏兵額,自三月一日開徵,十五日前徵齊,全數交清。其未徵額撥交師管區新兵大隊兵額六十名,奉令於六月底前徵交清楚。

另附本縣有關于軍事方面之人、地、物如次:

　　一、人之方面。除上述自衛等隊外,有在鄉軍官會之組織。在鄉軍官會會員,少將一員,上校三員,中校四員,少校十五員,上尉三十一員,中尉二十員,少尉四員,准尉三員,合計八十一員。均從抗戰歸來,必要時仍可用。

　　二、地之方面。固原高凹地之香爐山,在城南五十里,高袤傾斜,綿亙五六十里,急峻一千六百五十公尺。地質,土石山地。交通不便,植物稀少。軍事價值,防禦大支撐點。

　　馬髦山,在城西南二十里,高袤傾斜,綿亙二十餘里,急峻一千五百公尺。地質,土石山地。交通不便,植物稀少。

　　大關山,在城南二十里,高袤傾斜,綿亙四十餘里,徐緩一千公尺。地質,土石山地。交通不便,植物稀少。

　　黃髦山,在城東南十五里,高袤傾斜,綿亙百餘里,急峻一千五百公尺。地質,土石山地。交通不便,植物稀少。

　　張家山,在城西北八十里,高袤傾斜,綿亙五十里,徐緩一千公尺。地質,土石山地。交通不便,植物稀少。

　　東嶽山,在城東三里,高袤傾斜,綿亙二十里,急峻一千三百公尺。地質,土石山地。交通不便,植物稀少。

　　太白山,在城東三里,高袤傾斜,綿亙十數里,急峻一千公尺。地質,土石山地。交通不便,植物稀少。

　　七營關山,在黑城鄉東北,高袤傾斜,綿亙百餘里,急峻二千五百公尺。地質,土石山地。交通不便,植物無。

　　四五營山,在黑城鄉東,高袤傾斜,綿亙百餘里,徐緩五百公尺。地質,土石山地。交通不便,植物無。

　　附記:固原界內,除河川外,無濕地。

　　三、物之方面。固原縣輸力按三十六年統計:城關鎮伕六十八名,馬四匹,騾三匹,驢二十頭,牛十九隻,膠車兩輛,大車二十六輛,手車十五輛。附郭鄉伕五十五名,馬二匹,騾六匹,驢三百三十三頭,牛二百六十八隻,大車二十輛,手車十三輛。大營鄉伕四十八名,馬八匹,騾五匹,驢二百七十頭,牛三百十八隻,大車四十八輛。黑城鄉伕二百名,馬三十匹,騾十五匹,驢一百零五頭,牛二百隻,大車二百十七輛。蒿店鎮伕二百四十六名,馬十五匹,騾三匹,驢一百五十九頭,牛二百三十一隻,手車二十一輛。大灣鄉伕一百五十五名,馬五匹,騾三匹,驢一百五十頭,牛六十隻。七營鄉伕七十七名,馬二十一匹,騾十九匹,驢一百六十六頭,牛一百零八隻,駱駝五隻,膠車二輛,大車二十八輛。城陽鄉伕九十九名,馬八匹,騾四匹,驢二百零五頭,牛二百一十六隻。三營鄉馬四匹,騾三匹,驢一百頭,牛二十九隻,大車十一輛。楊郎鎮馬二匹,騾四匹,驢一百三十九頭,大車十三輛。張易鎮伕七十名,馬二匹,騾七匹,驢二百五十頭,牛一百八十隻。王窪鎮伕三百五十二名,馬八匹,騾七匹,驢四百八十四頭,牛三百隻。張化鄉伕五十名,餘未詳。合計伕一千三百二十名,馬一百零九匹,騾七十九匹,驢二千三百六十三頭,牛一千九百二十九隻,駱駝五隻,膠車四輛,大車一百八十三輛,手車四十九輛。

　　固原縣糧秣按三十六年產量:城關鎮地畝三千二百零一畝,小麥每畝產量一斗五升,合計產量小麥四百八十石零一斗五升。附郭鄉地畝四萬一千零八十八畝,計產量小麥六千一百六十三石二斗。張易鎮地畝三萬一千五百零三畝,計產量小麥四千七百二十五石四斗五升。楊郎鎮地畝三萬二千七百九十五畝,計產量小麥四千九百九十九石二斗五升。大營鄉地畝二萬八千四百三十三畝,計產量小麥四千二百六十四石九斗五升。三營鎮地畝二萬一千五百八十畝,計產量小麥三千二百三十七石。七營鄉地畝二萬七千一百三十九畝,計產量小麥四千零一十石零八斗。黑城鄉地畝二萬三千八百三十一畝,計產量小麥三千五百七十四石六斗五升。張化鄉地畝三萬七千四百二十八畝,計產量小麥五千六百十四石二斗。大灣鄉地畝二萬零四百七十二畝,計產量小麥三千零七十石零八斗。蒿店鎮地畝一萬七千六百三十二畝,計產量小麥二千六百四十四石八斗。王窪鎮地畝四萬零五百九十一畝,計產量小麥六千零八十八石六斗五升。城陽鄉地畝四萬七千七百五十七畝,計產量小麥七千一百六十三石五斗五升。合計地畝三十七萬三千四百五十畝,合計產量小麥五十六萬零一百七十石零四斗五升。

　　固原縣副秣按三十六年產量:城關鎮年產清油二千觔,豬肉三萬六千觔,羊肉七萬二千觔,牛肉三萬五千觔,蔬菜三百萬觔,雞蛋三萬六千個,麩皮七萬二千觔,麥草八萬觔。附郭鄉年產清油八千觔,豬肉五千觔,羊肉四千觔,蔬菜二千觔,燃料柴一十萬觔,扁豆七萬五千觔,雞蛋一萬零五百個,豌豆七萬五千觔,燕麥一十萬觔,麩皮二萬觔,麥草三十萬觔。大營鄉年產清油二萬觔,蔬菜二萬觔,燃料柴一十萬觔,扁豆五萬觔,雞蛋三千個,豌豆四萬觔,燕麥三十萬觔,麩皮八千觔,麥草二十萬觔。王窪鎮年產清油一萬觔,豬肉一萬觔,蔬菜五萬觔,扁豆一萬觔,雞蛋一萬個,豌豆五千觔,燕麥二萬觔,麥草五千觔。張化鄉年產清油二萬觔,蔬菜三萬觔,燃料柴一十五萬觔,扁豆一萬觔,雞蛋一千個,豌豆二萬觔,燕麥五萬觔,麩皮一萬觔,麥草五十萬觔。大灣鄉年產清油二萬觔,蔬菜三萬觔,燃料柴一十五萬觔,扁豆一萬觔,雞蛋一千個,豌豆二萬觔,燕麥五萬觔,麩皮一萬觔,麥草五萬觔。蒿店鎮年產清油四萬觔,豬肉五千觔,羊肉四千觔,蔬菜二萬觔,燃料柴二十萬觔,扁豆一萬觔,雞蛋五千個,大豆一萬觔,豌豆五千觔,燕麥三萬觔,麩皮一萬勄,麥草二十萬勄。張易鎮年產清油一萬勄,豬肉一萬勄,羊肉五千勄,蔬菜一十萬勄,燃料柴二十萬勄,扁豆一萬勄,雞蛋三萬個,豌豆五萬勄,燕麥五十萬勄,麩皮五千勄,麥草二十萬勄。三營鎮年產清油一萬勄,羊肉一萬五千勄,牛肉一萬勄,蔬菜二萬勄,雞蛋二萬五千個,豌豆一萬勄,燕麥一萬勄,麩皮二萬勄,麥草三十萬勄,穀草一萬勄。黑城鄉年產清油九千五百勄,扁豆一萬一千勄,雞蛋一萬二千個,豌豆二萬勄,燕麥三萬勄,麩皮一萬五千勄,麥草二萬五千勄穀草一萬勄。城陽鄉年產清油八萬勄,黃豆一十萬勄,豬肉五千勄,羊肉八千勄,牛肉七千勄,蔬菜一萬勄,燃料柴一百九十萬勄,扁豆一十三萬勄,雞蛋一千五百個,豌豆一萬五千勄,燕麥四十二萬勄,麩皮二萬五千勄,麥草八十萬勄,穀草五十萬勄。七營鄉年產清油一萬五千勄,黃豆九千八百勄,豬肉一萬一千勄,蔬菜三十二萬勄,燃料煤三十六萬勄,燃料柴二十五萬勄,扁豆三萬二千勄,雞蛋三百六十萬個,豌豆三萬勄,燕麥五千勄,麩皮六十一萬勄,麥草五十七萬勄,穀草二百一十二萬勄。楊郎鎮年產清油二萬勄,豬肉七萬勄,羊肉五萬勄,蔬菜一十八萬勄,燃料柴九萬勄,扁豆三十萬勄,豌豆一十六萬勄,燕麥八萬勄,麩皮五萬勄,麥草三十六萬勄,穀草九萬勄。合計清油年產二十六萬四千五百勄,黃豆年產一十萬零九千八百勄,豬肉年產一十七萬五千勄,羊肉年產一十六萬八千勄,牛肉年產五萬七千勄,蔬菜年產一百一十萬二千勄,燃料煤年產三百六十萬勄,燃料柴年產五千三百九十萬勄,扁豆年產六十四萬八千勄,雞蛋年產三百七十三萬五千個,大豆年產一萬勄,豌豆年產四十五萬勄,燕麥年產一百五十九萬五千勄,麩皮年產八十五萬五千勄,麥草年產八百二十二萬勄,穀草年產二百七十三萬勄。

歷經治整,尚能用戒不虞。

攻守　關於防備攻佔等

防守攻剿

周穆王三年,伐犬戎,逐玁狁,敗群狄於太原。

夷王三年,命虢公伐太原之戎。

宣王五年,玁狁內侵,逼近京邑,王命尹吉甫北伐,逐之太原而歸。

景王四年,晉荀吳敗無終及群狄於太原。

貞王二十五年,秦伐義渠,執其王而歸。

赧王四十三年,秦殺義渠王於甘泉宮,遂起兵滅義渠。

漢文帝十四年,匈奴老上單于以十四萬騎寇蕭關,北地都尉孫卬力戰死之。烽火通長安,命張相如將六將軍,車騎三十萬屯此月餘,匈奴始去塞。

東漢光武帝建武八年,隗囂起兵。帝西征至漆,馬援開示行軍道路,進兵高平第一城,囂衆大潰。初,隗囂將高竣堅守高平,遣軍師皇甫文出謁寇恂,辭禮不屈,恂斬之。竣懼,即日出降。

唐代宗大曆八年秋,[5]吐蕃寇涇、邠,郭子儀遣渾瑊將兵越朝那,拒卻之。

宋仁宗天聖初,王仲寶知鎮戎軍,以戰功陞涇原總管安撫使,與西羌戰於六盤山,俘馘數百人。

康定元年九月,元昊寇三川砦。環慶副總管任福攻其白豹城,克之。

慶曆元年二月,韓琦行邊至高平。元昊遣兵寇渭州,薄懷遠城。琦乃趨鎮戎軍,盡出其兵,命環慶副總管任福將之。桑懌爲先鋒,朱觀、武英、王珪各以所部從。福引輕騎數千,薄暮與懌合軍,屯好水川。朱觀、武英屯籠絡川,相距五里。詰旦,福與懌循好水川西行,出六盤山下,與敵格戰,敗歿。

慶曆時,范祥爲鎮戎軍通判。元昊侵城,祥率士卒擊退。請築劉蟠堡、定川砦,帝從之。

劉滬爲渭州瓦亭寨砦監押。慶曆時元昊犯鎮戎軍,自瓦亭至獅子堡均被圍。王珪以三千騎破之。

景泰,初知原州。元昊犯劉蟠堡及彭陽城,泰以三千騎破之。遷知鎮戎軍。

种古知原州。[6]羌人犯塞,古擊卻之,並築禦戎城於鎮戎軍之北,以據要害。

金石盞女魯歡上言:鎮戎赤溝川,夏人往來之衝,我城鎮戎,彼必來擾。若徵兵旁郡,聲言防護,示進取之勢以掣其肘。臣率平涼兵,由鎮戎攻其腹心,彼自救不暇。我城鎮戎,彼必不敢乘犯。又言:鎮戎土壤肥沃平衍,臣裨將所統八千人,若授以荒田,使耕且戰,可禦備一方。金主嘉納之。

明成化四年,固原土兵滿四倡亂,陝西巡撫馬文升與總制項忠、都督劉玉討平之。文升請駐兵韋州而設伏於諸堡待之,寇不能大逞。劉玉遂平滿四於石城堡,并毀其堡。

成化間寇入花馬池,以秦紘總制三邊軍務。奏改固原爲州,關城郭,通鹽利,招高賈,講馬政。又以固原迆北延袤千餘里,閒田數十萬頃,並無村落,於花馬池迆南至小鹽池築堡寨。又於花馬池至固原設墩臺。計城堡一萬四千一百所,垣塹三千七百餘里。

弘治初,火篩寇固原,以楊一清總制三邊。公蒞任請以蜀茶易番馬,以資軍用。創修平虜、紅古二城,以爲固原外障。

正德中,唐龍總制三邊。陝方大饑,吉囊、俺答等復擾河套,[7]公上救荒十四事,賑禦兼籌。並以梁震、王効分擊於興武、乾溝、花馬池等處,均報捷。繪三邊形勢圖於座側,料敵如神。在邊四年,朝廷倚重。公餘在州城南三里開魚池,建"後樂亭",以通流泉焉。

嘉靖十九年秋，濟農寇固原。總督劉天和遣將戰於黑水苑，斬其子賜沙王。復以邊地耕牧奏當興革者十事，屯政大舉。築乾溝、乾澗幾三百里以捍東，城鐵柱泉以備西，造獨輪兵車以施火器。

嘉靖二十三年，以兵部右侍郎張珩任三邊總督。公在任兩載，增修敵臺墩塘，演八陣圖，教民以戰。大破韃靼於河西，斬四百餘級，邊功稱最。並刊八陣圖於石，至今巋然尚矗立於大教場云。

嘉靖中，兵部右侍郎魏謙吉任總督，懲番虜四百餘，并移固原守備於鎮戎，以守葫蘆峽。

嘉靖中，番虜入固原摽掠。總督劉天和飭總兵任傑往戰，斬小王子。更築鐵柱泉於靈州境。

隆慶元年，兵部右侍郎王崇古任三邊總督，在任三年。凡花馬池防秋，遣將兜剿，必獲奇捷。

清康熙十四年，西寧鎮總兵王進寶討平叛將王輔臣，陞授固原提督。

乾隆十一年冬，中營兵索餉謀叛。提標左營遊擊任舉，聞警登鼓樓傳隊搜捕，生擒四十餘，賊亂遂平。嗣授總兵，後出戰，歿於石城，入祀昭忠祠。

咸豐十一年，知州賈元濤去職。先是回匪蠢動欲叛，賈公偵知之，因集城鄉漢民籌辦保甲團防，悉合機宜，匪不得逞。兵備道萬金鏞排之，因解組回籍。未幾，變起城陷。

同治元年，遊擊張悅被匪戕於瓦亭峽。先是，張悅任大通遊擊，元年陝回變叛，平涼請兵預防，悅因暫駐固原，固民倚爲干城，未忍去。奈當道逼之赴平，悅不得已去。從士兵三百名，商民數千百人。經過瓦亭峽，伏賊數千出擊，與士民同罹於難。

同治二年正月元旦，固原城陷。先是逆匪構通城內奸民，拂曉啟南門，紛湧而進，城遂陷。死者十數萬，誠浩劫也。時提督經文岱赴蘭州，與制府籌商邊計，護篆者爲中軍參將景文。變起，遇害。

四年，固原克復，花翎副將熊觀國死之。觀國初隨提督雷正綰由開城進攻州城，取道西南城下，肉搏猱升，力奪卡隘。比登陴拔賊幟，礮忽中頭顱，隕城下死。神將李廣珠忿極勇進，城遂報克。是役也，熊公之功居最。疏上，奉旨以總兵銜在固原立專祠，殉難諸人祔之。名熊公祠，即今昭忠祠是也。

八年，花翎遊擊提督銜周紹濂遇害。濂與巡捕官王雲鵬撫叛逆，至滿四堡遇害。

八年，知州蔣方直舉辦善後。時匪氛徧野，固城糜爛，公辦善後，頗費經營。同年九月，總兵銜荀德洪禦賊於打拉池陣亡。

九年，提督銜丁賢發遇害。發撫預望城叛西馬伯森，森害之。

十年，雷正綰任陝西固原提督。正綰於同治元年擢固原提督，留辦陝西軍務。既而率師進攻涇州、平涼、固原東西山及金積堡，俘獲巨酋，於四年克復固原。

西寧鎮總兵鄧增，調授固原提督。光緒二十一年，海城回逆李倡法變亂，增因調任平之。

三十一年，西寧鎮總兵張行志擢固原提督。公在任，振興六營小學校，修理城垣，頗著勞績。至宣統辛亥革命事起，民國肇造，公移節平涼，固提亦隨之取消。

民國元年，張廷棟管帶城防營，駐縣城。同年董恭統領武威軍，駐防固原。

二年，習斌管帶壯凱軍後路中營，駐防固原。

四年，汪恒泰管帶壯凱軍中路左營駐防。

五年，魏生玉管帶隴東巡防步隊第二營駐防。

七年，李義接管魏二營駐防。

九年，趙禎祥接管李二營駐防。同年秋八月，白玉堂接管趙二營駐防。

十年，王有良管帶隴東遊擊步隊第四營駐防。

十一年，省防馬隊支隊長劉元佐駐防。

十二年，甘肅混成旅旅長韓有祿駐防。

十五年，隴東巡防團團長康國輔、營長辛光斗駐防。同年冬十一月，國民軍總司令馮玉祥自五原西退，大軍過境。

十六年，國民軍騎兵師長田金凱駐防。未幾，師長去，團長黃照華接防。

十七年，混成旅旅長姚振乾駐防。

十八年，土匪王占林、吳發榮等盤據西山後，竟相率攻城。縣長張明卿指揮民團開城迎擊，匪敗卻。

十九年，國民軍東去，甘肅無兵分防，土匪紛起。正月下旬，四鄉土匪搶劫燒殺，姦淫擄掠，無所不至，鄉民紛紛進城，縣城戒嚴。三月上旬，狄、河餘匪東來攻城，鄉團與城防團夾擊，匪旋敗退。中旬，匪盤據西山，殺人放火極烈。農人李富清、王俊、王維翰、牛得倉等，率張義堡鄉團，奮勇殺賊，無不以一當百，挫匪銳氣。下旬，寧朔變兵楊候小子等至北鄉黑城鎮、楊郎中與土匪混合，鄉民逃避，縣城戒嚴。時中央爲控制西北計，委黃得貴爲甘肅討逆軍第二路軍軍長，駐防固原。十九年四月，鄉團集中縣城，黃得貴委李富清爲旅長。中旬，寧朔師長蘇玉生統領全師，駐紮近郊。既而與黃軍爭據地盤，鏖戰於附郭西平梁一帶，旋朔兵敗北遁去。九月、十月，黃軍收納土匪，一致改編，道路漸通，地方略有轉機。十二月，陝匪楊萬青、張老九等投誠黃軍,駐紮城內。李貴清代理旅長。先是,李富清奉黃得貴命令,攻陳國璋於平涼,中飛彈陣亡。黃以富清弟貴清代理旅長。黃對貴清言不從、計不聽,故此有開門揖盜之舉。

二十年正月初八日,陝匪楊萬青變亂,巷戰於城內。變亂之前,人言嘖嘖,黃不之理。鄉團旅長李貴清藉故赴隆德,既而變果起,收黃軍槍馬,據軍府,佔領縣城,大肆搶掠一日。黃被管押。二十五、六、七等日,民團外援李貴清、陳德建、盧業廣、王思犖、馬永貴等率團丁萬餘,兩方攻擊陝匪於附郭,互有勝負。二十八日夜半至二十九卯末,鄉團攻擊陝匪城外營卡。終以該卡堅壁高壘,未得勝利而退,馬永貴中彈陣亡。二月初一日,我外援李貴清等團紮四山要口,斷匪糧路,郊垣之內,農停商罷。陝匪搜糧草於城關內外者,日必數起,燃料缺乏,拆房破門,時有所聞。初八日,平涼陝匪陳國璋援匪兵至,我團解圍,退駐西鄉及隆、靜。陝匪下鄉搜糧,陳駐東南郊外,紛擾各村。二十五日,陝匪楊萬青等滿載走鎮原,陳匪入城盤據,黃得貴遇害。

四月十二日晚,陳部旅長郭振海內變放槍,全旅自行偷逃,縣城肅清。十三日,我鄉團李貴清、陳德建各旅進縣城維持秩序。自此李貴清分管固、海、隆、莊、化等縣,陳國璋分管平、慶、涇、鎮、崇、靈各縣,委官布政,儼然割據。李陳聯盟,言歸於好。十二月十九日,馬匪廷賢過境,縣城戒嚴。該匪自天水敗退,率兵數千,經縣西北之大營川、北川一帶。連日攻黑城、七營鎮各堡村,焚掠姦淫,漸北去。

二十一年正月,隴南殘匪道經西山、西川一帶,搶、姦、燒、殺特甚,鄉團攻而失利。二月初二日,馬匪入倉,圍攻縣城,經我團猛擊,退去二十里外。初五日,平涼陳軍來援,匪入西山,鄉民紛逃。初八日,我團進剿不利,退紮萬崖子、馮家莊等處。十三日匪自西山走大營川、頭營、楊郎中。二十一日官兵敗匪於北鄉,匪退走須彌山。十一月,四鄉土匪紛起,縣城戒嚴。

二十二年春,土匪擾害西鄉大營川一帶。

二十四年秋,共黨盤據東區,縣城戒嚴。

二十五年夏,共黨盤據黑城一帶,縣城戒嚴。秋七月,共黨紛擾四鄉,盤據北川、西山一帶。中央第一軍進攻,互有勝負。八月,中央派飛機十五架,駐縣飛機場。九月,中央陸軍與空軍配合圍攻共黨於李旺堡、七營等處,頗得勝利。繼又大軍雲集,協同空軍包圍共黨於李旺堡、預望城。共黨敗走中寧一帶,固、海、隆、靜解嚴。十二月十二日,西安事變,中央駐固陸、空軍自北而東南,停止伐共。

二十五年元月,中央駐固胡宗南軍長全部南下,東北軍少部東去。先是東北軍據縣城、郊垣,中央胡部據北川,雙方爭持,大有矢在弓絃,一觸即發之勢。人心危懼,全縣動搖。經士紳往返調停數次。始得胡軍允許,統軍南下。東北軍亦一部東去。

二十六年七月七日,蘆溝橋事變。秋九月,徵門兵。

二十七年冬十二月八日,沙溝馬國瑞攻城,官兵擊之,退大營川一帶。縣城戒嚴。二十一日午前十時,日本敵機九架轟炸縣城內外,投彈三十餘枚,倒民房數十間,傷人二。

二十八年秋八月,敵機狂炸附近各縣,道路不通,人有戒心。冬十一月,敵機過境炸蘭州,東下過境,投彈一枚於太平巷,傷人二。

三十年夏,東鄉有共黨,西鄉有土匪,民衆惶恐,軍人戒嚴。

三十一年夏,五十七軍丁軍長德隆部駐防。

三十二年冬,十七軍高軍長桂滋部駐防。

三十四年冬,二十八師師長徐保部駐防。

三十五年夏,陸軍暫編新一旅黃旅長詠瓚部駐防。

三十六年二月,陸軍八十一師一七九團團長馬奠邦部駐防。三月一日,縣長孫伯泉派自衛中隊長劉駿仁,率隊收復三岔,并會同地方黨團、參議會,組統慰問團。派社會科長劉克禮爲慰問團團長,同劉中隊長隨國軍一七九團馬團長奠邦前進,到達常家灣一七九團另有任務,三岔之收復全由自衛隊擔任。劉中隊電話請示孫縣長,縣長決心加強前防兵力,派獨立區隊長張廷傑爲預備隊,萬安鄉自衛隊長盧建祥爲右翼,掩護劉中隊進攻三岔。與敵三百餘人對抗一晝夜,終被我自衛隊驅逐,遂收復三岔。此役,縣政府軍事科張科長震亞實亦參贊於其間也。我慰問團劉團長積極展開其慰問善後工作。民政科高科長天光復率鄉公所職員,隨劉隊推進,編查戶口。萬安鄉人民,得到救濟,均感政府德意。其後,鎮原、慶陽、合水、環縣等收復區,因軍事上之變遷又被敵佔領,而我萬安三岔則始終未放棄也。三月間,騎二旅旅長白海風部駐防。四月二十六日晚,劉中隊長在胡家嘴被敵二百餘人襲擊,經竭力抵抗,擊斃敵十餘名,傷三十餘名,我自衛兵傷五名。敵不支向北竄去。五月間,陸軍新編第四旅第十一團團長陳淑缽部駐此,六月間移防黑城。新一旅第一團團長吳兆元部駐此,九月間移防三岔,陳團返防固城。十二月三日,敵千餘人,除步槍外並有輕機槍、迫擊礮,圍攻我三岔自衛隊。經激戰一晝夜,斃敵十餘人,並獲七九步槍一枝、迫礮彈六顆,我無傷損。

三十七年春,彭德懷擾隴東。三月二十六日,騎兵團長馬思義、步兵團長毛至善及王子厚部共一千五六百人,配有步槍、輕機槍、衝鋒槍、迫擊礮,將我三岔自衛隊包圍。兩天一夜,我隊始行退出。至唐家塬,受敵騎、步兵猛擊,將我自衛隊衝散,陣亡隊兵四名,負重傷者兩名,被俘二十八人,共損失槍二十九枝。四月間,西蘭路斷交通。陳淑銶團奉召分駐平涼、静寧。以固原空虚,陳復自率一營馳返固城鎮守。嗣以華亭、崇信、靈臺等縣尚多敵蹤,陳又率部趨安口窰,進剿汭陽。陝甘沿邊,均告肅清,乃退駐靈臺,協同縣政府從事外圍工作,鞏固地方防務。而新四旅副旅長李焕南,由固原而静寧而平涼、華亭、靈臺,除指揮任務以外,並到處連繫軍民合力禦敵,實與有功焉。而固原方面,已于陳部赴安口窰時,即由陸軍八十一師暫編六十旅旅長馬紹翰率部駐此。縣政府則將自衛第二大隊第五中隊調進東區,連繫自衛第一大隊第一中隊,合力維護防剿。七月間,八十一師師長馬惇靖部駐縣。

歷經宣效,藉得弭亂定變。

昔伏羲定人道以治下,下伏而化之。唐虞之世,致治化民,灕淳散樸。周天官冢宰,帥其屬而掌邦治,隨俗化導,各得其宜。夫治者理也,三代上之治,臻上理者蓋可知矣。秦漢以降,政煩法重,因而俗薄民偷,去古遠,去治亦遠。今世之治具,亦云多矣。果能道德齊禮,生人從化,則可長治久安;否若棄實務華,上凌下替,雖法令多於牛毛,殊非制治清濁之源也。故曰廣尹盡規於上,四民展業於下,和其衷以接兆民,我心熙熙,民心怡怡,烏有而不濟物康時、黎元同慶乎?故曰道德有所不寔,仁義有所不至,刑禮有所不足。是教民爲奸詐,使民爲淫邪,化民爲悖逆,驅民爲盜賊。上昏昏然不知其弊,下恍恍然不知其病,何以救之哉。此聖人所以配天地之生長而爲仁教之政,配天地之收藏而爲義正之政,配天地之循環不已而又仁義並行不悖,則萬民皆得其所。何以見其仁義並行不悖耶?今吾將于其行政中見之,于其司法中見之,于其財務中見之,于其軍事中見之。深思治術,廣詢治道,願蒞政者三致意焉。

【校勘記】

[1]尚書:原作“商書”,據書名改。

[2]數:原作“教”,據文意及下文例改。

[3]開:疑此字後有脱文,或當爲“開會”。

[4]歷經剖exam不失爲民克允:此十字原在文末,爲大字,爲文字通順故移置小字雙行註解前。

[5]大曆:原作“慶曆”,據唐代宗年號改。

[6]种古:原作“種古”,據《宋史》卷三三五《种古傳》改。

[7]俺答:“答”字原脱,據《宣統固志》卷三《官師志一》補。

固原縣志卷之九　人物志

《泰誓》曰：①"唯天地万物父母,唯人萬物之靈。"然均是人也,有拘於氣而蔽於物、縱於情而肆於欲者,否亦因循頹靡,駁雜卑瑣,生弗能揚風氣,死於草木同腐朽者,可勝道哉。若夫記體至明,通經達節,操存涵養,融會貫通,固不易。觀下馬者,立身行事,無愧古人,抱慤懷忠,見危授命,其或勛猷幹濟,出拔儕輩,急公好義,施措咸宜,其恬淡淵衝,樂道忘勢,清修雅飭,耿介自持,其或矢志柏舟,飲水茹糵,甘踏白刃,於今爲烈,其或文采茂發,技術精到者,悉亦人中之麟鳳也。風會遷流,間世莫過,不道荒僻垠隅之固邑,大有人焉,前言往行,餘韵流風,足以範式人心者,紀不勝紀,吁,亦盛矣!倘不勤加采輯,則代遠人湮,恐將響沉音絕,公論有憑,均爲登錄,借以表闡而風世。《吳志·顧雍傳》:才照人物,德允家望。爰志《人物》。

懿行

斯民之秉彝,好是懿德。有懿德,必有懿行。懿者美也,善也,與天同其清明,與地同其博厚,不必其有開疆辟土之功,食采授圻之爵,而百世胥賴焉。其赫赫爾瞻者,非以其拖紳捂笏也,其凜凜難犯者,非必其揚戈舞盾也,輔國而能治太平,臨難而能持大節,平居簡默,見義勇爲。入則孝,出則悌,考槃則寤寐思服,甕牖則匡坐弦歌。婦和而後內理,則家可長久;女貞而後內正,則外無不正矣。其德全矣,溫良持躬,鬚眉著之矣,誠中形外,積厚流光,有不行行作模範也乎?故《易》曰:②"君子以果行育德。"美矣善矣。

忠悃[1]　　盡己仁民者屬之

漢

傅燮,北地人。舉孝廉,官至漢陽太守。善恤民,叛羌懷其恩化,並來降附,

---

① 參見《尚書·周書·泰誓》。
② 參見《周易·蒙卦》象辭。

乃廣開屯田，列置四十餘營，後戰歿，諡曰"壯節侯"。《王志》按：《通志》注爲靈州人。[1] 唯考之《歷代沿革圖考》，北地建置在先，靈州在後，兹謹登列。

傅介子，北地義渠人。少時嘗自歎曰："大丈夫當立功異域，何能坐屋子下作老儒生。"後以從軍爲官，先是樓蘭、龜兹，皆嘗遮殺漢使者。昭帝時，介子以使大宛至其國，斬樓蘭及龜兹王首，還詣闕下，以功封義陽侯，食邑七百户。

梁統，字仲寧，安定烏氏人。剛毅好法律。更始二年，補中郎將。使安集涼州，[2] 拜酒泉太守。赤眉逐更始，陷長安，統與竇融及諸郡守起兵保境，咸推爲帥。固辭曰："昔陳嬰辭王，以老母也，今統内有親，德薄能寡，誠不敢當。"遂更爲武威太守。光武帝建武五年，加宣德將軍，八年，征隗囂，統與融等合五郡兵會討，封成義侯，更封高山侯，奉朝請，拜太中大夫，[3] 四子爲郎。統上疏請重刑罰，不報。爲九江太守，後封陵鄉侯。其治武威、九江也。威行德洽，人畏愛之，兄巡、弟騰並爲關內侯。長子松，尚光武公主，通經術，議修明堂、辟雍、郊祀、封禪禮，爲虎賁中郎。

梁扈，統孫也。性恭讓，敦《詩》《書》，以國戚永元中擢黄門侍郎，歷位卿校，永初中爲長樂少府。

梁商，字伯夏，統曾孫也。順帝選其女爲后，拜大將軍。商自以戚屬居高位，每存謙柔，虚己進賢，辟巨覽、陳龜爲掾屬，李固、周舉爲從事中郎，京師翕然，稱爲良輔。遇饑饉，出穀賑貧，不宣己惠。卒，諡忠侯。病篤時，猶以"耗費侈華，何益朽骨"爲子冀戒。

皇甫規，字威明，安定朝那人。祖棱，[4] 度遼將軍。父旗，扶風都尉。永和間，西羌寇三輔，圍安定。郡將知規有兵略，乃命爲功曹，使率甲士八百，戰勝，斬羌級。舉上計掾。羌攻隴西，規上疏求自效。冲帝、質帝時，舉賢良方正，對策直言權貴。梁冀忿其刺己，下第，拜郎中。乃託疾歸，以《詩》《易》授徒三百餘人。屢徵不就。嗣以太山賊亂，[5] 拜太山太守。規廣設方略，寇虜乃悉平。延熹中，叛羌零吾等與先零別種寇關中。規以素悉羌事，復上疏。舉爲中郎將，持節監關西兵，討零吾，斬八百級，降十餘萬。復發騎討隴右。適軍中疫，規親爲巡視，三軍德之。東羌乞降，涼州復通。旋爲中常侍徐璜所忌論獄，復赦。更徵拜度遼將軍、中郎將，在事數年，北邊威服。永康元年，徵爲尚書，遷弘農太守，封壽成亭侯，邑二百户，規讓封不受。再轉爲護羌校尉。熹平三年，卒於穀城。著有賦、銘、碑、贊、禱文、吊、章表、教令、書、檄、箋記，凡二十七篇。

皇甫嵩，字義貞，規之兄子也。父節，雁門太守。嵩少好詩書，習弓馬。初舉

---

① 參見《通志》卷一一一上《傅燮傳》。

孝廉、茂才。靈帝時徵爲議郎,遷北地太守。會張角亂起黃巾,帝召羣臣議,嵩以解黨禁,益出中藏錢、西園廐馬以班軍士。帝從之。於是發精兵,選將帥,以嵩爲左中郎將,與朱儁共討潁川。儁敗,軍中皆恐。嵩召軍吏曰:"兵有奇變,不在衆寡。今賊依草結營,易風火。若因夜縱燒,出兵擊之,功可成也。"夕大風,嵩敕軍士束苣大呼,城上舉燎以應。自鼓入陳,斬賊數萬級。而汝南、陽翟、西華餘賊悉平。遂封都鄉侯。復討角弟張梁於廣宗、張寶於下曲陽,悉擒斬之。拜左車騎將軍,領冀州牧,封槐里侯,食邑八千户。黃巾平,嵩請以冀州一年田租贍飢民。民爲歌曰:"天下大亂兮市爲墟,母不保子兮妻失夫,賴得皇甫兮復安居。"其恤兵也,營幔立然後舍,軍士食已乃飯,甚得衆情。至其斥閹忠,拒張讓,不屈董卓,而上表陳諫,有補益者五百餘事。史以"愛愼盡勤,不居不伐"贊之,信哉。屢拜征西將軍、車騎將軍、太尉、光禄大夫。卒,贈驃騎將軍。子堅壽,亦顯名,後授爲侍中,辭不拜。

晉

張軌,字土彥,安定烏氏人。好學有器望,除太子舍人,[6]累遷散騎常侍。永寧初,出爲涼州刺史。鮮卑反,軌討破之。立學校,化行河右。及河間、成都二王子難,遣兵三千,東赴京師。永興中,鮮卑若羅拔能爲寇,斬俘甚衆,威名大振,加安西將軍。永嘉初,東羌校尉韓稚殺秦州刺史張輔,軌往討,稚降,王彌寇洛陽,軌戰捷,又敗劉聰於河東,帝嘉其忠,進封西平郡公,不受。適京師饑匱,軌獻馬五百匹,毯布三百匹,拜鎮西將軍,都督隴右諸軍事。劉聰逼洛陽,軌遣兵入衛。及京師陷,軌馳檄關中,翼戴帝室,更拜驃騎大將軍,儀同三司,固辭。在州十三年,卒,諡曰武公。[7]

張肅,安定烏氏人,軌弟,寔叔也,[8]以功膺建威將軍。時京師危逼,請爲先鋒擊劉曜,寔以肅年老不許。肅曰:"受晉寵秩,剖符列位,今國運方艱,朝廷有難,不奮何以爲臣。"寔以軍旅非所堪,終不用,既而肅聞京師陷,悲憤卒。

張寔,軌子也,繼軌爲西涼刺史。初,惠帝失璽于蕩陰,涼州軍士得之,獻於寔。寔曰:"是非人臣所得留。"乃歸之於朝。詔拜寔都督陝西諸軍事。

皇甫重,宇倫叔,安定朝那人。性沉果,有才用。爲司空張華所知,元康中,爲秦州刺史。重弟商爲長沙王乂參軍。[9]河間王顒遣四郡兵攻之,商間行齎帝手詔,[10]使四郡罷兵,令重進兵討顒。顒捕得商,殺之。乂既敗,[11]重猶堅守四郡,築土山攻城,重輒以連弩射之,所在爲地窟,兵不得近城,將士爲之死戰。後知商爲顒所殺,無外援,遂遇害。

北周

皇甫績,字功明,安定朝那人。祖穆,魏隴東太守。父道,周湖州刺史。績少孤,好學,略涉經史。周武帝爲魯公時,[12]引爲侍讀,轉宮尹中士。武帝避暑雲陽宮,衛刺王作亂,百僚多遁。績聞難赴之。遇太子於玄武門,[13]太子執績手,悲喜交集。帝聞而嘉之。開皇初,拜都官尚書,出爲晉州刺史。言陳有三可滅,上嘉勞而遣之。及陳平,拜蘇州刺史。高智慧等作亂,破之。拜信州總管,徵還京師。卒,謚曰安。

田弘,安定長城人,[14]慷慨有謀略。仕周,封雕陰子,累遷驃騎大將軍。嘗討平西羌及鳳州叛民。每臨陣,摧鋒直前,身被百餘箭,破骨者九。後拜大司空、少保。有墓銘傳於世。

隋

梁默,安定烏氏人。士彥蒼頭軍,每征稱驍勇有功。從楊素征突厥,加授柱國。隋大業中,戰歿,贈光禄大夫。

梁毗,字景和,烏氏人。祖越,魏涇、豫、洛三州刺史、邵陽縣公。父茂,周滄、兗二州刺史,毗性剛謇,舉明經,遷布憲下大夫,[15]平齊,爲行軍長史,克并州,除別駕。宣政中,封易陽縣子,遷武藏大夫。隋進侯爵。尋以鯁正,拜治書侍御史,遷雍州贊務,以直道忤權貴,左遷西寧刺史,改邯鄲縣侯。先是蠻酋皆金冠,侈金爲豪,相奪尋干戈,乃率金遺毗,毗對之,慟曰:"汝曹以此無用物相遺,更欲殺我耶?"悉還之,皆感悟。征爲大理卿,時稱平允,進位上開府。[16]時楊素專橫,毗上書極論其罪,語甚剴至。帝怒,命有司禁止,親詰之,毗言曰:"素既擅權,寵作威福。太子、蜀王之廢,百僚震悚,素揚眉奮肘,喜見容色,利國家有事爲身幸。"帝不能屈。煬帝即位,遷刑部尚書,攝御史大夫,劾宇文述,忤旨,憂憤卒,帝遣吊,[17]賜縑焉。

梁文讓,安定烏氏人,彥光子也。以鷹揚郎將討賊,衆軍潰亂,力戰而歿,贈通議大夫、陽城縣公。

皇甫誕,字玄憲,安定朝那人。[18]性剛毅,有氣節,周畢王引爲倉曹參軍。隋代周,爲兵部侍郎,歷比部侍郎,俱稱能,遷治書侍御史,朝廷均憚之。時百姓流亡,以誕爲河南安撫大使,還奏,上大悅,判大理少卿,遷尚書左丞。時漢王諒爲并州總管,朝廷盛選僚佐,以誕方正,拜司馬,政事一以諮之。煬帝即位,諒作亂,誕數諫不納,因流涕曰:"君臣位定,順逆勢殊,願王守臣子之節,爲布衣不可得也,敢以死請。"諒怒,囚之清源獄,主簿豆盧毓出誕,相與抗節而死。隋帝嗟嘆之,贈柱國,封弘義公,謚曰明。

唐

皇甫無逸,隋弘義明公誕子也。爲淯陽太守,甚有政聲。高祖武德初,爲益州大都督長史,嘗按部巡行,偶止宿民家,燈炷盡,無逸抽刀斷帶爲炷,不索於民,其廉介如此。封滑國公、平興侯，官至刑部侍郎、民部尚書、右武衛將軍。

皇甫鏞，原州人。[19] 舉進士，累官河南少尹。兄鎛爲相，攬權太甚，每極言之，鎛不悅。鏞時痛哭於家，知鎛必敗。後如其言，朝廷賢之，授國子祭酒、太子少保，鏞寡言正色，不屑世務，所交皆知名士，著書數十篇。

宋

張達，鎮戎人。歷官太師，封慶國公。金人攻太原，達督師，力戰而死。後其子中孚，率部下數千人，於軍中尋其骸以歸，遂禮葬之。

明

章文，天順中舉人，官山西祁縣知縣。[20] 以廉持，以寬禦下，而能文好學，尤著政聲。

陳宣，官百戶，正統三年，隨駕北征，陣亡，優恤之。

高智，官百戶，天順五年，禦虜陣亡，賜恤優加。

陳琮，宣孫也，河南衛指揮僉事。成化四年，領軍攻石城，討滿俊之亂，奮勇當先，爲流矢所中，死之，優恤焉。

陳鐘，蘭州衛左所正千戶。成化初，滿俊叛，鐘以都督項忠激治軍事，進兵于石城堡，圍攻卡隘，忍饑臨前敵者數日，奮擊戰死，優恤如禮。

李旺，副千戶，與陳鐘同戰滿俊於石城，被創而死。今州北有李旺堡，或爲屯兵處，因以得名也。

申澄，官都指揮，爲毛忠部將。成化初，共討滿俊，率衛軍捕流賊，戰於城下，力竭陷於陣。

高鳳，[21] 百戶智子也。嘉靖間，以原任都司，領兵禦虜，戰歿。加陞指揮僉事，世襲其職。

陳源，指揮琮子也。嘉靖間，禦虜陣亡，世宗以其累代武功，加陞指揮僉事，蔭襲優隆。

楊應元，嘉靖庚子科舉人，①甲辰科進士，②歷官河南開封府推官。持己謹飾，文章懿推，有才名著於鄉云。

賀守義，固原衛人，副千戶。萬曆十八年，禦敵虜于朱家山，奮勇酣戰，冒矢石而死，恤典優加。

張良賢，萬曆戊戌科武進士，③官四川遊擊。平番逆，力戰歿，蔭世襲副千戶。

---

① 嘉靖庚子：嘉靖十九年(1540)。
② 甲辰：嘉靖二十三年(1544)。
③ 萬曆戊戌：萬曆二十六年(1598)。

李芳、李如玉、劉子都、魏承勳、李國琦、何天衢、賀守、王忠均固原標弁,[22]隨總兵官劉承嗣討賊于蘭州衛,迭勝迭挫,承嗣敗,芳等八人俱戰死,立祠祀之。

清

石國璽,順治初,以行伍從征陝西、湖廣等省,迭著偉績,洊官鎮江右師,遷左師,授浙江溫、金、衢等處地方總兵官,晉全浙提督,加三等阿達哈哈番。卒於官,賜祭葬,蔭襲如例。

馬蛟麟,順治初,集回民鄉團以禦流賊,及大兵入關,遂隨征廣西、湖南等省,迭克名城,洊職專閫。始任都督僉事,鎮守辰常等處總兵,擢右都督,晉左都督,調廣西總兵,加一等阿達哈哈番,又一拖夏喇哈番,授太傅、榮禄大夫。卒於官,賜祭葬,應襲如例。其子雄以襲職,官至廣西提督。

孫世禄,字寵吾。康熙初,入行伍,從征湖南茅麓山匪。山有險徑,諸將莫敢進,世禄先數日作樵夫狀,繞後山探路。匪不識,比歸大營,籌思者再,詣幕府,指陳破敵所向,即以前敵自任,既連奪卡隘,匪已轍亂旗靡,世禄窮追之,忍饑力戰者三日,匪忽發伏兵,以中炮殉於陣,軍或爲灑淚,疏上,賜恤如例。後其子繼宗,官提督,忠盡食報,信不爽已。

孫繼宗,以武功傳其家。康熙中,隨征噶爾丹、厄魯特西域各回部,迭著奇勝。雍正二年,擢神木營副將,權安西鎮總兵、甘肅提督,授陝西延綏鎮總兵,加左都督,特賞福壽字、蟒袍、如意各珍品。七年,卒於官,賜祭一壇,詔表其墓。

王能愛,字恤山。以武童入固原提標充步兵。康熙中,從征厄魯特、噶爾丹諸役,克哈密,擒阿酋,均著奇功。雍正初,官固標左營遊擊,歷陞山西大同鎮總兵、安西提督加都督僉事。邊防三十餘年,安危賴之。卒於官,賜諡恭恪,祭葬如例。

豆斌,雍正初,以馬兵入固標,拔千總,擢肅州守備。調征準噶爾,受創力戰獲勝,賜白金四百兩醫治之。準逆平,叙功陞神道營遊擊、波羅營副將。歷任大通、河州、延綏、安西、肅州、武昌各鎮總兵,擢固原提督、廣西提督。疏請改造廣西各標馬銃,開甘州、寧夏、固原、延綏、河州各標馬廠,以實邊備,均議行。調安西提督,領巴里坤軍事,以剿獲霍集占、嗎哈沁逆回,奮勇,推功第一,兼充領隊大臣。旋因中炮,傷發,卒於軍次。諭曰:"提督豆斌以炮傷身故,甚屬可憫。著加恩照旂員一品大臣例議恤,襲雲騎尉、騎都尉職。賜諡壯節,祀昭忠祠,繪像紫光閣。"御制文詩以悼,祭葬如例。其子福魁以襲職,官雲南元江營參將。

楊琜,雍正初,由把總歷官寧夏鎮標前營遊擊。以從征准逆,叙功擢涼州鎮都督僉事。乾隆初,任固原提督。其子世璋以襲職,特賞御前侍衛。

文理,以行伍洊陞守備。雍正七年,調征巴里坤,身臨前敵,力奪賊卡,忽槍中胸膈，猶挺矛決戰。越一日，傷發而卒，賜恤如例。

楊殿元，[23]乾隆二十四年，以把總隨征陝西回匪，中矛傷，死於難。賜恤恩騎尉世職。今北鄉有軍功楊葆瑞者，其後裔也。

楊文興，嘉慶初，以馬兵拔經制，調征陝西白河土匪，進剿湖北之龍潭寺、雙溝兒、張家集、湖南之馬頭山、平龍崗、滾泥坡等處有功，嗣於陝西南山復迭獲巨酋楊開甲、張漢潮等，而甘肅雞心梁、牛蹄灣諸役，厥績尤著。文興身經百餘戰，斬匪酋多級，叙功陞山西石樓營把總，加都司銜，尚未克大展所用也。後調征陝西南山，以擒苟文明，接戰數日，歿於軍，賜恤如例。

蘇維龍，嘉慶五年八月十六日，在鄭縣鄭家壩陣亡，見《藝文志》。①

馬維衍，字椒園，嘉慶丙子科武舉人，②丁丑進士。③以刀石弓馬擅勝，授榜眼及第，花翎侍衛，擢太原撫標中軍參將，權大同鎮總兵。適趙城流匪肆亂，督隊剿撫之。旬日戡平，民爲立生祠以祀。轉浙江樂清營副將，時英夷擾海道，晝夜防堵，樂清全境賴以無恙。擢處州鎮總兵，湖北鄖陽鎮總兵、湖北提督，加振威將軍。卒於里，賜祭葬如例。

馬輔相，字變堂。嘉慶初，以固標馬兵隨征北孤山塘、陝西興安川、楚金莪寺、[24]夔州、巴州等處，以及王齊氏之亂。轉戰於興、漢間，均以裹創力敵，迭破各城，積功洊守備，官寧夏左營守備。旋調赴滑、濬二縣之役，生擒李文臣、袁友才諸巨酋。復追剿麻大旃、龔貴等於柏陽嶺、大寧溝，獲而殲之。擢橫城堡都司。道光初，調征張格爾，駐防都寄特臺，設奇制勝。迨張逆授首，擢階州營游擊，權督標中軍副將，授陝西撫標中軍參將、城守營副將，加提督銜。計從征百餘戰。在官三十餘年，所至有聲，兵民被德，洵有不可及者。道光中，卒於官。陝西巡撫陶廷杰爲銘其墓。

劉福，武庠生。道光初，以戰功洊職都司，加遊擊銜。復以弓馬嫻熟，韜略宏通，爲隴東將弁之冠，迭經疆臣保薦，洊擢叅將，晉總兵，授陝西定邊協營副將。在任數載，以定邊爲秦隴要塞，行旅絡繹，宵小易滋，乃整頓標汛，梭巡者寒暑無間。每獲一犯，雖狗偷鼠竊，必嚴懲之。而尤加意禁賭，以靖盜源。萑苻之風，爲之頓息。至其慷慨好施，憐恤貧乏。定邊之民，猶有身被其惠而不自知者。其子鼎勳，官守備。孫玉銘，官都司；玉魁，官遊擊。均以行伍，克承其德，殆武功世家歟。

吳亨佑，道光中，官宜君營叅將，加副將銜。適張格爾之變，奉調出征，屢戰

---

①　本志《藝文志》部分未見相關内容。

②　嘉慶丙子：嘉慶二十一年（1816）。

③　丁丑：嘉慶二十二年（1817）。

有功,洊總兵。英吉沙爾被圍,匪勢洶湧,乃冒險突圍,矛刺巨酋。忽馬驚縱,舍馬步戰,力竭殉於陣。疏上,賜恤雲騎尉世職。子元直,得襲官守備。

吳喜原,道光壬辰領武鄉薦,①入標署千總。張格爾之役,隨亨佑出征,同殉于英吉沙爾,叙恤如例。宣德,道光中,以經制調征關外,戰歿於陣。

梁才,以武童拔經制。道光中,奉調葉爾羌防次。適賊匪來撲,才手銃轟擊,賊勢潰,才乘馬窮追,一日行三百餘里,[25]忽氣壅胸膈間,咯血而卒。賜恤如例。

袁崔,道光甲午領武鄉薦,②官渭南汛把總。咸豐二年,調征湖南長沙石馬舖,奮勇奪隘,中炮陣亡。彙請賜恤雲騎尉世職,其子登榜襲之。

董寬,字厚庵。咸豐中,以行伍從征湖北、江南等省,保外委,洊守備。同治初回亂,率隊進剿金積堡,肉搏酣戰,[26]首功報捷。歷保參將,加副將銜、勃勇巴圖魯,借補金鎖關都司。歷權涇州都司、提標前營遊擊、西鳳營參將。所至整頓營務,威德並著,一時推爲鷹揚上選,至今虎賁將士,猶津津樂道之。後卒於官。陳孝廉學孔爲之銘壙,其文傳於世。

吳雲伍,字雨舟,以軍功起家。咸豐中,調征髮捻各逆,卓著戰績。歷官秦安經制、洛川把總、神道嶺千總。同治初,雷少保督軍駐陝,遴其材,招致上幕,有運籌帷幄,決勝千里之致。先後洊保弁將,加捍勇巴圖魯,旋借補西安城守右營守備,權宜君、固原各營守備。光緒十年,復與雷少保視師奉天,防禦營口、山海關等處。既還,擢安西協營都司、西安城守左營都司、撫標右營遊擊,中營弁將。二十年,狄河回叛,領永興軍駐安定,以資堵截。保總兵、訥爾登額巴圖魯,權商州營副將。旋爲董少保所倚任,檄理甘軍營務處,兼領馬步各營。奉召入衛,大學士榮文忠公以"隴東上將"目之。二十七年,隨扈西狩,授漢中鎮總兵,晉提督銜。迭蒙恩賜珍品。三十年,以舊創舉發,卒於官。士商兵民,哭而祭者七日,其遺愛不忘有如此。

吳得雲,以武童入標,拔經制。咸豐三年,髮逆擾山東,奉調出征,轉戰江南、湖北武昌、陝西商州等處,積功拔咸陽汛把總。同治初,剿渭南、涇陽、平涼回匪,驍勇無匹,爲左文襄公所倚重,擢靜寧營千總,洊花翎都司。雷少保檄帶步隊攻金積堡賊巢,將設雲梯憑牆而上,賊潛窺之,飛石中額而死。賜雲騎尉世職。其妻梁氏,亦以城陷投井,夫忠婦烈,可謂令德一門矣。子國士,今官千總。

錢邦彥,拔補中營把總。咸豐四年,調征湖北。帶隊禦髮逆,轉戰山東捻匪,屢著奇功。後殉難於黃岡防次,時同殉者,尚有其族人千總錢開魁焉。

---

① 道光壬辰:道光十二年(1832)。
② 道光甲午:道光十四年(1834)。

馬騰龍，以行伍歷保遊擊。咸豐初，調征江南。同軍者以不習水土，悉多畏葸。騰龍慨然曰："受國祿秩，敢戀家乎？"由是衆志奮興，荷戈偕往。旋以湖北武昌被圍，檄騰龍赴前敵。槍林彈雨中，鏖戰三日，忽炮中額顱而殉。時有固標八營汛守備單永福者，亦同陷於陣。賜卹均如例。

惠通，咸豐初，以經制從征江南，戰而死。

張鳳麟，咸豐初，官秦安營千總，以調征捻匪於山東濟寧州東鄉，力戰，矛貫後肋，殉於陣。[27]

朱良陞，咸豐初，以經制調征長沙，殉於難。

侯緒，咸豐中，官下馬關守備，奉調出征，管帶靖遠營，進剿髪逆於金陵，得功。移隊於安徽防堵土匪，廬州之役稱奇勝。乃轉戰舒城，身中炮傷者四，殉於陣。賜卹如例。

李祥，咸豐中，官四川德陽縣典史。解組歸里，日課子弟以自娛。乃猝遭同治二年回匪之變，時在正月元旦，祥方詣宗祠致祭，未及返舍，而鄰屋火起，殺聲四震，爲賊戕死。

董福祥，字星五，以行伍起家。同治初，陝回亂，蔓延甘、新等省。乃倡集義團，保衛鄉里，與張壯勤公分理團衆。其時，環縣翟大令聞其軍聲甚壯，致書求援。遂前往，力解城圍，群回憚之。會劉忠壯公、①左文襄公先後督兵度隴。②檄佐前敵，編其團丁，號曰"董字三營"。九年，克金積堡及寧夏各城寨三十餘所。十年，進剿西寧，奪大、小峽、卓子山諸要隘。逆酋馬化隆、馬貢沅等均授首。十三年，河回米殿臣叛，復往截堵，絕敵糧道。累獲大勝，論功推第一，洊保提督。光緒元年，隨劉襄勤公、左文襄公率師出關，治新疆伊犁軍務。一戰於天山，再戰於木里河，三戰於古牧地，所向皆捷。新疆西南猶告警，乃身先士卒，迭克烏魯木齊、達坂城、托克遜、瑪納斯、吐魯番、阿克蘇等處，全境肅清。蓋其時已身經百餘戰，防邊十餘年矣。疏上，賞黃馬褂，免騎射，頭等軍功，阿爾杭阿巴圖魯，襲騎都尉兼云騎尉職。文襄更舉湘楚恪靖馬步營隊，檄以留守葉爾羌南八城等。邊境漢番纏夷，僉爲畏服。十二年，授阿克蘇鎮總兵。十六年，擢喀什噶爾提督。二十年奉召來京，奏陳新、甘邊要情形，洞中肯綮。天子嘉之，晉尚書銜，統練甘軍。二十一年，河回復叛，拜督師援剿之命。遂兼程行，力破康家崖、邊家灣、太子寺、河州城圍，分兵攻西寧。報捷，特恩晉少保，調甘肅提督。賜紫禁城騎馬、肩輿、帶嗉貂褂，及瓷玉、綢緞各珍品。二十三年，[28]領武衛後軍。二十六年，兩宮西

---

① 劉忠壯公：即劉松山。
② 左文襄公：即左宗棠。

狩，授隨扈大臣，節制滿、漢兵隊。旋於陝西行次，以疾乞歸。三十四年正月，卒於金積堡里第。至其助賑輸公各事，悉載志銘，行於世。

張俊，字傑三，武監生。同治紀元，回亂，與董少保共舉鄉團爲保境計，以謀勇著名。督兵使劉忠壯公、左文襄公深爲倚重，編其軍部曰“董字左營”。九年，進攻金積堡，擒逆酋馬化隆，始保都司。十年，克西寧，洊遊擊。十二年，克肅州，擢糸將，迭加果勇確勇巴圖魯。十三年，克河州，晉總兵，特予倭欣巴圖魯。光緒元年，借補北川營都司。奉劉襄勤公檄，調征關外。於古牧地、烏魯木齊、瑪納斯、達坂城、托克遜、吐魯番諸戰事，累著奇功。生擒庫蜜爾賊目三十餘人，奪獲軍械、牛馬無算。而喀喇峽、庫爾勒、庫車、拜城、阿克蘇、烏什各城，節次肅清。復與湘軍提督余虎恩攻剿西四城，一鼓而捷。加提督，賞黃馬褂。以裹創酣戰，叙頭等軍功。遂統四城馬步各軍，移防英吉沙爾，權烏什協營副將。十二年，授甘肅西寧鎮總兵，調伊犁鎮總兵。二十一年，擢新疆喀什噶爾提督，仍駐阿克蘇，以資震懾。當其鎮伊犁也，捐廉銀七千兩，購馬千匹，爲邊軍遊牧，而馬政大興。更相度地勢，於霍爾多斯築碉卡七座，俾通烽堠。至疏管道以利屯墾，禁賭博以清盜源，則特其功績顯著者耳。及治喀什也，其地與俄部毗界。強鄰窺伺，防不勝防。我軍餉運跋涉維艱，爰改練土著兵，堅修堡壘，出俸錢儲糧七萬石，以備緩急，兵民尤利賴之。二十二年，逆回劉四伏擾邊，乃計擒置諸法，而各回部皆帖然。二十四年，調署甘肅提督。奉召來京，並巡視沿邊營伍。既入覲奏對，井井有條理。乃領武衛全軍翼長，兼領中軍。賜紫禁城騎馬，巡閱北洋各軍。聖眷優崇，爲諸臣冠。二十六年，卒於軍次。賜謚壯勤，祭葬如例。

張儒珍，字雅軒，壯勤公子也。[1] 同治季年，以文童隨左文襄公治軍事，保縣丞，遂出關於瑪納斯、托克遜諸戰，運籌決勝。晉知縣。光緒間，復爲劉襄勤公所知，[2] 延入戎幕。天山瀚海間，畫策無遺。爰與富糸贊交章保薦，擢直隸州，加知府。既而董少保督師河湟，[3] 積功保道員，特賜花翎二品頂戴、武能依巴圖魯，軍機處存記。將大用，以舊傷觸發，遽卒。鄉人惜之，知州王學伊爲銘其墓。

杜錫斌，字國英。其先世務農，自斌始就讀，喜孫、吳書。同治二年，董少保舉鄉團，遴其勇略，樂爲效用。左文襄公駐平涼，召與語，大悅，顧謂斌曰：“神光炯炯，勁氣內含，奇男子也。”檄攻金積堡，親冒矢石而弗爭能。旋進剿西寧、大小峽。峽極巉險，且悍逆盤踞，諸將卻之，僉以前敵讓。乃探捷徑，率死士，利刃、長矛，一鼓而奪七隘，賊驚潰，而卓子山等處，如破竹矣。西寧之克，斌實功首。繼

----

① 壯勤公：即張俊。
② 劉襄勤公：即劉錦棠。
③ 董少保：即董福祥。

解河州城圍，銜枚乘勝。劉襄勤公益信服之，迭洊叅將。既而大軍取肅州，出嘉峪。領董字左路營隊，於天山、木里河、古牧地、瑪納斯諸戰，冒鏑衝鋒，所向報捷。積功擢總兵、銳勇巴圖魯。復領蒙古馬隊，與張壯勤公治達坂城、托克遜、庫車、拜城、阿克蘇軍事。晉提督，加訥齊欣巴圖魯。嗣以邊境肅清，授喀喇沙爾營叅將。奏補副將，未果，遂卒。當其在軍時，有"東南鮑春霆、西北杜國英"之歌。至今思之，一膺上爵，而一竟齎志以終也，悲夫！子宗凱，現官硝河城千總。

苗生有，同治初，①從劉襄勤公軍征西寧彥才溝、羊角溝等處，迭著奇勝。克西寧、大通諸名城。尋出關攻古牧地、烏魯木齊，積功保都司。光緒二年九月，攻瑪納斯城不下，生有以大炮轟其城，急呼速進。乃賊隊蝟集，生有冒矢石，手刃賊目二名。忽飛石擲至，貫其胸而死於城下。奏請，賜恤如例。

李廷楹，候選府經歷。同治二年，巷戰而死。

梁廷棟，官撫寧縣典史。同治二年，城陷，殉於難云。

朱鳳來，以馬兵調征喀什噶爾、托布拉克，防邊有功，拔外委，擢秦州營千總。同治元年，調剿髮捻各匪，邠州亭口一帶，資其防堵。叙績加花翎，陞都司。旋克平凉張家川、蓮花城、固原諸要隘，疊洊副將。四年，隨雷少保攻金積堡，拔幟先登，手刃回酋十餘級。有賊素識鳳來者，以石擊之未中，復以石擲其馬首，馬驚逸。鳳來短刀步戰，忍飢一晝夜，力盡殉於陣。疏上，奉旨贈總兵，襲騎都尉，職恩騎尉，罔替，給葬銀七百兩。十一年，復奉旨賞恤，並祭銀十兩，祀京師及本籍昭忠祠，國史館立傳。其嗣起鴻，官單縣營叅將，加總兵。忠藎門楣，迄今多稱頌焉。而其時同殉者劉光學、劉光選、劉玉昌、劉玉傑、韓富、王俊、潘成、楊高、魏克昌、張玉祥、余典、余琳、余銘、[29]韓應龍、韓應川、延希統、湯學正、褚丕珍、褚丕烈、王忠、郭芳、陳茂元、任萬有，計守保、計守成等二十五人。

錢開遂，素務農，有膂力。同治二年十月，回賊踞其錢英堡，蹂躪倍至。開遂日磨利刃，決意殺賊以洩其恨。一日，袖其刃潛入賊壘。賊疑爲難民，不之防。既夜，乘間砍數級，割巨酋柯大元左耳、十指。賊驚，擁衆拘之，開遂大呼曰："未殺穆天海，吾仇猶未復也。"群賊剖其腹而卒。嗚呼！若開遂者，亦豪士哉。

錢志祖，道光初武舉人。歷官中營千總、西鳳營守備、湖南長沙營守備，陞湖北應山營都司。咸豐中，解組歸田，將有賣刀買犢之致。乃同治二年，回逆陷城。志祖忿氣填胸，召鄰里共圖堵禦。短衣長矛，奮身巷戰，力竭爲賊所拘。志祖痛罵終日，不稍屈，遂被殺。而全家亦殉，僅其子萬德逸出，後官龍駒寨千總。

朱殿雄，同治元年，以靜寧營千總調署守備。二年元旦，由慶祝宮甫成禮，乃

① 《宣統甘志》卷七〇《人物志・忠節一》載在同治十一年(1872)。

南城逆回猝變。殷雄行至鼓樓街，見烽火蔽天，殺聲震地，即詣小校場，揮旂召良民曰："隨我至軍庫，各持械以禦。"於是應者千餘人，親率之至道西街堵截，賊少卻焉。殷雄益奮。惟烏合之下，眾志難齊，多有思避難者。殷雄厲聲大呼曰："今日之事，勝則可保全城，敗則或無噍類。"音悲壯，至腔血迸出。乃賊焰愈張，而民心愈散，殷雄知不可救，遂拔刀連砍數賊，攜馘立威，忍飢巷戰。被執，爲賊支解而斃。疏上，蒙賜恤以雲騎尉，世襲罔替。其一時同殉者督標後營守備陳徽猷、寧州把總馬泳芝、本標外委談榮恩、郭林、李時清、何元潤、袁仲選、袁宗起、劉殿選、陶吉慶、李涵花、郭成珠、孫漢、馮有禄、曹得龍、王國元、朱忠、曹舉伏、高進善、王仲福、趙勝、范進喜、武舉張鵬翬、軍功馬兵保錦林、何玉、陳喜龍、馮侏、趙和祥、王鳳鳴、杜茂桂、張世功三十一人。嗚呼！雖曰人事，豈非天命哉。

鄭朝毓，左營把總，署城守營千總。同治二年正月朔日，值宿南門兵房。天未黎明，忽夢驚，不安於枕。俄聞門鑰有震動聲，披衣往視，而不知守城門回兵妥貴已得逆賂，暗啟鎖鑰也。比至門，妥貴尾之，[30]而逆回楊達娃子忿甚，即舉木杵碎朝毓首，腦汁迸出，立殉城下。其母紀氏並其妻子五人，均投井而卒。

劉玉銘，永豐汛外委，署把總。同治初，①城陷，持矛與匪巷戰，手刃數級。其弟附生玉祺、武生玉基，均協力助禦。忍飢一晝夜，意在滅此而朝食焉。乃眾寡不敵，致陷於陣。難兄難弟，爲國捐軀，亦偉績也。

王廷華，同治初，以武童隨雷少保進攻董志塬。[31]截堵長武竄賊有功，領精選哨隊，拔靖遠營經制。嗣以護運糧芻，行至陝西峽口，遇賊，隻身挺刃，砍數級。賊忿戕之。賜恤如例。至今有知其斫賊情事者，猶嘖嘖稱之曰"王經制"。時同殉者孫兆麟、王謨、劉光義、[32]趙忠諸人。

楊成喜，同治初，拔八營汛經制。回逆既襲州城，遂擾掠村寨。成喜與眾議曰："八營一彈丸地耳。賊隊若來，恐爲灰燼。當協力堵禦之。"眾壯所議，悉登陴爲固守計。無何，賊臚聚，相持數日。適糧盡眾懈，成喜被執，乃痛罵不絕口，爲賊支解而殉。

鄭玉琯，廩生。同治初，回亂，與其弟玉琚、玉珩合力出資召練鄉團。賊掠村里，玉琯等率團丁以戰，殉於難。賜恤雲騎尉世職，並附祀昭忠祠焉。

徐吉，署平涼營千總。同治初回亂，城陷，與其子弟諸人，盡力巷戰而殉。賜恤如例。

房肯構，廩生，居涇汭霑堡。同治初，回亂，肯構出糧石，召鄉中子弟辦團，爲保衛計。匪攻堡數次未下，旋以土匪、陝回合力來撲，始破。被執，誘其降，肯構

---

① 《宣統甘志》卷七〇《人物志·忠節一》載在同治二年（1863）。

罵不絕口,賊怒而寸磔之,全家亦殉。賜恤如例。

倪萬海,同治初,以把總調征陝西,戰死於寶雞縣南城之下。其驍勇强勁,時人猶有稱之者。

朱玉鐸,世襲雲騎尉。同治二年,回亂,歿於陣。

康卿雲,世襲雲騎尉。同治四年。回亂,巷戰殉陣。

徐光,太學生士育子、遊擊明兄也。光有膂力,通拳技。同治初,回逆蜂起,明從征於外,光侍士育居於城。城既陷,賊撲其門。光與酣鬥,手斃數賊,銳不可當。無何,賊迴矛刺士育死。光乃棄械,撫父屍痛哭,血流眥裂。賊乘間縛而支解之,遂殉。後其子步陞,領光緒癸卯鄉薦,①洵忠孝之食報也。

張進昌,少負大志,倜儻不羈。同治初,逆酋孫義保踞城。進昌憤然曰:"必手刃若輩而後快。"董少保時領鄉團,聞而嘉之。約入隊,每戰必斬馘以自豪。既而少保督兵關內外,進昌馳驅左右,搴旗奪隘,所向無前,稱爲董營上將。積功由守備洊保總兵,陞提督、喀拉春巴圖魯,加一品秩。光緒庚子之變,②領甘軍正後營,殉於京師東華門。臨卒,猶大呼曰:"以身許國,吾志也。今雖死,可無撼!"嗚呼,豪已。同軍都司周克勝,亦以是日見殉。

羅滿貴、鄭師湜,邑廩生,居張高集堡。同治元年,回亂,師湜出糧二千餘石,錢一千串,與羅滿貴、蘇存紅等居鄉辦團,與賊接戰,斬賊級甚衆,後滿貴陣亡。

許獻德,以行伍歷保總兵,加提督銜。同治間領兵隊迭次攻克新疆、伊犁等處,卓著戰功。積勞,卒於軍。光緒初,大吏舉其事,賜恤如例。其弟獻鵬保遊擊。

高天發,同治中,隨董少保鄉團攻金積堡有功,保遊擊。光緒二十一年,克河州,陞叅將,加副將銜。復以入衛,領武衛中軍中路左營步隊。二十六年,堵截義和拳匪於京師之東郊,殉於陣。

張守祥,董少保部將也。同治中,隨征托克遜、木里河、伊犁、東四城等處,積功保都司。光緒二十一年,解河州城圍,勇渡洮河,洊遊擊,加副將銜。旋入衛,領甘軍副前營,駐防邦均。二十六年,義和拳匪亂作,守祥盡力堵禦,遂殉於戰。

胡登花,字筱園。同治八年,以武童入伍,充董軍左營百長。克靈州有功,拔把總。迭次收復金積堡、馬家灘、小峽、西寧府城,陞都司。繼克大通,安輯回番,擢遊擊。光緒初,奉劉襄勤公檄,領董字左營,保叅將、雄勇巴圖魯。旋解迪化城圍,加副將。會克吐魯番滿漢兩城,洊總兵,加錫林巴圖魯。嗣以擊散安夷,窮追

---

① 光緒癸卯:光緒二十九年(1903)。
② 光緒庚子:光緒二十六年(1900)。

陝回,克烏什城,疏上論績,特恩晉提督,加一品秩,列三等軍功。奉召北上,兵部校試弓馬,冠場,賞給提督半俸,領陝西練軍撫標中、前、左、右、後馬步各營隊,以資捍衛。乃舊創觸發,卒於草灘行營,年五十有六,惜哉!子二,沂,官守備;瀚,文生,官縣丞。[33]

何美玉,同治九年,以家貧棄農入伍。董少保重其樸實,與治團務,爲左文襄公所知。以攻克河州、西寧著偉功,保守備,陞叅將。光緒元年,復隨大軍進剿迪化州、伊犁各城。迭擢總兵。旋以久戰於外,乞歸,籌屯墾營里事,若將終焉。既而少保奉召北上,適有二十一年河回之變,檄美玉領營隊,荷戈酣戰,勇渡洮河。而康家崖、邊家灣匪巢直搗,城圍立解。加提督、穆經阿巴圖魯,簡授甘肅西寧鎮總兵。二十四年,奉調入衛,領甘軍副中營,駐防正定。旋以舊傷發,卒於軍次。

錢樹基、徐文達、趙玉、趙登瀛、韓大觀、薛維翰、白精粹、張錦、陳繼虞、李承暄、張養源、何天衢、王九如、陳生秀、王尚賢、常建勳、馬凌雲、韓榮祖、張九功、常惇五、李作棟、馬成驥、顧如皋、武觀德、韓文薈、李作楫、房肯構、[34]王汝楨、羅勤榮、杜秀陵、王崇業、韓文英、楊春榮、康允亨、陳睿源、張鳳舞、宋文燦、田必發、劉校書、宋耀南、胡玉堂、韓文苞、唐夢龍、王憲章、李鐘山、高近顔、杜苔棠、[35]陳邦彥、侯汝賢、韓文萃、康耀祖、張岳峰、蘇自新、張鳳翽、裴鳳至、黃琳、吳登甲、徐上林、李春魁、虎問德、白正儒、張文蔚、余觀我、李長春、包蘭香、康繼祖、侯作瑞、常保泰、張鵬程、鄭師濂、孫純皵、虎揚休、尹善養、常昌泰、趙萬年、李逢春、施春風、李如蔭、吳邦彥、楊鵬程、韓銘晉、陳學師、張文麟、韓文達、何連升、朱光煜、信中規、李自昌、田有年、趙廷璋、趙廷璣、楊國香、賀天魁、錢建基、錢萬裕、徐慶、徐祥、徐石麟、曾魯望、王猷、保承熙、劉爲霖、王夢酈、劉藻漢、胡紹定、李秀、宋沂、袁鐸、閆恒、尉作霖、張培厚、李生香、劉三故、劉懷遠,均同治間貢廩附生。

武光漢、馬步斗、韓文炳、韓文芳、馬向元、馬如龍、彭輔邦、王五端、王校、王霖、康鳳翔、田安邦、蘇兆南、張文傑、張鳳岐、阿永齡、阿永興、阿永成、阿永年、李含英、李念考、楊廷瑞、徐遐齡、張鳳鳴、劉三級,均同治年間武生。

白天秩、姬大孝、馬獻圖、何彥邦、陳文瑞、李啟華、祁尚文、王丕謨、徐自學,均同治年間監生。

陳實,率團丁二百餘殉陣。

辛俊傑,率團丁數十人同殉。

房肯構,率團丁三百餘同殉。[36]

蘇兆南,率團丁百餘同殉。

姚魁,率團丁戰歿於涇州。

楊自秀,率團丁千餘人,與賊接仗,屢勝屢敗,嗣全團陷於陣。

馬玉，率團丁殉于黑城鎮。

張增，率團丁百餘人，殉於中河堡。

孫玉德，率團丁同殉。

高克昌、劉士時，率團丁殉于謝家堡，克昌死狀尤慘。

姚積壽，率團丁七百餘人殉于長安堡。

宋崇豹，性最勇，善殺賊，後以被賊逼圍，舉團同殉。

以上均同治間各鄉團總。

唐瓚，居唐家堡，舉火自焚，全家死者六十餘丁口。

姚興旺，居孫家紅莊，全家投井死者，三十餘丁口。

戴漢，居金家堡，全家服毒，死者二十餘丁口。

王滿合，居北鄉，全家自盡死者二十餘丁口。

李生枝，居黑城鎮，全家自盡死者，二十餘丁口。

李浩，居黑城鎮，全家自刎死者十五丁口。

李龍，居黑城鎮，全家服毒死者三十餘丁口。

馬存貴，居生地灣，在城避難，因罵賊不屈，全家被賊殺死者二十餘丁口。

郭存全，家住生地灣，賊拒之，索糧急，因罵賊不屈，闔家被賊殺死者三十餘丁口。

楊成喜，家八營，被賊亂砍而死，全家同殉者十餘丁口。

武惠，家八營，禦賊受創，子侄等全家自縊者七丁口。

錢萬裕，家錢英堡，全家自焚而死者二十餘口。

錢志祖，家本城，城陷受創，全家同殉者十餘丁口。

錢緬祖，家本城，罵賊不屈，全家被賊殺死者十餘丁口。

李祥，家東門坡，城陷，全家仰藥，同死者二十餘丁口。

劉玉基，家本城，賊踞境，基共鄰合力戰死。及其子女侄輩全家同殉者十餘丁口。

王鑫，家本城，與其子、媳等全家同殉者六丁口。

唐瑾，家黑城，並子夢龍、妻、媳、女、侄等，賊圍其廬，瑾舉火自焚，全家死者十餘丁口。

韓大觀並子榮祖，均被賊執索財，以烙鐵熨背而死。其家同時縊、殉者三十餘丁口。

錢開默，家錢英堡，與弟開安被賊所刺。全家同殉者十餘丁口。

錢邦彥、錢開魁，避難於城，全家自縊者三十餘丁口。

劉玉銘，家本城，巷戰殺賊，被戕。其妻陳氏，子九九兒、女萬青兒，及其侄等,全家投井死者十餘丁口。

　　王兆雲,家本城,禦回力戰,歿。其妻劉氏自刎,其子侄等全家同殉者十餘丁口。

　　惠萬全妻萬氏、子世榮並侄等,避難於城。全家被賊虐拷、殺死者十餘丁口。

　　徐炳樞,家本城,回匪既破城,迺與其妻朱氏並子女等共議自縊,全家殉者十餘丁口。

　　劉玉棋,家本城,城陷,與妻張氏、子德娃、媳朱氏、子全德、女千紅等全家投井及自縊者十餘丁口。

　　高良弼,家本城,與其母劉氏,孫招兒、萬全兒等,全家投井死者十餘丁口。

　　梁德妻黃氏,並弟才、弟媳楊氏,子滿庫、滿福、滿厥、滿棟、媳、女、侄等,在本城被賊戕斃及自縊者十五丁口。

　　賀余氏,武舉賀奏凱之祖母,並弟媳貢氏,媳鄭氏、王氏,女王賀氏,及其子侄等,避難流離。余氏觸崖而死,全家情急,同時自縊死者十餘丁口。

　　張天柱,家本城,賊攻城。天柱並子鳳翮,媳曹氏,孀媳翟氏、紀氏、孫玉德、團和、清和、孫女珍兒、舒兒、義貞等,舉火自焚,全家死者二十餘丁口。

　　錢萬鼇,家錢英堡,賊撲其堡,鼇與族人開裕、開敏、達文、多文、禄文等,巷戰傷死,同時全家投井、自縊者五十餘丁口。

　　徐吉,家本城,城陷,與其弟慶祥、侄石麟、寶麟、景麟、甲麟、呈麟、遐齡,均盡力戰歿,並女媳等全家自刎投井死者四十餘丁口。

　　徐文達,家本城,與其妻劉氏,子廣道、廣興、媳某氏、孫新娃、順娃等,全家自焚死者十餘丁口。

　　慕天禧,家本城,與其妻杜氏、媳吳氏,並慕烈、慕林、慕魁、慕祥等,全家戰歿及投井死者二十餘丁口。

　　徐承綬,家本城,城破,承綬率其子榮花力戰,均歿。其妻李氏、媳張氏及女、侄等,全家自焚,死者十餘丁口。

　　杜湧泉,家本城,與賊接仗不支,與其妻滿氏、子語應、女問兒、弟媳高氏、媳王氏、陳氏,孫女丁來,子來、慶兒等,全家服毒,死者十餘丁口。

　　以上均同治間全家殉難者。

　　閻與量,字德涵,家本城。讀書穎異,慷慨樂施。凡立義倉,修城郭及學校賑饑諸事,皆毅然以身任,雖巨萬無吝色,人重之。同治二年,回亂城陷,與量年七十,猶扶杖督子弟巷戰歿陣。

　　保德玉,居保家溝。家素豐,慷慨好施,鄉鄰借貸,悉力助之。同治初,回亂,出資舉辦鄉團,團共五百人,皆食德玉粟,著德玉衣。旋遇戰被賊執去,賊給一餅,德玉厲聲曰:"若啖賊一飯,我無以見先人於地下。"遂餓斃。

馬義春,東鄉馬家高莊回民也。性喜儒書,鄉里見重。同治初,回亂,有逆目馬五淹等屢勸同叛,欲舉爲僞帥,義春堅執不允曰:"爾等以亂可作耶,大軍至爾等恐無噍類矣。"逆目由是銜恨。義春避逆鋒,移家白草灣,與漢民同居。逆目聞之,率衆來逼。義春終不允,遂被群逆矛刺受重傷,大呼曰:"吾子孫有逃出者,速入漢教。背吾言者,非吾子孫也。"至今其子生高,居東鄉安家川,世爲漢民。卓哉義春,弗可及也。

馬王氏,馬義春妻,夫被賊戕。王氏手執廚刀,子生彪、侄生英各持槍矛,殺七八賊,力竭死難。全家節義,雄乎偉哉。

楊選,西鄉回民也。同治二年,逆酋孫義保踞城誘其降附。選大言曰:"生爲大清良民,死爲大清良鬼,絕不從若輩亂謀也。"孫又以枷杖逼之。選曰:"若輩速投誠可保首領,否則大軍既至,爾體支解矣。"孫以杖斃之。氣將,忽大呼曰:"吾雖死吾良回也。"言訖,瞑目而死。

楊子秀,東鄉馬渠塬人。同治二年,回亂,子秀練鄉團,與賊戰,團勇潰,遂殉節焉。

陳布周,家西鄉,素有膂力。同治初,回匪犯境,布周共鄉民舉團,手持南陽刀,遇賊來,挺身接戰,能縱橫殺賊。賊憚之,稱之曰"陳大刀"。後爲逆目馬奇所戕。

王成龍,以良回稱。同治初,有逆目與謀,成龍善言開導之。逆目不信,亂起。成龍約良回千餘人以漢回相保爲宗旨,遇貧乏必給米麵,賴以生活者衆。硝河逆目蘇三麻等,在鄉殺掠,成龍計誘之來,密戕之,硝河匪焰漸息。後穆三、納三踞城,聞成龍保全漢民,擒殺焉,時人深惜不置。

李文章,家東鄉,性剛直。同治中,回亂。與鄉民舉團務,出己財,置器械,以爲備。左文襄公調其團丁閱之,推爲隴東勁旅,後以疾卒。

韓哲,邑庠生也。同治初,聞城陷,即促子逃以存宗祀,閉戶正衣冠,莊誦經典,端坐不顧。子不忍去,請父共逃。賊闖門入,即撤哲出立刃之。子急,以身覆父,賊遂俱害矣。

姚魁,黑城鎮人。以標營兵目營,因城陷後,糾聚逃民,起伏靈台、涇州一帶,屢挫股匪。後魁戰歿,魁之弟旺,繼領其衆。

張淩漢,縣城人。世業儒,通經史。同治二年,固原城陷,與妻徐氏及子女皆殉難。

張鳳翽,邑貢生。同治兵火初起,賊入城,對全家歎曰:"先世受國家厚恩,今罹此禍,命也。"哄闔家人入鐵佛寺,以柴火焚之,唯小子樹德兒逃避倖免。鳳翽執刀迎敵,戰死城內。

時城內官兵士民二萬餘,殉難盡節。

閻福喜、劉興、孫喜,並宜君營馬兵。

魏大年、馮連禧、楊文輝、胡大喜、劉步升,並宜君營步兵。

吳步瀛、王登元、王得成、路魁,並宜君營守兵,以上並陣亡。以上固原提標弁兵十二員名,均系清同治元年二月份陣亡。

丁成烈,署西固營都司。

何大慶,馬兵。

党寅、楊振,並西固營步兵,十一日在秦州陣亡。以上固原提標弁兵四名,均系清同治元年三月份陣亡。

馮吉林、白中元、賈英,並西固營步兵。

韓復翠、劉好賢、沈玉容,並西固營守備。以上十八日在兩當陣亡。以上固原提標弁兵六名,均系清同治元年四月份陣亡。

姚恒壽,靖遠協屬八營外委。

楊成喜、武慧、郭得義、楊榮、朱尚孝、杜茂林、馬占鼇、楊浩、朱蘭、祁德、楊永年、杜仲、陳花、馬占江、柴花、武登元、李興時、柴守魁,並八營馬兵。

陳清標、楊宏益、徐彩、馬占省、王鼎、李萬、馬占昌、杜茂懷、劉舉、田守孝、司彥平、李連魁、張朝海、司彥得、顧喜、馮學義、楊宏成、趙連,並八營步兵。

楊彩、孫進善、李玉龍、金錫奎、陳宣、薛崇録、柴林、何永興、劉得義、楊宏春、杜茂元、楊宏茂、李玉珠、楊舉、杜茂順、楊宏財、柴清,並八營守兵。以上十四日陣亡。以上固原提標弁兵五十四名,均系清同治元年八月份陣亡。

陳實,率團陣亡。

司彥門、郭得輔,十二日罵賊死。

鄭玉印,初九日在劉家溝陣亡。

楊成喜,陣亡。

吳鳳昇、吳鳳儀、吳鳳成、吳鳳奇,並鹽茶廳人,十六日自縊。以上固原紳民九名,系清同治元年八月份因亂死義。

郝氏,鄭玉印妻,同嫂王氏並自縊。

杜氏,南化行妻,與姑投井死。以上固原民婦二名,均系清同治元年八月份因亂死節云。

馬光禄,署洛川汛把總,周至營外委。

姚建基、侯必榮、曹大成、侯萬全、李思義、侯萬保、安志立、劉步興、王魁、曹文元、劉謨、楊百有、班永魁、魏喜,並洛川汛馬兵。

唐金玉、陳進福、郭振有、王安邦、蕭得、屈陞、王邦禄,並洛川汛守兵。

孫克明、張起、張書榮、劉全貴,並洛川汛守兵,均陣亡。以上固原提標弁兵二十六員名,均清同治元年九月份因亂盡忠。

趙登瀛,附生。

薛維翰,增生。初三日在預望城被害。

郭得輔、朱邵輔、白正己、白正業、白正興、白正義、白秀花、白生花、杜永芝,以上十四日在八營城陣亡。

韓瑰、韓啟、韓丕,均陣亡。以上固原紳民十四名,均系清同治元年閏八月份因亂死義。

趙氏,韓啟妻。

彭氏,韓丕妻。

周氏,路平母,十一日在官口川自縊。以上固原民婦三名,均系清同治元年閏八月份因亂死義。

張佐清,陝西城固人,署兩當汛營制。

朱斌,馬兵。

永忠、金税,步兵。

劉義,兩當汛守兵。以上十九日在兩當縣陣亡。以上固原提標弁兵五名,均系清同治元年九月份因亂盡忠。

白精粹,附生。二十六日,在韋州剿賊陣亡。

趙風年、趙高年、趙銳年、趙積林、趙五福、趙信志、趙官、趙迎福、趙積剛、趙積法、宋茂勳、國均、張朴、梁國泰、梁國榮、王進元、王進貴、張啟富、張全年、張啟堂、張啟平、王進寅、王英年、祁向榮、祁棟、祁敏、祁見思、趙禮、趙簡、趙孝,以上二十八日在三營陣亡。

路登喬、楊天成、楊天禄、楊天雨、楊惠、施進榮、金石成、金甫成、張仲典、楊申、楊法、楊魁、楊元,以上十五日在官口被執,不屈死。

惠有、宜昌、張廷忠,十五日在黑城川陣亡。

趙九齡、趙九蘭、馬邦駿,十八日在掃竹林陣亡。

魏九族、魏愷、魏正孝、李文周、楊滿湖、楊滿懷、楊樊、楊珠、顧滿善、顧榮、高克昌、高緒昌、顧耀、梁漢忠、梁漢和、鄭玉定、路登喬、張廷忠,以上十八日在石嘴堡自焚死。以上固原紳民六十九名,均系清同治元年九月份因亂死義。

陳氏,張廷忠母,被執罵賊死。時同治元年九月也。

張紀禮、周玉桂、趙連城、萬世林、姚忠、郭玉秀,馬兵。

曹國緒、傅信、羅禮、毛士俊、郭步雲、職儉、馬成祥、李進才、陳廷謀,並馬兵。

王智、白寅、徐孝、郭維藩、陳柱，並步兵。

張福、張才、尹禄、張吉、劉維成、王述清、陳桂林，並守兵，均平涼城守營。以上初十日在城十里堡陣亡。以上固原提標弁兵二十七名，均系清同治元年十二月份盡忠。

吳占魁、韓大普，二十日在掃竹林陣亡。

鄭大士、鄭大勳、鄭大儒、鄭大賓、鄭大朋、鄭大時，初六日在白澇池被賊攻陷，舉室自焚死。

尹得溥、尹邦福、尹邦傑，初十日在楊忠堡失陷投井死。

劉丙蘭、賀萬章，十一日在黑石堡被執不屈死。以上固原紳民十三名，均系清同治元年十月份因亂死義。

陳氏，尹德溥妻，投井死。以上同治元年十月份因亂死節。

左耀祖，初四日在武原堡被害。

張守寅、魯宗祥，並在硝河城陣亡。以上固原紳民三名，均系清同治元年十一月份因亂死義。

侯作瑞，增生。十九日在楊家莊陣亡。

王尚賢，廩生。王崇業，附生。李作楫，附生。十八日在瓦亭陣亡。

孫正邦、孫得全、孫得寅、孫重時、李崇典、皇甫忠、皇甫恩、皇甫愛、祁愛、祁朋、祁華、沈永貴、祁科、張志榮、米如蓮、王朝宣、楊得春、楊錄、羅如貴、張珍、楊清、胡永、甕毓檀、甕毓忠、甕毓恒、甕光偉、甕光聰、甕光新、杜寅、杜成、王志昌、李得貴、皇甫寧、皇甫元、皇甫永、皇甫禄、皇甫泰、皇甫林、皇甫治、皇甫萬、張喜、崔文滿、劉克復、陶吉慶、董忠、董珍、余賓、李恒泰、李恒春、楊奎、楊元、閻得喜、陳得有、田豐年、田桐、陳雷、楊嘉泰、楊逢春、陳祥、陶興隆、張生成、高印、楊正、梁守富、懋成玉、楊春泰、楊生泰、陳大元、趙連城、吳進學、朱玉仁、張五常、田逢春、朱玉禮、楊生文、張建業、趙壽、王全珍、楊履泰、楊泰、李秋、馬永祥、李宣、陳得富、張裕、楊訓、楊華、錢貝、安仲喜、趙復章、周五常、陳志、田茂、苗秀、王永元、張守先、王儒、王懷齡、高貞、閻立成、魏儒、陶吉芳、韓文舉、韓文科、韓文魁、李順、李玉、李願、李恒、周效德、閻榮、王祥、劉海珠、田祥、余恒、党來之、田玉明、吳有德、羅周、李含章、趙德、董彥林、羅萬善、王伯禄、王榮、周元慶、王三齡、王美元、劉倉、王長清、蘭泰、王元、劉永時、郭發榮、孟宗庫、張玉樹、張遇春、賀百可、賀百福、賀百祥、賀萬德、賀萬有、姜元、姜文魁、現宏貴、王魁、董萬義、郭榮、戴存、湯發春、何大漢、田豐登、余祥、余泰、董聰、董進庫、董進明、李香、李棟、韓生玉、韓永發、黎生翠、黎永長、黎生春、李月德、董運、董翠、董偉、楊滿、李謀、李世春、康福泰、康安、康會、夏貽福、夏貽瑚、謝得榮、閻江、閻海、蕭宗漢、蕭宗洛、錢永選、韓貞望、韓保、錢永清、錢永安、沈應壽、沈正章、紀成、楊喜、張進良、張立、扈元慶、楊法成、楊法貴、董生春、董生詔、武進才、武桐、楊永忠、何東婁、武禄、武功、張明、張智、韓永成、張印、張義、黄增禄、黄增廣、馬壯、黄增亮、楊永泰、馬永珍、馬永得、何大齡、何義貞、石才、乃仲潔、乃廷壽、潘喜、潘永功、潘永安、潘印、田福春、田福謙、田文、王興正、朱福、孫世年、蘇永壽、蘇永寧、張勳、張貞、馮益喜、馮益禄、劉永恆、劉永寧、崔世禄、秦建業,以上十八日在瓦亭鎮死難。

江有齡、江之成、江之强、江有昇、江有舊、江之永、江文懷、江之全、施進義、黄吉壽、黄吉九、黄吉祥,以上十一日城陷罵賊死。

邵滿琳,二十八日在鹽泥溝罵賊死。

鄭大成、范成、范雄,初三日均在易家莊被戕。

秦守讓、秦守謙、秦蠻兒、秦庚酉、秦碎酉、秦嘉兒、秦戊午,以上殉難。

以上固原紳民二百六十九名,均系清同治元年十二月份因亂死義。

徐氏,李願妻。朱氏,李恒妻。朱氏,李香妻。王氏,李棟妻。崔氏,李順妻。趙氏,李宣妻。王氏,李玉妻。朱氏,楊訓妻。朱氏,楊華妻。梁氏,楊正妻。張氏,朱玉禮妻。朱氏,楊生文妻。馬氏,文滿妻。朱氏,楊嘉泰妻。苗氏,楊履泰妻。辛氏,楊潤泰妻。李氏,楊逢泰妻。阿氏,楊春泰妻。張氏,楊生泰妻。以上投井死。

卜氏,邵滿琳妻。自縊。

黄氏,秦建業妻。雅氏,秦守謙妻。宋氏,秦庚酉妻。陶氏,秦蠻兒妻。以上並城陷自焚死。

以上固原民婦二十四名,均系清同治元年十二月份因亂死節。

田榮曉。守備。在韋州陣亡。

周紹湯,中營把總。

張官揚,署中營把總。

郭繼堂,把總。

蔣大勳,中營經制。

惠連魁,中營外委。

莫爾根布,安遠營都司,署左營遊擊。

李長華,左營千總。

鄭玉城,白水汛把總,署右營千總。

陳孝,右營把總。

祁永茂,前營千總。

福長,署後營遊擊。

馬俊,都司衛署後營把總。

何占魁,後營經制。

趙大升,瓦亭汛千總,署城守營守備。

王鳳林,後營把總,署城守營千總。

蒙永福,城守營把總。以上提標。

朱世禄,慶陽營千總。

海明,商州營把總。

陳廷弼,榆林營經制。

劉明,陝西永寧汛經制。

王作實、紀克昌、紀克耀、孫國柱、石麟、李朝剛、徐光道、朱玉鐸、鄔秉鐸、龐在清,並雲騎尉世。

傅文和、李能、盧學、傅永泰、惠連登、陳起雲、韓元秀、白玉、孫科甲、孟言仁,並經制外委。

談榮恩、郭林、李時清、何元潤、袁仲選、袁宗起、劉殿選、陶吉慶、李涵花、郭成珠,並額外外委。

孫漢、馮有禄、曹得龍、王國元、朱忠、曹舉伏、高進善、王仲福,並署經制額外外委藍翎馬兵。

趙勝、范進喜,並六品軍功馬兵。

王昌明、韓遇源、苟茂春、常奉春、吳珍、張沖、宗魁、王丕林、高仕和、党成富、王永清、徐錦林、何玉、陳喜龍、馮侏、趙和祥、王鳳鳴、杜茂桂,並馬兵。以上初一日在固原城陷陣亡。以上固原提弁兵七十七名,均系清同治二年正月份,因亂盡忠。

陳繼虞、李承暄,並廩生。

侯作瑞、顧如皋,並增生。

黄琳、李春魁、吳登甲、侯汝賢,並附生。

張鵬程,武生。

竇光俊,武舉。

常保泰,歲貢生。

鄭師濂,附生。初一日城陷陣亡。

裴鳳至,附生。初十日堡陷被戕。

韓榮祖,韓希天,並稟生。初十日城陷被戕。

張文蔚,附生。十二日在五原川,聞警自焚死。

李廷楹,侯選府經歷,初一日戰死。

　　何占魁、趙守典、趙守模、趙守訓、趙廷相、趙廷輔、趙守業、趙悟、張禄、張壽、張彦、唐士榮、唐士義、唐士彦、王寵榮、王尚熊、姚興旺、姚興業、姚興邦、姚愷、孫多魁、吳亨玠、吳亨通、吳愷、汪如海、紀滿訓、李庚耀、李應瑞、李應祥、李應海、楊如林、李連升、張應續、邵謀、邵奪、惠會深、邵詳、王奇倉、張時温、王義、計滿法、計得有、計能、計榮、計滿長、計義福、計滿訓、計鈺、李生利、米啟科、計海、李萬年、李元年、李生英、白鳳成、米乾、何登江、何彦全、何彦喜、何存信、蕭生榮、蕭生千、蕭生萬、蕭生第、韓存子、王昌林、王昌泰、牛昌盛、牛昌吉、牛昌新、楊滿朝、牛昌慶、吳居仁、吳居邦、吳居正、吳成業、吳成財、鄭大任、鄭玉玕、鄭玉佩、鄭玉瑄、鄭玉瑛、鄭大佑、賈正吉、吳居安、党部、杜實、杜純、孟有仁、孟有餘、孟有貴、安敦仁、張鵬沖、崔恩、崔鳳舞、安和、王仲熙、康慶雲、王偉、張輔淵、張鶴沖、張漢沖、張居、陳廷弼、洪忠、鄭玉瑤、鄭大智、路任、路參、路生花、路生福、路生莊、路善、路貞、路登舉、路登耀、康萬良、康萬鎰、康萬敖、康元善、康元泰、康元慶、康萬倉、康成績、張翠、張有剛、張天存、方永清、王桐、王佐、王輔、王例、王奉、王倫、王榮、王福、王章、張基、劉泰、譚超恩、劉誥、陳鈺、高升、高步亨、李奉祥、杜湧泉、夏生桂、夏儒、吳耀南、杜恩魁、李廷芝、趙舒萼、馬騰霄、党緒曾、党嘉正、李覺堂、李朋、李廷棟、張效渠、張積玉、李蘭昇、袁文耀、袁忠、魏昇、魏能、柳清、馬成才、許昇、鄭鈺、何浩元、王騰霄、姚福、姚伏、劉彦珍、劉彦璧、趙有勳、紀儉、張世福、傅煥、黄益正、劉本立、劉中元、魏慶福、張祥、張好武、楊進禮、張益泰、董天滿、董天庫、孫仲魁、孫占實、孫占祥、敖存貴、王生祥、王生貴、王生花、李永禄、李永福、施進禮、施進才、施進實、唐海昇、賈正吉、党普、杜寅、周萬朋、杜純、周純、周萬鴻、劉本成、劉林、劉珍、劉正、劉傑、龔正、劉滿吉、馬喜環、劉歲長、劉萬禄、袁寧、趙吉、高保、王存、何受春、田進寶、田進玉、田進財、張溥、晏君鄰、晏白純、袁宗、袁理、吳超、苟逢春、彭禄、惠昇、張昌春、袁文煥、王倉、喜禄、馬孝、袁茂、劉宗漢、惠庫、高玉福、高玉禄、劉成、米寅、張耀宗、孫玉秀、張順昌、張鄰昌、王敬儒、王華、郭福、樊成、劉得成、張中禮、張中智、張有遜、張有玉、張有雙、張永禄、張有成、張中復、張有風、朱萬和、周進寶、楊如桂、郭天德、馬偉、馬嚴、馬愷、馬勇、馬德、馬興隆、馬芳、馬滿朝、馬滿貞、馬中舉、田存智、田福禄、田福壽、田懷珠、孫柯、孫萬祥、孫萬寅、崔應福、崔盛德、伍魁、黄積聰、黄漢英、黄漢秀、黄積功、黄積隆、黄漢芳、黄漢用、黄積成、黄漢清、黄漢、黄積昇、黄積福、黄積泰、黄積書、李開泰、徐中舉、賈永壽、張世重、張遇福、張典、張霞、張海龍、張海潮、張世禮、張世職、張玉海、張玉濬、張玉時、張玉祺、張世用、張世政、張雨舞、張世僚、張玉貴、李玉春、張賦、張世禄、張玉型、張玉友、張發、張昇、張玉德、何盡忠、李迎蓮、張仲學、張仲滿、郭純、郭福、鄭大成、邵進儒，以上初一日貴城陷陣亡。

韓大儒、韓大學、韓耀祖、韓廷蘭、韓希珍、王作隆、王作榮、閻興、閻齡、王洲、王衍、王華、韓大觀，並十一日夏家寨失守被害。

趙鼎，初一日被執，不屈死。

白廣鐘、賈生輝、賈時明、白寶年、周純、周香、馬禄、趙炯、趙怒，初九日在紅崖戰死。

楊庚、楊好、吳仲元、吳喜、楊得輔、楊得喜、楊得有、吳成、吳威、吳林、賀萬章、李得時、李得良、王兆俊，初六日在王家莊被害。

姬法幽、姬法歧、姬法鎬、韓謀，並初一日城陷死。

王作隆、徐留舉、鄭玉印、鄭玉堂、鄭大佐、鄭大知、鄭大名、鄭大統、鄭大成、鄭大友、張和沖、安居爾、賈永壽、韓存之、米謙、米啟科、張彥、康萬良、康萬鎰、康萬敖、康元善、康元泰、康成績、康成倉、康士榮、康士義、康士彥、閻與量、閻與岱、閻珏、閻珽、趙守謙、党加正、吳楷、李茂蘭、李暢春、李錫春、李遇春、李迎春，李業春、李生春、李茂萼、李秀、李白明、李連俊、邵美儒、趙守世、張應歲，張應世、張茂才、張茂時、張茂芝、姚宗義、宋繼業、李榮詔、王奇倉、許全、許寅、譚福恩、陳鈺、陳孝、高步亨、高升、杜芳、杜恩魁、党繼增、党紹增、党家正、張永泰、張宣揚、崔成吉、惠倉、趙舒萼、惠連吉、惠連科、曾禄、袁忠、袁文耀、許昇、馬成材、鄭玉、阿浩元、姚福、姚復、王騰霄、趙有勳、蔡登元、楊作舟、白寅、苟逢泰、翟正緒、王進豐、劉本信、張偉、袁登榜、龔正、趙吉、高保玉、王存、何守春、袁宗、袁禮、彭禄、惠昇、惠庫、袁茂、王偉、王仲熙、張昌泰、袁文煥、米寅、樊成、田滿朝、田滿楨、田中舉、田存智、崔應福、崔應德、路生花、路森、董天滿、董天庫、何進忠、饒滿貴、李迎蓮、張文德、張文林、張文喜、張應乾、宋之喜、宋鳳麒、宋鳳麟、白鳳成、董九宮、董天蘭、劉慶、劉作模、毛仁、康元慶、李天貞、吳居義、吳定邦、吳居邦。

牛昌盛妻汪氏。汪氏，王作賓母，同媳王氏。余氏，牛昌吉妻。王氏，楊滿朝之妻。惠氏，邵謀妻。郭氏，惠會深母。魏氏，王義妻。趙氏，康士秀妻。趙氏，潘有仁妻。李氏，趙守正妻。趙氏，王尚熊母。李氏，屈滿禄妻。謝氏，李蘭茂妻。符氏，李暢春妻。鄭氏，李錫春妻。同氏，李茂萼妻。孫氏，李玉春妻。路氏，李生春妻。虎氏，鄭玉珩母。崔氏，鄭玉珩妻。張氏，鄭玉佩母。張氏，鄭玉佩妻。高氏，鄭大任妻。白氏，鄭玉暄母。賀氏，鄭玉暄妻。劉氏，鄭大佑妻。張氏，韓文華妻。王氏，韓文苞妻。王氏，馬永簡妻。李氏，馬永芳母。陳氏，馬永芳妻。郭氏，袁熙繼妻。李氏，安和妻。蒙氏，馬呈才妻。劉氏，孟有仁母。洪氏，安敦人妻。陳氏，崔恩祖母。馬氏，王偉妻。宋氏，董九華、李天恩、劉珩、劉理、王昌雄、王林、高金榜、韓愈源、韓子琦，以上初一日隨官軍擊賊，城陷陣亡。

賈士崇、周崇、路善、路廉、路登耀、田進福、趙怒，初四日在紅崖自盡。

王進儒、楊如林、楊滿潮、周萬鴻、米自萬、米有年，初一日城陷陣亡。

竇光儀、竇瑞、張文耀、張轉正、張跟轉、張轉運，十二日聞警自焚死。以上固原紳民五百十一名，均系清同治二年正月份因亂死義。

王氏，增生侯作瑞妻。顧氏、劉氏，並侯作瑞媳。榮午、秀梅，並侯作瑞之孫女。王氏，韓存妻。劉氏，王昌林妻。扈氏，王昌泰妻。溫氏，王仲熙妻。楊氏，王仲熙嫂。李氏，康慶雲母。馬氏，康慶雲嫂。楊氏，張輔淵妻。苗氏，張鶴沖妻。林氏，陳廷弼妻。張氏，鄭玉瑤妻，同子三法、三餘。馬氏，路生莊妻。尚氏，路義母。牛氏，康萬良妻。郭氏，康萬倉妻。党氏，王洲妻。王氏，董天庫妻。田氏，劉存妻。米環、面環，敖存貴子。周氏，田進寶母。王氏，田進寶妻。王氏，周純母。惠氏，周純媳。王氏，劉斌母。張氏，劉滿吉母。葉氏，劉滿吉叔母。袁氏，李廷棟母。朱氏，張中禮妻。劉氏，張中智妻。鄭氏，張有江母。王氏，張有江妻。保氏，張有遜妻。何氏，張有倫妻。劉氏，朱萬和母。張氏，朱萬和妻。毛氏，馬偉妻。張氏，馬愷妻。秋氏，田滿彩妻。李氏，田存智妻。田氏，孫萬祥妻。田氏，武魁妻。張氏，黃積功妻。蘇氏，黃積成妻。秦氏，李開泰妻。火氏，李開泰嫂。李新滿兒，開泰侄。虎生兒，開泰孫。張氏，徐中舉妻。戴氏，張世重嫂。劉氏，施進堂母。李氏，邵進儒母。羅氏，進儒叔母。祁氏，邵進儒妻。柯氏，邵進儒弟媳。米氏，鄭師濂妻。姪氏，師濂侄媳。哀兒，師濂女。聯珠，師濂孫。苟氏，王敬儒妻。米氏，王敬儒媳。党氏，王華妻。以上初一日城陷並投井死。

尉氏，閻與量妻。張氏、張氏、徐氏、楊氏，並閻與量妾。李氏、陳氏、王氏、唐氏、李氏、馬氏、康氏、馮氏，均與量媳。閻瑛、閻琚、閻琮、閻珂，均與量侄。正卯、正酉、正陽、正寅、旦郎、未郎、誠訓、誠誠、午兒、五勖、誠誥、翠蘭、潤香，均與量孫。花朝、陽春、探春、迎春、桂英、梅英、蕙香，均與量女。以上全家三十八名，初一日城陷並投死。

郭氏，袁熙妻。朱氏，李鳳翔妻。呂氏、紀氏，鳳翔媳。丙辰，鳳翔孫。王氏，白絢堂妻。廉氏，張雲飛妻。王氏，南化行母。杜氏，南化行妻。田氏，韓文薈妻。張氏，田生敏母。虎氏，鄭大俊祖母。張氏、白氏、崔氏、米氏、張氏、賀氏、郝氏、王氏、劉氏、高氏，均大俊叔祖母。姬氏，大俊妻。大受、小受，大俊堂妹。聯珠，大俊子。王氏，侯汝梅母。顧氏，汝梅嫂。劉氏，汝梅妻。榮午，汝梅侄。秀梅，汝梅女。張氏，王純德母。秦氏，陳啟有母。張氏，秦宏緒妻。秦氏，周宗江妻。張氏，唐德成母。何氏，李吉春妻。米氏，楊進榮妻。戴氏，張世會妻。史氏，陳從孔妻。鄧氏，張炳林妻。孟氏，炳林媳。蘭氏，韓熙照弟媳。趙氏，康士秀妻。趙氏，潘有仁妻。李氏，趙守正妻。李氏，屈滿祿妻。張氏，高正妻。安氏，郭永壽母。章氏，張鳳翔母。李氏，常伯順妻。楊氏，拓啟科妻。楊氏，朱煥章母。趙氏,朱啟禮妻。魏氏,朱起仁妻。趙氏,朱啟環妻。田氏,劉存妻。周氏,田進寶母。王氏,進寶妻。董氏,苟全惠母。劉氏,苟全惠妻。常氏,路義母。孫氏,路知儒妻。武氏,路登橋妻。周氏,路平母。毛氏,路三元母。王氏,苟自白妻。張氏,苟全祿妻。孫氏,王一貴妻。苟氏,王一富妻。梁氏,趙炯奎妻。黃氏,董天祿妻。梁氏,饒存寶母。范氏,王久妻。白氏,徐根有祖母。王氏,徐根有母。得有,根有弟。党氏,王洲妻。劉氏,孟有仁母。李氏,安和妻。洪氏,安和媳。陳氏,崔思祖母。楊氏,張輔淵妻。苗氏,張和沖妻。王氏,韓存妻。劉氏,王昌齡妻。扈氏,王昌泰妻。溫氏,牛昌盛妻。余氏,牛昌吉妻。張氏,徐中舉妻。謝氏,李茂蘭妻。博氏,李暢春妻。鄭氏,李錫春妻。同氏,李茂萼妻。孫氏,李遇春妻。黎氏,李迎春妻。路氏,李生春妻。趙氏,唐士彥妻。王氏,周純母。惠氏,周純媳。毛氏,馬偉妻。張氏,馬偉弟媳。狄氏,田滿潮妻。李氏,滿潮侄媳。馬氏,路生莊妻。牛氏,康萬年妻。郭氏,康萬倉妻。王氏,董天庫妻。張氏,劉滿吉母。陳氏,王彥漢妻。白氏、鄭氏、劉氏,均吳夢孔媳。成才、成業、成化,均吳夢孔孫。馬氏、楊氏、宋氏,並王偉媳,賊至被害。科兒,王偉子。李氏,韓進儒母。羅氏,邵進儒叔母。祁氏,邵進儒妻。科氏,邵進儒媳。張氏,邱鳳舞妻。殷氏、王氏、宋氏、宋氏、楊氏、牛氏,初一日並罵賊死。李氏,米世爵祖母。楊氏,世爵嫂。孟氏、陳氏,世爵妻。招花、迎喜、朵喜,世爵女,初一日城陷被害。楊氏,寶光俊嫂。呂氏,光俊媳。党氏,杜培梓母。滿氏、高氏、王氏,均培梓嫂。陳氏,培梓妻。何氏,呂興周母。趙氏,呂興周妻。袁氏,夏儒妻。平安、安和,夏儒子。朱氏,李鳳翔妻。天恩、天貞,鳳翔子。紀氏、呂氏,鳳翔媳。丙辰,鳳翔孫,初一日城陷被害。韓氏,張文蔚母。馬氏、李氏,文蔚妻。張氏,文蔚弟媳。並聞警自焚死。高氏,韓榮祖母。王氏,韓榮祖妻。高氏,韓大觀妻。王氏,大觀媳。十一日寨破,自縊。保氏,楊庚妻。王氏,楊庚媳,賊至自焚死。固氏,韓謀妻。城陷自縊。

　　以上固原民婦三百一十七名,均系清同治二年正月份,因亂死義。

　　張福存,光緒中,入董少保軍,征河州,保守備,復隨入衛,以堵截義和拳匪陷於陣。

　　李深沉,字岵瞻。清光緒初投效固原提標,歷官陝西安邊都司。清帝遜位,公殉節,詳《藝文志》。[1]

　　何乾,冬至河人。純一不苟,鄉鄰重之,歿後以曾孫有道貴顯,誥贈振威將軍。妻李氏,性賢淑,卒後誥贈一品夫人。

---

　　[1]　參見本志卷十《藝文志·大文·醫學心法》。

恵泰,字占益。居縣城東關,性耿介敦惇,善楷書。光緒二十六年,入中營參將署,掌文案,以奉公勤慎,積功至把總,旋以疾辭,務農而終。其勤儉剛正,堪爲一鄉表率。

王懋德,字勉齊,東鄉乾海子人。家世業農,至懋德勤詩書,性魯而好學。光緒二十八年,入邑庠,事父孝,與人忠,雖受辱不較,厚道寡言,殆天性然也。

何興隆,有道之祖。性惇謹慈善,爲鄉里稱頌,因孫貴顯,誥贈振威將軍。妻張氏,贈一品夫人。

何世玉,參將何有道之父。秉性惇良,素履恭修,教子有方。子有道以武功顯榮,於光緒十年誥贈爲振威將軍。妻王氏,規型懿范,鄉井稱揚,同時誥贈一品夫人,追贈三世,洵殊典也。

張永貴,新疆撫標千總。光緒初,隨董少保進軍攻古牧地、瑪納斯等處,屢戰有功,後殉難於伊犁。同時死事者,外委徐大才、傅之模、范士兆、余萬明、邱金榜、米大土、康玉、李得勝、岳保善、張天福等十人,匯請賜恤如例。

劉顯財,光緒二十一年,以都司隨董少保進攻河州太子寺、康家崖等處,分領甘軍正後營步隊,以爭渡洮河,冒險力竭,陷於陣。

白應祥,光緒中,以武童投董少保軍,隨征河州,屢立戰功,少保嘉其勇敢,使任前敵,保守備,加都司衛。二十三年,復調入衛,旋以義和拳匪亂作,堵禦于京師南城,力擊而死。

王福全,光緒中,隨董少保征河州,保守備,加都司衛。二十六年,復隨入衛,適義和拳匪肆擾京師,福全指其團爲妖術,大呼痛罵,爲所戕而死。

民國

趙輯瑞,瑞早失怙恃,撫養于舅父習斌家中。清光緒三十三年,習斌爲固原城守營遊擊時,保選輯瑞于武備學堂肄業,歷陞保定學堂,並留洋訓練。宣統辛亥返國,適武昌起義,行裝未解,即加入革命工作,作戰陣亡。

海葆榮,乃家河人。民國十五年,隨甘肅東路交通司令馬錫武部援陝,於九月二十二日在咸陽河畔陣亡。

馬登孝,石羊子人。民國十五年,隨第七師解西安城圍,陣亡於城下。十七年,搬柩歸葬。

高及第,石橋子人,高才之子,中學畢業。民國十五年隨第七師轉戰東南各省,陣亡,年二十歲。

李義和,東鄉白草坡人。民國十五年後,兵荒之餘,地方不靖,倡辦民團,其子維新,隨父擊匪,均中彈殞命。

劉尚和,宋家巷人,前清歲貢劉紹基長子。民國十六年正月二十一日,奉縣政府令,赴東鄉催交軍糧,經黃髦山遇匪,不屈死。

史萬鎰,字太璞,萬安監人,性豪俠。民國十年地方不靖,窮鄉僻壤,被匪擾害,萬鎰練鄉團,保護地方,而環縣、鎮戎、鎮原等鄰縣,因亦得以無虞。十三年,經固原縣政府長李尊青旌其額曰"見義勇爲"。十七年六月,兜剿鎮戎縣股匪李廷舉、馬老九等,墮匪計被害。

張先生,系隴南文縣人,名字不詳。先生在小川子王鐵匠家授徒,十七年,匪亂被執,戳傷三刀,不屈,被焚死。

潘氏,康生福之妻,年十九歲,住小川子。十七年,匪亂,聞賊至,逃至鴨兒溝。賊追及乍膳,氏勉從之,賊又欲汙之,氏罵不絕口。賊忿極,割其舌,面劈兩刀,眼珠迸裂,項斫至喉,剁其左手,右手猶作拏賊狀,連戳遍身十四處而死,嗟乎壯哉。

余世華,家鹽泥溝。民國十七年,王富德盤踞西鄉,其衆焚殺搶掠,世華與兄世傑,商諸地方父老,提團自衛,事泄,爲匪所害。

海恒升,字獻廷,東區官堡台人。民國十八年,王富德、吳發榮等圍攻縣城,人民恐惶。恒升時充民團團總,乃率民團至縣救援,勇不顧身,被彈中脅陣亡。

劉紀愷,東區民團團總。民國十六七年,土匪蜂起,騷擾不堪。愷組織團練,保障桑梓,屢與匪戰,輒得勝利。詎意十八年匪首楊二,突由草廟子來犯,愷率民團堵擊,雖奮不顧身,卒以寡不敵衆,中彈斃命。

趙璧,北鄉趙家寺人。民國十五年,應馬鴻逵征拔,隨部援陝,充排長職。爲人寡言而忠勇,轉戰陝、豫、魯、皖,重義輕財,所至人皆稱頌。十九年,北伐成功,璧以親老告歸。適土匪猖獗,仍投身李貴清部,充當排長,與匪戰於西山,陣亡。

海葆元,葆榮之弟。民國十七年,充固原南區保安第四隊隊長。十九年充黃得贊部營長,與楊萬青部戰于鎮原平泉鎮,陣亡。

楊泰禄,包家山人,志壯而好武。民國十九年,與楊萬青部戰,彈盡殉難。家遺老母、少婦、幼子,情殊可憫。

李富清,字鑫山,鹽泥溝人,有豪俠氣。民國十九年,因荒旱之餘,地方不靖,創辦民團,充任西鄉民團團長,將王富德、吳發榮等擊退。次年經甘肅討逆軍第二路軍軍長黃得貴委充第一旅旅長,防守固原。斯年五月,蘇雨生圍城,率隊出攻,圍解,奪獲馬匹槍械,復與陳國璋戰於平涼城南塬陣亡。

毛生虎,史萬鎰之甥。民國十七年,襲舅父職,充萬安監民團團總。十九年,黃得貴駐固原,改編爲營長,守東嶽山,旋因蘇雨生圍城,以衆寡懸殊,被擄不屈死。

謝文炳,西鄉十字路人,前清秀才。民國十九年,爲土匪傷害,

　　韓鳳鳴、胡廼榮,被匪槍斃。王雙生、王旦,被匪殺死。陳有福,匪索款未得,以鐵钁打死。曹福全,被匪用木棒打死。以上六名皆胡大堡農民,民國十九年被害。

　　毛進財、陶六五、張占海、洪全信、邵守義、邵守孝、王福祥、袁亨、景得福、洪全孝,以上十名爲麻家莊農民,民國十九年,皆被匪傷害。

　　余光前、余永喜、余永貴、余五兒、余興發、余光德、柴種福、柳某、李毓英、李壽壽、馬牛兒、馬三七,以上十二名,西門店子農民,民國十九年,皆被圍城土匪傷害。

　　楊文乾,孟家什字人。年三十歲,充甘肅保安第一大隊指揮部騎兵營長。民國二十年,駐海原,王富德率匪千餘人,攻陷海原,文乾督隊守城,身受數創,猶酣戰,卒以衆寡不敵,城陷不屈死。

　　張懷德,大營鄉人。年三十二歲,充甘肅保安第一大隊指揮部騎兵營長。民國二十年,駐固屬黑城鎮,王富德夜襲黑城,懷德奮勇抵抗,爲流彈傷亡。

　　吳金鏞,字麗堂,東鄉二道溝人。性直率,見義勇爲。光緒末葉千總。民國十九年,舉辦鄉團。二十年元月,楊萬清部潰退,截擊於途,中彈陣亡。同時殉難者,海玉江、海興保。

　　張凱,附郭鄉馬家莊人。年三十歲,充甘肅保安第一大隊指揮部輜重連排長。民國二十年,隨王明道部剿匪于馬蓮川,傷亡。

　　趙斌,黑城鎮人。年二十五歲,充甘肅保安第一大隊指揮部輜重連排長。民國二十年,隨王明道部剿匪於馬蓮川,傷亡。

　　楊青雲,東山坡人。由民團團總投入陸軍新編第十旅李貴青部,充任營長。民國二十年,在本縣東區白草坡剿匪陣亡。

　　李楫,性直爽。民國十九年,因大荒之後,地方不靖,里人推爲民團團總。二十一年冬,剿匪陣亡。

　　李傑,大營鄉龔家莊人。忠勇有膽略,任西區保衛團團總。民國二十一年十二月,駐硝河城,馬忠喜部叛兵擾偏城一帶,傑率團迎擊於羊圈溝,被圍,執刀殺數人,身被重創陣亡。經錢史彤縣長呈請賞恤。

　　馬繼周,字岐山,西川沙漠人。充國民革命軍第十五路軍遊擊團團長,轉戰直、魯、豫、皖各省。民國二十一年,豫南剿共之役,陣亡。

　　白嘉惠,字景堂,三岔白家川人。民國十九年倡辦民團,頗有勇略。二十四年九月,剿共陣亡。

　　陝有祿,住馬門村,其先爲道河縣人。任陸軍三十五師騎兵團團附。民國二十五年,剿共之役,在環縣陣亡。

剡廷倉，石家溝口人。爲人排難解紛，辦理地方公益事，人稱正直。民國二十六年冬，匪劫鄰家，廷倉呼救，遇彈殞命。

余炳連，準尉排長。民國二十六年後，參加第十二戰區抗日，前防血戰光榮陣亡將士。三十六年，蒙該戰區司令長官傅作義贈"氣壯山河"四字錦標一幟，並致慰問書于該排長之遺族。

張得才，一等兵。

鄭子俊，上等兵。

以上二名均城關鎮人。

張生榮，一等兵，張化鄉人。

李應才，下士，大灣鄉人。

張維翰，準尉，城陽鄉人。

何生秀，上士。

楊生華，中士。均城陽鄉人。

馬文林、劉兆勳、邵福祥，均上等兵，蒿店鎮人。

李應合、李守德，均一等兵，三營鎮人。

安其文，一等兵，萬安鄉人。

馬青山，上等兵。

吳彥清，上等兵。

藺占彪，上等兵。

劉得訓，二等兵。

王青山，上等兵。

任貴華，二等兵。

盧占德，中士。

顧明信，中士。

桑萬全，中士。

宋全銀，上等兵。

以上二十三名，均民國二十六年後參加第十二戰區抗日前防血戰陣亡將士。三十六年蒙該戰區司令長官傅作義，贈"邦家之光"四字錦標一幟，並致慰問書於各將士之遺族。

張玉麟，瓦亭人。民國二十七年元月，有匪十餘人夜人瓦亭鎮搶劫，玉麟督壯丁出擊，遇彈傷亡。

陳良壁，年三十五歲，七營人。民國二十七年，任陸軍第一百二十八師中校團附，在江西瑞昌以一營兵力與日本大軍作戰，負傷，猶苦支一晝夜歸。次年五月一日,在陶家墕作工時,日寇突至,終以寡不敵衆,自殺,忠勇可嘉。師長王勁哉爲立碑,記于原陣地。

李迎恩,桐之三子,精敏强幹。民國二十八年,地方不靖,籌辦自衛,被匪傷害。

喬廷義,陸軍暫編第十五師三團三連中尉二排長。

黄金寶,陸軍第十七師四十九旅七團二營六連中士班長。

武占元,陸軍第二十九師一百六十九團一營機槍連中尉連附。

王世英,陸軍第七十五軍六師十六團一營一連中士班長。

尼彦清,陸軍第一百零一師三百零二團九連一等兵。

龐占元,陸軍第八十一軍三十五師二百零五團一營機槍連上等兵。

王正忠,陸軍第八十一軍三十五師二百零五團一營三連上等兵。

余得水,陸軍第八十一軍三十五師二百零五團步炮連一等兵。

張得清,陸軍第八十一軍三十五師二百零六團二營六連上等兵。

王克勤,陸軍第八十一軍三十五師二百零五團三營四連上等兵。

馬得福,陸軍第八十一軍三十五師第五團步炮連中士班長。

馬保仁,陸軍第四十五師一百二十九團連一等兵。

馬武林,陸軍第八十一軍三十五師二百零七團三營六連下士副班長。

張永華,陸軍第八十一軍三十五師二百零六團二營四連一等兵。

劉進才,陸軍第八十一軍三十五師二百零五團一營三連上等兵。

以上十五名,均系民國二十九年以後抗日陣亡將士。

馬忠義,字少眉,教場人。中央軍校畢業,任陸軍第二十六師及預備第七師連排長等職。民國三十四年二月參加伊犁戰事陣亡,年二十六歲。

徐效正、楊文萃、李維新,以上三名,皆被匪傷亡,事略不詳。

孝淑　　凡孝友淑賢者屬之

漢

梁皇后,順帝順烈梁皇后,大將軍梁商女也。少善組繡。永建三年,選入掖庭爲貴人,嗣立爲后。德惠聰謙,不敢有驕專之心。每見日月蝕變,輒降服自求其愆。居常言曰:"陽以博施爲德,陰以不專爲義。《易》序貫魚,《詩》美螽斯,此百福所由興也。"順帝益加敬焉。生和帝,后晚年臨朝秉政。

皇甫規妻,軼其姓氏,善屬文,能草書,時爲規答札記。及規亡,董卓豔其美,欲聘焉。氏乃詣卓門痛罵,情詞酸愴,卓使群奴拔刀圍之,更屬色曰:"羌戎之種,毒害天下,猶未足耶? 皇甫奕世清德,爲漢忠臣,今敢欲行非禮耶?"卓乃懸其頭于車輓，遂死車下。後人圖其像，號曰禮宗云。

北魏

蔡佑，安定人，父襲，平舒縣伯。佑少有大志，事母以孝。仕魏爲都督，累遷司馬，所得禄秩，盡散宗族。及卒，家無餘財。

北周

梁彥光，字修芝，烏氏人。少有至性。七歲時，父疾篤，醫云：“須紫石英治之。”彥光遍求弗得，憂戚倍形於色。忽至田畔，拾得一物，持歸以示醫，醫曰：“即紫石英也。”投諸藥，果瘳。人稱爲孝感所致云。

隋

田德懋，高平人，仁恭次子也，以孝聞。開皇初，父歿，哀毀骨立，廬於墓側，以手掬土成墳。隋帝聞而嘉之，賜絹二百匹、米五百石，旌獎其門。

明

胥恭，固原衛人。父亡，哭泣出血，勺水不入口者七日。母昌氏，年已七十，遘宿疾，衆醫弗敢治，藥餌莫效。恭齋沐籲天，乞以身代，割股肉和藥飲之，果愈。氏齒更生，髮轉黑，至八十而卒。時人稱重，旌揚之。

馮趙氏，馮宣妻，年二十三而寡，家貧，育幼子銘鎮成立。壽八十四，有司表揚之。

彭楊氏，彭珏妻，年二十四而寡，家貧，誓死自守。壽七十七，旌表攸嘉。

黃夏氏，黃准妻，年二十四，生子未周月，准亡。夏撫遺子，養舅姑。姑氏憫甇弱，欲嫁之，夏以死自誓，爲女工以給養。壽七十三，旌爲貞壽之門。

梁王氏，梁輔妻，年二十三，輔亡，有二子在繈褓。備歷艱苦，勤女工以養姑育子，凡五十餘年，鄉人重之。壽八十三，有司旌其門。

趙葉氏，生員趙欽妻，年二十五，欽卒。遺二子廷璋、廷瑚，甫三歲，葉撫養劬育，備諸艱辛，雖親戚邀請亦不往。瑚爲學弟子員。壽六十二，旌揚之。

陳郭氏，百户長陳琮妻，琮戰歿，郭年二十四。撫孤源，嗣官。壽八十三，旌表其門。

翟白氏，生員翟元妻，年二十五，元亡。貧苦撫遺孤棟、楷均成立，壽六十三。鄉里稱賢，旌之。

徐張氏，生員徐效妻，效死，張年二十七。鞠育二子咸成立，壽八十有四，有司旌表。

李溫氏，李子友妻，子友歿，溫慷慨以殉。時年二十四，旌表如例。

景李氏，景可樂妻，可樂以疾卒，李哀傷死，旌之。

單趙氏，單養棟妾也。養棟死，趙方十九歲，殉柩前。有司表揚。

韓徐氏,氏應韓杞聘,未合巹而杞殤。徐聞之,潛自縊死。有司表揚。

蕭唐氏,指揮蕭濂妻。濂死時,子韶成幼孤,唐撫之成立,以才勇官寧夏。遇悖劉之變,全家被羈,唐教子以忠,堅不從逆。事平,嘉其"女中丈夫",顏表其門。

清

王柴氏,王弘綱妻,年二十二,夫亡。撫孤守節,歲遇荒歉,日不舉火,以死自守。守節三十一年,孝養翁姑,撫孤成立。康熙初,具題旌表如例。

趙尚氏,趙國寧妻,夫亡,氏年二十八。孝事翁姑,後相繼逝,喪葬盡禮,撫子成立,壽九十三歲。康熙中,具題旌表如例。

齊藺氏,齊芝瑞妻,家紅城堡。康熙中,夫亡,氏年三十。守志不渝,計五十四載。卒於乾隆壬申,①壽八十四,請旌表焉。先是辛未歲,②恭逢萬壽慶典,蒙恩賜粟帛酒肉如例。

黎吳氏,黎天祿妻,夫亡,氏年二十六,持刀自刎。官立石表之曰:"白刃明心,殺身成仁。"或云康熙時人。

孫馬氏,孫世祿妻。康熙初,世祿從征湖南茅麓山匪,殉難。氏守節撫孤,子繼宗以武功顯,官甘肅提督。雍正五年,旌表如例。

楊柳氏,生員楊嘉玥妻。康熙間,玥疾篤,氏以死許。及卒,悲泣三日,潛自縊,年未滿二十,洵可風也。

黎滿氏,二品廕生黎守忠之母也。家大營川。康熙四十一年,夫亡,氏年十八。教子成名,堅苦自勵。乾隆二十年卒,壽七十一,計守節五十三載,呈請旌表如例。

馬李氏,馬志啟妻。啟故,氏年二十二。欲自絕,念翁姑在堂,堅志毀形守節。雍正三年,具題旌表如例。

馬從龍,九歲喪父,事母尤孝。母病,衣不解帶,臥榻側,藥必親嘗而後進。及歿,廬墓三年。諸幼弟及侄,均教之成立,讓產共爨,非公事不入官署。雍正中,里人呈請旌表,列鄉賢祠祀之。

別錢氏,別景彝妻,居別家莊。康熙中,夫亡,氏年二十四。事姑以孝,家貧,子可池、侄可錦、可澶,均幼,力撫之,悉以成立。雍正甲寅卒。③ 乾隆初,旌表賜額曰"孝義貞節"。

文王氏,守備文理妻。文理于雍正七年出征巴里坤,在營病故。氏聞訃,悲號投繯自盡。

---

① 乾隆壬申:乾隆十七年(1752)。
② 辛未:乾隆十六年(1751)。
③ 雍正甲寅:雍正十二年(1734)。

段氏,軼其夫名。夫嘗讀書於外塾,有狂者窺氏姿艷,猝入其室誘之,氏不從,狂者棍毆殞命,投屍井中。事發,將狂者置諸法,而有司嘉氏慘烈,具情以請。雍正九年,具題旌表如例。

賈高氏,庠生賈世繪母。乾隆初,夫亡,氏年二十,繪尚繈褓,撫之成立。守節十九年,鄉里爲銘其墓,得請旌表如例。

張伏璽,鹽茶廳人。乾隆十四年,其父孔正病篤,璽侍卧榻,目不交睫者三月。醫士皆束手。忽禱於神,示以當食雞肉,家貧無以供。乃忽悟曰:璽,酉相也,遂詣灶前,執刀刲左臂肉一片,長五寸,炊而進之,果痊。里人具狀,請旌表如例。廳丞朱亨衍額其門曰"純孝格天"。

馬成,字德齋。父自善,早年從軍,雙目侵寒風,致於盲。嗣成官潼關,迎養于廨,朝夕以舌吮之,並禱神藥。年餘自善目復光,明采炯炯,僉稱純孝所致。

陳大寅,家道中裕,孝友和睦,治家以忍讓相尚。丁口蕃衍,稱爲巨族,而篤本支,七世同爨。

祁夏氏,祁貴有妻,居祁家堡。乾隆丁未,[1]夫亡,氏年二十四。孝事翁姑,撫嗣子秀如己出,門祚再興。守節六十三載,道光庚戌卒,[2]壽八十七,秀亦登大耋。里人稱爲貞德之門。

唐楊氏,庠生唐鋭妻,居唐家堡。乾隆中,夫亡,氏年四十。事翁姑,濟貧乏,以孝慈稱。守節四十三載,卒於道光乙酉,[3]壽八十三。子紹鼎入州庠,氏教誨力也。請旌表如例。

趙陳氏,家於北鄉趙家寺。其墓碑存闕有差,夫與子俱無考,惟識其生於乾隆,卒於嘉慶庚午。[4]家貧,居孀時,上有翁姑,下有孩提,操勞數十載,子孫入庠。皇恩旌表數語,以是知氏之貞孝洵可貴也。

包張氏,包元貞母。嘉慶初,夫亡,子幼,氏年二十,堅心耐苦,門祚復興。守節二十六載,道光三年,旌表如例。族人以"孀露永懷"額其墓。

王黃氏,王處士妻。嘉慶初,夫亡,氏年二十八,子尚賢甫周歲,撫以成立。守節三十一載,道光中,旌表如例。

晏吳氏,晏君瑞妻,家北關。夫亡,氏年二十九,子志誠甫五齡,撫以成立。咸豐甲寅卒,[5]壽七十四。守節四十五載,時人稱之。

鄭王氏,鄭如莪妻,家白滈池。嘉慶初夫亡,氏年二十一,守節四十五載。道

<hr>

① 乾隆丁未:乾隆五十二年(1787)。
② 道光庚戌:道光三十年(1850)。
③ 道光乙酉:道光五年(1825)。
④ 嘉慶庚午:嘉慶十五年(1810)。
⑤ 咸豐甲寅:咸豐四年(1854)。

光中,壽六十六,里人稱頌,請旌表如例。

楊朱氏,楊存侄之母也,家楊忠堡。嘉慶十四年,夫亡,氏年十九,子尚乳哺,盡心撫育,誓志靡他,鄉隣咸爲推重。同治元年殉于難,壽七十三,計守節五十四載。

鄭白氏,職員鄭如蘭妻,家白澇池。嘉慶中夫亡,氏年二十八,撫孤耐貧,子玉瑄賴以成。同治元年,殉于難,壽七十四。守節四十六載,入《忠義錄》表揚之。

鄭賀氏,鄭玉珉妻,家白澇池。嘉慶中夫亡,氏年二十七,子大佑尚乳哺,誓志撫成,入大學。同治初,殉于難,壽七十二。守節四十五載,入《忠義錄》表揚之。

錢周氏,錢萬慶妻,家錢英堡。嘉慶中,適錢,既婚未三月,萬慶暴亡。氏哀痛靡極,絶食泣血而卒,年猶未及二十。里人彙請,旌表如例。

馬柯氏,提督馬進祥之祖,居沙漠兒莊。嘉慶十九年,夫亡,氏年二十九。堅苦自勵,孝謹嚴正,教子世芳成立。同治四年,回亂,避難於州城,城陷,驚悸而卒,時年八十。計守節五十一載,呈請旌表如例。其同殉者,媳柯氏、孫媳馬氏。

賈何氏,賈應太妻,嘉慶中適賈。賦性閒静,精習籌算。事翁姑以順,與妯娌無忤。鄉隣有稱貸者,必竭貲助之。應太始而務農,繼而經商,氏佐其會計出納,悉稱平允。教其子尚才,以商業興家。

馬馬氏,馬元妻。元家貧,劾力行伍。嘉慶初,川陝不靖,從征於外,氏承順姑嫜,自食藜藿,而奉饌必以甘旨,俾元無内顧憂。元在軍身受矛傷而歸,氏求醫乞藥,洗創扶疾,目不交睫者數月。夜必禱天,願以身代,備極艱勞,鄰里爲之感動。

景王氏,景萬禄妻,居馬家河。嘉慶二十年,夫亡,氏年三十,子儒通尚垂髫。家極貧,氏負薪刈禾,堅苦撫育,得以成立。道光三十年卒,壽六十五,計守節三十五載。

馬柯氏,馬世芳妻,提督進祥之母也。道光二十一年,夫亡,氏年三十。事姑以孝,撫子以慈,鄉里頌其賢慧。同治四年,避難於城。姑死,氏泣血漬襟,悲號而卒,年五十五。守節二十五年,呈請旌表如例。

馬黄氏,馬會妻,家西北鄉。道光元年,夫亡,氏年十九,子萬福甫彌月,氏堅心撫成。福入伍,擢潼關把總,迎養於署。光緒十一年卒,壽八十四,計守節六十五載。寅僚頌之曰"母慈子孝",洵紀實也。

王黄氏,王鈞妻,家本城。道光初,夫亡於關外,氏年二十七。翁姑垂暮,子種科幼,氏仰事俯畜,孝慈兼盡。同治初卒,壽六十八,守節四十一載。種科官慶陽千總,孫銘貢生,鈺經制,時人謂貞德所致。光緒中,請旌表如例。

　　顧祁氏，顧思道妻，居曹家堡。道光初，夫亡，氏年二十七。翁姑垂老，子在繦褓，凡殯葬教誨，以一身任之，守節三十四載。同治初，避難入城，舉家盡殉。氏壽六十一，《忠義録》載之。

　　李余氏，貢生李輔弼母。道光十年，以苦節呈請旌表如例。其生卒年無考，所存者，僅斷碑一角可識其爲輔弼母，並建坊年月耳。

　　張虎氏，張大德妻，家州城。道光初，適大德甫二月，大德從戎，赴葉爾羌防禦，音訊杳然，不知所終。氏堅苦自守，事翁姑疾，目不交睫者累月，祭葬如禮。教嗣子國禎成立，後入州庠，家道賴以復興。咸豐八年卒，計守節逾三十載。里人頌之曰"孝節兼隆"。

　　杜党氏，杜培梓母，家本城。道光中夫亡，誓志撫孤。同治二年，回匪踞城，培梓巷戰不支，氏叱之曰："毋退縮！"賊入廬，氏罵不絶口，仰藥死，時守節已二十五載。光緒初，旌表如例。

　　徐張氏，武生徐升妻，家本城。道光中夫亡，誓志不醮。同治二年，城陷，其翁承綬、弟榮花力戰，氏爲之餉食。賊隨其行，氏窘甚，見鄰屋火起，遂縱身撲火而死。時守節二十二載，光緒初，旌表如例。

　　房孟氏，房若石妻，家澗霑霢堡。道光中夫亡，氏年十八。孝奉翁姑，子美輪、延齡均幼，竭力撫成。同治年回亂，氏出貲，令夫弟肯構與二子召集鄉團，賊屢攻堡未破。三年夏，陝回大股來撲，延齡入城求援，肯構、美輪俱戰殉，賊執氏及媳王氏、賀氏，女改香等，索糧急，遂指酋痛罵，賊怒，齊縛而寸磔之。時守節已二十七載，光緒初，均旌表如例。

　　姚欒氏，姚積慶妻，家長安堡。道光中夫亡，氏年二十二，子玉蓮幼，備嘗艱苦。同治初，玉蓮從軍于董志原陣亡。氏聞而悲之曰：子死無生計，遂投井而斃。時年四十五，守節二十三載。

　　余陳氏，余興堯妻，道光中夫亡，氏年三十二。雙親二子，家貧乏養，以針黹糊口，不渝其志。同治初回亂，偕子奔陝，乞食得生，旋歸務農，家道漸裕。光緒乙亥卒，[1]壽八十五，守節五十三載，里人頌之。

　　宣侯氏，宣德妻，家本城。道光中，夫從征西域，戰殁。氏年二十一，家貧子幼，劬育無閑日。同治二年，爲賊所殺，計其時守節已二十餘載。

　　阿侯氏，阿繼曾妻，居大營堡。道光中夫亡，氏年十九。事翁盡禮，氏無出，以侄柱、棟嗣，撫以成立。同治初回亂，賊掠其家，氏恐受辱，投井而死，年四十一，計守節已二十三載。媳洪氏、邵氏同殉。

----

①　光緒乙亥：光緒元年(1875)。

計褚氏,計滿統妻,家州城。道光中夫亡,氏年十九。孝事翁姑,苦節自持,同治初,避難於平涼,城陷,翁姑逝,鬻衣珥以殮,氏痛急,投井而死,時守節已二十餘載。光緒中,甘肅學政吳公緯炳,獎以額曰“節烈可風”。知州王學伊獎以額曰“慈竹風清”。

竇吳氏,竇居妻,道光中夫亡,氏年二十四。子應愛尚繦褓,撫育備竭心力。同治二年回亂,攜其子與姪尕黑兒,避難山谷間,尤極艱苦,乃以遇賊自殉,時守節已二十餘載。

馬單氏,馬寶祥妻,家沙漠兒莊。道光十九年,夫亡,氏年二十九,子蛟兒甫七齡。立志撫孤,備嘗艱苦,恒自忍饑以哺之,及長,務農授室。同治四年卒,年五十六,計守節二十七載。

王盧氏,王發妻,家王明堡。道光二十一年,夫亡,氏年二十九。煢然孤處,子甲申、甲榮均幼,氏夏則芸田,冬則紉衣,爲糊口計。母家偶有津貼,既而母勸其嫁,氏力阻之。至此,雖一粥一縷,亦不受母憐,二子賴以成室。光緒二十二年卒,壽八十四,計守節五十五載。

鄭劉氏,鄭天彩妻,家南關。道光二十二年,夫亡,氏年二十八。子國禎尚幼,立志堅苦,撫以成室,後入武庠,保守備,皆氏教誨所致。同治八年卒,年五十六,計守節已二十八載。光緒中,甘肅學政葉公昌熾額其門曰“歲寒松柏”,並旌表如例。

梁楊氏,梁才妻,家州城。才有膂力,投提標充馬兵,道光間,奉調換防葉爾羌,以積勞卒於軍。氏教子有方,次子滿福,保遊擊。同治初回亂,氏囑其子曰:“爲國盡忠,無二心也。”乃自縊,時守節已十餘載。

單柳氏,武生單秀妻,家州城。道光二十二年,夫亡,氏年二十二。事翁姑盡禮,子鵬雲甫周歲,氏誓志撫成。同治初,避難于李俊堡,鬻餅餌以資生活。母子相依,人稱慈愛。光緒二十九年卒,壽八十四,計守節六十二載。

王韓氏,王漢同妻,家白崖子。道光二十三年,夫亡,氏年二十七,貧無立錐,子起應尚在髫齡,氏撫之成室。同治六年,回匪擾堡,起應充團丁,遇賊被創死,氏痛哭曰:“吾命休矣。”遂引刀自刎。年五十二,時守節已二十五載。

陳王氏,陳乃幹妻,居陳家坪。道光二十四年,夫亡,氏年二十七。家貧子幼,誓志靡他,子長生孫,經營婚娶,皆氏劬勞之力。嗣以子孫俱夭逝,更撫曾孫,以耕讀爲業。存年九十三,計守節已六十六載。

常稀有之祖母,於清道、咸間,氏十八歲守節,頗著賢聲。該堡中街有勅建節孝牌坊一座,規模宏壯,同治元年遭變,此坊焚毀,節婦之姓亦失傳。現甘溝店子中街,牌坊遺址尚存,故記之以存梗概。

　　馮錢氏，青年孀居，遺孤儀五歲，撫育至二十歲授室。甫生子，竟以暴疾死，又撫孤孫授室。及曾孫生，又疾殤。氏憂勤備至，心力俱瘁，卒撫曾孫至十五歲授室。教理家務。氏八十七歲無疾而卒。其節儉精神爲人不可及也。事在道光二十三年間。

　　姬九疇，居姬家陽岤，附生發周祖也。咸豐初，其父卒，乃築茅椽止墓側，足不及家將三載。其妻具食往視，九疇棄所食，直叱之曰：“若婦不敬。”由是仍廬墓者三年，計先後六載。里人呈請旌表，列孝子祠以祀之。

　　張珍兒，張鳳翔女，家本城。咸豐初，十六歲，字于邑人蕭姓，將聘而蕭殤，女隨母翟氏往吊，哭甚哀，歸謂母曰：“當效母之持節以終也。”未幾，復有問字者，女聞之，面壁隱泣。母或勸慰，女則以死誓，遂終身依母而居焉。同治二年，城破，自縊於家祠。

　　陳士學，附生，居唐家灣。咸豐時人，訓蒙爲業，事繼母至孝，己輒忍饑，而菽水無缺。同治初回亂，賊酋戒於衆曰：“此地有陳先生，孝子也，不可犯其廬。”旋病卒，酋爲厚殮如禮，年六十二。積孝所感，弗可及也。

　　張翟氏，張風翔妻，家本城。咸豐元年，夫亡，氏年三十，子玉德甫九歲，誓志撫之。同治二年回亂城陷，氏恐有侵辱，遂自縊於家祠，年四十三，計守節已十三載。

　　馬蘇氏，馬義林之母也，居黃家堡。咸豐元年，夫亡，氏年二十八。善理穡事，撫孤勤劬，鄉間稱之曰馬姥。年八十六，計守節已五十八載。

　　秦陸氏，秦得越妻，家鹽泥溝。咸豐二年，夫亡，氏年二十九，子禄尚幼，撫子成立。同治初，避難通渭，母子相依，力田授室。光緒二十二年卒，壽七十四，計守節四十五載。

　　張路氏，張天喜妻，家西門。咸豐初夫亡，氏年二十九。家貧，篤敬翁姑，三子均幼，以針黹爲生。同治初，全家殉難，攜其侄禄及族孫逃至靈臺，傭工糊口。旋歸家，業漸起，壽八十二。守節五十三載，爲請旌表如例。

　　韓希天，廩生，居五營。幼喪父，其母邱氏撫之成立，事母至孝，以舌耕供甘旨。同治元年回亂，賊據村人盡殺之。及獲希天，賊酋大呼曰：“此韓孝子也，不可殺也。”遂負母而逃，其孝行感人如此。三年城陷，母子同殉，悲哉！

　　吳居中，居蒲條川。賦性至孝，其父母歿，繪遺像二軸，朝夕供饌，如定省禮。同治回亂，村人多挾貲財以逃，居中惟負像奔於陝。中途遇賊，欲奪所負，居中以實對曰：“此父母像也。”賊奇而釋之。後舉者賓。

　　柴氏、吳氏、韓氏、蔡氏、王氏、劉氏、常氏、梅氏、陳氏、趙氏、郭氏、田氏、賈氏、段氏、黃氏，以上十五氏係道咸時人，無事略。

劉占川，家盤路坡。同治三年，回亂，占川負其孀母宋氏避難奔走。宋氏曰：“我以老憊，死無足惜，汝力乏，其棄我以去，尚可存宗祀也。”占川抱母泣，賊忽至，將殺其母，占川哀號，求以身代，泣出血盈盌。有老酋奇其狀，並釋之。遂逃至鄜州，乞食供母養。後歸籍務農，事葬如禮。

景元吉，馬家河人。家有老母，素以孝聞。同治初回亂，元吉負母以行。中途遇賊，左臂被砍，骨損，口不呼痛，猶負母至平涼，乞食侍養，而以草根充饑。亂既平，奉母歸，務農起家。後其母得壽七十有七，而元吉孺慕依依，尤極誠篤，鄉里頌之，額其門曰“慈孝兼優”。

杜高氏，杜培梓孀母，咸豐初夫亡。同治二年，城陷，與其嫂党氏同仰藥死。時守節十三載。光緒初，旌表如例。

王翠環，王秉堃女，家駒妹也。世居本城，年已待字，值同治二年回亂城陷，相議仰藥。賊獲堃及駒，女呼救，賊視其美，欲挾之去，女曰：“必釋我父兄，當從所謀。”賊允焉。女又曰：“弱不能騎，應以輿行隨。”賊喜甚，牽輿載之，女於輿中服所懷藥，未抵賊巢，毒發竟死。

王師氏，王萬貴妻，家羊坊莊。氏賦性誠樸，能耐勞苦。同治初回亂，氏不善走，未及逃，而懼爲賊擄，遂自匿古窖中。其族孀雷氏，伺隙餽食。自春徂夏，窖中蟲蛆雜起，濕穢薰蒸，氏亦自若。雷氏見其腰腿攣曲，無復人形，因勸之曰：“今而後可無慮賊擄矣”，強援之出窖。一日賊隊擾境，氏將決意投井，忽聞崖上有呼氏而哭之者，氏仰視之，乃其夫與弟也，始相與逃，得免難。光緒二十八年卒，壽六十六。

田潘氏，田厚祺妻也。祺官武職，家素貧，氏上事翁姑，以孝敬聞於鄉里。祺遇調防時，餱糧鎧甲，恒質簪珥以助。每冬令縫寄冬衣，十指爲皴，而寒窗刀尺聲仍不輟也。同治初回亂，家人悉被戕，氏掬土瘞之，免得暴露，無何爲賊所執，氏痛罵不絕口，賊忿刃斷其右臂而死。嗚呼！如氏者，可謂賢且烈矣。

惠張氏，惠通妻，家北關。咸豐初，通以馬兵從征江南陣亡，氏年二十五。孝翁姑，事葬如禮。同治初城陷，氏與其姒娣劉氏、趙氏，同投井而斃。守節七年，時人哀之。

鄭符氏，鄭大俊妻，家州城。咸豐初夫亡，氏堅苦自守。同治元年，回亂，賊突至，執氏欲逼之妻，氏罵不絕口，聲色俱厲。賊知不可犯，遂以鐵錘擊其首，血迸裂而卒。時守節已十餘載，里人以勁烈頌之。

李戴氏，李春芳妻，家毛居士井。咸豐四年，夫亡，氏年二十四。子昌林、昌祺均在乳哺，氏備工撫之。同治初回亂，兵連歲歉，或勸之醮，氏曰：“嫁而生，不如守而死也。”後二子悉務農于二營川。光緒二十一年卒，壽六十五，守節四十二載。

　　閻趙氏，閻盛元妻，家馬蓮川。咸豐五年，夫亡，氏年二十六。子三：如昌、如霖、如雲，均幼，誓志撫鞠。同治初回亂，獲氏，以煅鐵烙其背，將逼之。氏大聲痛罵，終未爲污，賊盡掠其貲糧而散，乃攜子逃於西馬營。時有勸醮者，氏曰："幸脫虎口，死無二心矣。"嗣以行備得歸。光緒三十年卒，壽七十四，計守節四十八載。子如霖入伍，洊都司。孫維漢入邑庠。論者謂苦節之報，信不爽也。

　　郭楊氏，郭守備妻，居閻家墩。咸豐六年，夫亡，氏年三十二。善事翁姑；子世清、世滿，劬勞撫鞠，均得成立。光緒二十四年卒，壽七十四，計守節四十三載。

　　盧楊氏，盧彭生之母也，家二營堡。咸豐六年，夫亡，氏年四十一，力撫其子彭生、榮生均成立，門祚賴以復起。年九十五，計守節已五十四載。今彭生保千總，孫曾蕃衍，四世同堂，是可頌曰"德門壽母"。

　　張劉氏，張思雲之母也，家廣寧監。咸豐七年，夫亡，氏年二十九。家貧，食藜藿以自甘，撫三子，長、次早逝，惟思雲成立。同治初，避難涇州，備屬艱險，而節操彌堅。年八十二，計守節五十三載。

　　張紀氏，秦安營千總張風麟妻，家本城。咸豐中從征濟寧，戰歿。氏以子清和甫周歲，立志守之。同治二年，城陷，氏自縊於室，年二十三。

　　苟杭氏，苟世春之母也，居沈家河。咸豐八年，夫亡，氏年二十八。撫育三子世春、占春、逢春，均成立。年八十，計守節五十二載。

　　馮丁氏，馮祐妻，家南關。咸豐九年，夫亡，氏年三十。家貧子幼，誓志不移。同治初回亂，攜子避山谷間，飲冰茹蘗，艱苦異常，晏如也。亂平歸里，其子克勤習武事，得官守備，皆氏教育之力。光緒十二年卒，年五十八，計守節二十八載。

　　馬馬氏，馬進瑞妻，居沙漠耳莊。咸豐九年，夫亡，氏年二十六。孝敬重慈，教子成立。同治四年，與其祖姑柯氏避亂僑居州城。以祖姑死，氏仰天大呼曰："吾其相從於地下乎！"撫棺痛哭而卒，時年三十二。

　　王董氏，王榮之母也，居孟家溝。咸豐間夫亡，氏年三十六。以農業教子，家道漸興。賦性尤好施與，鄰里多稱其惠。年八十四，計守節四十八載。

　　王李氏，王贊襄之祖母也。同治年回亂夫亡，氏年十九。攜一子一侄避難于秦州，中途遇賊，或勸之曰："曷舍侄而存子乎？"氏曰："子與侄均宗祧所重也，雖死何敢分親疏。"竭力撫成。後歸里務農，備歷艱辛，誓志不渝。光緒三十二年卒，壽六十四，計守節四十五載。

　　保陸氏，保得玉妻，家楊郎莊。同治九年，得玉集鄉團禦回，舉家殉難。氏年三十五，負其侄孫安民逃于外，傭工撫養，得以成立，亂定歸農。光緒癸卯卒，①壽七十七，守節四十二載。甘肅學政葉公昌熾額其門曰“天隨節裔”，並爲旌表如例。

　　邱張氏，武生邱鳳舞妻，家七營。同治元年，鳳舞殉于戰，氏攜其女逃山谷間，有亂黨謂曰：“爲室免死。”氏抓面流血，大罵拒脱。復逃至杜姓門，將乞食，杜婦憐而與之。氏曰：“若有子，當以女爲若媳。”杜允焉。氏旋出，及崖呼天泣曰：“吾夫所遺者此女耳，今得所依，可無憾。”遂撞石而死。光緒初，旌表如例。

　　南杜氏，貢生南化行妻，家七營。同治元年，回亂，氏欲負其姑王氏逃。姑令其獨行，氏不可。姑復厲聲曰：“勿以我累而誤。”遂投井。氏應曰：“當從姑于地下。”亦入井死。光緒初，旌表如例。

　　楊牛氏，楊生春妻。楊太原籍，商于平遠所。同治元年，楊充團丁戰亡。賊執氏欲逼之，罵不絶口，終莫能屈，遂仰藥死。光緒初，旌表如例。

　　姚劉氏，姚積壽妻，家長安堡。同治元年，回亂，積壽充團長戰死，氏年三十三，繈負其子玉興，避難醴泉，撫孤成立。光緒乙巳卒，②壽七十七，守節四十四載。

　　邱江氏，邱輪妻，家後山堡。氏事翁惟謹。同治元年，輪中炮亡，有逆回阿訇勸之醮，拒罵得脱，遂飲酖死。年二十二。

　　葉張氏，葉生長妻，居閻家馬路。同治元年，回亂，避難于張家山。夫亡，氏經營喪殮如禮，哀毀泣血。既殯，氏自縊以殉，時年二十一。

　　閻許氏，閻積妻，家本城。同治元年，夫亡，氏年二十九，苦心孤詣，孑然自持。光緒二十八年卒，壽六十九，守節四十載。

　　倪高氏，倪萬海妻，家五里山。同治二年，夫歿於寶雞縣城。氏年三十六，子生髮甫垂髫，撫育務農，家業漸裕。年八十三，計守節四十七載。孫五、曾孫二，同堂四世，尤足樂也。殆夫忠婦節之感召歟！

　　陳梁氏，陳茂懷妻，家四營里。同治四年，回亂，有賊目慕其姿，使人紿之，許以相保而不相害，而其意實欲殺茂懷而奪氏也。微泄所謀，氏痛罵竟日，遂自縊死，年十九。茂懷亦逃，不知所終。

　　海氏，馬義春妾，住馬家高莊。同治元年，回亂，義春殉於陣。氏適歸寧，聞耗引刃自刎，年二十歲。

　　張楊氏，軼其夫名，家州城。同治初回亂，城陷，被賊獲，氏且泣且罵，眥血迸

_____

①　光緒癸卯：光緒二十九年（1903）。
②　光緒乙巳：光緒三十一年（1905）。

裂,撲井而死,年三十一。光緒初旌表。

李韓氏,李禎妻,家四營里。同治初,禎死於兵。有逆酋見氏少艾,將脅之。乃乘間跳崖,投諸水淹斃,年二十二。

劉蔡氏,劉奇化母,家平遠所。同治初,回酋據堡、奇化負氏遁,至下馬關,關復被圍。氏曰:"我老且憊,死亦何惜,汝應速逃。"奇化泣不忍心,賊隊忽蜂擁來,氏引刀自刎,奇化瘞其骸奔走。光緒初,旌表如例。

龐劉氏,龐某妻,家范馬溝。同治初夫歿於難。氏素孝姑,遂偕姑同逃,中途遇賊,執氏曰:"若肯爲婦乎?"氏曰:"姑媳相依爲命,斷不忍舍姑而從賊也。"姑亦罵不絕口,賊遂殺其姑,氏亦撲崖而卒。

曾盧氏,曾某妻,家東城。同治初回亂,氏偕翁姑避難硝河。中途姑足疲,不能前,氏負以行。忽遇賊殺其翁姑,將逼氏,氏痛罵不絕,縱身撲崖,賊更以矛刺之而卒。

馬氏,陳得有妻,家黃土橋。同治八年,夫亡,無子,氏年二十一,誓以身殉。族中爲擇嗣,乃撫如己出,耕讀傳家。年六十一,守節四十一年。

劉賈氏,劉用志妻,居劉家溝。同治六年,夫亡,氏年三十一。以侄得亮爲嗣,撫如己出,教養周至。亮入邑庠,鄉黨稱其賢德所致。光緒三十四年卒,壽七十二,計守節四十一載。

計史氏,計如泰妻,家縣城。同治中夫亡,氏年二十九。家貧,以織紉度日,教其子定清讀,旋食廩餼,里人重其節。光緒庚子,[①]以守節三十二載,蒙甘肅學政夏公啟愈以"柏舟高節"額其門,旌表如例。年七十五。

馮氏,軍功張占奇妻。同治間夫亡,氏年二十五。子錫義尚繈褓,備受艱辛,得以成立,保把總。氏年七十,守節四十五載。

陳席氏,貢生陳生秀妻,居陳家坪。同治中夫亡,氏年四十。子昌續幼,力撫成名,食廩餼。子亡,復撫孫景藩,入邑庠,里人以慈姥稱。年八十五,計守節已四十五載。

程李氏,孝義廳都司程步堂妻,居黑城鎮。同治間夫亡,氏年三十七。家甚貧,子萬春甫四歲,堅心撫之,賴縫紉爲糊口計,子賴以成立。光緒辛丑年卒,壽六十七,計守節三十載。知州張西元瀠以"志潔行芳"額其廬。

宋計氏,宋某妻,居南關宋家巷道。同治間回亂,舉家避於鄉,留二僕在城守其門。賊既踞城,知宋素豐,拘一僕索藏金,並云金既未得,必赴鄉攜計氏始甘心焉。僕潛逃,詣氏前備述賊言,氏乃剪髮毀形,將議遠遁。賊忽至執氏,氏厲聲痛

---

① 光緒庚子:光緒二十六年(1900)。

罵,以首觸壁,賊覓繩欲縛去,氏乘間狂奔,墮崖而死。時年二十四。

甄朱氏,甄滿科妻,居趙家嶺。同治間夫亡,氏年三十二。子發俊、發連均髫齡,氏竭力撫成,教養周至。家道漸興,尤好施與。光緒三十二年卒,壽七十二,計守節四十載。

侯王氏,增生侯汝梅母。劉氏,汝梅妻,居侯家堡。同治間回亂,姑媳同避于城,賊至,王氏投井,劉大呼曰:"姑其與我同赴九泉乎!"亦縱身井中而死。井在西關城下,至今人稱之曰雙烈井。

韓趙氏,廩生韓興邦之祖母也。同治間孀居。撫子教孫,悉見成名,壽八十九。光緒中,甘肅學政葉公昌熾聞其事,額其門曰"摩笄矢節"。

海馬氏,海成魚妻。同治十三年,夫亡,氏年三十一。子起雲甫二歲,家道素貧,艱辛備歷,撫子成立務農。年六十七,計守節三十六載。

祁仲賢,居本城米糧市街。光緒中,其繼母韓氏病危,百藥弗痊,仲賢憂之。鄰人戲語曰:"汝母病,當食汝肉即起。"仲賢歸,焚香禱神,自割左臂肉三寸許,和藥進之,果瘳。時人稱頌弗衰。

計元鵬,家東關。幼失怙,事母承順,先意無違。平日樂善好施,里人欽重。光緒二十七年,甘肅學政吳公緯炳額其門曰"閭里矜式"。

陳景蕃,邑貢生,事親孝敬。親歿盡禮以葬,尚有祖母在堂,尤加孝焉。祖母年至九十一歲卒,而生事、死葬、祭祀三大節,循禮不苟。鄉鄰贈以匾曰"孝廉堪表"。

陳邦義,事親孝敬,省定不苟,鄉族贈以匾額曰"孝思可風",現存。年八十一歲。

喬鍾崙,字成三,邑庠生。先是陝西臨潼人,光緒三年大荒,逐移家固原。性和寡言,接物誠,事親孝。父母病沉重時,祈神願減己壽以代,時人稱賢孝。其子森不改父風,管理義倉公項,分毫不苟。

田興旺,田家寺臺人。事母孝。母孀居數十年,壽八十一歲,興旺和顏愉容,求母歡欣,未有一時稍懈。母有疾,親奉湯藥,不離寢處,必待母病癒,心即安。鄉人多稱揚之。

牛得善,黑城人。年數歲,父母去世,賴祖母唐氏撫養。同治之亂,逃至長武。夜宿寒窯,恐祖母受寒,覓柴燒熱窯地,備卧宿;日傭工,節食以供饍。晚年尤孝謹,恒爲祖母洗首足及浣洗衣服,不假手於人,里人稱賢孝焉。其孫牛士捷,卓有祖風,事親亦以孝聞。

寇馬氏,楊忠堡人,寇大成之母。寡居五十年,清末時,享壽一百零二歲。

白張氏,住萬安監張家臺,清廩生白風至之母。仁孝出於天性。同治之亂,隨母逃至山東。母患換骨病，不能行動，氏常背負而逃，不忍棄，亂平旋里。光緒十二年夫亡，氏年三十二歲。家計寒，矢志守節，撫兩孤子，一耕一讀。並因族侄二幼子俱失怙恃，氏令歸來，撫育成人，各授室。光緒二十七年，次子風至入庠。鄉鄰妯娌不和者，氏以大義相勸戒。所到之處，男女必相曰：“白奶在此，言行宜謹。”其令人敬畏如此。民國十五年去世，七十一歲，守節三十九年。

陸榮，邑廩生，事母孝，待弟友。於鄉里中和睦，不失爲孝友之家。

張維新，字鼎臣，性孝友，事親孝以禮。父母去世後，凡家庭大小事件，必先告考妣神主前而後行之，有丁蘭刻木之意焉。

白風至，字興周，東區萬安鄉白家台人。前清邑庠生，性孝而誠，恬静寡言。母逝世後，長齋奉佛，並供母像，以耕讀表率鄉里。所著《八德家訓》一書，頗切於日用倫常，膾炙人口云。

王劉氏，王玉人妻，家桑樹溝。光緒元年，夫亡，氏年二十一，立志不醮，撫孤子幼女，均得婚嫁。鄉里稱頌，人無間然。光緒三十四年卒，年五十五，計守節三十四載。

趙張氏，貢生趙邦卿妻，家米糧市。光緒元年，夫亡，氏年二十八歲。祖翁已逾八旬，子榮祖甫周歲。氏堅忍誓志，以養老撫孤爲己任，事葬婚娶，均一力經營如禮。年七十，計守節四十二載。今榮祖年已七十，醫道濟世，不取貲謝，遵母訓也。

趙閻氏，趙克智妻，居楊家莊。光緒元年，夫亡，氏年二十九。子天錫、天瑞均幼，立志撫孤，備嘗艱苦。後天錫食廩餼，家業丕興。氏壽六十五卒，計守節三十六載，四世同堂。

雷陸氏，雷生義妻，家張易堡蟠龍坡。光緒元年，夫亡。氏年三十餘。子雲章幼，矢志撫孤，賴以成立。三十二年卒，壽七十，計守節三十二載。

羅牛氏，羅三夫妻。光緒元年，夫亡，氏年三十。子文炳幼，氏備歷勤苦，教子力學，得貢明經。年六十四卒，計守節三十四載。

高路氏，附生高折桂妻，居高家河。光緒四年，夫亡，氏年二十三。姑老子幼，立志堅苦。子凌雲，入邑庠，皆氏教誨之力。二十八年卒，年四十八，計守節二十五載。甘肅學政葉公昌熾額其門曰“編蒲閨範”，並爲旌表如例。

楊周氏，楊桂林妻，家彭陽城。光緒四年，夫亡，氏年二十七。立志奉姑，撫子成室，人以慈孝稱之。年五十七卒，計守節三十餘載。

李楊氏，守備李遇春妻，家南關。光緒六年，夫亡，氏年二十九。子森榮、森麟均幼，氏撫孤成立。森榮入武，任秦州經制，森麟亦領軍功，門楣復振。嗣於三十年卒，年五十三，計守節二十四載。甘肅學政葉公昌熾聞之，贈其額曰“節烈可風"。

楊王氏,楊海春妻,家東鄉。光緒六年,夫亡,氏年三十四。翁老子幼,家無恒産,氏堅心茹苦,事蓄兼資。年六十三,計守節二十九載。

馬宋氏,馬進樊妻,家西北鄉。光緒九年,夫亡,氏年三十九。子得倉,甫九齡,其家極貧,無儋石儲,竟堅苦力撫子成人,務農爲業。年六十五,計守節二十六載。

張李氏,都司張漢清妻,湖北人,流寓於固。光緒十年,夫亡,氏立志撫孤,治家井然。年七十,計守節三十五載。

馬馬氏,馬成祥妻,家西鄉。光緒十年,夫亡,氏年二十七。子三兒將週歲,立志撫成,自安耕鑿。年六十三,計守節三十六載。

何楊氏,何玉璽妻,居楊家山。光緒十一年,夫亡,氏年十九。事姑以順,子尚乳哺,氏誓撫之,得以成立。年五十四,計守節三十五載。

梁何氏,附生梁育德妻,家彭陽城。光緒十二年,夫亡,氏年二十六。子三均幼,家本小康,誓不移志,教子以農,悉見成立。光緒庚子歲大歉,①出粟濟貧,或勸之曰:"毋太奢。"氏曰:"我飽人飢,何以言奢乎? 人貴粟賤,何以言太奢乎? 特求吾心之所安耳。"由是鄉里亦加推重。孫男濟濟,誠積善之征也。年六十,計守節三十四載。

張李氏,把總張席珍妻,家南關。光緒十三年,夫亡,氏年二十九。子纘緒,甫七歲,竭力撫之,授讀成名。三十三年卒,年四十九,計守節二十載。

樂韓氏,樂山海妻,家西南鄉。光緒十六年,夫亡,氏年三十七。有子三,均幼。家甚貧,氏傭工撫成,置田教耕,各授室矣。年五十六,計守節二十九載。

計雷氏,計元鵬妻,家本城。光緒十六年,夫亡,氏年三十一。教子成立,備極艱苦。年六十一,計守節三十載。前甘肅學政吳公緯炳奬以額曰"茹蘗飲冰"。

馮余氏,馮有娃妻,家彭陽城。光緒十七年,有娃出外傭工,音信杳然。或以勸嫁,百計不諾,迨二十九年,里人有見其夫死所者,實告之。氏曰:"既無子,復無夫,何生爲?"哭祭七日乃自縊,時年三十一。

劉張氏,劉以張妻,家青杠溝。光緒十七年,夫亡,氏年三十六。子文敏、熙禄均幼,竭力撫育,教以義方,一入州庠,一補經制。卒年六十四,計守節二十八載。

邢郭氏,邢舉義妻,光緒二十年,夫亡,氏年二十二。子邦俊幼,立志撫之。年四十七,計守節二十五載。

---

① 光緒庚子:光緒二十六年(1900)。

尚范氏,尚有存妻,居尚家溝。光緒二十一年,回變於海城,侵略其境。賊拘氏將逼之,力拒不從,遂自縊。時年十七,可謂烈矣。

劉陳氏,都司劉顯財妻,家東關。光緒二十一年,夫戰歿於河州,氏年二十四,侍姑疾甚虔。子玉珍,尚縫褓,堅苦撫成。年四十七,計守節二十三載。

吳王氏,附生吳鏞妻,家本城。光緒二十三年,夫亡,氏年四十。子應瑞、應科均幼,教誨成立。賦性勤儉,卒年六十八歲,計守節二十八載。

徐高氏,徐某妻,居夏家塬。光緒二十四年,夫亡,氏年二十二。子尚縫褓,誓志撫孤。年四十三,計守節二十二載。

段党氏,段大章妻,光緒二十五年,夫亡,氏年二十八。教子有方,成立授室,全節自持。

喬惠氏,參將喬兆福妻,家本城。光緒三十一年,夫亡,氏撫柩痛哭,血漬於襟,仰藥而死。年二十八,爲旌表如例,文武士庶,制額式其門。

鄭謝氏,鄭德妻,居樊家莊。光緒三十二年,夫亡,氏誓以身殉,家人防之,氏勉意營殮。既葬,乃引刃死墓側。時年二十八,里人稱頌焉。

樊馬氏,樊家賢妻,居徐家高莊。光緒三十三年,夫亡,家貧,質衣飾以殮。族倚柩自刎,血淚凝地。年二十六,爲旌表如例。提督張公行志、知州王學伊製額式其廬。

姚謝氏,姚進文妻,守節五十一載。

王楊氏,王自武妻,守節四十二年。

王氏,年二十九歲夫亡,守節四十年。

韓楊氏,韓玉存妻,二十八歲而孀,守節二十餘載。

陳倪氏,陳大吉妻,家八營。守節三十餘載。

董孫氏,董寬妻,家牛營。樂善好施,侍姑以承順,生子陞官,氏誡之曰:"汝父奮蹟武功,汝宜繼其志。"每談述古忠孝事實,至宵分不倦。光緒中,從甘軍入衛,升官以母老爲慮。氏嚴斥之曰:"吾家世受國祿,今正圖報之日也,可速行,毋留戀。"升官薦總兵,皆氏教誨之力。皋蘭王世相爲銘其墓。

張王氏,張壯勤公妻,性賢淑,重於里黨,事姑尤極孝。同治初,壯勤奮志戎伍。氏背負其子儒珍,避難山谷間,剗草刈藜以爲乳哺,艱苦備嘗。嗣壯勤官喀什噶爾提督,氏至署,儉約自持,時織綢箔褐以自樂。部下婚喪有貧乏者,氏必周濟而矜全之,洵嘉德也。

董張氏,董少保福祥妻,笄年而字,性情靜淑。少保家素貧,輒不舉火,氏績紡針黹,得資助炊。以肥甘供翁姑養,而自食粗糲。姑疾篤,氏侍之,衣不解帶者數月,由是以純孝聞於鄉里。迨少保由軍功膺顯秩,氏蔬菜練裙,不染富貴氣,雖侍婢臚列，猶躬自灑掃，老而彌勤。光緒甲午，①黃河水災，氏力勸少保出金萬兩，以助賑撫。大吏廉其事，欲以惠績歸於氏，氏堅辭之，而貤獎於其孫恭。議叙如例。卒年七十三。

　　董趙氏，董少保福祥侍室也，性敏慧，尤嚴正，操持内治，上下翕和。軍民有疾苦者，恒出資周恤，使無流離，洵惠且淑。宣統己酉《州志》付梓，②籌款萬分維艱，氏慨然曰："光緒中先夫子勸修志書，曾出千金以爲提倡，乃書無片詞，而金竟虛擲。今郡侯王公獨力纂成，誠盛事也，豈可以款絀中止？"遂助朱提五百，爲剞劂資。《魯論》云："富而好禮。"爲氏有焉。

　　祁張氏，祁應興妻。潘氏，祁應奎妻。二氏治家和睦，教子義方，均爲族黨所欽重。今以《州志》告成，經費拮据，遂相議曰："州志者一郡之光也，烈名可以示不朽，吾輩雖居深閨，亦當贊助。"因其集針黹所餘，得銀二百兩以付梓。於若二氏者，始所謂能明大義，好行其德者歟。

　　吳韓氏，吳承恩妻，事親孝。姑病，刲股和藥以進，疾瘥。性循謹，與鄉鄰婦孺從無疾言遽色，尤有閨範。惜里居、年月無考。

　　雅陳氏，雅玉珍妻，居東鄉。玉珍家貧而好施，遇親串求貸者，氏質衣鬻珥以助，不違玉珍意。至於孝敬翁姑，尤極天授。翁姑既歿，氏與嬸同居，敦愛和睦，侍奉無缺。嘗曰："人生在世，時得長者教訓之，趨承之，亦樂事也。"年六十六卒。

　　劉得張，邑人劉文敏父，有墓志，見《藝文》。③

　　劉張氏，文敏生母，有墓志，見《藝文》。④

　　李段氏，志業之母，光緒初，夫少亡，守節撫孤，至於成立。壽七十餘而終。

　　夏李氏，頭營夏際文之母，性慈悲而聰慧。同治回亂，隨翁夫逃至天水，翁夫傭工他人家，氏之老姑與六歲小叔俱餒，卧床不能起。氏曰："余自愧無能，老姑、小叔餒不起，何以對翁姑乎？"乃請命于姑，以工支麥，奉姑食，姑喜而起，叔亦得甦。時人稱爲孝友之婦。

　　田黃氏，田種珊之母。光緒中夫亡，撫孤成立。子孫濟濟，壽八十而終。

　　李志業，字芳亭，住東霈霈。少失怙，事母孝，能先意承志。幼年飲酒醉甚，母驚憂。醒後母戒以勿飲，以故終身不飲酒。爲商致富，凡母所需物，必先購備；母不悅時，必百計使之歡而後止。邑人咸稱其孝。

　　宋樊氏，西山樊家莊人。夫宋老大，於光緒三十年病卒。氏年二十餘，矢志

---

①　光緒甲午：光緒二十年(1894)。
②　宣統己酉：宣統元年(1909)。《州志》：即王學伊《宣統固志》。下同。
③　參見本志卷十《藝文志・大文・清故處士劉公得張墓志》。
④　參見本志卷十《藝文志・大文・劉母張太夫人墓志》。

撫孤。小叔宋老二利其色，欲奪而嫁之。氏知其意，深夜以柔毛剪自刎而死。

王張氏，王大壽妻，性純潔。氏因夫早卒，傷其無後，遂以身殉，人多惜之。

張盧氏，張守財妻，通渭人。清光緒初年，逃難至固原而家焉，住本城。守財卒，氏撫三子，皆務農業，家道小康，子孫繁衍。氏年七十歲卒。

楊虎氏，武庠生楊國棟母，歲貢生虎繼召姑母。中年喪夫，家貧，績紡撫子，嚴慈立教。後家道豐裕，凡鄉鄰有饑寒及婚葬不舉者，聞之罔不周恤，鄰里有慈母之頌。知州王公旌其門曰“慈惠可風”。涇原道尹旌以額曰“慈竹真松”。八十三歲卒。

王夏氏，本城王仲科妻。年近三十，子女無出，仲科納妾田氏。夏性溫和，待田以禮，田以恭順，彼此相讓。後夏出二子銘、鈺，以田無子，夏將鈺給田，撫養如己出。夫逝後，夏、田矢志柏舟，二十餘年，情同姐妹。撫子均已成名，夏受清封四品恭人，田亦例贈恭人，均頒有誥命。夏、田均年逾古稀，足爲一門之慶也。

閻田氏，北鄉七營鎮閻家嶐峴閻得海妻。光緒二十七年夫歿，氏二十八歲，守節撫二子。計守節四十二年，力勤稼穡，享年七十一歲。

崔馮氏，崔文達妻，恪守婦道。宣統三年夫故，遺子亨尚幼，家道寒微，苦節教子三十餘年，勤儉自持。常以未修婦德爲憾，恐取恥宗族自戒。

時容氏，居麻子溝圈，武庠生時永繼妻。無子，二十二歲孀居，以表侄方三歲撫育，柏舟自操，孝慈之道，宣揚閭里。年六旬，親鄰贈匾曰“雅範常昭”。壽八旬，又式額曰“天姥峰高”。八十二卒。其媳劉氏亦孀居，尤效母之遺風。年六旬，鄉里贈牌曰“閨範風清”。子昌俊、昌傑，均學業顯揚。

萬苗氏，楊郎鎮拔貢萬錫綸之高祖母。十七歲適萬國安，越年夫亡，無嗣，同宗中無可繼之者。氏爲萬氏宗祧計，乃丐母弟之繦褓子而歸，名之曰寅。娶孫氏，繼娶何氏，均無出。氏又以侄女適余氏之子爲寅繼之，曰福同。福同生廷棟，名黌籍，生錫綸兄弟三人，今則其嗣繁衍益衆矣。

民國

趙張氏，衛生院院長趙生榮之母也，原籍預望城。清同治兵燹後，始移籍固原。歸趙氏，家甚貧，勤儉自甘。夫歿，矢志撫孤，教養之資惟節婦十指是賴。生榮既畢業于高小，授室以後，節婦仍自督促出外，俾生榮遊學北平、南京間，使成國家巨器。其識有異于常婦者如此。且善理財。長孫、次孫均教之養之，次第成室，各立生業以居。人視爲艱苦異常者，節婦處之裕如也。生榮能秉承母志，銳意邁進。歷充綏遠、寧夏醫院院長，繼爲海原縣縣長，後爲邑衛生院院長。子孫濟濟，蘭桂騰芳。晚年厭薄世情，長齋奉佛，於民國三十一年春正月卒，壽八十六。

劉薥氏,楊郎鎮劉保存之妻。夫亡時,氏二十五歲,撫庶子如己出,親操家政,子孫衆多。壽七十五而終,守節五十年,人皆稱之。

虎景氏,平安妻,年二十四歲守節,至今五十三年,承歡翁姑,克盡孝道。

海楊氏,起元妻,住梁家壕。夫亡,氏年二十七歲。乏子,户族以子承繼,氏撫養如親生。守節四十六年,七十三歲卒。

田永泰妻,住田家什字。二十二歲孀居,守節至七十五歲卒,計守節四十八載。

白陳氏,清守備白應祥妻。應祥於光緒二十六年隨董少保戰殁北京,氏年三十八歲,矢志不醮。三弟應泰以己子承祧,氏親操井臼,不懈初志。應泰事孀嫂甚恭,洎應泰發達,迎養氏於省垣。卒年七十九歲,計守節三十九年矣。

道張氏,縣城人,工人道文華妻。夫早殁,氏年二十餘歲,立志撫孤,事親孝。翁病年餘,醫藥罔效,氏暗禱神明,割左臂肉一片和藥服之,病癒,人無知者。氏年四十餘,感寒疾大漸,衆人換衣,始見割疤,問之,方知其詳。氏亦自按其疤含笑而卒,時民國四年四月初一日午時。

賈楊氏,賈天賢妻。夫亡,氏年四十八歲,生子恩鴻等弟兄七人,守節撫子,堅苦異常。現年八十二歲,精神尚健,兒孫滿堂。

馬王氏,楊郎鎮頭營馬富之妻。夫亡時田産盡質,負債甚巨,遺子僅十一齡,經氏傭工撫育二十餘年,家道小康,子孫衆多,鄉里稱之。

馬楊氏,二營張家河馬德林之妻。夫亡後,遺子一,爲娶媳生孫。於民國九年地震時,子媳雙亡。又爲撫孫理家,家道漸興,人皆稱賢。

吳孔氏,楊郎鎮本街吳風友之妻。夫亡時遺子十一歲,家貧無以爲生,鬻飯爲業,教子誦讀。拾得方姓金訪還之,其廉潔有如是者。今則壽逾古稀,子孫盈庭,家道小康,可謂食德之報矣。

虎王氏,虎全禄妻。氏年二十夫亡,子良秩未滿月。守節撫子五十五年,卒於民國十六年。

黃張氏,黃興道妻。夫殁,遺子俱幼,撫養丁壯,皆婚配,守節以終。

梁楊氏,梁智明妻,住原畔。夫殁,有子三,不幸皆早夭。孫數歲,家貧,賴氏撫養,終以成人。守節終老。

景韓氏,景玉理妻,住周家溝。夫殁,氏年二十歲,慟哭幾死。立志守節,撫養幼子成人。

喬高氏,喬邦棟妻。事姑嫜孝謹,年三十喪夫,矢志守節,誓死靡他。

楊韓氏,楊興萬妻,住楊家後莊。三十二歲夫殁,遺孤子九歲。家貧,氏守節務農,撫孤成立。

　　王王氏，王愛英妻，住苟家莊。年二十歲孀居，以孤兒三歲，翁姑在堂，孝親撫孤，茹素奉佛，顧立志守節，心不二意。

　　何魯氏，何富娃妻，住甘家岔。三十二歲夫歿，氏有身孕，立志守節，冀生一男，以承禋祀。後果生男，年十三歲夭殤，氏悲甚。又以侄承祧，撫養成人。

　　虎張氏，虎治德妻，住西岔坬。矢苦矢勤，守寡四十四載，撫養四歲遺孤，今四十八歲。其侍奉氏至孝順，鄉里稱揚。

　　馬海氏，馬花朝妻，住前窩窩。夫亡，氏二十三歲，孤子五歲。艱苦守節，撫育孤子至成立。

　　海沙氏，海起蛟妻，住鸚鴿岔。夫亡，氏十九歲，所留二子，長子三歲，次子一歲。立志守節，撫子成人。

　　王安氏，王甫吉妻，住王家溝。夫亡，子八歲，氏二十二歲。撫孤成立，歷經艱苦。

　　陳程氏，陳善吉妻，住甘溝門。夫亡，氏二十八歲，撫二子成人。

　　王古氏，王維岳妻，住楊家莊。夫亡，氏二十一歲，矢志守節。民國九年，孤子十五歲，完婚未滿月，不幸子媳俱殤。十一年，侄克武承嗣，奉氏克盡孝道，母子無異親生。

　　劉楊氏，劉祖堯妻，原籍秦安。夫歿，氏爲人傭工，守節撫子。

　　王石氏，王彥祿妻，居東區。祿歿，父尚在堂，六旬有餘。氏守節侍親撫孤，始終不懈。現年五十八歲，孤子玉賢、玉良，頗稱孝敬。

　　張唐氏，黑城張占奎妻。年三十九歲夫去世，以微寒家庭，含辛茹苦，矢志守節，教孤子熙明讀書，側身武界，充前黑城汛都司。熙明甚孝敬，遵母訓籌辦地方教育公益等事。民國初年，經地方呈請政府，旌表該氏曰"懿德清風"。

　　顧夏氏，顧成義妻，居黑城鎮曹家堡。夫歿，氏年二十九歲。生子二：萬吉、萬祿，均幼。家道赤貧，立志守節三十餘年，冰節凜然。現年七十一歲，兒孫成行，精神康健，有功顧氏。

　　王王氏，王滿得妻，固原北川老官坪人。滿得於民國元年作古，氏立志守節撫子，不辭勞苦。四子三女，均已成行。氏年六十餘歲，精神尚健，兒孫滿堂。

　　聶劉氏，聶玉峻妻，居大營川申家莊子。吃素誦經，虔誠奉佛已三十年。刻下家道日漸興隆，子輔仁，極盡孝道。

　　孫張氏，孫世泰妻，居北鄉甘溝堡。同治兵燹後，與族叔同爨，叔母性刻，虐待張氏。後張氏子長生日漸成人，與叔分居。氏夫於民國十三年去世，氏立志守節，吃齋禮佛，艱苦異常。二十三年，無疾而終，兒孫滿堂，人稱羨焉。

　　劉王氏，前清廩生劉永福繼室。永福歿時，遺有前妻一子，氏出女二，一係瞽者。氏年二十六歲,毀容垢面,矢志柏舟。奈家貧如洗,備極艱苦。邑紳張子良諸親友,商請州牧平山王公,倡議捐助銀二百四十餘兩,發商生息,爲撫孤經常費。氏撫前子如己出,已訂婚納采,未娶而前子殤。民國十八年大荒,氏之生父王鼎丞及小侄,均老弱不堪,氏減衣節食,撫養父、侄,生事、死葬以禮,可謂節孝兼全。民國三十四年卒,六十三歲,計守節三十六載。

李李氏,縣城内李自海妻。三十歲居寡,家極寒,日以十指度生,守節五十年,撫子成立。

胥高氏,縣城内胥高升妻。夫中年失明,氏朝夕扶持,二十餘年,始終不懈。

雅黄氏,雅參妻,住東鄉雅家石溝。同治之亂,隨夫逃外,亂平歸來,住頭營雙溝兒。光緒十六年夫殁,矢志守節。

杜陳氏,杜生瑛妻。夫殁,氏年二十歲。遺有老翁幼子,氏守節事撫。未幾子殤,氏不易初志,奉養老翁,愈爲孝敬。迎以族子承祀,撫育成人,更爲完婚,今獲孫已數齡矣。存年五十歲,守節二十載。

王石氏,張王氏,夫殁守節,年月未詳。

馬貞女,光烈善人之胞妹,幼敏慧,通教理。許字于道宗精誠先生,未克成禮,先生病殁。貞女哀慟之餘,幾不欲生,經家人苦勸,遂矢志守清養性。民國十五年,自知無常至,端坐委化。詳《藝文志》。①

田種璞,字璧丞,縣城東關人。事母孝,年届花甲,猶慕八十齡之老母,朝夕不離床頭,飲食必親身進陳,母出入必隨行。敬惜字紙,道路石磚,碍人足者,輒去拾之,迄無懈怠。子俊,守父規,忠實聞於鄉。地方公贈"五世同堂"四字匾額。

劉文敏,字穎齋,邑庠生。長詩文,不多言,言必有中。事母極孝,待弟極友。凡親友中無不推母之敬者敬之,推母之愛者愛之。於冠婚祭禮,莫不遵照古禮。母年邁目昏,一飲一食,敏必躬親檢點,先嘗而後進;夜同母寢,時問飽暖,不離左右,總以得親歡心爲快。鄉人稱孝。

徐劉氏,邑人徐步陞妻。相夫教子,克盡婦道。

李余氏,邑人李貴清母。有墓志,見《藝文》。②

郭興德,居二道溝。家貧寒,采賣芻蕘,事母罔不謹敬。母有責言,輒怡色承受。母有病,晝夜扶持,不離床前,且沐浴祀禱,欲以身代,願減己算益母壽。母殁,不茹葷,不洗澡,行路不乘騎,與妻不同居,廬墓三年,盡禮盡誠。

張徐氏,邑城南門張寶卿之妻。寶卿殁,氏年三十四。子宣德,生甫彌月,矢

---

① 參見本志卷十《藝文志·大文·傳記》載徐保撰《馬國瑗姑祖母淑行》。
② 參見本志卷十《藝文志·大文·傳記》葉超撰《李母余太夫人墓志》。

志守節，撫孤三十二載。宣德有文學而長經濟，氏之教也。現年六十六歲，精神猶矍鑠。

李夏氏，楊郎中李士林之妻。幼敏嫺，爲父母喜愛，適李後，事翁姑及祖母孝。遇窮困乞丐，必勸其夫救濟。中年後賢孝聞於鄉里。民國九年地震時，氏在屋內，震後身忽立院心，依然無恙，恒疑何以至此。

何高氏，住縣城山貨市。性烈而具有丈夫氣。民國八年，其子被車軋死，僅留氏與媳二人。有族弟何廷棟，住石橋子，庚申地震，[①]全家被難，田產充作該村學產。氏念兩門無嗣，媳招贅張華，冀生子於兩門兼祧。後張華生子，即名曰何福壽。氏節衣減食，爲福壽供讀娶妻，復追回廷棟田產，教福壽且耕且讀，恢復何氏門庭。今九十七歲，言語清晰，正義凜然。

張崔氏，陝西鳳翔崔大家之女，張禹川之妻。幼讀詩書，勤慎寡言。生子飛鵬、飛熊，女玉蘭，嚴加教讀。事姑孝，飲食必親爲調烹，起居親爲侍奉，姑怒則笑容相承，姑疾則憂形於色。長子飛鵬篆化平縣時，氏亦相隨，每夜必詢所作是否有欺心背理處。享年六十一。

馬明氏，附郭鄉人，馬玉倉妻。年四十而夫亡，留二小女名巾雄、巾英，家徒四壁。氏縫紉統紡，教巾、雄讀書，畢業於平涼師範，辦理同仁女學。巾英猶肄業中學。年逾花甲，勤勞不倦。

張鳳英，貴州興仁縣人，大營鄉紅崖堡馬宗武妻。性靜純孝，從父張純德刻苦讀書，擅長中、阿文，尚勤儉。年四十夫亡，守節教子，節孝可風。

馬氏，馬少敬之母。慈祥穎慧，三十八歲夫亡，守節教子成名。

孫兆祥，字瑞卿，大營鄉隔城子人。事母孝，母怒必笑容以求悅，即鞭笞而笑容不易，至老不懈，里人咸稱爲孝子。其子儀德，性敏慧，善書法。民國二十八年參加抗戰，效力國家，充旅團長各職。

謝魏氏，黑城人。光緒二十八年夫亡，氏年二十九歲。子宗福、宗孝，年僅十齡，三、四子均在繦褓。家道微寒，氏矢志靡他，苦心撫孤。晚年訓諸孫等讀書，中學畢業者數人。家道漸小康，助貧濟鄉。卒年七十三歲，鄉鄰執紳泣送者數百人，咸稱淑德。計守節四十四載。

李祁氏，黑城人，縣參議李烈之母。民國三年夫亡，氏年三十三歲。守節撫育子女及諸侄，備歷艱辛，以針黹所入，供子讀書。後其子烈畢業平涼師範，服務地方，代表民意，成績優良者，氏之所教也，鄉鄰稱賢。存年六十八歲，守節三十五年。

---

① 庚申：民國九年（1920）。

　　全孫氏,縣城南關人,孫兆祥姊也。十九歲適全得勝爲妻。光緒庚寅,[①]夫隨董少保在北京彰儀門受傷。三十四年傷發斃命,無子嗣,氏立志守節,撫育兄子如己出,以針工度日。民國十八年,因荒年受饑去世。年六十歲,守節二十八年。

　　田伍氏,楊王氏,王石氏,楊殷氏、虎景氏,以上五人,里人均稱爲節婦,但事略未詳。

　　韓徐氏,韓榮富妻。光緒二十四年夫歿,氏守寡終志,毫無怨心。尤治家勤儉,已三十餘年矣。

　　金成林,開城村人。事父極孝。

　　李福奎,北鄉碾子頭人。性至孝,先意承志,求父母歡心。父歿,常爲母洗足,以求歡慈母心。

　　甄發運,里人稱孝,但事略未詳。

　　羅楊氏,年七十歲,守節三十八年,今已白首。

　　虎張氏,係虎彦孝之母,王圯鎮西岔圯人。性恬淡,靜默寡言,勤儉持家,克盡婦道。年三十四夫亡,矢志守節,不改柏舟之志,家雖貧寒而又能濟人之貧。夜勤針工,晝去耘田,憑十指撫育二子成人。今年七十五,鄉里頌其德,表其節曰:松柏永不凋,歲寒耐霜雪;蟄居萬山巔,落落高勁節。

　　扈虎氏,係扈連俊之母,王圯鎮余家圯人。年二十六夫亡,菇苦含貞,持志守節,教四子以成人,育三孫皆自立。今年八十三,守節已五十七年,精神矍鑠。地方人稱道弗衰。

　　薛楊氏,滿家堡薛樹長之妻。夫歿,氏年二十六歲,遺子彦和,正在繦褓。家貧寒,氏矢志守節,撫子育侄,煞費苦心,四十年如一日。厥後家道興旺,尤以資助窮寒爲己任。卒於民國三十年,計守節四十四年。

　　王占岐,性和睦,篤於親。父進善與弟俊德早年分居。民國九年地震,俊德全家被災,獨俊德因事他出得脫。占岐見叔獨身可憐,請迎家中,孝養如父。

　　買占奎,住西門店子,回教人。天性至孝,出必稟命,入必問安,有時作嬰兒態以娛親歡。家中銀錢什物,皆由母經手,雖與人一文之交,必奉命而行。奎子得福、孫玉麟,均能克紹箕裘。

　　馬負圖,大營川郭家莊人。奉母極孝,無論細微事,必如母命奉行,不敢擅專,鄉人僉以爲孝。

　　程得禄,字壽山,黑城鎮人。秉性忠厚,事母最孝,人僉稱之。父有不悅,跪

---

①　光緒庚寅:光緒十六年(1890)。

承笑顏,得親之歡而後已。

方胡氏,岳陽方榮德,字介仁,民國五年探親入隴,十一年獲委保商局固原分局長職,攜眷前來,遂家焉。介仁嬰疾幾危,妻胡氏割臂肉煎藥以進。時皆年少,今俱五十許人矣,有客談及,言至今瘢宛然。

黄生福,字榮堂,西門店子人。事父孝。福於三齡喪母,父應成,迄未鸞續,零丁孤苦,撫福成立,供讀完婚,辛苦備嘗。福既成人,感念父勞苦,先意承志,曲盡孝養。民國二十七年,日機襲固,福家被一炸彈,幸未傷一人。

杜世興,字蔚若,七營鎮人。事母孝,性耿直。初學商時,爲前任商會長强永浚商店永豐裕號學生。浚見興篤實,頗加青目,以子待之,號事委之。迨晚年浚病篤時,老妻病子,無人托孤,索筆親書:“開吾强門者非杜世興莫屬也。”書訖目瞑。興由此感激,對於浚之後事,鞠躬盡瘁,無不竭盡心力。以浚子病殘廢,慮無出,復以螟蛉繼嗣,以緒强祀,可謂忠於所事矣。僉皆欽仰,公贈以“繼往開來”匾額。慈善會長劉文敏爲之跋叙,叙見《藝文志》。[1]

周達,字和甫,居邑南鄉二十里鋪,原籍直隸保定。少聰穎,氣度和靄,長於著作、書畫、篆刻等美術。未出山時,久爲士大夫所欽仰,當軸屢聘不出,因母老故。奉親至孝,母患癰,百藥罔效,勢至危,達焚香告天,願折己壽,求母長生。並剖股一進,病遽轉機,康强如昔,壽至耋期方終。如禮安葬後,始幕游於東南各省。於民國十三年,隨甘肅電政工程處方正元總管協眷來固,見時局多變,意在躬耕南郊,弗求聞達。經海原縣長趙春普一再敦請,勉作幕賓。後又應寧夏縣長司徒清、固原縣長錢史彤、鎮原縣長鄒介明之敦聘,均就第一科事務。後由鎮原病歸捐館,貧無葬費。達素語人曰:“生平無二色,無苟取。”真不虛也。

李維潔,字玉伯,住米糧市。性孝友惇良,善書法。清光緒中,任提署文案,旋升千總。民十五年,佐韓旅長有禄戎幕,籌劃有方。既而韓東下,玉伯因病辭歸,潛心内修。常往來崆峒間,以遣餘興。三十一年家居養靜,無疾而終,人多羨之。

王丕珍、陳繼姚、劉昌俊,里人均稱孝,但事略未詳。

楊進袁,萬安鄉楊天成之子。爲人克盡孝道,家境貧寒,於親所嗜者,竭力以進,可謂能養身也。

馬純兒,居附郭鄉馬家莊。家貧無立錐之地,爲樵夫以侍養父母。饔飧不足,親令食必稱已飽,以慰親心,常以米浮盎面,取悅於親。凡瓜果鮮菜,必先奉親。二老艱于步,出入負之,晨省昏定,冬温夏清,出告反面,行之弗懈。二老有

---

① 參見本志卷十《藝文志・大文・書序》劉文敏撰《杜世興序》。

疾病,侍奉湯藥,未嘗離側,朝夕對天焚香,願減己壽以愈父母。《孝經》曰:①"病則致其憂。"其斯之謂歟?

張霄漢,住黑城鄉。小學畢業,孝親友弟,至誠無懈。親去世後,朝夕焚香供奉。對弟兄尤友愛,可稱孝友之人。

李珠蘭,字芳谷,固原女子小學畢業。前清陝西永壽把總、安康李文輝次女,邑紳慕鈞子繩武之妻也。幼時賦性淑孝,及于歸,事翁姑及祖母罔不敬戒,頗得歡心。一日姑疾沉重,氏焚香告天,刲肉和藥,姑飲之,漸瘥愈。當時鄉鄰傳播其孝行。惜天不假年,二十六歲歿,事在民國二十三年。

韓徐氏,韓世雄之母。氏守節撫子成人,對母極孝,宗族並稱之。

慕徐氏,前清守備慕維成繼室,副貢徐步陞胞妹也。民國四年夫歿,氏年三十七歲。葬夫後,遂茹素誦經拜佛,矢志守節,年六十五歲卒。計守節二十八年,賢良聞於鄉里。

王楊氏,住縣城東關,前清廩生王振清妻。振清學優品正,善於書法,民國二年歿,氏年三十七歲。翁老子幼,守節奉事,毅力擔任,艱苦備嘗。

田李氏,田森榮妻,住縣府街。民國九年夫歿,氏三十八歲。守節撫子侄輩,以耕讀勤勉,茹素誦經,崇尚儉樸。長子韞琳、次子韞珍,侄韞瑞、韞玉,均中等學校畢業。子侄服務軍政各界,聲譽猶佳,皆氏教養有方所致也。存年六十五歲。

朱烈女,平涼莎蘿鎮朱離明女也,許邑東鄉楊家坪楊旦娃為妻。未嫁夫殤,女哭於夫墓前,氣絶而卒。

任鍾氏,縣城任安貴妻。夫歿,氏年二十六歲,以翁姑乏人奉事,誓不再醮。民國九年地震,三弟妻殤,遺嬰孩,氏苦力撫育,承祧兩門,今已成人完婚。

李淑芳,字婉真,前清歲貢生李維新長女也。賦性賢淑,持家勤儉,五六歲時,父教以句讀,即能瞭解。稍長讀詩書,工於吟詠。十九歲于歸趙惠生為妻,撫育子女,孝敬翁姑,維勤維謹。民國八年,固原縣長陳欽銘與勸學所長夏際文創設女子學校,聘請淑芳為女子小學校校長。因品學敷望,一時女生向學者,竟達一百餘名。淑芳熱心教育,堂課之外,加以口授,心力俱瘁,因勞成疾,竟以疾終。在職六年,畢業三班。刻下本縣女子各校及鄰封縣女學教師,皆淑芳之門徒,誠為隴東女界文化開始之先聲。

毛氏,住蒿店鎮北山。新婚未幾,夫出外久不歸,翁姑及娘家迫其改嫁,氏自誓以死待,終完其節。

吳王氏,住西鄉高家坡,吳某之妻。夫亡,遺二孤子,家道微寒,艱苦備嘗,終

---

① 參見《孝經·紀孝行章第十》。

撫子成人。

辛徐氏，東關辛某之妻。夫早喪，遺孤子，氏撫子至於成立。

陶吉禄，里人稱孝，事略未詳。

張舉母，住七營鄉。舉三歲父卒，母苦志撫養，艱苦逾恒。今舉已成人，興家立業，鄉人稱母爲女中丈夫。

韓高氏，韓世奎之妻，武庠生高步月之女也。民國九年地震，夫及子均壓斃，家道衰微。人有勸再醮者，氏立志不從，向小叔世英乞子以承其祧，勤修婦道，和睦姒娌。今子已成立，年五十三歲，仍操井不輟。

楊豐氏，楊基之妻，庠生豐登瀛之女也。民國十七年夫病故，氏方青春，立志守節。十數年來，冰節凜然，頗著清聲。事翁姑以孝，頗得歡心。

李王氏，家張易鎮王家大莊。民國十四年夫亡，氏年二十五歲。遺有孤子，尚在繈褓，堂上翁姑，壽已花甲，夫弟僅十歲。氏立志守節，以繼夫志。事翁姑以孝，撫弟以愛，教子以嚴。翁姑年逾古稀而終，氏以禮安葬，弟年弱冠完婚，皆氏苦節有以成之。

李嚴氏，住黑城鄉第二保第九甲。家貧淡而性賢良。民國十九年其夫被匪擄掠燒烤而亡，膝下無子，零丁獨處。適弟夫婦皆染病亡，遺小兒三人，日啼饑而夜呼娘，情極可憫。氏慈心勃發，立志守節，撫三孤侄，久歷艱苦，刻已成人。長、次侄年壯務農，三侄讀書，造成耕讀門第，皆氏苦節所致。

高王氏，高凌岳之妻。夫病故後，家徒四壁，二子幼稚，氏恒傭工以撫養。現二子均成立，仍一貧如洗。茹糟糠，艱苦不堪，而氏處之泰然，未有他意。

祁袁氏，城陽祁存倉之妻，王窰鎮袁占奎之姊。性賢孝，事翁姑必親身，不假子孫手。親欲食某物，雖遠不辭勞，必購之；嚴冬寒夜，親不寐，不敢去於側；翁姑出遊，必送迎。民國二十七年其夫逝世，而氏孝親之道益謹。三十一年姑卒，氏教子且耕且讀，五子均各成人，皆自立。

趙錦珍，字玉珊，住本城東關。固原女子學校畢業，夏仲三之妻，趙榮祖之女也。任固原女子小學校長及師範學校教員十有餘年，始終不懈。二十七歲夫去世，矢志守節。因念夫志未展，竭力教養長女芸香、子德潤讀書，繼承父志。復體其翁禹勤公創興女學維艱，乃盡心校務，不遺餘力，誠可謂女中丈夫也。

馬馬氏，住乃家河，年六十三歲。

馬明氏，住任山河，年七十歲。

馬氏，住任山河，年七十二歲。

王氏，住任山河，年六十歲。

葉王氏，住任山河，年六十八歲。

王吳氏,住任山河,年六十歲。

馬氏,居張化鄉,年五十歲。

姬氏,居張化鄉,年六十歲。

秦馬氏,住張化鄉,年八十五歲。

王張氏,住卯家堡,年六十三歲。

安氏,住卯家堡,年七十歲。

馬氏,住馬門村,年六十歲。

于温氏,住石家溝口,存年八十五歲。

剡馬氏,住石家溝口,年七十歲。

明姬氏,住石家溝口,年九十五歲。

明馬氏,居石家溝口,年七十歲。

冶氏,住石家溝口,年八十八歲。

何馮氏,住蒿店,年八十七歲。

趙王氏,住東山坡,年五十五歲。

姚韶氏,住東山坡,年七十八歲。

楊郭氏,住東山坡,年七十歲。

王鮑氏,住和尚鋪,年五十三歲。

馬氏,住大灣村,年六十三歲。

張氏,住大灣村,年六十二歲。

馬氏,住大灣村,年五十二歲。

楊羅氏,開城村人,年七十歲。

馬氏,住開城村,年六十八歲。

海馬氏,開城村人,年七十一歲。

田張氏,住小岔溝,年七十歲。

以上二十九人,均夫死守節終老。

馬成福,張化人,事雙親極孝。

樵子棟,卯家堡人,事母孝。

鄭佐貴,卯家堡人,事雙親孝。

韓朱氏,萬連氏。以上二氏均守節撫孤,事略未詳。

陳永福,鄉黨稱孝,事略未詳。

高維岳,王窪鎮高家莊人。以農爲業,孝性天成,凡大小事,必求母歡,鄉鄰稱頌弗輟。

折芳梅,清秀才鄭有紀妻,住大南寺巷。略知詩書,文理通暢,孝父母。晚年素食禮佛，修練心性，爲同善社作坤道教師。婦中之賢，女界模範。

張王氏，性慈祥，和睦鄰里，生三子，其夫出仕陝西耀州十餘年，家中度用無依，氏爲人傭工，課子皆能自立。

吳王氏，陝西鄜縣王某女，十七歲歸華亭經制吳正德。正德歿時，氏年三十五歲。守節撫孤近四十年，歿於民國初年，已七十餘歲。

蔣鄭氏，西門什字蔣福妻。福歿，氏年三十餘，子尚在懷抱，守節撫孤。年六十六歲，尚存。

傅蔣氏，傅某妻，蔣福女。夫歿，家貧苦，氏二十六歲，子周齡。氏效母蔣鄭氏柏舟高節，矢志撫孤，爲人炊爨浣汲者十八載，歿於民國三十三年。

曹張氏，小字孕喜，蘭州河北張某女，城內廟街曹鑒衡妾也。謹戒恭順，孝順翁姑，和睦家庭，洵女中淑賢者。民國三十二年卒。

施張氏，高家坡施作霖妻。民國九年地震，作霖災傷，氏年未及三十，守節撫二子，至今五十四歲，尚存。

趙張氏，名嵐峰，定西張秀之女，邑七營趙鳴琴之妻。高小學校畢業，秉性慈慧，好讀因果書。歸趙時，鳴琴任某部團長，氏勸夫同學佛茹素，修練心身。三十一年夫亡，氏年方二十四歲，子五歲，矢志守節，事翁撫孤，備受艱苦。或艷其色，欲奪其志，氏聞言大痛，隱以釜煎油毀容，以堅其志。時人見之，罔不驚爲節烈。

李張氏，李禄妻，沙窩人。光緒二十八年禄病歿，氏年近不惑，生子未滿十歲，矢志守節，縫紉度日，教子求學。後子改業爲商，氏年花甲而卒。

劉韓氏，劉獻廷妻。對於親友鄰里，恒賙濟之，待人以和，處事以理。念夫無嗣，勸其納妾，待妾子如己出。壽八十三無疾而卒，鄉人稱之曰賢。

路王氏，路旦娃妻。旦娃有殘疾，半身不遂，自娶氏過門後，一病纏綿，於光緒二十四年逝世，又乏子嗣。氏奉姑至孝，生養死葬不苟。由親族抱一女子撫養，欲招婿于路門存宗祀，不意女年及笄而殤。氏於民國十五年病歿，守節近四十年，可謂苦矣。

葉崔氏，葉某之妻。貧無立錐，賃房居住，販估衣爲業。夫得癱瘓疾，步履維艱，醫藥罔效，氏恒背負出入，盡力操勞，供夫飲食，始終不懈。

余王氏，南關余鏡清之妻。性惇靜寡言，十七歲適鏡清。夫家兄弟孔多，妯娌五人，氏事翁姑以敬，待妯娌以和，凡勞苦工作，氏一身任之，無怨言。夫於光緒末年感痢疾病歿，氏哀痛幾不欲生。嗣因家人勸，遂守節撫遺腹子，至於成立。

王古氏，東鄉乾海子王昭德妻。昭德歿，氏守節終老。

劉虎氏，邑人劉耀庭祖母。氏于歸時，翁老夫墮，生活無著。翁欲徙陝覓食，氏言："遠道求生，未必果生；就地求生，未必果死。"於是徙移之議遂寢。從此一家生計，氏一身任之，直至仰葉爲薪，數米爲炊之苦。不久翁與夫相繼逝去，氏喪葬之餘，勤勞支持，撫養子女，今已嫁娶，而家道亦日漸小康。氏之造福于劉門者，豈不偉哉。

義耿　　凡信義廉恥者屬之

明

張侃，固原衛人，家居七箇山。嘉靖三年春，有堪輿師過莊，上下相度，謂侃曰："此山若塔，當主斯郡文風日進，科第聯翩。"侃應之曰："若然，當勉從。"於是竭資鳩工，閱一年而告成、塔高五丈餘，至今猶巍然生色也，自題曰"瓔珞寶塔"，後人謂爲北山文筆。洵義舉也。

清

楊金玉，固原城守營兵。康熙十年，於道旁拾獲里民糧銀二十七兩五錢，還之。

陳舜，邑監生，家西鄉趙千戶所。乾隆中，稱巨姓，治家和讓，守其先代家訓，子孫不得析産，而竟十世同居焉。里人重其義，樂道弗已。

海伏棠，年九十九歲，五世同堂。乾隆間呈請旌獎，給頂戴粟帛如例。

魏洪德，三營堡人。年九十八歲，四世同堂。乾隆中歲歉，復出粟濟貧，有司匯其事，呈請旌獎，給頂戴粟帛如例。里人勒碑以頌德惠，惜其文剝落矣。

虎亞奎，東鄉人。事父母盡禮，年八十四歲，子孫衆多。光緒二十九年，甘肅學政葉公昌熾贈以額曰"積善之家善延齡"。

虎建雲，東鄉人。年八十五歲。光緒三十年，紳民公舉爲鄉飲耆賓。

陳鈺，邑貢生，居陳家坪。嘉慶初，以教讀謀生，性極慷慨，遇鄉里中有聰穎子弟，無力讀書者，鈺必招之來，書籍筆墨，悉解囊以助。由是賴以入庠食餼者三十餘士，里人至今稱之。

劉憲，字典章，居趙家池。嘉慶初歲大旱，凡有積粟者，率昂其值以謀利。憲心鄙之，乃出己粟數十石，分給鄉里，賴以存活者衆。有侄曰三浩，少失怙恃，憲撫如己子。既長，分田百畝，教之耕，得成室焉。

王明理，字復之，附生，寄固原籍，居西鄉。嘉慶九年大旱，粟貴如金，明理出粟爲賑，活人甚衆。道光四年，又大旱，仍施濟如前。刺史顏其門曰"惠我群黎"，里人製額曰"積善之家"。享上壽而逝。彌留時戒子孫曰："吾家世代謹讀儒書可耳。"其後六子貢成均者三：鴻緒、蘭香、桂香，亦德征也。

鄭旭，字耀卿，家白澇池。舉鄉飲介賓。嘉慶初歲大饑，民多流離，旭周行鄉里，按戶稽丁，遂出己粟，每丁月給一斗，鄰近十餘村，賴以全活者不下千人。里人思其德，爲立賑濟碑。前知州焦公過碑下讀其文，稱之曰忠厚長者。

張鵬舉，咸豐辛酉科拔貢，①同治庚午科舉人，②甲戌科進士。③湖北南漳縣知縣，調應山縣知縣。在官卓有文名，培植學校，爲諸生講解文字，士林以老師宿儒目之。而其堅苦惕勵，廉介自持，有非尋常俗吏所能及者。

馬駿，咸豐初拔貢，官陝西渭南縣訓導。性情耿介，操守廉潔。後進士子，有不循理者，必加面斥，既斥後，必舉古人忠孝事實以爲誘掖獎勸。渭人德之，稱爲直諒不苟。

韓世貴，居韓家岔門，家稱中裕。道光癸巳歲大旱，④斗粟數千，貧民向其立券借貸者累數百家，世貴悉給之。次年歲熟亦不索還。旋抱病，世貴遣其子，遍邀立券者至其家，對衆曰：“前歲歉時，吾實立志賑濟，以與諸君同井里，敢博其名乎？今吾疾，恐不起，當取券同焚之。”未幾，卒，鄉人泐石以記，頌揚不輟。

杜苐棠，邑附生，居北關。先世以商業起家，樂善好施。咸豐十年，北城傾圮，而庫帑支絀，擬就地籌款興修，苐棠曰：“與其取於衆而民滋擾，莫若取於己而功易成。”於是出錢一萬緡，督工修理，城亦完繕，里人稱頌弗衰。

鄭師湜，邑廩生，居張高集堡。同治元年回亂，師湜出糧二千餘石，錢一千餘串，與羅滿貴、蘇存紅等舉辦鄉團，與賊接戰，斬賊級甚衆。後滿貴陣亡。

杜朝棟，家本城，其祖某嘉慶間以獨力修城得善人之名。朝棟守祖訓，樂善好施。同治初，賊圍城，乃出金數萬，散給貧民，作避難貲，並採購沙袋、木椿，以堵城關。每夜擇鄉鄰老幼，乘間用布纏之縋城下，賴以脫禍者不可計數。至今里人猶嘖嘖稱頌焉。

陳生秀，邑貢生，居陳家坪。同治初兵連歲歉，民不能堪，生秀出積粟數百石濟貧乏者。或以立券爲詞，生秀曰：“當此亂離，與其坐擁厚貲，爲寇所掠，莫若計口授食，猶得共免餓斃，何用立券爲也。”論者高之。

黃登甲，居本城。運鹽爲業，家道饒裕。同治初回亂，賊截斷餉路，兵需將匱，登甲出銀千兩以助之。城陷，乃藏漢民數百人於宅後，夜間潛使縋城以逃。賊聞之，執登甲去，刑逼索銀。登甲乘間，攜子星瑞遁于李俊堡，遂免難。

王漢周，居白崖堡。善舞拳。同治初回亂，漢周罄貲財，舉鄉團爲堡衛。遇賊必戰，屢獲勝，保全難民二千餘人。

金玉堯，居姚家堡。同治十三年正月，於縣城大南市巷拾銀五十兩，不敢自

---

① 咸豐辛酉：咸豐十一年（1861）。
② 同治庚午：同治九年（1870）。
③ 甲戌：同治十三年（1874）。
④ 道光癸巳：道光十三年（1833）。

私,遍詢諸友,知爲馮介貿易資,遣夥袁姓寄於家。袁誤遺,已潛逸至平凉。袁妻聞夫逸,亦自服酖。玉堯得其情,即持銀詣袁室,出藥救袁妻得甦,並專足至平尋袁歸,以銀還之。袁感其惠,因製額名其門。

杜映旌,字賢村,北鄉人,清廩生。光緒制科舉孝廉方正,候選訓導。同治兵燹後,固原書院已成荒墟,生童無肄業之所,先生與同學南化行、鄭大浚、張國楨、邵慕儒、王銘、李維新、王化禮、賀安邦、田生敏等,創立文社,籌款發商,增領學田,修房取租,經營數載,擘畫周至。今教育局所轄麻家莊等處學田及山貨市房租等,皆諸先生昔日苦心創辦者也。

王大受,清光緒某年廩生,原籍湖北。父隨雷少保官固原,遂家焉。秉性耿直,讀書以衛道自任。某某年孔廟祭,武官某某誤越丹墀行禮,大受以拜下禮也,今拜乎上,大也,爭之。欲申文請辦,不果,竟抑鬱而卒。

陳炳照,廩生,原籍四川,寄籍固原。性遲鈍,篤於學,家極貧,處之晏如。歿後,經固原學正謝錫珪旌其墓曰:"窮彌奇,志彌堅。一領破布衣,守正而終年。"可謂榮于華袞矣。

李桂芳,前清光緒初年廩生,官秦州訓導,授寧朔縣教諭,升平凉府教授,議叙知縣加同知銜。當其官秦州也,以籌勸賑務,膺翰林院待詔銜。任寧朔也,以督修學宮,大吏重之,累登上考,補授秀山縣知縣,時年八十一歲卒。子楹,光緒年附生,民國初年,固原縣議會議員,禁煙會副會長,淡泊明志,和睦鄉里。次子楫,前清從九,素性耿直。民國十九年,地方不靖,里人推爲民團團總,二十一年冬剿匪陣亡。孫承恩,字伯海,歷任山東肥城、寧陽等縣縣長、甘肅省政府教育廳科長,潔己奉公,著有政績。

李桐,字鳳亭,翰華之長子,桂芳之侄,西鄉恭家莊人。前清廩生,性賢孝,事叔若父。光緒二十六年大遭荒旱,餓殍載道,出家藏糧三十石散給災黎,活人甚多。民國十八年之奇荒,亦散糧救濟。凡遇婚喪,慨以資財相助。里人稱樂善好施之家。

張鴻業,戶科經書,家本城。性慷慨,好施與。光緒初,在州署供書十餘年,凡有受羈押者,必給之食,以免瘦斃。每夏間則換獄鋪新草,每冬令則予囚人寒衣。至其周恤親鄰,借貸錢米,無稍懈,亦不索價。遇貧丐死者,即備棺木而瘞之。時譽之曰張善士。

馮佐義,家彭陽城。光緒中,歲偶歉,佐義出積粟,遇啼饑之户,必周濟之,被其惠者約六百餘人。可謂一時之好善尚德者。後舉耆賓。

馬海發,居南鄉大灣堡。光緒間,於門前拾一布包,鄰人見之曰:"此銀也,盍匿之。"海發不許,即遨畯約告白通衢。日晡,見有啼哭而來者,倉皇甚。海發曰:

“若何情急乃爾？”其人曰：“晨過此失銀一裹。”海發詢其數，對衆悉還之。於是傳爲美談，是誠拾金不昧者。

梁厥，家本城。早年有相士謂曰：“爾年不永，當行方便以延之。”厥因此誓願檢字紙，瘞枯骸爲事，由是風雨寒暑無間。今六旬餘，雖貧猶健，亦以善之可録也。此光緒間事。

李福，家鴉兒溝。素以好善聞。光緒二十七年歲歉，出銀百兩、粟數十石以濟貧乏。

李良明，固原西鄉鹽泥溝人。性慈和，竭力務農。逢春耕時，輒放種子于貧民，且必躬用風車播淨始借貸之。年八十餘歲歿。

馬爾午，大莊人。年八十四歲，四世同堂。

方生彩，楊郎鎮人。光緒七年歲貢生。性直不阿，辦理教育，表率一鄉，人咸稱道。七十八歲壽終。

劉稿案，忘其名字里居，鄉老相傳，係清光緒末葉固原直隸州刑房案主稿，時稱劉稿爺者是也。遇邑人之起訟者，婉轉調和令歸。或有不得已之貧民訴訟，必貲助而暗關説之，平反使還。監獄窮犯，不時補助以飲食。其熱心慈善，見義勇爲者屢如是。死之日，邑人知與不知，罔不感泣送葬。俗言“身在公門好修行”，信矣。

楊國棟，邑武生，居東鄉。光緒二十六年旱，災民多菜色，國棟出積粟數十石，賙濟鄉鄰貧乏者，村中賴以存活。前知州金公承蔭額其門曰“慈惠可風”。

錢萬德，居本城。官提標前營千總。光緒三十三年，以祖業五畝餘捐助中學堂，作爲操場。洵可謂潔己奉公，惠嘉士林也。

劉玉，字昆山，遊擊，居本城。光緒三十四年，以新設試驗場擇地擴充，遂以自置地四畝捐助，俾外場得資開拓。留心時政，論者尚焉。

祁應興，應興，應奎兄也，黑城鎮人，居祁家堡。光緒三十四年，於該堡自立初等小學，蒙督帥升獎之曰“有功庠序”。知州王學伊名之曰：興奎小學堂。因《州志》告成，籌款維艱，興與奎乃共出五百金以助剞劂資。其急公好義，洵可謂一鄉之善士也。

夏福安，字吉軒，頭營人。前清鄉飲介賓，性篤純，農業興家。光緒二十六年大荒，出平昔藏糧散貸鄉里，糧盡繼以油渣。平時凡食種不足，婚喪無力者，輒補助，沿爲家風。民國元年去世，至三周紀念，鄉鄰感德不已，贈“惠及桑梓”匾額。民國十二年，縣令謝公具事以聞。蒙大總統獎“義聲載道”四字匾額，以褒揚之。公常訓其子曰：“濟人利物，分内事，行之勿替。”民國十八年奇荒，公之子際隆、際文遵遺訓，將儲糧二百餘石，亦同光緒二十六年之借貸。鄉邦有口皆碑，稱讚不已。民國二十八年，復紀事立石，以爲興家者勸焉。碑文見《藝文志》。①

李廣玉，字湘泉，靖遠協，與其侄三才居黑城鎮。光緒三十四年，於該莊自立初等學校，蒙提學使陳公獎之曰：果行育德。知州王學伊名之曰：廣才小學堂。

袁宗安，歷任固標。當在任時，創修隍廟、興衛東嶽山各神像，時人稱之。《王志》曰：事雖佞佛，然亦慷慨好施之遺意也。

王家禎，居本城。光緒丁未，②知州王公創建固原中學堂，邑紳公舉家禎爲監工，經營一切，勤愼可嘉，竹屑木頭，無侈費，而工程尤極堅固，其勞勛洵足尚也。

朱得才，居本城。保守備，不樂仕進，以樹藝自娛。光緒丁未，③州牧王公飭城鄉種樹，得才開拓老圃，榆柳成行，笠雨簑風，辛勤無間。而尤能爲鄉民教導種樹之法，應志之爲農業勸。

李生潮，乾陽河莊人。年一百一十六歲，五世同堂。宣統元年，知州王公呈請旌獎，給頂戴粟帛如例，並額其門曰“祜錫耆英”。

馮生道，清平監人。年一百零三歲，三世同堂。其品行素端，人尤稱之。宣統元年，知州王公額其門曰“康彊壽考”。

馬寅，開城堡人。一百零一歲，四世同堂。

王兆龍，本城人。藍翎五品軍功，年八十八歲，三世同堂。

楊永時，清平監人。年八十七歲，四世同堂。

王才，范馬溝人。年八十三歲，三世同堂。

馮和長，本城人。原籍山西絳州。年八十三歲。四世同堂。

郭世倉，寄籍本城。年八十六歲，務農爲業，鋤耨不倦。

金福順，固原人。年八十一歲，三世同堂。

楊永秀，清平監人。年七十五歲，四世同堂。

馬良才，李旺堡人。年九十七歲，子孫濟濟，里人稱慶。

海成奎，後磨河人。年九十歲，子孫林立，均務農事。

馬有年，頭道溝人。年八十七歲，三世同堂。

楊福忠，年七十二歲。

楊福雲，六十二歲。胞兄弟也，南鄉郭家廟人。事其母滿氏以承順稱。今氏年九十有九。知州王公獎以額曰“一門多壽”。

高彥林，飲馬河人。年七十九歲，三世同堂。

---

① 參見本志卷十《藝文志·大文·傳記》馬鴻賓撰《夏吉軒先生紀念碑》。
② 光緒丁未：光緒三十三年(1907)。
③ 光緒丁未：光緒三十三年(1907)。

以上十四人，據故舊傳述，性皆廉耿。

海成祺，傅家高崖人，年九十歲，里人以長者稱之。

余生榮，住城南關。世業農，至生榮始經商。善理財，商業日益發達。然勤儉持家，忠厚待人，絕無奸商狡滑氣。子孫繁衍，蘭桂昌茂，甲於全縣。壽至八十餘歲，妻申氏亦壽登古稀，夫婦偕老，同考終命云。

曹兆奎，字五亭，楊郎人。性惇厚，前清歲貢。晚年經營酒業，入糧不擇佳，售酒必以豐，以故酒業興而人多敬愛。

萬梁棟，楊郎中人，前清鄉飲耆賓。事母孝，待弟友，好善若渴，愛護桑梓。其弟成章，字文垣，性剛毅，光緒中廩生，善書法，有辯才，遵兄之意，地方公共秩序負責維持，鄉人見而敬之，奸邪畏而避之。

民國

馬元章，號光烈，居西鄉沙溝。學通中亞，德洽漢回，爲回民教主。濟世救人立其志，敬教化民負其責，以致甘、寧、新、燕、魯、滇、黔各省教胞多感化之。逢穆教先賢紀念日，信仰來歸者，輒以千萬計。先賢賦性仁慈，施教之外，恒備粟帛以濟貧乏，購置藥品用療疾病。當時以善人、善士稱。清廷頒賜壽字如意等物品，典至渥也。民國成立，中央大總統贈“現仁壽相”四字匾額、二等大綏寶光嘉禾章，及勳一位一等大綏寶光嘉禾章以尊其賢。民國九年逝世，大總統徐特贈“篤道知方”匾額，及“道力竟難回地軸，化身應自返天方”對聯，並飭甘肅省政府給治喪費一萬元，用施矜恤。二十周年紀念期，蒙領袖蔣派大員致祭，贈“德久益馨”匾額。國府主席林贈“精神貫日月，正氣塞乾坤”對聯，以彰潛德。

錢應選，字子青，住小南市巷街。多智謀，富於經驗。光緒中爲固原提督署幕友。民國十五年，大軍過境，差徭浩大。同地方人士，苦心規畫，勞怨弗辭。維持地方秩序，桑梓籍以安謐。

韓史靖，字治庵，前清歲貢，住叭喇灣。性渾厚，籌辦地教育公益事，一肩擔任，不避怨，爲當時不良份子仇視。十八、十九年，地方不靖，爲奸邪暗害。同殉者其妻孫氏、長子世榮，情極慘傷，可歎！

强永浚，字濟川，爲固原提督署文牘。爲人忠直，有幹濟才。民國初年，舉爲固原商會會長，維持商務，具有毅力，造福商界非淺。民國二十三年去世，固原商界人士如喪考妣，以父母之禮葬之。

趙得恩，字澤波，黑城人。急公好義，排難解紛，窮民婚喪，樂爲資助。民國十年，邀商地方紳耆祁瑞亭、朱星垣、杜得榮、范身修、張熙明等，募穀捐資，創建黑城鎮小學校舍。慘澹經營，規模寬闊，惠及士林，造福鄉邦。

邵玉魁，字鑫亭。性忠實，事上以忠，待兄以恭，交接謙而信義。從侍前清固原提督張雲亭軍門,自壯至老,數十年如一日,始終不懈,忠誠可仰。民國十三年十月朔日,爲魁五十有一生日,雲公子少庸不忍湮没其功,書屏以贈,以彰其勞。詳《藝文志》。①

鄧永吉,前清鄉飲介賓。貌清才長,維持桑梓公益事業,勸導鄉鄰子弟讀書,均能誠勞並至。其子汝霖守父規,作一鄉之人望,至今家風猶存。

保安民,楊郎中人,前清農畯。相貌奎偉,望重鄉里。與萬梁棟弟兄及鄧永吉、藍毓秀等同人,一心一德,舉辦地方教育,排難解紛。民國初年,楊郎鎮立集,繁榮市面,秩序整齊,賴諸公維持之力尤多。

楊選,字占三,縣城商店德興銘東君。性剛直,有膽略,疏財仗義。民九地震,城市絕糧,市民啼饑號寒者比比皆是,選與商會長强永浚捐款,購糧數石,贈送粥廠散粥,救活難民無算。

趙生榮,性直爽,有擔當,慷慨好義,扶人危,救人急。服務東南軍政各界二十年,錚錚有聲。晚年因親老歸里,復辦理教育、衛生公益,一肩擔任,成績卓著。

白應泰,字豫三,北十里鋪人。光緒中應童子試不第。庚子之役,隨兄應祥投董少保部下,應祥陣亡,扶櫬歸葬。入陝西提標,以守備用,歷署提標及慶陽營千總。民國初年,隴東鎮守使陸洪濤聘爲幕友,旋陸公升甘肅督軍,約之俱往,辦理財政。陸公病故歸葬後,存款二十餘萬元,親赴平津,如數交給陸夫人,告以任内存款。陸夫人感其忠,以半數酬之,不受。性好圖書,見古書舊典,不惜資購買。積書千餘種,借閱不吝。民國二十八年,捐贈固原圖書館書籍九大箱,計二百餘種,時值數百萬元。年近七旬,誦經念佛,飄飄自得,童顏鶴髮。三十五年,無疾而終,年七十三歲。固原官紳各界,公奠追悼,以紀念其賢。

郭翰臣,字墨林,住縣城西關。前清歲貢,有俠氣,慷慨好義,遇不平事,不畏强梁,必以理争。年七十三歲,卒於民國三十四年九月。

張宣文,字彦生,住縣城。甘肅警備學堂優等畢業。曾蒙列憲委署平涼西峰鎮、白水鎮、金積縣各警佐,協辦開封西北中學,頗稱幹練。事繼母孝,待弟友。將父遺土地產業,擇其上者歸繼母同三弟全文經管,中者二弟鴻文經管。宣自取南關破房三間,環堵蕭然,聊蔽風日。三十四年,因病在蘭垣去世,靈柩難返,親友借助始遷鄉,其廉可知。

蘇彪,字子英,西鄉雙羊村人,爲人寬惠。民國十八年,本城饑饉成災,餓殍載道,彪出積谷救濟災黎,全活甚衆。

馬河圖,字瑞丞,開城人,前清農官。民國以來,辦理地方公務,熱心公益,捐

①　參見本志卷十《藝文志·大文·書序》張少雲撰《邵玉魁壽序》。

資修學,成績卓著。

張續緒,學深品正。清宣統初,由廩生舉孝廉方正。創辦地方回教教育三十餘年,勸導回教子女入學讀書,灌輸國家觀念,民族意識。固原回教文化,由君而發軔焉。民國十五年,大軍過境,支應浩繁。地方人士請君出任鉅艱,維持現狀,慨然擔任,不辭勞怨,不避艱險,同地方賢明錢應選、夏際文、强永浚、馬正榮、李培元、慕鈞、馮克勤、雷步雲等,苦心籌劃,如何而回漢和睦,如何而軍差不誤,如何而桑梓負擔減輕,大小輕重,緩急利弊,一一考慮周詳。十餘年來,地方治安秩序井然,回漢和睦,非君之碩謀遠慮、引導有方,曷克臻此。

李培元,貌揚性篤。民國十年,省議會議員,提議鹽課改作教育經費。固原男女初小學校,借此款立其基。請撥賑款,籌辦社倉,濟荒之政兆其端。其他恭贊甘肅督辦公署軍政,代理海原縣長,固原教育局長,均能實事求是,不尚繁文。

楊宋清,字晏亭,世居縣城大南市巷。性剛毅而有權變,後居鄉排難解紛,人咸敬之。時年九十餘歲,精神矍鑠。子克明,爲鄉農會理事長,秉公持正,頗有乃父風。

馬正榮,字子華,世居南關。耕商爲業,教子讀書,均能自立。熱心公益,督修城垣及學校工程,勤勞不倦。辦固原兵站,兼任自衛隊等職,始終不懈。縣府頒"熱心公益"匾額。

孫忠恕,字省三,陝西澄城縣人,寄居固原有年。秉性耿直,爲慈善會會計,十三年未支一文薪水,純盡義務,人所難能。前任慈善會長李文輝不忍湮沒其功,於民國二十五年三月曾呈請縣政府嘉獎,旋蒙前任縣長彭獎以"急公好義"四字,准由慈善會自備匾額送之,以示鼓勵。

慕鈞,性篤厚。民國十五年後,服務地方軍差、商務、社倉諸公益事,老成持重,人無異言。前後二十餘年,有勞績。

夏際文,吉軒公之次子也。性謙和,與人無争。民國九年,地震成災,辦理粥廠,倡捐秋夏糧二十石,並向鄰村勸捐秋糧三十餘石。捐資設立頭營集市,繁榮鄉里,使地方人且耕且商,貧者富,逃者歸。十五年大軍過境,地方多事,差徭繁興。際文學優才長,關懷桑梓,迭次擬稿痛呈地方利弊、人民瘠苦於當道,咸蒙邀准,爲地方請免擔負,曷可數計。

石作梁,貌秀性和。民國十八年後,因災荒之餘,鄉野不靖,縣城勢如累卵。乃桑梓念重,力圖防守,調發民團,贊助城防,以有限民團,防守曠大城垣,兩次遇險,有備無患。晚年創修張易鄉學校,培養青年,排解漢回糾紛,不分畛域。其有功地方,和睦回漢者如是。

徐銳,字靜軒,縣城人,前清雲騎都尉世襲瑞庵公之子也。性慈悲,學未竟,投筆從戎,服務固原提督公署。民國初年効力平涼隴東鎮守使署,參贊軍機,經理財政,謹慎規畫,清廉自持。晚年旋里,從事農圃。暇時研究孔教,對於《四書》意義頗有見解,努力躬行,無虧孝慈之道。訓育子廷芝等,均榮顯,可稱三世有德,一門賢良。

田種珊,字子玉,縣城人。勤儉自持,事母孝。民國十五年,軍興以來,差徭浩繁,幫助縣政府辦理軍差及地方建築城垣工程等公益事,頗著勤勞。

祁元喜,字連三,固原北鄉人,現住王窪鎮。年已七旬,性贛直,於事敢言,不泯人善,不掩己非,排難解紛,有仲連之風。里人頌之為月旦老人云。

鮮玉貞,張化鄉人,粗通穆教教義。少任俠,充十七集團軍營長等職。脱軍回家,襲伊父教主衣鉢,深究穆教教理,並通儒教義意。民國三十六年,捐助固原高級中學校經費國幣五百萬元,縣府呈請省府獎贈匾額,以勸熱心教育者。

錢裕泰,字子安,青石峽人。忠厚寡言,經商略有家資,喜施與,鄉里婚喪不舉者,農耕食種不足者,輒借貸不吝,亦不索息。鄉里贈"惠及鄉鄰"匾額以表彰之。事在民國二十年。

馬來德,附郭鄉人。性好義。父母早去世,與弟俊德甚友愛,而食必同堂,寢必同室,家事相商而後行,迄今五十餘年,率以為常。人稱之為兄弟怡怡,姜家大被云。

何國儒,字子珍,東鄉唐家原人。幼嗜經史,長好遊俠,抱打不平,輒以義爭。民十六年,委辦固海農林畜牧改善事業,煞費苦心,視公益事如己事。

何吉祥,張易鎮王家大莊人。父母早死,貧無立錐,傭工度生,忠實不欺,人咸重視。民國二十七年,招贅里人之女以為妻,努力農務,家業日益發達。人以為耿介義行,應得食報。

薛晏海,字靜波,大營鄉人,中學畢業。賢明聞於鄉,慷慨好義,排難解紛,是其特長。鄉里春耕不足,輒借貸。民國三十五年,政府在大營鄉散賑公糧,不足周濟,慨以己儲糧普濟之,饑民實惠均沾。政府登報表揚。

馬宗武,光烈公之侄,居紅崖堡。研究穆教,頗有心得,鄉里推為教主,亦得教徒之信仰。

馬震武,字宙丞,善人光烈之四子。承父之遺訓,宣傳回教折海領葉教義,甚得教胞信仰。國府任命甘肅省政府委員,授予勝利勳章。其長兄忠武耕讀傳家,日樂於田園。二兄廣武與震武同樣宣傳教義,教胞亦有同樣之信仰。

祁廣澍,字雨蒼,祁瑞亭之侄。賦性豪爽,濟弱扶傾,夙承家訓,仗義疏財。家世早雄於財,至雨蒼中落。稽簿課券,知外欠其錢糧者殊多,欲追交則概係窮寒,乃自思曰:"人貴自立耳,何忍逼人以自利乎?"於是面呈五叔鼎丞先生,將所欠約契付之一炬,遐邇聞之,咸以義稱之。

張洪順,原籍天水人。清光緒中,投軍効力,隨張雲帥到固,隸標營步兵爲什長。既而退伍,停居固原,孑然一身,販賣牲皮度日。民國三十三年,在縣城大街拾法幣一萬元,璧還原主,亦不受謝。經五十七軍軍長丁冠洲賜以"拾金不昧"扁額獎勵之,洪順辭不受。其淡于榮利如此。

張得奎,字梅園,住縣府街。事嬬嬬范氏如事親母,接濟族弟得元無吝色,撫孤恤老如家人。人稱其懿行可風云。

劉尚寬,字子厚,清廩生劉紹基之子。秉性好義敢爲,歷充保長、鄉農會理事長之職。父早逝世,事母謹順。民三十六年,遵母命,將父所遺書半數捐之文獻會,以嘉惠學子,亦義舉也。

淵恬

漢

梁竦,字叔敬,安定人,統次子也。少習孟氏《易》,嘗登高遠眺,歎曰:"大丈夫處世,生當封侯,死當廟食;如其不然,閒居可以養志,詩書足以自娛。州郡之職,徒勞人耳。"著書名曰《七序》。班固見之曰:"孔子作《春秋》而亂臣賊子懼,梁竦作《七序》而竊位素餐者慚。"居九真時,作《悼騷賦》以吊子胥、屈原。明帝、章帝時,累辟不就。三子皆列侯。

石得林,安定人。建安初,客三輔,就學于宿儒樂文博,始精詩書,後好學静默。關中亂,南入漢中,不治産業,不蓄妻孥。嘗讀《老子》,晝夜吟詠。漢中破,還長安,清潔自守,一介不以取與。或問其姓氏,亦不言。

晉

皇甫謐,字士安,安定人,漢太尉嵩曾孫也。居貧,志高尚,以著述爲務,自號玄晏先生,雖痹疾不釋卷,武帝屢征不仕。自表就帝借書,帝以一車書與之。撰《帝王世紀》《年曆》《高士》《逸士》《列女》等傳、《玄晏春秋》,有詞章重於世。

皇甫方回,玄晏先生之子也。少遵父操,兼有才文,永嘉初征博士不起。避亂荆州,閉戶閒居,未嘗入城府。鼉而後衣,耕而後食,先人後己,尊賢愛物。南中人士,咸崇敬之。刺史陶侃禮之甚厚,每造之,著素士服,望門輒下馬而進。

北魏

皇甫亮,字君翼,安定人。魏神武時,除司徒東閣祭酒。後以母兄在此,求還于梁,遂罷仕。無復宦情,入白鹿山,恣意泉石之賞,賦詩超然自樂。後除任城太守,辭以疾,不之官,遂以隱終。

清

李承瀚,廩生,寄固原籍,居西鄉。性喜彈琴,手不釋卷,里人以爲迂叟。同治初回亂,村中紛紛避難者,率挾貲財。承瀚負琴囊一具,書匣累累,奔走途中,既病且飢死於道,枕其琴而書猶在肩也,異哉。

徐文友,本城人。年八十四歲,子孫耕讀爲業。文友不樂家居,遂僑蹟於崆峒之中,精神頤養,步履如少年,亦可謂占得人間清福者。

夏生蘭,先住硝河夏口子。性耿介,讀書未竟,頗尚躬行。居恒和睦鄉里,鄰村回教人見而敬之,通稱之曰蘭爺。同治亂,族人俱罹禍,馬昌堡回人馬天嵐等感其素賢,竭誠救護,遂得攜眷逃至天水,闔家安全。亂平後回至頭營,因墾田而家焉。

蘇炳南,字午天,同治癸酉科拔貢,①候選訓導,充固原書院山長,教訓後進,樂育不倦。

南化行,光緒乙酉科拔貢,②候選州判。學尊程朱,設教州城,庠序盈門。

劉永福,字景清,邑廩生,性淡泊耿介,不苟取與。父母去世,貧無產,室無糧,處之晏如也。終身教讀,持身維謹,以聖賢克己之學,勉勵後進。中年貧病交加,寄居舊五原書院。友人延醫治藥罔效,竟於光緒三十三年歿,年四十歲。

黃金印,耿介之士,事略未詳。

陳鵬舉,叭喇灣人。同治元年遭變,全家被難。遂即從軍,隨董少保克復金積一帶,積功保花翎遊擊銜。後解組歸,耕書訓子,可謂高潔矣。

陳介儒,北鄉陳堡子人,清歲貢生。性耿介,無事不入集市,訓子弟以勤儉爲本,可稱一鄉善士。

劉貞,字子傑,住東關,清廩生。善屬文,有名于時。爲人心氣和平,志趣恬淡,從無嗔怒急遽之態。有微疾,知必不起,遂命沐浴剃髮,衣冠整齊以臥,竟含笑而逝,時年五十有餘也。

藍毓秀,字靈山,楊郎中人,前清歲貢生,榮先公之長子也。榮先公好善,耕讀暇,講古人嘉言懿行于鄉里,地方風氣爲之一變。靈山先生賢孝成性,繼父志,從事淑身淑世,不慕仕進,設教固、海兩縣四十餘年,教尚躬行。恒以束脩之獲,接濟貧窮學生,門下學徒數百人,咸懷感慕之忱。服務軍政各界者,尚能廉潔自持,敦品勵行,斯皆先生立教有素,訓育有方所致也。

曹萬昌,字明軒,原籍陝西中部縣人,清同治初年,隨提督雷正綰到固,遂家

---

① 同治癸酉:同治十二年(1873)。
② 光緒乙酉:光緒十一年(1885)。

焉。以軍功兼辦文案，工楷書。性耿直慈祥，好施與，不慕榮利，雖昆蟲草木，不輕傷損。歷任各汛經制，固原提標右營千總。年古稀，精神矍鑠，髮長而黑，如四十許人，壽至八十三歲，無疾而終。妻楊氏亦慈悲好善，壽七十三歲卒。人以爲盛德所感召也。

王金堂，字勵吾，前清歲貢。性篤沉，力學不厭，教徒不倦。文章軼於倫輩，爲州牧王公平山所器重。年五十一歲，卒於宣統三年。

王振清字海瀾，縣城東關人。性溫和，靄然可親。前清廩生，善書法，設教於縣城，以履行孔孟訓諸生。年三十歲，因病卒於民國三年。

王世清，字永丞，縣城東關人，宣統乙酉科拔貢。[1] 民國六年，任固原勸學所所長。淡泊自娛，樂育後進不倦。八年去世，遺孤子秉禮五歲，妻胥氏艱苦課讀。秉禮受中等教育，刻已服務本縣地方法院。

田樹德，字滋生，家彭敖堡。貌揚品正，通陰陽堪輿，選擇經咒等。履行濟世活人，吃素拜佛，鄉里尊敬。同道中之老弱無靠者，宿其家而待之以禮。年六十九歲，卒於民國十三年。

計定清，字志軒，住縣城東關。前清歲貢。性敏慧，文章絕倫，不求仕進，安貧樂道，守田園以終。年六十八歲，卒於民國三十年。

劉紹基，住宋家巷。清光緒末增生。性戇直，寡言笑，不阿諛附勢，剛毅自持。以故所入不偶，感慨怏怏以終，時年四十五。

韓興邦、陳希賢，均前清歲貢生，東鄉人，居同里，年相若。謹慎寡言，不尚浮華，居恒以道自持，不喜仕進。教讀鄉里者均四十餘年，一時優秀，多出其門。里有爭訟者，二公勸戒，率皆冰消霧釋。韓尤長於歧黃術，凡救人疾苦，不索勞金，不煩酒漿，人尤敬愛之。民國初年壽終，均已七十餘歲。

羅萬喜，事略未詳。年九十歲，務農，住開城本莊。

趙生新，字銘三，縣城人，前清宣統乙酉科拔貢。不仕進，終身教讀，樂育不倦。晚年研究佛學，清齋自修。年七十餘歲，童顏鶴髮，精神矍鑠。

任國輔，住大南市巷。性坦率，不慕榮利，與世無爭，誦經爲終身事。年八十四歲，而精神矍鑠，嬉嬉如少年。

杜友仁，武庠生杜涵霖之子也。前清庠生，中學畢業優貢。言行方正，淡于名利。晚年好靜學佛，常往來崆峒間以寄興。

民國

別種福，字雨田，附郭鄉大堡子人。任縣政府科長，事上忠，與下惠，解人紛，

---

① 宣統乙酉：宣統元年(1909)。

濟人困,臨財不苟貪,以善爲懷。常以陳文恭公五種遺規爲則。晚年辭職,著有
《勸善懲惡邇言》,印刷勸世,今之善士也。

李楥,字魯亭,前清秀才。不慕榮利,淡泊明志,農稼外無他圖。家風所播,
其子承恩之居官清廉者率由此也。

趙四箴,拔貢趙生新次女,生有至性,茹素拜佛,終身誓不嫁,願事父母以敬
孝。常讀古人嘉言懿行各書,勉力行焉。

孟法通,里居未詳,隱居獨善之士也。

鐵有光,西南鄉人。秉性好善,幼即茹素,不嗜葷腥。弱冠立志不婚,長齋奉
佛,老而鬚鬢甚長,飄灑若神仙中人。暇則宣講佈道,南北二川,東西兩山歸依頗
不乏人。民三十六年,示微疾坦化。

楊枝榮,北鄉韭菜坪人。穆教哈的勒葉派,專主認主,參悟真諦。自幼至老,
誓志清修,穆民老教,咸信仰之如泰山北斗云。

陳師模,縣城人,前清附生。性恬靜寡言。家貧,入學後從軍,辦理營中哨
書。既而倦遊厭世,歸來長齋念佛,專司醫藥濟世。民國二十年壽終。

馬德乾,字子元,青石嘴人,回教阿訇也。深通教理,廉潔自守。凡地方關於
慈善事宜,熱心幫助。門徒衆多,宣揚教旨,以忠國孝親爲本。年逾九旬,精神矍
鑠,人以善士稱焉。

馬忠朝,參議員連三之父也。生於清嘉慶二十五年,民國十四年去世,計一
百零六歲。分人以惠,飲人以和,天君舒泰,是以克享大年。

陳炳仁,字壽山,七營人。性慈悲,熱心公益。民國初年創辦七營學校,不務
虛名,勤儉淡泊。晚年修煉心身,吃齋拜佛,恒居邑城之東嶽山,靜修自娛。卒於
三皇洞,遂葬山中。

盧燮,字理堂,城內鴨子巷人,清光緒中庠生。性和藹,不治生産,淡泊自持,
教讀以終年。

張文華,字南齋,住城內山貨市,清光緒中附生。寒素教讀,恬淡不嗜利祿,
家居以疾終。

劉熙祿,字受天,孝子劉文敏之胞弟也。性率真而純靜,清末服務提督文案,
以功補千總。旋以眼疾大作,家居就醫。民十九年學道養靜,長齋誦經。現年六
旬有餘,精神強健,不亞于乃兄云。

王珍儒,字寶卿,黑城鎮人,前清廩生。文章尚理論,光緒末肄業固原中學
堂。辛亥鼎革後,志在淑身濟世,精研醫學,不索謝資,務農教子不問世。

趙夢筆,西鄉什字路人,光緒間州學生員。性渾厚,處世秉公持正,凡鄉里
漢、回有田地糾紛者,無不折中於夢筆。殁後,子文秀遵守遺風,熱心公益,鄰里

景仰。

戴善述,住北鄉戴家堡,前清廩生。篤實沉静,耕讀之外無他求,詩文傳家。其孫亞英、亞洲,均畢業于大學,皆後起之秀也。

柳生直,字筱園,住二營馬家店子,前清歲貢。淡泊明志,不求仕進,樂田園以終年。

朱焕文,字章甫,住開城,前清歲貢。言行靄然,温雅從容,書法工正。晚年教學於私塾,訓誨不倦,桃李盈門。

翟用儀,住張易鎮,前清附生。篤實儉樸,農圃之外無他求。

劉及第,住教場角,前清廩生。耕讀立家,勤儉奮勉,教讀十餘年,未常有懈。講解特長,一時茂才多出其門下。

劉品第,及第之弟,前清增生。熟於祭禮,逢二八孔祭,必恭必敬,正其衣冠而唱贊跪拜禮儀式,有序而不紊。

高凌雲,號子卿,東鄉人,清光緒間庠生。敏而好學,順親有道。中年設帳于鄉,一時優秀多出其門。善岐黄術,婦科特長,旁及陰陽卜相之事,罔不究其堂奥。平居持己莊,治家嚴,待人恭。晚年茹素禮佛,鋭意潛修,以此鄉里敬愛,稱頌不絶。年超古稀,耳聰目明齒堅,一如壯年,殆養之有素也。

群材

幹練　　凡幹濟練達者屬之

漢

傅幹,字彦林,燮子也。官扶風太守。

傅育,北地人,爲臨羌長。後拜武威太守,匈奴畏之。

晉

張茂,軌子也,初辟從事中郎,官至涼州刺史。

皇甫商,重弟也,爲長沙王右參軍。

北魏

皇甫和,字長諧,安定朝那人。祖澄,秦、涼二州刺史。父徽,安定、略陽二郡太守。和年十一而孤,母夏侯氏,才明有禮,則授以經。及長,深沉有雅量,尤明禮儀,宗親凶吉多相咨訪。終濟陰太守。

鄧淵,安定人。祖羌,爲苻堅車騎將軍。父翼,爲河間相。淵性真素,言行可復,博覽群書,長於《易》筮。道武定中原,擢爲著作郎。淵明解制,多故事,與尚書崔宏參定朝儀、律令、音樂及軍國文記、詔策。謹於朝事,未嘗忤旨。

席固,字子堅,安定人。少有遠志。梁大同中,爲齊興郡守,士多附之。遷興州刺史,大統中歸魏。周文甚禮遇之,拜豐州刺史,累封靜安郡公,昌州刺史。居家孝友,蒞官頗有聲績。卒於州,謚曰肅。子雅,少以孝聞。位大將軍。

席法友,安定人。仕魏爲豫州刺史,封苞興縣伯。宣武末,刺濟州,以廉和著稱。終光禄大夫,謚曰襄。

梁昕,字元明,安定烏氏人。少温恭,魏文帝見其貌偉,異之,授右前參軍、雍州刺史。昕撫以仁惠,蠻夷悦服,封安定縣子。卒贈大將軍。

梁榮,昕弟也,歷位下大夫,開封儀同三司。

北齊

金祚,安定人。祚克仇池,莫知所歸。神武遣行臺侯景諭之,送解而還,封安定公。

北周

皇甫璠,字景明,安定朝那人。孝憫帝踐祚,以功封長樂縣子。

金

張中孚,字信甫,鎮戎人,宋太師達之子也。歷知渭州參知政事,遷尚書左丞相,封南陽郡王。

張中彦,字才甫,中孚弟也。歷官至臨洮尹,兼秦鳳路都總管。鞏州賊劉海構亂,戮其爲首者,至積石,豪長悉來降,事遂定。加儀同三司。

明

劉仲祥,永樂中,以人才薦,官江蘇無錫縣知縣。蒞任培植學校,勸民蠶桑,當時推爲經濟之選。

何居恭,永樂中舉人,官四川保寧府通判。

王旻,永樂中舉人,歷官通判。

楊可度,永樂中舉人,歷官訓導。

虎繼宗,正統中舉人。

章文,天順中舉人,官山西祁縣知縣。以廉自持,以寬馭下,而能文好學,尤著政聲。

彭琳,弘治甲子科舉人,①官灤州知州,太平府同知,浙江按察司僉事。

楊應元,嘉靖庚子科舉人,②甲辰進士,歷官河南開封府推官。持己謹飭,文章懿雅,有才名著於鄉。

---

① 弘治甲子:弘治十七年(1504)。
② 嘉靖庚子:嘉靖十九年(1540)。

張世祥,嘉靖癸卯科舉人,①官四川慶符縣知縣。

馬世臣,嘉靖丙午科舉人,②官山西太原府通判。

單濱,嘉靖戊午科舉人,③官山東高苑縣知縣,以保薦政績,授湖廣桂陽州知州。

王道濟,隆慶丁卯科舉人,④官直隸安州知州。

趙性粹,萬曆己卯科舉人,⑤官四川鹽亭縣知縣。以文學膺上考,升江南揚州府通判、直隸河間府同知,復行取政績,擢雲南府知府。

李廷訓,萬曆乙酉科舉人,⑥乙未科進士。⑦官直隸博野縣知縣。以政績行去取,召對稱旨,升户部江西司主事,擢湖廣司員外郎、掌印郎中。京察列等,授河南驛傳道僉事。其文章樸實,允爲西隴宿儒。

徐州儒,萬曆乙酉科舉人,⑧官山東邱縣知縣,有文名政績可稱。

王家相,萬曆乙酉科舉人,⑨官河南知縣。其積學能文,一時有徐、王二才子之譽,而同榜報捷,亦士林佳話。

陳好學,萬曆辛卯科舉人,⑩官四川夾江縣知縣。

張天德,萬曆庚子科舉人,⑪官直隸通州學政。

陳舜典,萬曆庚子科舉人,⑫官山西知縣,歷升山西雁平督糧道。博學能文,有碑銘傳於鄉。

樊士英,天啟甲子科舉人,⑬官知縣。

丁映章,崇禎己卯科舉人,⑭官通判。

李愷,拔貢,以知縣隸官四川忠州府通判。

翟琇,拔貢,官鈞州府通判。

王亨,官山東邱縣知縣。

曾友直,拔貢,官山西太原縣知縣。

---

① 嘉靖癸卯:嘉靖二十二年(1543)。
② 嘉靖丙午:嘉靖二十五年(1546)。
③ 嘉靖戊午:嘉靖三十七年(1558)。
④ 隆慶丁卯:隆慶元年(1567)。
⑤ 萬曆己卯:萬曆七年(1579)。
⑥ 萬曆乙酉:萬曆十三年(1585)。
⑦ 乙未:萬曆二十三年(1595)。
⑧ 萬曆乙酉:萬曆十三年(1585)。
⑨ 萬曆乙酉:萬曆十三年(1585)。
⑩ 萬曆辛卯:萬曆十九年(1591)。
⑪ 萬曆庚子:萬曆二十八年(1600)。
⑫ 萬曆庚子:萬曆二十八年(1600)。
⑬ 天啟甲子:天啟四年(1624)。
⑭ 崇禎己卯:崇禎十二年(1639)。

馬良,拔貢,官山西榆次縣知縣。

周希文,貢生,官雲南蒙自縣知縣。

王文秀,貢生,官直隸滄州知州。

曾讓,貢生,官高密縣縣丞,旋以政績洊知縣。

胥保,貢生,官直隸南宮縣知縣。

胥泰,貢生,山西河津縣縣丞。

楊欽,貢生,官河南縣知縣。

胡子旺,貢生,官山西孝義縣縣丞。

陳介,貢生,官湖廣平江縣縣丞。

蘇文炳,貢生,官柏鄉縣縣丞。

康鑒,貢生,官淇縣縣丞。

史暐,貢生,官會川衛經歷。

陳言,貢生,官江西按察司經歷。

何文鄜,貢生,官保寧府照磨。

徐恒,貢生,官安徽廬州府檢校。

張恭,貢生,官江西九江府檢校。

白玉垣,貢生,官山西垣曲縣主簿。

張信,貢生,官河南舞陽縣主簿。

李恕,貢生,官河南太康縣主簿。

楊存,貢生,官山西沁水縣主簿。

馮泰,貢生,官山西榆次縣主簿。

陳寧,貢生,官北直隸大興縣主簿。

翟紳,貢生,官福建福山縣主簿。

馬恕,貢生,官南州主簿。

馬浩,貢生,官永川縣主簿。

陰延鳳,貢生,官武隆縣主簿。

張錦,貢生,官南部縣主簿。

徐尚忠,貢生,官山西芮城縣主簿。

王英,貢生,官溫江縣主簿。

田福,貢生,官四川眉州吏目。

韓斌,貢生,官山東信陽州吏目。

陰順,貢生,官山西平定州吏目。

陳夒,貢生,官河南睢州吏目。

張洪,貢生,官鴻臚寺序班。

白文繪,貢生,官上林院録事。

張寅,拔貢,官山東萊州府教授。

郭子屏,拔貢,官甘肅鎮番縣教授。

張翔,貢生,官直隸高苑縣教諭。

王璋,貢生,官泌陽縣教諭。

崔紀,貢生,官臨漳縣教諭。

李延秀,貢生,官平山縣教諭。

袁瑾,貢生,官四川仁壽縣教諭。

胡秀,貢生,官四川雙流縣教諭。

丁焕,貢生,官甘肅金縣教諭。

黄汝楫,貢生,官陝西三原縣訓導。

張秉元,貢生,官西鄉縣訓導。

徐正己,貢生,官陝西西安縣訓導。

張思誠,貢生,陝西臨潼衛訓導。

翟璣、翟顯、白珪、馬訓、張善、施文、袁鎧、蘇勉、彭鋭、楊獻之、劉綱、張正學、田宗禮、王國機、沈汝淵、王焕、宣九德,俱係貢生候選訓導。

清

石應譽,提督國璽之子也。康熙初,以軍功官浙江武康縣知縣。以才能洊陞知州。

石芝麟,應譽弟也,康熙中以蔭生官湖廣知州。

何天相,康熙癸巳科恩科舉人,①候選訓導。

陳王前,康熙中拔貢,歷官知府。

侯拱一,康熙中以軍功官浙江温州府知州。

馬帆,雍正初貢生,歷官主事。

曹文挺,雍正初貢生,歷官郎中。

高昕,雍正癸卯科舉人,②候選知縣。

張繡,雍正甲辰恩科舉人,③候選州判。

馬迅,雍正己酉科舉人,④候選教諭。

---

① 康熙癸巳:康熙五十二年(1713)。
② 雍正癸卯:雍正元年(1723)。
③ 雍正甲辰:雍正二年(1724)。
④ 雍正己酉:雍正七年(1729)。

劉統,雍正己酉科舉人,①有文名,議叙知縣。

黄居香,乾隆制科孝廉方正,後中式舉人。

劉若椿,乾隆甲子科舉人,②歷官知縣。

劉自漢,乾隆中拔貢,官鎮安縣訓導。

年穉,乾隆中拔貢,候選訓導。

趙芮,乾隆中舉人,揀選知縣。

黎守成,乾隆中舉人,候選訓導。

錢世昱,貢生,嘉慶制科舉孝廉方正,官布政司理問。

豆福奎,壯節公之子也。嘉慶初以騎都尉官雲南元江營參將,歷升副將,升湖南鎮箪鎮總兵。其時鎮箪等處有新設州縣,苗民龐雜,以其熟於情形,而資震懾之也。在官十餘載,卓有政績。

錢大略,貢生,嘉慶中,任靖遠縣訓導。

翟葇,嘉慶中舉人,③候選教諭。

張鵬翼,嘉慶中舉人,④揀選知縣。

東介,嘉慶中舉人,⑤揀選知縣。

錢維祖,嘉慶中,以議叙官知縣。

張光漢,⑥道光辛巳科舉人。⑦ 其昆弟以議叙得職者：光先官直隸州州同,光序歲貢生,官齋秦廳,光清官州判,光弟官布政使經歷,一門簮纓,洵盛美也。

蘇九疇,道光初舉人,[37]候選訓導。

薛秉珪,道光中舉人,⑧揀選知縣。

李蘊華,道光中乙未科舉人,⑨候選教諭,以議叙官知縣。

王嵩翰,道光中拔貢,候選直隸州州判。

李承昀,道光中拔貢,朝考二等候選教諭。

白啟華,道光中恩貢,候選教諭。

杜焕緒,道光中以軍功保縣丞,以知縣升用。

---

① 雍正己酉：雍正七年(1729)。

② 乾隆甲子：乾隆九年(1744)。

③ 《宣統甘志》卷三九《學校志·選舉上》載,翟葇爲嘉慶十八年(1813)癸酉科舉人。

④ 《宣統甘志》卷三九《學校志·選舉上》載,張鵬翼爲嘉慶二十一年(1816)丙子科舉人。

⑤ 《宣統甘志》卷三九《學校志·選舉上》載,東介爲嘉慶二十三年(1818)戊寅恩科舉人。

⑥ 《宣統甘志》卷三九《學校志·選舉上》載,張光漢爲海城人。

⑦ 道光辛巳：道光元年(1821)

⑧ 《宣統甘志》卷三九《學校志·選舉上》載,薛秉珪爲道光十四年(1834)甲午科舉人。

⑨ 道光乙未：道光十五年(1835)。

張維,咸豐辛酉科舉人,①候選知縣。

李祥,咸豐中以議叙官四川德陽縣典史,在任緝捕勤能,民多畏之。

党樹德,貢生,咸豐中官陝西隴州吏目。

安煥章,貢生,咸豐中陝西長安縣典史。

陳榮先,貢生,咸豐中署合水縣訓導。

呂瑄,貢生,咸豐中,任陝西潼關廳訓導。

閻煦塈,同治壬申年恩貢,②官皋蘭縣教諭。

張樹勳,同治癸酉科舉人,③候選知縣。

閻禮堂,同治中隨征新疆,以軍功保候選知縣。

李廷楹,同治初,以議叙官府經歷。

張煥文,貢生,同治中官山東東河縣典史。

梁延棟,監生,以議叙官撫寧縣典史。

張超,字幼升,壯勤公孫也。光緒初,以廩生官兵部郎中。爲人靜默,克守祖訓。至其熟於戎略,亦邊徼之異材也。

李廣玉,貢生,光緒初官碾伯縣訓導。

吳周章,貢生,光緒初以議叙候選訓導。

馬德駿,字少雲,增生,提督進祥之子也。光緒中以二品廩生授職通判,官廣西永寧州知州。卒於任,時人深惜焉。

王翰,貢生,光緒中候選訓導。

吳定邦,貢生,光緒中保候選訓導。

曾炳璜,光緒戊子科舉人。④

吳本植,字子幹,提督雲伍之子也。光緒中隨董少保營次,襄理文牘,轉運餉糈,積功保知府,獎道員,加鹽運使銜。官湖北,督帶保商兵隊。少負大志,具幹濟才,鄂湘大吏咸倚重之。

吳本鈞,字羹梅,提督雲伍之次子也。光緒丁酉科拔貢、⑤舉人,官法部主事,加員外郎銜。少有才名,經籍淹貫,書法秀逸,得褚河南風致。

李通菜,字馨齋,附生。光緒時佐鄧提督戎幕,籌劃機宜,料敵敏速。積功保知縣,加同知銜,管帶西寧常備軍隊。

---

① 咸豐辛酉:咸豐十一年(1861)。
② 同治壬申:同治十一年(1872)。
③ 同治癸酉:同治十二年(1873)。
④ 光緒戊子:光緒十四年(1888)。
⑤ 光緒丁酉:光緒二十三年(1897)。

楊作棟,附生,民國十三年,任甘肅實業廳長。學宏品正,政聲卓著,候選州判,加鹽提舉銜。

徐步陞,字雲階,光緒癸卯恩科副舉,①候選州判。

鄭大俊,字均三,貢生,候選訓導。

鄭席珍,字聘卿,貢生,候選訓導。

雷慎修,廩生,候選縣丞。

張希仲,廩生,候選吏目。

徐漸奎,貢生,候選訓導。

董温,少保福祥之侄孫也。光緒中隨營次,襄文劄,積功保知縣,加同知銜。

董恭,字子敬,少保福祥之孫也。光緒甲辰皋蘭水災,②出金賑濟,議叙候選道,加二品銜,記名簡放。民國十九年,任隴東遊擊第二旅旅長。二十年夏,因疾卒於任,鄉邦悼惜。

趙克敏,字慧生,廩生,光緒丙午年考職列優等,③授巡檢。

胡瀚,貢生,光緒中保縣丞。

王萬傑,貢生,光緒中保縣丞。

胡青海,貢生,光緒中保縣丞。

楊錦瑞,貢生,光緒中保縣丞。

王善述,貢生,光緒中保縣丞。

張輝,貢生,光緒中保吏目。

董升猷,光緒中隨甘軍營次,保知縣。

喬金綬,光緒中,隨甘軍營次,保巡檢。

張維新,光緒中以吏目候選典史。

楊承銓,光緒中以吏員候選府經歷。其弟秉琦、秉杕,均以議叙得道庫大使。

張國珍,廩生,光緒中保縣丞加鹽提舉銜。

張宗,光緒中以優廩生資格歷保縣主簿,後復以議叙庫大使,分發任用。

康嗣緝,字子紳,縣城米糧市人,原籍陝西省武功縣。明弘治壬戌狀元及第康對山海公二十四世孫,[38]清同治歲貢生嘉會公之子也。貌偉性直,有豪俠氣。光緒中由廩生投筆從戎,隨董少保平河湟之亂,保花翎三品銜,以道員用。陝西行在引見,簽分陝西,歷任鄜州、綏德、隴州,補授乾州直隸州。光緒末年,調任鳳翔府知府。民國初,任甘肅内務司司長、秦州直隸州。所在之地,勤政愛民,廉潔

---

① 光緒癸卯:光緒二十九年(1903)。

② 光緒甲辰:光緒三十年(1904)。

③ 光緒丙午:光緒三十二年(1906)。

自持,積厚流光。其子琦,充任陝西平利、紫陽各縣縣長,遵守父規,政聲卓著。刻下族屬散居海原縣之新營等處,人丁蕃衍,一門鼎盛,誠望族也。

秦喜,字福堂,信義豪俠,善事兄長。清歷任千總把總。民國充哨長及善後局長,勤慎廉潔。

民國

祁連元,字瑞亭,貢生。光緒三十四年以勸辦江蘇賑務,獎花翎候選同知。公舉宣統制科孝廉方正,後考驗録用。民國初年,舉衆議院議員。十年,任安肅道尹,卒於任。政績卓著。

馬繼祖,字耀南,前清庠生,提督進祥之孫。曾任大總統府高等諮議。民國十年,任甘肅甘凉道尹、實業廳長、全省禁煙襄辦、國民政府監察院委員。勤政愛民,以循良稱。

党家駒,字志建,蔭軒公長子。歷充甘肅省政府秘書、財政廳科長二十餘年,清廉自持,謹慎從公。民國二十八年委任靜寧縣縣長,剔除積弊,減輕民衆負擔,人民愛戴,有口皆碑。

李承恩,字伯海,大營鄉人。北平朝陽大學畢業。民國十七年,任山東省寧陽、肥城等縣縣長、甘肅省教育廳科長、十七集團軍參謀等職。清廉自持,少年老成。

祁兆熊,字聘周,道尹瑞亭弟。民國初年,任隴東鎮守使署副官。十七年委任紅水縣縣長,未蒞任因病去世。

祁兆甲,字鼎丞,道尹瑞亭五弟。民國初年,任陝西騎兵營長,軍紀嚴肅。二十三年,任甘肅省政府參議。三十五年被選為省參議員。

萬錫綸,字經生,宣統己酉科拔貢,[①]梁棟長子。性豪爽,任甘肅省煙酒總辦處及省長公署科長。補用縣知事,未到任,因病逝世。

蘇廷瑞,字幹五,世居固原本城。性謙和,有幹才,家貧讀書未就。民國二年赴天水,馬鎮守使國仁保舉花翎遊擊銜,充天水城防營管帶。倦遊回鄉。十四年馮軍過境,兵站支應浩繁,被推為糧秣主任,應付適宜,人咸頌之。後令其女彩鳳入校讀書,為回教女學倡。十六年糾合熱心工藝人士,成立縣平民工廠,身任教師,不取薪金。其見義勇為,貢獻地方有如此。

萬延年,字益堂,經生長子,省立師範學校畢業。服務甘肅省政府,任秘書、科長各職,數十年來始終不懈。

萬延齡,字鶴亭,經生次子,蘭州中學畢業。現家居務農,協理楊郎鎮教育多

---

① 宣統己酉:宣統元年(1909)。

年,成績卓著,人稱幹才。

張鍾嶽,字祥生,縣城人。秉性爽直,氣宇軒昂。民國二十九年,畢業于軍官學校。有幹才,歷辦地方黨務、教育,頗著成績。三十六年,升任環縣縣長。

韓練成,縣城人。性聰穎,少有大志。學未竟投筆從戎,北伐後積功任團長,入陸軍大學。民國二十六年,抗日軍興,任陸軍三五一旅旅長。臺兒莊戰役,升任陸軍一七零師師長。昆侖關之戰,建其功,政府擢升將軍,任陸軍第四十六軍軍長。進擊雷州半島,率師渡海,受降於海南島,將軍任海南島綏靖司令長官兼行政監督,約一年。將軍以二十年征戰,積勞成疾,政府顧念賢勞,調任國民政府參事,予以休養云。

田俊,字軼千,住炭窩子街,資歷詳《官師》。① 秉性聰,作事敏,辦理地方教育、黨務工作,均熱心毅力,始終不懈。

曹鑒衡,字子均,固原提標右營千總明軒公之長子也。秉性忠實。任隴東鎮守使署文案。陸洪濤器重之,督甘時,歷充財政各要職。廉潔自持,老來兩袖清風。民國三十七年五月卒,時年六十五也。妾張氏,尤賢慧,早先生卒。

馬秉乾,字連三,宋家巷人。民國十年後供職軍界,在東南各省參贊軍機,奔走軍事,頗著勞績。晚年還鄉,輔助縣政,辦理地方建設、教育事宜,勤勞備至。軍政兩界,依資多端。

張飛鵬,字雲程,禹川公長子也。北平郁文大學畢業。民國二十年,任化平縣長、甘肅省政府參議。三十年,任省立固原師範學校校長等職,謹慎從公,毋怠毋荒。二弟飛熊,字子祥,開封訓政學校畢業,任固原縣督學,小學校長。民國三十五、三十六年,任縣政府建設科長,在南河灘植柳樹數千株,均能成活。三弟飛鴻,字少禹,平涼師範及西北訓練團畢業,任固原同仁中心學校校長、縣督學等職,十餘年來,尚著成績。四弟飛鳳,字子瑞,平涼師範及中央陸軍軍官學校洛陽分校畢業,供職八十一軍及地方教育等職。

李沛恩,字雨民,桐之子也。中學畢業,歷任化平、固原縣政府民政科長,第一區行政督察,兼任保安司令公署視察科長。品正才長,不替書香家風。

蘇登科,字甲三,西鄉雙羊村人,彪之次子。中學畢業,歷任安徽省政府科員、甘涼道尹公署科員、甘肅省教育廳視導員、固原縣政府軍事、糧政科長、陸軍四十二軍及十七軍司令部參議、固原中心學校校長等職。服務黨、政、軍各界,歷有年所,凡地方興辦公益以及教育事宜,莫不熱心躬與其事。

馬守仁,字靜軒,張化鄉人,甘肅省立第七師範畢業。民國二十四年,任三營

① 參見本志卷六《職官志·民獻·社工》"田俊"條和本志卷六《職官志·民獻·議士》"田俊"條。

鄉高等小學校長,募款建修校舍,有勞績。

劉克禮,性剛毅,有勇略。民國二十五年,畢業于中央陸軍軍官學校訓練班。三十三年發動十萬知識青年從軍,克禮毅然首出,一倡之下,青年景從,竟達一百有餘名。壯哉,不可謂非家庭教育之有自也。

牛士捷,字月三,黑城人,中學畢業。任首屆黑城高小學校校長,固原、静寧等縣區長,政通人和。解繁難,應時變,尤爲特長,名遍縣境。中年後,熟於術學,清高自娛。

武廷選,字弼丞,七營人。中學畢業,青年有爲。辦理固原稅務時,對政府及地方事體有不公者,直言不諱,爲當道所忌,竟遇害,鄉里咸稱冤抑。事在民國二十三年。

鄧相卿,字幹丞,七營人。性忠信,歷充七營鄉長、中心學校校長。增修該校教室、校舍,規模宏大,爲各鄉學校之冠,譽滿縣境。民國三十三年,任環縣縣政府秘書,勤慎從公,清廉自持,今仍供舊職。

藍生德,字本齋,永安村郭家廟人。甘肅省立第二中學校畢業。任清真高級小學校校長、固原第二區區長,上不誤公,下不累民。凡關於地方教育、慈善等事,竭力提倡。歿後鄉人惋惜,年三十九歲。

錢應昌,字東生。性直率,事兄最恭,教子義方。十五年重修東嶽山、鐵繩山、太白山、贊化宮、天王廟、南市巷財神樓諸廟,煞費苦心。監修縣黨部、南門外河堤及城工,永息水患,人皆頌之。

何維藩,字星垣,瓦亭人。少時在董少保部爲書記,頗著勞績。民國十八年充固原第三區區長,成績卓著。民國二十六年卒,享壽五十八歲。家無餘資,廉潔可知。

馬鐸武,字木天,原名振鐸,大灣人,清廩生。民國初年,提倡辦理本村學校,勤苦備至。

毛興奎,字星三,蒿店人。爲人公正。辦理地方公益事業,充聯保主任,桑梓念重。爲當道所忌,竟因公殞命。

海尚月,字子武,乃家河人,清太學生。辦理地方公益多年,尚有勞績。

喬秉綱,字維山,縣城人,前清振威將軍協五公之長孫也。中央軍官學校畢業,少年老成,無仕宦習。民國二十二年供職甘肅新編第一軍新十旅團長,忠勇愛國。三十二年,因親老還家。地方公推承辦軍差。勤勞備至,潔己奉公。卒以操勞過度,竟以病終,鄉邦同悼惜之。

景鐘毓,字秀峰,號柳堂,年四十一歲,原籍鎮原,現移住固原王㿺鎮。原舊制中學畢業,學識宏富,性情沉毅。屢任地方聯保主任等職,潔己奉公,地方敬之。

王安邦,字子勤,年三十一歲,固原王圯鎮人,舊制中學畢業,縣政人員訓練所、西幹團政幹班畢業。任鄉長,急公好義。遇年荒,親赴各保,勸富者貸給貧者,勞怨不辭,貧乏賴以生活者甚衆。

馬少敬,大營鄉紅崖堡人,中學肄業,西北幹部訓練團畢業。任第八戰區司令部服務員,辦理大營鄉小學三處,爲地方所敬。

段沛霖,字潤滋,縣城人,中學畢業。民國二十年後,歷充黨政稅財各職,勤懇無懈。民國三十六年,任縣銀行副經理、田糧處科長,坦白無私。

路衡,字子權,石橋子人,路生茂四子也。熟嫻筆、珠兩算。民國初年,任固原縣小學教員,經時二十餘年,無怠無荒,自足自樂無他求,門下學徒數百名,咸懷欽敬之忱。

雷步雲,字鵬程,縣城人,雷梧崗之長子。兩世經商,信義卓著。民國十三年,任固原縣商會主席,適值地方多事,差款頻仍,乃勞怨弗辭,于公于商,雙方兼顧。竭一身之才華,應付當時之變局,卒至商會不受影響,金融亦趨平穩,市面繁興,皆鵬程維持有方,領導有素所致也。

馬存仁,字靜生,青石嘴人。任初級小學校校長多年,勤於校務,訓人不倦。

韓溥,字暉天,史靖之孫,篤實苦幹。現任甘肅高等法院平涼第一分院檢察處書記官,矢謹矢勤,克盡厥職。

趙錦雲,字天章,住縣城,趙克敏之女。性聰慧,工書法,文章通暢,冠於女界。畢業于女子高小學校,爲渭源縣參議員楊席珍之妻,充省黨部書記。民國二十四年充本縣縣黨部書記、執行委員,頗著勞績。亦女中之皎皎,巾幗而丈夫也。

蘇彩鳳,字子儀,南市巷女子小學校第一屆畢業,回教女生僅此一人。委辦南關同仁女子小學校長,數年於教務不懈。爲該校開始之校長,成績卓著,迭經上峰褒獎。

勇略

漢

公孫昆邪,北地義渠人。景帝時爲隴西守,以將軍擊吳楚有功,封平曲侯。著書十五篇,主陰陽五行之術。《漢書》"昆"或作"渾"。

公孫賀,字子叔,[39]昆邪子也,少爲騎士。武帝時以軍術將軍,隨大將軍衛青出戰有功,封南窌侯,又封葛繹侯。[40]

公孫敖,義渠人,以郎事景帝。武帝立車騎將軍,出代後五歲。以校尉從大將軍青,以功封合騎侯。

北齊

彭樂,安定人,驍勇善騎射。隨齊神武韓陵之役,樂先登陷陣,賊衆大潰,封樂城縣公,除肆州刺史。天平四年,從神武西討,與周文相距。樂請決戰,因醉入深,被刺腸出,内之不盡,截去復戰。芒山之役,樂以數千精騎爲右甄,冲西軍所向奔退。神武命樂追之,周文大窘而走,獲周文金帶一束以歸。神武雖喜其勝,且怒其失周文,令伏地親按其頭連頓之,取絹二千匹,壓樂,因賜之。累遷司徒,封陳留王。

北周

梁睿,字恃德,安定烏氏人。父禦,西魏太尉。睿沉敏有行檢,周太祖時襲爵廣平郡公,進蔣國公,歷敷州刺史、涼安二州總管,俱有惠政。後平代王謙之亂,睿爲行軍元帥,斬謙於市,劍南悉服,進上柱國,食邑千户,資賜甚厚。時睿威震西川,惟南寧酋恃遠不馴,睿疏請決取,隋文帝深納之,用其策,擊定焉。隋既受周,顧待彌隆,復上平陳之策,又以突厥方强,疏陳鎮守十餘事。睿自以周舊臣,久居重鎮,内不自安,請入朝,乃征還京師,托疾自守,卒,謚曰襄。隋大業初,詔追封戴公。子洋襲之,歷官嵩、徐二州刺史,武賁郎將。

梁士彦,字相如,安定烏氏人。少任俠,好讀兵書,頗涉經史。周武帝聞其勇果,自扶風郡守除九曲鎮將,封建威縣公。從周武帝拔晉州,進封柱國,除使持節晉、封二州諸軍事、晉州刺史。及齊主總六軍圍孤城時,城堞危小,衆軍震懼。士彦慷慨自若,身先士卒,以短兵接戰,齊人憚之。復令其妻妾共軍民子女,晝夜修城,三日城完固。帝將班師,士彦叩馬諫,遂進兵平齊,封郕國公、上柱國。宣帝立,歷徐州總管三十二州諸軍事,擒吳明徹於吕梁,破黄陵,定淮南地。尉遲迥亂,以兵從韋孝寬,所戰皆捷,乘勝至草橋大破之,除相州刺史。隋文忌而誅之。子操、剛、叔諧、志遠、務凡五人,俱顯官。

梁禦,字善通,安定人。大統元年,進爵信都縣公,從文帝復弘農,破沙苑,進爵廣平郡公。卒,謚曰武昭。

田仁恭,字長貴,弘子也。仁恭寬厚有局度,舉明經,襲鴟陰子,拜開府,歷襄武、淅陽郡公、幽州總管。宣帝時,進爵雁門郡公。隋文帝征拜大將軍,破尉遲迥,拜柱國、太子太師。詔營廟社,進爵觀國公,邑五千户,拜右武威大將軍。卒贈司空,謚曰敬。

宋

向寶,鎮戎軍人,善騎射。聞鄰郡有猛虎,百里斷人行,莫敢攖者,遂徃覓虎穴,一矢中虎額,殪之。歷官秦鳳路隊將,皇城使帶御器械。歷真定、鄜延副總管、四廂都指揮、嘉州團練使。當時號爲飛將軍。神宗稱其勇,以比薛仁貴。

曲端,字正甫,鎮戎軍人。紹興中名將,善戰,得士卒心。歷秦鳳路隊將。夏人入寇柏林堡,力戰擊退。金人萬戶妻室與撒力曷等寇邠州,整隊大捷,官宣州觀察使,知渭州。既歿,樹曲端旗,敵人猶望而卻之。

明

黃成,譜名文原。洪武初,由小旗從征徐州衛、薊州、真定、遵化等處有功,授總旗。復以大寧鄭村壩獲勝,擢彭城衛右所百戶,加千戶,升指揮同知。既開東阿、東平、汶上各縣城,授世襲指揮使。其子福襲職,官羽林前衛。孫慶襲職。曾孫鐸、海均接襲,官固原衛。

黃振,成之元孫也。正德初以世襲指揮,禦匪于毛居士井獲勝,斬匪級甚衆,加都指揮行操固原。旋以太沙子羊房堡報捷,陞都指揮僉事、北路遊擊將軍、寧夏東路參將、寧夏副總兵、都督僉事、右軍都督府,擢寧夏掛印總兵,領神機等營,加提督標騎將軍。

馬養麟,以武功歷官總兵,加都督,晉寧武侯。

尹濂,嘉靖壬戌科武進士,[①]歷官副總兵。

盛琦,萬曆甲戌科武進士,[②]歷官守備。

陳天賜,萬曆乙未科武進士。[③]

張良賢,萬曆戊戌科武進士,[④]歷官四川遊擊,以戰功世襲副千戶。

武純文,萬曆丁未科武進士。[⑤]

楊信,以軍功歷官甘肅寧夏鎮總兵。

曹進安,字龍泉,以軍功歷官督標騎兵營參將,加標騎將軍,有墓銘。

施霖,以世襲指揮使歷官參將。

高節,以世襲指揮使歷官參將。

楊津,以世襲指揮使歷官參將。

孟采,以世襲指揮使歷官參將。

徐勳,以世襲指揮使歷官參將。

李永芳,以指揮累陞參將。

蕭韶成,以世襲指揮使歷官參將,加總兵秩。

吳宗堯,以世襲指揮使歷官參將,加標騎將軍。

王爵,以指揮歷官遊擊。

---

① 嘉靖壬戌:嘉靖四十一年(1562)。
② 萬曆甲戌:萬曆二年(1574)。
③ 萬曆乙未:萬曆二十三年(1595)。
④ 萬曆戊戌:萬曆二十六年(1598)。
⑤ 萬曆丁未:萬曆三十五(1607)。

蕭鎮,以世襲指揮使歷官遊擊。

方濟文,以世襲指揮使歷官遊擊。

陳茂勳,以世襲指揮使歷官遊擊。

馬夢麒,以世襲指揮使歷官遊擊。

李國用,以百户所歷官遊擊。

徐源,以指揮歷官都司。

張九功,以指揮歷官都司。

張守成,以指揮百户歷官郡司。

張愷,以指揮歷官守備。

趙昶,以指揮歷官守備。

楊文學,以指揮歷官守備。

季臣,以指揮歷官守備。

張絃,以指揮歷官守備。

徐敏,以千户所歷官守備。

趙邦,以指揮歷官守備。

徐文顯,以百户所歷官守備。

蔣楹,以指揮歷官守備。

賀守義,以千户所歷官守備。

盧濟倉,以百户所歷官守備。

吳彥林,以千户所歷官守備。

王從誥,以指揮歷官守備。

張元勳,以指揮歷官守備。

黃瓊,以指揮歷官守備。

曹進忠,以軍功歷官守備。

李國征,以百户所歷官守備。

王彪,以百户所歷官守備。

王用予,以百户所歷官守備。

滿濂,以百户所歷官守備。

清

曹志,父進安,前明名將。志克成韜略,銳意戎行。順治初官遊擊,追捕流賊有功,總督孟喬芳因力薦之,授固原城守副總兵。其弟希,亦同時任河州參將。

董大成,康熙中,以武童從陝西軍,征潼鳳諸路匪,轉戰西域各回部。積功官蘆塘營遊擊,擢定邊營副將,授甘肅涼州鎮總兵,權甘肅提督印務。

　　田俊,康熙中,以行伍從征噶爾丹有功,歷官至陝西榆林鎮總兵,授都督同知、廣西提督。

　　馬字雲,康熙中,官漢中城守營副將。

　　吳起鵬,康熙中,官固標右營遊擊,授中營參將。

　　馬登雲,康熙中,官涼州右營遊擊,阿壩營遊擊。雍正初授莊浪城守營參將。

　　李梅,康熙中,官陝西漢鳳營參將。

　　葉蘭蕙,康熙中,官固標後營遊擊。

　　崔繼盛,康熙中,官西安州營遊擊。

　　滿瑞麟,康熙中,官平涼營遊擊。

　　何自禄,康熙中,官延綏鎮標中營遊擊。

　　韓三奇,康熙中,官肅州中營遊擊。

　　王緒級,康熙中,官督標右營遊擊。雍正初,授固標後營遊擊。

　　馬耀,康熙中,官陝西紫陽營遊擊。

　　王天爵,康熙中,官黃甫營遊擊。

　　馬進鳳,康熙中,官略陽營遊擊。

　　喬世德,康熙中,官陝西舊縣關遊擊。

　　陳經綸,康熙中,官西寧鎮標前營遊擊。雍正初,授陝西神木營參將。

　　馬焕,雍正三年,官固原提督。

　　衛國寧,雍正初,官漢鳳營參將。

　　楊起鳳,雍正四年,官涼州鎮標中營遊擊。

　　楊寅,雍正四年,官涼州鎮標左營遊擊。

　　馬順,雍正六年,官陝西白塔營參將。

　　孫緒宗,雍正初,以武舉兵部候推守備,官河州參將。

　　楊起龍,乾隆初,官廣東惠州營副將,擢潮州鎮左翼總兵。

　　崔傑,乾隆初,官貴州安龍鎮總兵,兼都督同知。

　　吳宗茂,乾隆初,官督標蘭州城守營參將,調大同營副將,署永昌營副將、涼州鎮總兵,授四川重慶鎮總兵,以戰功加鏗色巴圖魯。

　　吳享衍,乾隆中,官靖遠營副將,歷任甘州、寧夏、漢中各鎮總兵,加提督銜。

　　張宏偉,乾隆中,官陝西延綏鎮標中營都司,陞遊擊。

　　吳岱,乾隆中,官涼州鎮標右營守備,署遊擊。

　　王文建,恭恪公子也。乾隆辛酉科武舉人,[①]官靖遠營守備,如參將銜,署陝

西遊擊。

楊茂功，嘉慶初，以軍功歷官四川松潘鎮標右營遊擊，以功加副將，晉一品秩。

馬彪，輔相子也。嘉慶中，以蔭生習於弓馬，考蔭授守備，後歷官陝西參將。

劉起鳳，嘉慶中，以行伍積功保都司，旋以擒獲海寇，迭次叙功擢貴州古州鎮標遊擊，署參將，加總兵銜。

田玉春，嘉慶中武舉人，聯捷武進士，授藍翎侍衛。

張世奇，嘉慶中，以軍功歷官下馬關參將。

吳享禎，嘉慶中，以世襲雲騎尉官浙江嚴州協營中軍都司，陞衢州鎮標左營遊擊，保副將，加總兵銜。

韓世奇，嘉慶中武舉人，歷官都司。

賈玉隆，嘉慶中武舉人，歷官遊擊。

吳享佑，道光初，以世襲雲騎尉官陝西宜君營參將，加副將銜，洊保總兵。

馬福禹，道光初，以軍功歷官督標中軍副將。

馬登雄，道光初，以軍功官甘肅沙州營守備。

朱成貴，道光初，以軍功官甘肅沙州營守備。

洪天喜，道光初，以行伍官山東桃源營都司，以調征張格爾有功，授甘肅寧夏平羅營都司，加參將銜。

徐登科，道光初，以世襲雲騎尉，歷官烏魯木齊提標中軍守備，調寧夏安定堡守備、靈州營守備，權陝西右營遊擊。旋調防喀什噶爾、英吉沙爾、巴爾楚克城等地。適奎里鐵列木莊匪有變，督兵截堵，手刃强賊百餘級，論功稱最，陞四川梁萬營都司，加參將銜。

馬如彪，道光中，以標營步兵隨征廣東，歷保參將。

馬天佑，道光中，以武庠生歷保都司。

王祥，道光中，以武生投加山東撫標。善於捕盜，卓有勞勚，歷保遊擊，加副將銜。

李福殿，道光中，以武童入伍，善騎射，拔把總，推陞千總。大吏遴其材，洊官都司。旋以捕盜有方，累擢陝西宜君營參將，權撫標城守營副將，歷保總兵。其賦性樂善，里黨有貧乏者必周濟之，時人因推爲忠厚長者。子建喜、孫玉珍，均以行伍得官，亦可見積德之餘慶也。

朱鳳來，道光中，以提標左營馬兵調征喀什噶爾有功，拔把總。咸豐、同治間，迭次轉戰商南、邠州、亭口髮捻各匪，克復平凉、張家川、蓮花城等處，洊秦州營千總，陞遊擊，保參將。嗣以攻克固原，擢副將，加總兵銜。

豆光保,壯節公孫也。道光中,以世襲騎都尉兼雲騎尉並職服官,歷陞副將,授俄蔔嶺遊擊。

吳元誠,道光中,以世襲雲騎尉官涼州岔口營都司。

宗文,道光中,以軍功歷官副將。咸豐初,署固原提督,旋授甘肅提督。

馬維玉,字昆山,咸豐初,官涼州鎮標遊擊。

慕寅,咸豐中,以行伍從征湖廣、江南、山東、直隸各省,積官保參將,官陝西延綏鎮標右營遊擊。嗣以其父慕天禧于同治初殉難,得兼襲雲騎尉世職。

馬滿友,咸豐中馬兵,歷保參將、鼓勇巴圖魯。

朱起鴻,同治初,以行伍歷官山東單縣參將,嗣以其父鳳來殉難,得兼雲騎都尉世職。

孫登策,同治初,以軍功官肅州鎮標中營遊擊。

牛玉林,同治初,以軍功歷官陝西榆林營守備,陞延綏鎮標中營遊擊,歷署西鳳營、神木營參將,加副將銜。

宋世祿,同治初,以世襲雲騎尉官守備。

滿庭芳,同治初,以世襲騎都尉官都司。

王登奎,同治初,以世襲雲騎尉官守備。

白鳳奇,同治初,以世襲雲騎尉官都司。

趙世芳,同治初,以世襲雲騎尉官都司。

孫宗讓,同治初,以世襲雲騎尉官守備。

張本,同治初,以世襲雲騎尉官守備。

施昆,同治初,以世襲雲騎尉官守備。

朱鈺,同治初,以世襲雲騎尉官守備。

張榮福,同治初,以世襲雲騎尉官瓦石坪營守備。

張鵬程,同治初,以世襲雲騎尉官西鳳營守備。

彭順,同治初,以世襲雲騎尉官寧夏鎮標守備。

滿祿,同治初,以世襲雲騎尉官涇川營都司。

張應宿,同治初,以世襲雲騎尉官邠州營都司。

張應奎,同治初,以軍功官磚坪營都司。

徐詹,同治初,以軍功官西鳳營守備。

李昌林,同治初,以軍功官白土營守備。

哈恒昌,同治初,以軍功官洵陽營守備。

安慶,同治初,以軍功官潼關營都司。

江湧潮,寄籍固原。同治元年,由武童入皖撫標,隨征髮捻於潁川正陽關,積功保千總。調征陝西同州、朝邑,甘肅平涼、張家川、蓮花城等處,洊陞參將,加副將銜。後領馬隊剿寧夏,迭獲大勝,擢總兵。按:原籍江寧句容縣人。

趙德興,字懋齋,寄籍固原。咸豐初髮捻之變,以武童入伍,隨征武昌,得軍功。同治初秦隴回亂,進剿蓮花城、鹽官、金積堡等處。雷少保嘉其勇,檄領精選營隊,保守備。光緒中移防奉天、山海關、鳳凰城,積功擢遊擊,加副將銜。其子克敏,有文名。按:原籍安徽合肥人。

李廣珠,寄籍固原,以武功世其家。始從金忠介公、多忠勇公部下,歷徵髮捻諸匪于山東、河南等省,迭開名城。同治初隸雷少保軍,稱健將。平涼白水驛之戰,固原黑城鎮之捷,北則金積堡,西則玉門關,靡不荷戈酣鬭,搴旂獲俘。積功保提督,奮勇巴圖魯,授河州鎮標右營遊擊,擢靖遠協副將。至其領達春馬隊巡防緝捕,以衛閭閻,猶餘烈耳。按:原籍河南人。

李三才,寄籍固原。同治初,爲雷少保所見重,隨征捻回各匪,以行伍敘功,歷保參將,加副將銜。按:原籍河南人。

黃文友,寄籍固原。同治初,以馬兵隨董少保軍攻克金積堡,敘功拔把總,旋克寧夏,保至守備。按:原籍廣東人。

徐明,同治初,以武童入雷少保軍,充哨長,驍建善戰。時以其父士育、兄光被賊所戕,必滅此朝食爲心,故每戰輒獲俘,積功保守備,洊遊擊。

吳得雲,以武童充糧固標,調征山東、江南髮捻各匪,轉戰武昌、商州,積功拔西鳳營把總。[41]同治初復隨雷少保進剿涇陽、渭南、平涼各處,領開花炮隊,陞千總,保洊都司,歷官靜寧營千總。

程步堂,同治中,以行伍歷保遊擊,官山西孝義廳都司。

張文奎,以武童充糧固標,調徵髮捻有功,拔把總。同治初,隨董少保征金積堡,克巴彥戎格各匪,裹創力戰,保千總。以陝西防堵洊守備,擢都司,領固標練軍馬隊。歷官後營守備、化平營都司。

武起鳳,以武童充糧固標。同治初,調征陝西及涇州等路,復隨雷少保攻克蓮花城、張家川、平涼府城,積功保千總。以剿辦長武原竄匪,陞守備,洊都司。歷官陝西雞頭關汛千總。

王國佐,以武童充糧固標。同治初,隨董少保攻克董志原、長武原等處,獲俘有功,保千總。迭領精選營馬步各旂隊,保守備加都司銜。

米世爵,同治初歷保守備。官靜寧營、平涼營千總。

金芳明,同治初歷保都司。署平涼營、固原各標千總。

劉玉清,同治初歷保遊擊,署固原城守營千總。

吳得奎、徐林、王鳳林、趙平、李玉、當成富、閻珍、傅文玉、慕前、王任傑、祁鐸、楊福勤,同治間以世襲恩騎尉,均官千總。

李雙梁,少務農業,膂力過人,與董少保交素善。同治初,回匪攏境,少保舉義團,梁奮然應之。嗣以劉忠壯公檄少保赴前敵,遂領董字右營,每戰必先,所向皆捷,積功保提督,卓然稱上將焉。

張果,字錦亭,壯勤公弟也。同治初,以武童奮蹟行伍,隸董少保部下,隨剿西寧、靈州金積堡、大通右牧地等處,搗巢俘馘,驍勇可風。積功洊提督,加一品秩。

周天才,字厚庵。同治初,以行伍隸張壯勤團隊,旋稱董字中營百長。從征靈州,克金積堡,保千總。進剿大通,陞都司。光緒初,復隨大軍出關,烏魯木齊、瑪納斯、達坂城諸役,節次報捷,擢參將、佐勇巴圖魯。嗣以搜捕竄匪,論功晉提督。歷充定遠中、右各營,權庫車營遊擊,喀什噶爾提標右營遊擊,授英吉沙爾營參將、提標中營參將,陞回城協營副將。

吳連科,字捷軒。同治初,以回匪構亂,憤志從戎,遂棄讀,隸張壯勤公團隊,襄理文牘。當進剿金積堡時,相度險要,決策運籌,悉中機宜。既而轉戰河湟,安肅、新疆南北兩路,靡役不從。積功保總兵、倜勇巴圖魯。年甫五十而卒。

張銘新,驍將也。同治初,隨董少保、張壯勤公,扶義練團,以禦群回。援戰環縣時,銘新奮身酣鬥,環城賴以保全。光緒初年從大軍出關,領董軍左路營隊,凡少保屯剿處所,悉出死力為助。少保實倚重之,積功擢提督、法福凌阿巴圖魯,授河南南陽鎮總兵,加一品秩。

薛成德,以武童於同治初入張壯勤公伍。隨剿河湟,著戰績,領營哨。馬家灘之役,論首功,歷保都司。光緒初,隨董少保攻克瑪納斯、寨里河、吐魯番各要隘,保副將。後隨入衛,駐防邦均,領甘軍親軍馬隊,洊提督、額騰額巴圖魯,加一品秩。

田九福,字竹山。同治初,激於回亂,棄農入武。關內外諸戰爭,屢著奇績。領董字右營,防衛哈喇峽。軍律嚴肅,部下皆畏之。積功洊提督,加一品秩。

張天佑,字錫純。同治壬申,①以武童從張壯勤公部下為哨目,多謀善戰,屢獲奇功。復隨董少保進征木里河、達坂城等處,領中旗步隊,所向皆捷。左文襄公迭次洊獎,晉官總兵,加提督銜。

張玉林,字秀峰,武童生,有會計才。同治十年投董少保軍次,進征肅州,復隨大軍出關,檄管定遠各營糧臺。積勞洊保總兵,加提督銜。

趙鳳輅,字曜亭。同治、光緒間,隨董少保營隊轉戰關內外,計二十餘年,屢

---

① 同治壬申:同治十一年(1872)。

著偉績,領董字中尼馬隊。劉襄勤公嘉其勇幹,歷保總兵,加提督銜。

白寬,性勇慧,熟于山川形勝。同治初,入董少保營,每至一境,必指陳要隘,俾士卒知所向,軍中服之。光緒中,迭隨少保馳驅關內外,以故河湟諸戰事,皆著奇功。洊保總兵,晉提督,加揚勇巴圖魯。

姚旺,字興齋,先世居於鄉,代有畸士,自旺始以行伍起家。同治初雷少保進攻平涼,其兄奎,方舉團助戰,殉於陣。旺踵領之,爲少保充嚮導,編列炮隊,每戰高下准測,彈無虛發。賊見姚字旗,即群呼曰:"老炮隊來矣,宜速退。"其威望如此。洊保遊擊,歷權營弁。嗣以志在高尚,講樹藝,務屯墾,將藏器而待時焉。光緒二十一年,河湟之變,董少保視師援剿,延訪宿將,敦促出山,乃募勁旅,急渡洮河。老酋聞其名,率驚怖。而太子寺、康家崖各要隘,克日奏捷,河湟以安。迭晉總兵加提督銜、博勇巴圖魯。二十二年,少保凱還入都,督練甘軍,檄領左營馬步各軍,簡授甘肅涼州鎮總兵,蓋將以西陲保障屬之也。二十九年,涖鎮凡數載,解組而歸,卒於家。

馬萬福,同治初,充董少保中營哨長,進征肅州,奮勇名于時。光緒二年,劉襄勤公督大軍抵古牧地,所列營壘,與賊巢逼近。乃自奮效領右營隊趨前敵,血肉相搏,鏖鬥數晝夜,賊懼而潰,遂克之。故萬福身經百餘戰,此爲最著。他如瑪納斯、托克遜、寨里河諸役,靡役不從,亦卓有奇績。疊疏論功,由千總而守備,由都司而遊擊,而參將、副將,加精勇巴圖魯。二十一年,隨少保入關,更治河湟軍事,領甘軍正親軍。既奏捷,晉總兵,加提督銜。時人稱之曰"伏波在世",洵無愧也。

胡占奎,同治十年,以武童入張壯勤公伍,充領旂拔千總。隨征河州,善探敵情,設伏制勝,迭領馬步營隊。光緒初,董少保率師出關,克迪化滿、漢兩城,以占奎爲先鋒。歷奪要隘,斬馘獻捷,生擒不可以數計,洊職副將,巡行邊防最久。二十一年,河湟回逆復叛,領甘軍正後營隨少保進剿有功,晉總兵,加提督銜。

張得勝,同治十年,以武童充李提督前哨長。樸實有戰略,左文襄公任重之。肅州之役,立功甚偉。光緒初,董少保檄領右路馬步各軍,紀律嚴整。新疆伊犁諸戰既報捷,收撫回纏,必飭得勝等籌善後事,而征軍所至,士卒無敢秋毫犯者。二十一年,入關,復隨少保轉戰河湟,尤稱驍勇,累功洊總兵加提督銜。二十三年,駐防薊州,領甘軍副前營。

馬進祥,字雲清。同治初,以武童入雷少保營,克平涼,固原、鹽茶廳有功,拔把總。率領隊赴鞏昌,解城圍,平董家堡,收撫洮州,陞都司,擢遊擊。既而迭復郡縣,大著軍聲。擊退張家川、華亭、靜寧、會寧竄匪。穆制軍深爲引重,保參將,加副將。復檄所部西行,攻肅州,力戰報捷,並襲破玉門、安西、敦煌各州縣匪巢,論功晉總兵,領健銳全軍營務。光緒九年,特旨調赴廣西,歷權義寧協、平樂協、慶遠協副將。會南寧、柳尋、南丹土匪武緣土司逞變,加意防堵,續奏肅清。借補義寧協副將,權右江鎮總兵、柳慶鎮總兵,領防練各軍,遷廣州城守協將。旋疆臣以邊情熟悉,檄治廣東,權北海鎮總兵,兼領振字全軍。剿合浦縣積匪,調潮州鎮總兵。三十一年,簡授四川川北鎮總兵,旋調甘肅西寧鎮總兵,奏署甘肅提督。子孫林立,里人多稱頌之。

王仁福,字壽山,董軍部將。同治中積功,保參將。光緒二十一年,隨征西寧、河州,迭次報捷,保副將,加總兵銜、安勇巴圖魯。旋領甘軍副右營,駐防邦均。三十三年,署固原提標左營遊擊,後陞中營參將。其賦性沉毅,不輕言笑,而韜略素嫻,於《孫子》十三篇極為心得,洵老成之望也。前督修東山,出金助工,尤有樂善好施之概。

孫鳳福,董軍部將。同治中積功,保副將加一品秩。

趙鳳寅,董軍部將,同治中積功,保副將,加總兵銜。領喀什提標中旂馬步全軍。

劉宗卿,董軍部將,同治中積功,保副將,加總兵銜。

王維清,董軍部將,同治中積功,保參將,加副將銜。

謝長盛,董軍部將,同治中積功,保參將,加副將銜。

張世福,董軍部將,同治中積功,保參將,加副將銜。

張啟雲,董軍部將,同治初積功,保參將,加副將銜。光緒中,河湟之役,分領甘軍副中營。

姚建仁,張軍部將,同治初,領新疆定遠營左營步隊,積功保遊擊。光緒二十一年,隨征西寧,保參將,加副將銜。

朱生翠,張軍部將,同治中積功,保都司,陞遊擊。光緒二十一年,隨征河湟,保參將,加副將銜。

樊學成,董軍部將,同治中積功,保遊擊。光緒二十一年,西寧報捷,保參將,加副將銜。

石光賢,字希卿,董軍部將。同治中積功,保遊擊。光緒二十一年,河州之役,勇渡洮河,保參將,旋以入衛,加副將銜,領武衛中軍中路步隊,兼領中營。大學士榮文忠公甚賞識之,將大用,力辭以歸。

高福林,字海山,董軍部將。同治中,積功保遊擊。光緒二十一年,克河州,加副將銜。

劉世祿,董軍部將,同治中積功,保遊擊,加副將銜。

折金貴,董軍部將,同治中積功,保遊擊,加副將銜。

柳作棟，董軍部將，同治中積功，保都司，領新疆布魯臺馬隊，以資巡緝遊匪。光緒二十一年，進征河州，保遊擊，加副將銜。

牛貫斗，字星垣，同治中，以行伍入楚軍，積功保都司。光緒中，復隨董少保征河湟，洊遊擊。歷任延綏鎮標靖邊營都司，左營遊擊。

張存福，董軍部將，同治中積功，保都司，領新疆英吉沙爾營馬隊。光緒二十一年，克河州，保遊擊。

楊大鵬，董軍部將，同治中隨征烏魯木齊、達坂城等處，積功保遊擊，權新疆瑪納斯營都司。

趙輔清，董軍部將，同治中積功，保遊擊，加副將銜。

馮定邦，董軍部將，同治中積功，保遊擊，加副將銜。

段有清，董軍部將，同治中積功，保都司。光緒二十一年，攻克太子寺等處，以奮勇稱，保遊擊。旋入衛，領武威中軍後營。三十二年，充甘肅固原第二標第一營常備軍督隊官，旋權利橋營都司。

劉顯才，董軍部將，以行伍積功保都司，加遊擊銜。光緒二十一年，進攻河州、太子寺、康家崖等處，分領甘軍正後營步隊。

孫得蔭，董軍部將。同治中，隨征關外，積功保守備。光緒二十一年，克西寧米拉溝，保都司，加遊擊銜。旋入衛，領甘軍親軍中旂馬隊。

祁膺簡，董軍部將。同治中，隨征關外，管理全軍糧餉軍械事宜，積功保守備，加都司銜。

董陞官，字鳳墀，參將寬子也。光緒初，以武童入董少保軍，充糧喀什提標，槍法准利，拔把總，邊防積勞，擢守備。二十一年，河湟回叛，隨大軍入關，增募勁旅，於康家崖、邊家灣、太子寺諸役，輒步行逾重嶺，探群酋巢窟，爲諸軍導。因乘夜鳴鉦前進，平毀敵壘，獲俘奏捷。屢薦總兵加提督銜、喀勒春巴圖魯。復隨入衛，領甘軍正左營。三十年，陝撫曹中丞鴻勳遴其材，檄領陝西防軍，駐耀州。卒於軍。

喬兆福，字錫伍。光緒初，入董少保營，隸喀什防隊，邊戎有勞，洊都司。二十一年，進征西寧，保參將，加副將銜，芬誠巴圖魯。復隨入衛，領甘軍副前營。

劉玉，字昆山。光緒初，以武童投喀什提標，爲董少保所拔識，保守備。旋隸固原提標，歷權營篆。二十一年，少保督師河湟，檄募兵隊，遂趨前敵。康家崖之戰，搏肉迎堵，以矛刺其酋，一鼓而捷，保遊擊加副將銜。旋入衛，復調固標署左營遊擊，遷靖遠協營都司。玉爲人慷爽，多直言，每述邊塞山川要隘及番纏撒回各部落民情，洞達無遺，亦戎軒幹士也。

劉玉魁，字獻庭，先父以武功著。光緒初，棄讀入伍，雷少保遴其材藝，使襄戎幕。會以邊防重要,軍書旁午,功洊守備,歷權固原標各營簽務。復隨征奉天鳳凰城、九連城等處,保都司。二十一年,進剿河州,爲董少保所倚重,既肅清,擢遊擊,加參將銜。更隸固標,鄧提督以材薦,借補硝河城千總。三十三年,領同標海城防營,以資鎮懾,軍聲卓然。至其精岐黃術,作鍾、王書,尤見有武備必兼文事。子濬川,以醫濟世。

姚樂祥,武童生。光緒中,隨董少保戰於河州,積功保遊擊,加副將銜。

侯鵬程,以世襲雲騎尉,光緒中,隨董少保進攻西寧,積功保都司,加遊擊銜。

李昌逢,武童生,光緒中,隨董少保營進征河州,以奪康家崖有功,保都司,加遊擊銜。

李席賢,武童生,光緒中,隨董少保營轉戰西寧有功,保都司,加遊擊銜。

杜宗凱,字仲武,總兵錫斌子也。光緒中,以行伍入董少保軍,管餉糈,襄文檄,積功保都司,加遊擊銜。三十三年,權硝河城千總。其熟於兵事,饒有父風。

孫鳳翔,光緒中,隨少保征河州,保都司,加遊擊銜。

梁國泰,光緒中,隨董少保征河州,保都司,加遊擊銜。

姚玉林,光緒中,隨董少保征西寧,保都司,加遊擊銜。

劉忠富,光緒中,隨董少保征河州,保都司,加遊擊銜。復隨入衛,分領甘軍副右營。

王志仁,光緒中,隨張壯勤公營,保都司,加遊擊銜。

喻斌,光緒中,隨董少保征河州,保都司,加遊擊銜。復入衛,領甘軍親軍隊,部下多有懷其德惠者。

董漢章,光緒中,隨董少保征河州,保都司,加遊擊銜。

喬金瑞,光緒中,隨董少保征西寧,保都司,加遊擊銜。

李自正,光緒中,隨董少保征河州、西寧,領簡練後營馬隊。力解城圍,奮往敢戰,雖露宿風餐,不辭勞瘁,積功保都司,加遊擊銜。後隸督標,疆臣多器重之。

蘇生傑,光緒中,隨董少保征西寧,保都司,加遊擊銜。

喻陞,字海樓。光緒中,以千總入董少保軍,隨征河北,積功保都司,加參將銜,並給三代封典,里人榮之。知州王學伊額其堂曰"鸞書輯瑞"。

林生舉,光緒中,隨董少保征河州,保都司,加遊擊銜。

白應祥,光緒中,以武童投董少保軍,隨征河州、西寧,屢立戰功,保守備,加都司銜。

王福全,光緒中,隨董少保征河州,保守備,加都司銜。

張福存,光緒中,隨董少保征河州,保守備,加都司銜。

胡沂,提督登花子也。光緒中,隨董少保征河州,積功保守備,加都司銜。

張廷棟,字子良,附生,旋棄文就武。光緒中,入董少保軍,隨征河州,積功保守備,加都司銜。署瓦亭營守備,領固原巡警兵隊。民國初,任隴東遊擊營長。修北區西梁汽車道,民送"保障鄉關"四字匾額。

董陞禄,參將寬子也。光緒中,隨董少保征河州、西寧等處,保守備,加都司銜。

宋子序,光緒中,隨董少保征河州,保守備,加都司銜。

劉進喜,光緒中,隨董少保征河州,保守備,加都司銜。

馮占奎,光緒中,隨董少保征西寧,保守備,加都司銜。

張慶年,光緒中,隨董少保征河州,保守備,加都司銜。

錢玉琢,光緒中,隨董少保征河州,保守備,加遊擊銜。

党樹槐,光緒中,以千總歷署守備,加都司銜。

鄭國珍,字棟臣,武庠生。光緒中,隨董少保征西寧,保守備,加都司銜。

賀奏凱,光緒壬午科武舉人。[①] 二十一年,隨董少保征河州,積功保守備,加都司銜。

朱燾,光緒中,以世襲騎都尉儘先都司,署固原城守營遊擊,授陝西磚坪營都司。

盧有奇,字雲峰,武庠生。光緒中,隨董少保征西寧,積功保守備,加都司銜。

彭元貴,字德一,武庠生。光緒中,隨董少保征河州,積功保守備,加都司銜。

馮克勤,字浚明,武庠生。光緒中,隨董少保征西寧,並隨鄧提督籌辦城防,積功保守備,加都司銜。

李守貞,光緒中,以行伍歷保都司。

羅天德,光緒中,以行伍歷保都司。

雷鴻春,光緒中,以行伍歷保都司。

王桂森,光緒中,以行伍歷保都司。

張崇德,光緒中,以行伍歷保都司。

馬振,光緒中,以行伍歷保守備。

閻禮成,光緒中,以行伍歷保守備。

李遇春,光緒初,以軍功歷保守備。

袁登甲,光緒中,以世襲雲騎尉歷官守備。

姚兆麟,光緒中,隨董少保征河州,保守備。

張有福,光緒中,隨董少保征河州,保守備。

① 光緒壬午:光緒八年(1882)。

陳俊芳,光緒中,隨董少保征河州,保守備。

劉保成,光緒中,隨董少保征西寧,保守備。

袁希賢,光緒中,隨董少保征西寧,保守備。

沙玉珍,光緒中,隨董少保征西寧,保守備。

杜宗牧,光緒中,隨董少保征西寧,保守備。

鄭利泉,光緒中,隨董少保征西寧,保守備。

江遇生,字雲程。光緒三十二年,署静寧營屬會寧營馬家堡把總。通文學,性純潔,精神康健,民國二十九年,八十二歲卒。

王騰龍,光緒中,以武童隨董少保征河州,積功保守備。

朱得才,光緒初,隨董少保征河州、新疆等處,保守備。

哈輝武,光緒中,以世襲雲騎尉,官陝西撫標中營守備。

徐百麟,字瑞庵。性直率,喜蒔花盆、池魚、籠鳥,家園有山林氣。待人寬厚,出於天性。光緒中,以世襲雲騎尉補千總,歷署守備,七十四歲壽終。

張宋奎,光緒中,以行伍歷保守備,借補黑城汛把總,歷官固標城守營千總。

張永貴,新疆撫標。

邵德,提督左營。

田敦信,神通嶺。

朱全綸,秦安營。

王鳳林,乾州汛。

徐林,蓮花城汛。

吳得魁,商州協營。

王廷,平凉營。

王仲科,慶陽營。

劉廷武,靖遠營。

錢萬德,龍駒寨汛。

慕維成,提標後營。

吳國士,提標左營。

段所仁,謝占鼇,王清平、白應泰、張玉堂、李文祥、房學義、張祖柱、惠德、任秉忠、姚尊禮、文景坤、路鳳鳴、段長泰、董永德、胡啟和、別萬喜、路生文、張得全、馮天培、袁成林、田應發、楊秉鈺、王萬選。甘軍保案:以上均同治、光緒年間千總。

段吉祥,隴州汛。

李玉,咸陽汛。

馮占奎,提標中營。

金芳雲,提標左營。

李遇春,提標右營。

張寅,提標左營。

趙福,提標中營。

惠鎮川,提標後營。

李傑堂,提標後營。

党成富,永安堡。

白傑,提標中營。

余通舟,定遠協營。

傅文煜,鰲屋汛。

崔鳳鳴,徽縣汛。

王重榮,涇川汛。

余珍,靖遠協營。

秦玉,提標中營。

秦喜,提標左營。

楊宋清,提標右營。

曾萬明,提標前營。

田森榮,提標前營。

高玉龍,臨潼汛。

朱秉鑒,西安協營。

喬富才,商州協營。

陳馨,馬家堡。

羅三畏,利橋營。

孫光裕,靜寧汛。

李永福,環縣汛。

趙平,咸陽汛。

惠全,黑城汛。

權振齋,黑城汛。

仵士成,武關汛。

祁元清,提標後營。

南秉燊、陳得璽、董榮芳、高榮、毛興奎、王維財、董鴻鈞、高發、彭桂芳、袁如森、錢興、胡德厚、牛叙仁、盧宗明、王嘉善。甘軍保案,以上均同治、光緒年間把總。

劉自友、張文元,順治科。張學、龔明善、張大有、白友、杜滿倉,康熙科。崔廷樞、崔延相,乾隆科。樊翻宗、竇光俊,道光科。胡殿魁、胡殿元、葉滋露,咸豐科。蕭相君、李生友、蘇芳運、張德才,同治科。

馮葆芳,字蘭亭。光緒乙酉科武舉人,①爲人忠直,有膽略。先任蒿店鎮千總,繼任陝西商州雞頭關千總。宣統辛亥任壯凱軍營副。② 鼎革後家居,務農以終。

李正榮、劉應熊、侯定封、晏廷才、趙登弼、高鳳梧、魏師謙、袁生榜、蘇國珍、魏獻廷、李春華、胡定鎰、魏守貴、曹進禄、王聯鑣、李憲章,以上均光緒科武舉人。

張錦堂,字潤臣,原籍長安,寄籍固原,住大南市巷。性直率,貌魁梧,有俠氣,少習少林之術,以膂力稱。光緒間,以武童投效固原提標,爲提帥雷緯堂宮保所器重。庚子之變,③兩宮西巡,隨提帥鄧景亭入衛勤王,欽賜花翎參將銜,儘先遊擊,充帶景字左翼馬隊。兩宮回鑾後,補固原提標城守營,因家焉。民國肇造,稍事家居,九年地震,任武廟放粥廠廠長,繼赴四鄉勸捐食糧,賑濟災民,全活甚衆。其他監修公路,排難解紛,頗有奮不顧身之氣概,勇而有義,潤臣可謂無愧矣。

何有道,世居楊郎中冬至河,業農,累代良善。清光緒初,有道投身行伍,勇敢善戰,卓著功勳,歷官至新疆和闐等處參將。嗣以分防關外要隘、搜捕餘匪有功,加贈花翎提督銜,記名總兵,並追贈三代將軍銜。卒於宣統二年,賞恤如例。

民國

田森榮,忠勇直率,清時歷任秦隴千把總,政聲卓著。民國充任城防營幫帶,並代理警佐及巡官。十七年,平涼土匪攻城,帶領警兵前往解圍,得蒙優獎。十八年,土匪不時擾境,日夜防堵,勞疾于任,歸不數日卒。

白鴻儀,字弋人。父星垣,陝西澄縣人,清丙子科武舉,④投効固原提標,遂家焉。鴻儀生於固原,性敏好學。光緒末,由提標營兵士名義,保送鴻儀于蘭州省武備學堂,歷陞保定學堂。民國初年,赴陝爲漢武軍統領,第三旅兼第六旅旅長。既而陳樹藩督陝,鴻儀辭職。隱于長安,與名流嘯傲風月,流連詩酒。著有《三園回文詩鈔》,尚稱清新不凡。

董世清,東鄉崖堡子人。力勤稼穡,舉膺農畯。爲人慈善忠厚,樂於濟貧。民國十四年歲歉,鄉里無食粟種籽者,向世清稱貸,悉給之,倉箱告罄,親向鄰村有糧者負責轉借糧數十石,以濟貧乏。次年還不上者,世清墊還之,亦不再索償。

---

① 光緒乙酉:光緒十一年(1885)。
② 宣統辛亥:宣統三年(1911)。
③ 庚子:光緒二十六年(1900)。
④ 丙子:光緒二年(1876)。

十五年後地方不靖，土匪四起，世清練鄉團，不但鄉村得資保衛，十八、十九年，王占林、王富德匪並蘇玉生部圍攻縣城，亦賴以救援之。

張廷傑，字子英，萬安監人。民國五年，任萬安監民團總。十年，任第五軍特務營長。十九年，任第十三師團長。二十二年，任隴東綏靖保安第一團長。三十年，預備第七師委任預、環、固三縣遊擊剿匪大隊長。三十二年，代理固原縣警佐。武裝以來三十餘年，兩袖清風，勇敢不屈，桑梓借資保障。

韓吉祥、劉尚和、鎖玉海、朱梅庵，以上四人，皆為地方催運糧秣被匪傷亡。

姚正清，石橋子人。少年有為，英勇軼人，任隆德縣民團長，指揮靜寧、莊浪民團。民國二十一年，因當道所忌，旋即殞命，時人惋惜。

李貴清，字平西，鹽泥溝人。沉毅剛勇。民國十九年，襲其兄富清職，經中央第二路軍軍長黃得貴委為第一旅長，與陳德建部防守固、隆、莊、海各縣，擊敗楊萬清，改編為新十旅，駐防靖遠。二十七年，復剿滅榆中、金縣等處無極教匪，積功調陞劉峙部下副師長，駐防河南。三十二年，解甲歸田。

陳德建，字懋堂，七營人。民國十二年，籌辦地方自治事宜。十五年後地方不靖，創辦民團，衛護閭閻。十九年，中央委任黃得貴為第二路軍軍長，駐防固原，改編民團，委為第二旅旅長。與李貴清部防守縣境及隆德等縣，人民賴以安寧。

馬正昌，字明山，三營人。民國十五年，承辦兵站，有勞績。歷充民團團長，英勇如隼，捕緝盜匪，迭著成績。創建三營學校，規模甚大，勞怨弗辭，地方信仰，省府贈給“保障鄉關”四字匾額以獎勵之。三十六年，任自衛第二大隊大隊長，防守縣境，地方賴以安全。

張宗周，字子京，河南中央軍分校畢業。充新十旅李貴清部參謀主任，參贊軍機，勇略備至。

王明道，王家團莊人。充甘肅討逆軍第二旅第一團團長。民國二十一年，馬如倉撓亂固原，明道追剿於西鄉黃家堡子。以寡不敵衆，自晨戰至半夜，彈盡，明道窮，為賊所傷。斯戰被難官弁三百餘人。

張進祥，海原人。膂力有勇。固原城自民國十八、十九年，土匪攻圍，罔不在事出力。後攻打楊萬清，陣亡於青石峽口。

盧業廣，字三多，原籍秦安，現移住固原萬安鄉常家灣。為人秉性剛直，慷慨好施，鄉鄰有借貸者，悉力助之。民國十八年後連歲饑饉，以致無衣食者蜂擁而起，萑苻盤居，潛蹤山谷者，出沒無常。君不忍坐視，舉辦保衛團，自任團總，保衛善良。後改為甘肅省保安團第四中隊，任中隊長，維持地方，頗有勞績。經甘肅省政府主席朱題獎匾曰“功在地方”。固原縣長梁公獎匾曰“保護桑梓”。民國三十一年，捐助國幣一千五百元，修王坵鎮學校。

祁占成,字九卿,七營人。民國十九年,創辦民團,保守堡寨,勇敢過人,隻身擊退匪患,全活堡內人命。

楊振鐸,字金聲,居東鄉楊家後莊。民國十五年後充該處民團團總。十八年二月,與楊匪戰於草廟子及王窰鎮一帶,其弟維鋒及劉紀愷隊長均陣亡。七月,又與王占林、吳發雲、王富德等匪戰於西鄉。十九年擊退蘇玉生部,縣城圍解。

馬永貴,河州人。楊萬清據固原城,永貴率隊,身先士卒,攻城數日夜不下,被城上流彈傷亡。

海廷書,字子玉,官廳堡人。曾任騎兵少校副官。民國十八年,大荒,地方不良分子借荒肆行搶掠,廷書辦團保護善良。

海連魚,字子麟,東鄉牡丹岔人。民國十九年,辦團,擊退土匪甚多。二十年,充第七師營長,英勇可嘉。

海映川,百家山人。民國十七年,舉辦保衛團,爲團總,擊陝西變兵楊萬青於東區白草坡等處。現充陸軍第三十五師連長之職。

王思舉,字在德,卯家堡人。民國十七年,舉辦民團爲團總。十九年,改編爲陸軍第十三師第一旅旅長。二十三年,充任本縣保安第一中隊長。

王克勤,字慎之,原籍臨夏人,現住固原王窰鎮。年四十四歲,爲人毅勇幹練。民國十五、十六年股匪盤據,地方糜爛。克勤目擊時艱,組織團練,自任團總,駐紮王瓜鎮,鄰封邊境及本境地方賴以安堵。固原縣長梁公倫,題贈"保衛閭閻"匾額。豫旺縣長馬公世銘,題贈"除暴安良"匾額。二十四年,經胡總司令宗南任以挺進第一大隊長,固原東鄉保安團隊均歸指揮。三十一年,捐助王瓜學校大洋一千元,以作修建之費。

林永生,字養田,大灣人,中央軍校四期畢業。任陸軍第十一軍工兵營長,參加抗戰,著有勞績。因勞成疾,竟於民國三十年因病殞命。

楊清華,字秀廷,楊清雲之弟。民國十七、十八年,從兄舉辦保衛團,爲團總。屢擊土匪,甚爲勇敢,頗著勞績。現爲保安第二中隊第一分隊隊長。

馬耀武,開城人。民國十七年,舉辦保衛團,自爲團總。在硝河等地擊匪,尚英勇。

李義和,東鄉白草坡人。民國十五年後,兵荒之餘,地方不靖,倡辦民團。其子維新,隨父擊匪,中彈殞命。

王進喜,居喬家溝。民國十九年,與王至善團守縣城南門外過店街,擊斃王占林匪徒數名。又與蘇玉生部戰,敗之,縣城圍解。黃得貴編爲團附。

劉振俊,東區隊長。民國十六、十七年,土匪紛起,騷擾不堪,遂與團總劉紀愷組織團練,保障桑梓。

劉家驥,字俊仁,住縣府街。性溫和寡言。民國十九年,充新十旅第一營營長。三十六年,充地方自衛隊中隊長。維護桑梓,著有勞績。

萬錫紱,楊郎中人。中學畢業,相貌奎偉。陸軍十七軍團長,有計謀,有戰略,勇敢超群。後卒於陣。

馬元寶,字璽珊,教場人。任十七集團軍教導團大隊長、寧夏警備二旅三團團長等職,膽識軼人,所戰皆捷。

高西庚,字耀白,七營人。民初年投軍,駐防陝甘兩省三十餘年。七七事變,參加陝西軍八十六師抗戰,任少校營長。剛毅勇敢,所向必捷。令其子必壽、必達、必昌等參加抗戰,均任營、連長職。父子四人効力國家數十年,可謂勇且忠矣。

李德楷,字正卿,北鄉四營人。民二十六年,由黃埔軍校第十期畢業。七七事變,參加抗日,迭著戰功,提陞中央陸軍新編四十五師騎兵團團長。駐防哈密,軍民融洽,地方愛戴。

祁廣濂,字紹周,黑城鎮祁家堡人,祁瑞亭之侄。民二十八年,由黃埔軍校第十二期畢業,三十六年,充二十八師營長,均稱勇略。

唐寶三,縣城人。民國初年,任固原城防隊長、警察局長,剛毅勇敢。十五年後土匪不靖,維持地方,著有勞績。江湖豪俠咸宗爲老前輩,並服從其使命。年八十三歲卒。

劉克禮、杜得中、王文華、楊廷棟、劉建基、劉廷池、鄭全福、賈玉英、王友陶、曹承基、焦同春、田昆崗、喬學孟、常毓才、劉秉乾、鄭陵福、程秉衡、高映華、馬宗仁、王俊清、史克昌、郭增禮、張樹敏、馬士俊、郭全智、焦天道、秦學顏、張登元、張瑞麟、鄭永中、馬生海、薛冠英、毛鳳翔、馬福孝、馬振甲、孫名鯨、李保智、王鴻勳、郭松奎、古伯城、張子忠、司世傑、曹慧文、馬忠華、馬應祿、吳得山、呂端、曹承基、陳良繡、趙武才、李漢文、祁振武、劉報中、楊生林、張國棟、楊宗棠、薛炳則、王乃武、景壽亭、白耀山、林宜春、楊占巍、何滿德、林逢春、海應龍、王應祿、李新民、周鳳鳴、宋丹萍、龔法遂、王福賢、田文玉、張仲科、陳光瑛、焦鳳岐、李陞、王安邦、郭端生、陳步元、王鳳閣、雷震、祁振乾、何秉乾、陳恒士、莫新亞、王義武,以上係民國三十三年,中央發動全國十萬知識青年從軍運動,固原簽名自願從軍八十七名,踴躍參加。地方籌措鉅款,安撫眷屬,並開大會,公宴歡送,各贈路費。結彩放炮,送行郊外者萬人,愛國熱忱,達於極點。

詞翰

清

劉統,雍正己酉科舉人,[1]有文名,議叙知縣。

---

[1]　雍正己酉:雍正七年(1729)。

鄭大俊,字灼三,孟家什字人。性敬誠,邑歲貢。有文才,學博品正,文章冠當時。

李秀,字實齋,東鄉人,邑歲貢。有奇才,年弱冠,舌耕終身自慰。性好酒,醉後能文,人稱"小李白"。

馬楷臣,字樹堂,前清廩生。樂貧好學,長於翻新文章。光緒末年,赴新疆。

馮明新,字鼎丞,縣城人。長於吟詠,與趙銘三、王海瀾、劉穎齋、尹飲庵組有"他山石社",研究經史、詩學。民國十年赴新疆,設教於古城子。

尹金鏞,字欽庵,住山貨市。前清涼州鎮署幕友,勤學守禮,工於案牘、書畫。遇婚喪事,必以禮。著有《家從俗》,惜書稿於民國十九年被楊萬青部焚毀。

民國

夏連元,字仲三,吉軒公之長孫也。孝友性成,貌揚氣秀,篤於學,善書法,賢能聞於鄉,地方人士期爲國器。民國二十一年,肄業北平大學,經住京同學會推爲代表,赴南京中央政府晉謁領袖,請願國事。因水土不服,致有胃疾。二十二年,暑假旋里,中途舊疾復發,卒於西安旅次,鄉幫同伸悼惜。

虎紹棠,沉默好學,能文章。

虎輔周,字葳青,號曉東。舊制中學肄業,西北幹部訓練團政幹班畢業。爲人志性俶儻,落落寡合,歷任鄉鎮長。後棄職講學于王窰鎮,涉獵經史,學粹品正,堪式閭里。

劉耀庭,字獻之,號穎齋,城陽鄉人。師範學校畢業,西北幹訓團特教班畢業。沉默寡言,考證經史,悉有心得,文章亦清新不凡。

楊仲德,清末滿洲人,寄籍本邑。秉性謙和,態度溫雅。工詩文,善書法,其楷也如端人佩玉,其草也如吳帶當風,誠藝林之逸品也。

張宣德,字本齋,民初本邑人也。初生失怙,母徐氏孀居撫成。賦性聰慧,工詩好學,善寫竹蘭,筆力雄健,揮毫如馳,琳琅滿紙,瀟灑自若,雖居市廛,實錚錚之逸秀也。

鄭佩福,字臨五,聰敏穎悟,篤信好學。工詩文,善草書,詩宗李白,字法懷素,誠士林之逸秀也。惜乎壯志未遂,顏齡早步,曇花一現,秀而不實,良可慨也。

白蘋洲,作東鄉,中學畢業,性溫材華。民國二十四年,任蘭州日報社編輯,勤于職務,因勞以疾終。

技術

上古

岐伯,北地人。生而神明,精醫術,通脈理,黃帝時以師事之。有《素問》《難經》行於世。

漢

公孫昆邪[42]，義渠人也。著書十五篇，主陰陽五行之術。

嵩真，安定人，明推演，精占卜。成帝時真常自算其年壽七十三，"綏和元年正月二十五日晡時死"，書其壁以記之。後於二十四日晡時死。其妻曰："見其算時長下一籌，欲告之，慮拂其意，今果信矣。"真又曰："北村青龍山上孤檟以西有靈穴。鑿七尺，葬吾於此地中。"之真死，依其言，往得石槨空然，即以葬焉。

晉

戴洋，字周流，長城人。善風角，解占候。豫州刺史祖逖病篤，遣人問壽於洋，洋曰："祖豫州九月當死。"果驗，以有妖星見於豫州之分也。

清

劉道士，軼其名，善祈雨，精遁甲。乾隆初遇旱，必延之入壇，能決雨至，時刻不爽，屢著奇應。時人爲之諺曰："劉道進壇廟，大雨如盆倒。"

蘇宏珍，回教善士也，教中稱爲"蘇巴巴"。巴巴係回經中語，猶儒書言至誠也。乾隆初，珍以天旱誦回經，禱于黑泉，忽對衆曰："三日之內，必降甘霖也。"果如其言。官吏以金酬之，珍曰："爲祈雨耳，未敢言利。"力卻不受。今硝河風台山有遺蹟。

大脚雷師，不傳其名，北關關帝廟住持也。咸豐中，自云百歲，精黃白術。日食紅棗三枚，清水一盂，從不舉火，禱雨尤應。忽自言某日當化去，至期端坐而逝。時有游涇陽者，中途遇雷，雷授一鑰具曰："請歸以付吾徒。"其既至固，始知途遇之日，即雷坐化之日也。至今奉祀者輒以巨履獻之，稱曰大脚雷師。

劉某、李某、徐幹戎、李漢清，里字未詳，均係名醫，至今人猶稱道醫術精，活人衆，故備錄之。

民國

閻承彬，字子文，城內廟街子人。性和緩而不競，寡言少交遊。光緒中庠生，不治生產，處困行醫，竟以窮終。

荷擎雲，字星藩，清末河州人也，寄居本邑。賦性倔強，精細有恆，工鐵筆，善草書，篆刻蒼古，書法遒勁。泥塑人物，宛然肖生。藝林之奇人也。

張世榮，字子清，民初本邑人也。幼失怙，聰穎寡言。善丹青，工山水，師宗倪、米，筆法超秀，每成一幅，景物逼真。遠近咸求之而不自矜，故人益器重之。

許兆明，字文軒，原籍臨洮縣。光緒初年，隨董少保征討河湟，歷保守備，駐紮固原，因家焉。民國十五年後，籌辦軍差及地方建設差徭等事，勤勞並著。精岐黃術，晚年謝厥公務，懸壺市廛，專門醫世壽人，亦良善士也。

　　張束帛,字子清,住縣城南關,前清歲貢。農田之外,無他求,晚年精於醫,不索重資,活人濟世。年七十歲,卒於民國三十五年十二月間。

　　劉海門,獻廷公之子也。先世曾爲統領,累代名醫,尤善治傷寒,人贈有"河間家傳"四字。

　　李文輝,清時任永壽把總。鼎革後致仕,通岐黃之術,又善隸書、石刻。爲人勤儉,年六十,猶躬親灑掃。丁軍長德隆贈獎"治家有方"。

　　許志欽,民初河州人,寄籍本縣。秉賦剛毅,聰穎過人,工篆刻,善草書,專宗于氏右任。其治印之妙,專在邊款,每一揮手,立成數行,瀟灑秀麗,嫵媚怡人,有吳帶當風,姍姍盡致之態,亦印壇中之健將也。

　　別種德,住束關,種福之弟。幼聰慧,長習醫,以善治小兒科稱于時。

　　張永恭,字子謙。初經商,中年棄商學道,習岐黃之術,長於針灸。恭妻房淑貞尤賢慧。吃素拜佛,兼治小兒病。

　　張安仁,字壽山,世業農。清宣統二年,畢業于高等小學堂,從事教育、黨政各界。民九以後,精研醫理,出而應世,尚稱一時名手。

　　李壽山,住城內西霽霓,少年入伍。光緒三十二年,由固原提標保送蘭州武備學堂,畢業後歸標録用。家居多暇,習醫濟世。

　　趙榮祖,字耀廷,世居縣城米糧市。父有幹才,母氏賢慧,爲時所稱。耀廷治家勤儉,不改父風。中年習醫,心存濟世。寒家延之,治病不取分文,人咸敬之。現年超古稀,精神豐滿,鬚髮尚黑,望之若五十許人。

　　牛士捷,研究風水選擇、看相卜筮符法等術有心得,名於鄉里。

　　夏炳炎,住頭營。民國二十三年,南京中央廣播無線電台收音訓練班第三期畢業,任固原無線電收音處主任五年。專精無線電技術,長於速記、繕寫等。

　　藍生吉,住南鄉。民國二十三年,南京中央廣播無線電台收音訓練班第三期畢業,任固原無線電收音處收音員二年。

　　戴亞英,黑城人。民國三十二年,畢業于國立中央大學畜牧獸醫系,現任海原縣羊種改進所所長。

　　尹嘉瑜,字錦堂,金鏞之子。精研醫理,內外兩科,尚稱名手。

　　閻敬德,字曉嵐,宣統年高小學校畢業。研究祝由科,善治內外兩科。

　　陳國棟,字全材,七營人,清光緒末附生。性惇良寡言,辦理地方教育,造福青年。潛心堪輿之學,近頗應世利濟之時。

　　張登甲,住北鄉張家河。善書法,體宗蘭亭,有松雪之遺規,兼長北魏。餘詳《懿行》。

　　曹鑒衡,字子鈞,住廟街子。長於山水。

劉受天,住縣府街。善篆隸。

趙永泰,住西霄霓。善雕刻,工篆隸。

張毓霖,字雨僧,住東霄霓。善書北魏。

徐傑,住縣府街。善摹右軍。

劉文澂,城内縣府街人。善繪人物。

石萬祥,住賞門街。少年性靈,善治内科,針灸之妙,出於天然。

王輔陞,字永泉,住小南市巷。善於技擊。

汪秀圖,字河山,西鄉蔣家口子人。善彈月琴。

馬稱德,住羊坊。長於堪輿。

馬生榮,住宋家巷。善醫外科雜病,然不藥不針,專以艾,靈效異常。

程萬春,字懋齋,小南市巷人。長於畫魚。

韓義,廟街子人。善繪花卉,工塑像。

蔣建基,山貨市人。長於花卉翎毛。

黎耀明,外月城人。長於山水人物。

附説

國無賢才謂之弱,地方無人物謂之貧。既貧且弱,云乎不亡? 固邑地廣人稀,物產雖不大豐富,而人才輩出,歷代頗不乏人。其意志堅貞,才力邁衆,維持地方,幹濟時艱,在桑梓可以表率鄉邦,風教後世;其小有才,足以動人興趣,引人入勝者,均在所不棄。後之君子當亦有所觀感乎!

【校勘記】

[1] 本志卷九《人物志・懿行・忠惇》原缺,據《民國〈固原縣志〉新發現部分内容拾遺》(負有強、李習文、張玉梅輯,《寧夏史志》2015 年第 4 期載)一文第 40 頁至第 63 頁補。

[2] 涼州:原作"梁州",據《後漢書》卷三四《梁統傳》改。

[3] 太:原作"大",據《後漢書》卷三四《梁統傳》改。

[4] 棱:原作"稜",據《後漢書》卷六五《皇甫規傳》改。

[5] 太山:原作"泰山",據《後漢書》卷六五《皇甫規傳》改。

[6] 除:原作"初",據《晉書》卷八六《張軌傳》改。

[7] 武公:"公"字原脱,據《晉書》卷八六《張軌傳》補。

[8] 寔:此字後衍"實"字,據《晉書》卷八六《張寔傳》删。

[9] 乂:原作"右",據《晉書》卷六〇《皇甫重傳》改。

[10] 齋帝:原作"齊帝",據《晉書》卷六〇《皇甫重傳》改。

[11] 乂既敗:原作"又既拜",據《晉書》卷六〇《皇甫重傳》改。

[12] 爲魯公：此三字原脱，據《隋書》卷三八、《北史》卷七四《皇甫績傳》補。

[13] 玄武門：原避清聖祖玄燁諱改作"元武門"，據《隋書》卷三八、《北史》卷七四《皇甫績傳》回改。

[14] 長城：此同《大周公師柱國大將軍雁門襄公（田弘）墓志銘》、《嘉靖陝志》卷二八《文獻十六·平涼府·鄉賢》、《嘉靖固志》卷二《前代原州人物》、《周書》卷二七《田弘傳》、《萬曆固志》上卷《官師志第六》均作"高平"。

[15] 布憲下大夫："下"字原脱，據《隋書》卷六二、《北史》卷七七《梁毗傳》補。

[16] 進位：此二字原脱，據《隋書》卷六二、《北史》卷七七《梁毗傳》補。

[17] 遣：原作"遷"，據《隋書》卷六二、《北史》卷七七《梁毗傳》改。

[18] 朝那：《隋書》卷七一《皇甫誕傳》作"烏氏"。

[19] 原州人：《舊唐書》卷一三五《皇甫鎛》作"安定朝那人"，《新唐書》卷一六七《皇甫鎛傳》作"涇州臨涇人"。

[20] 祁縣：原作"忻縣"，據《萬曆固志》下卷《人物志·皇明》、《宣統固志》卷七《人物志一·歷朝鄉賢仕進》改。

[21] 高鳳：《萬曆固志》下卷《人物志·忠義》作"高嵐"。

[22] 王忠：《宣統固志》卷七《人物志二·忠義》作"王官"。

[23] 楊殿元：《宣統固志》卷七《人物志二·忠義》作"楊殿原"。

[24] 金裘寺：《宣統甘志》卷六四《人物志·鄉賢上》作"金裘寺"。

[25] 三百：此同《宣統甘志》卷七〇《人物志·忠節一》，《宣統固志》卷七《人物志二·忠義》作"五百"。

[26] 肉搏：《宣統固志》卷七《人物志二·忠義》作"搏肉"。

[27] 力戰矛貫後肋殉於陣：此九字原無，據《宣統固志》卷七《人物志二·忠義》補。

[28] 二十三年：原作"二十二年"，據《宣統甘志》卷六六《人物志·群材一》、《清史稿》卷四五四《董福祥傳》改。

[29] 余銘：《宣統甘志》卷七〇《人物志·忠節一》作"余珤"。

[30] 尾之：原作"危之"，據《宣統固志》卷七《人物志二·忠義》改。

[31] 董志塬：原作"董之原"，據《宣統固志》卷七《人物志二·忠義》、《宣統甘志》卷七〇《人物志·忠節一》改。

[32] 義：原作"儀"，據《宣統固志》卷七《人物志二·忠義》、《宣統甘志》卷七〇《人物志·忠節一》改。

[33] 官：此字原脱，據《宣統固志》卷七《人物志二·忠義》補。

[34] 房肯構：此三字原脱，據《宣統固志》卷七《人物志二·忠義》補。

[35] 杜荸棠：此三字原脱，據《宣統固志》卷七《人物志二·忠義》補。

[36] 房肯構率團丁三百餘同殉：此十一字原脱，據《宣統固志》卷七《人物志二·忠義》補。

[37] 道光初：《宣統甘志》卷三九《學校志·選舉上》載，蘇九疇爲嘉慶二十四年(1819)己卯科舉人。

[38] 壬戌：原作"壬辰"，據《明史》卷二八六《康海傳》改。弘治壬戌：弘治十五年(1502)。

[39] 字子叔：原作"子敍"，據《漢書》卷六六《公孫賀傳》改。

[40] 葛繹侯：原作"葛繹侯"，據《漢書》卷六六《公孫賀傳》改。

[41] 西鳳營：《宣統甘志》卷七〇《人物志·忠節一》作"咸陽汛"。

[42] 公孫昆邪：原作"孫昆邪"，據《漢書》卷六六《公孫賀傳》改。

固原縣志卷之十　藝文志

　　古以禮、樂、射、御、書、數爲六藝。藝，才能也，王延壽《魯靈光殿賦》：①"觀藝于魯。"藝，六經也，《史記》②"猶考信於六藝"是。《書·舜典》：③"歸，格于藝祖。"藝，文也，舊稱時文曰時藝，釋義正同。《易·繫辭》："物相雜曰文。"故必有物焉，豈僅飾虛以文致太平哉。《書》：④"帝乃誕敷文德。"《周禮》：⑤"會其什伍而教之道義。"固非角末技謂之藝，尚浮華謂之文也。《漢書》依劉歆《七略》，取當時典籍，録於一編，爲《藝文志》。後世志家，則多摭拾篇章，彙集成志，以考事蹟而征風氣。斯亦邑乘所不能外，但必有典有則也。《後漢書·禰衡傳》云：⑥"初涉藝文，升堂覿奧。"爰志《藝文》。

大文

　　《北史》：⑦"薛孺，清貞孤介，不交流俗，涉歷經史，有才思，雖不爲大文，所有詩詠，大致清遠。"所謂大文者，蓋指詩詠外之文辭，無紫檀金屑之目，有經緯彌綸之妙也。粵稽"伏羲氏之王天下也，畫八卦，造書契，以代結繩之政，由是文籍生焉。"⑧故曰錯畫爲文。又曰依類象形謂之文，形聲相益謂之字，是字以文生也。後世連綴衆字，以成篇章者，謂之文。故曰合集衆綵以成錦繡，合集衆字以成辭義，如文繡然，是文以字成也。《禮·樂記》：⑨"禮減而進，以進爲文；樂盈而反，以反而文。"蓋禮樂教化之蹟，無非文也。雖然，片文隻字，鴻纖備舉者有之，而覿汪濊之文，且足以覺其人之淵邃。況方策創垂，百世可知，文則其辭，遠則其旨

---

①　參見《文選》卷十一《魯靈光殿賦》。
②　參見《史記》卷六一《伯夷叔齊列傳》。
③　參見《尚書·虞書》。
④　參見《尚書·大禹謨》。
⑤　參見《周禮·天官·宮正》。
⑥　參見《後漢書》卷一一〇《禰衡傳》。
⑦　參見《册府元龜》卷八四〇《總録部·文章第四》。
⑧　參見《尚書·序》。
⑨　參見《禮記·樂記》。

乎,固亦禮樂教化之所寓也。故曰文以載道,道之顯者曰文。道理透,文章自奇。或稱述微妙,或議論警策,屬辭比事,必有所啟,可體認之,參稽之,古史不廢紀言,於以逼取故實,尚有憑藉,第必貴本黜華,若文乎其華,則史乎無實矣。故曰大文彌樸,質有餘也。固邑典章毀于兵燹,金石剝於風沙,撰述之事,末可辨證。幸讀斷簡殘碑,尚欣欣有所得,未必謂文之不足徵也。嗚呼,五色不亂,孰為文采?因其地,因其人,吾嘗有味乎其文也,

公牘　宣德達情之文屬之

周

祭謀父　征犬戎諫

先王耀德不觀兵,夫兵戢而時動,動則威,觀則玩,玩則無震。是故周文王之頌曰:[①]"載戢干戈,載櫜弓矢,我求懿德,肆于時夏,允王保之。"先王之於民也,茂正其德而厚其性,阜其財賕而利其器用,明利害之鄉,以文修之,使務利而避害,懷德而畏威,故能保世以滋大。昔我先世后稷,以服事虞、夏。[1] 及夏之衰也,棄稷弗務。我先王不窋用失其官,而自竄于戎翟之間。不敢怠業,時序其德,纂修其緒,[2] 修其訓典,朝夕恪勤,守以惇篤,奉以忠信,奕世戴德,不忝前人。至於武王,[3] 昭前之光明而加之以慈和,事神保民,莫不欣喜。商王帝辛,大惡于民,庶民弗忍,欣戴武王,以致戎于商牧,是先王非務武也,勤恤民隱,而除其害也。夫先王之制,邦內甸服,邦外侯服,侯衛賓服,蠻夷要服,戎翟荒服。甸服者祭,侯服者祀,賓服者享,要服者貢,荒服者王。日祭,月祀,時享,歲貢,終王。先王之訓也。[4] 有不祭則修意,有不祀則修言,有不享則修文,有不貢則修名,有不王則修德,序成而有不至則修刑。於是乎有刑不祭,伐不祀,征不享,讓不貢,告不王。於是乎有刑罰之辟,有攻伐之兵,有征討之備,有威讓之令,[5] 有文告之辭。布令陳辭而又不至,[6] 則又增修其德,無勤民於遠,是以近無不聽,遠無不服。今自大畢、伯仕之終也,犬戎氏以其職來王,天子曰:予必以不享征之,且觀之兵。其無乃廢先王之訓,而王幾頓乎?吾聞夫犬戎樹惇,能率舊德,而終守純,固其有以禦我矣。

仲山甫　料民太原諫

民不可料也。古者司民協孤終,司商協民姓,司徒協旅,司寇協奸,牧協職,工協革,場協入,廩協出;而又治農於籍,蒐于農隙,耨獲亦於籍;稱于既烝,狩于畢時,是皆習民數者也,又何料焉。且無故而料民,天所惡也。

---

① 參見《詩經·周頌·時邁》。

漢

段潁　對東討方略疏

臣伏見先零東羌，雖數叛逆，而降於皇甫規者已二萬許落，善惡既分，餘寇無幾。今張奐躊躇久不進者，當慮外離內合，兵往必驚。且自冬踐春，屯結不散，人畜疲羸，自亡之勢，徒更招降，坐制強敵耳。臣以爲狼子野心，難以恩納，勢窮雖服，兵去復動，唯當長矛挾脅，白刃加頸耳。計東種所餘三萬餘落，居近塞內，路無險折，非有燕、齊、秦、趙從橫之勢，而久亂并涼，累侵三輔。西河上郡，已各內徙；安定北地，復至單危。自雲中五原，西至漢陽二千餘里，匈奴種羌，並擅其地，是爲癰疽伏疾，留滯脅下，如不加誅，轉就滋大。今若以騎五千，步萬人，車三千輛，三冬二夏，足以破定無慮，用費爲錢五十四億。如此則可令群羌破盡，匈奴長服，內徙郡縣，得返本土。伏計永初中，諸羌反叛，十有四年，用二百四十億；永和之末，復經七年，用八十餘億。費耗若此，猶不誅盡，餘孽復起，於茲作害。今不暫疲人，則永寧無期。臣庶竭駑劣，伏待節度。

竇太后　褒段潁詔

先零東羌，歷載爲患。潁前陳狀，欲必掃滅。涉履霜雪，兼行晨夜，身當矢石，感厲吏士。曾未浹日，凶醜崩破，連屍積俘，掠獲無算。洗雪百年之逋負，以慰忠將之亡魂。功用顯著，朕甚嘉之。須東羌盡定，並錄功勤。今且賜潁錢二十萬，以家一人爲郎中，敕中藏府調金錢綵物，增助軍費。

蔡邕　薦皇甫規表

臣聞唐虞以師師成熙，[7] 周文以濟濟爲寧。區區之楚，猶用賢臣爲寶，衛多君子，季札知其不危。由此言之，忠臣賢士，國家之元龜，社稷之楨固也。昔孝文慍匈奴之生事，[8] 思季牧於前代；孝宣忿奸邪之不散，舉張敞於亡命。況在於當時，謙虛爲罪，而可遺棄。

臣伏見護羌校尉皇甫規，少明經術，道爲儒宗，修身力行，[9] 忠亮闡著，出處抱義，皎然不汙，藏器林藪之中，以辭徵召之寵，先帝嘉之，群公歸德。盜發東嶽，莫能攖討，即起家拜爲太山太守，屠斬桀黠，綏撫煢弱，青兗之郊，迄用康乂。自是以來，方外有事，戎狄猾華，進簡前勳，連見委任，仗節舉麾，[10] 威靈盛行，演化兇悍，使爲愨愿。愛財省穡，[11] 每有餘資，養士御衆，悅以亡死。論其武勞，則漢室之干城；課其文德，則皇家之腹心。誠宜試用，以廣振鷺西雍之美。臣以頑愚，忝汙顯列，輒流汗墨不堪之責，不勝區區，執心所見，越職瞽言，罪當殊死。惟陛下留神省察。臣邕頓首頓首。

梁統　靖重刑罰以遵舊典疏[12]

臣竊見元、哀二帝，輕殊死之刑，以一百二十三事，手殺人者，減死一等。自是以後，著爲常准，故人輕犯法，吏易殺人。臣聞立君之道，仁義爲主。仁者愛人，義者政理。愛人以除殘爲務，政理以去亂爲心。刑罰在衷，無取於輕。是以五帝有流、殛、放、殺之誅，三王有大辟、刻肌之法。故孔子稱"仁者必有勇"，[①]又曰：[②]"理財正辭，禁民爲非曰義。"高帝受命誅暴，平蕩天下，約令定律，誠得其宜。文帝寬惠柔克，遭世康平，唯除省肉刑、相坐之法，他皆率由，無革舊章。武帝值中國隆盛，財力有餘，征伐遠方，軍役數興，豪桀犯禁，奸吏弄法，故重首匿之科，著知從之律，以破朋黨，以懲隱匿。宣帝聰明正直，總御海內，臣下奉憲，無所失墜，因循先典，天下稱理。至哀、平繼體，而即位日淺，[13]聽斷尚寡，丞相王嘉輕爲穿鑿，虧除先帝舊約成律，數年之間，百有餘事，或不便於理，或不厭民心。謹表其尤害於體者傅奏於左。伏惟陛下包元履德，權時撥亂，功踰文、武，德侔高皇，誠不宜因循季末衰微之軌。回神明察，考量得失，宣詔有司，詳擇其善，定不易之典，施無窮之法，天下幸甚。

梁統　重刑狀對[14]

對曰：聞聖帝明王，制立刑罰，故雖堯舜之盛，猶誅四凶。經曰：[③]"天討有罪，五刑五庸哉。"又曰："爰制百姓于刑之衷。"孔子曰：[④]"刑罰不衷，則民無所厝手足。"衷之爲言，不輕不重之謂也。春秋之誅，不避親戚，所以防患救亂，坐安衆庶，豈無仁愛之恩，貴絕殊賊之路也。自高祖之興，至於孝宣，君明臣忠，謀謨深博，猶因循舊章，不輕改革，海內稱理，斷獄益少。至初元、建平，所減刑罰百有餘條，而盜賊浸多，歲以萬數。間者三輔縱橫，群輩並起，至燔燒茂陵，火見未央。其後隴西、北地、西河之賊，越州度郡，萬里交結，攻取庫兵，劫略吏人，詔書討捕，連年不獲。是時以天下無難，百姓安平，而狂狡之勢，猶至於此，皆刑罰不衷，愚人易犯之所致也。由此觀之，則刑輕之作，反生大患，惠加奸宄，而害及良善也。故臣統願陛下采擇賢臣孔光、師丹等議。

皇甫規　應舉賢良方正策

伏惟孝順皇帝，初勤王政，紀綱四方，幾以獲安。後遭姦僞，威分近習，畜貨聚馬，戲謔是聞。又因緣嬖倖，受賂賣爵，輕使賓客，交錯其間，天下擾擾，從亂如歸。故每有征戰，鮮不挫傷。官民並竭，上下窮虛。臣在關西，竊聽風聲，末聞國家有所先後，而威福之來，咸歸權倖。陛下體兼乾坤，聰哲純茂，攝政之初，拔用忠貞，其餘維綱，多所改正。遠近翕然，望見太平。而地震之後，霧氣白濁，日月

---

①　參見《論語·憲問》。

②　參見《周易·繫辭下》。

③　參見《尚書·虞書·皐陶謨》。

④　參見《論語·子路》。

不光，旱魃爲虐，大賊從橫，流血川野，[15]庶品不安，譴誡累至，殆以姦臣權重之所致也。其常侍尤無狀者，亟便黜遣，披埽凶黨，收入財賄，以塞痛怨，以答天誡。

今大將軍梁冀、河南尹不疑，處周、邵之任，爲社稷之鎮，加與王室世爲姻族。今日立號雖尊可也，實宜增脩謙節，輔以儒術，省去遊娛不急之務，割減廬第無益之飾。夫君者舟也，人者水也。群臣乘舟者也，將軍兄弟操檝者也。若能平志畢力，以度元元，所謂福也。如其怠弛，將淪波濤，可不慎乎！夫德不稱祿，猶鑿塘之趾，以益其高，豈量力審功安固之道哉？凡諸宿猾、酒徒、戲客，皆耳納邪聲，口出諂言，甘心逸遊，唱造不義。亦宜貶斥，以懲不軌。令翼等深思得賢之福，失人之累。又在位素餐，尚書怠職，有司依違，莫肯糾察。故使陛下專受諂諛之言，不聞戶牖之外。

臣誠知阿諛有福，深言近禍，豈敢隱心以避誅責乎！臣生長邊遠，希涉紫庭，怖慴失守，言不盡心。

皇甫規　求自效疏[16]

臣比年以來，數陳便宜，羌戎未動，策其將反，馬賢始出，預知必敗，誤中之言，在可考校。臣每維賢等，擁衆四年，未有成功，懸師之費，且百億計，出於平人，回入姦吏，故江湖之人，群爲盜賊，青、徐荒饑，襁負流散。夫羌戎潰叛，不由承平，皆由邊將失於綏御。乘常守安，則加侵暴；苟競小利，則致大害。微勝則虛張首級，軍敗則隱匿不言。軍士勞怨，困於猾吏，進不得快戰以徼功，退不得温飽以全命，餓死溝渠，暴骨中原。徒見王師之出，不聞振振之聲。酋豪泣血，驚懼生變。是以安不能久，敗則經年。臣所以搏手叩心而增歎者也。願假臣兩營二郡，屯列坐食之兵五千，出其不意，與護羌校尉趙冲，共相首尾。土地山谷，臣所曉習，兵勢巧便，臣已更之。可不煩方寸之印，尺帛之賜，高可以滌患，下可以納降。若謂臣年少官輕不足用者，凡諸敗將，非官爵之不高，年齒之不邁。臣不勝至誠，没死自陳。

皇甫規　再求自效疏[17]

自臣受任，志竭愚鈍，實賴兗州刺史牽顥之清猛，中郎將宗資之信義，得承節度，幸無咎譽。今猾賊就滅，太山略平，復聞群羌並皆反逆。臣生長邠岐，年五十有九，昔爲郡吏，再更叛羌，預籌其事，有誤中之言。臣素有固疾，恐犬馬齒窮，不報大恩，願乞冗官，備單車一介之使，勞來三輔，宣國威澤，以所習地形兵勢，佐助諸軍。臣窮居孤危之中，坐觀郡將已數十年矣，自鳥鼠至於東岱，其病一也。力求猛敵，不如清平，勤明孫吳，未若奉法。前變未遠，臣誠戚之，是以越職，盡其區區。

皇甫規　自訟疏

四年之秋，戎醜蠢戾，爰自西州，侵及涇陽，舊都懼駭，朝廷西顧。明詔不以臣愚駑,急使軍就道。幸蒙威靈,遂振國命,羌戎諸種,大小稽首,輒移書營郡,以訪誅納,所省之費,一億以上。以爲忠臣之義,不敢告勞,故恥以片言自及微效。然比方先事,庶免罪悔。前踐州界,先奏郡守孫儁,次及屬國都尉李翕、督軍御史張稟。旋師南征,又上涼州刺史郭閎、漢陽太守趙熹,陳其過惡,執據大辟。凡此五臣,支黨半國,其餘墨綬,下至小吏,所連及者,復有百餘。吏託報將之怨,子思復父之恥,載賷馳車,懷糧步走,交搆豪門,競流謗讟,云臣私報諸羌,謝其錢貨。若臣以私財,則家無擔石;如物出於官,則文簿易考。就臣愚惑,信如言者,前世尚遺匈奴以宮姬,鎮烏孫以公主。今臣但費千萬,以懷叛羌。則良臣之才略,兵家之所貴,將有何罪,負義違理乎?

自永初以來,將出不少,覆軍有五,動資巨億。有旋車完封,寫之權門,而名成功立,厚加爵封。今臣還督本土,糺舉諸郡,絕交離親,戮辱舊故,衆謗陰害,固其宜也。臣雖污薉,廉潔無聞,今見覆没,恥痛實深。傳稱"鹿死不擇音",謹冒昧略上。

皇甫規　薦張奐自代疏

臣聞人無常俗,而政有治亂,兵無强弱,而將有能否。伏見中郎將張奐,才略兼優,宜正元帥,以從衆望。若猶謂愚臣宜充軍事者,願乞冗官,以爲奐副。

皇甫規　請坐黨人奏

臣前薦故大司農張奐,是附黨也。又臣昔論輸左校時,太學生張鳳等上書訟臣,是爲黨人所附也,臣宜坐之。

後魏

刁雍　請造船運穀疏

奉詔高平、安定、統萬及臣所守四鎮,出車五千乘,運屯穀五十萬斛,付沃野鎮,以供軍糧。臣鎮去沃野八百里,道多深沙,輕車來往,猶以爲難;設令載穀不過二十石,每涉深沙,必致滯陷。又穀在河西,轉至沃野,越度大河,計車五千乘,運十萬斛,百餘日乃得一返,大廢生民耕墾之業。車牛艱阻,難可全至,一歲不過二運,五十萬斛,乃經三年。臣前被詔,有可以便國利民者,動静以聞。臣聞鄭白之渠,遠引淮海之粟,泝流數千,周年乃得一至,猶稱國有儲粟,民用安樂。今求於牽屯山河水之次,造船二百艘,二船爲一舫,一船勝穀二千斛。一舫十人,計須千人。臣鎮内之兵,率皆習水,一運二十萬斛,方舟順流,五日而至。自沃野牽上,十日還到,合六十日得一返。從三月至九月三返,運送六十萬斛,計用人功輕于車運十倍有餘,不費牛力,又不廢田。

皮豹子　論秦隴兵事表

義隆增兵運糧,剋必送死。臣所領之衆,本自不多,惟仰民兵,專恃防固。其統萬、安定二鎮之衆,從戎以來,經之四歲。長安之兵,役過期月,未有代期。衣糧俱盡,形顏枯悴,眷切戀家,逃亡不已,既臨寇難,不任攻戰。士民奸通,知臣兵弱,南引文德,共爲脣齒。計文德去年八月,與義隆梁州刺史劉秀之,同征長安,聞臺遣大軍,勢援雲集,長安地平,用馬爲便,畏國騎軍,不敢北出。但承仇池句人,稱臺軍不多,戍兵尠少,諸州雜人,各有還思,軍勢若及,必自奔逃,進軍取城,有易返掌。承信其語,回趨長安之兵,遣文德、蕭道成、王虬等將領,來攻武都、仇池,望連秦隴。進圍武都,已經積日,畏臣截後,斷其糧路,關鎮少兵,未有大損。今外寇兵强,臣力寡弱,拒賊備敵,非兵不擬。乞選壯兵,增戍武都,牢城自守,可以無患。今事已切急,[18]若不馳聞,損失城鎮,恐招深責。願遣高平突騎二千,齎糧一月,速赴仇池。且可抑折逆民,支對賊壘,須上邽、安定戍兵至,可得自全。糧者民之命也,雖有金城湯池,無糧不守。仇池本無儲積,今歲不收,若高平騎至,不知云何以得供援。請遣秦州之民,送運祁山,臣隨迎致。

唐

德宗　以李晟爲鳳翔隴西節度兼涇源副元帥制[19]

制曰:周之元老,以分陝爲重;漢之丞相,以憂邊見稱。故方嶽克寧,疆場不聳;安人保大,[20]致理之端。今所以重煩上台,作鎮西土。奉天定難功臣、司徒兼中書令、充神策軍節度鄜、坊、丹、延等州觀察處置等使,[21]仍充京畿、渭北、鄜州、華州兵馬副元帥,[22]上柱國、合川郡王李晟,勵精剛之操,體博大之德。適時通變,而大節不奪;虛受廣納,而獨斷自明。奉法以身,推功以下,衆無犯命,人用樂從,懷德畏威,令行禁止。誓群帥于危疑之際,駐孤軍於板蕩之中。氣凌風雲,誠動天地。一鼓而凶徒懾北,再駕而都邑廓清。師皆如歸,人不知戰,再安社稷,功格皇天。而明識秉彝,清風激俗;雅尚恬曠,撝謙有光。朕以汧隴近郊,扶風右地。川阜連亘,抵於回中;限界諸夷,蕃屏王室。所屬誠重,付之元臣。兼二將之甲兵,崇十連之元帥。宣威耀武,罷警息兵,俾予仰成,時乃丕烈。[23]可兼鳳翔尹,充鳳翔隴右節度營田觀察處置等使,仍充鳳翔隴右涇源節度營田諸軍及四鎮北庭行營兵馬副元帥,[24]改封西平郡王,功臣本官、兼官如故。

元載　請城原州疏

四鎮北庭既治,涇州無險要可守。隴山高峻,南連秦嶺,北抵大河。今國家西境盡潘原,而吐蕃戍摧沙堡,原州居其中間,當隴山之口。其西皆監牧故地,草肥水美,平涼在其東,獨耕一縣,可給軍食,故壘尚存,吐蕃棄而不居。每歲夏,吐蕃畜牧青海,去塞甚遠,若乘間築之,二旬可畢。移京西軍戍原州,移郭子儀軍戍涇州,爲之根本。分兵守石門、木峽,漸開隴右,進達安西,據吐蕃腹心,則朝廷可高枕矣。

宋

張齊賢　蕭關置砦疏

臣謂兵鋒未交,而靈州之圍自解,然後取靈州軍民,而置砦于蕭關武延川險要處,以僑寓之。如此則蕃漢土人之心,有所依賴,裁候平寧,卻歸舊貫。然後縱蕃漢之兵,[25]乘時以爲進退,則成功不難矣。

王堯臣　論賊情疏

陝西兵二十萬,分屯四路,然可使戰者止十萬。賊衆入寇,常數倍官軍。彼以十戰一,我以一戰十,故三至而三勝,由衆寡不侔也。涇原近賊巢穴,最當要害,宜先備之。今防秋甚邇,請益團土兵,[26]以二萬屯渭州,[27]爲鎮戎山外之援。萬人屯涇州,爲原渭聲勢。

范仲淹　論西事劄子

爲今之計,莫若且嚴邊城使持久可守,[28]實關内使無虛可乘。西則邠州、鳳翔,爲環、慶、儀、[29]渭之聲援;北則同州、河中府,扼鄜、延之要害;東則陝府華州,據潼關、黃河之險;中則永興爲都會之府,各須屯兵三二萬人。

范仲淹　議攻疏

臣謂進討未利,則又何攻? 臣竊見延安之西,慶州之東,有賊界百餘里,侵入漢地。中有金湯、白豹、後橋三寨,阻延、慶二州經過道路,使兵勢不接,策應迂遠。自來雖曾攻取,無招降之恩、據守之謀,漢兵繞迴,邊患如舊。臣謂西賊更有大舉,朝廷必令牽制,則可攻之地其在於此。可用步兵三萬,騎兵五千;鄜延路步兵一萬二千,騎兵三千;涇原路步兵九千,騎兵一千;環慶自選馬步一萬八千;軍外番兵,更可得七八千人。軍行入界,當先布號令:生降者賞,殺降者斬;得精强者賞,害老幼婦女者斬。拒者併兵以戮之,服者厚利以安之。遁者勿追,疑有質也;居者勿遷,俾安土也。

乃大爲城寨,以據其地,如舊城已險,因而增修。非守地,則別擇要害之處,以錢召帶甲之兵,熟户强壯兼其土役。昨奉朝旨,令修緣邊城寨。臣以民方稿事,將係官閒雜錢,並勸令近上人户,以顧夫錢,散與助功兵士克食錢。其帶甲兵士,翕然情願,諸寨並已畢功。俟城寨堅完,當留土兵以守之。方諸舊寨,必倍其數,使范全、趙明以按撫之。范全今爲騏驥副使,慶州北都巡檢。趙明今爲東頭供奉官、柔遠寨蕃部巡檢。必嚴其戒曰:賊大至則明斥候,召援兵,金湯東去德靖寨四十里,西去東谷寨八十里,西南去柔遠八十里。白豹西去柔懷五十里,南至慶州一百五十里。堅壁清野以困之;小至則扼險設伏以待之,居常高估入中及置營田以助之。如此則可分彼賊勢,振此兵威,通得延、慶兩路軍馬,易於應援。

所用主兵官員,使勇決身先者居其前,王信、狄青、劉極、劉貽孫、[30]張建侯、范全。

可用策應者居其次，任守臣、王達、王遇、張宗武、譚嘉震、王文恩、王文。使臣中可當一隊者參於前後，張信、王遇、張忠、郭奎、張懷寶。有心力幹事者營立城寨。周美、張燦、劉兼濟、李維、張繼勳、楊麟。

臣觀後漢段紀明，以騎五千，步萬人，車三千輛，錢五十四億，三冬二夏，大破諸羌。又觀唐馬燧造戰車，行則載甲兵，止則爲營陣，或塞險以遏奔衝。臣以此路山坡，大車難進，當用小車二十輛，銀絹二十萬，以賞有功將吏及歸降番部，并就糴芻粟，亦稍足用。

其環州之西，鎮戎之東，復有葫蘆泉一帶番部，與明珠滅臧相接，阻環州、鎮戎經過道路，明珠、滅臧之居，北接賊疆，多懷觀望。又延州南安，去故綏州四十里，在銀、夏川口。今延州兵馬東渡黃河，北入嵐、石，卻西渡黃河，倒來麟州策應，蓋以故綏州一帶，賊界阻斷經過道路。已上三處，內麟府一路，臣不曾到彼，乞下本處訪問及畫圖，即可見山川道路次第。如取下一處，城寨平定，則更圖一處，爲據守之策。比之朝去暮還，此稍爲便。

陳執中　攻守方略疏

元昊乘中國久不用兵，竊發西陲，以游兵困勁卒、甘言悅守臣，一旦連犯亭障，延安幾至不保。此蓋范雍納詭説，失於戒嚴；劉平輕躁，喪其所部。上下紛攘，遠近震駭。自金明李士彬族破，而並邊籬落皆大壞。寨門、金明相距二百里，宜列修三城，城屯兵千人，[31] 益募弓箭手。寇大至則退保，小至則出鬥。選閤門祗候以上爲寨主、都監，以諸司使爲盧關一路都巡檢，以兵二千屬之，使爲三砦之援。熟羌居漢地久者，委邊臣拊存之；反覆者，破逐之。至於新附黠羌，如涇原康奴、滅臧、大蟲族，久居內地，常有叛心，不肆剪除，終恐爲患。今軍需之出，民已愁歎，復欲徧修城池如河北之制，及夏須成，使神運之猶恐不能，民力其堪此乎？陝西地險，非如河北，惟涇州、鎮戎軍勢稍平易，若不責外守而勞內營，非策之上也。宜修並邊城池，[32] 其次如延州之鄜、同，環慶之邠、寧，不過五七處，量爲營葺，則科率減、民力蘇矣。今賊勢方張，宜靜守以驕其志，蓄鋭以挫其鋒，增土兵以備守禦，省騎卒以減轉饟。然後徐議盪平，改張制度，更須主張，將臣橫議不入，則忠臣盡節而捐軀矣。

明

楊一清　存留守城官軍防虜疏

據守備蘭州都指揮張愷呈，奉甘肅鎮巡等官奏，准秦州等衛，原在甘凉輪班官軍，固原有警，調來截殺，乃一時用兵之權宜。今固靖已無聲息，前項官軍，仍該發回備禦等因。照得蘭州地方軍民，原額納糧，田地俱在河外，北去十里，極臨虜境，漫通賊路，虜從紅城子鎮罕禿等處，出没爲患，實爲緊關喉襟，要害重地。

本城緣無冬夏防禦軍馬,先蒙總制尚書秦紘,存留固原防守,甘、蘭二衛,原調去甘、涼備禦軍,餘李勤等一千二百九十員,準兌甘、蘭二衛,海兒陳讓等馬匹騎操,就在蘭州按伏冬夏,常川防禦爲便。

具呈到臣,看得蘭州黃河以北,俱係本州衛軍民,徵納民屯糧草地,土達賊乘虛,遞年俱從寧夏中衛、涼州、莊浪墩空,竊伏本州紅柳灘等處地方侵擾,本處無軍截殺,以此,尚書秦紘奏留官軍防守。況固、靖等處地方,若河套無賊,止是備冬,惟蘭州地土多在河外,賊寇出没無時,四時皆當防禦,與甘、涼等處事體不異。

查得本處甘、蘭二衛官軍,止存守墩把河橋等夜不收,共三百五十七員名,別無食糧。騎操正軍,其屯田軍餘,例該遇冬操練,方支行糧,春暖方放回農種,辦納糧草。且本州內有宗室,外多商販,人煙輳集,畜産蕃盛,比之他處不同,相離虜人蹂躪之地,止隔黃河一水。

張倫　救荒弭患疏

竊見陝西三年雨雪愆期,赤地千里,饑窘枕藉,流移亡數。賑貸罄倉廩之儲,勸借竭富家之積,誠可痛哭流涕。且外控三邊,內制番夷,自古用武之地。俗多強悍,軍民雜處,有回回、土達、河西西番、委兀兒、囉哩諸種族,雖係附籍當差,狼子野心,終不能保。成化四年,開城縣土達滿四相聚爲盜,據險石城,特勞大軍剿滅,費出萬計。即今之患,又非滿四之比。況虜賊猖獗,各邊防禦,誠恐風聞山西饑饉,倉廩空虛,謀大舉深入,動調邊民截殺,則軍餉何以備之,轉輸何以處之?此可慮者一也。平、慶地方,盜賊蜂起,誠恐勢至燎焰,不可撲滅,此可慮者二也。流民俱在漢中、荊襄萬山,患出不測,又非劉千斤比,此可慮者三也。王府祿米不足,啼饑號寒,此可慮者四也。故曰"思患預防,有備無患"。臣有一得之愚,非身家利,上爲朝廷,下爲民命,內防激變,外防邊患,昧死規畫條陳:

一曰救荒無善政,興水利而已。臣見河南客船,俱從黃河達淮,直抵南京,新河水利,莫此爲便。照得南京常平倉、烏龍潭等倉,糧米不下數百餘萬,且近年歲頗豐稔,乞救內外守備、南京户部、總督糧儲等官會議,將前項倉糧借撥五千餘萬石,於南京江淮、濟川二衛馬快船撥一千,駕船軍人給口糧盤纏。查取應天府官銀,雇民船一千,載運至河南孟津縣等處,水次收貯。仍救户部將南方折糧銀、太倉銀,運至孟津縣,督有司雇騾車二千,運至潼關倉,并合空閑處,如法堆放,以賑陝西、山西、河南。各司、府、州、縣官,斟酌緩急難易,設法運賑,務在盡心殫力,俾民得實惠。庶幾人心安,而外患可防也。

二曰浙、淮、長蘆存積官鹽及所獲私鹽,通賣銀,運至南直隸蘇、松等府。又各府庫銀,督令有司,以禮召積粟之家,依時估給米價、船脚,令其自行載運至前項水次。有能仗義輸米五百石者,給與七品散官;三百石者,冠帶榮身。庶官民兩利。

三曰慶陽、靈州鹽課司池鹽，敕陝西巡、鎮等官，召商納米，於缺糧處上納。斟酌米、鹽低昂定價。如米貴，糴買無出，依時價納銀，別行區處糴賑。

四曰河州、西寧等處官茶，并獲私茶，許客商於缺糧去處納米，領茶備賑。

五曰陝西司、府、州、縣官隸銀免徵，以贓罰銀物，減半支給，以蘇民困，待豐年簽補。

六曰加意招撫復業，將官銀易牛犋、種子，給招流亡。將拖欠糧草、官物及一應不急之務，暫令寬免。有司體詢民瘼，曲加撫字。

七曰專委布政司官，督有司修理預備倉，多方蓄積。行問刑衙門，贖罪納米備賑。

八曰終南、華、吳山一帶深谷之中，多有無籍，假以僧道潛住，或聚衆爲盜，或造爲妖言，煽惑人心。今饑民流移，誠恐被其誑誘，謀爲不軌，宜出榜嚴加禁約。

世宗　命都督僉事黃振掛征西將軍印諭

諭都督僉事黃振，今命爾掛征西將軍印，充總兵官，與副總兵一同鎮守寧夏地方。修理城池，操練兵勇。遇有賊寇，相機戰守。其副參等官，照舊協同分守，所統官軍，悉聽節制，如制奉行。

世宗　命持廉秉公正己率下諭

敕諭署都督僉事黃振，今命爾掛印充總兵官，與巡撫督御史及副總兵等官，一同鎮守寧夏地方。操練軍馬，修理城池，撫安商民，保障邊方。遇有賊寇侵犯，即便督同副將等官，相機戰守，以除邊患。凡軍中一應事務，與巡撫等官試議而行，不許偏私執拗，乖方誤事。爾受朝廷重寄，尤須持廉秉公，正己率下，撫恤士卒，蓄養銳氣，毋或貪黷貨利，科剋官人，致生嗟怨。如違，罪有攸歸，爾其慎之。故諭。

世宗　命立身撫衆禦侮防奸諭

昔者聖王之治天下也，必資威德，以安黔黎，未有專修文事，不尚武功。朕特效古制，設武職以固疆圉，受斯任者，立身撫衆，必仁必寬，禦侮防奸，毋逸毋縱。能此則榮及前人，福延後嗣矣。爾其敬之，勿怠。

嘉靖二十八年。

清

世祖　賜廣西總兵官左都督馬蛟麟特贈太傅諭

國家思創業之隆，當崇報功之典；人臣建輔運之績，宜施錫爵之恩。爾原任隨征廣西總兵官、左都督馬蛟麟，爾能知時命，歸誠效用，馳驅王事，隨大兵征西於湖南等處，有辟土之功。再征粵西，收復郡邑，身經戰陣，備著勳勞，用錫殊榮，以昭激勸。茲以覃恩，特贈爾階太傅、特進、榮禄大夫。爾尚益勤於篤棐，祗服朕命，勉盡乃心。

順治八年八月。

聖祖　賜固原提督王進寶從優加一等男諭

王進寶宿將重臣，矢心報國，兼以訓練士卒，忠義素孚，故能身先行陣，所向克捷，朕甚嘉焉。可從優加一等男，授奮武將軍，仍兼提督平涼諸路軍務。

康熙十七年。

聖祖　賜陝西提督潘育龍鎮綏將軍諭

陝西提督潘育龍久歷戎行，蔚建勞績，歷二重鎮，克殫謀猷。自擢任西秦以來，馭兵飭伍，有勇知方，邊境肅清，閭閻安堵。既威望之懋著，亦年齒之日增。宜加顯秩，用彰異數。著授爲鎮綏將軍，仍管提督事務，以示朕優眷老臣至意。

康熙二十四年。

聖祖　命户部蠲免沿邊州縣銀糧諭

朕統一寰宇，無分中外，皆欲久安長治，共樂昇平。宵旰孜孜，五十餘年未嘗頓刻去懷也。澤旺阿喇布坦前曾頻行請安，遣使來往，近忽狂悖，侵擾哈密。哈密係我編置佐領之部落，[33]與内地無異，若不遣發師旅，置之不問，斷乎不可。故特徵兵備邊，一切飛芻挽粟，悉支正供，毫無累及閭閻，然而行軍置驛及諸凡輓運，皆由邊境。今歲山西、陝西二省，雖屬豐收，喜登大有，猶念邊民効力，轉輸無誤，急公固其常分，而民勞亦所堪恤，若非格外施恩，何以昭示鼓舞。

兹特大沛恩澤，[34]加意培養，著將沿邊一帶運糧地方，自山西大同府屬前衛、右衛、大同、懷仁、馬邑、朔州、保德等七州縣衛，直至陝西延安府屬府谷、神木、安塞、綏德、米脂、安定、吳堡、保安、榆林、保寧、常樂、雙山、魚河、歸德、響水、波羅、懷遠、威武、清平，甘肅屬山丹、高臺、古浪、莊浪、西寧、蕭鎮、寧夏、左屯、中屯、平羅、中衛、寧靈、平涼、固原、鎮戎、西安、慶陽、阜城、甜水、河州、[35]蘭州、洮州等四十二州、縣、衛、所、堡，康熙五十六年額征銀八萬六千一百兩零，糧米豆穀三十一萬七千七百二十五石零，草二百七十六萬五千九百束零，通行蠲免。併將從前積年逋欠銀、糧、草、豆，亦悉與蠲除。

諭旨到日，該督撫即便行張示，使遐陬僻壤，莫不週知。仍嚴飭所司，實心奉行，以副朕加厚邊民至意。其或陽奉陰違，澤不下究，該督撫題參，從重治罪。爾部即遵諭行。特諭。欽此。

康熙五十五年十月初七日。

聖祖　又命蠲免沿邊州縣銀糧諭

朕惟治天下之要，首以乂安民生爲急。故自御極以來，於閭閻疾苦，無不博諮廣詢，渙敷庥澤。其有動用民力之處，尤孜孜廑念，刻不能忘，蓋六十年如一日也。比年因澤旺阿喇布坦狂逞跳梁，軍興征繕，遠歷邊陲。其沿邊數處，師旅屯駐，一切雖皆支用正項錢糧，而協辦轉輸，行齎居送之事，民力勞瘁，朕心時切軫念。曾將陝西、甘肅巡撫所屬康熙五十八年額徵地丁銀一百八十八萬兩零、歷年舊欠銀四萬兩零，特沛恩綸，悉行蠲免。而沿邊各州縣衛所，軍行既多飛挽之勞，[36]辦賦復滋催科之擾，若非格外加恩，黎民恐致失業。

　　所有沿邊一帶，陝西延安府屬府谷、神木、安塞、綏德、米脂、安定、吳堡、保安、榆林、保寧、常樂、雙山、魚河、歸德、響水、波羅、懷遠、威武、清平、葭州、龍州鎮、靖鎮、羅寧塞、靖邊、柳樹澗、安邊、磚井、定邊、饒陽、水堡、高家堡；甘肅屬山丹、高臺、古浪、莊浪、西寧、肅鎮、寧夏、左屯、中屯、平羅、中衛、靈州、寧州、平涼衛、固原州、鎮戎、西安、阜城、甜水、河州、歸德、蘭州、洮州、寧夏前衛、平涼縣、固原衛、固原廳、河州衛、蘭州廳、慶陽、涼州衛、永昌衛、鎮番衛、甘州左衛、甘州右衛、肅州衛、鎮彝所等六十八州、縣、衛、所、堡，康熙五十九年錢糧米豆草束，俱宜蠲免。但目今係有軍務之時，除米豆草束外，將康熙五十九年額征銀九萬八千一百兩零，盡行蠲免。

　　爾部移文該督撫，通行曉諭，實心奉行，務俾均沾德惠，以副朕曲軫邊民之至意。倘或藉端征派，澤不下究，該督撫嚴察指叅，從重治罪。爾部即遵諭行。特諭。

康熙五十八年二月二十三日。

　世宗　賜祭陝西延綏總兵孫繼宗諭

皇帝諭祭陝西延綏總兵官、加一級孫繼宗之靈曰：

　　鞠躬盡瘁，臣子之芳蹤；賜卹報勤，國家之盛典。爾孫繼宗性行純良，才能稱職，方冀遐齡，忽聞長逝，朕用悼焉。特頒祭葬，以慰幽魂。

　　嗚呼！寵錫重臚，庶沐匪躬之報；名垂信史，聿昭不朽之榮。爾如有知，尚克歆享。

雍正七年冬。

　高宗　賜諡安西提督王能愛諭

朕惟綏靖邊陲，允賴熊羆之將；褒揚偉略，聿垂琬琰之文。式考彝章，載申令典。

　　爾原任安西提督、加贈都督僉事王能愛，秉性起桓，賦資果毅。由偏裨而躋專閫，志勵從戎；統師旅而任邊防，心殷敵愾。揮戈奮勇，前驅則捷奏天山；建節宣威，坐鎮而塵清絕域。方資委寄，遽悼淪徂。既賜奠而薦芳筵，更加恩而頒全葬。諡之恭恪，錫以榮名。

於戲！績著旂常，用紀壯猷於遠塞；寵昭綸綍，永垂渥澤於重泉。勖爾後人，敬承休命。

乾隆十五年十二月初四日。

高宗　賜祭安西提督豆斌諭

皇帝諭祭於原任甘肅安西提督豆斌之靈曰：

人臣矢靖共之節，勤王事以致身；國家崇報享之文，紀成勞於眷命。既酬庸於身後，宜追美於生前。緬念忠勤，重加寵卹。

爾豆斌，生自西陲，習知邊事。早作千夫之長，拔自行間；旋膺再命之榮，屬諸軍府。秦關遊徼，不聞枹鼓之鳴；渭水枲戎，徧識吹笳之號。洊分閫寄，建虎節於綏延；晉握戎機，掌麟符於楚粵。自南天而旋軫，當西事之方殷。連騎千群，遠濟師於塞外；齎糧萬斛，時轉餉於天邊。雖干後至之期，每宥前軍之罰。銜恩効命，願追絕足於飛廉；感遇酬知，誓掃驚塵於大漠。身先士卒，寧知矢石之傷；氣作山河，忽返星辰之位。望龍沙於遠道，丹旐初歸；慰馬革於生平，素心尚在。封章既達，軫惻維殷，爰薦几筵，加之綸綍。

嗚呼！啟封疆於累驛，合中外爲一家。九邊揚定遠之功，用彰死事；萬里傳郅支之首，式慰忠魂。惟爾有靈，祇承令典。

乾隆二十四年夏。

高宗　賜諡詔

朕惟國威遠震，雅思盡瘁之臣；卹典褒忠，用勵匡躬之節。故致身絕塞，壯氣上薄於雲霄；斯紀績豐碑，鴻烈永垂諸奕禩。

爾原任甘肅安西提督豆斌，秉心果毅，賦性堅貞。奮身行伍之間，已備干城之選。分營秦隴，既嫻習乎戎韜；出守河湟，更進枲乎軍幕。受重寄於玉關以外，列騎風嘶；駐勝兵於嘉峪以西，千屯月照。桂林象郡，識上將之旌旗；荊楚彝陵，奉中軍之號令。伊東南之坐鎮，易地皆良；屬西北之軍興，因時以使。封狼遠竄，指沙磧而前追；鼫鼠潛逃，建牙旗而直搗。一身轉戰，誓成掃穴之功；萬里長疆，倍激枕戈之志。氣臨危而益壯，傷在體而不知。惜大樹以風摧，見高原之星隕。是用錫名壯節，肖厥生平。肇錫封塋，臚諸祀典。

嗚呼！疆開大漠，精靈克慰乎幽冥；塚象祁連，姓氏常垂于金石。欽茲懋典，貽爾後人。

乾隆二十四年夏。

仁宗　賞給楊福龍恩騎尉敕

朕惟尚德崇功，國家之大典；輸忠盡職，人子之常經。古聖帝明王，戡亂以武，致治以文。朕欽承往制，甄進賢能，特設文武勳階，以昭激勸。受茲任者，必忠以立身，仁以撫衆，智以察微；防姦禦侮，機無暇時。能此則榮及前人，福延後嗣，而身家永康矣，敬之勿怠。楊福龍，爾祖楊殿，原係把總，乾隆二十四年征逆回陣亡，欽奉特旨，賞給恩騎尉與爾承襲，世襲罔替。

嘉慶十九年。

雷正綰　克復固原各情形

奏爲官軍奪險，血戰克復固原堅城，截捕餘匪，分別安插降衆，並進剿竄陝股逆，獲勝各情形，恭摺由驛馳奏，仰慰聖懷事。

竊臣於正月十八日，曾將鶻剿靜、固各巢及股逆竄陝，派隊繞出迎擊，暨攔剿另股逸匪各緣由，奏明在案。臣熟察固原逆勢，以瓦亭爲門戶，開城爲咽喉，硝河城、張易堡爲西路老巢，此出彼入，呼吸旁通。自我軍連拔瓦亭、開城，已久失險要，逆黨由硝河城、張易堡出擾隆、靜，牽綴西軍，而東竄各股紛然踵至。總因攻剿嚴急，勢蹙計生，於數百里外防不及防之處，擾襲後路，阻遏糧運。去臘開城連捷之後，進迫乘時，乃因回顧陝疆，撥隊進剿，又復親帶勁旅往來遊擊，遂致垂成之功，不無稽滯。

臣與張集馨往返函商，決計攻巢，而爲逆謀所牽，約期正月十六日與曹克忠之軍分路進剿。提督沈懋貴、總兵胡大貴等十營，於是由六盤山北直搗張易堡，提督譚玉龍、劉正高等十二營，每日仍逼攻固原。十七、十八等日，沈懋貴等進至張義堡，該逆因三路受敵，首尾不復相顧，一見我軍旗幟，負隅驚匿。各軍銳進猛攻，槍炮轟擊，詎逆內亂狂潰，奪路奔逃，並將該堡老巢及大小回莊踏平，斃賊約七八百名，曹克忠亦將硝河城附近之馬家嘴、新店子、紅城子、將台堡、隆德堡等處回巢攻毀，擒斬殆盡。其被脅土著回戶，據回目張保龍約集監生蘇上達等，籲懇繳械投誠。各村漢民文生康英、張鐸、石獻章、包蘭香，耆民金彥益、馬維漢、趙增龍等，復連名結保該降衆永無反覆。隆、靜一帶，略就安帖。因商同張集馨、曹克忠妥籌駕馭，以安反側，臣遂得專意窺取固原矣。

正月二十三、四等日，滾營直薄西南城隅。其東山城防，亦飭移綮附郭。東北二路，則有回目張保龍率領降回，扼要助戰，連破城外兩山逆壘十五座，斬馘千餘，四面合圍，逆氣愈挫。偵悉孫逆凶鷙黨羽，屢被斬擒，孤立無依，復因糧盡援絕，計圖一逞。臣乘其困憊震懾之餘，晝夜環攻。二十五日該逆出城死抗，馬步約五六千名，拼命抵戰。經我軍縱橫盪決，槍斃僞元帥馬得力，逆勢稍卻，遂即揮軍掩殺，直至城下，殲賊不下千餘，奪獲戰馬六十四匹，抬炮、抬槍三十六杆，軍械無算，生擒逆目三十二名，訊明正法。此仗之後，賊膽益落，城內曾隨張保龍就撫之良儒回民，陸續縋城，詣營來歸。備悉陝回震恐已極，本處回類亦俱懾於兵威，各思自全，願爲內應，約定日期行事。遂飭張保龍密約城內六坊阿渾伺機開城，擒縛孫逆。一面開挖地道,多造雲梯,面受各將領機宜,更番迭戰,略無休息。

本月初一日黎明,臣親督各軍於城外西南隅豎梯登城。嚴飭總兵胡大貴,副將饒得勝、沈大興,參將鄭天順等,攻撲東門,提督沈戀貴,副將徐尚高、譚玉明、徐炳忠等,攻撲西門,城上礮子如雨,我軍多被擊傷。提督譚玉龍、劉正高分督各將,衝冒矢石,肉搏猱升。内應回衆,見官軍得手,果即乘機内變,倒戈相向。巷戰逾時,守城之賊,悉被我軍斬殺净盡。孫逆自殺,家小雜入稠衆之中。各陝逆亦俱自相殘殺,僅剩馬賊二三千人,奪北門逃逸,我軍緊躡追殺。張保龍又帶北路乞撫之李旺堡等處數十村降回,層層截剿,復斃五六百名,餘逆奪路繞越東北狂竄。恐其東犯鎮原,闌入陝境,遂撥馬步兼程截追。該逆路徑熟悉,折向黑城鎮、鹽茶廳一帶逃避。遂飭各軍跟剿,務期悉數殲除。

是役也,計斃賊四五千名,斬首三百餘級,生擒逆黨楊長齡、花禄、馬得勝、花二、李自春、王有貴、海潮、蘇得名等二百四十三名,立予正法。奪獲大礮、抬槍、刀、矛、火藥不計其數,搜出固原道、州及提標、糸將等印信三顆。查點我軍受傷及陣亡將弁兵勇二百餘名。此二月初一日我軍奪險苦戰,克復固原州之大概情形也。

查固原為蕭關重鎮,地控險阻,歷代邊防要區,帶山礪河,形勢四塞。我朝安設提督巡道,分布重兵,以資鎮撫。城池本極高堅,同治二年為逆回穆三叛踞,復加修葺。上年五月,經降回張保龍設法收復,已革提督成瑞,副將穆隆阿,前署臬司楊炳鋰,辦理安撫善後。旋因無兵彈壓,復被陝逆孫義保乘虛竄陷。該逆籍隸西安,窮凶極惡。與馬得力、赫明堂、鄒保和、任伍、馬生彦等,蹂躪秦疆,焚殺慘毒。漏網來甘,狼奔豕突,竊據固城,妄圖久抗,僭稱大漢鎮西王,偽封總制等官。蓄髮易服,極逞狂悖,恃其狙詐,屢拒官軍。前奉諭旨敕令設法擒斬,毋使漏刃。今破城之際,誅戮逆目最多,孫逆是否已在誅數,尚未查明,現已嚴密兜剿,並飭張保龍傳諭各路投誠回村,如果該酋在逃,務令傳獻自首,以彰顯戮。

至甘省回族,於漢民中十居八九。雖曾附和該逆,究竟凶頑稍遜,尚知懷德畏威。六坊回民經張保龍潛約内應,與陝回操戈互鬥,傷亡頗多。城外西北遠近回村,向聽張保龍約束,保護漢民村落極多。此次執梃助戰,死亡亦復不少。由東路鎮原一帶,追截餘匪,於初十日始返固城,是以報捷稍遲,現已入城。遴派大員督同張保龍撫馭降衆,收繳馬匹軍械等件,其如何安置,如何綏輯之處,由臣咨會張集馨,囑其即日來固辦理安撫及善後事宜,與硝河城降衆,一體妥為安置。與之悉心籌商,擬遵疊次恩旨,分別良莠,酌覈情形,妥籌布置。務體皇上好生之仁,開誠佈公,無枉無縱,與民休息,不敢苟且目前,草率了事,以貽後日之悔。惟熟察張保龍投誠之心,久而不渝,各降衆畏懼軍威,反戈殺賊,乞降亦似非虛偽,但使此後駕馭得宜，自不似陝回之旋撫旋叛。現派各軍由鹽茶廳一帶追剿，並飭魏添應嚴防環慶要隘，杜其竄逸。

查甘省內地逆勢，以平涼、固原爲大宗，係乎全省關鍵。茲幸仰仗天威，固原既克，硝河城亦經得手，聲威所播，各路逆勢當自浸衰，不難次第掃蕩。臣俟張集馨抵固後，審度軍情，何路吃重，即行馳往剿辦。至竄陝股逆，經副將雷恒等，會合陝軍，在邠、長、白吉原、三水等縣夾擊殄滅。其續竄另股，復經提督周顯承、總兵劉效忠、趙德正、陳義，副將李高啟、張正鼇等馬、步各軍，於十九日至二十六、七等日，在寧州焦村、鎮原蕭鎮及正寧縣境內迎剿圍攻，連獲大捷，誅除略盡。現仍嚴飭痛剿，無任兔脱，容俟詳細查報。

此次各營將領，激勵饑軍，衝寒血戰，仰托皇仁，力拔堅城，西陲軍務，日有起色。所有此次尤爲出力各員內，提督譚玉龍、劉正高二員，迭著戰功，保至記名簡放提督，渥荷恩命，職分較崇，應予如何獎叙之處，未敢擅擬，自應恭候聖裁。陣亡之花翎儘先副將熊觀國，首先登城，身受多傷，猶復奮進，且手刃數賊，力竭遇害，請旨敕部照總兵陣亡例從優議卹，並請於死事之固原州城，建立專祠，以彰忠烈。花翎遊擊儘先都司陳廷高等，容俟查明，再爲奏請賜卹。其餘在事出力文武員弁兵勇，可否由臣酌保請獎，以示鼓勵，出自聖主鴻施。所有官軍血戰，克復固原堅城，截剿餘匪，以安插降衆，並進軍夾攻竄陝股逆獲勝各緣由，恭摺由驛六百里馳奏，伏乞聖鑒訓示。謹奏。

穆宗　嘉獎克復固原出力人員諭

雷正綰奏官軍攻克固原州城一摺。雷正綰等軍自攻克瓦亭、開城後，分路進攻，迭破張義堡、硝河城等處賊巢，乘勝進逼固原。逆衆出城拼命抗拒，我軍縱橫蕩決，逆衆散退，揮軍掩殺，直薄城根，斃賊千餘。本月初一日，雷正綰親督各軍，分門攻打，提督譚玉龍、劉正高，帶兵冲冒矢石，肉搏登城。回衆內亂，巷戰逾時，守城之賊，斬殺净盡，當將固原州城克復。共計斃賊四五千名，生擒逆目二百餘，奪獲器械無算，剿辦極爲得手。雷正綰自入甘以來，所向克捷。此次督軍進攻固原，立拔堅城，調度有方，深堪嘉尚。

所有尤爲出力之記名提督譚玉龍、劉正高，均著賞穿黃馬褂。總兵胡大貴、張在山，均著交軍機處記名，遇有提督缺出，請旨簡放。陳義、徐尚高，均著賞加提督銜。劉效忠著賞給固勇巴圖魯名號。參將帥合勝，著給協勇巴圖魯名號。副將彭忠國、鄧全忠、沈大興、周有貴，均著交軍機處記名，遇有總兵缺出，請旨簡放。提督銜總兵陳德隆，著賞換翎、頂。參將王泰山，著免補參將，以副將儘先補用，並賞換花翎。遊擊李高啟，著免補遊擊，免陞參將，以副將儘先補用。知府孫恕，著免補本班，以道員用。候選同知直隸州知州雷聲遠，著免本班，以知府不論

雙單月遇缺前先選用。知縣奎璧,著俟選缺出,以同知直隸州知州補用。縣丞馮
楨,著免補本班,以知縣仍留陝西歸候補班前補用。其餘出力之員弁兵勇,著雷
正綰擇優保獎,候旨施恩。

儘先副將熊觀國,首先登城,裹創殺賊,力竭遇害,殊堪憫惻,著照總兵陣亡
例,從優議恤,並准固原州城,建立專祠,以慰忠魂。陣亡之都司陳廷高,把總郭
鳳林等,雷正綰查明死事情形,奏請給與恤典。該部知道,欽此。

同治四年二月十七日。

左宗棠　奏請固原升州設縣疏[37]

奏爲鹽茶、固原接壤,地趾遼闊,政令難行,擬分別陞裁,添設縣治,以便控馭
而資治理,恭摺具陳,仰祈聖鑒事。

竊臣前因甘肅平涼迤北一帶與寧夏所屬靈州接界,中間廣袤八九百里,山谷
複沓,素爲逋逃淵藪。原設固原州、鹽茶廳,形勢遼闊,治理難期周密。且回俗向
重阿訇,雖以傳教爲名,實則暗侵官權。凡地方一切事務,均由阿訇把持,日久回
族不復知有地方官吏。而鹽茶廳、固原州因轄地太寬,漢、回錯處,審理詞訟則人
證難於拘傳,徵收錢糧則地丁無從按核。諸務叢脞,職此之由,浸假而回强漢弱,
異患潛滋,巨逆馬化漋倡亂寧、靈,而鹽、固各堡回目勾結響應十數起,節節抗拒
官軍,重煩兵力者此也。是故欲籌平、慶、寧夏久遠之規,非添設縣治,更易建置
不可。

臣熟察情形,飭藩、臬兩司移平慶涇道魏光燾履勘議詳。嗣據魏光燾復稱,
勘得固原州北二百四十里,地名下馬關,東接環縣,南通固原,北達靈州,西連鹽
茶廳各境,地當衝途,形勢最爲扼要。關城西倚羅山,西南甘泉出焉,流經城北,
過韋州、惠安各堡,匯歸黃河。東南北三面,平原數十里,可耕可牧,向爲沃壤。
若設縣於此,足資控制。考之圖牒,距元設豫王城,今稱預望城,僅三十里而遙,
同爲要區,而土地饒沃,較預望爲勝。磚城周五里,高三丈,因之設縣,經始諸費
亦可節省。其西一百一十里爲靈州屬之同心城,應設巡檢,分駐於此,歸新設知
縣管轄,司緝捕。同城設訓導、典史各一員,營汛別議。[38]此擬於下馬關改設知
縣之大略也。

固原居平涼北、寧夏南,舊爲重鎮,陝西提督駐此。該州隸平涼府,距府城一
百七十里,北距寧夏府靈州界二百餘里,山谷盤亘,聲息中隔。應將平涼府屬固
原州陞爲直隸州,仍隸平慶涇道管轄。其州城西南硝河城要隘,應設固原直隸州
判,分駐於此。仿照隆德縣莊浪鄉縣丞例,畫明界趾,專城分治。所轄命盜、詞
訟、錢糧、賦役,分由新設州判就近驗勘徵收,而固原州總其成。州東北路與新設
下馬關知縣畫分地趾相連,仍隸固原直隸州統轄。是州判分治於西南,知縣分駐

於東北，固原州陞直隸州，居中控馭。既於形勢攸宜，而邊僻地方均有官司治理，庶期教令易行，奸宄匿蹟，良善亦可相庇以安。州屬學正、吏目員缺照常，營汛亦無庸別議。此擬陞固原州爲直隸州之大略也。

平涼同知分駐海城，仍以鹽茶名其官，而所轄地方訟獄、錢糧，向均歸其經理。[39]按鹽茶同知所駐之地，東距平涼府城三百九十里，而鹽茶轄境西北一帶地勢闊遠，距靖遠縣交界各處又百數十里，漢回雜處，平涼府既難兼轄，即鹽茶同知亦每有鞭長莫及之虞。且銜繫鹽茶，而職司民社，名實殊不相符。應撤平涼府鹽茶同知一缺，改爲知縣，撤所屬照磨一缺，改爲典史，並添設訓導一員，專司教化。而於鹽茶同知轄境迤西打拉池地方，添設縣丞一員，畫分界趾，將所轄命盜、詞訟、錢糧、賦役由縣丞勘驗徵收，統歸新陞固原直隸州管轄。庶彈壓撫綏，均可就近經理，而政教宣達，戎索秩然。邊荒長治久安之方，無以踰此。此擬改平涼同知爲縣，分隸新設固原直隸州之大略也。

案據甘肅藩、臬兩司及平慶涇道會詳前來，臣覆核無異。

竊維甘肅自乾隆年間肇建行省，控制邊荒，規模閎遠。維時北路烽燧無驚，西疆開拓日廣，往代所視爲邊荒者，久已等諸腹地，經畫之詳於關外而略於關內，固其宜也。關外增一缺，關內即裁一缺。平涼、寧夏所屬文武營汛各缺額，視元、明裁省爲多。而花門種族雜處邊隅者，皆震於天威，罔敢自爲，風氣浸假，而新教蔓入中土，潛相勾煽，雖均旋就誅夷，而邪説流傳，餘風未殄。始猶晝伏夜動，未敢妄肆披猖，繼則居穴構兵，公爲叛逆。揆厥由來，實緣邊地建置太疏，多留罅隙，民間堡、團莊，距州縣治所近者百數十里，遠或數百里，又且犬牙交錯，經界難明。漢與回既氣類攸殊，回與回亦良匪互異，治理乏員，鎮壓無具，奸宄萌蘗，莫折其邪。[40]遂爾變亂滋生，浸淫彌廣也。近幸皇威遠播，關隴漸就澄清，亟宜申畫井疆，綢繆未雨。審度情形，固原應陞直隸州，而添設下馬關知縣，改鹽茶同知爲知縣，一併歸固原直隸州兼轄。其添改縣屬教佐、典史，歸各該縣董率，以資治理而專責成。庶期長治久安，漢回得所。伏懇皇上天恩，飭部核覆，俾有遵循。如蒙俯允，除固原陞直隸州及新添州判無庸易名外，其下馬關距平遠驛不遠，新設縣缺可否即名平遠縣？其鹽茶同知治所本海城故地，改設縣缺，可否即名海城縣？併乞飭部核覆遵行。此外未盡事宜，容飭司道核勘議詳，陸續具奏。伏乞皇上聖鑒，訓示施行。

附：同治十三年，六部會議固、平、海地界、學額疏

奏爲遵旨會議具奏事。

内閣抄出大學士、陝甘總督左宗棠奏稱：前因平涼、鹽、固一帶，位址毗連，形勢遼濶，治理難期周密，當經奏請將固原州改爲直隸州，下馬關添設平遠縣，鹽

茶廳改爲海城縣,並於同心城等處,添設縣丞教佐各缺。

嗣准部咨:查該督係爲控馭地方,彈壓撫綏起見,自應俯如所請。其新設分駐巡檢縣丞應作何名,並添設改設各缺應作何項之缺,及一切未盡事宜,應由該督陸續具奏,到日再行核辦等因。當即行知藩臬兩司妥議詳辦去後。兹據固原州知州廖溥明,會同委員陳日新稟稱:

勘得平遠自南而東,擬由雁門口起,至九菜坪、校場川、郭家灣分界,向係固原管轄。自北而西,擬由崔家掌、大樹原、王化臺、伍家河、同心城分界,向係環縣、靈州管轄。正西自東河沿、王家團、阿條條分界,向係鹽茶管轄。東西自黃鼠岔至東河沿止,約距二百五十里。南北自老君台至苦水河止,約距二百里。周約五百七十里。復移會鹽茶同知聶塈,勘得硝河城自東而北,擬由陸家莊起,至下哈馬溝、楊芳城、大岔山分界,向係鹽茶管轄。自西而南,擬由東崖窪起,至陳家堡、新店子、單家集分界,向係鹽茶、靜寧管轄。自南而東,擬由韓溝堡起,至馬家大岔、黑虎溝、馬家陽坳分界,向係隆德管轄。東西自黑虎溝至陳家堡止,約距九十里。南北自楊芳城至單家集止,約距六十五里。計四周約二百五十里。勘得打拉池自西而南,擬由石圈山、曲木山、楊稍莊分界。自西而北,擬由黃土峴、周賀家地、窨子溝分界,向均係會寧管轄。東自蒿子川、三岔溝、高峴分界,向係鹽茶、靖遠管轄。南北自炭山至曲木山止,約距一百三十里。東西自高峴至楊稍莊止,約距六十里。計四圍約二百二十里等情。

本司等核得固原州及委員查勘地勢,若分撥環縣、隆德、靜寧、會寧等處轄地,計平遠縣四圍約五百七十里,州判、縣丞均轄二百數十里,轄境仍覺遼闊。擬將平遠縣地界,東、西、南三面,即照該州所勘爲定,其東北之環縣地方,仍歸環縣管轄。北界之寧靈地方,因寧靈轄地較蹙,畫同心城北分界同心城之新莊子集、韋州堡等處,均撥歸平遠縣管轄,餘均歸寧靈管轄。平遠轄境既劃撥明白,其平遠西鄉一帶,即令分駐同心城巡檢就近管理,仍歸平遠縣統轄。固原州判轄地,以所撥之鹽茶地方歸州判管轄。擬撥之隆德、靜寧地方,仍歸隆德、靜寧照舊分管。海城分駐縣丞地界,即以所撥靖遠之地歸縣丞管,其所撥會寧之地,仍歸會寧管理。如此畫定疆界,則新設之區,轄境不慮綿長,即將來畫分錢糧,亦只鹽、固、寧靈、靖遠四處會辦,不致牽混他處,別滋轇轕。

再改設之知州,即名固原直隸州知州,仍照舊制定爲冲、繁、難三項要缺。新設州判名固原直隸州州判,定爲要缺。新設之知縣即爲甘肅平遠縣知縣,定爲繁、難二項中缺。新改之巡檢即名甘肅平遠縣分駐同心城巡檢,定爲簡缺。改設之知縣即名甘肅海城縣知縣。查海城縣係鹽茶同知改設,應仍照同知舊制,定爲繁、疲、難三項要缺。新設之縣丞即名甘肅海城縣分駐縣丞,定爲要缺。固原州學正,以及吏目,仍照舊制。惟添設之平遠、海城二縣訓導、典史,均宜爲簡缺。添設各缺,請頒印信,先行委員署理,經始一切。

其學額,固原州向係十五名,仍照數。平遠縣並海城縣,各添學額八名。海城縣丞應試童生歸海城學,毋庸再設鄉學,恐學額過多,轉致濫竽充數。

至於修建衙署及各處應徵錢糧,請俟委署之員到任後,查看詳辦,以昭核實。所有會議添設各處地界並應頒印信以及官役俸工等項數目,相應逐款開單具奏。至未盡事宜,容俟查明辦理等因。

同治十三年六月十二日,奉硃批:該部議奏。欽此。欽遵抄出到部。

吏部查前據該督奏請將甘肅固原州改爲固原直隸州,仍隸平慶涇道管轄,並添設固原直隸州州判一缺,分駐硝河城。州屬學正、吏目員缺照常。固原州下馬關添設知縣一缺,名爲平遠縣,仍隸固原直隸州統轄。同心城添巡檢一員,歸新設平遠縣管轄,並於平遠縣同心城添設訓導、典史各一員。鹽茶同知改爲知縣,名爲海城縣。照磨一缺,改爲典史,並添設訓導一員。打拉池地方添設縣丞一員,統歸新改固原直隸州管轄。經臣部會同各部議准並新設分駐巡檢、縣丞,應作何名,並改設、添設各缺應作爲何項之缺,及一切未盡事宜,應由該督陸續具奏,到日再行核辦。於覆奏後,行文知照在案。

今據該奏稱:改設之知州,即名固原直隸州知州,仍照舊制,定爲衝、繁、難三項要缺。新設之州判名固原直隸州州判,定爲要缺。新設之知縣即爲甘肅平遠縣知縣,定爲繁、難二項中缺。新設之巡檢即名甘肅平遠縣分駐同心城巡檢,定爲簡缺。改設之知縣即名甘肅海城縣知縣。查海城縣知縣係鹽茶同知改設,仍照同知舊制,定爲繁、疲、難三項要缺。新設之縣丞即名甘肅海城縣分駐縣丞,定爲要缺。固原州學正以及吏目仍照舊制。准添設之平遠、海城二縣訓導,均定爲簡缺等因。

臣部查改設、添設各缺,既經該督查明覆奏,自係體察情形,酌量核定,均應如該督所請辦理。其改設之固原直隸州知州、新設之固原直隸州州判、改設之海城縣知縣、新設之海城縣分駐縣丞各要缺,應由該督照例揀員調補。新設之平遠縣知縣中缺、平遠縣分駐同心城巡檢簡缺,添設之平遠縣典史、海城縣典史簡缺,均照例歸於月份銓選。至添設之平遠、海城二縣訓導,該督所奏均定爲簡缺,未據聲叙復設字樣,自應作爲經制、訓導,亦照例歸於月份銓選。

又據奏稱:固原州及各委員查勘地勢,若分撥環縣、隆德、靜寧、會寧等處轄地,計平遠縣四圍約五百七十里,州判、縣丞均轄二百數十里,轄境仍覺遼闊,擬將平遠縣地界東、西、南三面,即照該州所勘爲定。其東北之環縣地方,仍歸環縣管轄。北界之寧靈地方,因寧靈轄境較蹙,畫同心城北分界,同心城、新莊子集、韋州堡等處,均撥歸平遠縣管轄,餘俱歸寧靈管轄。平遠轄境既劃撥明白,其平遠西鄉一帶,即令分駐同心城巡檢就近管理,仍歸平遠縣統轄。固原州判轄地,以所撥之鹽茶地方歸州判管轄。擬撥之隆德、静寧地方,仍歸隆德、静寧照舊分管。海城分駐縣丞地界,即以所撥靖遠之地歸縣丞管。其所撥會寧之地,仍歸會寧管轄。如此畫定疆界,則新設之區轄境不慮綿長,即將來畫分錢糧,亦祇鹽、固、寧靈、靖遠四處會辦,不致牽混他處,別滋轇轕等語。

戶部查甘肅改設固原直隸州知州、州判、平遠縣知縣、海城縣知縣、海城縣縣丞、同心城巡檢,並州屬、縣屬學正、吏目、典史、訓導各官,每年應支俸廉、役食等項銀兩,現據該督逐款開單,咨部查核,應由臣部分別核明咨覆外,至原奏内稱平遠縣北界之寧靈地方,畫同心城北分界。同心城、新莊子集、韋州堡等處,均撥歸平遠縣管轄。平遠西鄉一帶,即令同心城巡檢管理。固原州州判轄地,以所撥之鹽茶地方歸州判管理。海城縣分駐縣丞地界,即以所撥靖遠之地歸縣丞管理。各節自係因地制宜起見,均應准如所議辦理。仍令該督督飭印委各員,將新設各該州縣轄境内,某縣畫歸地畝若干,每年額征地丁、正雜銀、糧各數目,逐一詳細查明,繪具圖説,咨報臣部,以憑查核。

刑部查前據該督奏請,將平涼府屬固原州改爲固原直隸州知州,並添設固原直隸州州判。該州下馬關添設知縣等官,及平涼府鹽茶同知改爲知縣,並添設縣丞等官,畫分界址,將所轄命盗、詞訟等案,分由新設之州判、縣丞勘驗,統歸固原直隸州管轄。經臣部會同議准在案。兹據該督奏稱:新設之州判,名固原直隸州州判;新設之知縣,即爲甘肅平遠縣知縣;新設之巡檢,即名平遠縣分駐同心城巡檢;改設之知縣,即名甘肅海城縣知縣;新設之縣丞,即名海城縣分駐縣丞。委員查勘地勢,畫定疆界,分定管理等語。臣等查平遠、海城等縣知縣及固原直隸州州判、海城縣分駐縣丞,既經該督奏請,畫定疆界,分令管理,所有各該處命盗、詞訟等案,應由新設之平遠、改設之海城等縣知縣,及新設之州判、縣丞勘驗,統歸固原直隸州知州管轄,以符體制。

又據奏稱:添設各缺,請頒印信,先行委員署理,經始一切。其學額固原州向係十五名,仍照數。平遠並海城縣,各添學額八名。海城縣丞應試童生歸海城縣學,毋庸再設鄉學,恐學額過多,轉致濫竽充數。

禮部查定例文職官員印信,由吏部撰擬字樣,送部鑄造等語。今陝甘總督左宗棠奏請改設各缺,既經吏部議准,自應鑄給印信,俾昭信守,恭候命下,由吏部撰擬字樣送部,臣部即行照鑄頒發。

又查甘肅固原州既經該督奏准改爲固原直隸州,又于固原州、鹽茶廳、會寧縣、靈州、靖遠縣撥出之地,設立平遠、海城二縣,並設訓導各一員,除固原本有學額外,其平遠、海城二縣應如所請設立學額,以符定制。惟該督所請固原州學額仍照原數十五名,平遠、海城二縣添學額八名之處,查學額例有定數,不得輕議加增。向來新設州縣,皆查係何州何縣分出之地,即與各該州縣學額内抽撥。查固原學額向係十五名,鹽茶廳無學額,附固原州籠統取進。今既將固原鹽茶廳所轄之地分撥平遠、海城二縣,是該州學額亦應分撥,不得仍照原額十五名之數。至平遠、海城二縣,係由鹽茶、固原、會寧、靈州、靖遠各廳、州、縣分出,應設學額即應由各廳、州、縣學額内分撥。

臣等共同商酌,擬請將固原州學額十五名内撥出三名,改爲十二名。平遠、海城二縣各定爲五名,除固原州所撥三名外,再于會寧、靈州及靖遠縣學額内共撥七名,以符每縣五名之數。如蒙俞允,應請旨飭下該督,會同學政,查明各該州縣地勢士風,酌量抽撥,奏明辦理。其應否設立廩增額缺,亦應由該督酌量辦理。至所稱海城縣丞應試童生歸海城縣學,毋庸再設鄉學之處,應如所請辦理。

又據奏稱修建衙署,應俟委署之員到任後,查勘詳辦,以昭核實。

工部查固原州改爲固原直隸州知州,並添、改縣治,應建衙署各事宜。前經吏部會同本部議覆,將應建各衙署,行令該督委員查勘,奏明辦理在案。今據奏稱修建衙署,請俟委署之員到任後,查勘詳辦等語。應如所請,俟委員到任後,即行詳細查勘,據實確估。並將所需銀兩,作何籌款,專案奏報核辦,以昭慎重。其餘未盡事宜,應由該督分別奏咨辦理。謹將臣等遵旨會議緣由,繕摺具奏,伏乞皇上聖鑒訓示遵行。謹奏。

十月二十日奉旨:“依議。欽此。”

董福祥　查辦事件片奏

八月二十八日,接護理陝西撫臣張汝梅電寄八月二十一日諭旨：前令董福祥將甘肅新募各軍節制調遣,[41]該提督諒已接到。前此援剿河狄諸將中有退衄者,[42]著查明參奏,地方大吏有無諱飾因循等弊,並著據實奏聞。此旨著張汝梅迅寄董福祥知之。欽此。

跪讀之下,益深惶悚。伏思致果敵愾之義,勿欺者臣道之常。援救危城,當如止焚拯溺,何敢稍涉遲延。將士退衄,大吏諱飾因循,皆法紀所難容。惟奴才初到,一切生疏,探聽未能明確,容俟躬臨行陣親察,識其勇怯。大吏有無諱飾因循,再當考稽案牘,旁參輿論,前次援剿情形,不難一一備知,俟查核明確,定當據實參劾,不敢稍有欺飾。謹附片具陳。

董福祥　交查事件據實復陳疏

竊惟經邦戡亂,必資揆文奮武之才；致身事君,先袪怯懦欺蒙之將。軍政之壞,至甘省而已極。謹遵諭旨,並御史熙麟所劾,一一爲我皇上陳之。

本年回民以争教啟釁，其端甚微，當事者處置不善，遂致燎原。難作之後，倘各將士皆激發天良，殺敵致果，亦不致糜爛至此。乃督臣好博寬大之名，而將士惟以貪緣是務，募勇爲名，蝕餉爲利，誠如該御史所云者。

王正坤之帶涼州練軍也，奉委防守積石關，一聞賊至，望風奔竄，糧餉軍械，一切抛棄，以致所帶之軍，殺傷殆盡，王正坤僅以身免。進省後，不知何以又募一軍，且爲數營統領移紮白塔寺、唐汪川。以團目康達帶團丁五百爲賊所仇，八月十七日，賊糾悍黨數千，圍康達於西南川，距王正坤所紮之地僅二十里，聞警不救，輒復率衆先逃，以致火器盡委于賊，康達因之大挫，營亦裁撤。賊之圍康達也，未必王正坤之嗾使，然而坐視不救，殊失同仇之誼。則忌功幸禍，致書回逆，人言未始無因。

副將朱祥興，經督臣委帶練軍，駐防平番，推故不去一節。查該副將向尚勇往，其奉委不去也，係新接帶他人之營，人數不足，期限又促，該副將意在實事求是，不甘代人受過，是以正言推辭，尚非藐法違抗。

署河州鎮李良穆，帶營駐防中鋪，尚無日請回目宴飲之事。惟該總兵統帶十餘營駐白塔寺，距河州僅四十里，九月間咨商督臣，令該鎮屆期進兵合圍，而迄逡巡不進，至河州圍解，始行赴任，則其惇怯無能，亦略可見。

李培榮統馬步十營旗，往援西寧，至平戎不知紮營，是夕即爲賊衆所乘。不能進，並不能退，圍困數月，士卒死傷甚多。近聞同崔嶽輕騎抵西寧城下，則其未嘗殺賊可知。

牛師韓駐紮平番，屢次催促，輒借詞兵單糧乏。近者平戎圍解，始行移紮，且治軍略無紀律，所過騷擾殊甚。至練軍馬隊之楊寶林，同在峽口失利，亦屬實事。

此奴才悉心查訪，所得各員不能得力之實在情形也。奴才愚昧之見，察度賊情，河州係各處巢穴，循化之馬營，碾伯之米拉溝，又各凶黨之外舍。今其巢穴既覆，外舍亦傾，前敵必有瓦解之勢。但聞該處謀夫孔多，辦理不能畫一，奴才不敢以未歸節制之師，繩之使就範圍。而河州向來漢少回多，漢弱回强，今回雖經重懲，而地方遼闊，山谷叢雜，伏莽一時未能淨盡，即使安插妥貼，非得一智勇深沉，聲望素著之總兵，不足以資鎮撫。我皇上眷顧西陲，宸謨廣運，必能明見萬里之外，不俟奴才之煩瀆也。所有遵查各員，據實詳覆各緣由，謹由驛五百里馳陳。

再正繕寫間，於十一月二十六日，奉到十九日電寄諭旨：董福祥電悉，四路搜剿，覆其巢穴，辦理甚合。西寧尚未解圍，所派五營能否得力，仍著妥籌兼顧。至逃亡難民，如何安插，已諭令楊昌濬派員前往，並著該提督飭令作速辦理。交查各件，即著據實覆奏。欽此。

跪讀之下，莫名惶悚。查奴才派援西寧者，前後實馬步八營，非不欲長驅直入,但思該匪雖非一股,而消息皆通,不先離貳其黨,肅清後路,則前敵終難望其解散。蓋自河州解圍,循化、碾伯之逆,即有來營投誠者,以其素性狙詐,未之即許,比節次派營直往,而西馬營、米拉溝之賊,相率棄械投誠,因令各營駐紥循、碾兩廳適中之地,酌量剿撫。勒令捆獻頭目,呈繳軍械馬匹,並令該逆目前往平戎驛、大小峽口,開通道路,浹旬以來,略有頭緒。飛飭所派之營,移紥上川口,節節前進。方開拔間,而探者回報,李培榮已出重圍,與崔嶽輕騎至西寧城下,於二十一日入城,城圍亦解。此皆仰仗天威,故群醜罔不屈伏,而名城得保全也。

　　第聞前路之逆,未經懲創,含糊收撫,終難懾服,倘再受其要挾,以後更難收拾。奴才現在河州,未敢輕離,而西寧兵力較厚,辦事大臣奎順,督臣楊昌濬,必已妥籌良法,以期久安長治也。

　　狄道餘匪尚多,日仍出隊搜緝,計自十一月起,計二十五日,陸續又擒斬各鄉逆目洎匪徒六十九名,曾將花名具報軍務處查核,軍械仍在催繳,俟有成數,再行具報。省派善後委員,尚未到河,已遵旨咨催。所有奉到諭旨,搜剿餘匪,辦理循、碾各情形,理合附片具陳。

　　安維峻　請重任董提督牘①

　　竊甘肅回兵馬隊驍健非常,臣請徵調,是否允行,未敢懸揣。近聞四出招募,未盡成軍。即使一呼即集,而烏合之衆,槍炮刀矛既未嫺習,步伐止齊亦難應令,使之赴敵,難保無退不前之事。或疑調兵陝甘,緩不濟急,不知招募湘淮諸軍,亦非旦夕可至。又慮防軍調動,本地空虛。豈知隨調隨補,亦自有移緩就急之術。臣愚以為陝甘士卒,生長邊地,樸實習苦,耐寒忍饑,與奉天水土尤為相宜。當康熙、雍正年間,屢次征討準部,殷化行、孫思克輩皆以河西兵立功塞外。至關西出將,前代不勝枚舉。即我朝開國以來,如靖逆侯張勇、奮威將軍王進寶、勇略將軍趙良棟、威信公寧遠大將軍岳鍾琪,武功烜赫,照耀鼎鐘。今日人才,雖遠不逮前,然如尚書衛喀什噶爾提督董福祥,隨劉錦棠征剿關內外逆回,常以"董字三營",獨當前敵,摧鋒陷陣,無堅不破。近來坐鎮西域,俄人相戒,不敢窺邊。此次俄人挑釁,朝廷電召來京,該提督以未得統兵之旨.是以輕騎簡從,速抵都門,聖意淵源.未知作何調遣。該提督目擊時艱,自必請纓效命,唯舊時部曲,相隔萬里,淮湘各軍,又素不相習,強之統率,恐難見功。以臣管見,不若電諭陝甘督撫,就現在練軍漢回馬部隊中,挑選精銳五千人,飭令各帶慣用軍械,趲程北上,至日即歸該提督統率,較之新募之卒,尚為可用。約計路程,馬隊月餘可到,步隊兩月

---

　　① 本志此文原佚,據《民國〈固原縣志〉新發現部分內容拾遺》(貟有強、李習文、張玉梅輯,《寧夏史志》2015 年第 4 期,第 39 頁至 40 頁)補。

可到,至將領孰為可用,則請面諭該提督,自行揀調。後路糧臺,亦由該提督自行辦理,不許李鴻章從中牽制。倘蒙允以專折奏事,則自成一軍,相機進剿,雖倭人十萬之師,可一掃而平也。臣所以冒昧陳此策者,誠恐新募之卒戰陣難期得力,是以過為杞憂,而欲以陝甘節制之師,彌縫其缺,又以該提督威略素著,冀及時立功,一雪平壤喪師之恥,而收朝鮮恢復之效,並使外洋知中國有人,從此貼耳懾服,不敢輕量中國,則國家數世之利也。愚昧之見,是否有當,謹附牘具陳,伏乞聖鑒。謹奏。

陶模　種樹興利示

勸諭各屬廣種樹木,預弭災祲而興地利事。

照得《周禮》重虞衡之職,《孟子》論斧斤以時,自古體國經野,樹藝與農功並重。近來東西洋各國,無不講求林政為致富之一策,蓋樹木繁滋,有七利焉。

山岡斜倚,坡陀回環,古時層層有樹,根枝盤亘連絡,百草天然成籬,凝留沙土,不隨雨水而下。後世山木伐盡,泥沙塞川,不獨黃流橫溢,雖小川如灞、滻諸水,亦多淤塞潰決。故種樹於山坡,可以免沙壓而減水害,一利也。

平原旱地,大半荒廢,生氣毫無,泉源日窒。若有密樹,則根深柢固,能收取水氣,互相灌輸,由近及遠,土脈漸通。故種樹於瘠土,可以化墝為沃,引導泉流,二利也。

炎日薰蒸,易成旱暵,惟樹葉披拂空中,能呼吸上下之氣,故塞外沙漠,無樹不雨,終年樹密之區,恒多時雨。衡以格致之理,種樹於曠野,可以接洽天壤,調和雨澤,三利也。

赤地童山,陰陽隔閡,其民多病弱。惟樹木之性,收穢氣,放清氣,扶疏匝地,潤澤常滋。種樹遍於僻壤荒邨,可以上迓天和,驅疫鬲而養民生,四利也。

山峻地寒,陰瘴騰起,雨變為雹,傷敗嘉禾,然隨風至,勢必斜行。凡田連阡陌者,每隔數畝,商同種樹,成一長排,可以改風勢而阻冰雹,五利也。

機礮日奇,飛空懸炸,各國深知城郭無用,皆撤毀垣牆,掘溝種樹,環繞數重,以代堅壁。叢林高矗,混目迷形,測准易乖,飛丸多阻,可以設險而禦彈,六利也。

安邑種棗,富比列侯,襄陽收橘,歲易多縑,試觀《貨殖》一篇,大率羨稱千樹。與其博鎦銖于異地,何若話桑麻於故鄉,七利也。

以故中外通人,籌富國之策,首推樹藝。去年御史華輝奏稱:開利源以種植為大端,有能增種至五萬株以上者,官給獎賞。有無故戕樹一株者,罰種兩株,富民罰錢一千文。曾奉部咨通行在案。惟小民昧於遠圖,每謂樹能害田,因噎廢食,甚至本能播穀之荒地,亦任其廢棄,不思酌量種樹,以博無窮之利。

本督部堂目擊其弊,心實傷之。除通飭各廳州縣遵照辦理外,應再由本督部堂通行勸諭：凡各屬紳耆鄉民講求樹藝，有力者種佳果美材，無方者種尋常易生之樹。凡磽确地宜松、柏，潮鹻地宜椿、枸、白楊，山坡地宜榆、槐、棗、杏之類，各就土性，辨其所宜。除自有地土外，能將無主官荒各地，開種各項樹木者，准其報明本管地方官立案，作爲永業，免納銀糧。其有主荒地，自此次勸諭後，應勒令本主隨時種植，如遲至五年尚未種植者，即以無主論，有人取以種樹者聽，勿許舊時地主出而阻撓。各該地方紳民，務須實力講求，以興美利，毋負本督部堂諄諄教誡至意。特諭。

《王志》按：①陶勤肅公此文，原係通飭全省，今因固原地方種樹爲第一要政，用專録之，以告來者。

白如梅　密陳防邊要務疏

邊垣爲内外之防，部議通行修葺，奉有諭旨，凡屬臣工，敢不祇遵，立督告成，以仰副我皇上綢繆未雨之至計。臣接准部咨，隨即備行各該鎮將等官，各照該管疆界，作速修舉，并移各該巡撫及各邊道就近督催，務期早竣，聽候特遣重臣巡閲。仍行飭催，間除坍塌無多，已報鳩工者不計外，其餘有年遠頽圮已盡，物料無資可動者；有稱邊長工程甚大，操作無人可役者；甚至有稱沙土埋没，隨扒隨積，山水冲塌，基址無存，萬難施力者。

臣思封疆重務豈容借詞推諉，復嚴飭舉行，而各鎮道之呈請如故，不得不行令估議。批據藩司匯詳，統計秦境邊垣，自延綏而寧夏，而固原，而甘肅西寧，延袤五千餘里，并要隘、敵樓、墩臺、鋪舍等項傾廢應修者，大率過半。在昔補葺之制，雖無案可稽，而明季按汛各有屯軍，更班應役，專力邊牆。迨天啟年間，班軍裁撤。及我朝定鼎迄今，已共四十餘載，修葺之舉，缺焉不講。今一旦而欲修數十年之未修，葺千百里之未葺，良匪易事。往日設有專工，何憂不舉，今則軍已盡裁矣。往日有坍即築，不難爲力，今則坍者數多矣。往日年年興工，人心相安，今則無事日久，一經督責，共駭聽睹矣。且各鎮邊垣，依山傍水，地峻則工料難前，流急則冲激可慮，加之風沙不測，落成爲艱。況舊例小修則動支部額，大修則併發帑金。當此軍興費繁，抽調赴楚會剿，以及分汛設防，存營者無多。抑或濟以民力，而此嚴疆殘黎，久罹寇虐，蕩析無遺，加之饑荒疫死，見在者幾何？雖驅全陝之兵民以供版築，竭三秦之賦税以備物料，責功於旦夕，亦必不得之數也。

臣思時已及春，遣員不遠，催舉則不能，議停則不敢。兹據該司册估，約用人夫七千八百七十五萬五千一百有奇，需費銀米五百三十餘萬。此外未據報到估計者尚不與焉。丁大費繁，臣不敢不據實直陳，以俟睿裁。

---

① 　參見《宣統固志》卷九《藝文志三·種樹興利示》。

德宗　賞加董福祥太子少保諭略

上諭：①陶模、董福祥、奎順奏"甘肅關内外及青海回匪一律肅清，由五百里馳奏"一摺。董福祥運籌決策，調度有方，迅奏膚功，勳勞懋著，著賞加太子少保銜，並賞給騎都尉世職，用示朝廷論功行賞之至意。欽此。

光緒二十二年十月。

德宗　又賞給翎管搬指諭

上諭：②董福祥所部全軍，經奕劻認真校閲，各營弁勇一律精壯，隊伍亦甚整齊，一切分合進止，均能嫻熟。該提督治軍嚴整，教練有方，深堪嘉尚，著賞給白玉翎管一支、白玉搬指一箇、白玉柄小刀一把、火鐮一箇，交董福祥祇領，以示優眷。並著賞給該軍兵勇銀一萬兩，由户部給發。並發去小卷袍褂料二百卷，著董福祥分別賞給營哨各官。所有該提督所部甘軍，著休息數日，即行移赴駐紮處所，認真訓練，務期精益求精，以副朝廷整軍經武之至意。欽此。

光緒二十四年九月。

德宗　又賞穿帶縢貂大褂諭

上諭：③甘肅提督董福祥，自調紮近畿以來，訓練隊伍具有條理。因念該提督從前在甘肅關内外，征剿回匪，無役不從，戰功威望，允爲諸將之冠。朝廷眷念成勞，深資倚畀，著賞穿帶縢貂大褂，以示優異。欽此。

光緒二十五年。

德宗　又慰勉降志待時諭

手諭：董福祥知悉，爾忠勇性成，英資天挺，削平大難，功在西陲。近以國步艱難，事多掣肘，朝廷不得已之苦衷，諒爾自能曲體。現在朕方屈己以應變，爾亦當降志以待時，決不可以暫時屈抑，墮卻初心。他日國運中興，聽鼓聲而思舊，不朽之功，非爾又將誰屬也。尚其勉之。

光緒二十六年十月。

德宗　賜恤喀什噶爾提督張俊諭

甘肅喀什噶爾提督張俊，自壯歲從戎，回疆、關隴無役不從。金積堡之捷，厥功甚偉。嗣後克復肅州、烏魯木齊各城，迭著奇勳，由西寧鎮總兵，調補伊犂鎮總兵，改授喀什噶爾提督，綏輯兵士，控制邊疆，悉臻妥協。上年來京陛見，派充武衛全軍翼長，佈置習練，諸事認真。

① 據《光緒宣統兩朝上諭檔》第二十二册，是諭發於光緒二十二年(1896)十月初五日。
② 《光緒宣統兩朝上諭檔》第二十四册載光緒二十四年九月二十四日上諭，"董福祥所部甘軍現在全隊調集南苑，著派慶親王奕劻前往認真校閲，欽此。"則本志此上諭當在此之後。
③ 據《光緒宣統兩朝上諭檔》第二十五册載，此上諭發於光緒二十五年(1899)二月十一日。

兹聞溘逝，軫念殊深。張俊著照提督軍營病故例，從優議卹。任內一切處分，悉予開復，加恩予諡"壯勤"。原籍及立功省分，建立專祠。並將戰功事蹟，宣付國史館立傳。伊子記名道張儒珍，仍交軍機處記名，伊孫二品蔭生張超，著賞給員外郎，俟服闋後，分部行走。靈柩回籍時，著沿途地方官妥爲照料。該衙門知道。欽此。

光緒二十六年。

德宗　又賜祭諭

皇帝遣禮部右侍郎吳廷芬致祭於武衛全軍翼長、喀什噶爾提督張俊之靈曰：

朕惟居中權而奮武，夙嘉忠勇之枕；昭優恤以薦馨，特備哀榮之典。鼓鼙增慨，俎豆爰陳。爾武衛全軍翼長、喀什噶爾提督張俊，韜略素嫻，戎機允協。練鄉軍以敵愾，值回亂之跳樑，爰奉檄而移師，屢出奇以制勝。靈夏之欃槍迅掃，黎民之耕鑿常安。乃度玉關，進壘攻木。躡賊蹤而深入，群醜克殲；鼓勇氣以先登，堅城疊復。西馳雪嶺，南越天山。奇捷時聞，奄有孫吳之略；偏師轉戰，贊成韓範之勳。名重邊陲，功留瀚海。爰殊恩之時沛，膺專閫而無斁。自烏什而鎮伊犁，疆圉實資其控制；由疏勒而移張掖，師徒亦賴以輯綏。屬當選將而歷兵，遂因來朝而錫命。鑒乃心之允篤，將汝翼之攸資。方期律整全軍，長城鞏固；詎意星沉上將，大樹飄零。於戲！兩字褒崇，聞望永流於桑梓；千秋報饗，明禋永視此蘋蘩。靈其有知，尚克來享。

光緒二十六年四月。

德宗　又賜諡詔

朕惟交趾建伏波之柱，奏殊績於極邊；峴山留羊祜之碑，係去思於没世。永懷成績，合渻貞珉。爾武衛全軍翼長、喀什噶爾提督張俊，早歲能軍，歷官專閫。當花門之煽亂，突起煙氛；招梓里之流亡，誓同袍澤。遂拔一軍之幟，疊平悍賊之巢。靈武廓清，河湟進剿，重圍既解，勝算獨操。電掃而前，逆酋授首；風聲所至，列將傾心。壁上諸軍，望旌旗爲進止；釜中小醜，識刁斗之森嚴。既定桑邦，乃規榆塞。首攻北道前後庭，地復車師；次下南疆東西城，人歸都尉。管領銜枚之衆，雪夜窮追；遂成破竹之形，天山永靖。紅旂報捷，紫禁頒恩。翠羽賁以殊榮，黃裳占夫元吉。三加勇號，再錫崇封。俾開府於烏孫，足當方面；尋提軍於疏勒，克著聲威。際整軍經武之時，選禦侮折衝之將。擢充翼長，俾佐中權。既賞賚之頻頒，更褒嘉之備至。練兵責重，敵愾心雄。方圖日訓新軍，教成勁旅；何意星沈上將，光隕中霄。遽奪耆魁，良深悼惜。詔禮臣而議卹，飭史館以纂言。諡曰壯勤，光乎榮典。於戲！風高大樹，鷹揚之偉烈式昭；冢象祁連，螭碣之榮光不焕。欽兹異命，峙爾豐碑。

光緒二十六年。

王學伊　籌提戒煙同仁兩局公費牘

竊查迭奉憲劄,飭令舉辦同仁公局以衞民生,戒煙公局以除民病各等因,奉此。俾職自乙巳九月蒞任後,[1]遵將創設同仁局,每年散放寒衣,又本年設立戒煙局,施給丸藥,均係捐廉辦理情形,迭經稟報在案。查固原地方瘠苦,民氣凋零,凡局所公項,籌勸維艱。今歲已屆冬令,窮黎麕集,號寒可憫,而吸洋煙者來局領藥,又踵接于路,是非得有巨款,不足以圖厥成。

民事眷懷,殷憂正切。迺有邑紳董恭者,以其祖逝後,懇卑職爲之銘墓。忽於八月初旬,該紳踵門而謝,並送到湘平銀八百兩。卑職不禁詫異,以爲文字之勞,何須錙金之贈,且忝膺牧令,不得擅取民財。操守所關,遂舉大義拒之。而該紳再三堅請,不容見却。卑職衡情論事,辭受兩難。若必辭之,則該紳之心不安;若必受之,則卑職之心不安。於是斟酌其間,以同仁、戒煙兩局經費既形支絀,莫如化私爲公,作挹彼注茲之計。當即以三百兩爲寒衣之需,以五百兩爲煙丸之用,牌示署門,俾衆週知。庶該紳盡心致謝,不妨博分惠之名,而卑職借手辦公,或可免拮据之慮矣。

王學伊　旌表耆民牘

竊於光緒三十四年十一月初九日,恭讀電傳恩詔"軍民年至百歲以上,給與七品頂戴、建坊銀兩"等因。欽尊之下,仰見登極之懋典,實爲環宇所同瞻,帝德如天,莫銘欽感。當即親詣勸學公所,謹敬宣佈,使回漢紛龐之地,效君國忠愛之忱。並飭查報去後。

茲據邑紳等稟稱:查有州屬西鄉乾陽河莊回民李生潮者,生於乾隆五十九年八月十五日,現年一百一十六歲,五代同堂,均務農業。是翁矍鑠,計將花甲之兩週;入室雍諧,更見萊衣之重舞。洵屬耆年在望,理合結報轉詳等情前來。覆將該民李生潮傳至州署,詳察面貌,備悉其一子、四孫,曾孫五人、元孫二人,各情形均與原稟相符。並賞以冠履、衣料、銀牌、羊、米,以示優異。

伏惟祈淪縣算,徵多祜於壬林;絳叟演籌,紀奇文於亥字。重上庠之養老,翔洽太和;稽鄉飲之引年,敦崇茂俗。自來耆耇,式足稱揚。今李生潮生當乾隆承平之際,已徵盛世嘉麻;恭逢宣統開治之初,益頌聖人有道。服田力穡,勤作苦於三農;扶杖觀型,卜承歡於五世。雖列花門之族,雨露均霑;上邀芝陛之恩,風雲幸會。窮簷弱幹,儼然喬木之聲;擊壤含飴,許拜宮壼之賜。是誠熙朝上瑞,用爲專牘臚陳。庶幾仰答憲懷,慰壽世壽身之至意;俾得增榮鄉社,重尚德尚齒之常經。所有州民年逾百齡,同居五世,籲請例獎緣由,自應造具册結,仰乞鑒核

----

① 乙巳:光緒三十一年(1905)。

示遵。

王學伊　勸種樹株示

爲出示曉諭,勸種官樹,以興地利事。

竊維孔子云:①"人道敏政,地道敏樹。"《孟子》云:②"斧斤以時入山林,材木不可勝用。"而且先儒有入國瞻喬之訓,西人有種樹致雨之說。林政之利,洵非淺鮮已。固郡自迭遭兵燹以來,元氣未復,官樹砍伐罄盡,山則童山,野則曠野。民間炊爨,悉賴搜闢荆榛,並無煤礦可以開採。當承平之時,薪已如桂,設有機警,何以聊生。此種樹一節,尤爲此間百萬生靈命脈所繫也。本州於二月間,會商防營,在南路官道兩旁,栽插楊柳,已得五千五百餘株。而他處尚屬缺如,自應普行勸種,以宏樹政。茲擬自瓦亭鎮起,黑城鎮止,凡有開城、嶺渠、大灣、清水河、冬至河一帶,可以資其灌溉之處,兩旁分界,一律補栽楊柳。川原地畔,如有土性滋潤,宜種桃、杏、棗、梨各色果木者,亦應察度辦理。其能種百株以上者,獎給花紅銀牌,種千株以上者,獎給匾額,萬株以上者,稟請獎給頂戴。

自種之後,一不准居民私伐,二不准牧豎動搖,三不准往來行人隨時攀折,四不准拉駝脚户任駝擦癢。該各莊堡約,務宜實心勸辦,認真稽查,其勤於種植不遺餘力者,及故違示禁,懶惰從事之徒,均准隨時稟明,以便勤者獎之,惰者懲之。是則本州冀興地利,不憚諄諄告誡者也。合行出示曉諭。爲此,示仰閤屬軍民、各莊堡約人等,一體遵照,務須各按地段,乘時栽種,毋得觀望,坐失美利。一俟栽齊,先由各堡約具開清單,分別村莊、樹株名色、數目、報明查考。嗣後按年將某村成活樹株若干,某村補種樹株若干,仍宜隨時呈報,慎勿負本州講求樹政之至意,切切毋違。特示。

升允　旌表耆民疏

奏爲耆民年逾百齡,懇恩旌表,以彰人瑞,恭折仰祈聖鑒事。

竊據甘肅固原直隸州知州王學伊詳,據紳耆等稟稱州屬西鄉回民李生潮,生於乾隆五十九年,屆今宣統元年,現已一百十有六歲,一子、四孫,曾孫五人,元孫二人,五世同堂等情,循例懇祈奏請建坊前來。臣覆查,該耆民李生潮,菽布安貧,松喬等壽。形神強固,計將花甲之重週;家慶延長,喜見萊衣之迭舞。茲當添到海籌之日,恰值歡迎恩詔之時。凡屬耄年,咸膺榮賜。況黃冠草笠,身已歷夫七朝;丹桂芝蘭,眼親看夫五代。擊壤而安耕鑿,不愧鄉里之善良;計年已過期頤,洵爲昇平之瑞應。合無仰懇天恩,俯准旌表,出自鴻施。除將册結咨送禮部

---

① 參見《禮記·中庸》。
② 參見《孟子·梁惠王上》。

查照外,謹恭折具陳,伏乞皇上聖鑒。謹奏。

宣統帝　旌表耆民李生潮諭

上諭:禮部奏"甘肅固原州回民李生潮年逾百歲,覈與乾隆年間趙元寅之案相符,而年復較多,應如何優加賞齎,聲明請旨"一摺。李生潮著照例旌表,並於例賞外,加恩多賞一倍,再行加賞御書匾額一方,用昭嘉惠耆民至意。[43]欽此。

宣統元年閏二月二十五日。

毛慶蕃　頒發耆民李生潮獎狀劄

爲劄飭事。案奉都憲劄,准禮部咨開,奉上諭"李生潮著於例賞外,加恩多賞一倍,並賞御書匾額一方,用昭惠加耆民至意,欽此。"等因,除行固原州外,劄仰該司知照到司。奉此。

該州壽民李生潮,五世同堂,百齡上壽。家傳柱史,重繪香山九老之圖;壤擊堯衢,親見純廟十全之盛。笑絳老人爲後輩,呼張元始爲同年。值膺符受籙之初,兆地久天長之慶。洵屬熙朝人瑞,宜邀盛世褒嘉。除例賞、加賞銀緞,聽候部發,其建坊銀叄拾兩應由司庫發給。該州即補具文領外,茲由本司加送青、藍布各貳端,羊酒、花紅等件,崇員賫送,以示優崇。合行劄飭。爲此,劄仰該州傳諭該家屬,將建坊銀兩及各表裏,一併如數領回,藉伸養老引年之意。該壽民際遇昇平,涵濡德化。飲荊州之菊水,頤養天龢;餐商嶺之芝英,益徵精爽。百忍玩張公之字,知和厚可享大年;三樂聞啟期之歌,冀仁壽蒸爲善俗。爰伸禮義,仰即傳知。此劄。

陳曾佑　提充戒煙同仁兩局公費批[44]

稟悉。該牧擅著作之才,馳循良之譽。四知素懍,金以暮夜而辭;三惑全消,錢以送迎而卻。鄧攸飲吳江之水,漫比貪泉;蘇瓊留梁上之瓜,遑希新果。處脂膏而不潤,本清白以相遺。此該牧之所自信,而亦本司之所共信也。

至該州紳董恭,以前人之潛德,非鴻筆無以表揚,又以名世之文章,非薄物所能酬報。律以李邕妙技,金帛自豐;王勃天才,珍奇恒積。則千餘字之作,八百金之餽,出者爲有名,受者諒無愧矣。然而官紳相接,取與宜嚴。投贈之禮雖隆,嫌疑之隙易起。必返伊重寶,何以協於人情;若飽汝私囊,轉懼滋乎物議。薏苡之謗言將至,苞苴之形蹟何殊。是又該牧所早籌及者也。

當此新政頻興,公帑漸竭,時艱誰濟,民困莫蘇,乃取潤筆之資,悉充辦公之用。該州戒煙局之丸藥、同仁局之寒衣,均以是銀給之。挹彼注茲,救貧賑乏,信權衡之悉當,俾政事之咸修。該牧可謂分人以財,愛民如子矣。昔楊長孺捐俸代租七千緡,概周下戶;司空圖撰碑得絹三千匹,盡散鄉人。方之前賢,亦何多讓。是知四境稱其德惠,當共置桐鄉之祠;一時播其芬芳,或猶尋寒陵之石。本司不勝嘉予之至。此批。

民國

趙績熙　都督兼選舉總監督　委任固原州知州充初選監督

爲委任事。案奉大總統令，公布衆議院議員選舉法第一編第二節第十四條內開：各選區設初選監督，以各該區之行政長官充之，監督初選舉一切事宜。初選監督各以本署爲辦理選舉事務所等語。

查該直牧爲固原州行政長官，自應由本總監督委充該州初選監督，以專責成而顧要政，合行給狀委任。爲此，狀仰該直牧遵照，刻即就本署設立辦理選舉事務所，查照公布法令內初選舉應辦各項事宜，隨時稟明本監督及該二區覆選監督，認真辦理，毋負委任。須知此次選舉議員，組織國會，爲我中華民國最大最重之關係，凡屬國民，均有責任。即有將屆交卸之員，奉到此項委狀，亦應趕緊舉辦，毋得稍有推諉，致干重咎，切切。此狀。

右狀仰固原州初選區初選監督固原州直隸州知州，准此。

張廣建　督軍兼省長　舉辦警備飭

案查甘肅省自釐定官制以後，原有佐職綠營，相繼裁撤。嗣因籌辦警隊，而添設之員警分所，亦次第取消。以致轄境較寬之縣，佐助無人，於清查奸宄，保衛治安，不免發生種種窒礙。迭據各屬詳報困難情形，並據人民陳請規復縣佐到署，正核辦間，適奉部電：縣佐一案，應俟財政稍裕，再行設置等因。維時各縣警備，均已舉辦，擇要分駐，尚足以資防守。現據各縣詳報整頓警隊辦法，率因款項無出，流弊滋多，擬請裁減兵額前來。

查甘省地廣人稀，種族龐雜，一縣轄境，動逾數百里，遇有伏莽潛滋，希圖擾害，每有鞭長莫及之勢。若警備兵額，復議裁減，自非亟籌輔助機關，殊不足以衛閭閻而裨治理。茲擬由各縣知事，參酌地方情形，如有必須添設縣佐之處，准其酌設員警分所，借資輔助。應需之款，暫由各知事就地另籌，或就原籌警款，酌量提用。其所長員缺，准由知事遴選舊日候補佐職人員通曉法理者，詳請妥充。而所中應辦事宜，仍由知事隨時督察，擔負完全責任。合亟通飭，仰即遵照，會商該地方紳商，擬議辦法，先行詳報，以憑核奪。該知事等保境安民，責無旁貸，務各悉心規畫，期臻上理，有厚望焉，切切此飭。右飭固原縣知事。准此。

舒龍夔　請保留警隊借維治安詳

固原縣知事舒龍夔爲遵飭詳覆事。

竊維警備辦理得宜，乃足保閭閻而弭禍患。茲奉憲令轉奉中央明令，將地方苛累雜捐，分別停緩，著先於警隊兵額，酌量地方現狀，或減或裁，用節軍糈而紓民力等因，奉此。仰見帥憲體國家愛民之心，減輕民生負擔之累，下民欽仰，感佩同深。

伏查固原向稱"三邊重鎮"，東通秦、晉，北控蒙、番，前清駐提督于茲，具有深意，可見地當衝要，爲全省之屏藩。民國肇興，州改爲縣，地方之寥闊，民氣之刁頑，均仍其舊。而綠營裁撤，凡鄉鎮要隘重地，墩臺營汛一律無存。即駐防各軍，俱有許可權，又非知事所能調遣，遇有匪盜重案，全賴警隊查拏偵探，借資臂助。況固原自東至西廣四百餘里，自南至北長三百餘里，週圍將及千里。山徑崎嶇，轄境遼濶，種族混雜，匪類尤多，不逞遊民，間有勾結外來匪徒，尋隙作亂，以致搶劫各案時有所聞。若無警隊派往查拏，時日稽延，非相率遠颺，即變生意外。以前次東北兩路匪亂而論，得警隊籌防放探之力居多，若平日無此警隊，臨時招募團防，斷難措置裕如，得收實效，此警備之效力可見一斑也。至經費一節，邵前任籌募餉項，均皆出自樂輸，毫無强迫。且辦理已逾兩載，地方借資彈壓，民間均極歡迎，鄉鎮紳耆，時有稟請派隊駐紮，以爲緝盜禁賭之助者，警費按月清交，並無絲毫短欠，在鄉民安之若素，在地面收效尤多。

惟中央軫念民瘼，恐雜捐累民，不得不酌量減裁，借紓疾苦。第值此國家多事之秋，明知剜肉醫瘡，勢非得已，若紓百姓之擔負，影響治安，曷若留有限之貲財維持秩序也。知事爲體察縣屬現狀與別縣情形不同，有不得不將警隊從緩裁撤，借維持秩序而保治安各緣由，理合據實詳陳帥鑒。一俟民情安謐，雞犬無驚，知事即當酌量減裁，用副帥憲體念時艱，勤恤民隱之至意。爲此具詳，伏乞照詳施行。謹陳省長張。

謝瑩　轉請豁免震災錢糧呈

固原縣知事謝瑩，呈爲據情轉呈事。

案據固原公民夏際文、祁連元、尹金鏞、張安仁、徐步陞、張登甲、張纘緒、馮克勤、牛士捷等，以受災慘重，民力凋敝，公懇垂憐，轉呈上憲，恩恤豁免錢糧，以培元氣事。稟稱：

竊固原自庚申冬，天降浩劫，坤輿震蕩，全縣人物傷毀，慘苦情狀，千古未有。幸蒙列憲多方拯救，未至流離，雖瘡痍滿目，而孑遺殘喘，尚可苟延。詎意造物不仁，凶災疊降，冰雹大作，一再不休，昔日之蓋藏早已毀棄，眼前之禾黍又被摧殘，嗷鴻滿野，觸目傷心。

嗣蒙京省來固各委員，前後目睹慘狀，代請上憲及慈善各機關，捐款放賑，以救眉急，並請蠲免十年度應徵錢糧而紓民力，已蒙上憲宣示允准在案，災民歡呼，四野感戴。因而挖肉補瘡，籌備力農，冀復舊業。忽至今年四、五兩月旱魃爲虐，密雲不雨，夏禾就槁，秋禾未布，播種之母糧既已減成，倉箱之存儲從何豐裕。奇災未已，饑饉薦至，真所謂枵腹露宿之苦未了，而顛沛流離之兆又來。上天下地，無處呼吁。刻忽奉命，於麥熟後，帶征十年度上下兩忙，除照通渭案減讓外，餘俱依限完納。災民聞聽之下，驚幾失魂，哭不成聲。

伏思一波未平，一波重起，天時人事，相迫火急，民力有限，安能支持。大災連年，十室九空，各自爲謀，誰肯抱注。既呼庚癸，又迫賦稅，各界坐困，比戶愁歎。況固、海震災慘重，甲於通省。雹災則連遭數次，人民無告，險象環生，與通渭有天壤之別。若不審察災情之大小，概與通渭一例而論，殊失權衡輕重之道。

業將此中困難情形，屢呈列憲及救災會施恩，無如均不賜答，以致遷延日久。刻又亢陽，雨澤愆期，歉象又成，民不聊生。萬不得已代表全縣人民，合詞呈請縣長鑒核，恩准轉呈省長，加恩體恤，收回照通渭例完納之成命，仍依前令，從寬俯念受災重疊，豁免十年度上下忙應徵錢糧，以蘇民困，永感鴻恩於無既矣。等情前來。

經職查核，尚屬實情，理合據稟轉呈，伏乞鑒核示遵。

林錫光　批答被震地畝蠲緩錢糧令

呈悉。查此案前准省議會咨請到署，當即令行財政廳核議。旋據復稱：

轉准涇原道道尹廉興咨送委查震災委員舒翔、固原縣知事謝瑩會造查勘固原被震崩壓荒蕪地畝蠲緩銀糧草束冊結圖表到廳。因查該縣地方，九年地震成災，西北鄉及硝河城被災最重。當將崩壓及絕戶荒蕪不堪耕種之地應徵地丁銀糧草束呈請永遠豁免，荒蕪地畝容俟日後招墾成熟再行升科。至東南鄉被災稍輕及西北鄉實存地畝應徵十年丁糧草束併請減免二分五厘，其餘緩至十一年麥熟後帶徵，以紓民力，並將冊圖結表呈齎呈轉在案。茲奉前因，覆查該縣震災雖重，業已分別豁免蠲緩，茲請一概全免，殊與定章不合，似難照準。等情前來。業經一面咨復省議會，一面函復財政廳知照在案。茲據前情，合將查明罹災輕重及分別蠲免緩徵情形，仰速轉諭該公民一體週知可也。此令。

林錫光　具報震災田畝請蠲免丁糧呈

呈爲呈報甘肅通渭、固原兩縣，地震成災田畝，蠲緩豁免丁糧草束數目，繕具清單，仰祈鈞鑒事。

竊查甘肅民國九年十二月十六日晚七鐘，地忽大震，其慘酷情形，及被山崩壓沒震塌不堪墾殖田畝之會寧等縣，應行蠲緩豁免銀糧草束各數目表結都圖，業經前省長分別呈報，並聲明海原等縣壓沒地畝，容俟催賣至日，另行呈核在案。

茲據財政廳長洪延祺呈稱：通渭、固原兩縣山崩地裂，與夫水淹覆沒田畝，委係災情奇重，礙難種植，迭經委查震災委員會勘審定成災分數，造具都圖並地畝應行蠲緩豁免丁糧草束數目表結，核明無訛，呈請核辦前來。護省長復查表冊列造蠲緩豁免數目，均屬相符。自應依據勘報災歉條例，分別蠲免帶征，以紓民力。除將原齎表結都圖及蠲緩丁糧數目,開單分咨内務、財政兩部查核,並令催海原一縣壓没地畝趕緊造報外,所有甘肅通渭、固原兩縣民國九年地震成災蠲緩豁免丁糧數目,理合開具清單,呈請鑒核訓示祗遵,謹呈大總統。

廉興　涇源道道尹　轉知被震地畝蠲緩錢糧令

爲令行事。案准甘肅財政廳咨開,爲咨請事。案奉省長公函開:逕啟者。案照本護省長于本年八月二十一日,呈報甘肅通渭、固原兩縣,民國九年十二月十六日晚,地震成災田畝,蠲緩豁免丁糧草束數目一案,除俟奉到大總統指令另案函達外,相應鈔粘呈稿並清單,函請貴廳長查照,希即轉飭遵照。此致。等因,奉此。除分咨外,相應咨請貴道尹查照,希即轉令固原縣遵照。並令催海原縣,速將地震壓没地畝豁免蠲緩錢糧趕造册結圖表,呈由貴道尹核明,加結送廳,以憑轉呈,勿任再延望切。此咨。等因,除分行外,合行令仰該縣知事遵照。此令。計粘抄呈稿一紙、清單一紙。

呈稿見上,清單附録如次:今將甘肅民國九年十二月十六日晚地震,通渭等縣被災應行蠲緩豁免正耗錢糧草束各數目開具清單,合行查照。計開一、固原縣知事張思義呈報,該縣於民國九年十二月十六日晚,地忽大震,受災甚重,四鄉各堡被山崩壓没地畝,懇請豁免丁糧等情。當即令行涇原道尹廉興遴委道署委員舒翔,會同接署該縣知事謝瑩,復勘得西北鄉並硝河城被災最重,崩壓地畝不堪耕種地五百一十二頃八畝五分七厘,計應徵正銀四百七十五兩七錢一分九厘,耗雜盈餘銀三百三十三兩零三厘,正糧三百六十一石零七升一勺,耗糧五十四石一斗六升零五勺,草四百一十六束一分九厘,實係無從征起,應請永遠豁免。

其餘各鄉寔存正地七千八百二十六頃七畝四分七厘,應徵正銀六千六百八十兩四錢一分六厘;正糧一千六百三十六石九斗七升七合八勺;正草一千二百八十二束六分四厘。自遭地震,十室九空,民情困苦,所有應徵十年銀糧草束,應請各減二分五厘,共應減正銀一千六百七十一兩一錢四厘,正糧四百零九石二斗四升四合四勺,草三百二十束六分六厘。其餘七分五厘,正銀五千零一十兩三錢一分二厘,正糧一千二百二十七石七斗三升三合四勺,草九百六十一束九分八厘,請俟緩至十一年秋後帶征。據財政廳核明相符,應請如擬豁免,以蘇民困。

陸洪濤　督軍　批查地震遺黎令

呈悉,該縣於三月十二日晚間,又復地震兩次。雖未塌房傷人,劫後孑遺,迭遭驚恐,深堪憫念。仰即切實調查,妥爲撫慰,以安遺黎,並將查勘情形,隨時具報查核。此令。

薛篤弼　省長　飭縣提倡農工組織令

爲令行事。案奉國民軍聯軍總司令馮魚日通電:注意改善農工地位,提倡農工組織，並另文公佈臨時勞工法，等因。

蓋以本軍以國民黨之主義，努力國民革命，其目的在解除民衆痛苦，故對於受壓迫最深之農工群衆，應予以深切之援助，使其本身力量與組織日益强大，以期鞏固革命之基礎。務望對於各處農工組織，商同黨部，設法領導，積極提倡，以期其發展。下列諸端，尤爲重要：

一、排除妨礙農工組織之各種惡勢力。

二、於可能範圍內，隨時予以援助。

三、盡力宣傳，以提高農工知識，促進農工覺悟。

除通電並分行外，合亟令仰該知事遵照辦理。至馮總司令魚電，應俟勞工法頒到，另令遵照，合併飭知。切切此令。

薛篤弼　飭注重農業提倡造林令

爲令遵事。照得民生問題，至關重要，注重農業，提倡森林，實爲講求民生之原素。查甘省農業幼稚，作物無改進之方，森林稀少，氣候失調和之可能，以致荒旱頻仍，人民衣食維艱。本省長興念及此，良用慨然。惟以米麥爲農業主要之品，應當詳審研求，增加收穫，以裕民食。而衣服原料，考察所及，缺乏異常，是又不可不積極提倡種棉之舉，以足民衣。若森林之利，天旱可蒸發水分，天雨可吸收水分，凡調節旱澇，防禦風沙，製備材用，增風景之美感，關於生活上、農業上獲益至巨，尤宜振興林業，救濟旱荒。特此通令各道縣，對於農事試驗場及苗圃，未辦者迅速籌備，已辦者妥爲整理。農事試驗場，應將農作物加意研究改良。苗圃應將最需要之苗種分布樹秧。至東西大路官樹，叠經通行各該管縣知事培護，設法補栽在案。其各道縣之空隙區域，亦急宜剴切勸導人民，及時布種相宜之樹，可將去年所頒甘肅省單行植樹懲獎條例，照印分發，俾民間咸曉然於種樹之切要。

植棉爲衣服原料之必需，更應勸告人民布種，不得玩忽。總之人民心理，難於創始，樂於觀成。甘肅民生凋敝，經濟困難，財貴開源，利貴生殖，凡我寅僚，既爲人民領袖，即應爲人民力謀樂利，廣造幸福，職責所在，理無旁貸，務在力行其難，以圖成效。所有主要農業及農業副產品，爲人生所需要者，際此春日，正易入手辦理。仰即切實進行，視爲要政，利用厚生，兩有裨益，興自然之地利，爲甘省培養元氣，本省長有厚望焉。

除分令各道縣並責成實業廳、植樹會隨時考察外，合行令仰該知事遵照辦理，並擬具體辦法，分報查核，是爲至要。切切此令。

劉郁芬　省政府主席　轉飭杜絕倖進籍肅官常令

爲令行事。案准國民政府秘書處第五二四七號公函，內開：逕啟者。奉國民政府令開，國家設官，所以任職，用人賢否，攸關政治隆污，若非拔取真才，何以企臻郅治。近頃以來，奔競之風未息，請托之事盛行，亟應嚴加取締，以資整頓。嗣後上級機關對下級機關或平行機關，均不得以私人名義，有所推薦，借杜倖進而肅官常，違者分別懲處，特此通令知之。此令。等因，奉此，相應錄令函達查照。等因，准此，除分行外，合行令仰該縣長遵照。此令。

姚鴻恩　固原縣長　籌辦急賑呈

呈為呈報籌辦急賑情形，仰祈鑒核備查，並予推廣恩惠，博施濟眾，以期普及而免溝壑事。

竊查固邑地瘠民貧，連年歉收，去歲亢旱更甚，收成僅一二分，十室九空，異常困苦，實多年未有之奇災。早經呈請委員，會勘明確，造表具報在案。惟是涸轍之鮒，西江難待。值此隆冬嚴寒，冰天雪地之中，凍餒交加，餓莩載道。縣長忝為民牧，撫慰無才，午夜徬徨，寢食俱廢。爰集紳董會議，急籌拯救之方。僉以前奉財政廳訓令，雖准由固原徵收局撥定賑款洋一千八百元，而征局因無款應付，推延未交，誠恐遙遙無期，緩不濟急。兼之災區廣大，粥少僧多，杯水車薪，勢難普及。

公議鄉區各堡，先行派員協同紳董調查妥辦，由各富戶借糧周濟，各顧各堡，著貧戶書立借券，秋後歸還。一面查造極貧、次貧戶口清冊，再為設法救濟。其縣城附近之人民無恆產者居多，比戶罄懸，尤為困難萬分，思維無法，惟有捐集款項，買糧散給，暫辦急賑三兩次，以濟燃眉，而維現狀。業由縣長捐俸洋壹百餘元借資提倡，並於凍天雪地之中，親向各界極力勸募，奏集大洋貳千餘元，於本月一日糴買雜糧，監視散放一次。擬至中下旬，再散一二次，俾中澤哀鴻，苟延彌月，以待西江之惠。

除仍竭力繼續籌辦並分報外，所有職縣籌辦賑濟情形，理合具文呈報鈞座電鑒查核，並祈俯念災情奇重，地方不能自顧，迅予籌撥鉅款，渥沛殊恩，億萬生靈，不勝翹首待命之至。謹呈甘肅省政府主席劉。

姚鴻恩　固原縣長　呈復災民總數電

蘭州民政廳長鈞鑒：

案奉養電，飭將全縣災民總數，具報核辦等因，奉此。

查固原被匪被旱，災區廣大，哀鴻遍野，十室九空。前經省政府委員會查勘造表分報在案，總計災民五萬一千四百四十餘人，顛沛化離，不堪言狀。除由縣長捐廉提倡，募款籌賑，暫救燃眉，而免填委溝壑外，懇速撥款賑濟，以蘇涸鮒，數萬生靈，不勝翹首待命之至。固原縣縣長姚鴻恩叩，咸印。

姚鴻恩　固原縣長　飭令囤糧殷戶券貸貧民諭

為傳諭遵辦事：今歲旱災奇重，城鄉各區，夏秋歉收，中人以下，率多室如磐懸,半菽不飽。而一般貧民,日謀升合者,尤屬異常困難。環觀四境,斷炊之家,比比皆是。鴻嗷待哺,饑寒交迫,若不急爲籌賑,何以活災黎而撫流亡。本縣長眷念民瘼,恨無點金之術,挽此孑遺之劫。然忝爲司牧,責無旁貸,計惟悉心籌劃,竭力撫綏,代表民衆呼吁,上邀列憲之恩,旁求他山之助,群策群力,共濟時艱。

現已組織縣籌賑會,一面調查貧民,一面募集賑款。惟災區廣大,力難兼顧,審情度勢,非就地設法不可。特擬各堡,凡有囤糧富户,除留自己食用者外,其餘悉數分期借給本堡窮民,按人口之多寡,分別散放。准照市價合洋立券,待至秋後歸還,毋庸生息。如過期不還,再以二分或三分行息。似此辦理,於富户毫無所損,於窮民大有裨益。若有富户居爲奇貨,囤糧不借者,由地方紳約及貧民指名稟案,定於從重罰辦。其貧民借糧,須遵規定手續,和平商辦,不得脅迫强估。倘敢聚衆竊奪,即以盜匪論罪。

以上辦法,業經會議公决,一致通過,除佈告分行並委員調查催辦外,合亟傳諭週知。爲此諭仰該區各堡紳董一體遵照辦理。事關民瘼,毋得徇情敷衍,亦勿藉端滋擾,致干咎戾。再將該各堡極、次貧民户口,赶速調查實數,各造花名清册,送縣核辦毋延。特諭。右諭仰各區紳約頭人,准此。

彭述、裴鈞　會報匪旱災情呈

固原縣縣長彭述、固海查災委員裴鈞,呈爲會銜呈報事。

竊委員于三月二日由平抵固,面晤縣長,於次日縣長同委員親赴鄉間被災各區,切實勘驗,詢及災象。委因連年荒歉,本已十室九空,而去歲荒旱,尤爲特甚,加之土匪迭次騷擾,所至糜爛,人民困苦已極。始猶食糠秕油渣,借延殘喘,刻下此物亦皆罄盡,哀鴻遍野,待哺嗷嗷,餓殍者舉目即是,鬻兒賣女者,到處皆然,出外乞求者,不知凡幾,慘狀實不忍覩。今由縣長督同地方紳董,籌辦急賑,極力救濟。並令各里稍有糧食之家,以富濟貧,通融救急。然此項辦法,不過暫顧一時,實難持久,且又不能普及。況時交春令,農事方興,而一般災黎,多無牛工籽種,束手待斃。

委員、縣長輾轉籌思,東作一失,西成無望,若不設法拯救,則坐視此輩孑遺,終爲餓莩。恐將來丁糧畝款,俱無從徵收,公家財政前途,亦大受影響。仰懇鴻施,逾格矜恤,籌撥鉅款下縣,以便按户分別散放,借作春耕之補助,而拯垂斃之災民,換回劫運,維持治安,則固邑十數萬生靈,永深籠戴矣。

再查固原饑饉頻仍,五穀不登者,殆二三年,而匪氛出没蹂躪,財物概被劫掠。地當要衝,支應兵站三處,城鄉糧草,羅掘一空。現仍竭力苦撐,用顧軍需,以致流離困苦之狀較之他縣,情形迥異,自非多數分配賑款,尤無以免盡填溝壑之虞。

所有會查固原匪旱災情及災民生活狀況,並懇多數分配賑款,以資補助籽種各緣由,理合填表具文呈報鈞座會鑒核示祗遵。再委員將呈文商辦蓋章後,即於二十四日馳往海原查勘,合併聲明。除逕呈甘肅籌賑委員會、涇原區政治視察員外,謹呈。

彭述、裴鈞　禁止囤糧不糶佈告

固原縣政府爲佈告事。照得天災流行,國家代有。糧食爲人生之命脈,晉饑秦輸之粟,鄰封尚貴流通,原以圖救民命爲急務。至一縣境內所產之糧,供一縣境內人民之用,自屬事理之當然。況際此災荒之年,更應化除畛域,共圖生活。

乃查近日縣屬各區堡,竟藉口各區各堡不許將糧運出,以致糧食不能流通,城市來源頓絕,貧民無從糴買,大起恐慌,實屬不顧大局,違背公理。合亟佈告,仰闔縣各界人等,一體知悉:嗣後固原境內糧食,務須流通運輸,不許挾私禁阻,以維民食而保地方。

各存糧之戶更須借與貧民,共體時艱,迭經諭飭在案。近查仗義遵辦者固屬不少,而吝不顧人者所在皆是。茲再併爲曉諭,如仍有頑固不化之輩,著即查明存糧,全數充公,並予嚴辦不貸。切切此佈。

彭述、裴鈞　掩埋餓莩佈告

爲佈告事。案奉甘肅涇原區政治視察員辦公處第七九號訓令,內開:爲通令事。本視察員因公晉省,道出靜寧,途多餓莩,無人掩埋,有傷人道,且礙衛生。合行令仰本區各縣縣長,務即佈告所屬,如發現有倒斃餓莩無人收埋者,應即就地掩埋。切切此令。等因到縣,奉此。合亟佈告,仰各界同胞人等一體遵照,嗣後如有餓斃災民無人領屍者,應即就地掩埋。坑深須在五尺以上,以重衛生而維人道。仍由地主報由村長轉呈縣政府查考,免滋弊端,是爲至要。切切此佈。

彭述、裴鈞　復以工代賑函

逕啟者。准貴會函開:查甘肅被災各縣,業經分別賑濟在案。惟以地瘠民貧,籌款維艱,復經敝會以工代賑,殊于地有益。惟貴縣有無工作可以代賑,如有此項工作,約計需款若干,并希估計工程,詳細報告,以便查明辦理。等因,准此。

查固原地方去年旱匪交加,災情奇重,哀鴻遍野,餓莩載途,慘苦之狀,達於極點。現雖經呈請省政府撥賑款濟,而分配賑款不滿兩千元,杯水車薪,無濟於事。就地募捐,又乏大商巨户,集腋莫由,束手無策。刻下匪氛猶熾,竄擾各區村莊,備極殘酷,民困益深。誠如貴會計劃,以工代賑,庶足以救災黎而維現狀。即招集各界人士,詳察熟商,將應行舉辦之工作,大略分區開列於後。

中區:

一、補修城垣。查民九震災最烈，城牆多有傾圯，垛口尤崩塌殆盡。當此土匪窺伺之際，亟須修補完善，以資保障。

二、築修南關河堤。河水環繞南堤，堤身低矮坍塌。民國十五年，河水暴漲，冲去沿河廬舍人民頗多，必須修築堅固，以防水患而安民居。

三、引距城西南四十里之西海水入城，以便民飲。

四、改造距城北四里之北海爲公園，以培風景而便遊覽。

東區：由固城至鎮原縣道路崎嶇，擬修大車道，以便交通。

南區：修築瓦亭至蒿店共三處橋樑。

西區：修築疊疊溝汽車道路及張易堡、馬連川兩處汽車橋樑。

北區：修築冬至河、褚家灣、魏家灣、七營溝四處汽車橋樑。

以上各處汽車道路橋樑，工程較大，屢經派夫修築，輒被雨水冲壞，亟應徹底興築，以期一勞永逸而利運輸。再引黑家鎮陳家溝甜水以便民飲一節，亦屬要務。

查上列各項工程，估計約需一萬八千工，工費極力撙節，每洋一元，雇用三工，共需款六千元之譜。如能迅予實行工作，一般極貧災民，賴以生活者，自屬不少，則歌頌貴會之功德於靡盡矣。相應具文函復，請煩查照核辦，無任企禱。此致甘肅華洋義賑救災分會。

夏際文　請散放賑款函

中國國民黨固原縣執委會公函。

逕啟者。現值青黃不接，饑民日漸增多，通街小巷，觸目皆是，啼饑之聲，耳不忍聞，餓莩滿地，目不忍睹，非設法賑濟，將見盡委溝壑。

茲經敝會第十次常會議決：一面函請縣政府，將已撥到賑款一千八百元刻速賑濟，以資救急。一面呈請省籌賑會，酌發款項，以資繼續賑濟，借全民命等語，紀錄在卷。除呈省籌賑會發給賑款外，相應函請貴府，將已撥到賑款一千八百元刻速散放，以全民命，實爲黨便。此致固原縣政府縣長彭。

夏際文　上省政府請減輕糧款並攤代電

蘭州甘肅省政府主席邵鈞鑒：

頃奉鈞府通令，固原每月攤派大洋五千七百八十八元，每兩丁銀，攤派小麥二斗，三個月一結束，按期催交。聞令之下，驚駭惶恐，莫知所措。

值此外患當頭，國事蜩螗之際，爲國民者，宜毀家紓難，以爭民族之生存，國家雖多取之而不爲虐，人民擔負再重，亦不爲過，何敢從事煩瀆，有擾聰聽。但固原有特殊災況，異常艱苦，總欲毀家而無家可毀，總欲拼命而無命可拼各情形，不能不爲我主席陳明之。固原地廣人稀，土瘠民貧，非通商大道，非繁盛市鎮。無膏腴水利之田，無特産輸出之品。民九地震，成千古未有之災；馮軍東下，爲差徭極重之點。天災人禍，甲於各縣。近年來，荒旱之災，無地不有，土匪騷擾，無家不遭。以致平昔之蓋藏既盡，東耕之田畝皆荒。十室九空，焦土一片，四境無人，赤地千里。丁戶逐日漸少，難民益見增加。月攤軍款，無處催收，按丁小麥，來源斷絕。即雷令火催，其如山窮水盡，總嚴刑逼拷，難治流離失所。

我主席素體民艱，口碑載道，此等情況，早在洞鑒，無待嘖嘖。懇祈一恩再恩，或派軍款而減小麥，或攤小麥而免軍款，俾人民毀家於一端，拼命於一途，尚難保其收完滿之效果。若軍款小麥，並行攤派，雖竭澤而漁，不誤於此，即誤於彼，斷難收雙方之效果。

紳等屢蒙高厚之德，素具愛戴之忱，是以不審冒犯，用敢直陳，伏祈賜以採納，則有生之日，即再造之年。臨穎不勝迫切待命之至。民國二十二年四月。

夏際文　上財政部請減輕田賦科則代電

國民政府、財政部長鈞鑒：

整理土地，新定科則，原爲人民之負擔平均，國家之收入增加，法至善，意至美也。百年大計，全國地政，胥由斯定，其重要遠且大也。紳等固不敢妄參末議，然亦不敢知而不言，言而不實。茲謹將固原氣候特殊，應減輕科則事實，爲我部長縷呈之。

查六盤山爲隴東最高之山，開城梁素稱分水嶺。固原在六盤之陰，開城梁適在縣境，其地域之高，爲隴東各縣冠。地高則氣寒，山高則土冷。氣寒土冷，産物之量必減，一定之理也。此氣候之特寒，與各縣不同者一也。以時令言，每年二三月間，夏禾籽始入土，七八月嚴霜即降。全年陽光普照，能夠發育萬物者，僅有六個月之期限，是一年僅有半年之生長也。此時令遲縮，與各縣不同者二也。雨量方面，土厚水深，河流不多，樹木缺乏，空氣乾燥，風多雨少。東北區常苦春夏之旱，西南區恒患初秋之霜。田禾被其摧殘者，非旱即雹，非雹即霜，無年無之。此雨量短少，與各縣不同者三也。因上項各種關係，以致産量方面特別減少。川原山地，平均每畝，秋夏禾年收一斗，食種以外，存餘無幾。且種麥之地，必須停種一年，名曰歇地，次年方可種麥。較之他縣一地一年收麥一次，固原一地二年收麥一次，此産量減少中又減少也。是産量減少，與各縣不同者四也。固原東、西、南環山也，土質磽薄，生長不佳，耕者經營力多，而收益甚少。宜於種秋禾，難於種夏禾，欲麥苗秀，非歇地不可。此土質磽薄，與各縣不同者五也。

以上五點，均係天道使然，地理所限，人力莫可如何。紳等世居斯土，深知其情，故敢直陳。倘知而不言，公家以各縣爲比額，以通令定科，豐年則盡其所有，即使國課有著，難保民食無虧，凶年食種尚不足，難免流離。似此不誤公，即誤民，二者必居其一，斷難收雙方效果。況此次清丈田地，爲求地畝增加，以免糧少地多，有地無糧之弊，非求科則高昂。固原田地，經此次清丈，地畝增加三分之二，人民負擔，同樣增加三分之二，若再科額增加，是同時雙重加負但，民力實有不逮。

我部長愛民如子，澤被全國，懇祈一恩再恩，俯念固原氣寒地薄，減輕科則，不勝感戴之至。民國三十二年。

夏際文　呈報機場地勢請免拆民房代電

呈爲代懇事。據固原校場東面居民代表劉尚寬等面稱：奉令拆毀民廬，擴充飛機場一案，請代懇免以示體恤事。

竊以值此抗戰緊張，後方重於前防之際，倘果有益於機場，則該處民等毀家蕩產，固所不惜，但恐無益於公，而反有害於民，故不敢不爲我主席陳明之。

查該處民宅與田產均在機場之東南，以紅土水壩爲界。若將宅舍田產充作機場，勢必經過紅土水壩。紅土水壩每年夏秋之間，天降大雨，山水暴發，該壩之水深動輒數丈。今作機場，紅土水壩不填則機場不平，填平則水路閉塞，無道可通，勢必氾濫於機場之全面，冲毀之患，在所不免，此無益有害者一。再查紅土壩之水路閉塞，自非改修水道不可。向北改修，機場適當其冲，向南改修，地形漸高，勢所不能，縱費若大工力，使山水歸入青石峽之砂溝，則砂溝之水，又增加一倍。砂溝又在該處民宅田產之南，歷年山洪暴發，較紅土壩之水爲甚，若再增加水量一倍，氾濫之患當亦大於一倍。初及機場南部，次及機場全面，勢所必然，此無益有害者二。總上二點，均係山水爲患，地勢限制，莫可如何。下至該處居民困難之情形，亦不能不爲我主席陳明之。

該處有回漢十七户，人丁百餘口，均係農業求生，貧寒小户，並非大商仕宦，力能異地謀生者。兼之宅舍田產同在一處，用宅舍而留田產，求生之利源尚在；用田產而留宅舍，投宿之住所猶存。令並宅舍田產而用之，其將遷往何處，耕耘何地？此困難者一。況時届初夏，青苗遍野，不久即可收割。擴充機場，必傷青苗，終歲辛勤，棄於一旦，數世營遺，付之東流，求生無路，投宿無地，此困難者二。總上二點，乃係人事困難，時勢迫促，無法辦理。我主席愛民如子，饑溺爲懷，全甘數百萬生民，均沾雨露，懇祈一恩再恩，將該處民宅田產暫予保留。雖機場不足千二百公尺，尚無水冲之患，人民亦無流離之慮，一舉兩便，公私兼顧。該處居民同沾雨露，恩感再造矣。據情代懇，不勝迫切惶恐待命之至。

張明卿　禁止囤積居奇操縱糧價佈告

固原縣政府爲佈告事。照得民爲邦本，食爲民天，糧價之升落，關係人民之生命。本縣長下車以來，雨暘時若，斗價日落，每斗小麥，價洋五、六元，乃未及一星期,小麥竟漲至七、八元之多,而行中來糧,大形減色,以致小户民人咸有飢餓之虞。推原其故,皆由囤糧之户,大入小出,任意操縱,使販糧零客,受此斗行影響,折本而去,不敢販運,因之他處食糧,竟不來縣銷售。本縣長暗中調查,早悉此種伎倆,只圖個人利益,不顧全縣大局,誤國病民,莫此爲甚。

爲此明白佈告:凡有販糧來縣者,盡由小户人家零星購買,無論何人,不准囤積。倘有貪婪之徒,不知自愛,囤糧居奇,操縱糧價,一經查出,或被告發,本縣長盡法懲治,決不姑寬,勿謂言之不預也。仰各凜遵,切切特佈。

邵力子　省主席　轉飭奉行儉約令

爲令行事。案奉行政院第一二三三號訓令,内開:爲令飭事。案奉國民政府落字第三六號訓令,内開:爲令飭事。查自上年九月十八日事變之後,日本侵略我國,暴力憑陵,有加無已。政府爲保持領土主權之完整,自應作長期之準備。當此危急存亡之間,若非傾全國之人力物力胥出於救國一途,斷無以紓此大難。凡我國民,惟有日夜淬礪,本同舟共濟之文,節衣縮食,力事生產,充實餉糈,爲抗日之後盾。

帛冠布服,衛文所以中興;嘗膽卧薪,勾踐所以復霸。近如德意志、土耳其,皆以失敗之餘,堅苦奮發,造成興邦。憂患圖存,前事可法。苟能奉行儉約,一體勤勞,則國難前途庶幾有豸。除分令外,合亟令仰遵照並轉飭所屬,分別宣傳曉諭,切實遵行,是爲至要。此令。

等因,奉此。除分令外,合行令仰該省政府即便遵照,並轉飭所屬一體遵照辦理。此令。

等因,奉此。除分行外,合亟令仰該縣長遵即佈告民衆,一體遵照辦理。此令。

林競　民政廳長　指復虎疫流行代電

固原尚縣長涵度覽:

感電悉。該縣發生虎疫,流行甚烈,殊爲系念。仰即遵照前發霍亂淺説及救急藥方,廣爲翻印多張,分貼城鄉各區,俾人民家喻户曉,知所預防。一面督同公安局清潔街道,撲殺蒼蠅,毋任傳播病菌,並就近由平涼購辦注射血清藥水,廣爲注射,以資救濟。仍將辦理情形具報查考。民政廳印。

林競　民政廳長　飭剿股匪令

爲令行事。案據新委該縣硝河城公安分局局長王澤民函稱,該縣硝河城地方,刻被大股土匪盤據,約五六百人,慘殺搶掠,爲害地方,無法到差,請予核示等情到廳。除指令函稱悉,除令行該縣縣長督飭團警前往剿辦,務期克日肅清外,一俟該處匪氛稍靖,仰即迅速到差。對於警政尤須認真辦理,以維治安。此令印發外,合行抄發原函,令仰該縣長遵即督飭團警協同駐軍,前往清剿,以安地方,並將剿辦情形具報備查。此令。計抄發原函一件。

錢史彤　報剿匪團總陣亡請撫恤呈

固原縣縣長錢史彤懇恩獎撫,以資鼓勵事。

本年十二月十六日,案據職屬中區客民村村長王全貴、村副馬殿甲報稱:本年古十一月十七日,有前由硝河城駐紮馬忠喜部下叛出騎匪百餘名,在偏城一帶,任性搶劫,騷害地方。茲有龔家莊保衛團團總李傑,率帶團丁,前往擊剿,於羊圈溝地方,與匪遭遇,兩相攻擊。因衆寡不敵,被匪包圍,將李傑逼入羊圈溝民家,被土匪環擊,身中數彈,猶力持大刀,斬殺三人,力盡身亡,首級亦被匪割去,死難情節,實爲奇慘。現在匪勢愈熾,偏城一帶,焚殺劫掠,無所不爲,人民盡皆逃避等情,呈報前來。

縣長當即函請駐軍王團長子義,設法剿辦,以靖地方外,查李團長傑,訓練民團,保衛閭閻,頗稱得力。此次剿匪,爲民捐軀,確因衆寡不敵,以致殞命,盡喪其元,忠義之氣,實不可泯。該團總遺留妻子,生計蕭條,情更可憫。

現在匪氣猖獗,借圖捍禦之際,亟宜格外獎卹,以昭激勸。除由縣長召集各界開會追悼外,可否將此次剿匪陣亡之團總李傑,從優獎卹之處,理合具文呈請鈞座,鑒核示遵,實爲公便。謹呈甘肅省政府主席邵。

李文輝　請曉諭修補荒墓呈

呈爲呈請出示曉諭事。

竊查縣城附郭一帶,荒墳鱗比,皆因代遠年湮,補修無人,以致坍塌可憫。因之愚民覬覦,偷犁私占,不可數計。甚至翻墳揚屍,白骨滿野,見者顙泚,聞者心傷。

卑會職司慈善,不忍坐視,思欲督工填補荒深,掩埋骼骸。乃思叢塚之中,或有有主之墓,一旦補修,竊恐墓主拘泥山向風水之說,難免嘖有煩言。再四思維,惟有仰祈鈞府出示曉諭,並懇鳴鑼傳衆:如四城十里之內,所有墳塋,限於本年古八月起至來年四月底止,有主坍塌之墳,應自行補修完竣。如逾限不修者,卑會認爲無主之墓,無分貴賤,一律統修,俾全古墓而慰幽魂。

所請是否有當,理合具文呈請電鑒核准,實沾德便。謹呈固原縣縣長胡。

朱紹良　省主席兼民政廳長　取締騾馬賽會令

查各縣舉行騾馬賽會,往往藉口繁榮市面,復興農村,實爲一聚賭場合,傷害風化,影響治安,莫此爲甚。故凡各縣之呈請舉行者,均經本廳斥駁不准,並隨時披露報紙在案。

乃查近來各縣縣長,仍多呈請舉行,甚至並不呈報,擅行開會。或形諸公牘,或發現報端者,數見不鮮,殊屬非是。

　　本廳以爲繁榮市面,固活動金融之要素,但必需有妥善之方法。復興農村,實係當今之要務,但必合經濟之條件。不然徒滋紛擾,無補事實。何況以開騾馬會爲名,而行聚賭之實,以此繁榮市面,市面益形蕭條;以此復興農村,農村實足破産。而各縣縣長,不明此義,竟以開騾馬會以求繁榮市面,復興農村爲詞,是猶飲鴆止渴,其害曷可勝言。

　　除分行外,合亟令仰該縣長遵照,自奉到此次通令後,對於舉行騾馬賽會一事,嚴行取締,以維治安,毋得故違,致干譴責。仍將奉文日期,遵辦情形,具報備查爲要。此令。

　　朱紹良　省主席兼民政廳長　取締陋規令

　　案查本省各縣陋規,名目至爲繁多,收取方法,尤不一致,或細故而重累人民,或便私而謬于法理。故本廳前曾通令各縣,查明開報,藉以定裁留之標準,冀化私而爲公。

　　兹查各縣對於人民詞訟,案犯管押,自到案以迄結案,種種名目,無不取費,擾累之甚,自不待言。類此陋規,當然所在必有,過去司法機關,亦迭有明令取締。本廳爲徹底革除計,用特將各縣政警,對將於人民詞訟、案犯管押、非法需索之普通陋規,以及委員出差需索路費,逐一開列名目,令仰該縣長遵照革除。

　　甲,關於詞訟者:

狀紙錢,私制非法狀紙售於民者。

遞狀費,投狀時需索之費。

鞋脚錢,政警持票傳人,向兩造要鞋脚錢。

開堂錢,到案堂訊時,向原被兩造需索。

和息錢,兩造已構訟,有人從中説和,要和息錢。

了案錢,案既了結,視兩造之貧富,案情之輕重需索。

　　乙,關於管押者:

管獄員管押錢,凡押一人,即要管押錢。

油燈錢,被押人初坐看守所時,要油燈錢。

班兒錢,被押人由此班輪坐彼班時,要班兒錢。

保狀錢,被押人臨釋放覓保時,要保狀錢。

了案錢,被押人案了釋放時要了案錢。

　　丙,關於委員下鄉者:

路費錢,縣府委員每到一鎮,不論公款有無,先要路費錢。

以上各條,顯不合法,叠經政府明令禁止有案。無如日久玩生,依然照舊索取,既悖法令,更擾人民。合亟令仰該縣長遵照,詳細考查。如有上列各條,即行一律嚴加取締,勿得隱匿干究,併將辦理情形,具報備查。此令。

　　朱紹良　省主席兼民政廳長　查填節孝表令

本年十月二十日,案奉省政府十二月十九日民字第六四二三號訓令開:

案准內政部禮字第二四零四號咨開:查吾國節孝祠,爲數甚多,散處各地,漫無統計。本部爲欲明瞭此項節孝祠之詳實狀況起見,特制定節孝祠調查表從事調查。除分行外,相應檢同節孝祠調查表式一份,咨請查照轉飭所屬填齊彙報,以便統計爲荷。等因,附送節孝祠調查表式一份。

　　准此,合行抄發原表式,令仰該廳遵即轉飭所屬迅速查填,呈由該廳核明匯齊來府,以憑核轉,是爲至要。此令。等因,計抄發節孝祠調查表式一份。

　　奉此,除分行外,合亟翻印原表,令仰該縣長遵照令文事理,迅將該縣所屬節孝祠,詳查明確,按照原頒表式,逐欄詳細填列妥表三份,呈賫本廳,以憑核轉,並將奉文日期先行呈報備查爲要。此令。計印發原頒節孝祠調查表式一份。

　　朱紹良　省主席兼民政廳長　轉飭調查公共娛樂場所令

案奉內政部渝禮字第五三六號咨開:

查民衆之有正當娛樂,在積極方面,可以涵養心性,提高品德,調節疲勞,增進健康。消極方面,足以減少個人犯罪行爲,促進社會之安寧,其影響於整個民族之前途,至爲重大。抗戰以來,此項設施,尤覺重要。關於民衆娛樂場所,規畫設置及管理事項,本部亟待擬定辦法,以便實施,第以各省市縣地方風俗不同,習尚各殊,驟予制定,慮有未洽。兹爲考查民情狀況,明瞭各地方實際況形起見,相應咨請貴省政府轉飭所屬限於文到一個月內,詳陳地方現在公共娛樂場所,及其設置辦法,匯咨過部,以憑參酌。除分咨外,相應咨請查照辦理,並希見復爲荷。等由,准此,除分令外,合行令仰遵限辦理,具報匯轉爲要。此令。

　　朱紹良　省主席兼民政廳長　頒發回藏小學補充辦法令

查本省二十八年度第一期增設回藏小學四十所,業經制定實施辦法,分別頒發飭遵在案。兹爲督促設學並考核名實起見,擬訂甘肅省二十八年度辦理回藏小學補充辦法,隨令頒發施行。除分行外,合行令仰遵照辦理爲要。此令。計發甘肅省二十八年度辦理回藏小學補充辦法一份。

　　于學忠　省主席　飭修三岔電線令

案據鎮原縣縣長鄒介民寒代電稱:佳密保電奉悉。查出馬渠鎮西街口,即入固原地界。三岔爲固原轄地,其電線之保護,應由固原縣政局負責。該地自駐軍開拔後,線路無人管理,故電線被割,所有詳情無法查悉。至馬渠至三岔線,職當遵照設法修復,以靈消息等情。除指令寒代電悉,查三岔地方現屬固原管轄,所有該段電線,自應由固原負責保護,以重電務。除分令固原縣遵照外,仰仍將馬渠、三岔一帶電線修復情形,隨時報核印發。合亟令仰該縣長遵照辦理。此令。

賀耀祖　省主席　飭查電話情形令

案查非常時期之電話聯絡通訊辦法一案,迭奉軍事委員會及行政院令飭迅速擬具等因,當經本府飭令有關各縣,先將電話線路圖説,及聯絡通訊情形詳細具報,以憑核辦在案。現呈報完成者固多,而自動架設未經呈報者亦屬不少,且其架設工程,多不合規定標準。甚且各自為政,其功用僅及一隅,殊失聯絡通訊之本旨。至填造圖表亦過於簡略,莫名真象。若不指導改善,勢必無法進展。並制定各縣電話調查表一種,除分行外,合行檢發原表二份,令仰該縣長遵照。限文到五日内,迅將該縣電話情形,詳細查填具報。案關特飭之件,毋稍玩延為要。此令。計發各縣電話調查表二份。

馬秉乾　請保留校名呈

呈為呈懇轉請保留校名,以廣教育,而利進行事。

竊查固原地處要衝,人煙稠密,漢回雜居,文化晚開。以全縣人口比較,回民約占十分之七。前清時,因無種族教育之設,回民子弟,狃於宗教習慣,以求學為畏途,裹足不前,自甘化外,求其讀書識字者,如鳳毛麟角,千無一二,因而知識缺乏,思想簡單,種族之間,屢次發生誤會。

清季馬前教主光烈,甘州馬提督進祥,士紳馮克勤、張續緒等,有鑒於此,會商回教頭人,呈請地方長官,出而提倡組織,成立回民義塾一處,勸導城鄉回民入塾求學,實行種族同化,力除畛域私見。開辦以來,成績卓著,經前柯省視學大章,呈請前陳提學使,擴充為回民兩等小學校。民國元年,蒙前馬教育司改組為清真高、初小學校,並委人負責倡辦在案。自此校成立後,人材蔚起,民智大開,計培成人材約數百名,肄業中學、大學者,歷年有之。服務黨國,充任縣長,投筆從戎,捍衛國家者亦不乏人。漢回感情,賴以融洽;種族畛域,得漸化除。推原究始,實由清真學校調劑之功效也。

民國十七年,前任安縣長又鑒於回教女子之失學,更創辦清真女子學校,奉教廳指令,改清真女子學校為同仁女子小學校。清真高、初兩等小學校,雖未奉令改名,因同仁名義正大,當即一律更改,以歸畫一。爾時一般回教民眾不明更改同仁之用意,異言紛起,是校幾乎倒閉。嗣經地方紳老宣傳解釋,疑團始釋。

今歲五月,教局奉教廳第一一七號指令,改同仁小學校為任家巷小學校,自應遵令更改,曷敢煩瀆。但同仁名義,係清真變象。回教學校冠以清真名義,實所以借此二字迎合回民子弟踴躍向學之心理,實現總理種族同化之政策。至所採用學科與其組織,悉遵照教育部小學規程,對於教育推進,似覺無礙。若驟更改校名,誠恐回教教育,感受影響。況是校經費。多屬報捐性質,且恐隨之發生問題。

前閱《新隴日報》報端登載,省垣清真小學,更改清華小學,無非委曲求全,俾資普及教育之至意。懇祈鈞座鑒核下情,轉請教廳,或將同仁仍恢復清真,或援省例易爲清華,或將同仁從權保留,以維教育而利進行。理合備文呈請鈞座鑒核轉呈,實爲公便。謹呈固原縣政府縣長胡。

羅貢華　民政廳長　飭禁邪教令

案據密報,現有奸民在各縣鄉陬,密秘設立社壇,傳習邪教,煽惑愚民入壇,練習符咒邪術。以手能指落飛機,身可抵禦槍炮爲號召,以臨壇朝路養軍出馬爲口號,種種邪説,不一而足。一般無知鄉民,受其愚弄,趨之若鶩。此種邪教,原係白連教、紅槍會之遺孽,在本省蔓延最廣,不無反動嫌疑,請加取締等情。

據此,查現值非常時期,治安至關重要,對此種非法團體,如紅槍會、白蓮教、一心堂等組織,亟應嚴加禁止,以免誘惑鄉民,貽害地方。除分行各縣、局外,合亟令仰該縣長遵照,迅即切實查禁,具報核奪爲要。此令。

丁耀洲　禁止賭博佈告

固原縣政府爲佈告事。照得敗德喪行者,莫甚於賭博,而傾家蕩產者,更莫過於賭博。一入其中,如沉迷海,將不知伊于胡底。蓋始則不過作爲消遣娛樂之品,繼而利害心切,贏者貪得無厭,利欲薰心,輸者撈月滄江,希圖僥倖。因之卜晝不足,復繼卜夜,卒使黃金歲月,畢生心血,祖宗遺產,全糜費于撂蒲場中,迨至窮途末路,後悔何及。甚或家徒四壁,點金乏術,猶復賭魔作祟,迷醉不醒。登場無資,則心萌異念,而穿逾牆竇,訛詐偷竊,廉恥弗顧,趨落下流。祖聲因之俱墜,親朋相偕唾棄,結果非慘罹國法,即流爲乞丐,至死不悟,良堪痛恨。

本縣長爲民領導,心懷地方,休戚與共,痛癢相關,責無旁貸,盍忍睹此。特佈告週知,仰各色人等,一體凜遵,嚴加禁戒,以修民風而遏亂萌。如有退伍軍人及不肖賭棍,膽敢招場聚賭,引誘青年子弟,置禁政于弗顧,視功令如具文者,一經查獲,定從重懲處,決不姑寬,並將賭場所在地之保甲長等,處以重咎,用申國法而勵將來,勿謂言之不預也。切切此佈。

丁耀洲　固原縣水利工程計劃書

謹將固原縣水利及修補城池土橋等工程計劃,分別開呈,祇請鑒核。計開:

清水河水利工程:查縣東南清水河水利工程,水量約二尺餘,天旱時有七八寸或一尺水量。若由南二十里鋪開渠工程甚大,由南三里鋪開渠工程甚小。能澆地五六十頃,經過東教場角、東嶽山根、雷祖廟東邊、紅崖子、高圪塔、沙窩莊、陳家溝,南北約二十里,東西寬約一里、二里不等。共需工一萬二千,每工以五角計算,應需洋六千元之譜。

西海子水利工程:查西海子有水量約五六寸,數年前導流入城,以備官府澆花之用。近年山洪屢發,將峽道摧傾,不能來城。約需工四千餘,即可修復,且沿渠兩旁可澆田數十餘頃,每工以五角計算,需洋二千元,且峽内或有用木料石灰等物,約需洋二百元之譜。此項工程共需洋二千二百元。

碟碟溝水利工程:查距西海子偏西有碟碟溝,水量約八寸,兩旁平地約四十餘頃。惜此水出峽四五里路即入沙内,若加以人工,即不至滲沙,便可灌田,需洋三百元即得竣工。

硝口水利工程:查硝口峽内,有兩道水,一係鹹水,可做皮硝。一係甘水,可澆田地。但此水要在發源處做工,分爲兩道渠,經過楊忠堡、龔家莊,直達大營川,投入大河内。此項工程尚未測量定妥。

碾子頭水利工程:查碾子頭有水量二尺許,發源處係胡大堡灘、鹽土溝、臭水溝三水會合,經過姚家磨、侯家磨、吳家磨、碾子頭、虎家窪各莊,直向北流,可澆田數百頃。前次天旱時,碾子頭人民已將水口渠開做七成。現該區區長更與碾子頭人民商酌,將鹹水、臭水、苦水三水由吳家磨另開一渠,壓在下面,將甘水用木槽搭在上面,當於田地無害也。此水道若修通,北區獲益不少。南北有六十餘里皆是平川,工程不過六七千工,公家援助,便易成功。

毛甘村水利工程:查毛甘村有河流一處,長約三十餘里。由青石嘴起流,入東區打石溝,經過乃家河、任山河、東山村等處。河寬約六七尺,水深約八九寸,天旱時,水深約五六寸。由乃家河起,東山村止十餘里。兩岸多係平坦田地,若用工改爲小渠,可灌田約二千三百餘畝,需工約一千二百餘工,每工以五角計算,應需洋六百元。

東山坡水利工程:查東山坡有河流一處,長約二十餘里,發源于關山根,經過東山坡、半個山、太陽窪等處,流入清水溝門。河寬約四五尺,水深尺許。由關山根起至半個山,約有十餘里,於兩岸用工開流支渠,可灌田三千七百餘畝。約需工一千五百多,每工以五角計算,應需洋七百五十元。謹呈。

丁耀洲　修《固原縣志》請備案呈

爲呈請事。查固原縣縣志,自宣統元年修成後,歷經變亂,斷續失修者迄三十載。其宣統修成之本,今亦保存無幾,搜尋困難,即就各紳董耆宿碩士之家詳細查尋,私人方面亦不過僅存一二。若再不急謀繼修,倘宣統之成本遺失,則無從查考而補修矣。

兹據本縣各區長士紳等,紛紛懇請,借現在尚有耆宿碩士數人設立縣志局,延聘各耆宿碩士爲委員，參據宣統年成本，負責續修。查縣志關係全縣之文化與禮俗者至巨，若不設法補修，勢必淹没無著。理合呈請鈞府鑒核俯準備案，實爲公德兩便。謹呈甘肅省政府主席于。

李文輝　捐貲助學呈

呈爲呈請立案事。竊會長出自寒門，幼而失學，迫而從戎，以至成立，鮮通文字。每仰古人墳典，愧恧無地，由此傷感，立願得志，多辦學校，廣招貧民子弟，藉以培養人材，代社會以倡風化。無如命途多舛，營業屢虧，兼之近年以來，軍務迭興，夙願不遂，常此因循，良非久計。思維再四，惟有減衣縮食，百般撙節。蓄有大洋二百元，情願捐助固原縣理教分會，就其地址寬濶，設一民衆初級小學校。擬將捐款交該分會指導主任孫忠恕負責，令其擇商生息，每年量入爲出，動息存本，永爲該分會學校久遠基金。

近幸内戰已停，大局粗平，正值首春開學之期，用副縣長崇儒重道，殷殷求賢、整頓學校之至意。第會長捐助該分會學校之款，純由血汗而來，積之弗易。誠恐代遠年深，滄海桑田，該分會或有更改名目，或有主任瓜期交替，致將此款漸化烏有，辜負捐助者之意。除呈請甘肅教育廳立案外，理合具文祈請鈞府鑒核，俯賜存案，俾昭久遠，而免湮没，實沾德便。

孟昭侗　高等法院院長　禁違章提押人犯令

查各縣縣長及司法處兼檢察官，提押軍事、行政及司法人犯，照章應用正式押票、提票，迭經通飭遵照在案。近據訪聞，各縣縣長及司法處兼檢察官，提押人犯，每多假手縣政府收發員，擅自處理，殊屬有違定章。爲此，通令各縣縣長遵照：嗣後提押軍事及行政人犯，均須用正式押票、提票，並須經縣長蓋章。如係司法人犯，亦須經檢察官蓋章，以符定章而杜流弊。管獄員兼所官及看守所所官，對於縣長或檢察官未蓋章之押票、提票，亦得拒絶。自此次通令後，如再發現上開違章提押人犯情事，應即函請省政府對於該收發員從嚴處辦。該管縣長故違功令，任聽收發員擅權辦理，亦有失職之咎，並應核議處分。

除分令外，合檢押票、提票格式，附發印製備用，恪遵毋違。切切此令。計發押票及押票回證、提票及提票回證格式各一紙。

葉超　報縣西增設初小十一校呈

固原縣縣長葉超爲呈報屬縣西山一帶情形特殊，業經增設初小十一校，以廣教育，請鑒核備查，並準將所需經費，列入三十年度預算由。

查本縣西山一帶，教育極形落後，文化水準甚低，是以一二宵小始能趁機施其煽惑愚弄之技，而演成前次之事變。事後政府雖恩施法外，派員撫慰，然民衆生命財產之損失，殆已無法挽回矣。蓋寬容撫慰，不過治標之法，非治本之道也。

苟欲化糾紛將漸,彌大禍於無形,則舍普及教育外,再無別途。比者政府雖有鑒及此,曾經提倡沙溝教育,殊不知肇事區域不在沙溝區區一地,而在西山一帶也。僅就沙溝一地而施教,則施教目的仍難達到。縣長親臨西山一帶,並派員實地考查,迷經詳細規畫,遂於西山黃溝村、高園堡、偏城堡、富家高崖、腰把莊、趙千户、黎家套子、沈家新堡、閻關大莊、馬昌堡、西掛馬溝等十一處,各設初級小學一處。

　　查以上設學地點,均屬沙溝教民分佈之區,附近村莊林立,居民眾多,或有七八十户,或有一百餘户,且距沙溝均甚窵遠,按諸實際情形,設學教化,委屬當務之急。至於偏城堡、富家高崖雖同屬一保,乃因該保面積過於遼濶,各莊人口尚多,並無虛設之處。沈家新堡子、閻關大莊亦復如此。

　　關於開辦費,已面商四十二軍楊軍長允捐助洋二千元,每校製造桌凳十二套,教桌一個,黑牌、校牌各一面。本年下半年薪、公兩費由陸軍第七預備師嚴師長捐助洋五百五十元。各校教員業經委定,並於八月一日一律開學。惟三十年度經費,應請鈞廳俯念固原情形特殊,準將各該校按照一般初小准予備案,列入三十年度教育經費預算。抑或按照邊疆小學待遇,發給經費,俾資辦理。

　　除員生名册另案呈報外,謹將籌設西山初小十一校情形並設學地點簡明表,呈齎鈞廳鑒核,訓示祗遵。謹呈甘肅省政府教育廳廳長鄭。

葉超　請撥救濟費救濟災黎呈

　　頃奉鈞府民秘巳字一〇一一號訓令,節開:據環縣保安大隊附趙思忠呈稱:請設法撥款賑濟環縣逃出難民,保全生命一案。後開飭本縣遵即查明辦理,具報備查。等因,奉此。除咨商環縣劉縣長即速趕辦外,茲有亟予呈請者。

　　查環縣溯自淪陷迄今,時已半年之久。逃出難民,匪特該大隊附所報十家,其逃向寧屬同心等縣者約五百餘人,逃向海、固境內者且近千名。際此青黃不接,他處姑不待言,即以本縣而言,張廷傑率領一部份之男丁一百二十餘名,籌辦給養,因無具體辦法,日陷停頓。捐輸既大不易,攤籌則違法令。即遵收容計劃辦理,因財力物力之困難,短期內實難有效。值茲炎暑蒸人,終日顛沛,不得一飽,實堪憐憫。奉令後,一再籌劃,除由職遵照規定辦法,次第督飭員屬徹底辦理外,擬想鈞座電憐災黎,先准惠發賑款二三千元,飭由省賑濟會派員攜帶來縣,會同環、海等縣縣長,逐一當面散給。雖杯水車薪,無濟于事,但在難民方面,感受鈞座鴻慈,當深知撫餒之美德,庶不致轉入歧途也。

　　所擬是否有當,理合具文呈請鈞鑒核示祗遵,實爲公便。謹呈甘肅省政府主席朱。

谷正倫　省主席　申禁濫行拘押科罰令

查本府前爲保障人民權益起見,曾經制定處理行政案件暫行辦法,於二十九年四月通飭各縣局長遵行在案。自應切實奉行,以昭政府維護人民之至意。

乃自施行以來,迭經考察,其能遵守功令者固屬甚多,而濫行拘押科罰者亦復不少。似此不顧法令,殘民以逞,殊屬有失國家設官牧民之本意。

茲特重申前令,嗣後非依法令規定,絕對禁止對人民擅科罰金或濫行拘押,倘敢故違,決予嚴懲。除分令外,合行令仰該縣遵照爲要。此令。

張登甲　爲民力凋疲懇免重負電

五十七軍特黨部李書記長轉胡副長官鈞鑒:

竊查固原位於三邊,爲隴東之垂鎮。關山縱橫,形勢天險,扼交通孔道,當國防要衝。漢回雜處,變亂迭乘,大軍駐屯,差徭奇重,歷有年所,靡有孑遺,且地土磽薄,氣候變異,每年不遭荒旱,即罹雹災。民性慓悍,豐稔之年,勉堪温飽,尚可相安。一遇歉荒,難免無挺而走險者,煽起亂萌。溯自抗戰軍興,征兵苛雜,人民負擔漸增,不旋踵間沙溝變起,民二十七、八年之叛亂,即其明證。

迨至三十年間,旱魃爲虐,稼穡失收,事變又起,固原罹害最烈,劫餘哀鴻,慘不忍睹。中央軫念邊民,宣撫綏靖,無不博咨廣詢,用以安定民生,格外加恩,蠲免徵兵,借資感召,可謂解倒懸而登袵席矣。乃比年以還,固原處境,更趨險惡,外則奸僞環視,內則伏莽潛滋,大軍壓境,需索日繁。軍旅之衆,幾近三師,單位之多,每保值一。供應之繁,儼同前線,負擔之重,已瀕絕境。以數料柴草一端而言,自三十年八月至本年六月,有記錄可尋者,其價款統計竟達一萬萬元。而散駐四鄉之部隊,直接向各鄉鎮保甲徵購者,當兩倍過之。且此項數料柴草,名爲征購,實則所發價款不及市值百分之五。加之高斗高秤,逐層剝削,直等派征。尤有開拔時之車馱運輸,接防時之傢俱征借,駐定時之煤碳馱運,在在需用人力、物力、財力。固原縣境,駐有三萬以上之兵,馬約計五百四十匹,逐日所需無不取之於民。即在海原楊郎鎮所駐之軍,亦胥向固原取給,日居月諸,罔敢稍延。民窮財困,如火如荼。

慨自黑、固、瓦線國防工程建築以來,兩年於茲,固原全民動員,忍痛負荷,長年竭蹶,不得喘息。僅就記錄所載: 計燒制青磚三百五十餘萬塊,損壞在內,連同運費人工,計磚一塊約值價三十五元。燒石灰八萬餘斤,木料三千餘根,需用燃料一千三百餘萬斤,人工一十九萬名,馱驢九萬餘頭,大車五千餘輛,按時價折合國幣二千七百餘萬元。此爲有形之數字,但無形之賠累尚未計及也。八戰區所發之工料費,雖屬八十三萬餘元,杯水車薪,曷濟於事。矧國防工程,爲國家之國防工程,非固原一縣人民之國防工程。茲舍固原四鄰之海原、西吉、鎮原、平涼等縣不予負荷,而獨加諸固原,似太偏重。固原歷遭冰雹等災,在上者隔閡無聞,在下者怨言沸騰。長此而往,將何以堪? 如海原食糧出產豐富,爲三邊糧食倉庫,固原民食匱乏,半數全賴該縣之接濟。境内駐兵一營,胥賴固原負擔,國防工程未盡一分之力。

西吉畫爲免差縣份,境内僅駐一營之兵,敷料柴草半數取給固原,亦不負擔國防工程一分之力。上峰對西吉免差,用意在安撫沙溝少數之莠民。但沙溝三度事變,不僅限於西吉全境,而本縣大營、張易、李俊等鄉鎮,乃當時蹂躪最慘烈之區域。今硝河、李俊畫歸西吉,因而免差,不啻出地獄而登天堂。而大營、張易兩鄉鎮居民,在固原差徭奇重管轄之下,豈屬政府化外之民,其所感受自可不言而喻。且硝河、李俊劃撥西吉後,三十一年田、軍兩糧敷料柴草,幾經函請協催,置若罔聞。固原因縣境縮小,負擔更趨嚴重。而西吉縣境防空隊食糧,省令由固原負擔。試問固原張易、大營兩鄉鎮之防空隊食糧,其誰負之? 所以固、西畫界糾紛,久懸不結,其癥結在此。

顯然避重就輕,人之常情,無怪人民環請畫歸他縣,暗或逃往匪區。上峰不察底蘊,輒以政治不良相責難。西吉、海原、鎮原,同爲本省之人民,何厚于彼而薄於此,揆情度理,恩怨懸殊,畸重畸輕,有失公允。降至今日,固原貧瘠,不減當年,人民負累,愈趨嚴重。近如本縣蒿店,位居西蘭、平寧兩道要衝,過軍來往,絡繹不絕,敷料柴草、駄驢、食宿供應,日必數起,所受損失,卒致不可勝計。邇來豫省難民過境,赴寧人數三千,橫穿二三百里,行宿四日晝夜,籌糧數百石,沿途救濟,所經之處,復遭騷擾,此皆臨時飛差,無可避免者也。

除以上重重負擔外,演至今日,復有增加。奉令攤購軍政部軍需局羊皮壹萬張,征募七七勞軍鞋、襪各萬雙,五十七軍征購毛驢二百頭。總核賠累,折合國幣三百二十餘萬。黑、固、瓦線工程新增加青磚十三萬塊,石灰又五萬斤,層出不窮,已形竭澤而漁之勢。固原危機四伏,西吉、海原豈能高枕無憂? 固民一旦有事,隴東局面未必不重受影響。

蓋治亂之道,莫如措施公平,防患之策,尤在標本兼治。古人所謂"揚湯止沸,不如去火抽薪"。前奉軍管區令,派征騾馬代丁,計三百頭。經縣府一再請免,以事關通案,未便變通,苟强征過激,難免不無意外。心所謂危,難安緘默。紳民等以身家性命所係,治亂安危切膚,豈敢危詞妄瀆,干冒鈞聽。謹披肝瀝膽,臚呈四端,敬祈電鑒,俯准豁免:

一、以挽騾代丁三百頭,懇祈明令准予免征。

二、國防工程所需材料,工匠、人力、運輸,固民願負責到底,以竟全功。惟求上峰在平均、平允、平等原則下,海、西、鎮三縣應爲固原負但儲蓄券、美金公債、勝利公債以及應派之差。

三、固原駐軍敷料柴草,應令飭海原、鎮原、西吉、化平、平凉等縣平均爲本縣駐軍負擔,迳送鄰近各該部隊需要,以昭公允。

四、本縣三十二年上年度以前之田、軍兩糧,懇祈明令一律豁免,以蘇民困。

綜上所呈均屬合理要求,倘蒙恩准,固民不啻再造重生,即人心、國防,於此胥能奠定。臨電迫切,不勝叩禱待命之至。

張登甲　懇更正科則電

蘭州甘肅省田賦管理處處長鈞鑒:

查田賦爲國家正供,乃人民應盡之義務,亦屬永久之負擔。科則擬定,務必慎重從事,詳細考核,以期上不虧公,下不累民。政府以收益之多寡,定科則之等級,法良意美。主辦人員,當本政府之意旨,按地方之實情,切確考核,分別擬定,方爲公允。

固原山多川少,氣候高寒,土地磽薄,產糧最少,豐年僅足糊口,凶歲毫無收益。如縣城北鄉東西大山、南北小川中有河流,因河水苦鹹,不能灌溉,全屬旱田薄地,宜種秋不宜種夏。更有黃土、青土、紅土、雜土之別。青土、紅土最多,雜土次之,黃土最少。黃土地種麥收益,以三年平均計算,每畝四市斗之譜。①　青、紅土地,每畝二三市斗。雜土地每畝一二市斗。種糜穀之收益,略爲增加。又每百畝,種麥不過二三十畝,其餘皆種雜糧,輪流每二年收穫一次,其地之薄,確係實情。

再查固原過去科則,全具有廳、屯、里、監之分。廳、屯、里地,有銀,有糧,有草;監地有銀而無糧草。可見有糧草者收益稍多,無糧草者收益較少。北鄉雖係小川,全屬監地,其地之薄更可證明。上年代徵實物,以丁銀爲標準,折合計算,每畝征麥八市合。因民無力繳納,請求減免後,猶有拖欠,無法催征,有案可考。

乃固原田賦管理處,既未查土質之區別、收益之多寡,又未考核過去科則之實況,更未根據上年代徵實物之標準,概以北鄉爲川地。所定上、中、下川之科則,多不確切,人民負擔,即不平允。科則過重,徵收困難,若不另行更正,改定科則,不惟有累於民,勢必有虧於公。將來若人民流離,土地荒蕪,田賦無著,咎將誰歸? 又如大營鄉毗連北鄉,土地之薄亦屬同樣情形,科則擬定不公,是亦有更正之必要。

總之,固原全縣,土瘠民貧,並非產糧之區。以三年收益平均計算,三等二則科則十分之二,三等三則科則十分之八。如此擬定,田賦徵收,或少拖欠。況固

---

①　一市斗爲十三點五市斤。

原舊有地畝八十餘萬畝,經此次編查後,增至一百九十餘萬畝,田賦收入已有加無損。倘科則擬定,再不詳細審核,忽略從事,隨意增高,民負過重,徵收爲難。代表等生食斯地,深知此情,事關國計民生,曷敢緘默不語? 非爲見好於民,亦爲田賦有著起見,特電敬請鈞處或派員調查,或令縣田賦管理處另行更正。務期不虧公不累民,庶不負國家整理田賦之至意。

固原田賦管理處擬報科則,並未召開協進委員會共同考核。經一再詢問,始知所定科則,與實際情形大相懸殊。事關國家正供,民衆永久負擔,電懇恩准,令飭更正,萬民感戴。臨電不勝迫切待命之至。民衆代表張登甲等。

劉文敏　創辦恤嫠會請備案呈

呈爲呈請轉報立案事。

查有城内圪塔寺居住慕繩武妻李珠蘭者,前清永壽把總、陝西安康李文輝之女,固原提標左營把總慕鈞之媳也。幼嫻母儀,恪守女箴。于歸後勤操井臼,敬養承順,其淑賢貞静,頗得翁姑歡心。蓋李珠蘭母,係前清陝西固原提署文案、鹽茶營都司党蔭軒之長女也。曩者党氏家教,冠于全邑,至今人尚稱述之。無怪李珠蘭之賢孝,夙有家範焉。

一日姑霍亂舊疾復發甚篤,連朝不醒,百藥罔效,氣息奄奄,危在頃刻,闔家涕泗,侍側待終。該媳李珠蘭焚香告天,割股以進,病遂轉機,漸次大愈,迄未再發。嗣父患痢疾,臥床多日。其女李珠蘭歸省,見勢危,憂慮父僑寓固原,距家鄉數千里之遥,上無父母叔伯,下别弟兄侄男,維母孱弱,兩妹幼小,千鈞一髪,萬一不虞,將奈之何? 遂潛入廚下,削指肉暗入藥劑。父服之,病遂瘥。家有窺見之者,詢之不語。厥後遇天陰風雨之變,創痕痛癢,暗入搔不自禁。父與翁姑偵之,果然矣。窮詰之,以情告。於是親鄰譽揚,閭里傳播,誠至孝格天,精誠感神,抑亦李、慕兩家仁德之所致,門楣之光榮也。是在躬行者出於至性之誠,愛親之篤,初何嘗求其聞達。而在李、慕兩家,有此孝女、孝媳,爲家庭懿德,天倫樂事,更不冀其宣傳,是欲蓋而彌彰矣。

《詩》曰:[1]"孝子不匱,永錫爾類。"公民等近在親鄰,洞悉情狀,若不具情表揚,俾李珠蘭孝行久於湮没,將何移風易俗,鼓勵人心哉? 現值勵行新生活,恢復舊道德之際,採訪懿行,允爲急務。李珠蘭之孝行純篤,在斯世尤不易得。公民等見聞既確,義難緘默,重以名教所關,綱常所繫,本應呈請建坊,以彰孝行。無如地方凋敝,民力維艱,曷若以建坊之貲,化私爲公,改辦爲固原恤嫠會一處,救濟貧苦,永作該孝女紀念,用慰幽冥之魂。再查固原商號裕泰長經理沈恒青,爲

_____

[1]　參見《詩·大雅·既醉》。

人厚道，好義勇進，堪以充爲該會正會長。廣泰豐經理杜蔚若，爲人忠實，樂善不倦，堪以充爲該會副會長。除將基金逕付外，祈請鈞府加委，轉報成立，以專責任。俾得將款擇商生息，每年動子存母，量入爲出，以作該會常年基金。

事關風化，不得不具文呈請鈞府，轉呈省政府及專員公署存案，實爲公德兩便。謹呈固原縣政府縣長董。

郭寄嶠　省政府主席　飭辦諸要政代電

寄嶠奉命主甘，瞬逾半載，時艱任重，警惕彌深。關於適應時代需要之省政革新，重要措施，亦即今日中央頒佈之總動員令所飭辦諸要政，於去冬行政會議後，針對事實策進，已載於本府半年來政治改革要目，業經送達參考。茲就聞見所得，條舉以達。各同志應本即知即行之義，作再接再厲之努力。省政改革前途，同深企望。

一、確建革命風氣。人民痛苦有無解除，人民幸福有無增進，政治風氣有無革新，官僚衙門，懦弱積習是否掃除，敷衍應付，庇護病態是否盡滌？

二、厲行民衆動員。編查戶是否確實，自衛組織是否健全，民衆訓練是否遵辦，是否盡可能愛護其財力、時間，又估計組織訓練，運用之成績，是否于必要時能夠發揮最大成果，恪盡職責？

三、切實提高權責。分級負責，分層負責，提高專員、縣長權責，歷有規定，區以專員爲重，縣以縣長爲尊。對所屬及轄區之政策推行，業務改進是否能盡監督、指揮、領導、策畫、推進之責？

四、認真改進業務。執行業務，爲達成革命政策，樹立政府威信，必須簡明迅確，不虛糜時間以誤事，不枉動公文以費事。掃除封建餘習，建立革命政府之風度，即說即做，以事實代理論，以行動代虛文。一切條理化，計劃化。

五、發展民生建設。各縣需要與可能發展，因時而異，因地而異，應本分層負責之義，確依歷次指示，針對當前民生急需與地方可能，發展事業，勤求建立自力，不勝者妥籌方法，報府核助。

六、推動各級教育。挽救危亡，繁榮民生，厥賴教育，應努力遵省令切實推動，互竟發展。

七、妨止奸匪造謠。淆亂聽聞，顛倒是非，乘機離間，伺機挑撥，爲奸匪慣技。每一離奇消息，無名函牘之傳來，應用冷靜之腦力加以思考，沉靜處理，免爲所乘。

八、扶植員工生活。提高法幣待遇，並非徹底辦法，逐漸實現公給制度，爲現代員工生活應有之改進。舉辦合作，減輕負擔，公產隙地，廣辟菜園。

是否實行上舉八事，爲當前緊切之具體問題，亦係各縣半年來應加意檢討之工作。深盼日新月異,力求急進,無任企盼。

孫宗廉　第三區行政督察專員　飭報革命史料代電

固原縣縣長,申字第八七零號回代電計達,茲奉省府電催,仰即遵照切實搜集中國抗戰革命史料,務於本月十五日以前逕報省政府匯轉爲要。

孫伯泉　固原收復區之措施佈告

政府對收復區之措施,已有詳密之規畫,茲列舉如下:

嚴密保甲組織:編查保甲,清查戶口,選任保甲幹部,舉辦聯保切結,議定保甲規約。

充實自衛力量:組訓民衆,武裝民衆,維持秩序安定,配合軍事運用。

撫輯救濟:補送重要匪首者,特別給獎。勸導匪軍投誠者,除保障生命安全外,並按規定給獎,發給良民證及難民還鄉證。請求急賑,以救眉急。辦理工賑,構築自衛工事,修築道路,俾沾實惠。調濟目前食糧,豁免歷年田賦。

宣傳慰問:召開民衆大會,宣傳政府德意,組織宣撫委員,慰問民間疾苦。

土地問題:私有土地使用權,暫予維持,須由使用人照二五減租承租。地主土地所有權,不因奸匪處分而喪失,但聽候政府合法解決,不准自由處分。公有土地及奸匪建築物,由政府收管或估價拍賣。

金融問題:嚴禁僞鈔使用,普遍法幣流通。組設合作事業,發放農行貸款等。須知政府寬大爲懷,威信昭著,發法施仁,一本至誠。除派員及邀請士紳協同深入收復區民間,實施上峰規定各項措施外,合亟佈告,仰我收復區同胞一體週知。此佈。

孫伯泉　造賣災歉狀況表呈

甘肅省政府主席谷鈞鑒:查本縣張易、蒿店、城陽、雙營、黑城、七營、大灣、附郭等鄉鎮,於申删前後,遭受雹災各情,業以申儉等電,先後報請鑒核在案。准派員分赴各鄉鎮切實勘查完竣,謹遵照規定,造具災歉狀況表一份,電請鈞府鑒核匯轉,設法救濟,實爲德便。縣長兼田賦處長孫伯泉叩。

孫伯泉　請免續購豆秣以恤民艱呈

電請免購六、七兩月份採購馬秣。蘭州主席郭、司令陳,密已埂補民會電悉。本縣豆料係按全縣年出産量估計,除前後採購及民間需用外,最大量再可征購萬餘斤。民間存品將盡,以致上兩次採購數目,迭經嚴令各鄉鎮限期完成,迄未掃數購齊,如再續購,地方確感無力負擔。謹懇鈞座鑒核,俯念實情,准予免購,以恤民艱,並乞示遵。縣長孫伯泉。

石作梁　上省政府請減田賦豁免軍屯電

蘭州,主席谷鈞鑒:竊查抗戰大勢在西北,而西北重心在固原。固原三邊要鎮,形成軍防據點,因而人民之苦亦未有甚于固原者。所建飛機場、國防工事,費盡民間勞力,竭罄人民蓄賮,此項巨工,惟固獨有。

抗戰八載,大軍雲集,給養浩繁,運輸頻仍,如所供草、豆、麩皮、燃料、器材、桌椅、床板、灶具等件,電杆、羊毛,不時需役,數目龐大,統計駭聞,此猶正供也。他如明扣私折,暗中剝削,一切消耗,其數更超過所派。再加兵摧擾累,保甲招待,意外負擔,何可勝計,公家雖定有價,而民間領到誠少,偏重困苦,實難殫述,此種情形,早在洞鑒。

本年麥生灰穗,更遭夏旱秋雹,諸戾咸集,民何聊生。來春乏籽,愁嘆惶號,情不忍睹。此猶小焉,所最慮者,民間大畏田賦、軍屯,傷弓之鳥,可以影驚。倘在抗戰期內,再忍何妨,今幸勝利,始敢呼吁。

仍遵我主席愛民第一之訓示,請頒曠蕩之恩,仰邀例外之典,懇將本縣本年田賦輕減,軍屯豁免,以示仁德而恤民隱。舍此則無愛民表現。如蒙允准,固民有生之年,皆感戴之日。但冒昧自知非分,而爲民請命,情甘瀆陳,獲咎所願,雖斥尤榮,肅電上達,不勝待命。

石作梁　上國民政府主席呈

主席蔣鈞鑒:抗戰八載,績著千秋,將帥祗奉成算,宣勤閫外,士兵用命,奮鬥疆場,百姓效順,竭忱輸將,足征高籌,主持有道。雖壓境日寇,烽煙蔽天,而措置裕如,把握勝利。尤所欽者,危迫之際,只知民族,顛沛之餘,抗倭愈堅,抱偉大無比精神,成空前絕後事業。振浩氣之威烈,充塞宇宙;作禦侮之模範,垂範萬古。勳名崢嶸,上炳日星,煌煌豐功,昭耀寰瀛,自古以來,未之有也。

今值元旦,紀念勝利,特電馳賀,借伸下忱。茲所懇者,查固原爲西北要鎮,軍防據點,軍興以來,連歲災歉,負擔奇重,全省鮮儔,人民困苦,未有甚于固原者。如屢修碉堡,飛機場、公路、歷年國防工事諸役,工程浩繁,費盡民力,此種巨工,惟固獨有,而全甘則無。又經二十五年剿共,彼時五軍十餘師壓境,而軍用共掠,已將民間元氣損失殆盡。繼復擔負抗戰八年,地方始終大軍雲集,機關林立,軍行過往,運輸頻殷,比較他縣負擔偏重。加之本年麥生灰穗,更遭夏旱秋雹,三者爲災,民何以堪。然天災流行,人力莫勝,而困苦饑惶,情實可憫。但往者已矣,而來者堪愁,倘在抗戰期內,再重尤當容忍,國家至上,民宜紓難。今幸勝利,更逢大典,遇茲千載機會,下情呼籲,特電上達,乞頒曠蕩之恩,仰邀例外之惠。懇將本縣賦稅豁免三年,以蘇固民困苦,則民蒙鴻賜,永銘無既。丞非苟陳所事,竊恐中樞疏於負重之民,不被國家之恩,使四海無所勸慕耳。第越職妄陳,自知非分,然而爲民請命,獲咎所願,情甘冒瀆,蒙斥尤榮。丞聞報德莫如盡言,伏希俯允所請,則德昭千載,而感垂萬代矣。翹企陪都,不勝待命。

論著　　詣征疏遠之文屬之

晉

皇甫謐　玄守論[45]

或謂謐曰："富貴人之所欲,貧賤人之所惡。何故委形待於窮而不變乎?[46]且道之所貴者,理世也;人之所美者,及時也。先生年邁齒變,飢寒不贍,轉死溝壑,其誰知乎?"

謐曰："人之所至惜者,命也;道之所必全者,形也;性形所不可犯者,疾病也。若擾全道以損性命,安得去貧賤存所欲哉? 吾聞食人之禄者懷人之憂,形强猶不堪,況吾之弱疾乎! 且貧者士之常,賤者道之實。處常得實,没齒不憂,孰與富貴擾神耗精者乎! 又生爲人所不知,死爲人所不惜,至矣! 暗聾之徒,天下之有道者也。夫一人死而天下號者,以爲損也;一人生而四海笑者,以爲益也。然則號笑非益死損生也,是以至道不損,至德不益,何哉? 體足也。如回天下之念以追損生之禍,運四海之心以廣非益之病,豈道德之至乎? 夫惟無損則至堅矣,夫惟無益則至厚矣。[47]堅故終不損,厚故終不薄。苟能體堅厚之實,居不薄之真,立乎損益之外,游乎形骸之表,則我道全矣。"

明

倪岳　論西北備邊[48]

往歲虜酋毛里孩、阿羅出、孛羅忽、乩加思蘭大爲邊患。蓋緣河套之中,水草甘肥,易於駐紮,腹裹之地,道路曠遠,難於守禦。是以轄于榆林者若孤山、寧寨、安邊、定邊諸路,轄于寧夏者若花馬池、興武、高橋、萌城諸路,皆其入寇之所。迤東則延安、綏德、鄜州諸路,迤西則環慶、平涼、固原諸路,皆其騷掠之處。擁衆長驅,遠者逾千里,近者不下數十百里。沿邊諸將,或嬰城以自守,或擁兵以自衛。輕佻者以無謀而挫衄,[49]怯懦者以無勇而退避。既不能折其前鋒,又不能邀其歸路,所以任其源源而來,恣其洋洋而去。使之進獲重利,退無後憂。取於我者,得衣食之原,屢起盜心;處於彼者,得窟穴之固,遂無去志。虜勢不輯,邊患不寧,上塵廟慮,遣將徂征,奈何四年三舉,一無寸功。或高卧而歸,或安行以返,乃析圭儋爵,優遊朝行,輦帛輿金,充牣私室。且其軍旅一動,輒報捷音,賜予濫施,官爵輕受。殺傷我士卒,悉泯弗聞;掇拾彼器械,虛張勝勢。甚者至濫殺被虜平民,妄稱逆虜首級。未嘗致其敗北,輒以奔遁爲言;未嘗有所斬獲,輒以鈎搭爲解。考其功籍所載,賞格所加者,非私家之子弟,即權門之廝養。而骨委戰塵,血膏草野者,非什伍之卒,即征行之民。誰復知之? 良可悼也!

況夫京營之兵,素爲冗怯,臨陣退縮,反隮邊兵之功;望敵奔潰,久爲虜人所侮。此宜留鎮京師以壯根本,顧乃輕於出禦,以瀆天威。且延綏,邊也,去京師遠。宣府、大同,亦邊也,去京師近。于彼有門庭之喻,則此當爲陛楯之嚴矣。頃兵部建議,遂于宣府出兵五千,大同出兵一萬,並力以援延綏。而不計其相去既遠,往返不時,人心厭于轉移,馬力罷於奔軼。況聲東擊西,虜人之常;搗虛批亢,兵家之算。精銳既盡而西,老弱乃留於北,萬一此或有警,彼未可離,首尾受敵,遠近坐困,謂爲得計乎?

臣又聞軍旅之用,糧食爲先。今延綏之地,兵馬屯聚,芻粟之費,日賴資給。乃以山西、河南之民,任飛芻挽粟之役,仰關而西,徒步千里。夫運而妻供,父挽而子荷,道路愁怨,井落空虛。幸而至也,束芻百錢,斗粟倍直。[50] 不幸遇賊,身已虜矣,他尚何計? 輸將不足,則有輕齎,輕齎不足,又有預徵。嗚呼! 水旱不可先知,豐歉未能逆卜,預征也者,豈宜然哉! 乃至立權宜之法,則令民輸芻粟以補官。然媚權貴私親故者,或出空牒而授之,而倉庾無升合之入。立開中之法,則令民輸芻粟而給鹽。然恃豪右專請托者,率占虛名而鬻之,而商賈費倍蓰之利。官級日濫,鹽法日沮,而邊儲所由不充也。

又朝廷出帑藏以給邊者,歲爲銀數十萬,山西、河南之民,輸輕齎于邊者,歲亦不下數十萬。銀日積而多,則銀日賤;粟日散而少,則粟益貴矣。而不知者,遂於養兵之中,寓其養狙之智,或茶鹽,或以銀布,名爲准折糧價,實則侵剋軍儲。故朝廷有麋廩之虞,士卒無飽食之日。至於兵馬所經,例須應付。平居之時,一日之數,人米一升,馬草一束,此其常也。一日之間,或一二堡,或三四城,豈能具給哉? 而典守者,陰懷竊取之計,巧爲影射之謀,凡其經歷之方,悉開支給之數,背公以營私,罔上而病下,莫此爲甚。

由是觀之,賊勢張而無弭之之道,兵力敝而無養之之實,徒委西顧之憂于陛下,誰果爲之盡心者乎? 采之建白者之策,察之論議者之言,則又紛紛不一。

故夫據指掌之圖,肆胸臆之見者,率謂復受降之故險,守東勝之舊城,則東西之聲援可通,彼此之犄角易制。是非不善也。第二城之廢棄既久,地形之險易不知,況欲復地于河北以爲之守,必須屯兵於塞外以爲之助。然以孤遠之軍,涉荒漠之地,輜重爲累,饋餉爲艱。彼或佯爲遁逃,潛肆邀伏,或抄掠於前,躡襲於後。曠日持久,露行野宿,人心驚駭,軍食又絶,進不可得而城,退不可得而歸,萬無所成,一敗塗地必矣。

其有懷敵愾之心,馳伊吾之志者,率謂統十萬之衆,裹半月之糧,奮武揚威,掃蕩腥膻,使河套一空,邊陲永靖。是亦非不善也。然帝王之兵,以全取勝,孫吳之法,以逸待勞。今欲鼓勇前行,窮搜遠擊,乘危履險,徼倖萬一。運糧遠隨,則重不及事;提兵深入,則孤不可援。況其間地方千里,綿亘無際,既無城之居,亦無委積之守。彼或往來遷徙,以罷我於馳驅;或掩襲衝突,以撓我之困憊。擄酋安望于成擒,中國復至於大創,失坐勝之機,蹈覆没之轍必矣。

至有欲圖大舉以建奇功者,謂必東剪建州之衆,北除朵顔之徒,乘勝而西,遂平河套。夫祖宗之於建州、朵顔諸衛,不過羈縻保塞,以固吾圉耳。今若是,將使戎狄生心,藩籬頓壞,遺孽難盡,邊釁益多。是果何知,誠爲無策甚者。

至謂昔以東勝不可守,既已棄東勝,今之延綏不易守,不若棄延綏,則兵民可以息肩,關陝可以安堵。夫一民尺土,皆受之於天與祖宗,不可忽也。向失東勝,故今日之害萃於延綏而關陝騒動。今棄延綏,則他日之害鍾於關陝而京師震驚。賊逾近而莫支,禍逾大而難救,此實寡謀,故爾大謬也!

嗚呼! 一倡百和,[51]牢不可移,甲是乙非,卒莫能合,成功既鮮,高談奚取焉? 以臣論之,不若即古人已用而有成,及今日可行而未盡者,舉而措之,其爲力也少,其致功也多。曰重將權,以一統制而責成功;曰增城堡,廣斥堠,以保衆而疑賊;曰募民壯,去客兵,以弭患而省費;曰明賞罰,嚴間諜,以立兵紀而覘賊情;曰實屯田,復漕運,以足兵食而紓民力。

趙時春　馬政論

天有天駟,天子有牧僕之職。自軒轅以來,墳典經史不絶書,逮周始詳。穆王征西戎,責以不享,在今平涼之域,而八駿皆是物也。孝王命秦非養馬汧渭,大蕃息。宣王中興,比物閑,則北至太原,南平荆蠻,大蒐鄭圃,皆以車馬之盛爲言。秦烏嬴谷量牛馬,即烏氏人。而漢文景時,阡陌成群,六郡良家,馳射是利。馬援之邊郡,田牧數年,得畜産數萬。

唐人養馬,亦於涇、渭,近及同、華,置八坊,其地止千二百三十頃。樹苜蓿、蒔麥,用牧奚三千,官寮無幾,衣食皮毛是資,不取諸官。蓋合牧而散畜之,牧專其事,不雜以耕。而太僕張萬歲、王毛仲,官職雖尊,身本帝圉,生長北方,貫歷牧事,躬馳撫閱。無點集追呼之擾,科索之煩,順天因地,馬畜滋殖,萬歲至七十萬六千,毛仲至六十萬五千六百有奇。色别爲群,號稱“雲錦”。地狹不容,增置河西,史贊其盛,圖傳至今。夫豈有它術哉? 法簡而專成而不二故也。玄宗既以嫌誅毛仲,後遂以付安禄山。禄山統北方三道,又使兼掌京西牧馬,地既隔越,而職守難專。重以匈胡叛逆,覆用蹂踐唐室,其餘存者猶足以資肅宗之中興。憲宗命張茂宗監牧。茂宗不能遠略,乃籍汧隴民田,人争言其不便,牧事遂廢,唐以喪亂。由此言之,人事得失,馬政盛衰,益昭然矣。自宋以來,馬藏民間。涇源爲邊重鎮,日不暇給,然頗貿易蕃馬以給戰士。金、元悉從民牧,兵興隨宜取用,官以無事。

皇朝遠稽周、唐,大振馬政。自大將軍得李思齊、李茂之騎,繼破王保保,擄馬駝雜畜數十萬。御史大夫丁玉、凉公藍玉,四征西番,部族悉服。乃製金牌合符,番人以馬充差,朝廷以茶爲賚。體統正而名義嚴,馬日蕃庶,始置苑馬寺,聯以監苑,巡以御史。日久法弛,弘治末年,遂命都御史楊公一清董治之。公振肅紀綱,增置官屬,蒐括墾田,益市民馬,一時觀美。然三年二駒,其計利深矣。數年之後,所利不補所費,何哉? 豈非官多牧擾,法煩弊生,縉紳衣錦,難禦邊塞之風霜;而肩輿驥從,點集追呼,非孕字重累之所能堪乎? 且牧地十七萬七十餘頃,養馬一萬四千餘匹,牧軍才三千三百餘人,田重牧輕。皮肉收銀三兩有奇,公用銀三千餘兩,責之三千三百餘人,物輕輸重。每歲各個入賀督監,糸謁不絕,遞代歲月繁促,南北習俗異宜,道路往來勞費,牧人之不支如此。州縣地不逾二萬頃,爲糧站徭二十餘萬,輕重之相懸如彼。嘉靖三十七年,平凉通判嘉定陳應詳舉籍平固以北皆爲牧地民,村落室廬皆度爲牧,代之養馬償餉,遂號二税。按制,先定州縣田税,後以隙地爲牧,本自相間,安得齊一。應詳務虛名,而名重被病。牧既少獲,種馬日削,責民市馬,吏緣爲奸,民不堪命矣。世之君子,其思有以善後哉?今粗舉其大端云。

清

王金堂　君子如欲化民成俗其必由學乎義

古今有異時無異民,彼此有異蹟無異心。乃後世之民心往往異于古所云者,豈民心不若古乎? 良由師道不立,無所以啟迪是心者,而是心恒昧;無所以收斂是心者,而是心恒失;無所以甄陶是心、涵養是心者,而是心恒雜而不純,危而不安。夫是以各異其心,或戾於正,馴致上理無日臻之勢,四方邈風動之休,治亦不古矣。然則欲啟迪是心而不昧,收斂是心而不失,甄陶涵養是心而不雜不危,舍學奚以哉? 故曰君子如欲化民成俗,其必由學乎。

自世主不察,動謂科條足以束民身,乃科條繁而民不靖;法網足以懾民隱,乃法網密而民不堪。甚至朝廷多一科條而斯民多一機械,吏庭增一法網而斯民增一譸張。蓋岌岌乎束不勝束,懾不勝懾矣。顧何以大猷之世,民安敦龐,不專尚科條,不徒恃法網,民自納躬於科條之中,置身於法網之外,熙熙焉,皞皞焉,日遷於善而不知爲之者,夫乃歎學之爲用大矣哉。

民之不化者,由納於邪也。苟學焉而革面洗心,胡不化? 俗之不成者,由不興行也。苟學焉而效順從忠,胡不成? 所以聖人在上,欲化其民,欲成其俗,學則當務之爲急,知舍此別無他道耳。夫民猶水也,障塞不通,氾濫適成患害。亦猶木也,捲曲不正,盤錯終爲惡材。而惟導之以決其壅滯,削之使中乎繩墨,夫然後就我提防,受我裁成矣。故君子之于民也,詩書以啟其靈明,禮樂以治其性情,仁義道德以爲之漸摩,縱未必千里一聖,百里一賢,而孝弟睦姻之風行,識者已知學校之流澤孔長矣。

後世賢君仁主，間或尊師重道，臨雍拜老，大召名儒，增廣學識，以興其教者，第不知所本，未免貽君子之譏，而已化及異域矣，而已夜不閉戶矣。數傳之後，猶能鼓氣節於不衰，以維持國運，而況君子躬行以化民，明德新民，知所先後，言行政事皆可師法者哉。是知風俗莫要于人心，而人民必原於教化。果能興學立教，本小學以正其始，本大學以要其終。外有以極其規模之大，而內有以盡其節目之詳。其為學焉者，無不知其性分之所固有，職分之所當為，而各俯焉以盡其力。將見治隆於上，俗美于下，唐虞何古，當代何今，彼一切惑世誣民之方術，皆可以不論不議矣。

趙生新　賈讓治河三策論

自古善治河者，一勞永逸。不善治，則徒勞無功。漢時之治河者，大抵不善治者也。惟不善治，故屢決屢築，隨築隨壞。惟成帝朝之賈讓，得治河之道焉。觀其上、中、下三策，深悉利弊。惜當時不能擇其善者，實事求是。迨至明帝，遣王景播河為八，始無河決之患。然河患雖除於明帝，而治河之策，未始不基於賈讓。治河三策，可得而申論焉。

考之河發源星宿，踰崑崙，經積石，過臨洮，出龍門，抵潼關而注于孟津，迨過虎牢而奔豫徐之境。大禹以四載之勞，順性而導，夏之時終無河患，至殷而河決者屢矣，僅遷都以避。洎周定王時，兗豫河患，為害無窮，終無善策。自漢以來，河患仍如殷周，瓠子河始塞，館陶又決，平原又決，求復禹之舊蹟，誠有難焉。乃賈讓以三策陳于成帝，其於河之扼要，無不言之各當，漢之時宜其永無河決之患矣。

何不數年，酸棗清河決，澶淵曹村決。更徵之元、明，河決之患，仍難枚舉。是讓之策，終不可行也，抑知讓之所畫，蓋為黎陽東郡、白馬間數受河患而籌，未嘗全為治河者告？如為全治河論，後世何至河決而靡數？雖然、賈讓三策，豈盡宜於西漢，不能宜於後世？竊以為三策之中，上策、下策，或難進行。若中策，則後世之凡治河者，未有不可行者也。

趙新生　學制特重實業策

西國之富，富於農、工、商，西國之強，強于農為工、商。故農、工、商皆有所戰，然皆不外學戰。如日本於三十年前，極貧弱之國，自變法以後，其聲明文物之盛，幾埒於泰西。論者謂變法之善有三大端：曰農政，曰商務，曰考工。講藝既精，成材以眾。

中國固有農、工、商務，率皆各自為謀，馴至貧弱，以受外人之侮，是豈可不因時變通而加意於農、工、商與？夫農、工、商，《周禮》一書已詳言之矣："大司徒十二壤"之教,是言乎農之政也;"太宰以九職任萬民",是言乎工之政也;"司市掌市之治,教政刑度量禁令",是言乎商之政也。農、工、商中國固已有之,夫何必取法歐洲？不知中國之人,大抵喜新厭故,舊有之政,歲久而故事奉行者居多。

西國之于農也,蒞以農部,教以農學學堂,士民又有農學會、農學報,校其優劣,究其利病,故其農事之精,遠符《周禮》。其工藝之巧,冠絕五洲。原其根本,不外規矩準繩之用。如以輪螺桿擺爲機,則重學也;以金石水氣爲用,則化學也。此皆有精義公理可推究,亦可擴充。商政則治商部,即周司市之官也。國有官銀行,商資以爲挹注,則猶周之泉府賒貸政也。其他僞飾之禁,與夫開塞消息之徵權,無不與古經相符契。

由是以觀,西國之學,學《周禮》也。日本之强,亦强于《周禮》。中國學制,特重實業,自宜普設,以圖富民。或謂用夷變夏,是未即《周禮》而繹之耶。

馬世英　世訓

中正爲處世之方,忠恕乃立人之本。好施手段,自束自縛之網羅;多用計謀,自掘自埋之陷井。低頭則無杜當之處,隨地可以容身;讓人自無嫉惡之生,凡事易於周轉。卑鄙固屬可恥,傲慢尤爲不宜。作事貴有始終,開言要有分寸。自大則招人厭,心恨必有天災。喜怒無常,足見涵養之淺;言行不一,定是奸詐之流。面是心非,欺人原是欺己;善隱惡揚,成名終必敗名。志大則百願難償,心小則萬事如意。勿羨人之富貴,只安己之本分。

善體父母之心,不在菽果供養,還求溫飽勿缺;要全骨肉之誼,兄弟之間,最忌錙銖之較。家庭以内,貴有長幼之分。門户必要小心,水火不可大意。愛惜衣食,自可免有饑寒;打掃門庭,不可積其污穢。飽暖切戒過度,行止要有常規。夫婦相敬如賓,姒娌切戒反舌。擇婿要求忠實,勿圖聲勢之豪富;娶媳只檢賢良,勿貪妝奩之豐盛。飲食要有常規,服飾不宜妖豔。持家謹防豪華,立身常守淡泊。婚嫁貴有禮節,不可過於繁榮;喪葬務宜悲哀,還要格外慎重。

飲酒切勿過度,宴客不可留連。非義之財不可求,損人之念不可發。幸災樂患便是小人,暗算陰謀即成鬼蜮。親友如有過錯,務宜原諒其心。妻子若果不才,早可防範其亂。鞭笞可不必用,教導必不可無。工作可開心機,詩書能化氣質。敬老恤幼,睦里和鄰。早起遲眠,自少怠惰之習。訓兒教女,切戒放縱之心。勤勞可以成家,散慢可致廢業。萬事必親身下手,夫何必仰仗他人。一切務自己操心,總不可放棄責任。既須慎重事務,尤須鍛煉身心。

見人要帶十分笑容,接物要有十分和氣。勿友不如己者,乃是親仁之言;與人無所不容,便成泛愛之義。存心務要寬厚,立志總求久長。興高時莫發盡頭之言,事過後自少失足之悔。臨時而懼,總宜小心;好謀而成,不可大意。環境順適,切不可趾高氣揚;遭際艱難,更不可灰心喪氣。光明磊落,心地自寬;浮躁慌張,手足無措。揚人之惡固不善,逞己之才尤非宜。成人之美是丈夫心腸,掩人之才是小人態度。寬人責己,是處世之良規;周急憐貧,乃無上之美德。既不可下井投石,尤不宜錦上添花。奉公務端忠勤,待下貴有禮節。心直口快,便是率真之人;脚忙手亂,足徵魯莽之輩。木呆遲滯,自少活潑天機;猾稽誹諧,尤失莊重氣象。

興學育才,公德無量;急公好義,子孫必賢。一言壞人之名譽,其罪惡比暗殺尤烈;百計而成人之事業,其功德較放生更多。扶持正人,勝造七級浮圖;標榜匪類,自投九層地獄。貪財重色,雖人面而獸心;非分枉爲,必地誅而天滅。存心正直,何必求神;作事善良,勿須拜佛。欺孤侮寡,福澤不長;仗勢凌人,禍患立至。莫圖眼前之快樂,謹防日後之迴圈。勿占肩挑便宜,勿媚土劣權勢。不可説真售假,切莫昧己瞞心。勿論是非,少談閨閣。淫人妻女,報在子孫。蒙彼相欺,反察自己之錯;受人好處,當圖報答之難。惟大英雄,方能忍耐;是真名士,始有優容。勤可療貧,廉可養德。爲善不求人見,存心自有天地。

存心要作工頭,立志莫爲官吏。工頭爲實業之母,官吏乃鑽營之階。讀書志在聖賢,爲官存心國家。武斷鄉曲,乃是土豪;顛倒是非,即爲蟊賊。倘或立身當道,總宜撫心自問,而能推己及人。如可秉權治世,勿以一身權利,而害公共安全。擁兵縱橫,勢焰能有幾日;攬權跋扈,罔思後日下場。奸雄蓋世,徒留後人罵名;勢力熏心,豈顧國家大計。一經開火,死者孰非國人?皮相之文明易學,實際之程度難求。古學爲立身之基,新學乃養生之術。勿以養生之術而棄立身之基,亦勿以立身之基而廢養生之術。新舊並重,本末兼全。

爲人若是,庶乎近焉。信手寫來,聊作當頭棒喝;銘之座右,堪爲暮鼓晨鐘。非敢謂之覺世,聊以自警其心云爾。

　　白鳳至[52]　　八德訓

第一訓曰:訓爾盡孝。百行之原,尊親爲孝。去親所惡,存親所好。先意承志,察顏辨貌。温清定省,謹遵聖教。益親壽考,可以謂孝。

第二訓曰:訓爾盡弟。父母遺體,勿傷同氣。相敬相親,天生羽翼。和樂且耽,父母亦喜。棠棣韡韡,兄弟怡怡。手足之情,天倫暢叙。

第三訓曰:訓爾盡忠。欲知人心,先問己心。己所不欲,勿施於人。已發惟和,未發至中。外防奸邪,内保天君。退思補過,進思盡忠。

第四訓曰:訓爾守信。信天明命,去妄存正。寧可去食,不可去信。言惟信實,行則篤敬。信能格天,信則人任。篤信好學,知止有定。

第五訓曰：訓爾執禮。未警細行，先立大體。動容周旋，無過不及。上下相安，仁讓風啟。事親之孝，從兄之弟。節文斯二，禮之實際。

第六訓曰：訓爾重義。讀書耕田，安分守己。見義勇爲，志能率氣。廣種福田，莫壞心地。念老惜貧，扶危周急。垂裕後昆，貽謀燕翼。

第七訓曰：訓爾守廉。受有義財，辭無名錢。義然後取，人不厭煩。不義之富，視如浮雲。放利而行，多致怨言。不可以取，取必傷廉。

第八訓曰：訓爾知恥。德因恥積，勇由恥致。勿同流俗，勿合汗世。表正行端，外方內直。勿交善柔，友直諒士。恥不若人，勤以修己。

劉穎齋　楊博好延老兵防邊要論

治疾者，必先求醫師；搆室者，必先聘大匠。得大匠，則大木爲采矣，細木爲椽矣，榰櫨株檽，根閫閌楔，各得其宜，而後施之，則室可成矣。得醫師，則觀其色矣，聞其聲矣，問其因矣，切其脈矣，而後知其虛實寒熱，投之一劑，則藥瞑眩，厥疾自無不瘳。

是知疾之所係者，一人之安危；室之所關者，數楹之成敗。今以一人、數楹之細微，尤且聘大匠，求醫師，況邊要之重大乎。使不有洞悉情形，深明利害之人，而欲操勝算也難矣！雖然，吾所謂洞悉情形，深明利害者，非老兵莫屬。何也？老兵者，邊地之山川險要，久於閱歷，想亦瞭若指掌矣。邊氛之衆寡強弱，久於戰鬥，罔不洞若觀火矣。邊機之間諜機密，久於言語，通於聲氣，不難知己知彼矣。邊關之氣候寒溫，以及風俗美惡，均久於嘗試，不至困于瘴厲矣。楊博延而防之者，誠可謂之悟本探源之舉，亦猶治疾而求醫師，搆室而聘大匠也。

劉穎齋　孟子言性善、荀子言性惡、楊子言性雜辨

或有問於予曰："性也者，天所同賦之於人也，人所同受之於天也；賦受既同，而性所具之理，所趨之向，自無不同。何孟子、荀子、楊子言性者，各執其一端？"

予曰："孟子言性者，固有也。荀子、楊子言性者，習漸也。"

或曰："既以固有而論性善，以習漸而論性惡、性雜，則丹朱之父堯也，商均之父舜也，象之兄亦舜也。堯舜之性本善也，意丹朱、商均、象之性，未有不善。諺云：'有其父，必有其子；有其兄，必有其弟。'而丹朱、商均、象之性均不能善者，豈固有之不善，亦習漸之不善也。若以固有爲不善，則今孟子言性之意非矣。又以習漸爲不善，則堯、舜之道非不宏也，堯舜之教非不普也，足以化億兆，格苗民，而不能薰陶其子弟於善者。習漸之説，今又不足徵矣。"

予曰："嬰兒之泣，莫不同此呱呱之聲。孩提之意，莫不知愛其親，及其長也，莫不知敬其兄。無何而紛華所奪，貨利所撓，則或列爲敗類，或居於下流。譬鑒

之質本明也,久而不拂,則必爲塵翳所遮。性之爲性,何異是哉?《魯論》曰:'性相近也,習相遠也。'"

或曰:"玉之生也,有瑜也,有瑕也。假使瑜而能爲瑕乎?曰:不能。亦使瑕而能爲瑜乎?曰:不能。玉之瑕瑜,不能相爲,性之善、惡、雜,豈能相易乎?孔子云:'惟上智與下愚不移。'"

予曰:"荀子言性惡,楊子言性雜,非謂性爲惡、雜也。吾意荀子、楊子言性惡、雜,恐後之人徒以孟子之説爲是,委性爲善,而不能日新又新,故闡發一惡字,一雜字,使人知所戒慎乎其所不睹,恐懼乎其所不聞。此惡字、雜字當如'亂臣十人'亂字解,謂人能治性中之惡,曰性惡;能治性中之雜,曰性雜。若以性爲惡、雜,則差之遠矣。"

劉潁齋　謨罕默德、釋迦牟尼、耶穌基督論

有國必有民,有民必有教,有教必有所以創教之人。謨罕默德,回教之祖也。釋迦牟尼,佛教之祖也。耶穌基督,即耶蘇基督教之祖也。然三者之立教不同,生之時、居之地,及踐履言論著述,亦有不同也。而皆能傳千百世而不替,遍各國而奉行者,何也?

三者之名雖殊,而三者之實則一。觀《哥拉尼》書中,謨罕默德言:"人魂皆受審判。"《梵天詔世語》,釋迦牟尼以"人生於世,如沉苦海,欲求彼岸,須登慈船。"《約書》云:"上帝創造世界,乃藉以嘗試人之善惡,以爲末日審判之本。而復降生聖主耶蘇,以善導人,而使之離其舊惡。"以是觀之,謨罕默德、釋加牟尼、耶蘇基督,無非教人以爲善也。名殊實一,不其徵歟。孟子所謂伯夷,聖之清;伊尹,聖之任;柳下惠,聖之和;孔子,聖之時也。[①] 得不比其倫而同體者矣。

雖然,後之人,有濫竽其教者,往往入於此,必出於彼;專于此,必謗於彼。以致衝突多起,爭競時興,與宗教前途,大受影響。有好事者因之而非其教,更非其創教之人,豈持平之道哉?

民國

杜士林　春秋凡例集要　略

春秋撮要　略

石作樑　德裕堂筆記　略

丁德隆　大道引、大道解、大道行

大道引

何謂道?順自然,不勉强,無貪欲,無僭妄。自身事,自身主持,自身修養。

---

① 參見《孟子·萬章下》。

他人事,他人行使,他人擔當。飲吾飲,食吾食,衣吾衣,裳吾裳;安居吾所安居,倉忙吾所倉忙。事父母,敬長上。待人處事,持躬接物,力行四維八德,實踐三綱五常。總求無負於國家世界,無愧乎大地上蒼。心無偽而坦蕩,行無污而端方。明足以察天地萬物之理與事理,窮研而開朗,智機豁達於無限無量;誠足以合天地萬物之性與我性,盡致而昭彰,氣宇充塞乎至大至剛。巍巍哉,如斯學道修道而傳道,則大道自然亨通分而盛昌。

大道解

凡一切物理現象,外觀成其文者原爲假,成其質者方爲真;內覺成其心者原爲假,成其性者方爲真。質性相處,質則爲性之假,性則爲質之真。故聖人率性修道,棄假存真,表裏一致。不爲相拘,不爲形亂,不爲色誘,不爲情迷,不爲俗擾,不爲塵污。如斯方可止一切妄念,絕一切惡欲,破一切小見之私,除一切大道之阻。蕩蕩分巍巍哉,浩氣充塞宇宙而長存。

大道行

宇宙道,天地德,庶類化育,萬物生息,大道之本,至德之極。創世界,建邦國,傳興替,繼基業,德與鄰比,道相關切。祖宗父母,生所由;師友長上,教所得。道不分種族,德無別畛域,定未來前程,思已往恩洋。人人原出一大道,人人本同一至德。人人性自宇宙始,人人命從天地發。人人託世界而生存,人人賴邦國而生活。人人是祖宗父母之遺體,人人爲師友長上所培植。飲水思源,反三在一。知大道即行大道,明至德則報至德。尊重宇宙與天德,盡忠世界興邦國。奉祖宗父母,唯恐孝順之不及;事師友長上,常畏敬信之有缺。愛庶類若己身骨肉,視萬物如己身血脈。應知天命爲公有,當率天性服公役。利爲他人求,力願自己出。同氣以相求,共事必相協;既舒襟以坦懷,必意净而慮滌。性明明如秋水,心皎皎似白璧,動静不著塵垢,言行自然淡泊。事事彼此由本心,處處相互見本色;心心相印還原性,色色相與返原質。性還原性同化育,質還原質共生息。生息共終始,化育同休戚;終始永今古,化育長親密。大道斯盛行,至德自森赫。世界同大慶,宇宙樂清寂。

書序　　通辭抒意之文屬之

漢

梁商　訓子勿厚殮誡

敕子冀等曰:吾以不德,享受多福。生無以輔益朝庭,死必耗費帑藏。衣衾飯晗玉匣珠貝之屬,何益朽骨。百僚勞擾,紛華道路,只增塵垢,雖云禮制,亦有權時。方今邊境不寧,盜賊未息,豈宜重爲國損。氣絕之後,載至塚舍,即時殯殮。殮以時服,皆以故衣,無更裁制。殯已開塚,塚開即葬。祭食如存,無用三牲。孝子善述父志,不宜違我言也。

　　楊惲　報孫會宗書

　　惲材朽行穢,文質無所底。幸賴先人餘業得備宿衛,遭遇時變以獲爵位,終非其任,卒與禍會。足下哀其愚,蒙賜書,教督以所不及,殷勤甚厚。然竊恨足下不深惟其始終,而猥隨俗之毀譽。言鄙陋之愚心,若逆指而文過,默而息乎,[53]恐違孔氏各言爾志之義,故敢略陳其愚,唯君子察焉。

　　惲家方隆盛時,乘朱輪者十人,[54]位在列卿,爵爲通侯,總領從官,與聞政事。曾不能以此時有所建明,以宣德化,又不能與群僚同心並力,陪輔朝廷之遺志,已負竊位素餐之責久矣。懷禄貪勢,不能自退,遭遇變故,橫被口語,身幽北闕,妻子滿獄。當此之時,自以夷滅不足以塞責,豈意得全首領,復奉先人之丘墓乎![55]伏維聖主之恩,不可勝量。君子游道,樂以忘憂。小人全軀,悅以忘罪。竊自思念,過已大矣,行已虧矣,長爲農夫以没世矣。是故率妻子,戮力耕桑,灌園治產,以給公上,不意當復用此爲譏議也。

　　夫人情所不能止者,聖人弗禁。故君父至尊親,送其終也,有時而既。臣之得罪已三年矣,田家作苦,歲時伏臘,烹羊炰羔,斗酒自勞。家本秦也,能爲秦聲。婦,趙女也,雅善鼓瑟。奴婢歌者數人,酒後耳熱,仰天拊缶,而呼烏烏。其詩曰:"田彼南山,蕪穢不治。種一頃豆,落而爲萁。人生行樂耳,須富貴何時?"是日也,拂衣而喜,奮袖低昂,頓足起舞,誠荒淫無度,不知其不可也。惲幸有餘禄,方糴賤販貴,逐什一之利,此賈豎之事,污辱之處,惲親行之。下流之人,衆毀所歸,不寒而慄。雖雅知惲者,猶隨風而靡,尚可稱譽之有?董生不云乎:"明明求仁義,常恐不能化用民者,卿大夫意也;明明求財利,常恐困乏者,庶人之事也。故道不同,不相爲謀。"今子尚安得以卿大夫之制而責僕哉?

　　夫西河魏土,文侯所興,有段干木、田子方之遺風,凜然皆有節概,知去就之分。頃者,足下離舊土,臨安定,安定山谷之間,昆戎舊壤,子弟貪鄙,豈習俗之移人哉?於今乃睹子之志矣。方當盛漢之隆,願勉旃,毋多談。

　　皇甫規　謝趙壹書

　　蹉跌不面,企德懷風,虛心委質,爲日久矣。側聞仁者,湣其區區,冀承清誨,以釋遥悚。今旦,外白有一尉兩計吏,不道屈尊門下,更啟乃知已去。如印綬可投,夜豈待旦。惟君明睿,平其夙心。寧當慢傲,加於所天。事在悖惑,不足具責,倘可原察,追修前好,則何福如之!謹遣主簿奉書。下筆氣結,汗流竟趾。

　　與劉司空牋

　　明公至德,佐國憂世。蒙贈兩梁冠及鮐魚一雙,服厚尊貺,榮施其弘。

與馬融書

謹遣掾吏許尚奉書,裁上絮被一雙、襪一量,以通微意。

晉

皇甫謐　三都賦序

玄晏先生曰:古人稱不歌而頌謂之賦。然則賦也者,所以因物造端,敷弘體理,欲人不能加也。引而伸之,故文必極美;觸類而長之,故辭必盡麗。然則美麗之文,賦之作也。昔之爲文者,非苟尚辭而已,將以紐之王教,本乎勸戒也。

自夏殷以前,其文隱没,[56]靡得而詳焉。周監二代,文質之體,百世可知。故孔子采萬國之風,正雅頌之名,集而謂之《詩》。[57]詩人之作,雜有賦體。子夏序《詩》曰:“一曰風,二曰賦。”故知賦者,古詩之流也。至於戰國,王道陵遲,風雅寢頓,於是賢人失志,詞賦作焉。是以孫卿、屈原之屬,遺文炳然,辭義可觀。存其所感,咸有古詩之意,皆因文以寄其心,託理以全其制,賦之首也。及宋玉之徒,淫文放發,言過於實,誇競之興,體失之漸,風雅之則,於是乎乖。

逮漢賈誼,頗節之以禮。自是厥後,[58]綴文之士,不率典言,並務恢張。其文博誕空類,大者罩天地之表,細者入毫纖之内,雖充車聯駟不足以載,廣廈接榱不容以居也。其中高者,至如相如《上林》、楊雄《甘泉》、班固《兩都》、張衡《二京》、馬融《廣成》、王生《靈光》,初極宏侈之辭,終以約簡之制,焕乎有文,蔚爾麟集,皆近代辭賦之偉也。若夫土有常産,俗有舊風,方以類聚,物以群分。而長卿之儔,過以非方之物,寄以中域,虛張異類,託有於無。祖構之士,雷同影附,流宕忘反,[59]非一時也。

曩者漢室内潰,四海圮裂,孫、劉二氏,割有交益,魏武撥亂,擁據函夏。故作者先爲吳、蜀二客,盛稱其本土險阻環琦,可以偏王。而却爲魏主述其都畿,弘敞豐麗,奄有諸華之意。言吳蜀以擒滅比亡國,而魏以交禪比唐虞,既以著逆順,且以爲鑒戒。蓋蜀包梁岷之資,吳割荆南之賦,魏跨中區之衍;考分次之多少,計殖物之衆寡,比風俗之清濁,課士人之優劣,亦不可同年而語矣。二國之士,各沐浴所聞,家自以爲我土樂,人自以爲我民良,皆非通方之論也。作者又因客主之辭,正之以魏都,折之以王道,其物土所出,可得披圖而校。體國經制,可得按記而驗,[60]豈誣也哉!

明

趙時春　送孔道源序

略謂:固原居四鎮之首,而榆林雄九邊之兵。

胡松浚谷集序

略謂:行部至高平,往來固原,訪浚谷先生于藏書閣之“廻光亭”,因得盡讀先生平生所爲詩若文。

劉敏寬　《固原州志》序

郡邑有志，倣古列史，備考鏡、垂勸戒也。固原舊志二種：一乃太微山人張氏治道所撰，一乃涇源中丞趙氏時春所撰者也。① 既各互有詳略，且時淹蹟幻，考據乖舛。況守土之官，屑越散逸，板籍無一存者。堂堂鉅鎮，豈宜廢缺若此。因檄固原道方伯董君國光，諮詢參考，訂舊增新。余覆裁酌，撰次八篇。疆域宅基，山川古蹟，咸所附麗，作《地理》第一。設險奠居，城隍衙宇，保釐蓋藏，作《建置》第二。延禧燔崇，於神於靈，妥侑祈報，作《祠祀》第三。任土料民，作貢課力，惟正惟忠，作《田賦》第四。下甲詰戎，惠中綏外，鞏固金湯，作《兵制》第五。共主艾民，敦化襄理，僚吏是依，作《官師》第六。徽塵英軌，澣俗維風，前修仰止，作《人物》第七。白雪青錢，騰奇貫治，藻翰筌蹄，作《文藝》第八。篇贅數語，竊比韋弦，雖幽遐眇曖，不無掛漏，其顯暴臚列者，似亦略盡矣。有司者不復有屑越散逸，使後之君子得所徵，以裨不逮，有深望焉。

董國光　《固原州志·地理志》跋②

余惟地靈人傑，人勤地秀，此交勝利說也。要之貞勝利恒在人，蓋地道不可知，而人事不可誣，故在德不在險。前哲明言：有人此有土。③ 至聖光訓，有如堯舜之心常存，文武之道不墜，則秦晉山川方且無改，何古蹟之足吊哉！鸞鳳翔而鴻雁載詠，虎豹在而戎馬不生，輿圖永奠，應地無疆，守土者得無意乎？

董國光　《建置志》跋[61]

余惟昔先王疆理天下，以建萬國，萬國咸寧，群生康阜。蓋畫其土境，定其疆界，而樹之官、司之牧，然後敷治粒民之任有所屬，而正德厚生可期矣。故必畫郊圻而慎封守，謹庠序之教；制田里而勤勸課，罷關市之征。雖創制顯庸，固有其紀綱法度，而粹然至善，是又在掌疆者之得人也。吁，敢戲渝乎哉！

董國光　《祠祀志》跋④

余惟大事在祀，夫豈無稽而漫爲是鄭重哉？禮樂神明並提，慢神虐民互戒。體物不遺，尤侈其盛，非欺我者。顧神享於誠而歆於德，誠德不孚，神其吐之。彼不祀者放，非祭者諂，敬而遠之，鼎訓固在。

董國光　《田賦志》跋⑤

余惟則壤成賦，古今通義也。民窮斂急，損下而責在上；民惰國虛，損上而責

① 疑爲趙時春《平涼府志》卷九《固原州》。
② 此跋文見於《萬曆固志》上卷《地理志第一》。
③ 《禮記·大學》："有德此有人，有人此有土，有土此有財，有財此有用。"
④ 此跋文見於《萬曆固志》上卷《祠祀志第三》。
⑤ 此跋文見於《萬曆固志》上卷《田賦志第四》。

在下。所恃幹濟，惟牧職耳。動植紛紜，一體咸若，豈異人任，[62]撫字摧科，撙節愛養。田疇易而府庫充，民物亨而凋耗杜，[63]良哉牧也，無忝任使矣。

董國光　《兵戎志》跋①

余惟帥府握兵，中權四鎮，綢繆經畫，規制斯全。但將玩于内寧，士驕於不戰。弊竇百出，簡閲十寒，技謝屠龍，譌成市虎。地軍土達，脆煥逸悍，幾無兵矣。近稍振揚，頗湔舊習，不競不絿，無厭無斁，執此以往，其庶幾有制之兵乎。

董國光　《官師志》跋②

余惟聖天子揚歷寮宷，備員荒服，寵賁云乎哉？將以固疆圉、保元元也。揆文奮武，八方覆露，而千里沉烽，徽音馨烈，樹爲天下觀。鼀暴砦窳，萬竈微煙，而四郊多壘，匿蹟穢聞，遺爲天下嗤。袞鉞丹青，百世不改，噫！嚴矣哉。豐施棱屬，糾華綏戎，夫然後媚于天子。

董國光　《人物志》跋③

余惟獨先覺能啟後覺者，感之妙也。不自善與人爲善者，[64]化之神也。故周有文王而凡民興，魯多君子而賢人衆，人物示範，焉可誣哉！彼圓不規、方不矩者，上所願見也。生麻叢入蘭室者，次所嘉與也。自聖自賢、自暴自棄者，其風斯下，亦莫如之何也已矣。

董國光　《文藝志》跋④

余惟文獻足而禮制徵，《詩》《書》厄而經義晦，文藝之爲世資，尚矣。朝那開鎮，玉樹交輝。含章鬱爲國華，絶響泄爲天籟。泠泠森森，曷可勝筆。惟是述往昭來，標勳紀勝，勢難散逸，不得不掛一以漏萬耳。至若緟旨星羅，芬蕤綺合，鏤砥繡梓，與五緯爭光者，自有在焉。然典謨訓誥，闡載鴻猷；日露風雲，[65]流連光景。此摛文遊藝者所當早辦，固有志而未能也。

董國光　《固原州志》後序⑤

《固原志》一見於張太微山人，[66]多旁稽無當事實。再見于趙浚谷先生郡乘，然非類志，[67]識者憾之。且固原雖名一州，實爲制鎮都會在焉。圭組簪纓之倫，後先彬彬輝映，浡鬱治功，鼓吹休懿。而遨覽漢、魏、唐、宋之季，[68]名閥鉅卿，以事功節義奮起者嘗與山川競爽，爛然竹素，何生鐘靈尸祝之鄉，[69]而竟湮没無述。[70]此無他，志，方史也，史材實難采撮，狹則誚蛙蟲旦評，爽則羞兗鉞藻繪,繁則嗤優孟搦管。陽秋非其人,蓋弗任耳。

在歲乙卯,[①]少司馬劉公來蒞茲鎮,披圖慨然,[71]首以志事下記,謂征往開來,不可以當吾世而闕此典。公之意甚盛,維時余懼前説,固謝久之。公曰:"毋有二氏之籍,在子第任述,[72]吾當任其作者。"因引郡廣文文學數輩開局編次,而稍訂其沿革。[73]既奏簡上,公手訂筆削,芟譌擷菁,首起《地理》,迄《藝文》止,删定凡八篇,各有目,[74]繫以論,而括叙於前云。

清

張澍　與程鶴樵方伯書

自藩條蒞甘,故鄉人來,咸言閣下勤勞公事,吏畏民懷。弟爲合省士庶慶幸,以手加額。六月初旬,載誦手書,懇懇以地方利弊下問,尤見不棄芻蕘之至意。弟雖佝愁無知,敢不竭其愚以爲芹獻。

竊以爲甘肅之所急,莫大於興水利。何也? 土地磽,生産稀少,一逢亢暘,即患艱食,哀鴻滿野,良可悲嘅。説者每謂甘省泉源甚少,河渠無多,欲興水利,殆有難者。此未諳輿圖,漫託譻言,自安疵惰,阻撓成功者也。

試以蘭州府屬言之:皋蘭則有黃河水、筍籬水、柳林溝五泉水、阿干河、黃峪溝水、龍尾山渠、古峯山渠。狄道有洮水、楊家莊渠、何鄭家渠、田家嘴渠。金縣有兪谷水、買子墨泉。西寧有湟水、浩亹河、神濟河。河州有廣通河、九眼泉、漫灣渠、雙成渠、西川渠、南川渠、嘴頭塞渠。靖遠有黃河、祖厲河、楊稍兒水、陡城水、打剌赤堡水、西泉、東泉、紅柳泉、萬馬泉、民窰水。渭源有通濟泉、息家泉。

鞏昌府屬之隴西縣則有渭水、頭渠、二渠、三渠、永利渠。安定縣則有西河、得羅川。通渭縣則有甜水河、錦雞峽水、龍尾溝、華川。漳縣則有漳河。會寧則有壞泉、米家峽河、糜岔河。伏羌縣則通濟渠、陸田渠、廣濟渠、惠民渠。寧遠縣則有紅峪舊水渠、野南溝水渠、新渠、樂善河渠、龍泉渠、大佛峽舊渠、磟石川新渠、屈家橋新渠、木林峽渠、蓼川鋪渠。西河縣則有九龍泉、官泉。岷州則有西川水、疊藏河、三眼泉。

平涼府屬之平涼縣有涇河、浚谷水、岨谷水、利民渠、暖泉、橫河。崇信縣則有汭水渠、新柳灘、四峪水。華亭縣則有惠民渠、武邨水。固原州則有甜水河、南川。涇州則有百泉溝、六十四道溝渠。靈臺縣則有蒲川水、後溝河。靜寧州則有興隴渠、暖水河、乾磑川、涌泉。隆德縣則有官泉、小水泉。

慶陽府屬之安化縣則有東河水。合水縣則有華池水。環縣則有環江。真寧縣則有真寧河。寧州則有馬蓮河。

---

① 乙卯:萬曆四十三年(1615)。

甘州府屬之張掖縣東有十四渠,南有二十四渠,西有三十三渠,北有六渠;又有千金渠、紅沙渠、仁壽渠、老仁渠、義德渠、無虞渠、童子寺渠。山丹縣則有南草湖渠、[75]西草湖渠、暖泉渠,又有紅崖子、童子寺、大黃川等十三渠。

涼州府屬之武威縣則有金塔寺河壩渠、雜木口澗壩渠、大七渠、永昌渠、懷安渠、黃羊川渠、沙溝水、雙塔五壩水。永昌縣則有搴占口渠、水磨川渠、暖泉渠、牧羊川渠、大河口渠、五棵樹渠。鎮番縣則有石羊河、紅水河、野豬灣。[76]古浪縣則有板槽壩泉、暖泉壩泉、大河上頭壩水、上問暖泉水、大靖教場壩水、高崖泉。平番縣則有莊浪河之十二渠、大通河之四渠、岔口二渠、武勝驛三渠、河東二渠。

寧夏府屬之寧夏縣則有惠農渠、河忠堡渠。寧朔縣則有漢延渠、唐來渠、大清渠。平羅縣則有清塞渠。中衛縣則有美利渠、貼渠、北渠、新北渠、勝水渠、順水渠、常永渠、石灰渠、七星柳青渠、羚羊夾渠、通畸渠。靈州則有秦渠、漢渠、光禄渠、薄骨律渠、七級渠、特進渠、昌潤渠。

西寧府屬之西寧縣則有伯顏川九渠、車卜魯十渠、那孩川五渠、廣牧川四渠、乞答真渠、哈喇只溝渠、大河渠、季彥才渠、觀音堂溝渠、紅崖子渠、壞吃塯渠、西番溝渠、撒都爾渠。碾伯縣有河北十六渠、河南十四渠、山南堡八渠。大通縣則有東峽川渠、峽門堡渠。秦州則有赤峪水、藉河、渭水。屬縣秦安有束龍峽水、湫科坪水、可泉。徽縣有臬河。兩當縣有嘉陵江、礬水、紅崖河、香泉、應泉。階州則有紫水、北穀河、西水河。屬縣成縣有東川水。文縣有西園渠、雪夜渠、碧雲渠、復古渠、清波渠、三關渠、甘棠渠、流春渠、瀑布水渠。肅州則有黃羊場渠、沙子壩渠、兔壩渠、[77]老君壩渠、葡萄渠、中渠、陶來河、[78]紅水壩、豐樂川壩、觀音山壩、暖水泉壩、缽和寺壩、通濟九眼泉。高臺縣有納凌渠、豐稔渠、站家渠、永豐渠、堰冶渠、河西壩渠、千人壩渠、安定渠、[79]黑河分渠。安西州則有蘇賴河、屯田渠、回民渠、餘丁渠、四道溝二渠、黨河通裕渠、永豐渠、廣餘渠、大有渠、昌馬河四渠、赤金所四渠。

凡此皆顯著河流泉水,或為古昔開鑿又經後人疏通者,或有官司主管,亦有農戶經理者。倘一一決其湮,浚其洫,導其流,修其防,則赤鹵之地可為膏壤矣。

閣下以民生為念,宜有以厚其生必先謀其生,庶不慮雨澤之愆期,灌溉之無術也。嘗見南方農人,此山之水,以筧通於他山;低岸之水,纍石激于高岸。事在勉為,功可立獲。閣下其才擇之,督有司速行之,邊裔之民,從此果腹,頌鮮于佁為福星者,必移之于閣下矣。

張澍　《皇甫司農卿集》序

嗚呼!桓靈之亂極矣。邪蠱奸鋒,充牣朝宇,而魁儒碩士,牢户填尸。即微蠻夷猾夏,潢池弄兵,而宮棲麋鹿,厥兆章矣。皇甫氏為國禦侮,屢殪強敵。薦紳歸仰,禍免宦孽,可不謂智壽乎?況乃文成石畫,可見施行,忠謇之風,溢於楮墨。不得視爲浮藻,飽彼蟫蟲也。阮孝緒《七錄》云:①"司農卿《皇甫規集》五卷。"隋、唐二志卷數亦同。本傳言所著賦、銘、碑、贊、禱文、吊章、表、教、令、書、檄、牋、記,凡二十七篇。今輯得十一篇,而趙壹報書,蔡邕薦章,並綴諸末。

安維俊　雷少保興學紀事序[80]

蓋聞有非常之才,然後可肩非常之任;亦必有非常之德,乃能不矜非常之功。國家懸節鉞以待有功,功者才所見端也。而師保之職,則以崇有德,非若懋功懋賞之可以例獲也。

中江雷公,以大都督兼太子少保,帥秦以來,垂三十年,盛烈著於旂常,[81]無庸縷述,獨其虛懷下士,樂育人才,有非尋常將帥所能及者。固原爲督軍駐節所,回逆之變,城社爲墟。公既膺簡命,蕩平醜類。慎固封守。民之逃亡歸故土者,視承平時才什一耳。懷鉛握槧之士,方奔走衣食,未遑專意文墨。[82]公以書院之設,[83]事屬草創,乃與守土者分定課期,月出數十金作膏火費。每逢大比,必先期決科,厚其獎賞。又量赴試人數,優給斧資,俾有志觀光者,爭先踴躍。故雖亂離後,士之登賢書列甲榜者,癸酉、甲戌暨丙子等科,②尚不乏人。

歲甲申,③公奉督師奉天之命,瀕行,[84]捐置千金產,令歲取息,[85]用充義學經費。[86]及凱旋,[87]復捐五百金發商生息,[88]以益書院獎賞之資。[89]所以爲學校計者,何深且遠也。即此亦足見公之德矣。憶隴上用兵之始,凡被儒服者,動爲帳下健兒所笑。即一時號稱名將,亦純尚武功,觀文士如秦越,[90]不少愛惜。公治兵之餘,即思課士,《詩》所稱"文武吉甫,萬邦爲憲"者,④惟公有焉。

抑又聞之:師也者,教之以事而喻諸德者也;保也者,慎其身以輔翼之而歸諸道者也。公以青宮師保之尊,留意邊防學校,爲之獎勸而培植者,[91]二十餘年如一日。行見人文蔚起,科第蟬聯,道德功名之士,安知不並出於其中。[92]大臣爲國儲才,[93]有相尋於其本者,如公之德,士林感且不朽。

余以壬辰應匡策吾刺史之聘,⑤來主講席。公之文孫之桐、之棟,亦從余遊,皆循循然一軌於禮。少陵詩有:"將軍不好武,稚子總能文。"公之食報,其在斯乎?諸生謀勒石以銘公德,乞余一言紀其事。不敢以不文辭,因即公之德,推本言之,以見養士即得人之券,豈僅分人以財謂之惠者哉!

---

①　參見《隋書》卷三五《經籍四》。

②　癸酉甲戌暨丙子:"癸酉",同治十二年(1873);"甲戌",同治十三年(1874);"丙子",光緒二年(1876)。

③　甲申:光緒十年(1884)。

④　參見《詩經·小雅·六月》

⑤　壬辰:光緒十八年(1892)。

熙麟　《固原直隸州志》序

志猶史也，而史有專官，志則無之，故重有賴於官斯土之才且賢者。

固原直牧文水王平山，名進士也。來官斯郡，適通志局札修志乘，而舊志止上下兩卷，自明中葉失修，蓋數百年矣。同治初，復經回亂，州治淪陷，累歲大劫浩。然今雖瘡痍漸復，圖籍罕存，文獻奚攷，矧國家百度維新，新令日至，有司方兼營並舉之未遑乎？

平山蒞固以來，凡學堂、巡警、工藝諸要政，殫精竭慮，既莫不尅期畢舉。志乘且廣爲十二冊，分以十總綱，繪圖三十六，繫目九十五，詳而能賅，信而有徵。皆本其家藏史集及城鄉所採訪，較諸舊志，雖驟增數倍，然簡所必簡，非繁所不必繁，未嘗不撮凡舉要，一以《元和》《朝邑》①兩志爲準的。而或失之附會誇飾，致有待後來《蕭山新志》刊誤之作，蓋其慎也。

平山誠賢矣乎，抑才尤有過人者。雖然，志猶史也，以平山之才，既成進士，竟未獲簪筆木天，與修國史，乃僅於一州志乘，略見其才，亦微憾也。所期宏此遠謨，事必責實。即此力修志乘，畢舉要政之一心，推而至於事上，使民兢兢業業，無或第以才見，則賢勞所積，于以副民望，登上考，屹然蔚爲國家異日柱石，而名宦中又增一宏濟時艱之偉人，[94] 實有厚望焉，平山其勉之。

張行志　《州志》序

余髫年受書，壯懷投筆，勞勞戎馬，閱數十稔矣。光緒丙午，②以西寧總兵，恭膺簡命，提督全秦，駐節斯邦。時以不才滋懼，惟幸運值隆平，邊庭臥鼓，治軍之暇，更得稍理舊編，亦樂事也。

一日，刺史王公平山詣余署，見案頭署《陝西通志》，因相討論。王公慨然曰："《陝志》誠善矣。若我固原，據七關之形勝，爲九塞之咽喉，洵稱重鎮。而我朝鼎興三百餘年，州志闕如，良可憾耳。"余謂王公曰："徵文考獻，史家之長；闡幽發微，守令之責。子盍承纂，以成此三百餘年未有之創舉乎？"王公欣諾。於是朝繙乙史，暮校丙函。樹型道德之林，選言文章之府。舉所謂天文、地輿、民風、物産、名宦、鄉賢、孝子、節婦、仁人、耆耇，一碑碣、一詩歌，莫不搜括而表章之。其時閱三百六旬，其書積一十二冊。

削青既竟，問序於余。余紬繹再四，遂大言于王公曰："子之志，余知之矣。凡志學校者，曰尚選舉也，曰重徵辟也。而子則恭錄廡典，兢兢於賢儒之從祀，殆承先而迪後歟！凡志兵防者，曰嚴卡隘也，曰慎軍械也。而子則遠稽戰事，睊睊

---

①　《朝邑》：即（明）韓邦靖《朝邑縣志》。
②　光緒丙午：光緒三十二年（1906）。

于夷夏之交攻,殆居安而思危歟！人所略,子詳之;人所輕,子重之。作者苦心,百世不泯。至其宏篇巨制,蒐羅廣博,有非徒以七關形勝、九塞咽喉爲斯郡稱者。且固原有舊志焉,前明劉總制所作也,採録明代事實爲上下卷,積紙不能盈寸。今子驟爲增輯,於古今典要,歷歷如數家珍,而猶慮有遺軼,以補纂望來者。謙謙君子,惟子頌焉。余雖武人,而於子之志,其視《陝志》爲何如？視劉志爲何如？固有心藏心寫爲之拱服讚歎,而不能自已者在也。"

清夜淪茗,焚香静讀,覺几案間有金石聲,噫,異哉！用書此以爲固原億萬姓告。

于逵　《州志》序

州縣之有志,猶歷代之有史也。史則綜古今治亂之由,志則備太史軺軒之採,體例雖殊,而借鑒則一也。然非燕許之大文章以討論而潤色之,則讛陋無文,幾何不貽羞于大雅。固原舊志,區區者僅兩卷耳。自前明失修以來,數百年凋零磨滅,文獻舉付之闕如,誰歟其宏此遠謨,以成一代人文之盛,此攷古者每不勝杞宋之憂也。

今我同鄉平山王公,以名進士而官斯土,又值新政迭興之日,國計民生無不振刷精神,以仰副朝廷力求進步之宗旨,夙夜從公,其用心亦幾勞勞矣。不謂案牘之暇,復慨然以修志自任,謂國家當百度維新,其政體已日進于文明,獨一州之志,而不爲之改良,悠忽孰甚焉。於是即其舊志,詳加披覽,凡建置、賦役、文教、武衛,以及風土、人物,舉前志之未及網羅者,别類分門,無不採擇精詳,焕然而改觀。於以知此書之成,其名雖因,其實則創也。

彼王公博攷旁稽,絶不辭蒐輯之勞,而殷殷以期成完璧者,夫豈徒藻采繽紛,和聲而鳴盛哉。蓋以爲夷惠之風,猶奮乎百世之下,況此志之所表章者,非乃祖即乃父,若子若孫,苟睹先世之流風,未必不歡欣鼓舞,油然而動。其慨慕之忱,將若者爲藎臣焉,若者爲孝子焉,若者爲義夫貞婦焉。進化之速,不必董之以威,而稱仁説義,有較從前而習俗愈形其厚者。異日采風使者,猝然戾止,見其揖讓雍容,彬彬合度,將銘之金石,播之聲詩。懿鑠哉！此不獨此邦之人之榮,亦足以爲一代之光已！於以嘆王公之所見者大,所期者遠,於彼都人士誠有撫之殷而望之切者。至此編之綱舉目張,有條不紊,猶其事之末焉者爾。

彭齡　《州志》序[95]

志者,記也,記一郡之土地人民,而爲政事之施。然非文簡事賅,去取得當,何以垂久遠昭炯戒耶?[96]

郡志修自萬曆朝,閲三百餘年,事蹟闕如。復屢遭兵燹,文獻無徵。故事遺蹟,再閲數十年,恐無有能道之者。今讀平山直刺新纂郡志凡十二卷,其義法、文筆，諸序已詳言之，茲不贅。獨至戎事一則，紀同治朝殉難忠節烈女，痛定思痛，直令人恨當日柄政者，以無識貽誤事機，郡城數百萬生靈付之一爐也。

前代人物尚矣，紀至國朝中興諸名將，其戰績真有磊磊軒天地者。語云：關西出將。不誠然乎？斯志之作，使一郡人民忠君愛國之忱，油油然有不可遏止之勢焉。直刺之有造於斯郡，豈曰小補之哉！

鄭錫鴻　《州志》序[97]

大凡事之出於因者則易，而出於創者則難。知其難而必爲之，將毋爲後起之人示所據依，踵實增華，不逾軌轍歟？然非有軼衆之才與過人之識，慨然自任，不憚咨諏詢度之勞，分編合纂之苦，積日成月，積月成歲，丹鉛在握，考古稽今，不能從事於茲。

讀《固原新志》，心怦怦焉。蕭關昔號重鎮，鎖鑰隴東，南達高平，往來轂道，瓦亭扼其吭。北通銀夏沙漠之區，賀蘭負其背。西指金城，接伊涼而度玉門。揆厥全局，氣勢所吞吐也。故勝朝以總邊制之，地居上游，防戍爲重。

國家承平數百年矣，櫜弓脫釽，示不用兵。同治初，肘腋變生，城陷於寇，鋒鏑之餘，文獻不足。越十稔，文襄左公駐節涇源，移師剿撫，嗷鴻澤集，是以改州爲直隸，佐以硝河、並平、海二邑，[98]設同心城巡司，打拉池邑丞屬之，亦一大郡會也。唯民俗喬樸，其間文武輩出，忠孝節烈，豪俠任義，狷潔自好之士，後先相望。使其事蹟不筆於書，代遠年湮，無從徵信。況舊志闕如，統散無紀，守土者與有責焉。

平山直刺來蒞是邦，亟新斯志。竭淵博之才識，不憚勤勞；恐掛漏之貽譏，殫心裒輯。甫經一載，彙爲全帙。創局也，而因之理寓焉。彼都人士，異日徵文考獻，得所持循，爲力似易。斯亦拳拳不已，知難而必爲難之苦心也，則以是書爲嚆矢之引云爾。

王學伊　《州志》自序[99]

或問予曰："志何爲而作也？"

予應之曰："人與人積而爲郡邑，必然之勢也；政與政發而爲風俗，自然之理也。夫既有郡邑矣，風俗矣，則所謂世運之興衰、國法之隆替、人民之智愚、物產之良窳、山陵川澤之變遷與夫一人一事、一言一藝，莫不有可作、可述、可法戒、可勸懲，而不可敝者，以昭示於來茲。此志之所以作也。"

曰："然則志何乎？"

曰："《周禮》大司徒掌土地之圖，小史掌邦國之志。而志郡縣者，詳莫詳於《元和》，簡莫簡於《武功》，①要皆史乘遺意。後之人雖欲則倣之、仿佛之，而不能

---

①　武功：指明朝康海編纂《武功縣志》。

得其萬一者也。”

曰:“然則子之志固原者,詳乎? 簡乎? 殆有所取法乎?”

曰:“固原當三代之際,猶居戎狄,秦漢而下,迺隸版圖。歷唐、宋、元、明,累阨於蕃虜,誠干戈戎馬之場也。迭置爲邊塞,亦野曠遊牧之所也。雖其間人才代興,文明大啟,屹然稱重鎮,而禦邊之策,防秋之舉,幾于史不絕書。洎乎國朝,德威遠暨,分建陝、甘行省,遂移三邊總制於蘭州,而仍以提督駐此,此實衝要地也。同治紀元,花門構亂,兵燧連年,人民簸蕩,圖籍淪湮,於此而欲徵文考獻,戛戛乎難之。予之志,惟以耳所聞、目所見,採訪所及者,實事求是焉耳,未敢遽言取法也。建國分埜,上應躔宿,故志‘天文’。分封列縣,閱世沿革,故志‘地輿’。治安撥亂,以重職守也,故志‘官師’。任土作貢,以邕實業也,故志‘貢賦’。同風一道,則基於膠庠,故志‘學校’。奮武削准,則資於袍澤,故志‘兵防’。縉紳之選,忠節之操,足光簡籍者,故志‘人物’。方策所存,謳吟所發,足被絃誦者,故志‘藝文’。而復綜之以庶務,搜之以軼事,冠以圖説,列以例言,是即予之所志也。猥云詳乎? 猥云簡乎? 古人云:志者,史也。無史才則陋,無史學則野,無史識則鑿。三者予無一焉,殆所謂陋且野、野且鑿也。江文通有作志最難之歎,其信然歟!”曰:“子知其難,吾又何説。”予曰“唯唯”。志既成,爰自叙之如此。

民國

李深沉 《醫學心法》序

欲學醫道,先明陰陽。蓋人秉天地之氣、父母之精血以生。天陽也,地陰也,天地陰陽之氣,人之一呼一吸,須臾不可離者也。不得天地陰陽之氣,則成死人矣。精陽也,血陰也。陽精、陰血,得生化之機而成形。是人之五臟六腑,有手三陽、手三陰,有足三陰、足三陽,共成十二經絡,亦無不是陰陽也。

陽配陰,陰配陽,不可偏多,不可偏少。偏多則爲太過,太過病也;偏少則爲不及,不及亦病也。陽順,陰逆;陰生,陽長。寒往則暑來,暑往則寒來,寒熱均勻,陰陽平順,氣血用流,腑臟調和。晝則行陽,夜則行陰,一晝一夜,運行不息,病從何來?

如有所觸,陰陽錯亂,故人之體,素有熱者則病火症,素有寒者即生寒疾。即使人能善養身體,而天地亦有寒、風、暑、濕、燥、火六淫之氣,稍有不謹,犯之於外,則有傷風、傷寒等陽症,犯之於內,則有三陰直、中陰寒等症。故醫書首重傷寒也。但七情六欲,亦令人病。飲食妄用,亦令人病。總之或陰或陽,或虛或實,太過,不及,不能離乎“陰陽”二字。

徐步陞 上大總統請將《四子》《五經》編入學校課本呈

爲瀝陳聖經垂爍,急宜崇尚,呈請鈞鑒,飭由各級學校將《四子》《五經》編成淺講,俾與西學同一注重,藉以保存國粹,造就人才事。

竊以隴朔伊邇蒙境,文化向稱閉滯,所可幸者,於遵經奉法諸要務,無不監入腦筋。茲值共和成立,甫經二載,凡屬邊氓,咸知爲中央盡捍邊義務者無他,由素嫻孔教故也。

不意近日各級學校有停用孔經之説,未識果有此項教令否? 而謡傳大起,物議沸騰,至有赴孔廟痛哭之士,以爲秦火復熾於今日,斯文前途,何堪設想。是惟有將《四子》《五經》按各級學校程度,編纂合用之教册,分配于修身國文各課,使與各項科學並授,尚足啟其父老勸學之心,子弟從學之志。否則人皆甘於不學,決不願入此斥去孔經之學校也。

紳等以人心咸知尊孔,固屬不自負其天職,應如何俯順輿情維持孔教之處,非得中央挽回,則時勢因此炭炭,恐將不可收拾矣。風聞外蒙僞檄有云民國不用孔經,綱紀蕩然等語,用以煽惑人心,希圖破壞。應即宣佈尊經明文,俾外人不得據爲口實,是爲至要。

或曰:孔、孟各書是與民國形式上、精神上種種不合。殊不知孔、孟所傳,無論何等國體,罔不合宜,惟在用之者爲何如人耳。何以自上年光復舊物以來,未見加崇孔教,惟使各校偏重科學,咸謂趨重實業,富强或可立致。然對於綱常名教俱已淪亡,則邪説易於蠱惑,人情風俗,將愈趨愈不可問,終則《四子》《五經》必歸散佚,拔孔幟以易他幟。彼時睹我中原,將爲何種宗教,定有起而爲宗教爲種族戰者。

或曰:聖經深奥,兒童不易解識。似也,試思小學、典禮諸書,無一非童子應讀之書,一經先生講解,兒童嘗易豁然者,無他,古人立言恒與性命身心相貫注,故經發省,則直如布帛粟米然也。爲今日計,爲後世計,非使各校研究科學仍以孔學爲之根底不可。果將見文教復興,人人無不感泣服從欣就軌物者,一切不道德者,胥無由逞其伎倆也。

且我大總統尊重孔道,屢頒命令,詎能當身負蔑經之名,貽譏千秋。紳等邊氓,爲重氣節尚科學而抵抗外族,固屬自强之卓見,因科學而拋棄國粹恐非濟世之真才。紳等蛙見,敢貢芻言,懇即飭令教育部,將《四子》《五經》編爲淺講課本,分配初小及高等各校,按季教授,俾與各門科學,同收效果。是否有當,上祈令示,永矢恪遵,不勝迫切待命之至。謹呈。

民國二年八月初四日。

徐步陞　上大總統西北邊務條陳

爲將甘肅邊徼近況,備抒愚慮,叩乞鈞鑒,祈扼形勝以拱衛中央事。

竊以今日之世界,一競爭劇烈之世界也。歐戰問題,我華必受其影響;日俄聯好,彼族必肆其浸凌。今日統籌全局,似欲東南方面,有所恃而無恐,非先抒全力於西北不可。蓋一旦東南有警,外蒙挾強俄而擾我東北;藏人仗強英而亂我西南。以我甘軍力財力逼處其間,未必倉卒之際,即操勝算。

又復漢、番、土、回種族雜處,新疆、秦、蜀區域毗連,更宜思患預防,刻期佈置,俾駐防之軍營,得以制蒙命而扼藏吭。牧民之官司,要在撫黎元而勵清操,則北門鎖鑰,西陲保障,胥肇基於此。又奚患内訌外侮,變起不測,倉皇失措,勢成燎原哉?謹就管見所及,試縷陳之:

一、寧夏、西寧,宜揀威望素著之軍統,握重兵以備非常也。夫蒙藏不足患,所患者蒙藏爲俄、英之傀儡,頗類虞虢前車,不能不時防暗算也。然俄、英動牽蒙藏之鼻仍不足患,所患者我與日本或處於嚴重交涉,勢若騎虎,則俄必脅外蒙循河套而氣吞關輔,英必脅藏人跨青海而勢甘凉。況靈夏爲南犯必由之路,河湟爲入寇必爭之區,非大張軍威,搶選驍將,則邊防之準備,不足以先聲奪人,而臨時之應付,終不免應變乖方也。爲我甘計,防邊各軍專備外寇,遊擊各隊專辦内匪。又值各縣籌募警備,自足供緝捕盗竊,彈壓地方之用。所謂三善具備,邊圉永賴者此也。

一、固原宜急設軍府,以資接應而作後勁也。就目前而論,防俄、蒙實爲第一要務。俄跨歐、亞兩州,踞我國東、西、北三面,設有不虞,彼必東與我哈爾濱搆兵,西與我伊犁尋釁,使我首尾莫顧,彼乃出以偏師,徑取我山後銀夏一路,由固原各邊分道四出,秦、蜀、晉、豫尚堪問乎?此固原所以爲俄、蒙垂涎也久矣。查中國九邊,固原居一。唐、宋、元、明俱視爲邊疆要區,駐強兵以控朔漠,而前明尤視爲緊要,特于固原建設三邊總制,必擇用文武兼資巨員,開幕坐鎮。如楊一清、王越諸名流,老謀深算,屯兵捍衛,其連營貫珠,直接靈寧,套虜不敢南犯,頗樹韓、范風聲。迄今荒營古戍,舊址仍存,足征固原爲漠北要鎮。振古如兹,觀其險據六盤,隘接蕭關,可賦高山牧馬之篇,亦可奏金城屯田之績。高屋建瓴,最便用武,兵家所謂形勝地也。不獨進可戰退可守,我據之足以制敵死命者,敵據之亦足以制我死命也。前清陝西提戎特駐於此,職是故耳。況係關隴咽喉,南北遮罩,又復蒙回交錯,實迫處此,屢起兵端,致煩戡定。今因護軍張公,師次平凉,舉伊古之重鎮,棄若弁髦,殊令人莫解。

或曰:固原爲寧夏後衛,其備邊要點應在綏遠、察哈爾地方,寧夏尚非要地,何論固原。持以似是而實非也,近今強鄰環伺,本難逆料其患之所在,不過防其所當防者而已。倘值承平無事,區區蒙患,雖藩籬不設,何至猝不能制。無如外蒙今非昔比,前已宣佈獨立,夜郎自大,與俄人狼狽相倚,輒欲肆其捕蟬之願。所可慮者,蹈我瑕隙,使我腹背受敵,疲於奔命,乃危道也。且前代僅防外蒙一族,今當俄蒙合作之時，固原尤屬關鍵所在，如棋局之不佔先著，如太阿之未能持柄，恐一轉移間，不堪設想耳。

或又曰：平凉新建鎮府，相離固原僅二百里，遇有變患，何難朝發夕至，奚足過慮。詎知固原勢據上游，較之平凉地形散渙，固不可同年語也。又帥府、營房、操場、武庫，無不規模巨集雄，較之平凉蕞爾彈丸，其不敷大軍施展，概可想見。試觀東由平遠，接連定邊，經榆綏而即達虜幕；西由海城，接連靖遠，歷大靖而即至蘭、凉；北由朔夏，直達蒙古，均以固原爲中心，較之平凉不關緊要，更判若天壤也，所謂固原爲北邊之樞紐者此耳。

爲今日計，鎮軍仍駐固原，急宜料理北蒙。其應如何經營防務，酌古准今，摒擋地點，並兼統隴東北警備軍隊，以資聲氣靈敏，妙其運用，則北局自安若磐石，而政府庶無北顧憂矣。至於西寧之防藏，亦不能不顧慮周密，以遙應滇黔於南，蜀防於西也。

一、在嚴定邊省知事考成，俾民得所，以資眾志成城也。夫甘肅遠在西陲，土瘠民貧，雖云種類雜復之區，幸能性情相近，習俗相安，倘能不摧殘其生計，必活潑其精神，我甘九百萬邊氓，堪作北地長城，爲公家盡義務，爲國民盡天職。況防蒙藏，即爲防俄、英，與蒙、藏戰，即爲與俄、英戰，成敗得失，關係大局，雖有軍伍負其完全責任，而邊民之附屬防衛，尤爲不可輕忽者也。

無如爲知事者，不但不能保民愛民，俾登袵席，乃持定金錢主意，竭澤而漁。並借一般劣紳，幫襯恫喝，稍不如意，立即刑押。民有傾家蕩産賣兒貼婦填彼欲壑者，種種殃民，罄竹莫書。固原如此，他縣可知。故凡愛財如命，視民若仇者，若有犯必懲，則忠信之長，慈惠之師，廉民之吏，正直之士，自皆翹首彈冠，出而濟時艱也。將見在官者悉抱同室同舟之心，爲民者悉作同德同心之人。上下相顧，憂樂共之。其禦敵國外患，有何難哉。所以崇廉黜貪，爲我甘今日最重要之政也。或仿漢時二千石所舉之吏，有犯貪污者，與之同坐，今宜踵而行之，亦斥貪一道也。

陞本迂儒，罔知時務，因見夫要地空虛，猾吏貪殘，正值多事之秋，恒抱危亡之慮。用是杞憂，敢申芻見，不揣冒昧上叩，電鑒愚忱。應如何維持邊局之處，伏候鈞裁，如蒙酌采，則西邊幸甚。不勝禱盼之至。謹呈。

徐步陞　上交通部書

甘肅固原臨時州議會及中衛、寧夏、靖遠、海城、平遠等州縣議會，呈爲甘幹綫鉄路宜由涇州銜接固原，直送朔漠，入蒙古境，俾隴東護軍戰守便捷，則防邊征蒙俱資得力事。

查固原毗連河套，密邇蒙古，當彼族深入之衝，扼全局上游之吭，又兼漢、番、土、回種族雜居，措置稍乖，禍不旋踵。若得鐵軌建築，則文明灌輸，梟雄斂蹟，公家從此無北顧憂矣。然擲億萬金錢，獲此交通便利之局，苟付畀非人，爲患仍不堪想。尤賴我固原提督張君行志，仗節護軍，其德成大洽，五族無不帖服者，紀律嚴明，部曲率彬彬有禮，士卒咸循循中矩。伊古名將，無出其右。又幸虧鐵路以贊助之即，不敢曰"戰必勝，攻必去"，而捍禦外侮，保無失算。

敝會等壤接蒙地，災在切膚。目近邊疆之保障，莫要于注重固原起修幹路，更莫要於統軍得人，奪以先聲。敝會等之生命財産，内蒙之急待保護，均爭此一著。否則敝會等區域零散，勢仍岌岌。竊鑒於高麗、臺灣之現狀，五内焦灼，日望政府組織漠北軍需，迫不及待，用是杞憂，敢進芻言，上供采擇，如蒙酌辦，不但敝會等永保無虞，邊圉不自此固若苞桑乎？謹就管見披瀝陳之。

一、铁路取道固原，平坦易辦，較省財力。而且籌邊、通商，兩擅其美也。夫固原襟帶關隴，牽制朔謨，兵家所謂形勢地也。伏查舊日驛路由涇州、平涼西上，有六盤山之聳峭，幾同秦嶺曲折、蜀道崎嶇。去此百里，而有静寧界之祁家大山，蜒蔓四五十里。會寧、安定兩界之青嵐山、車倒嶺，俱旋轉六七十里，不啻羊腸蠶叢、天險迭起。非假手於夸俄，人力無從穿鑿。其邱陵溝谷，觸處皆是，欲安鐵軌，談何容易。驛路且然，後隴南之鳥道盤折，豈能奏鐵路之功乎。

謹案前清道咸間，驛郵凡鼓輪蘭凉者，無論官商行旅，統由涇平直入固原，順循鹽茶、靖遠、蘆塘、大靖已屬凉州、蘭州兩界。其路綫如砥如矢，勘測者不難燎若指掌。且有志程之墩圻可證，防戍之營壘可辨，此昔年驛途也。自左文襄經略甘肅時，始將路改歸六盤一路，而固原舊路遂荒廢矣。

今聞入甘鐵路竟從秦州渭源起點，殊覺失要。考秦州附近，地悉首尾岷蜀，古人得隴望蜀之地即在於此。其道路峻嶒，騎士不能並轡，關津險惡，行人每至回車。尤宜魚貫蟻附，舉步必謹。古云"難於登天"，雖爲蜀道詠，實則甘南爲入蜀之門户，其路與岷蜀酷似。又復山接雲霄，水環漢江，求其鐵軌之敷施，工程之便易，無異緣木求魚，徒勞手續。即不然者，繞越迂遠，謬輒千里，成立又遥無期。況我甘向係協餉省分，財政困難已達極點，若不審慎周詳，妥定方針，則擲此巨款，強爲説難，未必能敷甘南鐵路之用。即幸而偉工就緒，不過甘一隅起色，人民生計大爲活動。

就用兵論，意在遠資荆汗之力，授應甘南以及蘭凉，竊以爲未得衛甘之切要也。注意甘南小局，固屬蠡測。似此問題自應徐籌枝路。若夫甘路非由固原不可者，外蒙宣戰，恃俄獨立，固原迤北郡邑零落，相去不遠即彼部落鞭及之地。倘固原不設火車巨站，則聲氣隔閡，動失機宜。嗟哉！靈夏及我固原將遭彼族蹂躪無噍類矣。區區固原等數州縣何足掛人頰齒，奈全局何似？今日甘南倡辦幹路，洶爲藥不對症,終讓二豎得志。

　　試思天下九邊,而固原爲最北,殆秦漢晉唐宋明以來,悉輸全力維持不懈,而猶有赫連雄據於前,元昊僭號於後。至於唐宋之世,河朔未能恢復,詎外蒙已下,排汗之令,較諸前代,更宜加意防範,猶恐機不密,辦理未善,奈何坐視北門鎖鑰等若弁髦?北道主人,將欲誰屬?我甘北百萬生靈,其大受影響之處,安知不胚胎於是。爲防邊計,爲備蒙計,宜先築固原鐵道,塞外蒙南犯之路,堅内蒙疑附之忱。晉豫秦晉,朝發夕至,既與固原勢成犄角,甘蘭凉肅,從西飛來,不難夾擊襲抄,攻左攻右。現在固原提督張公行志,威望智謀加人一等,又因軍事絆駐平遂,致三邊無帥,萬夫無長。所最患者,外蒙偵探蹤蹟詭密,設使出不意、攻不備,則靈夏與固原茫無頭緒,萬難應付。我公雖百里赴援,倉卒應變,何如從容先籌之爲得也。故曰入甘幹路非由固原設站,則軍機迂鈍,内蒙莫資保險之力者,外蒙即易占其優勝,邊事前途尚堪問哉?

　　一、固原迤北等州縣產煤精良,所在宏富,其供應鐵路要需,尤爲取攜甚便也。夫固北郡邑與外蒙今日之關係,豈止煤礦暢旺,今彼垂涎一切,地寶未洩,土產悉棄,入彼掌握則臭腐化爲神奇,有莫大之權利焉。所以狡然思逞,久在彼族計較之中。又水草甘美,米粟饒足,士馬可資以飽騰者,物產亦便於供需。況邊要如固原,岷蜀資控制於南,甘蘭賴遮罩於西,榆綏藉捍衛於東,蒙番杜窺伺於北,四面聲應,樞紐在此。萬一失計,則呼喚不靈,任人攻瑕抵隙矣。

　　前明滿俊攻陷固原,而關輔戒嚴,始設三邊制帥。而猾虜授首,總制孟公鎮撫固原。明末張、李二虜寇掠,至花馬池而止,不敢南犯。是固原宜設鐵路公司,經營邊務,刻不容緩者是也。近聞外蒙條約有聽彼軍隊襲執内蒙王公員勒檻送偽庭爲質,并聽彼軍破壞内蒙生民財產,擄掠子女迫脅入夥,種種野蠻慘無人理,尤賴接坯。内蒙各長官應如何籌備方略,俾内蒙人民得沾保護實惠,不致受人强迫,終爲外人所牢籠,則熸火易滅,勢莫燎原,何至焦頭爛額尚不足以葳事乎?宜將美滿之精神獨注固屬,坐馭内蒙,厚其感情,聽我指揮。則外蒙手段無隙可施,又安能以我矛攻我盾,使我自罹險危哉?故《兵志》云,防維不周,乃爲無人之境。又云"我有隙,寇即至",典型俱在,事詎敢緩?茲值列强觀望之時,勉勉于先人著鞭,庶不失捷足先得之方針。爲今日計,重要如固,即使素不產煤,尤宜取材鄰近,用顧要害。路即險惡,尤宜架橋鑿洞,用達目的。既曰險要,戰事伊邇,又產煤富而路極平。當此吃緊之時修築鐵道,不聞在是,惟將甘南克日開工,是爲緩其所急,急其所緩,何思想之太左也。莫若于固原組織輕便鐵軌,維挽西北大局,不難輸通國之力爲億兆同胞造幸福者。東南安枕,實賴有西北之後勁,乃能樹長治久安之全功。

矧夫近設隴東護軍使，是防邊備蒙，責任重大。所深幸者，我固提張公得握其柄，豈止隴東之福，洵全局之福也。邊帥得人，軍聲自振，足覘中央燭照萬里，可謂護長城之選矣。彼隴東愛戴，無異汾陽，開膺懋賞，俱甘願執殳前驅。

一、抒先民犯難之忱，尤莫要於洞悉邊情，成竹在胸。而我張公任固時，於古成荒營及一切行軍要點，恒踵前明總制楊一清之宏觀而在在準備。《兵志》云"知彼知己，百戰百勝"。聖人云"臨事而懼，好謀而成"。惟我張公其庶幾焉！謂爲國之柱石、民之父母，良非諛詞。責以嘉惠內蒙，抵制外蒙，則我張公仗節固原，師出以律，民可即成內蒙，死力諒無不得，外蒙鬼蜮料難得逞者，我公之恩信早乎於人民故也。

所以固原北地各邑，處處產煤，品類且夥，直抵內外蒙古地方，不慮乏於接濟。此天所以資我者厚，俾軍事爽利，扼要制敵，時哉弗可失也。吾故曰：我甘大陸無逾固北一帶，又兼煤炭暢旺，安插鐵路頗爲順便。更有張統軍援應其間，則北方治安，不蒸蒸日上乎？

一、羊皮羊毛，固原素著。產區附連之靈夏、靖蘆、海平，均爲皮毛產地。且由固原歷靈、夏入沙漠，直接蒙境，牧畜蕃衍，皮羊貿易素稱便利。由固原歷海城、靖蘆，循大靖，直接蘭、涼，西寧所產之金玉茸麝藥材，均取道北謨，販輸燕、趙。由固原歷平遠及定邊輸綏，跨山西、直隸兩界，直接京張鐵軌，一切上貨、客貨，交易輕捷。況此三邊，適與外蒙相參錯，古稱鳴沙區域，已對外蒙，不難展拊背扼吭之計，而出奇制勝。

所以固原一隅爲通商之發起點，尤爲用兵之中心點，四通八達，銷貨最暢。今得以鐵輪轉運，則百貨流通，四路會萃，變冷落爲繁盛，可翹足待矣。

雖然，經營商業固原要務，而日進外蒙進戰，邊幅告急，專爲進兵速度，輕軌尤其至要。是將雙方接濟之要素，討論再四，凡如何擴張固原軍隊，如何注重固原藩籬工程、輜重器械、軍裝，及供支征蒙所需，似非存儲於此不足資保守而应急需。吾故曰固原今日邊防之關係，豈止實業發達、商情進步，俾洋夥收買毛等生貨日減，百原料供我製造者日勝一日，而兵力以易集而孔厚，運轉籌以機敏而居奇，活潑潑地操縱自如。外蒙雖奸謀百出，未必築室道旁，或至爲我制其死命。況外蒙輕視我族，乃爲驕兵，且仰俄人鼻息，動受節制，真爲無兵。我國雖財絀兵單，氣未必餒，扼定鐵血主義，尚在操其必勝之列。

試思固原迤北人民，尚係空同人武。前清嘉道間，兵技絕倫，天下稱最。近復賴固提張公，忠勇性成，動以"馬革裹屍"在演武場中對人民勉勵不怠，又身親放槍，提倡人志，是以人愈尚武，皆知爲國家敵愾同仇于泰山鴻毛之理想，早被張公激起之矣。故張公用兵，所向披靡。其平日整軍經武，非同橫挑浪戰者可比。

尤勤懇於泰西兵操，所部步伐俱臻完美。一時俠士健兒，咸于新式範圍欣然從事。若得我公編練陸軍，則西北强健，繩以東南軌物，被選之聰穎子弟識力增進，自易抗衡西人。更有鐵路以羽翼之，則軍事健捷，將軍疑天上飛來。兵出有名，逆虜徒夜郎自大，燕然紀績，狼居可封。俱特此固原起修鐵路，乃能使聯指臂，聲震賀蘭，外侮不難立禦也。至於商務藉以振興，固不待言矣！

甘南之層巒疊嶂，既不可與蕩平之固原同年而語。又甘南礦産自古消乏，人口爨炊專靠樵採，供支火車，詎能敷用？而且挾全力以維持甘南路綫，萬難兼顧謨北邊防。莫若締造固原幹路，安置謨北軍防，俾現任護軍使張公得展才具，其權限於前明總制、前清提督同一責成，則秦隴之大關鍵，庶不致動失之機會矣。

今民國大建，北謨防維尚未綢繆。近因蒙事棘手，交涉嚴急，似不免以兵戎相見。各邊戒嚴，敝會等近火防燒，近水防溺，非鐵路敷設固原，聯絡迤北州縣，依爲唇齒，則勢同晨星寥落，孤懸無助，萬一失莫，敝會等桑梓之區不堪設想矣！況靈、夏五屬，咸稱河朔之膏腴，隴東廿邑，均歸蕭關屬，領袖即決定爲北邊提督練兵地，亦即兼任護軍使駐劄地，適與古北、江北各戎要同其職守，則高屋建瓴，已操占優勝之左券也。

《兵志》云：世界險要所在，我據之足以制敵者，敵據之亦足以制我。茲屆五族共和時代，問題重大，一切化除畛域，力主進行，稍不完善，決裂之處，豈意料所能及哉！注意固原幹路，洵爲共和進步之機括也。応宜各界周旋各界，此族交驩彼族，尤賴威望素孚者調濟之，鎮定之，激勵之，推奬之，諸凡手續，不厭煩碎，扼定和平思想，從容將四。此等經濟，非異人任仰，惟張公實當其選。使之開募固原，效力頓生。以我公鎮邊有韓、范之名譽者，在官龔、黃之感情，凡虎視鷹瞵，妄生覬覦，胥消納于張公氣度之中，而俯首聽命。更有鐵路以左我公神算，罔不雷厲風行，坐銷隱患。所以然者，前歲我公用兵尤能秋毫不犯，日下數城，耕市自若。又復身伏冰雪，手揮刀炮，較之郭、李冲陣，韓、岳摧鋒，不過如此。現膺上將，借闔平涼，環附數十州縣，鎮撫千里地方，迄今共沾幸福，咸頌生佛。其保全民人力量，誰不敢切再造。

所希望者，固原宜設火車站口，即飭張公迅回提轄，必能以百戰之身，所萬全之計。知惕然於北邊一隅爲全國局所關，敢不殫精竭慮，期無負於天職。所以百鈞勁弓，非烏獲莫勝其任；千里遠路，非駿驪莫負其勞。得我公統軍固原，坐馭鐵軌要隘，則盛名之下，盛業堪副。此民等親見公能前爲民生而效命疆場者，後必能爲民國而效命邊捍也。民依張公如依怙恃，張公所在，衆志成城。敝會等爲維持邊幅，拱衛中心起見，不敢曰邊氓知邊，而近蒙古而居，見聞較多，因不憚隔越，不避煩瀆，蚩愚之見，仰叩鈞裁。敝會等不勝待命之至。須至呈者。

趙龍文　却公宴書

逸凡先生道席：

固原小住，獲接清塵。酬年來仰慕之私，訂明春領誨之約，此行不虛，幸何如之。

日來承邦人士厚愛，始則郊迎，繼以公宴。語云："一之爲甚，其可再乎？"固原民困，水深火熱，奸慝橫行，弗能解除萬一，不忍受渠一杯水也。乃諸父老親臨邀約，謝之恐違盛意，與宴則大背初衷，忐忑此心，知不能見諒於父老。然君子之交，自來如水，積年累月之後，或可免不情之譏。此則不能不求左右之代爲説辭耳。

昨奉電召，明日成行，事起倉卒，未克一一登門握別，耿耿我懷，彌覺負疚，還祈代致歉忱。臨歧匆匆不盡，即頌道祺。

董寄虛　上李少陵、趙龍文懇暫免征馬運糧以濟民困書

前月上主座一書，略而言之，未罄萬一，計蒙垂察矣。職素性戇直，不屑好大喜功，浮誇掩飾。側身縣政，歷時七載。竊以上不誤公，下不累民爲己任，功過毀譽，未計及也。物質雖告貧乏，而良心頗得慰借，仰俯不愧。即橫逆頻遭，處之泰然；勞怨備嘗，甘之若醴。蓋天下不如意事，十常八九。晚近以還，每況愈下，其妨公害能者，顛倒措置。爲縣令者鑒於事實教訓，忍辱含垢，難於抗衡。彼輩益形鴟張，民間則愈趨黑暗。天下滔滔，不敢言，亦不忍言矣。

職縣漢回襟處，奸偽虎伺，大軍雲集，差徭日繁，盤根錯節，朝夕演變。縣府與人民，其間所受之委曲，沉冤日積，莫由上達。殫精竭思，千慮千失，雖博得人民同情，輿論擁護，但求上不誤公，下不累民，亦屬難能。苟因公而激起民變，罪不容死。因防民變而誤公，則又難免重譴。進退思維，惶恐萬端。

固原近增駐十七軍各直屬部隊，及其八十四、新二師兩師和原駐五十七軍直屬部隊，及其九十七師全師、三十四師一團、五十二師一團，以及新兵過境，軍火運送綏西，長期不斷。本縣赴寧夏預旺修築飛機場千人，民夫中凍死十九人，現尚未竣工。修碉堡，建國防工程，築道路，又加緊訓練國民兵，編練運輸十餘中隊。人力、物力、財力，全數統制，勞苦不遑。

新舊駐軍，合計五萬餘官兵。麩料、柴草、炭之供應，又超過上月一倍有餘。人民已疲奔命，不堪負累。逃亡之户，日有所聞。征實、征借，又急如星火。催馬之驗收，站兵之威逼縣府，打鬧不堪。軍、師兩管區，一再電令限本月底將二百餘馬匹清交，違則撤職嚴懲。頃又奉令將本縣黑城糧三千四百餘石，運往海原軍倉接收。似此嚴令百出，直等挾泰山超北海。

職審時度勢，已覺危機待發，焦慮萬狀。沉思至再，惟有懇乞二公恩准，先行

調職。與其貽誤將來,莫若自行乞退,另委賢能接替。偶或以人選一時難定,則懇求賜准暫免征馬與運糧,以濟目前之困。職當勉竭駑駘,撐持兩月,候令調他職。職向隸仁幬,謬蒙二公寵愛,額外栽培,倘能改調府內辦理書牘,仍得追隨座右,至所盼感。

董寄虛　上楊德亮、鍾竟成具報民衆負擔懇垂察書

職猥以菲材,謬長縣政。四月以來,寵荷蔭庇,軍政相安,縣政稍有整飭,實叨鈞座德威之所感,非職竭駑駘之所能致也。

際此非常之時,一切行政莫不配合於軍事,自忖才力,深慮隕越。固原兩軍防區,顧此猶恐失彼,且過境軍運浩繁,迫不遑暇。省府各廳處之命令,亦難稍事貽誤。征購、征實,日夜火逼,毋容喘息,同時并舉,民力莫勝。職猶不避勞怨,以赴事功,爲恐延誤而獲咎戾,委曲求全、忍辱折衝者,已非一日矣。

慨自本縣附郭催征民工,逼死人命,職內疚之餘,確屬罪孽深重,已電省引咎自劾。軍民之間,職爲衆矢之的,處心積慮,終難兩全。瞻前顧後,益覺惶恐萬端;反躬自省,實感材輇任重;俯察民瘼,無任愴愴痛楚。

蓋聞輔世長民者莫如德,撥亂反治者莫如才。職才德俱薄,民怨鼎沸,雖忠誠耿介,奈力不從心。佛説:"我不入地獄,誰入地獄?"但入地獄而不能普度衆生者,仍屬墮入輪廻之罪人。職殫精竭慮,殊難自解,捶心泣血,將何以付重托?能得軍民互利,雖粉身碎骨,赴湯蹈火,固所願也。悲夫!介於齊楚,事齊乎?事楚乎?職庸愚無狀,又豈敢冒天下之大不韙而礙於抗建之大業乎?竊思古人懷己饑己溺之心,職曷敢蒙誤國誤民之罪。謹披肝瀝膽,將職縣民力負擔另摺臚列,恭呈鈞座垂詧焉。臨呈冒凟,語或紕繆,尚乞赦宥,至爲叩禱!

董寄虛　上張鴻汀懇代請減輕人民負擔書

捧誦惠書,仰荷慈垂,乃三復以回思,益五衷之馳系,佩感爲民請命,造福固原,勝過七級浮屠矣。

寄虛目睹固民水深火熱,日趨嚴重。邇來駐軍計五十七軍、十七軍兩軍各直屬部隊,八十四師、九十七師、新二師、整三師全師,又三十四師一團、五十二師一團,過境新兵及軍運則又層出不窮。本縣人民供應五萬餘官兵以外,更須修飛機場,築碉堡線,征軍羊皮,征馬代丁,征實、征借,同時並集,空前負累。以致老弱轉乎溝壑,壯者散之四方,恐不止幾千人矣。

寄虛人微言輕,下情實難上達。慨自士紳代表呼籲以還,所有要求,雖蒙主席賜諾,奈軍差負累日增,各縣協助,徒托空言。近竟又奉令將本縣倉糧又運三千四百餘石至海原。以馬代丁之馬,已征送一百零一匹。今軍、師管區勒令,將欠數一百九十九匹限月底交清,違則撤懲不貸。

寄虛審時度勢,與其橫徵暴斂,率獸食人,罪不容於死,莫如犧牲個人職位,以全民命。至運送海原三千四百餘石之糧,並懇鈞長大發慈悲,代爲請求。關於鈞會飭辦統計人民負擔一節,正詳明調趕辦中,不日專郵呈上。謹肅奉復,敬叩崇安。

王瑋　《五原趙氏家譜》序

光緒丁酉中和,①膺張文堂太尊聘書,課五原書院。肄業士得趙子生新,篤行爲學,虛心求益,三載不懈。家極貧,而不爲讀書累,堅忍其志,能自安也,情誼尤重諸子。後數年,於柳湖書院中來謁,學益加修。對燈共話及其家世,高祖廩生公品學書法。其始祖由太原避荒來甘,攜家止於香山。後因子孫椒衍,分支于環慶方渠。後又遷于固原瓦亭。又分一支,生惟單丁,今已二男二女矣。舌耕畜養,亦不易也。乃父生時,學未成名,棄而就商,以經營作家計。雖寒苦,而責生新讀書,不惜餘力。同治年間,隴東半遭兵燹,平固尤甚。其祖若妣及伯叔昆季,有在家與路途,共爲殉難者,其慘苦不忍終聽。嗟乎! 趙子之遭際不逢辰也甚矣。故勉其力學,以動忍增益不能,心力之所未盡,待似續以補之。天之所命,尚有何言哉。徙籍年遠,山右族中,不無豪傑之士,而趙子以煢煢孤子之身,承趙氏一縷之傳,將來必能光揚門庭,爲閭里所敬重。況乎子若孫之方興未艾,以繼志而述事,自能慰乎隱衷。丙午停考後,學殖廢荒,幾同輟末,成均之貢,指顧間耳。異日榮封追報,足盡烏私。生貧也,固也,遷塋之舉,俟之來日。分派記詩,綴之於右。

時歲在丁巳端午前三日也。賜進士出身内閣中書友生王瑋序。

立必方正,文以澤之;良貴獨葆,明命在兹。生於憂患,萬劫不移;慶則榮懷,鳳鳥來儀。

趙生新　《杜氏家乘》序

蓋聞家之有譜,猶國之有史也。國無史,則古今之治亂無所考;家無譜,則宗族之世系無所紀。家之有譜,顧不重哉。

杜君友仁,邑庠生中自好士也。有志家乘,廣詢博訪,多歷年所。幸得紀文達公《邊氏族譜》,殫精竭慮,諄諄研究,業經纂成。余假觀拜讀之下,得睹其創修之善、立規之嚴,凡祖宗之潛德、父母之懿行,大筆直書,盡傳無遺,洵可謂善繼善述,克家之令子也。況甫屆壯年,前途尚遠,將來學業日進,光大門閭,定能爲鄉里所稱許。

余交近十年,所有平日文字,常年修爲,無不洞悉於方寸。且遇急而獲濟也

---

① 光緒丁酉:光緒二十三年(1897)。

亦不少，朋友有通財之義，固無庸過譽。惟家道粗給，而能少嗜好，勤學業，邑中士人，誠不多得。近來于耕餘之暇，讀書之際，頗留心於著述，其《是亦輟耕錄》中，已脫稿者有《春秋凡例集要》、《春秋兵法撮要》二書。而固原縣地理教科及民國以還之大事記、詳異記、聯話集錦、見聞閑評等書，正在集錄中。

其家譜自初編至現在，稿凡三易，粗見規模。余向有志族譜，總未能得其要領。杜君之族譜成，余借杜君之力，復爲余成之也。自愧無文，未能將杜君之苦思佳妙，俚言宣清，聊籍此以通朋友之往來已耳。是爲序。

喬興義　《喬氏家譜》序略

譜者，普也，序世統事，以傳留後世也。余家始祖本晉人，因貿易秦中，就渭北之鴻羅堡家焉。漸子孫繁衍，喬姓堡居爲滿，繼自堡左、右，分築東堡、西堡。其初居之鴻羅堡，遂以“老堡”呼之。自此遠近各村因堡居喬姓，皆呼爲“喬家”，“鴻羅”之名竟無傳焉。嗣後支脈愈分，丁口愈增，播遷外村，自不容已。因之左近有“柏樹喬家”、“大塚喬家”、“十里喬家”、“巷里喬家”等村。予家之關山鎮東南鄉野趙村，村距關山鎮東南五里許，亦係由喬家徙來者。

昔聞祖父言：自高祖諱貴經者，偕同族弟諱東經、西經者，仝之野趙。諱貴經者即居野趙之始祖，生性公直，處世有方。凡村内有益之事，必竭力倡首，鄉里僉以長者目之，因世居焉。至光緒丙子二年，①秦境秋夏減收，年歉，人漸各方乘熟。適固提雷緯帥招募工人，予即於是年冬應募到甘，就居固原，今已三十餘年。

予素味前哲“一勤天下無難事，百忍堂中有太和”之句，予處世且得忍中之趣。今將“多忍”二字名予堂，以志予歷世之艱苦，庶能於一忍之中再忍，再忍之後多忍，至於太和云爾。大清宣統三年辛亥仲秋月，古秦渭北體齋甫喬興義叙於吾廬多忍堂。

喬森　《崔氏家譜》序

國以史記，家以譜傳。國無史不足考前世之治亂，家無譜不能溯世系之由來。固原城内小南市巷有崔氏名亨者，其曾祖諱鳳鳴公，字梧崗，係陝西富平縣人氏。其先祖入甘，傳至鳳鳴公已一十六代。由鳳鳴公之大父，於清道光二十九年間徙居固原，在提標公幹。

鳳鳴公有堂弟鳳翔，由固原提標分發陝西鳳翔府供職，遂落業雞縣屬第五村。生子名惠，生孫文遠，聘八旗屯呂氏女爲妻，生子名元。又有鳳鳴公從弟風梧，生子得勝，聘朱氏女爲妻，無所出。鳳鳴公妻係固原馬氏女，生子、女各一。

① 光緒丙子：光緒二年(1876)。

女名慧蟠,幼工女紅,長通經史,對《列女傳》尤熟讀。子名恩,娶媳惠氏,生孫乳名存九,官印文達,字子聰。

鳳鳴公於咸豐末年爲官天水,同妻馬氏赴任,家留慧蟠、文達及親族子孫僕人等,共男女三十二口。同治二年元旦回叛,固原城陷,其家被難者二十八口,失散者二口,一係鳳鳴公之侄名榮,一係鳳鳴公八歲之小孫女。

時慧蟠年已十九,爲回首馬生瀍掠去爲妻。蓋馬生瀍即害其全家性命之仇敵也。彼時慧蟠胸有成竹,遂婉轉請收其侄文達爲子。至正月半,經慧蟠百語婉説,生瀍始允其將全家被難之屍安埋於城北原上,並留記。遂欲自盡,忽憶小侄文達年方六歲,父在天水未通音問,復忍辱事仇。

至九月間,生瀍移駐固原之西南鄉,慧蟠留意赴天水之路。十月十六夜,趁生瀍熟睡,即默祝曰:"我家被難各冤魂有靈,看不孝女今夜爲崔門復仇。"即以生瀍常用之利匕首刺斷其喉,復一刀洞穿其腹。即時攜侄文達出門,向南潛逃,至昧爽已達通衢。賊夥多人乘馬追至,在馬上各持長矛向其姑侄亂刺。二人背均受傷,撲地暈絕,賊衆料其已死,轉馬歸。幸其傷皆非要害,日晡,漸漸蘇醒。始喚侄,侄能應聲,但難起坐,伏待其斃而已。不憶有運送某官家屬之馱轎脚伕,並有鏢客杜生榮師徒三人及護送軍隊百餘名,由平返蘭,行過其地見之,問其原因,慧蟠悉以告。生榮聞之即上前檢視,見慧蟠傷六處,文達傷五處。遂由身旁取藥丸令其吞服,又以藥末敷諸傷口,抬置馱轎之上,載至其家。杜生榮,莊浪人,年約四十餘。調養月餘,二人皆痊癒。慧蟠以杜有再造恩,遂拜爲義父。

至十二月上旬,以騾轎送赴天水。父母女孫相見之下,悲喜交集,以珍饈款待生榮,呼之爲親翁。至晚,慧蟠將家破被掠、忍辱事仇、葬屍記地、殺賊潛逃、受傷遇救始末,向父母詳述一遍。二更許,慧蟠促其二老安眠,將身已失節,不能再生以玷辱門楣之情,書成一箋,置於案頭,遂自縊死。天曙,僕婦進房見女懸樑,大驚呼。鳳鳴公夫婦愴惶起身,痛哭奔視,氣息已絕。次日,卜葬於天水城外西郊瓦窰巷西北山根崔誠地内。崔誠,天水人,與鳳鳴公同姓,聯爲華宗。

此後生榮返里,文達入學攻書。鳳鳴公于同治十年在任逝世,停柩於二郎廟。文達與其祖母寄居崔誠之家。光緒元年三月搬柩回固。

光緒二年十月一日,文達之祖母逝世。光緒十一年九月,經提督雷正綰爲媒,娶馮員外郎之女,年十七歲,與文達爲配。光緒二十六年亨遂生焉,取字峻南。宣統三年十二月十一日,文達逝世。

民國四年三月,聘東鄉張鴻堡張成之女與亨爲妻。五年生子建唐。十二年張氏卒。二十五年娶薛氏女與建唐爲妻,生二女。

峻南思及父言,其家被禍,其祖姑殺賊存孤及死節各情由,令其作譜而傳,現已年逾不惑，倘再因循，定成遺憾。因向森備述始末，徵叙於森。森本與峻南素昧平生，後因友介，稍稍往來，竟成莫逆之交，結爲芝蘭之契。奈森不學無文，何敢執筆，第以義不容辭，只得赧顏成之。

觀崔氏能延一線之嗣，固由其先有陰騭也。但其祖姑能處悍賊之中，婉語埋屍，是一才女；設計存孤，是一孝女；短刀殺賊，是一俠女；及其從容就義，又是一烈女也。豈僅爲崔氏光，亦可爲天地生色。況家譜叙事，接代傳宗，亦作人子者之所當務，詎可忽乎哉！峻南恂恂，有長者風，是以勉爲之叙。

杜士林　《春秋凡例集要》序

余賦性魯鈍，讀書不敏，於淺近之書，深思而不得其要領，尋繹尤莫能會其旨歸。況《春秋》紀二百數十年之興衰，陶冶大爐，規模宏大，遽然展卷，欲會其始終，觀其貫通，殊非易易。既見《左傳》，約之以凡例，引之以旨歸，乃於讀經之際，集成一書，顏之曰《春秋凡例集要》，原以匡愚之不敏。

或曰：“《春秋》一經，明倫之書，伸禮之書也。其間書鄭伯之克段，見兄弟有變故；書会盟討伐之自專，見王綱遂不振；書戎之劫王使，見猾夏有由來。及夫一切書天王、書王、書人子、書族氏，或係聖人據魯史之陳蹟，寄倫理之是非而直書之。如直謂某事有諷譏，某字用褒貶，恐聖人未必如許瑣屑，如許僭窃也。故朱子云，孔子是要備二三百年之事，何嘗云某事用某法，某事用某例也。又曰：《春秋》傳例，多不可信，是《春秋》原未可以常例據也。乃左氏不揣其本，而以凡例概之。子亦齊其末而逐類集之，何不憚煩之甚耶？”

愚曰：“然，朱子之説，固至矣，正矣。而愚所不能釋然於此者，蓋亦有説：夫忽近圖遠者，見譏于佃田之詩；因流溯源者，堪美夫大禹治水。愚因凡例之淺近，以究乎《春秋》之遠大，夫然後融會貫通，全經在胸。役凡例，而不爲凡例所役。是亦行遠自邇，固流大源之意，未始非讀經之一助云爾。凡例安可忽之哉？”

杜士林　《春秋兵法撮要》序

國家可百年不用兵，不可一日而無兵。不得已而用之，必命將於廟，受脤于社，蓋敬謹也。然世代下衰，兵分今古。古之兵以仁義，今之兵以用奇，變詐百出，慘禍愈烈。求其一揆於正，而不失爲伐暴救良之師，比殆無有焉。

縱觀《春秋》一書，其間用兵，雖不免争城争地之嫌，而其心術之正，猶稍爲近古。故關武聖之所以頃刻不離，范文正之所以授狄青，良有以也。兹於讀誦之餘，撮其大要，用以垂鑒戒、匡缺略焉。是爲序。

杜士林　《是亦輟耕録》序

袁隨園云：“我口所欲言，已出前人口；我手所欲書，已書前人手。”然則我輩著書立説，豈非拾唾餘而多事乎？特以半生讀書，疑團多而遺忘大，有不能不輯録,見聞所及,有不能已於言者。故于耕餘之暇,讀書而有偶記,見聞而有閑評,日積月累,連篇成帙,不忍棄置。因節録有關人心道術者數則,藏之篋笥,貽之子孫,藉以就正有道,非敢問世也。

明陶宗儀有《輟耕録》,愚之斯録《是亦輟耕録》云。雖襲故之可憎,亦感興之偶合也,識者諒之可也。

杜士林　樂善堂序

吾家堂名原曰"積善"。後嫌其與理門諸家相重復也,遂改曰"樂善"。既而聞清乾隆時怡親王藏書樓曰"樂善堂"。構造九楹,以書滿其中,蓋宋、元精本居多,一宏富之藏書樓也。吾之堂名,不意而與之合,亦趣事也。乃未幾,而閱佛典之九陽關,"加修堂"之外,又有"樂善堂",爲修行人生前無過,歿後之所聚會。吾之堂名,竟不期又與之巧合,庸非榮幸之至乎? 雖然,怡親王之堂,一飽學家之堂也。吾之堂,書雖有若干卷,善本尚少。且於若干卷中,未曾盡行讀過,實力奉行,對之寧不愧汗耶?

矧夫"加修堂"外之堂,一修行有德者之大聚會所也。吾之堂雖名"樂善",自揣殊多凉德,過未曾改,善於何有,樂從何來哉? 聲聞過情,君子所恥。有名無實,靦顏何地? 然此名也,乃不期而與之暗合。既合矣,自憎愧赧,庸非祖宗在天之靈,有以默啟愚衷,使之改過,以至於善。由善而積善,以至於樂善,而止於至善也乎? 然則顧名思義,可不戰兢自持,朝乾夕惕,以答在天之靈也乎? 誠能如此,仰不愧於天者,即俯不怍於堂,豈不懿歟休哉!

杜士林　上楊巨川縣長論三要事書

猥以不才,謬蒙垂愛,委令輔治講演員。奉委之下,夙夜祇懼,恐才不足以勝任,有負我縣長勵精圖治之至意。爾時即欲面辭,似又非見義勇爲之素志,特不揣孤陋,勉盡棉薄。但此輔治,爲任甚重,講演範圍亦甚寬泛,当從何處做起? 然天下萬有不齊之事,皆有本意存乎其中。當此中原危急,國事蜩螗之際,風俗日趨奢靡,人民競尚遊惰,不有反本存樸之道法,殊難以善其後。謹就管見所及,略舉三要,以與我縣長商酌之,辦理之。是否之處,祈電鑒裁奪施行。

(一) 消弭禍心以端本。中原陸沉,伏莽思逞,人懷自危之心,未有樂生之趣。蓋屏棄舊道德,競尚新文明之謬舉,實司其咎。今欲消此禍心,非極力恢復道德,講演道德不爲功。

(二) 提倡勤儉以治生。今日生活程度極高,人民生計困難,而一般人猶賤勞工,尚奢侈。以士農工商爲不足爲,而以做輕巧事、吃輕巧飯爲目的。於是幹事之聲浪日高,而四民之本務亦日形廢弛。生之者只三四,食之者竟六七,入不敷出，國多遊惰，事多冗員，遂釀成今日不可收拾之殘局。我縣長有見於此，整躬率物，提倡勤儉，力挽積弱之風，馴至康成之治，實地方之幸福，國運將興之先兆也。

（三）矯正禮俗以善則。冠婚喪祭、飲食衣服，人之大節存焉，亦人之大欲存焉。有以限制之，則爲經正民興之美俗；無以限制之，則爲敗常乱俗之厲階。現在風俗日尚浮華，禮節失之萬里。冠禮等於無用，婚禮競爭賀宴，喪祭禮以戚爲樂，總之失禮則一也。飲食衣服，窮極奢欲，富者炫耀，貧者效尤。舉國趨勢，似乎富強，内容景况，實極貧弱。言之可爲痛心，思之不寒而慄！此極宜矯正禮俗，以善法則者也。

此三者，日後講演以此，奉行以此，庶不徒托諸空言也。

謝恩綬　《李孝女傳》書後

李孝女珠蘭，余舅父盡節清室安邊都司岵瞻公侄孫女，表弟永壽把總斗垣之次女也。

己卯冬，①余奉檄隴東清鄉，道出固原，拜岵瞻公墓，題聯云“憑弔山河傷故國，盡忠君父表臣心”。以志哀敬。適斗垣旋里省墓，孝女之母党夫人飭介延余宴，情誼款洽。見孝女髫齡敏慧，心知其夙具靈根，不修凡女。庚申地震，母女罹災，母未得救，孝女蘇而痛哀如成人。畢業固原女子學校，通書史。年及笄，字蕭關世胄慕繩武爲室，賦性貞静，秉德賢淑。每讀《女論語》《女誡篇》《教女遺規》，慨慕古賢媛孝行不置。壬申春，②余長子寶英供職安綏軍，積勞謝世。次子樹英，自教部歸，命攜岵瞻公盡節事實，呈省通志總編纂宋芝田太史，編入《忠義列傳》。洎冬斗垣函告余云：《孝女傳》祈亦采入通志。余未知其行，函索之，今得其傳，乃知爲姑割股、爲父削指，和藥療疾均得愈。固原士人爲之傳，列《省通志·安康志》，③未刊。余負採訪責，書其事寄總纂張梓喬中翰，補編孝義門。

噫！孝女行風漓俗，名傳没世矣。然以余推孝女之心，惟知有姑有父，出於至誠天性，故能格天感神，獲佑愈疾，有如斯靈應也，豈沽名哉？設其心沽名，安有如斯靈應哉？余因之有感矣。國體改革以來，禮教陵夷，女子歐化，平權自由，只知夫婦戀愛，《内則》婦事舅姑禮未之學。平時且不盡孝，遑問其侍疾？忤逆背倫，大乖婦道，罔知人禽之判，其不孝爲親黨所不齒，視孝女寧不愧死耶？

余嘗謂教女爲修齊治平之本。有賢女乃有賢婦，乃有賢母，乃有賢子。虞有

① 己卯：民國二十八年（1939）。按：此文作於民國二十二年，此己卯或爲乙卯（民國四年，1915）之誤。

② 壬申：民國二十一年（1932）。

③ 注：李氏原籍陝西安康，故《孝女傳》列入《安康志》。

二妃,周有三太。孝女幼受教育,夙嫻姆訓,承李慕先代世德,植本立身,知孝爲百行先,得舅姑歡心。太和瑞氣,洋溢家庭,不惟疾愈壽延,慶祝椿萱並茂,而且靈鍾秀孕,詳占麟鳳篤生。天之報施孝女,福澤獨厚,理有不爽,余亦與有榮施。孝女勉乎哉。

有子曰:"孝弟也者,其爲人之本與。"孟子曰:"堯舜之道,孝弟而已矣。"又曰:"人人親其親,長其長,而天下平。"聖人人倫之至,盡此而已。孝女斯行,使人人能效之,風俗仁孝,人心回天,天心自回。浩劫潛消,雍睦景象,再見於今,豈特李慕家庭幸哉。余老矣,聞之喜,重其行,忘其不文,爲孝女推其心,廣其義,樂爲傳書後,俾後之覽者,其亦將有感於斯文。

時民國二十二年,癸酉堯曆三月中旬,古金州六旬有八、知足山叟謝紹端書於益嘉河固本堂南軒。

謝紹端 《李氏家譜》序

家之有譜猶國之有史也。國有史編年紀事,以正朝綱,而寓褒貶,書法嚴於斧鉞;家有史尋流溯源,以正姓氏,而明支派,書法不容冒濫。相提而論,家譜與國史並重。

古來世家大族必修譜,上溯高曾,下逮九族,以聯親睦之誼,而敦孝友之風。人人親親長長而天下平。此歐、蘇所以仿小史而創譜例爲後世法,使不忘祖而知其所自出也。斗垣表弟纂修李氏家譜,蓋知本矣。

按李氏古籍安康,自斗垣遠祖,官陝安鎮標經制公始。經制公來自西安咸寧,其以上之祖,代遠年湮,世系不得而知矣。稽諸初,有功于國、分封受姓者爲始祖;來自他國,始遷者爲始祖。安康之有李氏,以經治公爲始祖,明別子爲祖也。繼別子爲大宗,繼禰者爲小宗。其爲經制公長子則爲繼別,其爲經制公眾子則爲繼禰。自經制公傳至外王父竹齋公,其爲經制公長子後歟,眾子後歟? 予生也晚,不得而知。

予昔聞外王母向太夫人言:"竹齋公隨母下堂于張某,母以家貧子幼,無以爲養,不得已而再醮。"人情之常,律所不禁。迨竹齋公成年,令其歸宗。人乃知母爲李氏存後,其心良苦矣。

竹齋公孑身自立,得向太夫人內助,家道隆起,再造紗帽石小北街房產以遺孫子,爲歷代祖塋樹碑,報本追遠也。竹齋公無兄弟,母在張生一子,俗所謂同地不同天,譜例不得濫載。而竹齋公爲母所出,天下無無母之子,譜例應載母姓,書下字以別之。母出與廟絕,廟不供主,禮也。母恩當報,墓必祭掃,情也。竹齋公不冒張姓,張之子不入李譜,異姓不亂,宗也。古人修譜嚴書法同國史矣。

夫譜者所以信今傳後,貴核實不貴鋪張也。嘗觀世之修譜者,援古代華族顯宦爲其祖所自出，附會其説，蔓衍不可究詰，爲識者所譏。胡爲也？是僭也，誣也。僭且誣，何貴有是譜也？

安康李氏家譜，設若援道德老子以及廣、牧、勣、密名將名臣據爲宗系，烏足征信，予知斗垣斷不若是矣。而李氏宗祧一線之延，賴竹齋公克自樹立，承先啟後，天眷有德，生丈夫子三。岵瞻公立功國家，忠節千古，名垂青史，不獨有光家乘也。

抑譜之義，取其普也。祖宗一脈之親，不可有所遺漏。竹齋公以上之伯祖某、叔祖某、同堂之伯某、叔某，其有後者，分支載譜；其無後者，於名諱下書一“止”字，昭親疏一本也。竹齋公三子分支，某支子書于某支下，昭尊卑有序也。某考某姚生卒年月日時葬地必書，昭年久稽考也。男有品行道義，女有婦德節孝必書，昭表微闡幽也。男女有封誥必書，昭揚名顯親也。男女有干名犯義必削，昭懲惡勸善也。男女爲僧道巫尼必削，昭重門第，聯姻婭也。凡此數者，世家大族修譜所當講究，不可忽也。

斗垣修譜爲李氏家範，其體例或仿歐，或仿蘇，其重本源則一也。由是而父父、子子、兄兄、弟弟、夫夫、婦婦，各盡其道，本身作則，以敬宗而睦族。倫常敦而綱紹明，孝弟之心，油然而生。太和洋溢，征爲祥瑞，爾昌爾熾，李氏保世滋大，代有孝子賢孫，克繩祖武，紹聞德言。《詩》曰“毋念爾祖，聿修厥德”，[1]《書》曰“聰聽祖考彝訓”，[2]此之謂也。

是譜也關係李氏大矣哉，寶若天球河圖，其重等於國史也。予李甥也，爲李氏子孫勖，序於譜端，以報斗垣。時年七十有四，知足山叟謝紹端序。

李文輝　《李氏家譜》自序

程子曰：[3]“萬物本乎天，人本乎祖。祖者，人之所自出。溯其所自出，遠必追報，本不可忘也。”李氏先祖墓在新城東一里坡。查生金公所序碑文，原籍西安府咸寧縣北寨人氏，於清雍正初年遷居興安府紗帽石街。按生金公生於乾隆中葉，自稱裔孫。以時代考之，雍正初年逮乾隆中葉，百有餘年，名諱生卒，代遠年湮，無譜可考。父老傳説先祖官陝安鎮標經制。自經制公傳至生金公，文輝之高祖生太公以上數代，無墳墓碑記可考。溯先祖由經制起家，後裔從戎入伍，或歿于王事，或在外娶家室，墳中缺數代。

安康李氏以經制公爲始祖，明乎別子爲祖也。兹纂家譜，仿歐譜例，自文輝高祖生太公支下一脈叙起。生金公及先祖竹齋公所立老塋碑可考之考姚名諱姓

---

① 參見《詩經·大雅·文王》。
② 參見《尚書·周書·酒誥》。
③ 參見《晦庵集》卷八三《書程子禘説後》。

氏，仿蘇譜叙明，以別支派，不敢遺漏，昭愼重也。

抑文輝兄弟幼時，祖母向太夫人詔曰："汝等亦知汝祖開設香局，牌名'李復興'之取義乎？嘉、道間，教匪蹂躪，家道中落，紗帽石老房出典楊天順。楊豪於財，藐視汝曾祖生太公無力贖，毀作豕牢。生太公目睹心傷，意欲贖，楊又藐曰：'若贖與爾，演戲三日。'生太公憤塡膺，百方籌贖，楊貪業計不得售。生太公上房檢漏，失足殞命，身後蕭條。汝祖幼孤。曾祖母孫孺人少寡，貧無以養，忍痛攜汝祖下堂張公楚發，爲夫存後。張公視如己子，撫養娶媳。初時不知歸宗。逮予來爲李氏婦，適黃富有之姑太婆謂汝祖曰：'人各有祖，姓不可冒，應請求張義父復姓歸宗，以延李氏宗祧。'張義父允其請。設非姑太婆諄囑，李氏中絕。汝祖爲姑太婆立碑，命子孫歲時祭掃，以報大恩。汝等謹志之。"

嗚呼！李氏宗祧，賴孺人苦心撫孤，姑太婆提醒歸宗，先祖不抱若敖之痛，後世子孫不得以孫孺人失節非之，禮有經權，反經合權，聖賢取焉。李、張兩姓，百世不通婚，以厚別禮也。

譜之凡例、李氏家訓，謝紹端表兄秉筆修纂，條理井然。世世子孫保守斯譜，繼起賡續，篤木本水源之思，以敬宗而睦族，孝弟油然而生。爾昌爾熾，保世滋大，李氏之復興，正未有艾，是文輝所厚望也。裔孫文輝謹序。

趙永泰　《馬氏家譜》序

溯自生民以來，伏羲始制嫁娶，正姓氏，以重人倫。姓者統其祖考所自出，百出而不變者也；氏者別其子孫所自分，數世而一變者也。族者屬也，與其子孫共相連屬者也。其旁支別出則各爲氏，人而不知其姓氏之所自出，則渙若鳧雁矣。

蓋姓氏之繁，支分派別，千途萬轍，初若錯綜紛亂而莫辨。及有譜牒，則有綱有條，猶指諸掌焉。古之人有以所封之國爲氏者，若韓、若魏、若呂、若閻之類是也；有以字爲氏者，戴、武、宣、穆也；有以官爲氏者，司寇、司馬、倉氏、庫氏也。陳伯袁之後爲袁氏，齊公子高之後爲高氏，此則以名爲氏也；老子生於李下而爲李，趙奢善於馭馬而爲馬，此則以物爲氏也。

夫古之氏族繁而知之者反多，後之氏族簡而知之者反少，其故安在哉？蓋隋唐以前，幾于人人能知氏族之學。明洪武四年廢圖譜局，於是氏族之學失傳。有清一代，科舉制度行，私家譜牒秘不示人，標榜攀緣更相通牒，姦僞日滋，貴賤無等。蓋自官書亡而私乘無所附麗，坊表裂而流品遂至混淆，姓氏之不明、譜學之不講也久矣。

固原在清同治以前，士大夫之家藏譜牒者，類能叙其五世以上。舉姓氏之源流，與尊祖敬禰之義，悉志於譜。世系明而紀載備，讀之而孝弟之心油而生矣。自同治回亂後，劫火焚毀，滄桑變遷，所存家譜百無一二，不知其姓氏之所自出者,比比皆是。然則欲穆宗族,序昭穆者,其必自修譜始。

馬君稱德,邑中之賢士也,有志家乘,殫精竭慮,多歷年所。凡祖宗之潛德、父母之懿行,必欲志之於譜,以遺後世。而腹稿已成,惟倩予纂修。予以學殖膚淺,本難應命,然君子成人之美,聖人善與人同,故黽勉從事,以成馬君之志而已。

傳記 識往詔來之文屬之

晉

皇甫謐 酒泉龐烈女傳[100]

酒泉烈女龐娥親者,表氏龐子夏之妻,祿福趙君安之女也。君安爲同縣李壽所殺,娥親有男弟三人,皆欲報仇,壽深以爲備。會遭災疫,三人皆死。壽聞大喜,請會宗族,共相慶賀云:"趙氏强壯已盡,惟有女弱,何足復憂。"防備懈弛。娥親子淯出行,聞壽此言,還以啟娥親。娥親既素有報仇之心,及聞壽言,感激愈深,愴然隕涕曰:"李壽,汝莫喜也。終不活汝。戴履天地,爲吾門户、吾三子之羞也。[101]焉知娥親不手刃殺汝,而自徼倖耶?"陰市名刀,挾長持短,晝夜哀酸,志在殺壽。

壽爲人凶豪,聞娥親之言,更乘馬帶刀,鄉人皆畏憚之。比鄰有徐氏婦,憂娥親不能制,恐反見中害,[102]每諫止之曰:"李壽,男子也。兇惡有素,加今備衛在身,[103]趙雖有猛烈之志,[104]而强弱不敵。邂逅不制,則爲重受禍于壽,絕滅門户,痛辱不輕也。願詳舉動,爲門户之計。"娥親曰:"父母之仇不同天地共日月者也。李壽不死,娥親視息世間,活復何求? 今雖三弟早死,門户泯絕,而娥親猶在,豈可假手於人哉? 若以卿心况我,則李壽不可得殺。論我之心,壽必爲我所殺明矣。"夜數磨礪所持刀訖,扼腕切齒,悲啼長歎。家人及鄰里咸共笑之。娥親謂左右曰:"卿等笑我,直以我女弱不能殺壽故也。要當以壽頸血污此刀刃,令汝輩見之。"遂棄家事,乘鹿車伺壽。

至光和二年二月上旬,以白日清時,於都亭之前,與壽相遇,便下車扣壽馬叱之。壽驚愕,廻馬欲走,娥親奮刀砍之,[105]並傷其馬。馬驚,壽擠道邊溝中,娥親尋復就地砍之,探中樹闌,[106]折所持刀。壽被創未死,娥親因前,欲取壽所佩刀殺壽。壽護刀,瞋目大呼,跳梁而起。娥親乃挺身奮手,左抵其額,右摏其喉,反復盤旋,應手而倒,遂拔其刀以截壽頭,持詣都亭,歸罪有司,徐步詣獄,辭顏不變。

時祿福長漢陽尹嘉,不忍論娥親,即解印綬去官,弛法縱之。娥親曰:"仇塞身死,妾之明分也;治獄則刑,君之常典也。何敢貪生以枉官法。"鄉人聞之,傾城奔往,觀者如堵焉,莫不爲之悲喜慷慨嗟歎也。守尉不敢公縱,陰語使去,以便宜自匿。娥親抗聲大言曰："枉法逃死,非妾本心。今仇人已雪,死則妾分,乞得歸法,以全國體,雖復萬死,於娥親已足,[107]不敢貪生爲朝廷負也。"尉固不聽所執。娥親復言曰："匹婦雖微,猶知憲制,殺人之罪,法所不縱。今既犯之,義無可逃,乞就刑戮,隕身朝市,肅明王法,娥親之願也。"辭氣愈厲,面無懼色。尉知其難奪,强載還家。

涼州刺史周洪,酒泉太守劉班等共表上,稱其烈義,[108]刊石立碑,顯其門閭。太常弘農張奐貴尚所履,[109]以束帛二十端禮之。海内聞之者,莫不改容贊善,高大其義。故黃門侍郎、安定梁寬追述娥親,爲其作傳。

玄晏先生曰:[110]"父母之仇,不與共天地,蓋男子之所爲也。"而娥親以女弱之微,念父辱之酷痛,感仇黨之凶言,奮劍仇頸,人馬俱摧。塞亡父之怨魂,雪三弟之永恨,近古以來,未之有也。《詩》曰:①"修我戈矛,與子同仇。"娥親之謂也。

按:酒泉,漢郡名,今肅州。表氏,漢縣名,今高臺縣。禄福,漢縣名,屬酒泉郡,今闕。又有《高士傳》《逸士傳》,略。

南北朝

庾信　周柱國大將軍田弘神道碑記[111]

公諱弘,字廣略,原州長城縣人也。本姓田氏。虞賓在位,基於揖讓之風;鳳凰于飛,紹於親賢之國。論其繼世之功,則狄城有廟;序其移家之治,則長陵有碑。況復高廟上書,小車而對漢主;聊城祭鳥,長岳而驅燕將。公以胎教之月,歲德在寅;載誕之辰,星精出昂。是以月中生樹,童子知言;水上浮瓜,青衿不戲。而受書黃石,意在王者之師;[112]揮劍白猿,心存霸國之用。

魏永安中,任子都督,[113]翻原州城,受隴西王節度。于時洛邑亂離,當途危逼,禮樂征伐不出於天子,舉賢誅暴實在於强臣。太祖文皇帝始創霸功。初勤王室,秣馬蒐乘,誓衆太原,公仗劍轅門,粗謀當世。[114]隨何遠至,實釋漢帝之憂;許攸夜來,即定曹王之業。[115]永熙中,奉迎魏武帝入關,封鶉陰縣開國子,邑五百户。太祖以自著鐵甲賜公云:"天下若定,還將此甲示寡人。"白水良劍,罷朝而贈陳寵;青驪善馬,回軍而賜李忠。[116]並經輿服,足爲連類。

大統三年,轉帥都督,進爵爲公。十四年,授使持節、都督原州諸軍事、原州刺史。仙人重返,更入桂陽之城;龍種復歸,還尋白沙之路。公此衣錦,鄉里榮之。侍從太祖戰河橋,[117]復弘農,解華山圍,平沙苑陣。每有元勳,常蒙別賞。太祖在同州,文武並集,號令云:"人人如紇干弘盡心,天下豈不早定。"即授車騎大將軍、儀同三司。

---

①　參見《詩經·秦風·無衣》。

前魏元年,轉標騎大將軍開府。祁連猶遠,即授冠軍之侯;沙漠未開,先置長平之府。[118]梁信州刺史蕭韶、寧州刺史譙淹等,猶處永安,稱兵漁陽。公受命中軍,迅流下瀨,遂得朝發白帝,暮宿江陵,猿嘯不驚,雞鳴即定。西平反羌,本有漁陽之勇;鳳州叛氏,[119]又習仇池之氣。公摧鋒直上,白刃交前,萬死一決,凶徒多潰。身被一百餘箭,傷肉破骨者九瘡,馬被十槊。露布申上,朝廷壯焉。葛屨糾糾,魏有去舊之歌;零露瀼瀼,周受惟新之命。乃晉爵封雁門郡公,食邑通前二千七百戶。

保定元年,授使持節,都督岷州諸軍事、岷州刺史。隴頭流水,延望秦關;川上娥眉,猶通蜀道。公不發私書,不燃官燭。獸則相負渡江,蟲則相銜出境。四年,拜大將軍,餘官如故。衛青受詔,未入玉門之關;竇憲當官,猶在燕山之下。公之此授,[120]差無慚德。渾王叛換,梗我西疆;巖羌首竄,藩籬攜貳。公受服於社,[121]偏師遠襲,揚旗龍涸,繫馬甘松。二十五王靡旗亂轍,七十六柵鶉奔雉竄。即蒙用命之賞,乃奉旋師之樂。

天和二年,被使南征,帶甲百萬,舳艫千里。江源水起,海若乘流,船官之城,登巢懸爨。吳兵習流,長驅戰艦,風灰箭火,倏忽凌城。公以白羽麾軍,[122]朱絲度水,七十餘日,始得解衣。朝廷以晉剋夏陽,先通滅虢之政;秦開武遂,始問吞韓之謀。是以馳傳追公以爲仁壽城主。齊將段孝先、斛律明月出軍定隴,以爲宜揚之援。公背洛水而面熊山,陣中軍而疏行首,乘機一戰,宜陽銜壁,增封五百戶,進柱國、大將軍,司勳之册也。

建德元年,拜大司空。二年,遷少保。姬朝三列,少保爲前;炎正五官,冬官爲北。頻煩寵命,是謂賢能。三年,授使持節,都督襄、郢、昌、豐、唐、蔡六州諸軍事、襄州刺史。江漢之間,不驚雞犬;樊襄之下,更多冠蓋。既而三湘遼遠,時遭鵬入;五溪卑濕,[123]或見鳶飛。舊疾增加,薨於州鎮。天子畫凌煙之閣,[124]言念舊臣;出平樂之宮,實思賢傅。有詔贈某官,禮也。即以四年四月二十五日,歸葬於原州高平之鎮山。屬國玄甲,輕車介士,一依霍驃騎之禮、衛將軍之葬。嗚呼盛哉!

公入仕四十五年,身經一百六戰。通中陷刃,疾甚曹參;刮骨傅藥,[125]事多關羽。而風神果勇,儀表沈雄,事親無隱無犯。[126]學不專經,略觀書籍,兵無師古,自得縱橫。《青烏》甲乙之占,《白馬》星辰之變。九宮推步,三門伏起;天弧射法,太乙營圖。並皆成誦在心,若指諸掌。虜青犢之兵,甚有秘計;燒烏巢之米,本無遺策。西零賊退,屈指可知;南郡兵回,插標而待。常願執金鼓而問吳王,横珮戈而返齊地。有志不就,忠貞死焉。世子恭等,[127]孝惟純深,居喪過禮。對其苦寢,則梓樹寒生;聞其悲泣,則巢禽夜下。嗚呼哀哉! 乃爲銘曰:

天齊水合，日觀山連。[128]兵强東楚，地遠西燕。五卿咸正，三王並賢。靈龍更起，燧象還燃。自天之德，乃祖乃父。維嶽降神，生申及甫。北門梁棟，西州雲雨。勇鼍燕城，名題漢柱。公始青衿，風神世載。猛獸不驚，家禽能對。劍學千門，書觀六代。有竭忠貞，無違敬愛。乃數軍實，乃握兵謀。[129]澆沙成壘，聚石成圖。風雲順逆，營陣弧虛。靈雨巨鳴，燧火飛狐。[130]淮陰受册，車騎登壇。公爲上將，有此同官。下江燒楚，下地吞韓。推功玉案，定策珠盤。天有三階，公承其命。國有六卿，公從其政。臺曜偕輝，槐庭重映。匡贊七德，謨猷八柄。腹滿精神，心開明鏡。伏波受脤，樓船推轂。東道未從，南征不復。飲丹有井，澆泉無菊。[131]功存柳林，[132]身在楠木。[133]移茵返葬，提柩山行。窆靈隴水，哀挽長城。山如北邙，樹似東平。[134]松門石起，碑字金生。渺渺山河，煢煢胤子。泣血徒步，奔波千里。孝水先枯，悲雲即起。世數存没，哀榮始終。

唐

于志寧　隋柱國弘義明公皇甫府君碑記

夫素秋蕭煞，勁草標於疾風；叔世艱虞，忠臣彰於赴難。銜須授命，結纓殉國。英聲焕乎記牒，徽烈著於旂常。豈若釁起蕭牆，禍生蕃翰；强逾七國，勢重三監。其有蹈水火而不辭，臨鋒刃而莫顧，澈清風於後業，抗名節於當時者，見之弘義明公矣。

君諱誕，字玄憲，安定朝那人也。昔立効長丘，[135]樹績東郡。太尉裂壤于槐里，司徒胙土於祊門；是以車服旌其器能，茅社表其勳德。銘功衛鼎，騰美晉鐘。盛族冠于國、高，華宗邁于欒、郤。備在史牒，可略言焉。曾祖重華，使持節龍驤將軍，梁州刺史。潤木暉山，方重價于趙璧；媚川照闕，耀奇采於隨珠。祖和，雍州贊治，贈使持節散騎常侍、車騎大將軍、儀同三司、膠、經二州刺史。高衢將騁，遽夭追風之足；扶摇始搏，早墜垂天之羽。父璠，使持節驃騎大將軍、開府儀同三司、隨州刺史、氏樂億侯。橫劍桤栢，威重官軍；扐瑞蕃條，聲高渤海。

公量包申伯，稟嵩山之秀氣；材兼蕭相，降昴緯之淑精。據德依仁，居貞體道。含章表質，詎待變於朱藍；恭孝爲基，寧取訓於橋梓。鋒剸犀象，百練挺於昆吾；翼淹鵷鴻，九萬奮於溟海。博韜骨産，文瞻卿雲。孝窮温清之方，忠盡匡救之道。同何充之器局，被重晉君；類荀攸之宏圖，見知魏主。斯故包羅衆藝，[136]囊括群英者也。

起家除周畢王府長史。榮名蕃牧，則位重首寮；袨服睢陽，則譽光上客。既而蒼精委馭，炎運啟圖。作貳邊服，寔資令望。授廣州長史。悅近來遠，變輕沙於雕題；伐叛懷柔，漸淳化於緩耳。蜀王地處維城，寄深磐石，建旗玉壘，作鎮銅梁。妙擇奇材，以爲僚佐，授公益州總管府司法。昔梁孝開國，首辟鄒陽。燕昭建邦，肇徵郭隗。故得馳令問於碣館，播芳猷於平臺，以古方今，彼此一也。尋除尚書、比部侍郎，轉刑部侍郎。趨步紫庭，光暎朝列。折旋丹地，譽重周行。俄遷治書侍御史。彈違糾慝，時絕權豪；霜簡直繩，俗寢貪竟。隋文帝求衣待旦，志在恤刑；呪綱泣辜，情存緩獄。授大理少卿。公巨細必察，同張季之聽理；寬猛相濟，比于公之無冤。但禮闈務殷，樞轄寄重，允膺此職，寔難其人。授尚書右丞。洞明政術，深曉治方。臧否自分，條目咸理。丁母憂去職。哀痛里閭，鄰人爲之罷社；悲感衢路，行客以之輟歌。孝德則師範彝倫，精誠則貫徹幽顯。雖高曾之至性，何以加焉。尋詔奪情，復其舊任。

于時山東之地，俗異民澆，雖預編民，未行聲教。詔公持節，爲河北、河南道安撫大使，仍賜米五百石，絹五百匹。公軺軒布政，美冠皇華之篇；擁節觀風，榮堪繡衣之使。事訖反命，授尚書左丞。然并州地處參墟，城臨晉水，作固同於西蜀，設險類於東秦。寔山河之要衝，信蕃服之襟帶。授公并州總管府司馬，加儀同三司。公贊務大邦，賢名籍甚；精民感化，黠吏畏威。屬文帝劍璽空留，鑾蹕莫反。楊諒率太原之甲，擁河朔之兵，方叔段之作亂京城，同州吁之挺禍濮上。雖無當璧之兆，[137]乃懷奪宗之心。公備説安危，具陳逆順，翻納魏勃之榮，反被王悍之災。

仁壽四年九月，溘從運往，春秋五十有一。萬機起殲良之歎，百辟興喪予之悲；切孔氏之山頹，痛楊君之棟折。贈柱國、左光禄大夫，封弘義郡公，食邑五千户，謚曰明公，禮也。喪事所須，隨由資給，賜帛五千段，粟三千石。惟公溫潤成性，夙秉白虹之珍；黼黻爲文，幼挺雕龍之采。行已窮於六本，蘊德包於四科。延閣曲臺之奇書，鴻都石渠之秘説，莫不尋其枝葉，踐其隩隅。譬越箭達犀，飾之以括羽；楚金切玉，加之以磨礱。救乏同於指困，親識待其舉火。進賢方於推轂，知己俟以彈冠。存信捨原，黃金賤於然諾；忘身殉難，性命輕於鴻毛。齊大小於冲襟，混寵辱於靈府。可謂楷模雅俗，冠冕時雄者也。方當亮采泰階，參綜機務；豈謂世逢多故，運屬道消。未展經邦之謀，奄鍾非命之酷。

世子民部尚書、上柱國、滑國公無逸，以爲邢山之下，莫識祭仲之墳；平陵之東，誰知子孟之墓。乃雕戈勒石，騰實飛聲，樹之康衢，永表芳烈。庶葛亮之隴，鍾生禁之以樵蘇；賈逵之碑，魏君歎之以不朽。乃爲銘曰：

殷后華宗，名卿胄系。人物代德，衣冠重世。逢時翼主，膺期佐帝。運策經綸，執鈞匡濟。門承積慶，世挺偉人。夜光愧寶，朝采慙珍。雲中比陸，日下方荀。抑揚元輔，參贊機鈞。王葉東封，貳圖北啟。伏奏青蒲，曳裾朱邸。名弛碣石，聲高建禮。珥筆憲臺，握蘭文陛。分星裂土，建侯開國。輔藉正人，相資懿德。中臺輟務，晉陽就職。望重府朝，譽聞宸極。亂階蔓草，災生剪桐。成師構難，[138]太叔興戎。建德效節，夷吾盡忠。命屯道著，身歿名隆。牛亭始卜，馬撝初封。翠碑刻鳳，丹斾圖龍。煙橫古樹，雲鎖喬松。敬銘盛德，永播笙鏞。

元

梁遺　重修英濟王廟碑記

元統甲戌夏四月，①六盤山都提舉案牘張庸款門告遺曰：庸以延祐庚申蒙中政院委充提領所副提領，②職掌催納糧租，歲辦貢稅千餘石，例投提舉司庫使閻文彬收掌，驗數給付，歲終考較官憑准。歲壬戌，朝廷差官陳署丞馳驛纂計本司上下季分楮幣租稅，詰庸出納數弊，庸齎所給收付爲照。丞曰：“殊無印符，難爲憑准。”遂問庫使閻文彬，從而隱慝。丞曰：“國朝有何負爾，敢如是耶？”令卒隸圖圄，責監承限通納。庸曰：“寃甚！”料無申訴，越明日，庸禱于英濟王廟，跪拜未已，鎖械自釋。監卒見，怖以告丞。丞大怒，命執廳下，督責益急，飭監卒重鎖固衞。言訖，俄空中聞發矢聲，鎖械復隕於地。丞曰：“若信兹而緩法，恐未宜。”仍飭監鎖。次日推鞫，官吏咸列左右，忽鎖械碎猶沙礫，觀者莫不震懼。官吏諫辰曰：“此事不可測，莫若並庫使監鎖之。”丞如所諫。又一日，庸與文彬約，誓于王廟，焚誓詞，倏有神雀翔至，集文彬首，用爪抓其髮，舉翼擊其面，鳴聲啾啾然，若指訴狀。文彬昏瞆如癡，良久方蘇，自責曰：“我等不合欺心，致招此報。”雀即飛去。即從其家搜得日收册照一卷，與給庸付數吻合。官吏白丞，丞乃釋庸而治文彬之誣。丞曰：“至誠可以格天地、動鬼神、盟金石，殆信然歟！”庸追思感召，赫赫明明，若無毫髮爽者。爰罄俸錢，葺修祠宇，今將竣工矣，勒石志異，竊願有請。

遺聞之悚然曰：“孔子云：‘視之而弗見，聽之而弗聞，體物而不可遺者，爲鬼神之盛德。’今王之攝文彬也，儼然見，儼然聞，而民視民聽繫之。體物之功，直有以達於九霄，深於九淵，固洋洋乎如在其上，如在其左右矣。此而不志，惡乎用吾志？”

伏維王河東解人，臣事昭烈，挾其精忠浩氣，扶漢鼎于灰燼之餘，史册昭垂，焜耀今古。至於威靈顯著，覺世牖民，誠所謂大而化之之謂聖，聖而不可知之謂神。夫豈庸與文彬之一言一事所能贊擬形容于萬一哉！神雀乎，神雀乎，其冥使乎？讀王之傳，拜王之祠，謹熏楮濡毫，爲之大書特書，以告後世之爲張庸、爲閻文彬者。

《王志》按：此碑在開城嶺上，核其年代爲元時，故碣文雖剝落，尚可綴識。伊以事涉靈異，神道設教，錄之可以儆頑醒奸，而並爲删易數行，以歸雅重。至所

---

① 元統甲戌：元統二年（1334）。
② 延祐庚申：延祐七年（1320）。

載英濟王封號,當爲關聖未晉帝位以前之尊謚。固原迭經兵火,此碑不没塵沙中,殆或有呵護之者。

明

馬文升　石城記略

殘元部落巴丹者,仕平涼爲萬戶。太祖兵至,歸附,授平涼衛正千戶,部落散處開城等縣。成化丁亥,[139]把丹孫滿四等倡謀從北虜叛,入石城。乃命右副都御史嘉興項忠爲總督,鎮守陝西,太監劉祥爲監督,涼州副總兵劉玉爲總兵,統京營並甘、涼兵五萬往討。文升以南京大理卿服闋升右副都御史,巡撫陝西協剿。我軍奮勇,賊遂大敗。斬首七千六百有奇,俘獲二千六百,生擒滿四至軍前。城中復立平涼衛達官火敬爲主,陽虎貍家口令認給還其生,擒賊千餘,斬八百,餘擇留。滿四、馬驥、南斗、火鎮撫等二百名並滿四妻解京,俱伏誅。其未殄土達,令其本分耕鑿。石城北添所,固原千户所改衛,復添兵備僉事一員。

谷應泰　平固原盜記

太祖之平陝也,元部落巴丹率衆歸附,授平涼衛千户,以畜牧、射獵爲生,頗饒樂足用。而成化初年,巴丹孫滿四又以貲雄諸族。然招納亡命,抵觸文網。石勒倚嘯東門,劉淵請歸會葬,蓋未嘗一日忘北徙也。乃以撫臣陳介捕治逋逃、參將劉清斂錢餽贈,而遂聽李俊之狡點,劫滿璹以鼓亂。然不西通甘肅,東屯河套,而但入據石城,憑險負固者,此真緩死之圖,非有啟疆之志也。

夫石城去平陽千里而遥,緣峭壁十仞而上,繩行懸度,四面陡絶,昔人經營以避禍亂者。萬年奄有氏服,豈居郿塢之中;劉曜入據長安,匪保桃源之境。吾固知四者,[140]特債輾之小犢,非飛食之攫獸矣。比至陳介出討,賊衆偽降。斥馮信緩師之謀,用吳琮進兵之策,薄城一戰,[141]軍盡殲焉。假令禁馬謖之輕出,則街亭無敗;用許歷之據險,則闕與可勝。介實輕敵,罪則奚辭。

若夫項忠身冒矢石,馬文升躬環甲冑,圖山谷則聚米成形,斷樵牧則困獸自斃。而且金鉤賜虎貍,刮刀誓賞格。數月之內,俘獻京師,功垂竹帛。乃知岳節使之神算,竟定湖、湘;祭征虜之奉公,終摧隴、蜀者也。然其始王師屢挫,兵力單微,中外洶洶,頗言星字不利西方,書生豈能料敵。而忠以晟討朱泚,[142]熒惑守歲;安拒苻堅,都部遺罷,豈非意思安閒,知彼知己者也。

總之,辦賊之方,由於將帥;命將之略,本於政府。所喜者,彭時斷其就擒,商輅欽其佈置。夫論思密勿之地,決勝千里之外,比於真長料桓温之必克,郗超識謝玄之有成,猶爲過之。而彼張解設難,發言盈廷,豈非肉食者鄙哉!若夫丹穴之逃,薰以蕭艾;東門之役,撤其關梁。[143]則尤長駕遠馭之規,毋俾易種於兹邑也。

田賜[144]　創修固原城隍廟記①

景泰紀元,庚午之歲,②西戎犯邊,塵湧雲擾,朝廷憂之,召葺斯城。司馬韓公督勇興作。勇力弗給,更調協軍洮、岷、靖、鞏、均襄厥事。同知榮福、指揮張正經營土木,殫慮竭精。城圍九里,屹然保障,三邊雄封,金湯乃固。自春徂秋,工用告成。

榮、張二公謀之司馬,料量磚石,均稱羨餘,以築祠宇,無慮缺乏。司馬曰:"咨當先城隍。城隍之祠,[145]實輔社稷。神道設教,陰陽攸理。崇祠維誠,廟貌是壯。"榮、張唯唯,周諮士民,士民稱便,諏吉力築。州城中央,廟址以定。坐坎面離,爽塏明廠。正殿五楹,金身丈六。棟樑桷榱,中繩直影。獻殿巍峨,欞扉洞達。兩廡之間,羅剎森森。刀林劍池,摯鏡如照。閻羅莊嚴,彷彿對簿。後拱寢宮,前列坊棁。鐵獅銅猊,斑斕奇致。美奐美輪,載歆載格。

時間一稔,役動億人。即核工費,白金萬鎰。司馬好施,不累民力。乃張乃榮,更助俸錢。凡在官者,捐廉佽之。深恤爾民,厥功甚偉。俎豆告馨,神人以和。邀天之庥,衆懷其惠。惟大司馬,蕭關砥柱。城堞千尋,爲萬民衛。廟食千古,爲萬民福。締造艱辛,鴻功駿績。榮、張運籌,克明禋饗。俾神式憑,俾民安止。迺囑田賜,走筆爲文。鐫諸貞珉,以示不朽。賜也不才,誦芬詠烈。紀事以言,侑神以歌。歌曰:

神靈之來兮,以風以雨。恍兮惚兮,不知自何許。城垣鞏固兮,實神所主。福善禍淫兮,血食茲土。得司馬之愛民兮,民受多祜。新廟巍然兮,超越今古。備時物兮潔尊俎。鏗鏗其鐘兮,坎坎其鼓。神之格兮錫純嘏,驅厲疫兮豐稷黍。吾民以寧,萬物皆春兮,彀皇風於寰宇。

王恕　固原州增修廟學記[146]

皇明奄有天下,統理萬邦。内而京都,外及郡邑與軍衛運司,咸設學校師儒,教育英才而賓興之,郅治之隆,媲三代盛時而無愧焉。

固原在平凉府西北,路當通衢。原有城隍,設千户所守禦其地,屬開城縣。成化間改爲衛。縣治舊在州南四十里,以虜寇肆侮,侵犯蹂躪,爰徙治城於此。弘治初,總制秦公因以駐節。公乃曲力殫慮,大展所蘊,凡百安内攘外之策,靡不俱舉,奏陞開城縣爲固原州,並令軍民願求外城地爲居室商市者,聽輸銀入官,授地有差等,民皆樂從。遂以廟學草創,陋陋弗稱,不可視爲傳舍。迺鳩工庀材,繪圖增修,謀所以恢宏之而開拓之。

飭生員張正學董其事,易城中之地爲廟學之基。東至指揮王爵宅,西至守備

---

① 本志所載,全篇用韻文寫成,與《嘉靖固志》卷二《記·創修城隍廟碑記》有別。

② 庚午:景泰元年(1450)。

署,南北均至官街。廣二十五丈,袤五十七丈。建大成殿八楹,崇五尋。戟門、櫺星門各三間,崇二尋。兩廡各二十五間,崇二尋。殿後建明倫堂五間,東西齋各六間。堂後作師舍四間,齋後作生徒舍四十間。戟門左作神廚三間,右作神庫三間。生徒舍左作饌堂五間,右作廩庾三間。布置周匝,已及九仞。適公奉召還京,瀕行,以未盡工囑副使高公,仍令張正學逐一而完成之。殿宇覆以琉璃,施以丹漆,飾以金碧。户牖階陛,悉有款制,廉隅可啟可閉,可升可降,而不違則焉。像設儼然,足以使人之敬;堂闕森然,足以起人之恭。於鑠哉!盛已。

是役也,始事於弘治十六年七月,告成於十八年九月。高公遣生員彭玹、段錦來謁,屬爲文以記。忽素媿讟,恐不勝事,二生堅請,勉爲之言曰:"大哉!吾夫子之道,乃二帝三王,繼天立極,明人倫,治萬世之大道也。凡有國家者,莫不建學立師,儲養人才,以待任用。是故師之所以爲教,弟子之所以爲學者,是道也。身之所以修,家之所以齊,國之所以治,天下之所以平,亦曷敢越於是道乎?立學有廟,釋奠有禮,正所以昌明文教,鼓舞士氣。將見俎豆莘莘,邊備整飭,蔚然焕然,有以固億萬年有道之長也。豈徒日崇祀事云乎哉!"

總制秦公名紘,單縣人。兵備副使高公名崇熙,山西石州人。例得備書。

康海 固原鎮鼓樓記略[①]

固原者,陝西西北大鎮城也。正德庚午,[②]總制右都御史張公來,不數年,[147]兵練事寧,軍多暇日。因遍覽城雉及文武之署,慨然興懷曰:"敝者不更,則非所以作軍威、明節制、廣教習之道也。"於是與總兵官楊公,與護國文武將佐,咸務聿新,不侈近欲,不廢後觀。而兵備按察司副使景君實任其事。[148]既即,又以鐘鼓樓歲久頹敝,不可獨廢勿理,屬指揮施範因舊而增其基,[149]去壞以新其制。作爲重樓七楹,東懸鼓,西懸鐘,規模擴然大矣。公曰:"斯不已利民望、壯鎮城耶?"樓崇二丈七尺,臺如之,而廣一十三丈,厚五丈六尺,皆以磚石圍砌。其懸者又靖康時鐘焉。工起正德壬申秋,[③]至此才一年已落成矣,亦不足以視民乎!

張公名泰,字世亨,肅寧人;景君名佐,字良弼,蒲州人。正德癸酉冬十月十有九日,[④]滸西山人武功康海撰。

康海 平虜碑記略

嘉靖十三年,兵部尚書唐公龍畫戰守之法。七月初,寧夏報告吉囊結營于花馬池。十四日,虜由定邊擁入鐵柱泉。二十三日,從青沙峴入寇安、會、金三縣,

---

劉文率所部參將霍璽、崔嵩、彭浚，守備吳瑛、崔天爵戰於會寧柳家岔及葛家山，斬其桀者數十人。虜懼思遯。八月四日，虜合眾出青沙峴。文督戰當冲，復大敗虜眾。而王緝於半個城與指揮田國亦破零賊。前後斬首一百二十有七，所獲達馬一百三十有二，甲冑、器械、衣物一千九百三十有七。梁震與參將吳吉、遊擊徐淮、守備戴經遇虜於乾溝，大戰破之。斬首一百八十有五，所獲達馬二百有四，器物四千七百四十有七。王效與副將苗鑾、遊擊鄭時、蔣存禮又遇虜于興武營，大戰破之。參將史經、劉潮分布韋州。張年又從苗鑾擺邊，遇劉文驅虜結營北奔，各哨奮勇而前。前後斬首一百三十，所獲達馬二百有二，器物二千一百六十有六。虜幸得及老營，晝夜呿遯。

嘉靖十二年十二月修撰。

呂柟　固原州水行記略[150]

正德乙亥，①鎮守陝西等處右軍都督府都督僉事平涼趙公文，祗奉制敕駐劄於固原州。州井苦鹹，不可啖酘，汲河而爨，水價浮薪。

朝那湫雙出於都盧山，[151]左流州境曰“東海”，右流州境曰“西海”。西海大於東海，湛澄且甘。公及兵備副使景佐議導入州。[152]乃使都指揮陶文、指揮施范帥卒作渠，期月而成。襟街帶巷，出達南河，過入州學，匯為泮池。池以石甃，面起三梁。於是農作於野，卒振於伍，商賈奔藏於肆，士誦於庠。學正李佐及生員史暐諸人走狀來謁，[153]因記之，以詔後世。

正德十三年五月翰林院修撰。

楊守禮　總督題名記略

弘治年來，火篩之變，復設總督大臣一員，駐節固原，經略四鎮。先時名為總制，嘉靖聖明，親定為總督。任是職者，可謂榮且重矣。

歷考先哲，有晉而為冢宰者，為南北司徒、司馬、司寇者，為掌院左右都御史者，入內閣為大學士者，匪人豈能勝此者也！諸先哲揚歷中外，功在邊陲，自有太史氏直筆在。予景仰先哲，黽勉繼述，不敢以為盡厥職，不敢以自償厥事，又不能不望于後之君子少恕焉。南澗子僭書以為記云。

嘉靖壬寅春吉。②

王九思　總制秦公政績碑記略[154]

戶部尚書山東秦公紘，弘治中嘗總制陝西三邊。公去二十餘年，而嘉靖己酉冬，③邊人思公不置，欲立祠于固原以祀。於是監生馬文輝等以其邊人之意，請

----

① 正德乙亥：正德十年（1515）。
② 嘉靖壬寅：嘉靖二十一年（1542）。
③ 嘉靖己酉：嘉靖四年（1525）。

於今總制、邃菴楊公，公諾之，命兵備副使桑君溥董祠事。桑君卜地得州城之南郊三畝許，[155]坐坎面離，[156]經營逾年，而祠告成。堂凡三楹，重門周垣，而堂之正位，則秦公之像設焉。乃遣使告九思曰：子其記之。是豈徒邊人之慰也，實九思之大願遂矣！

蓋公之在邊者二年，以備邊之籌，惟戰與守。於是推演古法，造兵車，造火器。已乃修豫旺城、[157]修石峽口、修雙峰臺三城。又于金佛峽、海子口七堡，甃石爲垣，裹鐵爲門。凡城與堡，皆以絶虜道、衛居民焉。旋入京師，嗣復蒞此。更命三邊與其腹裹修城堡開隘，以處計凡萬四千一百九。劃崖通道，以里計凡三千七百五十。[158]拓其外城，奏移批驗者鹽物於此。自是商賈雲集，物貨流行，人有貿易之利，官得經費之資，公家日富矣。修孔廟，廣學舍，詩書之化，人才彬彬焉相繼出矣。

嘉靖六年十月。

張珩　八陣戰圖碑記略

夫陣，行列也。《佩觽集》曰[①]"軍陳爲陣"，古今用武，未有能外之者。珩，書生，誤蒙聖明簡命閫外，授以便宜節制之權，爰稽歷代陣圖，若衡軸總分，縱橫棋布，非不可觀。余自拊循綏、夏，屢詞罔宜，近得徐叔度《九曲新書》，始知宋蔡西山强行握機，非出武侯。叔度以石礨布爲鳥蛇龍虎四奇，天地風雲四正，移游軍於中軍十六隊，八陣各一隊，中外開十六門，[159]陣中容陣，隊中容隊，庶得武侯之意。余通置游軍于中區，以便指揮。圖定，橃鎮守陝西都督王綎，調各路官軍一萬三千二百員名，分爲八十八隊，八陣六十四隊，遊軍二十四隊，每隊百五十人，安圖演教。但士馬萬衆，難於肅静耳。余曰："營陣布定，下肅静令，違以軍法治。"綎如命，旋赴軍門請曰："營陣可觀矣。"余偕固原兵備副使曹子邁，分巡隴右道僉事賈子樞，登將臺提調。

初鼓，建大將旗於中軍，參將崔麒領遊軍二十四隊，共三千六百人布於中軍。再鼓，寧夏副總兵張紳率旗頭持紅旗，領軍八隊，共一千二百人，布鳥奇陣于大將旗之前；固原守備行都指揮事弭節率旗頭持黑旗，領軍八隊，共一千二百人，布蛇奇陣于大將旗之後；東路遊擊葛宇率旗頭持青旗，領軍八隊，共一千二百人，布龍奇陣于大將旗之左；西路遊擊吳鼎率旗頭持白旗，領軍八隊，共一千二百人，布虎奇陣于大將旗之右。三鼓，指揮方良輔率旗頭持半青半紅旗，領軍八隊，共一千二百人，布風正陣於鳥奇陣之左、龍奇陣之上；指揮孟寀率旗頭持半白半紅旗，領軍八隊，共一千二百人，布地正陣於鳥奇陣之右、虎奇陣之上；指揮曹雲率旗頭持

① 參見《佩觽》卷上。

半青半黑旗,領軍八隊,共一千二百人,布雲正陣於蛇奇陣之左、龍奇陣之下;指揮施霖率旗頭持半白半黑旗,領軍八隊,共一千二百人,布天正陣於蛇奇陣之右、虎奇陣之下。

八陣布定,余入營閱視,見組練顯明,旄旗掩映,寂無人聲,正固正也,奇亦正也。若虎豹在山,蛟龍在淵,靜涵於動,奇之形不可得而見矣。復登將臺,令舉號應敵,觸處爲首,兩頭皆救,南方受敵,鳥陣爲首,風陣、地陣爲二尾應援;北方受敵,蛇陣爲首,雲陣、天陣爲二尾應援;東方受敵,龍陣爲首,風陣、雲陣爲二尾應援;西方受敵,虎陣爲首,天陣、地陣爲二尾應援。東南受敵,風陣爲首,龍陣、鳥陣爲二尾應援;東北受敵,雲陣爲首,龍陣、蛇陣爲二尾應援;西南受敵,地陣爲首,虎陣、鳥陣爲二尾應援;西北受敵,天陣爲首,虎陣、蛇陣爲二尾應援。炮聲震天,喊聲震地,萬馬交馳,煙塵高起,奇固奇也,正亦奇也。若虎豹出山,蛟龍出淵,動發於靜,正之形不可得而見矣。遊軍二十四隊,環拱將居,無故不動,而其動也,或爲前鋒,或爲後殿;或結陣合戰,或設疑補闕。全陣總之爲一,分之爲八,又自八分之爲六十四。若遇大敵,決戰取勝,總□□□□□□□。正者,陣法之本也,武侯未及。奇陣乃深於奇正者矣。諸家自常山六花□□□□□□□□勢不同者,因地形之險易爲三。故曰地生度,度生量,量生數,不可以預定也。原州開府重地,是故持此練士。緡請記並石壘刻於演武場。

嘉靖丙午年五月初一日欽差鎮守陝西地方右軍都督府都督僉事。[①]

附八陣圖碑陰記

張珩氏曰:愚考石壘圖,乃武侯布于魚腹江浦之間者,其形方正,縱橫八行,所謂八陣也。左右各有兩直一曲者,營壘之形勢也。後有二十四隊作兩層爲偃月形者,遊軍也。兹固武侯天聖神略獨得之妙,探其本,實宗軒轅因井田制陣之法,簡要宏深,若河圖洛書然,天地造化,無所不包,自唐李衛公之外,未有能窺其際者。鄱陽徐叔度氏《九曲新書》論之詳矣。但遊軍二十四隊,余通布中軍,與叔度少異。或者疑與石壘不同,蓋武侯主于營法,故布於外,而陣法自在;叔度主于陣法,故布於中,而營法自存,其實一而已矣。若夫附會握機之文,豈知武侯之秘哉?使無南軒張氏丘井之説,武侯之精蘊要領其不湮塞於世者幾希。是故礱石勒圖于陽方,營圖于陰方,兵尚陰,俾用武者知所本云。

明嘉靖丙午仲夏朔,[②]南川張珩書。

唐龍　後樂亭記略

原州城以南,其原畇畇,中有阜,紆餘而起,[160]長百餘步,闊半之。不識何氏緣之爲臺，橡屋略具。下疏爲池，引渠流而注之。其北郡之勝概也哉。歲月滋久，榛蕪並障，潢潦旁集，觀者病之，爰命有司，乘間而疏治之。構亭一楹，不雕不繪，以“後樂”名焉。

嘉靖乙未六月兵部尚書撰。①

唐龍　重建東嶽行祠記略

名山之區，神人恒憑之，以宅其靈，而弗去焉，何也？蓋山含澤布氣，調五神者也。

固原出東門，清水河如白練而流湜湜焉。距河三里，山矗矗而起，是曰東山。嶺巒糾結，崗阜盤亘，其巔平衍秀俊而可棲也。昔有東嶽神祠，凡境内旱乾水溢與疫癘悉赴禱之，禱多感應，而人心亦依懷焉。廟貌壯麗，山之居民常托而散處，遇虜寇猝至，率扶攜老幼，奔廟以避，壯丁操矢搏石而環守之，所由來遠矣。正德後廟圮，不可以祈報，乃徙祠于清水河之瀆地，然既湫隘，而市囂俗氛復雜遝而集，是故弗稱神居矣。水旱癘殃，禱禳罔效。

嘉靖元年，虜突入。據山之巔，布列營帳，逾九日始退，蹂躪之蹟廣矣。荒臺頹廡，益摧毀無遺。嘉靖十年，城中父老塞農登山，即祠之故址而程度之，廣爲募化，閱七年始葺復。於是神祠揭之而新，後承之以寢室，傍翼之以周廡，前甕之以重扃。剗崖懸塹，崇其墉垣，結構恢巨集，規緒亦具。旱禱、澇禱、疾病禱。會歲事薦登，人鮮災害，遂閔然曰：“神相我也。”而然乎哉？

既總兵官劉子文、副使沈子圻，又畫地董役，瞰築祠後隅鎮虜墩一座，高數十丈，廣可容千軍。屬有虜患，舉烽伐鼓，聚山麓居人於祠，而發一旅衛之，則保障以周，而虜掠無所得也。禦災捍患，祠則有焉。其于好尚物魅，熒惑民聽者，复然而不同也。父老請記之如此云。

時嘉靖十七年歲次戊戌，仲春吉旦立。三十六年夏五月吉日，欽差鎮守陝西等處地方前軍都督府都督僉事榆陽。

唐龍　兵備道題名碑記[161]

嘉靖初，[162]成君文質夫來攝其官，[163]布德揚武，功用既興，[164]乃袞各姓氏，勒於石而昭之。

《王志》注：其文原闕。②

王以旂　東嶽感應碑記

維泰嶽特峙東方，位出乎震，承天以生化萬物，在祀典所宜崇者。三五迭興，

①　嘉靖乙未：嘉靖十四年（1535）。
②　此文見於《唐漁石集》卷一《記·固原兵備題名記》、《嘉靖固志》卷二《記·兵備道題名記》。

肇稱殷禮。大舜巡守,必先柴德。秦漢諸帝,歷朝封禪,載之史册可考。

我太祖高皇帝受明命。奄育萬方,定封五嶽之神。歲時致祭,聖聖相承,遣告不絶。若東嶽尤顯神於天下,迄今廟貌而尸祝者,無論東西南北,雖窮鄉下邑,比比然也。是故嶽雖峙於東,神則無所不在。蓋以聰明正直、山川之靈氣,人心之嚮往,即神之會臨,理固然乎。

嘉靖乙酉,①陝之延、慶、平、固以西,自春徂夏,恒暘不雨,臨、鞏、蘭、靖爲甚。斗米值銀四五錢,餓殍盈路,盜賊竊發,民不聊生。余時方在州,目睹耳聞,寢食弗寧,日與鎮守都督成君勳、兵備憲副李君磬共圖修省,靡神不舉。每日雲方聚欲雨,風倏來遽散。越二旬,人心遑恐,莫知所措。或曰:"州東山高,隆然在霄漢間,往歲建廟宇以奉東嶽,水旱兵戈,每禱輒應,盍往謁之?"乃卜五月庚辰,偕衆叩禱,癸未甘澍小降。近山土田以潤,四境猶旱。

山蠹蠹數里,路多崎嶇,人馬攀登頗艱。余恐其日擾民也,設位衙舍之後,旦夕齋祓,以丐神庥。丙申,天油然作雲,入夜大雨如注。丁酉未刻始止。老稚歡騰,人心翕定,舊禾勃然以興。入秋收穫倍蓰於昔,在蘭、靖則數十年所未見也。地方幾危復安,窮民垂死復活。盜賊屏息,室家胥慶,謂非神之功乎?夫有功而祀之非諂也。有靈異而不實紀之,非所以昭神貺也。余嘗默許神以勒諸石,七月間提兵過花馬池防秋,碌碌戎務,未果。

八月丙辰,忽傳虜酋擁衆二萬自榆林東來,聚結寧塞邊外,殆將深犯内地。余提調諸路兵馬,分佈前後,扼其吭而擊其背。嚴申號令,收斂人畜,用伐其謀。侵晨默禱于神,初占《井》之六四,"井甃無咎"。再占"震來虩虩,笑言啞啞",是知神之默相於餘,自備不可不加嚴也。旬日出哨者屢報:虜首病甚,禱襖弗見許,且云南朝調來多多人馬,行否任汝。遂相畏沮,或齚指驚,乙丑向西北引去。然猶恃猾詐,窺我兵在西,遣輕騎三千,九月一日犯響水堡邊内,時巡撫次村楊公,用先設奇以俟,斬馘甚衆。虜大驚,無所掠,次日從榆林邊北遁去。先後占辭均驗。

小子德薄才淺,若旱若兵,何能冀感於神,實賴我皇上誠敬格天,神靈效順,一遇災報警,躬禱禁中,爲民造福,雖在千萬里之外,聖心未嘗不惓惓也。

頃年西人倡議,欲大肆威伐,爲復套之舉。皇上好生之德,洽于民心,惟恐兵刃相殘,大施神武不殺之仁,寢其議。尤于延、慶先年酷罹虜患者加意焉,今春特發帑金萬八千兩,爲賑沿邊久遠罹虜患者。乃守令屢以倉庫空虛具申,旂曰:"第速賑殺虜之家耳,蓋應賑者十有七八,苟使均沾實惠,遷易有無,人自可生。"再三

---

① 嘉靖乙酉:嘉靖四年(1525)。

督造姓名册，至□□□□親□□□□□爲訂立規格，用宣□□德意。五月二十七日，賑銀方出原州，是夜即雨。捷於影響，仰見□□□□□聖德，天必允合。是故恩澤之溥，無遠弗屆，蕩蕩乎豈可名言哉。

夫神能禦大災、捍大患，法所宜祀，人孰不知之。而其所以能感神施大功德於民者，則賴我皇上，是更人人所能盡知也。爾陝民幸生於斯，當圖所以報之。《傳》曰：“未有上好仁而下不好義者也，未有好義其事不終者也。”旅敬書以志。

唐德亮　重修東嶽廟記

凡山之穹窿巖嶪，足以爲一方之具瞻者，必有靈貺足以庇其一方之人而歆一方之祀。其山彌崇，則其神彌彰，而其祀彌普。故推山之尊，則先五嶽，五嶽之尊，則先泰山。泰山之爲言大也，亦曰岱宗，岱宗之爲言尊也。

癸巳冬，[①]予奉命司餉西夏，驅車過固原，遙望琳宮紅殿，焜煌巨麗，巍居東山之巔，心愛其勝，以簡書嚴重未遑也。蓋山故有東嶽行宮，久而寢圮。前制府大司馬心亭孟公，創議捐金修之，增其式廓而鼎就焉。僉憲前州守生洲郭公，前憲副聖宇孔公，副戎明武曹公及文武僚佐，各捐助有差。以至好義之民，貧者效力，富者施財，奔走如鶩，可謂盛矣。而經營締造，則郭公之力爲多。是役也，創于辛卯年之春，[②]畢於癸巳年之冬。始之者孟司馬也，成之者郭僉憲也，相之者孔曹諸公及諸僚佐也。而今憲副集公張公後至，復捐助以觀厥終焉。乙未孟夏而竣餉事，[③]還過固原，則殿已落成，巍然煥然矣。張使君乃命酒邀予陟山之巔。其山離城東三里許，清流繞之，榆柳夾道，拾級而登，有壁立千仞之概。俯瞰城邑，煙火萬家，諸山拱峙，奇秀天開。殿高三丈，繡而文楣，翬飛鳳翥。左右廊廡，諸神森列，前門後寢，規制大備。旁爲孟公祠，祈以云報也。循祠而下，閑亭別館，爲遊宴之勝地。大哉觀乎！

酒闌罷歸，予戲語郭、張兩使君曰：“東方之人不聞祀西嶽，而東嶽行祠遍天下，即西方之人且舍西嶽而視東嶽何居？古者諸侯祀其封內山川，今諸專制方州，大者數千里，次者千里，又次者百里，亦古諸侯之職也。若之何其越境而祀也？”

兩使君同辭對曰：“泰山爲上帝司命，掌生生之籍，天道貴陽而賤陰，人情好生而惡殺，故萬物出乎震，震爲上帝之長子，爲群生之父母，是泰山之德也。《傳》曰：‘觸石而出，膚寸而合，不崇朝遍雨天下者，其爲泰山乎’。是則泰山之功也以德若彼，以功若此，然則五嶽之首而得四方之人祀之者有何疑？”

---

① 癸巳：嘉靖十二年(1533)。
② 辛卯：嘉靖十年(1531)。
③ 乙未：嘉靖十四年(1535)。

予莞爾而笑曰："吾知之矣。吾聞兩使君之爲政也,饑者哺之,寒者衣之,僵者立之,散者歸之。是以州之人無蕩癘流病之患,而戴之若父母,非使君之德乎？禁暴詰奸,風馳電擊,以覆露其民人,是以州之人無奸鬼寇賊之害,而仰之以神明,非使君之功乎？夫五原控制三邊,爲關吭背扼要之地,而其軍若士民,幽則賴有東嶽之庇,明則恃有使君之仁,亦原幸矣哉。"

兩使君同辭而對曰："君言過矣！不敏承乏邊陲,唯是制府孟公總裁于文武,百官和衷交贊,以道於罪戾,即制府與文武同寅,尚不自有其德與功而徼靈神貺,故廟貌幸虔,明禋無替,祈以福我軍若士民。君言過矣,不敏何敢竊父母神明之譽而尸之也！"

予復進曰："審如是,即泰山且不尸其德,而上其德於天；不尸於功,而上其功於天矣。故曰大德不德,至功無功。"退以爲記。

石茂華　樂溥堂記略

原州之北五里許,有泉焉,俗呼爲北魚池。冬不冰,中有魚,湛泓淵亭可數十畝,謂非一勝地哉！固原兵憲劉君伯燮、總戎孫君國臣,請構數楹於上。方經營之,而劉君以陞去。憲副郭君崇嗣繼至,因協力成之。爲正堂三楹,後爲小亭,水中有洲,亦樹小亭於上,材木皆取諸見在者而無所費。

恭維聖明馭極,北虜款塞,軍無弗樂也。耕耘者得盡力於田畝,民無弗樂也。商賈不煩戒備,行旅無弗樂也。吾輩亦得乘一日之暇,顧軍民之樂而樂之,非徒適一己之情而已也,其樂也不亦溥乎！

萬曆五年孟冬。

馬自强　固原鎮新脩外城碑記略

陝西西北部有鎮曰固原,弘治中從守臣請增築內外城,宿重兵守之。軍民土著城以內不能容,乃漸徙外城。外城又單薄,聚土爲垣,歲久多廢。

萬曆二年,總督毅菴石公至,有增甃意。巡撫文川郜公以防秋至,見與毅菴公合,遂會議改築。兵備副使晉君應槐遂請以身任之。晉君以憂去,代者爲劉君伯燮。督視二年,以遷去。亡何,郜公召還朝,而代者爲嵩河董公,代劉君者爲郭君崇嗣。董公復從中相繼調督察之。至五年秋八月,城成。

城高三丈六尺,袤二千一百一十七丈。崇墉壘雉,鱗次上下,環以水馬二道,[165] 而創角樓、敵臺、鋪房、牌坊各若干座表之。越歲,郜公復受命總督固原,並得理其未備。於是固原內外城屹然如金湯焉。

王家屏　督府郜公撫禦俺酋碑記略[166]

俺酋戴上天覆之恩,憬悔彌切,則請徙幕而西游祁連、青海間,求休屠王金人禮之,迎其弟子以歸。會套虜卜矢兔諸部新仇於瓦剌,欲借東虜釋憾。因數施役風俺酋,盛兵自從。俺酋乃發其部三十萬衆以行。時萬曆丁丑秋九月也。①

　　事聞,天子乃咨廷臣,求可制陝以西籌邊者,[167]咸謂無過郜公,於是公以大中丞受鉞往。虜既至張掖,以馬市請。公遣人諭之曰:"此非市所也。"虜又請茶市,公曰:"番之茶市猶若馬市也。"虜大慚沮。已又請西出嘉峪關以要哈密。公曰:"茲關天子所封,人臣安得擅啟?"虜頷謝。居歲餘,俺酋東歸意始決。則己卯秋八月也。②

　　酋行抵寧夏赤木口,口直鎮西門,從此徑鎮之北郭,循橫城入套,可近四五百里。公笑虜必闌之道,乃預檄鎮,決漢、唐兩壩水注郊原,虜至,果欲内走。公使使遮問虜:"若纍從何方來,乃今謬縱不遵太師約,獨不畏朝廷禁乎?且前水澤深者沒牛馬,若能乘橇而濟,惟所若之耳。"虜竟引去,西陲用寧。公名光先,上黨人。

郜光先　固原鼎建太白山神祠記[168]

　　自古名山大川,興雲致雨,咸昭事之。蓋神貺靈應,救濟一方,自爾思以報之,報之而必祠者,昭永賴也。余于太白山神,安敢不肅而祠祀之云?

　　在歲壬午,[169]秦大無年,枕藉死于道路者無算。是時行者未歸,居者呻吟未息也。聖天子已故御史大夫、左司馬起光先松楸間,再督陝西三邊軍務。光先九頓首拜天子之明命已,復九頓首祈皇天后土願得年豐,俾我黎民,不饑不寒,相安於閭里,俾我甲士宿飽歡歌,投石超距,壯西北幹城。星駕西馳,以三月車及幽谷,則有司言冬天無雪,春復不雨抵今矣。已而歷左輔郡邑,則麥將就槁。亭口、高平、蕭關以往,則黃霾四塞,赤地極目,乃余不覺涕泗沾襟而長太息焉。天乎一何降災至此極乎!二三子遺,如大病未甦,即不悔禍,將無噍類矣,隱憂可勝言哉!極檄有司,除壇致齋,躬率屬禱於城隍之神,凡七日,弗得請。余憂之甚,夜寐目不交睫。已忽思太白山神,故稱靈應,昔一禱于長安,再禱于原州,皆荷神貺如響,盍往求之?

　　詰朝,余率多官祖之郊,戒從事以往。二七晡時,馳報水至,余命陳牲祝鎮秦門外里許,敬往迎之。時天日慘黃,惡氛觸目,余乃私念:"是安可得雨?"比至迎所,使者捧水自南來,望見油雲族族,低隨馬首。俄頃四野彌漫,風亦頓息,潛一拜伏,膏雨倏零。余率多官撤蓋承之,父老士女,羅跪道側,歡呼震地。乃奉神水拜稽惟虔,而薄暮歸署,屋溜泠泠有聲,夜漏下二刻而遂霽。明以詢之田畯,則深不掩粗,猶然不可以畜。余惕然駭且懼。此何以故?豈天方降過,神竟無可奈

---

① 萬曆丁丑:萬曆五年(1577)。

② 己卯:萬曆七年(1579)。

何？抑神休方至，我精誠弗篤，莫克承之邪？何既雨而又罔濟邪？父老言："往迓
湫於郊，士女以鉅萬計，雜沓不虔。公幸爲元元請命，即再遣信使，竟當有以慰我
蒼生。"乃更以耆民若兩人往祖之如初儀。時四月十有一日也。更昕夕步禱于風
雲雷雨壇。十九日出雩於鎮西四十里之朝那湫。二十日日中昃，報水將抵開城
矣。于時曦馭方馳，飛廉正逞，余又私念："是安可得雨？"夜自澡雪，以昧爽出迎，
尊俎方陳，雨輒驟至，步導而前，安之玉虛之宮，取瓴有水一寸。訝而問之，從事
則以誕語對曰："神固雲以三分雨相睨也。"厥故云云。時則有目攝從事者。詎無
何而雨果又霽。余曰："從事之言，第勿深詰。顧謂我遞禱遞應，而偶疏於祀，則
安可不自引咎謝神人，奈何以及匹夫匹婦？"其再肅牲帛，易詞以祝，蘄得一雨。
三日長跪於庭，誓以一身易萬人之命。俄大雨如澍，刻餘，水深盈尺。諸文武將
吏，相視愕然，果三日夜乃已。東抵洪河，西及甘峻，南迄漢中，方延袤萬里，靡不
霑足。

　　夫有禱必應，足稱異矣。乃晴晦變於須臾，若持左券，而一毛不爽，亦越今古
罕所見聞矣。乃檄藩伯，考國家彝典，可崇報太白者。原州父老謁余而請曰："以
公寵靈，徼福于太白之神，回祲以穰，奚啻起白骨而肉之？父老計所以崇報太白
者，秩望則僭於禮。況吾儕小人，精不易達，家如尸祝，則懼褻神。由州歲時展
祀，且祈豐年。"余惟在《禮》，有功生民則祀，有功社稷則祀。太白不崇朝而雨，延
袤萬里，在在有秋，俾黎民不饑不寒，安於閭里；俾軍士歡歌宿飽，壯比干城，誰之
賜也？有功於生民與社稷，甚懿舉也。爲捐俸金二百先之。乃節鉞諸公，以及使
帥司道，各捐俸有差。吏民軍士，富者捐資，貧者捐力，不招而集者日千人。乃卜
地廓北乾方，西負山陵，東面流水，以是歲九月經始，至丙戌十月告成。①

　　地高塏，舊稱剛燥。畚插方施，門之左偏，忽一泉湧出。衆走報余，余出視之
良然，則大驚異，已而曰："安得右方一泉以相配邪？"尋掘之，果又得一泉。水清
冽甘美，湛碧泓淳，可把可鑒，夏秋不溢，冬不冰。異之異者乎！

　　廟制築垣爲城，方二里而羨，應門起高臺危觀，甃以磚石。門外豎四柱坊，近
道豎二柱坊，中門亦作阿閣，而鐘鼓樓左右翼之。正殿七楹，以奉太白山神。後
寢五楹，以奉三阿。左右各二十五楹，中爲馳道，露臺兩墀爲碑記亭。北疏戶爲
鼇宮，以待享賽祈祀者齋宿更衣。南疏戶爲經舍，以居黃冠佛子，供朝夕香火掃
除。又兩隅爲門房，以棲司啟閉者。咸謂壯麗宏偉，足可與華嶽相埒。父老所以
永久崇報太白者恒於斯，太白所以永久福佑父老者恒於斯。

　　太史公有言"始未嘗不祇肅，後乃稍怠慢"云。嗣是者其勿替作者之初心而

---

① 丙戌：萬曆十四年(1586)。

日益祇肅焉可也。是役也，兵憲党君馨，□□□紀，前總戎李君真，中軍副戎張君維忠，今中軍參將王賦業，則先後奔走左右之。乃今兵憲李君廷議，總戎王君撫民，實相與虔終而襄其成者也。余次其顛末爲之記如此。萬曆十有四年十一月既望。海岱党馨同立石，鎮守陝西地方總兵官德軍督察府督察僉事金明王。

　　李汶　新建太白山神祠記

　　關以西屢遭不天，時事艱虞。溯壬午歲暵屬，降割甚焉，即閭右半委溝瘠野燐矣。陽九阨會，振恤不救，闔省命脈，一線千鈞，將蒿目阽于危所。延頸皇仁駝蕩，不惜帑金百萬，蠲賑繼屬。值改歲，稍稍徵金穰，起骨而肉，悴心靡醳衆。及甲申春裁再禩，適大司馬文川郜公，奉璽書督視關中四鎮邦政，固不佞汶撫陝之明年。維時三月不雨，四月不雨，驕亢彌熾，官師萌隸，怵胸錯趾，竝走群望不應，奈之何可殄殍再試哉。且日虞揭竿淵藪，齮齕首事矣。

　　時考翼百執事咸在列，僉稱引太白山神，寔橐陰陽，司玄冥事，靈輝響効，夙錫羨兹土，甚麻甚晟。曷付祝史往懇，爲蒼黔請餘息焉？司馬公曰：“余誠蒡之念之，其可哉。”乃蠲明漱虔，敕官使走，將出禱之前，使者陳祝俯伏，致司馬公命，挈瓶引漱，群數健兒，鄭重頂禮，再信方竭蹶返命。余咫尺京兆使，使介告良，亦先後之。

　　至日晴空舒晝，觀者如堵，殊不霾，旋潔罍拂壇，率屬拜稽如禮，即印眺膚寸起天際，欻爾溿祁四族，塵颮大揚，豐隆震疊，若排銀河下注之，三禱三應，如取攜者。卒之優渥沾足，僕者起，喊者舒，衆相歡呼錯愕。不圖神工之赫奕至回造化耶？天乎人耶？即形景枹鼓未有應驗是騄者。捍患卹菑，玄績顯茂，可燁然祭法矣。

　　念祈麻報賜，遲邇不忘，司馬公亟欲俯順輿情也，隨筮勝於原北之麓，創爲棲靈受釐宇焉。首捐俸二百金基其事。諸在部者悉解橐哀資，願輸祠下，爲慮事量工費。繇是剪荆闢棘，庀材飭工，財物一無佗借。棟甍拂營室，丹腹朗漢章，前祠宇、後便楹，左右夾室，即釋舍齋闃，木不輪奐，明纖悉備。榜揭門殆闤曰：“太白山神靈應之祠。”誠巍然海寓大觀，詎一時裡饗乎！所可駭矙詫聞者，祠之左右兩甘泉，泠泠漾漾，忽自空旁出。殆天植其源，神浚其流，爲霖注，爲泉漾，渙兹書澤，吾誠不識神所變化矣。

　　民喁神德，神不尸，歸諸民，民不射思，庶幾神人兩間，可對越無斁乎？祠所繇肇建，其應感大都如此。愚復繹其説曰：嗚虖！應感之機，穆乎微矣。太白神山，峙在鴻蒙，尊嚴直埒五嶽，西秦上隴，無不人人尸而祀之。然時方歲紀，淫栳薦饑，重困我民者，靡時不有。孰後駿奔，亦孰惜圭璧，而炳靈效順如近事，不大爲世所罕覿哉？且也，幽明異用，度思所難，必舉其契者一籲告間，何所朕兆，何所欣合！若可接可呼，駿屛翳，驅鐵騎，須臾飛甘灑潤，而莫知所從來。意者司馬公精禋所格，握籥執樞，有嘉德，無隱匿，故必據我此速哉。不爾，名山鉅鎮相掩映，自何代何逞歲間或閟應，而獨標奇有赫於今日；何逞忽諸報賜，而獨祠宇胅蠻於今日？機委有待，象若有憑，神降祇臨中逢，詎偶耶？詎偶耶？嘗考《洪範》庶征，以時雨征肅，肅本寅恭，固神所佑，水所澤也。兹徵神之衷，恬養西土，即肖像構宅，祼事伏臘間，曾謂可答麻萬一。凡我秦隴之寰庶所春秋享獻，以永承靈祉者，其無敢不肅哉！倘嗣是值歲稍不易，駿奔者方操豚蹄往，效甌竇汙邪祝也，一或不讐，即缺曰：神不我福矣。輒有玩戲之意，何昭事之有？其尚無敢不肅哉！不佞汝躬盱盛典，漫摭其略爲記，與有榮焉。若大書垂不朽，已詳鐫司馬簪華中，不復更緩煩縷之也。

萬曆十有五年，歲次丁亥夏五月之吉。[①]

黄嘉善　少傅李公、少保田公紀績碑記略

嘉隆關于合沙諸處，營爲三窟，所爲患最大者，虜蟠踞松山咽喉爲梗，一線幾絕。所賴前田公以萬曆壬辰渡河，[②]一意廓清。李公亦以乙未來，[③]相與密計機略，兵威震疊。松酋日夜惶惶，率驚且疑，謀糾衆趨青海，併力大逞。會兩公熟計密劃，調集將兵圍攻，虜大敗。統計斬虜首及死傷者無算，捷僅奏馘七百有奇，俘獲溢巨萬，而又設法招降番僧柴隆、黄金榜什，虜首著什吉等萬餘人。虜僅僅餘殘孽，遂屛息賀蘭山後，而松疆空矣。又躬率諸道將，蓐食扒沙七晝夜，經畫邊垣，西起涼之泗水，東抵靖之黄河，廣袤一千餘里，移兵將戍守。只今莊紅無梗咽之虞，蘭靖無剥膚之患，朔方無疥癬之疾，安會關隴無震鄰之恐。（《王志》注：原文闕。）

葉夢熊　平定寧夏露布碑記略

惟兹寧夏，建玉節以控臨，寔祖宗制馭之成憲；衍天橫以彈壓，顧世代封守之宏猷。近歷熙朝，稱爲樂土。詎意哱拜、哱承恩生長胡地，狼性難防。劉東暘、許朝、土文秀結約陰謀，凶兇愈肆。殺憲臣以起難，奪敕印以憑陵。劫庫放囚，何所顧忌。招夷納叛，共結誓盟。擅置職官，頒佈衛所要地；播傳諭檄，傾搖關隴愚民。殘辱縉紳，拘囚世子。惟仗聖明剛斷，賜劍以震天威；廟畫淵微，決策以收全勝。

總督尚書魏學曾竭智殫忠，復回衛所四十餘處，因賊退虜安，[170]全堡寨幾萬餘家。寧夏巡撫朱正色親冒矢石，而展臂生風。監軍御史梅國弘身任戎行，而

---

① 丁亥：萬曆十五年(1587)。
② 萬曆壬辰：萬曆二十年(1592)。
③ 乙未：萬曆二十三年(1595)。

揮戈起日。提督總兵李如松與虜對敵,斬首一百二十級,虜謀絕而大勢成,始末皆其首功。寧夏總兵蕭如薰固守平虜,相持者數月,賊氣沮而根本定,牽制尤多勝算。副總兵麻貴城下、石溝之戰,先後出奇。總副參游牛秉忠、劉承嗣、李昫、王通、何崇德、王國柱、楊文、馬孔英、李如樟、李寧等,轉戰防守之功,拮据極苦。藩臬監司楊時寧、馬明鑾、蔡可賢、顧其志、張季思相與分猷之助,經理爲勞。兵部主事趙夢麟倡始籌劃之方,先收奇策。遼晉宣大之驍將畢陳,浙湖川貴之健卒咸至。隨於十六日群酉互殺,劫氣遂終。懸束暘、許、土之首於城隅,闘哱拜、承恩於窟內。救焚絕燼,艾草求根。承恩生擒,哱拜就戮,舉家百口,付之烈炬,真夷千彙,伏於鋼刃,勢如雷霆,功收漏刻。

萬曆二十年九月。

韓文煥　少傅李公崇祀碑記略

固原次第總戎事者,胥一時名卿碩輔,其在鎮久而事功最彪炳,無如我少傅李公汶來督四鎮。於時青海諸虜正屬跳樑,遂檄行四鎮剿平,恢復故土。計先後所斬捕首虜共七萬有奇。尋令各鎮,甌圖繕茸,植頹築墟。邊垣延袤五百餘里,而要害城堡,所在翼翼。時裁他費不經者給軍,[171] 而又多出贖鍰,廣行犒賞。他如訓材官,斥奸宄,廣積貯,代逋稅,諸可以鞭撻膚懲之具靡不備。

蓋公在鎮凡十餘歲,而居者如堵,行者如市,保金生命物産,直以億萬計。是公之大有造於此也。[172] 而在鎮軍民德公無已,共爲祠,伏臘奔走恐後,庶幾古《甘棠》之遺哉!

趙時春　後樂亭記

兵部尚書兼都御史蘭溪唐公總制陝西之三年,士用敦琢,邊烽稀炤。農狎其穡,衆以大和。於是旄下文武大吏咸謂建閫固原,軸運秦夏,士馬駢萃,而觀遊庫萎,不足以均勞佚,竦視遠人,共相孔樂之宇,得城南廢沼。浚其洿淵以爲淵,壘其阜崇以爲丘,圬其廡飾以爲亭,地不加辟而瞻眺用饒。公暇而適焉,坐小舸,燕息楹突之間。景接乎目,則動與象適;物感乎心,則神與意會;聲入於耳,則静與理諧。賓旅之往來,公挾而與遊。曲踦盾輪之徒,執蓋而從者,畏途邊愁之思以消,而趨事赴功之意躍如也。咸請於公,名之曰"後樂",蓋取義于先正范公仲淹之語云。

門弟子平涼趙時春曰:"范公誠賢人也,往者寔董是師,其清風高烈,至於今,實使人詠嘆而稱頌之不衰。范公誠賢人也,抑聞之唐文皇云:戰勝攻取,將帥樂之;高官崇秩,卿大夫樂之;菬中國而撫四夷,帝王樂之。范公之遇主,[173] 其視文皇之治,有若不屑爲者。夷考其事,奔命於涇渭之間,宛轉於元昊掌股之上,憂先天下之志誠酬矣。國是未定,而外患方殷,奚後樂之有? 較文皇之功,寧無報乎？方今聖天子欲興殷周之治，公嬰方、召之寄，其視范公先憂後樂之心，宜無少間。雖然，必使吾君獲文皇所可樂，而後臣子釋范公之所以憂。邇者元戎屢捷，獫鬻維喙，公庶幾其樂矣乎？抑此特將帥之樂耳！異者輔世翊運，含姁華夷，準諸海外，致吾君於帝王之大樂，而公亦得以享卿大夫之樂焉，不亦泰乎？”公欣然笑曰：“有是哉。”其遂書之，以爲《後樂亭記》。

趙時春　固原州重脩公署記[174]

固原建鎮以來，甲子蓋一周有贏。而公署之鮮者敝、鞏者堁。適按察副使襄垣雙峰姚公九功蒞政之初，乃大剗戎蠱，修復憲典，興其廢，完其缺，蕭官吏之失常，逮士女之無良者，[175]必稽式費。既無妄，公役迺充，歲兇以和，春澤布膏，以其餘力，繕治公署。堂宇亭館，餼犒布令之所，譙麗金鼓，戎節敷教之具，咸不戒而備。平涼別駕上黨楊君某欣承嘉命，[176]祇樂成功，爰告余紀其事於石，以昭示後人。

紀曰：奉公者弗私，治官者忘家，古之道也。乃間者大異於是，敗類之徒剥公成私，萬物咸否，兵政貿焉。公承明聖作新之初，殫慮矢謀，數十年之敗一朝完美，豈《志》所謂“志有不爲，才足有爲”者也？右都御史兼司馬任丘一泉郭公存素絲之操，休休之度，釐正是任，讒間莫入，有司各舉其職，厥有由焉。豈《志》所謂“大臣法，小臣廉”者也？夫以數十年壞之，一朝起之，群小咻之，二三君子承之。爲力固不易，而術亦多端矣。提其大要，則《志》所謂“足食足兵，民信極”矣。信立而兵食可足。若昔之虛文無實以誤國是者，後之君子其戒之哉！戒夫彼而法諸此，此告成之所以不可無紀也夫。

趙時春　固原書院置祠堂記

固原州城之南，有室翼然，距闤閣之下，左右兩廡，[177]相比後先雁鶩立。問其守者，則對曰：“往爲兵備副使山東桑君溥所建，欲龕之而祠民之所尸可以匹社者。會桑君代去，而法宜待報，故久未紼牲。”於是兵備僉事信陽樊子曰：“是鵬職也，不可以徂已。然紀大僚之勳德而輒祠焉，非鵬之所得爲也。若以爲書院而置祠堂焉，乃有司之所以勵後學而崇先獻，其可夫。”乃斥閑田三百畝，以業生徒儲用，俎豆咸稱其式。[178]命學官率其弟子之髦弁者序而升，不約而稱曰：“昔都御史平湖項公、鈞陽馬公遏亂石城，能捍大患，則宜祠。總制侍郎某郡才公，志清沙漠，奮不顧身，以勤死事，則宜祠。總制尚書單秦公，肇創軍府，世號福將，荆山王公斬獲名酋，晉溪王公保固邊圉，以勞定國，法施於民，則皆宜祀。少師遼菴楊公之法備于秦，尚書漁石唐公之功光于荆山，而又吾師也，則又宜皆祀。”樊子以爲然。爰請于總制尚書浙東姚公，設其生者荆山王公、漁石唐公位如衙制，而諸公壇焉，神之也。

儀既成舉，[179]士固興躍。樊子菡於講堂而誨之曰：“夫先猷鉅公，本皆儒士耳。而蜚聲宣烈，烜耀今昔，謂非諸生之所當爲乎？《詩》曰：①‘文武吉甫，萬邦爲憲。’又曰：‘吉甫燕喜，飲御諸友。侯惟在矣，張仲孝友。’吾意諸公之所準，無逾吉甫。而諸生之所當爲者，亦不殊乎。是其務修爾孝，馨爾友，允文允武，噫！斯無玷于古之人。”

趙時春　朝那廟碑記

朝那，秦肇縣。惠文王使張儀陰謀伐楚，獻文於湫神曰：“敢昭告于巫咸大神，以底楚王熊相之多罪。”是時楚方强，三閭多賢能謀，熊相昏不用，自陷凶軌，兵敗國削，非神禠其魄者，殆不至是也。但湫神之爲巫咸，豈商之賢相歟？或列子之所述歟？抑自爲一人，莫可徵矣。而神之名爲巫咸，則可據也。

相傳爲朝那縣令。令者，邑萬户、秩千石爲官。秦以朝那北距義渠，西制戎。而萬户之民半多戎狄，以一令柔遠能邇，卒兼義渠，塞河南。史雖失其名，而其令之才且賢，亦可想見。豈非足以嗣周公之功，爲聖人之徒者歟？但朝那地界故廣，而湫則所在有之。唯華亭縣西北五十里湫頭山，山最高，池淵泓莫測，旱澇無所增損。且北麓爲涇之源，南趾爲汭之源。[180]神靈所棲，莫宜於斯。而境内千百泉湫，咸朝宗涇、汭内。在湫頭，實涇、汭之源。禮祭河必先源而後委，則朝那之廟，食于華亭，又其宜也。但湫去縣至遠，香牢乏薦。舊傳於縣西北十里，湫頭之支之下原，去縣近，而山平曠，有泉錯出，下爲兩亭溝，民咸仰惠澤，故遂立祠。屢圮必修，稱曰“蓋國大王”，則無所據而名不正。

時春生於朝那數千載之後，每誦經史，窮治亂，覽山川，美禹績，思古聖賢之夙烈，以爲拯否定傾，必代有哲人，而文獻莫徵，於修郡志，蓋喟然三歎焉。自童子鄉舉，躬睹胡馬飲涇，憤莫或纘神與禹周之緒也。顧四十餘年，力已衰而志未渝。事親既終喪，乃以甲子冬至，②定居兩亭溝之東二里許，與祠相望。

乙丑春旱，③至五月弗雨。民恐且饑，遍走群望。余告以神之貞靈。適兵部郎中周郡鑒，鄉進士曹子繼恭、趙子佩在余所，遂以月之十日同祈於神，而縣之耆舊狎至，共浚湫以還。乃北風化爲穀雨陰澹，群然突起，至夜大雨，翌日乃晴。語具祭文云。故勒諸碑陰。以後思雨即雨，雨足即晴。八月之朔，余祇題朝那神祠加焉，方大澍即霽。縣官遵化謝君濟、縉紳劉子瑞等，咸共伐石志之，以傳諸後。且爲迎送神之歌，俾民歲以五月望、八月朔祀焉。歌曰：

神之來兮崦之西，金天燠兮霜霰虛。雲之斾兮颷之騎，奔迅霆兮騰潛螭。陽

①　參見《詩經・小雅・六月》。
②　甲子：嘉靖四十三年(1564)。
③　乙丑：嘉靖四十四年(1565)。

穆穆兮陰爲電,露瀼瀼兮雨徐徐。阜我兮百穀嘉蔬,育我兮孫子祁祁。衆角奔兮拜舞,鼓革兮糈脯。羞殽兮少牢之雞,酹清醑兮田之黍。春秋代兮僕神居,千百祀兮熄寇與虜。神之享兮瞻顏赭,倏雲揚兮騁天馬,佐少昊兮於穆。光陸離兮霞舄,兌之楹兮遨遊,西海恬兮廣野。前文鳳兮後軒龍,彼妖氛兮何爲者。

　　趙時春　朝那祈雨文

　　嗚呼!維大氣之分,莫尊于神,莫靈於人。故人知求庇於神,而賴神以惠民。今兹盛夏,天中之日,薰風養物之辰,胡迺西風振厲,捲雨推雲,[181]宜茂者槁,宜潤者曛。原厥爽謬,在吾官吏,不在小民。雖然,某常學之矣。夫吏之心不在民,而惟私其家與身者,神固默相我君治殛之矣。如某等之恥與彼黨,甘遯山林,志欲潔己以安人,宜蒙昭鑒於神。令敬誓約,托天地皇明之洪,造期以三日,請雨於神。如果三日而雨,[182]是正直之道尚存,而區區爲國爲民之志終伸也。敢不奮勵斯世,以報答天麻於神!如其不然,亦將卷懷藏密,[183]潛完葆真,以俟歸化於神。決此一機,唯神明分。

　　趙時春　中夏報朝那湫神廟文①

　　美高之山,朝那之湫,實興雨露,奠我西周。慨周鼎之東淪,秦克修其戈矛。驅並戎狄,開闢阡疇。字養滌蕩,建縣視侯。威重如山,澤流如湫。社稷屍祝,萬古千秋。乃邁文獻之無征,民雖不能知,而亦何莫不由。

　　詎期去冬絶雪,夏雲不留,幾七月餘,泉涸塵浮。徧走群望,亦莫我憂。時春乃誶於神,唯神是求。浚源增沛,回飈雲油。夜澪波暢,浹日霏遊。不徐不疾,既沾既優。槁者盡起,占之有秋。萬姓謳歌,仰戴神休。敬薦肥脂,以充俎羞。神其克享,駿惠我儔。大沛靈雨,濡洽原丘。用終神惠,五穀豐收。永以夏中,報賽嘉麻。

　　趙時春　五月望報朝那文

　　維神參佐天地,時若雨暘。阜植嘉穀,民物永康。又除其蓄沴,陰罰不良。敬陳歲報,永永爲常。伏望消釋冰雹,收剪蚄蛃。一盜必犯,九月始霜。四境兆人,永庇休光。

　　趙時春　中秋報朝那文

　　維神奠位西土,時若雨暘。災沴屏息,百穀呈祥。育我民物,阜大吉昌。式修秋祀,以社以方。神之聽之,庶幾來享。千秋永永,惠我以康。

　　按:亭林顧氏《利病書》以朝那湫、瓦亭城均列入華亭縣界,而又指固原界內有東西兩朝那湫,即東海、西海等語。今以固原轄境考之,瓦亭、朝那湫原屬華

---

① 《趙時春文集校箋》卷十載此文小序曰:"廟西去硯峽六里,峽西溪兩亭溝水之源。"

亭,從嘉慶中清理糧賦案内,將瓦亭所統各莊堡,一律畫歸固界,載入《賦役全書》。曰縣歸州堡,由西海越嶺而南即瓦亭。以方向言,居瓦亭西北,正顧氏所云西朝那湫是。浚谷中丞生當嘉靖,其記朝那廟於華亭屬境,係就明時而言,今瓦亭界既歸固,則其文載入州志,理所宜然,非掠美也。爰識數言,以見地界之沿革耳。

吳遂　重修固原州庫記

庫之爲言固也,謂其所藏者固,而不得假借於其間也。州庫歲納鹽茶馬穀各帑,既繁且鉅,而悉由陝征運。計口授食,爲軍需備,顧敢玩視乎哉?曩以攢掾出入弗謹,流弊滋多,司事者致干極典。太守徐公有鑒於此,乃剔奸靖蠹,亟起而釐正之。置筦鍵,慎巡守,嚴定其額,則較量其錙銖。下令曰:繼自今,非關白不得啟秘鑰,非公符尤不得輕關白,勾稽無稍溢,記簿無稍訛。由是庫儲平允,而竇隙悉斸。更出俸錢若干貫,採礱磚石,大興土木,内砌以重垣,外施以鎖柵,復置檔匭,俾貯册籍。是地址雖仍其舊,而闤闠則煥然改觀耳。譬之治水,築堤堰,疏溝澮,引導在我,而水無不治也;譬之治兵,堅壁壘,嚴刁斗,調度在我,而兵無不治也。太守之爲斯舉者,上以重國帑,下以裕軍食,經營布置,盡善盡美。始以萬曆二十二年秋興工,於二十四年冬告成。至其料量之周匝,監修之勞瘁,雖寒至裂膚,暑至眩汗,而不稍輟。蓋臣謀國,殆有非可以尋常擬議者。即此亦僅見太守勤求吏治之一斑云爾。

太守名昌會,字際卿,粵之臨桂人。時同官者,同知張赤心,吏目王言。庫既成,僉以記文屬吳遂,而書丹則委之學正張問行。

党馨　創修太白山寺上梁文

懿惟山名白嶽,位正金方。作鎮配天,奠玄基於百二;興雲致雨,澤大地之三千。有感必通,其應如響。在昔壬午之歲,[①]已罹恒暘。兹及甲申之春,[②]猶然屯膏。嘉穀嗟其弗登,遺民殆哉靡孑。維時制府部公,念民饑之猶己,夙夜弗遑;思天意之可回,精誠自誓。聿勤步雩,祝神既將浹三旬;乃肅耆民,汲靈湫不遠千里。俄一罍之將至,倏四野之油然。若倒天瓢,溝澮泠泠奏響;克諧人願,郊原湛湛回春。有赫神功,可無昭報。乃卜乾方之盛地,創修廟宇之雄觀。貝闕琳宮,干青雲而聳峙;廻樓寶殿,共麗日以輝煌。遐邇競效子來,堂構真如天相。般倕運巧,既徵鬼斧神斤;蕃漢抒誠,爰聽衢謠壤舞。敬詹吉旦,虔上崇梁。善誦聿陳,群情胥暢。庶帝賚凝承於萬象,而廩颺宣播于三邊也。乃爲之文,並繫以歌。

---

① 壬午:萬曆十年(1582)。
② 甲申:萬曆十年(1584)。

歌曰：建東梁兮梁之東，沛然尺澤地靈通。此間應是蛟龍窟，常作甘霖潤宇中。建西梁兮梁之西，平疇綠野望中迷。多黍多稌亦高廩，年年報賽萬家齊。建南梁兮梁之南，龍沙萬里聖恩罩。一廉春雨邊塵洗，善聽三農笑語酣。建北梁兮梁之北，仁風遠被西王國。小民不識亦不知，鑿井耕田歌帝力。建上梁兮梁之上，大有同人占大壯。亭名喜雨古賢臣，太空冥冥神之貺。建下樑兮梁之下，功歸元老安民社。從來祝國願年豐，祀事孔明開大廈。

劉敏寬　防秋定邊剿虜捷疏記略

萬曆四十三年秋，總督劉敏寬親提標兵，乘障駐防花馬池調度。於時節報合套大頭目吉能、火落赤等會事，因見順義三年並市，熱中乞討八年之賞，要脅未遂，聲言要東至黃浦川，西至鹽場堡一千二百餘里，各分定地方，沿邊圍城、掏墩、犯搶等情。隨經飛檄延、寧、陝三鎮撫鎮道將等官嚴加防範。間諸酋果傾巢勾虜，畫地入犯。延鎮兵馬地廣力分，勢難敵衆。故自閏八月十九日以至九月初一日，三路受敵，警報時聞。敏寬義主討賊，裂眥搗心，恨不滅此而後朝食。初二日寅時，忽報虜復擁衆四五千騎，從定邊西沙梁入犯。即簡各鎮精銳，屬其事於寧夏總兵官杜文煥與中軍副總兵吳繼祖，矢之曰：“勝衰存亡，在此一舉。有如縱虜，勿復相見。”二將亦以矢衆，忠義激發，奮迅以往，督率偏裨將士，與賊鏖戰。陝西總兵官祁繼祖等統兵從西，定邊副總兵肖捷等統兵從東，各飛集夾擊剿殺。虜遂潰亂，披靡遁北。共計斬獲首級二百四十八顆，內恰首四顆。奪獲達馬三十三匹，坐纛三杆，盔甲六十一頂、副，器械三千五百餘件。是役也，釋攻圍之擾，寢深入之謀，伸華夏之威，雪將士之恥，誠自來秋防所罕覯者。隨具捷書入告。是時飭戎兵、給芻餉，則固原道董國光、寧夏河東道張崇禮、河西道趙可教、靖邊道李維翰。是年九月，總督劉敏寬題。自是以至四十四年三月，屢獲捷功十次。共斬虜首二千一百九十有奇，零級不與焉。無非定邊餘烈也。

劉敏寬　明志輿地記[①]

固原州，古雍州域，天文井鬼分野。唐、虞、夏、商之間，要荒制之，世居戎狄火種落。其後強暴內侵，周武王放逐涇北。夫涇北者，涇水之北也，正屬茲境。在春秋爲朝那，秦爲義渠、烏戎。自秦昭王滅之，始開北地郡。

漢武帝析置安定，蓋兼有涇、邠、隴、會之地。晉仍舊。元魏太延二年，[184]置原州，尋改郡，屬太平。宇文周天和四年，築原州城已，置總管府隸焉。隋大業初，廢府，又別置平涼郡屬之。唐復屬原州。元和中，陷吐番。元載、楊炎時謀復不果。貞元初，吐番遂城故原州而屯之。大中三年，始歸有司。宋至道三年，建

---

① 參見《萬曆陝志》上卷《地理志第一》建制沿革。

鎮戎軍。紹興元年，没于金，金陞軍爲州。元初仍爲原州。至元十年，立開成府，[185]以爲安西王行都治。王誅，尋降州。我明降縣，以屬平涼府。今州南四十里有開成云。按史稱原州距張義堡三十里。宋咸平中，曹瑋築鎮戎軍城，周九里七分。今内城雉數相符。而宋鎮戎軍外，别有原州，則原州疑當西偏。蓋安定者總其凡也。歷代分割更置各異，惟原州、鎮戎，大都幅帽境内。

國初，設巡檢司，以爲平涼衛右所屯地，續設廣寧苑。正統間，套虜阿酋入寇。景泰二年，[186]城固原，改設守禦千户所。天順中，增設守備。成化二年，虜陷開城。四年，平石城土達滿俊之亂，因集兵立固原衛，統左、右、中三千户所。五年，[187]增設兵備。弘治十五年，用廷議開置制閫。秦公紘者，乃請徙開城之版爲今州治。東距鎮原百六十里，西距會寧二百里，南距隆德高嶺八十里，北距寧夏韋州三百四十里。西南距静寧百八十里，東南距華亭馬宿坡五十里。内韓、肅、楚三藩牧地，與廣寧、開城、黑水、清平等苑監咸錯壤焉。大較藩牧軍屯，什居七八。租賦不給於公，而當制鎮之冲，士馬蟻屯，供億蝟集。舊志稱："市井繁而閭閻衰。"①蓋盡之已。

解胤樾　重修關帝廟三義祠記

崇禎丁丑，②流火之月，兵憲劉公奉命治兵固原。維時虜寇交熾，兵食克艱。當時者咸蒿目而盡。惟公忠義獨矢，其一切籌餉練兵，輯寧疆土，築塌城，修鼓樓，營黌泮，建重關，種種創補，要皆於萬難措處之日，百廢俱舉。越明年，重修關帝廟。

溯廟之建，始於總戎劉公，因誓師而創。繼則大司馬喻公緣虜騎入犯，虔禱獲捷，廟制因是益閎。其迤西原建三義祠，蓋欲駿奔在庭者，遠想三聖大義，並垂不朽。後之君子，非無遞新是宇者，而於三義祠則未嘗過而問焉。頹垣敗楹，風雨飄摇，三聖在天，能無恫乎！一日，公謁帝廟，慨然曰："正殿則鐘鼓有節，而三義祠黍稷弗馨，目擊心愴，殆遑遑弗寧。且夫三聖結義，非結以人，實結以天也。"攷《春秋》之訓，天有月，人有心。《大易》亦云：③"與天地合其德，與日月合其明。"斯皆結以天之義也。公忠義植乎天性，故異世而後，精誠之交感有如此。於是捐貲竭餼，庀材樸斵，不數月而正殿丹黄錯出，金碧交輝。三義祠雖仍舊基，而後構寢室，前拱牌坊，龕幃、器皿，悉皆新美。功既竣而拜瞻之，儼然三聖之生氣如睹，公之重斯廟也歟哉，蓋重斯義也。因思漢初年間，二十四帝之炎靈幾燼，三聖邂逅盟心，同矢漢室。昭烈英名蓋世，燕涿龍從，荆襄虎踞。扶赤帝子之祚於

---

① 參見《平涼府志》卷九《固原州・建革》。
② 崇禎丁丑：崇禎十年（1637）。
③ 參見《周易・文言傳》。

再續,百世下聞者莫不興起。竊慨今之虜餤獗張,何獨無雄才豪士仗義殲滅者乎?公始以一己之忠義,仰追三聖,更以三聖之忠義,激發天下後世,意蓋淵穆也哉。滿腔悲壯,殆與三聖並峙而爲四矣。敬勒貞瑉以識。

林士章　平羌碑記略

西戎氏羌,時竊作難。自石公初至,羌無歲無月日不出,九重震臨,委公乙太阿柄。公謀同先中丞文川郜公,繼幼溪陳公,今嵩河董公,協心從事。小子變以固原兵備往代署。偕臨犖張君楚城,奉指授行階、洮之間,凡犁庭蕩穴尺寸皆標下力。且也都護孫君國臣克爲之使。自原州遣師行,周道千三百里,橫行吐谷渾,期月之間,凡三舉事,大宣厥威。係酉領古阿,提挈番官番兵楊咎家,如弄丸掌上。獲首功以千數百計,焚死之相枕藉者無算。室廬虛産一空。霾曀頓清,邊氓起舞。有繪爲圖、永爲歌以紀其事者。公名茂華,北海人。郜公名光先,長治人。陳公名肖,長樂人。董公名世彥,禹州人。

萬曆丁丑四月,[①]大學士林士章撰。

清

孟喬芳　總督題名記

凡居官歷仕,無不列名公署,昭然指數。然思所以題名之義,原非爲名,蓋紀績也。余賦性拙直,忝膺簡命,總茲重任,惟知報國安民,除奸察吏。兢兢夙夜以圖,愧多不逮。舍此別無他長,又何功績可紀?但我大清龍飛定鼎,開創之初,百無釐舉,前代所沿,寧忍自我中止?且恐阻後賢勸功考績之鑒,是以勉循舊典,略述鄙懷,用付鑴刻。仍欲顧名思義,以勵愚忠,以廣同志。若以爲居功好名,則吾豈敢!有知我者,庶幾鑒余心也。

郭亮　曹協戎墓表

標騎將軍曹公以順治九年壬辰正月朔日卒於家,得壽七十有七。於四月葬固鎮東北紅山之陽。其子謀所以垂後世者,持狀請表於亮。嗚呼!松楸在望,九冥懷德,人子之情,至此誠有不容己者。

按:公諱進安,號龍泉。其先世居米脂,天啟中,始遷固原治兵事,遂以爲籍。公父諱素,其性慷慨好施,户稱中裕。常散粟穀,制藥餌,濟饑與疾者。人或計其值,素曰:"天之予人以富貴,正所以使之救貧賤,值何計哉。"鄉里以長者稱之。

公生而英偉。及長,技擅穿札,喜讀孫吳書,以軍功拔千總。歷榆林衛、西安協營、山海關密雲營等處中宣平戎官。所任率繁要,奪隘扼奇,屢保危城。擢密

---

① 萬曆丁丑:萬曆五年(1577)。

雲營守備，洊督標騎兵營參將，領團練五營兵馬使。維時饟絀軍單，在邊者多譁潰。公毀產傾囊以佐帑需，兵民無庚癸呼，自是名振列鎮。會西秦寇作，檄公駐防平涼，授副總兵。適闖賊夜犯，來撲暖泉堡城，公率健卒急禦擊劫之，擒斬數百，涇、固賴以安堵。論者取鄭猛虎藜藿之喻以贈，公頷焉。嗟呼！隴東數十萬戶，得全性命，以保有家室，公之功固不偉哉！

制府鄭公奇其才，重其任，使權固原右總兵。公既受篆，諭軍校曰："目下西北風氣，尚勇無怯。將若得士心，而以忠義激勸之，便可所向無前。"由是整器械，嚴紀律，不數月而精悍之氣勃勃於行間。公敭歷軍旅四十餘年，所戰必捷者，良以寬嚴交濟，部下樂爲用耳。嗣以年老乞歸。制府孟公擢其子爲固原副總兵，以便奉養。而每有寇患，必與公議，以決可否，籌劃邊防，遠邇翕服。

往者歲大饑，民食艱鮮，胔骼彌野。公捐貲采備糜黍、棺木，得以存活、掩葬者，不可勝算。時人謂有父風，繼志述事尤足徵焉。至於撫猶子如己出，貸鄉人不責償，特餘德耳。及公之卒，涇、固老幼，識與不識，咸爲遙祭哭泣，環相謂曰："至今而後，歲有弗登，誰復饟濟我者？時有不靖，誰復捍衛我者？公之死，吾民之不幸也。"亮聞之"君子賢其賢而親其親，小人樂其樂而利其利，是以没世不忘"。如公者殆無愧歟！公弟進忠官守備，子志官副總兵，附記之。至公之先代爵秩悉詳憲副胡公撰志，亮不贅言。

王鋒　孟公生祠記略

孟公總督三秦，舉西北半壁，悉以付公。于時公仗鉞擁麾，毅然以奠安爲己任。東蕩西征，南綏北撫，無逮弗屆。惟五原爲公駐節地，席福尤深。自文武大夫以及辛伍編氓，凡有血氣，莫不思崇德報功，□□□□□合公之太翁祠焉。煌煌輪奐，秬鬯明禋，甚盛典也。走詣不佞，請屬詞爲記。不佞典秩南宮，與公雅稱莫逆，□□□□□□□不可無辭。

蓋嘗論之，天下有一時之功，有萬世之功。功在萬世，如疏附後先，奔走禦侮，厥有成績，載□□□，□□銘帛。一世食其利，累葉蒙其庥。所謂惟天地壽，惟日月明，貞之興瑲與爲悠久者也。先是公之太翁□□□□□，淵衷淹博，踔絕一時。迨乎專閫，獨能以懷保之德，子惠元元。以故歷年所而謳思如一日，今城南名祠在焉。□□□□□□莫爲之前，雖美弗彰。莫爲之後，雖美弗揚。公英資天授，大度豁達。當雲雷草昧羽檄交馳之秋，一切鎮之。□□□□□□□論古校今，奇謀偉略，所向無不立就。蕩平諸寇，殲賀逆，靖回氛，平定西陲，掃清三晉，元勳奇績，炳炳烺烺。□□□□□□□□又拯千百萬生靈於載胥沶溺中，俾之復見天日。今以全陝之大幅幀，廣四千里而遙。東枕恒岱，西極鳴沙，□□□□□□□□□厥有室家，各保其業，惟公是依。所謂功在王室，藏諸明府，古稱社稷臣,於公見之。昔郭汾陽以身係□□□□□□□□□□□□□公曰,主上一朝庭無事,北門鎖鑰,非准不可。二公者:唐繪凌煙□□□□□□□,古今推爲鴻烈。今以公之功,九重之上,方勵精圖治,庶司百執,靡不争自濯磨。由此創道之塗,定禮樂之統。將溥恩湛惠,遠撫長駕,惟道弘彰,壽考作人矣。

公諱喬芳,別號心亭,直隸永平人也。七年晉大司馬,仍督三邊軍務,兼糧餉事。先太翁諱國恩,別號小石。仁惠廉明,政聲籍籍。舊有貞貫,兹不具贅。獨計古今來有功德於民者民祠之。載籍所紀,代不乏人。而世其功德□□□□於來兹,後先如出一轍。元勳世爵,增榮國史,如公者,使不稱揚,以流於裔,可乎?

秉筆之時,順治八年歲次辛卯秋七月吉旦。

楊麒　建立大校場碑記略

麒,愚陋鄙人也。不揣愚陋,志切功名。讀書不成,委身行伍。壬申歲,[①]值提憲李公來秦,過蒙垂青目,由城守提標補員。麒每念才庸識淺,不克稱職。正滋悚歉踟躇,乃更付以修理教場事。竊思固原向爲耀德宣威之所,必須規模宏大,佈置適宜,方可理簡閲而壯觀瞻。庸劣如麒,何堪此任?乃因上臺之命,義不敢辭。於是殫心竭力,首立基址以布之,繼爲牆垣以衛之。建大廳五楹,露栅三楹,退廳五楹,配廡各三楹。前列旗臺,左右序分金鼓。更築演武墩於東南隅,以爲校閲演炮及騎射之地。後築高臺,臺巅繕亭。登臨之下,軍容瞭然矣。

是役也,興於乙亥之季春,[②]落成於秋八月。惟將來者體創造者之心,補缺理廢,相繼而新之,是誠麒之所望也。

康熙歲次乙亥秋九月朔旦立石。

郭文鑑　朝山建醮供水碑

固城之東六十里許有川焉,名曰騾子川。其命名之意,不知何所取義,亦不知始于何代也。其間樓舍輻輳,人民繁昌,熙熙攘攘者亦固城之一雄鎮也。且歷年以來,年豐歲稔,捍災禦患,是雖人民之福,實皆神聖庇祐。鑑等食德斯地,無可報答,虔立朝山建醮供水一會,發願朝拜東嶽泰山、西嶽華山、六盤、龍門、崆峒、須彌、萬鳳、九龍、雲霧諸山,聊獻萬一蟲蟻之心。今值暮春,恭逢天齊聖誕。鑒等建醮供水之暇,特勒片石,以垂不朽。非敢誇耀于時,實欲後之子若孫,相繼不斷耳。是爲記。

唐納欽　重修東嶽殿宇碑記

大《易》以神道設教,《書》載肆類,《詩》稱昭事,從古及今,由來尚矣。無非令

---

① 壬申:康熙三十一年(1692)。
② 乙亥:康熙三十四年(1695)。

天下萬世,敬凜明威,聿受多福,期世道還醇,人心復古者也。諦思東嶽大帝,秉樞泰山之主,御靈方嶽之宗。朝野瞻仰其護庇,古今讋服其感應。權尊管攝,德溥發生,廟貌森嚴,神靈游衍,洋洋乎如在其上。至於默佑蒼生,潛捍外侮,水旱疾疫,有禱輒應,其感被無方,有不可思之議之者矣,誠消沴祈福之勝境也。歷年久遠,殿宇傾圮,風雨不蔽。凡有羅拜,靡不悽愴。幸逢節歲,兵鋒偃息,民俗康阜,日轉棠蔭,風清紫塞。所以民生暢遂,而天良爲善之心無不勃然起矣。於是住持道人關德印,謀諸秉燭一會,侯懷智等遂發心修葺,然精誠感動,善氣潛孚。一時文武諸上司,鄉紳士庶,遠近居民,各捐資財,共成厥事。甲子歲蒲月興工,翻修正殿、獻殿、神馬大門以及内外牆垣。舊者新之,闕者補之。制雖因舊,其莊嚴金碧繪飾丹堊則宏闊壯麗,視昔輝煌,巍乎巨鎮之雄觀也。歷四載,工始告竣。法像嚴肅,錫福有地,神人感孚,昭不可掩。一以繼前人之功德,一以啟後人之福緣。更冀人人接踵而赴會,歲歲時加以焚修。福應來兹,寧有量歟?遂勒石以永厥會,永垂不朽云。

康熙二十六年歲次丁卯夷則上浣之吉。

鍾寧　創修九龍山子孫堂碑記略

竊維有虞盛治,肇啟於潙。成周鴻業,發祥于邰。是廣生之德,已與大生並重,而生物之報,宜與成物兼祀也。子孫聖母,德隆神厚,功配乾元。非特載物之功無量,而且保嬰之仁實宏。苟祈禩之典不舉,而鳲鳥乏祀,則尼之禱不修而書不吐,是以欲延哲嗣者,誠不可不親禮聖母焉。

吾鄉九龍名山,諸水環抱,萬山拱朝。高峰聳拔,獨出天末,實一方之福地,五原之巨觀也。舊有佛殿、真武殿、關帝殿、靈官殿,日久多圮。吾備主會多年,亦時修齋醮於其上。會衆公議發心捐資,欲建聖母專祠,以爲一方禱祝之所。爰乃相與遍采諸山,計無復有勝此者。遂卜地佛殿之東,鳩工庀材,立祠三楹。堅其牆垣,焕其牖户,光彩陸離,燦然悦目。且于諸舊殿,補廢持頽,倏然而舉,念不數句而落成。雖衆姓之樂輸,想亦至誠感神、聖母默佑之所致也。

今工告竣,命工鐫石。非以居功,非以邀名。原期廣生之德,愈沛無疆,而生物之報,亦與之不窮。鳲鳥祀靈,永綿瓜瓞之祥;玉書端應,聿著麟趾之休。用彰山靈之鍾秀,並勸樂善之多福云耳。

康熙四十四年。

慕天顏　曹明武墓表略

故協鎮曹公,諱志字明武。其先延安米脂人,世以敦行著於閭里,號爲德門。大父諱繼昌,有遠操,負幹材,未嘗事封殖,而資用恒饒。性復善施予,能緩急人,歲饑出粟賑之,鄉人賴焉。當時人已知其後世必有興者。父諱進安,以勇略聞于時。歷仕山海、遵化、密雲。數遷至參將，兼團練五營。及至駐兵固原，遂家焉。
值歲大饑，復賑粟掩骼，克承先志。

明萬曆四十二年，公始生。少時已倜儻有大志，且孝友，間亦復樂善喜施。
讀書操觚，欲以才藝馳驅當世。會明末狐鳴猘竊，所在蜂起，慨然興擊楫之嘆。
當事者征之以討賊，甫置囊中，而穎脱焉。常以先登功冠儔伍。雖數被用，終不
能盡其材。清興，總督陝西大司馬孟公稔知公才，疏起用團練五營。率師討諸
寇，悉除之。又以固原實鹽運孔道，群盜蝟塞，有妨國計，特疏授公以固原城守參
將事。未幾，苗薅草薙，無使遺孽，鹽運遂通。順治十一年，大學士太傅洪公受命
南征，特疏調公將河西、寧夏諸軍屯寶、慶。寶、慶爲賊要衝，故以公當之。賊聞
之遁去，遂攻益陽。檄公援之，賊又遁去。太傅還朝，公率所部還陝。天子賜袍、
帽、帶、靴、弓、矢、鞍馬以勞之。公以裨將蒙殊寵優賚，前此未有也。

公入關時，賊勢甚熾，鹽道復塞。總督陝西大司馬金公聞公至，即命公討賊，
且飛章仍以固原城守畀之。任事三月，戰屢勝。賊平，鹽運復通。山西五臺太白
平興地最險，賊蟠據爲窟穴，出没無時。靈丘適當要衝，十三年設參將屯兵鎮之，
即以是授公。公至未幾，賊皆解散，自是無復寇患。庚子歲遷廣東惠州協鎮，平
關山諸寇。會東莞等處賊大熾，官兵戰屢北，奉旨移駐東莞。公謂賊方咆哮，不
可不一創。遂勵兵與戰，斬級千餘，降萬衆，遂平。又香山澳彝數反側，撫綏最
難。復移駐香山，推誠撫之，異族皆感服無叛志。

公自始仕皇清以至於卒，歷二十五年，身當重地者六，通鹽運者再，平寇亂者
七，定叛者一，功烈顯赫。時逢天子混一區宇，偃武修文，樂與天下之民休息，故
僅以協鎮終焉。使當國初時，與遼海豪傑並從龍崛起，馳驅先後，萬户豈足道哉！
人以此仰聖謨宏遠，慶萬年無事之休，而悲公之不遇也。公於康熙九年二月初五
日亥時卒，年五十有七。文璿等扶柩歸，卜十年三月二十一日葬於鎮城東山坐震
向兌之地。因遣使祈余以文。余與公姻戚也，誼不可辭。公勳功偉烈，赫著於人
耳目之間，豈毫穎所能馨，兹惟叙生平之萬一爾。

公夫人李氏，出自榆林名閥。生子四人：文璿、文斑、文瑛、文琮。伯郡學
生，仲太學生，叔季俱業儒。孫二人：孝哥、廣哥，尚在孩稚。堂姪文玠亦庠生。
諸子方少壯，皆攻苦向榮，不襲紈綺陋習，所就殆未可量。他日孫枝蔚起，振振繩
繩，亦難以指數也。蓋以祖父世有功施在，而公之底定寇亂，又遺澤無窮。如是
則天之報施，豈有誣哉？繫之詞曰：

桓桓將軍，爲世明傑。焱起戎行，焯有餘烈。一解。桓桓將軍，逢世承平。
如漢飛將，奇數是嬰。二解。度林衡智，孰有過者？時異積薪，後來斯下。三解。
身享者暫，世享者長。維天沕穆，默有審量。四解。循循天運，以嗇爲豐。多以

譎泯，獨以德隆。五解。宜爾子孫，玉森蘭秀。取之不盡，允昌厥後。

康熙十年歲次辛亥，三月壬子朔，越二十一日壬申吉旦立。

柳世明　建修北門外關帝廟照壁碑記

郡城之北，舊有關帝廟，乃人民瞻仰祈福之地也。內止正殿三楹，及前樂樓，日久年遠，爲風雨飄搖，幾至傾頹。時有龍門羽士雷諱合順字洞天，雲遊之廟，睹聖像塵封，屋宇塌損，慨然以重修自任。募來鋪地之金，求得纏頭之錦。遂重修正殿、樂樓，添修大殿五楹，前後廊屋數宇。雕閣畫棟，恍然太乙之宮；丹漆繪藻，儼若蓬萊之島。由是神之所妥，煥然維新。遠近瞻仰，有禱必應。而帝之靈爽，遂昭昭在人耳目間矣。雖云衆姓之資助，而實皆洞天一人之力也。

繼以廟門面山而開，深谷懸崖，險暴其前。耕夫牧牛，日繞其野，無壁以蔽之，又褻帝君之靈。洞天久謀修壁，未幾羽化，是以有志而未逮也。洞天之徒，代守衣缽，至永盛而修真脫俗，益敬帝君，募金修壁，向其地址，正其方面，聚精會神，曲盡勤勞，期年而成。成洞天之志以昭帝君之靈，此又永盛之功，繼其師祖而成善果者也。

我皇上御極以來，敬禮聖神。而獨於帝設春秋之祭，加太牢之禮。非以帝之忠義可爲萬世師，而與一東聖人共傳不朽乎？知皇上之厚於禮帝，於以知洞天師徒之竭力帝廟，其見正自不小也。今廟壁告成，延余爲記，余不辭固陋，爰作小序，刻石銘碑，志洞天師徒之功德，衆姓男女之善果，於以示來茲而垂永久云。

雍正歲次癸丑應鐘穀旦。①

王志豫　蛟龍山古碑記

嘗聞“山不在高，有仙則名。水不在深，有龍則靈。”余睹此山，亦有足志者。地勢軒豁，古樹杈枒。湍水流於五湖四海，山徑通諸九達百達。亦修真之區，養性之地，誠爲上帝之所臨，百神之所會也。然莫爲之前，雖美弗彰；莫爲之後，雖盛弗銘。斯山也，肇造於明永樂之初，敕名于成化之時。其間或更其舊而圖其新者，或因其地而擴其制者，或踵乎其事增乎其華者，均有人焉。爰是歌之。歌曰：

山勢軒豁兮，蟠龍徜徉。二龍永交兮，無涯無疆。年和歲豐兮，物阜民康。賴神保障兮，山高水長。

郭昌泰　重修太白山神祠碑記

太白山神祠，前明三邊總制上黨郜公創建，至本朝康熙壬午州牧徐公復理新之，②迄今七十有餘年，棟楹梁桷，橈折腐黑矣。蓋磚瓦不完，金碧漫漶不鮮矣。

───────────

① 雍正癸丑：雍正十一年（1733）。
② 康熙壬午：康熙四十一年（1702）。

再越數年,風雨飄搖,牧豎侵毀,其廢壞當更何如? 欲議修葺,不倍難也? 觀察平陽劉公念切民生,豫憂蘊隆降割,有志起廢,首捐俸金三百。泰亦欲共成勝事,捐金五百,以肇其端。爰集固屬紳士、耆老、商賈、居民僉議皆同。率私錢而願助工者,遐邇如一。董役諸生,亦夙夜竭盡心力。經始於癸巳三月,①越八月工竣。計費金五千有奇,用工三萬有奇。乃復部公之舊焉。

余維任州牧之責者,惟期家給人足,致斯民於上理而已。然年穀順成,必本于雨暘時若。而天災流行,國家代有。金穰木饑之運,起伏於尋常,雖巧算不能以豫必。一遇旱魃爲虐,禾麥枯稿,即蒼黎化爲溝瘠野燐矣。當此之時,即慘心怵目,繪鄭俠之圖而上之,議賑議蠲不已後哉?

恭維太白山神,靈應不爽,屢有顯蹟。在部公時數月不雨,命祝史爲蓄黔懇請余息,挈瓴引湫,躬登絕巘,率屬拜稽,虔禱伊始,而觸石膚寸,倏遍天際,甘露疊沛,三日不輟,若倒銀河而下注焉。應驗之速,有自來矣。

謹按:太白山神麗上蒼西陸白虎之精質,具下土雄峙右輔之南,雖不爲司乎雨澤,而金者水之母,潤物之功,實源於此。又況雍州地居金方,踞九有上流,號爲神臯。而固原又在雍州西北,際庚辛壬癸之間,則固金水之交會也。神宇既宅北郊乾方,巍然煥然,不異曩時。奠薦展拜,各有攸所。則神之默佑此方,俾無雲漢之憂,亦理數之自然者爾。捍災禦患,元績顯茂。昔固若此,今何不然? 凡遇災祲,禱孚輒應。但願司牧茲土者,本之愛元元之心,將爲民請命之誠,則己之精神既萃,而神之精神來格。禱而即應,捷於桴鼓。行見雨暘時若,年穀順成,莫不室盈。婦孺含哺鼓腹,熙熙而樂。後之視今,亦猶今之視昔也已。

工既訖,董役者咸來詣余,余因虔抒悃忱而爲之記。

乾隆三十八年歲次癸巳秋九月穀旦。

包文煥 重修太白祠西路樂施碑引

太白山神祠,固鎮祈雨之地。創自前明,由來已久。歲月剝蝕,風雨飄搖,百十年來,徒見金碧消磨,廊廡傾欹而已。惟我都伯郭公,蒞任原州,瞻拜之次,目擊心惻。去年冬與觀察劉公,首倡捐金,銳意大作。顧九仞之功浩大,一簣之土難成。因而功德不專於一人,善緣欲廣諸同造。受命分化西路,風聲鼓舞,遐邇感激。紳士不一,樂施同心。數月之間,募銀八百六十二兩八錢。雖涓滴之挹注,固難等於江河,而培塿之輪將,亦有功於岱華。此皆我公首倡之所致也。今者大功將及于垂成,衆善可湮而不彰? 爰爲勒石,並附芳名。後之覺者,亦將有感於斯引。

---

① 癸巳:乾隆三十八年(1773)。

梁真書　祖母方氏碑記

我祖諱廣友,甫及千。生我父、我叔、我姑。父年方八歲,叔三歲,姑五歲,不幸祖賓天。遺祖母方氏年二十九。因我父、叔體弱業荒,我祖母攜子耕耘,夜不安枕、晝不安席者,如此十餘載。而我父、叔亦漸長成,祖母乃爲子婚,爲女配。我母張氏,生我及二弟、三弟。無何,天不降康,母于雍正丙午,[①]父于庚戌,[②]叔于辛亥捐館。[③]我孀母王氏年僅三旬,生四弟僅五歲。祖母日夜愁傷,惟恐孀母守孤不終。幸能節全子立,有以慰祖母之心。且幸祖母康寧,以之課耕,而足以養家;以之訓讀,而書香蔚起。我於乾隆五年,四弟于十年,我之子於十七年,父、子、弟、侄胥先後入庠。而且日用飲食大凡粗安。微我祖母,焉能至此哉? 自愧才疏智淺,無報祖母之德。但幸祖母年已八旬有四,髮少銀絲。意百歲其未艾也,乃忽乘鶴西歸,余等腸斷心碎矣。昏迷執管,記不盡祖母之德,報不盡祖母之恩。爰舉大概,鐫之于石,以畀子孫云爾。

張悟　重修彭陽城興善寺碑記

寺以興善名,所以感發人善心,欲其去惡而遷善也,前人之記詳矣。第莫爲之前,雖美弗彰;莫爲之後,雖盛弗傳。古之建是寺者,祈年報賽恒於斯,求嗣保赤恒於斯。是地固非流連光景之地,乃福國庇民補培風氣之地也。惟因歷年風雨剝蝕,漸就塌損。於是社人楊天玉問謀於衆,欲爲修理。各發善心,共成善果。維時同理其事者,則有王輔仁數人,相助爲理焉。然大廈之成,非一木之支也。況土石之費,磚瓦之用,取材甚夥,雖曰重修,而實同創建焉。其功之成,詎一旦一夕所可及哉? 故是功之興也,肇端于嘉慶之辛酉歲。[④] 工方興而住持曾元潤卒,則守廟者無人矣。癸亥歲築地基勤垣塘,[⑤]而會首劉三晨卒,則同事者少一人矣。戊辰歲修文昌觀音殿,[⑥]建山門一間,鐘樓一座,石砌二十一級,而所募之貲已耗費殆盡矣。至乙亥歲,[⑦]始翻瓦大殿,重修獻殿,補塑神像,金粧彩畫。統計此寺之修創,始于辛酉,落成於乙亥。前後十六年,共費銀三百餘兩。而後廢者舉、缺者補,煥然一新,聿觀厥成焉。其成事之難如此。今之爲是記者,非所以要譽也,非所以望報也,亦非敢貪人之力以爲己功也。特舉其始末,以見興復之維艱,而廢墜之孔易。冀後之君子,常補葺而修飾之,庶斯寺之垂於不朽耳。

---

① 雍正丙午: 雍正四年(1726)。
② 庚戌: 雍正八年(1730)。
③ 辛亥: 雍正九年(1731)。
④ 嘉慶辛酉: 嘉慶六年(1801)。
⑤ 癸亥: 嘉慶八年(1803)。
⑥ 戊辰: 嘉慶十三年(1808)。
⑦ 乙亥: 嘉慶二十年(1815)。

馬獻廷　南古祠先仙遺蹟碑記

天下事莫爲之先，雖美弗彰。莫爲之後，雖盛弗傳。況前賢之遺蹟，巋然在望，來兹之仰正，景慕難望。而不有人焉，爲之修葺而光大之，幾何而不磨滅於荒煙蔓草中也。

固原南郊二十里鋪迤南東山坡，有先仙古墓一處，由來久矣，而世遠年湮，無所稽考。迨至康熙初年，或爲農夫見其人焉，或爲牧童見其人焉。所服者回教之服，所冠者回教之冠。有時禮拜於墓側，有時誦經於山巔。及近而視之，又化烏有。嗣於康熙十六年間，有西方之人，身披鶴氅，雲遊至此，爲前輩言及南郊古墓仙人遺蹟，可以福庇五原，保安一方者，宜建塔奉香以祈默佑。於是有前輩鄉耆馬得雨、普天樂、馬國龍、米自成等，率衆輸誠，鳩工修理。掘得墓志一方，始知成化二年七月十二日，爲墓主仙遊之期，並墓闕四至，開載詳明：東至山嶺，西至天河，南至水渠，北至水渠。而今已成南北水溝矣。不意康熙三十年遭荒歉之變，牆垣門楮竟爲逃荒者所廢。彼時有黃鬚道長，坐守此墓，以供香火，未幾而跨鶴仙遊，今牆東是其墓焉。繼而有本城蘇公名自奎者，發願爲住持。而善士馬自貴、馬成德等數人捐資募化，創修經庭三楹。於雍正四年，又有善士馬自張、馬蛟、羅雄等捐修二門一座，東西廂房六間，向西山門一座。至今屢經修理，年年祭祀。雨暘時若，兵荒無害。何莫非我先仙之所護佑也？

近因風雨頻仍，塔宇傾頹。時值乾隆十九年仲春，有住持馬世彰目擊心傷，邀請信士馬選、單弘綱、王朝儒等一十六人會議，陸續集資，徐圖修補。幸提標前營副府晉陽田公，慨施多金，遂感化得營路貴官及鄉紳士、軍民人等，各輸資財，重修磚塔經庭。較之前建，更爲可觀，今秋告竣。又恐世遠人湮，將來仍然無所稽考，其何以勸勉後之善行。於是公議立碑記之，並將各姓氏所出資財數目，繕列泐石。一則序我先仙墳墓之來歷，一則且表我田公鼓勵衆姓之婆心，尤望後之君子鑒此永垂不朽云。是爲志。

王秉鑑　山陝會館重修關帝廟碑記略

蓋聞幽明無二道也，顯微無二理也。德有至庸而至神，道有至近而至遠者，洵莫若立萬世人臣之極，與除亂創業有如我關聖帝君，智扶漢室，信能服魏，仁威華夏，勇而不屈，嚴以達旦之數事者。所以歷代以來，建修廟貌，香火不斷。帝君之威靈，從未有不福國福民者也。雖聖天子於春秋二季，亦加以太牢之祀。況山陝客民素仰聖德，沐荷神恩。今見廟宇荒涼，年深日久，風雨摧殘，漸漸傾頹，不發願修葺，可乎？爰同住持道人張募化修葺。今觀廟貌煥然，自揣非人力所能爲也。理宜勒碑，永志不朽云。

乾隆歲次乙亥陽月中浣穀旦。[①]

張恬　建修朝明庵關帝廟碑記略

蓋聞地必因神而靈，而廟必得人以理。村落神祠之設，凡以為民祈福禦災而捍患也。故祭法云：“法施於民則祀之，以死勤事則祀之，以勞定難則祀之，能禦大災則祀之，能捍大患則祀之。非是類也不在祀典。”又《釋名》云：“廟也者，貌也。”神人形貌之所在也，敢不敬乎？方今聖廟鼎建，群后效靈，百神受職。雕楹繡瓦，朱旗臨太乙之壇；金闕瑤臺，翠仗擁中臺之位。莫不星維紫府，帶礪山河，典至巨也。彼夫過峴山猶思墮淚之碑，望銅柱尚憶南征之績。矧其神功赫奕，千秋蕭禋祀之誠；帝德美明，百世仰宏綱之重。忠扶漢社，丹心炳青簡而常新；義植炎流，浩氣貫白虹而不滅。如關聖帝君者，而可無廟以祀之哉？

癸酉之歲，永文同社人，發心蓋造，建修靈祠。慨然各捐己資，且同心募化，共襄厥事。自癸酉春經始，鳩工庀材，經方位，營址基，勤垣墉，塗塈茨。缺者補，廢者舉。至甲戌夏而落成焉。由是美奐美輪，鬱嵂岹於始建；肯堂肯構，彰藻繪于重新。展椒醑之獻，共仰廟廊壯麗，伸俎豆之儀，咸欽棟宇巍峨。將見祈年於斯，禱雨於斯焉。且也繫馬臺前，時聞赤兔追風；洗刀池畔，定有白猿叫月。他如岫煙林霧，覽無窮之圖畫于山河；秋報春祈，奏有象之歌吟於樓閣。則又其餘焉者矣。用是瀝之蕪詞，泐之貞瑉。非以為要譽也，非以為邀福也，抑非敢貪人之功以為己力也。良以天下事創之維難，而守之不易。惟冀後之君子，倘有同心，睹是記而有感焉。常綢繆而補葺之，庶斯祠之垂於不朽云。

杜發本　重修閻羅殿碑記

五原東郊東嶽山，乃固鎮祈福之首境。其山上山下歷經各年善姓募化，重修一新，均皆可以觀瞻。過會供進香火者，亦復不少。惟有閻羅殿歷年乏人樹會，荒蕪炎涼，週圍損傷。本等雖係在城屠戶，原借刀尖秤頭生理，糊口養家，亦秉天良在懷。見此殿宇，實不忍視。新攢一會，努力佈施，承修此殿。惟是一木難支大廈，貲微不敷供用。本等募化屢年，共積銀百有餘金。于嘉慶三年興工，至八年告竣。重修上殿，添修東書房三間，並三門三間。栽培花木，共成勝事。非人力之所能，實神靈之護佑。因紀修理經過以勒諸石。屠户知此，良亦不易，故不以其業賤文俚以棄之。

頓芳　重修白雲山玄聖祠碑記

嘗聞玄聖宮三教堂，自漢、唐以來無可考。延及大明，惟存一小鐘。以至國朝，爰有一碑留焉。其時風雨飄搖，殿宇坍塌，聖像不免暴露。因而東山堡、王山莊、祁家溝攢立善會，重修殿宇，補塑金粧。工程告竣，遂勒諸石以垂後世。願後之人效前人，常用補茸，以踵厥功云爾。

　　陳鈺　先岳父常公墓碑記

　　岳父常公諱鴻傑，字俊然。世居東鄉，祖以農業開家。父爲太學生，昆仲三人，一入武庠，一入太學。惟岳父最長，應州商務，坐辦國課，老成持重，遂馳名一時焉。

　　其爲人也，性嗜酒，無客氣。孝友成性，樸拙自矢。交人之間，具有眼力。居家之際，不事機謀。勤勤懇懇，遵祖宗家法，惟以耕讀爲本務。且待親戚朋友，全無炎凉世態。倘所謂忠厚長者非耶？生子五，長妻兄遇泰，聰明過人，受業于先嚴。次妻兄亨泰，承嗣二房。岳父身任艱鉅，亦令攻書，未嘗有外視意焉。又其次際泰，爲人椎魯，岳父則課以耕。又其次開泰、交泰，秉性靈明，岳父則訓以讀。蹟其立家教子，詩書農桑之外，不知有他。誠爲盛世之良善者也。

　　嘉慶壬戌歲，①長妻兄游泮水。斯時岳父年力正富，兼之日月寬裕，殆有樂從中來，喜氣洋洋者歟。乃未幾而長妻兄病殂。岳父哀傷過慟，憂憤成疾，則又歔欷不禁浩然長嘆矣。於是復請先家嚴坐館，望少子交泰成名甚切。不意昊天不吊，二年之後，岳父竟以疾終。

　　噫嘻！人生憂樂。固自無常。婿獨深悲岳父之老境何太嗇若此也？茲則亨泰兄入國學，交泰弟爲增廣生。感岳父教育之恩，立墓碑以報焉。

　　婿忝列膠序，愧無佳制。聊舉岳父生前之所爲與歿後之所報，竊信天之報施，殆若爽而終不爽。俾後人于荒煙蔓草中，識岳父之爲人，並勵士君子爲善不倦，且以垂常氏後世子孫，知所法守，知所黽勉，毋怠毋荒，以爲永久之家範，非徒光泉壤已也。是爲記。

　　陳鈺　重修二龍山碑記

　　自先王以神道設教，無論鄉城市鎮，各立廟宇，以爲祈福求拜之所，所以教善也。

　　二龍山有古佛殿，韋陀殿，關聖帝君殿，藥王、馬神、牛王殿。訪之故老，從大寨子移來，越明及清，已有數百年之古。其爲靈也昭昭矣。

　　近者神像減色，木石朽壞，牆屋傾圮，余觀之而愀然，欲得一好善君子出而更新焉。斯故一時之奢念，而未可必者也。不意道光辛丑年春，有德安鄧君爲病祈禱有應，遂爲七社倡始修茸。除己佈施二十四金之外，即爲之極力募化，共得二百餘金。於是督工興作，不避獨任之勞；助社填錢，不作錙銖之較。而且早晚不離，風雨亦至，不二年而告竣焉。其竹苞松茂，翬飛鳥革，方之從前，更覺美輪而

――――――――
　　①　嘉慶壬戌：嘉慶七年（1802）。

美奐。雖曰七社施主之力，而鄧君之好善樂施，聞之甚喜，喜余前日之奢念非斯人莫償。固不揣故陋，叙其本真，俾鄧君之善心，常昭人間，而亦可爲後世重修者一勸云。

　　陳鈺　岳父常公德行碑記

　　聞人生之三不朽，德爲上，功次之。夫乃知壽世事業，其必立心制行之際，入人最深，及人甚廣，然後名與實符，所由與鐘鼎爭烈、河山俱永者也。

　　岳父幼而敦敏，長而慤真，遊太學後稱雄鄉里。其爲人也，推誠布恭無客氣，席豐履厚無吝心。

　　嘉慶元年至二十五年歲五凶，道光元年至十五年歲四凶，本地豪右，乘人急而作價行息者不一而足。獨岳父出所餘以濟貧乏，從未取厚息於人。本莊以至四鄰周圍數十里之間，蒙岳父之矜恤者不下三百餘家，故夫連年拖累積券甚多。岳父欲行焚券之舉，鄉鄰聞之，不勝感激，因商於婿曰：“常公盛德，我等將何以報之哉？”婿應之曰：“是有功德於地方者也，宜以不朽報之。”於是衆人唯唯，一倡百和，不日而碑石告竣。非岳父之德盛攸深，何克臻此？婿因之有感矣。

　　從來有不朽之實者，則必來不朽之名以榮之；有不朽之名者，則必垂不朽之物以永之。岳父之德若此，肯使百年後湮没不彰哉，宜乎勒之貞瑉。世遷而德不與之俱遷，人往而德不與之俱往，致今後之君子于荒煙蔓草之中睹岳父之行事，識岳父之爲人，以爲救荒恤災之一勸云。

　　昔雍伯設義漿於道以給來往，後獲美姬，子孫榮顯。岳父之德愈于雍伯遠矣，詎無厚報歟？行見家業充實，爲東川紳士之最，得其福也。年登古稀，膺北闕乞言之典，得其壽也。且也，長嗣君逢春明經待選，次嗣君昌泰早入膠庠。孫有三、曾孫二，俱瑰奇不凡器也，不又得其子也哉？古所謂多福多壽多男子者，岳父則固兼而有之矣！蓋信天之報施善人，誠不爽哉！是爲序。

　　薛秉珪　何農官德行碑記

　　裕全何四兄名生成，余蘭譜友也。力田養親，甘旨是供。處昆季則友愛性成，教子侄則義方可遵，豈非當世有道之長者歟？其尤足稱者，慷慨樂施。韓伯休之藥價，口不二言；魯子敬之囷糧，手惟一指。道光四十八年凶荒頻仍，翁出粟全活無數，使梓里之人免於流離者，微夫人力不及此。

　　兹於歲書孟秋，衆共立石以銘德，庶幾聞其風者而仁愛之心油然生矣。因不辭而爲之記。

　　武全文　涇源記

　　按《地志》，涇水出原州百泉縣笄頭山。《山海經》則曰：[1]“數歷山之西百五

---

　　① 參見《山海經》卷二《西山經》。

十里曰高山,涇水出焉。"考高山在平涼郡西,水由瓦亭川而東。[188]笄頭山在平涼西南,下有百泉,流爲涇,皆匯於郡城之西數里。如以《地志》爲據,則百泉爲源,高山爲支。以《山海經》爲據,則百泉爲支,高山爲源。兩説並存,則涇水南、北有二源,與汭同矣。揆二水之形,[189]百泉諸水大倍於瓦亭川水。經小水入大水,以大納小,不以小納大,則涇源當在笄頭。以地里計之,高山距平涼一百二十里,地頗遠。笄頭距平涼四十里,地較近。其瓦亭居崆峒之西北,笄頭出高山之東南,似又不當以遠者爲支,近者爲源,下者爲源,上者爲支也。無已,則隨山而度其勢,循流而考其源。百泉之水由崆峒而東下,山環水湧,其勢澎湃,於勢爲最順。高山之水西出瓦亭川,地遠流細,北亂於涇,勢則少逆矣。

後世述河源者曰"崑崙",又曰"星宿海"。涇之大也,不及河而達於河。涇源人稱百泉者,謂其離奇湍瀉,不可狎視,幾與星宿海同。《禹貢》涇水兼屬渭、汭,綿亘八百餘里,爲雍、梁之間巨浸,則其發源必有神靈瑰異非常之觀,高山諸流固不可與百泉深廣同日而語也。[190]故《山海經》雖出於前,而紀涇源者必毅然屬笄頭。

禹治水必隨山,順其勢也。禮祭海者必先河,神其源也。然則《山海經》稱涇水出高山,何以故?曰高山支接終南,原本太華,雄峙隴山西北。笄頭密邇高山,視之如太山培塿然。故志山者舍卑而從高,猶志水者舍小而從大,統笄頭于高山而涇水因之。朱子注汭源曰吴山,義固與高山同也。

程棟　重脩上帝廟記

稽緯書,黑帝汁光紀,立冬之日,祭於北郊。蓋郊祀之一,未聞以祠祀也。自漢高祖入關立黑帝祠,命曰北畤,祀之所自始。

固原城東北隅,舊建玄天上帝廟,蓋沿漢北畤遺意,其所由來者久矣。惟星霜閲歷,漸即傾圮。嘉慶十八年,楊少保時齋提兵蕭關,始捐廉補修,殿宇屹然。適有滑逆之變,賊勢猖獗,撲攻道口,城鄉爲之驚懼。少保往禱,乞神力助軍威。忽見黑氣凝鬱,自空盤旋而降,若有風旌雲馬聚其中,直指賊寨。而前臨敵者,莫不駭愕。而道口遂一鼓而捷,誠神之神者也。嗣少保晉秩制府,由京度隴,道經瓦亭,備述靈異,復出白金雙百,飭前署牧羅公、中軍張公督葺之。一時踴躍輸將者,更僕難數。於是獻殿成焉,樂樓建焉,鐘鼓分列焉,圍幔增新焉。廡楹四十餘間,結構壯且麗焉,都人士稱頌弗置。

是役也,棟白攝篆鹽茶,及移斯郡,先後醵金以助。迤者竭誠展謁,瞻視輪奐,心竊喜之。廟祝郡紳乞爲文以識。棟爰進而告之曰:"上帝明威,昭昭赫赫,無地不存,無時不見,夫豈獨爲一郡生民佑哉?惟以少保篤矢忠勤,身先士卒,誓滅此而朝食,以紓朝廷西顧之憂。宜乎天鑒其衷,而隱有以相之也。滑逆之平,理固如是。竊願官斯土者，體少保之志，以俯恤軍民。爾軍民亦服少保之誠，[191]以仰事君上。庶神人以和而降福孔皆乎！"用敢熏沐濡毫，勒諸貞瑉，以示不朽。若夫捐輸姓氏，悉載碑陰，不贅言。

石生玉　重脩固原提署奎星閣記

堪輿之説，君子不取。然地靈人傑，昔人嘗言之。提署異辰之交，前明建有高閣，爲崇祀奎星之所。蓋以啟文明而振邊鄙也。彼時文學之士，連鑣奮蹟者不知凡幾。洎乎聖朝定鼎，以逮於今，前事者類尚武功，而文教則漠焉弗講。以故奎星祀典，春秋疏闕。而閣之椽瓦木石，又爲風雨所剝落。地靈無托，人傑何從？無惑乎高第巍科，闃寂無聞也。堪輿之説，信耶？否耶？

嘉慶間，楊忠武公提兵，時生玉甫入伍。嗣由兵而弁，居是邦者二十有一年。父老子弟，皆予故人，凡人情風俗，無不洞悉於懷，今能恝然置之耶？道光乙巳，①由湖南提督簡調來此。講武之餘，詢及文事，將欲大其振興，以挽近百年嫺陋之習，思非重建樓閣不羞。於是捐俸金，遣僚屬庀材鳩工，衣磚成石，金碧錯雜，丹漆塗施。凡兩閱月而工告成。僉以記文爲請。予曰：奎星位居斗杓，職司文衡，爲鴻鈞之橐籥，[192]誠藝府之觀瞻。自今以往，都人士材徵梭樸，化啟青莪，雖非予所能操其券，而斯閣之巍峨矗立，俾神明之以妥以侑，俎豆千秋，庶默牖此邦之文教蒸蒸日上者，則予之志也。

是閣也，上建三層，有階可循，有梯可升。閣之下有方臺，高二丈四尺，仍其址，臺四圍原闊五丈六尺，今更闊八丈餘。非踵事增華也，亦以示堅固，垂久遠之意耳。是爲記。

那彥成　重修固原城碑記

蘭郡迤東，形勢莫如隴，隴之險莫若六盤。六盤當隴道之衝，蜿蜒而北折，有堅城焉，是爲固原州治。州本漢高平地，即史所稱"高平第一"者也。北魏於此置原州，以其地險固，因名固原。城建自宋咸平中。明景泰三年重築，疑就高平第一舊址爲之，今年遠不可考。然觀其城內外二重，內周九里，外周十三里許，規模閎闊，甲於他郡。國初特設重鎮，康熙庚寅、②乾隆己卯修葺者再。③歲久日傾圮，有司屢議修而未果。

嘉慶庚午，④余奉命再蒞總制任。甫下車，有司復以請。時州苦亢旱，民艱於食。余方得請賑貸兼施，爲之焦思徬徨。頒章程，剔賑弊，俾饑民沾實惠，顧敢

---

① 道光乙巳：道光二十五年（1845）。
② 康熙庚寅：康熙四十九年（1710）。
③ 乾隆己卯：乾隆二十四年（1759）。
④ 嘉慶庚午：嘉慶十五年（1810）。

用民力修作致重困。既而思之，城工事固不可緩，且來歲青黃不接時，民食仍未足，奈何？莫若以工代賑，爲一舉兩得計。會皋蘭亦給賑，情形相同。因並縷陳其狀以聞，得旨如所請行。已乃遴員董工役，[193] 相度版築。以十六年閏三月興工，次年秋工竣。計是役募夫近萬人，用帑五萬餘金。民樂受顧而勤於役。向之傾者整，圮者新。垣堞屹然，完周如初。

方余之議重修也，或疑爲不急之務。謂是州之建在明，時套虜窺伺，率由此入，惟恃一城以爲守禦。州境延袤千里，北接花馬池，迤西徐斌水諸處，又與敵共險，無時不告警。當時之民儳甚，故城守不可不講。若我國家，中外一統，邊民安享太平之福百有餘年，城之修不修似非所急。余曰不然。夫城郭之設，金湯之固，本以衛民，體制宜然。猶人居室，勢不能無門戶。守土者安可視同傳舍，任其毀敗，致他日所費滋多。使其可已，余曷敢妄爲此議？況地方每遇災祲，仰蒙聖天子軫念痌瘝，有可便吾民者，入告輒報，可立見施行，民氣得以復初，歡忻鼓舞，若不知有險歲者，茲非其幸歟？

救荒之策既行，設險之謀亦備。從此往來隴西者，登六盤而北眺，謂堅城在望，形勢良不虛稱矣。雖然，在德不在險，保障哉無忘艱難，余願與賢有司共勖之。是爲記。

楊遇春　捐廉生息資助六營義學碑記

嘗思廣樹賢才，乃使臣之急務；而興行教化，尤政治之首先。況夫化民成俗，必由於學。使庠序多一明理之人，即閭閻少一爲匪之户。十室必有忠信，一州詎乏善良？如或隨地作興，應見文風日上。

固原地處山陬，人多朴魯。本爵軍門，前於蒞斯土之初，即聞本標六營兵丁子弟，率多未曾讀書識字，然其中亦頗不乏有造之才。細詢其故，皆緣寒卒無力延師課讀，以致穎慧之童，往往耽誤，不識文藝，爲之憫惜。爰是于本城地方創立義學五處，擇其學行兼優者延之訓讀，十餘年來竟成户誦家絃之盛。不特兵家子弟濟濟從游，即貧民之子，亦多借此就教。何莫非政治以善教爲先，人材因作養而出？

惟向來各處義學，延師束脩，概係本爵軍門按年捐廉辦理。但慮後此經費無出，究恐日久廢馳。茲率同六營將備，捐出養廉一千兩，交固原州發典生息，並咨明陝甘督院及藩司衙門存案外，每年共計得息銀二百兩，遇閏加增。脩金得有所資，小子藉以一志窮經，潛心研讀。他日養成大器，儲爲國華，豈非甚盛事歟？然此特始基之耳，守而勿墜，抑且擴充而潤色之，尤所望于後之君子。用是勒石，以垂不朽。

魏光燾　重修文廟記

燾曩歲防剿慶陽，睹學宮闕狀，籌建大成殿，俾釋菜有所。迨至固原，學宮傾圮更甚。惟時軍書旁午,思重建之未暇也。

同治辛未春,^①金積堡戡定。餘霾漂潦,尚煩輯撫。制府左伯相急欲立學,飭循慶陽舊章,以事修復。乃商之提戎雷少保,以權知州蕭明才、訓導魏興萬司其事。督工者,即監修慶學副將劉洪勝也。經始於夏四月,落成於秋八月。

噫!斯道之在天下,文武不可偏廢。昔炎宋抑武右文,群賢迭出,學術遠邁漢唐。然立國不競,終宋之世,西夏一隅不能定。而其他尚武力不尚道德之朝,又往往學廢民亂,二者均失。我朝學校,同符三代,每征弗庭,必告先師,勒石太學。在泮獻馘之典,周以後二千餘年獨能舉行,化愚頑于聖武神功之中,意深遠也。

固原古蕭關,關中北鎮,河隴銀夏,數爲内患。晉永嘉以後,没於氐羌。唐廣德、廣明間,爲吐蕃陷。明河套犯邊,時有門户之虞。外寇迭乘,治日恒少。我朝德威所暨,北越瀚海而遥,此方敉謐二百年。近小醜跳樑,今復轉亂爲治者,夫亦曰維之以道而已。道也者,人心之存亡所繫,即天下之盛衰所關。昧忠孝節義之大,不務實修,徒知文騁詞章,武矜技勇,雖承平無事,君子隱以爲憂,甚負國家作育人才之意,願以告後之學者。

魏光燾　重修瓦亭碑記

自來守土,先保障之策,關隘爲重。瓦亭者,據隴東陲,爲九塞咽喉,七關襟帶。北控銀夏,西趨蘭會,東接涇源,南連鞏秦,誠冲衢也。

漢建武初,隗囂攻來歙於略陽,使牛邯屯瓦亭以拒援。晉太原十二年,苻登與姚萇相持,軍於瓦亭。唐至德元年,肅宗幸靈武,瓦亭爲牧馬所。宋建元年間,金陷涇源,劉錡退屯瓦亭整軍伍,吳玠及金人瓦亭會戰,皆在於此。近年戡靖西、北兩路,亦嘗設重防,通餽運,又用兵扼要之地也。群峰環拱,四達交馳,屹爲雄鎮。

燾添巡隴東,百廢漸舉。光緒三年二月,爰及斯堡,請帑重修,並出廉俸次之。募匠制器具,飭所部武威後旂、新後旂,伐木錘石,偕工匠作。舊制周七百四十七步,坍塌五百四十餘步,甕洞堞樓,悉傾圮無存。迺厚其基址,增其寬長。新築六百九十五步有奇,補修一百八十八步有奇。依山取勢,高二丈七八尺至三丈六七尺不等。面闊丈三尺,底倍之。爲門三,曰“鎮平”,曰“鞏固”,曰“隆化”。上豎敵樓。雉堞五百二十四,墩臺大小八座,水槽七道。越明年四月告成,役勇二十餘萬工。凡以通郵驛,聚井間、塞險要也,豈惟是壯觀瞻也已哉!

夫德政不修,徒憑山川之阻,負隅自固,幾何不爲地利愚;而侈談仁義,棄險

---

① 同治辛未:同治十年(1871)。

不守，俾寇乘其疏，長驅深入，在昔失策者，更不知凡幾。是故先王疆理天下，亦未嘗不嚴司管鍵，隱樹藩籬，崇關山之險，爲間閻之衛也。瓦亭之城，由來已久。兹因其陋而完之，蓋亦爲國家重其守云爾。

司是役者，後旂管帶彭參將桂馥，新後旂管帶翁參將經魁。功垂成，翁歸，接理者鄒副將冠群。例得備書。

魏光燾　增修三關口車路記①

岨矣，嶮斯關口也。峭壁夾流，石徑聳立。蛟龍出没之藪，豺狼叢伏之區也。春冬則冰凌滑折，夏秋則雨潦洶湧。而地當衝要，往來如織，馬蹄車輪，輒事傾陷，是以行者苦之。光緒乙亥春，②余捐廉庀具，督勇鳩工。自安國鎮南岸西上，鑿石闢山，阢者坦修，陘者凸平，[194]蜿蜒而達關口者三十里。頻堰水道，踵修至瓦亭而止，凡四閱月落成。出塞入關者，差免阻滯之患。前督學使吳公以“行人蒙福，去就安穩”摩巖記之。余慰甚。

歲丁丑，③余復策馬乘橇，周歷上下，相度險崎，跋涉者恐猶有憚心，謀整軍隊，增治塗軌。或曰：是路也，亂石錯雜，視蜀道爲倍難。或又曰：旁崖逼水，欲求順轍甚非易。余曰：唯唯。凡爲民役者，必恤民力而順民情，難易非所計也。爰於關口循北傍南，辟其石根，疊石爲欄。順其水性，依水成濬。而是路將成康莊焉。以總兵朱正和任其事，龍恩思副之。役勇雇匠，通力合作。始事於仲春，竣工於孟冬。[195]費白金千兩，[196]悉取俸錢助之。路長二百尋，高及二尋。溝深逾四尺，[197]繚以護垣。兩軌並驅裕如也。

吁嗟乎！世路多出於艱險，人情每忽於安處。今勉增築之，俾毋阻前行，不敢謂恤民力順民情，使艱險而歸於安處也。將吳公所謂“去就安穩”者，亦聊以塞責焉耳！惟捷徑臨流，歷久莫恃。余甚願後之人，順軌而驅者，有以繼長增高，而毋忘前之人締造苦辛，斯已矣！是爲記。

魏光燾　重修三關口關帝廟記

自平凉而西七十里有三關口焉。關舊有寺，圮於烽火，殘碑斷碣鮮可指者。父老告余曰：“此古關帝廟也。昔以兩楊將軍附祀之。”因肅然思所以興之。適固原提督雷緯堂少保，與有同志，以木石自任，而以工役委燾。旋阻於軍役，未蒇事。

歲丙子，④燾更巡隴東，率部下治峽路。路既治，乃捐廉興修。令彭副將蘭

---

①　原碑現藏於固原博物館，刻於光緒三年(1877)，青石質，長113釐米，寬70釐米。參見《固原歷代碑刻選編》第207、208頁。按：本志所載與原碑所載出入較大，本志或係改寫，若文意近似，則不一一出校。

②　光緒乙亥：光緒元年(1875)。

③　丁丑：光緒三年(1877)。

④　丙子：光緒二年(1876)。

亭督士卒力作，斯廟以成。俾神明顯翼於關隘間，以抒燾志，而並以慰少保之志。客謂燾曰："關帝精忠貫日月，祠祀遍瀛寰，洵足萬古也。若楊將軍者，土人悉多附會，果何説之是從？"燾應之曰："嘗考之《宋史》矣，楊瓊知安國軍，戰功最偉，故壘猶存。吳涪王麾將楊政戰於瓦亭，父子同殉，適當其地。所謂兩楊將軍者，當瓊與政之屬，其他未易臆度也。土人殆未能質其名蹟而實之。然此關帝廟也，浩氣攸歸，百靈効命。使兩將軍者冥承帝君英威，潛昭臨察。正者扶之，邪者黜之，亦天地福善禍淫之道。上帝無私，視所簡在。若能捍大患、禦大災，數著靈異，固於世道人心大有補救，尤亟宜崇祀也，又河必鑿求其解，致疑爲無名之歆格耶？"客唯唯而退。因記之。

魏光燾　重修六盤山關帝廟記

天下事始於創者艱於作，復於因者貴乎成。有其舉之，莫敢廢也。

六盤雄踞隴東，蜿蜒聳拔。上下峻坂，危險視蜀道倍蓰。其巔曲有廟兒坪焉，余按騎詢之，知坪以廟名，而廟以關帝祀也。廟毀於兵燹，亦不知創自何年。今雷緯堂軍門欲因舊址修之。經營方始，與余謀終厥功。廼捐廉庀材，磚石土木，料量合度。以武威後旗鄒鎮軍冠群督其事。增以廈房六間，山門一座，茶壘鐘鼓悉備。而復以後旗彭協戎桂馥率瓦亭防軍助工，期完固焉。

是役也，雷軍門始之，光燾繼之，鄒、彭二將領實成之。然則廟之修也，創耶，因耶，創而因耶？蓋以因爲創也。天下當爲之事，有舉而不可廢也，大抵如是。雖然，六盤衝要，隆替何常，今日之因乎前以爲創者，安必他日之創乎後者不以爲因耶？則繼此式廓修葺，踵事增華，當有不僅享其成者。吾方將慮其後，惕惕焉屬望於後之人。是爲序。

安進德　耆老韓公焚券碑記

蓋聞人之不朽者，太上立德，其次立功、立言。所以鄭僑云亡，宣尼泣其遺愛；隨武既歿，趙又懷其餘風。茲於楊太親翁韓公徵之矣。

公諱世貴，字永清，五原東鄉人也。其瑰異之雄才，含珪璋而有曜。太孺人有賢行，公色養無間，晨昏孝敬不違，人無異言。其後家益饒裕，倉箱充盈。值道光癸巳歲大凶，[①]穀價逾兩。公爲之出粟賑濟，多所存活。後二男文成武就，連步黌宫。公之樂施不倦，天之眷佑夫善，報應亦不爽也。年逾七旬，適志山巖，值賓筵重典，屢辭不就。所謂良田廣宅，適符仲長之言；洛水郎山，宛協應叟之志也。

---

① 道光癸巳：道光十三年(1833)。

　　咸豐庚申歲,①公抱病日臻,猶以未竟之志囑其子曰:"道光庚子以前契券,悉爲焚燬。"是公不欲以負債者竭人之脂,尤不欲以貪得者長子之傲。范文正之麥舟爲贈,爲其有之;齊孟嘗之文券悉焚,不是過也。歲在癸亥,②葬於北山之新塋。凡在里黨戚,咸謂古人生有聞於世而名不歿於後者,悉賴有以著述也。於是思衛鼎之垂文,想普鐘之遺則。眄高山而仰止,刊玄石以表德。辭曰:

　　于戲韓公,利溥德劭。因心則友,永言孝思。濟急恤貧,不吝食窖。施捨不倦,錙銖寧較。會不留遺,玉樓赴召。嚴藪知名,罔不悲悼。羊公德義,豎碑垂涕。田文思深,同規共調。爰勒斯銘,摛其光曜。嗟爾後嗣,是則是效。

吳大澂　重修蕭關車道碑記[198]

　　三關口爲古金佛峽。山石犖确,雜以潢流,夏潦冬雪,行者苦之。坡南舊通小道,西出瓦亭驛。亂石澀路,車騎弗前。慶涇平固觀察使邵陽魏公,始以光緒元年二月開通此路。爲道二十餘里,鑿隘就廣,改高即平。部下總兵官蕭玉元,副將魏發沅、楊玉興,參將鄒冠群、彭桂馥、岳正南、羅吉亮、徐有禮等,分督興作。凡用工八千餘人,役勇丁四萬餘工。炭鐵畚鍤,器用工費,[199]靡白金千兩有奇。是年五月訖功。行人蒙福,去就安穩。督學使者吳縣吳大澂,采風過此,美公仁惠,勒石紀事,以示來者。

楊重雅　蕭關車道碑記跋後

　　雅于同治辛未入隴。其時金積初平,河湟未靖。恪靖伯甫進營安定,以午莊觀察留鎮平涼。治軍嚴肅,行旅如歸,心竊韙焉。抵郡之次日,道出蕭關,北宋時用兵處也。山石連澗,磴僅容車。覺王陽蜀道,殆無以過之。光緒丙子奉移桂檄,重出是關,見夫平平蕩蕩,向之巉巖敧仄者,今且如砥如矢矣。讀吳學使摩崖記,知觀察以治軍暇,用軍士平之。益歎觀察之善將兵,且益歎伯相之善將將也。

　　今年冬,觀察重刻其族祖默深先生《海國圖志》告成,不遠千里,馳价致贈。可見觀察所志之大,而視天下事之可平,一如此關也。因以向所藏於中而不能置者,書以相質。

安維峻　五原書院暨義學經費碑記[200]

　　從來人才之盛衰,視乎學校之興廢。無以培植之,猶不耕而欲其穫,無米而使之炊也。固原,故漢高平地,前明三邊總督建牙所在。國朝改設都督府,與刺史同城,州治遼闊。光緒初析置西北境爲海城、平遠二縣,仍隸本州。升州爲直隸州,地廣袤尚數百里。生斯土者,良將材官,後先相望,獨文學中以科第起家者

---

　　① 咸豐庚申:咸丰十年(1860)。
　　② 癸亥:同治二年(1863)。

落落如晨星。豈山川形勝宜武而不宜文歟？毋亦培植之方猶未至也。

　　回逆之亂，城社爲墟。戡定後復設有五原書院，凡束脩膏火之費，暨城鄉義學薪水所需，均由地方籌措。雷緯堂宮保復兩次捐廉助之。惟是款項既繁，出納宜慎，不有定章，曷昭恪守？歲辛卯，[①]李松舟刺史條議程規，將爲經久計，旋移官去。匡策吾使君甫下車，以振興文教爲先務。延訪紳耆，增利剔弊。即於是年秋，以添籌書院經費，酌議考課及義學文社條規，歷詳上臺，批准立案。而余適以次年應聘，來主講席。齋長南鄭兩明經合諸生謀，刻石以垂久遠，請爲文記其事。

　　竊維文教之興，有開必先。昔文翁勸學，蜀人以文章、經術著者，[201]若司馬相如、張寬世輩，固一時傑出。歐陽修所見翁弟子石柱題名，尚一百有八人，[202]何其盛也！近年吾秦隴南書院之設，掇甲科預館選者，聯翩接踵出其中。何地無才，顧所以培植者何如耳！諸生果爭自濯磨，無負賢使君教養兼權之意，他日成就，必有可觀。由是轉相引翼，蔚成文物聲明之邦。飲水思源，當如何感激。至於經理文社，出入款項，則尤冀後人公而忘私，以無墜地方善舉，斯又使君之志也。爰樂爲之記，以諗來者。其議定之經費及條規，備列於碑陰。

　　瑚松額　馬協戎墓表

　　道光二十七年六月初五日，陝西西安城守協副將馬公卒於官。其戚馬君拱辰持公軍功冊屬余爲文表其墓。余覽之慨然曰："從古以戰功垂名竹帛者，其始不必皆由閥閱。自設武闈以來，由科目者易，由行伍者難。公起家馬兵，以敢戰屢列上等，歷擢至副將，非忠勇何克及此？"謹據其行略，益以余所見聞，詮次而質言之。

　　公諱輔相，字燮堂，平涼府固原州人。曾祖順，波羅副將。祖華朝，父三印，妣皆氏何。昆弟四，公爲之季。生有至性，膂力過人，入本州提標營伍。嘉慶元年，從征湖北，在孤山塘圍戰七晝夜，衝鋒擒賊，腹帶矛傷。賊分逸，越陝西之興安，追殲之。拔補固原提標前營經制外委。二年。進征川楚，殺賊于金峨寺，右面帶石傷。力克太平、東鄉、夔州屬諸處，右臂帶槍傷。

　　時首逆齊王氏自巫山、巴州以東入楚，或竄入陝。方尾追之，調由陝西平利一路進剿。是時賊勢蔓延，所在聲應。甫於唐封壩破滅新起之匪，齊王氏忽乘間至平利城下，放火攻城。星夜分兵馳救，賊敗走。至興安之新鋪灣夾擊，大破焉。拔補紅山堡把總。在漢中洋、沔諸縣，沿江堵剿。三年，賊別支從柳林鋪踹淺過江。移軍邀擊，輾轉二十餘載，斬獲甚衆，口角及胸際各帶矛傷。尋尾至南山之新街，截其衆爲兩段，一走川，一走興安。遂分防紫陽各要隘。四年，拔補河州城

守營千總。賊東竄西擾,出没無常,隨處防禦,隨處報捷,節年之中,關隘、山坪殆遍。於是賊渠以次就滅,改補提標千總,從剿川、陝一帶餘匪。十年,凱歸。越五年,補寧夏鎮標左營守備。十餘年間,以伍卒而官鎮撫。同僚皆豔羨,公則歉然加勉,惴惴焉如不勝者。

十八年,河南教匪滋事,調赴滑、浚二縣剿捕。敗賊於浚縣之中市,又敗之於滑縣之胡家營。時賊據道口,分衆焚掠村莊。遂攻克道口,直搗巢穴,燬賊房幾盡。已復克靈縣之司寨,燒斃巨匪李文成等。十二月,大軍壓臨滑城,奮勇登陴,率衆鏖鬥,生擒首逆牛亮臣並其餘黨,豫省遂以肅清。復督兵赴西鳳,剿辦三材峽逆匪,連奪賊營,獲其酋楊二、袁友才於西駱峪、孟家灘。時十二月二十七日也。次年春,進追麻大旗等至秦州之柏楊嶺,悉擒之。而苗小一支,亦旋即撲滅。乘勢窮搜,偵賊在大寧溝,合攻之。逆首龔貴夫婦俱就戮,餘賊遂平。敘功賞戴藍翎。二十四年,題補橫城堡都司。

道光三年,派往烏什換防。六年,逆夷張格爾叛,調同參將張鴻儀、守備常明保帶兵三百會剿。途次聞四城被陷,勢甚猖獗。抵至阿克蘇、都寄特臺紮營策應。時出哨探,行十餘里,遥望山梁,即知有伏。方遣騎歸報,忽賊數千突出,乃徐引其騎走密林,賊遲疑不敢入。次日萬餘賊來撲營,併力卻之,殺數十人,賊悉潰。時賊巢在喀什噶爾。七年二月,合軍進取。二十三日,於洋阿爾巴特交仗,四戰及七里河,斬擒不可以數計。賊聞風狼奔豕突。二十九日,大軍乘勝渡河,直抵喀城。越日克之。捷聞,以屢次前敵出力,賞換花翎。未幾各城收復,張逆授首。仍留築修阿克蘇城堡、烏什山卡、察哈喇克軍臺。九年,事竣歸伍,補階州營遊擊。

公老成幹練,任事實心。余督陝甘時,曾調署中軍副將。既以陝西營務不振,題補撫標中軍參將,嗣陞西安城守協副將。在陝十年,整肅戎政,增修營學。而于兵丁疾苦,尤加意體恤。常籌款至一萬五千三百有奇,發商生息,爲隨時操演及婚喪等事之費,闔伍銜感,鑴其實行於石。此余所稔聞者。

公生於乾隆三十八年八月二十八日,享年七十有八。妻何氏、馬氏,子彪。其他瑣事不備書。且夫人生天地間,委贄事君,可終身不見兵革。即或邊裔不靖,荷戈從役,所謂大丈夫效命疆場,以馬革裹屍者,亦分之所不容辭。公身經百十餘戰,摧鋒陷陣,深入死地。仰賴國家鴻庥,永寄干城,壽登大耋。使後之過其里者,咸式之而想見其人,曰:"此馬將軍之墓也。"嗚呼,難矣!

朱曙蓀　孫氏高祖、曾祖太公墓志

天生斯人,即賦以綱常倫紀之道。而能倫紀克敦,樂善不倦,至於歷代積累者,天必報施之,以篤生英嗣國器,爲國家樹奇勳、勘禍亂,晉爵加秩,邀天家之覃恩,追褒其祖功宗德者,古今來歷歷不爽也。如我都督孫君之高祖太公、曾祖太公者,不又後先比美也哉？

　蓀值西土用兵,督運糧餉,與都督君交甚善,乃知爲開遠世族也。高祖諱天奎,字和煦。爲人仁慈謙恕,以耕讀孝友傳家,慷慨好施,不求聞達,蓋其性然也。由是德重鄉評,而爲有明賢良之士焉。一品太夫人金氏,以結髮名媛,坤德性成。內助太公,謹以勤儉持家,有古賢母風。及生曾祖太公也,英敏克家,遵義方、讀父書,躬耕養親,能紹箕裘而不墜,而爲高祖太公之肖子者,猶嘖嘖人口不置也。

　太公諱光榮,字炅公。元配一品太夫人海氏,內則悉嫻,而四德三從自其幼而已備。及笄歸太公,親操井臼,主中饋,事舅姑以孝,相夫子以順,雖古云柳妻、陶母何多讓焉。夫以高曾祖太公之孝德,與金、海太夫人姑媳之婦德,如是其積累於二代者,不既深且厚哉？矧其祖太公與父太公繼述更善,因而篤生嗣君,英異魁梧。及長,仗劍從戎,毅然以四海澄清爲己任。乙未歲,①削平西寇,聖天子嘉乃偉勳,即特授安西總鎮,秉鉞彈壓,而犬戎安堵效順,無復敢搖盪邊陲者,皆嗣君威德所賜也。異日者豐功標於銅柱,形象圖於麟閣,又可操券而必矣。而要皆太公四世之天倫克敦,樂善不倦,貽謀以成之。則其邀天家之覃恩,追褒其功德於不朽也,誰曰不宜？是爲志。贊曰：

　賢哉太公,世系書香。秉質仁厚,賦性溫良。樂隱不仕,肆志農桑。事親克孝,教子義方。待人忠恕,持己謙光。周親恤友,助婚救喪。二公相繼,作述咸臧。積善或報,天降百祥。誕生賢裔,爲國棟樑。驍勇素著,韜略優良。值西逆變,干戈擾攘。天子欽命,殺伐用張。一戰而勝,臣伏戎羌。嘉功晉爵,總鎮嚴疆。更錫殊寵,追贈先亡。親親貴貴,光大蒸嘗。勒碑隧道,百世流芳。

朱曙蓀　孫祖太公墓志

　世之建大功,顯當世,膺厚祿,而光前裕後,以垂令名於無窮者,豈偶然哉？蓋由其祖德之培植厚,則發者自榮,卒之潛德表於綸音,幽光著於後世,如孫祖太公者,洵足當此而無憾者矣！

　太公先世多隱君子,公英勇而即欲丕振家聲,光大前人。慨然曰："大丈夫當以長槍大劍功濟四海爲志也！"遂從事戎行,効力提督王公營下,以圖進階。舉凡韜略騎射,無不最精。時而談兵法,講戰策,一一與太公、黃石、孫、吳諸書相吻合,其性與習成者優也。諸營長驚奇羨稱,聲名藉甚。聳動帥司大人,屢試之無虛譽,即以國士目之,欲擢爲軍介大用而限於無軍功也。會茅籠山逆敵犯順,王公奉命征討,即委任太公爲前驅。公則義不返顧,執銳披堅。至對壘,奮勇當先,

---

① 乙未：康熙五十四年(1715)。

而摧鋒陷陣之際，賊已皆轍亂旗靡，遂北而潰矣。公即單騎追剿窮日，至夜而爲賊伏兵擁虜，盡節以終焉。雖未能享朝廷之天祿，受爵榮子一日，而赤忠報國，堪質鬼神而垂竹帛。以視承平樂貴顯，及遇難而捧頭鼠竄，有愧於公多矣。

元配一品太夫人海氏，以幽嫻貞靜之淑媛，撫孤成家。凡其閨德壼儀，傳爲母範，稱之邦國者不可勝紀，蓋一賢母也。夫是以天鑒公忠與夫人之貞，於不能榮其身於生前者，必使榮其名於没世。而嗣孫君生焉，則其克念爾祖戮力國家，奏平西之殊勳，叨聖主之渥寵，特授總戎，三任更表祖德於後世者，洵非偶然而已也。

太公諱世祿，字寵吾，祖籍固原州人也。其他善行尤未易臚列縷述，特闡其幽忠大節而爲之志。贊曰：

猗歟孫祖，行善德隆。庭幃孝友，鄉鄰睦融。立身正直，處世和冲。欲大門祚，立志豪雄。棄文就武，荷戈從戎。兵機素諳，武略精通。隨征逆寇，盡瘁鞠躬。敵王所愾，鼓勇擊攻。決死一戰，遂志而終。裹屍馬革，還葬盡忠。公之苦績，炳與日同。載生英嗣，如虎如熊。胸藏兵甲，有烈祖風。湟中靖亂，屢建捷功。天顏喜勞，燕賜彤弓。授節邊鎮，指日封公。推所自出，祖德追崇。贈爵同貴，纘緒無窮。

李蘊華　李公府君暨德配李母余老太君墓志

道光壬辰暮春八日，[①]府君卒，壽八十。卜吉於四月二十一日，葬西郊鞏昌營亥山巳向。三閲月而太孺人卒。《蓼莪》有詩，不堪卒讀。乙未春，[②]表兄桐丐墓志焉。華竊憶府君與先大人戚而情契，今俱赴詔玉樓，良深悲咽，志銘之舉，分不容辭，亦孺慕之情所不容自己者也。

府君諱輔弼，字臺卿。少孤事嫠，惟謹順不衰，鄉里以孝聞焉。早歲入泮，壯年補明經，丸熊畫荻之教深已。洎乎太老孺人奉敕旌表建節孝坊，府君宵旰敦事，罔有或懈，可謂盡力矣。且太老孺人塋兆去城四十餘里，府君每逢掃祭，雖風雨必赴，尤可謂盡思者矣。視親如此，待人可知。凡親鄰婚喪，悉親身賀唁，極誠無僞。非天性之淳，能如此乎？噫！難矣。嘗見讀古人書，一語不能踐，泛泛於意氣之私。以視府君之敦倫内外，其爲人賢不肖何如耶。夫大學有本末，家者國之本。使府君析圭擔爵，宰治一方，不亦見有本之學乎？故《魯論》記聖人言行詳矣，必自鄉黨始，知大體也。至於勤慎教讀，寒暑罔輟，及門多所成就，猶餘蘊之波及，不足爲府君奇也。

---

① 道光壬辰：道光十二年(1832)。
② 乙未：道光十五年(1835)。

太孺人氏余,幼秉淑姿,傳羹滌器,佐府君以事萱幃者泊如也。卒于七月望六日,壽七十有二。葬與府君同兆。子一名桐,善持家計,致孝,尤不墜宗風。長孫名逢源,崢嶸有英發氣。非積善之報乎?華謹志之不敢諛。故爲之遵其實而銘曰:

善利分途,毀譽日盛。爲是爲非,没世乃定。阿翁阿姑,恬淡決勝。彼蒼者天,德無不應。

李蘊華　馬老太封翁墓志

太老封翁者,諱自善,字繼昌,德齋之父,椒園之祖也。有明之季,以指麾由浙江來甘,受職五原回籍於此焉。厥考號馨吾。幼列戎行,力大於身,舉任數十鈞不餒。曾與師西藏,獨以勇力見重。賞戴花翎,凱旋後,其志高尚,棄職歸田,以樂餘年。比及太封翁入伍糊口,正值開疆西陲,羴匪猖獗,隨提督高進剿,弁兵全行被圍,太封翁兄弟三人全征,兩弟先後殉難,而封翁獨克倖免,惟以年近六旬,風霜侵襲,遂致目睛失明,幸步履猶健。厥後令嗣德齋公迎養潼關都戎任所,歲甲子年逾八旬而目復明如初。噫!異已,非有德以享天心,豈能盲而復明如此哉!及其於官廨棄養也,壽八十有四。德齋公扶櫬歸珂里,葬於州城西郊新造之塋,蓋已歷有年矣。今爲之孫者怡園公,痛其父與兄之行誼,足傳來許,而溯源於太封翁,先爲之乞志銘,以表其墓,予因之有感矣。

夫惟大丈夫爭勛海甸,入列輔弼之位,出操閫外之權,榮矣。顧第及一身而不足庇其子孫者,識者鮮不議其德之薄。太封翁卓然自立,厚培天性,晚季得子之禄養,殁後邀孫之榮封,而且危地能存,盲而復視,是皆有天焉存乎其間,非人力所能致者也。爰爲之志而銘之,銘曰:

克家所貴,啟後承先。彼蒼樂善,子孝孫賢。桑榆堪羨,禄養長年。多福遞及,簪纓蟬聯。世蒙奮武,造物無偏。勳名籍盛,世繫相傳。河山鞏固,星斗高懸。焚黄纍代,又何憾焉。

李蘊華　馬太翁墓志

自古降大任者,必先加之以勞苦,試之以艱難,而後益其能,老其材,以克效用於世也。如太翁者亦其人歟!太翁兄弟三人,伯綿齋,仲即太翁,叔諱永,皆入伍就食。而綿齋公甫列戎行,即遭艱苦。隨征大小金川,以奮勇推任守戎。適遵國典徙眷伊犁,未數載以公事誤牽,廢職而歸。比時夫人業已仙逝,幼弟旋繼而殁。單太夫人未笄而亦逝。嗚呼!悲已!乃不得已復入軍戎,隨征川楚,復任陝西永安堡守戎。行蒙大帥調赴前敵,以果勇奏,賞戴花翎。顧其時逆匪尚熾,遂于伊川楚北一戰,殞命疆場,忠烈之氣,不啻猶有存焉者。及蒙恩推功,賞以雲騎尉,世襲奕祀,亦已榮矣。公其人傑也哉!若太翁者,生性爽直,才勇兼優,決疑定衆，謂能所及，往往出人意表，故心肯者無不比美古人焉。曾隨征川楚，累次獲勝。凡逃失兵丁二千餘人，俱免于死者，皆感回護之恩。及再遇敵，伊等誓以死報，乃更獲勝，遂稱爲勁旅。其德之感人者如是。及權遷潼關協中軍都戎，歷任秦州遊府。值隴西大旱，太翁偕文員請賑濟活者無算，士民咸立祠祀之。行蒙總督部堂那屢核勞績入奏，授以循化等處統轄參戎，鎮守番境邊關凡十載，番夷未敢逞，故各憲器重之。復以出征之傷痕時發，有礙簡閱，乃解組以歸，聞者莫不思慕焉。且賢配馬太夫人，事親育子，備極辛苦，能忍人之所不能忍。所以積德深厚，倡後人之報，能得人之所不能得也。旨哉，子思子曰："天之生物，栽者培之。"今於太翁之難兄難弟，夫忠婦孝，益信之矣。

太翁諱成，字德齋，行二。生二子，長椒園，以提督軍門，特振家聲。次怡園，候補巡政。蓋天之報施善人爲不爽也。夫以太翁之才略，官二十餘年而空囊不恤，但知教子，其處家之有道與報國之忠藎，不尤互相輝映也哉。太翁之棄世，享壽七十有三。今於銘椒園公之際，令嗣並勒墓碣，是固不可不志，不能不銘者也。爰爲之志而銘之。銘曰：

造物無私，主善爲施。吾鄉人傑，潛德堪思。身列戎伍，行誼足師。重國家事，夙夜無欺。才猷出衆，計謀特奇。功邀上賞，威震番夷。鍊達端重，廉潔允推。風高嶺外，月印江湄。碩德昌後，理有所期。連鑣繼起，各具仙姿。門庭光耀，其羽爲儀。千百載後，令名永垂。

李蘊華　馬提督墓志

公姓馬氏，諱維衍，字椒園，甘肅固原州人。世以回籍居浙江。前明中葉有官指揮者，始遷於此，而以武功承其家。祖自善，隨征西藏，著戰績。父成，入楚蜀軍，薦官循化參將。以公貴，均晉振威將軍。

公幼魁偉，有膂力，銳志武科，弓馬刀石，悉擅勝場，而箭法命中，尤有奇能，蓋所謂貫甲穿楊技也。年甫弱冠，選邑庠，以嘉慶丙子領鄉薦。[①] 丁丑，[②]戎闈登進士。皇上臨軒校射，遴其材藝，賜榜眼及第、花翎侍衛、乾清門行走。時大學士松公、協辦大學士王公，以驍健樸誠，亟相引重。擢山西撫標中軍參將，權太原鎮總兵。會趙城流犯亂作，中丞鄂公以兵事倚任之。公督師赴敵，痛剿兜攻，旬日就平，犯首歸順。趙城之民，歌頌載道，爲建生祠以祀。由是威名所播，赫然于太行、蒲阪間矣。旋以父憂去官。服既闋，入覲，授浙江樂清副將。海疆衝要，洋舶往來，絡繹不絶，奉特旨鎮守防範。適英吉利來侵，公整隊嚴肅，梭緝無停晷，英

---

① 嘉慶丙子：嘉慶二十一年(1816)
② 丁丑：嘉慶二十二年(1817)。

人懾其先聲，未敢騷動，遂轉攻定海、鎮海各處。微公之力，樂清一隅，其奚以安堵無恐乎？乃簡放處州鎮總兵，調湖北鄖陽鎮總兵。道光丙午春，①詔授湖北全省提督。次年丁未三月朔日卒於穀城，②春秋六十有一。無有遠邇，莫不銜哀。蓋公之德澤及於人者深且至也。

方公在太原時，其封翁與其太夫人猶稱矍鑠。公迎養於署，克循子職，而杖必扶，饌必嘗，藥品必親奉，玩好必先旨，尤非尋常等倫所能企及。太夫人鍾愛少子維藩，公曲意友睦，怡怡藹藹，不使有違詞。此所謂養志而非以養口體者也。若夫創築營壘，完葺祠寺，慷慨好施，則猶其末行焉耳。

嗚呼！吾人以藐然之躬，中處天地，惟忠孝兩大端，有以立於不朽。今公之治軍也，一鼓撲滅，毋使蔓延，而異域之師望風而退，君子曰：“忠矣。”公之治家也，百行之原，躬承色笑，而鬩牆之漸，畢世弗聞，君子曰：“孝矣。”嗚呼！公亦人傑也哉！茲以日月將卜葬於城之西郊。其弟維藩乞為納幽之文，蘊華因紀其實而係以銘。其詞曰：

維公降靈象緯，秀孕崆峒。豪哲繼起，修髯偉躬。鷹揚上選，卓然元戎。恒岳雲紫，越海波紅。帝嘉乃績，裘馬琱弓。門承通德，入孝出忠。蕭關髦嶺，華胄崇隆。騎箕去矣，儔步英風。寒陵片石，莫罄厥功。吾銘不渝，質之太空。

吳大澂　補春樹題跋

曉東四兄同年，勤政愛民，百廢俱舉。耕農勸率，補助廉資。適余按試過此，署齋落成，用書是額，明志名德。

程學孔　董參戎墓志

岳武穆論平天下之本曰：“文臣不愛錢。”既又曰：“武臣不惜死。”余幼讀之，確然信其言之不誣而肅然起敬焉。迄於今海疆多事，邊患頻仍。見有殺敵致果，身屢瀕危而卒不危，而卒地方賴以靖，上下賴以安者，竟得諸故武功將軍厚菴公其人也！

公姓董諱寬，固原乃其舊郡，牛邯營其居里也。生而英毅，貌魁梧。少覽《漢書》，慨然有投筆定遠志。然髫齡失怙，與孀母相依為命，不忍朝夕離。迨終養事畢，而公年已逾弱冠矣。遂投効固原伍，從征鄂渚，轉戰金陵，克復堅城，獲保薦藍翎外委。此為有官之始。既而晉階守備，嗣經督帶炮隊，進剿金積堡，有大功，疊保遊參、加副將銜，給勃勇巴圖魯號，賞戴花翎。旋蒙借補金鎖關都閫府，仍令帶隊防守瓦亭。歷署固原提標前營遊擊、涇州營都司、西鳳營參將。所至以威武

①　道光丙午：道光二十六年（1846）。
②　丁未：道光二十七年（1847）。

嚴翼著聲名,而平涼、金積之役最險,功亦最偉。

當同治初元,陝之花門變起也。賊巢渭城,焚畢郢,殺掠三輔,蹂躪秦川。尋率種類陷固原,折而圍平涼。慶陽府和太守率隊鏖戰死。維時,原野厭人之肉,川谷流人之血。他軍皆戰敗無鬥志,疇復於骨肉血淵中,敢進跬步者?俄報有人短刀入陣,所向無前,望如虎,賊不敢偪視,卒得和太守忠骸,負之出。熙部堂使人偵之,乃公也,驚詫不已。或疑公受太守私恩重,故報亦重。公曰:吾初從王事時,即盟死心。今幸不死,他非所知也。熙部堂聞之,謂知有君而不知有身,知有君命而不惜已命,倘所謂盡忠報國者非也,由是敬禮如神明。

三年,環攻金積,身先士卒,遇悍賊,交刃下,遍體血沾衣,而尤掉臂大呼,督隊開炮,雷轟電掣,師驟如雨,遂獲大勝。從此先聲奪人,有戰皆捷。賊聞“董鬍子”來,即驚駭走如獸散,蓋公固長鬚丈夫也。賊嘗餽巨金,乞緩須臾死,嚴卻之不受。連破巢穴,人爭獲子女玉帛,公則一無所取。世知公之驍勇,而不知由不貪成之也。邊要若耀州、若瓦亭、若固原及涇州與鳳翔,營制久廢弛,幾不堪戍守。公至則築炮臺,修戰具,閱伍校械,助餉捐賞,而關防以固,秦雍亦賴以安堵焉。故左文襄公論功行賞,推公爲第一,賞給千金,俾爲藥餌需。公百辭不獲,始受之。夫忠君如左文襄而器重如此,可以知公之爲人矣。

十二年,由金鎖關本任調署西鳳參將,途次受暑,觸動舊傷,旋卸篆回籍調養,病體稍痊。壬辰春夏交,①秦隴久不雨,民情洶洶,咸歸咎電杆。糾聚千餘人,一日夜謠惑十數縣,惟涇州幾成巨變。大吏揀員往查,以公素智勇,且久官陝土得民心,令單騎往諭之,事立解。任勞任怨,全活甚眾。是役也,公帶疾往,以勇於遏亂,星夜賓士,傷復發,病遂不起。嗚呼!公期死王事而竟死于王事矣!不死則國難不紓,而民之瘡痍難復。今死矣,誠得死所也。

公生平嫻于武事,而持論尤能見其大。彌留之際,語其子鳳墀曰:今日致太平之術,不在邃深西學,而在激發吾良。忠義廉恥之道喪,訟獄多而干戈起矣。髮、回踵亂,屠毒天下,中原靡沸,島夷憑之。天子憂於上,公卿將吏瘁於下。推厥禍胎,實有由始。汝宜矢廉潔,奮忠勇,以爲士大夫倡。則報國在此,即孝親亦在此。語畢遂逝。今六月鳳墀書來,泣丐納幽之文,余不忍辭。

謹按狀:公曾祖考妣、祖考妣、考妣,皆以覃恩封贈如其官。配孫夫人有淑德,性樂善好施。側室許勤儉持家。子三:長陞官,即鳳墀,總戎也,孫夫人出;次陞傑,以軍功保守備;季陞猷,選用縣丞,均許出。女三:長適靜寧千總同郡余珍;次適董志經制慶陽郭滋;三適青家驛把總長安包吉。元孫一,冬至。女孫一,

---

① 壬辰:光緒十八年(1892)。

待字。鳳墀少嗜詩書,氣度灑然,喜與耆英交,論者謂有父風。童年即受雷少保知。光緒乙未,①隊董少保剿河湟叛回,解河州圍,屢薦膺上賞。其進剿西寧也,漫坪賊築巨巢三,俟官軍半渡,突出擊其後,軍幾潰,且援絕,鳳墀以百餘騎搗其穴,督師血戰,盡殲之。論功以巨憝既誅,西北底定,歷保至副將,晉總兵銜。制軍於關內外肅清案內,擬保總兵,晉銜提督,雖未遽奉綸音,然交章推薦,知天下無異詞也,而鳳墀乃不敢以自多也。伏念先將軍文武兼備,智勇並施。忠義遺囑,流出肺腑。惟有殫竭血誠,以廉勵忠,永作聖清萬里之長城而已。

公生於道光六年九月初六日,卒於光緒十八年六月初十日,享壽六旬有七。是年即擬安厝,以鳳墀隨師入都,反旆西征,故遂遲公葬期數歲耳。今將以光緒二十三年七月二十六日扶父櫬卜葬於本村外之吉壤新塋。余取公功烈最著者銘之,以塞鳳墀兄弟之悲。銘曰:

將軍其一代之儒將耶?何思通風雲之變化,而氣符天地之英雄耶。其卻金也,人衹慕伯起之清白。其報國也,公獨勉武穆之精忠。一霎安秦定隴,卓哉偉烈豐功。從王事方期有終,胡爲爲民請命,又占匪躬。北有大河南崆峒,一壠歸然奠厥中。覘磅礴蜿蜒之不盡,知豪傑代起于無窮。他日太史氏追原所自始,當淋漓筆之於書曰:夒鑠哉,是翁!

劉永亨　張壯勤公墓志

光緒二十六年三月,北洋各軍翼長、喀什噶爾提督張公卒於南苑軍中。遺疏上,天容震悼,禮遇惟隆。予謚壯勤,事蹟宣付史館立傳,子若孫各有加恩。飭詞臣撰擬祭文、碑文,以光勛舊。永亨承乏清秘,得濡毫而藻揚勞烈,典至盛也。公病時,公子儒珍方分統甘軍,駐紮薊州段家嶺,乞假來侍醫藥。而王夫人已先公十日卒於里第。訃報既至,公正垂危。及歿後,儒珍將擇於四月下旬遵旨奉柩西還。瀕行,泣持兩狀,來徵合葬之銘。余固陋,然交公最久,知公最深。公之功在巖疆,名在史策,歌詠在人口,抑豈壙石之文所能叙述,所能增重?獨念公卒僅逾月,喪歸甫數日。而民教肇事,中外釁端紛起,時局自此愈棘。天雖隱以完人終始與公,永亨固知公憂國之忱,抱憾於九原,爲無極偉人,身繫安危,舉世無智愚皆知,公之幸世之不幸,公在泉下不自以爲幸。此則永亨所獨諒,益徵夫猛士之歌,其於今日,仰瞻九重,爲尤可悲已。不獲辭。

謹按狀:公姓張氏,諱俊,字杰三,甘肅固原州人。世爲著姓,三世皆以公貴贈一品封。公生而孝友,凝重寡言笑,不阿流俗。同治初元,關、隴逆回叛亂,公起自田間,贊今統武衛後軍董少保團保鄉人子弟,往隸劉忠壯、襄勤叔姪,隨原大

---

① 　光緒乙未:光緒二十一年(1895)。

學士左文襄殺賊圖報,誓殲逆黨。其間,蕩金積,靖河湟,戡定天山南北兩路,功冠諸軍。

公本屏息大樹遺意,不自論功。其見於奏牘者十僅三四,國史立傳,亦止大概。茲不載及以重違公意,敘次歷官所至。初由監生出山,累洊記名提督、倭欣巴圖魯,賞穿黃馬褂,授西寧鎮總兵,調伊犁鎮總兵,擢新疆喀什噶爾提督,調署甘肅提督。奉召詣京師,派充北洋各軍翼長,賜紫禁城騎馬,以逮身後諸異數,重君恩禮也。

公治軍嚴整,撫士卒如家人,以是得其死力,爲世宿將,與董少保齊名。元配王夫人,母族與公同鄉井,賢淑重於里黨,事姑以孝著。于歸數載,遭值兵戈,公逐賊遠役,夫人艱難險阻,負子避賊山中,僅而獲免。自寒素以迄貴重,服勤如一日。當公鎮邊陲時,夫人至節署,織箔襄助籌邊,爲將士所感。凶耗至軍,部曲多泣下者,於以見其相夫及人之澤,若合符節。子一:儒珍,即夫人負以避難,而以統兵殺賊世其家者也。以任子帶隊,從董少保再定河湟,積功至花翎二品頂戴,記名道、武能依巴圖魯。公歿,加恩,仍以道員請旨簡放。孫一:超,賞員外郎。服闋後,分部行走。曾孫一:耀宗。

公生於道光二十一年正月十三日寅時,終於光緒二十六年三月十一日申時,享壽六十。王夫人生於道光二十四年六月十一日未時,終於光緒二十六年三月初一日未時,享年五十有七。儒珍奉公櫬還自京師,將迎王夫人之柩於靈州新第,合葬於故里毛曲井之原。迺爲銘曰:

妖星將見,大星是沉。桴鼓聲絕,後先歸神。隴山在望,松柏森森。嗚呼!天不厭亂,世將太息,永念夫斯人!

周銘旂　吳提督墓志

光緒三十年歲甲辰七月戊子,漢中鎮雨舟吳軍門卒於官,春秋六十有四。其子本植匍匐奔喪,扶其柩歸省門,將以十一月壬辰,葬咸寧東鄉大吉坪新阡,配韓夫人祔焉。以狀來請銘,且踵門告曰:"往者,吾母即世,賜之文而納諸幽,唯先生是賴。先生與先君相知久,丐一言俾不没其生平,敢重以爲請。"其可以辭?

按狀:公姓吳氏,諱雲伍,字錦堂,雨舟其號也。先世安徽桐城人。曾祖學義,官固原,遂以爲籍焉。祖秀,父仕連,皆以公貴贈振威將軍。公生而岐嶷,家素貧。父母相繼逝世,父仕珍公撫養之。奉教令惟謹,然獨不喜呫嗶,督責之弗能從。仕珍公官西安城守營副將,公隨侍。暇輒與帳下兒習弓馬,雖驍將不逮也。仕珍公辭官歸,公投固原提標。

咸豐間,髮逆亂作,蹂躪半天下。河南捻匪繼起,東擾海邦。徵兵秦隴,提標派隊赴援。時西陲承平已久,挑選成軍者,舉家哭泣。公慨然曰:"男兒從事戎行,即便以身許國,效兒女子悲涕何爲?"遂同大隊東剿,搴旂斬馘,所在爭先。同治初,花門肇衅,隴坂空虛。公奉調回防,未至家,州城失陷,村落爲墟。公以從軍獲免,然家屬已無一存者。未幾,大亂稍平,公以累年戰績,拔利橋外委,陞洛川把總、潼關神道嶺千總。歷署陝安鎮標中營、宜君中營、固原提標左營守備,補西安協右營守備。歷保叅將,賞戴花翎、捍勇巴圖魯。

光緒甲申,^①中法之役,隨雷少保正縮赴山海關外駐防。既而旋秦,陞安西協都司,調署西安城守協都司。時張中丞煦方撫陝,以公才堪治劇,委署撫標中衡叅將。旋以秦地平原千里,游匪出沒不常,奏請設騎兵以資追捕。檄公召募訓練,迭獲要匪,境賴以安。故秦中馬隊得力自公始。蓋是時已補撫標右營遊擊矣。

甲午,^②河湟構亂,全隴震驚。公統領陝西永興軍馬步八營,赴甘助剿。旋奉旨歸董少保福祥節制。先餝左右翼馬隊,迅赴前敵,迭著戰功。兩載以來,軍書旁午,卒底蕩平。朝廷行賞論功,加提督銜,納恩登額巴圖魯,旋署商州協副將。復以海氛不靖,入衛京畿,戎馬崎嶇,沉疴頓發。己亥秋,^③請假回陝就醫。

庚子,^④京津驟變,兩宮駐蹕西安,公力疾馳赴潼關迎駕。時董少保邀公總理甘軍營務處,旋蒙軍機大臣奏派總理各軍營務處。辛丑,^⑤大局奠定,兩宮回鑾。公隨扈東邁,行抵洛陽、正定等處,迭蒙召見。擢漢中鎮總兵,加提督,特賞"福"字一方,江綢衣料四大卷、白金六百兩及官燕食物果品等事。

雷正縮　修建昭忠祠碑記

蓋聞莫爲之前,立法以建始,是爲創。有基之後,踵事而增華則爲因。乃有事主創而近於因,名雖因而實創者,如余等所建之昭忠祠是。固原城內,向有昭忠祠,春禴秋嘗,由來已久,所謂創也。若夫彰一人之忠藎,另建專祠,似無庸仍襲其名,致因、創之兩相混,而抑知事有未可概論者。憶同治四年,余率隊攻克固原州城,其戰歿諸將士,均於事後請恤。推副將熊觀國首先登城,効死尤慘。當於是年具疏,旨餝部照總兵陣亡例從優議恤。並請在死事地方,建立專祠,以昭忠烈,奉旨允准在案。維時軍務倥傯,未遑舉辦。迨關內外肅清,始與各將領倡捐俸薪,各營員弁勇丁亦量力佽助。在鼓樓巷購隙地一隅,擬爲修建。旋據營官李廣珠等稟稱,精選全軍隨多忠勇公於同治元年進援陝甘,既定關中,復平隴右,其各營將士,在各處接仗身亡者甚眾,今爲熊故將建祠,可否將節次陣亡諸將士

---

① 光緒甲申:光緒十年(1884)。
② 甲午:光緒二十年(1894)。
③ 己亥:光緒二十五年(1899)。
④ 庚子:光緒二十六年(1900)。
⑤ 辛丑:光緒二十七年(1901)。

附祠，以慰忠魂等情前來。因思精選全軍久隸忠勇麾下，盩厔之役，忠勇捐軀。長安雖建專祠，我輩不崇享祀，將飲水思源之謂何？擬置主時，多公居上，熊故將次之。其先後殉難將士皆側名左右。熊故將當幸將所依附，而英光灝氣更薈萃一堂矣。質諸同人僉曰善，議遂定。隨咨請陝甘總督部堂楊，轉飭固原州立案，有卷可稽。光緒七年，乃命李鎮廣珠鳩工監造，各將領亦輪班協修，購料庀材，平基定址，不數日而寢室成，拜臺起，穿堂建，後廳、兩廡、屏壁、樂樓亦次第告竣。丹堊既塗，題額待定，余以前次請建係熊故將專祠，今多公居上，諸將士附之，直顏曰熊公祠，度熊故將在天之靈必不欲獨專其美，故不曰熊公祠，而仍顏昭忠祠。所謂事主創而近於因，名雖因而實則創者，此也。吁！規模雖定，此中缺略尚多，經費無餘，已往之明禋宜繼，後君子倘相與維持而護惜之，俾祠宇常新，馨香永存，是則余之厚望也夫。謹記。

雷公去思碑

公印正縮，號緯堂，四川中江人也。同治初，由南省轉戰而來，奉命督辦甘肅，克復固原等處地方。涖提督任三十餘年，德威並著，實惠所施，不勝備述。姑立石以抒悃忱云。

杜松亭　重修無量殿碑記

固郡舊有東嶽廟，不知始於何代，創自何人，荒亂之後，渺焉無稽。其絕頂名曰鐵繩山，承平時且有無量殿。廟宇巨集闊，規模廣大，誠一山之領袖也。自同治元年回匪猖亂以來，焚燒殆盡，片木無存，所可見者，惟牆址磚石而已。歸籍之人值旱乾水溢之時，而爲拜禱祝祀之舉，恨無有象以爲之祈福也。亭等目觸心傷，因邀約本邑耆老人等，多方募化。但功程浩大，一時未能遽就，只得陸續修造。不料有本邑人董宮保統兵駐紥斯地，來廟參神，見工未就，乃佈施白金六百兩。其部下將弁，施捨亦多。亭等急覓工備匠，速成此廟。今當告竣之際，理宜表白其事。所有佈施姓名，一切開列于左，以見萬善同歸之意爲云耳。

陳瑞徵　董星五功績論傳

董公名福祥，字星五，甘肅平遠人也。質直勇敢，督兵數十年，身經百餘戰，與士卒共甘苦，以故豪傑之士多歸之。歷以軍功授提督，晉頭品頂戴，黃馬褂，阿爾喀爾巴圖魯加太子少保、尚書銜。爲隴右回漢所懾服。初回匪倡亂，平、慶、涇、固及陝西之延、榆、綏等處，盡遭蹂躪，道路埂塞，朝廷聲聞不通，死亡流離，爲之慘目。福祥有義兄弟數人，收集逃亡，持械禦賊，晝則麠戰，夜則搗營。賊不得休息，屢敗之，氣少挫。其軍糧皆取之於賊，糧盡則索食於各堡砦，百姓因以"土匪"呼之。其頭目率衆出潼關北上，福祥曰："我輩被賊塗炭，迫而至此，欲爲國殺賊，藉以自衛。賊在此，出潼關意欲何爲？福祥豈從汝反耶？"遂與張俊密謀，刺殺頭目。適劉松山督師剿賊，福祥率衆投之。劉松山奇其才，仍命管帶舊部。其部下略一萬餘人，號董字三營。金積堡之役，殺賊立功，戰必身先士卒，屢受重傷。

回目馬化龍勢窮投誠，劉松山有輕敵意，時乘騎出營。福祥曰：“犬羊之性，狡猾反復，統帥千金之體，宜防疏虞。”弗聽。後劉松山中炮陣亡，臨危語其侄錦堂曰：“悔不聽福祥之言，以至於此。”又謂福祥用兵得静如山、動如水之義，暗與古合，將才也。以兵事囑錦堂，命福祥輔之。福祥痛不獨生，激勵將士，誓以破賊。未幾，金積堡平，馬化龍伏誅。

光緒元年，同劉錦堂出關，與提督張俊平關外各賊，所至披靡，聞風破膽。並擊退俄兵，關内外一律肅清，叙功授提督。閣督左宗棠倚之如左右手。甲午進京祝嘏，①是年回匪復叛，圍狄道、河州。承平日久，内乏兵備，外無救援，危在旦夕。福祥奉命剿賊，專摺奏事，兼程馳赴，立解城圍。並克復西寧，痛加搜剿，百姓立生祠焉。

丁酉，②督隊回京師，值拳匪之變，兩宮西巡。和議成，議者以福祥曾奉命圍攻各國使館，部議革職。是役也，烏合邪術以保國爲名起於山東，巡撫毓賢親王大臣爲之惑，力成其事，朝廷賞賚有加。事敗親王獲罪，宜也。皇上知福祥冤，至長安，召見行在，君臣相對無言，命督師回甘，並賜手詔温諭云。

王學伊　董少保墓志

光緒三十有四年，歲戊申，少保董公疾終金積堡寄廬。其孫恭奉輿歸葬固原。手狀踵門，涕泣而請曰：先大父崛起戎行，垂四十載，武功卓然，示子孫毋忘。今將安窀穸矣，乞爲文銘諸壙。伊以媕陋固辭之，弗獲，乃熏楮濡毫而紀實焉。

謹按狀：公諱福祥，字星五，姓董氏，隴東固原人也。世居王朝山陽。曾祖萬隨，祖煥章，父世猷。曾祖母石氏，祖母高氏，母王氏。均以貴贈一品秩。昆季三，公其仲也。少家貧，以農爲業，讀書未竟厥志。髫齡嬉戲，率陳矛戟演戰隊，時人異之，相者矜其貌魁梧壯偉，謂與班定遠等。既長，慨然有大志，卓越不羈，喜談兵法。贈公勗以力田，公曰：“男兒志在四方，安能鬱鬱耕鑿間乎？”

咸豐中，回逆馬化龍輩肆擾秦隴，遷避者踵相接。公曰：“避之而生，寧捍之而死。”遂集團練，馳驅環、慶、固、寧諸路，助官軍所不及。一時豪士如張壯勤諸君，皆隷部伍。同治己巳，③劉忠壯公督師剿寧夏，檄公赴前敵，號曰“董字三

① 甲午：光緒二十年（1894）。
② 丁酉：光緒二十三年（1897）。
③ 同治己巳：同治八年（1869）。

營"。薄肉迎戰,迭克金積堡等處三十餘所。生擒巨酋,手刃數百級,巢穴蕩平,分軍屯之。公之居金積堡也,實肇於此。

壬申,①剿西寧,下大小峽、桌子山諸寨。癸酉,②河回米殿臣叛,馳往堵截,報克。臚續聞於朝,獎花翎,洊保提督。光緒丙子,③劉襄勤公率忠壯舊部,治新疆伊犁軍事,倚公如左右手,疊復天山、木里河、瑪納斯諸名城。疏上,以襄創力敵,叙頭等軍功,召免騎射,賞黃馬褂,阿爾杭阿巴圖魯,襲騎都尉兼雲騎尉職。公之征天山也,削壁千尋,平沙萬里,會天大風,晝黑如夜,諸將莫敢進。公曰:"治敵攻不備。"竟鼓行而前,退縮令斬,敵驚潰,殲其魁而歸。丁丑,④節次剿古牧地、烏魯木齊、達坂城、托克遜、伊犁南八城諸匪,所向無前,望幟來降,而董軍之名震於西域。安集延乞撫,羈縻之後,復踞塞里河。公曰:"犬羊之性,動事反側。"力制之,遂以授首。左文襄公奇其才,舉湘楚恪靖各營,西四城防務,賴以提調,留守葉爾羌等處。時有巨逆白彦虎者,猛且鷙。公襲追之,身不停轡,一晝夜行四五百里。將就擒,逆竄俄界得脫。公曰:"狡哉,賊乎! 彼之幸,吾之憾也。"餘逆至是不復逞,邊境肅清,公猶嚴守,繕爲戒備。統新疆馬步全軍,軍律無稍弛。洎乎丙戌,⑤授阿克蘇總兵。庚寅,⑥擢喀什噶爾提督。甲午,⑦述職北上,召對大悅,加尚書銜,賞福壽字、決拾、佩玉諸品。命練甘軍,駐河西,務爲保衛計。

乙未,⑧河州回亂復作,奉命援剿,兼程行踰洮河,直搗王家嘴、邊家灣、康家崖匪巢,而太子寺、河州城圍立解。丙申,⑨轉征西寧,力奪米拉溝、大通、漫坪、多巴要隘。既奏捷,蒙恩進太子少保,調甘肅提督。丁酉,⑩入覲,迭頒克食。旋領武衛後軍,屯薊州,賜紫禁城騎馬,肩輿、如意、綢緞、銀兩悉備,至如帶縢貂褂,爲貴冑服。公以武臣膺懋典,則尤臣工所豔羨者也。

庚子,⑪變起倉猝,會聖駕西狩,授隨扈大臣,節制滿漢各軍。比回鑾,天意厭兵,修好鄰國,公自以引疾乞歸里。及陛辭,皇上出手詔一封,嘉其忠勇,慰其艱難。公跪而讀之,感泣不置。由是解兵柄,講屯墾,仍金積堡而居焉。

---

① 壬申:同治十一年(1872)。
② 癸酉:同治十二年(1873)。
③ 光緒丙子:光緒二年(1876)。
④ 丁丑:光緒三年(1877)。
⑤ 丙戌:光緒十二年(1886)。
⑥ 庚寅:光緒十六年(1890)。
⑦ 甲午:光緒二十年(1894)。
⑧ 乙未:光緒二十一年(1895)。
⑨ 丙申:光緒二十二年(1896)。
⑩ 丁酉:光緒二十三年(1897)。
⑪ 庚子:光緒二十六年(1900)。

公之所以荷主知，與所以識時務者，倜乎遠矣。甲辰夏，①皋蘭黃水爲災，出金巨萬以賑，孫恭獎道員加二品銜，甚盛事也。今年春正月，有寒疾，觸舊傷，憊甚。人日忽肅衣冠，北向展拜，捧詔莊誦，揮涕漬襟。既而曰："休短有數，吾疾不瘳，天也！惟自憾無以報朝廷耳。吾聞之'子孫賢而多財，則損其智；愚而多財，則益其過。'吾俸所贏約四十萬，誠天恩之高厚也。今新政迭行，需款孔急，悉舉以助帑，毋違吾言。子孫自食其力可耳。"言訖端坐，家人叩之，亦不復與語。旋于初九日亥時，溘然而逝。公既歿，孫恭檢遺書，報大府上其事，得旨嘉獎，孫恭仍以道員存記，世澤弗替。

嗚呼！如公者，其始也，爲鄉里謀，其終也，爲國家謀。而其賦性如汲黯，戰功如馮翊，[203]輸財如卜式，既明且哲，知進知退，實有超出尋常萬萬者。古人云："關東出相，關西出將。"如公者，洵兼之哉。

配張氏、趙氏，嗣子天純，一品廕生。媳張氏，生孫恭，二品銜、候選道。公生於道光己亥十二月初五日酉時，②歿于光緒戊申正月初九日亥時，③春秋七秩。是年八月葬固原南鄉十里墩官山新阡，辛山乙向，從形家言。係以銘曰：

大河之南，崆峒之北。碩輔篤生，功在社稷。四十餘年，橫戈邊域。矯矯虎臣，威儀不忒。用行舍藏，順帝之則。文孫繩武，天眷有德。大星隕矣，寒淚孜拭。斯銘不渝，貞珉永勒。

王學伊　董少保神道碑文④

古人有言曰："大變出大材，小變出小材，不變出庸材。"大材者濟天運之窮，戡人心之亂，維國祚於不敝，非小且庸者希萬一也。今得之少保董公矣！

公諱福祥，字星五，甘肅固原人也。少家貧，未克力學。既長，修偉勁鷙，喜談兵法，有不可一世之概。而困而在下，勞筋骨，餓體膚，增益不能，識者知大任將降已。

同治紀元，回逆囂張，人民簸蕩，兵戈饑饉相仍。浸假而陝西變矣，浸假而甘肅變矣，浸假而新疆伊犂又變矣。公憤而起之，振臂大呼，力衛桑梓。豪士數十人，悍徒數千衆，馳驟環、慶、平、固間，義團之名以昉。歲戊辰，⑤督兵使劉忠狀公檄佐軍事，留強汰弱，號曰"董字三營"。未逾年，迭復金積堡、寧夏等城寨凡三十餘所。先是金積堡爲酋目馬化龍所踞，忠壯殉於陣。諸軍以前敵讓公，血戰

---

① 甲辰：光緒三十年(1904)。
② 道光己亥：道光十九年(1839)。
③ 光緒戊申：光緒三十四年(1908)。
④ 參見《固原歷代碑刻選編》第262頁，此碑現藏於固原博物館。
⑤ 戊辰：同治七年(1868)。

得捷。

壬申，①馬貢元等據西寧，勢極驕悍，群師莫攖其鋒。劉襄勤公率忠壯部與公密約以進，奪大小峽、桌子山要隘，獻俘告功。癸酉，②河回米殿臣叛，公曰："河州爲全省形勝，速撲之猶易圖也，毋使滋蔓。"迺以孤軍扼阢路，截尾道，設奇報克。天子嘉之，獎花翎，洊提督，彰勞勛也。

洎乎光緒丙子、丁丑之際，③劉襄勤公、左文襄公相繼領新疆伊犂軍，公往焉。時安集延擾於西，纏族聚於東，羌戎諸部落縱橫於南北，將所謂漢州六國者，無尺寸樂土。公曰："是役也，儲軍實，度地勢，揆敵情，則醜虜入吾彀中，舍是鮮濟。今將爲國家效命時乎！"襄勤、文襄咸倚重之，軍略纖巨，悉以諮議。天山之圍，木里河之征，公決以步步兜攻之法，使寇無所遁。惟天山一役，大風晝晦，崎嶇萬狀，公身先士卒，弗爲眩迷，殲其魁而歸。巨逆白彦虎者驚竄走，公單騎襲追，一晝夜行五百餘里，尤神勇也。於是軍聲所及，望幟以降，如疾風之摧枯朽。而古牧地、烏魯木齊、托克遜、達坂城、瑪納斯諸路之匪，節次肅清。疏上，賞黃馬褂，免騎射，叙頭等軍功、阿爾杭阿巴圖魯，襲騎都尉兼雲騎尉職。文襄更舉恪靜湘楚馬步營隊，以葉爾羌等處資其留守，邊境乂安。丙戌，④簡授阿克蘇鎮總兵。庚寅，⑤擢喀什噶爾提督。公力挽綠營積習，軍容一新，驍健有譽。甲午，⑥述職北上，召對大悅，加尚書銜，統練甘軍，爲京畿衛。乙未，⑦河撒回亂，奉命援剿，乃兼程度隴，至王家嘴、康家崖、邊家灣匪巢，尅期攻之。太子寺、河州城圍，因以立解。丙申，⑧旋克西寧，群酋授首。蒙恩晉少保，調甘肅提督。既凱還，賜紫禁城騎馬，貂臁褂、福壽字及白金數鎰，磁、玉、緞繡，爲諸臣冠。丁酉，⑨領武衛後軍屯薊州。庚子之役，⑩兩宮西狩，授隨扈大臣，節制滿漢軍。比回鑾，天意厭兵，將與海内謀休養生息，公引疾乞歸。皇上諭曰："董福祥知悉，爾忠勇性成，英姿天挺，削平大難，功在西陲。近以國步艱難，事多掣肘，朝廷不得已之苦衷，諒爾自能曲體。現在朕方屈己以應變，爾亦當降志以待時，決不可以暫時屈抑，鑠卻初心。他日國運中興，聽鼓鼙而思舊，不朽之功，非爾又將誰屬也。尚其勉

---

① 壬申：同治十一年(1872)。
② 癸酉：同治十二年(1873)。
③ 光緒丙子丁丑："丙子"，光緒二年(1876)；"丁丑"，光緒三年(1877)。
④ 丙戌：光緒十二年(1886)。
⑤ 庚寅：光緒十六年(1890)。
⑥ 甲午：光緒二十年(1894)。
⑦ 乙未：光緒二十一年(1895)。
⑧ 丙申：光緒二十二年(1896)。
⑨ 丁酉：光緒二十三年(1897)。
⑩ 庚子：光緒二十六年(1900)。

斿!"公跪讀之,感泣不置。由是解兵柄,旋里閈,仍金積堡而屯墾焉。甲辰,①皋蘭黃水爲災,出金以賑,文孫恭,獎道員,加二品銜,典至渥也。

今年春正月九日,聞公星隕之耗,遠近舊部,莫不瞻望太空而同聲一哭也!宜哉。公既逝,知公彌留時,神智弗瞀,忠悃躍然,猶自摒擋遺產四十萬兩,堅囑助帑一事,其惓惓焉心乎國計民生者,豈尋常等倫所可同日語耶?嗚呼,悲哉!

公之崛起也,易人所難,敢人所畏。公之治軍也,嚴人所寬,安人所危。公之籌國也,慎始慎終,知進知退。其心蹟、其勳名,則爲天下後世所共聞見。嗚呼,悲哉!"大變出大材",古之言信有徵哉!古之言信有徵哉!

陳瑞徵　張觀察墓志

固原張氏,望族也,世以武功著,余耳熟焉。及牧是邦,公餘咨訪,益知張氏之忠貞世守,德澤逮於閭里,如雅軒觀察者,都人士尤樂稱之。歲丙午,②觀察疾終京師,其塚君超扶櫬歸,來謁,手狀涕泣而請曰:"先大夫甫筮仕,以軍次積勞遽卒,將安窀穸,謀志諸壙。"余以闡幽發微,守令責也,奚敢以媿陋辭。

謹按狀:公張氏,諱儒珍,字雅軒,前喀什噶爾提督、予諡"壯勤"公之令子也。其先世爵秩里居,載《壯勤公志》,不贅錄。公爲王太夫人出,幼年就傅,穎悟冠里塾,通六經大義。善懸腕作書,深得顏魯公宗旨。及長,於兵學尤力,具有四方之志。性慷慨,好施與,論者謂有父風,洵能繼志而述事者也。

同治甲戌,③回逆擾關隴,公以文童入左文襄公戎幄,湟中戰捷,疏請懋獎六品翎頂。嗣以全隴肅清,洊官貳尹,分隸陝西,鬱鬱然弗屑就。復隨文襄大軍,度玉關,達北庭,戎馬倥傯,枕戈而食,弗告瘁焉。洎乎光緒戊寅,④烏魯木齊、瑪納斯各城報克。己卯,⑤達坂城、托克遜賊酋就擒。未幾而吐魯番回漢兩城,新疆南北各路大股賊匪一舉蕩平。時公佐理文牘,籌劃戎機,藥雲彈雨中,手揮草檄,昕夕忘倦,洵有上馬殺賊,下馬作露布之概,以積功聞於朝,旨秩縣令。督兵使劉襄勤公知公名,延至幕中,倚重之。以新疆南路諸軍五次剿平,建設行省,得邀賞戴花翎,加同知銜,給五品封典。塔爾巴哈臺大臣富參贊聞公舉善後政,亦交章保薦,特旨以直隸州用,彰勞勩也。

庚寅春,⑥公以屯軍日久,歸籍營里事。適寧靈回目馬殿奎擅創教寺,民多疑駭。公見機於先,防患於後,迺集鄉耆正色而言曰:"若漢若回,皆朝廷赤子,今

① 甲辰:光緒三十年(1904)。
② 丙午:光緒三十二年(1906)。
③ 同治甲戌:同治十三年(1874)。
④ 光緒戊寅:光緒四年(1878)。
⑤ 己卯:光緒五年(1879)。
⑥ 庚寅:光緒十六年(1890)。

干戈甫戢,正百姓休養生息時也。區區蠢類,何得擅自建寺,以貳吾民。若必抗拒,當請王師以爲民衛。"殿奎懼,寺議罷,由是漢回翕然。微公之力,郡民其奚以安堵無恐乎?

乙未,①河湟兵事起,新疆提督董少保奉命援剿。公毅然應檄,統騎兵六營,一月三捷,河州圍解。奉旨獎叙知府,加鹽運使銜。旋以全湟報捷,總督陶勤肅公奏保,以道員留陝,加二品頂戴。丁酉,②關内外一律肅清,疏上論功,賜予武能依巴圖魯名號,同軍事者争相豔羨。公曰:"受恩愈重,報稱愈難耳。"

戊戌,③壯勤公率師北衛,公隨之分防薊州,薊民畏威懷德,倚若長城。庚子,④壯勤公逝金臺,遺疏進,天顔震悼,飾終優嘉。詔公以道員交軍機處存記,孫超給員外郎職。聖主之篤念藎臣,蔑以加諸。遂奉壯勤公靈輿以旋。廬墓側三載,葺家廟于吴忠堡,奉敕建專祠於靈州。孝思不匱,信有徵已。

甲辰,⑤恭逢慈禧太后七旬慶典,公詣京祝嘏,加一級。維時塚君超簽分戎部,公意以年方强仕,父子稱官,報國恩、揚先烈,殆其時矣。丙午春,⑥將列銓次,乃偶侵寒疾,感發舊傷,卒於京師,春秋五十有五。嗚呼!悲哉!天之相公也,奇其才,厚其遇,知必有以畀大任,宏施濟,上輔聖明之治,下貽孫子之謀,庶造物意歟。而公樂善爲懷,設粥廠,散寒衣,以爲民惠。積德累仁,固已至矣。胡爲乎靳其數而天不假之以年也?嗚呼,悲哉!

公配雷氏,簉室石氏,里人稱賢焉。子超,兵部員外郎。公生於咸豐壬子四月二十八日亥時,⑦卒於光緒丙午年正月二十四日午時。以十月朔日葬于固原毛居士井新阡。未山丑向,從形家言也。係以銘曰:

崆峒之陽,華胄孔彰。英風步武,豸繡翺翔。運籌決勝,戎幄贊襄。花門弭患,捍衛桑梓。忠藎世守,邑乘騰芳。臺星忽隕,悉焉神傷。豐碑屹立,松楸蒼蒼。泐銘瑉石,用闡幽光。

王學伊　三代節孝墓表

光緒三十有一年,歲乙巳,⑧秋九月哉生魄,予以刺史領固原。甫下車,求政策,他務未遑,孜孜焉惟以維持名教爲先。州人告予曰:"自有清定鼎以來,固郡迭經兵燹,文事弱,武功强,節孝率就湮,鮮有著者。"予心深異之。竊謂培人材,

---

① 乙未:光緒二十一年(1895)。
② 丁酉:光緒二十三年(1897)。
③ 戊戌:光緒二十四年(1898)。
④ 庚子:光緒二十六年(1900)。
⑤ 甲辰:光緒三十年(1904)。
⑥ 丙午:光緒三十二年(1906)。
⑦ 咸豐壬子:咸豐二年(1852)。
⑧ 乙巳:光緒三十一年(1905)。

作士氣，以忠義上報國家，洵責在守令也。即徵文獻，勵風化，舉一郡之仁人、孝子、節婦、順孫，其嘉言懿行、潛德幽光，表章之，闡發之，使天下國人有所矜式，何莫非守令責哉？越明年，纂縣志，廣咨博訪，蒐輯舊聞，得一節孝者，輒神爲之往，而筆之於書。

自漢皇甫氏妻號稱禮宗，復於明得十三人，有清得百四十二人，乾嘉而後未旌者九十七人，予悉請於朝，飭祠祀如例。州志既成，校讐事實，惟州之西郊沙漠耳莊馬柯氏等祖姑孫媳三節一門，其守志歲時雖先後有差，而淑德內行，克振厥家，同罹兵禍，堅操不渝，以劬力戎行，爲子若弟訓，毅然懍然，用光邑乘，則尤有難能可貴者。吁！州之人揚武功，抑節孝，亦何見之左也。

又越一年，馬柯氏之塚孫進祥軍門，以粵西總兵拜甘肅提督之命，持節鉞適里第來謁予。予出州志以視，軍門正襟莊誦，及讀節孝傳，肅然起立，泫然流涕而謂予曰：

進祥不才，馳驅王事，戎馬倥傯久矣。咸豐紀元，金田肇亂，東南半壁，兵革頻仍，而其禍遂蔓延於西北。泊同治甲子，①陝匪勾難，揭竿而起。環、慶、平、固間，土匪響應，烽煙肆擾，歲無寧日，人民簸蕩，村社爲墟，大軍連營，屢有勝負，州城旋陷旋克。先祖母柯氏，先母柯氏，及先嫂馬氏，均嫠居，率眷屬，朝城暮鄉，流離遷徙，飲冰茹蘗，艱苦備嘗。

歲戊辰春，②州城猝闈，家人不及遠逃，危亡迫於須臾。祖母遺囑曰："此寇不滅，民命何堪。吾今已矣，孫年少壯，當殺賊報國，毋老死里閈，與草木同朽。他日苟富貴，必出若興鄉塾，置義田，籌災賑，舉慈善事，使鄉里戚兩無失所，以慰吾於地下。"母氏亦進進祥而囑之曰："聖經云：③'德者本也，財者末也'。《大易》云：④'積善之家，必有餘慶。'汝兄已歿，無繼述者，汝其修德樂善，以光大門楣焉可。"嫂氏依依侍側，哀號不已，血淚漬襟，以先兄栗主匿於懷，誓從姑殉。復大呼曰："季弟一旦成名，當毋忘今日。"

比匪至，進祥與團丁猶執梃以禦，夾巷短兵，衆寡不敵。詎祖母、母、嫂被執，同時厲聲罵賊不屈，仰藥捶胸而卒。進祥既處於貧，復困於難，更阨於喪，煢煢在疚，倉皇無以供祭奠，乃負遺骸就先塋，掬土爲塚，指掌血肉雖盡，皴裂罔知痛苦，遂去鄉井入營伍。歷隴、秦、湘、鄂、蜀、粵諸行省，垂五十年，經數百戰，以積勞洊陞提督。撫今思昔，言猶在耳，哀哉！

① 同治甲子：同治三年(1864)。
② 戊辰：同治七年(1868)。
③ 參見《禮記·大學篇》。
④ 參見《周易·坤·文言》。

　　曩者進祥以柳、滑二州饑饉相望，發粟米數百石，給寒衣數千領，而災黎無恙。後捐千金助修固城高等小學校，建清真學堂。遇貧獨無告及婚嫁不給者，無遠邇必賙恤。蓋亦心祖母未竟之心，而不忘母氏、嫂氏之教之所致也。至朝廷高厚，以子姓得官，錫之誥命。贈先祖父廷周公、先父世芳公均爲建威將軍，祖母、母氏均一品夫人。先兄進瑞公及嫂氏弛以一品制。近蒙慈禧太后頒以匾額，其文曰：“彤史流芳。”並准建坊入祠，賞陀羅經被一襲，爲式闆表墓之曠典。寵光奕世，稠疊優嘉，是尤進祥投筆從戎，枕戈待旦時初念所不及，而没齒知感者耳。

　　惟進祥年已八旬，未衰孺慕，治兵有暇，每述古今孝子事，承歡養志，奉親以終天倫之樂，出於至性，每思嫂氏侍母，母氏侍祖母，其平日先意將順，婦盡子職，無逆拂，無詬誶，而内外無間言，積數十年如一日者，良非偶也。今明公權衡政教，問俗采風，以祖母、母氏、嫂氏食貧撫孤，臨難不奪，先之以列傳，繼之以旌表，九泉有知，蠲憾食笑。第古人云：大行受大名，細行受細名。祖母、母氏、嫂氏其所行大與細，非進祥所敢道，而明公曷再爲一言，壽之金石，以光前烈，昭來許，俾馬氏子孫春露秋霜，瞻望綽楔，而永嘉譽無窮乎。

　　余聞之慨然曰：間嘗讀《列女傳》諸篇，而知古人之崇姆教，重柔德，征事宏博。若者德之，若者戒之，其用意至深且遠矣。夫曰母儀，言胎育也。曰賢明、曰仁智，言性情也。曰貞順、曰節義、曰辯通，言處常、處變、不易所守也。晚近明教日弛，風俗澆薄，棼棼泯泯，道德不尚。貧窶者交謫，豐厚者脂韋。縉紳鄉閭之中，舉所謂母儀，賢明、仁智、貞順、節義、辯通諸大端，苟得其一，已足千古。矧如柯氏、柯氏、馬氏其人者，其言笑不苟，相敬賓禮，以視冀缺餉耕，孟光廡下，將毋同；樂善不倦，睦嫻任恤，以視不疑治囚，公藝合爨，將毋同；顛沛不違，捐軀攖難，以視龐娥懷刃，岳宗刺字，將毋同。微軍門之克承先志，無以廣節孝之傳；微柯氏之勛以義方，無以成武功之盛。後作者，將以纂芬諒烈，爲《列女傳》再續而三續之，舍斯人又奚屬哉？何令人之景慕一至於此。

　　軍門之長子德駿，以廕襲官廣西永寧州知州。次子德奎，一品廕生，官通判。孫繼祖，陸軍部主事；繼成，法政畢業生。侄孫繼聖，官固原左營遊擊。克繼克繩，方興未艾。天所以報施善人陰騭苦節，綿閦閎於百世，俾與蕭關髦嶺同不朽者，懿歟休哉。

　　軍門之祖母馬柯氏，生於乾隆五十七年，以嘉慶二十四年夫亡，同治七年殁，壽七十七，守節五十載。母馬柯氏，生於嘉慶二十一年，以咸豐元年夫亡，同治七年殁，年五十三歲，守節十八載。嫂馬氏，生於道光十四年，以咸豐九年夫亡，同治七年殁，年三十六歲，守節十載。例得備書。

　　附坊記：光緒三十有四年歲戊申，州紳民等，以馬軍門進祥公之祖太夫人及太夫人與其嫂氏節孝狀聞，遂請旌表。馬公復遵其太夫人遺命，捐千金興學校，乃備案舉。奉旨准其三代旌典，建坊入祠，並賜"樂善好施"匾額一方，以彰優典而慰貞行。公爰鳩工選石，於里茅道前，築基謹建。閱一載，坊告成，乞伊冠詞，志緣起。伊以是坊也，上宣國恩，下承家慶，可以示閭里，光族党，與蕭關、髦嶺並峙千秋，豈不懿哉，因泐言以記。

王學伊　馮母丁夫人墓表

民國三年陽曆六月，固原馮紳克勤，手其母事狀，來公署，踵門三鞠躬，泣然而致詞曰："道尹昔牧州治，敦崇節孝，激勵民風。母氏懿行，上蒙甄錄，先之以旌典，繼之以志乘，存沒所感，有若神明。惟不肖夙夜兢兢，以人事代謝，祇懼湮沒，乞文勒珉，光昭前聞，靳為一言可乎？"予曰："含真抱淑，鄉里光也。闡幽發微，守土責也。雖媿陋，奚敢辭。"謹按狀而銓次焉。

夫人姓丁氏，固原丁處士女，馮氏贈公保祐妻也。世宗穆敦，有清德著於鄉。幼秉內訓，惟謹惟飭。馮聞其賢，遂聘之。道光癸卯，[①]年及笄，以禮來歸。時翁姑督家極嚴峻，贈公課讀外塾，兼力耕鑿。昆季姊姒衆盛，戚郰殷蕃，而宅田僅數頃，治產中裕。夫人操井臼，善機織，樹藝畜牧，男錢女布，一手料理，家庭翕然。姑有疾，侍立寢處，昕夕弗違，致患咯血，形容憔悴。姑憐之，諄飭他婦更代，而猶多方調護，使頤養毋稍憂。嗣生丈夫子四，保抱提攜，劬勞備摯。至其挈榼餉耕，舉案相敬，有以冀缺婦、德曜氏美之者，猶餘事也。咸豐戊午，[②]贈公攖弱病，夫人親奉湯藥，必嘗而後進。禱於天，乞以身代，目不交睫。數月將易簀，贈公示之曰："讀書不成名，吾憾也。今已矣，教育兒輩，卿當肩之。"夫人泣誓承志，捋擋簪珥，力營祭葬中禮。里有譖婦，瞷以醜，夫人詞色嚴正，大呼夫子者再，爰抽刀一斷指以絕之，而心蹟蓋明。

同治癸亥元月，[③]逆匪驟起，固城淪陷，死亡者枕藉。夫人抗賊鋒，負幼穉，槍林彈雨中，避匿山谷，煢煢數口，交迫饑寒。於是拾茨為炊，緝麻易粟，針黹縫紉，冀延餘生。如斯者有年，匪氛所擾，雖屢瀕於危不懼也。光緒初，匪亂靖，夫人挈領子弟，清釐舊業，誡其子德寬等曰："汝父性嗜學，齎志以終。人生天地間，必有專藝，始無棄材。今汝輩均授室，宜速樹立，使先澤勿替，日臻昌大。吾將捐巨金興義塾，以竟汝父未竟之志，汝輩亦庶志吾之志而不墜其志乎。"子弟唯唯承命。而若者士，若者農，若者習商，若者入伍，循所職，愈自勵。相尚以儉，相處以和，家道為之復振。

<hr>

① 道光癸卯：道光二十三年(1843)。
② 咸豐戊午：咸豐八年(1858)。
③ 同治癸亥：同治二年(1863)。

宣統己酉，①固原南關創建兩等小學，工甫半，窮於貲。克勤遵囑助千緡，用觀厥成。予上其事，並以節孝聞。准旌表建坊入祠，給"樂善好施"題額一方，均如例。制軍長公、提學俞公、觀察熙公會獎之曰："有功庠序。"予復額其門曰："惠貽鄉校。"非貢諛，洵紀實耳。

吁嗟乎！若夫人者果行育德，身殁名存。馮氏之姓，歲時展謁，永言孝思，使於此瞻望松楸，誦芬誦烈，體締造於前人，紹徽猷于來許。而知西山片石，靈爽式憑，將與髦嶺、蕭關，巍然並峙。則百世而下，輶軒之采，史册之傳，必有大書而特書者，夫豈僅予之一言爲不誣哉。

夫人生於道光九年正月初八日，卒於光緒十二年三月十二日。距贈公逝時已守節二十八載，得年五十有八，祔於先塋之次，禮也。

王學伊　重修玉虛宮碑記

崆峒之右，蕭關之城。中有梵宮，號曰玉虛。昭事上帝，陰騭顯烈。溯自有明，式始廟貌。我朝鼎興，春秋承祀。順治之初，總制李公，率眾伸虔，以施嘉樹。洎乎嘉慶癸酉之歲，②總兵楊公，督征滑逆，威聲神助，默眷肅清。以時薦馨，竭誠明饗，休哉神功，爲生民福。同治紀元，猝厄烽火，嗣慶承平，民思妥修，殿建三楹，規模初具。閱歷星霜，漸就彫圮。光緒戊申，③自春徂夏，驕陽炎炎，農將輟耒。提督張公，頂禮步禱，伊謹爲文，乞蘇災困。百官四民，同聲以呼。三日立壇，甘霖大沛，禾黍仰膏，頓舒枯罄，易歉爲豐，遠歡邇悅。張公曰咨，神其靈哉，爲民請命，昭格若茲，其葺靈宇，以迓祝征。僉謀曰善，敬禮宜之。於是倡議，協納俸銀，鳩工庀材，纖巨萬端，王君仁福、梁君正坤，相與都成，經營謀始。遂以宣統乙酉孟春④，土木大興，金石俱舉，乃建樂樓，乃建精舍；乃施丹漆，乃續朱藍。日煥法門，霞標瓊棟。仲秋既望，百工告成。集資逾千，事半功倍。銖兩無靡，構造輪奐。四方來者，觀瞻壯肅。神人協和，詠仁蹈德。僉屬記言，俾示不朽。伊曰唯唯，盛矣美矣。張公斯舉，輝映李楊。壽之貞瑉，河山生色。樂輪姓字，附勒貽芬。因紀其事，並係以祝。爰爲百官迎神之祝曰：

惟神靈之涉降兮，赫赫明明。復轉民物兮，主宰穆清。位奠北疇兮，禮重郊牲。化洽乾元兮，宮以玉虛而肇名。蕭關饗薦兮，鞏固邊城。威戡旱魃兮，祉錫蒼生。麥雙歧兮毋呼癸庚，崇功德兮乃潔粢盛。願文雍而武肅兮，黼黻鴻業以鳴盛而和聲。

---

①　宣統己酉：宣統元年（1909）。
②　嘉慶癸酉：嘉慶十八年（1813）。
③　光緒戊申：光緒三十四年（1908）。
④　宣統乙酉：宣統元年（1909）。

更爲四民迎神之祝曰：

神明尊上兮，綱維九天。神德無疆兮，普護九淵。鎮我蕭關兮，景福帛係延。澤下土兮解倒懸，崇琳宮兮蘭豆籩。棟宇巍峨兮，不崩不騫。天麻默然兮，王道平平。衢歌巷舞兮，升香告虔。將五風十雨兮，書大有于萬斯年。

王學伊　創建固原中學堂記

固原，秦義渠，漢安定，唐原州，宋鎮戎軍，明陝西開城縣地。洎國朝康熙間，隸甘肅，仍以州屬平涼。同治軍興，始升直隸州，領平遠、海城。蓋其地爲隴東衝要，古今以雄鎮稱也。其山川形勝，空同蔚如，實襟帶之，而人材輩出。歷代以文德著者如皇甫規、梁竦、皇甫謐諸公。武功著者，如傅介子、皇甫嵩、梁商、向寶、曲端諸公。國朝如馬太傅、王恭恪、豆壯節、張壯勤、董少保諸公，聲施彪炳，赫然卓然。至於循吏孝子節烈，騰踔間起，足光史乘。惟風俗獷悍，詩書之彥，終不敵甲胄之選者，亦民情士氣濡染相習耳。迨我德宗皇帝御極之二十有九年，毅然圖治，百度維新。溯庠序之遺，改科舉之制，以經義策論爲取士法，兼重兵、農、商、礦、外交、測算、體操諸科，按年課功，積分畢業。蓋爲士子者，當文武之兼習，貴中西之淹通，文科實科悉具程度。子程子所謂“序不可素，功不可闕”者，殆信然歟。

固原爲一州治，例設中學，爲本郡諸生升學等級。司民牧者，敢不恪遵功令，孜孜汲汲，以副朝廷作育人才之至意乎？

伊以光緒乙巳季秋，[1]擢領州篆。甫下車，召諸生於廷，詢之曰：“今改學堂矣，舊建書院，可毋煩更作乎？”僉曰：“書院傾圮殆盡，昔絃誦地，今瓦礫場也！”聞之愀然，夙夜弗遑，思集構造費，冀樂輸者。乃籌款之令未發，而此曰“地瘠民貧”，彼曰“心餘力絀”，若以學工爲不急務。伊曰：“與其取於民而或滋擾，莫若取於官而或易圖。”遂具牘請帑一千五百金，以歷年廉俸抵還，大吏允焉。伊欣然曰：“是可觀厥成矣。”由是購地築基，鳩工庀材，於丁未季興工，[2]己酉仲夏蕆事。[3]舉所謂禮堂、講堂、學齋、書庫、研究、傳習各所均如制。計費二千五百餘金，原估有不敷，更捐廉提款以助之。堂既成，諸生僉曰：“善。”伊曰：“是堂也，吾郡初等高等各學之升級也。由此而省學，而京師大學，諸生將有蒸蒸日上者。吾願諸生肄業於此，朝夕藏修，循序漸進。上紹孔孟之心傳，遠遵程、朱之宗旨。若者長於兵農，若者精于商礦，若者習外文而足備使任，若者研操算而致力絕藝。毋逸豫，毋浮囂，庶幾文德武功與皇甫、傅、梁、向、曲諸公，後先追美。將風俗之

----

① 光緒乙巳：光緒三十一年(1905)。
② 丁未：光緒三十三年(1907)。
③ 己酉：宣統元年(1909)。

獷悍,有潛移默化,民日遷善,而不知爲之者。是則伊所馨香禱祀而求之者耳。"
爰振筆直書,以爲後之諸生告。

　　陳邦彥　曾門三代宗親之墓碑記
　　曾,春秋鄭國之後,取品爲氏,出自山東。曾公世居隴固原州,意其來已久
也。公諱天化,號魯卿,係前任陝西協標守府曾武門曾祖。性勤儉,善居積,生平
好施,見人急難,營救不遑。
　　生男二,一諱永咸,太學生,事公以孝聞。一諱永寧,即武大父,望重閭里。
孫昆玉有三:長諱步祥,操家有公風。次諱步直,冠遊泮。三諱步西,尋入武學,
習舉業而未果。幼聘張太公之女,賢淑貞靜,生子三,武其長男也。將就外傅,適
遭回氛,時公以仙遊,若子若孫,一門無少長,或被疫,或遇害,或歸葬祖塋,或寄
葬平城,慘苦之狀,誠不忍述。獨武從役逃出,近六旬,解組榮歸。痛祖上世代忠
謹,胡天不恤,支嗣全行遭劫。每一念及,輒太息流涕!
　　余以近屬桑梓過訪,適武惻楚告余曰:"同治之亂,我曾門不絕如縷,幸有今
日,安非祖父母在天之靈陰庇然也。欲泐石以銘曾祖之功,乞先生一言,以紀其
事。"余見其慘狀,不忍以不文辭,因即公之家世歷叙顛末,以見有非常之德者,必
有非常之報矣。其銘曰:
　　性情忠厚,心氣和平。治家克儉,創業惟精。子列庠序,孫應干城。綿延百
世,勤讀與耕。

民國

　　萬朝宗　補春榭記
　　辛酉春,[①]余捧檄重蒞斯邑,適地震成災,公署邱墟。下車之始,首以建築爲
急務,乃鳩工庀材,西廳先告落成。
　　溯余曩昔權篆時,見有清學使吳清卿先生篆贈廖曉東直刺"補春榭"橫額一
方,坍塌無存。多方搜羅,於瓦礫中得之。破壞不全,良用慨然。幸字蹟尚能湊
合,特雙鉤於額,仍懸原處,以志景仰而示保存云爾。

　　王兆鯤　重建郵房記
　　昔西哲言曰:"震災最苦。"信也。庚申冬,[②]固原地震,益知其慘且猛也。不
幸幾瀕於危,曷幸不死也! 余與同人以浩劫餘生,風餐露宿,不避艱險,而平昔屋
居之樂,已恍若隔世事。
　　次年三月,始奉部令,擇地重建局屋。遂買米糧市民基一所,鳩工庀材,選購

----
　　①　辛酉:民國十年(1921)。
　　②　庚申:民國九年(1920)。

艱難。其中陰雨阻滯，工料停頓，焦心毀容，手足胼胝。自開始至落成，凡七月而蔵事。

今者爰居爰止，安然如常。回憶地震時慘劇，懍懍如在目前。夫禍福之機，伏於俄頃。古人"居安思危"，非爲災後而設，然其意可深長思也。聊贅數語，以申警告，而存紀念云。

史元弼　重修蒿店太白山廟記

太白之神，古列祀典。考《天文志》，星名曰金星;《寰宇記》，山名曰太白山。惟神德配覆載，功參造化，康濟四海，澤溥生民，非群神可企及，凡名山大邑，莫不祀之。

固原南鎮蒿店北山，舊有太白殿，祈禱輒應。民國九年，陝甘地震，殿宇頹崩。邑有毛先生冲霄，平涼李先生彦仁，見山坍塌，不忍瞻視，詢謀僉同。鎮之父老募化錢資一千二百餘串文，及五社自願捐小麥四石五斗，秋糧五石八斗，並播施錢資二千六百串文。重修太白正殿三楹，聖母殿三間，陶聖殿三間，廂房十數間，山中祠堂一間，山門一座。於是殿宇宏壯，四方士庶商人來禱日衆。

此時不徒山之壯觀，且欲民和年豐，不忘祈報。經理等誠恐年遠湮没，謹將諸神誕辰，及山之地界，詳志勒石，以期後人相繼補葺，永垂不朽云爾。

經理同衆，每逢諸神誕辰聚會，務須内誠外敬，齋戒沐浴，雍肅在廟，莫可愆期。專心向善，孝悌忠信，以承祭祀，誠之所感，自然神明默佑。

夏際文　李公德政碑記

公印尊青，號少如，福建長樂人。民國癸亥春，[1]奉令治固，目睹災區，問民疾苦，力除盜匪，閭閻乂安。而且庶政振興，百廢俱舉。嚴毅廉明，德威並著。福惠在人，早播絃頌。兹特立石，永志愛戴云爾。

夏際文　先嚴吉軒公墓表

先嚴緯福安，字吉軒，清之鄉飲介賓，性篤厚明達。兄弟二，先嚴其長也。男女四，長女適田，次適李。男際隆，次際文。世居固原硝河城夏家口子，業耕讀。年十五歲，遭同治初之亂，族人俱罹禍，惟先祖父生蘭公，素與鄰村回人交善，經救護得免。乃攜眷逃至天水南山，傭工求食，惟恐不得一飽，備極艱苦。越數年，先嚴甫弱冠，念仰俯不足，作肩挑貿易，往來于徽、成等縣。負重道遠，跋涉之苦，亦云極矣。

先慈李淑人，水泉坪人，祖母家之侄女也。慈惠勤儉，事翁姑孝，頗得祖母意。初逃天水，先祖父與先嚴傭工在外，先慈日采山野菜果，供祖母、叔父食。彼

---

[1]　民國癸亥：民國十二年(1923)。

時叔父寅安公髫齡耳。因食菜日久，祖母、叔父臥床不起。先慈泣曰："老母、幼弟若不幸，吾何以對翁夫？"乃請母命，不避險阻，越峻嶺，至十里遙之房東蒲翁處，支工貸麥，以充其饑。祖母、叔父不厄于饑者，先慈之力爲多也。

光緒初年亂平，先嚴毅然奉親歸里，至頭營之毛家溝沿而居焉。豕一、牛一之蓄，致力於農，手足胼胝者二十年，而家道小康。規畫經營者再二十年，而良田百頃。光緒中年，先祖父母相繼去世，棺衾喪祭，均以禮而從其厚，皆先嚴一肩擔任。先慈、叔父相與輔佐，故能興家立業，養生送死。

二十六年大荒，米珠薪桂。先嚴以素受饑寒困厄，且憶及曾祖父封疆公，曾被富豪盤剝，深知貧者之艱，乃仁心勃然，將半生儲糧借給鄉里，歸還與否，聽其自便。時有現金買者不與，曰儲糧所以備荒也，若借荒得厚利，非所願也。其時文兄弱冠，文十餘歲，親睹饑者接踵而至。與學讀暇，猶助借散。不數月糧竭，繼以葫麻油渣。渣竭，田禾漸有登場者。斯年活人無算，義聲遍於鄉邦。受惠者感德，擬贈匾額酬謝，先嚴聞而卻之。其濟人之志，出於至誠，非有所爲也。此外凡鄉鄰吃食不足，籽種缺乏，婚喪急事，來告貸者，無不應，輒以爲常，至今成爲家風。文兄與文等，謹遵守焉，未敢替其一也。

民國元年冬月七日，先嚴去世，享壽六十四。鄉鄰吊者皆垂淚。至三週期，猶銜恩不已，復贈"惠及梓桑"匾額，以追報于萬一。十一年，縣長謝公具事以聞，蒙中央政府大總統題襃"義聲載道"四字匾額，典至渥也，文兄與文等均拜而受之，式懸其間。七年九月二十八日，先慈去世，享年七十二，猶以撫孫憐貧爲遺訓。其平日先嚴、慈訓文兄與文曰："耕田讀書傳家本，勿他圖。濟人利物分內事，毋稍懈。"故文兄專耕，雖有田萬畝而猶勤。文專讀，名列外翰，不入仕。民國十八年奇荒，亦同光緒二十六散糧，持心處世，咸遵其訓也。

嗚呼！先嚴、先慈，少而流離他鄉，奉親歸里；壯而倡隨自矢，白手成家；老而仗義疏財，赤心濟世。此則一生三大懿行。其有功於家庭，而益於社會者，誠非淺鮮，烏可不述以爲後輩鑒哉？文不敏，僅就其大者述之。非特光泉壤已也，蓋欲後之子孫知所黽勉，永承遺訓，以垂久遠之家範耳。

斯墓卯山酉向，生水來自巽巳，出癸丑而入墓庫。天然之穴，發福之地，男左女右，第一排中間兩墓，先嚴、慈也。南北側兩墓，叔父、母也。下依次葬，昭穆肅然。

不肖男夏際文謹述。

馬錫武　海葆榮死事碑記

人之有生，不諱言死。死或重於泰山，或輕於鴻毛，由於志向各異，而取捨攸殊也。男兒沙場暴骨，丈夫馬革裹屍，古之豪傑不忘此志。然有成仁之子，而無取義之父,雖志切同仇,亦終埋没田間,不能奮勇敵愾,效忠于國也。庸庸者流,奚足道哉?

海故排長葆榮,海子武阿衡塚子。前歲錫武帶隊隴東,子武率葆榮而屬予曰:"是子由固原高級小學修業。甫畢業,少無經驗。當兹革命軍興,正志士立功之時,凡我國民子弟,同袍偕作,俱有當盡義務。請收錄部下,以備驅策,異日爲國建勳業,爲宗教增光彩,胥賴我公有以裁成之。"予觀此子器宇,知非凡鳥。初委差遣,繼任副官,亦知名譽聞散,不足展其驥足。洎後奉命援陝,改編營騎,需材用人,均取相稱。予竊喜葆榮今日已有位置之地,乃謂子武曰:"哲嗣葆榮,吾今委以排長職務,使從事操伐,練習步武,將來待時升用連、營階級,翔步聯登,無往不可。"葆榮奉委以後,受乃父之諄囑,兼職務之在躬,勤慎從公,日夕靡倦。

丙寅九月二十二日,[①]我軍出發援陝,行抵咸陽,鎮嵩軍扼守河南,我軍阻留河畔,不能長驅直入。爰號召敢死軍,截流競渡,限期過河。葆榮英勇奮發,爭先應命。予恐年少輕躁,或至誤事,不允其請。而葆榮再三請求,不獲已,始許應召。詎料血性激烈,天不永年,行至中流,中敵軍流彈,遽爾殞亡,時年甫二十有二。予悲其英年果毅,爲國捐軀,親爲依禮安埋,暫葬咸陽隴畔。

今歲春,予解甲歸田,寄書與子武,道歉唁慰,數月之久,音問勘通。嗟乎!人以愛子托我,竟使中道淪喪。駿材未展,齎志以没,我亦深爲抱痛!誰知子武順承天命,熱心革命,不以葆榮之死爲哀,而反以爲榮焉。其見識高遠,迴非恒流之所及也。蓋子武世情練達,經學淵博,不但主講經筵,爲聯芳穆族所敬仰,而且名列紳董,好義急公,東川衆姓,莫不服其正直,而資其廕庇焉。

兹者葆榮靈櫬已遷厝祖塋,予對於存者、没者,多有抱歉之處。爰舉捐軀大概,略叙顛末,垂諸貞瑉,以盡悃悼。

嗚呼!泡影露電,人生皆然,九京重泉,誰能免此。長松挺秀,芝草苗靈,幽幽忠魂,同兹不朽。

賈鴻逵 南古祠感應記

蕭關迤南二十里許,東山之陰,環山抱水,樹木蔭濃中,有成化道成先仙古祠在焉。鄉人凡有禱者,其應如響。

兹有李君斗垣,慈善家也,素抱伯道之憂。承其瓜葛丁壽山阿訇慫禱此山,乃以宗教派别,不知秉何儀爲敬。會該祠經理韓君啟明在旁曰:"不需香燭,惟虔誠一片,自有感通。"李君遂如其教,向南默悼,果不期年,石麟雙降。

昔孔母曾悼尼山,而聖哲誕生。一誠有感,信不誣也。故斯山之有先仙,非

但福庇譏黑之徒,而于漢族有益亦著。李君欲報神庥,囑余爲記,聊贅數語,用志
梗概云爾。

馬鴻賓　夏吉軒先生紀念碑

晚近以來,士大夫能爲鄉里造福,使地方蒙惠,生而父母,歿而神明,如固原
夏吉軒先生者,蓋不數數覯也。

先生諱福安,吉軒其字,世居西鄉夏家寨,業農且讀。先生王父某公,嘗刈麥
積田間,或竊負一束去,公遇諸途,知其饑也,既益之,又餉之以乾餱,其行事類如
是云。

先生幼遭同治癸亥之變,①舉族罹禍,逃命四方。迄難平,以閭井丘墟,移居
頭營堡。樂善好施,孜孜不懈,恤人貧乏,助人婚喪,稱貸者踵接,無不應,逾萬緡
不一索。署券盈箱,久則焚之。光緒庚子,②秦隴大饑,人相食。政府施賑絀于
資,先生慨然出其藏粟,計口而授之。粟罄繼以油渣,凡數萬斤。夫饑民數萬,經
時累月,而野無露骨,室無菜色,胥先生一人是賴,其爲德也,可謂溥矣。

先生逝世於民國五年,當塋葬時,回漢同胞不期而會者數千人,哭聲震野,如
喪親生。屆三周,父老題"惠及梓桑"四字匾額以紀念之。民國十二年,中央復頒
"義聲載道"四字匾額以襃揚之。嗚呼! 遺愛如此,先生可謂不朽矣。

先生弟名寅安。子二,長際隆,次際文,繼志述事,行譽尤美。民國十八年,
秦隴再饑,米斗十金,餓殍相望於道。隆、文出粟二百餘石,且施且貸,或貶價以
糶之。諸未死者,咸賴以全。噫! 其積厚者其流光,先生可謂有子矣!

自先生之歿,以迄於今,已二十有四年。余適以地方不靖,統兵來駐茲鄉,習
聞父老談先生事,移晷不倦。比經衆議,欲爲先生立石,以傳盛德,而乞言於余。
余雖不文,樂餉其請,乃述其崖略如右,以申父老之志,且備修乘者之采擇。

臨夏馬鴻賓敬撰。

尹金鏞　張縣長剿匪功績碑記

吾固自己巳春,③荒旱成災,赤地千里,餓殍載道,哀鴻待哺。適項城張翊宸
先生榮蒞斯邦。下車之日,時雨沛降,設法賑濟,多方撫綏,人免流離,共慶復蘇。
詎喘息甫定,瘡痍又起,秋七月壬申,王、馬、惠等酋,嘯聚群匪,犯我西鄙,先生率
警團馳剿。甲辰至硝河城,酣戰終日,群賊敗北。十月己亥,西川現有匪蹤,乃單
騎往視,偵察得情,嚴防以待。果于辛丑平旦,糾衆西來,並力大逞,各挾雲梯,圍
攻縣城,槍彈如雨,兇猛猖獗,兩晝一夜,全縣震怒。先生戰守兼施,卒致敗竄。

────────

① 同治癸亥:同治二年(1863)。
② 光緒庚子:光緒二十六(1900)。
③ 己巳:民國十八年(1929)。

斯役也,非特城垣毫無所損,即關廂散漫,亦未得進雷池一步。甚至匹馬衝鋒,殲賊首一名於西門店,獲長短槍三支。又斃悍酋一名于安瀾橋右,並奪旂三面,傷亡者不計其數。

庚午暮春之初,[①]群酋等復由導河竄至,率黨數千,於庚辰拂曉,雲梯如林,暗攻西北城,包圍南關廂,豎旂宣威,狂悍異常。先生隨機指揮,焚毀雲梯,槍斃要酋,匪氣大沮,退據短山梁、飲馬河,南關尚在圍攻。先生以逸待勞,鎮靜觀變。相持一晝夜,於辛巳日晡,賊欲潛遁,警團乘之,始驚悸潰遁至西山乾溝一帶。計城關傷亡匪衆數百,由是警團之聲威大震。甲申截殺于頭營、[②]大營川等處。癸巳兜剿于張易堡、鹽泥溝、沙塈峴,賊復大敗。共計前後獲槍、刀、馬匹、衣物無算。然賊匪雖兩番攻城,俱未得逞,幾次野戰,終歸失敗。賊衆我寡,卒操勝算,大局無恙,金湯鞏固者,實先生老謀碩畫,深思遠慮,防範無形,籌備有方,沉機應變、勤勞勇敢之所致也。他如勤政愛民,不畏强暴,化乎降匪,兼顧鄰疆,種種善政,不一而足。更欽德威遠播,先聲奪人,凡叛兵亂將,屢入其境,不惟不擾,均皆斂旂息鼓,卿枚而過,此又昭然人耳目者也。以故無老若幼,無漢若回,莫不愛若慈父,頌治神君。而其最彪炳者,捍災禦患,德遍生靈,大有造於固邑,萬姓感恩靡已。謹將功績勒諸貞瑉,昭示來茲云。

趙克敏　祁公德惠碑記

竊維勸耕重農,國家有備荒之政;散財發粟,君子高施濟之名。況乎興學育才,爲鄉鄰培俊秀;募兵助餉,爲地方保治安。開倉廩而拯恤災黎,捐巨金而刊修志乘。如祁公之嘉言懿行,凡被其德惠者,能不詠歌弗諼哉?

謹按:公名應魁,字仲五,兄弟二人,公其仲也。賦性孝發,樂善好施,世居固原縣黑城鎮。清同治初,花門變亂,城邑淪陷。公與伯兄禮堂奉其雙親,避難於汧隴岐鳳間,雖在患難流離中,而旨甘奉養,罔不豐備。光緒紀元平定旋里,田園鞠爲茂草,室廬蕩然無存。遂辟草萊,冒霜雪,躬務農業,禮堂營商業,勞瘁辛勤,無分寒暑。乃未及二十年,而家道中興,富有積蓄,財產甲於一郡矣。

公謙儉好德,弗自滿溢,戚黨亂後歸來者,皆量力伙助,安其田廬焉。庚子、辛丑間,[③]秦隴連歲荒旱,饑饉薦臻,哀鴻遍野。公慨然發粟賑濟,全活無算,一時頌揚德惠,罔間遐爾,其慷慨好施有如此。又念經商務農,既裕衣食之源;改良學校,尤爲教養之本。籌捐鉅資,興築校舍,自立"應魁兩等小學校"。一切籌備,

---

① 庚午:民國十九年(1930)。
② 甲申:民國三十三年(1944)。
③ 庚子:光緒二十六年(1900);辛丑:光緒二十七年(1901)。

悉臻妥善，俾鄰里戚黨子弟讀書其中，學成畢業者，後先相望。己酉歲，^①前直刺王公平山〔王學伊〕創修固原志乘，書既成而刊刻無資。公毅然曰："州志爲一郡光，列名可使不朽，烏容以款絀中止。"遂助八百金爲剞劂資。乃爲長官所聞知，疊錫以"有功庠序"、"熱心公益"匾額，以旌其廬，其見義勇爲有若此。

辛亥仲秋，^②武昌、西安先後起義，創建共和。隴右各處，土匪乘機竊發，勢甚岌岌。時公長子連元，初舉孝廉方正科，以道員需次北京。公爲捍衛桑梓計，捐助小麥五百石，以備軍糈。命次子兆熊稟明前峰，捐募馬隊一旂，襄助官軍搜捕匪黨，人民倖免烽火驚。乙卯夏，^③白匪由汴省攔入關隴，犖秦各處，均遭蹂躙，隴東軍隊俱赴前敵。固原爲全省東北要衝，精華薈萃，尤爲匪衆所垂涎。公又命兆熊呈請護軍使，捐募步兵一營，分防固原，黑城、海峽等處地方，卒賴以無事。計先後費用數千金，公怡然不恤也。故所謂深明大義，有勇知方者，祁公有焉。

惟公令德孔昭，斯寵命疊賁。庚戌歲榮膺前清二品封典。^④ 長子連元被選爲衆議院議員，供職京師。次兆熊，現爲隴東鎮守使署副官。三兆甲，現充陝西督軍署衛兵第三營馬隊營長。四兆寰，幼讀。侄兆元、兆彥經理農商。諸孫十餘人均業儒。桂蘭競秀，一堂承歡，積善之家，必有餘慶，理不誣也。

嗚呼！天道流行不息，年穀豐歉無常，不意乙卯、丙辰兩年，^⑤旱魃爲虐，比歲不登，粟麥昂貴，民鮮蓋藏。使無矜恤之義舉，不免餓莩之堪憐。況晚近世風澆薄，每見富有積粟者，一遇荒歲，輒高抬其價以居奇計贏，誰復念芸芸衆生，饑弱堪憫哉？公獨能舒財好義，推解情殷。當糧價飛漲時，不惜力排衆議，抑價平糶。又別立倉儲數百石，以濟民食。凡無力購備籽種者，莫不按數借貸，使播種不至愆期。計食其德惠者二百四十餘堡，三千八百餘户。洵可謂博施濟衆，好行其德者矣。方諸卜式之輸財助邊，范文正之義田義塾。何多讓焉！紳民等見其高義可風，思有以表章善舉。茲際歲次丁巳仲冬月二十四日，^⑥爲公七秩大慶，鄉人士咸制錦稱觴，以介眉壽。爰述其懿行之顯著者，勒諸貞瑉，以彰行義之大端，庶俾後起者有所觀感云爾。

徐步陞　石氏節略記

余披讀幹丞所紀節略，而知石氏其掇巍科捷南宫者，頗不乏人，足徵潛德幽

---

① 己酉：宣統元年（1909）。
② 辛亥：宣統三年（1911）。
③ 乙卯：民國四年（1915）。
④ 庚戌：宣統二年（1910）。
⑤ 丙辰：民國五年（1916）。
⑥ 丁巳：民國六年（1917）。

光,闡發正未有艾也。雖其間幾經兵燹,幾歷災祲,門祚之剝落,身世之凌夷,不無變遷、徒喚奈何之處,而積厚流光,自不至纘緒寂寂,無令嗣以元宗耳。且祖宗創垂之艱,門楣痛苦之深,幾至一線莫延,單傳失望。乃書香之蔭,陰騭之積,俾幹丞剝果蒙泉,起而成已墮之緒,紹難振之宗,生面獨開,光復舊觀,何幸如之。即抱有難言之隱,切膚之痛,只可自遣,不可代白者。

余以幹丞幹蠱之忱,非尋常之流輩所可及也,而嘗以母再醮爲憾。余謂斯不必爲歉,且前賢仲淹亦如是也。幼隨其母從朱,長即仍歸爲范。至於遭遇,聖賢猶不免焉,曷歉哉? 試觀了翁之母,往來兩家,於魏生了翁,於潘生良貴,均爲曠世大賢,當時於其母咸稱賢母,不聞有微詞。而朱、程靠俱與其子欣廮同調也,載在史册,誰不樂道津津。幹丞乎,其亦了翁、良貴之儔也。

正在綺年,端如冠玉。至於維持震災及辦團守城,誠有可頌之德,可歌之功。然烹小鮮而鼓牛刀,可見經綸之一斑,猶未大振抱負,霖雨蒼生,作擎天之柱,麾返日之戈,爲吾隴生色也,幹丞勉乎哉! 憑列祖積德之功,洩一門貽謀之大;趁潮流而逐鹿,破風浪而揚驢。開路之驊,見田之龍,有志竟成,余將刮目以待也。

余學疏才盡,老拙又迂,叨在契末,敢於鉤紀,綴以俚詞,聊以抒知己之悃云。

楊維邦　清平鎮記

清平鎮者即王家窪子,乃固原第二區之樞紐,實爲三秦之重鎮,隴東、隴北交通之通衢也。

考斯鎮迤北,約五里之遙,有李家嘴。同治以前,街道井然,商賈雲集,貿易頗盛。殆至兵燹以後,只剩焦土。光緒初年,亂漸平,逃外之民歸故土者日多,但未暇復興市鎮。

洎乎民國十八年,旱魃爲虐,饑饉薦臻,民有饑色,野有餓莩。乃有目擊時艱,焦灼於心者,遂集合地方耆老相議曰:“同治兵燹,我地幾無人矣。今兹凶年饑歲,若不預爲設法,恐仍不免流亡。”遂起復興市鎮之議。奈陵谷變遷,地址坍塌,一片丘墟,礙難如願。不得已棄彼就此,而立年荒集市于王家窪子,人民得以糶糴升合之糧,而憑救濟殘生之民,復蘇無算。斯鎮興盛之況,得與昔日之李家嘴並美,則爲予等所期望焉。

孫紹祖　蛟龍山香火地畝碑記

古者方社必有社田香火地,隸於社會,即社田之別名也。凡雩儺之需,報賽蒸嘗之費,與奉祀者之膳食,均於是取給焉。

兹廟香火地,計數三十五段,自有此廟,即有此有錢,歷歷可考也。第閱歲久,而弊竇叢生。有因租而隱匿者,有廉值而私鬻者,又有以連畔之故而侵奪者。幸民獻猶存,訴理而即得直。諸人以舊碑之浸於漫滅,而不足以昭示來兹也,欲以地之畝數丁糧,官廳判語,並首事者姓名,悉勒諸石,而樹之廟内,以杜一切覬覦匿攘之弊竇。

夫蛟龍之祀真武,始于朱明永樂,則香火之地尚矣。滄桑已更數朝,而廟食之田土如故。雖真武之明德者遠,亦以見敦事得人也。

馬成驥　光烈善士傳

回教宗馬善士者,清廷欽賜之徽號也。善士諱元章,號光烈,居固原之西沙溝。道衍西方,教行東土,繼往開來,黜邪崇正,爲回民之領袖,回教之正宗。而且兼通儒術,嫻於詞章,所作《鑒古訓》《省己格言》《修省歌》諸篇,爲名士大儒所鑒賞。經學淵深,儒術淹博,誠則明,明則誠矣。所以逆料將來,預定前知,咸稱有道之士也哉! 其忠國愛民,共濟時艱,則更朝野共頌焉。

清時靈州變生,賴以撫安。朝廷獎以“深明大義”、“忠勇可嘉”數字。嗣隆裕太后賜予寶玉如意,加以“善士”徽號。特別殊恩,千古罕有。及民國宣佈共和,善士上書陳言數條,首以正人心爲本。袁總統予以二等寶光嘉禾章,贈“現仁壽相”匾一方。善士忠黨愛國之心,蓋可見矣。不意庚申地震,老人星沉,時享壽七十有八。回教失一泰山,國家少一偉人。不惟各省回民傷其淪亡,即各省漢民亦莫不爲之悲悼。一時名公巨卿,達士長官,贈送挽聯挽帳,而我全國最高領袖蔣委員長亦贈“德久益馨”匾額。身歸一朝,哀動全國,亦可謂人中之望也矣。此其大略也。若夫助中央之款,佽故吏之資,濟貧民之困,救時事之危,口碑載道,無庸贅言。

石作梁　庚申地震記

民國九年,歲庚申冬月初七日戌時,固原地大震。事奇罔聞,災浩情慘,罹劫殊甚,從未曾經,全縣瓦解,傷亡過重。

其始震也,由西北而來,從東南而去。故無論城鄉,西北重而東南輕。狀如車驚馬奔,轟聲震耳。房倒牆塌,土霧彌天,屋物如人亂擲,桌動地旋,人暈難立。真是震盪傾足下,土瓦臨頭上,急呼狂奔,茫無所適,張惶失措,莫明其妙,乃不辨爲何事焉。瞬息之間,醜態畢露,怪狀齊現。此時有少婦情急出避,抱枕爲兒,倉猝之際,誤猶不知。一婦正眠,裸體遽奔出,對人言指畫自若,觀笑罔顧,反斥人欣,而忘其下體爲裸也。甚至有未著縷,僅著一褲,猝難覓衣,白脚所出者。有鞋提足跣者,有頂被呼救者。男跳馳,女大喊,駭怪驚訝,莫知所爲,奇態怪狀,不殫其舉,忙亂之情,形狀急極。有頃,約十分鐘,震完人止,群相驚異,始悉爲地震也。

慘哉,天災之烈,如此其甚! 頃刻之際,向所謂金湯鞏固者,頓成頹垣缺隙。昔之亭臺樓閣,變爲瓦礫之場;疇之畫棟雕樑,成爲平坦頹垣。嗚呼,遇劫之可憫！登時全城一片哀悲之聲，哭震四野，慘不忍聞，聽者酸惻。子女哭父母，而父母哭子女。兄弟哭，夫婦哭，相哭不已。死者如夢罔覺，活者幸若更生。然被災難堪，秩序頓亂。親友相互奔視，通宵不休，泣嚷竟鬼，達旦漸息。

余時爲公安局長，負營救保衛責。立傳巡官、隊長，集合弁兵，分途出發，維持當夜秩序，救護未死人民。時有已壓死者，有壓而待救者，其狀復雜，不一而足。惟正嚴冬，天寒風猛，而小震時猶未停，數月不止。人則無分男女，悉立街巷，互談駭狀，無敢進房。余即通令男女不得混亂雜處，宜各別成聚。人如寒冷不堪，可將已損之木料，無分屬誰之有，准其所取，燃火禦寒，以待天明。此震後當晚之情況也。次日但凡見面，各道相驚之訝，只問人好與否，乃不遑他説，匆遽而別。次日，仍如昨。

此時電損郵阻，呼吁難發，欲賑咸災。聽之不能，猝辦束手，睹災難安。幸近之平涼陸軍統，憫災急賑，由平運來鍋餅兩車，行至郊野，未及交割，饑民蜂擁，半道攔乞。雖有押護弁兵，叱之不退，寧甘引頸受刃，不肯舍車放行。其饑迫之情，若此之急，輕命重食，慘狀可想矣。爰即飭傳城關，凡未有被壓没糧米掛麵，趕做熟食，擺攤出售，暫濟燃眉，以待籌賑。

十二日。議辦賑務，幸經北區巨室祁瑞亭樂捐黃米二十石，城中富商張福堂勸捐麥豆各十石。遂在武廟設局急賑，官紳共理其事。每日炊米煮豆，以救災民，就食者實繁有衆。有因體面關係，其所不願來局領食者，余飭官督警，用水桶盛粥豆，沿巷鳴鑼而給之，咸得其宜，人多感便。

第三道城門震塌，磚土壅塞。其初僅一隙出入，而非伏身蛇行，不克所達，尤且胸背相摩，有礙行人，亟感不便。且南門又爲衝道，余責警監視，凡早晚就食之人，無論老幼，出入之際，人各便攜一塊。衆力易舉，不兩日則塞去路開，而交通暢行。惟時正當隆冬，城中居民，結茅爲居，環錯紛紜，日散夜聚，暫避風雪。凡居護之稠者，如州街、兩南市巷，結棚占曠，其中無間插踵，投趾擇著，踐躐尋邊。然户内棄空，鮮敢進住。震後又暴風大雪，苦不堪言。時閱臘半，始漸收拾房院，以夜間風霜難受，乃間有移進房室者。

此就城内而言，如鄉間更尤慘焉。甚至有兩山合而爲一者，或有山崩流走者，或有向爲大溝變爲高岸者，或有爲陵而成深谷者，或有無水而積溪者，或有有水而震涸者。凡住窯而全家覆殁者，或壓而繼震得出者。曩之居衆聲稠者，頓無犬吠人語之聲。大家巨院，已成廢址荒蹟。死亡甚夥，較城更苦。

共計男女老幼死者三萬三千八百四十五丁口。余職司其責，此爲飭查經報之數。而遠鄉鄙處，恐未普查，其不免無遺漏焉。

然日漸久，則人心思變，復忘浩劫，而幸災樂禍，乃出事者多矣。彼此争物者,互相竊用者,乘間搶婦者,借災刁親者,打傷人重者,無所不有,興訟不已。而鄉間更有聚衆謀掠富室之儲藏者有之,報復宿怨者有之,偷竊牛羊者有之。無奇不有,述不勝道。甚至結夥搶質庫者,楊郎鎮爲開端之首。然城中亦有欲搶質衣,爲禦寒之舉。事未暴發,被余偵悉,即商同縣長張公,擇楊郎鎮主謀之首,槍決一犯,梟首示衆,懲一儆百,人心懾定。至城中,余傳集各質商,勸捐出當破衣百件,施濟極貧,人感事寢。余又不時遣弁偵察,始終尚無他虞。而鄉間派員帶警,四出彈壓,迴圈巡視,乃免風鶴。余亦常時躬帶馬隊,親往查慰,秩序漸謐。幸而大局承平,地方雖有大劫,而治安尚稱就範。如鄰封海、靜、隆、莊,曾被桀痞者破壞殊多。雖地界密邇接壤,利害相逼,然其影響幸不及固境,亦一愉事。

惟其壓斃之人,直至正月始竣掩埋。其無人主及貧不獲葬者,經余飭田巡官蔭臣,督警卷埋於西坪梁者,百有餘屍。其地推屍爭曠,競隙鮮空。凡城中及附郭之郊,壓斃男女計九百三十四丁口,此余親查之數,其中乃無漏焉。

災後頓呈荒涼,滿目瘡痍,山川異向,四野慘澹。所有震損建築物,百軍難復原狀,欲望舊觀,誠有不再之憾。嗚呼! 甚矣哉! 天災之可畏也。胡劫之浩一至於此極? 頃刻之間,傷人數萬,死在夢中。損物無數,化爲無有。故西哲云:"震災最苦。"其不然乎哉? 兹略爲記,以告後之君子,修善回天。知天災之可懼,當居之安而思之危,幸毋以未遇忽焉。然震災之事,嘗考《綱鑒》載地震者繁矣,唯北魏延昌二年,大同忻州,先山鳴,後地震,逾年不已,覆壓死傷甚衆。固原地震未有預徵,亦未有人早知。但未震之先,有居山之人,有時夜半看見山中閃火,並聞溝內空響。又有向居平原之人,家有井繩十丈,震前忽强半而能汲水,人以爲水旺,其實地震之預兆也。

此劫邑之滄桑大變,恐其漸久無聞,偶所詢人,或有鮮能道略。況又爲余躬經,故記梗略,俾後之輯志乘者,有所考采爲載。

石作梁　己巳饑饉記

民國十八年,歲次己巳,固原饑饉。災浩劫深,亘古未有。西北七省,同一被旱,情形仿佛,而勢各異。

地廣災奇,人莫預測。但先一年,東山杏樹,一歲兩開花而不結實。西山春麥,一根雙穗。斯東氣候奇冷,重裘不克禦寒。節氣失序,花穗變常,先以爲瑞也。事後思之,災征也。因次歲亢旱,先年預生補之,以滿天地之生生數耳。故每逢劫運,天必先示儆惕,而人不介意,乃妄謂云云。

是歲正二月間,毫無預征知爲旱兆,亦無現象知爲饑饉。及至三月,日漸亢旱,盼雨無望。直至四月,萬方禱雨,任禱無靈。此時亢象已呈,頓成年饉。日則旱魃施虐,施風揚塵,天晴日烈,日甚一日。五月之初,萬里雲斂,日曬水沸,苗涸樹萎,熏爍欲焚,正所謂高山憔悴而柳生煙也。其熱蒸之燥,如鞋底稍薄,著地如熨,不堪久立。河乾風燥,井涸溪沁,樹葉卷而地苗死,人以何爲飯也？所苦不忍所言。

始初人以油渣爲食,此就小康之家有之,其他即此亦鮮所有。荒年既無禾苗,焉有草根？所爲樹皮、油渣者,遇饉爲上等之饈,真不啻豐歲之山珍海味也。米珠糧玉,持金難易,人想五穀,夢寐呻吟。兼地方駐有軍隊,不時搜索米麵。更土匪蜂起,四野被掠,既天災而又人禍,人民太苦,饑狀有不忍爲述之慘。其時外來逃荒之户,以人易粟,及笄之女,與糧即售,換領作媳。少艾者願質身作傭,但希果腹,他無所冀。甚之中年之婦,其流散鄉間者,求食依人,甘爲妻妾。童子認人爲父,只盼收養,不計身值。饑之甚於斯極矣！

如南郊青石峽孀婦孫姓者,守節撫三孤均幼,四日無所爲炊,其子女等環泣索食,哭鬧不休,情慘難忍。孀婦無奈,乃以泥土僞爲烙餅,蓋鍋不許子女視,兒等遂止哭,群守待食。移時兒又哭鬧,各欲爭取,婦止弗聽,紿以未熟,復用石塊壓鍋蓋。有頃兒又哭,婦思一哄不能終哄,即傷心出外,奔後院杏樹縊死。兒等尚猶不知,乃圍鍋候餅熟也。痛哉傷情！

又如西郊中水河一婦,五日未食,奔往澇池尋食蝦蟲以充饑。又一家三口吃蕎皮灰拌面沙,飲水斃命。又北鄉某富翁只一子,被兩乞丐誘而勒殺,富翁知之,即尾追。而兩乞丐恐追及奪去,正奔馳間,用口吞吃死兒股臀。迨追獲,兩乞丐跪求速死,乃無他説,富翁一哭而罷。蓋富翁素著吝嗇,其遭絶嗣,亦可嘆事也。

又東山孟家原一家,驢甫下一駒,家人煮食之,夜半一婦時嘔吐,以後凡見驢則吐。故家人全諱驢曰"長耳朵",令人一笑,復嘆其憐。

又南鄉張化兒兩姑媳,家極貧,日往山間尋食"糧棒根",本地山間野草名,即晚乏力,不能歸家,夜被何物傷吃,後無確耗。

又隴南甘穀姑嫂兩人,其女年已及笄,逃荒至固,行至海子峽,力不勝行,相坐而哭,入夜無食,飲水少許,借石崖而寐。次早腿被狗咬,無力爲禦,氣奄待斃。經余查災路遇,下騎就視,瞑目存息,問之弗語,即給食救活,婦始泣涕訴苦,無所爲依。乃收送李團總富清,轉餉部卒,領養作妻。今已各生子女,後亦無人尋找,據云家人全餓殞。情殊可慘。又行里許,復遇一男子,狀如前,惟無受創,余收爲團丁,即前之張營副明德是也。

至於城中無聞有所奇,惟"磨針觀"夜半窮人割食人肉。余初不信,一日往察,觀内有一死屍,遍身肉被割淨,非足證明,乃不識爲男女也。此余親目所睹實有之,非訛傳耳。諸如此類,不勝所詳,執一可例其餘矣。

時余家有粟米石餘,前妻陳氏以余單傳子鮮,意少施惠,欲邀天眷,每日門口人給熟米把許。行未及旬,米罄人衆,幾肇大禍。以其僅給老幼,而未予少壯,欲惠也反成怨府,善門難開,誠哉語焉。言雖迂而實切於理也。諺云有道,余處不善。

每日四城門,幾餓斃之人,數出不斷。先用薄棺爲葬,迨後薄棺亦供不應求,復改用蓆捲,亦用繁無多,有買主而鮮賣户。災之如何,以此可推。

然此災與地震相隔十年,時余罷官爲紳,被選爲區長,維持區民,義不容辭,雖有一度之放賑,然杯水車薪,無濟所急。即請區之存糧者,開導大義,由余負責,通富貸貧,約爲秋還。從此窮者獲生,得其補救;富者因貸,倖免衆掠,一舉兩便,雙方均欣。爲日不久,漸至初秋,連降透雨,四境沾足,秋禾茂盛,大有可期。農夫變悴憔爲忻榮,易呻吟爲歌嘯。所幸爲歲秋豐,及穀漸熟,民登衽席,温飽得而饑荒去。

噫,甚矣哉! 年饉之可怕,天歟人歟? 然天災流行,實亦人所自致,故罹饑劫而已。往者如斯,未來者當思朱子之訓:[1]一粥一米,來處不易。毋暴殄而致災,宜惜食而獲福。前之孽,暴殄所遭;今之豐,人命換來。爰略志梗,庶閲者之君子,知前有浩劫之鑒,雖在豐衣足食之中,恒念五穀之爲貴也。常在有時思無時,莫到無時想有時。古人"有餘備荒"之訓,然哉語也,誠爲有道之經。

如積穀待價,乃爲幸災樂禍,而君子恥爲。斯年穀價飛漲十倍以上,尚嫌不足,有居奇藏售,而望再貴者。有西山富人王姓者,彼時窖儲蕎麥數十石,正饑不售,尤盼再漲。及冬啟視,窖中起火,掘工被燒,燎面燃髮,所儲成灰,後悔成疾,因病殞命,人財兩傷。又大營川巨户李姓,兩者爲人類之羞,故隱其名。其家蓋藏小麥一窖,約有百石。密而不宣,即家人嚴戒恐洩。有人懷金求讓升合,彼則屬色疾聲,拒辯不已,而鄉人咸知,伊獨諱無。未幾巨匪馬庭賢由寧犯天水,道經該處,被烤獻出。匪衆因食有賴,停距將謀窺固之舉,幸我城防先有備,尋即南竄。其未食完之糧,掠附近之衆畜,而運之去。不知若輩心肝何生? 然昭禍之速,誰曰蒼蒼者無報矣! 故迄今鄉人唾罵不朽。

然年饉固與震災異,但所受痛苦則同。是以歲饑、地震兩事,余均躬經,若聽其已過,而湮没無記,不幾令災祲者,笑人鮮識乎? 苟無記載,則人亦不知如此其甚耶哉。是以爲記云。

　　石作梁　戊辰匪亂記[2]
吾甘在民十以前,内地人士咸稱爲"世外桃源"。家給人寧,安居樂業,可謂

---

① 朱柏廬《治家格言》:"一粥一米,當思來處不易。"
② 戊辰:民國十七年(1928)。

小康之世也。迄至丙寅,^①馮軍入甘,乃潰退之敗餘也。於是以甘爲根據地,並分兵援秦爲並有,因擴其勢。其間拔丁也,官派兵拉,驅民走險;籌餉也,催無虛日,逼人欲死。苛政頻施,民有所怨,兵站林立,車馬拉盡,遂失小康,成爲兵荒。變嘯歌成呻吟,去樂業頓失業。其所不幸而幸者,而兵雖眾,紀律尚明,不駐民舍,乃無姦淫其事。

爲期三稔,日甚一日,雖民窮財竭,而搜敲入骨。至其羽翼已豐,傾其所有,出關爭雄,放棄關隴,置地方於不顧,頓無治序之可言。民間失業,人心思亂,以致伏莽萑苻,尋隙出逞,乘機漸起。隴則獨固爲尤甚,幾致不可收拾。

但其始也,乃膚膜腠理之疾,而非深入膏肓之病,不過三五成群,猶晝伏夜出,打家劫舍,人如強悍,則轉尋欺弱,乃不足爲大患。初猶忌憚,未敢肆恣。然此際苟能即時切究,誠易撲滅,不致成禍。無如日漸久,聚益眾,膽愈豪,提防始疏,終則潰決,縱玩予機,遂成難治之寇。不但鄉區搶堡奪寨,而治邑賊亦數次來撲,攻城掠邑,時有所聞。

此時城乏兵守,負責無將,放棄不能,欲治何恃。而政府日以科糧催款爲所事,此外概非所問。文恬武嬉成爲風氣,坐聽賊熾而不爲理。匪無忌憚,使民受害。四野遭劫,陷爲賊巢,民罹慘苦,無所倖免。烙老烤少,搶財拉畜,焚舍殺人,屠牛宰羊。紅顏被汙,尤擄姑妻,淑女受侮,因玷憤死。官自官而民爲民,被蹂躪無所爲訴,受欺辱誰爲伸冤。匪來不禦,寇去不追,以言剿則敗挫頻聞,以言撫則招徠無術。民生斯時,可謂太苦。吏欺役辱,不可名狀。以無辜之編氓,成匪唉之魚肉。欲生難安,求死弗快,兵匪交加,備極摧殘之折磨。自古民爲邦本,本固邦寧,言念及此,令人感慨,歎亂世之難爲民也。

官知管,而不關懷。然匪起之初,不但官不理,而民亦渙,無結抗謀。掠甲而乙不援,搶此莊,彼莊奔避,雖至戚,各不相顧。縱賊縱橫,無所謀禦。彼時余倡自衛,或者不無少堵,而舉區鮮應,聽賊欲爲。如馬多之户,持金請讓,拒不應求。殊不知亂世之時,財爲盜媒,馬爲禍水。因馬人死者毛老二,財累家破者馬成禄,兩人爲尤鑒。既至災受害遇,人都方悟失計。大凡人情,皆如是也。此時欲謀遏免,第鮮良圖,禦之無術,聽之徒嘆。人盡切齒,惟莫奈何。

殆後匪愈猖獗,勢日增劇,此時余首創辦團,人始咸樂贊成,然而已成亡羊補牢之謀矣。團成雖次第削平,終歸悔晚,無補所失,抑何益哉?匪固有可乘之機,嘗怪鄉人乃不居之安而思之危,事先不能徙薪於灶,終歸撲燎于原。愚民之不知,其亦可嘆也夫。然他事可從緩,而匪患斷不可玩延觀望,使賊成氣,宜早隨時

---

① 丙寅:民國十五年(1926)。

殄滅。夫民安居方可樂業，有擾人且不保，猶言財物。凡事當未雨綢繆，有備無患，毋臨渴掘井，既勞鮮功，事先無濟時補，事過徒喚奈何，其他無關寇擾者，余以不敢云何，而匪患躬經有驗，故爲記以告後之來者已。

石作梁　固原城守記

己巳秋九月二十三日，①忽有尊河竄匪王占林，乃匪中尤爲兇殘且狡者，勾約匪群，號稱萬衆，撲攻縣城，期其必得。其聲勢浩蕩，莫可遏抑。此時城中空虛，百無一備。因而全城震驚，一時駭亂，人不自保，訝懼張惶，束手靡措。余慨任城守，僅區有之團，悉數飛調，星馳赴援。城中即派公安局長楊蔭棠，率警先行清查街巷。團至，布步登城，分騎守廂。以團總余世俊防北，以李富清守西，以胡克明禦南，以謝國恩堵東，負城正面責任。又以排長張明德、袁華、馬升榮及警目郭占彪等，各率所部，督同民夫，負守四城角責任。更以團總戴滿貴、蘇尚玉、張西銘並警所白稽查，遊動援助各方，於必要時，專負守護四城門之責。警兵除保護監獄、維持秩序而外，餘均登城助團作戰。又以精騎派張懷德、劉建勳設伏要隘。部署後，余同縣長張公明卿居中指揮，策應各方。至於保守南關外之商市者，西區團總有周寅昌、趙生壽、馬騰霄、李得明、馬彥榮，東區團總有海獻廷等，皆竭力戰守，奮勇可嘉。於匪攻急時，復派柴彥清由城底水道混出，馳平請援。余督防籌劃城守竟兩日夜，歷盡艱險，飽受困危。余竭盡奮力，不惜致命，日巡夜守。卒因防範嚴密，賊終不得其逞。而平方飭瓦亭過軍張旅就近馳援，援至賊始退，城僅得存。

余與張公復選精騎，開西門，躬追數里，斃匪僞團長及僞目甚多。究以賊衆我寡相懸殊，明示威擊，實主堅守。是役也，城隍幾陷，幸居民無恙者，人力歟？非也！天佑耳。進城父老贊追寇之勇，烏合驚奔北之魂。惟陣亡我團總海獻廷、排長馬升榮各一員，大書特紀，以其爲地方流血，而志因護城犧牲，捐軀桑梓。

至其最險者，庚午三月七日之圍城也。②環境皆匪，固地孤危。王占林挾前次之恨，會諸路悍匪，罄衆來攻，悉數撲城。此時西區騎團趙生壽、劉建勳等外援七營馬入倉圍攻之陳茂堂堡寨。張懷德駐大營川，防王匪富德與馬入倉結合一處。李富清駐防張易堡，牽制吳匪發榮之西逼。而竄匪王占林者，向聞尚遠，不意賊諳山徑，導衆星馳，尋捷踏荒，潛行迅至，與我城外放哨之團總余世俊等驟所遭遇，倉卒接戰，殊死爲拚，幸不爲賊所困。時雖城中空虛，然有余區署親從二十名騎，縣府衛兵兩棚，並有西區山川避匪在城之村長王鳳鳴、聶輔仁等共五十餘

---

① 己巳：民國十八年(1929)。
② 庚午：民國十九年(1930)。

名人,皆各持精械,連同余世俊步團集合,一律登城。一面大集民夫,余與縣長張公分界守禦,公督東南,余督西北。及余登陴時,匪衆擁濠而雲梯已密佈矣,若將有待而未登。余私語親從諸人曰:"事已危矣!"乃振臂大呼,鼓衆勇氣,曉以大義曰:"今日之事,誓與必拚,期以同城共死生。"城破之險,奚堪所問,忍復言哉?余以"自來得"手槍四枝,付張懷德、張明德、南宗炎三枝,一自親執。並縣長手槍數枝,一併與衆開槍轟擊,竟時槍聲未輟。凡余手槍原購,均係德國造,真利器焉。連發皆准。後悉匪相語曰:"城有機關槍,不易爲攻,可宜速退。"群相讖竄,退至郊野。余以匪雖已退,然雲梯尚在,恐夜分復攻,遂令張排長明德率尹嘉林等,錘城拆毀。度匪之既來,不堪復用者而後已。

是役也,守關者,西門店子有南區團總王思舉率閃團副,財神樓有東區團總王自善率楊歲鐸。此爲他區民團解圍出力,其功至偉,而斃匪甚夥。匪因兩次攻城弗得其逞,以故挾恨,乃在郊野大肆焚殺,傷我男女,數約近千。其遠鄉之處,受禍尤烈。虜財焚舍,殺傷無辜。烙老翁之背,汙紅顔之腹。最殘酷者,淫裂幼女之陰,縱彼獸欲,槍縶黃口之股,觀其啼奔。蕩蕩青天,四野罹毒,紛紛執戈,處處揭竿。匪蹤遍於草澤,民避千尋無路。所遭塗炭,言之酸哀,不忍罄述。

次日,騎團趙生壽等聞賊圍城,迅遽回城,返援根本。團至則匪遠颺,散爲流寇。而恰巧過軍徐團長亦相繼至固,從茲騎步之團,不復遠征,恒駐城之附近,設防嚴守。乃以群匪已成流寇,若團隊與之俱流,則必節節尾追,著著落後。以有定之團兵,而制無定之流寇,則爲兵家所忌。我兵奔疲,必爲所困。今後專重迎擊,不事尾剿,當以城池爲根本。如某村有警,區署往援,事則首尾相應,而兵無疲於奔命之虞,團有一定防守之地,不事馳逐。徐團剿功,俾得防有專屬,責有歸宿。如此謀,可收功效。否則追剿鮮績,徒勞兵疲,故後以逸待勞,凡驚有備。

賊終曾在郊野,乘隙刁掠,雖接戰,終不遑而去之。縣長張公曰:"固原尚武之地,民氣皆勇,相傳歷代出將,誠然,誠然!"

虎紹棠　李氏懿行碑記

予嘗不解世之豐屋部家,每以倍稱之利,算盡錙銖,折奪良家產業,欲爲子孫謀久遠。一旦生一不肖子,縱情淫賭,金屋變成長門,肆意揮霍,良田鞠爲茂草。甚者鶉衣百結,簞瓢屢空。人固誅敗家者之奢侈淫靡,而亦咎創業者之悖入悖出。是爲子孫謀利,適以病子孫,何計之左也。

惟我營長李公則不然。公諱鴻倉,字義和,吾鄉之望族也。自丙寅以降,隴首干戈擾攘,萑苻蠢動,地方騷然。公年逢知命,白首雄心,倡辦民團,以總理自任。與團兵同甘苦,共死生,糇餉多自備,卒賴其力,以保桑梓。及黃司令蒞固,委以營長,屢奏奇功。公長子維新,英風鬱勃,儀表若公。民國十九年春,公赴邑,匪突至。其子率衆往禦之,衝鋒陷陣,大挫匪勢。旋以衆寡懸殊,不幸殞命,可惜殊甚焉,其獻身地方也如此。不特斯也,公兄弟六人,公爲仲,餘皆異産,惟弟成倉同居,善居積,權子母,以故貲財雄一鄉。而里中借貸者,亦多至其門,日積月累,爲數甚巨。公明於"賢而多財,以昏其智,愚而多財,以增其禍"之理,乃或收本而讓子,或並本息而鈎銷。當此地方豪右,重利盤剝之際,竟有焚券之舉,洵屬空谷足音,絶無僅有,難能而可貴者也。負債者德之,請於邑宰立碑以作紀念。

蓋聞立德、立功、立言,有一於此,便可不朽,況如公者,始辦民團,保衛桑梓,可謂立功矣。繼焚負券,周恤貧困,可謂立德矣。不朽之功德,勒諸貞瑉,永垂不朽宜矣。

公次子天福,畢業高等小學。其姪天柱,肄業軍校。余預卜公之子孫長發祥,永保命,功名富貴無可限量。何則? 是其德可結乎天也。使天眷之,如保赤子,雖欲敗之,而天豈遽敗之乎? 此真善爲子孫謀。其視重利折奪者,奚可以道里計耶? 予喜公之德有成,又願天下富翁皆則效之也,於是乎記。

計定清　書李珠蘭事略後
客有問於余曰:"披閱《孝女李珠蘭傳》,既能割股予其姑,復能削指予其父,雙方病瘥,應若桴鼓,感格若斯,顯有神明。如此孝行,足以化世風,動彼蒼,應獲大壽,天賜純嘏,報施孝道。胡天不吊,竟未永年,乃遭今春花朝前二日産厄。豈天道之無知,冥冥之難憑也? 吾竊有疑,願就先生而請教焉。"余曰:"居,吾語汝,曾不憶陳蔡之厄,孔子對子路語曰:'汝以仁者爲必信也,則伯夷、叔齊不餓死首陽;汝以智者爲必用也,則王子比干不見剖心;汝以忠者爲必報也,則關龍逢不見刑;汝以諫者爲必聽也,則伍子胥不見殺。'且天有闕於西北,地有陷於東南。聖如孔子而喪鯉,賢如子夏喪明。顏回而夭,甘羅而折。蓋天生一人,必有一人一時之用,如應卯然,應畢則已,理有固然。欲使齊彭殤寧不謬乎? 況莊子曰:'天地假我以體,勞我以形,息我以死,生有所來,死有所歸,奚悲之有?'嗚呼! 曇花一現,佳果易落,休短之數,固難强移,千古恨事,非止此也。況孝女者既得名,采入《陝志》。彤管揚芳,婦職已盡,淑名遠播,又何怨乎? 何謂天道之無知,冥冥之難憑也?"客始唯唯,憬然而悟,默然而退。

謝恩綬　岵瞻李公墓表
民國二十有六年丁丑冬月,由京師返里,泊舟治城。斗垣表弟邂逅于水北門,闊別十餘年,握手言歡,忽然泣下。以外王父竹齋公墓當安白公路線,自甘肅固原歸,遷葬於西藥王殿下外王母向太夫人墓左,偕詣墓敬奠。越一日,偕詣一里坡敬奠歷代外祖墓,一展微忱。周視重修堅固,詢知負土自覆。其報本追遠,可謂孝思不匱,恩綏嘉之,斗垣愀然不安。恩綏避席起敬,泣曰:舅父以清之都司殉節,屬恩綏爲文表墓。參列甥行,素悉家世事略,奚敢以讓陋辭?

回溯前清同治初年時,外王父被惡戚錢自奎證控其女不孝翁姑,不受夫教。錢設計陷害,黑夜呼門,乘開門,轉背偷剪外王父髮辮,直入女室,秘告以髮爲證。外王父初不覺,外王母瞥見無髮辮,大詫異。思無他客來,待曉詰錢,反捏詞搆訟。外王父以血口滅倫,冤誣敗名,具訴懇雪。縣宰初審駁斥,女情虛理虧,供詞閃爍,錢恐再審吐實,飯中下藥毒死以滅口。外王父歷訴上憲,提錢質訊,狡黠百端,堅執誣證。獄吏受賕不得直,刑求定讞,治獄之吏,在人之死,捶楚之下,何求不得。外王父系獄血書,一字一淚,外王母出示先大夫端甫公,含淚不忍卒讀,恩綏侍側,心傷淚下矣。

光緒二年丙子,發遣四川,行抵落鳳坡,外王父諱鳴鳳,自知犯地名,齋戒沐浴,詣廟敬神,呼吁皇天,得病不起,含冤而死。錢旋以惡滿,案控。有司廉得其實,出示招告。舅父復仇,不共戴天,揭告示負背,遍走四鄉,不一日而控狀盈百,父子三人按律治罪。邦人士僉曰:“皇天有眼,鑒觀不爽。”舅父大孝,感通神明,外王父奇冤得雪于冥司,目可瞑矣。

丁丑年,[1]先大夫館郡城,恩綏侍讀,舅父及門受業,天資高明,刻苦勤學,尤喜讀《孫子兵書》,旁及星相醫卜。腦羅經史,景仰古之英雄豪傑,志向超越同堂諸生。先大夫奇其才,以大器相期許。無何,歲大祲,外王母年高,家道因錢訟中落,仰事不足菽水之承歡,不如祿養之榮親,乃效班定遠投筆從戎,入陝西固原提標,習弓馬,操兵法,歷戰陣。而韜略素裕,指揮若定,積勞累功,由末秩而陟崇階,署理榆林鎮,補授安邊都司。丁清季朝政不綱,親貴擅權,宦寺用事,賄賂成風,文恬武嬉,泄泄遝遝,罔恤國之安危,民之疾苦,古來敗亡之征,不待筮龜。舅父目擊時艱,心切悲憫,早知國事不可爲,恨不得上方劍,一泄忠憤。

辛亥武漢起義,[2]光復中華,邊徼文報不通,土匪蜂起,擾亂地方,人民不得安居。舅父以文武兼全之才,運智勇深沉之略,統軍剿匪,開誠佈公,擒渠掃穴,散其脅從。安邊危城數萬生靈,得資保障。人慶更生,軍民一體,歡騰挾纊,繪繡繭絲。方之牧朔名將功勳,彪炳史册,未多讓也。嗣聞清帝遜位,國號改元。舅父仰天歎曰:“大事已去,武臣守土,民苟得安,偷生何爲?”整冠掛印,望北自縊,從容就義。士民痛泣,如喪考妣,嗚呼,忠矣! 夫忠臣出於孝子之門。舅父移孝作忠,資于事父以事君,天經地義,忠孝爲人生大節所不可虧者也。舅父忠孝家

---

① 丁丑:光緒三年(1877)。
② 辛亥:宣統三年(1911)。

風,醞釀於家庭,婦人女子皆知崇尚不自薄。斗垣女公子珠蘭,適慕門,嫻姆訓,通書史,明大義,頗有孝德,割股以療親疾,戚黨皆曰:"李氏女子孝,其來有自矣。"恩綬慨然有感矣。

民國以來,歐風東漸,禮教凌夷,罔知忠孝爲何事。父子平等,夫婦自由,釀成今日國難。天殆假手倭奴,以警中國,使上下怵心惕勵,敦崇忠孝,培養道德,爲亂極思治,抗日戰勝根本。人心回則天心轉,剝復否泰,振古如茲。仁人志士聞舅父忠孝遺風,奮然興起,展撥亂反治之經綸,鼓殺敵致果之忠勇,倭寇不難殲滅,恢復中原,以雪國恥,計日可待。黃帝子孫不淪爲夷族奴隸,豈不甚幸。彼漢奸賣國,失歡倭寇,反遭殺戮,身敗名裂,遺臭萬年。以視舅父精忠報國,成仁取義,流芳百世,其輕重不判若鴻毛泰山哉!於乎!舅父生而爲英,殁而爲靈,忠魂在天,光爭日月,洵無愧乎綱常名教,允宜報以俎豆馨香。安邊士民臚其事上大吏,傳列國史,祠祀昭忠,禮亦宜之。

舅父係出隴西,遠祖諱經制公,占籍安康。數傳至外王父竹齋公,性爽直,創建義舉,縉紳先生高其義,樂與之交。生子三女四,恩綬先母行二,封恭人。先大夫端甫公,以進士官順天西路刑錢督捕府,爲外王父母請貤封如其官,余星垣參軍四姨丈,請貤封外王父母爲建威將軍、一品夫人。大姨、三姨,其夫與子均出仕。大舅父諱深智,二舅父諱深仁。表弟文斌、文輝、文向、文明,皆以戎行得官。舅父行三,諱深沉,字岵瞻,尤能立功不朽,盡忠清室,揚名顯親,孝莫大焉。積善降祥,天之報施,理有固然。外王父之冤雖屈於生前,而子孫仕宦食報於身後,大德蔭及半子外孫,迄今鄉人傳爲美談。

恩綬民國四年乙卯,甘督檄隴東清鄉,道經固原,詣舅父忠墓祭奠,題聯云:"千古大名垂宇宙,一生正氣壯山河。"蓋紀實也。舅父生卒葬,子幾人,孫幾人,詳載家乘。茲撮生平行誼大節,勒諸貞瑉,表於墓。仰祈舅父在天有靈,鑒斷文譾陋,未足以發潛德幽光,是恩綬西望神往,以志哀慕。並勖李氏之文子文孫,聿修厥德,遠紹舅父忠孝家風以亢宗云。

王勁齋　陳良璧死節事略

本部獨立第一團中校團附陳良璧,爲人忠勇誠樸,勤慎明敏,體魄魁梧,處事有方。自民國二十六年冬,隨補充團加入本部。彼時任第一營營附,復任營長。在江西瑞昌作戰時,以一營兵力與大敵苦支一晝夜,殺敵甚衆,結果負傷。傷癒歸來,能力更加精進,大小事都能完成任務。勁齋每日均有事相囑,故時于電話中聞其應答,喜其條達中理。峰口失陷,數月以來,尤得其支持之力。

三十年五月一日,陶家壋作工一百餘人之新兵,在未完成之工事中,與兵力火力數倍於我之日寇撕殺。初則頭部負傷,繼則臂腹受傷,而指揮如常。待敵冲入野堡後，猶能對戰兩時以上。復以官兵傷亡將盡，敵人冲入愈多，乃親執機槍殺敵。傷重不能行動，又以手榴彈殺敵，致來犯之敵傷亡達百二十餘人之多，給予敵以絕大之打擊與教訓。迨所餘負傷新兵三十餘人被捕後，猶復大聲罵日賊數語而自殺。壯哉良壁，勇哉良壁，爲國舍我而永別之良壁！嗚呼痛哉！望良壁此後夢中多相見，九泉永待我，傷哉！傷哉！

按良壁現年三十五歲，甘肅固原縣北區八營柴家梁村人。死後遺弟良珩、妻素貞、長子金福、次子永安，除轉請撫恤外，茲由本部先恤其家中五千元，以慰忠魂。

越年，三十一年五月十四日，我克復峰口陶家垻等地。即派員搬運陶家垻陣亡各官兵忠骸，安葬峰口陵園。共檢官兵忠骸五十九具，均未腐朽。尤其陳團附一具，宛然如生，全身裝具只缺鞋一隻，兩手仍作持槍姿勢。並在其身旁檢出八音手槍一支，子彈四粒，及徽章、名片等。

趙文蔚　石作梁事略

石公作梁，字幹丞，甘肅洮沙人，宦游於固，遂籍焉。公本耕讀傳家，因於固西紅莊置田疇，事耕耘。其人性情和平，精敏强幹，富於閱歷，馭衆有方，紳民等就公之卓績，目睹深知者，略述梗概。

當民國十五六年，公任西區區長，國民軍大軍過境，公兼辦兵站，需用浩繁。公籌劃得當，財務清潔，多方維持，諸凡適妥。厥後土匪猖獗，數年之間，歲無寧日。人民簸蕩，流離遷徙，何堪言狀。公首倡辦團，屢挫匪鋒，零股斂蹟。固之鄰縣均爲匪破，而公提西區之團，當土匪圍城者三，而公固守者三，縣城賴以保全，事實所在，昭昭可考。新十旅之產生，兆於此矣，其發祥之蹟，皆石公創辦之團也。

迨至民國十七、八年年荒，人民茹蘗，奔走離散，餓殍載道，嗷嗷待哺，無法補救。公强迫富户，提倡各村顧各村之議，現狀賴以維持。尤其甚者，回漢謠啄四起，風潮陡漲。而公極力彈壓，雙方排解，風靜浪平，公之眼光迥異尋常，殆若此也。

公任區長，人民瞻依，歷有年所，熱心公益，毫不循情自私，紳民等仰之深，信之至。至若排難解紛，息訟寧人，又公之餘事也。邇來公更爲張易鎮振興教育，創辦中心學校，爲國家造人才，爲地方作士氣，尤爲不朽之宏業也。

總上所述，公不以富貴當時爲己榮，而以名播地方、德留後世爲可貴。此公之志，而紳民等亦以此望於公也。僉囑文蔚記之如此。

許志欽　王月亭事略

王克明先生字月亭，甘肅臨夏縣人。氏學賈，壯年從軍，歷充國民革命軍第三十五師中級各官佐。於民念五年,奉令移防固原,適其胞弟王慎之寄居東山,從事農作。先生遂亦辭卸軍職,致力實業。越年,奸軍漫延東區一帶,慎之奉命率領壯丁團隊,相與抗拒,遭其夜襲,所部星散。先生遂奮袂而起,召集其弟殘部數十名,槍械不精,子彈欠缺,竟編爲"甘寧邊界大澇壩民衆臨時自衛團",以與强敵相抵抗。不久已失陷之趙家掌、大花兒掌諸要地,相繼收回。

二十七年七月間,親率壯丁二十八名,廢槍二十三枝,黈夜出發,以迅雷不及掩耳之勢,乘敵不備,復一鼓收復已失陷之小園子,其勇敢之概有如此。後歷充二區區隊長、固原縣國民兵團臨時自衛第二中隊長等職。仍重視實業,採掘廢礦,燒制瓷器,提倡土産云。

徐保　馬國瑷姑祖母淑行

本部馬參議國瑷之令姑祖母,玉溪善人光烈先生之胞妹也。婉娩生成,少嫻内則,言德容工,一方欽式。是其得靈和之氣,葆貞固之資,當及笄時,已昭著於閨閫間矣。性尤敏悟,凡伊斯蘭教中之經籍,無不開卷如夙誦,閭里稱爲女師。乃兄光烈先生時方主教滇黔,遐邇歸宗,被薰陶者不遺婦孺,蓋得女師之力獨多也。

許字道宗精誠先生爲室。先生亦教門之碩彦,傳道汴梁,未克成禮。女師仍居黔興仁縣之三家寨,勤修持焉。詎料精誠先生勞于教務,竟以病在汴捐館。女師聞耗,哀慟幾絶,頻欲以死見志,經家人之勸阻,至再至三,乃唧哀守節,毁容絶俗,默坐斗室,足不履閫,冰蘗盟心,看經養性,四十餘年如一日。嗣善人度隴敷教,由參議之尊翁世泰先生,留滇侍奉。後由參議令叔宙丞先生,從隴返滇,堅請女師到隴奉養。假道法屬安南,英屬香港,凡通過外人關卡,例須持有像片之護照方可,而女師堅不與陌生人相見於三光之下,何由得此,宙丞先生以情告諸英、法駐滇領事,咸肅然起敬。電飭沿途特備舟車護送至津,遂由平轉寧入甘,途次聞風者,亦僉益欽遲莫置。

居將三載,忽一日語宙丞先生等曰:"我以某日歸真,若輩對於教務與家務,應如何如何云。"及期果坐而委化,臨終猶誦真經不絶口。參議之令叔母馬氏,即世全先生之德配也。又女侍某二人,皆倦懷慈惠,竟以身殉。其淑德之能感人至於斯者,洵壼史所僅聞也已。

女師生于清同治八年正月十六日,卒於民國十五年五月十四日,享壽五十有八。茲值其二十周年嗶經之辰,爰述懿行于萬一,借同努薨之趨誠云爾。

趙生新　游小蓬萊記

固原北郊外數里,一鑒澄清,前人禱雨于太白祠,此泉出焉。以其地幽雅,作亭于水中,貴賤同游觀之樂,遂錫佳名爲"小蓬萊"云。閒遊於此,塵囂净静,靈爽頓生,名利心輕,道德念重。豈非天造地設,以俟名流儒雅,繼千百世之道統者歟?

士學之暇,率同冠者,相與童子,載酒攜肴,出其東門,緩步徐行,陟彼北原,極目迴望,長幼欣欣然有喜色而相告曰:"彼高樓即是太白樓也。樓北蘆葦茂密,旁水中亭即小蓬萊也。"乃瞻雅境,載欣載奔,轉瞬間遂至其所。長者烹酒,幼者捧茶,佳餚羅列,推余上坐。酬酢往來,喜氣洋洋。長曰:"誠仙境也。"幼曰:"真勝地也。"屬余作文以記之。

于觀夫蓬萊小島,近圍皆水,遠圍皆山。知者最樂,仁者皆好。儂非知也,亦非仁也,何故連年盤桓,遊賞不倦?豈天之輔吾爲知爲仁歟?抑偷閒學少,盤遊無度,惟損是好歟?是未可知也。夫人秉天地之正氣以生,天氣清明,人心亦爲之舒暢。天氣陰晦,人心亦爲之悶倦。當其游也,必樂夫天朗氣清,惠風和暢。不願逢日星隱曜,山嶽潛形。於此可以征人之氣與天地之氣爲一氣也。是氣也,人皆有之,皆迷於聲色貨利之中,不知返求夫吾固有之樂,惟嗜夫俗緣之樂。人能常遊此地,勢分之樂愈淡,性分之樂愈真,而不能近于聖賢者,未之有也。抑知果是聖賢,雖處紛華靡麗之中,不失仁義道德之真。如非聖賢,要必借清幽明净之所,以養夫虛靈不昧之性。總之,凡聖賢必樂雅境,凡庸愚必樂利藪。從未有樂雅境而不能入於聖域賢關者,亦未有貪利藪而可誕登道岸者。吾所謂借蓬萊得繼千百世之道統者,正此意也。

趙生新　田森榮事略

田森榮字蔭臣,生性直率,志向高尚。十七歲棄學從戎。清光緒二十四年,拔補陝西固原提屬富水關汛額外。翌年,拔補陝西提慶陽營經制外委。二十九年,署提標後營左哨二司把總。三十年,署西鳳營分防隴州汛把總。勤政愛民,地方頌戴。三十三年,署提標前營右哨二司把總,地方贈送"排決宜民"匾額。民國二年,陸軍部拔補鹽茶營分防西安州汛千總。三年,任壯凱軍中路左營步隊右哨哨官等職。九年,充固原城防營幫辦,服務地方,竭誠盡力。

其治家勤儉爲規,耕讀爲本。常以《朱子格言》勉示子侄,人咸稱羨。其對地方公益,不辭艱苦,以竟全功。遇凡不平,無不力予排解。如十七年之匪患頻仍,親率士兵,不時追擊,蒿店至六盤山之公路,常告安謐,商旅稱慶。十八年歲饉,餓殍載道,慘不忍睹。乃將家中積粟出借窮戶,一無子息,後歸還者不及一半,亦未置詢。於十八年六月逝世,享年五十八歲。迄今人贊念不置也。

趙生新　田李玉英事略

田李玉英,清貢生李維新之次女也。幼嫺母訓,習内則,賦性沉靜,不輕言笑。十四歲即茹素,十七適田公森李。清授武德騎尉,家貧經商爲生。于歸後,不稍嫌怨,勤苦操作。有姪女二,早喪母,均在繈褓,夫兄挈繼室赴外汛,遂躬代撫育,愛護有加。未幾,家道稍康,勸夫棄商就農,在城內西關置田數十畝,辛苦耕耘,日異月新。及兄歸,幼女已長成矣。姒娌相處,極爲和睦。民國九年,夫病逝。子二均幼,乃勵志撫孤。迨後夫嫂又棄世,遺二子尚在孩提,仍不分子姪,同加恩育,親鄰戶族,無不稱道。十八年,夫兄亦病故,家事萃集一身,內外兼顧,不遺餘力。供給子姪讀書,悉由中小學及軍校畢業,服務社會。長子任省立天水氣象測候所主任,次子任涇川特稅局窯店分卡卡長。長姪任固原鹽務局運輸隊隊長;次姪任陸軍二十七師三營二連連附,均爲成家。

其治家教養子姪之概略如此。他如樂善好施,矜孤恤寡,如有公益善之舉,或糧或資,慨予捐助。貧苦無靠之孤兒老嫗,多寄養于家,尤爲難能云。

杜士林　孝子劉文敏事略

孝子文敏,邑人,劉其姓,穎齋其字也。生於前清光緒十年,於二十九年補邑庠。昆仲四人,孝子居長,早年失怙。家甚貧,惟賴母針黹度日,並給孝子以學費。孝子既入庠,見幼弟弱小,母亦劬勞甚,乃棄學爲商,逐什一之利,蓋欲卸母仔肩,借仰事俯畜也。

孝子善理財,家漸粗給。凡母之一衣一食,必親自檢點。母嗜食者,雖遠道必羅致之。凡有可以悅母心者,必多方以成之。冬夜伴母臥,以慰孤寂,母令去,亦不肯去。同母姊早寡,既病歿,遺甥二,遵母命教養家中如子姪輩,均借成立而授室焉。三弟四弟嗜鴉片,懶務生業,孝子恒委婉勸戒,並延醫藥靈方調治。然恐傷母心,決不加以嚴屬勒令斷除。而兩弟竟以煙癖傷肺氣,先後少亡。孝子傷慟於尋常,但對母面,則怡然婉容,背過母未嘗不痛哭流涕。喪葬祭奠之禮,極爲優越,人或過之,孝子曰:"吾身可以換吾弟者,猶樂爲之,又何惜此區區乎?"撫幼姪,恤弟婦,更逾于平昔焉。

孝子早年聞道,雖未切實用功,而仗義疏財濟人之急,實出天性。平居以激勵薄俗,接濟貧寒爲己任。凡關於節婦義士,必盡心籌劃;窮人喪葬等事,無不竭力貲助。以此藉以圖存者,頗不乏人。

次弟熙祿,亦聞道,奉聖修廟,好善孳孳,亦不亞于乃兄。母現年八十有三,賢而惠,甚矍鑠。孝子現年五十有三矣。孝友一堂,藹然可欽,爲邑中模範也。

杜士林　老翁尋子記

雇工文某者,天水人也。前二年不知傭工誰家。今年愚雇之,問其在外幾年,云:"不歸家者已三年矣。"愚曰:"人孰無情。子不想親,獨不思親之念子乎?可作歸省計也。"工頷之。刻屆年終,工齊矣,其父忽徒步零丁尋至,乃一七十歲之龍鍾老翁耳。眼昏花耳重聽,見子聲隨淚下,若不禁悲極喜極焉者。愚驚問曰：“翁以偌大年紀，行六七百里，路過數十重山，獨不疲倦乎？值兹歲暮天寒，冒風雪，涉凍水，獨不怯寒乎？”翁曰“子出門，予思之三年於兹矣，望之而不歸，夢想以倍切。今日探聽人之子歸，己之子未歸；明日探聽人之子又歸，己之子仍未歸。想極而痛哭，痛極而昏夢，若忽見子矣，喜極而驚醒。眼欲穿，哭無淚，思如瘋，乃毅然決然拚將一命尋子去，不畏風塵之苦寒，並不知老之將至”云爾。愚曰：“噫嘻，悲哉！親思子之極，有如是哉，誠不忍卒聽之矣。”

世之遊蕩子，有念及於此者乎？然愚靜而思之，是一弱翁耳，身著單薄之衣，山水不能阻，風寒不能傷，果何具而有如是之精神哉？蓋亦愛子之誠心所貫注而已。惟其誠也，故能與地理門、天時門，終至達到所求而後已。《列子》商丘開之言曰：[1]“惟恐誠之不至，行之不及，不知形體之所措，利害之所存也，心一而物無忤者，如是而已。”之數言也，可爲老翁之切實證明也。彼商丘之入水不溺，入火不焚，蓋亦精誠之所團結，故能忘相而如是，較之老翁實不足爲異也。

西諺云：“婦人弱也，而爲母則强。”夫弱婦可以爲强母者，亦莫非愛子之誠心所結晶而已。然則推是誠也，天地可位，萬物可育，千聖一比肩，宇宙一旦暮，此庸德之行，具神奇之用。愚故於老翁輒三思不置云。

杜士林　高凌雲事略

高廪膳生，名凌雲，號子卿，清庠生折桂之長子。三歲喪父，母路氏矢志柏舟，撫育幼子。光緒二十八年，蒙學院葉旌表節婦，賜以匾額，顏之曰“編蒲閨範”。四歲，被狼銜去，村人追奪之，幸無恙，迄今耳後狼齧齒痕猶存。五歲，母使就再從叔父試讀。再從叔父長江，粗識文字，教學無方，且賦性拗戾，了不勾當家務。其母無奈，乃以遺腹次子凌霄，嗣于族叔長榮，而闔家焉。八歲，視引寄宿親戚王丕基家，清貢生也，與廪生十載同學。就外傅讀，凡所學多有領悟，師大獎之。十二歲，喪母，直系血親，僅祖母朱氏在堂。零丁孤苦，不堪言狀。十八歲，入泮，旋幫增補廪。二十一歲，丁祖母憂，哀毀逾常。以不能應考之故，乃設帳於梓里，課讀甚嚴，欲教學相長，徐圖上達。一時及門桃李，實繁有徒，如弟凌霄、楊振東等，先後入泮。王懷清、徐上達等，讀書均多。

二十四歲，祖母服闋，仍欲深造，斯時族父已老，倦勤家政，遂爲家長深耕易耨，盡力畎畝。數年之間，積穀盈囷，良田連阡，稱素封。無何，族叔卒，寢苦枕塊，如喪考妣。再從叔父以治喪費不貲，堅求分門，不得已三分產業讓叔及弟自擇。後值再從叔父病，家貧不具麥食，乃移養於家，親侍湯藥，年餘不倦。嘗謂人云：“吾少失怙恃，未獲定省晨昏，覺遺憾殊多，因祖母及叔父等病喪，聊以盡子

道耳。"

既析居,深感范文正公"不爲宰相,必爲良醫"之言,博覽靈素,業精岐黄,生平活人甚多。數百里之間,邀請不絕於門。尤精婦科,婦女天癸不調,經醫治而生子者,不下二百餘人。又精通陰陽卜相等事,凡陰陽家如有爭執者,以其言爲折衷。又善於排難解紛,地方雀鼠之轇轕,得調停其間,即可相安無事。性剛毅,容止莊嚴,不但學生子佌睹其面而儼然生畏,即里人婦孺亦莫不聞其聲而肅然起敬。曾訓其子孫曰:"吾家自吾高祖以來,世輩忠厚,力於農事,從未有興訟於官府。至於吾之身,生平教學,從未有打人,而受業時亦未受人之打也。汝等當視爲家法,守之勿失。"

晚年茹齋禮佛,優遊卒歲。行年古稀有三,尚矍鑠,眼明耳聰,黄髮兒齒,洵年高德劭人也。

虎輔周　小巫峽記

吾廬柏楊莊之南,兀峰聳振,巍峨雄峻,如拱璧然。峰之下有削崖,巖之間有雷祖三潭焉。土人以其上有雷祖廟而名之也。潭大如畝許,周圍砌以白石,如良工之琢磨以成者,漣漪掩映,不啻水晶世界也。

入夏水色殷碧,澄不見底,里人接竿探試,按入二十餘丈而未竟,其深不可得而知也。雨後泉多噴出,珠璣紛飛,波濤洶湧之下,仿佛蛟螭騰驤者,移時即息。至夜則數見巨燭如碗大,炯炯水面,逼視即渺。從來禱雨多奇應,迄今逢旱,里人猶禱之亦應。潭之口稍闊,可容雙軌。水緣澗底瀉流,迤邐而東,曲折三里許,遂没入危巖陡壁之中,即小巫峽也。以其險阻幽邃,惟肖巫峽故也。

峽長十餘里,闊二十丈,雙壁危阤,低者五、六十丈,高者百丈、二百丈不等。兀硉崎嶔,撲飛而前,若合壁者。自下仰之,天只一線,水流峽底,蟺蜒如奔蛇之走巖。傍巖怪石惡撐,枯樹槎枒,如狂虎、如怒猱、如游龍,如狷豨,岌嶪崢嶸,猙獰嶙峋,不可名狀。緣岸多野樹,枝柯拂拂,若相接者。盛夏行其中,陰翳昧蔽,昏不見日。山花滿樹,落英繽紛,宛若緑紅傘蓋,絪緼頂上。天花亂墜,逐水而東,不啻盪漁舟而泝桃花源也。坐而聽之,清水瀉石聲,薰風送樹聲,山鳥格磔聲,鏦鏦錚錚,唧唧雎雎,漫不知其爲絲竹、爲管絃、爲鐘鏄、爲鼖鼓,更不知其爲天上、爲人間。此中韻味,唯此中人知之,不足爲外人道也。吾佩觿性多癡,喜遊其處,至則開拓胸襟,放浪形骸,坐而長嘯,起而低吟,徘徊流連,渾忘遲暮,歸則多夜半矣。

虎輔周　百眼泉記

泉出城東九十里之封家臺下,泉底勇出赤砂如珊瑚隨湧沸騰,不間冬臘,冬尤温煦,雖盛寒而近水十餘步尚不結冰,土人呼之曰"海眼"。逢旱禱雨輒應。吾以其噴湧亂出,起伏萬狀,不啻百眼,故名之。

虎輔周　雙鳳山記

山在城東百二十里草廟鎮,迤東十五里之柏家莊。其峰为巋,圍約三里許,環抱如拱北辰狀。上有古寺,松楊翳黝,登之北眺,朔漠在望,急飆蕭瑟,雖盛夏猶覺凜冽,令人不寒而慄。據土人相傳:清乾隆時,有雙鳳自西而至,翶翔其顛,約一時許。乃碑碣剝蝕不可考,惟遺破鐘一,上鑄雙鳳作振翮狀。

景鍾毓　王窪鎮記

蕭關東百二十里,人煙輻輳,樓舍櫛比,儼然雄峙于群峰環拱之中者,王窪鎮也。鎮地多斥鹵,平臥于兀童兩山之間,延袤十餘里,廣二里許。由來水泛草茂,天然遊牧場耳。古周秦委諸要紘,爲羌戎呼哨出入之門戶。迨漢唐始置北地原州。奈以赤陵鹵崗,跋高以眺,稜然魚一目,若無可施其耡耒者,猶復置之度外,漠不關乎肺腑之痛癢者也,故强半作牧馬場耳。如鎮西四十里之官廳,即漢唐牧馬設官所也。宋復放棄,西夏資之以牧馬,設伏障險,伺間以窺秦隴。如稍北之耳朵城,即西夏駐兵以制慶固所也。宋之不得息肩於西陲,西夏高枕于寧夏者,賴斯鎮之力多也。

固慶秦隴之北喉也,同心城扼北喉之首;慶固其左右手也。斯鎮適當其腹,一時變生,患發肘腋,扼其腹而擊其手,振臂一揮,呼哨千百,則手足無所用力矣。且斯鎮受挫,則固原亦不得以高枕矣。

同治兵燹,回逆多養鋒於斯鎮之山窟草澤中,抵隙而出,遇餒即伏。逆雖受挫於花馬池、同心城,而斯鎮之餘孽未殄,尚抵隙以扼官軍之喉而附其背也。斯真易犯不易剿之奧區,惜兵家忽之而不設備,反以資賊也。

鎮之北有李家嘴者,清乾、嘉時,人煙裯褥,街市繁華。同治初,回逆一哨,盡成灰燼。民國肇造,黔黎沐庥,於是他鄉老幼荷鋤而來者日衆,墾荒煮鹵,斬荊誅茅,今漸廬舍林立,衡宇相望。畛塍離離,楊柳依依,交通適暢,貿遷無滯,商賈屬集,市廛刷新。且駐軍設汛,槍戟煜燿,碉堡環拱,壁壘相望,狐兔穴一變而爲錦繡場矣。

鎮之北中心學校立焉,舍宇嵬巍,榱甍輪奐,國旗飄揚,人文蔚起,胡笳窟一變而爲管絃樓矣。吾與張維祺諸同志既爲斯鎮倡,復爲斯校倡。斯鎮已盛矣,斯校已成矣,旖旎傑仳,不啻自天而下,泛海而來,哥倫布之新大陸也。然其蓬蓬勃勃,大有一日千里不可抑遏之勢,異日之飛突猛進,豈堪以道里計乎哉!

葉超　固原月令

一月凡三十一日,日入子宮,天道西行。五日或六日小寒,太陰凍沍,風烈而栗。水泉動,滌場,勤糞土。二十日或二十一日大寒,凍登赤天,風烈而蕩。水澤腹堅,冰方盛,合凍,草木生心。完副業,修祭祀,薦菽豚。是月也,元旦,大節夜,中華民國成立紀念。國民月會,按月同。擴大總念週,按月同。公佈本年度縣政實施方案。會計年度開始。宣導家庭工業。學校放寒假。

二月凡二十八日,或二十九日。日入亥宮。天道南行。四日或五日立春,陰彌於野,風冷而勁,凍雪載途。祈穀,會親友,修農具,打磨地。各區多拉春麥、菀豆糞。十九日或二十日雨水,陽躍于淵,風冷而和。雁北鄉,斑鳩鳴。各區多拉糜子、大蕎麥糞。是月也,端日,上元。候氣,驗天地四時之氣也。考曆,考查坊間仿印發行之曆本也。調查戶口,記事識物,調查土地,別壤授宜。調整人民團體。舉行春訓,訓練壯丁也。同度量衡,簡稼器耕獸,申禁煙賭,申令節約。毋麛,禁殺獸子也。毋復巢,毋伐木。省囹圄,清獄訟。

三月凡三十一日,日入戌宮,天道西行。六日或七日驚蟄。天氣下降,地氣上騰,陰赤陽白,風冷而弱,解凍。田雀鳴,似麻雀,俗名地鳥。長腿蛸見,喜蛛也。草木萌動,柳稊,室撤火,宿麥始蘇,農及雪釋,圃滲細糞,東北區種扁豆。二十一日或二十二日春風,日夜分,風暖而怯,雨水雪,冰融,燕見,雞乳,魚上冰,蜂出窩,蟄蟲始振。葺屋,瀹園渠,培蓋楞。中、南區種扁豆;中、東、南、北區種春麥;中、北區種水蘿蔔,水白菜,菠菜。是月也,花朝、禊辰、國際婦女節、總理逝世紀念、革命先烈紀念、開學、督學、開徵雜賦,考工,事遊閑,器殘廢,遊手好閑者,勒以勞作,瘖聾跛躃者,教以技能也。阜通貨賄,平衡物價,發社粟,貸農款。禁婦女毋觀,不得爲容觀之飾也。省婦使,減省其針線縫製之事,使與男子共勉農事也。彙編決算書,縣長春巡,導其所作。

四月凡三十日,日入酉宮,天道北行。五日或六日清明。陽始出奧,風暖而舒,始雨水,雷發聲。寒日滌凍塗,寒日變暖,雪消凍釋,泥濘滿途也。田鼠出,雉雊,鸛捕魚。螻蝲鳴,蛙也,《廣雅》作螻蛄,非。蟄蟲咸動。苜蓿芽。飲牛,用胡麻油灌牛,謂可卻終年之疾。上墳,墳添土也。西區種春麥、小燕麥,各區種茪豆、刀豆。西山不種刀豆。北區下秧,下瓜屬秧籽於瓦盆候栽秧也。中區種蓮花白菜、冬蘿蔔,北區種茄子。二十日或二十一日穀雨,風暖而靡,始電,鵲始巢。白臉媳婦至,俗名也,按即白頰鶺鴒。布穀鳴,拂蝠,蚯蚓出。桃杏華,桃花晚一候開。馬蘭花開,水草榮。園架水槽,市見韭,茭裘。各區種穀子、大小蕎麥、葫麻、芸芥,西山不種穀、清明後已種小燕麥。修祭祀,薦韭卵。是月也,兒童節,春季縣務會議,征工修堤防,興水利,植樹,種痘,上忙開徵。

五月凡三十一日,日入申宮,天道西行。六日或七日立夏。風溫而漓,麥秋至。戴鵀降,亦名"戴勝",頭上有毛冠。鷗泛,蜻蜓款款。夏枯草死,苦菜秀。驅獸,驅獸之害田禾者。游牝於牧,徙牧於場。場,夏場也。聚蓄百藥,爲供醫事也。二十一日或二十二日小滿，風温而厚，鹿角解，鳥翼，鷇卵，礦夫出山。各區種糜子。西山不種糜，種蕎麥。中、北區鋤麥苗内莠草。是月也，國際勞動節，革命政府成立紀念，端午，國恥紀念，夏令衛生運動，施種類毒素，接種赤痢疫苗。禁伐大樹，毋起土工，毋發大眾，命農勉作，省囹圄，清獄訟。

六月凡三十日，日入未宫，天道西北行。六日或七日芒種。風温而鬱，虹始見。甚熟，百合華，半夏生，萍始綠，初襌，初著單衣也。駝卸廠。中、東、南、北區鋤穀、糜内莠草，種中和大蓁麥。二十二日夏至，日長至。生氣方盛，陽氣發，一陰生，土濡入暑，雨濕，風熱而襲。布穀不鳴。螻蛄鳴，俗名地螻螻，穴土而居，短翅四足，句者必出，蔭者盡達。枸杞實，茹芹。麥客至，多秦、靜、莊、隆人。剪春毛，剔羊也。各區種蕎麥，西山小滿已種。中、東、南、北區麥穗秀而實，西區種冬白菜。是月也，天中節，禁煙紀念，督學，縣長夏巡，觀其所長。

七月凡三十一日，日入午宫，天道東行。七日或八日小暑。風熱而蒸，雲五色，土潤溽暑。別牝牡，自游牝於牧後，至此妊孕已遂，故爲別之。畜鴝，備殿爵也。繭成，燒薙草以糞田疇。各區收冬麥，東、北區收扁豆、春麥。各區種冬白菜、小蔥，西山不種。二十三日或二十四日大暑，宴入元泉，天漢低，風熱而泛，雨水，大雨時行。螽鼓其翼，俗名"叫螞蚱"。腐草爲螢，腐草得暑濕之氣，故變爲螢。修祭祀，薦麥羔。中、南、西區收扁豆，中、南區收春麥，中、東、南、北區收莞豆。是月也，抗戰建國紀念，國民革命軍誓師紀念，夏季縣務會議，審核概算書。毋派委，勸息訟，施藥茶，放暑假。

八月凡三十一日，日入巳宫，天道北行。八日或九日立秋，天氣始肅，風涼而爽，霖雨，麻雀盛。西區收春麥、莞豆，中、東、南、北區收大小燕麥及胡麻、芸芥、大蒜，耕犁麥豆各地。二十三日或二十四日處暑，風涼而冷，白露降。鷹乃祭鳥，築場。中、東、南、北區收中和大蓁麥。是月也，中元，先師孔子誕辰紀念，教師節，上學，省囹圄，禁獄訟。

九月凡三十日，日入辰宫，天道東北行。八日或九日白露，陽氣日衰，風涼而肅。霜始降，水始涸，螻蟈無聲，駝起廠，剪秋毛。中、東、南、北區收刀豆、糜子，西山收大小燕麥，各區收蓁麥，北區收茄子，各區種冬麥。二十三日或二十四日秋風，日夜分，風淒而清，虹藏不見，群鳥旋。中、東、南、北區收穀子，納稼於場。是月也，中秋，總理第一次起義紀念，征工補城廓，修道路，督學，同度量衡，縣長秋巡，考其所成。

十月凡三十一日，日入卯宫，天道南行。八日或九日寒露，陰寒，風淒而緊。蜂乃閉藏，蟲壞户，蚯蚓結，草木黃落，菊有黃花，礦夫入山，耕犁秋地。二十四日霜降，陽降於陰，風淒而颯，雷收聲，初雪，雁南歸，燕蟄，群鳥去。元駒賁，螻蟻走入地中也。芨草白,麥客去,放鷂,報賽,修祭祀,薦黍雞,園起菜,種來年筍子、菠菜、茺荽。是月也,重陽,國慶紀念,秋季縣務會議。

十一月凡三十日,日入寅宮,天道東行。七日或八日立冬。陰形胐肓,天氣上騰,地氣下降,風寒而凜,小陽春至。豺祭獸,田鼠化。徙牧於窯,窯冬窩也。納材葦園,收水槽,窖菜。二十二日或二十三日小雪,風寒而遒,水始冰,地始凍,蟄蟲塞户,修倉,碾糧,伐木取材,伐薪爲炭,始裘。是月也。下元,總理誕辰紀念,調查户口,調整人民團體,舉辦冬防,舉行冬訓,講武,簡兵器運具運獸,下忙開徵,收社糧,收貸款,申令儲蓄,命市納賈辦物平市,冬令衛生運動,施種傷寒疫苗,公佈預算書,省囹圄,禁獄訟。

十二月凡三十一日,日入丑宮,天道東南行。七日或八日大雪,風寒而凝,冰始壯,地始坼,食雪雉。二十二日或二十三日冬至,日短至,一陽生,諸生蕩,風寒而烈,入火於室。是月也,臘八,雲南起義紀念,督學,毋發蓋,省婦事。采風,借覘民志。徵文,以資出政之考擇。咨師儒,獎孝友,養耆老,懷羈旅,恤孤獨,濟貧寒。命舉俊士,以儲掄用。糾奸,糾忤逆,而罰不時。縣長冬巡,督其所備。年終統計,年終總考核,年終合樂講禮,聯歡詢事,以待來歲之宜。

葉超　涇水探源記

《山海經・涇水注》云,[1]今水出甘肅固原州南,南原出平涼府華亭縣北。《一統志》亦以涇水北源發自固原州南界。《甘肅新通志・固原南川》注亦同。[2]但固原南境,巖岫毗連,溪流映帶,大灣分水嶺以北之澗泉,注爲高平川,古城川者弗論矣。南之斡耳朵、元肮臁、狼窩溝、直溝、芒䅮溝、刺溝、青棡溝、楊家溝、賴子溝、豹王溝、水溝、六盤溝、廟臺溝、時家溝、劉家溝、東山溝諸泉,匯爲北源涇水者,究其孰爲正源,及南北二源孰爲上源,固不可不泝之。

夫南源泉塏,原屬華亭。清光緒初,劃置化平廳,始隸化平。在城南三十五里曰“老龍潭”,有峽三,激水注射,急湍喧表,東流通白巖河,合聖女川、化平川水入平涼界,會北源。揆其地員,南低北高,應以北源爲上源。上源淵寶,以刺溝腦之天瓢頂最居高位,巖脈分披,潛泉派注,又應以是爲正源,其他爲別源也。

壬午秋社前五日,偕里人定性、仰齋、子玉、鵬程諸君子,由蘇家堡策杖西行,約里許,至紅溝門,爲芒䅮溝以北水,與賴子溝水交會之處。又里許,至石窯峽,巨礜如楔,泉流中懸,陂徑益漸嵯峨,踹踹上循,至黃羊灘,舊白鷺池也。已得泉穴數眼,亦上源之所滲汍者。又里許,至天瓢頂,近一頃地,平圓如鏡,幔帳山嶂

---

[1] 《山海經・海内東經》郭璞注:“今涇水出安定朝那縣西笄頭山,東南經新平扶風至京兆高陵縣入渭。”

[2] 參見《宣統甘志》卷六《輿地志・山川上・固原直隸州》:“南川,《一統志》涇水北源發自固原州南界。”

乎西,黑岭嶅梁屹乎北,馬廠山峙乎南。又北爲清涼山、臥牛山、斡耳朵。又南爲鑹尖山、溜道山、四道嶺、六盤山,南北連逶,展如屏翰。自清涼山東迤,則爲播箕陽窐、張家陽窐、九子灣、上下寺頂。自溜道山東迤,則爲白崖子嶺、臥龍臺、小南崗、丘家峁嵃,儼似排衛。更有大小束山,遥相朝供。立天瓢頂上,宛率左右登牙城然。西北隅有泉一泓,瀅澂無比,周僅及弓,深不盈尺,泉從巖罅渤潏而出者,旋若螺蛤,從地隙湢湧而上者,瀺若蛞蝓,輪文深淺可辨,淪漪澶漫,生趣盎然。經冬不凍,久旱不涸,窮至蹟於希微,鉤深潛於涓泌,淵乎湛乎,斯真涇水之初源也。

時已玉律司中,風淒露冷,然巖際黄柏紅榴,猶相護暖。搖晴籠醲於泉局之上,窟畔石華渲紺,水衣拂翠,一縷涓涓,泳池東引。距水湄百步,貫落垠隈,磧石岐分,泉流義涴,曰刺溝腦,舊多棘芒,故名。近則草木陰翳,花實芬鬱,幽而不隱,宜爾不迷。數武外,瞪流復合,急瀧奔注,漱石而有聲,清越可聽。出谷後,納北溝諸水,經楊家磨徑下瓦亭,續納南溝諸水,折而東出蕭關,灝然去矣。

綜觀六盤山水,幔幛崔巍,笋頭嶺蔚,天瓢頂高嵌峰脊,老龍潭陡落墮岷。山勢陀移,水流潢繹。因地絡以覘泉脈,則遠近解泉,當皆涵淹於此。蓋其瀍澮之所趨,楚漓之所逮,循山沿壑,匝地拍天,浸成層潭之府者,成肇啟於北源也。北源在固原縣南七十里,泉洌流湉,秩秩而下,絶不□淘其聲,騰跳其態。洎兮其始兆,乘乘兮而無極已,故曰上源,曰正源。僕流冗浮楊,莫測原委,非諸君子之堅心正行,豈得見泉源耶? 是爲記。

葉超　三十年九月二十一日日食固原觀察記

《通鑑》:夏后仲康元歲秋九月朔,“辰弗集于房。劉氏炫曰:‘房所舍之次也,集會也,會合也,不合則日食可知。’”①斯爲結繩以來,第一次之記日食也。自是以後,曆家之推算,史家之記載,遞漸精詳,不勝枚舉。惟其食也,則必在朔或晦。蓋日之朔,月之望,與天首地尾二星,即羅候、計都二星,會於其度而始食也。亦即朔時月居日與地球之間,是時若月、日、地球三體在同一直線上,則日光爲月所格,不能達於地球,月球之影射於地上,遂成日食現象。凡影錐射及之地,得見全食;錐外暗虛所射之地,則見偏食;或月球離地較遠,影錐之尖不能到地,則見環食。

本年九月二十一日,恰爲廢曆八月初一日,所謂日食朔者是也。日食原有週期,名曰“沙羅周”。一周時間,約爲六千五百八十三日又二分日之一弱。民國紀元前二十五年八月十九日,日食見於西伯利亞、蒙古、東三省一帶,而入太平洋。

---

① 參見《資治通鑑綱目前編》卷三“季秋月朔辰弗集于房”條。

至二周後,即紀元前七年八月三十日,又有形勢相似之日食,但所見之地,則在大西洋地中海一帶。至三周後,即本年九月二十一日,亦爲一周係之日食,復見於我國。自里海橫斷亞細亞,經新疆、青海、甘肅、陝西、湖北、江西、福建、浙江而入東海。惟緯度較三周前之日食南移十餘度,因數周後之日月相對位置,已有漸移也。

此次日食,本省在全食帶以内者,有臨洮、天水等二十縣。其他各縣亦多在日食帶内,但非全食地帶。中央日食觀測隊選擇臨洮爲適中觀測地,蘭州市各界日食觀測團亦前往參加。本縣人士,心嚮往焉,因路遠,只組織就地日食觀察團,於本日清晨,登縣境東嶽山,從事觀察。按科學上名詞,嘗分日全食之時間爲初虧、食既、生光、復圓四者;分偏食、環食之時間爲初虧、食甚、復圓三者。兹爲欲得本日日食時及日食前後之天象與氣候起見,乃分之爲六個階段而觀察之。同人等既非天文專家,又無儀器足憑,且地非全食帶,故關於日斑、日冕、日珥等,皆無若干之收穫,僅就目力所及,書之如次,差太所難免也。

甲,本日早晨至日食前之天象與氣候。子,曙前曚景:三刻。丑,日出方向:卯方。寅,日出時刻:早五點三刻十三分。卯,曦光:日將出時,東方初現白光,轉爲紅光,又轉爲黃光;日初出時,轉爲白光,向上輻射;日上升後,仍爲白光,向下輻射,蓋日爲雲蔽,只見雲際光圈也。辰,天空色彩:大雲塊大雲帶佈滿空際,淡青色天空,僅占十分之二。巳,雲狀:爲層積雲狀,高約二千三百公尺,占天空十分之八,濃雲十分之五,淡雲十分之三,雲向東行。迄八點三十分左右,仍是滿天雲絮。九點以後,只餘幾許卷雲矣。午,風況:微風不動葉,但覺晨炊之白煙嫋嫋向北,繼則微風動葉,自南而北。風速約一秒行二公尺。未,地面現象:拂曉水霧微濛,草嗛珠露,朝暾出後,漸而消失。申,氣溫:攝氏一零點六度。氣壓六五九點毫米。

乙,日初虧時之天象與氣候。子,初虧時刻:九點三十五分。丑,缺口方向:西南。寅,日體光彩:日體當初虧之頃,光强色豔,如鏡翻花顏,輪湧波掀,眹麗光鮮,莫可名狀。蕩映移時,忽而光弱色淡,核心黑色,漸而轉綠,邊緣白色,漸而轉黃。週邊環而如暈,歧而如焰,呈紅色,漸而轉成紅綠黃三色,舒縮不定,煞是奇觀。卯,天空色彩:淡青色。辰,雲狀:卷雲僅占天空十分之一零五,濃雲十分之一,淡雲十分之零五。高度約九千公尺,東行轉而西行。巳,風況:微風,南風轉爲東南風。速力每秒約行三公尺。午,氣溫:攝氏一八點一度,氣壓六五九點八一毫米。未,以次食分及氣溫氣壓:九點四十五分,日體食十分之一,氣溫攝氏一七點八度,氣壓六五九點八零毫米。九點五十五分,食十分之二,氣溫一六點二度,氣壓六五九點八三毫米。十點零五分,食十分之三,氣溫一十五度,氣壓六五九點八四毫米。十點十五分，食十分之四，氣温一四點五度，氣壓六五九點八五毫米。十點二十五分，食十分之五，氣温一三點八度，氣壓六五九點九零毫米。十點三十五分，食十分之六弱，氣温一三點二度，氣壓六五九點八八毫米。十點四十五分，食十分之六强，氣温一二點六度，氣壓六五九點八七毫米。十點五十五分，食十分之七弱，氣温一二點一度，氣壓六五九點九零毫米。十一點零五分，食十分之七强，氣温一一點五度，氣壓九五九點九五毫米。附注：自十點二十五分起，西南缺口，形如月弦之右弰，漸有復光狀態，同時弦之左弰，加强虧食。循至虧甚時，日之缺口，轉向東南矣。

丙，日食甚時之天象與氣候。子，食甚時刻：十一點十五分。丑，食分：十分之八。寅，缺口方向：東南。卯，日體光彩：光極微弱，色甚慘澹，核心暗緑，邊緣嫩黄，週邊呈碎紅色。辰，天空氣彩：黝藺色。巳，星點：東西方各見一星，體小光暗。西南見兩星較大，但較啟明星略小，明而閃爍。午，雲狀：中天無雲，惟有閑雲數片，棲泊四垂。未，風況：和風，東南風轉爲東風，約每秒行六公尺。申，地面情狀：五百公尺内，微可分辨物色，而牆屋木石，均成板刻狀，枯索無生氣，色蒼黄昏昧，萬籟無聲，四圍沉寂，人有惛懵之感。忽聞犬吠近萬，三兩聲而絶，則有喔喔之聲，起於村墟云。酉，氣温：攝氏一一點零度，氣壓六五九點八八毫米。

丁，日初復時之天象與氣候。子，初復時刻：十一點十六分。丑，食分：十分之八弱。寅，日體色彩：日體轉明，裏見氣轉蘇，核心緑，邊緣黄而轉白，週邊由碎紅轉爲飛緋色，漸淺而淡晰，雖微可見也。卯，雲狀、風況、氣温與上略同。辰，以次食分及氣温：十一時二十五分，日體尚食十分之七，氣温攝氏一一點六度，氣壓六六一點零零毫米。十一時三十五分，食十分之六，氣温一二點一二度，氣壓六五九點八三毫米。十一時四十五分，食十分之五，氣温一二點六度，氣壓六五九點八七毫米。十一時五十五分，食十分之四，氣温一三點二度，氣壓六五九點八零毫米。十二時零五分，食十分之三，氣温一四點五度，氣壓六五九點七五毫米。十二時十五分，食十分之二，氣温一五點六度，氣壓六五八點五零毫米。十二時二十五分，食十分之一，氣温一六點三度，氣壓六五七點九零毫米。

戊，日復圓時之天象與氣候。子，復圓時刻：十二點三十五分。丑，日體色彩：日光昱昱，恍如珠胎之在晶盤中，核心邊緣爲緑爲白，難以辨悉，只覺白光四射，晃耀奪目，與恒時中天之晴日無少異矣。寅，天空色彩：淡青色。卯，雲狀：纖雲毫無，仍只閑雲三五，落天盡頭也。辰，風況：東風又轉爲東南風，每秒約行五公尺。巳，氣温：攝氏一八點一度，氣壓六六零點零零毫米。

己，日復圓後至日暮時之天象與氣候。子，晚照：日將落時，有金黄色之輝光,在日上方,成大半圓周形,燦潤可愛,直至昏黑而止。丑,日没方向:酉方。寅,日没時刻:晚六點零二分。卯,昏後曛光:三刻。辰,天空色彩:青色。巳,雲狀:碧天無雲。午,風況:微風,東南風,每秒約行四公尺。未,氣温:攝氏一六點二度。氣壓六五九點八三毫米。

葉超　固原炭油葉巖考察記

三十四年三月八日晴,微有幾縷纖維狀之卷雲,徘徊空中,午前無風,午後軟風東南向。晨偕李君平西、劉君繩武、田君朗軒及其介弟競先君,登猴兒牙岔,考察炭油葉巖,竟日始返。

地距原城西南二十五華里,附郭鄉上高莊東南十華里,張易鄉冰溝莊東北十五華里,乃葉巖露頭部也。巖爲層狀灰黑色及黝色之泥板,係含重量瀝青及炭質物無疑。瀝青爲固體半固體之物,性脆,黑色,有焦臭。因露出地面,便在空氣中自然揮發,其不揮發成分,仍凝結爲土瀝青,作用瀝青同。瀝青爲古代石油變成,今所見者即此,故推定其下有石油也。炭質物爲金剛石、石墨、石脂、礦臘、石炭等,石炭占炭質物之大部分。石炭俗稱煤,含炭氫、氧、氮所成之可燃部,其在土砂下,氫及氧之一部分漸成揮發物而走失,僅留大部分之炭素。今所見者,即石炭之揮發物走失於葉巖之中,故推定其下有石炭也。

葉巖之石質,外觀似土,性脆。其下爲泥炭乎?但泥炭火力不强,此則反是,燃時發煙,與無煙炭異,發煙放臭、火力較泥炭强。或爲褐炭乎?但褐炭色褐,此則爲灰黑色,應屬瀝青炭也。有瀝青炭,其下更應有石油層矣。

地質學上,炭質葉巖與油質葉巖,判然有別,今此灰黑色之板巖,夾帶黝色之條痕,可混稱爲炭油葉巖,因具有炭與油之徵兆也。

牙岔南爲皮褲襠,北爲水溝門,東爲胡家溝、爲鳳凰嶺,西爲冰溝、爲大掌,西南爲冰溝,西北爲楊家山。前後左右之巖石,類爲砂巖與泥板巖。泥板巖皆屬可燃性,有動物質與植物質之化石,且含綠泥石居多。間有經變質作用,成爲較厚之板巖者,雖不易熔融,但仍含有若干之炭素也。

水溝門至楊家山,約一千六百八十公尺。楊家山至冰溝,約一千二百四十五公尺。冰溝至皮褲襠約一千七百五十三公尺。皮褲襠至鳳凰嶺約八百七十六公尺。鳳凰嶺至水溝門約一千零八十八公尺,面積約有二百五十八公頃又八公畝。炭苗雖未露頭,炭礦應屬層狀,厚度總在二公尺以上,寬度應超出上開面積以外,蘊藏之礦量頗富。且沿六盤山脈而下之地層,當皆有沉積之炭石層與波浪式之油層也。主要礦質爲炭與油,副礦質爲鹽鐵等。將來採掘石炭,宜從溝底挖坑,或豎坑或斜坑均可,俟達炭層後,應改用水準坑道,左右掘進。

礦床之成因,當由地震而成。其生成時期,應在中生代之侏羅紀。蓋亞洲在中生時代，大部爲陸，常有巨大煤層之沉積，且陸上在本代侏羅紀中，産煤特富，巖石以葉巖、泥炭巖、粘板巖爲主，中夾石炭，故應推定其爲中生代侏羅紀也。位於六盤地震帶之出發點，巖石迭經地震，掀落不定，折曲過甚，因成斷層，視其地之多斷崖與地壕可知。但尚整合，不甚凌亂，應與礦無多影響，可資探采。設探采不奏速效，即此炭油葉巖，亦可作爲燃料，雖欠耐久性，而火力甚强，較諸炭類，未必遠遜。炭油葉巖燃燒後，可燃性散失，僅餘不可燃性之泥皃。而一切之炭類，莫不含有夾雜物，故亦莫不如是。

石炭燃燒後，可燃性散失，亦剩有不可燃性之礦質在。近如寧夏所産之無煙煤，即其明證。故採取炭油葉巖，已足借用。況尚有産炭與油及其他礦質之可能性乎！際此燃料大感缺乏之時地，勿交臂失之可也。

葉超　重修孔子廟碑記

民國九年冬地震，邑孔子廟圮，神不以宇，人不能修事。越十有六年春，中央陸軍第八十一軍軍長臨夏馬公鴻賓奉命駐此，慨然始以兵工而修葺之。然後肅昭盛典，一復其舊，世教人心，於此焉係。又城隍之坍塌者崇之，塹没者浚之，所以翼輔斯文，兼飭武備也。其介弟寧夏省政府主席鴻逵公，昌明文教，懿好攸同。遐邇欲籌資興學者，恒輻赴之，匪不邀其流煦。固原初級中學、同仁小學等校，亦獲其捐畀，藉以隆宏構育良材。於戲！二公之重道作人，洵足風世，石以紀之，用垂不朽宜也。是爲記。

葉超　增設西山十一校碑記

固民質樸易爲治，荒僻處偶有侈越觸法者，教未訖也。民國二十九年春，中央陸軍第四十二軍軍長昭通楊公德亮，棨戟遥臨，審知治本之道，敷教爲先，遂捐資增設西山小學校十一處。同時，陸軍預備第七師祁陽嚴師長明，資助之力亦多也。懿歟，休哉！蒙養之始基已奠，則六盤掃竹間，行見人人競懷雅述，使向之蕩者檢，憒者明，而一道同風之盛可立致矣。紳學各界感其懷保嘉惠之周且摯，咸屬記言，壽諸貞珉云。

葉超　創立固原師範學校碑記

語云：“師者，人之模範也。”小模無偉器，干將莫邪必出於洪爐。邑師資缺乏，進修之士，末由深造。民國三十年冬，中央陸軍第五十七軍軍長攸縣丁公德隆，節臨斯境，眄睞所及，乃宣導官紳創立師範學校。撥鉅資，建大廈，增圖書，貼膏火，邑與鄰封學子，咸被其惠。此役，工區指揮部課氏崇明馮熊光、施本培，吉安黄壽葆，五十七軍特别黨部書記長鄧縣李容福，均勇於贊襄。更得陸軍第十七軍軍長定邊高公桂滋踵成之力，一簣不虧，百年可樹矣。

自是毋作輟，毋涸蔽，濡染以誘掖之，啟迪而饜飫之。典型既具，鼓舞多方。

他年經濟之才,或取諸此而皆備,豈僅師資云乎哉?雖然,定制難,繼軌亦非易,後有達識,永宏厥規可也。邑人士因勒石以志之。

葉超 濬復西惠渠碑記

原城西南四十里有湫曰朝那,秦投文詛楚處也。明季固原總兵趙文、兵備景佐始鑿引之,貫晦入城,便民飲沃,垂三百祀矣。

湫俗名"西海",故以"西惠"名渠。民國初漸坍廢,雖屢經挑浚,率以工巨止。三十二年冬,中央陸軍第十七軍軍長定邊高公桂滋,駐節此土。與高副軍長建白,米脂人,梁參謀長文鐵,葉縣人,治軍之暇,廉知西惠渠歲久失修,竟躬勘其地,激督兵弁以刊導之,凡三月而工竣。沿渠磽薄,頓成膏腴,市民亦朝夕得以取給。復於城之西南隅,建"中山公園",與民偕樂。僉謂公有功德於民也,宜勒石存之,用錫憲于奕禩,乃屬文于余,余亦塵襟洗豁,樂爲之記。

是役,董縣長寄虛,荊門人,孫縣長伯泉,定西人,軍部馬秘書文生,延川人,及其他將佐吏目紳民人等,與有力焉。

葉超 清故處士劉公得張墓志

處士劉公諱得張,邑青杠溝人,粹詣嘉修,稱淹貫,舉聘有期矣,忽遭匪亂,家二十餘口殉焉。

母氏何,早卒。繼母張,生爰張、以張,均幼。公挈之奔慶陽,輾轉延鄜,抵三原,保抱攜持,肘胕俱敝。三原爲渭北重鎮,頗康阜,遂居爲人傭。朝夕操勞,猶爭餘晷以課弟。有出貲欲幼其弟者,公愀然曰:"吾之辱身賤行,爲弟耳。吾雖顛沛,豈重貨而輕骨肉。人乎?"荏苒逾十稔,率弟返。村庫成墟,無可棲息,乃隸州署事下僚。二弟亦寖能樹立,鶺鴒相顧,綽綽有裕。親故勸公偕伉儷,公以衰落不娶,隨爲二弟授室。以長子文敏嗣公。孝子也。予方忝掌邑秉,周咨碩彥,而爲告語者鮮,獨於孝子事,多娓娓言之。噫嘻!公雖終鰥其身,而竟得孝子承其祧,天之報施善人,亦云厚矣。銘曰:

郁彼隴阿,毓此髦士。志道依仁,言規步軌。于村爲良,國之文梓。未假斧柯,猝驚刀鞞。有弟有弟,危如卵累。躬冒矢石,出諸九死。掖以遠颺,險巇跋履。橋山之隈,渭流之溪。載柞載芟,爰居爰止。景運重熙,怡然歸里。少日以長,長已暮齒。兄重友于,弟歌及爾。凡今莫如,至人無已。孔懷既翕,貽謀孫子。丕振丕承,凝休延祉。爲善者昌,是知天咫。

葉超 劉母張太夫人墓志

太夫人乾縣張公遠亭女,幼事祖母及父母孝。長歸固原劉公以張。公與兄得張、爰張俱困窮,太夫人爲人瀚紉,博緇介贍家,劬勤無少怨怫。欲務農以立本,會生女,因奶於人。期年歸,出資積購田畜,偕夫隨爰張公耕焉。有間,以夫屠瘠不任銚鎒,乃曰:"阿伯善力穡,本立矣。而遄脆,服賈可貿益。"遂從夫營販。俗牧羝賤絨,太夫人惜之,倡紡織。時家口已繁,息女子婦,咸精機杼。爲得張公不娶無出,與夫商以長子文敏,告於祐,嗣之。文敏彬雅淹通,翰苑之選也。喻業讀,入邑庠,性孝,遠遊是懷,未與賓興。然造詣純全,文辭勁麗,儒門重之。太夫人喜曰:"一家而四民具,可互濟矣。"亶益儉薄勤恤,揆日時,計勞績。子侄有異懦歎于行者,必懲創,逮削過而後已。其治家也如此。

兄奎客平涼,暴卒。星夜命文敏往治喪,盡禮。外孫張祥生,幼失怙恃,教養成偉器。戚串緩急,撤鐶釧無吝顧。得甘鮮恒分齎族類,其展親也如此。鄰有貧婦妊,即爲備貽養穀,及娩躬臨嫗煦。婚喪無力者,雖質典必佽焉。其恤鄰也又如此。

閨閫過從,每援班昭《女誡》,韓穆《家訓》相告勉。婦女向化,士大夫亦多所感興。以張公竟贏疾終,太夫人守節五十餘載,卒於民國二十七年十二月二十二日,距生於清咸豐六年九月初九日,享壽八十有四。越三日吉,葬於西郊祖塋次。遣奠之辰,宗親畢集,賓客填咽,輀車既駕,執紼者塞道,閭伍莫不雪涕。于以見及人之惠之深也。

子四:長文敏,清優庠,出嗣。次文祺,清經制。次文漢、文澂早卒。女三,長適張風儀。次適徐步陞,清副貢。次早卒。孫四;長克仁早卒。次克義,海原縣黨部委員。次克禮,邑參議員。次克信,攻讀。孫女三,皆適名門。曾孫三,曾孫女二,均幼。嗟乎! 劉氏式微亦甚矣。太夫人自婺嫄至黃耈,健持門戶六十餘年,復成望族。芳徽懿範,風動四方,洵國之嬪婦也,豈僅一門之女宗云乎哉! 係以銘曰:

朱實離離,丹椹垂垂,盈原桑棗蔭門楣,肇允才淑嫻女儀。髦嶺嶔巇,茹水漣漪,來及君子結其官,蕭然四壁樂唱隨。舉臼提瓷不告疲,啜粟飲水不告饑。擣衣縫裳易微資,累分積寸有飲貲。方置田疇劬耘語,通物致用籌自持。軸轉梭飛工織皮,和熊助讀下絳帷。閨幃惟謹無笑嬉,諸郎秀朗譽郊祁。主器淵冲稟異資,抱道懷才屈指推。婦工母教邁前規,救困扶危尤好施。柏舟忽賦共姜詩,堅操清節激澆漓。人世知經幾盛衰,冰霜自首倍孜祗。家祚紹興壯本支,瓜綿反衍慶畚斯。漠風吹,塞雲馳,嫡星遽隕草木悲,金石流光山之坻。山可移,石可隳,徽音不替播隴岐,吾銘不渝昭來茲。

葉超　趙銘三先生傳略

銘三先生氏趙,名生新。其先太原人,始遷祖避荒入隴。廣子胤于香山方渠間,高祖又遷于固原。迨曾祖及祖,祚裔益繁,同治兵燹,悉殉於難。獨先生父明潔公脫免而生先生,借延趙氏宗祊,蓋有天焉。

亂後文獻淪亡，孑遺之氓，風亦不竸。故蕩平有年，而土曠民遊，猶不知禮義。先生稟賦粹美，審察昭微，懍然以範圍禮教爲亟。顧尚在齠齔也，乃勵志潛修，聞有聖經賢傳，雖遠道必借致膳寫，歸其眞本，而後讀之。年十八入庠，即授徒，以砥勵名行，樹風聲。二十歲，補廩。三十歲，選宣統己酉拔貢，①廷試獲雋，簽分陝西直隸州州判。清鼎既革，遂歸爲閭閻課讀，更一意於抱遺訂墜，揚風扢雅。迄已耋老，仍孜孜以維世翼教相屬望。邇者固原賢豪繼起，習俗還醇，皆先生之功也。故曰延趙氏宗祊，蓋有天焉，傳之以風奕世。

葉超　李母余太夫人墓志

夫逆不易操，蹙不墜守，冠裳纂組之所難，吾獨見之李母余太夫人矣。太夫人固原鹽泥溝人，清故靖遠營千總余公珍之長女。幼而醇懿愨恭，長而端莊肅惠。及笄，歸同邑李公明雄，奉巾櫛，執箕箒，順巽而無攸遂，里閈稱之。

李氏故隴西望族，漸冉中落，然公生而英銳，猶將種也。乙未隨清喀什噶爾提督董少保於役河湟，②獲軍功。旋復宣績提輨，行大用矣。寧知苛疾不起，茂年即世。老母在堂，崦嵫之景。遺子二：長曰富清，始在髫齔；次貴清，甫彌月。太夫人篤伉儷情，欲以身殉，顧安可得？家貧，晡不舉火，黯然一室，老弱哀號。羌自披綃乳姑，撫棺鞠子，身則日就虧削弗恤也。宗黨潛其苦節不可貞，議奪其志，太夫人柏舟自矢，之死靡他。嗟夫！其遇之逆，境之蹙，亦云既矣。而其操持固守之節概，又孰能逮之者哉。無何，居益窮，乃入勢家事女紅，卜甘旨以奉庭幃，視膳問寢，人子不是過。其義方之教，士大夫有慚色，邑中閨壼，多聞風而黙化之。

時參將韓益三，直刺王聘三，商由孤老院月恤麥一斗，錢三貫。太夫人曰："敢攫孤老之餘乎？"堅不受。仍仰十指以自給，晏如也。後丁姑喪，水漿不入口者累日，殯葬盡儀，挈子廬墓，且諭之曰："向所未返鄉居者，以汝祖母年老，慮播遷耳，今宜歸務本業。"因回鹽泥溝，竭餘積置薄田，披荆辟草，出作入息。客有過之者，恒見太夫人椎髻布裙，督二子，秉鋤耒，課晴雨於畎畝上，儼然一田畯也。

戊辰夏，③匪氛匝地，邑西尤熾。太夫人性剛方，賊至不避，身被數創，二子振臂攘賊，賊僕，莊民群起趨之，賊衆遠颺。遂練鄉團自衛，富清得縣劄爲團長，里社賴而安堵。尋以剿匪功，轉任甘肅討逆軍第二路軍第二旅旅長。庚午平涼戰役，④因奮不顧身，遂歿於陣。士卒推戴貴清，當道即以貴清領從衆。嗣改編

① 宣統己酉：宣統元年（1909）。
② 乙未：光緒二十一年（1895）。
③ 戊辰：民國十七年（1928）。
④ 庚午：民國十九年（1930）。

爲中央陸軍新一軍新十旅,又改編爲陸軍第十五師,貴清歷任旅長、副師長等職,馳驅關隴,迭靖大難。其人耿介沉毅,百折不撓,蓋陶淑於母教者深也。己卯冬,自甘草店奉命拔隊赴陝,道出六盤山,欲旋里省親,太夫人聞之曰:"勿爲我枉道誤戎機。"亟命駕詣平涼,母子相晤,悲喜交縈。

　　太夫人夙有眩暈疾,庚辰春正月二日,[①]疾猝發,名醫罔措,竟考終於平城私第,享壽六十有五。以是月十八日歸葬于大營鄉,閭里慟焉。乃爲銘曰:

　　馬髦之山,白雲擎兮。朝那之淵,雪作泓兮。高深流峙,蘊精英兮。鍾毓淑質,冰玉瑩兮。桃夭叶泳,鸞鳳鳴兮。友瑟友琴,如弟兄兮。夫子赫奕,廊廟楨兮。盛時殂謝,隕將星兮。哀絃寡鵠,吊影煢兮。古井不波,從一貞兮。仰事君姑,致其誠兮。課兒繼述,振家聲兮。恢復先緒,裕後生兮。脫然無累,返太清兮。兆卜牛眠,允佳城兮。徽音靡替,永銘旌兮。

　　葉超　張纘緒德教碑贊

　　故固原參議會議長張禹川先生,緯纘緒,籍清水之張家川,考席珍,始遷固原。張氏世奉穆教,至先生而彌篤,且喜儒業。弱冠入庠,旋舉孝廉方正。鼎革後,以被濯淬屬重于時,當道托以民社,出宰張掖,有能名,顧未沛披所蘊也。解綬歸,棲情元遠,惟肆力於地方教育,蓋具有深意焉。邑民質直可喜,但地扼夷落,俗雜羌胡,故非尊教崇學不足以臻大醇也。先生爲秀才時,創有同仁學校,至是益制以課程,躬親獎勸,其誘掖之勤,爲黃耈所罕睹。而具闡發同仁之旨,尤爲孺子所未前聞。因之仰風之士,贏糧相從,執卷忻然,一時稱盛。今皆含實懷馨,揚庭觀國矣。

　　先生子侄多,悉詣學受業,無敢倦違。長君飛鵬,次飛熊、飛鴻,均學成,回翔於政教兩途,克隆前美。群季亦開敏有材,諸孫咸翹秀。語云:"輔性成德,必資於學。"豈誣也哉! 雖然,庠敩固爲大矣,設不規古立行,垂範訓世,則不得以弘其教。先生一貫孔穆大道,身體力行,風流所迄,人多向方。即有方圓殊趣,枘格不通者,獲先生一言,亦莫不渙然冰釋,其教化感人之深也如此。薰蒸透徹,於變時雍,猗與那與。遹者維新告始,民主初基,先生膺選縣參議會議長,政事輿情,多所導達。以積勞於民國三十六年三月十九日,溘從運往,享年六十有九。官居野處,靡不震悼。明年,其弟子馬守仁、蘇登科、海廷章、馬國琮、蘭生吉、馬國璋,欲壽先生之德教於碑版,昭示來茲。乃踵門句文於余,殊懇至也。

　　嗟乎! 師道之不傳也久矣,先生之師道傳矣;師道之不復可知矣,先生之師道可知矣。有先生之教,方有先生之弟子也;有先生之弟子,益足以知先生之教

---

① 庚辰:民國二十九年(1940)。

也。先生之有弟子,以視人恥相師,師之矣,師死而遂倍之者,爲何如耶？爰文其石而爲之贊曰：

　　干戈擾攘,學馳風漓。義方頹替,咎其執尸。有斐君子,以悲練絲。好古敏求,繼體承基。標程大經,宏振墜維。演迪斯文,遂學樹師。抽導幽滯,采琢荊隨。芷蘭扇發,芬馥敷披。世方耗斁,謬説多辭。徬徨睠顧,大道多歧。乃殫心力,斬棘翦茨。謀其未兆,制其背馳。混一殊風,洗蕩群疑。納諸軌度,式導成規。咸獲嘉祉,累治重熙。斯人不作,起予者誰？

　　張登甲　李母余太夫人神道碑記

　　太夫人甘肅固原鹽泥溝籍,清千總余公珍之長女,李公明之妻也。係出名門,夙嫻母教,賦性貞烈,有鬚眉氣。于歸明雄公時,年甫十餘,克明大義,事姑以孝,相夫以禮,鄉里稱之。清光緒二十一年,明雄公以病卒。彼時姑年邁,二子幼稚,長富清未及弱冠,次貴清尚在繈褓。太夫人年二十六歲,矢志守節,憑活計以奉親撫孤。舉凡冠婚喪祭之大,縫紉米鹽之細,一身肩之。雖備極艱苦,猶課子讀書,冀光門楣。民國初姑歿,葬以禮,遂返鹽泥溝,率子耕耘,作健如男,盡力畎畝,家道稍裕。民國十八年,土匪猖獗,命子富清辦團自衛,閭閻賴以安謐。十九年黃軍長寶珊到固,編團爲軍,委任爲第二旅旅長,因剿匪竟以身殉。次子貴清帶領其眾,奉命任陸軍新編第十旅旅長,駐節蘭州、靖遠、甘草店等處,軍紀嚴明,人民愛戴。後又任陸軍第十五師副師長。兄弟均力任艱劇,爲國爲民,皆太夫人義方之教也。

　　太夫人素性淡泊,崇朴黜華,自奉儉約。而鄉里有窮困或婚喪不能辦者,咸伙助之。本縣武廟小學建築乏資,慨捐千金以助。凡關地方修橋、築路、賑恤、興學諸善舉,罔不慨然輸將。太夫人生於民國紀元前三十六年正月十五日,卒於民國二十九年二月十日,即庚辰歲正月二日,享壽六旬有五。自明雄公之卒,太夫人含辛茹苦,操柏舟者四十年。鄉鄰欽其節,家人憚其嚴。一門之内,怡怡如,肅肅如,上下嫻睦,人無間言,李氏之興,正未有艾,所謂巾幗丈夫者非歟？兹謹按事實,撮其犖犖大者,表而出之,俾勒石神道,以垂不朽云。

　　張登甲　劉漢生事略

　　劉公名繼高,字漢生,固原望族,清孝廉東初公之孫,守備輯五公之子也。里居縣西鄉張易堡,世以耕讀傳家。因同治兵燹,遭家不造,輯五公年甫十四,決志從戎。隨前新疆哈什噶爾提督董公星五、陝西固原提督雷公緯堂,轉戰西北各省,偉績卓著,以功保獎花翎遊擊銜,儘先都司,留甘補用,授西把截堡營守備。英勇有謀,上峰頗器重之。

　　公幼秉家訓,抱負不凡。請纓年少,比弱冠於終軍;投筆心雄,慕封侯之定遠。每欲立功疆場，報効國家。清光緒河湟庚子兩役，即隨父同立戰功，亦保獎花翎，儘先守備，歸涼州鎮標任用，經前總兵姚公興齋委古浪營把總。嗣遷後營把總，補授豐樂營千總。洎輯五公卒於官，上嘉其功，委代父職。彼時，公經驗已富，閱歷尤深，才優邁衆，精力逾恒，無怠無荒，克盡厥職，遐邇愛戴，有口皆碑。莫不曰：“東初公可云有孫，輯五公可云有子。”並贈“碩德堪欽”匾額以表之。所謂堂構相承，箕裘克紹，一門簪纓，可謂盛矣。

民國肇造，綠營裁撤，公以久官於外，非計之得，遂於民國七年挈眷歸里。時廬舍爲墟，家無四壁。祖遺產業，被人侵占殆盡。糧無升合，地無立錐，宧囊孔虛，清風兩袖。在此艱難困苦中，竭蹶經營，擴充農事，不數年家道漸裕。於是念子弟之失教，創立小學；患閭閻之不靖，籌辦民團。鄉鄰有爭鬥者排解之，有婚喪不能舉者貲助之。凡關於地方公益各種善舉，任勞任怨，辦之不遺餘力。以故鄰里信仰，父老歡迎，事無巨細，咸請主持。有識公者，罔不重其人高其品也。

公之元配金恭人，前哈什提督金公永清之長女。生子一女五，長子繩武，有儒將風，師範學校畢業。歷任陸軍新編第十旅參謀，本縣農會會長，田賦管理處科長等職。五女均賢慧，俱適大家。繼室葉恭人，前涼州鎮標把總葉公萬年之長女。生子二，長紹武，天資英敏，操持實業。次紹文，因病折殤。二恭人皆係出名門，素嫻母儀，主持家政，井井有條，其内助之賢，難能可貴。繩武姊妹雖金恭人所出，乃葉恭人所撫，而其所以能繼志守成，並在軍學界嶄然克露頭角者，皆公義方之教也。

總公之懿行，如戰勝疆場，効力國家，忠也。繼父居官，清廉自持，孝也。提倡教育，恭敬桑梓，義也。萃三德於一身，足以矜式鄉邦，典型後世，是惡可以不傳？公生於光緒四年六月二十八日，卒於民國二十九年五月十七日，享壽六旬有四。茲值三周紀念，同人等爰將公之懿行，舉其大者書於屏，以垂永久，不惟一家之光，抑亦鄉里之榮也。

張少雲　邵玉魁事略

大抵士生斯世，投効知己，役其身心，於艱難困苦之境而孜孜終日，歷久不變者，凡以奮其功名而已。若其功不可以旦夕期，名不可以遠大著，而竭其智慮，勞其筋骨，又皆家人奔走之勞，米鹽凌雜之事，則雖肯窮年矻矻，甘爲人役，而置己之一身一家於不顧者。乃少雲何幸，於先嚴解職以至辭世，遭時多故之際，而得遇鑫亭邵君其人耶？

君名玉魁，號鑫亭，籍甘肅固原縣。清陝西提督駐此時，君之先世多隸提標，有積功以顯者。同治時城陷，全家遇難。父諱德，號清林，由固原城守營千總，擢商州協標守備。性忠直，下悉得當，與當時行伍中鑽營祿位者不同，至今稱之。

母李氏,終溫且惠,淑慎其身,人謂有大家風。生子三,君其次。

少時入伍,而能以戇直勤勞,得邀歷任上官青睞。辛亥之役,先嚴奉命出師。時變起倉卒,假竊名號者,所在皆是。先嚴素悉君誠慤,派赴前敵密探情形。君穿山越谷,窮日累夜,不避艱險,得悉實在。先嚴軍事,應付動協機宜者,君于力爲多。共和告成,陝提改隴東護軍使,移駐平涼。君以功膺使署副官,即日侍先嚴左右。時先嚴年齒已高,起居動靜,在在需人。君謹慎忠實,凡事猶能先意承旨,以故得老人歡心。

民國三年,君隨侍先嚴覲見入都。先嚴任京職,君不以改官稍變初心,仍朝夕服侍惟謹。八年,先嚴老病浸尋,漸至不起。君醫藥之外,飲食寒暖,百方調護。迨至棄養,棺槨之斧之費、弔祭殯葬之需,以暨由京返陝,由省返蒲,無不由君籌劃經營。勞心勞力,始終其事,而尤經手事件在在清晰儉約,不妄費一文。雖使少雲自爲之,恐亦不能如君之周旋盡禮,初終不懈,豐儉適宜也。所難者,先嚴陝提任已多負虧,至入京覲見,即左支右絀,幾難起行。顧向兼將軍府兩處薪水不過數百元,而全家之養、交遊之費、同鄉告貸之需,悉於是出。君能于居今五年之中,節縮動用,俾境遇之艱不致擾我親心,誠爲少雲所感泣不忘。

尤可感者,君于先嚴奄歾安後,即經理吾家一切,至今二十餘年,不易其志。而吾家艱窮情狀,視昔尤加,君一身支持其間,猶以十五年圍城之厄爲最其最著。斯時少雲於役在外,繼慈及兒女輩咸在甘肅,寓中僅留君一人。內而保守,外而應付,幾及一年,形容枯槁。少雲入門,見不相識。此尤其大節畸行,卓卓可表者。先嚴歾後,晨夕盥沐香楮無間。少雲長子壽銘,身膺痼疾,盡心調護,俾復健全。兼荒旱數載,親友舊部,猶時假繼慈之命,量力資助,均能得歡愉心,亦豈平常人所能從事哉?今歲繼慈辭世,仍賴君盡心籌劃,得殯葬如禮。

嗚呼! 晚近以來,士大夫投身仕途,汲汲焉營求干進,均惟一身功名是望。若其勢易時移,則掉頭不顧、引領他望者有之。君能于先嚴予告之後,相從終始,若盡忘前此從軍時之希冀,且深憫其子孫之愚、門祚之微。於是並其子孫門祚盡置度外,勤勤焉,勉勉焉,萃畢生精力,若舍先嚴一家子孫而外,更無所事事之者,而又心無希冀。少雲雖常與之酬,亦堅卻不受。此其人寧可求之於晚近哉?

君妻郭氏,亦克盡婦道,爲賢內助。生子一,名文炳,英敏秀發,望而知爲善人之後。少雲爲之娶婦,現已抱孫,乳名長安。含飴之樂,並爲頌之。少雲夫婦今擬以兄事之,同居共爨,以終天年。

今歲十月初一日,爲君五旬有一懸弧之晨。少雲不文,不能爲祝禱之詞,惟君所盡力于先嚴繼慈者,並少雲所以不能報君者,書屏以贈。天假之緣,他日得遇留心世道之君子,得睹是屏,播之詩歌,或吾子孫有興者,載之譜牒,使君不求名而名彰，不居功而功著，是即少雲報德之微意也。是爲序。

劉文敏　杜世興事略

古人云“知人則哲”，又曰“得人難”，若强濟川之於杜蔚若，誠可謂之知人、得人矣。

濟川曾供職提科，從事案牘，綠營撤銷，易業商賈。數年來，佳境未入，勢形掣肘，幸得蔚若贊襄，鴻猷丕展。濟川作古時，商業優裕，昭人耳目。所可憫者，濟川畢生忠直信義，家徒遺老妻、弱妾、病子，外雖不無故舊之交，内則實乏期功之親。蒼天無知，逢人太息，所賴支持者，蔚若一人而已。有膚見者煩言，恐有不利於婦孺，蔚若聞之，益加毅力，忠於寄託。

今者不惟强氏送養，始終無憾，而更續成絶緒，人所難能。於此知濟川能盡知人、得人之用，而蔚若克成知人、得人之體。蔚若非徒有功于强氏，亦可裨益社會明矣！爲强氏後者，當以若人圖報，而社會爲人助理者，應以若人爲法則焉可也。

李文輝　宋受采事略

蓋聞褒善貶惡，《春秋》大義也；陟忠黜奸，國家之憲法也；而愛賢憎愚，即人心之公理也。人心即具公理，凡仁者慈善之行，終當顯見而不能湮没。

如宋受采先生者，美國之大教士也。曩以道宗基督，學精《福音》，榮膺牧師。攜眷入華，傳教於甘肅之固原者，已十三易寒暑矣。其爲人也，性直而心慈，疏財而好義，以故此地之正人君子，與之交遊者甚衆。蓋欽其品，並佩其德也。

追溯先生到固之初，正值民國九年震災之後，閭閻凋殘，人民困苦，瘡痍滿目，處處堪憐。先生睹此情狀，心殊不忍，乃啟囊出貨，拯救餓殍，列方施藥，醫治疾創。凡有急難，無不極力周恤。而又以海原災情較重，慨捐二千元，亦如賑濟固原者而賑濟之。該縣人民非常頌德，其博施濟衆之懷如此，可謂一視同仁而不分畛域者矣。然劫後餘生之民，沾此仁惠，感激已不淺鮮，而先生猶于每歲冬令，在固制散氈、棉衣褲，俾鰥寡孤獨及老幼殘疾之人得以禦寒，借釋凍餒之慮。其後又恐災民無力供給子弟讀書，以致輟學，慨捐修金，設立義塾，招集貧寒兒童，延師教讀。遠近聞者，莫不欽式其仁，以爲友邦中不可多得之善士也。

十六年大軍東下，道出蕭關，間有敗類郭效孟者，稽其官級則區區之一營長耳，竟敢仗勢爲屬，藐紀逞兇，狐假虎威，任意橫行。駐固原未滿兩月，拷掠民財逾萬，受其害者約數十家。先生聞之太息而痛恨曰：“固民何辜，遭此慘虐！”因具情陳報，經上峰令查屬實，郭惡伏誅，民冤乃伸。先生之力可謂宏矣，先生之氣可謂俠矣。

十八年，歲逢饑饉，斗價奇漲，死亡枕藉。先生爲之攝影，遍向慈善機關代民呼籲。幸承北平華洋賑災總會,迭撥鉅款,以先生爲固、静賑災分會總幹事。先生深知固、静兩縣荒災極重,非急救則委溝壑者日益其多,因即遴選委員,分司其事,同時開幕。先行散錢,以救其急,由枵腹之民自得其貲,購食療饑,賴以活者約數千人。繼而覓買糧米,按口給散。並采群議,仿行以工代賑之策,開西海淤渠,引水東流,以期遇旱灌溉民田。築河壩,預防水患。重修城堤,以固民居。並修西山將臺堡直達硝河城大道,迭湫溝澗,數造橋樑,以通車馭而便運輸。更修南鄉青石嘴一帶官路,化除險阻,暢利行旅。種種仁惠,無一不係利民之事。

慈矣哉,先生之心也!善乎哉,先生之行也!文輝職任慈善會長,自愧棉力,弗克及此,撫躬自問,抱憾殊深。爰約同人,公制丹屏,聊叙先生懿行,以期表彰盛德,庶幾仁者之婆心克慰,而當世之頹風或可挽也。況隱惡揚善,君子有責,吾儕斯舉,誰曰不宜乎哉?

李文輝　孫忠恕事略

民國十七年夏,文輝辱承地方官紳推愛,委辦邑之慈善會事。迄今九載於兹,愧無建樹,幸得本會會計員孫省三先生深資臂助,乃有今日。

先生自任事後,矢勤矢慎,廉潔爲懷,任勞任怨,有始有終。不但視公如私,分毫毋苟,即會有放款不足之處,輒自通融號款,先行墊付,俾厚基金。其平素或資赤貧之婚喪,或助窮苦之困難,或拾字紙以重斯文,或印善書以勸世道,或備藥餌以救急病,種種懿行,難以枚舉。求之於今,實於難得。

文輝將欲卸肩,不忍湮没其功,因具文呈請嘉獎。蒙固原縣縣長彭獎以"急公好義"四字,准由本會贈予匾額以彰善德,而示鼓勵云。

李文輝　葉崔氏事略

葉駿發之妻崔桂花,住本城黄家大院。駿發向以攤販爲生,詎於民國三十年夏患癱成廢,寸步難移,水火非人不可,而家貧又無生活。氏雖女流,信用昭著,衆寄以物代售,得盈糊口。夫在家苦無兒女代勞,只得每早負背其夫入市場看守貨攤,自向街巷行賣,日求升合,晚仍背夫回家,雖嚴寒酷暑,弗辭艱苦。夫病七年之久,氏勤事之如一日,毫無難色,毫無倦容。夫癱廢,心尚怡然。世之爲買臣之妻,季氏之嫂者,視氏能無愧死?

李文輝　張洪順事略

張洪順住本城理門卷,原籍秦安。壯歲從戎,隸隴東壯凱軍十一營喻升部下,充什長。截擊由豫西竄之白狼匪于白水江,頗著功績。迨後隊伍改編,流寓固原,雖貧無立錐,淪爲乞丐,而不義之財,一介不取。孑身無累,但日剥剔貓狗死皮爲生。不分冬夏,身披補衲衣一領,既不仰人鼻息,復不看人白眼,如葛天無懷之民焉。

民國三十二年秋,順于城外任家巷拾得法幣十萬元,乃擎之掌上,沿街喊問失主。俄有半個城回民米姓倉皇奔至,順恐冒領,先問内包何物？答以適由銀行領回鹽款若干。順視相符,全數付米而去。恰逢陸軍五十七軍丁冠洲軍長駐防于固,聞知此事,立傳米姓,勒令以五百元謝之,順不受。丁公並飭令特黨部制以"拾金不昧"匾額獎之,順叩於行轅曰:"還金乃人分内事,弗敢蒙公獎勵,且窮窩奈無懸處。"公更義之。

世道澆薄,人心貪鄙,拾十萬金而能慷慨珠還,出之富有之人,尚稱難得,況赤貧者乎？能不令人欽而佩之？

李文輝　張得魁事略

張得魁字梅園,住本城,簪纓世胄張榮之後裔也。開設飯館爲生,爲人忠厚,有鍾離子風。事親孝,而且敦族恤下。

叔祿早故,遺孀范氏,已析爨家貧,魁迎養如母,以全柏舟之節。族弟得元,子女繁衍,百方周濟,毫無靳惜。館友李光勝年逾古稀,孤獨無歸,待如家人,不忍令去,且爲備其後事焉。

李文輝　周達事略

周達字和甫,縣屬南鄉二十里鋪人,爲原籍直隸保定。爲人誠實而氣度藹如,善畫人物,兼擅篆刻。其少時久爲燕趙士大夫所器重,因母老屢徵不仕。奉親極孝,母患癰,百藥罔效,勢至垂危,達爲焚香告天,願折己壽求母長生,並刺股和藥以進,病遂愈,康強如初,壽至耄期而終。奉安後,始游東南各省,青萍出匣,增價于薛卞之門。

民國十三年,隨甘肅電政工程處方正元總管攜眷來固,見西北風土人情之厚,遂寄籍焉。意在躬耕南郊,不求聞達,乃被前任海原縣長趙春普力請襄助。迨後又應寧夏縣長司徒清、固原縣長錢史彤、鎮原縣長鄒介明聘請佐理。在鎮編修縣志,竭盡心力。病歸捐館,貧無葬費。達素語人曰:"余生平不二色,無苟取。"其信然矣。

秦得雲　白豫三事略

耆宿白公諱永泰字豫三,道德純潔,品學兼優。世居本縣附郭鄉,祖上耕讀傳家。公志切向學,乃應童子試,報罷,遂投筆從戎,以軍功保都司。

辛亥政變,適公供職某軍械處,勤慎奉公,埋頭苦幹,舉凡應辦文件,悉由公擬,才長心細,悉中機宜。鎮守使陸洪濤廉得其情,深爲器重。厥後陸使膺甘督,公隨同赴蘭。歷任督署軍需官、富隴銀行行長、機器局局長、省政府顧問等要職。所有陸督公私款產,皆公爲之經紀,清廉自持,取予不苟。尤其難能可貴者,當陸督病危辭職,倉卒離甘後,遺有某項之款若干,已不記憶。事經數年之久,公猶爲之經營保管,計權子母,共積銀二十餘萬元,乃攜款躬送津寓。彼時陸督業經逝世,家人從不之知,以公遠道來投,必因生計有所請求,比及述明來意,以鉅款進,陸夫人及閤眷咸駭感至於出涕。此事吾甘人士,均所深悉。

公解仕後,寓居蘭省。民國二十六年春間,忽一夕有寇入其室,肱篋畢,且向公詢問左鄰富户。公答以本人歷任顯職,富甲里巷,所有財物,恣爾所取,勿得騷擾貧寒。庇護一方,即此亦足見公之爲人矣。

公生平淡泊自甘,薪俸所積,悉購藏書籍法帖。二十八年,本縣創立民衆教育館,圖書缺乏。公聞之,即將其藏書自動開具書目,輦贈地方,價值巨萬也。其熱心文化,關懷桑梓,誠非常人所能及。他如救災恤貧,見危難及告貸者,恒周之無所吝,凡此美德,不可勝紀。

嗚呼!以公之德,方期遐齡永享,詎意三十四年十二月五日壽終蘭寓。距生於清光緒丁丑年七月初七日,享年七旬。蘭垣士大夫公祭如儀,運柩回固,擇期安葬,地方人士,鄉鄰戚友,慕公懿行,感念尤深,爰舉行追悼大會,用彰幽德云。

徐頤　韓練成事略

韓練成將軍,學名圭璋,祖籍寧夏豫旺縣。其封翁鎮戎公,隸董少保部,落籍固原,生將軍。因家貧輟學,從戎北伐,積功任團長,入陸軍大學。民國二十六年,抗日軍興,將軍任陸軍三百五十一旅旅長。臺兒莊戰役後,升任陸軍一百七十師師長。昆侖關之戰建奇功,政府擢升將軍爲陸軍第四十六軍軍長。進擊雷州半島,率師渡海,受降於海南島,將軍任海南島綏靖司令長官,兼行政監督。約一年,將軍以二十年征戰,積勞成疾,政府顧念賢勞,調任國民政府參軍,予以休養云。

韻語

小引

《南史》:[1]王義慶招集文士,何長瑜以韻語序。所謂韻語者,有韻之文也。粵稽六經,秦漢之書多有韻,蓋皆自然之音響而流露成節奏者,非必故爲調協也。自韻書出,而後用韻之風乃熾。東坡、山谷以後,更以用韻奇險爲工。

夫韻語者,人籟也。固有其自然之音吐,未可以牽強造作也。人籟原於天籟,氣判類從,類聚聲生。聲成文謂之音,聲音和謂之韻。風之鳴條,靈鳳振響于

---

① 參見《南史》卷十九《謝靈運傳》:"臨川王義慶招集文士,長瑜自國侍郎至平西記室參軍。嘗於江陵寄書與宗人何勗,以韻語序義慶州府僚佐云"。

朝陽,尚足令人澄聽,况人之聲應乎。惟其爲音也,剛柔清濁,各有端序,寓於器成樂,發於咨嗟詠歎爲言。言者心之聲也,比琴瑟,象夷則,有和有成也。謂若金鑿乎,金鑿讙乎聰,初則鏗鍠,終則無聞,其結於千秋而不磨者,惟言之文乎。故曰本諸心謂之志,播諸文謂之言。又曰動則有事,言則有文,出納五言,謂之詩。《周禮》:大詩"教六詩曰風、曰賦、曰比、曰興、曰雅、曰頌"。① 有頌其昇平者,有傷其衰亂者,有出於感思者,有出於怨悵者,有出於規誨者,有出於嘲笑者。凡人心之感物而形於言者均曰詩,是以詩統諸韻語也。浸以長文爲賦頌,短句爲詩詞,詩人之賦麗以則,鋪陳其事,不吐庸猥之言。頌者所以稱揚其美,言合於天也。

詩,志也,志之所之也。《前漢・藝文志》:②"誦其言謂之詩。"《舊唐書・經籍志》:"詩以紀興衰誦歎。"[204] 或長於變,或長於正,古多四言,仿自風雅,率爲本音。漸變爲樂府、長短句、五、七言,律細,格極高古,雖宗匠猶鮮能逮者。歐陽公能變文格而不能變詩格,餘可想見。

詞者,詩之餘也,別具風格。造句遣詞,極其細微,宮鳴徵應,響韻相趨。雖覃思流爲瑣語,琢句讖爲碎辭;然散琬琰於胸懷,運風霜於掌握,固難更僕數電。斯皆屬音賦韻,永言千載。或一簡之内,音韻盡殊;或兩句之中,輕重全異。無煩操縵安弦,吹篪執管,每如金石玲瓏,流泉激越,或如風飆驟起,或如車馬賓士,或凄音如縷,或峻韻如霜,大可協律呂之情,和陰陽之氣。故歌之足以起塵,讀之自娓娓也。

邑地陰陽合德,剛柔有體,其人其文,恭儉莊敬,敦厚良易。昔屬邊徼,尚武功,故其爲文又多發揚蹈厲,作韻語則佶屈聱牙。間有摛辭綴韻,婉而成章者,必録之。其非固原人,而爲固原詠,可供欣賞資徵證者,亦異軫同歸焉。雖曰去取務嚴,勿蹈蕪濫,但屬本地風光,如月露閑吟,亦未可盡刊而去之。惟於風旨以外,其音吐必原於天籟而後可。

賦頌　　敷陳揚祝,義正辭范之文屬之

漢

班彪　北征賦

余遭世之顛覆兮,罹填塞之阨災。舊室滅以丘墟兮,[205] 曾不得乎少留。遂奮袂以北征兮,超絶蹟而遠遊。朝發軔於長都兮,夕宿瓠谷之玄宫。歷雲門而反

---

① 參見《周禮・春官》。
② 參見《前漢書》卷三〇《藝文志》。

顧,望通天之崇崇。乘陵崗以登降,息郇邠之邑鄉。慕公劉之遺德,行及葦之不傷。彼何生之優渥,我獨罹此百殃。故時會之變化兮,非天命之靡常。登赤須之長坂,[206]人義渠之舊城。忿戎王之淫狡,穢宣后之失貞。嘉秦昭之討賊,赫斯怒以北征。紛吾去此舊都兮,騑遲遲以歷茲。遂舒節以遠逝兮,指安定以爲期。涉長路之縣縣兮,遠紆回以樛流。過泥陽而太息兮,悲祖廟之不脩。釋余馬於彭陽兮,且弭節而自思。日唵唵其將暮兮,覯牛羊之下來。痛曠怨之傷情兮,哀詩人之歎時。越安定以容與兮,遵長城之漫漫。劇蒙公之疲民兮,爲彊秦乎築怨。舍高亥之切憂兮,事蠻狄之遼患。不耀德以綏遠,顧厚固而繕藩。首身分而不寤兮,猶數功而辭嘩。何夫子之妄說兮,孰云地脈而生殘。登鄣隧而遥望兮,聊須臾以婆娑。閔獯鬻之猾夏兮,吊尉邛於朝那。從聖文之克讓兮,不勞師而幣加。惠父兄於南越兮,黜帝號於尉他。[207]降几杖于藩國兮,折吳濞之逆邪。惟太宗之蕩蕩兮,豈曩秦之所圖。躋高平而周覽,望山谷之嵯峨。野蕭條以莽蕩,迴千里而無家。風森發以漂遥兮,谷水灌以揚波。飛雲霧之杳杳,涉積雪之皚皚。雁邕邕以群翔兮,鵾雞鳴以嘈嘈。遊子悲其故鄉,心愴恨以傷懷。撫長劍而慨息,泣漣落而霑衣。攬余涕以於邑兮,哀生民之多故。夫何陰曀之不陽兮,嗟久失其平度。諒時運之所爲兮,永伊鬱其誰愬。亂曰:夫子固窮,遊藝文兮。樂以忘憂,惟聖賢兮。達人從事,有儀則兮。行止屈申,與時息兮。君子履信,無不居兮。雖之蠻貊,何憂懼兮。

梁竦　悼騷賦[208]

彼仲尼之佐魯兮,先嚴斷而後宏衍。雖離讒以鳴邑兮,卒暴誅於兩觀。股伊尹之協德兮,暨太甲而俱寧。豈齊量其幾微兮,徒信己以榮名。雖吞刀以奉命兮,抉目眥於門閭。吳荒萌其已殖兮,可信顏于王廬。圖往鏡來兮,關在此篇。君名既泯没兮,後辟亦然。屈平濯德兮,絜顯芬香。句踐罪種兮,越嗣不長。重耳忽推兮,六卿卒強。趙隕鳴犢兮,秦人入疆。樂毅奔趙兮,燕亦是喪。武安賜命兮,昭以不王。蒙宗不幸兮,長平顛荒。范父乞身兮,楚項不昌。何爾生不先後兮,惟洪勳以遐邁。服荔裳如朱紱兮,聘鸞路於奔瀨。歷蒼梧之崇丘兮,[209]宗虞氏之俊乂。[210]臨衆漬之神林兮,東勑職於蓬碣。祖聖道而垂典兮,褒忠孝以爲珍。既匡救而不得兮,必隕命而後仁。[211]惟賈傅其違指兮,何揚生之敗真。[212]彼皇麟之高舉兮,熙太清之悠悠。臨岷川以愴恨兮,指丹海以爲期。

皇甫規　女師箴

觀象制教,肇經乾坤。家有王義,室有嚴君。各有定位,陰陽是分。昔在軒轅,陶化正刑。刑於壼闈,以臨百官。煌煌后妃,玄統是閑。穆穆夫人,爰采潔繁。師禮莫違,神閟時怨。關雎首化,萬國承流。實有淑女,允作好逑。唐嬡興僞，文母盛周。德音不回，宏濟大縣。咨爾庶妃，變輅斯邁。戰戰兢兢，勵省鞶帶。漸進不形，變起無外。行難著而易喪，事易失而難退。動若順流，應如發機。奉上惟敬，撫下惟慈。怨豈在明，患生不思。

明

黎暹　忠義賦

蓋常觀諸豪傑之生也，匪偶然而無因。而其死也，亦將轟轟烈烈，挺忠振義，超邁乎等倫。雄千古以厲志，傲百代而奮身。附鳳翼，攀龍鱗，開日月，乘風雲。力正反側，手披荒屯。氣蓋六合，勇奪三軍。彄弓則四野霆吼，倚劍則千山電奔。一嘯而群胡碎膽，一呼則眾虜消魂。眇四海於一勺，小五嶽於纖塵。指麟閣以圖像，望雲臺而樹勳。輕萬金之酬士，重一死以報君。衛霍不足侶，賁育不足群。八陣不足列，六韜不足陳。刀鋸不足挫，鼎鑊不足云。此武勇侯者所以爲柱國之良將，匪躬之王臣也。當其夷報急，邊塵驚，鼛鼓震，烽火明，奔豺突虎，鼓脣掉鯨。詢之三公，薦之六卿。賊聞膽略，人知威聲。臨軒授鉞，登壇握兵。神設鬼施，雷動風行。元武司旗，朱雀掌旌。豐隆翊陣，列缺啟營。縛飛廉而執商羊，伏蚩尤而埽檻槍。同士卒於甘苦，一偏裨於號令，誓猛進而必死，無退縮而倖生。是以一鼓而啗卜滅，再進而察歹平，三舉而土昇擒，四進而阿台傾，五討而南哥絕，六剿而鎖南清。永昌沙尤，紅寺黃城，莊浪合攻，巴哇分征，奇功偉績，觸手而成。捷奏天子，有詔寵褒。勳烈之崇，僉曰惟毛。以誥以贈，逮其曾高。白金文綺，玉帶蟒袍。鳳翅之盔，繡春之刀。用壯軍容，用酬大勞。加賞爵祿，榮澤滔滔。方從容於廟堂兮，俄羽檄之西飛。彼滿四之叛逆兮，率部落以構非。肆劫奪於州里兮，倚磧山之巍巍。已勢動于關陝兮，遂聲達於京畿。廑皇情之西顧兮，在戮力之芟夷。六軍傳說而驚駭兮，諸將相視而狐疑。公謂伐叛而討逆兮，請於我乎當之。於是遵神算，奉皇言，提天兵，[213]指固原。既嚴我眾，復屬我孫。左執鞭弭，右屬櫜鞬。千乘萬騎，雷殷雲屯。如躍如奔，如騰如騫；如轉泰山之石，如決黃河之源；如巨風之翻，如烈火之燔。奪層崖之險巇，據七峰之巑岏。崇岡忽平，深澗頓淺。危巢險穴，瓦解席捲。饞咬餓兒，水斷陸劗。長蛇封豕，次第屠翦。羗倪叫號，鼠兔匿犬。山深霧昏，尋丈不辨。前鋒已交，後哨失援。困孼窮寇，殘焰益煽。旬霆礧石，白雨飛箭。萬目皆眩，千指盡顫。公乃奮督孤軍，奪險據便。雲湧星飛，驚雷掣電。祖決孫從，同一志願。呼天裂眥，誓以不變。摧鋒陷陣，莫不爭先。斬首千級，搴旗百面。大馬利器，莫計匹件。賊潰復張，勢有遷轉。矢盡力疲，罔或奔殿。揮刀鼓勇，捫足示健。拔鏃再進，裹瘡復戰。大事垂成，全功莫建。俄而奪營隕星，裂焰萬丈。公既云殂，駿乘亦喪。三光失色，群姓觖望。部伍頓足，灑淚相向。暴風夜介，折幟拔帳。幕卒感夢，已拜靈貺。矢心憤怒,猶表忠壯。訃奏上聞兮,帝爲悲愴。一門忠義兮,舉世執尚。輟朝參兮停鼓鐘,止筵宴兮罷供張。勅祠部兮致奠祭,[214]走冬官兮事營葬。金書鐵券兮聖恩浩蕩,礪山帶河兮天語不妄。增崇封兮躋列侯,致佳諡兮表良將。賜名坊兮樹風聲,錫新祠兮演圭卣。[215]凡所以襃忠而旌義者,皆一時之所推讓也。

嗟乎!人生孰能無死兮,公雖死而猶生。與其死於兒女手兮,孰若死于戰陣,且千古而留名。予嘗因公子忠兮,思古人之數輩:嵇紹刃血之濺衣兮,卞壺拳掌之透背。杲卿鉤舌而猶罵兮,張巡嚼齒而皆碎。紀信甘於火焚兮,孫揆恬于鋸解。楊邦乂血書於衣裾兮,文天祥自贊於衣帶。墮邕蠻之蘇緘,歿契丹之康裔。趙師旦討儂賊而殺身兮,詹良臣禦方臘而取敗。歐陽詢焚死而不疑兮,李若水裂頸而無悔。彼豈無計以偷生兮,率甘心而受害。誠知浩然之氣得於天兮,曰至大而至剛。惟直養於平素兮,故雖處變而如常。任叛逆之自恣兮,無寧與之而俱亡。怯懦之所鄙兮,曰隱忍而奚傷。烈士之所行兮,固非庸愚之可量。侯封赫奕兮,英靈是慰。伯爵綿延兮,厥後其昌。平蠻有孫兮,百萬是將。西征則平樂鬱林,東伐則後山高凉。大桂瀧水,修荔府江。堅營險寨,峻壘崇岡。[216]聲威所加,莫或抵當。流通四歸,復於耕桑。我民飲泉,其源敢忘。蓋公靈固通於穹昊,而天心實報乎忠良。罄一身之苦節兮,恢萬祀之宏綱。忠義天書兮,公之坊。武勇勅祠兮,公之鄉。諭祭有文兮,文有悲詞。賜葬有墓兮,墓有銘章。國史論贊而不足兮,士林歌頌而無疆。凜凜英風,爛爛寒芒。與華嵩兮相高,與日月兮爭光。上之爲星宿兮,爲風霆;下之爲莫邪兮,爲干將。攷公于生雖止七十有五年兮,而其不死者不知其幾千百世之長。嗚呼!上天兮下地,古往兮來今。公之死固不爲名兮,諒千秋忠義之知心。

黎暹　武勇祠賦

溯朔風而馳望兮,思伏羌之故宫。值大朝之旌忠兮,樹風聲於舊鄉。當山之捐軀兮,志烈烈而不遷。果君恩之不負兮,茲爲廟而爲墳。忠臣烈士之細事兮,蓋舉世以爲難。折車蜀道之雲棧兮,覆舟巫峽之風湍。惟皇天與后土兮,誠有諒於予心。鈆馬躑躅而不行兮,[217]元猿爲予以哀吟。[218]予既儋君之高爵兮,能無忠義以自居。豈若彼不自盡職兮,謂君恩之我疏。綱常之在人兮,必死而後知其能行。既受命以討賊兮,又何愛身而偷生。縱死焉,尤耿耿不昧兮,叩帝闕而控訴。固爲厲鬼以殺賊兮,豈微命之足救。杲卿爲予悲嘯於常山兮,屈原爲予哀歌於湘浦。新祠兮嵬嵬,忠臣去兮國士哀。徒遙念兮麟閣,復想像兮雲臺。世固有卓然而持異兮,後天地而常存。璧玉不以破碎而易其剛兮,日月不以剝蝕而虧其圓。悲世俗之榮顯兮,孰非爲將而爲佐。既委身以事人兮,又奚分乎范與智。嗟熊魚之未分兮,誠紛紛其誰與。望朔雲以三酹兮,誠有感乎今之世。嗟乎,惟義與生難兩全兮，舍身取義理則然兮。匪今則希古以爲難兮。謂予不信，請質聖賢兮；求仁得仁，中心乃安兮。

文在中　觀宇篇鉅賦略[219]

由扶風至於安定三百里，水土雜於河西，人煙接於北地。咽喉靈武，襟帶西涼。黃流在其北，崆峒阻其南。隴山環拱，渭波夾繞。此漢之朝那，介於涇源環慶之間，又一大都會也。

惟崆峒之杳冥而赫昄兮，清煙與玉繩而齊浮。軒轅既柴岱宗兮，遂陟崆峒之別峰曰雞頭。廣成子處於東砦之陰穴兮，外慮不足滑其靈脩。屈至尊而稽顙請益兮，峭壁幽洞垠堮屹其猶留。涇發源於城之白巖兮，汭自華亭而上流。挹渭水而會波兮，[220]至龍門而洪河投。殷之妲己尚有川兮，秦王馬跑之泉亦潺湲而成湫。皇甫謐讀書之處，青草欑槮於靈臺兮，《三都賦序》體裁何容興而儵懘。烽火動于蕭關兮，動漢文之西憂。武帝登崆峒而出茲兮，亮羌夏之襟喉。王母垂五色雲而來降兮，漢帝聽崑丘之謠於西州。煙雲鎖於臺館兮，問道之所下於重巘，有洞穴之可求。此蓋古之密國兮，頃聞康公與其王游。西伯不必秉斧鉞兮，[221]入我版圖已成千秋。[222]皇甫規恥不與黨人兮，自繫廷尉而罔知愁。厥妻草書而屬文兮，罵羌人而不爲夫子遺羞。[223]皆溪山之秀氣兮，邈古昔而寡儔。璘與玠之戰功兮，亦彪炳而可蒐。

宋有文　項公平虜頌

成化戊子夏，①平涼逆虜猘夏。上命都臺項公忠，總督三軍討之，直擣巢穴。出奇策，冒矢石，凡百餘戰，而酋虜就擒，巢穴尋平。時有文執事帳下，目擊成功，故喜而集句以頌之：

嗟嗟烈祖，受天子祜。綱紀四方，奄有下土。明明天子，繩其祖武。柔遠能邇，民之父母。玁狁匪茹，敢拒大邦。內奰中國，陟彼高岡。多將熇熇，如蜩如螗。曾是疆禦，亦孔之將。六月棲棲，我征徂西。是類是禡，建旐設旗。薄伐玁狁，方何爲期。既破我斧，民之方殿。王赫斯怒，乃眷西顧。王命卿士，文武吉甫。陳師鞠旅，深入其阻。左右成行，仍執醜虜。檀車煌煌，駟介旁旁。鋈以觼軜，旗旐央央。愷悌君子，時維鷹揚。有虔秉鉞，玁狁於襄。我師我旅，如霆如雷。我徒我禦，維熊維羆。式遏寇虐，無縱詭隨。是伐是肆，獫狁於夷。赫赫業業，無競維烈。桓桓於征，一月三捷。孔淑不逆，無俾作慝。寵綏四方，惠此中國。勿事行放，載櫜弓矢。振旅闐闐，垂轡濔濔。執訊獲醜，言旋言歸。無大無小，云胡不喜。入覲于王，佩玉鏘鏘。以奏膚功，萬民所望。天子是若，載錫之

---

① 成化戊子：成化四年（1468）。

光。實維阿衡,天子之邦。

楊宗震　禦虜異捷頌

嘉靖壬戌,①喻公時持節來督斯邦。維時俺答倡謀,吉能糾衆,欲圖深犯。公相機度敵,併力夾擊,虜勢潰北。斬獲首級:陜八十有八,延三百一十有五,寧一百四十有三。成殊功於俄頃,漫頌以紀其盛云:

赫赫元臣,嵩嶽匯祥。握瑾抱琦,廊廟珪璋。簡控三陲,天鑒煌煌。振威萬里,風紀乃颺。蠢茲黠奴,慣爲猖狂。連屯十萬,來犯朔方。我甲我檄,秘論出常。我揚我武,奇正相將。一戰而東,擣於遐荒。再戰而西,敵愾凌霜。三戰而南,縛虎捕狼。龍營四合,虜顧徬徨。蕭蕭夜遯,大哭空囊。視我室廬,秋毫匪傷。伊誰戮力,帥閫騰驤。伊誰代謀,撫公胥匡。撫公不有,於翁之張。翁辭不有,迺讚上皇。皇曰嘉績,爾安爾攘。翊我廟社,績我邊疆。迺優以幣,麒麟之章。迺錫以金,日月之光。厥有延賞,廷議則揚。臣勞君賚,曠遇馳芳。爰綴俚言,備采旂常。

趙時春　總督唐公朔方破虜頌

皇翼其武,耆靖萬方。肇酋區夏,覃及紘荒。北貉南蠻,西底戎羌。崦嵫之東,罔不來享。敦彼韃靼,鹽蠕相將。風於大瀚,不命而王。弦騮爲票,其來穰穰。爰自營并,盜于秦涼。帝矜齊氓,罔敉迺疆。馴師千旅,往屏之防。大遴獻臣,夷我有邦。錫命邀邀,胡對休光。河海員綴,揳揄之場。洸洸尚書,九伐用張。蒐于絶野,我武孔揚。翳而宴藪,靡敢獮猖。或自鬥辟,覬爲不臧。偏師虔討,其元一戕。徙燼而逋,如彪驅狼。反決其眥,雲噬而羊。峙我鋌戕,筏我斿常。屬我征夫,厥率聿良。迅掃朔漠,實於檿槍。殄殲梟獍,賀蘭之陽。厥初西師,或莘以殭。帝命尚書,往哺之糧。既飽而逸,無庸不昌。撻彼朔野,其容煌煌。我師之强,百蠻震降。肆哉天龍,宇内溥康。奄受多祉,執共維龐。何以紹之,曰虞與唐。

清

清高宗　安西提督豆斌圖贊

宿將行間,久矣宣力。所董綠旗,遵其律則。隊中獨喪,是有命焉。裹創慰衆,益廑哀憐。

左孝成　三忠祠祝文

同治十年秋七月宜祭之辰,陜甘總督左宗棠,謹以羊一、豕一、香楮清酌之禮,致祭于宋涪王吳公、信王吳公、武穆劉公之神位前曰:

---

① 嘉靖壬戌:嘉靖四十一年(1562)。

嗚呼！宋自徽、欽，至於高宗，金源爲虐，争戰自雄。燕雲淪陷，汜洛塵蒙。舉族北轅，渡江一龍。臨安駐蹕，中原爲戎。維時涪王，舊起隴右。偕弟信王，且戰且守。實搤敵吭，嚴軍蜀口。金人善騎，性堅且久。公以疊陣，弱前彊後。仙人戰場，地與不朽。凶鋒屢挫，乃舍而走。武穆劉公，赴官東京。東京不守，順昌是争。鋭斧如墻，聚馬如城。殺人如麻，慘不聞聲。八字之軍，强虜所輕。順昌旂幟，一見而驚。三公桓桓，闞如哮虎。韓岳東來，整我旂鼓。飲馬滹沱，抵黄龍府。胡丁屢朝，不究厥武。雄勃上游，以庇南土。亦綿國祚，其歷百五。我去公世，閱七百年。獫狁孔熾，持節臨邊。道出隴干，故老攸傳。城東公廟，昔輯豆籩。城北公里，今仰遺阡。昔在順治，叛將控弦。神霧覆城，賊驚而旋。乾隆中葉，田五背命。巨礮城頭，大聲莫震。忽三童子，奉鐵丸進。試以轟賊，煙開賊瀞。驚爲神降，理固可信。神眷梓桑，呵護宜競。英風浩然，得氣之正。神無弗之，況兹郡姓。隴水湯湯，隴山峨峨。三忠式憑，於彼卷阿。自我祖西，鬢以皤皤。以我懷忠，知公靡他。朝馳羽檄，夜枕珊戈。神克相予，惠我民和。殲除醜虜，洗甲天河。遂平西戎，永奠岷嶓。尚饗。

《王志》按：雷緯堂少保於固原和尚舖山麓，捐廉建修宋吴公玠、吴公璘、劉公錡祠，合三忠爲一龕。而以哨官匡文玉董其事，並函囑湘陰左襄侯記之。時襄侯居蘭州節署，稟於侯，遂命爲祝文以祭，兼泐諸石。旋少保督師遼東，未及付鐫，而以原稿附檔。今伊檢得，莊誦廻環，覺英風浩氣，躍然几席間。是蓋以三公之忠，襄侯之文，少保之捐金建祠，足光邑乘而昭示於不朽云。至文内神霧覆城，童子鐵丸二事，皆三忠顯應助戰實蹟，鬼神之爲德其盛矣乎。

王學伊　固原州志韵弁

翹瞻蒼穹，瑞應列壤。燦爛星衢，垂光騰晃。秦雍連躔，鶉火次上。輿鬼耿然，谷成秋朗。矧有老人，九霄式仰。金木之精，璇璣可象。寒暑推遷，經緯無爽。演泰占豐，鴻濛蕩蕩。爰志《天文》，列卷第一。

茫茫隴上，古稱雍州。維兹一郡，安定崇岡。驅戎負版，種落巢鳩。屹然重鎮，使節防秋。金湯鞏奠，建隍置郵。幅員遼濶，防衛充周。[224]漢回錯聚，耕鑿無尤。食毛踐土，善爲民謀。爰志《地輿》，列卷第二。

建官分職，揆奮文武。以綏烝黎，而遏戎虜。屹屹蕭關，漢回並撫。允展大猷，萬民斯覩。六計尚廉，庶事師古。行惠除苛，瞀鴻猛虎。教養兼施，迺作良輔。誦烈永芳，旂常鐘鼓。爰志《官師》，列卷第三。

神禹治雍，厥賦中下。漢武四郡，富饒西夏。惟兹高平，蕪原曠野。正供匪殷，穜稑何寡。黍稷獲秋，是爲農社。游畜蕃滋，犛牛犩馬。樹木十年，柳榆槐檟。利用厚生，在牧民者。爰志《貢賦》，列卷第四。

夏校殷序,惟周曰庠。尼山鄒嶧,俎豆煌煌。明倫講學,道德文章。澤窮廱類,衣冠博裳。淹貫漢宋,宗風以昌。名儒名吏,令聞孔彰。朝絃夕誦,上國之光。後生是勖,先覺景行。爰志《學校》,列卷第五。

聲伐致討,自古爲然。有備無患,兵策所先。築砦設險,保障三邊。士馬騰飽,執銳披堅。狼烽誓掃,天弧高懸。褒鄂之選,孫吳之篇。防秋歲歲,厲乃戈鋋。敬告元戎,毋敢忽焉。爰志《兵防》,列卷第六。

乾坤清淑,鍾毓雋倫。言稽爾雅,空同武人。文學造士,採蘭披榛。孝或刲股,忠則批鱗。敦崇節烈,冰檗松筠。立功立德,可貴可珍。令聞不朽,歷萬斯春。敢告後起,式景先民。爰志《人物》,列卷第七。

羲畫開天,文章鼻祖。俗易結繩,湯盤周鼓。漢博宋約,箋疏訓詁。金石有聲,圖書之府。序重《三都》,我思皇甫。載詞載吟,星雲風雨。殘闕是珍,吉光片羽。誦烈詠芳,信而好古。爰志《藝文》。列卷第八。

時清明熙,庶事其康。百度修乂,翊翼贊襄。守成之世,率由舊章。開通旁達,冠帶梯航。一郡千里,新政周行。朝令夕發,判朱簽黃。毋逐末務,而遺大綱。抒衷竭悃,承休對揚。爰志《庶務》,列卷第九。

大哉聖言,多聞闕疑。後之學者,索隱探奇。黃龍白鹿,典瑞摛詞。靈異所寄,輶采攸資。蒐羅徵引,乃免珠遺。經餘史碎,光怪陸離。以餉博洽,毋曰無稽。載弄柔翰,可以自怡。爰志《軼事》,列卷第十。

民國

白鴻儀　棠園春日即事賦

重門之外,内舍之旁,有園半畝,其名曰棠。異李家之橘圃,非韓氏之梅岡。清陰入畫,嫩翠成行;草綠迷徑,花紅過牆。籬以疏而見遠,林因靜而聞香。臺迎朝爽,亭愛斜陽。檻外嵐光,淡宜晴而濃宜雨;洞中煙景,冬則暖而夏則涼。卉木爭榮,無非生意;雲霞焕彩,盡是文章。孔稚珪之幽居,蛙呈鼓吹;戴處士之逸興,鳥弄笙簧。拙鳩安其疏嬾,閑鶴任其徜徉。窗憑竹護,階藉苔裝。鶯歡錦繡,蝶醉芬芳。簾捲而香風滿座,軒開而花影當床。樽邀紅友,架集青緗。金爐篆細,玉漏聲長。詩酒逃名之地,琴書棲老之鄉,可以容嘯傲,寄清狂。或評其譜,或開茶槍;或臨池而洗硯,或引水而流觴;或展卷而詩吟李杜,或揮毫而畫仿倪黃。襟超沂水,樂勝濠梁。莊周之身欲化,漢陰之機久忘。優遊歲月,遑問滄桑。於是攜萊婦,率諸郎,披淺草,坐深篁,浮大白,望穹蒼,豁醉眼,引歌吭。歌曰:

銅雀臺墟兮,金谷園荒。名利迷人兮,爲誰奔忙?韶光易逝兮,轉瞬秋霜。有酒不醉兮,枉自悲傷。幸吾强兮春未老,偕家人兮樂無央。

白鴻儀　誡家人文

己卯新正元日,[①]白子迎神竣,召家人集庭前,誡之曰:

君子修德德乃昌,吉人爲善善則祥。從古天憐忠孝,神佑賢良。柔謙受益,積厚流光。道廣者行自廣,仁長者福亦長。守身以正,化險爲康。幸有惡而未著,從無美而不彰。爾曹德患不能馨,無患天理之不明;善患不能恒,無患神道之不靈。

言未已,家人群笑而對曰:"夫子謊予哉!予等從事夫子,有年于兹矣。夫子口不廢道義之詞,行不踰聖賢之規。好學不倦,非禮弗爲。克勤克儉,無諂無欺。詩書必窮其精奧,武略務探其玄奇。爲中流作砥柱,爲亂世守綱維。雖功業其未顯,信德行之無虧。急人之難,濟人之危,成人之美,掩人之非。親族待棺而葬,戚鄰賴米而炊。施惠每及於禽鳥,賙卹不問乎伊誰。當仁不讓,樂善忘疲。宜乎天子佑子,當吐氣而揚眉。然而平生偃蹇,適得其反,寔後跋前,相形見短。同當年幼,子偏弱瘦,貧困交加,餓寒時受。同務科名,子偏無成,中途政變,一巾難青。同爲仕宦,子偏性狷,十載歸來,依然貧淡。同一從戎,子偏時窮,艱辛備飽,李廣難封。同有子女,子偏遲舉,黄口無知,老而何裨。同洽伉儷,子偏早離,潘岳恨永,白首空期。同處圍城,而子罹災較烈。同當國難,而子受禍尤切。廬遭寇破,墓被賊揭,房經敵炸,物爲盜竊。隴寓毀於地震,敵圍蕩于胡孽。兄亡妹喪,頭童齒缺。鄉里嘲其老廢,朋儕笑其頑劣。以子之遇,證子之説。奈何不自悔悟,反教人以迂拙?"

白子曰:"吁,吾語汝:夫德之可感於天者心也,而不可感者命也。善之可同於人者行也,而不可同者性也。性自天生,命由數定,但求心之所安,遑問數之難勝。故昌黎能馴鱷魚之頑,而不能回憲宗之聽。武穆能服金人之强,而不能免權臣之弄。從古賢豪之遭逢,實係乎世運之衰盛。況予德雖修而名不重,善雖爲而行不稱,雖好文章不宜時政,雖讀兵書不知活用。猶且食不至饑,衣不至凍,有田可耕,有書可誦。良友時來,笑語相共。開北海之清樽,寄西園之雅興。治亂渾不聞,利權憑相競。得苟全於塵間,沐天公之恩幸。雖橫逆之偶加,亦何碍乎狂縱。若夫論名位之有無,計財貨之寡衆,不思己之庸庸,但願天之懵懵。不惟蒼蒼者不能任其責,亦非區區者所敢答其問也。"

詩詞　抒寫詠歌,聲和韻協之文屬之

周

《詩經·六月》六章之一

戎車既安,如輊如軒。

---

① 己卯:民國二十八年(1939)

四牡既佶，既佶且閑。

薄伐玁狁，至於太原。

文武吉甫，萬邦爲憲。

漢

古樂府　飲馬長城窟行

青青河畔草，綿綿思遠道。

遠道不可思，宿昔夢見之。

夢見在我旁，忽覺在他鄉。

他鄉各異縣，展轉不相見。

枯桑知天風，海水知天寒。

入門各自媚，誰肯相爲言。

客從遠方來，遺我雙鯉魚。

呼童烹鯉魚，中有尺素書。

長跪讀素書，書中竟何如。

上言加餐食，下有長相憶。

隴頭吟

隴頭流水，鳴聲嗚咽。

遙望秦川，肝腸斷絶。

朝發欣城，暮宿隴頭。

寒不能語，舌捲入喉。

陸士衡　飲馬長城窟行

驅馬陟陰山，山高馬不前。

往問陰山候，勁虜在燕然。

戎車無停軌，旌旆屢徂遷。

仰憑積雪巖，俯涉堅冰川。

冬來秋未反，去家邈以縣。

玁狁亮未夷，征人豈徒旋。

末德爭先鳴，兇器無兩全。

師克薄賞行，軍没微軀捐。

將遵甘陳蹟，[225]收功單于旃。

振旅勞歸士，受爵槀街傳。

蔡琰　胡笳十八拍之一

冰霜凜凜兮身苦寒，饑對肉酪兮不能餐。

夜聞隴水兮聲嗚咽，朝見長城兮路杳漫。

追思往日兮行李難，六拍悲來兮欲罷彈。

南北朝

王襃　飲馬長城窟行

北走長安道，征騎每經過。[226]

戰垣臨八陣，旌門對兩和。[227]

屯兵戍隴北，飲馬傍城阿。

雪深無復道，冰合不生波。[228]

塵飛連陣聚，沙平騎蹟多。

昏昏隴坻月，[229]耿耿霧中河。[230]

羽林猶角觝，將軍尚雅歌。

臨戎常拔劍，蒙險屢提戈。

秋風鳴馬首，薄暮欲如何。

陳琳　飲馬長城窟行

飲馬長城窟，水寒傷馬骨。

往謂長城吏，慎莫稽留太原卒。

官作自有程，舉築諧汝聲。

男兒寧當格鬥死，何能怫鬱築長城。[231]

長城何連連，連連三千里。

邊城多健少，内舍多寡婦。

作書與内舍，便嫁莫留住。

善侍新姑嫜，[232]時時念我故夫子。

報書往邊地，君今出語一何鄙。

身在禍難中，何爲稽留他家子。

生男慎莫舉，生女哺用脯。

君獨不見長城下，死人骸骨相撐拄。[233]

結髮行事君，慊慊心意間。

明知邊地苦，賤妾何能久自全。

張正見　飲馬長城窟行

秋草朔風驚，飲馬出長城。

群驚還怯飲，地險更宜行。

傷冰斂凍足，畏冷急寒聲。

無因度吳坂，[234]方復入羌城。

虞羲　詠霍將軍北伐

擁旄爲漢將,汗馬出長城。[235]

長城地勢險,萬里與雲平。

凉秋八九月,虜騎入幽并。[236]

飛狐白日晚,瀚海愁雲生。

羽書時斷絕,刁斗晝夜驚。

乘墉揮寶劍,蔽日行高旆。

雲屯七萃士,魚麗六郡兵。

胡笳關下思,羌笛隴頭鳴。

骨都先自讋,日逐次亡精。

玉門罷斥堠,甲第始修營。

位登萬庾積,功立百行成。

天長地自久,人道有虧盈。

未窮激楚樂,已見高臺傾。

當令麟閣上,[237]千載有雄名。

陳後主　雨雪曲

長城飛雪下,邊關地籟吟。

濛濛九天暗,霏霏千里深。

樹冷月恒少,山霧日偏沉。

況聽南歸雁,切思胡笳音。[238]

陳後主　飲馬長城窟行

征馬入他鄉,山花此夜光。

離群嘶向影,因風屢動香。

月色含城暗,秋聲雜塞長。

何以酬天子,馬革報疆場。

車敩　隴山詩

隴頭征人別,隴水流聲咽。

只爲識君恩,[239]甘心從苦節。

雪凍弓弦斷,風吹旗竿折。

獨有孤雄劍,龍泉字不滅。

隋

隋煬帝　飲馬長城窟示從征群臣

蕭蕭秋風起,悠悠行萬里。

萬里何所行，橫漠築長城。
豈臺小子智，先聖之所營。
樹茲萬世策，[240]安此億兆生。
詎敢憚焦思，高枕於上京。
北河秉武節，[241]千里捲戎旌。
山川互出没，原野窮超忽。
摐金止行陣，鳴鼓興士卒。
千乘萬騎動，飲馬長城窟。
秋昏塞外雲，霧暗關山月。
緑巖驛馬上，乘空烽火發。
借問長城候，[242]單于入朝謁。
濁氣静天山，晨光照高闕。
釋兵仍振旅，要荒事方畢。
飲至告言旋，功歸清廟前。[243]

薛道衡　渡北河

連旌映溆浦，疊鼓拂沙洲。
桃花長新浪，竹箭下奔流。
塞雲臨遠艦，胡風入陣樓。
劍拔蛟將出，驂驚鼉欲浮。
雁書終立效，燕相果封侯。
勿恨關山遠，且寬邊地愁。

唐

長孫佐輔[244]　宿長城詩

陰雲凝朔氣，隴上正飛雪。
四月草不生，北風勁如割。[245]
朝來羽書急，夜宿長城窟。
道隘行不前，相呼抱鞍歇。
人寒指欲墮，馬凍蹄皆裂。
射雁旋充餓，斧冰還止渴。
寧辭解圍鬭，但恐乘疲没。
早晚邊候空，歸來養羸卒。[246]

王涯[247]　隴上行

負羽到邊州，鳴笳度隴頭。

雲黄知塞近,草白見邊秋。
虞世南　從軍行①
塗山烽候驚,弭節度龍城。
冀馬樓蘭將,燕犀上谷兵。
劍寒花不落,弓曉月逾明。
凜凜嚴霜節,冰壯黄河絕。
蔽日卷征蓬,浮天散飛雪。
全兵值月滿,精騎乘膠折。
結髮早驅馳,辛苦事旌麾。
馬凍重關冷,輪摧九折危。
獨有西山將,年年屬數奇。

烽火發金微,連營出武威。
孤城塞雲起,絕陣虜塵飛。
俠客吸龍劍,惡少縵胡衣。
朝摩骨都壘,夜解谷蠡圍。
蕭關遠無極,蒲海廣難依。
沙磴離旌斷,晴川候馬歸。
交河梁已畢,燕山旆欲揮。
方知萬里相,侯服見光輝。
虞世南　出塞
上將三略遠,元戎九命尊。
緬懷古人節,思酬明主恩。
山西多勇氣,塞北有遊魂。
揚桴上隴坂,勒騎下平原。
誓將絕沙漠,悠然去玉門。
輕齎不遑舍,驚策騖戎軒。
凜凜邊風急,蕭蕭征馬煩。
雪暗天山道,冰寒交河源。
霧鋒晴無色,霜旗凍不翻。
耿介倚長劍,日落風塵昏。

---

① 《從軍行》詩共二首。

盧照鄰　隴山詩

隴山飛落葉，隴雁度寒天。

愁見三秋水，分爲兩地泉。

西流入羌郡，東下向秦川。

行客頻回首，肝腸空自憐。

駱賓王　早秋出塞寄東臺詳正學士

促駕逾三水，長驅望五原。

天階分斗極，[248]地理接樓煩。

漢月明關隴，[249]戎雲聚塞垣。

山川殊物候，風壤異涼暄。[250]

戍古秋塵合，沙塞宿霧繁。

昔余迷學步，投蹟忝詞源。

蘭渚浮延閣，[251]蓬山款禁園。

影纓陪緂冕，載筆偶璵璠。

汲塚寧詳蠹，秦牢詎辨冤。

一朝從筐服，[252]千里騖輕軒。

鄉夢隨魂斷，邊聲入聽喧。

南圖終鎩翮，北上遽催轅。

弔影慙連茹，浮生倦觸藩。

數奇何以託，桃李自無言。

盧照鄰　隴山詩

隴坂高無極，征人一望鄉。

關河別去水，沙塞斷歸腸。

馬繫千年樹，旌懸九月霜。

從來共鳴咽，皆是爲勤王。

張柬之　出塞

俠客重恩光，驄馬飾金裝。

驀聞傳羽檄，馳突救邊荒。

歙野山川動，嚻天旌斾揚。

吳鉤明似月，楚劍利如霜。

電斷衡胡塞，風飛出洛陽。

轉戰磨笄俗，橫行戴斗鄉。

手擒郅支長，[253]面縛谷蠡王。

將軍占太白，小婦怨流黃。

驃裊青絲騎，娉婷紅粉妝。

三春鶯度曲，八月雁成行。

誰堪坐愁思，羅袖拂空床。

張説　和餞王晙巡邊

六月歌周雅，三邊諗夏卿。

欲施攻戰法，先作簡稽行。

禮樂知謀帥，春秋識用兵。

一勞堪定國，萬里即長城。

策布和戎利，威傳破虜名。

軍前雨灑道，樓上月臨營。

別藻瑤華降，同衣錦褹榮。

關山由義近，戈甲爲恩輕。

絲竹路傍散，風雲馬上生。

朝廷謂吉甫，[254]邦國望君平。

蘇頲　餞陽將軍兼原州都督御史中丞[255]

右地接龜沙，中朝任虎牙。

然明方改俗，去病不爲家。

將禮登壇盛，軍容出塞華。

朔風搖漢鼓，邊月恩胡笳。

旗合無邀正，冠危有觸邪。

當看勞旋日，及此御溝花。

王維　使至塞上

單車欲問邊，屬國過居延。

征蓬出漢塞，歸雁入胡天。

大漠孤煙直，長河落日圓。

蕭關逢候吏，都護在燕然。

王維　送韋評事

欲逐將軍取右賢，沙場走馬向居延。

遙知漢使蕭關外，愁見孤城落日邊。

岑參　胡笳歌送顔真卿使赴河隴

君不聞胡笳聲最悲，紫髯綠眼胡人吹。

吹之一曲猶未了，愁殺樓蘭征戍兒。

涼秋八月蕭關道，北風吹斷天山草。
崑崙山南月欲斜，胡人向月吹胡笳。
胡笳怨兮將送君，秦山遙望隴山雲。
邊城夜夜多愁夢，向月胡笳誰喜聞。
杜甫　諸將
漢朝陵墓對南山，胡虜千秋尚入關。
昨日玉魚蒙葬地，早時金盌出人間。
見愁汗馬西戎逼，曾閃朱旗北斗閒。[256]
多少材官守涇渭，將軍且莫破愁顔。
杜甫　喜聞盜賊蕃寇總退口號
蕭關隴水入官軍，青海黃河卷塞雲。
北極轉愁龍虎氣，西戎休縱犬羊群。
杜甫　前出塞
驅馬天雨雪，軍行入高山。
逕危抱寒石，指落層冰間。
已去漢月遠，何時築城還。
浮雲暮南征，可望不可攀，
李白　塞下曲
烽火動沙漠，連照甘泉雲。
漢皇按劍起，還召李將軍。
兵氣天下合，鼓聲隴底聞。
橫行負勇氣，一戰爭妖氛。
李白　隴水
隴水何年有，潺潺逼路旁。
東西流不歇，曾斷幾人腸。
王昌齡　塞下曲
蟬鳴空桑林，八月蕭關道。
出塞復入塞，[257]處處黃盧草。
高適　登隴詩
隴頭遠行客，隴上分流水。
流水無盡期，行人未云已。[258]
淺才登一命，孤劍通萬里。
豈不思故鄉，從來感知己。

山股逗飛泉，泓澄傍巖石。

亂垂寒玉條，碎灑珍珠滴。

澄波涵萬象，明鏡瀉天色。

有時乘月來，賞詠還自適。

劉長卿　平蕃曲

渺渺戍煙孤，茫茫塞草枯。

隴頭那用閉，萬里不防胡。

戴叔倫　關山

月出照關山，秋風人未還。

清天無遠近，鄉淚半書間。

陳玉蘭　寄夫蕭關

王駕之妻。駕戍蕭關，玉蘭製衣，並詩寄之。

夫戍蕭關妾在吳，西風吹妾妾憂夫。

一行書信千行淚，寒到君邊衣到無？

皇甫冉　送散騎常侍赴朔方

故壘煙塵促，新軍河塞間。

金貂寵漢將，玉節度蕭關。

散漫沙中雪，依稀漠口山。

人知寶車騎，計日勒銘還。

王建　隴頭流水

隴水何年隴頭別，不在山中亦嗚咽。

征人塞耳馬不行，未到隴頭聞人聲。

謂是西流入蒲海，還聞北去繞龍城。

隴東隴西多屈曲，[259]野麋飲水長簇簇。

收兵夜回水旁住，[260]憶著來時磨劍處。[261]

向前無井復無泉，飲馬回看隴頭樹。

武元衡　出塞作

夙駕逾人境，長驅出塞垣。

邊風引去騎，胡沙拂征轅。

奏笳山月白，結陣瘴雲昏。

雖云風景異華夏，亦喜地理通樓煩。

白羽矢飛先火礮，黃金甲耀奪朝暾。

要須灑掃龍沙淨，歸謁明光一報恩。

盧綸　送韓都護還邊

好勇知名早，爭雄上將間。

戰多春入塞，獵慣夜燒山。

陣合龍蛇動，軍移草木閑。

今來部曲盡，自首過蕭關。

李涉　奉使京西

盧龍已復兩河年，烽火樓邊處處耕。

何事書生走羸馬，原州城下又添兵。

陶翰　出蕭關懷古

驅馬擊長劍，行役至蕭關。[262]

悠悠五原上，永眺關河前。

北虜三十萬，此中常控弦。

秦城亘宇宙，漢帝理旌旐。

刁斗鳴不息，羽書日夜傳。[263]

五軍計莫就，三策議空全。

大漠橫萬里，[264]蕭條絕人煙。

孤城當瀚海，落日照祁連。

愴然苦寒奏，懷哉式微篇。

更悲秦樓月，夜夜出胡天。

司空圖　河湟有感

一自蕭關起戰塵，河湟隔斷異鄉春。

漢兒盡作胡兒語，卻向城頭罵漢人。

儲光羲　使過彈箏峽

鳥雀知天雪，群飛復群鳴。

原田無餘粟，日暮滿空城。

達士憂世務，鄙夫念王程。[265]

晨過彈箏峽，馬足凌兢行。

雙壁隱靈曜，莫能知晦明。

皚皚堅冰白，漫漫陰雲平。

始信古人言，[266]苦節不可貞。

李商隱　安定城樓

迢遞高城百尺樓，綠楊枝外盡汀洲。

賈生年少虛垂淚，王粲春來更遠遊。

永憶江湖歸白髮，欲迴天地入扁舟。
不知腐鼠成滋味，猜意鵷鶵竟未休。
羅隱　隴頭
借問隴頭水，年年恨何事。
全疑嗚咽聲，中有征人淚。
自古無長策，況我非深智。
何計謝潺湲，一宵空不寐。
盧弼　邊庭冬怨
朔風吹雪透刀瘢，飲馬長城窟更寒。
夜半火來知有敵，一時齊保賀蘭山。
張敬忠　邊詞
五原春色舊來遲，二月垂楊未挂絲。
即今河畔冰開日，正是長安花落時。
姚鵠　贈邊將
三邊近日往來通，[267]盡是將軍鎮撫功。
兵統萬人爲上將，威加千里懾西戎。
清筎繞塞吹寒月，紅旆當山肅曉風。
卻恨北荒霑雨露，無因掃盡虜庭空。
韓弇　呈李續
我有敵國讎，無人可爲雪。
每至秦隴頭，遊魂自嗚咽。
宋
陸游　隴頭水
隴頭十月天雨霜，壯士夜挽緑沉槍。[268]
臥聞隴水思故鄉，三更起坐淚數行。
我語壯士勉自强，男兒墮地志四方。
裹屍馬革固其常，豈若婦女不下堂。
生逢和親最可傷，歲輦金絮輸胡羌。[269]
夜視太白收光芒，報國欲死無疆場。
陸游　關山月①
和戎詔下十五年，將軍不戰空臨邊。

────────────

① 《關山月》詩共三首。

朱門沉沉按歌舞，[270]廄馬肥死弓斷弦。

戍樓刁斗催落月，三十從軍今白髮。
笛裏誰知壯士心，沙場空照征人骨。

中原干戈古亦聞，豈有逆胡傳子孫。[271]
遺民忍死望恢復，幾處今宵垂淚痕。
明
馬文升　秦隴道中
問俗曾來過隴山，西征今復出秦關。
雁聲叫日迷寒渚，楓樹經霜代醉顏。
世路羊腸千里曲，功名蝸角幾人閑。
林間鸚鵡能言語，笑我年來兩鬢斑。
楊一清　邊城詩
漠漠窮邊路，迢迢一騎塵。
四時常見雪，五月未知春。
宵旰求賢意，馳驅報主身。
逢時今老大，羞作素餐人。
楊一清　固原鼓樓①[272]
西閣風高鼓角雄，南來形勝倚崆峒。
青圍睥睨諸山繞，綠引潺湲一水通。
擊壤有歌農事足，折衝多暇塞塵空。
登樓不盡籌邊意，渺渺龍沙一望中。

設險真成虎豹關，層樓百尺枕高寒。
重城列戍通三鎮，萬堞緣雲俯六盤。
絃誦早聞周禮樂，[273]羌胡今著漢衣冠。
分符授鉞知多少，誰有勳名後代看。

千里關河入望微，四山煙雨翠成圍。
兼葭淺水孤鴻盡，苜蓿秋風萬馬肥。

_____

① 《固原鼓樓》詩共三首。

聖主不教勤遠略，書生敢謂議戎機。[274]

狂胡已撤穹廬遜，體國初心幸不違。

楊一清　開府行

旌旗晝拂煙塵開，鉦鼓動地聲如雷。

路旁群叟暗相語：不道我公今又來。

當年從公玉關道，我是壯夫今已老。

似聞軍令當精明，頗覺容顏半枯槁。

弓刀萬騎如雲屯，多是當年鞭策人。

部將生兒還拜將，部卒亦復稱將軍。

自公入朝佐天子，功成身退誠善矣。

胡爲乎來復此行，遠涉沙場千萬里。

聖皇求舊溫旨褒，君臣之義安所逃。

不然七十二衰叟，豈任絕塞風塵勞。

黃河水深金城高，我士酣歌馬騰槽。

亦知保障乃良策，忍使赤子塗脂膏。

營平經略不無意，定遠功名歸彼曹。[275]

羽書飛騎捷於鳥，獵獵西風捲沙草。

劍氣晴橫紫塞秋，角聲寒咽黃雲曉。

不用灣弓射虜營，坐銷氛祲回光晶。

將軍帳前但飲博，士女自織農自耕。

直遣羯胡齊北渡，我車旋指江南路。

經過到處要題名，他日知吾來幾度。

重毅齋　鎮邊樓

宦業羈情復值秋，鄉關何處一登樓。

山河四塞寒煙裏，遙望秦關接隴頭。

王瓊　偕寇中丞登固原鼓樓

隴北新州地勢雄，城南百里峙崆峒。

秦關農父供輸困，河朔單于堠火通。

春盡荒山圍四野，天高寒日墮晴空。

徘徊不盡登臨意，世態相忘一醉中。

王瓊　過預望城

原州直北荒凉地，靈武臺西預望城。

路入葫蘆細腰峽，苑開草莽苦泉營。

轉輸人困頻增戍，[276]寇掠胡輕散漫兵。

我獨徵師三萬騎，揚威塞上虜塵清。

唐龍　紅石峽歌

黃河十月風獵獵，天光黯淡水聲咽。

蛟黿攣拳縮如蝟，波濤震蕩湧爲雪。

牛心山前百草腓，羊圈津口冰山結。

胡虜十萬聲雄虓，赤睛黃鬚呼天驕。

竿頭直指武花月，革帳斜捲狼山飆。

踏冰渡河如走坂，須臾千里騰腥臊。

黃沙焱焱獵火發，皁鵰矯矯陣雲歊。

千騎萬騎馳且突，長兵短兵相摩擊。

口吹牛角生捉兵，頭插鶡毛死攻壁。

將軍忙解黃金印，半夜開門傳羽檄。

老幼抽身匿草間，壯丁守陣無顏色。

奏書朝達明光宮，天子特命司馬龍。

提兵早向玉塞中，震慴沙漠斯爾功。

微臣敢不奮孤忠，彭彭十乘當元戎。

分合疊張貔虎陣，出入不避犲狼鋒。

健兒鼓行一當百，猛將橫槊氣如虹。

再接再厲敵膽落，屢戰屢克邊塵空。

紅石峽對駱駝峰，朱巖丹嶂凌蒼穹。

雲屯密結細柳營，日出高掛扶桑弓。

中侍夔鑠冠羖貂，中丞慷慨車蟠熊。

佛閣神壇列虎帳，從來樽俎能折衝。

玉關嶺岊天險設，雪瀾澎湃軍聲洪。

塞草青青六馬秣，耕牛渴飲長城窟。

禾黍萬頃連秋雲，邊頭三月狼煙滅。[277]

直欲上取一丸泥，應弦落閉陰山穴。

單于大旆不敢東，年年沙場息戰伐。

唐龍　固寧延官軍擊虜獲捷①

十萬胡雛敢鼓行，嫖姚諸將按西營。

---

① 《固寧延官軍擊虜獲捷》詩共二首。

提刀直斫陰山虎,奮戟橫穿瀚海鯨。
三路捷聲飛羽檄,九秋勝氣潒霓旌。[278]
腐儒尚覓干城策,願得沙場長罷兵。

月明虜騎遯沙場,諸路交馳羽檄忙。
共有膚功騰幕府,喜將三捷獻明光。
帳前鶴唳榆陰碧,韝上鷹飛草色黃。
聞道虜中飢食馬,人人驚說漢兵強。
黃臣　唐總制擊虜獲捷①[279]
令嚴如雷皎如電,萬騎爭先樂酣戰。
屈指年來勝已多,膚功未若青沙峴。

連山殺氣稜稜起,虜淚亂零西海水。
風雨長陰漠漠時,今日光天開萬里。

月高雲淨空山夕,對壘官兵縮矢石。
旄頭星隕壓天狼,[280]砦上霜刀紅一尺。

龍劍騰光萬縷青,逋魂匿魄慴雷霆。
誰磨琬琰三千尺,欲勒燕然一段銘。

胡天日落亂山低,血染空營斷徑蹊。
山鳥亦能知順逆,歸來恥向舊巢棲。

秋滿胡山草樹肥,飛花紅白點征衣。
中丞揮麈傳新令,不許狂奴片甲歸。
楊守禮　入平虜城
黃風吹遠塞,暝色入荒城。
門掩鐘初度,人喧雞亂鳴。
胡笳如在耳,軍餉倍關情。
惆悵渾無寐,隔簾山月明。

————————

① 《唐總制擊虜獲捷》詩共六首。

楊守禮　宿平羌堡

駐節平羌堡，殘霞入照多。

寒煙浮上屋，衰草藉山阿。

立馬傳新令，張燈奏凱歌。

明朝應出塞，鼙鼓萬聲和。

楊守禮　大澇池

大澇池邊十數家，土牆茅屋傍黃沙。

開樽遣興分春色，擊節吟詩對月華。

夷夏有天皆雨露，郊原何日足桑麻。

籌邊許國心猶壯，回首長安入望賒。

張珩　防秋①

紅山返照堪圖畫，戍堞悲笳動客懷。

戎馬十年雙鬢白，深秋孤興與誰偕。

興武營西清水河，牧童橫笛夕陽過。

逢人報道今年好，[281]戰馬閑嘶綠草坡。

將士河邊飲馬回，元戎正在望高臺。

揚鞭隊隊如熊虎，欲縛單于俺不孩。

黃河影倒賀蘭山，紅柳灘頭奏凱還。

月色轅門寒劍戟，忽聞鴻雁度雲間。

張珩　西征

雨宿黃沙磧，晴過青海灣。

旌旗迎曉日，鼓角動秋山。

聖主雖宣捷，微臣未解顏。

提兵將十萬，直出玉門關。

按：詩與固原無涉，因鐫文於石，石發現在固原城北，當係南川征河西凱旋後之豎石，故入之。

魏謙吉　登長城關瞻眺有懷②

長城關外是呼韓，萬馬嘶風六月寒。

---

① 《防秋》詩共四首。

② 《登長城關瞻眺有懷》詩共二首。

傳語胡兒休近塞，新來大將始登壇。
東臨瀚海擒閼氏，西出蘭山覓可汗。
聞報虜營宵欲遁，卻防乘夜渡桑乾。

長城關外賀蘭東，白草黃沙日日風。
漢武當年經略地，仁愿曾築受降宮。
膏腴萬頃今何在？煙火千家入望空。
直欲憑高吞黠虜，華夷一統奏元功。
喻時　喜諸將大捷
塞上誰言汗馬稀，營中不厭羽書飛。
戍樓煙動連紅幟，戰壘風高拂翠微。
狼狽虜兒乘月竄，咆哮漢將踏雲歸。
敢言一掃清天府，唯喜三軍仗帝威。
喻時　元夜鎮西樓觀燈有感
瓊樹瑤花錦一叢，紛綸光焰片時風。
乾坤事事皆飄忽，不必勞心覓楚弓。
喻時　別館
池橋零亂小波灣，塞圃蕭疏老樹環。
步賞不知風物陋，塵勞暇處一開顏。
石茂華　中秋登長城關樓
戍樓危處一雄觀，大漠遙通北溟看。
月色初添沙磧冷，秋風直透鐵衣寒。
雖非文酒陪嘉夕，剩有清暉共暮歡。
且喜休屠今款塞，長歌不覺露溥溥。
石茂華　九月九日登長城關
朔風萬里入衣多，嘹嘹寒空一雁過。
魚澤灘頭嘶獵馬，省崈城畔看黃河。
香醪欲醉茱萸節，壯志還爲出塞歌。
騁望因高雲外盡，鄉關回首愧煙蘿。
石茂華　復登長城關
擁傳提兵兩歲過，朔城戎幕動鳴珂。
茫茫大野飛鴻度，漠漠平沙晚照多。
萬古塞愁沉戍壘，千年征怨付煙蘿。

而今已報欃槍掃，飲馬遥看瀚海波。
石茂華　防秋過八營牧兒苑
萬騎如雲野徑微，孤鴻遥過塞垣飛。
那堪朔氣侵征幰，更際秋風上客衣。
牧馬苑中思騄耳，硤城門外敞牙旗。
壯心直逐伊吾北，駐節郵亭對晚暉。
石茂華　提兵防秋宿平虜所
城名預望是何時，涖率戎行暫駐斯。
莫計旋期歌暮止，肯緣塞意動凄其。
邊烽直接渠搜野，戍道遥通瀚海涯。
頡利已收南牧馬，窮荒日日獵狐麋。
石茂華　防秋戍花馬池
障亭直與塞雲班，入望盈盈白草孱。
河界龍沙趨砥柱，地連陸海擁青山。
征夫遠出蕭關戍，胡騎初從麥垛還。
無奈邊人耕牧鮮，綏懷何計慰疲艱。
石茂華　秋日登鎮西樓①
年來邊障燧煙休，況我兹樓足眺遊。
拂面長風連漠野，迎眸青草帶荒陬。
徘徊日影移山色，高下砧聲動客愁。
安得羽衣乘鶴者，超然同坐説丹邱。

擁麾萬里愧儒生，騁望因高思轉清。
雲入賀蘭天欲盡，山連函谷氣猶横。
樓頭更際浮雲斂，秋色何偏遠塞平。
寰海不波金甲静，長歌休惜酒樽傾。
胡纘宗　飲馬長城窟行
送君長城南，望君長城北。
長城如天高，見君何從得。
朝出飲城東，暮出屯城西。
沙月霜皎皎，磧草風凄凄。

① 《秋日登鎮西樓》詩共二首。

秋猶夢君往,春卻夢君歸。

王本固　兩赴崔參戎閫邊

雨餘山色映清流,落日殘紅半未收。

野麥經秋方吐穟,邊人終歲獨宜裘。

風連古戍蒼茫遠,雲擁高旌上下浮。

堪羨將軍能蕩寇,威名遙過月氏頭。

孟霦　邊樓

關樓大風號古木,樓外連天荒草綠。

降虜時騎白馬來,胡營只在黃河曲。

百戰沙場鳥不飛,朔雲羌笛晚淒微。

長城戍卒鳴刁斗,夜夜清霜上鐵衣。

張問仁　塞上

驚沙如水逐風流,急鼓連鐃接戍樓。

門閉孤城日未落,葉乾六月樹先秋。

周王薄伐威猶在,魏絳和戎事已休。

今日天朝咨上策,誰收干羽贊皇猷。

郜光先　早發三山經饒陽抵紅德城

樓頭鼓角動雞聲,早夢驚回戒夙征。

月掛旌旗頻烱爍,煙籠燈火半昏明。

扶桑日旭三山曉,饒水冰凝一線橫。

古戍蕭關何處是?　僕夫遙指在紅城。

郜光先　提兵皋蘭

秉鉞超遙秋屆期,材官貔士簇征旗。

金風引節關河迥,[282]寶劍凌空星斗移。

馬繫柳營霜肅肅,柝鳴月夜漏遲遲。

氛消瀚海天威遠,何向燕然費品題。

張瀚　出塞①

涇原北望塞門秋,漠漠沙塵暗戍樓。

羽檄不來氈帳遠,前軍夜獵海西頭。

邊城夜月聽胡笳,戍卒寒眠萬里沙。

---

① 《出塞》詩共五首。

征馬驕嘶飛將出，晶晶劍甲凜霜花。

披甲鞬鞪探驌驦，霓旌羽纛奮干將。
分麾百道蕭關下，何處飛來赤白囊。

賀蘭山後騎如雲，接地風塵慘不分。
胥簫聲隨征雁過，烏氏獨夜夢中聞。

已散胡群赤水灣，秦雲漢月滿關山。
翩翩羽騎歡聲近，麾下偏裨較獵還。
李汶　出塞次張公韻[①]
暮風颯颯雁橫秋，淒切拍歌暗戍樓。
百部旆牆屬漢節，倚天長掛隴雲頭。

危堞遙傳塞外箎，羽麾不動靜胡沙。
健兒投石渾閑事，滿目驚秋蘆荻花。

旗展蒼龍陣列驦，貔貅天策喜相將。
泥丸封後銷金甲，[283] 瀚海青山盡括囊。

蒼茫朔野盡胡雲，指顧華夷界此分。
眼底椎牛同燕喜，軍中箛鼓競宵聞。

一帶黃流去九灣，賀蘭山外盡胡山。
獨憐征戍沙場客，倦倚刀頭尚未還。
李汶　癸未視師原中逢重九日[②]
佳節忽逢自好懷，露華已歇徧霜皚。
菊英飧後騷多恨，餻字題成句有裁。
青對朝那雲外岫，白浮鑿落掌中杯。
灑然倚劍登高處，十二鐃歌奏凱來。

---

① 《出塞次張公韻》詩共五首。
② 《癸未視師原中逢重九日》詩共二首。癸未：萬曆十一年(1583)。

遮莫黃花暎翠微，恰無風雨亂朝暉。

瘁心旃虜年橐矢，得意材官日策肥。

視草每驚螭陛迥，插茱偏與雁行違。

此身未老乾坤在，萬里龍沙辟六飛。

李汶　甲申秋防有懷[①]

蕭關倚劍又年華，鹿鹿川原走傳車。

白草遙逢秋氣變，青山況是暮雲遮。

羽幢羅拜匈奴種，榮戟高臨上將才。[284]

夜半啼雞支枕覺，躊躇往事倍咨嗟。

昨朝羽檄動封疆，萬縷胡塵下大荒。

喜有彎弧多礦騎，漫傳獻質舊降王。

驄聲嘶落樓頭月，旌影搖連塞外霜。

閑眺陰山虜哭處，將軍尚憶隴西強。

李汶　署中陰雨浹旬喜聞市事告竣[②]

霖澍高秋偏野蕪，雙旌西下阻征塗。

輕迷甌脫羊腸滑，遠斷樵蘇雁塞孤。

幕隱居胥迴上騎，塵消葷粥走強胡。

戈矛初霽金鱗色，喜看明時蚤賜醐。

滿郊煙雨正霏霏，饗士營中日擊肥。

白簡曉裁心尚壯，青萍夜嘯興猶飛。

一篝藜火消寒溜，數點蘆鴻帶翠微。

上郡從來多虜窟，華陽今見驪驪歸。

李汶　再逢重九[③]

瑟瑟風來獵繡裾，天邊牢落十行事。

客憐綠醑尊常滿，人比黃花帶有餘。

幾處漢旌搖玉壘，數聲羌笛出穹廬。

枕戈乘鄣渾無補，簪筆何人賦子虛。

---

① 《甲申防秋有感》詩共二首。甲申：萬曆十二年（1584）。

② 《署中陰雨浹旬喜聞市事告竣》詩共二首。

③ 《再逢重九》詩共二首。

重陽召我朣多緣，兩度輕寒悵遠天。
井列萬家還寂寞，蘭肥九畹自鮮妍。
并州碧落身猶滯，瀛海白雲望已穿。
幾欲歸來歸未得，南山獨對意淒然。
李汶　季秋塞上[①]
風勁霜嚴送杪秋，阿誰貴介已貂裘。
最憐十萬鐵衣者，凍合雙肩卒未休。

棲畝西穫秋正殘，龍堆蚤徹九天寒。
簞醪數滴陽和酒，弓掛天山醉後看。

肤篋尋編憶建元，賢王左右舊稱藩。
擁裯檢點封侯事，無限青燐起塞原。

徵兵簡賦日劻勷，眼底瘡痍空亂腸。
何事寒鴉翔復集，瘦節倚折髻滄浪。
李夢陽　朝飲馬送陳子出塞
朝飲馬，夕飲馬。
水鹹草枯馬不食，行人痛哭長城下。
城邊白骨借問誰？[285]云是今年築城者。
但道辭家別六親。寧知九死無還身。
不惜身爲城下土，所恨功成賞別人。
去年賊掠開城縣，黑山血迸單于箭。[286]
萬里黃塵哭震天，城門晝閉無人戰。
今年下令修築邊，丁夫半死長城前。
城南城北秋草白，愁雲日暮鳴胡鞭。[287]
李夢陽　胡馬來再贈陳子
冬十二月胡馬來，白草颯颯黃雲開。
沿邊十城九城閉，賀蘭之山安在哉？
傳聞清水不復守，遊兵早扼黃河口。
即看烽火入甘泉，已詔將軍屯細柳。

---

① 《季秋塞上》詩共四首。

去年穿塹長城裏，萬人齊出千人死。
陸海無毛殺氣蒸，五月零冰凍河水。
當時掘此云備胡，胡人履之猶坦途。
聞道南侵更西下，韋州固原今有無？
從來貴德不貴險，英雄豈可輕爲謨。
尚書號令速雷電，抱玉誰敢前號呼。[288]
遂令宵旰議西討，兹咎只合歸吾徒。
我師如貔將如虎，九重按劍赫斯怒。
惜哉尚書謝歸早，不覩將軍報平虜。

楊巍　蕭關北作
塞路山難斷，天愁雲不開。[289]
遙驚戍火起，數見羽書來。
周室朔方郡，唐家靈武臺。
客心正多感，羌笛暮堪哀。

蕭廩　重九總督高公同飲南池
五原秋日駐千旄，萬里風煙拭寶刀。
把菊無心頻望遠，攜觴有客共登高。
飛鴻不逮思鄉夢，倚棹偏驚駕海舠。
惆悵隴山空勝賞，知公王事獨賢勞。

寶文　過六盤山
六盤山上六盤道，石徑迢遙過轉賒。
溽暑有風還透骨，芳春積雪不開花。
黃沙磧裏龍蛇窟，白草坡前虎豹家。
形勝萬年歸鎖鑰，停驂絕頂望京華。

趙時春　總督張南川先生還自花馬池歌①
霜清紫塞少塵埃，鼛鼓聲喧笳鼓催。
旌節遠從鴻雁引，路車新繫白羊迴。

紫府仙人辭玉皇，手揮金甲静殊方。
功成直擬歸天上，不使蕃人頌六郎。

---

① 《總督張南川先生還自花馬池歌》詩共十一首。

五部降胡夜散兵，萬旗牙隊擁龍旌。
懸知虎豹藏營窟，近接星辰朝太清。

天聲早晚遍遐荒，雪海陰山滿太陽。
五教從容追稷契，兩階干羽仰虞皇。

沙雲黯黯胡天高，風塵海上未全消。
須向長河開月陣，早麾飛將取天驕。

冒頓驅降過月支，蟠成右臂盡西陲。
玉關驛路縴如綫，可念河西十萬師。

不道欃槍近紫微，九關煙霧暗征旗。
侍臣縱有包胥哭，更向何方問釣磯？

尚方請劍非無計，北塞英雄屬那誰。
但願早崇十六相，垂衣端拱更何爲？

鐵甲光寒紫塞秋，年年塞上送征裘。
征人未掛黃金印，思婦城南已白頭。

當年使節事澄清，攬轡曾爲萬里行。
七貴五侯何處覓，祇留勳業照丹青。

柏府高風日夜寒，四邊清肅萬人歡。
焉能八極屬靈籌，一掃塵灰天下安。
趙時春　次張南川西征韻
西征搜弱水，東討盡河灣。
揮我燕然筆，待公銘勒山。
操戈迴白日，覽鏡惜紅顏。
自有封侯相，寧能老玉關。
趙時春　春初寄包侍卿
邊城角鼓初寒夜，海日瞳矓欲上時。
沙草連天白似雪，塞風吹鬢亂如絲。
茶添湩酪能消酒，脂凍饕羊可吟詩。

男子四方生有志，不遷青海竟不知。

趙時春　寄同年張都憲原禮謫固原戍

艱難北道横戈戍，冷落中臺持節臣。

遥望天門隔萬里，更憐秋色伴孤身。

蛟龍不久潢池卧，雷雨旋迴紫塞春。

欲問軒轅招隱處，那堪涇水濁無津。

趙時春　原州九日

秋聲咽塞笳，邊氣肅霜華。

九日登高處，群山入望賒。

蒼兼仍碧水，緑酒對黄花。

鴻鵠歸何處，長天空落霞。

趙時春　彈筝峽

筝峽唐時道，蕭關漢代名。

連山接玉塞，列戍控金城。

形勝雙流合，乾坤一壑平。

憑高瞻斗柄，東北是神京。

趙時春　元宵飲陶總戎家

將壇春酒冰漿細，元夜邀賓燈火新。

直待清霄寒吐月，休教白髮老侵人。

香翻桂影燭光薄，紅沁榆階寶曆匀。

群品欣欣增氣色，太平依舊獨閑身。

趙時春　次陶總戎宴讌集韻

太平人醉杏花傍，明聖恩深不可忘。

試問鳴笳追衛霍，何如擊壤頌陶唐。

酢分玉瓚頻潦倒，膾落銀刀喜共嘗。

竊幸閑身無外事，百年時得奉餘光。

趙時春　聞固原告急[①]

聞道白羊騎，猶穿花馬池。

故園烽火急，上苑帛書遲。

涇汭思雲鳥，蕭關入鼓鼙。

何由請一隊，直擣向燕支。

---

① 《聞固原告急》詩共六首。

慈母倚門日，君王按劍時。
壯心驚白馬，血淚灑丹墀。
邊月侵關冷，胡笳帶雪吹。
茫然塞宇宙，雲繞漢旌旟。

自得山西信，常疑關內兵。
按形翻批亢，掃穴爲橫行。
誰使蹄林馬，輕過細柳營。
墮歸尤作意，掌劍莫虛鳴。

三千唐勁騎，八百漢精兵。
形勝張群策，飛騰振一鳴。
百金招駿骨，萬馬避先旌。
白面何爲者，優遊頌太平。

昭代崇儒雅，壯夫恥甲兵。
愍愍憐紫塞，隱惻爲蒼生。
愁見烽煙黑，喜聞官吏清。
閑過半甲子，俛仰愧生平。

岳子憂三關，棄捐長草泖。
許郎籌九邊，騰踏自温飽。
天意亦憐才，人情苦執拗。
飛黄不著鞭，太白空凌昂。
趙時春　和胡大參六盤山
六盤盤踞何崢嶸，勢壓華夷掩赤城。
羽旆迎風煙塞静，星軺過雨漢關明。
百年蕪没元王殿，千古雄蟠魏國營。
遥想登高成賦處，臨風三嘆有餘情。
趙時春　固原南池泛月
四郊芊蔼夏容多，玉關無事遍笙歌。
原州城南青草碧，流澌澹蕩生微波。
波光潋灩浸塘苔，芳辰樂景仍相摧。
尚書既携二妙至，戎司亦領三驅來。

遂使炎蒸化時雨，忽於蒼莽聽殷雷。
殷雷時雨何浩渺，衆峰突兀雲徘徊。
煙水茫茫同一色，凌風始覺臨高臺。
彩虹欲射青海石，赤霞初映白龍推。
須臾長空淨如拭，萬山洗盡無塵埃。
黃鴨花鳧池頭集，放舸解纜旋相及。
宛轉中流簫鼓鳴，泓洄兩岸兼葭濕。
天清地靜悄無聲，一輪明月當空立。
桂影光吞玻璃寒，金波隱映鵁鶄急。
金波桂影寂無濤，綠漪玉鏡兩爭高。
勢傾斗柄迴南極，中涵太虛沉碧霄。
祇疑蟾宮失雪兔，翻於水殿踏冰綃。
池裏潛虯徒偃蹇，野外還颷吹沉寥。
沉寥鶴駕去仍還，時時此地會群仙。
君看南池泛舟夜，豈減蘭亭修禊年。

趙時春　固原南池月夜陪劉松石尚書
朱明初送夏，黃葉已驚秋。
絕塞金光盪，中天玉鏡浮。
開簾翻寶靨，鼓枻送蘭舟。
花底星河動，尊前鳧雁悠。
張筵溥露下，轉席清風流。
輕淺抵雲漢，飄飄上斗牛。
高情同謝傅，發興自庾樓。
喜接龍門會，叼陪濠上游。
百篇慚擬李，一紙固稱劉。
角鼓喧初夜，旌旗滿上游。
豈須橫槊賦，已辦折衝謀。
他日鳳池去，還看伊吕儔。

劉敏寬　閱武[1]
元戎春閱武，藝苑繡旗開。
猿臂争投石，龍駒怒蹴苔。

---

[1] 《閱武》詩共四首。

紅山留使宿，紫霧隱轟雷。
薄試長纓技，氈裘繫頸回。

細柳東風織，依依漢將營。
鐵山獰虎豹，玉笋列干城。
走甲凝霜重，揮戈幌日明。
聖神騎耀德，邊塞自觀兵。

羽檄風霆迅，雄師捲地來。
驕騰欲破壘，寂静不銜枚。
駐蹕滄溟滙，衝鋒泰華摧。
先聲天地震，萬里息氛埃。

四方需猛士，惟昔壯關中。
健舞斑絲稍，雙彎神臂弓。
鷹揚奔疾電，魚貫動長虹。
糾糾蒼蒙外，誰收破虜功。

劉敏寬　北魚池

山下蒙泉壯塞頭，憑高一攬入清幽。
濯纓可是滄浪曲，澣俗何須閬苑洲。
特地風雲神物待，漫天星斗瑞湍收。
聖明應借銀灣潤，滌盪妖氛億萬秋。

劉敏寬　固原杜總兵文煥剿虜獲級①

曙色祥開細柳營，元戎十乘啟邊城。
投鞭叱咤洪流斷，破壘追奔華嶽傾。
群醜降心歸漠北，名王唾手繫長纓。
鐃歌喧雜金颷送，露布翩翩帶月明。

堂堂幕府盡長籌，鼎沸妖氛一鼓收。
鞠旅幾曾先漢過，除凶誰復玩夷酋。
巍峩雁塞西風競，寂寞龍沙暮靄愁。

---

① 《固原杜總兵文煥剿虜獲級》詩共四首。

共效忠猷期報主，策勳端不覓封侯。

頻年寰宇頌昇平，叵奈天驕數弄兵。
震疊風霆三鎮合，留連塗炭一朝清。
豐碑紫塞聲靈遠，京觀青山崒嵂并。
聖主無煩西顧念，行看瀚海伏長鯨。

如林飛將徧龍堆，胡馬驕嘶動地來。
大纛高揮白日暗，長車怒踏彩雲開。
百年王氣伸河朔，九死遊魂散草萊。
群力總由群策屈，帥師原自冠軍才。
董國光　同祁冠軍陪司馬劉公觀魚池①
北郊誰爲闢芳塘，一鑑澄澄貝闕傍。
原上山光極目迥，座中潭影逼人凉。
亂流時見鳧鷗狎，斷岸風來蘆荻香。
好景天呈供嘯咏，側聞司馬賦濠粱。

碧波浩淼擁兼葭，神物若憑盪日華。
潤世何當爲澍雨，洗兵直欲净胡沙。
龍宫近鎖潛虬宅，魚穴遥通泛海槎。
我自臨淵念子遺，雲雷悵望起天涯。

佳陂滙注關西頭，長日清風萬象幽。
對面開軒閑野照，忘機俗鳥集沙洲。
晴嵐遠黛插天起，古戍荒煙匝地收。
爲向靈源探吐納，陰陰水樹欲生秋。
清
徐乾學　隴山歌②
隴山高高隴水流，隴西六月如清秋。
蕭關朝那接北地，酒泉張掖連凉州。

----

① 《同祁冠軍司馬劉公觀魚池》詩共三首。
② 此詩未見載於徐乾學《憺園文集》。

諸葛戰爭餘故壘，隗囂宮殿成荒邱。

繡衣按部求名馬，都護行宮擢錦裘。

數聲羌笛落梅怨，一曲秦箏邊月愁。

許侯分符萬里去，曉發青門擁驌御。

虞詡成名在此時，王尊叱馭看前路，

京華故人折楊柳，欲行不行日漸暮。

我歌爲作隴山詞，目極輪臺鳥飛處。

吳偉業　送朱遂初同年憲副固原[290]

銜杯落日指雕鞍，渭北燕南兩地看。

士馬河湟征戰罷，弟兄關塞別離難。

荒祠黑水龍湫暗，絶坂丹崖鳥道盤。

錯認故京遠咫尺，幾人遷客近長安。

吳偉業　聖祖大閱賜陝西固原鎮西鳳副將康泰①

南苑風高水潦收，旋催羽對肅貔貅。

九天鼓吹鳴金鐲，萬乘旌旗擁翠虬。

馬足過時殘雪盡，峰巒廻處朔雪浮。[291]

定威端在承平日，自昔經那有大猷。

吳偉業　高宗賜悼甘肅安西提督豆斌

老將行間名久標，援師深入重驃姚。

舖敦早己占三捷，[292]矍鑠不及喪一朝。

杜牧悲曾譏點筆，孟明壯詎肯廻橈。[293]

最憐來歙臨終際，强起猶虞衆志搖。

王士禎　秦中凱歌②

虎狼十萬競投戈，不唱三交隴上歌。

朝見降書來北地，暮看烽戎罷朝那。

丹書圖畫上麒麟，五等俄驚寵命新。

未許羆熊歸禁籞，且懸堂印鎮三秦。

李因篤　邊上

蕭關城堞望中分，鹿苑干戈道上聞。

_____

①　此詩見於《雍正陝志》卷八五《藝文一·御製詔誥》，《八旗通志》卷首《天章一·聖祖仁皇帝御製詩》、《聖祖文集》卷三七、《宣統固志》卷八《藝文志一·御製文詩敕諭》。

②　《秦中凱歌》詩共二首。按：《精華錄》卷八《今體詩》載《秦中凱歌》共十二首，此二首爲第七和第十首。

野霽卷蘆吹白日，霜清驅馬下黃雲。
征西盡徹三千戍，鎮朔還歸十萬軍。
誰抱遺弓攀鶴表，賜冠空滿鵷鸞群。

方還　舊邊

秋入平原動鼓鼙，弓鳴風勁塞雲低。
漢家營壘沿山後，秦郡川原盡隴西。
征調頻年憂戍士，逃亡何計復蒸黎。
徘徊險阻誰爲守，花馬池邊落月迷。

胡釴　過六盤山

空際征車鈴鐸響，盤盤勢逐煙嵐上。
隴干回望浮雲平，東下直走長安城。
長安繁華古帝京，五陵春色照眼明。
九衢紫陌馳寶馬，千林綠樹聽啼鶯。
預信茲行殊不惡，那堪屈指憶疇昨。
踏冰疑探黃河源，橫絕張掖到酒泉。
玉門隘口出瀚海，霜戈殺氣連烽煙。
此地悲歌行路難，此時倦鳥思回旋。
男子立身渾無計，倏忽西遊復東逝。
咫尺鄉園不得歸，短翼更向長安飛。
可憐彈鋏仍旅食，何論緇塵化素衣。
況復今朝天險路，淒風颯颯雪霏霏。
三年三度數經此，行人不恥居人恥。
輪蹄徐動浮輕埃，深閉莫使車幃開。
褰幃婦孺共指笑，屢見此客今重來。
一見一回更老矣，非商非官胡爲哉？
低頭赧面無一語，呼僕疾驅過山去。

伊秉綬　題邊城插柳圖

張侯爾盡一杯酒，好向邊城插楊柳。
柳色依依二月中，蘆溝萬里休回首。
西風天馬入蕭關，老樹荒原未可攀。
邊吏精神酒泉郡，詩人藻耀胭脂山。
三年報最長安道，棠舍猶思長官好。
入廄寧知馬似羊，浚渠早獲蟬鳴稻。

流沙誰識水泉甘，未老桓公感漢南。

即看蘇武祠前月，萬縷搖風色勝藍。

楊芳燦 伏羌紀事詩略

聖澤敷殊俗，天聲震八絃。

花門何醜類，草竊敢縱橫。

釁爲尋仇啟，妖由搆煽成。

鼠牙工發覆，蝸角怒相傾。

方鎮空持重，中權孰使令。

養癰憂内潰，躡尾失先鳴。

濡滯師將老，驍騰敵果勍。

誰當擒罔象，無計掣長鯨。

祖厲朝呼渡，蕭關夜斫營。

紀昀 平定回部凱歌

多少降羌逐馬蹄，芙蓉關下貢文犀。

蕭關候吏如相問，家在條支更向西。

何道生 過六盤山[294]

秦隴分山脈，開通走傳車。

六盤名最重，[295]廿里路何賒。

溪澗重重繞，峯巒面面遮。

轉輪生四角，循轍少三叉。

詰曲穿珠蟻，行回赴塹蛇。[296]

修途方坦蕩，怪石忽谽谺。

蜒蜿龍騰脊，參差虎礪牙。

要應推鎖鑰，險合并褒斜。

斥堠迷村樹，琳宮繡野花。

半途休馬足，暫憩得山家。

木榻聊敷坐，甆甌罷唤茶。

蓬篠新結構，餺飥小生涯。

羨爾心無礙，慚余念早差。

宦遊多錯迕，岐路一嗟呀。

楊昌濬 閱兵固原並紀拔電桿事

奉詔蒐兵此地過，濃陰緑樹影婆娑。

愚氓拔電干王法，大將威風掌太阿。

經略江淮權墨敕，防維回準扼黄河。
八營尚説楊家事，古戍荒涼感慨多。
何福堃　途中雜詠
歲星周一紀，四過六盤山。
路闢蠶叢險，人歌馬足屝。
時危多戰壘，將猛守蕭關。
追溯前朝事，今來喜客閑。
楊嗣曾　隴頭流水用王漁洋秋柳韻[1]
獵獵風推攪客魂，鞭絲漸指隴西門。
昔年嗚咽磨刀水，此日灣環嚙石痕。
班馬寒嘶丞相壘，流鴉亂點古皇村。
王程浩蕩猶心折，烽火淹留莫更論。

隴月高高白似霜，亂流直下少廻塘。
勞勞行蟻隨風磨，歷歷牽牛怨服箱。
虎蹟縱橫迷漢將，蠅聲幽咽怨隗王。
別離南浦無多日，錯認清波是冶坊。

湔裙初過擣寒衣，風景江南未盡非。
紅日抛殘鸚鵡去，白蘋吹老鯉魚稀。
判投王袂盟難定，恨寄刀環夢欲飛。
遮莫分流因漢使，迢迢星宿路多違。

豈獨秦川望可憐，遲廻閱盡隴頭煙。
霜橋斷渡橫枯柳，雪磧衝寒發野綿。
羌笛有情悲遠道，玉笙無語泣華年。
何須九折窮高望，已覺銀花到鬢邊。

隴雲隴樹總鎖魂，水調如彈古雍門。
秋老龍吟驚入破，天空雁影落無痕。
黄蒿古戍寒砧月，青兕羌兒短笛村。

---

① 《隴頭流水用王漁洋秋柳韻》詩共八首。

萬里西風共飄蕩，逝波浩浩與誰論。

清晨隴首破嚴霜，夢斷疏鐘失藕塘。
知汝前身定明月，思君好句落空箱。
石蓮古洞窺紅女，寶塔風鈴悟梵王。
廻雁烽前傳樂府，可憐勝業是名坊。

匹馬西風短後衣，別來面目是耶非。
源探星宿仙槎遠，梅折江南驛使稀。
萬顆方諸隨水織，一天鳥雀逐星飛。
花驄照影驕何事，壯志年來漸漸違。

春風吹汝皺堪憐，況是寒波倚暮煙。
未抵江潮流日夜，可曾河草解芊綿。
相思紅雨稠桑路，別恨黃驄折柳年。
無與言愁尋隴客，瑤華欲寄向誰邊？
楊于果　隴頭流水和韻[①]
濺濺流水暗驚魂，隴坂西來望塞門。
莫向愁人照華髮，好憑歸信寄啼痕。
微波瀺灂桃花岸，細雨輕颺菰米村。
到此偏饒嗚咽恨，家山風景未堪論。

亂石巉巖帶曉霜，奔流迅激類瞿塘。
愁看落葉飛空谷，誰寄寒衣到客箱？
埜唱猶傳塞上曲，清歌欲和汝南王。
涓涓縱有芹芽茁，不是青泥舊坂坊。

新傳麗句織弓衣，往是風流近已非。
泛梗徒添鴻爪感，飄梧無奈雁書稀。
玉關明月連沙白，銅柱輕鳶墮水飛。
等是別離傷遠道，故園松菊莫相違。

---

① 《隴頭流水和韻》詩共四首。

塞外遐征信可憐,秦川野樹森如煙。

偏依倦客聲幽咽,似解情多恨渺綿。

坐對寒波思帝子,常將逝水惜華年。

江潮有信殊難比,匹馬踟躕落照邊。

吴可讀　雜感

大劫無端起草萊,烽煙萬里鎖塵埃。

世間鬼録名誰注,海内生民綱未開。

莫怪邊庭忘武備,太平人久在春臺。

賀蘭山下長蕪萊,蕭散關頭血染埃。

環慶軍容仍北駐,涇源幕府久東開。

千秋扼要稱靈武,持節何時築將臺。

譚嗣同　六盤山轉餉謡

馬足蹩,車軸折。人蹉跌,山岌嶪。朔雁一聲天雨雪。輿夫輿夫爾勿嗔,官
僅用爾力,爾胡不肯竭? 爾不思車中纍纍物,東南萬户之膏血。嗚呼車中纍纍
物,東南萬户之膏血。

按：清季甘肅軍餉歲四百八十萬,皆仰給東南諸省云。

牛樹梅　過六盤山

隴山何高高,蒼茫挾雲起。

會當絕頂巓,一目極千里。

翠屏障西陲,氣勢雄三輔。

綿亘數十峰,峯峯藏雲雨。

日出照長安,世事更今古。

借問道旁人,何處題鸚鵡。

陳日新　長城關奠前明三邊總制劉公天和

居與公同鄉,仕與公同處。

公來築雄關,我來設縣署。

治兵與治民,道不遠忠恕。

相隔三百年,神情抑何豫。

捧觴敬奠公,精魂何所御。

借問虜來時,守將胡急遽。

戰敗走硝河,天沈夜不曙。

仗公斬守將，一借留侯箸。

殺虜八千人，乾溝血皆瘀。

邊方尚憶公，長城雪飛絮。

安維峻　偕固原鄭聘卿明經登崆峒

昔我戍沙塞，題詩雲泉寺。

長劍倚天磨，隱寓崆峒志。

不意十年中，公然履福地。

我友鄭廣文，清遊同攬轡。

行行過石橋，處處益神智。

如尋桃花園，絕境少人至。

又似蓬萊宮，神仙可立致。

穿林上青霄，徑曲步代騎。

望駕空極目，燭峯光遠被。

古塔廻凌空，中臺巧位置。

東西南北臺，各自標靈異。

琳宮梵宇開，瑤草琪花閟。

松柏高摩雲，群木如櫛比。

天門可階升，引繩心惴惴。

絕頂得攀躋，喘定神猶悸。

雷峯聲訇訇，閣空踏欲墜。

涇川盡一覽，道里遼難記。

五臺近羅列，有似兒孫侍。

路轉下西巖，崎嶇行之字。

夜來宿西臺，星斗羅胸次。

如聞鈞天樂，空際饒鼓吹。

明月伴玄談，清風醒餘醉。

有鳥巡山鳴，名狗諒非戲。

晨起一憑欄，滿地煙雲膩。

藥草雜花發，異香時撲鼻。

連日騁遊目，窮險探奇秘。

雲歸龍洞入，獅蹲天臺伺。

朽木橋飛仙，側屏峯擁翠。

龜臺及鳳嶺，殿尚靈光歸。

惟有大統山，令人思名義。

竿頭何處是，延望足頻跂。

俯瞰玄鶴洞，窈然幽以邃。

自非凡骨換，仙禽不可企。

今我尚浮沉，幾時脫塵累。

到此心神清，富貴真敝屣。

乃知軒皇聖，問道非異事。

世無廣成子，漢武亦空詣。

徒令千載下，懷古發遙思。

鞭撻及四夷，武皇自英鷙。

持擬涿鹿功，伯仲無軒輊。

世人苟目前，饒舌恣訾議。

豈知神武姿，電掃空異類。

不然燒回中，斯山且淪棄。

白日即昇天，於世何所利。

感此意激昂，中宵耿無寐。

軒武世不作，浮雲蒼狗肆。

安得朝陽鳳，復鳴歸昌瑞。

倚劍説平生，斯遊心已遂。

涇清鑒我形，山靜知我意。

龍泉韜匣中，終當驚魑魅。

徐承頤　題王平山刺史勸耕新墅①

憶昔逢兵燹，全無喬木存。

旅車悲廣漠，樵斧憾新村。

獨辟蒿萊徑，思成桃李園。

今朝春有信，廿四紀風番。

策馬蕭關道，新陰似綠天。

耕雲開老圃，致雨潤連阡。

欲貢千章木，還資百斛泉。

---

① 《宣統固志》卷十《藝文志四·古今體詩》載此詩小序"光緒丁未季春，奉題王平山賢弟刺史勸耕新墅並紀種樹。即固原農業試驗場。"光緒丁未：光緒三十三年(1907)。《題王平山刺史勸耕新墅》詩共二首。

河陽花一縣，端合步前賢。

徐承頤　過黑城哭白骨塔

巍然一塔峙平原，碧草離離長墓門。

痛哭西征諸將士，至今猶作未歸魂。

王學伊　抵海城

峻嶺危坡裏，孤懸斗大城。

漢回分種落，防綠扼連營。

野有狐狼伏，庭多雀鼠爭。

勗哉賢令尹，蠲賦慰輿情。

王學伊　過黃羊坪

坱莽無垠際，行行坪上望。

塞鴻銜草白，驛騎踏沙黃。

劈面新屯地，蒼頭古戎場。

歸程纔四十，海喇本巖疆。

王學伊　六月赴鄉相驗輿中口占

出署匆匆待曉天，歸來皓月當空懸。

萬山盤鬱馬蹏瘁，麥禾高接輿人肩。

計程往轉百十一，役衣揮汗如雨濕。

嗟予寧不畏炎陽，無那官書星火急。

兩造情詞胡所假，鹿兮未許呼爲馬。

悲哉此老不復生，此老何緣墜崖下。

當場一鞫情皆吐，崖南崖北觀如堵。

頭上青天不可欺，指點傷痕飭刑仵。

傷痕輕重辨顏色，毫釐千里毋差忒。

婆心一片恤吾民，不容鄰證誣羅織。

大呼吾民狡且愚，鼠牙雀角胡爲乎。

同鄉共井小不忍，乃滋訟蔓難爲圖。

爾身不惜頂踵滅，爾妻爾子空嗚咽。

囹圄泉壤總銜悲，一重生離一死別。

予思宥爾赭衣囚，一册爰書費校讎。

百身應悔贖無及，豻門嚴鎖風啾啾。

公餘緬懷古循使，鸞鳳文章靖鴞鶩。

此邦民俗何悍強，謂予不善爲之治。

吁嗟乎！謂予不善爲之治。

王學伊 〔和鏡珊題壁原韻并序〕①

與阮鏡珊大令遊崆峒，阻雨，宿棲雲寺。和鏡珊題壁原韻。

言尋名勝到崆峒，勢壓秦關百二重。

鐘磬有聲通上界，岡巒無限拱中峯。

天機活潑隨飛鳥，根節盤深種老松。

問道軒皇誰復見，惟留丹竈耐塵封。

天爲留人不放晴，朋軒坐話雨中聲。

從頭流水分清濁，到眼青山作送迎。

元鶴一雙思所止，野花千萬不知名。

老僧乞得摩崖字，證我風塵鴻爪情。

王學伊 塞上春用放翁醉梅花下韻

昔游江南廿載許，吳山淮水春多嫵。

今來塞上又十年，羗雲隴月知其所。

有時中酒遣新愁，尺幅蠻牋千萬語。

蕭關寒鎖楊柳煙，空同冷滴莎苔雨。

邊陲萬里開冥茫，有意尋春信未妨。

恨余不受清閑福，一問蒼天百轉腸。

塞上無花且慵臥，挑燈猶惜燈花墮。

吁嗟春日何遲遲，孤負年華彈指過。

王學伊 丙午迎春和錫仁山明府韻②

東郊雪霽頓忘寒，拂拂春風靮繡鞍。

千隊歡聲騰竹馬，九重新詔捧芝鸞。

書香累葉承貂珥，粉政勞薪薦豸冠。

更喜兗東共西隴，弟兄同日作春官。

星厓雲纛壓春寒，無限風光入彎鞍。

綵勝千門誇剪燕，塵清四野聽和鸞。

---

① 《和鏡珊題壁原韻》詩共二首。《宣統固志》卷十《藝文志四·古今體詩》載此詩小序：“丙午中秋，與平涼阮鏡珊大令印士惠，山陽人。同遊崆峒，阻雨二日，宿西峯棲雲寺。和鏡珊題壁原韻，時胡玉疇觀察亦同往小飲。”丙午：光緒三十二年（1906）。

② 丙午：光緒三十二年（1906）。《丙午迎春和錫仁山明府韻》詩共二首。

柳枝戲綰芒神帶，梅蕊新簪學士冠。
聞道衢童偕壤叟，聲聲笑説少年官。

王學伊　祈晴[1]

怨雨咨寒不忍聽，心香一瓣許通靈。
田夫蹙額呼庚癸，術士空談誤丙丁。
有祝惟知光日月，來威終待走雷霆。
常懸霄漢心如見，莫使沉雲沍野垌。

王學伊　喜晴

晨興不復雨廉纖，捧得紅輪上畫檐。
卻掃陰霾空眼界，好留春色到眉尖。
天心似慰爲霖望，人語猶符樂歲占。
更有山銜新景物，靈黿一一網絲添。

王學伊　驗瓦亭官樹

緑楊青柳望中連，畫斷横流闢大阡。
萬樹合圍渾一樹，百年生計在三年。
謾期潘岳成花縣，且效王維築輞川。
寄語邊氓好持護，清風赢得六盤巔。

歐陽震[2]　登固原鼓樓[3]

好水川前路，當時盛寇氛。
一韓能節制，已出鎮戎軍。

蕭蕭邊馬嘶，何處笛横吹。
河套今無患，羌戎不敢窺。

一鼓竟論功，不愁有伏戎。
崛强西夏主，宋室肯成終。

度隴復徵兵，回烽漸掃平。

---

① 《宣統固志》卷十《藝文志四・古今體詩》於《祈晴》《喜晴》詩前載有小序："丁未二月，固郡大雪，積地五尺有餘。益以苦雨交作，春耕恐不及佈種，心焉憂之。爰與提督張雲亭軍門並同城文武設壇禱之城隍暨火神。凡三日，忽開新霽，農民忭舞，僉謂趁此晴和當獲多稼。迺作祈晴、喜晴二章以紀之。"丁未：光緒三十三年(1907)。

② 據《宣統固志》卷十《藝文志四・古今體詩・登固原鎮鼓樓》載，歐陽震字獻廷，湘鄉人。

③ 《登固原鎮鼓樓》詩共五首。

三邊銷隱患，終賴漢家營。

自抱請纓願，誰同升斗謀。

壁間詩句好，懷古一登樓。

錫麟①　東山秋月

蕭關萬里淨無塵，秀聳東峯倚鳳闈。

漫把防秋談戰事，且邀新月作詩鄰。

蓮花似滴平巒翠，楊柳猶懷舊苑春。

南望絡盤北海刺，年年照徹遠行人。

王兆駿②　西海春波

飛來萬朵玉芙蓉，中滙流泉列五峯。

地據朝那通朔漠，天開靈境接崆峒。

頻將秋草肥屯馬，信有春雷起蟄龍。

聞道當年兵備使，分渠猶自利三農。

梁濟西③　雲根雨穴

三峯太白望巍然，誰闢山陰百丈泉。

濺玉跳珠空色相，瞻蒲望杏動機先。

甘霖儘許占盈尺，閭澤還宜徧大千。

信是蛟龍爲窟宅，靈通地脈助風煙。

韓國棟④　瓦亭煙嵐

六盤俯瞰接三關，斗大孤城萬仞山。

不斷雲根橫雁齒，每當雨霽擁螺鬟。

畫圖猶待倪迂寫，旌旆當逢漢使還。

試向蕭關一回首，依依楊柳水潺潺。

韓謙⑤　營川麥浪

馬髦西望盡平疇，多稼年年祝有秋。

比户胥忘鋒鏑險，屯田自遂稻粱謀。

一犁紅雨鴉鋤足，萬頃黃雲犢背浮。

喜共邊氓耕鑿者，雙岐百穗頌來牟。

---

①　據《宣統固志》卷十《藝文志四·古今體詩·東山秋月》載，錫麟字仁山，瀋陽人。

②　據《宣統固志》卷十《藝文志四·古今體詩·西海春波》載，王兆駿字遁聲，皋蘭人。

③　據《宣統固志》卷十《藝文志四·古今體詩·雲根雨穴》載，梁濟西字華峯，皋蘭人。

④　據《宣統固志》卷十《藝文志四·古今體詩·瓦亭煙嵐》載，韓國棟字伯隆，撫彝人。

⑤　據《宣統固志》卷十《藝文志四·古今體詩·營川麥浪》載，韓謙字益三，咸寧人。

李毓驤^①　須彌松濤

古刹巍然近石城，蒼松萬樹自縱橫。

維摩有室搜靈偈，逢義題山問舊名。

一幅雲屏開界畫，半天風鐸助邊聲。

宵深惟聽龍吟曲，隨在參禪百慮清。

金希聲　六盤鳥道

虎牙龍脊自嶙峋，絕巘排空扼隴秦。

塹道崎嶇通一綫，征軍迢遞轉雙輪。

雲封遠隔鹽叢月，風勁橫飛馬足塵。

漢史絡盤搜舊蹟，東衝鎖鑰鎮蘭岷。

王學周^②　七營駝鳴

參橫月落夜遲遲，絡繹鳴駝任所之。

朝飲長城環氄幕，遠來瀚海識羌旗。

鹽茶春暖開屯際，水草秋高出塞時。

明驛漢營今尚在，籌邊何以策安危。

韓慶文^③　禹塔牧羊

浮圖七級峙郊原，遺蹟都從劫後存。

半嶺寒雲橫斷堠，一灣流水繞孤村。

苔花莫辨明臣碣，苜蓿猶肥漢將屯。

最是池阿歌上下，鞭聲遙送月黄昏。

劉繼銘^④　蓬沼聽鶯

芳塘十畝北城隈，無限嵐光到眼來。

且喜青驄行款段，^[297]時間黄鳥語低徊。

香清蔬圃饒詩味，影落蓮峰入酒杯。

四面荻花三面柳，斯游合紀小蓬萊。

錢作楨^⑤　讀王太守平山新修《州志》^⑥

釋褐來蕭塞，時欽太守賢。

---

① 據《宣統固志》卷十《藝文志四·古今體詩·須彌松濤》載，李毓驤字仲臣，皋蘭人。
② 據《宣統固志》卷十《藝文志四·古今體詩·七營駝鳴》載，王學周字仲簍，文水人。
③ 據《宣統固志》卷十《藝文志四·古今體詩·禹塔牧羊》載，韓慶文字筱三，咸寧人。
④ 據《宣統固志》卷十《藝文志四·古今體詩·蓬沼聽鶯》載，劉繼銘字新甫，皋蘭人。
⑤ 據《宣統固志》卷十《藝文志四·古今體詩·讀王太守平山新修〈州志〉》載，錢作楨字柳邨，仁和人。
⑥ 《州志》：即王學伊《固原州志》。

尊陽賡舊德,班馬衍宏篇。

咳唾皆珠玉,文章足管絃。

遐思褒貶意,上下五千年。

張華齡①　登固原昭威臺

昭威臺上延清秋,昭威臺下環河流。

將軍功烈在霄漢,此臺高鎮隴山頭。

大邦古爲義渠國,赤髮黃鬚矯且力。

一從漢使天上來,冠裳旌斾風雲色。

分茅裂土蠻夷信,版圖北地名安定。

無郡隗囂輕啟戎,坐使邯軍屯上郡。

紛紛南北易干戈,朝飲馬兮歹鳴駝。

李唐邊臣疏計劃,斯城奈陷吐蕃何。

籌邊有策惟炎宋,鎮戎一軍能操縱。

有明歲歲重防秋,建牙開府平酋種。

洪維我朝勤遠馭,車書文軌開荒戎。

星雲糺縵靖槧槍,蕭關億萬歌春煦。

我來臺上一縱觀,清風颯颯隨征鞍。

王郎高談驚四座,酒酣漏盡不知寒。

王郎志乘儲文囿,鸞鳳諧洽蛟龍走。

我將擊節發長吟,敢云題柱臺之右。

齊柄②　〔紀事兼頌德政〕

丁未春,③隨張雲帥閱常備、續備防綠各軍。

聖主當陽日,元戎閱五年。

疆圻通九塞,鎖鑰鎮三邊。

華嶽英靈毓,清河譜係延。

弓裘承碩德,戈印證名詮。

纓許終軍請,鞭宜祖逖先。

橫矛馳大漠,單騎走于闐。

帳列天山北,沙量瀚海前。

樓蘭稱帖服,葛亮運籌全。

---

① 據《宣統固志》卷十《藝文志四·古今體詩·登固原昭威臺》載,張華齡字晉三,富平人。
② 據《宣統固志》卷十《藝文志四·古今體詩》載,齊柄字鳳山,長安人。
③ 丁未:光緒三十三年(1907)。

彤矢殊恩沛，犁庭懋績宣。
休應揚虎拜，銘早勒燕然。
倏以花門變，頻將節鉞遷。
玉關崇砥柱，銀夏整刀鋋。
抱罕占奇捷，臨洮賦凱旋。
氛消千萬族，喜洽九重天。
鵝鸛排雄旅，驊駵奮錦韉。
盾摩蓬島浪，旆捲薊門煙。
柳幄風聲壯，芝輪日下傳。
全湟資保障，專閫信衡權。
鄯善瞻旄戟，羌番貢毳氊。
獫狁今負版，牛酒已開筵。
奏續金甌鑄，論功玉筍聯。
龍光廣載錫，麟纛頌高騫。
帷幄霞標迥，崆峒月鏡圓。
軍容欣鵠立，清節比魚懸。
庾幕徵材士，秦關辟廣阡。
有嚴誠有翼，無黨更無偏。
令肅東西隴，忱輸大小开。
金湯郵驛鞏，鐵券姓名鐫。
歐亞搜新法，孫吳理舊篇。
春臺歌袂續，秋塞靖飛弦。
巍煥如荼火，優遊及狩田。
牙璋分列五，申胄羨盈千。
化戢萑苻患，勤思狄杜賢。
赳桓同校藝，步伐聽鳴鑣。
歸馬長城窟，和鸞太白巔。
提封歌赫赫，王道詠平平。
我愧庸駑策，君征茀鹿綿。
燕巢思庇蔭，鴉隊共翩躚。
仰止尊山斗，謳吟竭壞涓。
經文兼緯武，嘉譽遍垓埏。

王恩培①　登固原鎮鼓樓

我本華山一樵者，無端策馬至蕭關。

丈夫當學班定遠，書傭豈肯蒼吾顏。

蕭關道，何岧嶤，南望崆峒西馬髦。

中有一樓雄且傑，俯瞰萬壑凌穹霄。

大開此樓納宇宙，雲歆霞歛生風雨。

標名鎮鼓問何年，漢營宋壘渾難語。

惟聞父老走相告，有明禦虜嚴河套。

防秋歲歲轉軍書，塵沙士卒悲秋老。

秋馬肥，秋鷹饑，裹甲長征動鼓鼙。

鼓齋齋，兵行先，鼓坎坎，兵行緩。

元戎樓上若指揮，龍泉在腰弦應腕。

雄師百萬攖鋒鏑，鳴金進伐增於邑。

忽聞蒼頭報捷來，鐃歌蔽地歡聲洽。

凱歸犒士饗椎牛，旌旗風勁森戈矛。

試與抽毫一題柱，乃以鎮鼓名其樓。

噫嘻！此樓距今五百年，巍然矗立蕭關前。

豈少登臨賢豪客，茫茫雲樹含蒼煙。

張將軍，王太守，今日相逢笑攜手，我且酺歌且飲酒。

醉餘潑墨在樓頭，好爲蒼生書大有。

邊庭臥鼓誰之功，功與此樓同不朽。

周文炳　隴頭明月

隴頭明月，朝夕出没。

逝者如斯，一往無歇。

人非金石，誰永弗歿。

曾幾青陽，忽焉白髮。

勞勞我身，潦倒風塵。

八年於外，舉世無因。

上愧聖明，下負黎民。

家有二老，白首食貧。

來日大難，豈天不仁。

---

① 　據《宣統固志》卷十《藝文志四·古今體詩·登固原鎮鼓樓》載，王恩培字崇九，韓城人。

屠夫株守,落魄渭濱。
漠漠高平,星斗掛城。
寒澈夜色,肅盡邊聲。
四顧蒼茫,百感縱橫。
曾是孤客,何以爲情。

周文炳　大風歌

大風起兮胡塵飛,地天一色兮日無輝。山鳴谷應兮撼四圍,鳥鵲亂飛兮不知所歸。吾欲乘長風破萬里浪兮困於葛藟,坐看大風起胡塵兮頃刻而千里,憂從中來兮曷維其已。

周文炳　寄友蘭州①

相聚不知樂,相逢不可堪。
空庭無人語,獨坐目眈眈。
時聞邊聲起,狂風撼一庵。
有懷從中來,羈旅向誰談?
此際欲呼君,呼君何以慰憂悁。

望遠一登高,五原何浩浩。
金城看不見,車馬蕭關道。
隴頭千牛羊,春風生百草。
時物顧何如,不似去年好。
去年與君游,友朋而師保。
今年與君別,心如木枯槁。
思君君不知,白日暗蒼昊。

淒淒復悽悽,獨立不勝悲。
胡爲眼中人,於今生別離。
歲華玆已改,道路各分岐。
君意近如何,途遠不可知。
浮生若一夢,後會乃無期。
邊風斷我魂,西落皋蘭陲。
蘭山千里隔,隴阪四圍歌。

① 《寄友蘭州》詩共三首。

心長而日短，天末日暮時。

民國

徐步陞　原城八詠

城垣

長安西上此城雄，千里金湯對峙中。
控制北門稱鎖鑰，藩籬東道扼崆峒。
曾遭地震嗟全墮，誰念天災賜賑工。
寄語籌邊休玩視，夏靈秦蜀賴交通。

提署

帥府玲瓏八面開，九重恩詔屢頒來。
懸獅金印專征伐，寶馬雕鞍盡將才。
斧鉞柄持間氣應，鼓鼙聲遠凱歌回。
邊樓鈴閣俱傾圮，禾黍離離慨榭臺。

賞門

最足傷心是賞門，官場拆毀孰能言。
明朝總制勞軍地，清代提戎揚武垣。
獎勵健兒城是志，撫徇戰士纊同溫。
宏規今日邱墟矣，古物何人爲保存。

鼓樓

鼓樓自昔號邊樓，石鎮凱歌戰績留。
高接雲霄星斗逼，俯臨煙户市廛稠。
聲聞十里發深省，更上一層最豁眸。
尤羨名人題句好，奈因地震付東流。

隍廟

隍廟創修天順年，蕭王開府在三邊。
興苗自足霖消旱，捍患尤能疫化煙。
經始醵金營土木，落成新宇炫丹鉛。
馨香報賽今猶昔，締造咸稱殿下賢。

蕭府

王字街頭蕭府開，莫名時代與由來。
戟門烜赫公侯貴，甲第連綿繡錦裁。
昔已式微成皂隸，今尤冷落付塵灰。
遍翻邑乘無從考，當日風光安在哉？

王字街

當日取名王字街，天然景象非詼諧。
平平大道思王治，面面康衢仰地階。
五百年興推必有，三叉路互氣多佳。
而今如矢又如砥，示我周行慰我懷。

察院街

察院街前察院衙，星詔出使自天家。
職司獬豸邪能觸，棲有鳳鸞巢亦嘉。
控制北門防韃靼，經營西域及流沙。
當年節署今何在，舊址荒凉夕照斜。

徐步陞　悼固原剿匪陣亡將士①

固原比户是兵家，爲國捐軀衆拜嘉。
聞說鄉鄰新戰死，争拼性命掃蟲沙。

征人戰死傍民村，閫帥恤金及子孫。
憑弔沙場血瀝碧，英風處處可招魂。

自古兵稱天下雄，固原人武應崆峒。
健兒肘後繫金印，誰家子弟不從戎。

走卒誰非將帥儔，只緣福厚幾生修。
最傷戰骨堆荒草，都是健兒跨紫騮。

徐步陞　固原震災行

民國九年冬七日，同人利市卜云吉。
晚來燭未盡三條，喜集賓筵席萬畢。
霹靂一聲拔地來，坤輿播蕩震如雷。
杯盤擲起翻空舞，屋瓦飛騰迎面摧。
佳客頭額皆焦爛，面無人色若吞炭。
奪門争出顛倒顛，生死呼吸在一旦。
縣長張公學養深，未將此禍介於心。
呼儂授命與渠共，氣數難逃胡戰兢。

---

① 《悼固原剿匪陣亡將士》詩共四首。

天黑月昏不知時，乾坤傾覆在今茲。
人民城郭將同盡，震搖忽爾緩些須。
立足維難仍伏地，幾番顛撲安逃避。
幸從虎口慶更生，殘喘餘年天所賜。
瓦解土崩最愴然，夢中驚醒惟呼天。
室家頃刻化烏有，民命鴻毛難瓦全。
儂無居室官無衙，地猶震撼月西斜。
狂奔人若喪家犬，星辰黯淡無光華。
尤幸張公才過人，獄囚散欲掠城闉。
又兼遊手狡思逞，破泣爲笑面生春。
正值哭聲雜噪聲，蕭墻患伏潢池兵。
天災正熾人禍釀，長夜漫漫尚未明。
賴我仁慈陸仙帥，調兵各把糗糧寄。
甫經天曉款城門，反側始安不敢肆。
劇震未盈六秒鐘，桑田滄海此夕逢。
竈夷井塞人露宿，衣單腹餒難度冬。
孰意天惟禍我鄉，鄉人穴處最堪傷。
十村七八無噍類，地裂火騰水沸湯。
多處移山併徙流，地維紐解使人愁。
孑遺盈野失巢穴，胔骼縱橫誰掩收。
陸張二公倡急賑，鳩形鵠面尤堪憫。
生存施粥死亡埋，響應高呼均勉黽。
官搆茅廬民搆巢，嗷嗷待賑盼同胞。
仁漿義粟四方養，救急賴聯上下交。
大慈善家念震災，慨捐衣服與貲財。
裘成集腋河成滴，莫慮薪車水僅杯。
奔走號呼數月多，四民失業喚奈何。
地盤震動仍難定，何日纔脫此折磨。
或者惡因生惡果，地球膨脹如箕簸。
生命財産付劫灰，難免巢覆無卵禍。
軍餉迫又似火星，災民半未完糧丁。
張公應變民輪樂，懋績公堪照汗青。
昔罹紅羊今遭震，兩番元氣成灰燼。

人民六萬户二千，芻狗生靈不轉瞬。

君不見樓臺歌舞昔酣暢，迄今蔓草荒煙嗟空曠。

固原地震幾邱墟，亦爲造物盈虛不可量。

嗟乎危哉！震盪於今猶時作，瘡痍滿目俟救藥。

陸張棠蔭民難忘，令人惆悵北門感鎖鑰。

趙生新　致尹文卿明經

五日程門塵未侵，暫拋韁鎖入仙心。

春風桃李花爭發，宦海津旁問淺深。

趙生新　遊報恩寺①

古寺荒凉塔一尊，如來肖像幸猶存。

慈航渡遍愚氓輩，若此蕭條誰報恩。

殘塔剎餘寄慨深，今人思古復思今。

閑遊不盡滄桑感，動我報恩一片心。

荒灘數畝一浮圖，恩報無由寺草蕪。

不盡滄桑思往事，今人亦作古人呼。

趙生新　登東山

原州自古號雄關，一覽登臨到極巔。

四面雲山常作抱，清河流水繞城灣。

趙生新　玄關

勉守玄關廿一年，個中妙趣總茫然。

陰陽間或能相會，神活總難不得禪。

范濬南　贈趙銘三②

自慚碌碌一庸才，三向蕭關巡視來。

欣喜同人優理體，丹成應似嶺梅開。

善緣大半屬蕭關，豈可相看作等閑。

更有先生勤啟迪，管教石亦不終頑。

---

① 《遊報恩寺》詩共三首。

② 《贈趙銘三》詩共五首。

桃李陰陰年復年，平原世胄有機緣。
培成醫國調羹手，好把乾坤大斡旋。

道義相交會以文，嘉肴旨酒甚殷勤。
愛如冬日渾忘冷，薪炭何須弄斧斤。

濫竽善社七春秋，那管人間咎與休。
倘使周天工可到，大家華會樂悠悠。
楊巨川　贈趙銘三
世局紛紛嘆此時，鼓簧擊缶各爭奇。
仔肩斯道期吾黨，倒挽狂瀾更屬誰。
愧我輇材虛治譜，多君雅意説蕭規。
彼蒼自有權衡在，且備承平藻頌詞。
楊國楨　贈趙銘三①
稠情古誼著蕭關，學究同仁意態閑。
劫運已開天正午，願傳此道遍人間。

世界大同倡合群，闡微一線賴斯文。
蛙鳴妄擬陽春奏，聊志他年同道心。
喬鐘崙　鄉居樂趣
鄉居閑户静無聞，興致搜羅舊典墳。
日與古人爲伴侶，時來知友論詩文。
悶游池畔看魚戲，幸步田中學鳥耘。
素語農家是有樂，迄今始覺甚趨群。
喬鐘崙　次韻劉穎齋山莊即景
昨日山莊去，穿林鳥亂飛。
輕風揄爽氣，新雨映晴暉。
早步聊行動，午餐覺旨肥。
偷閑尋玩賞，樂意幾忘歸。
喬鐘崙　訓子
松經霜雪方知節，蓮出泥淤不染塵。

---

① 《贈趙銘三》詩共二首。

富貴窮通天定載，清操由我自推循。

張鵬舉　寄鄭灼三①

從來富貴不如貧，一向虛名絆此身。
千里梓桑飛弗到，夢魂夜夜返西秦。

遠別家山萬里游，幾經裘褐度春秋。
何時回到蕭關地，父老重逢話白頭。

尹金鏞　震災後遊東山作

昭昭白日蔚藍天，幾片閑雲過眼前。
節令清和人意好，山容罨藹柳含煙。
樓臺到處空陳蹟，城郭驚心非曩年。
漫把浮沉談往事，開樽話舊樂陶然。

馮鼎臣　感懷寄趙銘三

每憶原州地，迢迢萬里餘。
孤鐙寒夜雪，一紙故人書。
聯袂春風徑，論詩秋月廬。
何時同把盞，重與話庭除。

客路八千里，光陰越四年。
常懷鄉井地，遙在隴雲邊。
羈旅憐王粲，明經慕鄭虔。
更期惟泰道，舜日際堯天。

趙克敏　蘭州文成公祠堂題壁

我本蕭關一樵者，無端策馬至金城。
丈夫當學班定遠，投筆封侯事竟成。
張騫奉使志何雄，鴻才遂將西域通。
河西四郡今尚在，鐘鼎旗常仰豐功。
師生相逢笑攜手，我且酣歌且飲酒。
共言今歲喜年豐，好爲蒼生書大有。
君不見，黃河洪濤洶且急，萬馬奔馳勢莫及。
安得壯士洗甲兵，頓使四海干戈戢。

---

① 《寄鄭灼三》詩共二首。

又不見，長江一瀉數千里，流行晝夜恒不已。
與爾同籌勘時策，新政百端待人理。
吁磋乎！駒陰一去不停留，暑退涼生又早秋。
壯懷時切著鞭志，莫遣韶光似水流。
胡蘋秋　有感寄趙銘三、徐雲階
排雲萬騎古蕭關，塞上秋聲動市闤。
戎服書生惜玄鬢，謳歌鄉老尚紅顏。
愴懷四野桑麻少，喜接疏籬杖履閑。
幾拍蘆笳邊色晚，柳營刁斗月如環。
白鴻儀　隴上劫
風卷狂沙星斗滅，海立山飛陸湧血。
黃河倒流昆侖摧，霹靂一聲坤軸折。
中原擾攘無休歇，哀哉吾民何罪孽。
兵荒匪患兼餓病，如水益深火益熱。
天災人禍猶未足，地震鞠凶更慘絕。
乃於九年十月七日之夜半，全球震動如崩裂。
初來似聞潮翻海，轉瞬迅雷與風烈。
天旋地轉陵谷變，柱傾巢覆如潑雪。
可憐西北縱橫千餘里，數百萬生靈靡遺孑。
鬼哭神愁天日慘，風淒雲暗水嗚咽。
血腥遍野炊煙斷，惟剩殘塊與破穴。
邇來屈指已盈歲，終日震蕩仍未輟。
浩劫如此天胡忍，談者色變聞撟舌。
吁嗟乎！地將陷，天將缺，人心何勞尚詭譎。
不信造物厭人亂，請君讀我隴上劫。
白鴻儀　送白星階歸固原
不忍君行却送行，秦雲隴樹倍關情。
夢隨夜月歸先到，心似秋山老未平。
東海才堪容大釣，南陽志豈在躬耕。
莫嫌造物阨人甚，偉器從來待晚成。
白鴻儀　寄徐子衍
同是夢中身，誰爲主與賓？
花開聊共賞，酒熟自成春。

野客雖多病，詩人豈厭貧。

前軒虛榻久，且莫再逡巡。

白鴻儀　喜見子衍又言別

一別倏十年，乍見各成叟。

我乃雪盈巔，君髭亦滿口。

同是劫後身，蕭疏感衰柳。

故舊半凋零，不堪重回首。

人世本空花，萬物原芻狗。

生死與窮通，遇合隨所偶。

相對且開顏，拼醉今夕酒。

明朝又天涯，再會知能否？

白鴻儀　次韻答寄和

豪氣輕千里，雄吞北海鯤。

拋書辭素館，仗劍謁軍門。

慷慨中流唱，蒼茫劫火痕。

身寧忘碌碌，道在濟元元。

自愧年將老，空餘舌尚存。

臨風思攬轡，望日羨飛轅。

才壯增詩膽，詞清醒醉魂。

殷勤頻展誦，恍與故人論。

白鴻儀　解語花·春寒記悶

東風料峭，病怯春寒，傍午簾猶掩。擁衾情懶，聽窗外陣陣松搖竹撼。橫塘路遠，恨難把同心約踐。無奈時舊夢重尋，寂寞憑伊遣。

偏怪柔腸輾轉，有許多愁緒，如蠶自繭。星星鬢短，那當得憔悴腰圍更減。韶光荏苒，徒只伴茗爐藥椀。偷背人引鏡沉吟，半晌慵開眼。

白鴻儀　滿江紅·書慨

蒿目中原，魂黯處妖氛瀰漫。哀大地江山錦繡，摧殘殆遍。雲暗燐迷衡嶽麓，風腥血滿長河岸。似這般不共戴天仇，誰能逭。

神洲史，世所羨。黃帝裔，古稱健。好同胞詎忍他人凌賤。憤極思投歸後筆，愁來頻看燈前劍。問何時重整舊乾坤，男兒願。

張國琛　九思洞菊花吟金鈴公主

金鈴十萬護瑤華，滿院秋風影欲斜。

錯認榴裙歌碧玉，分明鶴頂舞丹霞。

風流合詠詩千紙,冷艷偏宜月一紗。
回首百花零落盡,惟留古色在陶家。

張國琛　泥金牡丹

泥金獨得牡丹姿,每遇重陽動客思。
醉月頻懷超世想,驚人不僅傲霜枝。
尚餘孤瘦魂相惜,別有清香蝶未知。
要與江天爭晚艷,芳心直到歲寒時。

張國琛　銀灰牡丹

百疊銀絲縮蕊開,相思何事便成灰。
憐他老伴經霜月,苦我偏酬作客杯。
六代繁華皆俗色,千秋隱逸有清才。
如今寂寞蕭關道,放眼還須百尺臺。

張國琛　大富貴

宮妝舞罷笑凝眸,金屋初藏不解愁。
合與神仙爲眷屬,修來富貴自風流。
每逢高士垂青眼,獨恃紅顏到白頭。
伴得千秋隱君子,勝他春夢覓封侯。

張國琛　雙飛燕

花事重陽誰第一?趙家飛燕竟成雙。
宮中遺蹟傳香唾,掌上新痕印玉躍。
幾處樓臺開寶鏡,連宵臘燭照銀缸。
含情欲訴當年事,恐有高人倚北窗。

張國琛　佛手黃

三徑黃花萬點金,香籠碧幔色籠衾。
知他也愛拈花手,似我常存皈佛心。
貝葉經殘宜補月,菩提樹老合留陰。
芳辰總使無人賞,休向東籬恨不禁。

張國琛　白玉蓮

曲徑幽芳絶可憐,傾杯幾度到籬邊。
風流品自成高隱,灑落情原喚謫仙。
掬月誰曾澆綠水,含霜疑是種藍田。
亭亭不肯和俗輩,獨向西風吐冷妍。

張國琛　紫金鍼

作嫁年年只自嗟，秋心無限悵天涯。

晚風樓上人先瘦，寒影簾前月易斜。

夜有靈芸傳絕伎，秋來織女共清華。

誰憐學得神鍼巧，半繡霜花半雪花。

張國琛　老僧衣

拈花妙理與誰論，衣鉢傳來自世尊。

無怪春前曾面壁，每逢月下也敲門。

楞嚴十種皆真諦，色相三生有舊痕。

最愛參禪心意切，懶衣青帝博榮恩。

張國琛　桃菊紅

已過三月又芳芬，似此高華夢想殷。

杜老秋風常作客，巴山夜雨忽逢君。

暈爭桃葉波千疊，肥擬楊妃醉十分。

懊惱年光悲慨酒，暫時相賞幾斛曛。

高巖　甲戌固原稅局除夕[1]和江伯修感懷原韻

年華轉瞬學無多，暮景依然客裏過。

濁酒卻能消塊壘，苦吟聊可慰奔波。

精神健比閑雲鶴，沉瘁勞如朔漠駝。

守歲誰教來作伴，禦寒只有抱湯婆。

驚濤過度已心便，囊橐仍無壓歲錢。

期有桑榆彌晚景，感深風雪悵寒眼。

殘餘衰朽原知命，退老林泉應讓賢。

再逾周年花甲近，還鄉企望在蒼天。

高巖　乙亥冬固原望雪[2]

平沙莽莽碧無垠，雲影天光一色勻。

十二瓊樓明似月，三千銀界淨無塵。

快晴何處尋梅踏，送暖亦將酌酒頻。

如此乾坤如此景，太平有象轉鴻鈞。

---

[1]　甲戌：民國二十三年(1934)。《甲戌固原稅局除夕》詩共二首。

[2]　乙亥：民國二十四年(1935)。

折芳梅　同善社蒲團上作①
滄桑世事轉輪忙，舉筆先垂淚兩行。
何日皇胎九六子，齊登彼岸上慈航。

悟道修身最爲高，人生何事稱英豪。
煉成不老靈丹藥，永證菩提不動搖。
按：折梅芳即鄭臨五之母。
王海飄　留別趙銘三②用杜甫夢李白韻
入世豈無情，於我獨悱惻。
念昔貞元時，長安共遊息。
一自海水飛，間關常相憶。
君處我復出，莫振冲霄翼。
今歲聚蕭關，會合真難測。
看人空眼白，閱世非頭黑。
歲晚多風雪，共保青松色。
百年能幾見，後會知難得。

草堂對東山，旬日三兩至。
杯盤潔蔬饌，情親見君意。
新詩曾商略，世殊心不易。
詎料秋風起，一葉驚秋墜。
奪我偕老人，死別戕心志。
俯仰天地間，孑立剩憔悴。
平生奮獨往，終成身名累。
臨別留此言，子孫話故事。
陶佑黃　固原守歲
作客心如繭，開筵憶鮓魚。
時乎留不住，夕矣感云除。
三鼓圍爐候，千門爆竹初。
明朝迎首祚，青帝應知予。

---

① 《同善社蒲團上作》詩共二首。
② 《留別趙銘三》詩共二首。

劉文敏　輓李岵瞻殉節安邊

無須剿説與雷同，千古文章一義通。

我弔將軍祇二字，揮毫和淚寫精忠。

陶佑黄　頌朱一民長官

兩度秦關隴上游，勤勞國事解民憂。

四維八德先其急，六府五權罔不修。

公獨鞠躬甘盡瘁，人皆與子願同仇。

南陽爲問誰三顧，復起當年一武侯。

陶佑黄　謝嚴果人師長

屏翰國家倚，邇遐播令聞。

精忠禦外侮，富貴恤同群。

渥澤如湘水，鴻麻遍隴雲。

下民無以報，大樹詠將軍。

陶佑黄　西惠渠

誰能飲水昧源初，數百年來幾滯疏。

鑿峽通流勞虎臂，出山懸瀑似龍噓。

千家謳頌沾新澤，萬頃滋濡復舊渠。

隴上從今無歉歲，桔橰聲裏灌菑畬。

陶佑黄　鄰霄臺

聞道臺成未幾旬，巍巍霄漢若爲隣。

雉垣環列邊氛静，龍塞遥連曙色新。

北斗挹澆多露澤，南箕簸盪少纖塵。

登臨一覽群峯下，繞郭平蕪戰馬馴。

牛楷　浪淘沙・固原東山菩薩殿題壁

臺閣郁崢嶸，一望空明，長風千里送秋聲。一自酒闌人散後，亂疊峯青。

佛殿證前因，搔首天公，私心有願叩山靈。更祝慈雲常呵護，歲歲年豐。

夏際文　喜雪

大雷節來大雪天，官紳唱和在庭前。

三唐風味今重見，但恨相逢近晚年。

嚴明　秋興用杜工部秋興原韻①

寒風緊緊撼空林，九月邊城氣象森。

---

① 《秋興用杜工部秋興原韻》詩共八首。

虜焰遍傳沉半壁，妖風未靖挾重陰。
千秋白玷李陵恥，萬古青留蘇武心。
我欲凝神韜晦養，教人煩惱遠江砧。

飄飄落葉逐風斜，偶感年華更物華。
兩鬢漸衰慚砥柱，寸心未竟敢浮槎。
明陵鬱鬱羞胡馬，易水蕭蕭咽虜笳。
好趁西風東去也，颶颶刮盡霧中花。

幾處高巒泛落暉，沉沉院落晚風微。
左公柳樹遊絲斷，太白神山孤雁飛。
賦續《離騷》人事晚，詩吟《六月》此心違。
要知抗建無他道，除卻相爭與自肥。

兩下已分幃幄棋，何勞戚戚更興悲。
三遷早定成功算，一着還爭決勝時。
鎮北臺高吞落日，終南山險壓奔馳。
祇愁寒疊霏霏雪，映入深閨無限思。

海濱北上接城頭，就裏狐群窟幾秋。
活剝根皮神鬼笑，生吞豚狗虎狼愁。
陰森叢樹藏鷹隼，汎濫橫流悸鷺鷗。
此日不知收拾去，他年陸地陷神州。

紫禁城環紫禁山，鱗鱗簷接彩霞間。
花車電掣朝如水，舞榭雲開夜不關。
燕子磯前翻白浪，秦淮河畔鬪紅顏。
於今風雨梧桐淚，冷灑陵前翁仲班。

秦嶺接天造化功，遼東景物括囊中。
白山歷歷楓啼淚，綠水滔滔浪激風。
覆影沉雲滄海黑，淡粧落日遠巒紅。
茫茫極目浮煙裏，一葉飄零一釣翁。

虛白浮黃嶺逶迤，渾渾萬頃印寒陂。
天高地迥霜侵草，夜静更闌月弄枝。
且笑蛛絲空掛補，漫談蟻陣任遷移。
古梅待得冬來雪，妝點新梢泮水垂。

嚴明　滿江紅·從軍用岳武穆滿江紅原韻

烽火連天，風聲淚，金陵戰歇。何必戀妻孥牽掛，鄉園熱烈。且請齊拋燈下筆，休教空搗江中月。不負吾父母養兒心，相期切。

煙塵起，鬢帶雪。天地動，彈明滅。以精神去補綴疆場缺。陣地多填倭寇骨，征衣好染蝦夷血。虜頭顱堆列祭同胞，安靈闕。

方永濟　秋興[①]用杜工部秋興原韻

萬木蕭疏霜滿林，寒雲隴上氣森森。
青巒渺渺連秦棧，白草萋萋接漢陰。
阮籍佯狂遁世意，賈生涕淚濟時心。
故園消息秋來斷，斷續聲傳何處砧。

木落蕭關雁影斜，蒼茫何處是京華。
鐘山寂寂悲明社，河水湯湯憶漢槎。
遷客離懷愁玉笛，胡姬幽怨寄清笳。
邊城八月寒先至，已謝階前紫艷花。

陰雲瑟瑟日沉暉，北望居庸遠岫微。
燕市縱傳頭可借，秦庭幾見劍能飛。
聞雞此日心猶熱，捫虱當時願總違。
莫向故宮重回首，離離禾黍正秋肥。

得失由來似布棋，每從殘處便興悲。
留侯奮志存韓日，繆醜甘心覆宋時。
投筆有懷思破浪，請纓無路效奔馳。
小樓昨夜西風急，故園烽煙繫客思。

攬勝曾登太華山，奇峯怪石插雲間。

---

① 《秋興》詩共八首。

西經渭水連涇水，東自函關接隴關。
古度無人懷帝業，荒邱有客吊紅顏。
秋風依舊催黃葉，夢斷當年玉筍班。

頻年筆硯苦埋頭，一霎韶華又廿秋。
江令牢憂傳別恨，靈均孤憤託離愁。
凌風翮已慚黃鵠，逐浪身還指白鷗。
屈指家園霜欲落，深閨人應憶涼州。

意氣當時亦喜功，一鞭殘照出雲中。
短衣暮逐寒沙月，匹馬朝嘶曉角風。
祇有流光催髮白，可曾軒冕駐顏紅。
眼前三徑仍如舊，且向東籬作塞翁。

秦嶺車來遠逶迤，隨峯倒影入清陂。
未能巖下尋三窟，猶向林中借一枝。
風景不殊人事改，河山無恙歲星移。
何時得棹扁舟去，疏柳絲絲下釣垂。

方永濟　滿江紅·弔殉難友人用岳武穆滿江紅原韻

地寂天沉，長城外，干戈未歇。看國士捐軀磨頂，日星爭烈。燦燦刀光銛剪水，森森劍氣寒籠月。爲倭奴獸蹟滿神州，同仇切。

彈飛舞，孤憤雪。硝石爆，豺狼滅。問阿誰令此金甌殘缺。瀚海黃沙埋白骨，雲州碧草凝殷血。祇留將浩氣壯山河，陵霄闕。

方永濟　遊北海①

大好春光去似流，芒鞋盡日付春遊。
一邱荒草留黃犢，十頃澄波泛白鷗。
樵牧渾忘興廢事，湖山不管古今愁。
寰中到處容高臥，海外何須覓十州。

綠陰深處便開筵，樹是屏風草是毯。
樽讓鳥魚分釀酒，盤邀蔬菽薦時鮮。

---

① 《遊北海》詩共二首。

興來折柳歌三疊，歸去殘陽照一鞭。
太守與民能共樂，誰云作吏不神仙。
漆德宣　柬葉逸凡
文章經濟孰能儔，政治廉明閤境麻。
偏種甘棠思李杜，鯫生何幸識荆州。
賀來亨　固原婦女救國運動
男兒效命在疆場，倭寇橫行勢益猖。
多少木蘭齊猛醒，一時報國脫紅粧。
田子玉　餞菊
三徑花成頃刻花，酸辛不覺淚如麻。
一杯水酒臨風餞，叮囑來春早發芽。
王星一　仲冬隨軍到固原①用吳梅村送朱遂初韻
衝寒策馬控鵰鞍，極目荒凉一路看。
道過瓦亭驚市閉，峽從金佛辨途難。
龍湫水潏分雙海，鳥徑山高繞六盤。
不到疆場偏到此，祇爲奸賊伺長安。

嚴冬底事競蹄輪，蠢物紅中竟不臣。
禦侮假名同覆楚，靖邊用意在安秦。
莫嫌地隘堪停帆，早願民頑盡化馴。
倘使干戈成玉帛，此行始免愧風塵。

奔走天涯意緒微，艱難歷盡不知非。
硯因無稅荒如熟，馬以知途瘦作肥。
殘壘楊家留蹟舊，故朝宿將吊忠稀。
我來重鎮殊何恨，暇整戎裝懶拂衣。

一肩行李一奚囊，漫載風沙配旅裝。
歌唱悲凉輸白雪，笛聲幽咽和青羌。
蕭關楊柳株株老，原上村莊處處荒。
撫劍不禁增感慨，精神如馬鬢如霜。

① 《仲冬隨軍到固原》詩共四首。

王星一　固原口號

驚心古重鎮,極目半城荒。

微雪地成玉,無風天亦黃。

三春花不放,八月氣先涼。

且飲葡萄酒,詩吟古戰場。

王星一　除夕偶成

戎馬生涯又一年,關中歲月隴東天。

征袍久敝存秦土,佩劍長鳴繞塞煙。

萬里鄉思隨漏永,滿腔孤憤此春先。

來朝願斬樓蘭首,早去三邊到海邊。

孔晚晴　郭又村母　又村母答葉逸凡客次徵吟

元龍佳士氣如虹,北海樽中酒不空。

我老無才應擱筆,看諸君唱大江東。

按：孔晚晴即郭又村之母。

郭訥　有感寄逸凡

學劍無成始學書,爲駒弗及乃爲梟。

多君推作雞群鶴,愧我徒成獺祭魚。

貪讀每招妻子惱,償情幸免故人疏。

從知四紀爲天子,不逮知心見譽初。

李文輝　頌丁冠洲軍長①

統領貔貅十萬兵,恩威並用擬東征。

將軍智勇真無敵,誓掃倭奴孰抗衡。

地震天災圮雉牆,綠林嘯聚預思防。

指揮壯士重修築,從此金城池是湯。

世路崎嶇甚不平,弁兵修築費經營。

南通北達人稱便,行走坦途慶衆生。

道旁楊柳半新栽,培壅護持待雨來。

不是將軍威令肅,焉成大樹棟梁材。

---

① 《頌丁冠洲軍長》詩共十首。

頻年街道夜沉沉，忽爾光明路可尋。
星月交輝多燦爛，高撑萬盞到更深。

亂世誰供俎豆芬，尊崇孔教賴將軍。
宮牆萬仞重修起，造士育才返國魂。

何須雀鼠啟爭端，步步讓人天地寬。
訟是終凶須記取，草生圚圚四民安。

鴉片戰爭歷有年，毒蛇猛獸禍無邊。
嚴申禁令袪除盡，國富兵強策萬全。

十里原城絕點埃，清晨灑水掃長街。
湯盤自亦無塵垢，遐邇咸爭獻頌來。

竊國竊鈎不一般，辨奸有論細心看。
明公昭察同方鏡，宵小聞風膽應寒。
董寄虛　次銘三見贈韻寄逸凡
塞上送迎兩度春，蕭關前令智而仁。
反風滅火三邊靖，擊壤含哺四境循。
屈宋詞傳千古恨，龔黃政本兩間真。
切磋願借他山石，不負堂堂七尺身。
馬筠青　陟東嶽山
遨遊東郊外，陟足到山巔。
風送駝鳴驛，煙含馬飲泉。
晴嵐輝佛地，瑞靄遍諸天。
噪雜人聲遠，坐看鳥往還。
馬筠青　西江月·送固原新兵出發
抗戰青年出發，何愁小鬼兒曹。前程萬里學班超，莫念妻兒老小。
此去報仇雪恨，搴旗斬將爲高。男兒爲國主人公，重整河山纔好。
尤葆綸　酷暑大雨頓覺凉爽賦此志之
六月驕陽紅逾火，小齋如上蒸籠坐。
忽見黑雲從南來，鳴條拔木揚塵埃。

霹靂一聲大雨作，秋生枕簟羅衾薄。
破曉兒童噪放晴，萬畝叢綠千山青。
尤葆綸　秋興①
一年容易又秋風，秋士悲秋恨未窮。
山色蒼茫濃霧裏，河聲哽咽夕陽中。
世途變幻迷蕉鹿，身世零飄感塞鴻。
冷炙殘羹何處覓，幾番搔首問蒼穹。

落葉隨風破畫櫺，蕭森秋氣滿階庭。
連天野草凝新白，附郭寒林失舊青。
半老鬚眉猶作客，一腔孤憤訴誰聽。
無端一枕思鄉夢，又被寥天雁喚醒。
徐庭芝　題趙逸民印譜②
赤白分明紅亦鮮，手中異石費磨鐫。
古今書畫多延壽，滋味深涵可永年。

羨君揮灑筆如椽，鐵線銀鈎體勢全。
書畫名高千載重，好留金石古今傳。

論字談詩評拙工，嗜花種竹兩家同。
鑽研鼎漢君先我，愛看籀文印色紅。

花香端在詩成時，綠滿窗前摹古碑。
斷續方圓分篆隸，錯綜章法費神思。

濫印切刀如有神，周金秦石細推循。
古香古色擅風韻，飄灑如君獨出塵。

幾字雕蟲古趣生，花香爲助揮毫情。
羨君嗜尚皆風雅，頑石曾經點化成。

---

① 《秋興》詩共二首。
② 《題趙逸民印譜》詩共十首。

分明幾縷篆煙青，我亦捉刀刻未成。
欲學雕蟲終誤懶，愛摩金石寄閑情。

摹字研詩兩性投，禹書蝌蚪探源流。
斷碑殘石摩挲慣，制印栽花事事幽。

吟就新詩欲唱歌，書藏萬卷不嫌多。
雕成篆隸花香透，爲問閑情快若何。

一筆一刀一度量，雲煙滿紙費鋪張。
刻成篆體陰陽字，旋看石頭旋配章。
徐庭芝　崆峒避暑雜作①
涇水繞山流，山河兩清幽。
登峰舉目望，何處是笄頭。

山中不知暑，茲遊亦快哉。
更尋幽勝境，仗策到西臺。

千年靈秀氣，爲洗一山青。
明月松風夜，天河幾點星。

水抱高峯上碧霄，騎驢人過聚仙橋。
扶筇跋上前山路，萬木森森暑氣消。

名山今又到，幾度上崆峒。
削壁高千仞，夕陽照半空。
仰攀三教洞，平看五龍宮。
時有片雲過，仙花帶雨紅。

連日好風雨，洗青石山苔。
雲拖山全暗，霧收峯漸開。

① 《崆峒避暑雜作》詩共八首。

仰瞻最高處，知是望天臺。
眼底林煙滿，僧歸戴月來。

靈山千古秀，磅礴勢獨雄。
林谷曉煙裏，高臺夕照中。
雨來山瀉水，雲暗樹生風。
芳草天涯暮，峯高駕彩虹。

眼底涇河水各流，山深溽暑如涼秋。
樓臺絕頂石峯老，雲露靈山煙雨稠。
月亮石邊人小憩，太陽掌上霧方收。
此番且喜偷閑久，來作崆峒十日遊。
虎輔周　小巫峽①
一帶潺湲天際流，扣舷不覺到瀛洲。
山花撲面添香韻，渚燕迎人每磔啾。
西贛蒼煙護白鹿，東巴碧浪破黃牛。
坐聽喋囁渾難解，對話雛鶯古樹頭。

杖履徐徐入洞天，花紅草碧自年年。
低桐短竹琴喈笛，殘燕尤鶯管雜絃。
夾岫高如雙鳳翥，三潭深護老龍眠。
野桃種遍山前後，不用武陵送客船。
張維翰　過固原②
山徑紆縈繞六盤，寒風凜冽怯衣單。
蒼茫暮色三關口，回首葱蘢望翠巒。

匆匆信宿駐平涼，道出蕭關向朔方。
此日固原仍重鎮，閾牆禦侮幸勿忘。

故里螺川訪石淙，南徐馬鬣拜崇封。

---

① 《小巫峽》詩共二首。
② 《過固原》詩共四首。

今過總制三邊地，節署成墟膽廢鐘。

秋風秋雨滯征程，一路濘泥過七營。
茅舍孤燈李旺堡，深宵不寐聽駝鳴。

趙振業　謁董少保墓①

東游匹馬謁孤墳，弔罷先賢涕欲橫。
滅賊曾聞談故老，紀功更喜讀斯文。
相公章奏非虛語，野史流傳豈足論。
太息武成難盡信，是非千載竟紛紛。

急風倒卷海西流，力挽狂瀾仗老謀。
豕突狼奔殲巨寇，龍驤虎步建新猷。
旌旗直指天山月，壁壘曾開積石秋。
獻馘一封報帝闕，策勳十二下燕幽。

王乾三　王窪鎮故市

問道街南事渺茫，地經兵燹變滄桑。
依稀屋宇參差處，古樹昏鴉噪夕陽。

受慶龍　詠蕭關詩社

蕭關詩社破天荒，空谷足音喜欲狂。
漫把聖仙評杜李，肯將星月贊蘇黃。
性靈學說根言志，文化新裁變舊章。
雅集讀騷研國粹，窮搜我亦罄枯腸。

受慶龍　元旦感懷

生平不任酒杯空，宦海浮沉兩袖風。
世界三千何樂土，年華六十願從戎。
清狂縱酒師山簡，野戰吟哦效放翁。
一笑人間今古事，白雲蒼狗有無中。

受慶龍　贈葉逸凡②

家世淵源接水心，原州作宰治鳴琴。
風騷大雅聯詩社，得讀陽春白雪吟。

---

① 《謁董少保墓》詩共二首。
② 《贈葉逸凡》詩共二首。

高風亮節氣縱橫,七字吟成四座驚。
爭説固原新志好,還從史法見先生。
苑清均　寄詩社諸友①
戎馬投荒感未休,蕭關雅集識荆州。
詩傳塞上添佳話,灑飲筵前帶醉謳。
得句爭推舊令尹,登壇猶是小諸侯。
阿儂也有耽吟癖,此日輪君第一流。

珊網無遺讀好辭,吉光片片盡盤彝。
漫矜十指思爭巧,信是雙眉畫入時。
徹夜長吟堪索笑,失晨更補已嫌遲。
朝來風雪盈堂砌,呵凍先書隔歲詩。
苑清均　雪夜書懷
敲窗風雪夢難安,百感環生到夜闌。
功著擒吳誰識變,情深訪戴轉忘寒。
故園千里音書斷,客夜三更衾枕單。
借酒澆愁愁未解,半生誤我是儒冠。
苑清均　晨眺
清越笳聲兼曉鐘,戍樓憑眺滌塵胸。
疏林壓雪垂冰縷,古塔摩雲湧玉峯。
鴉陣繞城猶有影,駝群越嶺漸無蹤。
鄉關極目知何處,指點歸程礪劍鋒。
苑清均　一剪梅·元旦寄葉逸凡
一片春光在眼前,纔過新年,又道迎年。消寒鬥韻集西園,雪霽天山,春滿
蕭關。
　　冠冕南州有逸賢,詩亦稱仙,酒亦稱仙。天涯鴻雪紀因緣。聲上朱絃,醉寫
華箋。
苑清均　望中原
中原極目隔烽煙,欲聽捷音夜不眠。
佇望貔貅驅醜虜,驚傳邙洛染腥羶。
渡河宗澤空餘恨,投筆班超老未還。

---

① 《寄詩社諸友》詩共二首。

擊缺唾壺心共碎，幾番搔首問青天。

梁文鐵　述懷次叔壎寄詩社諸友韻[1]

浩氣如虹久不休，旌旗又指固原州。
鋏鳴魚券孟嘗客，詞壯河山武穆謳。
詩學放翁應愛國，人期定遠鄙封侯。
雪天漫讀前朝史，多少英雄誤濁流。

欣聞獻歲有佳詞，廟算由來重鼎彝。
人望蜀天籌策地，聲蜚海國會盟時。
扶危早集群儕力，掃穴無愁寶劍遲。
小檄何妨傳塞漠，勸君早讀新豐詩。

梁文鐵　固原近郊四首·古教場

雪草萋萋太白雨，平沙千尺遠峯低。
賀蘭山外春風曉，願遣雲航早作梯。

梁文鐵　禹王塔

塔影河川近戎樓，笳聲鈴語塞雲浮。
害人洪水今猶昔，乞得神功助將謀。

梁文鐵　東嶽山

極目蕭關古道圍，邊城烽火趁晴暉。
登臨誰欲小周魯，征馬征人半瘦肥。

梁文鐵　北海

一湖冬水一荒臺，漫數前蹤憶將才。
龍虎風雲何代少，雪天獨詠小蓬萊。

趙生榮　元宵雅集

繒彩樓高接九閽，鼇山夾道鼓聲喧。
競將霞綺新衣試，重把霓裳舊曲翻。
賭酒縱談風滿座，猜燈笑語月盈軒。
金錢買夜君休問，一刻春宵已斷魂。

張登甲　次叔壎寄詩社諸友韻[2]

日寇侵凌未罷休，運籌帷幄賴荊州。

---

① 《述懷次叔壎寄詩社諸友韻》詩共二首。
② 《次叔壎寄詩社諸友韻》詩共二首。

龍門聲價千秋譽，虎帳仁風萬代謳。

都道盡忠能體國，從來有志定封侯。

文章大雅堪名世，詩賦才華第一流。

識荊償願見清詞，綿繡才華似鼎彝。

班馬文章能濟世，孫吳韜略足匡時。

羨君吐氣揚眉早，愧我問津脱穎遲。

欲報瓊瑶無好句，敢將俚語和新詩。

徐傑　述懷

始知貧中趣，廿載鋏空彈。

韶華逾大衍，髮齒半凋殘。

薄産愁租種，子弟授業難。

何須計毁譽，祗求不饑寒。

徵諸往古事，何如付達觀。

徐頤　滿江紅·塞外感懷

杜宇聲聲，喚歸去，蒼茫暮靄。故園路，黄沙白草，韋鞲毳幕。湖海廿年飛鳥倦，雲山四望胡天薄。嘆今年過後復明年，情懷惡。

心下事，誰堪説。憐老病，傷漂泊。把前塵舊夢閑中撫摩。將乘瘦駝何處去，可憐人事今非昨。恨半生未遂冲飛志，費思索。

徐頤　從軍晉南寄弋人

隴上發祥地，乘時化巨鯤。

揚威樹赤幟，解甲隱青門。

廿載盛名寂，十年舊門痕。

詩書遣歲月，淡泊養真元。

淒絶獲麟泣，巍然魯殿存。

回文織錦字，伏櫪走重轅。

靖節早歸里，少陵未返魂。

動定難自得，窮達不遑論。

韓椿芳　元宵雅集

六街絃管不勝繁，燦燦銀花滿市垣。

争説星橋開鐵鎖，擬從月殿倒金樽。

分曹刻燭詩腸甯，結伴觀燈笑語喧。

莫傍七香車畔立，綺羅隊裏最銷魂。

鄭佩福　元宵雅集

晴空雲欽月侵軒,把酒題燈過上元。

禁啟星橋停玉漏,光騰火樹映金樽。

長街處處霓裳舞,良夜迢迢鏄鼓喧。

寶馬香車歸去後,餘情留與夢嬋媛。

楊仲德　頌丁冠洲軍長

將軍駐節到三邊,隴上旌旗一色連。

鞏固蕭關資保衛,恩周黎庶策安全。

文章經濟追班馬,事業勳名邁廣騫。

痛飲黃龍擎玉盞,完成抗建頌堯天。

楊仲德　書懷

昨日梨花香滿庭,今朝飄落半凋零。

高枝百舌聲何昵,帶水孤松色更青。

誰是匡衡能抗疏,我非劉向敢談經。

但教覓得桃源地,拋去世情不再聽。

張少庸　蕭關即事①

孤城靄靄伴雲霄,夢裏家鄉萬里遙。

志士懷忠圖報國,荷戈聽命霍嫖姚。

遠市幽居不寂寥,閑情偏愛靜中消。

呼妻挽臂廊前立,仰面清空看雪飄。

最樂心園處處閑,何勞束帶列朝班。

群賢蘊抱無端緒,學得雕蟲也解顏。

六盤隈路六盤山,古代名城古代關。

笳鼓喧喧鳴漢塞,雄師指日揮凶頑。

張少庸　元宵雅集

輕寒料峭漸黃昏,燈月交輝度上元。

蕭鼓喧闐春社近,詩詞雅會古風存。

醒迷白酒三杯釀,話到蒼雲一笑溫。

---

① 《蕭關即事》詩共四首。

故物河山君莫問，廟堂有策復中原。

杜士林　歸養崆峒留別詩社諸友

年來促促走風塵，虛度光陰五十春。

究竟招來全體病，不曾顧到自家珍。

忙忙碌碌如何了，夢夢昏昏幾悞津。

辭謝詩壇諸君子，崆峒暫寄養心身。

秦得雲　登香爐山

香爐山勢最崢嶸，接岫連峯一徑登。

春霽仍多殘雪積，午晴猶見濕煙凝。

翠屏迤邐呈佳景，紫蓋氤氳有瑞徵。

北望銀川南隴坻，淵亭嶽峙氣相承。

李希賢　宿崆峒棲雲寺

暮色收層嵐，深林冥佛龕。

明燈懸古寺，清磬響禪庵。

鳥倦時歸靜，僧閑夜下參。

胸襟空萬象，忘去此心貪。

李希賢　清平樂·秋夜宴歸

桂香庭院，紅燭筵前剪。翠袖歌殘嬌又懶，斜倚曲屏雙扇。

別時微露瓠犀，籠燈笑語還家。待到酒消茶後，案頭獨對霜葩。

李希賢　北海紀游①

芳躅追陪仰老成，漫從北海憶東瀛。

浴波鷗鳥如相識，繞岸菰蒲自向榮。

疏柳含煙映水碧，方塘似鏡照天明。

重來不盡滄桑感，賴有中山酒滿罍。

倒影青山水一泓，薰風不起此心清。

放懷碧落無纖芥，縱眼紅塵盡利名。

逸興堪同滄海約，閑情愛共野鷗盟。

窮通世路何須問，大好川原任我行。

孫稔基　寒食

冷節獨憑欄，邊關春意寒。

---

① 《北海紀游》詩共二首。

驚心聞堠鼓，汗血供壺簞。

挑菜愁薇少，焚山求士難。

何年烽燧絶，四海得相安。

尚政治　西惠渠

蕭關小住恰秋初，環顧城郊氣象舒。

郭外清波分遠派，隄邊細柳夾新渠。

水鳴枯澗驚拳鷺，流貫荒畦見躍魚。

豈獨軍容雍且肅，萬家沾潤慶安居。

蘇登科　追春

匆匆花事盡，寂寞正愁人。

未作仙遊夢，先爲追日神。

覓香臨帝闕，訪艷赴仙宸。

燦爛仍盈徑，芳芬又滿畛。

劉郎休竊笑，倩女漫含顰。

造化原無力，爭回綺麗春。

田輻琳　賞牡丹

遊遍芳叢依曲欄，花開富貴動人看。

醉顔暗覺嬌如滴，艷質直同錦作團。

魏紫姚黃徵色相，瓊苞玉蕊琢心肝。

名花相對堪銷恨，歸路何妨夕照殘。

張本齋　鄰霄臺

百尺高臺隔斷塵，置身世外九霄鄰。

月明影射湖中水，雨霽煙籠堞上茵。

凌漢乘風持斗柄，曜華積翠接星辰。

是誰隴上開奇蹟，從此山河一望新。

孫治東　鄰霄臺

高臺經始費艱辛，矗立巍巍天比鄰。

塞上飛鴻留爪印，湖邊清水濯纓塵。

登高怕落孟家帽，漉酒須尋陶令巾。

昂首九霄誰語我，風雲際會道相親。

計立人　鄰霄臺

蕭關遠鎮在邊秦，巍峙雄臺初建新。

絶域相通多玉壘，鄰霄高聳接銀津。

山河俯瞰千峯拱，郊野遥觀萬象陳。

幾處炊煙斜照裏，家家燈火映星辰。

趙永泰　感懷

抱恨終天痛不禁，茫茫世路少知音。

半生竟被儒冠悞，雙淚融成七字吟。

申光裕　元旦獻詞

一聲臘鼓寫新辭，萬户桃符唱竹枝。

邊塞捷音傳此日，中原虜燼靖何時。

十年戎馬成陳蹟，千載功名重勒碑。

收復河山清四宇，將軍奏凱望中期。

高天光　春郊試馬

物候隨陽轉，郊原應節春。

轡調金埒馬，簾捲玉樓人。

控勒初驚駁，揚鞭更絶倫。

障泥須惜錦，坰野盡鋪茵。

走去青堤路，迎來紫陌塵。

没蹄芳草淺，入眼落花頻。

駿足奔騰疾，平蕪點綴新。

願將教騎射，三島踏沉淪。

周天　游中山公園

極目煙霞一望收，和風邀我此間遊。

林中紫燕歌風韻，枝上黄鶯唱自由。

幾樹紅花園裏綻，一渠緑水澗邊流。

宛然深入桃源境，心曠神怡萬象幽。

馬雲青　重九

節届三秋滿目幽，騷人無計浣新愁。

茱囊長佩身常健，菊酒同斟意自投。

撫景荒山陪雅士，題詩古寺質名流。

登高俯瞰紅塵事，自古封侯總白頭。

杜逢春　重九

白駒過隙竟難留，紅葉西風報晚秋。

菊酒盈樽拚一醉，茱萸爲佩解千愁。

龍山落帽新詩就，雁塞逢人遠劄投。

志士建勳才嘆短，空生宇内一浮鷗。

唐澤農　重九

看罷茱萸一笑休，登臨何處可消憂。

風吹大野盤征馬，木落荒山見戍樓。

萬里羽書傳絶域，三邊金鼓動高秋。

蒼生都在兵戎裏，安得長房爲善謀。

陳兆豐　長城

欲樹千里業，因修萬里城。

始皇心亦苦，終古事難明。

轉眼秦時月，來觀漢將營。

登臨一回溯，頓覺亂愁生。

易鳳鳴　鄰霄臺望雪

臺向鄰霄上幾回，嵯峨高峙傍城隈。

紛紛遠自銀河降，片片還從玉宇來。

皎潔玲瓏新世界，分明掩映好樓臺。

梁園賦雪成佳話，繼起枚皋七步才。

易鳳鳴　浪淘沙·賞梅

綠萼歲寒身，三友爲鄰，暗香浮動月黃昏。嫁得逋仙成眷屬，玉骨清新。

斜照水之濱，洛浦傳神，江南先送一枝春。且向百花頭上放，淡抹宜人。

賈昭明　鄰霄臺望雪

隴頭雪後凈塵埃，仿佛玉梨一夜開。

剪水天然成素質，飛花何處倩新裁。

寒威未減宜酤酒，暖氣將舒欲放梅。

喚到陽春歌郢客，鄰霄臺上共徘徊。

王松齡　墨龍

轟雷掣電筆花濃，壁上高懸是墨龍。

首尾低昂雲黯黯，爪牙隱現霧重重。

點睛試用元香汁，繪鬣何須赤色彤。

大筆縱橫天馬健，畫時成竹早羅胸。

葉超　秋興用杜工部秋興原韻[1]

峯巘周遭密似林，邊城登眺氣清森。

---

[1] 《秋興用杜工部秋興原韻》詩共八首。

六盤山礙關西月，九曲河懸塞上陰。
匝地鼓鼙蛩失韻，彌天烽燧雁驚心。
征衣緘盡忠貞意，破曉猶聞遠近碪。

十二峯頭日影斜，錦渝回繞作京華。
不妨偏壤開戎幕，猶見遐方泝使槎。
巫峽行雲添草檄，崍山流水助鳴笳。
坐猿楓樹蘆留客，佳句還應誦浣花。

漢陽殘樹柱寒暉，南望衡湘漸向迷。
騎鶴定教看復返，剝鼉決不任橫飛。
沉舟拯溺期伊邇，卷蓋追奔願豈違。
隔水龜蛇無恙否？月波亭下錦鱗肥。

未防柯爛兩奩棋，一著藏機百不悲。
陵寢豈游麋鹿地，樓船正展鸛鵝時。
卻嗟虎倀尤耽視，甘爲蝦夷任突馳。
蠱獲雄狐終浮馘，暫時淞雨漫縈思。

霜花料已滿千山，東北全歸莽渀間。
海尚流黃成異域，江仍翻綠失雄關。
藩籬不撤堪羸角，傀儡無知竟改顏。
重饜皇家滋味否，應憐木屐點朝班。

木落滹沱古渡頭，頤和廢苑不勝秋。
華夷蹜踱衣冠醜，人獸烝淫草木愁。
鄒魯長年鳴鐵騎，津沽何處訊沙鷗。
內黃棗熟東家吻，丹赤空懷古汴州。

三千男女不爲功，百二關山夕照中。
燕塔殘鈴鳴夜月，雀臺遺瓦拾西風。
華陰爭混池泉熱，渭北咸愁野燒紅。
請瞰河汾渦洛畔，依然多是信天翁。

東南山海遠逶迤，點點滄州渺渺陂。

百粵饞豺還有棘，九閩驚雀久無枝。

欣聞桂北州兵下，夢憶杭西湖舫移。

洪澤鄱陽都在抱，鄉關重望碧天垂。

葉超　滿江紅·感懷　用岳武穆滿江紅原韻

立馬關山，搔短鬢，壯心未歇。懷遠蹟，蕩山跋海，猶餘芳烈。欲向扶桑重破浪，那堪塞柳長拖月。料彼蒼、笑我苦吟身，徒凄切。

彈注雨，戈旋雪。貔貅壯，鯨鯢滅。抉丹忱補此金甌殘缺。宋社縱橫宗澤淚，秦庭不泣包胥血。看佩刀、夜夜發光芒，冲星闕。

葉超　慶宮春·庚辰燈節並序①

寧朔告急，朱司令長官躬往視師。敵疑率有大軍，東退五原，我得詳為佈置，今已綿綿翼翼，窒礜杜瑕矣。時值上元，固邑人心，尤覺安定。社鼓聲和戎角，龍燈光耀虎旗，不難揚戈揮日也。

封豕長蛇，猝而深入，賀蘭忽改山色。雨雪濛濛，塵沙黯黯，九邊半被蠶食。倏然宵遁，聞風道我車既飭。元戎壯舉，單騎從容，三軍辟易。

及時振旅治兵，輪駟星馳，貔貅雲集。千門燈火，六街風月，絃管由他徐疾。金樽深淺，相逢是班超祖逖。旂旄不夜，枹鼓來朝，齊看殲敵。

葉超　遊北海②

欲借煙波寫故鄉，牢愁煩憒浦滄浪。

鰥魚聽水添新淚，客燕唧泥失舊香。

題字湮如蝸篆壁，吟聲苦似蟋鳴堂。

陸才幸遇宏於海，海上廣酬樂未央。

傑閣環流晝正長，四簷風靜入黃粱。

遙峯雪換騷人鬢，曲水波縈旅宦腸。

樽酒何期來舊雨，鞭絲猶得縈殘陽。

湖山別後誰為主，仍付閑鷗自主張。

葉超　贈趙銘三③

斯是古名闉，巍然雄四塞。

宦豎日紛囂，衆中有達識。

① 庚辰：民國二十九年(1940)。
② 《遊北海》詩共二首。
③ 《贈趙銘三》詩共三首。

大隱不逾市，卜宅北城北。
三椽堪托蹟，一龕同彌勒。
煙霞流户牖，澄心宣道力。
左右供圖史，静倚書林弋。
原是一經儒，常爲經羽翼。
且獲金石壽，體胖性懇愊。
風範化閭閻，親仁而遠慝。
疏櫺飄紙瓦，夜可邀月色。
簾敝日影穿，因之當圭測。
鼠鬚醮龍劑，淋漓香案側。
文思每風發，窮理以辨惑。
脱口便成詩，元不假雕飾。
老轉愛臨池，書追晉唐刻。
蒲團一趺坐，萬事入玄默。

堂後結茅屋，婦孺雜炊織。
腥葷不入廚，舉家甘素食。
更羨齊眉人，淑慎無愆忒。
老尚儼如賓，内外尤修飾。
男知秉家訓，女亦嫺女則。
倫常有至樂，各循弟子職。
堂畔拓半弓，舌耕逾日昃。
鑿井飲牆坳，源香泉溫沢。
庭前有餘隙，耘溉躬播殖。
歲歉此亦豐，濟濟成茂稢。
高樹具貞幹，新培亦秀特。
低枝巢鳥鵲，馴習自蕃息。

垣外列庠序，得隣多英嶷。
咕嘩兩相聞，大足廣胸臆。
仰面望東山，東山橫劳勛。
爽氣朝夕來，陰霾永散匿。
開門當北廓，乾薜綴階堿。

雪後罕人踪，門徑明如拭。
觸目舊提署，瓦礫堆成洫。
剩有雙石猊，閱人已千億。
鎮日吼西風，往事不記憶。
聞當全盛時，崇閎開堂閾。
危樓聳摘星，翊翊飛桷杙。
導入西海渠，圍橋擅奇式。
接簷構亭榭，花柳環相植。
爲時曾幾何，蓬蒿窟蝼蟈。
人事已滄桑，我心有隱惻。
回首處士家，風雨未侵蝕。
一任時廢興，長存清净域。
世方傷慆佚，君獨樹碩德。
芳規幸匪遥，觀妙應有得。
不嫌俗吏俗，時願來相即。
葉超　壬午谷日原城小集[1]
㵲風城柳漸和舒，笠屐簪纓聚一廬。
星宿心胸争焕若，溪山筆硯愧荒於。
故鄉燈市餘漁火，旅邸詩壇借燕居。
夢斷曲江聞喜宴，春盤且供剪冰蔬。
嚴果人句
春風不見到三邊，山帶寒煙欲雪天。
緑蕚臘梅應索笑，青莖月季尚清眠。
棄瓢久未探經苑，摩壘欣能接筆仙。
爲有金波浮玉斝，與君盡酌共忘年。
張少庸句
烽火連年不計年，春風幾度到三邊。
傾心蘇海多宏制，遁蹟蕭關有謫仙。
把酒頻澆心塊壘，吟詩轉覺意纏綿。
賓朋小集歡無極，來歲仍期共綺筵。
趙銘三句
過罷新年過舊年，幸逢穀日樂陶然。

① 《壬午谷日原城小集》詩共二十首。壬午：民國三十一年(1942)。

主人招飲多誠敬，過曳無才只静便。
滿座高朋皆顯宦，同堂騷客盡英賢。
枯腸搜盡無佳句，巴曲何來奏席前。
　張禹川句
隴山高聳插雲巔，遠隔東君路幾千。
不是花神憚跋涉，卻疑風信故遷延。
忽聞今日開詩會，引度春光入酒筵。
仗此筆鋒争造化，珠璣唾向綺窗前。
　夏禹勤句
漫道邊城春景遲，筵開榖日趁良時。
達人何論賓爲主，好會無如文與詩。
罰酒肯依金谷數，成章孰擅謫仙詞。
來年此日如能聚，但願諸君莫負期。
　張梯青句
一年容易又新正，春景無邊布滿城。
草木萌芽風解凍，山川淑氣現光明。
詩人咸與蕭關會，農事還欣榖日耕。
更盼欃槍掃餘孽，四民遐邇頌昇平。
　趙惠生句
三邊重鎮五原城，小集名流樂趣生。
西海乘桴言素志，東山攜屐暢幽情。
芳春結社詩千首，榖日聯吟酒一罍。
且喜飛鳧賢令尹，重修邑乘啟文明。
　馬筠青句
羨君都是軼群才，典制聲華翰苑魁。
北海樽罍豪氣在，東山絲竹笑顏開。
一天生意存詩卷，大地春光在酒杯。
欲問蘭亭修禊事，身如圭璧品如梅。
　趙春普句
浪蹟江湖念五年，而今故我尚依然。
青山如昨群芳晚，大地皆春萬象鮮。
盛會論文多雅士，清談對酒醉瓊筵。
雄心壯志老猶在，回首蒼茫欲問天。

劉穎齋句

亂世遭逢歡會難，卻欣縠日集騷壇。
何嫌鶯語驚春夢，且喜螺盃話舊歡。
座客江南多絕唱，居人塞北耐嚴寒。
筵前今已征豐稔，足食足兵自逸安。

王子勤句

銜命三邊司直來，愧無聽訟應官才。
欲安鳩拙惟勤補，思免鶼濡藉儉培。
拈管聯翩資唱和，飛觴放浪脫形骸。
可堪夙未嫻詩律，得句全憑逸興催。

孔晚晴句

花箋薇盥捧紅雲，邀飫郇廚美饌紛。
舊令尹招新令尹，今將軍訪故將軍。
趙劉二老靈光殿，王夏雙勤琬琰文。
吟向春前詩句好，百花開日待爭芬。

尤紫荊句

暮年空具拏雲志，救國欣逢濟世才。
劫運已隨寒沍去，春風頻度捷音來。
連城草木懷新意，大地烽煙付舊醅。
今日龍門獲登進，遍觀佳什笑顏開。

田子玉句

履端八日果何辰，百穀資生好養人。
喜兆豐年冬雪積，善調滋味庶饈陳。
衣冠不減瓊林宴，談笑直同德者鄰。
入座我慚佳句少，遜君椽筆寫宜春。

郭又村句

山城嫩柳欲抽芽，巧遇瓊筵共坐花。
詞客曾飛仙令舄，將軍新賣故侯瓜。
登壇鼓勇誇三箭，擊鉢催詩擬八叉。
良會不常應記取，歸時好乘月西斜。

冀新吾句

崆峒人武能復文，列座英才盡軼群。
書局自隨舊令尹，柳營重望故將軍。

和氣扇物舒梅柳，舊雨聯歡論典墳。
愧我不諳吟詠事，敢將俚句殿諸君。

曹普僧句

原城山樹鎖濃煙，大地回春景物妍。
征馬臨風嘶道左，耕牛犁雪憩南阡。
國當勝利開新運，民應阜康值有年。
詩酒唱酬多逸興，文經武緯振三邊。

杜輔卿句

新歲春城喜氣揚，感懷吉士意洋洋。
登壇元自多佳句，入室芝蘭發異香。
嘉會原來非儻偶，良辰本自不尋常。
賢賓瑞集樂何極，人壽年豐大有光。

郭墨林句

年過古稀愧老荒，仁侯有令會文章。
三邊自古稱衝要，八日新春啟迪康。
烽燧漸鎖詩獻瑞，雲霞細織句生香。
勉我俚語貽人笑，雅命欽遵未敢方。

附

客邸徵吟小啟

窮鱗老病客，向值良辰，每張高會。蓽圭容膝，騷壇則擬瑯環；藜莧充腸，文宴恒穿陸海。人非麴部，偏愛酤春；座有詞宗，必邀卜夜。燈懸復壁，金花晶管交輝；鑰下重門，宣韻分題達曙。飄將咳唾，青衣承露傳鈔；嘔出心肝，紅袖和香什襲。今者虘虘靡騯，忽忽若忘，對隴水而斷腸，聽《伊州》而下淚。元龍氣盡，司馬文疏，北海樽空，西湖社冷。溯前塵事，成隔世人矣。邐迤藜方燃乙，杓已回寅，望衡競薦五辛，比戶爭酤三酉。水常山限，笙歌意闊；芳苞翠萼，觸詠情饒。逢穀日而攎毫，倩花風以飛劄。好趁芳時，攸叙金蘭之誼；且憑雅集，重温翰墨之緣。念切雞曙，形忘鶴寄。假居停之廣厦，迓長者之高軒。几席中邊，琴書側畔，行看拔地倚天，驚神泣鬼。抑若流風回雪，鏤玉雕瓊，笑搴策政之旗，待奪藝林之錦。襟裳聯掎，何殊師道之園池；珠玉玲瑽，不讓謝安之絲竹。但愁覆瓿有文，何堪會友；所恨流觴無酒，末可娛賓。幸有菜根剛挑，自昨微聞糟氣，新乞諸鄰。抹月披風，權當故人雞黍；唱予和汝，忽拋邊地鶯花。爲報嚶鳴，敢勞戾止。

附匾聯

清聖祖賜提督潘育龍御書匾"輸忠闡外"。賜聯："守土防邊資將略，披堅敵陣表彤弓。"

諸將士頌雷緯堂少保提署告成聯:"作鎮雄關,自吳楚轉戰而來,大樹高撐新棟宇;勳銘上隴,看回漢輸誠之下,干城永固舊山河。"

王兆槐頌雷緯堂少保德政聯:"二百年名將數西川,前有威信,後有忠武,得我公接踵比肩,平皖江,克荆楚,竹帛垂鴻烈,豈獨增閭里輝光,並堪與河山帶礪;三十載大勳收北鄙,貴能持盈,虛能善容,遇若屬推心置腹,任勞怨,共安危,花門靖狼胥,不徒作邊陲砥柱,洵可爲將相表坊。"

尹翊湯頌廖曉東太守新署告成聯:"重望埒長城,幾經力起瘡痍,洽頌神君尊泰岱;新獻丕大廈,從此民登衽席,閑聽父老話桑麻。"

李瀛州署大門聯:"爲政在人,要撫字催科,每念不教民隱隔;誥爾多士,無奇冤異屈,回頭莫向此間來。"

大堂聯:"當思那百姓群黎,仰之若父母;可對得青天白日,以保我子孫。"

景字達春精選馬步各軍頌鄧景亭軍門德政聯:"揮戈殺賊,磨盾作書,合武緯文經,風雅上追羊太傅;匹馬降番,椎牛犒士,統春溫秋肅,勳名再覩郭汾陽。"

李宗翰書院講堂聯:"奉先王詩書禮樂以造士,作斯民忠孝節義之完人。"

清德宗賜一百二十歲耆民李生潮匾"遐齡人瑞"。

德宗賜李桂芳匾"翰林待詔"。

鄉里公贈李風亭匾"德重明經"。

閤邑公頌田蔭丞匾"排決宜民"。

王學伊列祀壇聯:"天地位而萬物育,陰陽和則百穀成。"

原註:列祀壇,謹奉社稷、神祇、先農、城隍牌座。

中學堂大門聯:"聖學昌明,以四子六經爲根柢;英才樂育,合一州二縣之人文。"

中學堂講堂聯:"立學重明倫,曰校曰庠曰序;升堂須入室,希賢希聖希天。"

杜友仁等頌王學伊興學匾"高山廣廈"。

閤邑公頌趙紫陽匾"碩德遐齡"。

馬元章輓董少保聯:"君是丈夫身,位泰山而立者;我有英雄淚,向黃河以灑之。"

安淫、安澄頌董少保匾"威震華夷"。

張世禄頌董少保匾"勛德垂芳"。

袁世凱贈馬光烈匾"現仁壽相"。贈聯:"平生風義兼師友,天下英雄惟使君。"

陳樹蕃贈馬光烈匾"牖世覺民"。

劉鎮華贈馬光烈匾"經師人師"。

徐世昌贈馬光烈匾"篤道知方"。贈聯："道力竟難回地軸,化身應自返天方。"

白崇禧贈馬光烈匾"德在人間"。

蔣中正贈馬光烈匾"德久益馨"。

葉鞠裳旌表李孀婦匾"節烈可風"。

陳曾佑旌表程孀婦匾"柏舟節操"。

王學伊贈張纘緒匾"續著賢書"。

馬進祥贈張纘緒匾"春風化雨"。

萬朝宗贈張纘緒匾"膠庠溢美"。

朱紹良贈張纘緒匾"大義堪式"。

白崇禧贈張纘緒匾"作育人才"。

蔣中正贈張纘緒匾"作育群才"。

吳折桂等頌董老夫人匾"起居八座"。

閤邑公頌趙太夫人匾"皓首完貞"。

北區公送夏吉軒匾"惠及梓桑"。

李宗青贈徐壽安匾"作善降祥"。

曹錕贈夏福安匾"義聲載道"。

曹錕贈徐太夫人匾"懿德遐齡"。

閤邑公送徐雲階匾"德洽鄉鄰"。

楊巨川縣政府大堂聯："我乃清白吏子孫,居心常凜四知,勉承家學;此是漢唐時郡縣,爲政未成三異,愧對鄉邦。"

梁倫贈馬正榮匾"熱心公益"。

薛篤弼贈馬正榮匾"功在地方"。

城關負郭紳民公送錢子安匾"惠及鄉鄰"。

楊德亮輓余傑臣匾"典型具在"。

閤邑公頌馬宙承姑母匾"一代女宗"。

于右任固原圖書館聯："翠接文瀾閣,瑞應須彌山。"

高桂滋小西湖宛在亭聯："清流激湍,映帶左右;朝暉夕陰,氣象萬千。"

苑清均小西湖枕流閣聯："把酒向湖天,影瀉銀河看洗甲;臨風賞水月,風清玉宇喜消鋒。"

葉超固原公園聯："震河戰嶽作金湯,塞上名城,高平第一;劂石導流成巘壑,隴頭勝地,風月無邊。"小西湖安樂窩聯："湖山得地,雲水爲家。"

葉超湖心亭聯：“鷺嶼倚中流，笑過眼雲煙，把竿且縱嚴陵釣；虹橋通彼岸，喜迎眸書畫，扶檻如乘米芾船。”

葉超枕流閣聯：“綠浸四圍，奔壑泉聲盈几簟；青分一笏，隔城山色入闌櫳。”

易鳳鳴小西湖聯：“倚郭辟西湖，園花掩映，亭榭嵯峨，美景良辰，拓此壯遊留紫塞；甃池通北海，裙屐尋芳，騷人遺咏，賞心樂事，依稀風月似錢塘。”

按：古者道藝不分。《書》：“藝人表臣百司。”疏：有道藝之人也。後世以藝爲技能，爲文章，則有本末之辨矣。故曰：治亂安危之蹟，恒係乎道之汙隆，不繫乎藝之輕重。然雖重道輕藝，而藝猶載道也。以藝爲技能，則規矩方圓，亦可以博物沿道。以藝爲文章，則文也者固所以顯達。蕭伯玉言：“聖人無心於文章，但説道理耳。然道理透，文章自奇。”張侗初言：“聖人性道之祖也，而亦文章之祖也。”

夫探造化之原，究性命之理，辨彝倫之叙，考治平之道，以游文于經傳之中，留意于仁義之際。或徵文考事，據事直書，別渭分涇，字褒筆伐，以彰癉而勸懲者，斯其上也。由曆算之藝，推極天文之學；由測量之藝，推極地文之學；由政教、刑法、食貨、製造、商賈、工役之藝，推極人文之學。或博文强識，尋流溯源，明辨考求，闡幽揚隱，收百世之闕文，采千載之遺韻，遠宗近守，昭示來兹者，斯其次也。粒民乂邦，發號施令，以教以養，有所興奮。或閔時病俗，具文見意，由以上聞，有所感格，斯又其次也。至若拘文牽義，衹嫻末節，鏤辭琢句，徒鶩聲華者，斯其末也。若夫郢書藝説，夷鄭之音，則屏諸文章軌範外矣。

邑之作家，文如其人，縝實恪謹，重厚踔屬，然鳳毛麟角耳。下求風雲月露之章，山水草蟲之什，吉光片羽，亦所罕覯。其向以投文延譽以爲嫌歟？徵訪有未逮耶？抑文運之未啟歟？彼舉如飛鳥，動如雷電，發如風雨，豪傑駿雄之事也；播聲教，宏造就，移風易俗，窮神達化，斯文之任也。固原位於地之中極，國之中脘。陰陽相求，同異相濟，正宜操縱剛柔，總摛文武。況河山兩戒，融精涇隴，有轔轔蕭蕭之聲，亦必有絃歌諷詠之音。顧歷代俊乂舞盾揚戈，敉平大亂，功垂竹帛，不知凡幾。而文章丰采，頗無聞焉，何也？曩者有帳之族，逼邇河朔，共患同憂，亟所當務。故平居則務農講武，臨難能慷慨死綏。其文迄未盡墜者，則以漢唐之世，邑多清揚之士，文能獨出手眼。明清封疆大吏，鎮撫兹土者，又多文學之臣，掌握兵權，兼司文炳。紹遺徽，存餘緒，其以是歟？

世變亟矣，挽世變在人才，成人才在於道藝文教。而今而後，於桑弧蓬矢之外，益以道藝文教相砥礪可乎？余所目爲藝文者指此也，非沾沾於章句，逐文字之末流。然孤陋蒐羅未富，仍不免以文章爲文藝，且未能融彼滯而煥此潛，於我心有慊慊焉。但所收者,率已炳炳烺烺,卓然可以行遠。達人碩士,默參消息,必有稔藝文肯綮之所在者。當能激揚啟發,一如向之折衝批搗然。胥治平之端,富強之效,於藝文中胚之矣,豈獨爲一邑光哉!

附殘闕碑文及石器

〔碑文〕

敕賜圓光禪林碑

《王志》按:碑刊於明正統八年,禮部敕建,在須彌山。其略云:陝西平涼府開成縣,舊景雲寺,僧綽吉汪速山場奏,照得本寺原有石碑,係崇寧三十五年九月,敕賜名爲景雲寺。朝暮領衆,祝延聖壽,毋庸僧俗軍民人等褻慢。正統八年,對同都吏俞亨。

須彌圓光寺石壁橫碑

《王志》按:碑刊於明正統十年,禮部敕建,在須彌山。其略云:體天地保民之心,刊印大藏經典賜天下,用廣流傳。兹以安置陝西平涼府開成縣圓光寺永充供養,上與國家延釐,下與生民祈福。

開通東嶽山嶺道碑

《王志》按:碑刊於明嘉靖十七年,都督曹世忠建,在山頂。其略云:山路崎嶇,石磴險滑,民間展祀而來者恒苦之,因集貲鑿山通道,以利行人。副使沈圻督工,與有勞焉。

城隍顯應碑

《王志》按:碑刊於明嘉靖三十八年,邑貢生陳玥建,在隍廟内。其略云:嘉靖壬子夏,玥被同族巨紳誣控於官,官屈於勢,未能平其情。玥與族紳同誓於城隍神,族紳忽得暴病,在床呻吟,自語曰:"吾不合欺陳玥也。"神譴誠可畏,不數日而卒。玥因勒石,而以顯應名其碑。

瓦亭聖母廟碑

《王志》按:碑刊於明萬曆時,在瓦亭鎮,僅有"平涼府華亭縣瓦亭鎮"九字。餘悉剝落。

雷神感應碑

《王志》按:碑刊于明萬曆十二年,紳民公建,在東鄉楊家河。其略云:雷神山屢著靈應,禱雨祈晴,捷於影響。列有王志玉、古天德二生員名。

劉敏寬　剿虜獲捷題略

欽差總督陝西三邊軍務、兼理糧餉、兵部左侍郎兼都察院右僉都御史劉謹題，爲套虜要挾不遂，背盟屢犯，官軍奮勇堵剿，仰仗天威，斬獲功級，謹敘錄有功官員，以示激勸，而重秋防事。

據原委防秋分守關西道副使郭維禎，會同靖邊兵備道右布政使李維翰，寧夏河東兵備道按察使張守禮下缺十二字。管糧同知閔之聞呈稱：查勘得先該寧夏總兵杜文煥報帖，因節據各堡收獲降夷宰僧等供稱：套主吉能傳調大小頭目，見在大畹畦聚結。下缺二十字。邊熟夷墜墜哈拜素等説稱：吉能火落赤等，在神水灘會事來，因不依磚井鐵雷人命，併討約十件事，糾聚達子千萬，分定地方，處處下缺二十二字。目今人馬衆多，但有十七八歲達子會騎射者，俱帶去犯搶。衆頭目聚齊，於十九日在山後祭旗，要在二十以後犯搶等因。下缺二十七字。聘延綏巡撫馬從，聘陝西巡撫李楠，檄各該道將，嚴加隄備。又蒙軍門早至花馬池防禦調度，寧夏總兵官杜文煥移駐花馬池，固原總兵官祁繼祖下缺十七字。孤山地方。本年閏八月十九日，蒙本部院明文調集固原、延綏、寧夏各營下缺一字。健兵花馬池適中相機援剿間，隨於本月二十三日卯時，大下缺二十二字。官兵及原調三鎮各健丁拒堵，遁北去訖。二十四五等日，屢犯瓦楂梁，竄塞柳樹澗一帶。該鎮督兵拒戰，虜皆敗走，未敢南下。九月初五日，下缺二十五字。各鎮監陣旗牌，原任參將王呆苗，守營李永芳等，隨營監督副總兵蕭如蕙，遊擊薛永壽，都司俞肴、王世欽，坐營都司張世臣，下缺三十七字。白克等報稱：達虜約有四五千騎，從定邊西沙湃入犯，一半撒馬過邊，一半剿營邊外等情。該鎮等即飛下缺三十四字。戰，該鎮等亦布列營陣，齊用火炮弓矢射打，移時，虜猶未退。該鎮與副總兵吳繼祖等計議，分撥三鎮健丁，二十日下缺三十字。虜營已亂，乃掣兵出邊，意欲合兵一處。該鎮等統領大營，從後追擊，各虜前後受擊，且戰且走間，當有下缺三十五字。賀成，各統兵從東馳來合營，各爭先恐後，沿邊二十餘里，又斬獲虜首九十六級。賊見我軍奮勇，下缺三十七字未深入内地搶掠人畜，委無隱匿失事別情。下缺六十七字。院運籌諸將，協力相與鏖戰，一鼓而斬殺虜首至二百有四十餘級，下缺四十七字。員，亟應分別優敘，以勵人心等因。呈詳詳到下缺五十八字。事要東至黃甫川，西至鹽場堡，一千二百餘里，分定地方，下缺五十七字。各鎮官兵，星馳逼剿出邊。是後屢犯瓦楂梁，下缺五十七字。鎮道驗明首級及牌行三道，會下缺六十八字。桀鷔之心，布賞輕微，難繫恭馴之念，下缺五十七字。分，勢難敵衆。故自秋八月十九日以至九月初一日，下缺五十四字。矢之曰：勝衰存亡，在此一舉。如縱虜下缺五十九字。之威，雪將士之耻，似與國體稍有下缺六十一字。皇上聖謨遐暢，神武布昭之所致也。至如以内閣兵部下缺五十三字。帝心，臣等不敢擅敘，下缺四字。嚴約束，以固封疆，飭功令，以威將吏，下缺四十八字。如巡撫寧夏右僉都御史楊應聘，巡撫陝西右副都御史李楠，巡撫延綏右僉都御史馬從聘優敘，寧夏總兵下缺二十二字。優叙,臣軍門標下中軍副總兵署都督僉事吳繼祖,相應破格優異,以下缺二字。勞,仍應遇大將員下缺一字。及時推用。花馬池下缺二十七字。封陝西坐營都司張世臣,延綏右營都司僉書賀成併應優叙。寧夏副總兵下缺四十五字。寧夏坐營都司張我英,寧夏河東道中軍杜友才,河西道中軍馬載道俱應叙。臣軍門標下掌號官員下缺三十四字。叙賚錄用。監督營陣旗牌官吳三畏等,各營中軍、千、把總官金汝卿、杜弘域等七十四員,俱應叙。下缺三十七字。加陞守備職銜,以待推擢。

然摧堅破敵,固仗劍者之能,而借箸攄籌,尤備兵者之責。如寧夏河東兵備道按察使張守禮,分守關西道副使郭維禎,固原兵備道右布政使下缺九字。道兼本鎮學校右參政趙可教,靖邊兵備道右布政使李維翰俱應優叙。總理延寧糧儲户部署郎中事主事金煉葺,固糧儲户部郎中湯啟肇亦應併叙。寧夏下缺十四字。同知李不矜,鎮城監收同知王廷極,帶管西路管糧同知張謙,固原監收同知李永芳,靖邊管糧同知梁方楷,小鹽池管鹽通判關柳,俱應並叙。伏乞敕下兵部,再加覆議,轉行陝西巡按御史,照例覆勘,將各獲功官員,併亡傷軍丁,優恤事宜,及有無隱匿情弊,一併上請定奪。爲此具本請旨。

萬曆四十三年九月題。中軍副總兵吳繼祖、李榮同校,固原州知州劉汝桂刊。

創修菩薩院碑

《王志》按:碑刊於明崇禎四年,邑人督糧道陳舜典建,在東山。其略云:祈禱雨澤,轉歉爲豐,民懷神德,因集貲崇建,以答天庥也。

令公神道碑

《王志》按:碑在大營川城西,其刊立年月姓氏均無考,僅存“令公神道”四字。土人云:明末時古塚也。

鎮戎堡碑

《王志》按:此石在八營山坡側,於頹垣敗壘中,僅橫一石,刊此四字。或即鎮戎遺址歟?

玄天上帝廟碑

《王志》按:碑刊於順治十一年,總兵李公茂建,在州城上帝廟。其略云:祈福感應,捐廉重修。

坤元聖母廟碑

《王志》按:碑刊於康熙辛亥年,城守中軍潘繼賢率紳民公建,在東門城外。其略云:瓜瓞綿祥,桂蘭兆夢,民間祈福,屢著靈應。

重修東嶽山碑

《王志》按：碑刊於康熙二十六年，奮威將軍王公進寶建，在東嶽山頂。其略云：禱雨逐疫，特著靈奇，文武紳民，合力重修。

創修城隍司碑

《王志》按：碑刊於康熙癸未年，紳民公建，在隍廟。其略云：隍神呵護，城垣安堵，用紀其實。

重修十閻羅殿碑

《王志》按：碑刊於康熙戊子年，紳民公建，在東山。其略云：近年疫癘爲災，民心惶惶，因共議集貲補葺殿宇，乃大雨數日，時疫已清，四境安謐焉。

增修東嶽山嶺路碑

《王志》按：碑刊於康熙三十一年，提督何公傅、知州吳公季芳全建，在山巔。其略云：四海昇平，百僚雍濟，洵治世也。惟兹山巉峻嶔崎，舉步皆險，風雨冰凌，難於蜀道。因率文武合力修之。不勞民，不傷財，俾老幼士女，登山禮神者，無阻止之歎。用勒片石，以示久遠。

錢封翁碑

《王志》按：碑刊於雍正六年，其子遊擊自發建，在西郊，上谷郎兆龍撰文。其略云：錢氏家傳忠厚，封翁尤極好善。故子孫武功濟濟，光大門楣也。

萬鳳山國圓寺碑

《王志》按：碑在東鄉，刊立年月無考，土人指爲乾隆時碑。其略云：虞舜之世，鳳凰來庭，聖人在位，文明之時。山以萬鳳名，其意有然矣。老安少懷，民享有道。

楊氏封贈碑

《王志》按：碑刊於乾隆三年，邑紳提督楊琺建，在西鄉。其略云：楊自成、楊才、楊茂功，俱以楊琺著有武功，膺一品封典榮禄大夫。

左營五聖祠碑

《王志》按：碑刊於乾隆十一年，閤營公建，在城東北隅。列有遊擊任舉撰，守備陳瑄書等字。

重修閻羅殿碑

《王志》按：碑刊於乾隆十三年，州紳提督王能愛建，在東嶽山。其略云：閻羅功妙轉輪，感應昭著，捐貲重修。

玄帝殿碑

《王志》按：碑刊於乾隆二十七年，紳民公建。在東嶽山。其略云：神靈顯赫，禱雨尤應。

重修無量佛殿碑

《王志》按：碑刊於乾隆三十七年，紳民公建，在東嶽山。其略云：祈福佑民，理宜供奉。

隍神顯應碑

《王志》按：碑刊於乾隆三十七年，紳民公建，在隍廟廊下。其略云：清平監民喬天倉，因攜錢入城，寄於店內，原一千文，店夥誤書一千五百文。閱二日，天倉取錢，店夥以誤書實情告之，天倉生誣賴計云："我本寄錢千五。"店夥付之，心不平，因鳴誓於廟，遂各散。又閱一日，天倉赴城，途中忽見皂衣人與語曰："奉命傳質。"天倉遂直入隍廟，跪階下，若庭訊狀，以手自批其頰，號呼曰："不應昧良。"里人以神之靈也，遂泐石。

分立廳民定案碑

《王志》按：碑刊於乾隆四十八年，州民公建，在大堂東側。其略云：鹽茶廳遷於海剌都，廳民差徭，應與州民一律勻派，以免偏枯。

賈氏碑

《王志》按：碑刊于乾隆年間，賈姓自建，在西郊。其略云：內治勤儉，提筐挽車。分火佐讀，相夫克家。胡天不弔，遽爾乘槎。

廣寧監碑

《王志》按：碑在南二十里鋪。其文爲：鹽茶同知廣寧監地云。每字五寸許，惜其半截爲土所掩，而石有藍色，土人指爲乾隆時建。又北有"廣寧監"三字短碑一方。僅三字，土人亦謂乾隆時同建。

李公遺愛碑

《王志》按：碑刊於嘉慶初，紳民公建，在瓦亭城內。其碑陽列"固原州李大老爺德政"九字。其碑陰爲採買驛草，秉公給價，農畯不得尅扣等語。惜李公未載其名。

創修厲壇碑

《王志》按：碑刊於嘉慶十二年，知州翟方震建，在北郊二里許。其略云：惟神贊司幽冥，燮理陰陽。禱晴祈雨，有感而通。每遇出壇利孤，不可無供養之所。遂捐廉以爲民倡，工告成焉。

天一靈祠碑

《王志》按：碑刊於嘉慶十八年，提督楊公遇春建。在州城上帝廟。其略云：是祠也，創修於明嘉靖、萬曆間，茲因祈雨有應，合文武官吏，捐貲重修。

朝陽庵碑

《王志》按：碑刊於嘉慶十九年，紳民公建，在東鄉。其略云：能禦大災則祀之,能捍大患則祀之。

　　李臺卿教澤碑

　　《王志》按:碑刊于道光乙未年,①其門下生徒徐登甲、王佐清等全建,在西北郊。其略云:隴西望族,師資久著。品端膠庠,百行無缺。查臺卿名輔弼。

　　古城川關帝廟碑

　　《王志》按:碑刊於道光十九年,紳民公建,在東鄉。其略云:東山寨樓,爲州形勝,祀關帝以鎮之。

　　固原筆峯山碑

　　《王志》按:碑刊於道光二十三年,平慶涇道姚公建,在蓮花山麓。其略云:堪輿之説,固不可信,然亦不可不信。文風屢弱,多關地脈缺陷。余觀察斯土,他務未遑,首興文教。訪其宜加培植之道,幸有先我而爲之者。前任萬荔門先生,素精地學,於此山巔欲建寶塔,以補文風,余聞之,輒樂從,迺爲先築土峯,以植多士上達之基。

　　五女孝行碑

　　《王志》按:碑刊於道光中,鄉民公建,在西大道旁。其略云:胡張氏有五女兩寡,女長均適人。五婿公議,分月供養。及卒,五女執紼送葬,哭泣甚衰。人皆謂胡張氏之有女,遠勝他人之有子也。

　　七營回漢分界碑

　　《王志》按:碑刊於光緒四年,紳民公建,在七營。其略云:七營距州一百二十里,河朔衝途,人煙輻輳,詳無回民,即有回族貿易者,朝來夕歸。同治亂後,田地悉爲回民所佔。迨承平,漢民無地可耕,因迭控於左文襄公軍次,蒙派委員會州連訊,判定十里内不準回民居住,佔領置買田地,一概退還,同事出力入莊亦有回民居住者,一時發還殆盡,而後漢回得相安焉。

　　楊善士碑

　　《王志》按:碑刊於光緒九年,回教及楊姓族人建,在羊圈堡。其略云:善士名保元,好詩書,通天經。遍游於新疆、雲、貴、諸省。論者謂天真爛熳,有古人風。

　　董少保故里碑

　　《王志》按:碑刊於光緒三十四年,知州王學伊書。紳民公建,在南鄉官道。

　　五峯山無量殿碑

　　碑高五尺,寬三尺。其略云:惟兹五峯,坐居坎宮。龍勢縱拔,源發長城,乃

---

① 道光乙未:道光十五年(1835)。

爲五原勝景。自兵燹以後，殿宇傾圮，神像頹壞。民國初年，合社僉議，重修無量、雷祖、文昌、聖母、靈官殿宇。鳩工庀材，不日而成。雖曰人力所致，無非神力默助，始克臻此。

東門外石坊

鈕大紳爲記，其略云：泰岳神道中連三石坊，創建久不可考。於前三十年間，地勢下傾，豐致頹損。癸卯春，壯班董事人馬喜泰等，因辦會餘資，共議重修。其未敷者，又爲募化以成之。李蘊華題額，陽面曰"覺路宏開"，陰面曰"引伸有藉"。聯云："作鎮東邦推永奠，遐通上界極高瞻。"又聯云："相看膚寸雲千里，遍泳優沾雨萬家。"

姬氏石坊

額文"孝達天府"。聯云："守墓非沽名，孝思不匱風千載；救荒豈重義，世德作求耀五原。"

漢文姬公之坊

額文"德邁八寰"。聯云："龍章逮處三秦重，鳳誥頒來百世榮。"

南門外磚坊

民國十九年，宋益謙、錢應昌修。在南門外龍王廟旱臺上。西端一處，額文"鞏固"。東端一處，額文"安瀾"。

三關口摩崖碑

《王志》按：碑一曰"峭壁奔流"，無年月可考，惟下款有"晉江明題"四字。一曰"涇汭分流"，下刊"丙子季秋晉江"六字。一曰"山光水韻"，無年月可考，下刊"龍光氏"三字。一曰"蕭關鎖鑰"，無年月姓氏可考，僅存"鎖鑰"二字。土人云：早年見之，知爲"蕭關鎖鑰"。一曰"控扼隴東"，道光二十二年壬寅首夏，知固原州山東鈕大紳題。一曰"山水清音"，道光二十九年，歲次乙酉仲春，知平涼縣事歸安沈啟曾題。一曰"山明水秀"。

石器

提署石獅

提署門內外有石獅兩對，高丈餘。後移一對於縣府門首。

萬壽宮

門首石獅一對，高八尺。現移文廟院中。

三清宮

門首石獅一對，高八尺。

眼光寺

門首石獅一隻,高三尺。

羊坊石羊

羊坊地畔有石羊一對,作蹲臥狀,長約五尺餘,高約二尺餘,何年雕造不可考。鄉老傳言該石羊在清同治前頗靈異,今無他奇。

隍廟照壁

隍廟前磚雕照壁精巧絕倫。城外東嶽山上磚雕照壁亦同一堅緻。

鐘鼎文及金器

鼓樓巨鐘。城中心之鼓樓,有巨鐘一口,高九尺,周圍一丈三尺,爲靖康元年鑄。文曰"固郡城南,舊有葛公祖師廟,我等之所祖述而神明者也。欲感神明之格,必有金聲之振,以供俎豆之馨香"云云。其側有小鐘一口,爲城南葛祖廟之物。高二尺五寸,週四尺,無年月可考。

武廟鐵旗杆。三道城門內,坐東向西之武廟門首,有鐵旗杆一對,高三丈許,週五寸,上有鐵斗二。冠以銅頂,大如木瓜,光輝耀目,無年月可考。民國二十年,忽於夜間被盜。廟內有銅鐘一口,高四尺,週二尺九寸,爲太宗景德元年所鑄,可知鐵旗杆亦宋時物也。

李家嘴關帝廟有寶刀一把,重二百餘斤,嘉靖年鑄。又有大鐘一口,高三尺八寸,周二尺餘,約七百餘斤,嘉靖年間鑄。

城內興善寺鐵鐘一口,高三尺五寸,週二尺五寸,重約八百餘斤,嘉靖年鑄。

東門外禹王廟鐵塔一座,八角形,高二丈八尺,底周一丈六尺,萬曆四十八年鑄。

城隍廟門首鐵獅子一對,高五尺,萬曆十八年鑄。右列牝者胸跨緊抱小銅獅一,頗工巧。又有小鐵獅一對,無年月可考。

草廟子海龍山二郎廟鐵鐘一口,高三尺五寸,周二尺五寸,重約六百餘斤,萬曆十九年鑄。

馬崗堡九龍山套城岢岢城鐵鐘一口,高三尺餘,周二尺餘,重約五百餘斤,萬曆年鑄。

晉家寺無量廟鐵鐘一口,高五尺,周三尺五寸,重約一千斤,萬曆年鑄。

城子楊家太白廟鐵鐘一口,高二尺六寸,周一尺八寸,重約四百餘斤。佛爺殿鐵鐘一口,高三尺二寸,周二尺二寸,重約七百餘斤。關聖帝君廟鐵鐘一口,高二尺六寸,周一尺八寸,重約四百餘斤。均係萬曆年鑄。

韓家崖窪娘娘廟鐵鐘一口,高二尺餘,周一尺餘,重約四百餘斤,萬曆年鑄。

　　彭陽城蓮花山鐵鐘一口,高一尺五寸,周一尺三寸,重約三百斤,萬曆年鑄。

　　眼光寺鐵鐘一口,高二尺七寸,周四尺,康熙三十年鑄。

　　東嶽山鐵繩山鐵柱八個,每個長二尺,寬二寸五分,康熙四十六年三月鑄。

　　城隍廟鐵香爐一個,高九寸,康熙二十六年鑄。

　　喬家溝娘娘廟鐵鐘一口,高二尺餘,周一尺餘,重約三百餘斤,康熙年鑄。

　　山要峴上古佛廟鐵鐘一口,高二尺餘,周一尺餘,重約四百餘斤,康熙年鑄。

　　甘海子聖賢廟鐵鐘一口,高二尺餘,周一尺餘,重三百餘廳,雍正年鑄。

　　眼光寺鐵磬一個,高六寸五分,周八寸,乾隆三十四年鑄。

　　東門外禹王廟鐵鐘一口,高三尺,周六尺,乾隆五十二年鑄。

　　秦晉會館鐵鐘一口,高一尺五寸,周二尺,乾隆十八年四月五日鑄。又鐵鐘一口,高五尺,周七尺,乾隆三十六年五月九日鑄。

　　城隍廟上殿大銅鐘一口,高一尺七寸,周二尺,乾隆五十九年六月一日鑄。又小銅鐘一口,高九寸,周一尺,同治年鑄。

　　瓦亭隍廟鐵碑。《王志》按:碑鑄於乾隆年間,紳民公建,在瓦亭隍廟内,字體方古。經同治兵燹,祇存半截,其文義零落不相聯貫,惟官街有城守營駐防千總孟儀,華亭縣瓦亭驛丞茹江,生員龔潞,住持劉來運,共二十七字云,整齊可識。

　　山西會館鐵碑。《王志》按:碑在張易堡之西城根下,鑌花掩映,鏽色斑爛。土人云:當乾隆時,商賈輻輳,晉人甚多,此館蓋當商議事處。同治兵燹後,僅存一鐵碑。

　　王大户鐵鐘一口,高二尺餘,重三百餘斤,乾隆年鑄。

　　寨子窪清涼寺聖賢廟鐵鐘一口,高四尺餘,周二尺餘,重約七百斤,乾隆年鑄。

　　羊耳堡方神廟鐵鐘一口,高二尺,周一尺,重約三百餘斤,乾隆年鑄。

　　青龍山鐵鐘一口,高三尺,周二尺,重約六百餘斤,乾隆年鑄。又鐵鐘一口,高二尺四寸,周一尺七寸,重約三百斤,乾隆年鑄。

　　二龍山鐵鐘一口,高三尺六寸,周二尺五寸,重約七百餘斤,乾隆年鑄。

　　五峯山鐵鐘一口,高三尺餘,周二尺五存,重約五百斤,乾隆年鑄。

　　任家灣銀水灘鐵鐘一口,高三尺五寸,周二尺二寸,重約九百餘斤,乾隆年鑄。

　　東嶽山山上鐵旗杆一個,長三丈,嘉慶七年鑄。

　　上帝廟右草地中鐵旗杆兩對,長二丈五尺。鐵獅子四個,高三尺,方圍八尺,嘉慶二十二年九月鑄。

　　觀音閣鐵磬一口,高五寸,嘉慶十二年所鑄。

大堡子聖賢廟鐵鐘一口，高三尺餘，周二尺餘，重約六百餘斤，嘉慶年鑄。

常家溝門關帝廟鐵鐘一口，高二尺六寸，周一尺八寸，重約四百餘斤，嘉慶四年鑄。蓋鐘之爲器善鳴，鳴則苦雹消焉，霪雨除焉。假宮音以告虔，庶無負乎明德薦馨也。關聖帝君神像廟貌儼然可觀，香火雲集，歲屢豐稔。邇年以來，風不鳴條，雨不傷稼，此定兆帝君之靈應有以呵護也與云云。

觀音閣鐵香爐一個，高四寸，周七寸，道光五年鑄。

馬王廟鐵旗杆一對，長兩丈二尺，周八寸，鐵斗子寬一尺，鐵獅座子高二尺，長一尺八寸五分，道光八年鑄。

張家山太白廟鐵鐘一口，高四尺，周二尺二寸，重約八百斤，道光年鑄。

崔家堡子黃龍山雷祖正殿鐵鐘一口，高一尺五寸，周一尺，重約三百餘斤，道光年鑄。

秦家溝白馬殿金鐘一口，高三尺，周二尺，重約八百餘斤，道光二十年鑄。

楊家坪雷祖廟鐵鐘一口，高三尺三寸，周二尺二寸，重約七百餘斤，咸豐九年鑄。

米家溝五鳳山九天廟鐵鐘一口，高三尺，周一尺六寸，重約四百斤，咸豐年鑄。

秦晉會館上殿大鐵磬一口，高六寸五分，周九寸五分，光緒八年四月六日鑄。

城隍廟子孫宮鐵磬兩口，均高五寸，周七寸，光緒三十二年鑄。

眼光寺鐵香爐一個，高一尺，帶鐵座子，高相埒。

東嶽山山底菩薩廟內鐵鐘一口，高四尺，周九尺。又小鐵鐘一口，高二尺，周三尺二寸五分。又小鐵磬一口，高一尺。靈官洞小鐵鐘一口，高二尺，周三尺二寸。東嶽大殿鐵香爐一個，六角形，高三尺二寸五分，周七尺二寸。又小鐵鐘一口，高二尺五寸，周五尺七寸。子孫宮小鐵鐘一口，高三尺，周五尺八寸。又鐵香爐一個，高八寸，周一尺二寸。鐵繩山二殿小鐵鐘一口，高三尺，周五尺二寸。三皇洞小鐵鐘一口，高一尺，周三尺四寸。又小鐵香爐一個，周八寸。藥王洞小鐵鐘一口，高二尺五寸，周四尺八寸。

城內上帝廟院中鐵香爐一個，高三尺二寸，周六尺。又神前鐵香爐一個，高一尺，周二尺四寸。又小鐵鐘一口，高三尺，周四尺九寸。

秦晉會館上殿鐵香爐一個，高一尺，周一尺三寸。又鐵杆一對，高兩丈，周九寸五分。又鐵獅子兩個，高三尺，長一尺八寸。又小鐵塔一座，高四尺五寸。

城隍廟子孫宮破爛香爐十五個。百子宮鐵鐘一口，高二尺。又小爛鐵鐘一口，高五尺。又鐵鐘一口，高三尺。又醮爐三個，鐵香爐兩個。又鐵鐘一口，高一尺三寸。又鐵香爐一個，高九寸。

西門外三關廟上殿大磬一口，高九寸五分。又小鐵磬三個，高五寸，周七寸五分。又小鐵鐘一口,高二尺五寸。又大鐵鐘一口,高三尺二寸。

西澤霓觀音閣上殿鐵香爐一個,高六寸五分周七寸。又大鐵鐘一口,高四尺,五寸。又鐵香爐一個,高九寸五分,周三尺二寸五分。

火家墕棱鐵鐘一口,高二尺五寸,周一尺二寸,重約三百餘斤。

張高家鐵鐘一口,高四尺五寸,周三尺二寸,重約一千斤。又鐵旗杆一對,坐獅雙斗,高三丈餘,寬七寸,重約三千餘斤。又鐵醮一座,高五尺,周三尺五寸,重約一千斤。

縣城關帝廟鐵鐘一口,高四尺八寸,周三尺二寸,重約一千斤,馮道林鑄。

米家寺嶺鐵鐘。鐵鐘一口,高四尺餘,周三尺八寸,重約千餘斤。

北秀山鐵鐘一口,高二尺二寸,周一尺六寸,重二百二十斤。又鐵醮爐一座,高五尺,周三尺,重約四百餘斤。

彭陽城蓮花山鐵鐘一口,高四尺,周三尺,重約一千斤。又鐵醮爐一座,高七尺,周二尺,重約一千斤。

羅家堡子龍鳳山鐵鐘一口,高五尺,周三尺三寸,重約一千餘斤。

上楊家河雷神廟鐵鐘一口,高四尺,周二尺八寸,重約一千斤。

晁家坡鐵鐘一口,高三尺,周二尺,重約七百餘斤。

蛟龍口山鐵醮爐一座,高一丈二尺,周六尺,重約一萬斤。又鐵旗杆一對,高三丈餘。鐵獅子高五尺,重約四千餘斤。又鐵鐘一口,高七尺,周四尺,重約二千斤。以上年月均無考。

楊家坪九天聖母廟鐵鐘一口,高三尺,周二尺三寸,重有八百餘斤,民國四年五月鑄。

甘家溝九天娘娘廟鐵鐘一口,高二尺五寸,周一尺四寸,重約二百餘斤。民國四年鑄。

秦晉會館大鐵磬一口,高一尺,周六寸五分,民國十三年鑄。

城隍廟上殿大鐵磬一口,高五寸,周一尺一寸,民國十五年鑄。

西門外三官廟上殿鐵香爐一個,高八寸,周一尺三寸,民國二十六年鑄。

此外邑有古銅香爐一座,圓形,三足兩耳,作狻猊仰首狀。民國前存于惠姓家,現不知落于何所。據博古家言:名貴之物也。考《金石錄》所載,銅爐方形四足者少,圓形三足者多;龍眼者少,鳳眼者多;猊首者少,象鼻者多。均係明宣德時所制。近代仿造雖不少,然仔細觀摩其銅質色澤,真偽不難立辨。

又有觚三。觚,酒器。《丹鉛總錄》云:①"古者獻以爵而酬以觚。"《説文》所

① 參見《丹鉛續錄》卷一《經説》。

謂："鄉飲酒之爵也,上圓下方,取其妥穩。春秋之世,已有破觚爲圓者。"此類器物,秦漢前屬骨器,如牛角、駝骨之類,皆方而有棱,秦漢後以青銅或雜銅造之,圓而無棱。本縣所有者一爲胡姓所收藏,一爲玉鑑相館程茂齋所收藏,一則見於冷攤,均無銘。按其制法及花紋,頗類《金石録》所載之漢器,口底均圓而大,腰細而長。

鼎。趙逸民云:"昔時曾見一折足之鼎,高二寸,廣三寸,周身夔龍花紋,惜無銘可考。"按其制及花紋,則唐宋以前物也。

鏡鑑。本縣所見之鏡鑑,大別可分爲二類:一爲漢代青銅鏡,一爲六朝雜銅鏡。青銅鏡質脆易壞,雜銅鏡質柔,雖墮地不壞。而其製造形狀,亦迥然不侔。青銅鏡多寬邊,花紋細緻,銘文多吉利語。如漢鏡中之宜官鏡,銘爲"君宜高官,長宜子孫"八字。三公鏡,銘爲"位至三公"四字。高官鏡,銘爲"高官"二字。日光鏡,銘爲"見日之光,天下大明,用者公卿"十二字。又有銘爲"見日之光,所言必當"八字。此等青銅漢鏡,民國二十七年本縣平修飛機場時,於古墓中掘出甚多,惜皆散失。雜銅鏡類皆窄邊,花紋多作宮室人物、花樹寶器、金烏玉兔、十二象、二十八宿,出瑞圖之類,多無銘文。即有之,亦多係纏錦秀麗語。如六朝時之嬌來鏡,銘爲"團團寶鏡,皎皎昇臺。鸞窺自舞,照日花開。臨池似月,覩貌嬌來"二十四字。隋之仁壽鏡,銘爲"仙山併照,智水齊名。花朝艷彩,月夜流明。龍盤五瑞,鸞舞雙情。傳開仁壽,始驗銷兵"三十二字。唐之滿月廻文鏡,銘爲"明逾滿月,玉潤珠圓。鸞驚鈿後,鳳舞臺前。生菱上壁,倒井澄蓮。情虛應態,影逐妝妍。清神鑒物,代代流傳"四十字。可正讀,亦可倒讀,故稱廻文。此等雜銅鏡,邑衹僅見耳,趙逸民家存有一二。至宋、明、元三代之銅鏡,本邑所見者亦少。惟清代之二龍戲珠鏡,到處銅質不佳,製造粗糙,一無可取。

璽印。璽則本邑未見,至於侯印,時偶見之。如關内侯、晉陽侯等印是。其鈕或作龜形,或作覆瓦形。田子玉家藏一銅印,鈕作人立形,翠綠斑駁,殆亦古印歟?前清固原直隸州州印,半邊爲漢文,半邊爲滿文云。

貨布。貨布二種,本高辛虞夏商周之錢鈔名。本邑所見貨之最古者,爲齊刀文,其文爲"齊寶貨"。布類之見於本邑者多爲"莽布",十品:即小布,一百;幺布,二百;幼布,三百;厚布,四百;差布,五百;中布,六百;壯布,七百;第布,八百;次布,九百;大布:黃千。大布黃千較多,餘罕覯耳。此等貨布、銅鈔,均青銅質。近年修機場及汽車道,掘開古墓發現不少。

泉。周立九府圜法,外圓函方,名泉,而錢制始定。本縣所有之泉,如秦半兩,漢五銖,新莽之大泉五十,皆泉之類也。

造相

眼光寺銅佛。城內道西巷坐北向南眼光寺內,有銅佛坐像三尊,初在北關磨針觀內,同治花變被焚,民初始移至此。像高六尺七寸,鑄工極細,但無年月可考。大約爲元、明時物,以其時重佛故耳。併泥像一座,年月未詳。

武廟。三道城門內坐東向西之武廟後殿,有關聖帝君銅像一尊,高五尺許。鑄工極良。眉目生動,忠義之氣,凜凜可畏。其側有一小銅像,高二尺,年月無考。大約數百年前物也。

東嶽山山底廟內泥像十一座。小銅像一座,高一尺二寸五分,年月未詳。石佛寺大殿三間,石像三座,年月未詳。靈官洞泥像一座,上樓泥像一座。玉皇樓泥像一座。東嶽大殿五間,泥像一座。子孫宮大殿三間,泥像五座。百子宮大殿三間,泥像三座。鐵繩山頭殿泥像一座,二殿泥像三座,三殿泥像兩座。三皇洞小泥像兩座。藥王洞泥像一座,年月均未詳。

東門外禹王廟大殿三間,泥像一座,年月未詳。

城內上帝廟大殿五間,銅像一座,高六尺。石像五座,年月未詳。

城隍廟木像一座,高三尺。城隍銅像一座,高四尺。又泥像大小二十四座。子孫宮泥像大小十一座。百子宮泥像大小十一座,均無年月可考。

西門外三官廟上殿三間,泥像大小十一座,年月無考。

城內西霽霂觀音閣上殿泥像五座,銅像一座,高四尺七寸,年月無考。

米家寺嶺有石佛三座,高七尺,年月無考。

蛟龍口山有銅佛像五座,年月無考。

縣城東關達摩寺有坐銅像一尊,高三尺餘,全身純係溜金。

須彌山石洞大石佛坐像一尊,高約丈餘。此外大小佛像以千百計。

三關口石佛站像一尊,高約七尺餘,在山之半壁石窟中,背山面水,古色斑然。

張易鎮大佛寺有銅佛坐像三尊,高度、銅質、雕刻一如縣城眼光寺。

陶器

耕、稼、陶、漁,古聖尚矣,瓦缶勝金玉,賢者重之。

民國二十七年,邑開闢飛機場,掘出瓦器甚多,有如龍鳳形之瓦罈;如凸字鋸齒形之瓦罐、瓦缽等,鏽綠斑然。博古家云:"是千百年物也。"

磚瓦。天命靡常,滄桑易更。歷代雄偉之建築,倏忽變爲瓦礫,後人熟視之若無視焉。晚年近科學發達,考古家汲汲於考古,雖細至一磚一瓦,必究其歷史。於是漢瓦秦磚,艷稱一時。固邑之長城磚、琉璃瓦,亦有足貴者。該磚較現在城磚,方廣如之,厚則倍之,面方有"中"字,蓋大圜在中之意歟?公家改造建築,發現此磚不少。瓦有黄琉璃、綠琉璃兩種,均係半桶瓦。文廟大殿此種琉璃之基獸、桶瓦等,尚多見之。尚存白琉璃瓦一種,亦係半桶瓦,較大,係金、元時物也。

　　範泥。埏泥範型,似無研究之必要,然工藝美術,亦文化之一端,未可以其細而忽之。邑有何某、李某、王某,併非範泥專家。而其心思妙造,手技工巧,有時搏泥和紙筋,戲作壽星形、鹿形、牛馬形,或立或卧,或凝目,或反顧,神情狀態,無不惟肖惟妙,雖小道亦足觀也。

【校勘記】

［1］夏:此字原脱,據《國語》卷一《周語上》、《史記》卷四《周本紀》補。

［2］纂:此同《國語》卷一《周語上》,《史記》卷四《周本紀》作"遵"。

［3］武王:此同《國語》卷一《周語上》,《史記》卷四《周本紀》此二字前有"文王"二字。

［4］訓:此同《國語》卷一《周語上》,《史記》卷四《周本紀》作"順祀"。

［5］令:此同《國語》卷一《周語上》,《史記》卷四《周本紀》作"命"。

［6］又:此同《國語》卷一《周語上》,《史記》卷四《周本紀》作"有"。

［7］師師成熙:此同《漢魏六朝百三家集》卷十八《漢蔡邕集》,《漢蔡中郎集》卷二《薦皇甫規表》作"師師咸熙"。

［8］生事:此同《漢魏六朝百三家集》卷十八《漢蔡邕集》,《漢蔡中郎集》卷二《薦皇甫規表》無"生"字。

［9］力行:原作"立行",據《漢魏六朝百三家集》卷十八《漢蔡邕集》、《漢蔡中郎集》卷二《薦皇甫規表》等改。

［10］仗節:此同《漢魏六朝百三家集》卷十八《漢蔡邕集》,《漢蔡中郎集》卷二《薦皇甫規表》作"伏節"。

［11］穡:原作"嗇",據《漢魏六朝百三家集》卷十八《漢蔡邕集》、《漢蔡中郎集》卷二《薦皇甫規表》等改。

［12］請重刑罰以遵舊典疏:《東漢文紀》卷七題作《上光武論宜重刑書》。

［13］即位:原作"即世",據《後漢書》卷三四《梁統傳》、《册府元龜》卷六一四《刑法部·議讞》等改。

［14］重刑狀對:《東漢文紀》卷七題作《對尚書狀》。

［15］川野:此同《册府元龜》卷六四七《貢舉部·對策》,《後漢書》卷六五《皇甫規傳》作"丹野"。

［16］求自效疏:《東漢文紀》卷十五題作《上順帝求自効疏》。

[17] 再求自效疏：《東漢文紀》卷十五題作《上桓帝論羌事求自効疏》。

[18] 今：此字原脱，據《魏書》卷五一《皮豹子傳》補。

[19] 以李晟爲鳳翔隴西節度兼涇源副元帥制：《唐大詔令集》卷五九《大臣》題作“李晟鳳翔隴右節度使兼涇原副元帥制”，《文苑英華》卷四五一《制書四》題作“授李晟鳳翔隴右節度使兼涇原副元帥制”。

[20] 保大：此同《文苑英華》卷四五一《制書四》，《唐大詔令集》卷五九《大臣》作“保泰”。

[21] 鄜坊丹延等州觀察處置等使：《唐大詔令集》卷五九《大臣》作“京畿渭南渭北商華等州兵馬副元帥”，《文苑英華》卷四五一《制書四》作“京畿渭北鄜坊丹延等州節度觀察處置等使”。

[22] 仍充京畿渭北鄜州華州兵馬副元帥：《唐大詔令集》卷五九《大臣》作“京畿渭南鄜坊丹延等州節度觀察處置等使”，《文苑英華》卷四五一《制書四》作“仍充京畿渭北商州華州兵馬副元帥”。

[23] 丕烈：此同《文苑英華》卷四五一《制書四》，《唐大詔令集》卷五九《大臣》作“之勳”。

[24] “可兼”至“元帥”四十六字：《唐大詔令集》卷五九《大臣》作：“可兼鳳翔尹充鳳翔隴右涇原節度兼管内及四鎮北庭行營兵馬副元帥”，《文苑英華》卷四五一《制書四》作“可兼鳳翔尹充鳳翔隴右節度支度營田觀察處置等使仍充鳳翔隴右涇原節度兼管内諸軍及四鎮北庭行營兵馬副元帥”。

[25] 縱：原作“從”，據《宋史》卷二六五《張齊賢傳》、《長編》卷五〇、《宋名臣奏議》卷一三〇《邊防門》改。

[26] 土兵：原作“士兵”，據《宋史》卷二九二《王堯臣傳》、《長編》卷一三二改。

[27] 二萬：此同《宋史》卷二九二《王堯臣傳》，《長編》卷一三二作“三萬”。

[28] 持久：原作“之人”，據《長編》卷一二七、《宋名臣奏議》卷一三二《邊防門》改。

[29] 儀：原作“原”，據《長編》卷一二七、《宋名臣奏議》卷一三二《邊防門》改。

[30] 劉貽孫：原作“劉貽蓀”，據《長編》卷一三四、《諸臣奏議》卷一三三《邊防門》等改。

[31] 屯兵：“屯”字原脱，據《宋史》卷二八五《陳執中傳》、《歷代名臣奏議》卷三二三《禦邊》補。

[32] 修：原作“先”，據《宋史》卷二八五《陳執中傳》、《歷代名臣奏議》卷三二三《禦邊》改。

[33] 係我編置：《清聖祖實錄》卷二七〇作“已經編置”。

[34] 恩澤：《聖祖文集》第四集卷九作“膏澤”。

[35] 河州：二字下原衍“歸德”，據《聖祖文集》第四集卷九、《清聖祖實錄》卷二七〇删。

[36] 軍行：原作“軍興”，據《平定準噶爾方略》前編卷七、《聖祖文集》第四集卷十三《勅諭》等改。

[37] 奏請固原升州設縣疏：《左宗棠全集·奏稿五》題作《升固原州爲直隸州添設下馬關知縣并改鹽茶廳同知爲知縣折》。

[38] 營汛别議：《左宗棠全集·奏稿五·升固原州爲直隸州添設下馬關知縣并改鹽茶廳同知爲知縣折》作“營汛則無庸别議”，疑是。

[39] 向：《左宗棠全集·奏稿五·升固原州爲直隸州添設下馬關知縣并改鹽茶廳同知爲知縣

折》作"餉"。

[40]邪：《左宗棠全集·奏稿五·升固原州爲直隸州添設下馬關知縣并改鹽茶廳同知爲知縣折》作"芽"。

[41]新募："新"原作"所"，據《清德宗實録》卷三七五改。

[42]前此："此"原作"次"，據《清德宗實録》卷三七五改。

[43]嘉：原作"加"，據《光緒宣統兩朝上諭檔》第三十五册"宣統元年閏二月二十五日"上諭改。

[44]提充戒煙同仁兩局公費批：《宣統固志》卷九題作"提充戒煙同仁兩局公費批答"。

[45]玄：原避清聖祖玄燁諱作"元"，據《晉書》卷五一《皇甫謐傳》改。

[46]變：原作"振"，據《晉書》卷五一《皇甫謐傳》、《册府元龜》卷七七〇《總録部·自述》等改。

[47]夫惟：此二字原脱，據《晉書》卷五一《皇甫謐傳》、《册府元龜》卷七七〇《總録部·自述》等改。

[48]論西北備邊：《青谿漫稿》卷十三《奏議》題作"論西北備邊事宜狀一"。按：本志節録原文，若無意思差異，不一一出校。

[49]挫衄：原作"坐衄"，據《青谿漫稿》卷十三《奏議·論西北備邊事宜狀一》改。

[50]粟：《青谿漫稿》卷十三《奏議·論西北備邊事宜狀一》作"米"。

[51]一倡百和：《青谿漫稿》卷十三《奏議·論西北備邊事宜狀一》作"此倡彼和"。

[52]白鳳至：本志卷九《人物志·懿行·孝淑》載《八德家訓》作者爲"白風至"。

[53]而：此字原脱，據《漢書》卷六六《楊惲傳》補。

[54]乘：原作"秉"，據《漢書》卷六六《楊惲傳》改。

[55]丘：原作"邱"，據《漢書》卷六六《楊惲傳》改。

[56]其：此字原脱，據《文選》卷四五《序上·三都賦序》補。

[57]謂：原作"爲"，據《文選》卷四五《序上·三都賦序》改。

[58]自是：此同《文章辨體彙選》卷二九五《序十五·三都賦序》，《文選》卷四五《序上·三都賦序》作"自時"。

[59]宕：原作"巖"，據《文選》卷四五《序上·三都賦序》改。

[60]驗：原作"驗"，據《文選》卷四五《序上·三都賦序》改。

[61]《萬曆固志》未見此跋。《萬曆固志》上卷《建置志》第二載："余惟樹屏提封，居尊貯守，要必察微圖豫，保障斯嚴。苟傳舍視之，蘧廬數之，極敝而後爲之所，豈惟勞費不貲，將見藩籬不固，奸宄生心，内蠱外訌，潰敗決裂。是亡羊補牢，其何益於得哉。"

[62]異人：《萬曆固志》上卷《田賦志第四》作"畢人"。

[63]亨：《萬曆固志》上卷《田賦志第四》作"恬"。

[64]與：《萬曆固志》上卷《人物志第七》作"取"。

[65]日露：《萬曆固志》下卷《文藝志第八》作"月露"。

[66]《萬曆固志·固原州志後序》此句前有"平涼郡州屬固原、静寧，與涇鼎峙而三，而原最後置城。以景泰改元料廢，開城之民設版，則自成化中制府開鎮始也。其先率監戍荒鄙，

靡所載著。百數年來,漸稱冠帶之國。"見:《萬曆固志・固原州志後序》作"志"。

[67] 顙:《萬曆固志・固原州志後序》作"顥"。

[68] 遨覽:《萬曆固志・固原州志後序》作"遐覽"。

[69] 何生:《萬曆固志・固原州志後序》作"豈其"

[70] 竟:《萬曆固志・固原州志後序》作"顧"。

[71] 披:《萬曆固志・固原州志後序》作"被"。

[72] 子:《萬曆固志・固原州志後序》無此字。

[73] 沿革:《萬曆固志・固原州志後序》後有"之故"二字。

[74] 各:《萬曆固志・固原州志後序》作"篇各"。

[75] 山丹:《养素堂文集》卷十五作"删丹"

[76] 野豬:《养素堂文集》卷十五作"豬野"。

[77] 兔:《养素堂文集》卷十五作"兔"。

[78] 陶:《养素堂文集》卷十五作"討"。

[79] 安定:《养素堂文集》卷十五作"定宣"。

[80] 雷少保興學紀事序:《望雲山房文集》卷上題作"固原學校感德序"。

[81] 盛烈:《望雲山房文集》卷上《固原學校感德序》作"懋績"。

[82] 專意:《望雲山房文集》卷上《固原學校感德序》作"措意"。

[83] 書院:《望雲山房文集》卷上《固原學校感德序》作"五原書院"。

[84] 瀕行:《望雲山房文集》卷上《固原學校感德序》作"臨行"。

[85] 令:《望雲山房文集》卷上《固原學校感德序》作"俾"。

[86] 義學:《望雲山房文集》卷上《固原學校感德序》作"書院"。

[87] 凱旋:《望雲山房文集》卷上《固原學校感德序》此二字後有"回署"二字。

[88] 捐:《望雲山房文集》卷上《固原學校感德序》作"捐助"。

[89] 發商生息以益書院獎賞之資:《望雲山房文集》卷上《固原學校感德序》作"以益膏火之資"。

[90] 觀:《望雲山房文集》卷上《固原學校感德序》作"視"。

[91] 爲之:《望雲山房文集》卷上《固原學校感德序》作"所以"。

[92] 道德功名之士安知不並出於其中:《望雲山房文集》卷上《固原學校感德序》作"安知公忠亮節之人不即出於其中"。

[93] 爲國儲才:《望雲山房文集》卷上《固原學校感德序》作"以人事君"。

[94] 一:原作"以",據《宣統固志》載熙麟《新修固原州志序》改。

[95] 州志序:《宣統固志》題作"新修固原州志序"。

[96] 耶:原作"也",據《宣統固志》載夏彭齡《新修固原州志序》改。

[97] 州志序:《宣統固志》題作"固原新志序"。

[98] 並:《宣統固志》載鄭錫鴻《固原新志序》作"立"。

[99] 州志自序:《宣統固志》題作"新修固原直隸州志序"。

[100] 酒泉龐烈女傳：《廣博物志》卷二三《閨壼》、《文章辨體彙選》卷五百二十八《傳一》均題
作"龐娥親傳"。按：據《三國志》卷十八《龐淯傳》裴松之注，此爲皇甫謐《列女傳》之文。

[101] 子：原作"弟"，據《三國志》卷十八《龐淯傳》裴松之注、《廣博物志》卷二三《閨壼》改。

[102] 反：《三國志》卷十八《龐淯傳》裴松之注、《廣博物志》卷二三《閨壼》均作"逆"。

[103] 加：原作"如"，據《三國志》卷十八《龐淯傳》裴松之注、《廣博物志》卷二三《閨壼》改。

[104] 趙：原作"爾"，據《三國志》卷十八《龐淯傳》裴松之注、《廣博物志》卷二三《閨壼》改。

[105] 斫：《三國志》卷十八《龐淯傳》裴松之注、《廣博物志》卷二三《閨壼》均作"斫"。下"斫"
字同。

[106] 探：原作"深"，據《三國志》卷十八《龐淯傳》裴松之注、《廣博物志》卷二三《閨壼》改。

[107] 已：《三國志》卷十八《龐淯傳》裴松之注、《廣博物志》卷二三《閨壼》均作"畢"。

[108] 烈義：原作"節義"，據《三國志》卷十八《龐淯傳》裴松之注、《廣博物志》卷二三《閨
壼》改。

[109] 太常：原作"大昌"，據《三國志》卷十八《龐淯傳》裴松之注、《廣博物志》卷二三《閨
壼》改。

[110] 曰：《三國志》卷十八《龐淯傳》裴松之注作"以爲"。

[111] 周柱國大將軍田弘神道碑：《庾子山集注》卷十四《碑》題作《周柱國大將軍紇干弘神
道碑》。

[112] 師：《庾子山集注》卷十四《碑·周柱國大將軍紇干弘神道碑》作"圖"，下注：一作"師"。

[113] 子都督："子"字原脱，據《庾子山集注》卷十四《碑·周柱國大將軍紇干弘神道碑》、《周
書》卷二七《田弘傳》補。

[114] 粗：原作"精"，據《庾子山集注》卷十四《碑·周柱國大將軍紇干弘神道碑》、《文苑英華》
卷九〇五《職官十三》等改。

[115] 即：此同《文苑英華》卷九〇五《職官十三》，《庾子山集注》卷十四《碑·周柱國大將軍紇
干弘神道碑》作"遂"。

[116] 軍：原作"車"，據《庾子山集注》卷十四《碑·周柱國大將軍紇干弘神道碑》、《文苑英華》
卷九〇五《職官十三》等改。

[117] 侍：原作"時"，據《庾子山集注》卷十四《碑·周柱國大將軍紇干弘神道碑》、《文苑英華》
卷九〇五《職官十三》等改。

[118] 先：此同《文苑英華》卷九〇五《職官十三》，《庾子山集注》卷十四《碑·周柱國大將軍紇
干弘神道碑》作"元"。

[119] 氏：原作"氏"，據《庾子山集注》卷十四《碑·周柱國大將軍紇干弘神道碑》、《文苑英華》
卷九〇五《職官十三》等改

[120] 此：原作"次"，據《庾子山集注》卷十四《碑·周柱國大將軍紇干弘神道碑》、《文苑英華》
卷九〇五《職官十三》等改。

[121] 服：此同《文苑英華》卷九〇五《職官十三》，《庾子山集注》卷十四《碑·周柱國大將軍紇
干弘神道碑》作"脤"。

［122］羽：原作"毛"，據《庾子山集注》卷十四《碑·周柱國大將軍紇干弘神道碑》、《文苑英華》卷九〇五《職官十三》等改。

［123］五溪：原作"伍溪"，據《庾子山集注》卷十四《碑·周柱國大將軍紇干弘神道碑》、《文苑英華》卷九〇五《職官十三》等改。

［124］凌煙：原作"凌雲"，據《庾子山集注》卷十四《碑·周柱國大將軍紇干弘神道碑》、《文苑英華》卷九〇五《職官十三》等改。

［125］傅藥：原作"傅染"，據《庾子山集注》卷十四《碑·周柱國大將軍紇干弘神道碑》、《文苑英華》卷九〇五《職官十三》等改。

［126］事親無隱無犯：此六字原脱，據《庾子山集注》卷十四《碑·周柱國大將軍紇干弘神道碑》、《文苑英華》卷九〇五《職官十三》等補。

［127］恭：原作"仁恭"，據《周書》卷二七《田弘傳》、《庾子山集注》卷十四《碑·周柱國大將軍紇干弘神道碑》、《文苑英華》卷九〇五《職官十三》改。

［128］山：原作"三"，據《庾子山集注》卷十四《碑·周柱國大將軍紇干弘神道碑》、《文苑英華》卷九〇五《職官十三》等改。

［129］謀：此同《文苑英華》卷九〇五《職官十三》，《庾子山集注》卷十四《碑·周柱國大將軍紇干弘神道碑》作"符"。

［130］燿：原作"耀"，據《庾子山集注》卷十四《碑·周柱國大將軍紇干弘神道碑》、《文苑英華》卷九〇五《職官十三》等改。

［131］無：原作"有"，據《庾子山集注》卷十四《碑·周柱國大將軍紇干弘神道碑》、《文苑英華》卷九〇五《職官十三》等改。

［132］功：原作"躬"，據《庾子山集注》卷十四《碑·周柱國大將軍紇干弘神道碑》、《文苑英華》卷九〇五《職官十三》等改。

［133］楠木：原作"橋木"，據《庾子山集注》卷十四《碑·周柱國大將軍紇干弘神道碑》、《文苑英華》卷九〇五《職官十三》等改。

［134］似：原作"以"，據《庾子山集注》卷十四《碑·周柱國大將軍紇干弘神道碑》、《文苑英華》卷九〇五《職官十三》等改。

［135］長丘：原避孔子名諱作"長邱"，據《初榻皇甫君碑》回改。

［136］故：原作"固"，據《初榻皇甫君碑》改。

［137］璧：原作"壁"，據《初榻皇甫君碑》改。

［138］成師：原倒作"師成"，據《初榻皇甫君碑》乙正。

［139］成化：原作"正統"，據《西征石城記》、《明史紀事本末》卷四一《平固原盜》等改。

［140］知四：原作"固知"，據《明史紀事本末》卷四一《平固原盜》改。

［141］一：原作"以"，據《明史紀事本末》卷四一《平固原盜》改。

［142］討：原作"計"，據《明史紀事本末》卷四一《平固原盜》改。

［143］撤：原作"敬"，據《明史紀事本末》卷四一《平固原盜》改。

［144］田賜：明平涼府知府，《嘉靖固志》卷二《記·創修城隍廟碑記》作"田暘"。

[145] 祠:《宣統固志》卷八《藝文志二·創修固原城隍廟記》作"祀"。

[146] 固原增修廟學記:《宣統固志》卷八《藝文志二》題作《增修文廟記》。按:固原州增修廟學記碑一件,灰砂巖質,現藏于固原博物館。碑高 200 釐米,寬 92 釐米,厚 21.5 釐米。原碑殘缺,現已修復,僅存部分碑文。碑文楷書,共 28 行,行滿 41 字。參見《固原歷代碑刻選編》第 157 頁。

[147] 不數年:《康對山先生集》卷二六《記·固原鎮鼓樓記》作"數年之間"。

[148] 按察司:《康對山先生集》卷二六《記·固原鎮鼓樓記》無"司"字。

[149] 施範:《康對山先生集》卷二六《記·固原鎮鼓樓記》作"施德"。

[150] 固原州水行記略:《涇野先生文集》卷十四《記》、《嘉靖固志》卷二《記》均題作《固原州行水記》,《宣統固志》卷八《藝文志二·策、論、序、傳、誡、記各文類》題作"開西海渠記"。按:本志所載,與《宣統固志》卷八《藝文志二·策、論、序、傳、誡、記各文類》同,與《涇野先生文集》卷十四《記》、《嘉靖固志》卷二《記》不同,疑經原編者刪改。

[151] 都盧山:此同《嘉靖固志》卷二《記·固原州行水記》、《萬曆固志》下卷《藝文志第八·記·固原州行水記略》。《涇野先生文集》卷十四《記·固原州行水記》作"都虞山",疑誤。

[152] 景佐議導入州:"景佐",《涇野先生文集》卷十四《記·固原州行水記》作"景左"。"導",《涇野先生文集》卷十四《記·固原州行水記》作"道"。

[153] 史暐:《涇野先生文集》卷十四《記·固原州行水記》、《萬曆固志》下卷《文藝志第八·記·固原州行水記略》均作"史暐";《嘉靖固志》卷二《記·固原州行水記》作"史瑋"。

[154] 總制秦公政績碑記:《渼陂集》卷十《記》題作"陝西固原州新建總制秦公祠堂記"。按:《渼陂集》所載與本志文字有異,若無意義上的差異,不一一出校。

[155] 南郊三畝許:《渼陂集》卷十《記·陝西固原州新建總制秦公祠堂記》、《万历固志》下卷《艺文志第八》均作"南二畝許"。

[156] 坐坎面離:《渼陂集》卷十《記·陝西固原州新建總制秦公祠堂記》作"坐震面兌"。

[157] 豫旺城:《渼陂集》卷十《記·陝西固原州新建總制秦公祠堂記》作"豫望城",《万历固志》下卷《艺文志第八·總制秦公政績碑記略》作"豫望城"。

[158] 三千七百五十:《渼陂集》卷十《記·陝西固原州新建總制秦公祠堂記》作"餘"。

[159] 十六:《万历固志》下卷《艺文志第八·八陣戰圖碑記略》作"十二"。

[160] 紓餘:《萬曆固志》下卷《文藝志第八·後樂亭記略》作"紆餘"。

[161] 兵備道題名碑記:《唐漁石集》卷一《記》題作《固原兵備題名記》,《嘉靖固志》卷二《記》題作"兵備道題名記"。

[162] 嘉靖初:《唐漁石集》卷一《記·固原兵備題名記》作"嘉靖□年"。

[163] 文:《唐漁石集》卷一《記·固原兵備題名記》無此字。

[164] 布德揚武功用既興:《唐漁石集》卷一《記·固原兵備題名記》無此八字。

[165] 二道:《萬曆固志》下卷《文藝志第八·固原鎮新脩外城碑記略》作"二道各若干"。

[166] 俺酋:《萬曆固志》下卷《文藝志第八·督府郜公撫禦東虜碑記略》作"東虜"。

[167] 籌邊：《萬曆固志》下卷《文藝志第八·督府鄷公撫禦東虜碑記略》作"諸邊"。

[168] 固原鼎建太白山神祠記：此志所載内容參見《萬曆固志》下卷《文藝志第八·固原鼎建太白神祠記略》和《宣統固志》卷八《藝文志二·固原鼎建太白神祠記略》。山：《萬曆固志》下卷《文藝志第八·固原鼎建太白神祠記略》無此字。

[169] 壬午：萬曆十年(1582)。《萬曆固志》下卷《文藝志第八·固原鼎建太白神祠記略》作"甲申"，即萬曆十二年(1584)。

[170] 因：原作"囙"，據《萬曆固志》下卷《文藝志第八·平定寧夏露布碑記略》改。

[171] 給：《萬曆固志》下卷《文藝志第八·少傅李公崇祀碑記略》作"唉"。

[172] 此：《萬曆固志》下卷《文藝志第八·少傅李公崇祀碑記略》作"陝"。

[173] 范公：《趙時春文集校箋》卷三作"范"字前有"方"字。

[174] 固原州重脩公署記：《萬曆固志》下卷《文藝志第八》題作"固原道重脩公署記"。

[175] 士女之無良者：此同《趙時春文集校箋》卷十，《萬曆固志》下卷《文藝志第八·固原道重脩公署記略》作"夫良者"。

[176] 某：《萬曆固志》下卷《文藝志第八·固原道重脩公署記略》作"譽"。

[177] 兩廡：《浚谷先生集》卷十《記·固原書院置祠堂記》作"廊廡"。

[178] 咸：原作"先"，據《浚谷先生集》卷十《記·固原書院置祠堂記》改。

[179] 成：此字原脱，據《浚谷先生集》卷十《記·固原書院置祠堂記》補。

[180] 趾：原作"距"，據《浚谷先生集》卷十二《碑表·朝那廟碑》改。

[181] 摧雲：《趙時春文集校箋》卷十作"摧雲"。

[182] 如果：《趙時春文集校箋》卷十"如"字前有"神"字。

[183] 密：《趙時春文集校箋》卷十作"秘"。

[184] 太延：原作"大延"，據《萬曆陝志》上卷《地理志第一》及北魏太武帝拓跋燾年號改。

[185] 開成：原作"開城"，據《元史》卷六〇《地理志》改。下同。

[186] 景泰二年：原作"景泰元年"。據《明英宗實録》卷二〇四、《景泰二年重修固原城方磚》改。詳見《嘉靖固志》卷一《創建州治》校勘②。

[187] 五年：原同《平涼府志》卷九《固原州》、《嘉靖固志》卷一《創建州治》、《萬曆陝志》上卷《地理志第一》作"六年"，據《明憲宗實録》卷六八、《嘉靖固志》卷一《文武衙門》等改。

[188] 瓦亭川：此同《乾隆甘志》卷四八《藝文》、《康熙陝志》卷三二《藝文·辨》作"瓦亭山"。

[189] 二水：此同《乾隆甘志》卷四八《藝文》、《康熙陝志》卷三二《藝文·辨》作"三水"。

[190] 諸：原作"之"，據《康熙陝志》卷三二《藝文·辨》、《乾隆甘志》卷四八《藝文》改。

[191] 誠：此同《宣統甘志》卷三〇《祠祀志·寺廟》，《宣統固志》卷九《藝文志三·重脩上帝廟記》作"誠"。

[192] 爲：《宣統固志》卷九《藝文志三·重脩固原提署奎星閣記》作"雖"。

[193] 工：原作"公"，據《宣統甘志》卷十四《建置志·城池》、《宣統固志》卷九《藝文志三·重脩固原城碑記》改。

[194] 凸平：《增修三關口車路記(拓片)》作"曲續"。

[195] 竣工於孟冬：《增修三關口車路記(拓片)》作“蕆事秋季”，則非孟冬竣工。

[196] 費白金千兩：《增修三關口車路記(拓片)》作“費金近千”。

[197] 溝深逾四尺：《增修三關口車路記(拓片)》作“根深三尺餘”。

[198] 重修蕭關車道碑記：《宣統固志》卷九《藝文志三》題作《重修三關口峽道記》，《固原歷代碑刻選編》題作《書三關口修路碑記》。按：原碑現藏於固原博物館，立於光緒元年(1875)三月，共四件，青石質，四塊碑均高 127 釐米，寬 76 釐米，厚 10 釐米。正文由吳大澂用隸書撰寫。參見《固原歷代碑刻選編》第 202—206 頁。

[199] 功費：原作“公費”，據《書三關口修路碑記》改。

[200] 五原書院暨義學經費碑記：《宣統固志》卷九《藝文志三》題作《整頓書院義學記》，《望云山房文集》卷中題作《固原州書院義學經費碑記》。按：本志所載與《望云山房文集》所載文字有出入，若文意相同則不一一出校。

[201] 經術：《望云山房文集》卷中《固原州書院義學經費碑記》作“德業”。

[202] 有八：《望云山房文集》卷中《固原州書院義學經費碑記》作“十八”。

[203] 馮翊：原作“李廣”，據《董公(福祥)墓志銘》拓片改。

[204] 紀：原作“起”，據《舊唐書》卷四六《經籍上》改。

[205] 丘墟：原作“邱墟”，據《文選》卷九《北征賦》改。

[206] 長坂：原作“長坡”，據《文選》卷九《北征賦》改。

[207] 尉他：原作“尉佗”，據《文選》卷九《北征賦》改。

[208] 悼騷賦：原作“悼屈原賦”，據《後漢書》卷三四《梁竦傳》、《東觀漢記》卷十二改。

[209] 丘：原作“邱”，據《東觀漢記》卷十二改。

[210] 乂：原作“義”，據《東觀漢記》卷十二改。

[211] 仁：原作“亡”，據《東觀漢記》卷十二改。

[212] 真：原作“貞”，據《東觀漢記》卷十二改。

[213] 天兵：原作“大兵”，據乾隆《甘州府志》卷十三《藝文上·忠義賦》改。

[214] 祠部：原作“禮部”，據乾隆《甘州府志》卷十三《藝文上·忠義賦》改。

[215] 邑：原作“鬱”，據乾隆《甘州府志》卷十三《藝文上·忠義賦》改。

[216] 崇岡：原作“崆岡”，據乾隆《甘州府志》卷十三《藝文上·忠義賦》改。

[217] 銑馬：原作“鐵馬”，據乾隆《甘州府志》卷十三《藝文上·武勇祠賦》改。

[218] 元：原作“亢”，據乾隆《甘州府志》卷十三《藝文上·武勇祠賦》改。

[219] 鉅：此字原脫，據《康熙陝志》卷三二《藝文》改。此文爲原文節選。

[220] 波：原作“陂”，據《康熙陝志》卷三二《藝文·觀宇篇鉅賦略》改。

[221] 西伯：原作“西北”，據《康熙陝志》卷三二《藝文·觀宇篇鉅賦略》改。

[222] 成：原作“定”，據《康熙陝志》卷三二《藝文·觀宇篇鉅賦略》改。

[223] 遺：原作“貽”，據《康熙陝志》卷三二《藝文·觀宇篇鉅賦略》改。

[224] 充：原作“允”，據《宣統固志》卷二《地輿志》改。

[225] 將遵：原作“遵將”，據《文選》卷二八《飲馬長城窟行》改。

[226] 騎：此同《樂府詩集》卷三八《相和歌辭》、《漢魏六朝百三家集》卷一一三《王褒集》,《文
　　　苑英華》卷二○九《擬飲馬長城窟》作“旅”。

[227] 旌門對兩和：《文苑英華》卷二○九《擬飲馬長城窟》作“門樓對兩河”。

[228] 冰：原作“水”,據《文苑英華》卷二○九《擬飲馬長城窟》、《漢魏六朝百三家集》卷一一三
　　　《王褒集》改。

[229] 坻月：“坻”原作“坂”,據《樂府詩集》卷三八《飲馬長城窟行》、《漢魏六朝百三家集》卷一
　　　一三《王褒集》改;“月”《文苑英華》卷二○九《擬飲馬長城窟》作“日”。

[230] 霧：原作“露”,據《文苑英華》卷二○九《擬飲馬長城窟》、《漢魏六朝百三家集》卷一一三
　　　《王褒集》改。

[231] 怫鬱：原作“拂鬱”,據《樂府詩集》卷三八《相和歌辭》、《漢魏六朝百三家集》卷二八《魏
　　　陳琳集》改。

[232] 侍：此同《漢魏六朝百三家集》卷二八《魏陳琳集》,《玉臺新詠》卷一《飲馬長城窟行》、
　　　《樂府詩集》卷三八《相和歌辭》均作“事”。

[233] 挂：原作“挂”,據《玉臺新詠》卷一《飲馬長城窟行》、《樂府詩集》卷三八《相和歌辭》
　　　等改。

[234] 吳：原作“隴”,據《文苑英華》卷二○九《樂府十八》、《樂府詩集》卷三八《相和歌辭》、《漢
　　　魏六朝百三家集》卷一一六《陳張正見集》改。

[235] 汗：原作“漢”,據《文選》卷二一《詠史》、《藝文類聚》卷五九《武部》改。

[236] 虜：原作“胡”,據《文選》卷二一《詠史》、《藝文類聚》卷五九《武部》改。

[237] 令：原作“今”,據《文選》卷二一《詠史》改。

[238] 胡笳：此同《漢魏六朝百三家集》卷一○二《陳後主集題詞》,《樂府詩集》卷二四《橫吹曲
　　　辭四》作“朝笳”。

[239] 識：原作“感”,據《樂府詩集》卷二一《橫吹曲辭》、《文苑英華》一九八《樂府七》改。

[240] 萬世：此同《樂府詩集》卷三八《相和歌辭》、《漢魏六朝百三家集》卷一一四《隋煬帝集》,
　　　《文苑英華》卷二○九《樂府十八》作“萬代”。

[241] 北河：此同《樂府詩集》卷三八《相和歌辭》,《文苑英華》卷二○九《樂府十八》、《漢魏六
　　　朝百三家集》卷一一四《隋煬帝集》均作“兩河”。

[242] 長城：此同《文苑英華》卷二○九《樂府十八》、《漢魏六朝百三家集》卷一一四《隋煬帝
　　　集》,《樂府詩集》卷三八《相和歌辭十三》“長安”。

[243] 功歸：此同《樂府詩集》卷三八《相和歌辭》、《漢魏六朝百三家集》卷一一四《隋煬帝集》,
　　　《文苑英華》卷二○九《樂府十八》作“歸功”。

[244] 長孫佐輔：原作“王勃”,據《樂府詩集》卷三七《相和歌辭》、《唐百家詩選》卷十一《長孫
　　　佐輔十三首》、《唐詩品彙》卷十九《接武》改。

[245] 割：此同《唐詩品彙》卷十九《接武》,《樂府詩集》卷三七《相和歌辭》、《唐百家詩選》卷十
　　　一《長孫佐輔十三首》作“切”。

[246] 養贏卒：原作“事耕作”,據《樂府詩集》卷三七《相和歌辭》、《唐百家詩選》卷十一《長孫

佐輔十三首》、《全唐詩》卷二〇《相和歌辭》改,《唐詩品彙》卷十九《接武》作"養辛骨"。

[247] 王涯:原作"王勃",據《全唐詩》卷三四六《王涯》、《唐詩紀事》卷四十二《王涯》改。

[248] 天階:此同《文苑英華》卷二四九《寄贈三》,《駱丞集》卷二《五言排律》作"天街"。

[249] 漢月:原作"溪月",據《文苑英華》卷二四九《寄贈三》,《駱丞集》卷二《五言排律》改。

[250] 涼暄:此同《文苑英華》卷二四九《寄贈三》、《全唐詩》卷七九《駱賓王》,《駱丞集》卷二《五言排律》、《唐詩品彙》卷七一《五言排律》均作"涼溫"。

[251] 渚浮:此同《文苑英華》卷二四九《寄贈三》、《全唐詩》卷七九《駱賓王》,《駱丞集》卷二《五言排律》作"室薰"。

[252] 筐:此同《駱丞集》卷二《五言排律》、《全唐詩》卷七九《駱賓王》,《文苑英華》卷二四九《寄贈三》作"匪"。

[253] 擒:原作"摛",據《文苑英華》卷一九七《樂府六》、《石倉歷代詩選》卷二一《初唐六》改。

[254] 謂:原作"爲",據《文苑英華》卷一七七《應制十》、《張燕公集》卷二《雜詩》等改。

[255] 陽:原作"楊",據《文苑英華》卷三〇〇《軍旅二》、《全唐詩》卷七四改。

[256] 聞:原作"殷",據《九家集注杜詩》卷三〇《近體詩》、《集千家注杜工部詩集》卷十三改。《全唐詩》卷二三〇作"殷"。

[257] 復入塞:此同《國秀集》卷下《范朝》,《石倉歷代詩選》卷三七《盛唐六》、《全唐詩》卷一四〇均作"入塞寒"。

[258] 未云已:原作"去未已",據《高常侍集》卷二《詩》、《全唐詩錄》卷十五改。

[259] 屈曲:原作"曲屈",據《樂府詩集》卷二一《橫吹曲辭》、《唐百家詩選》卷一二、《唐詩品彙》卷三四《七言古詩》等改。

[260] 收兵:此同《乾隆甘志》卷四九《藝文》,《樂府詩集》卷二一《橫吹曲辭》、《唐百家詩選》卷一二、《唐詩品彙》卷三四《七言古詩》等均作"胡兵"。

[261] 著:原作"昔",據《樂府詩集》卷二一《橫吹曲辭》、《唐百家詩選》卷一二、《唐詩品彙》卷三四《七言古詩》改。

[262] 行役至蕭關:"役",原作"復",據《河嶽英靈集》卷上、《全唐詩》卷一四六改;《文苑英華》卷三〇八《悲悼八》作"旅"。"蕭關",此同《河嶽英靈集》卷上、《全唐詩》卷一四六,《文苑英華》卷三〇八《悲悼八》作"蕭邊"。

[263] 夜:原作"飛",據《河嶽英靈集》卷上、《全唐詩》卷一四六、《文苑英華》卷三〇八《悲悼八》改。

[264] 里:原作"騎",據《河嶽英靈集》卷上、《全唐詩》卷一四六、《文苑英華》卷三〇八《悲悼八》改。

[265] 王:原作"征",據《河嶽英靈集》卷中、《全唐詩》卷一三六改。

[266] 古人:此同《全唐詩》卷一三六,《河嶽英靈集》卷中作"故人"。

[267] 近:此同《全唐詩》卷五五三,《文苑英華》卷三〇〇作"昔"。

[268] 沉:原作"沈",據《劍南詩稿》卷三五、《唐宋詩醇》卷四六《山陰陸游詩五》改。

[269] 胡羌:此同《唐宋詩醇》卷四六《山陰陸游詩五》,《劍南詩稿》卷三五作"邊疆"。

［270］沉沉：原作“沈沈”，據《劍南詩稿》卷八、《宋詩鈔》卷六四《陸游劍南詩鈔》改。

［271］逆胡：《劍南詩稿》卷八作“逆寇”，《宋詩鈔》卷六四《陸游劍南詩鈔》作“逆天”。

［272］固原鼓樓：《宣統固志》卷十《藝文志四·古今體詩》題作“”固原重建鐘鼓樓”。此詩共三首。

［273］絃：此同《萬曆固志》下卷《藝文志第八·詩·固原建鐘鼓樓》，《嘉靖固志》卷二《詩·題固原鼓樓》作“弦”。

［274］議：原作“識”，據《嘉靖固志》卷二《詩·題固原鼓樓》、《萬曆固志》下卷《藝文志第八·詩·固原建鐘鼓樓》改。

［275］功名：此同《萬曆固志》下卷《藝文志第八·行·開府行》，《宣統固志》卷十《藝文志四·古今體詩·開府行》作“功高”。

［276］頻：此同《萬曆固志》下卷《藝文志第八·詩·過預望城》，《嘉靖固志》卷二《詩·嘉靖己丑夏五月兵過預望城》、《宣統固志》卷十《藝文志四·古今體詩·過預望城》作“頓”。

［277］邊頭：此同《萬曆固志》下卷《藝文志第八·歌·紅石峽歌》，《宣統固志》卷十《藝文志四·古今體詩·紅石峽歌》作“邊城”。

［278］瀚：原作“翁”，據《唐漁石集》卷四《七言律詩》改。

［279］唐總制擊虜獲捷：《萬曆固志》下卷《文藝志第八·詩》題作“總制唐公擊虜獲捷”，《宣統固志》卷十《藝文志·古今體詩》題作“總督唐公擊虜獲捷”。《唐總制擊虜獲捷》詩共六首。

［280］旄頭星隕壓天狼：《萬曆固志》下卷《文藝志第八·詩·總制唐公擊虜獲捷》作“毛頭星殞壓天驕”。

［281］道：原作“到”，據《萬曆固志》下卷《藝文志第八·詩·防秋》、《宣統固志》卷十《藝文志四·古今體詩·防秋》改。

［282］迴：原作“過”，據《萬曆固志》下卷《藝文志第八·詩·提兵皋蘭》改。

［283］銷：原作“鎖”，據據《萬曆固志》下卷《藝文志第八·詩·出塞次張公韻》、《宣統固志》卷十《藝文志四·古今體詩·出塞次張公韻》改。

［284］才：原作“牙”，據《萬曆固志》下卷《藝文志第八·詩·甲申防秋有懷》改。

［285］城邊：原作“城中”，據《空同集》卷十九《七言歌行四十首·朝飲馬送陳子出塞》、《明詩綜》卷二九《李夢陽·朝飲馬送陳子出塞》改。

［286］單于：此同《空同集》卷十九《七言歌行四十首·朝飲馬送陳子出塞》，《明詩綜》卷二九《李夢陽·朝飲馬送陳子出塞》作“鴉翎”。

［287］鳴胡鞭：此同《空同集》卷十九《七言歌行四十首·朝飲馬送陳子出塞》，《明詩綜》卷二九《李夢陽·朝飲馬送陳子出塞》作“聞鳴鞭”。

［288］抱玉：原作“將士”，據《空同集》卷十九《七言歌行四十首·胡馬來再贈陳子》、《石倉歷代詩選》卷四四七《明詩次集》改。

［289］天愁：原作“胡天”，據《夢山存家詩稿》卷三《五言律·蕭關北作》、《明詩綜》卷四三《楊巍·蕭關北作》改。

[290] 送朱遂初同年憲副固原：《吳詩集覽》卷十三《七言律詩三》、《梅村家藏藁》卷十六《詩後集八》均題作《送同年江右朱遂初憲副固原》。按：《梅村家藏藁》卷十六《詩後集八》載此詩共四首，此爲第一首。

[291] 峰巒：《雍正陝志》卷八五《藝文一·御製詔誥》作“巒峰”，《八旗通志》卷首《天章一·聖祖仁皇帝御製詩》、《聖祖文集》卷三七《古今體詩四十首》均作“巒聲”。

[292] 早已：《西域圖志》卷十八《疆域十一》、《御製詩集》三集卷四《古今體一百二首》均作“縱已”。

[293] 迴：原作“逈”，據《西域圖志》卷十八《疆域十一》、《御製詩集》三集卷四《古今體一百二首》。

[294] 過六盤山：《雙藤書屋詩集》卷十二、《宣統固志》卷十《藝文志四·古今體詩》均題作“六盤山”。

[295] 重：此同《宣統固志》卷十《藝文志四·古今體詩》，《雙藤書屋詩集》卷十二《六盤山》作“著”。

[296] 行回：此同《宣統固志》卷十《藝文志四·古今體詩》，《雙藤書屋詩集》卷十二《六盤山》作“紆回”。

[297] 段：《宣統固志》卷十《藝文志四·古今體詩·蓬沼聽鶯》作“短”。

參 考 文 獻

一、古代文獻

(一) 陝甘寧舊志

《陝西通志》:(明)馬理、呂柟等纂,華東師範大學圖書館藏明嘉靖二十一年(1542)刻本;三秦出版社 2006 年版董健橋等校注本。簡稱《嘉靖陝志》。

《陝西通志》:(清)賈漢復、李楷等纂,中國國家圖書館藏清康熙六至七年(1667 至 1668)刻本。簡稱《康熙陝志》。

《甘肅通志》:(清)許容等修撰,中國國家圖書館藏乾隆元年(1736)刻本。簡稱《乾隆甘志》。

《甘肅新通志》:(清)升允、長庚修,安維峻等纂,中國國家圖書館藏清宣統元年(1909)刻本。簡稱《宣統甘志》。

《固原州志》:(明)楊經編,中國國家圖書館藏明嘉靖十一年(1532)刻本;《原國立北平圖書館甲庫善本叢書》影印明嘉靖十一年(1532)刻本,國家圖書館出版社 2013 年版;寧夏人民出版社 1985 年版牛春生、牛達生整理本。簡稱《嘉靖固志》。

《固原州志》:(明)劉敏寬編,南京圖書館藏明萬曆四十四年(1616)刻本;《原國立北平圖書館甲庫善本叢書》影印明萬曆四十四年(1616)刻本,國家圖書館出版社 2013 年版;中國國家圖書館、天一閣藏清乾隆年間重印明萬曆四十四年(1616)刻本;寧夏人民出版社 1985 年版牛春生、牛達生整理本。簡稱《萬曆固志》。

《新修固原直隸州志》:(清)王學伊等纂修,南京圖書館藏宣統元年(1909)官報書局本;陝西人民出版社 1992 年版陳明猷標點本。簡稱《宣統固志》。

《朔方道志》:(民國)王之臣纂修,《中國方志叢書》影印民國二十四年(1936)鉛印本,台灣成文出版社 1968 年版。

《重修鎮原縣志》:(民國)焦國理纂修,《中國方志叢書》影印民國十六年(1927)鉛印本,台灣成文出版社 1968 年版。

《重修隆德縣志》：（民國）桑丹桂纂修，民國二十四年（1935）平涼文興元書局石印本。簡稱《民國隆志》。

《平涼府志》：（明）趙時春纂，《四庫存目叢書》影印明嘉靖三十九年（1560）刻本，齊魯書社 1997 年版；《日本藏中國罕見地方志叢刊續編》影印明嘉靖三十九年（1560）刻本，北京圖書館出版社 2003 年版；《中國西北文獻叢書》影印張維抄本，蘭州古籍書店 1990 年版；中國國家圖書館藏明萬曆間增刻嘉靖本。

《崆峒山志》：（清）張伯魁，中國國家圖書館藏清嘉慶二十四年（1819）刻本。

（二）經部

《周易正義》：（晉）王弼等注，（唐）孔穎達等正義，北京大學出版社 2000 年版。

《尚書正義》：（漢）孔安國傳，（唐）孔穎達等正義，北京大學出版社 2000 年版。

《毛詩正義》：（漢）鄭玄箋，（唐）孔穎達等正義，北京大學出版社 2000 年版。

《周禮注疏》：（漢）鄭玄注，（唐）賈公彥疏，北京大學出版社 2000 年版。

《禮記正義》：（漢）鄭玄注，（唐）孔穎達等正義，北京大學出版社 2000 年版。

《春秋左傳正義》：（唐）陸德明音義，（唐）孔穎達正義，北京大學出版社 2000 年版。

《春秋公羊傳注疏》：（漢）何休注、（唐）徐彥疏，北京大學出版社 2000 年版。

《孝經注疏》：（唐）唐玄宗注，（宋）邢昺疏，北京大學出版社 2000 年版。

《經典釋文》：（唐）陸德明撰，上海古籍出版社 2013 年版。

《論語注疏》：（魏）何晏集解，（宋）邢昺疏，北京大學出版社 2000 年版。

《孟子注疏》：（漢）趙岐注，（宋）孫奭疏，北京大學出版社 2000 年版。

《爾雅》：（晉）郭璞注，（宋）邢昺疏，北京大學出版社 2000 年版。

《說文解字》：（漢）許慎著，（宋）徐鉉校，中華書局 2013 年版。

《康熙字典》：（清）張玉書等編，中華書局 2010 年版。

《集韻校本》：（宋）丁度編，趙振鐸校，上海辭書出版社 2013 年版。

（三）史部

《史記》：（漢）司馬遷撰，中華書局 2013 年版。

《漢書》：（漢）班固撰，中華書局 1962 年版。

《後漢書》：（南朝宋）范曄撰，中華書局 1965 年版。

《晉書》：（唐）房玄齡等撰，中華書局 1974 年版。

《魏書》：（北齊）魏收撰，中華書局 1974 年版。

《隋書》：（唐）魏徵等撰，中華書局 1973 年版。

《北史》：（唐）李延壽撰，中華書局 1974 年版。

《舊唐書》：（後晉）劉昫等撰，中華書局 1975 年版。

《新唐書》：（宋）歐陽修、宋祁撰，中華書局 1975 年版。

《舊五代史》：（宋）薛居正等撰，中華書局 1976 年版。

《新五代史》：（宋）歐陽修撰，徐無黨注，中華書局 1974 年版。

《宋史》：（元）脫脫等撰，中華書局 1977 年版。

《遼史》：（元）脫脫等撰，中華書局 1974 年版。

《金史》：（元）脫脫等撰，中華書局 1975 年版。

《元史》：（明）宋濂等撰，中華書局 1976 年版。

《明史》：（清）張廷玉等撰，中華書局 1974 年版。

《資治通鑑》：（宋）司馬光編著，中華書局 1956 年版。

《清史稿》：（近代）趙爾巽等撰，中華書局 1977 年版。

《續資治通鑑長編》：（宋）李燾撰，中華書局 2004 年，第 2 版。簡稱《長編》。

《資治通鑑綱目》：（宋）朱熹撰，日本东洋文化研究院藏明成化九年（1473）刻本。簡稱《通鑑綱目》。

《資治通鑑後編》：（清）徐乾學撰，影印文淵閣《四庫全書》本，（臺北）商務印書館 1986 年版。

《御批歷代通鑑輯覽》：（清）乾隆敕撰，影印文淵閣《四庫全書》本，（臺北）商務印書館 1986 年版。簡稱《通鑑輯覽》。

《通鑑地理通釋》：（宋）王应麟著，傅林祥校，中華書局 2013 年版。

《通鑑外紀》：（宋）劉恕撰，影印文淵閣《四庫全書》本，（臺北）商務印書館 1986 年版。

《資治通鑑綱目前編》：（元）金履祥撰，影印文淵閣《四庫全書》本，（臺北）商務印書館 1986 年版。

《通鑑紀事本末》：（宋）袁樞撰，中華書局 1965 年版。

《明史紀事本末》：（清）谷應泰撰，中華書局 1997 年版。

《國語集解》：徐元誥撰，王樹民、沈長雲校，中華書局 2002 年版。

《明實録》：臺灣"中央研究院"歷史語言研究所校印，1962 年版。

《清實録》：中華書局 1985 年版。其中：《清聖祖仁皇帝實録》簡稱《清聖祖實録》。

《通志》：（宋）鄭樵撰，浙江古籍出版社 2000 年版。

《東觀漢記》：（漢）劉珍等撰，吳樹平校注，中州古籍出版社 1987 年版。

《東都事略》：（宋）王偁撰，影印文淵閣《四庫全書》本，（臺北）商務印書館 1986 年版。

《光緒宣統兩朝上諭檔》：中國第一歷史檔案館編，廣西師範大學 1996 年版。

《宋名臣奏議》：（宋）趙汝愚編，影印文淵閣《四庫全書》本，（臺北）商務印書館 1986 年版。

《歷代名臣奏議》：（明）黃淮、楊士奇編，上海古籍出版社 2012 年版。

《元和郡縣圖志》：（唐）李吉甫撰，賀次君點校，中華書局 1983 年版。

《元豐九域志》：（宋）王存撰，王文楚、魏嵩山點校，中華書局 1984 年版。

《大明一統志》：（明）李賢等撰，影印明天順監刻本，三秦出版社 1990 年版。

《大清一統志》：影印文淵閣《四庫全書》本，（臺北）商務印書館 1986 年版。

《嘉慶重修一統志》：（清）穆彰阿、潘錫恩等纂修，《續修四庫全書》影印《四部叢刊續編》本，上海古籍出版社 2002 年版。

《九邊圖論》：（明）許論撰，《四庫禁毁書叢刊》影印天啟元年（1621）刻本，北京出版社 1997 年版。

《讀史方輿紀要》：（清）顧祖禹撰，賀次君、施和金點校，中華書局 2005 年版。

《欽定皇輿西域圖志》：（清）劉統勳等奉敕撰，影印文淵閣《四庫全書》本，（臺北）商務印書館 1986 年版。簡稱《西域圖志》。

《水經注校證》：（北魏）酈道元注，陳橋驛校證，中華書局 2007 年版。

《文獻通考》：（元）馬端臨撰，上海師範大學古籍研究所、華東師範大學古籍研究所點校，中華書局 2011 版。

《欽定八旗通志》：（清）鄂爾泰等奉敕撰，影印文淵閣《四庫全書》本，（臺北）商務印書館 1986 年版。簡稱《八旗通志》。

《千頃堂書目》：（清）黃虞稷撰，瞿鳳起、潘景鄭整理，上海古籍出版社 2007 年版。

（四）子部

《説苑校正》：（漢）劉向撰，向宗魯校，中華書局 1987 年版。

《十一家注孫子校理》:(春秋)孫武撰,(三國)曹操注,楊丙安校理,中華書局 1993 年版。

《管子》:《百子全書》本,浙江古籍出版社 1998 年版。

《靈臺秘苑》:(北周)庚季才,影印文淵閣《四庫全書》本,(臺北)商務印書館 1986 年版。

《管窺輯要》:(清)黄鼎撰,《四庫全書存目叢書》影印清順治九年(1652)黄氏家刻本,齊魯書社 1997 年版。

《博物志校正》:(晉)張華撰,范寧校正,中華書局 1980 年版。

《廣博物志》:(明)董斯張撰,影印文淵閣《四庫全書》本,(臺北)商務印書館 1986 年版。

《説郛三種》:(明)陶宗儀編,上海古籍出版社 2012 年版。

《册府元龜》:(宋)王欽若等撰,中華書局 1960 年版。

《玉海》:(宋)王應麟撰,江蘇古籍出版社、上海書店 1987 年版。

《山海經校注》:袁珂校注,上海古籍出版社 1980 年版。

《列子》:《百子全書》本,浙江古籍出版社 1998 年版。

(五) 集部

《漢蔡中郎集》:(漢)蔡邕撰,國家圖書館藏嘉靖二十七年(1548)楊賢刻本。

《庚子山集注》:(北周)庚信撰,許逸民校點,中華書局 1980 年版。

《王維集校注》:(唐)王維撰,陳鐵民校注,中華書局 1997 年版。

《青谿漫稿》:(明)倪岳撰,影印文淵閣《四庫全書》本,(臺北)商務印書館 1986 年版。

《渼陂集》:(明)王九思撰,《四庫全書存目叢書》影印明崇禎十三年(1640)補修本,齊魯書社 1997 年版。

《空同集》:(明)李夢陽撰,《原國立北平圖書館甲庫善本叢書》影印明萬曆刻本,國家圖書館出版社 2013 年版。

《涇野先生文集》:(明)吕柟撰,《四庫全書存目叢書》影印明嘉靖三十四年(1555)于德昌刻本,齊魯書社 1997 年版;西北大學出版社 2015 年版米文科點校整理本。

《夢山存家詩稿》:(明)楊巍撰,《原國立北平圖書館甲庫善本叢書》影印明萬曆三十年(1602)楊岑刻本,國家圖書館出版社 2013 年版。

《康對山先生集》:(明)康海撰,《續修四庫全書》影印明萬曆十年(1582)潘允哲刻本,上海古籍出版社 2002 年版。

《浚谷先生集》：（明）趙時春撰，《原國立北平圖書館甲庫善本叢書》影印明刻本，國家圖書館出版社 2013 年版。

《趙浚谷文集》：（明）趙時春撰，《四庫全書存目叢書》影印明萬曆八年(1580)周鑒刻本，齊魯書社 1997 年版。

《趙浚谷詩集》：（明）趙時春撰，《四庫全書存目叢書》影印明萬曆八年(1580)周鑒刻本，齊魯書社 1997 年版。

《趙時春文集校箋》：（明）趙時春撰，杜志强整理，天津古籍出版社 2012 年版。

《聖祖仁皇帝御制文集》：（清）玄燁撰，影印文淵閣《四庫全書》本，（臺北）商務印書館 1986 年版。簡稱《聖祖文集》。

《御製詩集》：（清）弘曆撰，影印文淵閣《四庫全書》本，（臺北）商務印書館 1986 年版。

《吳詩集覽》：（清）吳偉業撰，（清）靳榮藩注，《續修四庫全書》影印清乾隆四十年凌云亭刻本乾隆間刻本，上海古籍出版社 2002 年版。

《梅村家藏藁》：（清）吳偉業撰，《清代詩文集彙編》影印宣統三年(1911)董氏誦芬室刻本，上海古籍出版社 2010 年版。

《憺園文集》：（清）徐乾學撰，《四庫全書存目叢書》影印康熙冠山堂刻本，齊魯書社 1997 年版。

《養素堂文集》：（清）張澍撰，《續修四庫全書》影印清道光十五年棗華書屋刻本，上海古籍出版社 2002 年版。

《雙藤書屋詩集》：（清）何道生撰，《清代詩文集彙編》影印道光元年(1821)靈石何氏刻本，上海古籍出版社 2010 年版。

《左宗棠全集》：（清）左宗棠撰，劉泱泱等點校，嶽麓書社 2009 年版。

《望雲山房文集》：（清）安維峻撰，《清代詩文集彙編》影印民國三年(1914)刻本，上海古籍出版社 2010 年版。

《文選》：（梁）蕭統編，（唐）李善注，上海古籍出版社 1986 年版。

《河嶽英靈集》：（唐）殷璠編，王克讓注，巴蜀書社 2006 年版。

《文苑英華》：（宋）李昉等編，中華書局 1966 年版。

《樂府詩集》：（宋）郭茂倩編撰，中華書局 1979 年版。

《九家集注杜詩》：（宋）郭知達撰，影印文淵閣《四庫全書》本，（臺北）商務印書館 1986 年版。

《漁洋山人精華錄》：（明）王士禎撰，《四部叢刊初編》影印清康熙三十九年(1700)林佶刻本。簡稱《精華錄》。

《唐漁石集》：(明) 唐龍撰，《四庫全書存目叢書》影印明嘉靖刻本，齊魯書社1997 年版。

《石倉歷代詩選》：(明) 曹學佺編，影印文淵閣《四庫全書》本，(臺北) 商務印書館 1986 年版。

《唐詩品彙》：(明) 高棅編，影印文淵閣《四庫全書》本，(臺北) 商務印書館1986 年版。

《東漢文紀》：(明) 梅鼎祚編，南京圖書館藏明崇禎刻本。

《文章辨體彙選》：(明) 賀復徵編，影印文淵閣《四庫全書》本，(臺北) 商務印書館 1986 年版。

《漢魏六朝百三家集》：(明) 張溥編，影印文淵閣《四庫全書》本，(臺北) 商務印書館 1986 年版。

《玉臺新詠箋注》：(清) 吳兆宜箋注，中華書局 1985 年版。

《全唐詩》：(清) 彭定求等編，中華書局 1960 年版。

《明詩綜》：(清) 朱彝尊選編，中華書局 2007 年版。

《皇朝經世文編》：(清) 賀長齡、魏源編，台灣文海出版社《近代中國史料叢刊》1966 年影印本。

《皇朝經世文續編》：(清) 盛康編，台灣文海出版社《近代中國史料叢刊》1966 年影印本。

二、現當代文獻

(一) 著作

《隴右方志録》：張維編，《中國西北文獻叢書》據北平大北印刷局 1934 年版影印，蘭州古籍書店 1990 年版。

《寧夏方志述略》：高樹榆等編著，吉林省圖書館學會 1985 年内部發行。

《中國地方志聯合目録》：中國科學院北京天文臺編，中華書局 1985 年版。

《中國地方志總目提要》：金恩暉、胡述兆編，(臺北) 漢美圖書有限公司 1996 年版。

《甘肅省圖書館藏地方志目録》：甘肅省圖書館編，蘭州大學出版社 1996 年版。

《明清進士題名碑録索引》：朱保炯、謝沛霖編，上海古籍出版社 1989 年版。

《中國恒星觀測史》：潘鼐著，學林出版社 1989 年版。

《寧夏歷史地理考》：魯人勇等編著，寧夏人民出版社 1993 年版。

《清代官員履歷檔案全編》：秦國經主編，華東師範大學出版社 1997 年版。

《中國明代檔案總匯》：中國第一歷史檔案館、遼寧省檔案館編，廣西師範大學出版社 2001 年版。

《中國古今地名辭典》：上海辭書出版社 2005 年版。

《寧夏歷代碑刻集》：銀川美術館編，寧夏人民出版社 2007 年版。

《寧夏歷史地理變遷》：吳忠禮、魯人勇、吳曉紅著，寧夏人民出版社 2008 年版。

《方志與寧夏》：范宗興等著，寧夏人民出版社 2008 年版。

《固原歷代碑刻選編》：寧夏固原博物館編，寧夏人民出版社 2010 年版。

《寧夏地方志研究》：胡玉冰著，中國社會科學出版社 2012 年版。

（二）論文

《〈嘉靖寧夏新志〉中的兩篇西夏佚文》：牛達生撰，《寧夏大學學報》1980 年第 4 期。

《寧夏同心縣出土明慶王壙志》：牛達生撰，《考古與文物》1981 年第 4 期。

《〈慶王壙志〉與朱棣"靖難之變"》：牛達生撰，《人文雜志》1981 年第 6 期。

《築"三受降城"時間考》：方曉撰，《理論學習》1984 年第 6 期。

《淺談〈乾隆寧夏府志〉》：馬力撰，載高樹榆等編《寧夏方志述略》，吉林圖書館學會 1985 年內部發行。

《明太祖皇子朱㮵的名次問題》：任昉撰，《中原文物》1986 年第 4 期。

《明代王陵區出土三盒墓志疏證》：許成、吳峯雲撰，《寧夏文史》1987 年第 4 期。

《三受降城修築時間考》：王亞勇撰，《內蒙古師范大學學報》1988 年第 3 期。

《寧夏封建時代的一座豐碑——論乾隆〈寧夏府志〉》：陳明猷撰，《銀川市志通訊》1989 年第 1 期。

《元潘昂霄〈河源志〉名稱考實》：雪子撰，《中國歷史地理論叢》1989 年第 2 期。

《乾隆三年寧夏府地震史料》：中國第一歷史檔案館編，《歷史檔案》2001 年第 4 期。

《內蒙古烏審旗發現的五代至北宋夏州拓拔部李氏家族墓志銘考釋》：鄧輝、白慶元撰，《唐研究》2002 年第 8 卷，北京大學出版社 2002 年版。

《西夏六號陵陵主考》：孫昌盛撰，《西夏研究》2012 年第 3 期。

《民國〈固原縣誌〉簡介》：牛達生撰，載高樹榆等編《寧夏方志述略》，吉林圖書館學會 1985 年内部发行。

《民國時期固原縣情研究的重要著述——評介民國〈固原縣志〉稿》：陳明猷撰，《固原師專學報》1991 年第 3 期。

《固原地區舊志考述》：劉佩撰，2010 屆宁夏大學漢語言文字學專業碩士研究生畢業論文（胡玉冰教授指導）。

《民國〈固原縣志〉新發現部分内容拾遺》：負有强、李習文、張玉梅輯，《寧夏史志》2015 年第 4 期。

後　記

胡玉冰

作爲《寧夏珍稀方志叢刊》主編，筆者非常感謝對本叢書出版給予支持的各位領導、學界同仁、研究生、責任編輯及家人們。感謝原自治區副主席姚愛興先生特批本叢書爲自治區成立 60 周年獻禮項目，解決了叢書出版費用的問題，感謝寧夏地方志辦公室給予的項目平臺，感謝崔曉華、劉天明、負有强等先生的大力支持。2011 年爲寧夏大學"學科建設年"，2016 年又逢"雙一流"建設期，感謝金能明、何建國、許興、謝應忠等校領導，感謝王正英、李學斌、李建設、陳曉芳、趙軍等職能部門領導，在你們的關心與支持下，以筆者爲學術帶頭人的學術團隊才能不斷推出新成果。合力出版本叢書，當是本團隊對學校的最好回報。邵敏、柳玉宏、蔡淑梅等寧夏大學人文學院青年教師作爲本叢書首批成果的作者，盡心盡力，不厭其煩，堅持不懈，保證了書稿的學術質量，爲完成好本項目帶了個好頭。田富軍、安正發等青年教師在本叢書計劃框架内會陸續出版高質量的學術成果。人文學院研究生韓超等同學在本叢書出版過程中也貢獻良多。孫佳、韓超、孫瑜、曹陽等是本叢書首批成果的作者，張煜坤、何玫玫、馬玲玲、魏舒婧、穆旋、徐遠超、孫小倩、李甜、李榮、張倩、曲絨、張娜娜、劉紅、蒲婧、王敏、韓中慧、付明易、何娟亮、姚玉婷等同學在舊志整理、書稿校對過程中也付出了辛勤的勞動。同學中有的已畢業離校，有的還將繼續求學。筆者想，無論他們將來身處何方，從事何種工作，大家共同追求學術的這段經歷應該是難忘的。研究生同學的青春朝氣讓筆者更加堅信：薪火相傳，學術常新。中國社會科學出版社張林等本叢書第一批成果的責任編輯、上海古籍出版社王珺等本叢書第二批成果的責任編輯，精心審讀、編輯，也讓本叢書學術質量得到了提升，謹致謝忱。本叢書的順利出版，也要感謝筆者及各位作者家人的理解與支持。你們默默無聞的奉獻精神，已幻化成萬千文字，在作者的成果中熠熠生輝。

學術成績從來就不是無源之水，無本之木。有了巨人的肩膀，我們才會看得更高、更遠。在寧夏，有一批從事地方文獻整理與研究的學者，他們的探索和努力爲我們今天的成績奠定了堅實的基礎，陳明猷、高樹榆、吴忠禮等老一輩學者更爲我們樹立了治學的榜樣。因篇幅所限,對學界各位同仁,恕不一一列舉大名。

　　此次全面整理寧夏地方舊志,主要由筆者策劃并組織實施。舊志整理的每一個環節,由筆者提出具體建議,各舊志底本的選擇、《總序》《前言》《整理説明》《後記》的撰寫等也皆由筆者完成。具體整理過程中,各團隊成員所取得的注釋或校勘等學術成果大家互享,這也體現了我們團隊合作的特色。宋朝沈括在《夢溪筆談》卷二五《雜志二》記載:"宋宣獻博學,喜藏異書,皆手自校讎,常謂:'校書如掃塵,一面掃,一面生。故有一書每三四校猶有脱謬。'"宋綬(謚曰"宣獻")家藏萬卷,博校經史,猶有"校書如掃塵"的感慨,我輩於整理寧夏地方舊志而言,只能説:"盡心而已!"更如《詩經·小雅·小旻》所詠:"戰戰兢兢,如臨深淵,如履薄冰。"我們從主觀上力求圓滿,但因學識水平所限,成果中訛誤之處肯定在所難免,敬請學界同仁批評指正。

二〇一五年七月二十三日於寧夏銀川
二〇一七年八月三日修改於寧夏銀川